A luta pela supremacia na Europa

FUNDAÇÃO EDITORA DA UNESP

Presidente do Conselho Curador
Mário Sérgio Vasconcelos

Diretor-Presidente / Publisher
Jézio Hernani Bomfim Gutierre

Superintendente Administrativo e Financeiro
William de Souza Agostinho

Conselho Editorial Acadêmico
Luís Antônio Francisco de Souza
Marcelo dos Santos Pereira
Patricia Porchat Pereira da Silva Knudsen
Paulo Celso Moura
Ricardo D'Elia Matheus
Sandra Aparecida Ferreira
Tatiana Noronha de Souza
Trajano Sardenberg
Valéria dos Santos Guimarães

Editores-Adjuntos
Anderson Nobara
Leandro Rodrigues

A. J. P. Taylor
Membro do Magdalen College

A luta pela supremacia na Europa

1848-1918

Tradução
Fernando Santos

© 1954 A. J. P. Taylor
© 2024 Editora Unesp

Título original: *The Struggle for Mastery in Europe: 1848-1918, First Edition*

The Struggle for Mastery in Europe: 1848-1918 is originally published in English in 1954. This translation is published by arrangement with Oxford University Press. Editora Unesp is solely responsible for this translation from the original work and OxfordUniversity Press shall have not liability for any errors, omissions or inaccuracies or ambiguities in such translation or for any losses caused by reliance thereon.

The Struggle for Mastery in Europe: 1848-1918 foi originalmente publicada em inglês em 1954. Esta tradução é publicada por acordo com a Oxford University Press. A Editora Unesp é o único responsável por esta tradução da obra original e a Oxford University Press não terá nenhuma responsabilidade por quaisquer erros, omissões, imprecisões ou ambiguidades em tal tradução ou por quaisquer perdas causadas pela confiança nisso.

Direitos de publicação reservados à:
Fundação Editora da Unesp (FEU)
Praça da Sé, 108
01001-900 – São Paulo – SP
Tel.: (0xx11) 3242-7171
Fax: (0xx11) 3242-7172
www.editoraunesp.com.br
www.livrariaunesp.com.br
atendimento.editora@unesp.br

Dados Internacionais de Catalogação na Publicação (CIP) de acordo com ISBD
Elaborado por Vagner Rodolfo da Silva – CRB-8/9410

T238l	Taylor, A. J. P.
	A luta pela supremacia na Europa: 1848-1918 / A. J. P. Taylor; traduzido por Fernando Santos. – São Paulo: Editora Unesp, 2024.
	Tradução de: *The Struggle for Mastery in Europe: 1848-1918*
	Inclui bibliografia.
	ISBN: 978-65-5711-227-4
	1. História geral. 2. História europeia. 3. Guerras. I. Santos, Fernando. II. Título.
	CDD 940
	CDU 94(4)
2024-3396	

Editora afiliada:

Asociación de Editoriales Universitarias
de América Latina y el Caribe

Associação Brasileira de
Editoras Universitárias

Sumário

Prefácio   17
Lista de mapas   19

Introdução: As grandes potências europeias   21
    O equilíbrio de poder
    Alternativas a ele
    Império universal
    Lei moral
    Expansão extraeuropeia
    A última era de equilíbrio
    Mudanças na população
    Mudanças nos recursos militares
    Mudanças na capacidade econômica
    Mudanças na estabilidade política
    Medo da revolução

I. A diplomacia da revolução, 1848   41
    O sistema de Metternich
    Os tratados de Münchengrätz (1833)
    O programa radical
    A circular de Lamartine (4 de março de 1848)
    A queda de Metternich (13 de março)

    Rússia e a revolução
    França e Polônia
    A Questão de Schleswig
    A Grã-Bretanha e Schleswig
    O armistício de Malmö (26 de agosto)
    A Alemanha e as potências
    A Questão Italiana
    A política britânica
    A política francesa
    A mediação anglo-francesa
    A vitória da Áustria

II. A diplomacia da reação, 1849-1850   63
    Os novos realistas
    A perspectiva de Luís Napoleão
    Preparativos do conflito austro-prussiano
    Segunda guerra austro-sarda (março de 1849)
    Queda da república romana
    Intervenção russa na Hungria
    Os refugiados húngaros
    Frederico Guilherme IV e a Alemanha
    A transição (setembro)
    Apelos prussianos e austríacos à Rússia
    Abordagem francesa da Prússia
    Conflito austro-prussiano (novembro de 1850)
    O acordo de Olomouc
    Aliança austro-prussiana (março de 1851)
    Triunfo aparente da Rússia

III. O fim da Santa Aliança, 1852-1853   85
    1851: ano de paz
    Ameaça francesa à Bélgica
    Reconhecimento de Napoleão III (dezembro de 1852)
    Reivindicação francesa à Terra Santa
    Nicolau I e Seymour
    A missão Menshikov (março de 1853)
    O recado de Viena (agosto)
    Nicolau I em Omolouc
    Início da guerra entre Rússia e Turquia

    Missão de Orlov a Viena (janeiro de 1854)
    Início da Guerra da Crimeia
    Suas causas

IV. A Guerra da Crimeia, 1854-1856   *101*
    A política de Buol
    Neutralidade prussiana
    Aliança austro-prussiana (20 de abril de 1854)
    Os Quatro Pontos
    Invasão da Crimeia
    Aliança da Áustria com as potências ocidentais (2 de dezembro)
    Aliança sarda com as potências ocidentais (janeiro de 1855)
    Manutenção da neutralidade prussiana
    Conferência de paz em Viena
    Seu fracasso
    Tomada de Sebastopol (8 de setembro)
    Ultimato austríaco à Rússia
    Assinatura de preliminares da paz (1º de fevereiro de 1856)

V. O Congresso de Paris e suas consequências, 1856-1858   *123*
    O Congresso de Paris
    Garantia tripartite à Turquia
    Cavour em Paris
    Os planos de Napoleão III
    A disputa sobre Bolgrad
    Rompimento anglo-francês com Nápoles
    Disputa sobre os principados do Danúbio
    Napoleão III e Alexandre II em Stuttgart (setembro de 1857)

VI. A Guerra da Itália e o rompimento do Acordo de Viena,
    1858-1861   *139*
    Napoleão III e a Itália
    A conspiração de Orsini
    Encontro entre Cavour e Napoleão III em Plombières (julho de 1858)
    Negociações franco-russas
    Tratado Franco-Russo (3 de março de 1859)
    A "nova era" na Prússia
    Governo conservador na Grã-Bretanha
    Aliança franco-sarda (19 de janeiro)

Missão Cowley a Viena (março)
  Proposta de congresso europeu
  Ultimato austríaco à Sardenha (19 de abril)
  A Guerra da Itália
  Proposta de mediação europeia
  Acordo de Villafranca (julho)
  Política russa depois da guerra
  A anexação da Savoia (março de 1860)
  Expedição de Garibaldi à Sicília
  Reconciliação entre Prússia e Áustria
  Reconciliação entre França e Rússia
  O encontro de Varsóvia (outubro)
  Unificação italiana

VII. A crise polonesa e o fim da Entente franco-russa, 1861-1863   165
  A calma ilusória de 1861
  Rompimento entre Prússia e Áustria
  A política de Bernstorff
  Bismarck no poder (setembro de 1862)
  Sua estratégia em relação à França
  A revolta na Polônia (janeiro de 1863)
  A Convenção de Alvensleben (fevereiro)
  Os planos de De Drouyn contra a Prússia
  O repúdio da convenção de Alvensleben
  Os planos de intervenção na Polônia
  Fim da Aliança Franco-Russa
  O fracasso em restaurar a Santa Aliança
  O plano malsucedido de Napoleão de um congresso europeu

VIII. As guerras de Bismarck: a derrota da Áustria, 1864-1866   181
  A desunião europeia
  Novas crises em Schleswig
  Aliança austro-prussiana (16 de janeiro de 1864)
  A guerra contra a Dinamarca
  Tentativas britânicas de proteger a Dinamarca
  O fracasso da cooperação anglo-francesa (19 de fevereiro)
  A Conferência de Londres
  Seu colapso
  A inação britânica

A paz com a Dinamarca (agosto de 1864)
  Convenção franco-italiana sobre Roma (setembro)
  Ministro do Exterior austríaco Mensdorff
  Tratado de Gastein (agosto de 1865)
  Bismarck e Napoleão III em Biarritz
  Napoleão III e Venétia
  Aliança entre Prússia e Itália (8 de abril de 1866)
  Proposta austríaca de desarmamento
  A Missão Gablenz
  Proposta de um congresso europeu
  Tratado entre França e Áustria (12 de junho)
  Guerra Austro-Prussiana
  Mediação francesa
  A Paz de Praga (agosto)
  A nova ordem na Alemanha

IX. O isolamento da França, 1866-1870   209
  Anexações prussianas na Alemanha
  Aquiescência de Napoleão
  Exigências francesas de compensação
  Aquiescência russa
  Propostas de uma aliança franco-prussiana
  Insurreição em Creta
  Tentativa de aliança franco-russa
  Crise relacionada a Luxemburgo (abril de 1867)
  Alexandre II em Paris (junho)
  Encontro entre Francisco José e Napoleão III em Salzburgo (agosto)
  Mentana
  Propostas para uma aliança austro-francesa (1868)
  Fim da questão de Creta
  Proposta de uma tríplice aliança entre Áustria-Hungria, França e Itália
  Causas do seu fracasso
  Missão de Fleury a São Petersburgo (novembro de 1869)
  Proposta francesa de desarmamento

X. O fim da supremacia francesa, 1870-1875   239
  Falta de intenção na guerra de 1870
  A passividade de Bismarck
  Príncipe Leopoldo como candidato ao trono espanhol

A Guerra Franco-Prussiana
A neutralidade britânica
A neutralidade russa
A neutralidade austro-húngara
Ocupação italiana de Roma
Batalha de Sedan (2 de setembro)
Esforços franceses para assegurar a mediação europeia
Thiers em São Petersburgo
Denúncias pela Rússia de cláusulas que neutralizavam o Mar Negro (31 de outubro de 1870)
A Conferência de Londres
Paz de Frankfurt (maio de 1871)
A Liga dos Três Imperadores
Seus equívocos
A França depois da derrota
A política de Thiers
A política de Decazes
A crise da "guerra iminente" (maio de 1875)

XI. A grande crise oriental, 1875-1878   267
As potências e a questão do Leste
Pan-eslavismo
Conflitos na política austro-húngara
Insurreição na Bósnia
A Nota de Andrássy (30 de dezembro de 1875)
O Memorando de Berlim
O Acordo de Reichstadt (8 de julho de 1876)
Alexandre II se decide a respeito da guerra
Estratégias russas em relação à Alemanha e à França
A Conferência de Constantinopla
As convenções de Budapeste (janeiro de 1877)
A Guerra Russo-Turca (abril)
Plevna e suas consequências
A Paz de Santo Estêvão (3 de março de 1878)
Ignatiev em Viena
Shuvalov e Salisbury
O Congresso de Berlim (junho)
O novo equilíbrio de poder

XII. As alianças de Bismarck, 1879-1882   295
    A geração da paz
    A política britânica no Oriente Próximo
    Os temores da Rússia
    A aliança austro-germânica (outubro de 1879)
    Bismarck e a Grã-Bretanha
    Novas estratégias russas
    Gladstone no poder
    A Liga dos Três Imperadores (18 de junho de 1881)
    A política italiana
    A Questão da Tunísia
    A Tríplice Aliança (20 de maio de 1882)
    Aliança austríaca com a Sérvia
    Aliança austro-germânica com a Romênia
    O sistema de alianças de Bismarck

XIII. O colapso da "aliança liberal" e suas consequências, 1882-1885   321
    A anuência francesa depois de 1877
    Ressurgimento da "aliança liberal"
    A Questão Egípcia
    Controle anglo-francês no Egito
    Intervenção britânica no Egito (setembro de 1882)
    O ressentimento francês
    A atitude de Bismarck
    Sua aliança com a França
    Sua política colonial
    Encontro dos três imperadores em Skierniewice (setembro de 1884)
    A liga continental
    A queda de Jules Ferry (30 de março de 1885)
    A crise de Pendjeh (abril)
    Fim da aliança franco-germânica
    Causas da segurança britânica

XIV. O triunfo da diplomacia: a crise búlgara, 1885-1887   345
    União entre Bulgária e Romélia Oriental (19 de setembro de 1885)
    Abdicação do príncipe Alexandre (agosto de 1886)
    O boulangismo na França
    Nova legislação militar na Alemanha

Acordo Anglo-Italiano (12 de fevereiro de 1887)
Retomada da Tríplice Aliança (20 de fevereiro)
Acordo Anglo-Austríaco (24 de março)
Fracasso da Missão Drummond Wolff
O Tratado de Resseguro (18 de junho)
Eleição de Ferdinando na Bulgária
O Segundo Acordo Mediterrâneo (12 de dezembro)
Fim da crise búlgara
Causas do desfecho pacífico

XV. A construção da Aliança Franco-Russa, 1888-1894   *367*
Bismarck e Guillherme II
O "novo rumo" na Alemanha
O Tratado de Heligoland (1º de julho de 1890)
Pressão francesa sobre a Itália
Rumores de uma Quádrupla Aliança
A Aliança Franco-Russa (agosto de 1891)
A insatisfação francesa com ela
O convênio militar franco-russo (agosto de 1892)
A estratégia de Schlieffen
Gladstone e Rosebery
A crise do Sião (julho de 1893)
A Aliança Franco-Russa (janeiro de 1894)

XVI. O fracasso da liga continental, 1894-1897   *389*
Isolamento britânico
O Programa Spencer
O Tratado Anglo-Congolês (12 de maio de 1894)
Fracasso da Aliança Anglo-Francesa
Fracasso da Aliança Anglo-Russa
A Guerra Sino-Japonesa
Intervenção europeia contra o Japão (abril de 1895)
Lobanov e Constantinopla
Fracasso britânico em passar pelos Estreitos (novembro)
Hanotaux e o Oriente Próximo
Planos alemães para uma liga continental
O telegrama de Kruger (3 de janeiro de 1896)
Avanço britânico no Sudão

Último alerta nos Estreitos
A Aliança Austro-Russa (maio de 1897)
Uma liga continental de negações

XVII. A era da "política mundial", 1897-1902   *415*
Bülow e a política alemã
Ocupação alemã de Kaio-Chow (novembro de 1897)
Resposta da Rússia
Proposta de Chamberlain de uma aliança com a Alemanha (abril de 1898)
O acordo anglo-germânico sobre as colônias portuguesas (30 de agosto)
A crise de Fashoda (setembro)
A ferrovia de Bagdá
Delcassé e a aliança russa
A Guerra dos Bôeres (outubro de 1899)
Propostas de mediação europeia
A Revolta dos Boxers (junho de 1900)
O Acordo Anglo-Germânico sobre a China (16 de outubro)
A proposta de Lansdowne de aliança com a Alemanha
A política japonesa
A Aliança Anglo-Japonesa (30 de janeiro de 1902)

XVIII. Os últimos anos do isolamento britânico: a construção da Aliança Anglo-Francesa, 1902-1905   *447*
A declaração franco-russa sobre a China (20 de março de 1902)
A Questão do Marrocos
Acordos franceses com a Itália
Fracasso das negociações francesas com a Espanha
Fracasso britânico em reativar a aliança mediterrânea
Negociações a respeito da ferrovia de Bagdá
Nova crise no Extremo Oriente
Reconciliação entre Grã-Bretanha e França
A Aliança Anglo-Francesa (8 de abril de 1904)
Bezobrazov e os "coreanos"
A Guerra Russo-Japonesa (fevereiro)
A autoconfiança alemã
O caso do Dogger Bank (outubro)
Fracasso da Aliança Russo-Alemã
Auge da segurança e do isolamento britânicos

XIX. A formação da Tríplice Entente, 1905-1909   471
    O poderio alemão em 1905
    Visita de Guilherme II a Tânger (31 de março de 1905)
    Rouvier e Delcassé
    A queda de Delcassé (6 de junho)
    Acordo Franco-Alemão a respeito do Marrocos (8 de julho)
    O Tratado de Björkö (25 de julho)
    Apelo francês à Grã-Bretanha
    Grey e o governo liberal
    O diálogo militar anglo-francês (31 de janeiro de 1906)
    Conferência de Algeciras
    Importância da primeira crise marroquina
    A Entente Anglo-Russa (31 de agosto de 1907)
    Rivalidade naval anglo-germânica
    Os projetos de Izvolski
    Os projetos de Aehrenthal
    Os encontros em Buchlov (15 de setembro de 1908)
    A anexação da Bósnia e da Herzegovina (5 de outubro)
    Apoio alemão à Áustria-Hungria
    Acordo franco-germânico sobre o Marrocos (9 de fevereiro de 1909)
    Derrota da Rússia na Crise Bósnia

XX. Os anos de hostilidade anglo-germânica, 1900-1912   501
    A sombra da guerra generalizada
    Alerta da aceleração naval alemã
    Bülow e a marinha alemã
    Bethmann como chanceler alemão
    Negociações anglo-germânicas
    A política russa depois da Crise Bósnia
    Sazonov em Potsdam
    Caillaux e a Alemanha
    Ocupação francesa de Fez (maio de 1911)
    A *Panther* em Agadir (1º de julho)
    Fracasso russo em apoiar a França
    A política britânica no Marrocos
    O discurso de Lloyd George em Mansion House (21 de julho)
    A crise anglo-germânica
    O fim da questão marroquina
    Ataque italiano à Turquia

A "pipa de Charykov"
   A Missão Haldane (fevereiro de 1912)
   Alerta francês
   Troca de cartas entre Grã-Bretanha e França (22 de novembro)
   Motivações da política britânica

XXI. As guerras dos Bálcãs e a sua sequência, 1912-1914   527
   A Rússia e o declínio da Turquia
   A Liga Balcânica
   A decisão de Poincaré
   Suas garantias à Rússia
   Impotência da Áustria-Hungria
   A Primeira Guerra dos Bálcãs (outubro de 1912)
   Apoio austro-húngaro à Albânia
   Oposição russa à Bulgária
   A Conferência de Londres
   Criação da Albânia
   Legislação militar alemã
   A Segunda Guerra dos Bálcãs
   Tratado de Bucareste (agosto de 1913)
   Lições das Guerras dos Bálcãs
   Tratado anglo-germânico sobre as colônias portuguesas
   A questão da Turquia asiática
   A ferrovia de Bagdá
   O protetorado alemão da Turquia
   O caso Liman von Sanders
   Afastamento entre Alemanha e Rússia

XXII. A eclosão da guerra na Europa, 1914   555
   Grey e a Tríplice Entente
   Negociações navais anglo-russas
   Melhora das relações anglo-germânicas
   Apoio alemão à Áustria-Hungria
   Sua postura com relação à Romênia
   Desintegração da Tríplice Entente
   Falta de política por parte da Alemanha
   Assassinato de Francisco Ferdinando (28 de junho de 1914)
   Decisão austro-húngara
   Estímulo alemão a ela

    Declaração de guerra austro-húngara à Sérvia
    Mobilização russa (30 de julho)
    Declarações de guerra alemãs à França e à Rússia
    Hesitações britânicas
    Declaração de guerra britânica à Alemanha (4 de agosto de 1914)
    Causas da guerra
    Os planos militares alemães
    Efeitos não previstos da guerra
    Incapacidade de alcançar vitórias rápidas

XXIII. A diplomacia de guerra, 1914-1918   577

    A busca de aliados
    Rússia e Romênia
    Entrada da Turquia na guerra
    A busca por objetivos de guerra
    Reivindicações russas de Constantinopla
    Acordo correspondente entre Grã-Bretanha e França (março de 1915)
    Disputa pela Itália
    O Tratado de Londres (26 de abril)
    Entrada da Itália na guerra
    Aliança da Bulgária com as Potências Centrais
    As campanhas de 1916
    Entrada da Romênia na guerra
    A busca por uma paz de compromisso
    As Potências Centrais e a Polônia
    Postura americana diante da guerra
    Proposta de paz alemã
    Definição dos objetivos de guerra aliados
    Entrada dos Estados Unidos na guerra
    Colapso da Rússia
    Proposta de paz austro-húngara
    A resolução de paz no Reichstag
    Esforço papal pela paz
    O Tratado de Brest-Litovsk (3 de março de 1918)
    Os Catorze Pontos
    Fim do equilíbrio de poder

Referências bibliográficas   615
Índice remissivo   653

Prefácio

Saúdo a oportunidade de agradecer ao presidente e aos membros do Magdalen College, Oxford, por sua paciência infindável e por um ano de ausência sabática, que procurei aproveitar da melhor maneira possível. Meu original foi analisado em diversas etapas, o que só lhe fez bem, pelo sr. Nicholas Henderson, pelo sr. Alan Bullock e por minha esposa; e as provas foram meticulosamente examinadas por meu colega sr. C. E. Stevens.

A senhorita Mary Potter prestou-me um grande serviço ao desenhar os mapas. Também sou grato pela autorização de usar detalhes dos seguintes mapas: da Ásia Central, extraído de *Everyman's Literary and Historical Atlas of Asia*, publicado por J. M. Dent & Sons Ltd., com autorização de John Bartholomew & Son Ltd.; do Extremo Oriente e da África portuguesa, extraído de *The Diplomacy of Imperialism*, de W. L. Langer, com autorização de Alfred Knofp Inc.; e da Pérsia, extraído de *British Documents on the Origins of the War 1898-1914*, Vol. IV, com autorização do Controlador do Serviço de Publicações de Sua Majestade.

A. J. P. T.

Lista de mapas

As grandes potências em 1848 36
Romênia 124
Itália 140
Polônia 167
Schleswig-Holstein 183
A fronteira do Reno 210
Bulgária 269
Avanços russos na Ásia Central. 339
O Vale do Nilo 392
Extremo Oriente 417
África do Sul 429
A partilha do Marrocos 460
A partilha da Pérsia 488
Sérvia 543
África Portuguesa 547
A partilha da Turquia Asiática 607
Objetivos militares das Potências Centrais 704
Objetivos militares da Entente 706

Introdução
As grandes potências europeias

No estado de natureza imaginado por Hobbes, a violência era a única lei, e a vida era "sórdida, brutal e curta". Embora os indivíduos nunca tenham vivido nesse estado de natureza, as Grandes Potências europeias sempre viveram nele. Estados soberanos têm caracterizado a civilização europeia, pelo menos desde o final do século XV. Nenhum Estado europeu admitiu nenhum código superior e não reconheceu nenhum código moral além daquele aceito voluntariamente por sua própria consciência. Teoricamente, cada Estado só podia se justificar sendo capaz de resistir por meio da força à intrusão forçada dos outros; e, se a visão de Hobbes está correta, a história da Europa deveria ser a história de uma guerra sem fim. Na verdade, a Europa conheceu quase tanta paz quanto conheceu a guerra; e ela deve esses períodos de paz ao equilíbrio de poder. Nenhum Estado jamais foi suficientemente forte para engolir os outros; e a desconfiança mútua das Grandes Potências preservou até mesmo os pequenos Estados, que não teriam conseguido se preservar. As relações das Grandes Potências determinaram a história da Europa. Este livro aborda a última era em que a Europa foi o centro do mundo.

Os homens nem sempre concordaram com a eterna quadrilha do equilíbrio de poder. Muitas vezes desejaram que a música parasse e que eles não precisassem participar de uma dança que os obrigava a vigiar ininterruptamente uns aos outros. Buscaram uma autoridade universal que ofuscasse os Estados individuais e lhes retirasse a soberania. A "solução" mais simples para a anarquia, como Hobbes defendia, é que uma potência deveria submeter todas as outras. Essa solução tem sido proposta na Europa inúmeras vezes. Filipe II da Espanha e Luís XIV talvez tenham tentado alcançar a hegemonia na Europa; o grande Napoleão certamente conseguiu. Em 1848, quando este livro se inicia, fazia apenas trinta anos que a tentativa de controle por parte de Napoleão ocorrera; e supunha-se, de modo geral, que a França iria retomar a tentativa. A criação do Segundo Império parecia justificar esse temor; na verdade, porém, Napoleão III não tinha nada de imperial além do nome, e o equilíbrio de poder sobreviveu praticamente incólume ao seu desafio. A tentativa francesa terminou em 1870. Seguiu-se um novo equilíbrio; e somente depois de trinta anos de paz é que começou a ficar claro que a Alemanha tinha ocupado o lugar da França como a potencial conquistadora da Europa. A Primeira Guerra Mundial foi, da parte dos inimigos da Alemanha, uma guerra para preservar ou restaurar o equilíbrio de poder; porém, embora a Alemanha tenha sido derrotada, o equilíbrio de poder não foi restaurado. Se a guerra tivesse se limitado à Europa, a Alemanha teria vencido; ela só foi derrotada devido à entrada dos Estados Unidos na guerra. Este livro termina, logicamente, quando a Europa deixou de ser autossuficiente e quando seu destino passou a depender de forças externas.

Seria incorreto, porém, representar a história internacional como o simples registro do equilíbrio de poder, interrompido por desafios de um único conquistador. Os homens tentaram substituir o Estado soberano tanto por uma lei moral universal como por uma força armada avassaladora. Eles buscaram uma "ideologia" que substituísse o culto do Leviatã. No século XVI foi o catolicismo romano da Contrarreforma; no final do século XVIII, as ideias da Revolução Francesa e os Direitos do Homem. Aqueles que resistiram a Napoleão não pregaram simplesmente a soberania dos Estados; eles reagiram aos Direitos do Homem com um conservadorismo da tradição e do respeito. A "solidariedade monárquica" era um credo tanto quanto o radicalismo; e, em 1848, os homens não esperavam novas manobras do equilíbrio de poder. Eles esperavam uma guerra religiosa maior, com a Santa Aliança de um lado e a revolução do outro. Isso não aconteceu. As ideologias foram um tema secundário nos setenta anos entre 1848 e 1918; e o equilíbrio de poder funcionou como um cálculo quase tão puro como nos dias que antecederam a Revolução Francesa. Ele parecia ser o equivalente político das leis da economia, ambos funcionando automaticamente. Se cada homem seguisse seu próprio interesse, todos prosperariam; e, se cada Estado seguisse seu próprio interesse, tudo seria tranquilo e seguro. Só aqueles que rejeitavam o *laissez faire* rejeitavam o equilíbrio de poder – idealistas religiosos numa extremidade, socialistas internacionais na outra.

A Primeira Guerra Mundial desacreditou tanto as leis da economia como as da política. As leis que funcionavam automaticamente tinham deixado de funcionar. Os encontros da Internacional Socialista em Zimmerwald e Kienthal anunciaram uma nova moral, na qual os Estados soberanos deixariam de existir; e, quando os bolcheviques tomaram o poder na Rússia, essa moral assumiu uma forma concreta. Mas mesmo os "liberais" deixaram de respeitar as leis sobre as quais a ordem liberal europeia tinha sido construída. Assim como eles atenuaram o rigor de seu sistema econômico por meio de medidas de segurança social e do Estado de bem-estar, também esperavam atenuar a soberania por meio de uma autoridade internacional baseada no consentimento, não na conquista ou numa ideologia universal. Os europeus deixaram de acreditar numa anarquia em que todos se comportariam bem simplesmente por terem boa índole; e, em vez disso, sonhavam com uma revolução indolor, na qual os homens renunciariam a sua independência e soberania sem perceber.

Lênin e Wilson eram os símbolos dessas novas visões. A Internacional Comunista e a Liga das Nações anunciaram o fim do equilíbrio de poder; a única questão era se ele seria destruído violentamente pela revolução ou se desapareceria imperceptivelmente. Também nesse caso existe um fim lógico para este livro – o momento, em 1918, em que os bolcheviques recorreram a uma paz revolucionária à revelia dos governos constituídos e em que Wilson anunciou seus Catorze Pontos. O equilíbrio de poder é o tema; e o livro termina quando esse tema é ofuscado.

O equilíbrio de poder funcionou sem entraves durante os setenta anos entre a queda de Metternich e as diversas rejeições que ele sofreu por parte de Lênin e Wilson. No entanto, a Europa não deveu sua paz unicamente ao equilíbrio de poder. Embora a Europa eclipsasse o mundo e possuísse a única civilização criativa, muitos europeus voltaram seu olhar para fora dela. Mesmo a Espanha e a França tinham se deixado distrair por pretensões ultramarinas em seus dias de conquista europeia. No século XIX, tanto a Grã-Bretanha como a Rússia teriam preferido voltar as costas à Europa, e o fizeram inúmeras vezes.[1] Os objetivos da Grã-Bretanha estavam na Índia,

---

1 Escrevi, ao longo deste livro, como se os Estados e as nações fossem unidades monolíticas, que definiam personalidades; como nesta frase, que insinua que todo inglês e todo russo trocou a Europa pelo mundo exterior. Na verdade, a maioria dos cidadãos do país em questão conheciam pouco da sua política externa, e se importavam ainda menos. "França" ou "os alemães" significa nada mais que "aqueles franceses ou alemães específicos que, por acaso, moldavam a política naquele momento específico"; e mesmo estes geralmente se diferenciavam uns dos outros. Por vezes se tratava literalmente de dois ou três homens – um imperador, seu ministro do Exterior e

na África e no comércio mundial; quanto à Rússia, na Ásia Central e, posteriormente, no Extremo Oriente. A França olhava para a África do Norte; e, posteriormente, a Itália fez o mesmo. A Alemanha deveu suas vitórias em meados do século em parte por estar livre dessas distrações; ela não se interessava nem pelo destino do Império Turco. Porém, à medida que cresceu em importância, ela também passou a aspirar ao "poder mundial"; e a sua busca por ele, talvez ameaçada, interferiu em sua conquista da Europa. Só o Império Austríaco não tinha interesses fora da Europa, o que era um sinal de fraqueza, não uma fonte de força. As relações da Europa com o mundo exterior não são, em si mesmas, o tema deste livro. Elas se intrometem somente quando afetam as relações das Grandes Potências umas com as outras e moderam o funcionamento do equilíbrio entre elas.

Teria sido uma surpresa para os homens de 1848 descobrir que a história internacional das duas gerações seguintes se preocuparia principalmente com o equilíbrio de poder, e não com uma guerra de crenças ou uma tentativa de controle universal. As revoluções de 1848 assinalaram o fim do respeito e da ordem constituída, tanto no país como nas relações internacionais; no entanto, o sistema existente sobreviveu às revoluções e até transformou seu ímpeto nacionalista num novo suporte para o equilíbrio de poder. Para os homens do século XIX, a época em que viviam era uma época de agitação e de revolta; contudo, ela foi surpreendentemente estável nas relações internacionais, se comparada não apenas ao caos do século XX, mas aos séculos que a precederam. Falamos em *ancien régime* como se ali reinasse uma estabilidade divina. Na verdade, as potências subiam e desciam na escala a uma velocidade estonteante. Das potências indiscutivelmente classificadas entre as Grandes no Congresso de Westfália em 1648, três – Suécia, Holanda e Espanha – deixaram de sê-lo e uma – a Polônia – deixou de existir antes do final do século XVIII; seu lugar foi ocupado pela Rússia e pela Prússia, dois Estados que passavam praticamente despercebidos um século antes. Não houve nenhuma roda da fortuna desse tipo durante o século XIX, apesar de seu caráter supostamente revolucionário. As Grandes Potências que

---

um conselheiro menos oficial; às vezes a equipe permanente do Ministério do Exterior; às vezes os líderes de uma Assembleia parlamentar e os principais escritores sobre relações internacionais; às vezes a opinião pública num sentido mais amplo. O sentido é bastante óbvio, embora certamente tecnicamente indefensável. Não obstante, havia algo parecido a uma visão nacional sobre as relações internacionais em cada país, apesar da indiferença e das controvérsias. Seja como for, foi preciso usar esse atalho grosseiro para apresentar a diplomacia de setenta anos num único volume; e procurei não dar muita importância a isso.

começaram a Primeira Guerra Mundial em 1914 eram as mesmas que tinham integrado o Congresso de Viena em 1814. A Prússia tinha mudado seu nome para Alemanha. Fora isso, Metternich e Castlereagh, Talleyrand e Alexandre I teriam identificado os pontos de referência europeus.[2]

O francês ainda era a língua da diplomacia, embora seu domínio estivesse se enfraquecendo. Diplomatas prussianos, italianos e austríacos deixaram de se corresponder em francês com seus ministros do Exterior durante os anos 1860;[3] mas os russos continuaram a escrever em francês até o século XX, e Benckendorff, embaixador em Londres, utilizou-o até morrer, em 1917. O idioma era utilizado quase com exclusividade nos encontros internacionais[4] e mesmo em reuniões internacionais privadas. Sir Edward Grey foi o primeiro ministro do Exterior britânico a se dirigir aos embaixadores em inglês; e estes respondiam em francês, geralmente sem a ajuda de um intérprete. Todos os embaixadores, com a exceção dos franceses da Terceira República, vinham da aristocracia; e mesmo os franceses tinham praticamente a mesma cultura – seria difícil confundir Paul Cambon ou mesmo Barrère, o ex-comunardo, com um proletário. Todos frequentavam a mesma sociedade aristocrática, com a missão de pegar a frase casual e interpretá-la em termos de "grande política". Embora mantivessem os mistérios da diplomacia secreta, havia poucos segredos de verdade no mundo diplomático, e todos os diplomatas eram honestos, de acordo com seu código moral.[5] Nenhum embaixador dizia "Não" quando a resposta verdadeira deveria ter sido "Sim"; mas ele poderia se esquivar da pergunta ou até mesmo, se fosse suficientemente esperto, dar uma impressão enganadora. Na verdade, o mundo da diplomacia era muito parecido com o mundo dos negócios, no qual o respeito pelo caráter sagrado do contrato não impede as mais surpreendentes mudanças da fortuna. Muitos diplomatas eram ambiciosos, alguns eram vaidosos ou estúpidos, mas tinham uma espécie de objetivo comum – preservar a paz na Europa sem pôr em risco os interesses ou a segurança de seu país.

---

2 As "Cinco Grandes Potências" se tornaram seis em 1861 com o acréscimo da Itália. A mudança foi mais nominal que real; e a Itália simbolizou sua posição ambígua ao entrar na última grande guerra europeia com um ano de atraso.

3 Os diplomatas britânicos sempre tinham usado inglês.

4 Beaconsfield se dirigiu ao Congresso de Berlim em inglês, mas as atividades do congresso foram realizadas em francês.

5 É cansativo acrescentar "exceto os italianos" a cada generalização. Daqui em diante, isso pode ser pressuposto.

Embora as Grandes Potências continuassem as mesmas, elas tinham seus altos e baixos. A França ganhou território em 1860 e perdeu mais em 1871; a Áustria perdeu mais em 1859 e 1866 do que ganhou em 1878; a Rússia recuperou em 1878 o que tinha perdido em 1856. Todos, exceto a Áustria-Hungria, ganharam muito território fora da Europa nos trinta anos depois do Congresso de Berlim. Essas mudanças são registradas ao longo da narrativa. Mas também havia mudanças mais lentas e menos perceptíveis que estavam preparando o caminho para uma reviravolta fundamental no equilíbrio de poder – mudanças populacionais, nos recursos econômicos e na estrutura política. Esta introdução procura traçar o padrão subjacente diante do qual a política se moveu. As Grandes Potências eram, como o nome indica, organizações de poder, isto é, em última instância, de guerra. Elas podem ter outros objetivos – o bem-estar de seus cidadãos ou a grandeza de seus governantes. Mas o teste básico para elas como Grandes Potências era sua capacidade de guerrear. Seria muito simples dizer que uma grande potência é aquela que pode imaginar uma guerra contra qualquer outra potência com confiança. Depois de 1871, a França não podia esperar derrotar a Alemanha sozinha; e o mesmo valia para a Áustria-Hungria contra a Rússia – ou assim se pensava. Ambos os países estavam conscientes de que só poderiam permanecer entre os Grandes se a diplomacia trouxesse aliados em socorro de seus exércitos. Mas isso era uma questão de grau. Mesmo a maior das potências evitava enfrentar sozinha uma coalizão; e a mais frágil delas poderia ter uma participação respeitável num conflito geral entre as Grandes Potências. De todo modo, a diferença entre as Grandes Potências era muito menor que entre qualquer uma delas e o mais forte dos Estados menores.

Portanto, o teste de uma grande potência é o teste da capacidade de guerrear. Em 1848, e, na verdade, durante muito tempo, esse teste era simples. Apesar do desenvolvimento da artilharia, a infantaria determinava o resultado da batalha; e a "força proporcional" era a estimativa básica. Naturalmente, as estimativas eram em geral fictícias. Em 1848, a França deveria ter um exército regular de 350 mil homens; mas teve dificuldade em reunir 70 mil homens para o corpo expedicionário que propusera enviar à Itália. Calculava-se que o exército russo tivesse mais de 600 mil homens; mas pouco mais da metade deles serviu na Crimeia. Todos os exércitos, com exceção do prussiano, tinham um serviço de longo prazo, praticamente para toda a vida. Logo, a população importava menos que o número de homens efetivamente treinados. O exército prussiano era considerado um pouco melhor que uma milícia. Suas vitórias de 1866 e 1870 revolucionaram a doutrina militar. Depois de 1871, toda potência continental adotou o sistema prussiano de serviço militar universal durante três anos;[6] e a força passou a corresponder mais de perto aos números da população. A mudança nem sempre foi bem-feita. Só a Alemanha e a França exploraram o sistema plenamente. O treinamento era inadequado na Áustria-Hungria e na Itália; e, na Rússia, a máquina militar nunca deu conta dos milhões de conscritos potenciais. Ainda assim, o tamanho dos exércitos deu um tremendo salto para a frente. Isso teve um impacto profundo na posição da Grã-Bretanha na Europa. Nos bons tempos, seu exército regular de voluntários muito bem remunerados podia ter uma atuação respeitável, comparável até à de um exército do continente; depois de 1871, ele foi ofuscado. A Grã-Bretanha tinha enviado à Crimeia um exército que às vezes era metade, e nunca menos de um terço, das forças francesas; em 1914, ela conseguiu pôr em campo um vigésimo do exército francês. Foi preciso uma guerra mundial para fazer que a Grã-Bretanha se tornasse novamente a potência militar que tinha sido até meados do século XIX. Fora isso, o equilíbrio de poder foi afetado diretamente pelas mudanças populacionais que ocorreram durante o período.

Tabela I. *Populações das Grandes Potências, 1850-1910* – (em milhões)

	1850	1860	1870	1880	1890	1900	1910
Prússia	16	18,5	–	–	–	–	–
Alemanha	35,9	38	41	45	49	56	65
Áustria	30,7	31,7	35,8	38	41	45	50
França	35,8	37,4	36	37	38	39	39
Grã-Bretanha	27,6	29	31	35	38	41	45
Itália	24,3	25	26	28	30	32	35
Rússia	57	63	77	89	95	103	111

A mudança mais surpreendente foi na posição da França. Durante séculos ela tinha sido o país mais populoso da Europa. Em 1850, ela ainda superava todas as Grandes Potências, com exceção da Rússia; quase teria obtido essa posição, mesmo se a Alemanha estivesse unificada. Em 1910, era a potência menos populosa, com exceção da Itália; e a Itália a estava alcançando rapidamente. Ela tinha 14% da população europeia em 1850, e menos de 10% cinquenta anos depois. Já a Prússia representava apenas 5% da Europa em 1850, e a Alemanha unificada, 15% em 1910. Esses números tinham uma

---

6 A França e a Alemanha reduziram o serviço para dois anos nos anos 1890. O serviço francês foi aumentado novamente para três anos em 1913.

importância psicológica. As pessoas começaram a pensar em termos estatísticos no final do século XIX; e a diminuição dos recursos humanos da França ajudou a aumentar a perda de confiança, que talvez fosse a causa dela. Na verdade, os números não mostravam toda a realidade. A França, com sua taxa de natalidade baixa, tinha uma população mais equilibrada e, em particular, uma proporção maior de homens em idade militar que a Alemanha; consequentemente, ela foi capaz de pôr quase o mesmo número de homens no campo de batalha durante a Primeira Guerra Mundial que a Alemanha, e sofreu quase o mesmo número de baixas. O efeito mais revelador veio da projeção das curvas populacionais no futuro; pois as pessoas já tinham começado a supor que uma curva estatística se prolongaria implacavelmente – uma suposição raramente confirmada pelos fatos. Portanto, o futuro da França realmente parecia incerto. Porém, enquanto a França comparava seu futuro com o da Alemanha, os alemães olhavam para outra curva – a da Rússia. Quando a maioria da Europa se sentiu ofuscada pela Alemanha, ela avistou a sombra russa mais ao longe; e muitos alemães pensaram em antever o perigo russo com a mesma sinceridade que outros pensaram em se aliar contra o poderio alemão.

É possível determinar as populações das Grandes Potências, embora antes de 1897 os números russos não passem de especulações; é mais difícil dizer que uso elas fizeram dessas populações. Nenhum Estado-Maior tinha uma ideia precisa de quantos homens poderiam ser chamados para servir efetivamente em tempo de guerra; e, na verdade, a pressão da guerra fez com que recrutassem milhões de homens, que eles anteriormente consideravam ter ultrapassado havia muito a idade militar. Antes de 1914, as autoridades militares em toda parte esperavam que a guerra fosse decidida nas primeiras grandes batalhas, portanto se concentraram no número de homens realmente em armas. Isso as levou a exagerar o poder da Rússia, que, sozinha, tinha mais de um milhão de soldados em serviço, e a menosprezar a Grã-Bretanha, que era incapaz de pôr um exército numeroso em ação. A proporção de homens realmente servindo não parece ter mudado muito para qualquer das Grandes Potências, com exceção da França, entre 1850 e 1914. A Grã-Bretanha e a Alemanha sempre tinham cerca de 1%; a Áustria, cerca de 0,85%; a Rússia começou com um pouco menos e terminou com um pouco mais de 1%. Só a França cometeu um erro enorme e chegou perto de 2%, quando restaurou o serviço de três anos em 1913. Mas esses números não querem dizer nada, como a guerra mundial iria revelar. Para além dos reservistas, impossíveis de calcular, as forças armadas tinham de desempenhar diferentes funções. Os exércitos alemão e austro-húngaro foram concebidos quase exclusivamente para uma guerra europeia – com exceção das tropas austro-húngaras que ocupavam a Bósnia e a Herzegovina. Os franceses precisavam de um exército enorme no Marrocos, os russos, no Extremo Oriente; os britânicos tinham mais homens na Índia que em seu país e também eram a única potência que mantinha uma força naval de mais de 100 mil homens.

Tabela II. *Estimativas dos gastos com os exércitos das Grandes Potências, 1870-1914* – (em milhões de libras)

	1870	1880	1890	1900	1910	1914
Alemanha	9,6	18,2	24,2	33,6	40,8	88,4
Áustria-Hungria	7,4	12,4	11,6	12	14,6	28,6
França	15	22,8	28,4	27,8	37,6	39,4
Grã-Bretanha	13,4	15	17,6	21,4	27,6	29,4
Itália	6,4	8,2	11,2	10,8	16,3	18,4
Rússia	18,6	26	24,6	32,1	53,4	64,8

Tabela III. *Estimativas dos gastos com as marinhas das Grandes Potências, 1870-1914* – (em milhões de libras)

	1870	1880	1890	1900	1910	1914
Alemanha	1,2	2,4	4,6	7,4	20,6	22,4
Áustria-Hungria	0,8	0,8	1,2	1,8	2,8	7,6
França	7	8,6	8,8	14,6	14,8	18
Grã-Bretanha	9,8	10,2	13,8	29,2	40,4	47,4
Itália	1,4	1,8	4,6	4,8	8,2	9,8
Rússia	2,4	3,8	4,4	8,4	9,4	23,6

Tabela IV. *Estimativas dos gastos de defesa das Grandes Potências, 1870-1914* – (em milhões de libras)

	1870	1880	1890	1900	1910	1914
Alemanha	10,8	20,4	28,8	41	64	110,8
Áustria-Hungria	8,2	13,2	12,8	13,6	17,4	36,4
França	22	31,4	37,4	42,4	52,4	57,4
Grã-Bretanha	23,4	25,2	31,4	116	68	76,8
Itália	7,8	10	14,8	14,6	24,4	28,2
Rússia	22	29,6	29	40,8	63,4	88,2

Talvez valha mais a pena considerar o que as Grandes Potências gastaram com suas forças armadas. Nesse caso, também é preciso fazer algumas advertências. Marinhas eram mais caras que exércitos; e um exército de voluntários, mais caro que um exército de recrutas. Daí a aparência paradoxal de que, durante a maior parte do período, a Grã-Bretanha foi a mais militarista das Grandes Potências. Repito, não é possível dizer qual potência tinha o melhor custo-benefício – provavelmente a Alemanha tinha o melhor, e a Rússia certamente tinha o pior. Como um índice de grandeza, as estimativas totais de defesa são importantes por si sós; mas incluo as estimativas separadas do exército e da marinha como curiosidade, nem que seja pelo fato curioso de que a Grã-Bretanha gastou mais com seu exército do que com sua marinha até quase o final do século XIX.

Esses números nos permitem tirar algumas conclusões. A Áustria-Hungria estava deixando de integrar o rol das Grandes Potências, e a Itália quase não fazia parte dele. Os britânicos tinham deixado de tentar ser uma potência militar em escala continental (o número de 1900 representa, naturalmente, o custo excepcional da Guerra dos Bôeres); por outro lado, eles se mantinham à frente da marinha alemã no século XX de maneira mais decisiva do que tinham feito em relação aos franceses vinte ou trinta anos antes. Depois de 1890, a Alemanha era claramente a maior potência militar do continente. Só a Rússia era capaz de acompanhá-la, e isso de forma ineficiente. A França tinha tentado competir com o exército alemão e a marinha inglesa ao mesmo tempo, mas o esforço foi demasiado, e ela, também, estava ficando para trás. Na verdade, em 1914, a Rússia, a Grã-Bretanha e a Alemanha se destacavam como grandes potências acima do resto; e a Rússia tinha mais reservas pouco exploradas que as outras duas.

Todos concordavam que a conta dos armamentos da Europa estava subindo. Isso pode ser demonstrado de forma mais evidente calculando-se o gasto *per capita*.

Esses números contam a mesma história. A Áustria-Hungria e a Itália estavam fora da corrida. A França, durante muito tempo a potência mais militarista, estava ficando para trás. A Grã-Bretanha e a Alemanha se mantinham no mesmo patamar; e a enorme população da Rússia disfarçava seu atraso relativo.

Um quadro muito diferente aparece se tentamos calcular a proporção da renda nacional destinada aos armamentos. Nesse caso, não temos números anteriores a 1914, com exceção da Grã-Bretanha; e mesmo estes não são muito mais que suposições.

Tabela V. *Gasto per capita com armamento das Grandes Potências, 1870-1914* – (em libra, shilling e pence)

	1870		1880		1890		1900			1910			1914		
	s.	d.	s.	d.	s.	d.	£.	s.	d.	£.	s.	d.	£.	s.	d.
Alemanha	5	4	9	0	11	8		14	6		16	6	1	14	0
Áustria-Hungria	4	6	7	1	6	3		6	1		7	0		12	11
França	12	2	16	9	19	5	1	1	7	1	6	10	1	9	4
Grã-Bretanha	14	9	14	5	16	0	2	12	0	1	10	3	1	14	2
Itália	5	9	7	3	10	6		9	9		14	0		15	3
Rússia	5	4	6	3	5	3		6	0		9	8		14	4

Tabela VI. *Porcentagem da renda nacional destinada aos armamentos, 1914*

Alemanha	4,6	Grã-Bretanha	3,4
Áustria-Hungria	6,1	Itália	3,5
França	4,8	Rússia	6,3

A Grã-Bretanha foi quem teve mais facilidade em ser uma grande potência, e a Rússia a que teve mais dificuldade; para a Áustria-Hungria, foi difícil até ficar no segundo escalão. A Alemanha e a França estavam quase no mesmo nível; mas a renda nacional da Alemanha estava crescendo, e a da França estava estagnada.

Todos esses cálculos são acerca da disponibilidade imediata para a guerra. Eles pressupõem batalhas decisivas e uma guerra curta. Em vez disso, a Primeira Guerra Mundial testou a força intrínseca das Grandes Potências; e precisamos tentar criar uma estimativa de seus recursos econômicos. O material humano sozinho não era um guia suficiente, senão a Rússia jamais teria precisado de aliado. A Europa foi remodelada entre 1848 e 1914 pelo impacto da Revolução Industrial. Essa revolução se baseava no carvão, e mostrou sua forma mais revolucionária no aço. Juntos, eles indicam a realidade de poder, que não podemos mensurar de outra maneira.

Em 1850, a Grã-Bretanha era a única potência industrial de alguma importância; e a França era o único país do continente em que a indústria tinha algum valor. Em 1870, a Alemanha tinha ultrapassado a França na produção de carvão, embora a França ainda mantivesse sua posição no ferro e no aço – a Guerra Franco-Prussiana foi, do ponto de vista econômico, uma guerra entre iguais. Na era de Bismarck, entre 1871 e 1890, os alemães

Tabela VII. *Produção de carvão das Grandes Potências, 1850-1914* – (em milhões de toneladas)

	1850	1860	1870	1880	1890	1900	1910	1914
Alemanha	6	12	34	59	89	149	222	277
Áustria-Hungria	1,2	2,3	8,6	15	26	39	4,7	47
França	4,5	8,3	13,3	19,4	26,1	33,4	38,4	40
Grã-Bretanha	57	81	112	149	184	228	268	292
Itália	–	–	–	–	–	0,5	0,6	0,9
Rússia	–	0,15	0,75	3,2	6	16,2	24,9	36,2
EUA	–	3,4	10	64,9	143	244	356	455

Tabela VIII. *Produção de ferro-gusa das Grandes Potências, 1850-1914* – (em milhões de toneladas)

	1850	1860	1870	1880	1890	1900	1910	1914
Alemanha	–	–	1,3	2,5	4,1	7,5	9,5	14,7
Áustria-Hungria	–	–	0,4	0,5	0,7	1,5	2	2
França	0,4	0,9	1,2	1,7	2,	2,7	4	4,6
Grã-Bretanha	2,2	3,9	6	7,8	8	9	10	11
Rússia	–	–	0,4	0,4	0,9	2,9	3	3,6
EUA	–	0,8	1,7	3,9	9,4	14	27	30

Tabela IX. *Produção de aço das Grandes Potências, 1850-1914* – (em milhões de toneladas)

	1850	1860	1870	1880	1890	1900	1910	1914
Alemanha	–	–	0,3	0,7	2,3	6,7	13,8	14
Áustria-Hungria	–	–	–	–	0,5	1,2	2,2	2,7
França	–	–	0,4	0,3	0,7	1,6	3,4	3,5
Grã-Bretanha	–	–	0,7	1,3	3,6	5	5,9	6,5
Rússia	–	–	–	–	0,4	1,5	3,5	4,1
EUA	–	–	–	1,3	4,3	10	26	32

eclipsaram a França; eles alcançaram a Grã-Bretanha na última década do século, e sua indústria pesada ultrapassou a dos britânicos no século XX. Mesmo a pequena vantagem que os britânicos conservaram no carvão não é tão significativa como pode parecer. A Grã-Bretanha exportava uma grande quantidade de carvão. Os alemães usavam seu carvão internamente.[7] A Áustria-Hungria não era irrelevante economicamente; depois de 1867, ela se manteve a maior parte do tempo no nível francês. A Rússia permaneceu atrasada até por volta de 1890. Depois ela se desenvolveu mais rapidamente que qualquer outra potência; e em 1914 já tinha alcançado o nível da França. Mas na economia, ao contrário da política, não podemos limitar nossos números à Europa. Até 1880, os Estados Unidos não pesavam muito. Então, eles passaram pela maior das revoluções industriais. Em 1914, eles não eram apenas uma potência econômica de nível europeu; eram um rival do continente. Sua produção de carvão equivalia à produção da Grã-Bretanha e da Alemanha somadas; sua produção de ferro e de aço ultrapassava a de toda a Europa. A mensagem era esta: economicamente, a Europa não tinha mais um monopólio – ela não era nem mesmo o centro do mundo.

A ascensão da Rússia e dos Estados Unidos pode ser demonstrada de maneira ainda mais impressionante se examinarmos a taxa de desenvolvimento, não a produção real.

Nos anos decisivos entre 1885 e 1913, a produção industrial britânica cresceu à taxa anual de 2,11%, e a alemã à taxa anual de 4,5%. A taxa americana foi de 5,2%, e a russa de 5,72%. Em 1860, a Grã-Bretanha tinha 25% da produção industrial mundial; em 1913, menos de 10%. A Alemanha tinha aumentado sua participação de 15% para 17% entre 1890 e 1900, mas retrocedeu novamente a 15% em 1913. E isso por uma razão simples: os Estados Unidos tinham menos de 20% da capacidade produtiva mundial antes de 1880 e mais de 35% em 1913. Em 1870, a produção alemã era de 90% da americana; em 1900, 48%; e em 1913, menos de 40%.

Agora precisamos traduzir esses dados econômicos em termos políticos. Em 1850, a Prússia e a Áustria, as potências da Europa central, ainda tinham alguns motivos, embora não muitos, para temer a dominação da França. Elas seriam apoiadas contra ela pela Grã-Bretanha; e esse apoio seria decisivo. O espantalho russo, embora temido, estava, na verdade, ultrapassado.

---

7 Por outro lado, grande parte do carvão britânico ia para a França, que também importava um terço de seus recursos. Consequentemente, o montante combinado da Entente era superior ao alemão. Além do mais, em tempos de paz os britânicos importavam aço da Alemanha e obtinham uma lucratividade maior, advinda do comércio de produtos acabados.

Tabela X. *Produção industrial das Grandes Potências, 1860-1913* (1913 = 100)

	1860	1870	1880	1890	1900	1910	1913
Alemanha	14	16	21	37	60	86	100
França	26	31	38	49	64	89	100
Grã-Bretanha	34	44	54	65	76	85	100
Rússia	8	13	17	26	58	83	100
EUA	8	12	21	36	55	84	100

Ele repousava unicamente nos recursos humanos, e era incapaz de ser eficaz quando o carvão e as ferrovias entravam em cena. Entre 1850 e 1870, as forças econômicas trabalharam em conformidade com as tendências políticas. O equilíbrio de poder foi fortalecido; e o sistema bismarckiano de poder depois de 1871 correspondia à realidade de diversas grandes potências europeias. Depois de 1890, esse equilíbrio começou a se desfazer. A Alemanha sobrepujava todos os outros Estados do continente; e o equilíbrio se restabeleceu muito pouco quando o poder britânico foi posto na balança contra ela. Mas essa situação também era precária. Os Estados Unidos podiam desafiar a Alemanha, ainda que ela dominasse o continente europeu; e, no fundo, a Rússia estava se desenvolvendo mais rapidamente que qualquer outro país do mundo. Os alemães tinham uma oportunidade, mas ela não iria durar.

Portanto, a maioria dos cálculos com que os estadistas da Europa se depararam em seu processo decisório confuso e improvisado fazia sentido. O temor inicial da Rússia fazia menos sentido – já que a Guerra da Crimeia não deu em nada. Ela não conquistou muito mais do que teria conquistado sem guerra. Mas o cálculo de Palmerston de que o crescimento da Alemanha fortalecia o equilíbrio de poder e o de Bismarck de que o equilíbrio deixava agora a Alemanha segura faziam sentido. O cálculo dos franceses depois de 1870 de que eles precisavam de aliados se quisessem se preservar contra a Alemanha também fazia sentido; e também fazia sentido o cálculo dos alemães depois de 1905 de que precisavam atacar logo se quisessem dominar a Europa. Os britânicos tinham razão de supor, depois de 1905, que a sua pressão era necessária para manter a Alemanha na linha; mas também tinham razão de acreditar que, se o combate pudesse ser adiado, o crescimento da Rússia poderia evitá-lo totalmente. Todos os ingleses, com a exceção de alguns, fizeram a asneira de ignorar os Estados Unidos.[8] Eles não

---

[8] Guilherme II às vezes mencionava uma coalizão europeia contra os Estados Unidos; mas essa união seria econômica.

perceberam que, se brigassem, os Estados Unidos poderiam intervir e bater as cabeças deles uma na outra – e teriam força suficiente para fazê-lo. Esse erro pôs um fim ao conceito antigo de história europeia.

O erro é compreensível. Os estadistas europeus consideravam mais as aparências políticas que as realidades econômicas. Parecia que, para eles, os Estados Unidos não estavam em outro continente, mas em outro planeta. A propósito, as questões políticas para eles tinham mesmo um peso maior nos assuntos europeus. Isso também era razoável. Perguntar quais eram os recursos econômicos de uma potência era algo acadêmico. A questão decisiva era: até que ponto eles podem ser mobilizados para a guerra? A Grã-Bretanha poderia ser a principal potência econômica do período, mas, antes de 1914, ninguém – nem mesmo os estadistas britânicos – imaginava que o povo britânico poderia vir a tolerar o serviço militar universal e um exército de massa; a segurança oferecida pela marinha era um argumento bastante eficaz contra eles. Repito: o medo da França que ainda existia em 1848 se baseava muito mais no suposto espírito revolucionário do seu povo do que em seus recursos econômicos. O Segundo Império mostrou que esse espírito não significava muita coisa; e, depois de 1870, esperava-se que uma revolução na França se voltaria contra o governo, não se transformaria numa guerra de conquista. Foi só em 1912 que os estadistas franceses afastaram o temor de que a guerra traria uma nova "Comuna".

O medo da revolução agiu como um freio nas outras Grandes Potências. Os governantes da Rússia, da Prússia e da Áustria eram, antes de 1848, teoricamente onipotentes; mas só o tsar teria se arriscado a agir, e, no caso dele, com alguma ansiedade. O Império Austríaco quase sucumbiu à revolução em 1848: e o medo com relação à Hungria o enfraqueceu nas guerras de 1859 e 1866. A Rússia ficou numa situação revolucionária depois de cada uma de suas guerras – em 1856, em 1878 e em 1905. Da última vez, os governantes da Rússia chegaram à conclusão inabalável de que, onde uma guerra malsucedida tinha causado a revolução, uma guerra bem-sucedida a afastaria. Os políticos Habsburgo fizeram praticamente o mesmo cálculo nos anos anteriores a 1914. Mas a mudança decisiva foi na Alemanha. Em relação ao equilíbrio de poder, o feito político de Bismarck foi ainda mais importante que o crescimento econômico da Alemanha. Ele controlou a revolução alemã. Quando chegou ao poder em 1862, o rei da Prússia estava prestes a abdicar; em dez anos, a Alemanha travou duas guerras bem-sucedidas. O próprio Bismarck continuou acreditando no perigo social a vida toda. Suas propostas de ação contra ele em 1890 serviram de motivo para a sua queda. Na verdade, ele tinha vencido a parada. Os socialistas alemães se adaptaram ao

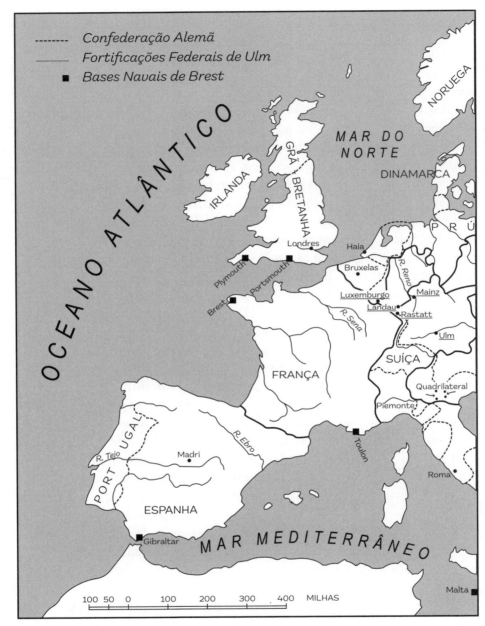

AS GRANDES POTÊNCIAS EM 1848

A LUTA PELA SUPREMACIA NA EUROPA

sistema imperial. Já em 1892, o líder socialista alemão Bebel declarou: "A social-democracia atual é uma espécie de escola preparatória para o militarismo". Os governantes da Alemanha durante o reinado de Guilherme II nunca se preocuparam em ser contestados por seu povo se tomassem um caminho agressivo, e às vezes temiam a insatisfação que poderia surgir se não o fizessem. Em última análise, a Primeira Guerra Mundial foi provocada pela coincidência de duas crenças opostas. Os governantes da Áustria-Hungria acreditavam que haveria revolução se eles não declarassem guerra; os dirigentes da Alemanha estavam seguros de que não haveria revolução se eles declarassem. As duas crenças teriam surpreendido Metternich.

É claro que a Alemanha imperial não era a única a afastar o medo da revolução: ela simplesmente levou o procedimento mais longe que os outros. Não há nada mais estranho nem mais desconcertante que o declínio do espírito revolucionário nas décadas mais revolucionárias da história europeia. Marx e Engels foram juízes mais perspicazes que seus contemporâneos, e esperavam que as revoluções de 1848 seriam seguidas por outras explosões mais violentas: acabaram se enganando redondamente. Nos primeiros anos do século XX, a revolução violenta parecia mais distante do que nunca de todos os grandes países europeus. No dia 4 de agosto de 1914, quando esperava um futuro insuportavelmente angustiante, *Sir* Edward Grey exclamou: "Haverá governos trabalhistas por toda parte depois disto". Ele não podia imaginar nada mais subversivo que ter Ramsay MacDonald e Jean Jaurès como primeiros-ministros da Grã-Bretanha e da França. Do mesmo modo, quando Victor Adler contestou Berchtold, ministro do Exterior da Áustria-Hungria, que a guerra provocaria uma revolução na Rússia, mesmo que não o fizesse na monarquia dos Habsburgo, ele replicou: "E quem vai liderar essa revolução? Por acaso o sr. Bronstein, que está sentado ali no Café Central?".[9]

Os estadistas de 1914 gostavam de se sentir livres do medo em relação à revolução. Isso tornou mais fácil para eles pensar na guerra como um instrumento de política. Mas precisavam superar obstáculos mais concretos. Não bastava saber que seu povo não se oporia a eles em caso de guerra; tinham de perguntar se o povo os apoiaria, e com que eficácia. Cada ano de guerra exigia mais organização e mais iniciativa. Os exércitos de 1848 ainda eram em grande medida exércitos do *ancien régime* – que se mantinham unidos por meio de uma disciplina brutal e que realizavam manobras como se fossem burocráticas paradas. As batalhas na Crimeia e no norte da Itália eram,

---

9 Com outro nome (que pode ser encontrado no índice remissivo), Bronstein se tornou muito mais famoso que Berchtold.

como se costuma dizer, "batalhas de soldados" – homens jogados uns contra os outros num amontoado, sem preparo nem orientação. Nessas guerras, a potência mais atrasada levava vantagem. A opinião pública russa permaneceu apática diante dos erros e das doenças na Crimeia, muito piores que aqueles que haviam derrubado o governo de Aberdeen na Inglaterra; e, em Solferino, Francisco José podia contemplar calmamente a carnificina que abalou os nervos de Napoleão III, o ditador demagogo. Esperava-se que o governo constitucional e o progresso econômico tornassem as pessoas menos dispostas a ir para a guerra e provavelmente menos aptos para ela; e foi o que aconteceu até depois das vitórias prussianas de 1866 e 1870. Elas deveram tanto ao itinerário das ferrovias quanto às novas táticas; e Bismarck utilizou o sufrágio universal para fortalecer o militarismo alemão, não para destruí-lo.

Nesse aspecto, como em tantos outros, a geração posterior ao Congresso de Berlim marcou a era de transição. A Rússia, a obsoleta potência absolutista, foi se tornando cada vez mais ineficiente, até sofrer um grande desastre na guerra contra o Japão; ela só se recuperou, posteriormente, mobilizando as novas forças da indústria e mesmo da opinião pública. O nacionalismo e a educação em massa, que se esperava que trouxessem a paz, foram transformados por toda parte em vantagem para o poder estatal. Onde a Alemanha assumiu a liderança, a Grã-Bretanha e a França vieram atrás, embora mais lentamente. Economicamente, em 1914, a Alemanha estava mais equipada do que nunca para entrar em guerra com seus vizinhos ocidentais; politicamente, porém, seu período de maior vantagem tinha sido dez ou vinte anos antes. Mesmo em 1914, os alemães contavam com o antimilitarismo ou mesmo a guerra civil, tanto na França como na Grã-Bretanha. Os acontecimentos mostraram que eles estavam errados. A unidade nacional dos dois países democráticos durante a Primeira Guerra Mundial foi tão grande como a que a Alemanha dispunha desde a época de Bismarck. Na verdade, a *Union Sacrée*, milagrosamente firmada pela França, permitiu que ela resistisse à Alemanha com mais eficácia em 1914 do que o fizera em 1870, quando seus recursos econômicos eram muito mais equivalentes. Antes, a revolução doméstica, ou o medo dela, causara a derrota militar; agora, até a derrota catastrófica, nenhum país, nem mesmo a Áustria-Hungria ou a Rússia, enfrentou a revolução.

Voltamos ao ponto de partida. Os setenta anos entre 1848 e 1918 foram a última era do equilíbrio de poder europeu, um equilíbrio fortalecido por acontecimentos políticos e econômicos que, esperava-se, o destruiriam. Os primeiros 23 anos foram um período de turbulência, quando a velha ordem parecia estar desmoronando, que terminou com a "pequena revisão":

os novos Estados da Alemanha e da Itália se ajustaram ao sistema de equilíbrio de poder; e, durante mais de uma geração, a Europa combinou uma enorme transformação com a paz internacional. Então o equilíbrio vacilou e foi desafiado novamente. Mas a Primeira Guerra Mundial não teve nenhum dos resultados tradicionais. O equilíbrio não foi restaurado; o continente não passou a ser dominado por uma única grande potência; e nem sequer ocorreu uma revolução mundial. A intervenção dos Estados Unidos subverteu todos os cálculos racionais. A partir de então, o que fora o centro do mundo passou a ser simplesmente "a Questão Europeia".

I
A DIPLOMACIA DA REVOLUÇÃO
1848

A estabilidade que foi atacada em 1848 era um sistema baseado em princípios e propósitos, não em tratados. No final do século XIX, todas as Grandes Potências, com exceção da Grã-Bretanha, estavam envolvidas em alianças formais; e no século XX a Grã-Bretanha e até mesmo os Estados Unidos foram atraídos para a estrutura complexa de garantias e pactos de ajuda mútua. O sistema de Metternich, embora mais estável e até mais rígido, não tinha alianças generalizadas e contava com poucos tratados específicos. A "estrutura de tratados" da Europa nada mais era que os acordos territoriais do Congresso de Viena; qualquer garantia geral desapareceu com o último Congresso de Verona, em 1822. Embora a Quádrupla Aliança ainda existisse nominalmente, ela só protegia contra a volta da família Bonaparte à França; e nem mesmo isso funcionou quando a questão se tornou concreta em 1852. As Grandes Potências tinham se comprometido em 1815 a respeitar e defender a neutralidade da Suíça; porém, quando a Suíça deixou de ser um ponto-chave da ordem europeia, nunca houve uma "Questão Suíça", exceto por um curto período, em 1847. Fora isso, a única obrigação envolvendo as Grandes Potências era a garantia da neutralidade belga, definida no Tratado de Londres de 1839; e a única disposição geral entre as potências era a Convenção dos Estreitos de 1841, que fechava os Estreitos a navios de guerra estrangeiros em tempo de paz. É claro que, isoladamente, cada grande potência tinha tratados de aliança ou proteção com Estados menores, como a Áustria tinha com as Duas Sicílias (Nápoles) e a Grã-Bretanha, com Portugal. Do mesmo modo, como membros da Confederação Germânica, a Áustria e a Prússia estavam presas a obrigações de natureza quase internacional.[1] Na maioria das vezes, porém, quando os políticos mencionavam seus aliados, eles se referiam somente às potências com as quais mantinham relações amistosas, ou, no máximo, com as potências das quais eles tinham sido aliados durante as Guerras Napoleônicas.

A coisa mais próxima de uma aliança formal era a associação das três monarquias conservadoras – Rússia, Prússia e Áustria –, ou, como elas eram curiosamente chamadas, "as Três Cortes do Norte". Ainda mais frouxos eram os vínculos entre os membros da "Santa Aliança", embora ela tivesse apenas o nome em comum com a proclamação dos elevados princípios cristãos definidos pelo tsar Alexandre I em 1815. A Santa Aliança era conservadora num duplo sentido. Era uma aliança do *status quo*, contrária a alterações de fronteira; e era uma aliança política, contrária a concessões constitucionais dentro dos Estados. Embora os políticos da Santa Aliança justificassem sua oposição ao "liberalismo" fazendo referência a sua potencial ameaça à estabilidade internacional, as duas posturas eram inseparáveis; e seria igualmente razoável atribuir seu empenho na manutenção do *status quo* à crença de que a revisão dos tratados abriria as portas ao liberalismo. Até onde era possível definir a Santa Aliança, suas cláusulas tinham sido definidas pelos três argumentos, vagamente denominados Tratado de Münchengrätz,[2] que foram elaborados por Metternich em 1833. O primeiro deles obrigava a Áustria e a Rússia a manter o *status quo* na Turquia e a agir em conjunto se um novo estado de coisas se tornasse necessário ali. Com o segundo, a Rússia e a Áustria asseguravam reciprocamente a garantia de suas terras polonesas e prometiam se ajudar mutuamente em caso de rebelião. O terceiro, ao qual a Prússia também estava associada, declarava que as três potências se oporiam à doutrina de não intervenção se um pedido de ajuda contra o liberalismo viesse de um soberano independente.[3] Em termos menos formais, a

---

[1] As questões relacionadas à Confederação Alemã representam um problema difícil ao historiador das relações internacionais. Como os Estados germânicos eram, teoricamente, potências soberanas, todas as transações entre eles deveriam ser consideradas por este analista; mas isso deixaria pouco, entre 1815 e 1866, para o historiador da Alemanha. Portanto, evitei as questões alemãs, exceto quando elas tinham um impacto nas Grandes Potências; e, mesmo então, tratei-as brevemente quando apenas a Áustria e a Prússia estavam envolvidas. Se este fosse um livro didático, seria necessário pedir desculpa por uma concessão tão ilógica.

[2] Este é o nome alemão obsoleto da cidade tcheca Mnichovo Hradiste.

[3] Textos em Zaiaonchkovski, *Vostochnaya Voina*, vol. i (ii), n.8. A convenção turca foi assinada em 18 de setembro de 1833; a convenção polonesa, em 19 de setembro, ambas em Münchengrätz; a tripla declaração, em Berlim, em 15 de outubro.

Rússia foi em parte desviada de suas pretensões no Oriente Próximo por um cortejo de princípios conservadores, e em parte subornada para abandoná-las em troca da perspectiva de segurança na Polônia. Como a Prússia não tinha interesse nos Bálcãs, ela podia se ligar aos outros por meio apenas de uma solidariedade conservadora; curiosamente, ela foi considerada menos envolvida até nas divisões da Polônia, possivelmente até um pouco suspeita de simpatia pelo nacionalismo polonês.

Os acordos de Münchengrätz indicaram as principais fragilidades que Metternich e seus parceiros viam em seu sistema conservador – o Oriente Próximo, a Polônia e "a revolução", principalmente sob o disfarce da agressão francesa. No Oriente Próximo não havia um conflito deliberado entre os interesses russos e austríacos, apenas o temor de que os dois poderiam se chocar por engano, a menos que fossem continuamente lembrados de seus outros perigos. O conflito era evitado pela solidariedade monárquica, não por ameaças recíprocas. Não havia concentração de tropas no sul da Rússia se preparando para invadir a Turquia; nem tropas austríacas na Galícia ou na Transilvânia preparadas para defendê-las.[4] As guarnições do leste da Europa – russos em Varsóvia, prussianos em Posen e austríacos em Cracóvia – eram para ser usadas contra uma insurreição polonesa, não uma contra a outra. Seja como for, os exércitos das três monarquias despóticas olharam para oeste, contra a França. O grosso do exército austríaco estava no norte da Itália, baseado nas fortificações da Quadrilateral; o grosso do exército prussiano estava no Reno, baseado nas fortificações federais alemãs.[5] Uma nova guerra da França contra a Europa era a única para a qual os estrategistas se programaram na geração entre o Congresso de Viena e as revoluções de 1848.

Os radicais que protestavam contra a "Santa Aliança" tinham a mesma visão. Eles ignoravam os cristãos dos Bálcãs e encaravam a Questão Oriental, quando chegavam a fazê-lo, como uma forma conveniente de gerar uma divisão entre a Rússia e as duas outras potências conservadoras. Suas queixas principais eram a Polônia e o controle austríaco do norte da Itália; seus grandes heróis, os exilados poloneses e italianos. Os radicais alemães reclamavam da desunião da Alemanha; mas essa reclamação não fazia parte do

---

[4] Daí os enormes gastos em que a Áustria incorreu durante a Guerra da Crimeia. A Transilvânia não estava preparada para abrigar o exército mobilizado à época pela Áustria.

[5] Do mesmo modo, os preparativos navais britânicos estavam dirigidos unicamente contra a França. Todas as bases navais apontavam para ela; e, mesmo no século XX, a Grã-Bretanha teve de improvisar bases para lutar contra a Alemanha.

programa radical geral. Os franceses em particular, que deveriam liderar a "revisão" radical, não tinham uma política bem definida em relação à Alemanha, embora estivessem suficientemente decididos a respeito da Polônia e da Itália. Os franceses, na verdade, juntavam os princípios ao lucro. Eles pressupunham que uma nova Europa, baseada em Estados nacionais, estaria sob a liderança de Paris do mesmo modo que o sistema do Congresso estava sob a liderança de Viena. A Alemanha unificada iria destruir esses cálculos. Assim, eles ignoraram o "problema alemão" até que este lhes foi jogado na cara pelos fatos; e eles foram secundados por outros – poloneses e italianos, que teriam achado uma Alemanha unificada igualmente embaraçosa, como de fato ela acabou sendo para todos os envolvidos.

As revoluções de 1848 não pegaram ninguém de surpresa. Metternich anunciara havia muito tempo que ele estava sustentando uma "estrutura em decomposição"; e os líderes revolucionários eram considerados por todos, particularmente por eles mesmos, os futuros governantes da Europa. Os primeiros ruídos da tempestade tinham sido a fracassada revolução polonesa na Galícia em 1846. No ano seguinte, todos os Estados da Itália pareciam à beira da revolução; e o último grande acordo de Metternich, por incrível que pareça, não foi com a Santa Aliança, mas uma parceria conservadora na Itália com Guizot, o ministro francês do Exterior. Ninguém percebeu a insatisfação alemã nos dois ducados do Elba, Schleswig e Holstein, que estavam sob a soberania do rei da Dinamarca; no entanto, ela anunciou a ascensão do nacionalismo alemão, que iria ofuscar todos os outros.

A revolução irrompeu na Sicília em janeiro de 1848, alcançando o estágio europeu com a revolução em Paris no dia 24 de fevereiro. Esses eram acontecimentos domésticos. A revolução maior de 1848 era contra a estabilidade internacional, contra o sistema do Congresso de Viena. Os dois símbolos dessa revolução foram o Manifesto de Lamartine à Europa de 4 de março e a queda de Metternich em 13 de março. Lamartine, poeta e historiador romântico da Gironda, tinha sido a figura predominante na revolução de Paris de 24 de fevereiro; por ser o único membro do Governo Provisório com visão de grandeza, ele assumiu, inevitavelmente, o comando da política externa. Como seu republicanismo tinha sido anteriormente, em suas próprias palavras, "puramente filosófico", ele indicou Bastide, um republicano veterano, como subsecretário para atuar como seu avalista junto aos radicais.[6] Lamartine e seus colegas do Governo Provisório estavam cientes, talvez cientes demais, da precariedade da sua situação; seu objetivo era evitar

---

6 Lamartine, *Histoire de la révolution de 1848*, ii. 7.

uma revolução mais radical, e eles tentaram impedi-la por meio de gestos radicais inofensivos, como foi a abolição da pena de morte e a proclamação, por Lamartine, de uma política externa revolucionária. Para satisfazer a opinião radical francesa, ele repudiou os tratados de 1815; para tranquilizar os estadistas europeus, anunciou que continuaria a reconhecê-los: "os tratados de 1815 não têm existência legal aos olhos da República Francesa; não obstante, as cláusulas territoriais desses tratados são uma realidade que a República admite como base e ponto de partida em suas relações com as outras nações". A única ameaça de guerra era em caso de interferência na Suíça ou nos Estados independentes da Itália.[7] Não satisfeito com essas frases cautelosas, Lamartine se desculpou antecipadamente pelo Manifesto ao embaixador britânico e até mandou uma mensagem privada ao duque de Wellington: "O Governo Provisório fará uma declaração contundente às nações europeias, mas o duque de Wellington compreenderá seu verdadeiro sentido".[8] De todo modo, apesar dessas desculpas, a circular de Lamartine foi um gesto dramático – o primeiro anúncio oficial por um governo de uma grande potência de que o Acordo de Viena não tinha validade moral. Sem pretender agir assim, Lamartine pusera as relações internacionais numa situação *de facto*.

O velho mundo da Santa Aliança teve um último momento de vida depois da revolução de Paris, antes de ser varrido. Até o fim Metternich pensou na "revolução" como algo externo, observando alegremente: "a situação é tal como era em 1792". Ele queria repetir o erro de 1792, isto é, exigir da França uma declaração de respeito pelos tratados existentes.[9] Embora Frederico Guilherme IV e o tsar Nicolau falassem em resistência unida contra a propagação da revolução, eles não seriam envolvidos em nenhum plano de ação. É claro que, se houvesse uma guerra revolucionária, os russos prefeririam que ela fosse travada no Reno, não na Polônia. No primeiro caso, a Rússia forneceria apenas um corpo auxiliar; neste último, ela lutaria, como em 1812, e poderia muito bem ter de despertar as massas com uma promessa de revolução social. Por outro lado, os russos sabiam que a Áustria não podia contribuir com nada e duvidavam que a Prússia pudesse dar uma grande contribuição; a entrada do exército russo na Alemanha poderia muito bem desencadear a revolução. Consequentemente, o tsar encorajou o conservadorismo dos outros sem se comprometer

---

7 Ibid., ii. 28-35.
8 Spenser Walpole, *Life of Lord John Russell*, ii. 32.
9 Rascunho da Declaração dos Quatro Pontos, 7 de março de 1848.

com a causa conservadora; o interesse russo, não um princípio abstrato, foi o que o motivou.¹⁰ Quanto a Frederico Guilherme, sua mente já era uma grande efervescência de contradições. Ele queria agir de forma concertada com a Rússia, mas também de forma concertada com a Grã-Bretanha; e se os dois não iriam agir juntos, então ele também não se moveria.¹¹

É claro que fazia muito tempo que a política britânica estava fora de sintonia com a rigidez da Santa Aliança; e a revolução de fevereiro em Paris completou o afastamento. Todas as potências tinham se sentido ofendidas por Luís Filipe, principalmente porque ele era um monarca liberal demais, já a Grã-Bretanha achava que ele não era suficientemente liberal; no final de julho, as relações da monarquia francesa com a Grã-Bretanha eram piores do que com qualquer outra potência. O primeiro-ministro Russell e o ministro do Exterior Palmerston mantinham relações íntimas com os líderes da oposição francesa; e ambos estavam dispostos a acreditar nas garantias pacifistas de Lamartine. Além disso, Palmerston esperava repetir em larga escala o maior êxito da política britânica desde o Congresso de Viena – o "apaziguamento" de 1830 na Questão Belga por meio do qual o sentimento francês fora atendido sem perturbar o equilíbrio de poder. Portanto, enquanto Metternich exigia que a França devia dar garantias à Europa, Palmerston sugeria que a Europa devia dar garantias à França. Em 4 de março ele pediu às três "Cortes do Norte" que considerassem "se vantagens importantes não seriam obtidas para a causa da paz" dando à França a garantia de que, "contanto que a França não seja agressiva, nenhuma agressão será praticada contra ela".¹² Embora todas essas manobras logo se tornassem ultrapassadas com a expansão da revolução pela Europa central, elas já esboçavam a postura que as potências adotariam nos anos seguintes. A França estava ressentida em relação à existência do acordo de 1815, embora não tivesse nenhuma queixa concreta; a Grã-Bretanha acreditava que a paz poderia ser preservada acalmando o sentimento francês; a Rússia desejava pressionar as duas potências germânicas a defender o conservadorismo sem se comprometer ela própria com isso; a Áustria estava disposta a avançar se tivesse a garantia do apoio russo; e a Prússia se apegava, hesitante, à Grã-Bretanha e à Rússia,

---

10 Meyendorff (embaixador russo em Berlim) para Nesselrode (chanceler russo), 2 de março e 8 de março de 1848. Hoetzsch, *Peter von Meyendorff*, ii, n.218 e 219.
11 Muitas vezes esquecemos que, embora Frederico Guilherme tenha escrito cartas histéricas intermináveis ao tsar, ele também escreveu cartas histéricas intermináveis à rainha Vitória.
12 Palmerston para Bloomfield (S. Petersburgo), Ponsonby (Viena), Westmoreland (Berlim), 4 de março de 1848.

tentada por uma reformulação da Europa, temerosa de que esta fosse executada à sua custa.

No dia 13 de março, a revolução se espalhou da França para a Europa central. Metternich perdeu o poder em Viena, e com ele se foi o prestígio da Áustria. "O sistema de 1815" chegava ao fim. Em 18 de março, Frederico Guilherme cedeu aos revoltosos em Berlim e concordou em fazer concessões liberais; três dias depois, ele proclamou que "a Prússia se incorpora à Alemanha", e prometeu proteger a Alemanha "contra o duplo perigo iminente", isto é, tanto contra a Rússia como contra a França. A promessa não se sustentou por muito tempo. Ainda assim, o que acontecera na Prússia ou em outras regiões da Alemanha era sobretudo uma questão interna. Os dois grandes motivos de queixa do sentimento radical eram a Polônia e a Itália; e esses dois estabeleceram o padrão diplomático do ano revolucionário. A Polônia mal se moveu. A Polônia russa estava controlada com mão de ferro por um exército russo desde a derrota da revolta de 1831; a Galícia, a Polônia austríaca, ainda estava exaurida com a revolta de 1846 e produziu apenas alguns distúrbios na Cracóvia, que foram finalmente reprimidos no dia 25 de abril. Só o governo liberal da Prússia fez algo pelos poloneses. Os líderes poloneses que estavam presos em Berlim desde 1846, tendo à frente Mieroslawski, foram libertados; e foi prometida aos poloneses uma "reorganização nacional" do Grão-Ducado de Posen, a cota da Prússia na partilha. A Itália, por outro lado, se libertou sozinha. Veneza e Milão expulsaram as tropas austríacas e instalaram governos provisório (23 de março); ambos pediram socorro a Carlos Alberto, rei da Sardenha.

Carlos Alberto e Frederico Guilherme IV tinham muitos pontos em comum. Ambos combinavam o conservadorismo romântico com uma avaliação arguta do interesse do Estado; ambos, de vez em quando, se fingiam de liberais enquanto, no íntimo, detestavam o liberalismo. Por um momento, perto do final de março de 1848, parecia que ambos seguiriam o mesmo padrão. Para salvar seus tronos, eles se poriam à frente, respectivamente, dos nacionalismos italiano e alemão. A Sardenha entraria em guerra com a Áustria por causa da Lombardia e da Venécia; a Prússia entraria em guerra com a Rússia por causa da Polônia. A França radical apoiaria ambas, como a Rússia tinha apoiado a Santa Aliança; e ambas desfrutariam da benevolência britânica, se não mais. Esse sonho liberal jamais se concretizou. A Prússia e a Sardenha tomaram rumos diferentes. Carlos Alberto se sentiu ainda mais ameaçado pelo radicalismo – se ele não entrasse em guerra haveria uma explosão republicana imediata em Gênova. Além disso, tinha um oponente mais fraco: a Áustria já parecia estar se desintegrando, e ele poderia atacá-la sem o risco de precisar da ajuda francesa. Sua célebre frase, "a Itália fará isso sozinha", foi um juízo de fato (embora equivocado), não uma manifestação de esperança. Portanto, no dia 24 de março, Carlos Alberto decidiu pela guerra. A Questão Italiana deixou, por ora, de ser uma questão diplomática.

O sentimento liberal alemão se voltou contra a Rússia com o mesmo ímpeto do sentimento italiano contra a Áustria. Os italianos podiam tratar Metternich como o centro da reação; os alemães se voltaram mais rapidamente contra uma potência não germânica. Argumentando a partir da analogia dos jacobinos franceses e do reinado do Terror, muitos liberais alemães acreditavam que a Alemanha só poderia se unir por meio de uma guerra externa, e nas circunstâncias revolucionárias que deve ser uma guerra contra a Rússia pela libertação da Polônia. Arnim-Suckow, o diplomata de carreira que se tornara ministro do Exterior prussiano em 21 de março, estava disposto a defender essa política; e, como ele tinha sido recentemente embaixador em Paris, imaginava que conseguiria arrastar a França consigo. Frederico Guilherme, depois de se recuperar do pânico de 18 de março, decidiu, contudo, não enfrentar a Rússia. Já em 22 de março ele disse a um importante liberal, Max von Gagern, que insistira para que ele libertasse a Polônia: "Por Deus, jamais, jamais, em nenhuma circunstância, eu puxarei a espada contra a Rússia".[13] Havia outras diferenças em relação à Itália além da obstinação do rei. A Áustria, apesar de frágil e caótica, tinha desafiado a revolução italiana. A Rússia, embora seu exército fosse considerado formidável, evitara qualquer desafio à revolução alemã, ou mesmo à francesa, quando a Questão Polonesa fora suscitada. Com a notícia da revolução de fevereiro, o tsar Nicolau tinha mandado seus oficiais selar os cavalos. Um mês depois, dizia a um representante francês informal que seria mais fácil para ele se entender com uma república do que com uma monarquia constitucional: "Tanto a república como a monarquia estão preocupadas com o bem do povo. Por outro lado, as constituições são feitas apenas em benefício de uns poucos indivíduos".[14] Os coordenadores da política russa eram em sua maioria alemães – Meyendorff, o embaixador em Berlim, um barão báltico; Nesselrode, o chanceler, um luterano que nunca aprendeu a falar russo. Talvez seja por isso que eles perceberam de imediato que os alemães e os poloneses brigariam se a Rússia se mantivesse afastada.[15]

---

13 Pastor, *Leben des Freiherrn Max von Gagern*, p.234. Quanto à Questão Polonesa, Namier, *1848: The Revolution of the Intellectuals*, p.43-65
14 Bapst, *Origines de la guerre de Crimée*, p.8
15 *Meyendorff*, ii, n.226.

Isso era muito mais profundo que um cálculo diplomático. Todos os dirigentes russos estavam convencidos de que o renascimento de uma Polônia independente significaria o fim da Rússia como grande potência. Meyendorff disse a Stratford Canning: "Na visão dos poloneses, a Polônia se estende até a foz do Vístula e do Danúbio, e até Dnieper em Smolensk e em Kiev. Essa Polônia cria um bastião dentro da Rússia, destrói sua unidade política e geográfica, a empurra para dentro da Ásia, causa-lhe um retrocesso de duzentos anos". E acrescentou: "para impedir a implantação dessa Polônia, todo russo vai pegar em armas como em 1812".[16] Nesselrode tinha a mesma convicção. Ele escreveu a Meyendorff em 27 de abril: "Rechaçar um ataque por parte dos poloneses é o que todo mundo quer. Para isso haveria um levante em massa, mesmo que esse ataque fosse apoiado pelo mundo inteiro. Mas um exército enviado ao exterior para restaurar os tronos caídos ou para apoiar a Alemanha contra a França não seria popular aqui".[17] Os russos certamente ameaçaram intervir se houvesse um movimento polonês importante na Polônia prussiana ou na Galícia;[18] do contrário, nas palavras do tsar: "Um mosquete não deveria ser levado ao ombro a menos que a Rússia fosse atacada".[19]

A Rússia se recusou a ser provocada; mais decisivo ainda, a França se recusou a provocá-la. O Manifesto de Lamartine à Europa não tinha nem mencionado a Polônia, uma omissão surpreendente depois das declarações de solidariedade à Polônia aprovadas anualmente até mesmo pela Câmara da Monarquia de Julho. Lamartine definiu sua política em resposta a uma delegação polonesa: "Amamos a Polônia, amamos a Itália, amamos todas as nações oprimidas, mas, acima de tudo, amamos a França".[20] Embora torcesse por uma aliança com a Prússia, Lamartine queria que ela tivesse um caráter pacífico, não o de uma aliança contra a Rússia; e o representante especial que enviou a Berlim era um dos poucos franceses que não tinham simpatia pela Polônia – Circourt, um nobre legitimista casado com uma russa. A missão de Circourt era desestimular o governo a ofender a Rússia e, ao mesmo tempo, fornecer material a Lamartine que pudesse desacreditar os poloneses perante a opinião pública francesa. Para atender essa opinião, Lamartine

---

16 Ibid., n.229.
17 Nesselrode para Meyendorff, 27 de abril de 1848. *Lettres et papiers*, ix. 87.
18 Foi a advertência feita por Nicolau a um representante austríaco no início de abril. Guichen, *Les grandes questions européennes*, i. 79.
19 Bloomsfield para Palmerston, n.89, 18 de abril de 1848. Min. Rel. Ext. 65/348.
20 Lamartine, *Trois mois au pouvoir*, p.133.

tinha de deixar que os exilados poloneses em Paris partissem para Berlim e, até mesmo, exigir que eles fossem mandados para Posen; mas estava determinado a não ir mais além. A crise, se é que ela merece esse nome, chegou no final de março. Arnim perguntou a Circourt o que a França faria se os poloneses atacassem a Rússia a partir de solo prussiano e os russos, então, invadissem Posen. O que ele queria era "uma declaração solene de aliança e solidariedade política referente à restauração da Polônia" e "o envio, se solicitado, de uma esquadra francesa para o Báltico".[21] Lamartine usou a desculpa das confusões em Paris para evitar dar uma resposta oficial. Seu secretário simplesmente enviou a Circourt uma frase para ser usada na negociação: "Se a Rússia atacasse a Prússia e invadisse seu território capturando a Posnânia, a França apoiaria militarmente a Prússia".[22] Essa carta só chegou a Circourt em 15 de abril e, nessa altura, Arnim estava assumindo a linha condescendente de que a Prússia poderia secundar os projetos franceses na Polônia se lhe fosse oferecido um estímulo adequado.

O alerta britânico pode ter ajudado a afastar Arnim de seu breve entusiasmo liberal. Stratford Canning, um extraordinário diplomata britânico, fora enviado por Palmerston numa peregrinação pela Europa preparatória ao seu retorno a Constantinopla; e, no final de março, ele chegou a Berlim. Arnim solicitou "a aprovação e o apoio da Inglaterra"; Frederico Guilherme solicitou o apoio de Stratford Canning contra Arnim e sua política polonesa. Embora Stratford Canning não tivesse instruções precisas, ele conhecia a opinião de Palmerston de que a manutenção da paz era "um dos objetivos prioritários para cuja realização os esforços dos políticos esclarecidos deveriam estar direcionados"; e pregou a paz para todos, ganhando até a aprovação de Meyendorff.[23] No entanto, o ministro britânico também tinha pregado a paz em Turim para Carlos Alberto, nesse caso sem resultado. O fator decisivo foi o conflito entre alemães e poloneses na Posnânia, que irrompeu em meados de abril. Em vez de libertar os poloneses, as forças prussianas acabaram por combatê-los; em 6 de maio, Mieroslawski, que tentara sublevar os poloneses, renunciou ao seu comando. No final de abril, Arnim disse a Circourt que a França teria de atravessar a Alemanha à força se quisesse ajudar a Polônia: "A Alemanha acredita que a restauração da Polônia ajudaria a França a apanhar seus vizinhos entre dois fogos";[24] e,

---

21 Circourt para Lamartine, 31 de março de 1848. Circourt, *Souvenirs d'une mission à Berlin*, i. 326-9.
22 Champeaux para Circourt, 4 de abril de 1848. Circourt, i. 329.
23 Seus despachos estão citados em Namier, p.62-3.
24 Circourt para Lamartine, 27 de abril de 1848. Circourt, ii. 73.

no dia 14 de maio, Circourt escreveu a Lamartine: "entraremos em guerra por Posen e faremos as pazes entregando Estrasburgo".[25] A profecia se antecipou em noventa anos. No início de abril, Lamartine se dirigiu de forma tão depreciativa a uma delegação polonesa que o tsar ordenou ao encarregado de negócios russo que ficasse em Paris como sinal de sua aprovação. O colapso indiscutível das esperanças polonesas no início de maio provocou uma revolta radical em Paris no dia 15 de maio. O único gesto do Governo Provisório então constituído foi declarar: "ele ordenará imediatamente aos governos russo e alemão que restaurem a Polônia e, se eles não obedecerem a essa ordem, declarará imediatamente guerra contra eles". Barbès e seus companheiros radicais foram expulsos do Hôtel de Ville depois de algumas horas e, quando eles caíram, a libertação da Polônia caiu junto. Enquanto o tsarismo vivesse, a grande Polônia, a Polônia de 1772, jamais seria defendida de novo, nem mesmo pelos governos franceses mais transitórios. No dia 23 de maio, Lamartine, que já não era ministro do Exterior, defendeu sua política externa na Assembleia; em sua ordem do dia, a Assembleia se declarou favorável a "um pacto de fraternidade com a Alemanha, à reconstrução de uma Polônia livre e independente e à libertação da Itália". Contudo, ela não previu nenhuma ação por meio da qual qualquer desses propósitos poderia ser alcançado.

Portanto, a política prussiana e o sentimento alemão tinham se voltado contra a Polônia e, até certo ponto, contra a França, não contra a Rússia. Todavia, descobriu-se um outro canal de atuação da política externa que foi considerado fundamental para a unidade alemã: a Questão dos Ducados do Elba, Schleswig e Holstein, uma questão, como se constatou, em torno da qual a Alemanha seria construída. Embora os dois ducados se considerassem "unidos para sempre", só Holstein era membro da Confederação Alemã; ambos estavam sob a suserania do rei da Dinamarca, Holstein de caráter exclusivamente alemão e Schleswig alemão em sua porção meridional. A essas complicações nacionais e históricas vinha se somar uma complicação pessoal: a linhagem masculina na Dinamarca estava se acabando, e os ducados reivindicavam que se respeitasse a lei sálica, enquanto a Dinamarca aceitava uma sucessão feminina. Contra isso, o radicalismo dinamarquês – que também estava desperto em 1848 – sugeriu romper a frágil conexão feudal com os ducados e incorporá-los, ou grande parte deles, diretamente à Dinamarca. Contudo, esses tópicos apenas serviram de cenário; basicamente, os ducados levantaram a questão de saber se a nação

---

25 Circourt para Lamartine, 14 de maio de 1848. Circourt, ii. 206.

alemã era capaz de afirmar sua vontade como uma grande potência. Isso não podia ser uma questão apenas entre os alemães e os dinamarqueses. Os ducados tinham sido assegurados à coroa dinamarquesa por meio de um acordo internacional; e no século XVIII eles tinham sido um ponto crucial para a diplomacia europeia. A Grã-Bretanha, a Rússia e até mesmo a França tinham insistido que os ducados permanecessem em mãos dinamarquesas, para que a entrada do Báltico não fosse controlada por uma grande potência. Em meados do século XIX, o Báltico tinha deixado de ser um elemento vital no equilíbrio de poder, uma mudança cheia de consequências para a ascensão da Alemanha. Com o desenvolvimento da energia a vapor, a Grã-Bretanha deixou de depender da madeira e dos suprimentos navais do Báltico; a Rússia, que transferiu o grosso de suas exportações da madeira para o trigo, mudou seu centro econômico das províncias do Báltico para a Ucrânia e sua rota vital do Báltico para os Estreitos. Já em maio de 1848, o conselho de ministros russo decidiu que, enquanto a Polônia e a Turquia eram questões vitais para a Rússia, os ducados do Elba não eram.[26]

A política britânica não aceitou as novas circunstâncias de maneira muito clara ou consciente; na verdade, embora o próprio Báltico não fosse mais importante, um interesse britânico vital ainda estava presente – não ter uma grande potência nas praias do Mar do Norte. Aqui também havia um aspecto fundamental para o futuro. A Grã-Bretanha – a potência mais simpática ao nacionalismo liberal em geral e, devido à influência do príncipe Alberto e seus parentes alemães, a potência mais simpática ao nacionalismo alemão em particular – era o principal adversário desse sentimento nacional na única questão internacional que lhe dizia respeito. No quarto de século posterior às revoluções de 1848, a unificação italiana contou com a simpatia e o apoio britânicos; a unificação alemã, não. Essa diferença tinha diversos motivos. Muitos políticos britânicos, Palmerston, por exemplo, de forma mais enfática, temiam que uma Alemanha unificada imporia barreiras tarifárias aos produtos britânicos; repito, o sentimento britânico não apreciava as ações militares por meio das quais a Alemanha fora unificada – os italianos se saíram muito melhor para unificar seu país por meio de derrotas militares. Porém, do começo ao fim, Schleswig e Holstein foram o fator decisivo. Era quase como se os nacionalistas italianos tivessem considerado que seu objetivo principal era Malta. Os britânicos não ameaçaram entrar em guerra eles mesmos; ameaçaram a Alemanha com a guerra da parte de outros: da Rússia ou da França. Os britânicos pensavam que em toda

---

26 Schiemann, *Geschichte Russlands unter Kaiser Nikolaus I.*, iv. 164.

questão europeia, exceto possivelmente a Bélgica, os interesses dos outros eram afetados de maneira mais vital que os seus. Normalmente isso era verdade; não nos ducados, como o fracasso posterior da política britânica iria demonstrar.

A questão dos ducados tornou-se internacional como parte da revolução geral. Em 24 de março, os herdeiros dos dois ducados romperam com a Dinamarca e apelaram à Confederação Alemã pedindo socorro. Na prática, esse apelo só podia ser dirigido à Prússia, que tinha a força para fazer uma "execução federal". Era um apelo que o governo prussiano liberal não podia recusar; mesmo Frederico Guilherme, dividido entre liderar a Alemanha e ofender a Rússia, acolheu bem uma alternativa à Polônia. No dia 10 de abril, tropas prussianas cruzaram a fronteira dos ducados; no final de abril, elas tinham expulsado os dinamarqueses dos ducados, e, no dia 2 de maio, tinham entrado na Jutlândia. Embora os russos ficassem indignados com essa política subversiva, não tinham nenhuma intenção de lutar pela Dinamarca a guerra que eles tinham evitado por causa da Polônia. Além disso, a Rússia, apesar de professar princípios conservadores, estava menos envolvida na estrutura de tratados da Europa do que qualquer outra potência; baseando-se ela mesma no sentimento nacional e no poderio militar, estava disposta a aceitar o princípio nacional em outros lugares, exceto, naturalmente, na Polônia. Consequentemente, Nesselrode foi o primeiro a propor a divisão de Schleswig de acordo com o critério de nacionalidade – uma proposta que teria resolvido a Questão de Schleswig numa semana, não fora pelas reivindicações conflitantes de Alemanha e Dinamarca, reivindicações baseadas na história e na lei, não na nacionalidade.[27] A Rússia ficou de lado e deixou Palmerston fazer a mediação sozinho entre a Dinamarca e a Alemanha. Na atmosfera idealista de 1848, os liberais alemães pensaram que estavam obtendo um mediador favorável à sua causa; Palmerston, por sua vez, pensou que estava prestando um serviço adequado à Alemanha ao salvá-la de uma guerra com a França e a Rússia.

Palmerston aceitou, um pouco hesitante, a sugestão de Nesselrode de uma divisão segundo o critério de nacionalidade, o que foi rejeitado pelos dinamarqueses, agora já decididos a assegurar a "integridade" da monarquia dinamarquesa. Já que a única arma britânica era a ameaça de que outras potências interviriam e, como os dinamarqueses sabiam, nenhuma potência interviria contra a Dinamarca, Palmerston ficou impotente; e sua

---

[27] Nesselrode para Meyendorff, 8 de maio de 1848. *Lettres et papiers*, ix. 93. Bloomfield para Palmerston, n.131, 5 de maio de 1848, Min. Rel. Ext. 65/349.

impotência o deixou ainda mais irritado com os alemães, por insistirem em reivindicações que ele tinha reconhecido serem justas. Assim, a política britânica foi reduzida a uma insistência vaga na paz, ou pelo menos num armistício; na verdade, porém, ela não contribuiu muito para as negociações concretas de armistício conduzidas entre a Prússia e a Dinamarca em julho. O único motivo destas foi a crescente aversão de Frederico Guilherme à sua associação com a causa liberal alemã; embora tivesse gostado de conquistar os ducados, estava determinado, por mais absurdo que pareça, a não conquistá-los com a aprovação liberal. Consequentemente, pressionou por negociações que retardariam a questão dos ducados até um futuro menos revolucionário. O primeiro armistício, negociado em julho, foi rejeitado pelo comandante prussiano nos ducados; ele foi chamado às falas por ordens diretas do rei, e um segundo armistício foi concluído em Malmö no dia 26 de agosto. Ele permitiu a saída das tropas dinamarquesas e prussianas dos ducados e a sua administração temporária por uma comissão conjunta prussiano-dinamarquesa. O poder central alemão foi ignorado, e a causa "nacional" alemã, traída. Isso provocou a crise decisiva na Assembleia Nacional alemã de Frankfurt em setembro; e, quando se chegou finalmente a uma maioria na Assembleia que concordasse com o armistício, ela teve de ser defendida contra os radicais de Frankfurt pela força das armas prussianas.

O armistício de Malmö foi certamente o principal acontecimento da revolução alemã de 1848. Costuma-se dizer que ele foi imposto à Prússia por pressão externa; conclui-se daí que, já que a França e a Rússia não tolerariam a unificação da Alemanha por consenso, a única alternativa era a unificação pela força. Há poucas evidências que apoiam essa visão. O motivo de Frederico Guilherme era a vergonha diante da reprovação do tsar, não o medo da intervenção franco-russa. Quando Nicolau descreveu a conduta de Frederico Guilherme como *infame*,[28] ele apresentou para a Prússia o problema que iria definir sua política pelos vinte anos seguintes: como Schleswig poderia ser conquistado, como a Alemanha poderia ser unificada sem romper com a Rússia? Nicolau, na verdade, inverteu a cilada que Metternich usara contra ele durante anos no Oriente Próximo: ao evocar o princípio de solidariedade monárquica ele distraiu Frederico Guilherme do objeto concreto da política nos ducados do Elba. Palmerston pode ter ameaçado que a Rússia iria intervir; os russos nunca fizeram tal ameaça.

A ameaça francesa era ainda mais remota. É verdade que, quando Lamartine entregou o Ministério do Exterior a Bastide em maio, uma

---

28 Bloomfield para Palmerston, n.144, 12 de maio de 1848, Min. Rel. Ext. 65/349.

mudança de espírito tomou conta da política externa francesa. Devido a seu passado questionável, Lamartine tinha de falar de revolução nas relações exteriores; Bastide, um republicano acima de qualquer suspeita, não precisava se preocupar com sua reputação. Além disso, com as jornadas de junho em Paris e a instauração da ditadura de Cavaignac, a opinião radical extremista não contava mais. Bastide foi o primeiro francês de esquerda a perceber que uma reviravolta geral do Acordo de Viena não seria vantajosa para os franceses; no breve período que passou no Ministério do Exterior (de maio a dezembro de 1848) ele foi um prenúncio dos estadistas da Terceira República. Desse modo, embora tenha enviado Arago, um bom republicano, a Berlim em vez de Circourt, ele o orientou a deixar de lado a Questão Polonesa e se manter calado: "não publique nada nos jornais nem provoque as pessoas". No dia 16 de junho Bastide escreveu a seu representante em Frankfurt a respeito de Schleswig: "Do ponto de vista da legalidade, dos tratados, do *status quo* territorial, da nacionalidade e da política sincera e ponderada, a Dieta Alemã pegou um caminho errado"; assim, na opinião de Bastide, o princípio do nacionalismo tinha passado para o quarto lugar. Em 31 de julho, ele escreveu novamente a Arago: "A unificação alemã faria dessa população de mais de 35 milhões de pessoas uma potência muito mais temível para seus vizinhos que a Alemanha é hoje, portanto não creio que tenhamos nenhum motivo para desejar essa unificação, muito menos promovê-la".

Essa desaprovação teórica estava muito distante da ação. Embora Cavaignac e Bastide realizassem aproximações com a Rússia – não infrutíferas –, elas não tinham um objetivo prático; tinham simplesmente a intenção de se precaver contra um renascimento da "Santa Aliança", ao convencer o tsar de que a França republicana não pretendia lançar uma cruzada revolucionária. Além disso, a receita prática de Bastide para controlar a unidade alemã era apoiar a Prússia. Acreditando, como todo francês, que a Áustria ainda era mais forte que a Prússia, ele considerava qualquer aumento do poderio prussiano um aumento da desunião alemã; por isso, nunca pensou em ameaçar a Prússia com relação a Schleswig, apesar de sua preocupação com os "tratados e o *status quo* territorial".[29]

---

29 Este resumo da política de Bastide se baseia em três artigos de Paul Henry na *Revue Historique*, v.178, 186 e 188. O argumento de que a ação alemã em Schleswig e, por isso, a unificação alemã, foram proibidas pela Rússia e pela França foi avançado por Erich Marcks em *Historische Zeitschrift*, v.142, e, de maneira mais elaborada, por A. Scharff, *Die europäischen Grossmächte um die deutsche Revolution*.

A perspectiva de uma guerra europeia generalizada, evocada por Palmerston para justificar o armistício de Malmö, era, na verdade, um bicho-papão; e alguns dos liberais de Frankfurt perceberam que, até onde as potências estrangeiras contavam, a humilhação lhes estava sendo imposta pela Grã-Bretanha, não pela França nem pela Rússia. Além disso, a aceitação do armistício pela Prússia provocou um rompimento entre Frederico Guilherme e os liberais alemães. No entanto, como argumentou Cowley, o representante britânico em Frankfurt, a unificação alemã sob o controle de uma Prússia liberal seria "o caminho mais seguro e mais fácil".[30] A criação de uma "Alemanha menor" teria fornecido à Grã-Bretanha um substituto para a "aliança natural" com a Áustria, um aliado mais forte e mais agradável. A política britânica ajudou a evitar esse resultado por causa de Schleswig; ela atendeu às necessidades da França e da Rússia sem que essas potências movessem um dedo. A percepção semiconsciente dessa contradição deixou Palmerston e outros estadistas britânicos impacientes com "o bando de crianças" em Frankfurt. Quando Palmerston disse pouco depois a Bunsen, o ministro prussiano em Londres: "Não há nada a dizer contra a ideia de um Reich alemão, exceto que ninguém parece ser capaz de torná-lo realidade",[31] ele realmente estava condenando aqueles que pensavam que Schleswig era uma parte fundamental de uma Alemanha unificada.

Havia uma análise mais profunda. A unificação alemã não fazia parte da mitologia radical, muito menos a libertação de Schleswig. A Questão Alemã, em todos os seus aspectos, pegou de surpresa os políticos europeus; e eles a trataram de forma casual, sem urgência. É difícil acreditar que até mesmo Palmerston levasse a sério o perigo de que o conflito entre Dinamarca e Prússia gerasse uma guerra generalizada. Fora a obsessão russa com a Polônia, todos em 1848 consideravam que a Itália era o teatro decisivo dos acontecimentos; e o que as pessoas pensam é mais importante na história que os fatos objetivos. O erro comum às duas gerações posteriores ao Congresso de Viena foi exagerar o poderio da França dentre as Grandes Potências. Quando esse erro foi cometido, a Itália como um campo da expansão francesa também ganhou uma importância exagerada. Além disso, era muito mais difícil para os radicais franceses abandonar seu passado revolucionário na Itália que em outros lugares. Uma complexa realidade geográfica se interpunha

---

30 Cowley para Palmerston, 3 de dezembro de 1848. Cowley queria apoiar os planos de Gagern de unir a Alemanha sob o controle da Prússia usando a influência britânica junto aos príncipes alemães; Palmerston proibiu que o fizesse.

31 Citado em Precht, *Englands Stellung zur deutschen Einheit*.

entre a França e a Polônia; nada parecia se interpor entre a França e a Itália, exceto a relutância francesa em desencadear uma guerra importante. E, por outro lado, o controle da Itália era fundamental para a existência da Áustria como uma grande potência, ou assim alegavam os estadistas austríacos; essa era uma questão muito diferente do futuro de Schleswig ou mesmo da independência da Dinamarca. Consequentemente, foi na Itália que a política britânica foi mais ativa e demonstrou mais iniciativa.

Os primeiros dias da guerra austro-sarda apresentou resultados que convinham à política britânica. Embora Palmerston tivesse insistido para que Carlos Alberto não entrasse em guerra, quando a guerra começou, ele ficou satisfeito com os planos rei sardo. "A Itália fará isso sozinha" era exatamente o que os britânicos queriam: se livrar da Áustria sem deixar os franceses entrarem. Os estadistas britânicos continuaram se manifestando a favor da manutenção da Áustria como grande potência, mas achavam que ela seria mais forte sem a Lombardia e a Venécia do que com elas – quer dizer, mais forte para manter o equilíbrio diante da Rússia no Oriente Próximo, o que, aos olhos dos britânicos, era a função principal da Áustria. Eles queriam que a derrota da Áustria fosse completa para o seu próprio bem; e queriam que a luta fosse rápida para que todo o norte da Itália pudesse se consolidar num único Estado antes que a França tivesse tempo de intervir. Os desorientados funcionários remanescentes que dirigiam o Império Austríaco depois da queda de Metternich não compreendiam essas sutilezas. Quando Stratford Canning chegou a Viena no final de abril e fez os comentários convencionais de costume acerca das necessidades da Áustria como grande potência, Pillersdorf, o idoso funcionário que estava encarregado temporariamente da política externa, levou a sério esses comentários; ele chegou até a supor que, sob a cobertura de algumas frases liberais, a Grã-Bretanha poderia vir em socorro da Áustria na Itália. Portanto, Hummelauer, especialista britânico no Ministério do Exterior, foi enviado a Londres para obter o auxílio britânico sob praticamente quaisquer condições; convencidos de que seriam atacados pela França a qualquer momento, os austríacos estavam dispostos a abrir mão da maioria das suas possessões italianas se isso resultasse em algum tipo de garantia britânica para o restante. No dia 23 de maio, Hummelauer se encontrou com Palmerston e ofereceu autonomia plena à Lombardia-Venécia; quando Palmerston a rejeitou como insuficiente, Hummelauer aumentou a oferta em 24 de maio – a Lombardia se tornaria independente e apenas a Venécia permaneceria sob suserania austríaca.

Essa oferta também foi rejeitada pelo gabinete britânico como insuficiente. No dia 3 de junho, o governo britânico deu a Hummelauer uma resposta formal: ele estaria inclinado a fazer a mediação entre a Áustria e a Sardenha se os austríacos estivem dispostos a ceder não apenas a Lombardia, mas "aquelas partes do território venécio que vierem a ser acordadas entre as respectivas partes". Palmerston disse a seus colaboradores que aquela frase não significava nada: "aquelas partes... serão, naturalmente, a totalidade". Por outro lado, ele e o príncipe Alberto apresentaram isso a Hummelauer como uma considerável concessão à Áustria; e Hummelauer retornou a Viena com o consolo melancólico de que, em caso de uma futura derrota militar, algo poderia ser salvo dos destroços. Palmerston não estava enganando nenhum dos lados. Como na Questão de Schleswig, sua preocupação principal era pôr fim à guerra; o que acontecesse ao redor da mesa de reunião poderia ser acertado depois. Era mais importante que as partes negociassem do que chegassem a um acordo – um fio condutor da diplomacia britânica. No entanto, até onde Palmerston tinha uma política italiana no verão de 1848, ela era a criação de um reino unido do norte da Itália, com o consentimento austríaco, antes que os franceses tivessem tempo de intervir.

Embora os franceses também falassem em mediação, eles a pensavam no sentido contrário. Ao longo de 1848, os políticos franceses se preocuparam principalmente em encontrar desculpas para não intervir na Itália. Não há dúvida de que isso resultava, fundamentalmente, da não declarada profunda relutância francesa de iniciar uma grande guerra europeia; mas até isso era, a seu modo, uma desculpa – uma ação decidida por parte da França no início de 1848 provavelmente poderia ter expulsado os austríacos da Itália sem muito risco. Havia também a perplexidade ao descobrir que a França só poderia apoiar o "princípio nacional" na Europa correndo o risco de criar dois vizinhos mais poderosos que ela. Em primeiro plano estava a objeção prática de que o movimento italiano era liderado pela Casa de Savoia. Os republicanos franceses argumentavam, de maneira bastante sincera, que não se podia esperar que eles apoiassem o engrandecimento de uma monarquia: no fundo, isso também era uma desculpa, já que eles também não fizeram nada para apoiar a República de Veneza. Mais concreto e mais sério era o fato de que o rei da Sardenha, embora liderasse a Itália, também possuía Savoia e Nice, os símbolos mais evidentes da humilhação francesa em 1815. Savoia e Nice representavam uma injustiça tanto por razões nacionais como em razão das "fronteiras naturais"; ao passo que no lado alemão não havia nenhum ressentimento evidente desse tipo – daí as frases vagas, jamais definidas, sobre "o Reno".

Todo movimento nacional precisa de um ressentimento definido se quiser assumir uma forma concreta. O tema do ressentimento pode ser um objetivo em si mesmo, como Schleswig e Holstein eram um objetivo do ponto de vista geográfico; ou como os especuladores políticos tentaram enxergar que o ressentimento francês posterior por causa da Alsácia e da Lorena fora provocado porque a França precisava de minério de ferro. Fundamentalmente, porém, esses núcleos de ressentimento – Schleswig, os Estreitos, o Tirol do Sul – eram o centro do sentimento nacional; e uma nação fez mais sacrifícios por eles do que eles mereciam. Consequentemente, o maior problema da política francesa com relação à Itália girava em torno desta simples questão: era impossível que os franceses ajudassem a Itália sem exigir a Savoia e Nice para si. Os governantes franceses já sabiam disso em 1848; os italianos, ou pelo menos os piemonteses, sabiam disso; e, sobretudo, o rei da Sardenha sabia disso. A única ação francesa ao lado dos italianos em 1848 foi um malogrado ataque radical à Savoia, que não foi exatamente um estímulo a uma cooperação mais oficial. Bastide tateava em busca de uma solução: se a Áustria pudesse ser convencida a sair da Itália voluntariamente, então a Lombardia e Veneza poderiam se tornar repúblicas, o rei da Sardenha não tiraria proveito e a questão da Savoia e de Nice não precisaria ser suscitada. Por isso, ele fez propostas preliminares para mediar entre a Áustria e o governo provisório da Lombardia, não entre a Áustria e a Sardenha; e o objetivo dessa mediação seria "uma Lombardia livre e independente", não o engrandecimento da Casa de Savoia. Assim, embora tanto a Grã-Bretanha como a França alegassem ser solidárias à Itália, a política francesa visava à única coisa que Palmerston estava preocupado em evitar.

As duas Grandes Potências ficaram contrariadas com as ações dos italianos. Lombardia e Venétia votaram pela união com a Sardenha (29 de maio e 4 de julho), o que derrotou o plano francês das repúblicas independentes. O governo provisório em Milão não apenas recusou negociar separadamente com os austríacos; ele também insistiu que qualquer oferta de independência teria de se estender "para o conjunto da Itália austríaca (incluindo o Tirol do Sul)". Isso frustrou a esperança de Palmerston de transferir a disputa para a mesa de conferência. Desse modo, a Grã-Bretanha e a França foram obrigadas a se juntar. Bastide decidiu que precisava aceitar a união da Lombardia e da Sardenha, desde que conseguisse evitar a inclusão da Venétia (19 de julho); essa era justamente a proposta que Hummelauer fizera a Palmerston em 24 de maio. Palmerston pretendia responder que ele participaria da mediação junto com a França, com a condição de que parte da Venétia fosse incluída na entrega prevista de território austríaco – a resposta que ele dera a Hummelauer em 3 de junho. Enquanto isso, os eventos militares tinham tomado um rumo inesperado. Em meados de junho, o

Império Austríaco tinha finalmente conseguido formar um governo decidido e encontrado em Wessenberg, o novo ministro do Exterior, um diplomata experiente e corajoso. Reconhecendo que a Itália era um caso de tudo ou nada, o novo governo decidiu arriscar as fortunas da guerra; e as suas esperanças não foram em vão. Em 25 de julho, o comandante austríaco Radetzky derrotou o exército sardo em Custoza. Embora a Itália não tivesse conseguido fazê-lo sozinha, Carlos Alberto não estava mais inclinado pela ajuda francesa na derrota do que estivera na vitória. Ele abandonou Milão sem lutar, retirou seu exército para dentro das fronteiras sardas e em 9 de agosto assinou um armistício de caráter unicamente militar.

Se apenas a Sardenha estivesse em jogo, isso teria representado o fim da Questão Italiana. Porém, com Carlos Alberto saindo de cena, os apelos à França por parte dos republicanos da Lombardia e de Veneza ficaram ainda mais convincentes e insistentes. Normanby, o embaixador britânico em Paris, sentiu a crise. Sem esperar por orientações, ele aceitou a sugestão francesa de 19 de julho e propôs uma mediação anglo-francesa com base no plano Hummelauer de 24 de maio. Cavaignac e Bastide agarraram a oportunidade de evitar a guerra e aceitaram a proposta (5 de agosto); dois dias depois, Palmerston a ratificou. Faltava conseguir a mediação aceita pelas duas partes em disputa. O governo sardo, já contrariado com Carlos Alberto em razão do seu armistício apressado, acolheu imediatamente a possibilidade de reabrir a Questão Italiana. Wessenberg contemporizou durante quinze dias; depois respondeu que a mediação era desnecessária e que, de todo modo, o plano Hummelauer estava fora de cogitação. Ao mesmo tempo, Radetzky se preparou para atacar Veneza. O governo francês chegara a seu momento de decisão – se a república honraria sua série ininterrupta de declarações favoráveis à independência italiana. Cavaignac e Bastide se agarraram a uma saída – uma ocupação conjunta anglo-francesa de Veneza, impondo concessões à Áustria, como em 1831 a Grã-Bretanha e a França tinham imposto concessões à Holanda na Questão Belga. Pressionados pelos acontecimentos, esses dois amadores inexperientes tinham elaborado a "aliança liberal" entre Grã-Bretanha e França, que mais tarde participaria da Guerra da Crimeia e garantiria a libertação da Itália. Naquele momento e posteriormente, a aliança pretendia controlar o extremismo francês, baseando-se na desconfiança e no medo. Os governos britânicos desconfiavam dos governos franceses; e estes temiam sua própria opinião pública. Nenhum interesse britânico concreto estava envolvido (exceto, mais tarde, no Oriente Próximo). Em nome da paz e do *status quo*, a Grã-Bretanha tinha de aceitar ataques ao *status quo* ou mesmo entrar em guerra; não surpreende que os britânicos tentassem escapar dessa contradição alegando que sua política externa era movida pelo idealismo. Na verdade, a política britânica jamais teria se empenhado pelo nacionalismo italiano se não fosse o medo de um protesto por parte da França. Palmerston estava disposto a cooperar com a França mesmo em 1848: "Se a França for agir em qualquer região da Itália, ela precisa estar vinculada a um acordo prévio conosco" (30 de agosto). O gabinete Whig se recusou a acompanhá-lo: eles perceberam apenas que estariam vinculados a um acordo com os franceses. Embora alguns deles estivessem comprometidos com a Itália, eles dependiam de uma minoria na Câmara dos Comuns, além de serem constantemente prejudicados pela simpatia germânica da rainha pela Áustria.

Portanto, os franceses tinham de se decidir sem a ajuda de ninguém. No dia 1º de setembro, eles decidiram ocupar Veneza sozinhos e impuseram uma mediação armada à Áustria; no dia 2 de setembro, decidiram esperar mais um pouco; em 7 de setembro, Bastide disse ao representante austríaco: "Encontramo-nos, ou, falando mais precisamente, colocamo-nos numa posição muito embaraçosa". Os dias do liberalismo francês tinham chegado ao fim; a grande guerra revolucionária não seria lançada. Dessa vez, o caso italiano realmente deveria ter acabado, mas os acontecimentos não seguem padrões bem definidos. No dia 2 de setembro, Wessenberg também perdeu a paciência: aceitou a mediação anglo-francesa, mas não baseada no plano Hummelauer. Isso convinha admiravelmente aos franceses: salvava sua reputação, mas impedia a união entre a Lombardia e a Sardenha. No entanto, o olhar de Wessenberg ainda estava concentrado na Grã-Bretanha. O que ele queria era obter o apoio britânico contra a França, não tornar esse apoio desnecessário. Mas a época de Wessemberg, o breve período de um Império Austríaco liberal, estava chegando ao fim. No início de outubro, Felix Schwarzenberg chegou, vindo do quartel-general de Radetzky, e assumiu o controle da política externa; no dia 21 de novembro, ele se tornou primeiro-ministro e ministro do Exterior. Schwarzenberg foi o primeiro dos "realistas" que iriam definir os assuntos europeus durante os trinta anos seguintes; ele julgava a partir de fatos, ou assim alegava, não de princípios. Como disse ao representante francês: "o que importa hoje na forma de governo... Existe algo acima disso, é a manutenção da paz e o restabelecimento da ordem". Praticamente seu primeiro ato foi redigir uma carta para Bastide (5 de outubro), argumentando que a França e a Áustria tinham o interesse comum de evitar um reino unido no norte da Itália; com sua atenção já concentrada na Prússia, ele poderia ter acrescentado: de também evitar uma Alemanha unificada. Aqui também se encontrava o esboço de outro programa: "a aliança conservadora" da França com a Áustria, uma aliança baseada em interesses, não em princípios. A ideia era ousada demais para Bastide e Cavaignac. Eles oscilaram, numa hora ameaçando entrar em guerra por causa de Veneza, noutra recusando-se violentamente prometer ajuda militar à Sardenha. Mas seus dias também estavam contados. No dia 10 de dezembro, Luís Napoleão foi eleito presidente da República Francesa por maioria esmagadora; no dia 29 de dezembro, ele jurou a Constituição e se instalou no Palácio do Eliseu. Outro "realista" tinha chegado.

II
A DIPLOMACIA DA REAÇÃO
1849-1850

No final de 1848, a ordem tinha sido restabelecida nas grandes capitais europeias. Viena tinha sido subjugada pela força das armas em novembro; os liberais de Berlim tinham capitulado sem resistir; na França, a eleição de Luís Napoleão parecia ter finalizado o trabalho das "jornadas de junho" – o presidente era "o guardião da ordem". Tudo que restou da revolução foi desordem em Roma; uma Sardenha ressentida, mas derrotada; um governo radical na Hungria, aparentemente à beira do colapso militar; e a Assembleia Nacional alemã em Frankfurt ainda fazendo planos para a unidade nacional, embora sem força material. Apesar de a restauração da ordem ter demorado mais que o esperado para ser finalizada, isso não se deveu à força dos resquícios revolucionários. Deveu-se mais aos conflitos entre os próprios guardiões da ordem. Os novos dirigentes europeus eram despóticos, não conservadores. Baseando-se internamente na força militar, eles pensavam em termos de força na política externa; e, longe de acreditar em qualquer ordem europeia, traçaram novos mapas tão freneticamente como qualquer revolucionário. O único que ainda tinha alguma lealdade ao "sistema" de Metternich era o governante contra o qual ele fora concebido – o tsar Nicolau; e ele acabou se arrependendo por confiar nele.

A transformação espiritual era mais evidente em Luís Napoleão. Ele tinha sido eleito presidente com o apoio do Partido da Ordem; e sua eleição fora uma derrota para os radicais e os republicanos. Seu ministro do Exterior, Drouyn de Lhuys, tinha servido a Luís Filipe e tinha a preferência orleanista por uma aliança conservadora com a Áustria. Para ele, a desunião da Alemanha e da Itália era do interesse da França. Ele escreveu em 1849: "A superioridade francesa repousa em sua unidade nacional... Tudo que promove a divisão das grandes raças é útil para nós".[1] Luís Napoleão jamais poderia aceitar essa doutrina. Ele estava convencido de que seu tio tinha caído quando se opusera à vontade nacional da Alemanha e da Itália; e sua mente discorria sobre planos imprecisos para redesenhar o mapa da Europa. O seu nome sozinho já era um desafio maior ao acordo do Congresso que todas as palavras do Manifesto de Lamartine; por mais que os franceses argumentassem, um Bonaparte jamais poderia aceitar o Congresso de Viena. Se havia algo estável em sua mente instável, era o ressentimento contra a Áustria, o país de Metternich e da estabilidade. Luís Napoleão não era nem revolucionário nem belicista. Ele desejava realizar uma política externa revolucionária sem recorrer ao espírito da revolução, e remodelar a Europa sem uma guerra. Consequentemente, seu sonho favorito era "um Congresso geral das Grandes Potências europeias", que deveria solucionar todas as questões em disputa por meio de um acordo pacífico. Ele era uma mistura de idealista e conspirador; coerente apenas numa coisa – não conseguia resistir à tentação de especular. Mergulhou na política como os capitalistas contemporâneos mergulharam nas aventuras ferroviárias. Embora odiasse a guerra e temesse seus riscos, em última instância ele sempre ficava do lado da ação. Com isso, supunha estar interpretando o sentimento francês. Como disse ao ministro austríaco Hübner: "Existe um desejo de expansão na França que precisa ser levado em conta". Na verdade, o desejo estava dentro dele; daí todas as contradições da sua política.

Embora Luís Napoleão e as monarquias "legítimas" tivessem origem opostas, seus objetivos e métodos eram semelhantes. Schwarzenberg e seus colegas, embora fossem ministros de um imperador Habsburgo, eram revolucionários nas questões internas – mais ainda, de fato, que Luís Napoleão, que tinha apenas de conservar os frutos de uma revolução realizada sessenta anos antes. Frederico Guilherme IV, embora fosse um Hohenzollern, tinha a mesma índole romântica de Luís Napoleão – sonhos grandiosos não realizados e, na prática, um grande conspirador. Os acontecimentos de 1848 tinham destruído de vez a fragilidade estável da Confederação Alemã de Metternich; depois de 1848, tanto a Prússia como a Áustria estavam "a todo vapor". Schwarzenberg foi persuadido por Bruck, seu ministro do Comércio, a promover "o Império de setenta milhões", por meio do qual todo o Império

---

[1] Drouyn de Lhuys para Tocqueville, 25 de agosto de 1849.

Austríaco deveria se unir à Confederação Alemã; depois a Áustria dominaria a Alemanha e, através desta, a Europa. Frederico Guilherme IV, por sua vez, estava encantado com a ideia de uma Confederação Alemã "menor" e uma "maior" – a primeira, excluindo todas as terras austríacas, uma verdadeira união sob o controle da Prússia; a segunda, uma aliança indefinida com a monarquia dos Habsburgo. Ambos os projetos eram revolucionários e implicavam uma sublevação na Alemanha; no entanto, os dirigentes da Áustria e da Prússia procuraram realizá-los sem apelar ao sentimento alemão, isto é, sem usar instrumentos revolucionários. Por exemplo, o plano para uma confederação menor e uma maior tinha sido lançado por Gagern e pelos liberais moderados de Frankfurt; mas Frederico Guilherme só o aceitou quando ele lhe foi apresentado de forma romântica e conservadora por Radowitz, um nobre católico romano e seu amigo de infância.

Os planos de Radowitz e Schwarzenberg implicavam a destruição do equilíbrio de poder tal como fora estabelecido no Congresso de Viena. A Alemanha, estivesse ela unificada sob o controle da Áustria ou da Prússia, seria um vizinho mais temível para a França do que a impotente Confederação Alemã. O poderio alemão poderia assegurar o domínio da Áustria na Itália, poderia até – como os radicais de 1848 tinham reivindicado – atingir a Alsácia. Como parecia impossível restaurar a Confederação Alemã, até os franceses mais conservadores estavam tentados a jogar um adversário contra o outro. Em abril de 1849, Drouyn de Lhuys disse que a França saudaria o engrandecimento da Prússia se isso implicasse a destruição da Santa Aliança:[2] no entanto, a Santa Aliança, a união das "Três Cortes do Norte", proporcionara à França mais de trinta anos de segurança em sua fronteira oriental. Mas a sublevação prevista na Alemanha não era direcionada apenas contra a França. Os planos de Bruck e de Gagern foram concebidos para tornar a influência alemã hegemônica no Vale do Danúbio, nos Bálcãs e, portanto, em última análise, nos Estreitos e no Mar Negro. O "Império de setenta milhões" de Bruck pretendia ser uma prévia da união aduaneira que deveria abranger toda a Europa entre as fronteiras da França e da Rússia. A respeito de seus projetos para a unificação alemã, Gagern utilizou as seguintes palavras, que foram endossadas por Radowitz: "Não basta nos aquecermos em nossas próprias lareiras. Queremos uma união que possa incorporar, como satélites em nosso sistema planetário, todos os povos da bacia do Danúbio que não são capazes de alcançar a independência

---

2 Meinecke, *Radowitz und die deutsche Revolution*, p.255.

nem a reivindicam".³ Todos os planos da unificação alemã eram essencialmente antirrussos. O dilema da Rússia era que, se para se defender contra os planos liberais de unificação ela ajudasse Schwartzenberg e Frederico Guilherme IV, isso promoveria os mesmos planos de uma forma mais implacável. Havia um elemento na Alemanha que odiava esses planos, que não tinha a mínima vontade de barrar o caminho da Rússia no Oriente Próximo e pouca vontade de brigar com a França na Itália ou mesmo no Reno. Este era a aristocracia prussiana – os *junkers*, que forneciam à Prússia seus oficiais militares, muitos de seus administradores e alguns de seus políticos. Os *junkers* odiavam a Áustria e não gostavam do nacionalismo alemão; tinham sólidos vínculos de classe com a Rússia tsarista e uma animosidade comum contra os poloneses. Em termos pessoais, consideravam que Radowitz era estrangeiro e Frederico Guilherme IV um desequilibrado mental, o que ele era de fato. A luta na Alemanha em 1849 e 1850 foi, portanto, tanto uma luta entre Radowitz e os *junkers* pela alma de Frederico Guilherme como um conflito entre a Prússia e a Áustria.

Os acontecimentos da parte inicial de 1849 limparam o terreno para a luta a respeito da Alemanha. Eles demonstraram o princípio, que se revelou novamente depois de 1863, que – uma vez que a Polônia, a Itália e o Oriente Próximo estivessem fora do caminho – toda a energia seria direcionada para a Questão Alemã. A situação na Itália parecia muito um epílogo. O perigo de uma intervenção francesa tinha desaparecido em setembro de 1848 e não fora renovado pela eleição de Luís Napoleão: sua linha era "interpretar a si mesmo", para firmar sua reputação de guardião da ordem e do *status quo* antes de revelar o conspirador por baixo. As potências mediadoras, Grã-Bretanha e França, se comprometeram a promover uma conferência de paz em Bruxelas entre a Sardenha e a Áustria; mas Schwarzenberg não autorizaria a participação austríaca na conferência, a menos que as potências mediadoras se comprometessem contra qualquer mudança territorial. Ambas recusaram. Luís Napoleão, embora contrário à pretensão sarda, não podia iniciar sua vida pública endossando uma fronteira de 1815; além disso, ele jamais conseguiria renunciar a uma oportunidade de manobra. Palmerston, embora admitisse que não se podia esperar que a Áustria cedesse território, não faria uma declaração que deixasse a Sardenha desesperada. O impasse tinha o mesmo resultado. A Câmara sarda era dominada pelo radicalismo; e, em março de 1849, Carlos Alberto foi levado a retomar a guerra contra a

---

3 Meinecke, *Radowitz*, p.191. A visão de que a Alemanha deveria dominar os povos da Europa oriental era compartilhada, naturalmente, pelos radicais alemães, inclusive Marx e Engels.

Áustria. Depois de uma semana, foi derrotado em Novara (23 de março) e abdicou. Uma vez mais a Itália recorreu a Paris, uma vez mais houve boatos de intervenção francesa.

Mas a política revolucionária tinha acabado, e a política bonapartista não tinha começado. Palmerston, contido mais firmemente pelo gabinete que em agosto de 1848, se recusou a apoiar qualquer ação francesa; e os franceses não estavam interessados em agir. Schwarzenberg, por sua vez, sabia que precisava respeitar a independência da Sardenha para manter os franceses fora do norte da Itália. Portanto, as negociações de paz giraram em torno unicamente do tamanho da indenização que a Sardenha deveria pagar; e, depois de um alerta pontual, a paz foi assinada em Milão no dia 6 de agosto, baseada no *status quo*. Embora a Áustria tivesse triunfado, ela recebeu um revés no momento da vitória. Vítor Emanuel, que tinha sucedido ao trono sardo com a abdicação do pai, certamente estava determinado a subjugar o radicalismo sardo; quando a Câmara se recusou a ratificar o tratado de paz, ele a dissolveu, recorreu à opinião pública moderada com a Proclamação de Moncalieri (20 de novembro) e foi recompensado com a eleição de uma Câmara que ratificou o tratado silenciosamente por 112 votos a 17 (9 de janeiro de 1850). Mas Vítor Emanuel não foi atraído para o sistema austríaco. Soldado e homem de ação, e não um sonhador como o pai, ele fora humilhado pela derrota militar e pretendia retomar a guerra contra a Áustria em condições mais favoráveis. Portanto, apesar de seu caráter autoritário, manteve a Constituição outorgada pelo pai e até favoreceu os liberais sardos. À sua maneira, Vítor Emanuel também era um dos novos realistas, mais um que perseguiria objetivos revolucionários procurando evitar instrumentos revolucionários.

A Itália produziu um último resultado estranho oriundo do ano das revoluções. Roma tinha se voltado contra o papa só em novembro de 1848, e tinha se tornado uma república governada por triúnviros liderados por Mazzini somente em fevereiro de 1849. Com a segunda derrota da Sardenha, esperava-se uma intervenção contra a república romana por parte da Áustria, de Nápoles ou mesmo da Espanha. O governo francês decidiu antecipar essas intervenções intervindo ele mesmo; seu motivo principal era, certamente, desafiar o monopólio austríaco na Itália. Como a maioria dos ministros era composta de antigos orleanistas, eles imaginaram que estavam reproduzindo a ocupação francesa de Ancona em 1832. Luís Napoleão concordou com a decisão de seu governo com um estado de espírito geral de especulação: é impossível saber se a sua intenção original era salvar a república ou restaurar o papa. O general Oudinot, com um destacamento do exército dos Alpes, que fora concebido originalmente para libertar o norte da Itália e, posteriormente, proteger a República de Veneza, foi enviado para o território romano; no dia 30 de abril, suas forças entraram em confronto com as tropas republicanas comandadas por Garibaldi. A primeira ação militar da França revolucionária depois de 34 anos de apreensão foi realizada contra uma república liderada e defendida por idealistas, e em favor da tirania mais obscurantista da Europa. Houve um clamor na Assembleia Nacional francesa contra essa traição do princípio republicano, e um representante especial de Lesseps foi enviado para negociar com Mazzini. No dia 31 de maio, eles chegaram a um acordo, por meio do qual a república romana aceitava a proteção da França. Mas Luís Napoleão sentira a humilhação das tropas francesas, subentendida no controle nas portas de Roma, mais profundamente que a traição do republicanismo; além disso, as eleições para a nova Assembleia Legislativa da França (13 de maio) resultaram numa maioria antirrepublicana e clerical. Reforços e ordens para uma ação enérgica foram enviados para Oudinot; ele repudiou o tratado de Lesseps e lançou um ataque em larga escala que provocou a queda da república romana no fim de junho.

O resultado foi extremamente desagradável para Luís Napoleão, apesar do apoio clerical que ele lhe trouxe na França. Seu primeiro gesto de política externa tinha sido restaurar o poder temporal do papa, contra o qual ele próprio conspirara em 1831. Ele tentou se dissociar da reação papal culpando seus ministros e divulgando uma carta de protesto que escrevera em agosto para seu ajudante Edgar Ney. Era inútil recomendar a administração laica e o código napoleônico, a menos que eles pudessem ser aplicados por meio de ameaças; e Luís Napoleão não podia usar a ameaça de se retirar de Roma nem no momento, nem depois. Ao longo de todo o seu governo, a política romana de Luís Napoleão mostrou o pior de seus métodos: um objetivo revolucionário, nesse caso, a satisfação do sentimento italiano a respeito de Roma, sem o uso de instrumentos revolucionários, ou seja, sem romper com o papa. Quando um Estado depende completamente de outro, é o mais fraco que pode ditar as regras: ele pode ameaçar entrar em colapso se não for apoiado, e seu protetor não tem nenhuma resposta ameaçadora a dar. Luís Napoleão se tornou, e permaneceu, prisioneiro da política papal; e talvez nada tenha feito mais para impulsioná-lo na direção da aventura que a autocensura provocada pelo desatino romano.

Um Estado radical mais importante que Roma também foi humilhado no verão de 1849; e a intervenção em escala maior seguiu o exemplo francês. No inverno anterior, parecia que o exército austríaco avançaria sem dificuldade na Hungria, o último núcleo de insatisfação na monarquia dos Habsburgo. A esperança não se confirmou. Em abril de 1849, as forças austríacas foram uma vez mais expulsas da Hungria; anunciou-se a deposição dos Habsburgo, e a Hungria se tornou um Estado independente com Kossuth como presidente. A Hungria tinha tentado granjear o apoio da Europa liberal no ano anterior, enquanto ainda fazia parte, nominalmente, do Império Austríaco; esses apelos encontraram uma reação favorável apenas na Assembleia Nacional alemã em Frankfurt, e, de todo modo, era a Alemanha liberal que precisava do apoio da Hungria, em vez de poder oferecê-lo. Os apelos foram então renovados em condições menos favoráveis. Não se esperava que a França, que não conseguira fazer nada pela Polônia nem pela Itália, e que estava então envolvida na repressão da república romana, agisse em defesa de uma causa menos conhecida e mais distante; Palmerston nunca abandonou a doutrina de que a preservação do Império Austríaco era essencial para o equilíbrio de poder. Tudo que Kossuth garantiu foi uma aliança com a República de Veneza, ela mesma à beira do colapso.

Schwarzenberg, por outro lado, conseguiu finalmente mostrar a Santa Aliança em ação, embora uma Santa Aliança sem a Prússia. Em maio de 1849, a Prússia de fato ofereceu ajuda contra a revolução húngara; havia um preço a pagar – que a Áustria reconhecesse a supremacia da Prússia na Alemanha "menor". Porém, Schwarzenberg estava interessado em restaurar a grandeza austríaca para que ela pudesse recuperar seu lugar na Alemanha, não para que ela abdicasse dele. Sua resposta negativa mostrou, primeiramente, a natureza dupla das relações austro-prussianas: apesar da solidariedade e dos interesses comuns nos assuntos europeus, elas estavam em conflito permanente dentro da Alemanha. Quando a Alemanha estava tranquila, como antes de 1848, havia uma genuína solidariedade austro-prussiana; quando a Alemanha estava em ebulição, as duas potências punham a Europa e mesmo seus próprios interesses internacionais em segundo plano. Mesmo nas condições arriscadas de maio de 1849, Schwarzenberg rejeitou uma aliança com a Prússia contra a "revolução", para não ceder nada às suas pretensões alemãs. Havia um outro, e decisivo, fator. Enquanto a Prússia exigia um pagamento na Alemanha pela ajuda, a Rússia não exigia um pagamento no Oriente Próximo. O tsar oferecia ajuda contra a "revolução" sem condições. O principal motivo dessa oferta era, certamente, a solidariedade conservadora; o tsar e seus ministros tinham apregoado tanto seus princípios que dificilmente poderiam deixar de agir de acordo com eles. Até então, tinham se contido com medo de provocar a intervenção francesa em outras regiões; segundo Nesselrode, a não intervenção era o preço que a Rússia tinha de pagar para manter a França neutra.⁴ A intervenção da França em Roma deixou, tardiamente, a Rússia com carta branca. Os destinos da Itália e da Hungria estavam, como de hábito, interligados. Nicolau I reconheceu a República Francesa em 8 de maio, o dia em que anunciou sua intervenção na Hungria.

É claro que havia considerações práticas por trás da ação russa. A maior delas era a preocupação com a Polônia: muitos exilados poloneses estavam lutando no exército húngaro, e seus dois melhores generais eram poloneses.⁵ Se os húngaros fossem vitoriosos, a revolução se espalharia pelo menos até a Galícia, a parte austríaca da Polônia; e logo toda a Questão Polonesa estaria reaberta. Também havia preocupação pelos interesses russos na Turquia: os russos não queriam que o exemplo revolucionário se espalhasse da Hungria para os principados do Danúbio, a Moldávia e a Valáquia. Em julho de 1848, tropas russas ocuparam esses dois principados aos primeiros sinais de um movimento revolucionário ali; e, em 1º de maio de 1849, no momento de intervir na Hungria, a Rússia concluiu um tratado com a Turquia que previa uma ocupação conjunta dos principados até que a ordem fosse restabelecida. A ação russa na Hungria foi concebida para proteger seus interesses na foz do Danúbio; e as tropas russas permaneceram nos principados até o início de 1851.

Entretanto, de forma geral, os russos agiram para preservar a Áustria como uma grande potência e para restaurar o equilíbrio na Alemanha. Não era uma "opção" russa pela Áustria; o objetivo era restaurar o equilíbrio alemão, não subvertê-lo. No dia 28 de abril, como parte essencial dos preparativos diplomáticos para intervir na Hungria, Nicolau escreve a Frederico Guilherme IV prometendo apoiá-lo contra os radicais alemães desde que ele se afastasse totalmente da Questão de Schleswig;⁶ e, ao mesmo tempo, Nesselrode insistiu com Schwarzenberg ser preciso que a Áustria cooperasse com a Prússia.⁷ A Rússia também se opunha aos planos austríacos e prussianos para a unificação da Alemanha; e somente ela queria a restauração do sistema de Metternich. Essa avaliação nascia principalmente da ansiedade em relação à Polônia e da antipatia natural de ter um vizinho poderoso. No que dizia respeito ao Oriente Próximo, os russos supunham, um tanto

---

4 Nesselrode para Meyendorff, 1º de abril de 1849. *Lettres et papiers*, ix. 228;

5 Como também era o caso do general que comandou o exército sardo na campanha de Novara.

6 Nicolau I para Frederico Guilherme IV, 28 de abril de 1849. *Meyendorff*, ii, n.291.

7 Nesselrode para Medem (embaixador russo na Áustria), 30 de abril de 1849. *Meyendorff*, ii, n.292.

despreocupados, que a Áustria era frágil demais e dependente demais deles para prejudicar seus planos, se estes um dia chegassem realmente a amadurecer. Não há dúvida de que os russos contavam vagamente com a gratidão da Áustria, embora na política externa não haja uma maneira de uma potência assegurar uma recompensa futura em troca de um serviço no presente. Posteriormente, em 1854, quando a Questão Oriental dominava a cena europeia, considerou-se que ela teria cometido um erro enorme ao promover a restauração da Áustria, o principal obstáculo ao seu êxito.

A avaliação apresentava uma falsa questão. A alternativa a apoiar o absolutismo dos Habsburgo era uma grande nação húngara e, provavelmente, uma grande nação alemã, não a desintegração do Império Austríaco em fragmentos impotentes. Na Guerra da Crimeia, a Áustria retribuiu à Rússia com uma mal-intencionada neutralidade. Em 1878, quando a derrota de Kossuth tinha sido revertida e quando Andrássy, assistente de Kossuth, dirigia a política dos Habsburgo, a Áustria-Hungria ameaçou deflagrar a guerra; e em 1914, quando os nacionalismos alemão e húngaro predominavam na Europa central, a Rússia teve de travar uma guerra existencial – uma guerra repetida em condições ainda menos favoráveis em 1941. Entretanto, esses eram cálculos para o futuro. Os governantes russos, como os políticos dos outros países, julgavam de acordo com o momento, não em termos de esquemas improváveis. Em 1849, eles pensavam apenas na Polônia e na Alemanha; com suas tropas efetivamente nos principados, provavelmente não se preocupariam com o futuro da Questão Oriental. Por outro lado, Palmerston, para quem a Polônia não significava nada e a Alemanha muito pouco, pensava na Áustria e na Rússia unicamente em termos do Oriente Próximo. Portanto, não surpreende que, apesar de seus princípios liberais, ele tenha saudado o gesto da Rússia de restaurar a Áustria como uma grande potência. Seus motivos são evidentes; e, certamente, não é preciso argumentar que ele era um hipócrita que favorecia secretamente a vitória da reação ou mesmo, mais grosseiramente, que ele estava a soldo da Rússia.[8]

As forças russas entraram na Hungria em maio, e em meados de agosto tinham alcançado a vitória total. Kossuth e seus principais apoiadores

---

8 Esta última é uma versão contemporânea divulgada por Karl Marx em seus artigos de jornal, reunidos como *The Eastern Question*. Ele tomou conhecimento dela por intermédio do lunático pró-turco David Urquhart. O marxismo atual privilegia a primeira explicação, mais sofisticada. O único fundamento dessa versão é que, de acordo com relatórios russos, Palmerston disse que, se os russos iam agir na Hungria, deviam fazê-lo rapidamente.

escaparam para a Turquia. A intervenção fora levada a cabo sem que as potências ocidentais impusessem qualquer dificuldade; e os russos podiam se felicitar por terem restaurado o sistema da Santa Aliança sem estimular, em troca, uma nova aliança liberal. Esse êxito foi destruído por um erro russo, causado por uma repercussão vinda da Polônia, sempre o ponto fraco da Rússia. Nicolau tinha anunciado o indulto para os húngaros derrotados e ficou muito irritado com as medidas repressivas da Áustria. Mas, entre os refugiados na Turquia, estavam quatro poloneses proeminentes (e mais uns oitocentos). No dia 6 de setembro de 1849, o tsar exigiu a extradição dos quatro generais poloneses; a Áustria seguiu o exemplo, exigindo a extradição de 4 mil húngaros. Quando as exigências foram rejeitadas, os embaixadores russo e austríaco romperam relações. Parecia que a Questão Oriental estava aberta de novo. Os turcos geriram a crise com a sua tradicional habilidade. Por um lado, recorreram ao apoio de Stratford Canning e do general Aupick, o embaixador francês; e não se decepcionaram. Por outro, recorreram secretamente ao tsar, mandando um enviado especial, Fuad Effendi, há muito um favorito dos russos. Nicolau tinha se recuperado do seu surto antipolonês; em vez disso, estava furioso com a execução de treze generais húngaros pelos austríacos em 6 de outubro, a maioria dos quais tinha se rendido ao exército russo. No dia 16 de outubro, Fuad e Nesselrode chegaram a um desfecho amigável: abandonada pela Rússia, era a vez de a Áustria ceder.

Porém, enquanto isso, a Grã-Bretanha e a França tinham sido forçadas a agir. No dia 29 de setembro, quando o apelo de Stratford Canning chegou a Londres, Palmerston escreveu a lorde John Russell: "Com um pouco de coragem viril superaremos esse problema com êxito". Depois de suas experiências na Itália, Palmerston temia que "os chapéus de abas largas do gabinete" o conteriam; mas, pela primeira vez, o gabinete concordou em agir – a simpatia liberal pelos refugiados aliada à preocupação com o Oriente Próximo superaria o pacifismo e a timidez. No dia 6 de outubro, a frota do Mediterrâneo foi orientada a se dirigir às proximidades dos Dardanelos. Mais importante ainda foi a reação da França. Em junho, Luís Napoleão tinha escapado do controle do Partido da Ordem, que ganhara as eleições, recorrendo a alguns republicanos moderados, que tinham sido derrotados. Entre estes, Alexis de Tocqueville, que tinha se tornado ministro do Exterior. Como muitos pensadores ousados, Tocqueville era tímido quando se tratava de agir. Ele diagnosticara o declínio da França e talvez o tenha exagerado; seja como for, foi o primeiro francês a defender a criação de uma Alemanha forte e unida para proteger a França da Rússia – uma visão tão pessimista que só ganhou aceitação na França em 1942.[9] Além disso, Tocqueville estava ressentido porque Palmerston tinha se recusado a responder à proposta histórica de apoiar a Sardenha feita por Tocqueville, por ansiedade e inexperiência, em julho. Portanto, Tocqueville se recusou a cooperar com os britânicos no Oriente Próximo; e apoiou sua recusa num argumento que foi empregado muitas vezes posteriormente contra qualquer ação decidida da França como grande potência: "A Inglaterra arriscaria a sua frota; nós, a nossa existência". Porém, ao chegar ao conselho de ministros, ele descobriu que Luís Napoleão tinha tomado uma decisão e que a frota francesa do Mediterrâneo já tinha partido.[10] A aliança anglo-francesa da Guerra da Crimeia nasceu em outubro de 1849. A decisão revelou o caráter de Luís Napoleão. Schwarzenberg podia se referir a seu interesse comum na restauração da ordem, Nicolau I à sua simpatia pela república; tudo isso eram gestos, meras palavras. A Grã-Bretanha oferecia ação, e só a ação podia derrubar o acordo do Congresso de Viena. Embora o interesse britânico estivesse limitado ao Oriente Próximo, como os acontecimentos iriam demonstrar, uma aliança anglo-francesa ali daria carta branca a Luís Napoleão para agir em outras regiões. A inquietação russa no Oriente Próximo – ou melhor, a suspeita dessa inquietação – abriu as portas para uma reconstrução generalizada da Europa.

A crise do Oriente Próximo de outubro de 1849 teve vida curta. Nicolau já tinha retirado suas exigências da Turquia antes que as frotas britânica e francesa se movessem. Embora tivesse recebido um aviso não oficial da ação anglo-francesa, ele pôde alegar que tinha aquiescido espontaneamente por generosidade. A crise terminou em benefício da Rússia de várias maneiras. No dia 1º de novembro, o almirante Parker, comandando a esquadra britânica, entrou nos Dardanelos pressionado pelo tempo, em busca de abrigo; embora ele não tenha "atravessado" os Estreitos, essa era uma interpretação exagerada da Convenção de 1841. Palmerston se desculpou imediatamente, para não estabelecer um precedente por meio do qual a frota russa, sempre próxima, poderia entrar no Bósforo; e Nesselrode considerou essa interdição dos Dardanelos um triunfo.[11] Além disso, em novembro, durante a crise,

---

9 O texto completo de *Souvenirs* de Tocqueville foi publicado pela primeira vez em 1942 (a tradução inglesa em 1948).

10 Tocqueville atribuiu a decisão do presidente à influência de sua amante, a senhorita Howard. Essa atribuição de motivos indecorosos (nesse caso, infundados, como Tocqueville admitiu depois) é típica do intelectual na política.

11 Nesselrode para Nicolau I, 20 de novembro de 1850, *Lettres et papiers*, x. 6.

os turcos propuseram uma aliança defensiva formal com a Grã-Bretanha, que Palmerston recusou. Ele acreditava que a Turquia deveria construir sua própria força se quisesse merecer ajuda externa. Além disso, ainda tinha fé nas declarações de Nicolau favoráveis aos princípios conservadores. No final de 1849, Bloomfield, o embaixador britânico na Rússia, escreveu: "Penso que é legítimo esperar que, seja como for, durante o governo do imperador Nicolau, a Rússia não fará nenhuma tentativa de desestabilizar o Império Otomano".[12] Finalmente, um gesto impulsivo de Palmerston rompeu a auspiciosa aliança anglo-francesa e quase pôs uma aliança franco-russa no lugar. Em janeiro de 1850, o almirante Parker, ao regressar dos Dardanelos, cobrou Atenas para que atendesse às reivindicações discutíveis de um súdito britânico, Don Pacifico. A Grécia recorreu à França e à Rússia, as duas outras potências protetoras (pelo Tratado de Londres de 1832). Palmerston se mostrou impaciente, e seu representante em Atenas mais ainda. Os russos, inteligentemente, deixaram a França tomar a iniciativa; e quando Palmerston recusou a mediação francesa, Drouyn de Lhuys, à época embaixador francês, foi retirado de Londres. Quando o caso sórdido foi resolvido (26 de abril de 1850), não tinha sobrado muita coisa da aliança das "potências liberais".

No entanto, era a Alemanha que parecia demonstrar que a segurança e a influência russas estavam no auge. A Prússia tinha desperdiçado a oportunidade trazida pelos transtornos enfrentados pela Áustria na Itália e na Hungria. O tempo todo, Frederico Guilherme era o fator determinante da política prussiana; e sua determinação era contraditória. Ele queria uma Alemanha unificada, com ele próprio no comando; e queria isso com a anuência da Áustria. Seu sonho impossível era que a Áustria deveria ceder voluntariamente, e preferia abrir mão da realidade que do seu sonho. Portanto, um dos motivos pelos quais ele rompeu com seus ministros em novembro de 1848 foi a proposta deles de apoiar as reivindicações sardas contra a Áustria na malograda Conferência de Bruxelas; entretanto, a Prússia e a Sardenha tinham essencialmente objetivos semelhantes. Uma vez mais, em abril de 1849, ele recusou a coroa alemã, quando ela lhe foi oferecida pelo Parlamento de Frankfurt; contudo, logo depois, tentou obtê-la por meio de um acordo voluntário com os príncipes alemães. Em maio de 1849, ameaçados pelas revoltas radicais, esses príncipes teriam concordado com qualquer coisa. Radowitz assumiu a tarefa de realizar a unificação alemã numa base conservadora. Redigiu uma Constituição alemã e concluiu a Aliança dos Três Reis com Hanôver e a Saxônia (28 de maio). Como todas as tentativas

---

12 Bloomfield para Palmerston, n.37, 24 de janeiro de 1850, Min. Rel. Ext. 65/276.

de unificação por meio de consenso, esta foi invalidada por uma restrição: a Saxônia e Hanôver insistiram que as negociações teriam de recomeçar se não fosse alcançado um consenso com a Baviera e a Áustria.

Pior ainda: mais uma vez, a Prússia trouxe à baila o caso dos ducados do Elba. Em março de 1849, os dinamarqueses tinham denunciado o armistício e retomado a guerra. A Prússia estava numa posição ridícula, pois, embora tentasse ficar de fora, havia um contingente prussiano ao lado das forças federais, e essas forças eram comandadas por um general prussiano. Tanto a Rússia como a Grã-Bretanha voltaram a pressionar a Prússia – a Rússia enviando uma frota para as águas dinamarquesas, a Grã-Bretanha ameaçando não interferir se a Prússia fosse atacada pela Rússia e pela França. Duas ameaças vazias. O tsar não pretendia "jogar Frederico Guilherme de forma imprudente nos braços da facção alemã"; de todo modo, suas tropas estavam totalmente absorvidas pela intervenção na Hungria. A França estava ocupada com a intervenção em Roma, e seu governo era instável demais para representar um aliado atraente para a Rússia ou mesmo para a Grã-Bretanha. Mais uma vez, porém, a recusa da Rússia foi demais para Frederico Guilherme. A Prússia cedeu e assinou mais um armistício, ainda mais favorável aos dinamarqueses, em 10 de julho de 1849. A Prússia fora novamente desacreditada aos olhos dos alemães. Além do mais, Palmerston tinha se afastado definitivamente. Embora reconhecesse que a Alemanha sob o controle da Prússia "seria a melhor solução e uma sólida barreira entre as Grandes Potências do continente",[13] ele ficou indignado com o comportamento de Frederico Guilherme: em vez de contrariar os interesses britânicos em Schleswig, a Prússia deveria ter unificado a Alemanha por meio de um regime liberal.

Em agosto de 1849, quando a Hungria estava subjugada, a Prússia tinha perdido a sua oportunidade. Schwarzenberg teria preferido avançar contra ela imediatamente, mas estava inseguro em relação à Rússia e mesmo em relação a Francisco José, que tinha uma reunião de família com Frederico Guilherme em Teplitz, no dia 9 de setembro. Portanto, propôs um compromisso por meio do qual a Áustria e a Prússia administrariam a Confederação Alemã em parceria até 1º de maio de 1850; e Bernstorff, ministro prussiano em Viena, aceitou essa "transição" por iniciativa própria em 30 de setembro. Bernstorff supunha que Schwarzenberg tinha concordado com

---

13 Foi o que ele disse, sem muito tato, a Drouyn de Lhuys em 27 de julho de 1849. Guichen, *Les Grandes Questions européennes*, i. 367.

"a hegemonia decisiva da Prússia no norte e no centro da Alemanha".[14] Na verdade, Schwarzenberg tinha simplesmente postergado a batalha à espera de um momento favorável – a primeira de muitas ocasiões em que uma das partes tampou as fissuras. A política prussiana continuou se orientando pela ilusão de Bernstorff. Radowitz criou a União limitada sob o controle da Prússia; impôs uma Constituição através do Parlamento da União de Erfurt, e em maio de 1850 organizou em Berlim um imponente, embora inútil, congresso de príncipes alemães. Quando a transição chegou ao fim, Schwarzenberg reagiu sugerindo a convocação da antiga Dieta Federal de Frankfurt. O tsar foi chamado novamente. No final de maio de 1850, o príncipe Guilherme da Prússia e Schwarzenberg visitaram o tsar Nicolau em Varsóvia. Nicolau repetiu seus argumentos anteriores: em vez de brigar, a Áustria e a Prússia deveriam rejeitar suas constituições e se unir contra a revolução; a Prússia deveria fazer as pazes com a Dinamarca; ele apoiaria quem quer que fosse atacado. Além disso, "o agressor nem sempre é quem ataca, mas quem provoca a briga"; e ele auxiliaria a potência que respeitasse mais os tratados (embora acrescentasse, de forma característica, que não entendia do que tratavam). Como Schwarzenberg nunca tinha utilizado a Constituição austríaca de março de 1849, e agora pretendia rejeitá-la, ele tinha o melhor dos argumentos. Nicolau chegou até a dizer que não teria nenhuma objeção ao "Império de setenta milhões", se a Prússia concordasse com ele. Contudo, essa não era uma opção para a Áustria; era a velha insistência no compromisso.

Até então, a Prússia seguira o conselho do tsar e fizera as pazes com a Dinamarca em 2 de julho. Schwarzenberg, por sua vez, apresentou um compromisso plausível: ele dividiria a Alemanha com a Prússia, contanto que Frederico Guilherme abandonasse a União de Erfurt e destruísse a Constituição prussiana. Provavelmente isso representava pouco mais que uma fachada conservadora para agradar ao tsar. Nesse exato momento, Schwarzenberg pediu a autorização do tsar para anexar o condado de Glatz (que a Áustria perdera para a Prússia em 1742), e dizem que ficou "furioso" quando este recusou.[15] Por mais que Frederico Guilherme detestasse a Constituição prussiana, não renunciaria a ela por ordem da Áustria. Parecia que a crise decisiva estava se aproximando. A questão de fundo, naturalmente, era se a Alemanha seria controlada pela Áustria ou pela Prússia; a oportunidade foi dada por Holstein e pelo Hesse – o primeiro era um assunto

---

14 Ringhoffer, *Im Kampf um Preussens Ehre*, p.113.
15 Srbik, *Deutsche Einheit*, ii. 50.

de certa importância, o segundo era uma briga mesquinha. Os ducados do Elba tinham continuado a resistir aos dinamarqueses, mesmo quando foram abandonados pela Prússia; quando Schleswig foi finalmente subjugado, a resistência prosseguiu em Holstein. Os dinamarqueses jogaram a Confederação Alemã contra os alemães de Holstein; isto é, como Holstein era membro da Confederação Alemã, o rei da Dinamarca exigiu uma "operação federal" contra seus súditos rebeldes. A Áustria ressuscitara a Confederação Alemã, a Prússia se afastara dela; portanto, a operação federal significaria tropas austríacas no norte da Alemanha, em grande medida uma "esfera de influência" da Prússia. Hesse era um problema simples – uma das costumeiras querelas alemãs entre um príncipe fútil e suas propriedades. O príncipe-eleitor tinha sido membro da União prussiana, mas tinha se esgueirado para a Confederação e pedido também a operação federal; além do conflito de autoridades, ela afetava a Prússia num ponto sensível, pois a rota militar prussiana, que ligava a Prússia renana ao restante do reino, passava por Hesse. Os dois lados fizeram gestos belicosos. No dia 26 de setembro de 1850, Radowitz – a única pessoa que acreditava sinceramente na linha que a Prússia tinha seguido – se tornou ministro do Exterior prussiano; no dia 12 de outubro, Schwarzenberg celebrou uma aliança militar com os reis da Baviera e de Württemberg.

Em julho de 1850, as três Grandes Potências além da Alemanha – França, Grã-Bretanha e Rússia – assinaram um protocolo que reconhecia a regra de hereditariedade dinamarquesa nos ducados;[16] a Prússia afastou as três com sua política ambígua. Isso poderia não ter sido decisivo, se Frederico Guilherme estivesse disposto a manobrar entre as potências. Certamente Luís Napoleão estava muito ansioso em fomentar problemas na Alemanha. Já em novembro de 1849, ele tinha sugerido ao tsar que a Rússia deveria voltar as costas à Alemanha e se concentrar no Oriente Próximo, seu verdadeiro centro de interesse: a Rússia poderia receber Constantinopla, a Grã-Bretanha se contentaria com o Egito e a França obteria compensações no Reno.[17] Como o tsar não reagiu favoravelmente, Luís Napoleão tentou a Prússia. Em janeiro de 1850, ele enviou a Berlim Persigny, seu amigo

---

16 Precht dá a entender (*Englands Stellung zur deutschen Einheit*) que Palmerston assinou o protocolo como uma espécie de desculpa por seu mau comportamento em relação a Don Pacifico na Grécia. Embora isso seja uma ligação engenhosa dos alemães com as questões orientais, ignora o fato de que os próprios ducados eram de interesse britânico.

17 Foi o que Nicolau disse a Rauch, o plenipotenciário militar prussiano. Portanto, não há dúvida de que ele exagerou a história para que, assustados, os prussianos assumissem uma postura conservadora.

pessoal e parceiro de conspirações. Persigny foi bem descrito como "apóstolo do imperialismo". Ele manifestou sua aprovação à trajetória "revolucionária" da Prússia e fez alusão ao apoio francês em troca de território no Reno. Depois, em junho, o próprio Luís Napoleão disse ao ministro prussiano Hatzfeldt que a França não poderia ficar neutra se a Rússia interviesse, e que ele apoiaria a potência alemã que lhe oferecesse mais; ele também apontou para o Palatinado bávaro. Recebeu uma resposta que seria repetida muitas vezes: a Prússia não conseguiria conquistar a liderança da Alemanha em troca de ceder território alemão à França. Schwarzenberg foi menos escrupuloso: disse ao representante francês que não faria objeção à cessão da Prússia renana à França em troca de um acordo sobre os assuntos alemães.[18] Talvez Schwarzenberg, como Bismarck mais tarde, acreditasse em jogar com a ambição de Luís Napoleão; mas sua alusão mostrou uma realidade – na verdade, a Áustria era mais indiferente à opinião pública alemã. Luís Napoleão não respondeu à oferta da Áustria; quando ele aspirou a uma política "revolucionária", teve de realizá-la com uma potência "revolucionária". Esse era exatamente o papel que Frederico Guilherme rejeitava. Em suas próprias palavras extravagantes: "Jamais usarei instrumentos revolucionários, jamais farei uma aliança com a França nem com a Sardenha, jamais me associarei com os Vermelhos nem com os de Gotha,[19] com assassinos de reis e fazedores de imperadores".[20] O dilema era o seguinte: na medida em que os políticos franceses não se enquadravam na descrição elegante de Frederico Guilherme, não tinham nenhum interesse de apoiar a expansão prussiana. Em outubro de 1850, os diplomatas franceses conservadores estavam voltados para Holstein, a fim de restaurar as boas relações com a Grã-Bretanha, abaladas com o caso grego. Em Londres, Drouyn de Lhuys sugeriu até uma tríplice aliança entre França, Rússia e Grã-Bretanha para restaurar a ordem em Holstein – uma proposta evitada, embora por motivos diferentes, tanto por Palmerston como pelo tsar.

Assim, em parte por força das circunstâncias e em parte por falta de vontade, a Prússia ficou isolada; e ainda mais vulnerável, pois a política de Radowitz era repudiada pela maioria dos ministros prussianos. Uma vez mais se recorreu ao tsar. Schwarzenberg foi a Varsóvia para obter carta branca contra a Prússia. Brandenburg, o primeiro-ministro prussiano, foi para aceitar

---

18 De la Cour (Viena) para De la Hitte, 26 de agosto de 1850.
19 Apoiadores liberais de Heinrich von Gagern.
20 Frederico Guilherme IV para Bunsen, 14 de novembro de 1850. Poschinger, *Preussen auswärtige Politik 1850-1858*, i. 18.

tardiamente, em julho, a oferta de Schwarzenberg: paridade na Alemanha, em troca da adoção pela Prússia de um caminho reacionário. Isso não era uma rendição da parte de Brandenburg: conservador, mas vaidoso, ele estava ansioso por uma ajuda externa para resgatar Frederico Guilherme (de quem ele era tio ilegítimo) da sua obsessão por Radowitz. A oportunidade tinha passado, se é que algum dia existira. O que inclinou a balança foi um rumor de que Radowitz ameaçara declarar guerra se tropas federais entrassem em Hesse: aos olhos do tsar, esse era o ato de agressão contra o qual ele tinha decidido tomar partido. No dia 28 de outubro, Nesselrode e Schwarzenberg concordaram, por meio de uma troca de mensagens, que a Rússia daria apoio moral à Áustria se a Prússia se opusesse à operação federal em Hesse; e que ela consideraria a resistência prussiana em Holstein um *casus belli* para ela própria. Até o fim, a posição da Prússia foi dificultada por suas ambiguidades em relação aos ducados do Elba.

Brandenburg voltou a Berlim. No dia 2 de novembro, a maioria do Conselho Prussiano de Ministros, seguindo sua liderança, decidiu ceder e continuar negociando com a Áustria. Radowitz renunciou; e, quando Brandenburg morreu subitamente, Manteuffel, que era ao mesmo tempo mais conservador e mais indeciso, ficou encarregado da política externa.[21] A decisão foi determinada basicamente pela falta de convicção que sempre confundira a política prussiana; essa confusão estava então escondida debaixo de pretextos de fragilidade. Porém, o príncipe Guilherme, que conhecia as questões militares, insistiu que a Prússia era a mais forte, e sua opinião foi compartilhada pelos generais russos que tinham assistido ao envolvimento do exército austríaco na Hungria. O comandante em chefe russo Paskievich até acreditava que a Prússia seria páreo para a Rússia e a Áustria juntas.[22] Todos os relatos concordam que havia entusiasmo pela guerra na Prússia, mas na Áustria não; esse simples fato tornou a guerra repulsiva para Frederico Guilherme e seus ministros. Era irrelevante que o exército prussiano fosse superior em número e em qualidade de combate ao da Áustria e ao de seus parceiros; o que faltava em Berlim era vontade de combater. No entanto, tendo decidido se render, Frederico Guilherme e seus ministros queriam algo impossível, uma rendição com honra. No dia 6 de novembro, o exército prussiano foi mobilizado. Dois dias depois, soldados austríacos foram feridos e um cavalo prussiano foi morto em Bronzell, no Hesse; foi

---

21 Ele se tornou primeiro-ministro e ministro do Exterior em dezembro, depois de voltar de Olomouc.
22 Schiemann, *Kaiser Nikolaus*, iv. 226.

a primeira vez desde 1778 que a Áustria e a Prússia tinham trocado tiros. Radowitz foi enviado a Londres, mais para consolar os britânicos do que com qualquer objetivo prático. Foi autorizado a oferecer ao governo britânico reduções nas tarifas do Zollverein em troca de uma aliança – certamente um apelo grosseiro ao materialismo britânico. É claro que Radowitz não obteve sucesso. Ele encontrou os ministros britânicos impacientes em relação a Holstein, e o mais liberal deles irritado com o fato de Frederico Guilherme não ter liderado o movimento constitucional na Alemanha. Palmerston disse que não iria cooperar com a Prússia a menos que a França se juntasse a eles – em vista da postura francesa, certamente um mero pretexto. Pois, no dia 12 de novembro, Luís Napoleão abriu a Assembleia Legislativa francesa com a mensagem presidencial de que a França ficaria neutra nas questões alemãs a menos que os tratados de 1815 fossem ameaçados – estranha condição na boca de um Bonaparte. Perante isso, não serviu muito de consolo que Luís Napoleão tenha solicitado artigos anônimos nos jornais favoráveis à Prússia. Embora a "aliança liberal" não tenha feito nada para fortalecer a Prússia, ela não foi totalmente inútil. O medo dela ajudou a forçar Schwarzenberg a aceitar um acordo.[23] Além disso, a movimentação de tropas francesas na Alsácia, por menor que fosse,[24] inspirou Frederico Guilherme com a ideia de uma cruzada conservadora contra a França[25] e, portanto, lhe forneceu um entusiasmo concorrente à admiração por Radowitz, que ainda espreitava em sua mente.

O caminho estava livre para a política de rendição de Manteufell. Ele solicitou um encontro pessoal com Schwarzenberg, e, no dia 27 de novembro, Schwarzenberg aceitou. O resultado do encontro foi o Acordo de Olomouc[26] de 29 de novembro. Dizem, com autoridade questionável, que a solução pacífica foi imposta a Schwarzenberg pelo jovem imperador Francisco José; é mais significativo que Meyendorff, então embaixador russo em Viena, tenha comparecido ao encontro e redigido uma placa comemorativa para a casa na qual ele ocorreu.[27] A essência da política russa tinha sido a insistência de que tanto a Áustria como a Prússia deveriam retomar os termos do tratado de 1815; e como a Prússia estava disposta a ceder, a Áustria

---

23 Meyendorff para Nesselrode, 27 de novembro de 1850. *Meyendorff*, ii, n.363.
24 Quarenta mil homens em novembro; a intenção era aumentar para 60 mil em dezembro e ter entre 80 mil e 115 mil por volta do Ano-Novo.
25 Frederico Guilherme IV para Francisco José, 26 de novembro de 1850. *Preussens auswärtige Politik 1850-1858*, i. 31.
26 Nome obsoleto em alemão: Olmütz.
27 *Meyendorff*, ii, n.365.

teria se tornado a "agressora" se tivesse exigido mais. Na verdade, as cartas subservientes de Frederico Guilherme já tinham alertado o tsar de que a Prússia poderia destruir o equilíbrio alemão se cedesse demais. De todo modo, Schwarzenberg sempre se preocupara mais em derrotar os projetos da Prússia na Alemanha do que em promover os projetos austríacos, que eram mais dos ex-radicais em seu ministério do que dele. Portanto, o Acordo de Olomouc foi totalmente negativo. A Prússia desistiu da União de Erfurt, concordou com a operação federal no Hesse e, em última análise, em Holstein, e voltou para a antiga Confederação; os planos para incluir todo o Império Austríaco foram deixados para "reuniões abertas" em Dresden. Era uma volta sem entusiasmo ou crença na velha ordem. A Prússia aceitara, sem guerra, as condições que custaram duas campanhas à Áustria para impor à Sardenha. Se, de acordo com o padrão sardo, Frederico Guilherme tivesse abdicado, seu irmão Guilherme certamente teria trilhado o caminho do ressentimento militar e talvez até mesmo do liberalismo. Aparentemente, Frederico Guilherme passou o resto de seu reinado se arrependendo dos pecados que conduziram a Olomouc, não da humilhação ocorrida ali.

Os limites do sucesso austríaco apareceram no ano novo, quando a conferência sobre questões alemãs se reuniu em Dresden. A Prússia não concordou com a incorporação da totalidade da Áustria na Confederação, no que foi apoiada pelos Estados menores. Dessa vez era inútil que Schwarzenberg recorresse ao tsar; embora Nicolau estivesse disposto a aceitar qualquer coisa com a qual a Áustria e a Prússia concordassem, ele não iria impor o acordo. A França protestou firmemente contra a modificação do acordo de 1815, protesto esse secundado pela Grã-Bretanha. Luís Napoleão chegou até a enviar um emissário especial a São Petersburgo para pedir o apoio russo. Mais uma vez, Nicolau adotou um tom conciliador: embora não aderisse ao protesto francês, ele estava irritado com a cooperação anglo-francesa que a política austríaca tinha provocado, e advertiu Schwarzenberg que ele não devia contar com o apoio russo caso a França declarasse guerra.[28] Em março de 1851, Manteuffel achou um compromisso aceitável. A Prússia estava ansiosa para cooperar com a Áustria nas questões europeias, embora estivesse determinada a não ceder nada de sua posição alemã; consequentemente, ao mesmo tempo que recusava a inclusão do Império Austríaco na Alemanha, Manteuffel propôs uma aliança secreta que deveria salvaguardar a totalidade do território austríaco. Depois de protelar um pouco,

---

28 Nesselrode para Meyendorff, 16 de março e 12 de abril de 1851. *Lettres et papiers*, x. 34, 40; Bapst, *Origines de la guerre de Crimée*, p.188-90.

Schwarzenberg aceitou: o projeto de inclusão do Império na Confederação Alemã era principalmente um assunto de política doméstica, para mostrar que a Áustria era um Estado plenamente alemão, e Schwarzenberg não se preocupava muito com essas questões internas.

A Aliança Austro-Prussiana, assinada em 16 de maio, era basicamente uma aliança contra a "revolução". Frederico Guilherme queria até incluir um preâmbulo de que ela estava direcionada contra o perigo de novas convulsões na França e contra "a sublevação geral que pode ser provocada pelos atentados não improváveis do partido revolucionário em toda a Europa".[29] Schwarzenberg não foi favorável a essa reflexão sobre a estabilidade de Luís Napoleão; e a aliança se concluiu com generalidades, para durar três anos. Embora tenha nascido de uma iniciativa prussiana, a aliança foi extremamente vantajosa para a Áustria. "A revolução" perturbava a consciência de Frederico Guilherme; ela ameaçava a existência da Áustria. Em termos concretos, a aliança era apenas uma garantia prussiana do território da Áustria na Itália; a Áustria era incapaz de oferecer uma garantia similar do território prussiano no Reno, mesmo que a Prússia exigisse. A aliança nasceu da necessidade concreta, de um lado, e do princípio emocional, do outro – sempre uma base instável para a cooperação internacional. Até mesmo Frederico Guilherme reconheceu isso ao limitar a aliança a três anos; até lá ele teria se redimido por seus pecados revolucionários e sua consciência estaria limpa.

A Aliança Austro-Prussiana parecia um renascimento da Santa Aliança, mais eficaz que a original. Era um renascimento com uma diferença. Nicolau se recusou a ser o terceiro elemento da aliança, para não provocar uma aliança ocidental como resposta; ele nem mesmo concordou com o encontro dos três governantes.[30] Em suas próprias palavras, ele não repetiria o erro de Münchengrätz em 1833, que tinha provocado a Quádrupla Aliança de Palmerston em 1834. Assim, Nicolau avançou um pouco mais com a postura que tinha adotado quando eclodiram as revoluções de 1848: embora lhe agradasse a ideia de ter a Áustria e a Prússia como um tampão contra a França, não iria em seu socorro. Além disso, o fracasso deplorável do movimento polonês parecia dar à Rússia uma liberdade de ação sem nenhum controle; ela não precisava se juntar a uma Santa Aliança renascida contra um perigo que tinha se mostrado tão insignificante. Tudo que restara

---

29 Frederico Guilherme IV para Manteuffel, 24 de abril de 1851. *Preussens austwärtige Politik 1850-1858*, i. 155.

30 Nicolau se encontrou com Frederico Guilherme em Varsóvia e, em maio, com Francisco José em Olomouc; Frederico Guilherme e Francisco José se encontraram em Ischl, em agosto.

de Münchengrätz, naquilo que dizia respeito à Rússia, era a promessa de não mexer no *status quo* no Oriente Próximo; e essa promessa tinha sido a contrapartida da ajuda na Polônia, que não era mais necessária. Nicolau e seus conselheiros não tinham objetivos conscientes nem definidos no Oriente Próximo; eles simplesmente deduziram que a situação tinha mudado radicalmente a seu favor. A revolução tinha sido derrotada; a Aliança Austro-Prussiana continha a França na Itália; quanto à Áustria, era contida pelo perigo da revolução e da França. Parecia que o novo equilíbrio funcionava exclusivamente para a Rússia: as potências europeias se anularam entre si e a Rússia teve carta branca no Oriente Próximo. Nicolau certamente imaginou que precisaria negociar com a França ou com a Grã-Bretanha; o fator responsável por ele ficar fora da Aliança Austro-Prussiana era a convicção de que ele poderia "fazer negócio" com Luís Napoleão. Mas Nicolau pensou que iria negociar a partir de uma posição de força; para ele, como para todo mundo, a marca predominante dos anos da revolução tinha sido o poder russo. Nunca lhe ocorreu, nem, de fato, a mais ninguém, que antes que transcorressem os três anos da Aliança Austro-Prussiana seria a Rússia que precisaria de proteção e que Nicolau ficaria lamentando a extinção da união das "Três Cortes do Norte".

III
O FIM DA SANTA ALIANÇA
1852-1853

1851 foi o ano da paz na Europa, simbolizada pela Grande Exposição de Londres. Radicais ingleses atribuíam essa paz aos êxitos da industrialização; na verdade, ela repousava na revitalização da Santa Aliança. As multidões que foram ao Crystal Palace aplaudiram Kossuth no final do ano; elas não perceberam a ligação – a Grande Exposição pôde ser realizada porque Kossuth estava no exílio. Parecia que todos os problemas estavam desaparecendo. Na Alemanha, uma operação federal impôs o príncipe-eleitor a seus súditos; e a Dieta, depois de algumas trapalhadas, elaborou uma Constituição inexpressiva. A autoridade dinamarquesa foi reafirmada em Holstein. Em junho de 1851, Nesselrode resolveu a questão da sucessão com os dinamarqueses; e essa solução foi aceita pelas Grandes Potências no Protocolo de Londres de maio de 1852. A Áustria e a Prússia cooperavam, meio de má vontade, na Dieta federal. Nesselrode fez comentários condescendentes a respeito de Bismarck e Thun, os representantes prussiano e austríaco: "O bom Deus certamente não criou esses dois homens para resolver a Questão Alemã".[1] Em dezembro de 1851, Luís Napoleão destruiu a Constituição republicana e se nomeou ditador; no final de dezembro, a natimorta Constituição austríaca foi formalmente revogada. No início de 1852, o governo Whig da Inglaterra deu lugar a um governo Tory liderado por Derby, com

---

1 Nesselrode para Meyendorff, 26 de fevereiro de 1852. *Lettres et papiers*, x. 169.

Malmesbury como ministro do Exterior. Parecia que a reação tinha triunfado, e a paz estava mais segura do que estivera durante muitos anos.

A única preocupação era a sombra do Segundo Império. Luís Napoleão não podia se contentar com o cargo de príncipe presidente; e, quando se tornou imperador, não se contentou com o acordo existente na Europa. Ele mesmo disse a Cowley, o embaixador britânico: "Eu tenho toda a intenção de respeitar esses tratados – mas você deve se lembrar do quão irritantes eles são para a França";[2] e Nesselrode avisou o tsar que tempos perigosos estavam se aproximando: "A falta de princípios de Napoleão impossibilita o estabelecimento de verdadeiras relações de confiança, torna a vigilância uma norma e deixa a Europa num alerta constante. É a paz, mas a paz armada, com todos os seus custos e incertezas. Só a união das Grandes Potências é capaz de mantê-la".[3] No entanto, isso reforçava a posição da Rússia: uma solidariedade contra a França era necessariamente uma solidariedade a favor da Rússia. Uma verdadeira iniciativa francesa contra os tratados de 1815 significava necessariamente uma ação francesa no Reno; e essa ameaça tornou a Prússia e a Áustria dependentes do apoio russo. Em março de 1852, três meses depois do *coup d'état*, a independência da Bélgica parecia ameaçada. Luís Napoleão encontrou diversos motivos para reclamar na imprensa belga; e os agentes bonapartistas já estavam veiculando a ideia de um Zollverein com a Bélgica, ou mesmo uma união política. Os russos perceberam a oportunidade de melhorar sua reputação com os britânicos, assegurando a Malmesbury em abril de 1852 que enviariam 60 mil homens para defender a independência belga. Malmesbury, tímido e inexperiente, agradeceu a oferta; e os russos pensaram que tinham consolidado a união das quatro Grandes Potências. Eles subestimaram a astúcia de Luís Napoleão: como nos assuntos domésticos, ele destruiria a união conservadora contra si solapando-a, não por meio de um rompante. Embora inferior ao tio em quase todos os aspectos, ele tinha uma qualidade fundamental que faltava ao grande Napoleão: uma paciência infinita. Os russos também não entenderam o espírito da política britânica: a menos que o perigo bonapartista realmente se transformasse em ação, o próprio nome e a existência de Napoleão a tornavam mais conciliadora, mais ansiosa em ficar bem com a França do que ficara na época do pacífico Luís Filipe.

---

2 Cowley para Malmesbury, 11 de novembro de 1852.

3 Avaliação do ano de 1852 feita por Nesselrode para o tsar. Zaionchkovski, *Vostochnaya Voina*, i (ii), n.89.

A confiança russa também aumentou com a morte de Schwarzenberg em abril de 1852. Schwarzenberg tinha insistido em manter boas relações com Luís Napoleão mesmo depois do *coup d'état*, supostamente para manter a França no rumo contrarrevolucionário, mas, na verdade, para se livrar da Rússia. Buol, que sucedeu Schwarzenberg, não tinha ousadia para realizar essa política, e sugeriu que as potências exigissem de Luís Napoleão a garantia de que suas intenções eram pacíficas antes de reconhecer o Império quando ele chegou. Isso convinha aos russos, que aceitaram a proposta em 13 de maio; e Frederico Guilherme IV os seguiu com zelo conservador em 22 de maio. Os britânicos não aderiram: mesmo um governo conservador, mesmo Malmesbury, percebia a tolice que era exigir garantias que ou seriam recusadas ou então seriam ineficazes. Como a rainha Vitória escreveu: "Não temos nenhum meio de obrigar Luís Napoleão a dizer o que ele não quer dizer".[4] Quando, em outubro, Luís Napoleão fez sua célebre declaração em Bordeaux: "Pessoas desconfiadas dizem que o Império significa guerra, mas eu digo que o Império significa paz", os britânicos adotaram a postura de que essa garantia era suficiente. Tudo que restou da aliança conservadora foi um protocolo, assinado pelas quatro Grandes Potências em 3 de dezembro de 1852; elas registraram a declaração pacífica de Napoleão e prometeram mutuamente favorecer o *status quo* territorial no futuro, como tinham feito no passado.

Nem mesmo essa unidade superficial sobreviveu ao reconhecimento real. Os britânicos, embora tivessem levantado as primeiras dúvidas em relação ao "III" do título, reconheceram o novo imperador imediatamente e sem reservas.[5] Buol, enquanto isso, se assustara com a perspectiva de uma reconciliação franco-russa, arquitetada pelos britânicos, à custa da Áustria. Para afastar esse perigo imaginário, ele estimulou os princípios legitimistas do tsar e sugeriu que Napoleão devia ser recebido somente como um "amigo", não como um "irmão". O recurso funcionou. O tsar observou: "Irmão! Esse relacionamento não existe entre nós e Napoleão". Embora Frederico Guilherme IV estivesse muito assustado diante da "revolução encarnada", o medo o levou à direção oposta. Estava decidido a não provocar Napoleão

---

4 Vitória para Malmesbury, 2 de dezembro de 1852. *Letters of Queen Victoria*, primeira série, ii. 492.

5 Os britânicos só foram superados pelo Reino das Duas Sicílias, o governo mais legitimista da Europa, que resistira ao reconhecimento de Luís Filipe. O governo napolitano acalentava então o sonho inútil de competir com o Reino da Sardenha pelo favorecimento dos franceses e até mesmo dos italianos.

negando-lhe o título de irmão. Quando Buol soube disso, ele também perdeu a paciência: não podia permitir que a Prússia tomasse a dianteira na competição pela aprovação de Napoleão. Por isso, quando chegou o momento, só o embaixador russo recebeu Napoleão III como um amigo. Alguns dos conselheiros radicais de Napoleão, particularmente Persigny, queriam aproveitar a oportunidade para romper com a Rússia; Napoleão, porém, não iniciaria seu reinado com uma rixa meramente pessoal e relevou o gesto russo com o comentário arguto: "Deus nos dá nossos irmãos; os amigos, nós escolhemos" [God gives us our brothers; we choose our friends].[6] Mesmo assim, Buol conseguiu o que queria: houve uma frieza entre os governantes da Rússia e da França. No entanto, o mais importante e significativo é que a solidariedade das três "Cortes do Norte" tinha se desfeito diante do primeiro sopro do Império Francês. Na verdade, a confusão em torno da forma de tratamento simbolizou o fim iminente da Santa Aliança e, principalmente, da aliança conservadora entre a Rússia e a Áustria, da qual a segurança dos dois impérios dependia.

Pois, no final de 1852, a situação do Oriente Próximo estava se agravando. Em sua busca infindável de prestígio, Luís Napoleão tivera outrora a ideia de apoiar as reivindicações dos monges latinos de controlar os Lugares Sagrados; isso tinha a vantagem adicional de agradar seus apoiadores no clero francês. O prestígio do tsar foi desafiado: ele era muito mais genuinamente o chefe da Igreja Grega que Luís Napoleão era o protetor dos latinos. Seguiu-se um período de leilão político, com cada lado dando lances por meio de ameaças. Os turcos, como de hábito, tentaram enganar os dois lados. Ao longo de 1851, eles fizeram concessões aos latinos e as contradisseram secretamente para os gregos. Em abril de 1852, o embaixador francês voltou a Constantinopla no *Charlemagne*, um navio movido a hélice com noventa canhões, e insistiu que ele atravessasse os Dardanelos; em julho, uma esquadra francesa ameaçou bombardear Trípoli. Os turcos chegaram à conclusão de que "uma frota francesa derrotaria uma frota russa mesmo que esta fosse ladeada por uma frota turca";[7] eles transferiram as decisões práticas sobre os Lugares Sagrados para os latinos, e isso se tornou conhecido de todo o Oriente Próximo no final de 1852. O triunfo francês não representou apenas um desafio ao prestígio religioso do tsar, como ameaçou os fundamentos da

---

6 Existem várias versões desse célebre comentário. Napoleão provavelmente disse: "*Si l'on subit ses frères, on choisit ses amis*" [Embora suportemos nossos irmãos, escolhemos nossos amigos]; mas isso não é fácil de traduzir para o inglês.

7 Rose (Constantinopla) para Russell, 28 de dezembro de 1852.

política russa em relação à Turquia. Por mais que os russos falassem acerca do colapso e da partilha iminentes do Império Turco, sua política concreta durante os vinte anos anteriores fora a manutenção do Império Otomano como um Estado-tampão que protegesse o Mar Negro. A condição indispensável dessa política era que a Turquia deveria ter mais medo da Rússia do que de qualquer outra potência. Ora, os turcos tinham mostrado que temiam mais a França que a Rússia; e os russos tinham a visão imediata de uma frota francesa no Mar Negro. O tsar teria reagido, certamente, a um desafio como esse vindo de qualquer grande potência; mas não teria reagido tão violentamente se o desafio não tivesse vindo da França – afinal de contas, tinha tolerado uma influência britânica bem forte em Constantinopla na década anterior. Para ele (e não somente para ele), a luta entre a França e a Rússia era simplesmente uma fachada da luta muito maior entre o conservadorismo e a "revolução". Enquanto a Rússia fosse invulnerável, ela poderia apoiar a causa da monarquia na Europa; se seu flanco no mar Negro ficasse exposto, a revolução poderia triunfar na Alemanha e na Itália. Quando o tsar se lançou ao conflito turco, ele realmente supôs que estava servindo a uma causa europeia, bem como à sua própria causa.

Ele também supôs que essa causa europeia tornaria sua vitória mais fácil e segura. Nesselrode o advertiu que nem a Inglaterra nem a Áustria apoiariam a Rússia numa guerra contra a França;[8] mas Nicolau pensou que poderia lidar com a França desde que os outros permanecessem neutros, e confiava na neutralidade deles. Em dezembro de 1852, foi formado um ministério de coalizão na Inglaterra sob a liderança de lorde Aberdeen; e ele não era apenas o homem que ouvira favoravelmente os planos do tsar para a partilha da Turquia em 1844 – muito mais importante, ele estava aterrorizado com a agressão e com o poder da França. Nicolau, que se orgulhava de seus dons diplomáticos, pensou em transmitir aos britânicos uma segurança ainda maior retomando a conversa da partilha; isso era para lhes assegurar que seus interesses seriam preservados mesmo que o Império Otomano entrasse em colapso. Em janeiro de 1853, Nicolau aventou suas ideias de partilha ao embaixador britânico, Seymour: os principados do Danúbio ficariam sob a proteção russa; Constantinopla seria uma cidade livre; os britânicos ficariam com o Egito e, se desejassem, com Creta. Nicolau certamente não estava sendo inteiramente sincero em suas propostas; é impossível sê-lo quando se especula no vazio sobre o futuro. Ele não disse nada a respeito da fatia que pretendia dar à Áustria, nem sobre seu plano de uma

---

8   Nesselrode para Nicolau I, 20 de dezembro de 1852. Zaionchkovski, i (ii), n.97.

guarnição russa no Bósforo e uma guarnição austríaca nos Dardanelos; mais importante, num plano secreto que esboçou ao mesmo tempo, ele sugeriu entregar Creta à França. No entanto, esses detalhes não eram importantes. O governo britânico rejeitou a "oferta" como insignificante, não porque ela fosse inadequada. Nas palavras de Nesselrode, era um princípio da política britânica "jamais se comprometer por um futuro mais ou menos incerto, mas esperar o acontecimento para decidir que linha adotar". O tsar também não considerou a reação britânica como uma recusa: não pensara num plano concreto imediato, portanto não havia nada a rejeitar. Nicolau supôs sinceramente que tinha aumentado a confiança britânica nele. Quando eclodiu a guerra no ano seguinte, as "Conversações de Seymour" foram publicadas pelo governo britânico, junto com o plano de partilha de 1844; firmou-se então o mito de que a Rússia pretendia desmembrar o Império Turco. Não foi o que aconteceu: por mais que o tsar pudesse elaborar planos remotos, o objetivo prático da política russa no início de 1853 era restaurar em Constantinopla a influência predominante que fora perdida com a vitória francesa em relação aos Lugares Sagrados.

O tsar não se preocupou em tranquilizar a Áustria com projetos de partilha semelhantes, pois achou que a Áustria já dependia dele. Além disso, em janeiro de 1853, a Áustria ditou o ritmo em Constantinopla para uma intervenção russa. Um exército turco estava ameaçando invadir Montenegro. A Áustria não podia permitir isso, com medo do efeito em seus próprios súditos eslavos. Por isso, o conde Leiningen foi enviado a Constantinopla com um ultimato de que em dez dias o conflito com Montenegro deveria chegar ao fim. Os turcos perceberam que outros problemas mais graves estavam se aproximando; além disso, podiam reconhecer o interesse austríaco em Montenegro sem aceitar, como decorrência disso, qualquer protetorado geral sobre seus súditos cristãos. Como a Áustria não ameaçou a existência independente do Império Otomano, os turcos puderam ceder com segurança. O tsar viu apenas o precedente. Prometeu apoio total a Francisco José em caso de guerra com a Turquia, e se preparou para repetir o êxito da Áustria numa escala maior. Uma missão especial foi enviada a Constantinopla no final de fevereiro de 1853. O enviado foi o príncipe Menshikov, escolhido como um "russo puro" para convencer a opinião pública russa da preocupação sincera do tsar com os Lugares Sagrados. Na verdade, um choque de prestígio com a França tinha de estar ligado ao sentimento religioso antes de poder recorrer a um público ortodoxo e obscurantista que era indiferente ao perigo da "revolução". Menshikov não deveria só reverter a vitória francesa relacionada aos Lugares Sagrados; ele deveria alcançar um êxito mais geral e mais impactante. Depois de algumas trapalhadas, os diplomatas russos tiveram a ideia de impingir o protetorado da Rússia sobre as populações ortodoxas da Turquia, uma reivindicação baseada supostamente no Tratado de Kutchuc Kainardji, assinado em 1774.[9] Como sempre, o tsar não sabia o que estava no tratado que procurava impor; explicou mais tarde que a "sua conduta teria sido diferente não fosse o erro ao qual fora levado".[10] Nem Nesselrode olhou cuidadosamente o tratado de 1774, embora alguns diplomatas russos soubessem que eles estavam fazendo uma reivindicação forçada. Essas tecnicalidades tiveram pouco impacto. O tsar queria uma vitória de peso sobre os turcos; e o protetorado religioso foi a primeira ideia que surgiu. Se os turcos não gostassem dela, Menshikov deveria lhes oferecer uma aliança contra a França – uma alternativa igualmente desagradável.

Menshikov pensou que levaria a melhor tranquilamente com uma demonstração de força. Houve rumores de mobilização no sul da Rússia e de uma ostentatória inspeção da frota russa em Sebastopol. A primeira exigência de Menshikov (2 de março) foi a demissão de Fuad, o homem que entregara as chaves dos Lugares Sagrados aos latinos. Isso deixou Rose, o *chargé d'affaires* britânico, em pânico; ele telegrafou diretamente a Malta pedindo que a frota fosse enviada a Constantinopla. O almirante britânico transmitiu o apelo a Londres, onde um grupo de ministros, que se tornariam o "gabinete interno" da Guerra da Crimeia,[11] decidiu não responder ao pedido de

---

9 No artigo VII do Tratado de Kutchuk Kainardji, a Porta [como o governo do Império Otomano era conhecido] "promete proteger a religião cristã e suas igrejas" e "também permite que os ministros russos defendam seus interesses no que diz respeito à nova igreja de Constantinopla". Claramente não havia nenhum direito geral de proteção pela Rússia, embora isso acontecesse por costume. Em 1849, Palmerston sustentou que a Rússia podia apresentar queixas, mas que o sultão podia ignorá-las; e Brunnow admitiu a Nesselrode que Palmerston tinha razão.
A ideia de recorrer a Kutchuk Kainardji em 1853 foi sugerida para os russos, curiosamente, por Reshid, que à época trabalhava com eles contra a França. Brunnow disse que a base concreta da influência russa "consiste *em fatos, não em palavras*. A Rússia é forte, a Turquia é fraca; esse é o preâmbulo de todos os nossos tratados". Nesserolde aceitou a sugestão de Reshid sem consultar Brunnow; e nem ele nem Nicolau I parece ter percebido a fragilidade da sua posição legal até o começo de 1854.
10 Seymour (São Petersburgo) para Clarendon, n.176, 21 de fevereiro de 1854.
11 Aberdeen, primeiro-ministro; lorde John Russell, líder da Casa dos Comuns; Clarendon, ministro do Exterior; Palmerston ministro do Interior, convidado, por sugestão de Clarendon, como a mais formidável autoridade em política externa. Palmerston e Aberdeen tinham sido ministros do Exterior; Russell o seria posteriormente. Russell era um antigo primeiro-ministro, Palmerston, um futuro. O resultado mostraria que não existe nada mais desastroso que um comitê de homens extremamente capazes.

Rose. Só Aberdeen estava preparado para digerir qualquer exigência russa;[12] os outros confiaram na boa-fé do tsar e ainda culparam "a ambição e a energia inquietantes da França" por todos os problemas.[13] A notícia do pedido de Rose também chegou a Paris. No conselho de ministros de 19 de março, o ministro do Exterior, Drouyn de Lhuys, argumentou que qualquer ação francesa aumentaria as suspeitas da Europa e que eles deveriam esperar que a Inglaterra tomasse a iniciativa; Persigny respondeu que a opinião pública britânica obrigaria o governo britânico a se opor à Rússia e que aquele era o momento de lançar "a guerra dos povos contra os reis". Napoleão III não conseguiu resistir ao apelo da aventura, e a frota francesa foi enviada para Salamis. Napoleão III certamente tinha de sustentar seu prestígio contra a Rússia, mas agiu com mais rapidez porque viu a oportunidade de retomar a cooperação anglo-francesa de outubro de 1849.

Ele ficou momentaneamente desapontado. Cowley disse a Drouyn que, se a independência do Império Otomano fosse ameaçada, "a culpa seria da França".[14] Os acontecimentos em Constantinopla logo mudaram essa fala. Stratford Canning, então lorde Stratford de Redcliffe, tinha sido chamado às pressas de volta para Constantinopla, aonde chegou com a missão de resolver a disputa em torno dos Lugares Sagrados de maneira favorável à Rússia. Isso foi alcançado, graças principalmente aos conselhos de Stratford, no início de maio.[15] Menshikov então apresentou outra exigência, a de um protetorado russo sobre os súditos ortodoxos da Porta. Seu verdadeiro objetivo não era tanto esnobar os franceses (isso tinha sido alcançado) como pôr fim à "maldita ditadura desse Redcliffe". Em vez disso, obrigou os turcos a retornar à tutela de Stratford. Eles não cederam à exigência de Menshikov, e, no dia 21 de maio, ele partiu, levando junto o corpo diplomático. Os turcos foram obrigados a recusar, se o Império Otomano quisesse continuar sendo uma potência independente, e Stratford foi obrigado a assessorá-los, como fez, enquanto a independência da Turquia fizesse parte da política britânica.

---

12 Ele disse a Brunnow: "Certo ou errado, aconselhamos os turcos a se renderem". Brunnow para Nesselrode, 21 de fevereiro de 1853. Zaionchkovski, i (ii), n.102.

13 Clarendon para Seymour, 8 de março de 1853.

14 Cowley para Clarendon, n.161, 19 de março de 1853.

15 Stratford foi mandado a Constantinopla em parte devido à crença de que ali ele seria menos perigoso para o governo que em Londres. Mais tarde criou-se o mito de que ele adotou uma política independente e obrigou o governo britânico a entrar em guerra. O mito foi demolido por Temperly em *England and the Near East: the Crimea*. Digamos que a irritação de Clarendon com Stratford era realmente a de alguém confuso e hesitante com alguém que apresentava os problemas com clareza e sem dissimulação.

Por outro lado, quando se admitiu que a Turquia não era realmente independente (e cada acontecimento da Guerra da Crimeia comprovou isso), os russos consideraram legítimas suas exigências em nome de sua segurança: era admissível considerar a Turquia um Estado-tampão somente enquanto ela tivesse mais medo da Rússia do que de qualquer outra potência. Ao procurar manter a independência turca, a Grã-Bretanha e a França estavam lutando por algo que sabiam ser um simulacro; mas era um simulacro que tinha de ser mantido por falta de alternativa. As ameaças de Menshikov mudaram de forma decisiva a política britânica. Até Aberdeen achou as exigências "descabidas". Russell e Palmerston pediram medidas enérgicas para conter a Rússia; Clarendon estava mais preocupado em restaurar a confiança no governo.[16] No dia 2 de junho, a frota britânica foi mandada para a baía de Besika, para além dos Dardanelos. Alguns dias depois, a frota francesa se juntou a ela; assim, a aliança anglo-francesa surgiu literalmente de forma indireta.

Esse acontecimento foi mal recebido pelo tsar, mas não chegou a inquietá-lo. Enfrentara muitas vezes a oposição anglo-francesa em Constantinopla, e ainda se sentia protegido pela Santa Aliança. Ele disse ao embaixador francês: "Vocês quatro poderiam se impor sobre mim, mas isso jamais acontecerá. Eu posso contar com Viena e com Berlim".[17] Depois da volta de Menshikov no final de maio, o tsar ordenara a ocupação dos principados do Danúbio; ele não viu nenhum motivo para recuar de suas ameaças públicas, e as forças russas cruzaram o Pruth no dia 2 de julho. Palmerston sugeriu novamente uma ação enérgica, por meio do envio da frota através dos Estreitos, que foi rejeitado pelo gabinete. Napoleão III, por sua vez, sonhava com um a ação mediadora dramática por meio da qual ele poderia cair nas boas graças da Rússia; consequentemente, ele também se opôs à ação. A alternativa à ação era a diplomacia, e as duas potências tentaram envolver a "Europa", isto é, na prática, a Prússia e a Áustria. Com isso, teve início o padrão diplomático típico da Guerra da Crimeia: a tentativa, pelos dois lados em conflito, de envolver as Potências Centrais e, portanto, de chegar a uma decisão. O objetivo tanto da Prússia como da Áustria era a neutralidade; a Prússia porque não tinha nenhum interesse em jogo, a Áustria porque tinha muitos. A única preocupação da Prússia era não se tornar o campo

---

[16] Em 31 de maio, ele escreveu a Seymour dizendo que havia uma convicção *universal* de que o governo deixara a Turquia à mercê da Rússia, e que, portanto, agora era preciso adotar uma linha dura.

[17] Bunsen para Manteuffel, 29 de junho de 1853. *Preussens auswärtige Politik 1850-1858*, ii. 110.

de batalha na luta entre o conservadorismo e a "revolução"; a menos que quisesse se envolver numa guerra em grande escala, era pouco provável que a Rússia a ameaçasse na Polônia, ou a França no Reno. A Áustria, por outro lado, estava diante de alertas imediatos e urgentes. Se apoiasse a Rússia, ou mesmo se recusasse confrontá-la, a França poderia aniquilar a Itália, ou, pelo menos, era o que os austríacos acreditavam. O símbolo dessa ameaça foi um giro prolongado pela Itália no outono de 1853 feito por Brenier, um ex-ministro do Exterior francês, no qual ele realizou preparativos ostensivos visando a uma aliança com a França. Ainda mais urgente, a Áustria, que dependia basicamente do Danúbio para seu comércio com o mundo exterior, não podia tolerar a presença dos russos nos principados; nenhuma oferta russa dos Bálcãs Ocidentais poderia compensar isso, mesmo que tivesse sido atraente – e não foi. Ainda assim, a Áustria evitou entrar em guerra com a Rússia, na qual ela seria atingida em cheio. O que ela queria era impossível: que Nicolau desistisse de suas reivindicações na Turquia sem ser humilhado. Daí os esforços austríacos em fazer planos que satisfizessem o tsar e, ainda assim, assegurassem a independência da Turquia, uma política que acabou ludibriando, ou tentando ludibriar, os dois lados. Enquanto a Prússia simplesmente se recusou a apoiar um dos lados, a Áustria tinha de fingir apoiar as potências ocidentais, mas nunca lhes dar um apoio concreto.

No verão de 1853, isso ainda pertencia ao futuro: tanto a Rússia como as potências ocidentais tinham ilusões quanto ao que poderiam esperar da Prússia e da Áustria. A primeira manifestação da "Europa" foi a Nota de Viena, concebida pelos representantes das Quatro Potências sob a orientação de Buol, e acordada no dia 1º de agosto. A Nota incorporava as concessões que, na opinião das Quatro Potências, a Turquia podia fazer à Rússia sem pôr em risco sua independência.[18] Ela tinha sido submetida previa-

---

18 No dia 20 de julho, os turcos fizeram uma última proposta à Rússia, que passou a chamada de "ultimato turco". Eles enumeraram as concessões que o sultão tinha feito aos cristãos e citaram as quatro outras potências como testemunhas do compromisso "eterno" da Turquia. Clarendon sugeriu que as quatro potências, negociando em Viena, deveriam confirmar essa proposta; a Europa se tornaria então a fiadora da boa-fé da Turquia. Napoleão III, contudo, insistiu que a disputa era basicamente entre a França e a Rússia; e Buol aceitou essa alegação. Por conseguinte, a Nota de Viena estipulou que a Porta não modificaria as condições dos cristãos "sem um acordo prévio com os governos da França e da Rússia". Os turcos protestaram contra esse protetorado franco-russo e, mais ainda, que eles não tinham sido tratados em pé de igualdade com a Rússia. Embora tenham exigido "modificações" para alinhar a Nota com seu ultimato, seu verdadeiro objetivo (que eles alcançaram) era uma rejeição pura e simples.

mente aos russos, mas não aos turcos.[19] Nesselrode aceitou a Nota no dia 5 de agosto; os turcos discutiram durante quinze dias e depois insistiram em fazer alterações.[20] Era uma situação estranha, na qual a Rússia aceitou e a Turquia rejeitou um esquema concebido pela Europa para proteger a Turquia contra a Rússia. Depois de uma semana se descobriu que os turcos tinham razão e os diplomatas em Viena tinham desempenhado mal suas funções. Como estava ansioso para mostrar que a Rússia tinha vencido a batalha do prestígio, Nesselrode fez uma declaração no dia 7 de setembro alegando que a Nota de Viena entregava à Rússia a proteção das populações ortodoxas da Turquia. Essa "interpretação inflamada" destruiu a Nota de Viena, e a Grã-Bretanha e a França foram trazidas de volta para o combate; elas tinham de mostrar que resistiam para valer às ingerências russas. No dia 22 de setembro, Walewski, o embaixador francês, propôs a Clarendon que as frotas atravessassem os Dardanelos, o que foi autorizado no dia seguinte por Aberdeen e Clarendon, sem consultar nenhum ministro. Várias desculpas foram dadas por essa medida. Aberdeen inventou que era para proteger os súditos britânicos em Constantinopla; Clarendon, que era uma resposta a Nesselrode; Napoleão III chegou até a alegar que era para deixar os turcos mais moderados. Na verdade, simplesmente tinha chegado a hora de as potências marítimas "se moverem". E, por definição, elas só podiam mover

---

A interpretação inflamada de Nesselrode, que ele deu a um jornal alemão, afirmava que a Nota de Viena garantia "a manutenção dos privilégios e imunidades da Igreja Ortodoxa Grega no Império Otomano", e exigia que a Turquia "levasse em conta o cuidado incansável da Rússia com seus correligionários na Turquia". Em outras palavras, repetiu a infundada interpretação russa do Tratado de Kutchuk Kainardji e inventou que ela agora tinha sido endossada pelas Grandes Potências.

O "Projeto Buol", formulado em 23 de setembro depois do encontro de Olomouc, reafirmou a Nota de Viena, juntamente com o repúdio russo à "interpretação inflamada" de Nesselrode: "O gabinete de São Petersburgo dá uma nova garantia de que não irá, de modo algum, aplicar em seu favor a proteção de um culto cristão dentro do Império Otomano... e que a Rússia só se reservou o dever de observar que o compromisso contraído pelo Império Otomano no Tratado de Kainardji seja rigorosamente cumprido".

19 As linhas telegráficas da Europa ocidental se estendiam apenas até Viena; não havia ligação telegráfica com Constantinopla. Por conseguinte, os diplomatas em Viena eram pressionados constantemente por suas respectivas capitais a chegar a um acordo, e só podiam fazê-lo ignorando Constantinopla.

20 Stratford foi muito responsabilizado pela recusa turca, e seus críticos não silenciaram nem mesmo quando ficou provado que os turcos tinham razão.

suas frotas.[21] A bem da verdade, a movimentação não foi determinante de imediato: Stratford deixou deliberadamente de cumprir a ordem de convocar a frota quando ele a recebeu, na esperança de que uma nova tentativa de mediação pudesse ter êxito.

Essa última tentativa foi o encontro do tsar com Francisco José em Olomouc no final de setembro. O tsar estava então em retirada: ele repudiara a "interpretação inflamada" de Nesselrode e aceitara que a Áustria deveria garantir sua boa-fé – afinal de contas, ele sempre poderia tentar novamente mais tarde quando a oposição ocidental tivesse diminuído. Além disso, essa moderação era uma armadilha: Nicolau queria agora a aliança das "Três Cortes do Norte", que ele tinha evitado em 1851. Fiel à sua antiga ilusão, pensou em convencer a Áustria com novos projetos de partilha; mais uma vez ele falou de Constantinopla como uma Cidade Livre, ofereceu os Bálcãs Ocidentais à Áustria e até sugeriu um protetorado conjunto dos principados do Danúbio, qualquer coisa, na verdade, para romper a solidariedade da "Europa". Nada poderia ser mais inquietante para os austríacos do que ter os russos para sempre no Danúbio, mesmo como parceiros. Francisco José disse, amuado: "teríamos de policiar esses Estados, e isso é inviável". Ele só concordaria com uma aliança se a Prússia fosse o terceiro membro. Mas, quando Frederico Guilherme IV encontrou os dois imperadores em Varsóvia, ele se mostrou evasivo; sua política era a da "neutralidade forte". Nenhum dos dois governantes alemães podia chegar ao ponto de destacar que a retirada da Rússia dos principados era a primeira condição de qualquer cooperação; e a retirada teria tornado a cooperação desnecessária. Desse modo, o resultado foi "completamente nulo". Por fim, Nicolau tentou um ataque direto aos prussianos em Potsdam, oferecendo garantias contra a agressão francesa; ele ainda não conseguia compreender que a Rússia, não a Prússia, estivesse ameaçada.[22] Quando a Questão Oriental veio à baila, a Santa Aliança não passava de um fantasma.

Mesmo o fantasma assustou as potências ocidentais, embora em direções opostas. Napoleão queria aceitar de boa-fé a moderação que Nicolau demonstrara em Olomouc e suspender o conflito com base numa nova

---

21 Havia também um motivo concreto urgente para agir: as frotas não poderiam ficar no ancoradouro desprotegido da baía de Besika quando os vendavais de outono começassem a soprar. Por outro lado, elas não podiam entrar nos Dardanelos sem violar a convenção de 1841; logo, era preciso encontrar uma desculpa diplomática ou uma necessidade excepcional que justificasse esse rompimento de um acordo internacional.

22 Eckart, *Die deutsche Frage und der Krimkrieg*, p.8; e Borries, *Preussen im Krimkrieg*, p.63, com relato de Guilherme, príncipe da Prússia, p.344.

versão da Nota de Viena que Buol tinha concebido. Os britânicos estavam convencidos de que a Áustria e a Rússia tinham planejado partilhar a Turquia, e decidiram, nas palavras de Palmerston, "dar um basta aos aspirantes a particionistas".[23] Reunindo-se pela primeira vez em seis semanas, em 8 de outubro o gabinete britânico rejeitou o "Projeto Buol" e enviou ordens peremptórias a Stratford para que trouxesse a frota até Constantinopla; seu gesto foi uma "fanfarronice", destinado tanto a satisfazer a opinião pública britânica como a convencer Napoleão de que a aliança britânica era real. Este último objetivo foi alcançado: se tivesse que escolher entre a Rússia e a Inglaterra, ele escolheria a Inglaterra. Pesaroso, desistiu do "Projeto Buol" e ordenou que sua frota seguisse os britânicos. O gesto teve consequências ainda mais decisivas em Constantinopla. Empurrado pela opinião pública de seu país, em 4 de outubro o sultão tinha declarado guerra à Rússia; sob forte pressão de Stratford, ele concordara em não iniciar as hostilidades. Mas, quando as frotas aliadas atravessaram os Estreitos, não havia mais como segurar os turcos: no dia 23 de outubro tropas turcas cruzaram o Danúbio e mataram alguns russos.

Pela última vez os turcos caíram em desgraça. Clarendon falou em "turcos brutais" e Napoleão III esperava por uma vitória russa que fizesse os turcos tomarem juízo. Em Viena, Buol redigiu a última das muitas tentativas de acordo – o protocolo de 5 de dezembro, assinado pelos representantes das quatro potências.[24] Como a Santa Aliança de outubro, ele também era um simulacro: a Áustria e, ainda mais, a Prússia concordaram com ele com a intenção de advertir o tsar de que a "Europa" estava contra ele, embora nenhuma potência alemã pretendesse se comprometer a agir. Seja como for, o protocolo de 5 de dezembro nasceu morto. Em 30 de novembro, os russos alcançaram a vitória que Napoleão esperava – infelizmente no mar, não em terra. Eles destruíram uma esquadra da frota turca em Sinope, o que foi uma afronta às potências marítimas, cujas frotas estavam em Constantinopla supostamente para proteger os turcos. O "massacre" de Sinope teve consequências decisivas na opinião pública britânica; foi o símbolo que afastou todas as dúvidas. Palmerston renunciou em 16 de dezembro, supostamente

---

23 Palmerston para Clarendon, 21 de setembro de 1853. Clarendon também pensava que o renascimento da Santa Aliança só fora evitado pela conduta "máscula e decidida" de Manteuffel.

24 Ele lembrou o tsar de suas promessas de não violar a integridade turca nem enfraquecer a autoridade do sultão sobre seus súditos cristãos; e, ao mesmo tempo, exortou o sultão para que retomasse suas concessões aos cristãos.

devido à questão da reforma parlamentar,[25] e Russell ameaçou segui-lo; o gabinete continuou hesitando, e foi forçado a tomar uma decisão devido à ameaça de Napoleão de que, se necessário, agiria sozinho.[26] As potências marítimas foram arrastadas do primeiro ao último dia pela necessidade de demonstrar umas às outras sua boa-fé mútua. Em outubro, os britânicos tinham aberto o caminho para os Estreitos; então os franceses empurraram a frota britânica para o Mar Negro. As duas frotas deveriam proteger os navios turcos e confinar a marinha russa a sua base em Sebastopol. Quando essas orientações foram transmitidas a Nesselrode em 12 de janeiro de 1854, foi quase uma declaração de guerra.

O tsar pensou que tinha chegado a hora de invocar a Santa Aliança para valer. O que ele queria era a neutralidade armada da Prússia e da Áustria: isso lhe daria segurança em suas fronteiras ocidentais, permitindo assim que ele concentrasse suas forças no Danúbio e no sul da Rússia. O enviado especial Orlov foi mandado a Viena com a antiga proposta – a Rússia não mudaria a situação nos Bálcãs sem o consentimento da Áustria. Isso não foi o bastante: a Rússia não deveria interferir nos Bálcãs em hipótese alguma. Buol procurou se safar com a desculpa de que a neutralidade armada provocaria a intervenção francesa na Itália. Francisco José foi mais sincero. Ele insistiu que as tropas russas não deveriam cruzar o Danúbio, acrescentando: "Só posso concordar se o tsar nos der uma garantia formal da preservação do Império Turco e prometer pôr as populações fronteiriças de volta na posição em que se encontram atualmente sob a suserania turca".[27] Como sempre, a inação russa nos Bálcãs era o problema primordial da Santa Aliança; e, nas condições do momento, Nicolau não podia concordar com essa condição por uma questão de prestígio. A Prússia também se recusou a atender ao pedido do tsar, embora por uma razão oposta. Enquanto a Áustria não anuiu porque não se atreveu a ficar neutra na Questão Oriental, a Prússia recusou porque pretendia ficar neutra custasse o que custasse. Frederico Guilherme IV concebera o plano extraordinário de obter algo em troca de nada. Ele oferecia a promessa de neutralidade à Grã-Bretanha se em troca os britânicos o protegessem da interferência francesa tanto na Alemanha como na Polônia, e também ajudassem a promover a hegemonia prussiana na Alemanha. Era inútil fazer essa proposta aos britânicos: eles queriam que a Prússia

---

25 Ele retirou sua renúncia em 25 de dezembro.
26 Ele retirou a ameaça depois de alguns dias, quando ela tinha servido ao seu objetivo. Temperley, *England and the Near East: the Crimea*, apêndice vii, p.515-6.
27 Orlov para Nesselrode, 3 de fevereiro de 1854. Zaionchkovski, ii (iii), n.124.

fosse uma aliada contra a Rússia, não um tampão que os protegesse. Porém, como Frederico Guilherme estava envolvido, assim pensava ele, na negociação de sua neutralidade com os britânicos, não poderia negociá-la com o tsar. Isso era mais racional do que parecia. A menos que tivesse uma garantia britânica contra a França, não ousava fazer nenhuma promessa à Rússia. Esse era, na verdade, o âmago da situação. Uma vez que a Rússia estava envolvida no Oriente Próximo, ela não podia proteger a Prússia e a Áustria contra a "revolução"; a Santa Aliança deixara de existir.

Isso era óbvio para Napoleão III; assim, seu objetivo foi alcançado. Em 29 de janeiro de 1854, ele escreveu para o tsar sugerindo negociações diretas entre a Rússia e a Turquia, exatamente aquilo a que a "Europa" vinha resistindo desde a Nota de Viena. Napoleão era indiferente aos Lugares Santos, uma vez que a Santa Aliança tinha sido afastada; e, mesmo antes do início da Guerra da Crimeia, ele já estava pensando na aliança franco-russa com a qual ela terminou. O tsar não podia recuar tão facilmente na luta por prestígio, e deu uma resposta desafiadora em 9 de fevereiro: "A Rússia seria em 1854 o que tinha sido em 1812". Além disso, havia, então como sempre, uma ressalva implícita na proposta de Napoleão à Rússia: ele pretendia manter boas relações com a Grã-Bretanha. No entanto, ela ainda estava no caminho da Rússia em Constantinopla; uma entente com a França só faria sentido aos olhos da Rússia se a Grã-Bretanha e a França estivessem afastadas. Na verdade, Napoleão estava pedindo o que ele obteve nos anos posteriores: a Rússia devia abandonar suas pretensões turcas por serem muito difíceis de realizar, mas devia concordar com as pretensões francesas na Europa ocidental. Esse projeto era factível depois da derrota da Rússia, não antes. A Guerra da Crimeia tinha de ser travada para fazer que Nicolau I percebesse que a Santa Aliança não existia mais.

No dia 27 de fevereiro, as duas potências ocidentais deram um ultimato à Rússia, exigindo que ela se retirasse dos principados. Quando ela recusou, a guerra estava praticamente a caminho. Em certo sentido, estava fadada a ocorrer e tinha causas profundas. Uma vez iniciada a disputa pelo prestígio, nem Nicolau, nem Napoleão, nem o governo britânico podia recuar. Nicolau precisava de uma Turquia subserviente por causa da segurança da Rússia; Napoleão precisava ser bem-sucedido por causa de sua situação interna; o governo britânico precisava de uma Turquia independente para a segurança do Mediterrâneo oriental. No entanto, nenhum dos três tinha planos conscientes agressivos, nem mesmo Napoleão, apesar de ele se alegrar com as confusões como um fim em si mesmas. Os temores britânicos de que a Rússia planejava o desmembramento da Turquia eram tão mal fundamentados quanto os temores da Rússia de que as potências ocidentais estivessem ameaçando sua segurança no Mar Negro. A causa da Guerra da Crimeia foi o medo recíproco, não a agressão recíproca. Não obstante, não foi uma guerra desprovida de propósito. No fundo, ela resultou dos acontecimentos de 1848. A opinião pública britânica jamais teria se voltado de forma tão dura contra a Rússia não fosse a vitória da Áustria na Itália e, mais ainda, a intervenção russa na Hungria. A Guerra da Crimeia foi travada por causa da Europa, não por causa da Questão Oriental; ela foi travada contra a Rússia, não em favor da Turquia. Mas havia uma disparidade profunda e silenciosa entre os objetivos e os pontos de vista dos dois aliados ocidentais. Ambos se ressentiam do predomínio russo, que, segundo eles, provocara o fracasso da revolução de 1848; mas só Napoleão esperava reverter o veredito. Os britânicos certamente desejavam que não houvesse mais outras revoluções; eles combatiam a Rússia por ressentimento e imaginavam que a derrota dela fortaleceria o equilíbrio de poder europeu. Napoleão, por sua vez, pensava que a derrota da Rússia destruiria o equilíbrio. Consequentemente, embora fosse o mais ambicioso, ele era o menos belicoso. Estava realmente disposto a abandonar a luta assim que a Rússia renunciasse a seus interesses na Europa central.

O que realmente estava em jogo na Guerra da Crimeia não era a Turquia, era a Europa central; ou seja, a Alemanha e a Itália. Os britânicos esperavam substituir a hegemonia da Rússia pelo "Concerto da Europa"; fracassaram. Napoleão III queria substituí-la por sua própria hegemonia, e durante alguns anos imaginou que tinha sido bem-sucedido. Como acabou acontecendo, as Potências Centrais evitaram se comprometer; e é por esse motivo que a Guerra da Crimeia foi inconclusiva. Essa foi, em si mesma, a conclusão. A Guerra da Crimeia foi travada para refazer o sistema europeu. Embora a velha ordem da Santa Aliança estivesse destruída, nenhum outro sistema ocupara seu lugar – nem o Concerto Liberal do ideal britânico nem a organização revolucionária dos sonhos de Napoleão. Em vez disso, iniciou-se um período de anarquia europeia que durou da Guerra da Crimeia até os grandes embates no Oriente Próximo que ocorreriam posteriormente.

IV
A Guerra da Crimeia
1854-1856

    Quando, aos poucos, os governos britânico e francês moveram suas esquadras do Mediterrâneo até Sebastopol, eles não tinham a intenção de enfrentar a Rússia sem apoio. Tinham a expectativa de que a Rússia cedesse; na falta disso, contavam com a transformação do "Concerto da Europa" numa aliança de guerra. Os acontecimentos de 1854 os deixaram frustrados. Na Áustria, um grande partido liderado por Buol, ministro do Exterior, era favorável à aliança com as potências ocidentais. Ela não apenas protegeria os interesses austríacos no baixo Danúbio como também lhe daria segurança na Itália. A política de Buol foi prejudicada pela oposição dos generais austríacos. Estes percebiam claramente que, já que a Rússia e as potências marítimas não conseguiriam se atacar reciprocamente, todo o peso do poder militar russo se lançaria contra a Áustria, se esta entrasse na guerra. Seus cálculos certamente exageravam o poderio russo; ainda assim, sua objeção fundamental era sólida – para a Áustria, a guerra seria a luta pela vida, não uma guerra com objetivos limitados. A situação seria diferente se a Prússia pudesse ser levada a cooperar: no mínimo, isso protegeria a Áustria contra um ataque da Prússia na Alemanha, e, caso se chegasse à guerra, a Prússia poderia ameaçar a Rússia de forma decisiva. No dia 22 de março de 1854, Buol concordou, um pouco a contragosto, em postergar a aliança com as potências ocidentais até que ele tivesse chegado a um acordo com a Prússia.

    Os prussianos, por sua vez, desejavam um acordo com a Áustria, mas pelo motivo oposto. A Áustria queria fazer a Prússia entrar na guerra; a

Prússia queria manter a Áustria neutra. Pois, do mesmo modo que a Áustria teria de sofrer as consequências da guerra por causa das potências ocidentais, a Prússia teria de sofrer as consequências da guerra por causa da Áustria; e isso numa guerra em que nenhum interesse prussiano estava em jogo. Bismarck, o mais ousado dos diplomatas prussianos, embora ainda numa posição subalterna, defendeu, portanto, a neutralidade. Isso era bastante evidente para Frederico Guilherme IV; na sua opinião, havia um interesse prussiano em jogo na medida em que a Áustria estava ameaçada pela "revolução".[1] Esse argumento funcionava apenas contra a França, não contra a Rússia (a menos que os russos ousassem sublevar a Polônia), e era irrelevante para as condições da Guerra da Crimeia. Assim, do ponto de vista concreto, Frederico Guilherme IV também tinha decidido pela neutralidade. De acordo com seu palavreado excêntrico: "não uma neutralidade vacilante e indecisa, mas uma neutralidade soberana – genuinamente imparcial, independente e autoconfiante".[2] É verdade que também havia na Prússia um partido favorável à cooperação com as potências ocidentais, partido esse liderado pelo príncipe Guilherme, o herdeiro legítimo. Esse partido tinha provocado uma grande crise diplomática no início de março; a crise foi finalmente resolvida quando o príncipe Guilherme foi praticamente exilado no início de maio. Fundamentalmente, porém, a questão nunca foi motivo de dúvida, apesar do alerta dos conservadores pró-russos. Embora Frederico Guilherme insistisse numa aliança com os britânicos, o objetivo era assegurar sua neutralidade afastando a Grã-Bretanha da França, não envolver a Prússia na guerra. Em última análise, esse homem extremamente errático nunca se afastou do princípio que tinha estabelecido já em 1848: jamais, em hipótese alguma, lutaria contra a Rússia.

No final de março, as potências ocidentais já não podiam mais esperar: no dia 31, declararam guerra à Rússia e em 10 de abril firmaram uma aliança formal. Napoleão III tinha concretizado sua primeira aspiração, apesar da cláusula em que os aliados renunciavam a qualquer benefício para si. Embora a Grã-Bretanha e a França fossem aliadas e estivessem teoricamente em guerra, ainda estavam muito distantes da luta. Sua estratégia, como a sua diplomacia antes dela, presumia que a Rússia estava ameaçando

---

1 No dia 29 de janeiro de 1854, ele escreveu a Bunsen: "Não permitirei que a Áustria, a inconveniente, intrigante e malévola Áustria, *seja atacada pela Revolução sem empunhar a espada em sua defesa, e isso puramente por amor à Prússia, por autopreservação*".
2 Frederico Guilherme IV para Manteuffel, 27 de fevereiro de 1854. Eckart, *Die deutsche Frage und der Krimkrieg*, p.38.

efetivamente a Turquia; consequentemente, seu único gesto foi enviar uma força expedicionária para proteger Constantinopla. Na verdade, o alardeado poderio russo começou a minguar assim que foi exposto a um teste concreto: os 800 mil homens que o tsar deveria ter sempre à disposição se transformaram em 350 mil, recrutados com grande dificuldade. Longe de ameaçar Constantinopla, os russos já estavam achando difícil se manter no Danúbio; ainda mais quando tiveram de rever seu flanco direito diante das manobras suspeitas da Áustria. Parecia que a decisão ainda aguardava por Viena. A Rússia não avançaria nos Bálcãs e os aliados não conseguiam avançar além de Constantinopla; por isso, só a Áustria poderia tornar a guerra uma realidade. Por outro lado, como os aliados tinham se comprometido teoricamente com a guerra, a Áustria não tinha pressa em agir.

Isso deu a Frederico Guilherme a possibilidade de retomar suas propostas à Áustria. Ele faria uma aliança com ela, garantiria até mesmo seus territórios na Itália, com a condição de que a Áustria não fizesse aliança com nenhuma potência não germânica. Esse era o velho sonho de Frederico Guilherme, uma aliança contra a "revolução". Buol respondeu apresentando a cláusula de que a Prússia deveria apoiar a Áustria nos principados do Danúbio se a Rússia se recusasse a sair. Essa cláusula parecia comprometer a Prússia com a guerra no leste. Frederico Guilherme foi convencido por uma mensagem particular de Francisco José de que um conflito relacionado aos principados "ainda não estava em pauta". Na verdade, a Prússia se arriscava a entrar em guerra no futuro para manter a Áustria neutra no presente. Assinado em 20 de abril, o tratado de aliança entre a Prússia e a Áustria parecia uma vitória austríaca completa: a Áustria obteve o apoio prussiano na Itália e no Baixo Danúbio, e a Prússia correu riscos sem ter nenhum interesse próprio. Na verdade, os prussianos estavam fazendo uma aposta segura. Eles supunham que a Rússia travaria uma guerra defensiva; e, com o exército austríaco mobilizado na Galícia e as frotas aliadas controlando o Mar Negro, os russos não conseguiriam travar outra guerra. A princípio, parecia que a Áustria tinha tudo sob controle. O tratado austro-prussiano foi imposto à Dieta Alemã com o apoio da Prússia, e, desse modo, toda a Alemanha se comprometeu a apoiar a Áustria no Danúbio. No início de maio, Frederico Guilherme tentou desviar a Áustria de sua postura anti-Rússia agitando novamente o espantalho da revolução, no qual só ele acreditava; foi um retumbante fracasso. Em 3 de junho, os austríacos fizeram um pedido formal à Rússia para que evacuasse os principados. Foi uma medida fundamental. Em menos de seis meses, os austríacos tinham passado da recusa da promessa de neutralidade à ameaça explícita de um confronto. Pela primeira vez, os russos perceberam claramente que a Áustria poderia enfrentá-los nos Bálcãs, e pela primeira vez se ouviu em São Petersburgo a afirmação de que o caminho para Constantinopla passa por Viena. Mas uma guerra com a Áustria ultrapassava o poderio russo do momento. De fato, diante dos exércitos turco e aliado e sem o compromisso categórico de que a Áustria ficaria neutra, os russos teriam de sair dos principados mesmo que a Áustria não tivesse apresentado um ultimato. Frederico Guilherme lhes facilitou a saída. Três dias antes de se encontrar com Francisco José para discutir medidas contra a Rússia (9 de junho), ele escreveu ao tsar, orientando seu "cher et bon Nix" em que condições ele deveria ceder;[3] e o tsar seguiu o conselho da Prússia "pela última vez". No dia 29 de junho, obedecendo a uma exigência da Áustria, ele se dispôs a sair dos principados, desde que a Áustria impedisse as potências ocidentais de penetrar neles. A resposta foi insatisfatória, e os austríacos se preparavam realmente para a guerra. Na verdade, os russos pretendiam desocupar os principados de qualquer maneira, já que não conseguiam resistir à pressão crescente do exército turco.

As sombras da guerra deram a Buol o pretexto para pedir que as potências ocidentais dissessem quais eram seus objetivos militares. Além do mais, se era para a Áustria se envolver na guerra, ela precisava fazer uma aliança com as potências ocidentais e, acima de tudo, precisava da garantia de que a guerra não seria travada com um espírito revolucionário. Isso convinha a Drouyn Lhuys: de visão conservadora, ele duvidava que os franceses estivessem dispostos a lutar numa grande guerra, e estava bastante ansioso para impedir os projetos revolucionários de Napoleão. Em suas próprias palavras, ele desejava "refrear a revolução sem a ajuda da Rússia e controlar a Rússia sem a ajuda da revolução".[4] Os britânicos, por sua vez, não queriam se comprometer com nada. Embora seu objetivo militar fosse reduzir o predomínio russo, eles não tinham a mínima ideia de como isso poderia ser traduzido em termos concretos; ademais, relutaram em definir seus objetivos militares, quando uma vitória posterior poderia permitir que eles exigissem mais. Sua preocupação era ganhar a guerra; a de Drouyn, torná-la desnecessária. Ele negociou com Buol a respeito dos objetivos de guerra à revelia dos britânicos. O resultado foram os Quatro Pontos, que dali em diante dominaram a diplomacia de guerra.

---

3 Frederico Guilherme para Nicolau I, 6 de junho de 1854. *Preussens auswärtige Politik 1850-1858*, ii. 440.

4 Hübner (Paris) para Buol, 15 de julho de 1854.

A Guerra da Crimeia se caracterizou por ter seus objetivos de guerra definidos de forma negativa. Os Quatro Pontos estipulavam que não poderiam ser estabelecidas relações estáveis entre a Rússia e a Turquia a menos que (1) o protetorado russo dos principados fosse substituído por uma salvaguarda europeia; (2) a navegação no Danúbio fosse "liberada"; (3) a Convenção dos Estreitos de 1841 fosse revista "atendendo aos interesses do equilíbrio de poder na Europa"; (4) os russos abandonassem sua reivindicação a um protetorado sobre os súditos cristãos da Turquia e, em vez disso, as cinco Grandes Potências conseguissem que o governo turco protegesse os cristãos. O ponto 4, a causa original do conflito, já tinha sido admitido pelos russos quando eles aceitaram a Nota de Viena em agosto de 1853 e quando Nicolau I repudiou, em Olomouc, a "interpretação inflamada" dele feita por Nesselrode. O primeiro e o segundo pontos foram tacitamente admitidos quando os russos saíram dos principados em agosto de 1854. Consequentemente, a Guerra da Crimeia foi travada por causa do ponto 3; já que uma simples revisão da Convenção dos Estreitos não era suficiente, o conflito decisivo ocorreu em torno da questão do poderio naval russo no Mar Negro. Embora ela afetasse a Turquia e o Oriente Próximo, suas bases eram "a importância do equilíbrio de poder na Europa".

Drouyn e Buol redigiram os Quatro Pontos no início de julho. Em 19 de julho, os pontos foram apresentados ao gabinete britânico, que recusou se comprometer com eles. Nesse meio-tempo, Drouyn e Buol também redigiram um tratado de aliança, no caso de a Áustria entrar na guerra por causa dos principados. Isso era mais atraente para os britânicos; eles queriam ter a Áustria como aliada, portanto não se opunham a assinar um tratado com ela. Em 29 de julho, o gabinete aceitou o tratado de aliança e, ao mesmo tempo, concordou que os Quatro Pontos fossem uma condição dele. No momento em que a aprovação britânica chegou a Viena, a notícia da retirada russa dos principados também tinha chegado. Em 5 de agosto, Buol se recusou a assinar o tratado. Desesperado, Drouyn tentou atraí-lo concordando com os Quatro Pontos sem o tratado; e o embaixador britânico, que fora orientado a se manter em sintonia com seu confrade francês, também concordou. Mensagens aceitando os Quatro Pontos foram trocadas em 8 de agosto. No mesmo dia, Buol recebeu de Gochakov, o novo embaixador russo, o comunicado formal de que a Rússia estava saindo dos principados. Alguns dias depois, tropas austríacas ocuparam os principados, depois de um acordo com os turcos. A Áustria tinha, simultaneamente, expulsado os russos dos principados e limitado os objetivos de guerra dos aliados sem mover um dedo. Buol até pensou que tinha incorporado definitivamente os principados ao Império Austríaco.

A retirada russa deixou os aliados ocidentais perplexos. Tinham entrado na guerra para controlar a agressão russa contra a Turquia, e essa agressão tinha cessado. Desse modo, eles se viram diante de um problema – como controlar uma potência agressiva quando ela não está sendo agressiva? A Rússia tinha atrapalhado os aliados ao não esperar nos principados para ser atacada: onde eles a atacariam agora? E que condições eles imporiam à Rússia se o ataque fosse bem-sucedido? Os franceses tinham tentado a diplomacia para evitar a ação militar; agora os britânicos pressionavam pela ação militar para se esquivar da diplomacia. Os britânicos tinham uma grande vantagem: embora Napoleão fosse, no fundo, um pouco mais belicoso que seus ministros, ele não se atrevia a deixar transparecer isso por causa de sua fama – em caso de dúvida, um Bonaparte tinha de escolher o caminho da guerra. Além disso, com o fracasso diplomático de 8 de agosto, não havia mais desculpa para o adiamento: já que os aliados estavam em guerra, eles tinham de começar a lutar. Uma simples perseguição aos russos ao longo do Danúbio não resolveria nada. Desde o início da guerra, Napoleão tinha insistido no ressurgimento da Polônia e numa guerra continental contra a Rússia em grande escala; porém, à parte a relutância britânica em se ver envolvida numa guerra revolucionária,[5] os aliados não dispunham dos recursos militares para uma guerra como essa nem podiam iniciá-la enquanto a Prússia e a Áustria fossem contrárias. A única solução para as potências marítimas era uma operação "anfíbia" no Mar Negro; se conseguissem tomar Sebastopol com um *coup de main*, elas destruiriam o poderio naval russo no Mar Negro e alcançariam o terceiro "ponto" fundamental sem precisar negociar. Mais tarde, os franceses argumentariam que a expedição da Crimeia servira unicamente aos interesses britânicos; um argumento que só seria válido se a França estivesse preocupada unicamente com a crise europeia e não com a segurança da Turquia. Na verdade, a França estava preocupada com ambas, e as contradições da sua postura decorriam do fato de que ela estava buscando simultaneamente uma política externa conservadora e revolucionária.

---

5 Essa relutância não era generalizada. Palmerston escreveu para Clarendon em 6 de abril de 1854: "A Prússia poderia obter as Províncias Germânicas no Báltico em troca da Porção Polonesa do Ducado de Posen no caso da restauração do Reino da Polônia; e essa restauração, não sob o controle russo, provavelmente seria a melhor garantia da independência futura da Alemanha... A Áustria fica com os principados abrindo mão, em troca, das suas províncias italianas, e a Turquia sendo indenizada pela Crimeia, pelas margens orientais do Mar Negro e pela Geórgia".

Inicialmente, a expedição aliada à Crimeia foi bem-sucedida. Em meados de setembro, os aliados desembarcaram 50 mil homens, contra uma força russa na Crimeia que totalizava 35 mil homens. Em 20 de setembro, uma tentativa russa de controlar o avanço aliado foi derrotada na batalha de Alma. Alguns dias depois, chegaram rumores à Europa ocidental de que Sebastopol tinha caído. Os rumores eram falsos; os aliados tinham perdido a oportunidade e estavam limitados a um longo e extenuante cerco. Em meados de outubro, o comandante britânico Raglan escreveu: "na Crimeia só controlamos a posição em que nos encontramos";[6] e Clarendon, pessimista como sempre, esperava "uma *catástrofe monstruosa*", uma mistura de Afeganistão e Corunna.[7] Essas expectativas de derrota se mostraram tão injustificadas como as expectativas de triunfo anteriores. As duas tentativas russas de expulsar os aliados da Crimeia fracassaram: em Balaklava (25 de outubro) e em Inkerman (5 de novembro). A ação militar, que fora concebida para romper o impasse diplomático, acabou num impasse idêntico. Os aliados não conseguiram tomar Sebastopol e os russos não conseguiram expulsar os aliados. Esse impasse militar, juntamente com todos os horrores provocados pelas doenças e pela incompetência médica, se manteve de novembro de 1854 a junho de 1855. A diplomacia voltou ao centro do palco; e diplomacia significava, uma vez mais, a Áustria. Os aliados tinham planejado se livrar da Áustria por meio de uma vitória militar; agora, simplesmente para permanecer na Crimeia, eles precisavam da ameaça de uma intervenção austríaca para manter o grosso do exército russo imobilizado na Galícia. Os russos, por sua vez, ao não conseguir conquistar nada na Crimeia, podiam se sentir tentados a ficar com as mãos livres atacando a Áustria, ou, na pior das hipóteses, a exigir uma neutralidade formal. Ambos os lados queriam envolver a Áustria para romper o impasse; a reação de Buol foi tentar romper o impasse para que a Áustria não se envolvesse.

O objetivo de Buol era repetir, de maneira mais permanente, a política que fora bem-sucedida em agosto: por um lado, ele obrigaria a Rússia a ceder ameaçando cooperar com as potências ocidentais; por outro, ele ofereceria cooperação às potências ocidentais em condições tais que tornariam mais fácil para os russos cederem. Consequentemente, ao longo do outono, ele seduziu as potências ocidentais com expectativas de aliança, mas resistiu até se sentir seguro de que a aliança não envolveria a Áustria na guerra. A questão

---

6 Raglan para Newcastle, 23 de outubro de 1854. Martineau, *Life of Henry Pelham, fifth Duke of Newcastle*, p.174.
7 Clarendon para Cowley, 17 de novembro de 1854.

fundamental era saber se a Rússia aceitaria os Quatro Pontos. Em 26 de agosto, os russos rejeitaram os Quatro Pontos e chegaram até a falar em guerra com a Áustria; Buol, por sua vez, assumiu um tom humilde e disse simplesmente: "os russos não aceitaram nossa provocação". Porém, uma vez que os aliados tinham se estabelecido na Crimeia, ele não se atreveu a deixar a situação degringolar: a Rússia tinha de ser levada a aceitar os Quatro Pontos, para que a Áustria pudesse fazer uma aliança de maneira segura com as potências ocidentais para implementá-los. Em 22 de outubro, o exército austríaco foi mobilizado para a guerra: como a temporada de campanhas tinha passado, a mobilização foi diplomática, não bélica. Ainda assim, a ameaça de uma intervenção da Áustria deixou Frederico Guilherme novamente em pânico. No dia 24 de outubro, ele escreveu para o tsar implorando que ele aceitasse os Quatro Pontos, que seria a única maneira de evitar uma guerra generalizada: "a mesa verde da sala de reuniões é a tábua de salvação do mundo". Nesselrode também insistiu sobre os Quatro Pontos com o tsar, e no início de novembro os russos se mostraram dispostos a ceder. O padrão da retirada dos principados se repetiu: os russos abandonaram as pretensões diplomáticas para dividir a coalisão europeia que parecia estar se formando contra eles. Por sua vez, Frederico Guilherme fez o melhor possível pelos russos. Ele ofereceu proteção às tropas austríacas nos principados contra um ataque russo (uma oferta suficientemente sem riscos de se fazer), desde que a Áustria não se aliasse às potências ocidentais. Buol aceitou a oferta em 26 de novembro, só que rompeu o trato uma semana depois.

Pois a fragilidade da Áustria na Itália ainda era um fardo pesado para carregar. Caso se mostrasse satisfeito com a aceitação russa dos Quatro Pontos, ele poderia ser ameaçado pela França; por isso, não se atreveu a se comprometer com os russos sem se comprometer também com as potências ocidentais. Em 20 de novembro, Viena tomou conhecimento de que os russos aceitariam os Quatro Pontos; no dia 21 de novembro, os austríacos revogaram a mobilização geral – ela tinha cumprido seu papel. Imediatamente, Buol começou a pressionar as potências ocidentais com a proposta de tratado que ele rejeitara em agosto. Também nesse caso o padrão se repetiu: os britânicos hesitavam em se comprometer, e os franceses faziam da aliança com a Áustria sua condição para continuar a guerra. Ao ir para a Crimeia, os britânicos foram vítimas de sua própria iniciativa; eles não eram capazes de se manter ali sem o apoio francês, e os franceses tinham o argumento decisivo de que estavam contribuindo com o grosso das forças armadas. Além disso, os franceses percebiam que o tratado atrairia a Áustria para a guerra. O artigo V da proposta de tratado previa que, se a paz não estivesse assegurada no final do ano com base nos Quatro Pontos, os três aliados decidiriam "qual seria o melhor meio para alcançar o objetivo da sua aliança". Essa cláusula se tornou inútil antes da conclusão da aliança, pois o tratado de aliança foi assinado, a pedido[8] de Buol, no dia 2 de dezembro, e os russos tinham aceitado incondicionalmente os Quatro Pontos em 29 de novembro.

Por ora, Napoleão estava satisfeito com seu acordo. Quando a notícia da aliança chegou a Paris, Napoleão "abraçou a imperatriz e a manteve por um longo tempo junto ao peito".[9] Benedetti, o representante francês em Constantinopla, escreveu em tom triunfante: "você desferiu um golpe mortal na Santa Aliança".[10] Em troca da aliança, os franceses (mas não os britânicos) estavam dispostos a pagar o preço havia muito exigido pelos austríacos – segurança na Itália. Em 22 de dezembro, a França e a Áustria concluíram um tratado secreto que concordava com a manutenção do *status quo* na Itália e previa que, em caso de cooperação militar no Oriente Próximo, a cooperação militar também se estenderia à Itália. Aparentemente, o esquema todo era uma vitória de Buol. Ele tinha assegurado o grande prêmio que tinha escapado até de Metternich: aliança com um Napoleão que controlaria a Rússia e, no entanto, não poria em risco o *status* da Áustria como grande potência. Drouyn, por sua vez, também ficou satisfeito. Ele achava que, por meio da aliança de 2 de dezembro, tinha forçado a ruptura entre a Áustria e a Rússia; e por meio do tratado de 22 dezembro com a Itália ele tinha forçado a ruptura entre Napoleão e a "revolução". O novo sistema tinha duas falhas fatais, que se reforçavam mutuamente. Uma era a posição da Áustria, entre a França e a Rússia: com tanta coisa em jogo tanto no Danúbio como na Itália, ela não se atrevia a enfrentar de maneira decisiva nenhuma das duas. A outra era a obstinação de Napoleão: por mais que precisasse de uma aliança com a Áustria, ele jamais renunciaria definitivamente a seus planos de redesenhar o mapa da Europa.

Um mês depois, a "reviravolta das alianças" sofreu, ela própria, uma reviravolta, e isso em consequência do tratado italiano de 22 de dezembro.

---

8 Para acalmar os russos, Buol divulgou a história de que tinha sido obrigado a assinar o tratado devido a um ultimato das potências ocidentais; e essa lenda foi aceita por todos os historiadores, até ser desmascarada por Eckart, *Die deutsche Frage und der Krimkrieg*, p.125-32. Na verdade, foi Buol que insistiu na aliança, e eram as potências ocidentais, principalmente os britânicos, que estavam indecisas. Westmoreland se limitou a escrever a Clarendon, em 2 de dezembro de 1854: "nunca houve o menor *contratempo* a respeito da assinatura".
9 Hübner, *Neuf ans de souvenirs*, i. 284.
10 Benedetti para Thouvenel, 10 de dezembro de 1854. Thouvenel, *Pages de l'histoire du Second Empire 1854-1866*, p.26-7.

A manutenção do *status quo* na Itália significava, na prática, a exigência de garantias por parte da Sardenha de que ela não tiraria partido das preocupações da Áustria no Oriente Próximo. Nesse caso, os britânicos tinham motivos imperiosos para secundar a política francesa: devido à sua própria carência de homens treinados, eles cobiçavam o exército sardo, pequeno mas inegavelmente eficaz. Se um contingente sardo fosse enviado ao Oriente Próximo, ele reforçaria as tropas aliadas e, ao mesmo tempo, faria a Áustria se sentir concretamente segura na Itália. Esse projeto tinha sido apresentado a Cavour, o primeiro-ministro sardo, já em 14 de abril de 1854: ele respondera que, se a Áustria declarasse guerra à Rússia, ele lhe daria segurança de imediato enviando 15 mil homens (um terço do exército sardo) ao Oriente Próximo.[11] Ao dar essa resposta, Cavour ignorou seus colaboradores; depois da humilhante derrota de 1849, eles queriam que o "orgulho" sardo fosse compensado de forma significativa em troca da sua participação militar. Por outro lado, ele reconheceu que a aliança entre a França e a Áustria significava o fim das esperanças da Itália; e queria continuar amigo das potências ocidentais, mesmo que isso implicasse cooperar indiretamente com a Áustria. Em abril, essa ambiguidade tinha sido ousada demais para os colaboradores de Cavour, e ele foi ignorado. O assunto foi esquecido. Os combates para valer só começaram no outono, e os britânicos não retomaram sua proposta.

No final de novembro, eles tentaram de novo,[12] e, no dia 13 de dezembro, o pedido de tropas chegou ao gabinete sardo. Uma vez mais, Cavour foi favorável a um acordo imediato; Dabormida, ministro do Exterior, insistiu em impor condições. Os aliados ocidentais deveriam convencer a Áustria a suspender o confisco das propriedades dos refugiados lombardos no Piemonte,[13] e eles deveriam concordar em "levar em conta a situação da Itália no momento da paz". Se estivesse negociando sozinho, o governo britânico

---

11 Hudson para Clarendon, 14 de abril de 1854. Aparentemente, Hudson fez essa proposta por iniciativa própria; os franceses, que à época tinham estabelecido uma aliança conservadora com a Áustria, ficaram muito ofendidos por não terem sido consultados.

12 A carta de Clarendon para Hudson de 29 de novembro só chegou a ele em 13 de dezembro. É possível que Cowley, o embaixador em Paris, que compartilhava do entusiasmo britânico pela Itália, tenha retido a carta, para permitir que os franceses tivessem tempo de acertar as questões italianas com a Áustria.

13 Isso era um motivo de disputa entre a Sardenha e a Áustria desde 1849. Naqueles tempos mais civilizados, considerava-se razoável exigir que os refugiados políticos pudessem receber rendimentos gigantescos de suas propriedades enquanto faziam propaganda revolucionária contra o governante do país onde elas se encontravam.

teria concordado com essas condições. Mas agora os franceses precisavam fazer um acordo com a Sardenha para respeitar seu trato com a Áustria; e, obviamente, esse acordo não podia ser concluído com um espírito antiaustríaco. Por conseguinte, os franceses insistiram que a ajuda sarda deveria ser dada sem condições. O impasse durou quinze dias. Dabormida sugeriu que os aliados poderiam pôr suas promessas em artigos secretos ou sob a forma de uma "nota reversa"; os franceses não fizeram nenhuma concessão. Até ameaçaram passar para o lado "conservador" secundando as queixas da Áustria contra a imprensa sarda. Vítor Emanuel não pretendia correr esse risco; além disso, sendo acima de tudo um militar, ele queria ir para a guerra em quaisquer condições, para resgatar o prestígio do seu exército. Em 9 de janeiro de 1855, determinou que, como seus ministros não criavam a aliança, ele convidaria os conservadores e, assim, passaria para o campo austríaco. Quando Cavour ficou sabendo disso, tomou a primeira decisão drástica da sua carreira: para salvar a Sardenha dos conservadores, ele faria a aliança sem condições. Dabormida renunciou e Cavour assumiu o ministério do Exterior em 10 de janeiro. O único sinal de compensação para a Sardenha foi uma declaração formal feita pelos ministros britânico e francês de que não poderiam assinar "nenhuma nota secreta ou pública"; isso pelo menos comprovava que o pedido fora feito. Em vista disso, a Sardenha aderiu incondicionalmente à aliança anglo-francesa, ao que se seguiu um pacto militar em 26 de janeiro.

A Sardenha tinha sido domada, o que também parecia um triunfo de Buol e dos conservadores franceses. Na verdade, a aliança de 10 de janeiro de 1855 com a Sardenha foi tanto uma vitória do "liberalismo" como os tratados de 2 e 22 de dezembro de 1854 com a Áustria tinham sido uma vitória do conservadorismo. Embora a Grã-Bretanha e a França não tivessem prometido apoiar a causa da Itália, Cavour não tinha prometido desistir dela. Além do mais, agora tinha a possibilidade de competir com os austríacos em termos concretos; de modo realista, era uma competição que ele poderia vencer. A exemplo dos prussianos, mas por motivos opostos, ele apostou na neutralidade austríaca. Os prussianos não queriam lutar contra os russos; Cavour não queria lutar ombro a ombro com a Áustria. A neutralidade austríaca era a salvaguarda contra os dois perigos. Em 1856, quando a guerra terminou, a Prússia estava segura pela relação com a Rússia e a Sardenha estava segura pela relação com Grã-Bretanha e França.

A aliança da Áustria com as potências ocidentais assustou ainda mais Frederico Guilherme IV que Vítor Emanuel. Ele também retornou às atividades como um diplomata amador. A intervenção da Áustria, ocorrendo logo depois do acordo de 26 de novembro, lhe pareceu uma "traição"; e ele pensou em mobilizar as tropas na Silésia que, supostamente direcionadas contra a Rússia, na verdade deveriam ameaçar a Áustria. Isso também era muito arriscado, pois significaria romper com as potências ocidentais. Seu arroubo seguinte foi tentar superar a Áustria na competição pela boa--vontade do Ocidente. Também propôs aliança à Grã-Bretanha e à França, mas, novamente, com as antigas condições: nenhuma tropa francesa na Alemanha, e a garantia de que a Questão Polonesa não viria à baila. Em troca disso, como seu amigo conservador Gerlach disse com desdém, "a Prússia mobilizará um exército que não fará nada". Essa era a diferença fundamental entre a Prússia e a Áustria. Uma mobilização austríaca ameaçava inevitavelmente a Rússia e desviava seus recursos militares da Crimeia. Como a Prússia jamais entraria em guerra com a Rússia, sua mobilização simplesmente poria um poderoso tampão protetor entre a Rússia e as potências ocidentais. Não surpreende que Drouyn de Lhuys tenha se referido assim ao enviado prussiano: "Ele não nos traz nada, a não ser as lágrimas de seu rei". Enquanto o Oriente Próximo dominasse os acontecimentos, a Prússia, por sua neutralidade, pareceria ser uma potência de segunda classe; quando a Europa ganhou interesse novamente, essa indiferença mostraria que ela tinha sido a sua força. Isso já fora demonstrado no início de 1855. Em janeiro, a Áustria, como parte de sua política de ajudar as potências ocidentais sem realmente entrar em guerra, propôs na Dieta Alemã que as tropas federais deveriam ser mobilizadas a fim de implementar os Quatro Pontos. Bismarck, representante da Prússia, retrucou que o único interesse da Alemanha, a liberação do Danúbio, já estava assegurado; e transformou a proposta numa defesa genérica da neutralidade alemã (8 de fevereiro).[14] Dessa forma, não apenas a Prússia, mas o resto da Alemanha liderado pela Prússia, deixou de representar uma ameaça para a Rússia, tornando-se, em vez disso, uma barreira contra a França. Essa foi a primeira amostra da política posterior de Bismarck – a defesa da Áustria como uma potência alemã, mas não balcânica. No final de março de 1855, Frederico Guilherme IV, depois de vários alertas histéricos, retomou a postura com a qual iniciara – neutralidade independente.

Britânicos e franceses nunca tinham levado a sério a diplomacia de Frederico Guilherme. A preocupação principal deles era com a Áustria. Droyun se viu então inapelavelmente vinculado à proposição de que, ao negociar os termos da paz, ele poderia arrastar a Áustria para a guerra; e os

---

14 Implacável como sempre, Bismarck chegou a sugerir aos russos que eles deveriam invocar a lei federal contra a Áustria, por ela ter dado a uma potência estrangeira motivo de reclamação.

britânicos estavam dispostos a experimentar a ideia de tomar Sebastopol por meio da diplomacia, já que não conseguiam tomá-la por meios militares. O tratado de 2 de dezembro pretendia comprometer a Áustria com a guerra; em vez disso, ele tinha obrigado os aliados a negociar com base nos Quatro Pontos. Mas o que eles significavam – ou melhor, o que o ponto 3 significava? Os britânicos queriam uma definição precisa de que o ponto 3 implicava a demolição de Sebastopol e das outras fortalezas russas no Mar Negro, além da limitação da frota russa do Mar Negro a quatro navios. Drouyn protestou imediatamente, dizendo que os austríacos se assustariam com essa exigência radical e recuariam em sua aliança;[15] ele poderia ter acrescentado que era absurdo fazê-lo antes da queda de Sebastopol, e que depois seria dispensável. Para reconciliar a determinação britânica e a ambiguidade austríaca, as potências ocidentais recorreram a um artifício extraordinário: elas se comprometeram reciprocamente a implementar a rígida interpretação britânica do ponto 3 (notas de 17 e 19 de dezembro); dez dias depois (protocolo de 28 de dezembro), acordaram com a Áustria uma interpretação mais branda. Esta dizia simplesmente que "o predomínio russo no Mar Negro tinha de chegar ao fim". Os aliados esperavam que a Rússia iria tirá-los das suas dificuldades. Eles pensavam que os russos se oporiam à interpretação branda e, então, a Áustria entraria em guerra para pôr em prática a interpretação rígida. Os russos, naturalmente, não fizeram nada disso, principalmente quando Buol deixou claro que a única interpretação que em discussão era a interpretação branda. Em 7 de janeiro de 1855, Gorchakov, embaixador russo em Viena, aceitou o ponto 3 tal como definido no protocolo de 28 de dezembro. Uma vez mais, os aliados, que esperavam atrair a Áustria para a guerra, tinham sido eles próprios atraídos para as negociações. Eles se comprometeram a participar de uma conferência de paz formal em Viena.

Os franceses agora estavam mudando de lado. Eles tinham incentivado as negociações para evitar a guerra; agora decidiram declarar guerra para evitar as negociações. O próprio Napoleão reiterou que a honra imperial não seria satisfeita a menos que Sebastopol fosse tomada; e, consequentemente, os franceses queriam driblar a conferência de paz até a vitória na Crimeia. Entretanto, Napoleão estava impaciente: ele não podia esperar indefinidamente sem uma vitória militar ou diplomática. Em 16 de fevereiro, ele anunciou de maneira dramática que iria pessoalmente à Crimeia e assumiria o comando supremo. Isso deixou todo mundo em pânico. O bando de aventureiros bonapartistas que dirigia a França temia que o império ruísse

---

15 Cowley para Clarendon, 12 de dezembro de 1854.

durante a ausência de Napoleão, e que isso certamente aconteceria se ele fracassasse; os britânicos temiam que Napoleão fizesse um acordo com os russos à revelia deles – uma inquietação justificada posteriormente pela forma semelhante por meio do qual ele terminou a guerra com a Áustria em 1859. Por isso, os ministros franceses passaram a querer apressar a conferência do mesmo modo que anteriormente queriam atrasá-la; Drouyn até sugeriu que ficaria satisfeito com uma "limitação" da frota russa no Mar Negro à quantidade atual. Isso foi rejeitado pelo governo britânico; mas este também tinha motivos para insistir na conferência. Em 30 de janeiro de 1855, o governo de Aberdeen foi derrubado devido à condução incompetente da guerra; e quando Palmerston formou um novo governo (6 de fevereiro), ele ficou inicialmente refém dos peelitas.* Eles insistiram que houvesse negociações antecipadas e até que se retirasse a exigência de destruir Sebastopol; para satisfazê-los, foi acertado o envio de lorde John Russell a Viena como plenipotenciário britânico. Russell fora um dos mais belicosos ministros britânicos; por outro lado, uma competição entre ele e Palmerston tinha deixado em aberto a liderança do Partido Whig (Liberal). Sua decisão de se apresentar como o apóstolo da paz aumentou, paradoxalmente, com a demissão dos peelitas em 22 de fevereiro; nesse momento, o governo de Palmerston se tornou realmente um governo de guerra, e a única possibilidade que Russell tinha de ofuscar Palmerston era voltar de Viena, nas palavras de Palmerston, "com um ramo de oliveira ao redor da cabeça".[16] Finalmente, os russos também estavam cada vez mais conciliadores. Seus recursos econômicos estavam se esgotando, e a morte de Nicolau I no dia 2 de março removeu o maior obstáculo às concessões. Seu sucessor, Alexandre II, estava decidido, desde o início, a pensar apenas nos interesses da Rússia e a não entrar na luta contra a "revolução".

A conferência de paz teve início em Viena no dia 15 de março. Russell logo percebeu que os russos não iriam concordar com nenhuma limitação de sua frota; sugeriu então que se perguntasse a eles como o ponto 3 poderia ser cumprido – em outras palavras, os russos deveriam definir os objetivos militares dos aliados. Embora desconcertado, Gorchakov concordou em escrever a São Petersburgo, e a conferência foi suspensa em 2 de abril. Enquanto isso, os britânicos tiveram a ideia de convidar Napoleão a Windsor para adiar sua viagem à Crimeia. Drouyn pensou em explorar o espaço de

---

* Facção dissidente do Partido Conservador Britânico que existiu de 1846 a 1859. O nome deriva de seu primeiro líder, sir Robert Peel. (N. T.)

16 Palmerston para Clarendon, 10 de fevereiro de 1855.

manobra por conta própria indo a Viena e conseguindo uma paz triunfal. Ele apresentou mais uma interpretação do ponto 3: o Mar Negro deveria ser "neutralizado", ou seja, tanto os navios russos como os turcos deveriam ser excluídos. Em 30 de março, ele concordou com o governo britânico que se deveria propor a neutralização ou a limitação, nada além disso. Porém, quando a conferência reiniciou no dia 17 de abril, Russell e Drouyn descobriram que a Rússia não aceitaria esse esquema, e a Áustria não entraria em guerra em nome dele. Buol então produziu outra proposta: os russos seriam autorizados a ter uma frota tão grande quanto a que possuíam antes da guerra, e, como "contrapeso", os britânicos e franceses seriam autorizados a enviar navios para o Mar Negro. Drouyn temia o fracasso da aliança com a Áustria, aliança na qual ele baseava toda sua política, e Russell temia perder a aliança com a França; ambos morriam de medo de não conseguir voltar como pacificadores. Consequentemente, apesar das ordens de seus respectivos governos, eles aceitaram o "contrapeso" e voltaram a Londres e Paris a fim de defendê-lo.

O primeiro impulso do governo britânico foi rejeitar a proposta sem discussão; depois, ponderou que não deveria romper com a França. Em 3 de maio, o gabinete britânico aceitou, relutante, que teria de seguir a liderança de Drouyn. Mas Drouyn já não ocupava mais a liderança. Em 16 de abril, Napoleão viajou à Inglaterra; ele foi recebido efusivamente, o que o convenceu de que a aliança com os britânicos justificava uma guerra arriscada. Além disso, atendendo a um pedido dos britânicos, ele desistiu da ideia de viajar à Crimeia. Os apoiadores bonapartistas estavam agora tão interessados na guerra, por uma questão de prestígio, como outrora tinham se empenhado pela paz. A decisão de não ir à Crimeia foi tomada em 26 de abril; Drouyn chegou a Paris em 30 de abril, com quatro dias de atraso. Napoleão a princípio hesitou, e Drouyn quase o convenceu. Mas, em 4 de maio, ele teve uma reunião decisiva com Drouyn, à qual também compareceram Cowley, o embaixador britânico, e Marshal Vaillant, o ministro da Guerra. Embora não tivesse orientações de seu governo, Cowley demonstrou que as propostas de Buol deixariam a Rússia tão forte como antes do início da guerra. Vaillant declarou: "seria impossível imaginar algo mais vergonhoso para o exército".[17] O prestígio militar, junto com a aliança com a Grã-Bretanha, levou a melhor. O contrapeso foi rejeitado, e Drouyn pediu demissão.[18] Napoleão não

---

17 Cowley para Clarendon, 4 de maio de 1854.
18 Russell entendeu que, já que Napoleão tinha recusado o contrapeso, ele não estava mais vinculado a este; e, consequentemente, permaneceu no gabinete, mais belicoso que nunca. Mas

pretendia romper com a Áustria; ele disse a Cowley: "Não penso em fazer as pazes, mas quero manobrar para que a Áustria fique do nosso lado".[19] Quanto a Walewski, o novo ministro do Exterior, ele era, "no fundo, pela *paix à tout prix*".[20] Na verdade, não era mais possível adiar a decisão. Quando a conferência de paz reiniciou em 4 de junho, Gorchakov rejeitou qualquer limitação da frota russa, e os representantes ocidentais interromperam imediatamente as negociações. Se os tratados tivessem algum significado, a Áustria então deveria ter entrado na guerra; em vez disso, o exército austríaco foi desmobilizado no dia 10 de junho. A aliança conservadora entre a Áustria e a França tinha durado menos de seis meses; Palmerston não estava muito enganado quando a chamou de "bebê natimorto".

A aliança liberal entre a Grã-Bretanha e a França continuou existindo, e o padrão de setembro de 1854 se repetiu. Como a diplomacia fracassara, os aliados tentaram mais uma vez a guerra. A desmobilização austríaca de 10 de junho tinha ocorrido tarde demais para ajudar os russos; seu exército na Galícia não podia ser transferido para a Crimeia a tempo de fazer frente ao ataque aliado. Os aliados assumiram a ofensiva contra Sebastopol em junho, e a cidade caiu em 8 de setembro. A Guerra da Crimeia tinha sido vencida; mas os aliados estavam mais longe do que nunca de saber o que fazer com a vitória. Eles estavam confusos, sem saber onde atacar a Rússia em seguida; e também sem saber que condições exigir depois de outras vitórias. Os britânicos queriam simplesmente continuar no mesmo rumo da guerra sem objetivos militares: mais ataques anfíbios no Mar Negro e no Báltico,[21] até que a Rússia fosse completamente afastada das águas marinhas. Palmerston pensou, animado, que em outubro de 1856 teria "dado uma surra nos russos".[22] Esse plano não convinha a Napoleão III. A opinião pública francesa estava cansada da guerra, e não ficaria satisfeita com a captura de fortalezas na Geórgia e na Circássia. A França deixara de ser uma nação belicosa; a grande ilusão do Segundo Reinado era que ela recuperaria seu entusiasmo se lhe fosse oferecido um projeto "revolucionário" para reformular o mapa da Europa de uma ponta a outra. Napoleão tinha pressa de suscitar a Questão

---

quando Buol, depois do colapso da conferência, revelou que Russell tinha apoiado o contrapeso, a opinião pública britânica ficou em polvorosa e Russell foi forçado a renunciar. Foi a catástrofe irreparável da sua carreira política.

19 Cowley para Clarendon, n.584, 20 de maio de 1854.
20 Cowley para Clarendon, 18 de maio de 1854.
21 Tendo em vista uma expedição ao Báltico, os britânicos e os franceses concluíram uma aliança com a Suécia em novembro.
22 Palmerston para Clarendon, 16 de outubro de 1855.

Polonesa; afinal de contas, a restauração da Polônia fazia sentido se a Rússia fosse excluída da Europa. Os britânicos não podiam tolerar essa proposta. Por mais que Napoleão e Walewski disfarçassem seus planos para a Polônia no formato moderado de restauração da Constituição outorgada à "Polônia do Congresso" pelo Congresso de Viena, o ressurgimento da Questão Polonesa conduziria a Áustria e a Prússia de volta à Rússia, ressuscitaria a Santa Aliança e, desse modo, deflagraria uma guerra "revolucionária" na Itália e no Reno. Os britânicos certamente não tinham o objetivo de restaurar o Império de Napoleão I; e, como Napoleão III não quis entrar na guerra sem uma aliança com os britânicos, sua única saída era fazer as pazes.

A diplomacia francesa dispunha de dois caminhos para a paz. Um era o caminho, já tentado, de recorrer à "Europa" contra a Rússia, isto é, envolver novamente a Áustria; o outro era um acordo direto com a Rússia à revelia dos britânicos. Um partido influente, liderado por Morny, meio-irmão de Napoleão, era favorável a esse segundo caminho. Morny, o maior especulador do Segundo Império, já considerava que a Rússia era "uma mina a ser explorada pela França";[23] ele imaginava que a Rússia, em troca do capital francês, daria carta branca à França na Europa. Morny contactou secretamente Gorchakov e tentou convencê-lo a fazer um acordo. A França e a Inglaterra, disse ele, "logo ficarão surpresas de perceber quão pouco uma se importa com a outra"; e o limite proposto ao poderio russo no Mar Negro, supostamente tão humilhante, era irrelevante – essas cláusulas nunca duravam muito tempo. Gorchakov era o principal representante da nova linha da política russa, a linha de levar em conta apenas os interesses russos, mesmo correndo o risco de ajudar a revolução na Europa;[24] e ele teria correspondido à abordagem de Morny. A ideia era ousada demais para Alexandre II e Nesselrode; embora eles também tivessem abandonado a Santa Aliança, sua alternativa era o isolamento à sombra, não uma aliança com Napoleão III. Contudo, o gesto de Morny chegou ao conhecimento de Buol e o deixou preocupado: um acordo franco-russo sem o conhecimento da Áustria, e à sua custa, era o que ele mais temia. Ele então propôs aos franceses que elaborassem uma versão mais enxuta dos Quatro Pontos e a impusessem à Rússia por meio de um ultimato austríaco; em troca, a Grã-Bretanha e a França se juntariam à Áustria para assegurar a integridade

---

23 Morny para Walewski, 8 de agosto de 1856.
24 Quando Gorchakov foi indicado para Viena, Nesserolde foi contra devido à sua incompetência. Nicolau I retrucou: "Eu o nomeei porque ele é russo". Meyendorff, seu antecessor, era alemão, como o próprio Nesselrode.

da Turquia. A proposta foi aceita pelos franceses, que, com isso, retomaram a velha linha de Drouyn de Lhuys. Os britânicos também retomaram sua antiga linha: embora não gostassem muito que a Áustria ditasse as condições de paz sem ter participado da guerra, eles próprios não conseguiam pensar em nenhuma condição, portanto aquiesceram, pretendendo formular objeções quando a Áustria e a França tivessem chegado a um acordo.

As intrigas de novembro de 1855 foram um final perfeito de uma guerra na qual a diplomacia só tinha sido interrompida ocasionalmente pelas batalhas. Os franceses determinaram, através de Morny, quais as condições que os russos provavelmente aceitariam; então sugeriram essas condições a Buol, e, por fim, apresentaram-nas aos britânicos como as condições que Buol estava disposto a impor aos russos. As condições acordadas entre Buol e o embaixador francês Bourqueney em 14 de novembro eram basicamente os Quatro Pontos, definidos de maneira um pouco mais concreta. Buol ampliou o primeiro ponto em favor da Áustria, estipulando que a Rússia deveria ceder parte da Bessarábia, ficando assim totalmente isolada do Danúbio. O terceiro ponto foi transformado no projeto de Drouyn de "neutralização" do Mar Negro; já que a frota russa não estava mais presente ali, essa era uma concessão à Rússia, implicando, como de fato ocorreu, que a frota turca também sairia dali. Além disso, a neutralização só seria definida num tratado à parte entre a Rússia e a Turquia. Quando souberam das condições, os britânicos ficaram tentados a rejeitá-las inteiramente – nenhuma segurança concreta contra a Rússia no Mar Negro, nenhuma menção ao Báltico. Palmerston escreveu: "Nós nos ateremos aos importantes Princípios que são necessários para a segurança futura da Europa... Se o governo francês mudar de opinião, a responsabilidade será dele, e o povo dos dois países tomará conhecimento disso".[25] Desesperado como sempre, Clarendon julgou que a França faria uma paz em separado e que a Grã-Bretanha não poderia continuar a guerra sozinha.[26] Depois de um diálogo bastante áspero, ele arrancou algumas concessões de Walewski: a neutralização do Mar Negro deveria constar do tratado geral, e os aliados deveriam especificar como ponto 5 a sua intenção de exigir outras "condições particulares" – mas não se pediria que a Áustria apoiasse essas condições. Esta era uma nova versão da velha tática por meio da qual a Áustria deveria ser levada a apoiar cláusulas com as quais não tinha concordado. Contudo, apesar disso, a Áustria não pretendia

---

25 Palmerston para Clarendon, 1º de dezembro de 1855.
26 Clarendon para Palmerston, 18 de novembro de 1855.

entrar na guerra; a única coisa que ela ofereceu foi romper relações diplomáticas, ou, nas palavras de Buol, *"la guerre sans la bataille"*.*

O ultimato austríaco, aceito de má vontade pelos britânicos, foi enviado a São Petersburgo em 15 de dezembro. Os russos tentaram barganhar, como tinham feito por ocasião da aceitação inicial dos Quatro Pontos; sua resposta evasiva foi rejeitada por Buol em 5 de janeiro de 1856 – agora que os russos estavam derrotados, ele não tinha nenhuma objeção a que fossem humilhados. O decisivo conselho da coroa russo foi realizado em 15 de janeiro. Além do ultimato austríaco, Alexandre II também estava de posse de cartas urgentes de Frederico Guilherme IV "implorando" que ele cedesse, e advertindo-o de que, embora a Prússia não apoiasse o ultimato,[27] ela não seria capaz de permanecer neutra se a França a ameaçasse com uma guerra no Reno. A Santa Aliança estava, de fato, dissolvida. Apesar disso, os russos não teriam precisado ceder se não tivessem se exaurido na defesa de Sebastopol; foi ali que eles derrotaram a si mesmos, e aceitaram as condições da derrota porque não puderam mais lutar contra os aliados, não porque se viram diante de novos inimigos. No último instante, Gorchakov telegrafou de Viena, insistindo que as condições austríacas fossem rejeitadas e que, em vez disso, se fizesse um apelo direto à França;[28] Nesselrode escondeu o telegrama e convenceu o conselho a aceitar incondicionalmente as condições austríacas. Mesmo assim, Gorchakov tinha se consagrado; foi o telegrama de 15 de janeiro que levou à sua indicação como vice-chanceler e iniciou sua política de *entente* com a França.

A batalha diplomática terminara para todos, exceto para os britânicos. Eles ainda tinham de enfrentar uma prolongada interação com Walewski em torno das "condições particulares" que queriam que a Rússia aceitasse na paz provisória. Walewski, que agora estava inclinado a acalmar os russos, descreveu essa exigência como "um segundo ultimato". Havia um último compromisso vergonhoso: as "condições particulares" foram aceitas como *sine quibus non* por Walewski, e os russos até foram informados disso, mas

---

* Em francês no original: "a guerra sem a batalha". (N. T.)
27 Tipicamente, e falsamente, Frederico Guilherme disse aos franceses que tinha apoiado o ultimato em São Petersburgo, chegando até a redigir uma carta semipública ao tsar para apoiar essa história.
28 O apelo bem que poderia ter sido bem-sucedido. No período angustiante de espera entre a primeira e a segunda resposta russa (5 e 16 de janeiro), Napoleão III escreveu à rainha Vitória defendendo negociações diretas com os russos e a oferta de concessões pelos aliados.

elas foram deixadas de fora na paz provisória.[29] Os britânicos levaram a melhor numa questão mais importante. Como queriam impor condições aos russos e não tranquilizá-los, insistiram numa reunião prévia ao congresso pela paz, para ficarem livres para ameaçar com a retomada da guerra na primavera. Assim, os acordos preliminares de paz foram assinados no dia 1º de fevereiro de 1856. A Guerra da Crimeia tinha chegado ao fim. Ela custara a vida de meio milhão de homens,[30] uma quantidade maior que a de qualquer outra guerra europeia travada nos cem anos depois do Congresso de Viena. No Oriente Próximo, o fim da guerra pareceu confuso e decepcionante; na Europa, ele foi decisivo. A guerra destruiu o mito e a realidade do poderio russo. Independentemente de sua origem, a guerra foi, basicamente, uma invasão da Rússia pelo Ocidente;[31] das cinco invasões da Rússia na era moderna,[32] ela foi, de longe, a mais bem-sucedida. Em 1856, a Rússia tinha menos peso nas questões europeias que em qualquer período desde a

---

29 Seria inútil especular se Walewski pretendia, em última análise, enganar os britânicos, os russos ou ambos. A exemplo dos inúmeros acordos concebidos anteriormente por Drouyn, que, em sua totalidade, continham uma decepção para um lado ou outro, esse acordo também era uma tradução em termos diplomáticos da expectativa de que algo se transformasse. Walewski, Drouyn, Morny e o resto da "gangue arrumadinha" (expressão de Clarendon) introduziram nas relações internacionais os métodos mentirosos e desonestos que tinham produzido o *coup d'état*; eles não conheciam outros métodos. Sem consciência nem política, Walewski e os demais pensaram simplesmente em escapar do problema específico do momento, sem se importar se isso criaria um problema maior mais tarde.

Ao contrário da opinião geral, a diplomacia é uma arte que, apesar da sua sutileza, depende da precisão rigorosa de todos que a praticam. O fato de existir um Estado importante controlado e governado por embusteiros era um problema único com o qual os estadistas da Europa eram incapazes de lidar. A política francesa não podia ser imobilizada por meio de negociações com o ministro do Exterior, fosse ele Drouyn ou Walewski; as decisões só podiam ser obtidas de Napoleão, cuja – com toda a desonestidade de seus seguidores bandidos – capacidade de decidir o transformara em seu chefe. Mas Napoleão também não era confiável; e a diplomacia confusa dos anos 1850 e 1860 se explica em grande medida por esse fato. Um dos participantes num jogo com regras complexas tornou-o mais complexo por meio da traição permanente, mesmo em assuntos irrelevantes. Se houve de fato um declínio da ética internacional, suas origens se encontram em Napoleão e seus parceiros, não em Bismarck. Ele só aplicou a máxima *à corsaire, corsaire et demi* [para velhaco, velhaco e meio].

30 A França perdeu quase 100 mil homens; os britânicos, 60 mil; os russos, mais de 300 mil. Dois terços do total das baixas foram causados por doenças e privações, não pelos combates.

31 Mesmo Kinglake, um entusiasta da guerra, denominou sua história de *The Invasion of the Crimea*.

32 Napoleão em 1812; os britânicos e os franceses em 1854; os alemães em 1916-1918; as potências da Entente em 1919-1920; Hitler em 1941.

Grande Guerra do Norte em 1721; e a influência que ela tinha exercido em Berlim e Viena antes de 1854 só seria retomada em 1945. Os governantes e os povos da Europa a oeste do Vístula estavam livres para transformar a Europa no que quisessem. Se a Rússia era, de fato, o tirano da Europa, então a Guerra da Crimeia foi uma guerra de libertação. Essa libertação entregou a Europa primeiro nas mãos de Napoleão III e depois nas de Bismarck.

V
O Congresso de Paris e suas consequências
1856-1858

O congresso de paz que se reuniu em Paris de 25 de fevereiro a 16 de abril foi, em princípio, o primeiro encontro europeu desde o Congresso de Verona em 1822 – todos os encontros intermediários tinham sido conferências, limitadas a temas específicos. A bem da verdade, ele foi mais bem-sucedido como uma conferência, resolvendo as questões específicas do Oriente Próximo, do que como um congresso, discutindo as questões europeias como um todo. Uma vez que os russos já tinham aceitado o ultimato austríaco e até mesmo, indiretamente, as "condições particulares", não havia um conflito fundamental acerca das condições de paz. Contrariamente às expectativas britânicas, os russos engoliram a neutralização das ilhas Aaland, a mais importante 'condição particular"; eles só recusaram a cessão de territórios da Bessarábia. Apresentaram o argumento plausível de que deveriam conservar a Bessarábia para compensar a fortaleza turca de Kars, que tinham capturado pouco antes do armistício. A Bessarábia era um assunto da Áustria; e Kars, a porta de entrada para a Turquia asiática, da Grã-Bretanha. Napoleão III não se importava com nenhuma das duas, e estava ansioso para acalmar a Rússia. Os britânicos, que não tinham esse desejo, se mantiveram firmes;[1] e os russos tiveram de ceder. Isso foi um aviso antecipado de que

---

[1] Clarendon, o representante britânico, depois de receber um telegrama inflexível do gabinete britânico. Clarendon, como sempre, perdeu a cabeça, principalmente quando percebeu que Napoleão estava inclinado a fazer as pazes. Palmerston, como sempre, acreditava que aquela decisão

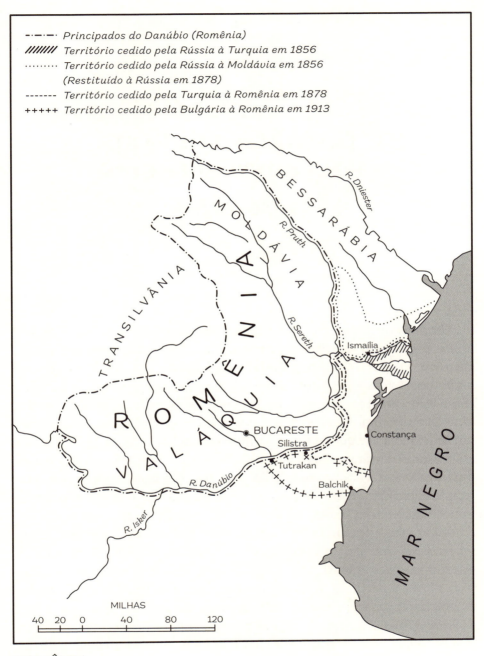

ROMÊNIA

Napoleão, apesar de ansioso para tranquilizar a Rússia, não faria isso à custa da aliança com os britânicos. Fora isso, não havia nenhuma divergência séria, e o tratado de paz foi assinado em 30 de março.

O tratado "resolveu" o problema das relações entre a Rússia e a Turquia de três maneiras: os turcos se comprometeram voluntariamente com as reformas; o Mar Negro se tornou um espaço neutro; os principados do Danúbio se tornaram independentes da Rússia. Desses três métodos, o primeiro não serviu para nada, já que os turcos nunca concretizaram suas promessas. A neutralização do Mar Negro foi a conquista valiosa de 1856; ela forneceu, aparentemente, aquilo que as potências ocidentais buscavam havia muito tempo – uma barreira contra a Rússia sem nenhum esforço da parte delas. Na realidade, como todas as cláusulas de desarmamento num tratado de paz, foi uma tentativa de perpetuar o equilíbrio de poder existente quando ele devia ser modificado: os russos prometiam se comportar para sempre como se as frotas britânica e francesa estivessem no Mar Negro, quando, na verdade, elas tinham ido embora. A neutralização não tinha uma garantia, além da boa-fé russa; e, se ela podia ser invocada, a neutralização era desnecessária. Nenhum desarmamento compulsório como esse jamais fora imposto a uma grande potência, exceto o que Napoleão impusera à Prússia em 1807; e os aliados não teriam apresentado essas condições a nenhuma potência que considerassem realmente europeia. No fundo, os britânicos – e, em menor grau, os franceses – consideravam a Rússia um país semiasiático, não muito acima do patamar da Turquia e, de modo algum, acima do patamar da China.[2] Essa visão tinha um quê de verdade; por esse motivo, os russos se ofenderam ainda mais com ela, e transformaram a eliminação das cláusulas do Mar Negro em seu principal objetivo diplomático.[3]

---

seria vitoriosa. Além disso, "se a Rússia está autorizada a considerar que essa questão está em aberto... de que adianta assinar um tratado com ela?" Palmerston para Clarendon, 29 de fevereiro de 1856.

2 Quando Walewski objetou que a exigência de ter cônsules nos portos do Mar Negro controlando o desarmamento russo era humilhante para a Rússia, Cowley replicou que isso tinha sido imposto à China por meio de um tratado. Cowley para Clarendon, n.1551, 28 de novembro de 1855.

3 Palmerston respondeu às reclamações russas (para Clarendon, n.6, 26 de fevereiro de 1856): "Não há dúvida de que é humilhante ser obrigada pela força das armas a se submeter a condições que, sem tal coação, ela teria recusado; mas foi a Rússia que trouxe essa humilhação sobre si mesma". A França não trouxe essa humilhação sobre si mesma ao promover a guerra contra toda a Europa durante mais de vinte anos.

A libertação dos principados do Danúbio, que resultou, em última análise, numa Romênia independente, foi a verdadeira façanha do Tratado de Paris. Essa independência se firmava sobre uma base real – a desconfiança entre a Rússia e a Áustria. Os austríacos tinham feito os russos saírem com ameaças de guerra em agosto de 1854; porém, uma vez que não pagariam o preço do apoio ocidental retirando-se da Lombardia e da Venécia, não conseguiram ficar. As tropas austríacas que ainda ocupavam os principados tiveram de se retirar com a conclusão da paz. Os principados causaram novas disputas depois do congresso de paz: as fronteiras da Bessarábia tiveram de ser definidas e o *status* dos principados – se permaneceriam unidos à Turquia ou independentes dela – tinha de ser resolvido. Basicamente, a Romênia tinha surgido como um verdadeiro Estado-tampão, salvaguardado pela rivalidade entre seus dois grandes vizinhos, e uma barreira tanto contra uma invasão russa dos Bálcãs como contra o domínio do Danúbio pela Áustria. Enquanto as cláusulas de neutralização do Mar Negro duraram só quinze anos, a Romênia independente sobreviveu até 1941.

Depois de acertar o Oriente Próximo, o congresso se transformou, sem o mesmo êxito, num grande encontro europeu. Embora os britânicos sempre tivessem sido os principais defensores do "Concerto da Europa", eles insistiram em excluir a Prússia das negociações de paz, por estarem ressentidos com sua política de neutralidade; mesmo quando elas terminaram, os prussianos só foram admitidos pelo motivo técnico de que, como signatários da Convenção dos Estreitos de 1841, precisavam concordar com a sua revisão. Era perigoso para os britânicos estabelecer o princípio de que somente as potências que tinham participado na guerra tinham o direito de fazer a paz; no futuro, o argumento poderia se voltar facilmente contra eles. A situação da Prússia parecia humilhante: ela ingressara no congresso tardiamente, com o apoio da Áustria, e seus representantes tiveram de esperar numa antessala enquanto Clarendon tentava uma última cartada contra eles. Na verdade, a política prussiana tinha alcançado uma grande vitória: a Prússia tinha se mantido, durante a Guerra da Crimeia, sem se indispor com nenhum dos lados, e Manteuffel já estava prevendo uma aliança entre a Rússia e a França, à qual se juntaria a Prússia.[4]

---

4 Foi o que ele disse ao ministro sardo em Berlim, certamente com a intenção de estimular a Sardenha a constranger a Áustria do outro lado. Launay para Cibrario, 16 de fevereiro de 1856. *Cavour e l'Inghilterra*, i, n.242. Mais tarde se criou a lenda de que a Prússia tinha seguido uma política subserviente à Áustria, e só foi libertada dela por Bismarck. Essa lenda se apoia nos despachos angustiados que Bismarck escreveu a Manteuffel durante a Guerra da Crimeia. Na

Napoleão queria que a assinatura do tratado de paz fosse seguida de uma discussão que se espalhasse por toda a Europa, algo com que ele sonhava desde 1849. O pretexto seria a presença de exércitos de ocupação em solo estrangeiro. Os austríacos já tinham se comprometido a retirar suas forças dos principados do Danúbio; Polônia, Grécia e Itália completavam a lista. Orlov, o principal representante russo, alegou que qualquer referência à Polônia ofenderia Alexandre II e o faria se voltar contra as concessões liberais que ele propunha ali; portanto, a Polônia foi silenciosamente ignorada. As tropas estrangeiras na Grécia eram britânicas e francesas;[5] e não seria o congresso que atacaria as duas potências vitoriosas. Só sobrou a Itália; e Napoleão dirigiu a discussão o mais rápido possível contra a Áustria, para desviar a atenção das tropas francesas em Roma. Além disso, ele não tinha conseguido atender a nenhuma das exigências concretas de Cavour, destinadas a dar andamento à Questão Italiana,[6] portanto estava mais predisposto a dar a oportunidade a Cavour de dizer o que pensava. Apesar disso, a sensação da sessão de 8 de abril foi Clarendon, não Cavour. Clarendon certamente queria exteriorizar a irritação contra a Áustria que ele vinha acumulando desde o início da guerra; além disso, um ataque ao governo clerical de Roma "como uma vergonha para a Europa" era um jeito fácil de ganhar a confiança dos protestantes ingleses.[7]

Embora os discursos de 8 de abril não tenham feito nada pela Itália e fossem um pobre consolo para Cavour, eles representaram um golpe mortal

---

verdade, Manteuffel sabia o que estava fazendo, não precisava dos estímulos de Bismarck; e a própria política posterior de Bismarck foi menos original do que ele gostava de fazer crer. Na melhor das hipóteses, ele conduziu com mais ousadia uma política que havia sido definida havia muito tempo.

5 Elas tinham ido para lá, em maio de 1854, a fim de obrigar a Grécia a permanecer neutra durante a Guerra da Crimeia.

6 Como a exigência de que o duque de Modena e a duquesa de Parma (satélites da Áustria) deveriam se tornar governantes da Moldávia e da Valáquia, e seus territórios italianos deveriam ser entregues à Sardenha. Isso beneficiaria a Áustria ao mesmo tempo que desestabilizaria o *status quo* italiano. Posteriormente, Cavour sugeriu que a duquesa de Parma deveria se casar com o duque de Carignan, membro da Casa de Savoia, e que o casal deveria governar os principados unidos.

7 O sentimento dos protestantes contra o papa teve um papel importante na conquista do apoio britânico à unidade italiana, principalmente entre os conservadores, que, por outro lado, não eram favoráveis à causa nacionalista. Por isso, Shaftesbury era o instrumento mais confiável de Cavour na política britânica. O mesmo sentimento, naturalmente, ajudou mais tarde a conquistar o apoio britânico à Prússia protestante contra a Áustria católica romana, e até mesmo contra a França, que misturava catolicismo romano e ateísmo, ambos repugnantes para os conservadores protestantes.

contra a Áustria: as potências como um todo, e não apenas Lamartine, ministro temporário do Exterior de um governo provisório, tinham deixado de acreditar na validade moral dos tratados de 1815 e, por conseguinte, na missão da Áustria na Europa. Desde 1849, a Áustria baseara seu governo na Itália na lei do mais forte; as potências então levaram isso ao pé da letra. Buol tentou contra-atacar. A segurança da Turquia garantida pela Áustria e pelas potências ocidentais tinha feito parte de todas as negociações sobre as condições de paz desde a redação dos Quatro Pontos originais; e Buol tinha retomado essa condição ao preparar o ultimato à Rússia em dezembro de 1855. Ele agora reclamava seu cumprimento, e Napoleão teve de concordar, muito contra a vontade. Em 15 de abril, a França e a Grã-Bretanha assinaram um tratado que assegurava a independência e a integridade do Império Otomano, embora não especificamente contra a Rússia – a única concessão que Napoleão obteve. A Áustria finalmente se comprometeu, na paz, com a causa que ela tinha se recusado a defender na guerra; como o perigo tinha passado, o risco parecia pequeno. Em contrapartida, Buol pensou que tinha impedido uma aliança entre a Rússia e a França; mais importante ainda, ele pensou que, uma vez que Napoleão se comprometera a apoiar o *status quo* no Oriente Próximo, não poderia lutar contra ele na Itália. Isso era um reflexo invertido da inesgotável esperança de Metternich de que, se ele comprometesse a Rússia com o conservadorismo na Europa, ela também teria de ser conservadora no Oriente Próximo. O fracasso de uma esperança provocou a Guerra da Crimeia; da outra, a guerra italiana de 1859.

No entanto, Buol não foi o único que calculou mal. O Congresso de Paris foi uma decepção para quase todos os participantes: só os prussianos, que chegaram tarde e não esperavam nada, preencheram suas expectativas. Os britânicos sabiam muito bem que não tinham conseguido o que queriam; na verdade, eles exageraram a facilidade com que a Rússia se recuperaria da derrota.[8] Cavour geralmente é apresentado como tendo saído vitorioso no congresso; porém, embora não fosse excluído, dificilmente poderia ter se saído pior. Não obteve nenhuma das concessões que até mesmo ele tinha originalmente considerado fundamentais em troca da sua participação na guerra. Nada se modificou na Itália. Segundo todas as indicações, a Áustria não tinha se afastado das potências ocidentais, e a Sardenha não foi

---

8 Palmerston escreveu a Clarendon em 7 de março de 1856: "O tratado vai deixar a Rússia uma potência muito temida, capaz – dentro de alguns anos, quando, por meio de uma política interna inteligente, ela tiver desenvolvido seus imensos recursos naturais – de pôr em risco os grandes interesses da Europa. Mas que o futuro cuide de si".

tratada como uma grande potência nem teve a chance de aderir ao Tratado de Garantia de 15 de abril. É verdade que o apoio militar da Sardenha tinha conquistado a gratidão dos britânicos; e, durante o congresso, quando os britânicos ainda estavam com vontade de lutar, tanto Clarendon como Palmerston falaram em apoiar a Sardenha na guerra iminente contra a Áustria.[9] O entusiasmo não durou. Assim que retornou à Inglaterra, Clarendon ficou ofendido com as relações de Cavour com membros da oposição; e, um ano depois (abril de 1857), o governo exigiu que Cavour diminuísse as tensões na Itália declarando que acatava a solução do tratado de 1815. De qualquer modo, a política francesa, não a britânica, é que decidiria o futuro da Itália. E não há nenhum motivo para acreditar que Napoleão se comportaria de maneira diferente se a Sardenha seguisse o exemplo da Prússia e ficasse neutra durante a Guerra da Crimeia. Em 1856, Napoleão ainda nem pensava em entrar numa guerra pela libertação da Itália; quando ele o fez, não foi devido à contribuição da Sardenha para a Guerra da Crimeia. A única defesa para Cavour tem de ser encontrada na política interna: pelo menos ele impediu que a guerra fosse travada por um governo sardo conservador, e, desse modo, deixou uma porta aberta para o futuro. Mas, no que dizia respeito à Itália, a Guerra da Crimeia não foi o momento em que a oportunidade bateu à porta.

Mais do que tudo, o Congresso de Paris não foi o momento em que a oportunidade de uma reconstrução napoleônica da Europa bateu à porta. Certamente era extremamente lisonjeiro para Napoleão III que o congresso se reunisse em Paris sob sua liderança. Porém, nada mudara dos tempos do Congresso de Viena, exceto o local de reunião. Quem, durante os quarenta anos transcorridos desde Waterloo, poderia prever que, num congresso reunido em Paris e presidido por um filho ilegítimo do grande Napoleão (Walewski), não se diria nada a respeito da Polônia e não se faria nada a respeito da Itália? O Congresso de Paris não representou o reconhecimento europeu

---

9 Depois da sessão de 8 de abril, Cavour disse a Clarendon: "A Itália não espera nada da diplomacia". Clarendon: "Você tem toda razão, mas não pode dizer isso". Cavour: "Você seria obrigado a nos ajudar". Clarendon: "Certamente; e o faríamos com alegria e com grande energia". Cavour para D'Azeglio, 11 de abril de 1856. *Cavour e l'Inghilterra*, i, n.521. Palmerston disse a Cavour: "Ele pode dizer ao imperador que, para cada passo que ele se disponha a dar nos assuntos italianos, provavelmente nos encontraria dispostos a dar um passo e meio". Palmerston para Clarendon, 30 de abril de 1856. E também (para Clarendon, 27 de maio de 1856): "É preciso que Buol compreenda que na próxima guerra entre a Áustria e a Sardenha, se ela ocorrer, como ocorrerá, por culpa da Áustria, a Sardenha não ficará sozinha como da última vez". É claro que a última frase (favorita de Palmerston) pode ser apenas uma ameaça de intervenção francesa.

do Segundo Império; foi o reconhecimento de que a França era uma potência conservadora, aliás, na verdade, uma declaração de que o Segundo Império não era o Primeiro. Napoleão III tinha realizado algo fora do alcance de Napoleão I: uma aliança com a Grã-Bretanha. Mas isso fora realizado à custa do abandono dos projetos napoleônicos na Europa: ele não conseguira estender a guerra do Oriente Próximo à Itália e ao Reno. Napoleão III tinha consciência desse fracasso, mas também pensara numa solução. Embora conservando a aliança com os britânicos, ele escaparia de seu controle construindo uma aliança com a Rússia. O Congresso de Paris deveria ser um novo Tilsit; e o símbolo do congresso era um sonoro beijo dado a Orlov pela princesa Matilde, prima de Napoleão III, que foi entreouvido pelo representante austríaco Hübner. Tal como em Tilsit, o congresso também foi uma decepção. Em Tilsit, Napoleão I acabara de conquistar a Europa; e Alexandre I representava a única grande potência que restara no continente. Ao elaborar grandes planos de partilha, eles não tinham nenhum obstáculo senão a desconfiança mútua. Em Paris, a Rússia acabara de ser excluída da Europa, e Napoleão III ainda não tinha começado a conquistá-la. O Segundo Império foi uma simulação do começo ao fim; e seu ápice foi simular que a Áustria, a Prússia e a Grã-Bretanha tinham deixado ser grandes potências. Além disso, o projeto de aliança entre a França e a Rússia estava baseado numa simulação recíproca. Napoleão esperava que os russos considerassem que a sua derrota no Oriente Próximo era definitiva e que aceitariam que ele subvertesse o *status quo* na Europa ocidental; os russos esperavam que Napoleão continuasse conservador na Europa ocidental e aceitaria que eles destruíssem o acordo de paz no Oriente Próximo. Entre as duas, a expectativa russa era a mais estapafúrdia. Depois de 1856, os russos ficaram realmente indiferentes ao futuro da Áustria na Itália, embora não ao da Prússia no Reno; Napoleão III não poderia ficar indiferente ao acordo no Oriente Próximo, pois ele era obra sua. Consequentemente, o Congresso de Paris deu início à grande era das ilusões europeias, não a uma era de paz europeia.

A maioria das potências hesitara em se envolver na Guerra da Crimeia, e o Congresso de Paris não mudou muita coisa. Como disse o próprio Napoleão: "o que deveria ter sido uma grande revolução política ficara reduzido a um simples torneio".[10] Para a Rússia, a guerra tinha sido uma derrota contundente, e o congresso era um retrocesso sem paralelo. Portanto, a política russa posterior ao Congresso de Paris tinha um único propósito, que

---

10 Napoleão III para Walewski, 24 de dezembro de 1858. Valsecchi, *L'unificazione italiana e la politica europea 1854-1859*, p.336.

estava ausente da política das outras potências: ela estava determinada a rever o Tratado de Paris, nada mais lhe interessava. Antes de 1854, a Rússia talvez tivesse deixado de lado o interesse nacional em nome das preocupações europeias gerais; então, durante quinze anos, ela deixou de lado tudo na Europa em nome de seus interesses nacionais. Ou melhor, em nome da honra nacional. No século XVIII, e mesmo no início do século XIX, o Mar Negro e o Oriente Próximo tinham sido a esfera decisiva das pretensões imperiais da Rússia. Eles estavam deixando de ser. O futuro imperial da Rússia estava na Ásia; sua única preocupação no Mar Negro era defensiva. Os Bálcãs ofereciam recompensas insignificantes comparadas às da Ásia Central e do Extremo Oriente. Mas isso não poderia ser compreendido por um tsar e por políticos que tinham sofrido a humilhação da perda de território e da neutralização compulsória do Mar Negro. A diplomacia russa se concentrou durante uma geração no objetivo errado. Gorchakov, que tirara a política externa das mãos de Nesselrode em maio de 1856, simbolizava a nova política. Ele a definiu de maneira simples a Kiselev, seu embaixador em Paris: "Estou procurando um homem que anule as cláusulas do Tratado de Paris referentes à Questão do Mar Negro e à fronteira da Bessarábia; estou procurando por ele, e hei de encontrá-lo".[11] A mente de Gorchakov fora moldada por suas experiências nas conferências de Viena, onde tentara negociar diretamente com os franceses à revelia dos austríacos, e estava convencido de que o objetivo da política russa deveria ser afastar a Áustria da França. Isso não era difícil: nada agradaria mais a Napoleão III do que se libertar, com a ajuda russa, da aliança com a Áustria, que lhe fora imposta por seus conselheiros conservadores. Mas Gorchakov foi incapaz de compreender que Napoleão não se separaria facilmente dos britânicos; Napoleão sonhava em reconstruir a Europa *à trois* – sim, um novo Tilsit,* mas com um representante britânico na jangada, não (como diz a lenda) escondido debaixo dela.

O erro russo foi compartilhado por Morny, que foi para São Petersburgo como embaixador num momento de glória. Morny tinha motivos econômicos inegáveis para não gostar da conexão britânica; queria que a França substituísse a Grã-Bretanha como financiadora da Rússia.[12] Embora não

---

11 Zablochii, *Kiselev*, iii. 37.

* Referência ao local (uma jangada ancorada no meio do rio Niémen, na cidade de Tilsit) em que foram assinados os Tratados de Tilsit, em julho de 1807, entre Napoleão e o tsar russo, após a vitória de Napoleão em Friedland (14 de junho de 1807). (N. T.)

12 A carreira de Morny prejudica a teoria de que o "imperialismo financeiro" só começou na década de 1880. Morny tinha conseguido uma grande concessão ferroviária para a sua "Grande

simpatizasse com os projetos napoleônico de redesenhar o mapa da Europa, ele esperava impedi-los vinculando Napoleão à aliança com a Rússia; ao mesmo tempo, conhecendo a teimosia de Napoleão, tentava mostrar que essa aliança abriria as portas para a revisão do tratado. Por isso, enganou os russos quanto à vontade de Napoleão de fazer uma aliança com eles e enganou Napoleão quanto ao que ele obteria com essa aliança. Nem bem o congresso terminou e os russos, estimulados por Morny, começaram a trapacear no cumprimento do tratado. Alegaram que a ilha das Serpentes, na foz do Danúbio, que não fora mencionada no tratado de paz, ainda era deles; e se aproveitaram de um mal-entendido para reivindicar Bolgrad, que ficava num braço do Danúbio.[13] Contudo, os britânicos ainda estavam com aquele estado de espírito fugaz de agressividade confiante que costuma acompanhar sua vitória na guerra. Enviaram sua frota de volta para o Mar Negro e desembarcaram uma guarnição turca na ilha das Serpentes antes que os russos percebessem o que estava acontecendo. Bolgrad foi mais difícil, pois estava fora do alcance de uma potência marítima. Além disso, Napoleão queria atender à reivindicação russa. Ele estava com a consciência pesada por causa do tratado de 15 de abril com a Áustria e a Grã-Bretanha. Isso tinha indicado uma falta de confiança na Rússia bem no momento em que ele estava tentando manter um bom relacionamento com ela; e pensou que a melhor maneira de apagar essa deslealdade em relação à Rússia era agindo de forma desleal com seus aliados na questão de Bolgrad.[14] Os russos aproveitaram ao máximo a situação. Além do mais, com a frota britânica no Mar Negro e os austríacos ainda nos principados, estavam realmente assustados: como eles mesmos pretendiam burlar as condições de paz, desconfiavam que os britânicos e os austríacos pretendiam fazer o mesmo. Quando Gorchakov pediu que Napoleão protegesse a Rússia da Áustria e da Grã--Bretanha, não estava simplesmente tentando dividir os aliados: ele realmente pensava que a Rússia precisava de proteção.

Para convencer Napoleão, Gorchakov propôs abrir mão de Bolgrad em troca de qualquer compensação que ele quisesse indicar; além disso,

---

Société" em 1851. Ela lhe deu inúmeras possibilidades de especular na bolsa, embora construísse poucas ferrovias na Rússia.

13 Esse era um exemplo típico das práticas desleais russas. Os russos tinham pedido, no congresso, para conservar Bolgrad como um centro da colônia búlgara na Bessarábia, e o pedido foi aceito. Mas o único mapa apresentado ao congresso mostrava uma Bolgrad diferente e sem importância, que não ficava no Danúbio; e foi essa Bolgrad que as potências pensavam que estavam deixando para a Rússia.

14 Cowley para Clarendon, 26 de junho de 1856.

Napoleão deveria assinar um tratado secreto com a Rússia que garantisse o cumprimento do Tratado de Paris. Como o tratado tinha sido elaborado em decorrência da derrota russa, essa sugestão parecia surpreendente; seu significado ficou claro quando Gorchakov estipulou que Napoleão deveria manter os Estreitos fechados para os britânicos e deveria obrigar os austríacos a evacuar os principados. Como sempre, o medo e a astúcia estavam misturados; e o fato de reiterar a neutralização do Mar Negro não serviu muito de consolo. Para tornar a proposta mais atraente, Morny escreveu: "a Rússia é a única potência que vai ratificar de antemão o engrandecimento da França. *Já recebi a garantia disso*".[15] Morny e Gorchakov tinham pedido demais. Uma coisa era Napoleão abandonar a Áustria; outra, bem diferente, era abandonar a Grã-Bretanha. Ele disse a Kiselev: "Será que nós três não poderíamos chegar a um acordo? Juntos poderíamos governar a Europa". Além disso, Morny não era o único membro do círculo íntimo de Napoleão; Persigny, à época embaixador em Londres, tinha argumentos ainda mais sólidos a respeito da gratidão de Napoleão. Persigny sempre fora favorável à aliança com os britânicos, nem que fosse só para se diferenciar de Morny e Drouyn. Ele insistia que, ao brigar com a Inglaterra, Morny e Drouyn estavam repetindo o erro de Luís Filipe – uma comparação que sempre deixava Napoleão preocupado.

No início de novembro de 1856, Persigny foi até Compiègne e, com a ajuda de Cowley, levou a melhor. Napoleão concordou com a proposta britânica de que o congresso deveria se limitar unicamente a responder à pergunta: "qual Bolgrad o Congresso pretendeu dar à Rússia?". Além disso, Napoleão mandou uma mensagem secreta a Cavour dizendo que a Sardenha deveria votar do lado britânico; isso, somado à Grã-Bretanha, à Áustria e à Turquia, compunha uma maioria anti-Rússia, e Napoleão podia votar pela Rússia sem alterar nada. Os prussianos não pretendiam comparecer ao encontro; foram avisados pelos russos de que essa conduta era indigna de uma grande potência, e, quando tomaram conhecimento que Napoleão tinha manipulado de forma segura as coisas, eles também deram um voto inócuo em favor da Rússia. Morny não desistiu completamente. Solicitou que, como Napoleão não assinaria um tratado secreto com a Rússia, deveria ao menos escrever uma carta pessoal ao tsar prometendo fazer cumprir o Tratado de Paris. Mesmo isso era demais para Napoleão; e a única coisa que os russos conseguiram, quando perderam Bolgrad, foi um despacho de

---

15 Charles-Roux, *Alexandre II, Gortchakoff et Napoléon*, p.163.

Walewski reafirmando a fidelidade francesa ao Tratado de Paris. O despacho era tão inócuo que pôde ser mostrado aos britânicos.

Ao mesmo tempo que pressionavam por um tratado secreto dirigido contra os britânicos, os russos não conseguiam oferecer nada a Napoleão relacionado à Itália – a única questão que poderia tê-lo atraído. Muito pelo contrário, no outono de 1856, eles censuraram sua política italiana. Napoleão e, aliás, os britânicos, também estavam procurando uma forma de "abrir" a Questão Italiana. Cavour não estava disposto a desafiar a Áustria; portanto, a única brecha parecia ser reclamar do desgoverno em Nápoles – e havia inúmeros motivos de reclamação. Em outubro de 1856, a Grã-Bretanha e a França romperam relações diplomáticas com Nápoles e ameaçaram acompanhar o gesto com uma demonstração de força da frota. Como nenhuma delas estava preparada a ir mais além e como os britânicos, por outro lado, temiam que uma revolução em Nápoles pudesse pôr fim ao reinado de Murat, primo de Napoleão, a demonstração da frota nunca ocorreu. Mas fora feito o bastante para provocar um protesto russo. Alexandre II disse a Morny: "Isso mexe com os fundamentos que todos os governos estão interessados em preservar e fora dos quais não existe estabilidade". Embora o caso de Nápoles não tenha deixado sequelas, já expôs a contradição que, em última análise, destruiria a entente franco-russa. Os russos insistiram que Napoleão deveria "fazer um gesto" na direção de Alexandre II em nome da entente, isto é, deveria desistir de seus projetos revisionistas; também esperavam que ele "fizesse um gesto" de distanciamento dos britânicos. Napoleão, por sua vez, esperava que os russos apoiassem seus projetos revisionistas e concordassem com a aliança anglo-francesa. Afinal de contas, queria a entente para facilitar seus projetos na Itália; e, para isso, a aliança com a Grã-Bretanha era ainda mais indispensável. Napoleão, na verdade, era contra a Áustria; os russos, obcecados com o Mar Negro, consideravam a Grã-Bretanha seu principal oponente.

A escolha de aliados se apresentou de forma ainda mais incisiva a Napoleão durante o ano de 1857. Bolgrad tinha sido um caso banal, um mero braço de ferro. O futuro dos principados do Danúbio representava um problema de natureza diversa. O Congresso de Paris não conseguira chegar a um acordo se eles deveriam permanecer unidos ou não. Os franceses tinham apoiado a união, em conformidade com o apoio geral de Napoleão ao nacionalismo; e tinham sido secundados, meio sem convicção, por Clarendon. Os turcos e os austríacos tinham sido contrários à união. Os turcos temiam que uma Romênia unida logo poria fim à sua hipotética dependência da Turquia; os austríacos temiam ainda mais a influência de um Estado nacional romeno nos milhões de romenos que estavam dentro do Império Habsburgo. Inicialmente, os russos não se manifestaram; afinal de contas, uma Romênia unida também seria uma barreira contra eles. Mas, quando vislumbraram a possibilidade de afastar a França da Áustria e da Turquia, ficaram do lado da união. Como o congresso não conseguiu chegar a um acordo, adotou-se a linha habitual dos encontros internacionais e decidiu-se deixar a questão a cargo de uma comissão, que iria apurar os desejos dos habitantes. No momento em que a comissão iniciou seus trabalhos, o governo britânico tinha se arrependido do apoio de Clarendon à união. Como o caso Bolgrad demonstrara, ele só podia contar com a Áustria e a Turquia, não com a França, para implementar o tratado contra a Rússia. Além disso, Stratford, em Constantinopla, jamais aprovara o desmembramento da Turquia em troca do apoio francês; e ele estimulou todos os estratagemas turcos para manipular as eleições nos principados contra a união. Em julho de 1857, as eleições na Moldávia foram realizadas com uma desonestidade descarada. O embaixador francês Thouvenel exigiu que elas fossem anuladas; diante da recusa, rompeu relações diplomáticas com a Porta. Ele foi acompanhado pelo embaixador russo, e, dessa vez, o lado russo ficou em maioria. A Sardenha apoiou a causa de um nacionalismo antiaustríaco por motivos óbvios; e os prussianos ficaram encantados em ser o terceiro parceiro da aliança franco-russa prevista por eles.

Essas expectativas foram uma vez mais frustradas pelos esforços de Persigny e pela determinação de Napoleão de não seguir o exemplo de Luís Filipe. Persigny argumentou que o desmembramento da Turquia europeia não era do interesse da França; além disso, se a França fosse sacar a espada, deveria ser por um princípio importante, como "as províncias do Reno, a Itália, a Polônia ou a Hungria". Napoleão, por sua vez, se aferrou à ideia de que a Inglaterra, a França e a Rússia deveriam resolver as questões europeias juntas. Em julho de 1857, os britânicos tiveram um motivo urgente para evitar uma nova crise no Oriente Próximo: a Revolta Indiana tinha estourado, e era óbvio que as forças britânicas estariam totalmente ocupadas na Índia durante muito tempo. Portanto, Napoleão foi um visitante bem-vindo em Osborne de 6 a 10 de agosto. Embora não tenha tido sorte com o príncipe Alberto ao ventilar sua "ideia fixa" de uma revisão geral do mapa da Europa, ele conseguiu resolver a disputa em torno dos principados. O "Pacto de Osborne"[16] previa que a eleição na Moldávia seria anulada; em troca, os

---

16 É típico da diplomacia napoleônica o fato de não ter existido nenhum "Pacto de Osborne". Palmerston redigiu um memorando, que Walewski considerou adequado, embora se recusasse a

franceses retirariam seu apoio à união plena em favor de uma "união administrativa" que ainda manteria os dois principados separados. Os britânicos desautorizaram Stratford; e Napoleão desautorizou a política francesa. Na verdade, o problema dos principados passou então para os próprios habitantes; e eles o resolveram no início de 1859 em favor da união.[17]

A visita de Napoleão a Osborne em agosto foi seguida de um assunto muito mais grandioso em setembro: seu encontro com Alexandre II em Stuttgart. Foi a primeira vez que Napoleão se encontrou com um dirigente do continente que tivesse alguma importância; embora uma vitória para ele, foi um caso discreto quando comparado ao encontro de Napoleão I com Alexandre I em Erfurt em 1808. Os russos vieram em busca de acordos sólidos; Napoleão, da sua atividade favorita, as divagações incoerentes sobre o futuro da Europa. Gorchakov propôs salvaguardar a França contra a retomada da Santa Aliança, pedindo em troca que as duas potências resolvessem qualquer problema por meio da negociação direta; como incentivo adicional, Napoleão poderia receber carta branca na África ou na Ásia, e uma vaga insinuação de que a Rússia não estava vinculada ao *status quo* europeu. Gorchakov também abordou sua antiga proposta de que a França deveria salvaguardar o Tratado de Paris. Quando chegou sua vez, Walewski quis que as coisas fossem organizadas de maneira bem diferente: uma declaração russa inequívoca de que estava disposta a revisar o acordo de 1815 e uma promessa russa de trabalhar com a França se o Império Turco desmoronasse. No fim, os dois ministros do Exterior evitaram qualquer acordo por escrito. Gorchakov só estava interessado num acordo que pudesse ser usado para separar a Inglaterra da França; Walewski, que não gostava dos sonhos italianos de Napoleão, certamente estava contente de evitar qualquer coisa que os estimulasse. Depois que o encontro terminou, Gorchakov disse de maneira condescendente: "É sobretudo no futuro que Stuttgart produzirá seus verdadeiros frutos".[18] Com isso, queria dizer apenas que ele e Walewski estavam procurando um jeito de enganar um ao outro.

---

assiná-lo. Em seguida, Walewski fez declarações a respeito do que tinha ocorrido em Osborne, numa clara contradição com o memorando de Palmerston; esse era seu método diplomático habitual.

17 As eleições, quando razoavelmente honestas, foram esmagadoramente favoráveis aos candidatos da união; em seguida, os dois organismos representativos resolveram o problema prático elegendo o mesmo hospodar ou príncipe.

18 Baudin (encarregado de negócios francês em São Petersburgo) para Walewski, 16 de outubro de 1857. Schüle, *Russland und Frankreich 1856-59*, p.155.

Os dois imperadores se saíram melhor. Como Napoleão era a personalidade dominante, ele conseguiu o que queria, e a conversa girou em torno do mapa da Europa. Alexandre viera com a expectativa de um acordo antibritânico a respeito dos principados do Danúbio; em vez disso, foi convidado a aceitar o Pacto de Osborne, e, depois de ter retirado seu embaixador de Constantinopla para agradar Napoleão, agora tinha de enviá-lo de volta para agradar os britânicos. Além disso, os dois imperadores não discutiram as questões do Oriente Próximo. Napoleão murmurou "Polônia"; Alexandre disse que desejava que ela prosperasse "sob o cetro do imperador da Rússia". De maneira igualmente vaga, Napoleão mencionou a Itália. Alexandre replicou que "ele não repetiria o erro de 1849"; essa foi a declaração mais concreta do encontro, mas não significou muita coisa – mesmo em 1849, a Rússia só tinha ajudado a Áustria na Hungria, na Itália não. Além disso, Alexandre pediu que Napoleão retomasse as relações diplomáticas com Nápoles; isso não era, de modo algum, a rejeição do acordo de 1815 que Napoleão tinha esperado. Em suma: Napoleão não gostou dos projetos russos no Oriente Próximo, e os russos não gostaram de seus projetos na Itália. Portanto, ambos os lados guardaram distância das propostas concretas e se contentaram com uma demonstração de solidariedade imperial. Os russos tinham rompido o isolamento, que fora o castigo pela derrota; Napoleão tinha posto fim à humilhação de ser um *parvenu*. Mas, na essência, sua alardeada entente continuou existindo, com a condição de que nenhum dos dois se beneficiasse concretamente dela.

O encontro de Stuttgart preocupou os outros membros da antiga Santa Aliança. Frederico Guilherme adotou o procedimento típico de evitar se comprometer com um dos lados. Ele se recusou a ir a Stuttgart para não dar ao encontro a aparência de uma associação contra a Áustria. Por outro lado, recusou-se a convidar Alexandre II e Francisco José a visitá-lo em Berlim, já que "a Santa Aliança está morta, pelo menos enquanto Alexandre II estiver vivo". O tsar, depois de ser bastante importunado pela Áustria, concordou em se encontrar com Francisco José em Weimar, desde que Buol não estivesse presente (1º de outubro). O encontro não foi bem-sucedido. Alexandre disse: "Julgaremos a Áustria por meio de ações, de fatos"; e, depois do encontro, a política russa foi mais claramente pró-francesa que nunca nas inúmeras trivialidades que surgiram no Oriente Próximo. Os russos sempre se mantiveram reticentes ao negociar com Napoleão: precisavam que a Prússia fosse um baluarte de proteção para a Polônia e não pretendiam abandoná-la à intromissão francesa. Nessa época, porém, Napoleão não tinha tais projetos: na verdade, como tinha uma política antiaustríaca, ele favorecia o engrandecimento da Prússia na Alemanha. A França e a Rússia alegaram que eram "aliadas naturais";[19] se essa expressão tinha algum significado concreto, ele só poderia ser traduzido numa hostilidade comum à Áustria. Mas até mesmo isso tinha de ser mantido como uma questão de sentimento. Até onde os princípios ainda contavam, a Rússia apoiava a posição da Áustria na Itália; até onde os tratados tinham algum significado, a França era a aliada da Áustria no Oriente Próximo. As duas "aliadas naturais" tinham se encaminhado gradualmente para a entente com a ideia de enganar a Áustria. Napoleão esperava que ela cederia espontaneamente a Lombardia por causa do Oriente Próximo; Alexandre, que ela seria cúmplice do repúdio russo à neutralização do Mar Negro por causa da Itália. Quando a Áustria se manteve resoluta nas duas questões, os aliados tiveram de fingir que levavam sua aliança a sério. Nesse caso, Napoleão tinha a vantagem decisiva da aliança com a Grã-Bretanha. Os britânicos concordavam com seus projetos italianos; e implementariam a neutralização do Mar Negro, mesmo que ele aparentasse desistir dela. Os russos, por sua vez, só contavam com a proximidade com a Prússia; embora inestimável em relação à Polônia, isso era inútil no Oriente Próximo. Por isso, não surpreende que Napoleão tenha vencido facilmente a competição para transformar a entente franco-russa em algo útil.

---

19 Gorchakov usou pela primeira vez a expressão em relação à França e à Rússia no dia 5 de setembro de 1856.

VI
A Guerra da Itália e o rompimento do Acordo de Viena
1858-1861

A Questão Italiana obcecava Napoleão desde que ele se tornara presidente, em 1848. Ela era, em parte, uma questão afetiva. Ele tinha começado ali, assim como a carreira imperial de seu tio. Os franceses conheciam a Itália; quanto à Alemanha, ela lhes era estranha e antipática. A libertação da Itália os atraía de uma maneira que nem mesmo a retomada da margem esquerda do Reno o fazia. Para Napoleão, a ênfase na Itália era também uma questão de cálculo. Acreditava que a sua posição nunca estaria segura "até que o Império contraísse sua doença original, hereditária e predestinada, a reação contra os tratados de 1815". Ele imaginava, ou assim alegava, que, quando o acordo de 1815 tivesse sido subvertido na Itália, ele ruiria por toda a Europa sem que fosse necessária outra guerra.[1] Como Metternich tivera a mesma opinião (embora, é claro, chegando a uma conclusão contrária), essa teoria era plausível, ou mesmo razoável. Antes de o grande desenvolvimento da indústria alemã ter se iniciado em meados do século XIX, a Itália certamente tinha um peso maior no equilíbrio de poder europeu do que veio a ter posteriormente. Ainda assim, a Itália não contava tanto até 1858; e Napoleão deu tanta importância à Itália porque ele se esquivava, talvez inconscientemente, da prova de força no Reno, que já superava o poderio francês.

---

[1] Napoleão III para Walewski, 24 de dezembro de 1858. Waleswski, naturalmente, se opunha à aventura italiana; portanto, Napoleão apresentou os argumentos favoráveis a ela com mais veemência do que era a sua própria posição a respeito.

A. J. P. TAYLOR

ITÁLIA

No entanto, a destruição da hegemonia francesa na Europa central era o elemento decisivo do acordo de Viena; e a Itália era, no mínimo, uma porta dos fundos para entrar na Europa central. As pessoas tentam entrar pela porta dos fundos quando a porta da frente é tão robusta que elas não conseguem movê-la; e o fato de Napoleão se concentrar na Itália era uma confissão da fragilidade francesa. Onde a Itália poderia contar de forma decisiva era na luta pela hegemonia no Mediterrâneo; porém, se entrasse nessa disputa, a França estaria confessando novamente que recuara do conflito pela Europa central do qual a sua grandeza dependia. Certamente, essas causas profundas da obsessão italiana eram muitas vezes recobertas por argumentos táticos; e, depois do Congresso de Paris, surgiu um argumento tático de peso – a Áustria estava isolada; a Prússia, não.

Entretanto, apesar dessa vantagem, Napoleão poderia muito bem ter seguido em frente, preocupado com seus nebulosos projetos de reconstrução europeia, se não tivesse sido forçado a agir por uma crise econômica e uma Itália revolucionária. A crise econômica de 1857 – a primeira desde o ano da revolução – foi um grave desafio à estabilidade do Segundo Império. Napoleão tinha justificado seu governo arbitrário com o argumento de que, ao salvaguardar a ordem social, ele garantia a prosperidade. Agora a prosperidade acabara. A classe média francesa estava descontente pela primeira vez desde 1851; e as eleições de maio de 1857 assistiram ao retorno de cinco opositores declarados do Império, apesar de todos os esforços das autoridades governamentais. Napoleão estava convencido de que só conseguiria evitar concessões políticas em seu país se alcançasse um êxito impactante na política externa; para afastar a revolução na França, ele tinha de estimulá-la no exterior. Em 1º de janeiro de 1858, ele escreveu ao tsar fazendo votos para que "surgisse uma grande oportunidade de marcharem lado a lado"; era o primeiro sinal da tempestade italiana. Mesmo então, Napoleão precisava de mais um impulso decisivo vindo de fora. Ele veio em 14 de janeiro de 1858, quando o revolucionário italiano Orsini tentou assassiná-lo. O Caso Orsini foi o ponto de inflexão na história do Segundo Império, do mesmo modo que a conspiração de Georges Cadoudal tinha sido na carreira de Napoleão I. Os bonapartistas de carteirinha, da imperatriz para baixo, só estavam preocupados com a segurança do regime; para eles, Orsini não passava de um criminoso. Para Napoleão III, ele era um herói, e foi tratado como tal. Embora tivesse de concordar com a execução de Orsini, Napoleão publicou sua última carta, na qual era feito um apelo pela libertação da Itália, e insistiu para que Cavour a reproduzisse na imprensa sarda. Nada poderia ilustrar melhor o caráter de Napoleão do que o fato de ele proteger uma conspiração revolucionária mesmo quando direcionada contra sua própria vida.

Napoleão se convenceu então de que a política que ele herdara de Lamartine e Cavaignac, de condenar o acordo de 1815 sem procurar destruí-lo, a política, na verdade, de uma aliança "liberal" com a Inglaterra, era inviável. Ele precisava retomar uma aliança conservadora com a Áustria ou partir para uma aliança revolucionária com o nacionalismo italiano; e a sua preferência pessoal era evidente. Ele disse: "A Áustria é um governo que sempre me causou, e ainda me causa, a mais viva repugnância... Espero jamais ser forçado a me aliar com ela".[2] A primeira baixa do complô de Orsini foi a proximidade com a Grã-Bretanha. Como Orsini fizera seus preparativos na Inglaterra, Napoleão exigiu que os britânicos tomassem medidas mais drásticas contra conspiradores estrangeiros; quando tentou atender a essa exigência, Palmerston foi derrotado na Câmara dos Comuns (19 de fevereiro) e renunciou. O ministério conservador de Derby, com Malmesbury como ministro do Exterior, aceitou o afastamento da França e se mostrou declaradamente simpático à posição austríaca na Itália. A ruptura não foi revertida nem quando a rainha Vitória e o príncipe Alberto visitaram Napoleão em Cherbourg no mês de agosto, principalmente quando o príncipe Alberto se assustou diante dos novos navios de guerra franceses, movidos a vapor, que Napoleão audaciosamente exibira. As suscetibilidades britânicas já não tinham uma influência limitante na política francesa.

O complô de Orsini também foi decisivo em seus efeitos sobre as relações dos franceses com a Sardenha. Napoleão exigiu restrições drásticas na imprensa sarda, ameaçando unir esforços com a Áustria para reprimir a agitação nacionalista na Itália. Essa foi a crise da carreira de Cavour. Uma aliança austro-francesa sempre significara o fim das expectativas italianas, mesmo quando, como em 1854, ela se limitara ao Oriente Próximo; e, em janeiro de 1855, Cavour tinha se lançado incondicionalmente na Guerra da Crimeia para impedir uma parceria exclusiva entre a Áustria e a França. A nova aliança a que Napoleão se referia teria sido muito mais desastrosa, pois seria direcionada à repressão da Itália; e os acontecimentos de 1849, da malograda Conferência de Bruxelas à paz que se seguiu à Segunda Guerra Austro-Sarda, tinham mostrado que a Grã-Bretanha não podia fazer nada pela Itália se a Áustria e a França fizessem um acordo. Cavour tinha de fazer uma oferta maior que a da Áustria,

---

2 Villamarina (Paris) para Cavour, 6 de fevereiro; Della Rocca (Paris) para Vítor Emanuel, 13 de fevereiro de 1858. *Carteggio Cavour-Nigra*, i, n.14 e 18.

mostrando a Napoleão as vantagens de uma política revolucionária; seu argumento mais forte era que essas vantagens nunca estiveram distantes dos pensamentos de Napoleão. Havia outro aspecto. Desde que tomara posse em 1852, Cavour estava determinado a preservar a causa do liberalismo moderado e da monarquia unificando a Itália sob a Casa de Savoia; ele não podia agora acalmar Napoleão abrindo mão de seu sistema liberal e cerceando a imprensa sarda. A fim de preservar a Constituição sarda, Cavour tinha de seguir em frente com Napoleão. Não que ele não estivesse disposto a fazê-lo. Sempre admitira que a Questão Italiana era um problema de relações internacionais, não de política interna; era isso que mais o afastava dos revolucionários e essa foi a sua contribuição decisiva para a história italiana. A Itália não conseguiria se criar sozinha; ela só poderia ser criada (e posteriormente amparada) tirando proveito das diferenças entre as Grandes Potências.

Cavour ofereceu a Napoleão duas tentações: dinástica e nacional. Ele estava disposto a casar a filha de Vítor Emanuel com o príncipe Jerome, o inescrupuloso primo de Napoleão; restauraria as "fronteiras naturais" cedendo a Savoia, assim que a França tivesse ajudado a derrotar a Áustria e a criar o reino da Alta Itália, "dos Alpes ao Adriático". Essas condições atendiam a todos os sonhos de Napoleão. Depois de uma sondagem preliminar, Cavour e Napoleão se encontraram discretamente em Plombières no dia 20 de julho para acertar seu futuro projeto. Primeiro haveria o casamento do príncipe Jerome, depois uma guerra conjunta contra a Áustria. A Itália se tornaria uma federação de quatro Estados presidida pelo papa – a Alta Itália sob a Casa de Savoia; os Estados papais; o Reino das Duas Sicílias; e um novo Reino da Itália Central a ser criado com o que sobrasse. Napoleão esperava que esse esquema permitisse que ele se livrasse da sua trapalhada romana. Cavour não levou isso muito a sério: para ele, como para Bismarck mais tarde, o importante era fazer as coisas avançarem, não resolver o futuro – ele poderia ser resolvido quando chegasse. Napoleão, como sempre, observou que a Questão da Savoia era secundária e podia ser acomodada mais tarde. Esta era, em certo sentido, uma observação falsa. A retomada das "fronteiras naturais" era fundamental, por causa da opinião pública francesa. Porém, num sentido mais profundo, ela representava o próprio ponto de vista de Napoleão: ele acreditava sinceramente que a segurança da França estava na libertação da Itália, não na modificação das fronteiras. Infelizmente, teve de reivindicar as fronteiras naturais para poder levar a cabo a obra de libertação; e a conquista das primeiras sacrificou, em grande medida, o valor desta última.

Em Plombières, Cavour e Napoleão também discutiram suas futuras táticas e acertaram a divisão do trabalho. Cavour inventaria um motivo "respeitável", isto é, não revolucionário, para entrar em guerra com os austríacos; Napoleão garantiria que a Áustria ficasse diplomaticamente isolada.[3] Os problemas táticos se mostraram mais complexos do que os conspiradores tinham imaginado. Era impossível inventar um motivo respeitável para entrar em guerra com a Áustria; a Sardenha não tinha nenhuma queixa grave contra a Áustria, exceto o fato de ela ser um Estado não italiano que governava italianos. Todos os direitos dos tratados e das leis estavam do lado da Áustria; o único argumento contra ela era o argumento "revolucionário" da nacionalidade. Quando veio a guerra, a Sardenha não tinha nem a desculpa das revoltas na Lombardia e na Venécia que ela tivera em 1848; e, de um ponto de vista diplomático independente, a guerra de 1859 foi uma guerra de agressão gratuita sem precedentes, que deveria ter sido condenada por uma autoridade internacional caso ela existisse. Isso certamente era um argumento contra a existência de uma autoridade internacional; mas não conseguiria facilitar a missão diplomática de Cavour, muito menos torná-la vitoriosa.

Napoleão, durante certo tempo, não se saiu melhor. Ele tinha dito a Cavour em Plombières que "Alexandre II lhe prometera formal e reiteradamente que não se oporia a seus projetos italianos"; essa promessa se dissolveu quando chegou a hora de pôr as coisas no papel. Além do mais, ele não informara Walewski de sua ida a Plombières nem de seus planos para o futuro, e negociara então à revelia dos seus diplomatas oficiais, do mesmo modo que Luís XV agira durante o período de decadência dos Bourbon. O príncipe Jerome, ansioso por uma esposa jovem e por uma guerra revolucionária, atuou como agente secreto de Napoleão e foi em setembro a Varsóvia negociar com Alexandre II.[4] Ele pediu um tratado formal por meio do qual Alexandre II concordaria em entrar na guerra se a Prússia viesse em socorro da Áustria; tudo que ele conseguiu foi uma promessa verbal de que Alexandre trataria a Áustria e a Prússia como a Áustria o tinha tratado durante a Guerra da Crimeia – na prática, isso se limitaria a um corpo de

---

3 Cavour para Vítor Emanuel, 24 de julho de 1859. *Carteggio Cavour-Nigra*, i, n.51. Embora se costume fazer referência ao "Pacto de Plombières", nada foi assinado; o "pacto" nada mais era que um rascunho de Cavour para um acordo que foi concluído, com alterações importantes, só em 19 de janeiro de 1859.

4 Foi um gesto conciliatório surpreendente recepcionar o tsar na capital da Polônia, principalmente após o príncipe Jerome, o mensageiro, ter atacado no Senado francês o tratamento dado à Polônia pela Rússia.

observadores de 70 mil homens na fronteira austríaca.[5] O fracasso não desanimou os dois primos. Depois da volta de Jerome, redigiram um tratado por meio do qual a Rússia se comprometeria a imobilizar 150 mil soldados austríacos na Galícia – afinal de contas, esse número estava mais próximo do da Crimeia. Além disso, a Rússia deveria proteger a França contra um ataque da Prússia; e a França deveria proteger a Rússia de um ataque da Inglaterra. Dois anos antes, essa proposta teria atraído a Rússia; agora, com a Itália em polvorosa e o Oriente Próximo tranquilo, ela não fazia sentido. Napoleão e seu primo reconheceram isso e, consequentemente, idealizaram um tratado totalmente diferente sob a forma de artigos secretos. Eles previam nada menos que uma guerra conjunta contra a Áustria com uma grande revisão do mapa da Europa ao final. Alexandre deveria subscrever o pacto de Napoleão com Cavour pelo futuro da Itália; a Galícia deveria ficar com a Rússia e se unir à Polônia do Congresso (essa era uma maneira indireta de "fazer alguma coisa pelos poloneses"); a Hungria deveria ficar independente; as cláusulas do Mar Negro deveriam ser revistas, enquanto Alexandre deveria assegurar que essa revisão "não representaria uma ameaça à Porta nem um perigo para Constantinopla".

Essas condições possibilitavam justamente aquilo que os russos queriam evitar – uma revolta generalizada na Europa que não lhes traria uma grande vantagem no Oriente Próximo. Eles queriam o oposto: uma revisão do Tratado de Paris sem uma revisão profunda do acordo de 1815. No início de novembro, deram uma resposta ríspida. A Rússia apoiaria a diplomaticamente e até concordaria com mudanças territoriais na Itália; em troca, a França teria de considerar que as cláusulas do Tratado de Paris referentes ao Mar Negro e à Bessarábia estavam "abolidas", e deveria ajudar a Rússia a assegurar sua anulação internacional. Isso estava longe de convir aos primos Bonaparte. Napoleão III tentou a linha da indefinição conciliadora, que era a sua especialidade. Ele escreveu a Alexandre II explicando que não poderia abolir unilateralmente o Tratado de Paris, mas acrescentou: "já que contamos um com o outro, é claro que cada um concorda em apoiar a paz e em fazer com que os interesses de seu aliado sejam satisfeitos o máximo possível". Em outras palavras, a Rússia apoiaria a França na Guerra da Itália com a vaga esperança de que surgiria algo na conferência de paz. O príncipe Jerome foi um pouco mais específico. Ele redigiu uma nova cláusula por meio da

---

5 Ao regressar, o príncipe Jerome deu a entender que todas as suas exigências tinham sido atendidas, o que incluía até uma frota russa no Mediterrâneo. Nigra para Cavour, 6 de outubro de 1858. *Carteggio Cavour-Nigra*, i, n.104.

qual a Rússia concordaria, de modo geral, em apoiar a revisão do acordo de 1815 em troca do apoio francês à revisão das cláusulas de 1856 relacionadas ao Mar Negro. Mesmo então se pedia que a Rússia engolisse uma revisão geral a oeste, mas não lhe era oferecido nada em relação à Bessarábia.

Em 2 de janeiro, quando ainda era ministro do Exterior, Walewski finalmente ficou sabendo das negociações com a Rússia. Profundamente conservador à época, ele não gostava do projeto revisionista, nem a leste nem a oeste. Embora não conseguisse que Napoleão abandonasse a Questão Italiana, ele o convenceu a conduzi-lo de forma respeitável e a excluir o príncipe Jerome das negociações com os russos. Walewski ofereceu à Rússia uma vaga esperança de rever o tratado um pouco mais adiante,[6] em troca da sua neutralidade tolerante na guerra iminente. Alexandre II e Gorchakov sabiam que estavam sendo enganados, e Gorchakov preferiria ter rompido. Alexandre, porém, estava obcecado com o Tratado de Paris, e reconhecia que a guerra na Itália era a primeira etapa fundamental na direção da sua revisão; por conseguinte, ele recuou, fazendo a manobra habitual daqueles que se veem perdidos diplomaticamente e dependem da boa-fé de um patife. Escreveu para Kiselev em Paris: "Creio que Napoleão fará o que prometeu, isto é, anular o Tratado de Paris, que é um eterno pesadelo para mim". Em 3 de março de 1859, a França e a Rússia assinaram finalmente um tratado secreto nos termos mais vagos possíveis. Na Guerra da Itália, Alexandre II "adotaria a postura política e militar mais indicada para ostentar uma neutralidade benévola em relação à França". Nada se disse a respeito da futura revisão dos tratados, nem a leste nem a oeste. Dentro de suas limitações, o tratado representou uma vitória para Napoleão; na verdade, ele sozinho tornou possível a libertação da Itália. Embora não assegurasse muitas perspectivas do apoio russo, o tratado foi uma garantia contra a sua oposição. Ele estava livre para subverter o acordo vigente na Itália caso se sentisse suficientemente forte para fazê-lo; ao passo que os russos, por não terem incluído nenhuma cláusula referente ao Tratado de Paris, ainda não estavam livres para subverter o acordo no Oriente Próximo, para o que, de todo modo, lhes faltava força. Resumindo: como os russos esperavam enganar Napoleão futuramente, eles deram a Napoleão uma oportunidade imediata de enganá-los.

Portanto, Napoleão tinha chegado com certo atraso a um acordo com a Rússia. No entanto, sua relação com a Prússia e a Grã-Bretanha não estava nada boa em 1858. Desde o Congresso de Paris, Frederico Guilherme IV

---

6 "Vossas Majestades concordarão com as modificações dos atuais tratados a serem feitas no interesse comum de seus impérios na conclusão da paz."

vinha se inclinando para o lado franco-russo: o motivo principal era o ressentimento contra a "perfídia" austríaca. Todo receio monarquista de uma ligação com um Bonaparte foi silenciado pela ideia de que o tsar russo também participaria da aliança. Na verdade, a adesão à aliança franco-russa era o projeto dos reacionários prussianos, defendido violentamente por Bismarck e praticado de forma mais suave por Manteuffel. Durante 1858, a saúde de Frederico Guilherme entrou em decadência e ele acabou ficando totalmente incapaz. Seu irmão Guilherme o sucedeu como regente. Embora o príncipe Guilherme tivesse a fama de reacionário em 1848 e viesse a ser considerado assim no fim da vida, ele tinha defendido uma política externa "liberal" durante a Guerra da Crimeia e caíra em desgraça por causa disso. Desejava romper com a Rússia e fazer uma aliança estreita com as potências ocidentais, principalmente com a Grã-Bretanha. Essa política refletia o ponto de vista dos oficiais prussianos da Renânia, para quem a Polônia carecia de importância. Além disso, faz parte da natureza de um herdeiro legítimo se opor à política do monarca reinante. Em novembro de 1858, quando se tornou regente, o príncipe Guilherme ainda se considerava um liberal, destinado a inaugurar "a nova era". Ele se livrou de Manteuffel. Schleinitz, o novo ministro do Exterior, era um cortesão desorientado, preocupado em agradar o regente, e ainda mais preocupado em não se meter em confusão. O regente depositou sua confiança numa aliança com a Grã-Bretanha, pois pretendia que ela fosse uma aliança estabilizadora contra a França e a Rússia, as potências indóceis do perímetro. Além disso, Guilherme, com seu estado de espírito liberal, queria satisfazer o sentimento nacional alemão; e isso exigia solidariedade com a Áustria, apesar do fato de que ela já era governada de maneira despótica. Os liberais alemães acreditavam que uma causa "alemã" estava em jogo na Itália, do mesmo modo que anteriormente tinham insistido que uma causa alemã estava em jogo no Danúbio. A aliança austro-prussiana, ineficaz durante a Guerra da Crimeia, agora parecia em vias de se realizar. Mas o regente queria uma recompensa. Exatamente como Frederico Guilherme IV durante seu breve período liberal em 1848, ele pretendia usar o sentimento alemão para melhorar a posição da Prússia; e sua condição para ajudar a Áustria era que ele fosse colocado no comando supremo das forças federais alemãs que combatiam no Reno. Como o poderio austríaco estava completamente absorvido na Itália, essa exigência parecia razoável, embora, na verdade, ela tornasse a Prússia predominante na Alemanha; jamais ocorreu a Guilherme que a Áustria ficaria inflexível na Alemanha, assim como na Itália e no Oriente Próximo.

A Aliança com a Prússia era a política da corte britânica – da rainha Vitória e do príncipe consorte; e ela era apoiada secretamente pelos ministros conservadores. Mas eles faziam parte de um governo minoritário, e sabiam que a opinião pública britânica jamais aceitaria uma guerra para manter o governo austríaco na Itália. Por conseguinte, tinham de adotar uma política de neutralidade imparcial, dando apoio teórico aos tratados de 1815 e insistindo para que ambos os lados se reconciliassem. Em 12 de fevereiro de 1859, Malmesbury convidou Cavour a expor suas queixas contra a Áustria; ao mesmo tempo, pediu que Buol fizesse algumas concessões não especificadas na Itália. Resumindo: a política britânica tentou transformar a crise, de um conflito fundamental entre dois princípios, numa mera disputa diplomática entre dois Estados. Mesmo dentro desses limites, a política britânica foi inútil. Como Cowley reconheceu, a única maneira eficaz de evitar a guerra entre a Áustria e a Sardenha teria sido a promessa da Grã-Bretanha de que apoiaria quem quer que fosse atacado;[7] como o governo britânico tinha se comprometido a permanecer neutro, não tinha nada a oferecer senão a censura moral.

Ainda assim, mesmo isso fez Napoleão hesitar. Seu verdadeiro medo era de uma guerra no Reno; e a Prússia determinou a política italiana dele ao longo da crise. Ele esperava que a Rússia pudesse ajudar a manter a Prússia neutra por meio de um misto de promessas e ameaças; mas essa era uma esperança frágil – como Napoleão sabia, a aliança com a Rússia estava direcionada exclusivamente contra a Áustria. Mas, se a Grã-Bretanha permanecesse neutra, a Prússia poderia seguir seu exemplo; e, para conquistar essa neutralidade, a Áustria tinha de ser mostrada como a agressora – uma tarefa difícil, já que o único objetivo da política austríaca era conservar o que possuía. O tratado de aliança entre a França e a Sardenha foi assinado finalmente em 19 de janeiro;[8] logo depois da assinatura, Napoleão começou a acalmar os ânimos – a pedir cautela a Cavour e até mesmo a sugerir que a guerra teria de ser adiada até o ano seguinte. A hesitação na mente de Napoleão se refletiu no conflito na corte francesa, com o príncipe Jerome puxando para um lado e Walewski puxando para o outro. No que dizia respeito ao imperador, a hesitação era puramente tática; no fundo, ele tinha se decidido a respeito da guerra da Itália, como não o fizera e não o faria depois

---

7 Cowley para Malmesbury, 8 de abril de 1859.
8 O tratado foi pré-datado para ocultar o fato de que ele foi o preço pago pelo príncipe Jerome por sua esposa. Ele se diferenciava do "pacto de Plombières" ao prever que Nice, bem como a Savoia, deveria ser cedida à França, e também ao abandonar o projeto de federação italiana.

a respeito de nada. Ele disse a Cavour que obrigaria a Áustria a oferecer cada vez mais, respondendo a cada concessão com a pergunta "e o que mais?"; e os dois continuaram sua divisão de trabalho – Napoleão se mostraria conciliador, Cavour instigaria a Itália contra a Áustria.[9] Pois, como nenhum dos dois conseguia inventar um pretexto para a guerra, teriam de contar com a Áustria para encontrar um pretexto.

Enquanto Cavour e Napoleão tinham uma causa para a guerra, mas nenhum pretexto, o governo britânico precisava entender que havia pretextos, mas não havia nenhuma causa. A tensão entre a França e a Áustria precisava ser atribuída a um "mal-entendido", que poderia ser superado por meio de uma diplomacia conciliadora. Instado por Walewski, Cowley se ofereceu como intermediário. Napoleão reclamou da situação da Itália e de seus próprios problemas nos Estados Pontifícios; armado apenas com essas queixas nebulosas, Cowley se dirigiu a Viena no final de fevereiro. Buol e Francisco José não pretendiam renunciar a seus direitos decorrentes do tratado, mas queriam manter Cowley bem-humorado. Portanto, aceitaram de bom grado o tratado de paz que Cowley engenhosamente inventara: as Grandes Potências concordariam em "neutralizar" o Piemonte e, em troca, a Áustria renunciaria a seus direitos de interferência nos Estados centrais italianos. Dessa forma, a Itália se tornaria independente das Grandes Potências. O plano não tinha a menor possibilidade de dar certo. O Piemonte se recusaria a ser neutralizado. Por outro lado, a proposta austríaca era um engodo. Buol disse que a Áustria não poderia abandonar os Estados italianos, mas que renunciaria a seus tratados com eles se eles pedissem. No entanto, ainda antes de Cowley deixar Viena, Buol escreveu aos Estados italianos orientando-os a não pedir a anulação desses tratados.[10] A missão de Cowley certamente trouxe uma melhora temporária na posição da Áustria ao fazer com que o governo britânico acreditasse erroneamente na boa vontade austríaca; seu plano teria se mostrado inviável se um dia tivesse sido testado.

No entanto, ele não passou pela prova da realidade. Cowley mal tinha retornado a Paris e sua mediação individual já foi posta de lado por uma proposta russa de um congresso europeu para resolver os assuntos da Itália (18 de março). Ela era uma consequência lógica do Tratado Franco-Russo de 3 de março.[11] Os russos estavam empenhados em limitar a guerra na Itália, o

---

9 Nigra para Cavour, 12 e 22 de março de 1859. *Carteggio Cavour-Nigra*, ii, n.304, 349.
10 Valsecchi, *La mediazione europea e la definizione dell'aggressore alla vigilia della guerra del 1859*, p.32.
11 Costuma-se dizer que os russos sugeriram o congresso por inspiração francesa, mas não parece haver indícios disso.

que significava, na prática, impedir que a Prússia atacasse a França no Reno. Porém, desde o início, os russos estavam decididos a não serem arrastados à guerra contra a Prússia em nome de sua amizade com a França; portanto, o único caminho seguro que tinham era se mover para uma posição comum de neutralidade com a Prússia e a Grã-Bretanha. Havia outro aspecto: assim que o Tratado Franco-Russo de 3 de março foi assinado, os russos perceberam a rasteira que Napoleão tinha dado neles – ele ficava com carta branca na Itália e eles continuavam com as mãos amarradas no Oriente Próximo. O congresso era um meio para recuperar sua liberdade. Embora estivesse limitado ostensivamente à Itália, os russos poderiam introduzir o Oriente Próximo, do mesmo modo que, de forma inversa, os assuntos italianos tinham sido introduzidos no Congresso de Paris em 1856; e Napoleão não poderia deixar de apoiá-los. Na verdade, Napoleão tolerou o congresso como uma forma de conduzir a Áustria à guerra; os russos esperavam humilhar os austríacos e evitar a guerra – derrotando, assim, a Áustria e a França ao mesmo tempo.

Os austríacos perceberam que o congresso implicava sua humilhação. Tinham sido necessários dezoito meses de guerra para obrigar os russos a comparecer ao Congresso de Paris; e pediam que a Áustria comparecesse a um congresso e, inevitavelmente, concordasse com o enfraquecimento da sua posição italiana antes de ser disparado um tiro. A única saída era infligir uma humilhação prévia à Sardenha que desse a impressão de que fora ela, não a Áustria, a parte derrotada na guerra que não tinha sido travada. A arma austríaca era a exigência de que a Sardenha deveria ser obrigada a se desarmar antes que o congresso se reunisse; isso consagraria a tese austríaca de que a Sardenha era a única causa da agitação na Itália. Cavour respondeu fazendo exigências que tratariam a Áustria e a Sardenha como iguais – retirada dos dois exércitos das fronteiras e desarmamento geral, desde que a Sardenha fosse admitida no congresso. As tecnicalidades não tinham importância, pois não se tratava de um conflito diplomático – era o primeiro confronto aberto entre os dois princípios, dos direitos dos tratados e da liberdade nacional. Uma vez que todos os direitos dos tratados e da legislação internacional estavam do lado da Áustria, Cavour se viu numa posição técnica frágil, e, depois de um mês de manobras, parecia que ele estava perdendo o jogo. Nem mesmo uma visita de Cavour a Paris conseguiu afastar o medo de Napoleão de uma intervenção prussiana; e, em meados de abril, Napoleão ordenou que Cavour aceitasse a proposta final dos britânicos de que a Sardenha deveria se desarmar desde que fosse admitida no congresso. Em 19 de abril, Cavour concordou; a oportunidade, ele acreditava, fora perdida.

Mas esse desfecho não convinha aos austríacos. Eles queriam que a Sardenha se desarmasse devido às ameaças austríacas, não à persuasão britânica, menos ainda às promessas francesas para o futuro. A obstinação sarda desde meados de março certamente tinha tornado a Prússia e a Grã-Bretanha mais favoráveis à Áustria; e o governo austríaco cometeu o erro espantoso de imaginar que esse apoio continuaria se ele adotasse uma política agressiva. No dia 12 de abril, ele redigiu um ultimato exigindo o desarmamento da Sardenha, que submeteu depois à Prússia e à Grã-Bretanha. Em 19 de abril, os políticos austríacos se reuniram para tomar uma decisão. Embora provavelmente não soubessem que Cavour tinha concordado em ceder, eles sabiam que Cavour e Napoleão estavam fraquejando, e os austríacos temiam estar deixando passar a oportunidade. As pessoas sempre aprendem, com seus erros, a cometer novos erros. Aparentemente, o erro austríaco na Guerra da Crimeia foi a hesitação em entrar na guerra; consequentemente, dessa vez eles decidiram impor a guerra. Na verdade, esperavam que Cavour rejeitasse o ultimato, para que a Sardenha pudesse ser batida por meio do isolamento; se, contra toda expectativa, Napoleão acorresse em ajuda da Sardenha, eles contavam, confidencialmente, com a ajuda da Prússia e até mesmo da Grã-Bretanha.[12] Uma vez dado o ultimato austríaco, Cavour tinha apenas de deixá-lo seguir seu curso. Ele rejeitou a exigência austríaca em 26 de abril; as tropas austríacas cruzaram a fronteira sarda em 29 de abril; e, no dia 3 de maio, Napoleão anunciou a intenção de ir em socorro da Sardenha. Desse modo, os austríacos resolveram o problema que tinha desconcertado Napoleão e Cavour: abriram as portas para a destruição do acordo de 1815 e para a reconstrução nacional da Europa central.

A guerra de 1859 foi inédita na história moderna: ela foi a única guerra que não se originou, em parte, da desconfiança mútua. Mesmo as guerras de agressão geralmente têm um elemento de prevenção. Napoleão I tinha alguns motivos para pensar que Alexandre I estava se preparando para atacá-lo quando ele invadiu a Rússia em 1812; os alemães tinham alguns motivos para se sentirem "cercados" quando desencadearam a Primeira e a Segunda Guerra Mundial no século XX; até mesmo Bismarck podia alegar de maneira plausível, e talvez convincente, que ele simplesmente tinha sido golpeado primeiro pela Áustria e pela França. Em 1859, nem a França nem

---

12 Criou-se mais ou menos o mito (talvez de autoria do próprio Buol) de que o ultimato foi mandado pelos generais austríacos sem o conhecimento de Buol. Na verdade, ele foi sugerido por Buol e aprovado por todo o conselho de ministros. Os registros foram publicados por Engele von Janosi, *L'ultimatum austriaco del 1859*.

a Sardenha tinha algum motivo que fosse para temer um ataque da Áustria; e não poderiam tê-la atacado, a menos que ela lhes tivesse dado motivo. Ambos os lados se mobilizaram, não de medo, mas para forçar o outro lado a entrar na guerra. O único temor autêntico de 1859 era o temor que a Áustria tinha da revolução interna; e mesmo esse temor era muito exagerado. Por outro lado, embora a guerra não tivesse nenhuma justificativa com base no direito internacional, nenhuma guerra foi tão unanimemente aprovada pela posteridade. A respeito de outras guerras de libertação nacional – as guerras de Bismarck, as guerras dos povos balcânicos contra os turcos, as lutas dos tchecos e dos eslavos contra a monarquia dos Habsburgo – ainda existe controvérsia; a respeito da guerra de 1859, nenhuma. Não se pode esperar que o historiador explique esse paradoxo; embora ele próprio aprove a guerra, só pode registrar que ela era incompatível com qualquer sistema de moralidade internacional conhecido.

Napoleão conseguira que a guerra ficasse restrita à Itália; a questão fundamental era saber se ele conseguiria mantê-la assim. Ele estava disposto a assegurar a integridade do território federal alemão em troca da promessa de neutralidade por parte da Prússia; e Alexandre II se prontificou a subscrever a promessa de Napoleão.[13] O governo prussiano recusou a oferta, pois não ousava se distanciar do sentimento nacional alemão; além disso, ainda imaginava que a Áustria lhe cederia a liderança na Alemanha em troca de apoio militar. Napoleão teria preferido que os russos mantivessem a Prússia neutra por meio da ameaça de guerra; essa era a única coisa que eles não fariam. Se a Prússia entrasse na guerra, os russos pretendiam atacar a Áustria, não a Prússia; afinal de contas, seria um desfecho admirável para eles se a Prússia derrotasse a França a oeste enquanto eles destruíam o acordo realizado no Congresso de Paris no Oriente Próximo. Além disso, queriam manter viva a ameaça prussiana no caso de Napoleão romper seu acordo e conduzir a guerra na Itália de maneira revolucionária. Já era preocupante que Cavour, e mesmo Napoleão, estivesse planejando com Kossuth uma revolução na Hungria; a ligação entre a Hungria e a Polônia nunca saía da cabeça do tsar. Ou seja, o que mantinha a Prússia fora da guerra era a expectativa de oferta por parte da Áustria – que nunca veio – da supremacia na Alemanha, não as ameaças russas.

Uma guerra localizada precisa de vitórias rápidas. As vitórias de Napoleão, embora rápidas, não foram decisivas. No dia 4 de junho, os austríacos foram

---

13 Bismarck (São Petersburgo) para Schleinitz, 30 de abril de 1859. *Auswärtige Politik Preusssens 1858-1871*, i, n.353.

derrotados em Magenta e expulsos das planícies da Lombardia. Em 24 de junho, eles tentaram escapar da fortaleza da Quadrilateral e foram novamente derrotados em Solferino; mas seus exércitos ainda estavam intactos, e seriam necessárias outras batalhas se Napoleão quisesse realizar seu projeto de uma Itália "livre dos Alpes ao Adriático". Enquanto isso, o sentimento alemão e, com ele, o príncipe regente da Prússia, estava ficando cada vez mais impaciente. Em 24 de junho, o exército prussiano foi mobilizado e seu governo decidiu oferecer uma mediação armada com base nos tratados de 1815. Schleinitz, que desaprovava esse procedimento, só conseguiu adiar a decisão sugerindo que se pedisse a colaboração da Rússia e da Grã-Bretanha. Da Rússia, Napoleão não obteve nenhuma promessa de apoio, apenas lembretes para que ele terminasse a guerra antes que ela saísse do controle. A situação britânica mudou favoravelmente a Napoleão em meados de junho, quando o governo conservador foi derrotado e o primeiro governo "liberal" foi formado, com Palmerston como primeiro-ministro e lorde John Russell como ministro do Exterior. Mas este não era o governo puramente palmerstoniano que conduzira a Guerra da Crimeia a um desfecho seguro. Os "dois anciãos medonhos" eram prisioneiros dos peelitas e dos cobdenitas, que juntos dominavam o gabinete. Palmerston e Russell certamente teriam preferido apoiar o programa de Napoleão; impedidos pelo gabinete e pela rainha, eles conseguiam ser um pouco menos neutros que os conservadores que os precederam. No entanto, o governo austríaco não ficou satisfeito com isso. Rechberg, que tomara o lugar de Buol em maio, era um discípulo de Metternich que tinha todas as suspeitas do mestre em relação à política britânica; e ele também não augurava nada de bom de um governo prussiano que alegava agir de acordo com o sentimento liberal e nacional. Resumindo: Napoleão temia que a Prússia estivesse prestes a intervir contra ele e que a Grã-Bretanha não faria nada para ajudá-lo; os austríacos temiam que a Prússia, a Rússia e a Grã-Bretanha estivessem prestes a se unir em torno de um projeto de mediação contrário aos interesses austríacos.

Seguiu-se um daqueles golpes por meio dos quais Napoleão demonstrava sua capacidade de conspirar. No dia 5 de julho, ele propôs um armistício a Francisco José; em 11 de julho, os dois imperadores se encontraram em Villafranca; no dia 12 de julho, foi assinada uma paz provisória. Napoleão encantou e confundiu Francisco José com uma conversa de "mediação europeia". Apresentou condições que, na verdade, ele mesmo tinha proposto aos britânicos; alegou que os britânicos pretendiam propô-las como a base da mediação; e até criou a impressão de que a Prússia aceitaria essa base. Sua oferta era simples: deixaria Venécia para a Áustria se ela cedesse a Lombardia sem a fortaleza da Quadrilateral. Francisco José tinha ficado inconformado e amargurado pela falta de apoio da Prússia e da Grã-Bretanha no início da guerra; e agora acreditava na história de Napoleão. Além disso, em sua obsessão pelos direitos dos tratados, ele preferia ceder a Lombardia em razão de uma derrota militar do que do veredito de uma conferência europeia. Napoleão, por sua vez, queria a paz praticamente a qualquer preço, para escapar do risco da guerra no Reno. Esperava repetir a manobra com a qual terminara a Guerra da Crimeia. À época, ele se reconciliara com a Rússia à custa da neutralidade da potência austríaca. Agora ele se reconciliaria com a Áustria à custa da neutralidade de todas as potências, e à custa até da sua própria aliada Sardenha. A Rússia não seria recompensada no Oriente Próximo; e a Prússia não seria recompensada na Alemanha.[14] A Sardenha, sem a fortaleza da Quadrilateral, ficaria mais dependente que nunca da França. A Áustria e a França continuariam hegemônicas na Itália e, por conseguinte, os britânicos não conseguiriam atingir seu objetivo de uma península independente.

Havia muito que uma aliança conservadora entre a Áustria e a França era o sonho de homens sensatos de ambos os países, de Talleyrand e Metternich em 1815 a Drouyn de Lhuys e Hübner durante a Guerra da Crimeia. Só ela poderia ter estabilizado a Alemanha e o Oriente Próximo. Mas a reconciliação em Villafranca só poderia ser duradoura se a cessão da Lombardia pela Áustria resolvesse a Questão Italiana – uma versão ainda mais modesta da simulação que Napoleão mantivera durante sua negociação com Cavour de que sua única preocupação era com um "Reino da Alta Itália". Na verdade, para além da Venécia, ainda existia o problema dos pequenos Estados da Itália Central, dos Estados Pontifícios e do Reino das Duas Sicílias. Durante a guerra, os Estados da Itália Central tinham se revoltado e expulsado seus governantes; essa manifestação "revolucionária" tinha agitado a mente do tsar, e fora uma das causas que levaram Napoleão a terminar a guerra. Francisco José, sempre preocupado com os direitos familiares, insistia que os príncipes italianos fossem reabilitados; Napoleão concordou desde que eles não fossem reabilitados pela força.[15] Além disso, o

---

14 Isso também deixou Francisco José muito satisfeito. Ao retornar a Viena, ele disse: "A única coisa que me consola é que a Prússia fez papel de tonta".

15 Francisco José se recusou a aceitar essa condição por escrito; mas concordou com ela verbalmente, acreditando que o grão-duque da Toscana poderia, de todo modo, restabelecer a si mesmo com seus próprios recursos. Em outras palavras, ele não foi enganado por Napoleão, mas enganou a si mesmo. Relato do príncipe Jerome, 11 de julho de 1859. *Carteggio Cavour-Nigra*, ii, n.481.

pacto de Villafranca previa a criação de uma federação italiana, incluindo a Venécia; e, por fim, um Congresso Europeu para confirmar a nova ordem na Itália. Esta última representava a esperança de Napoleão, sempre frustrada, de escapar de alguma forma da ocupação de Roma – "o único *erro* de que me arrependo em minha carreira política".[16]

A grande fragilidade de Villafranca se encontra na própria personalidade de Napoleão. Embora tivesse ficado perturbado pela carnificina dos campos de batalha e tivesse se assustado diante da perspectiva de guerra com a Prússia, ele continuava sendo um aventureiro: de volta a Paris, começou a planejar novas surpresas na Itália. Além disso, o pacto de Villafranca padecia com o fato de ter apenas duas partes. A Rússia podia conspirar com a França para rever o acordo de 1856 à custa da Áustria e da Grã-Bretanha; o acordo de 1859 podia ser revisto somente para humilhar a França. Depois de algumas semanas, Francisco José descobriu que tinha sido enganado. Os príncipes da Itália Central não tinham nenhuma possibilidade de retornar a seus Estados, e Napoleão observava calmamente a ascensão da agitação nacionalista. Os representantes franceses e austríacos transformaram as cláusulas provisória num tratado formal em Zurique (10 de novembro); mas nada restou da amizade entre os dois imperadores. Os dois lados se prepararam para a retomada da Questão Italiana: a Áustria procurou se reconciliar com a Rússia, e Napoleão procurou se proteger de uma nova ameaça prussiana. Este compromisso foi facilmente vencido pelos franceses. Rechberg mencionou meio vagamente aos russos uma revisão do Tratado de Paris, chegando até a sugerir a partilha do Império Otomano, com a Áustria monopolizando o Vale do Danúbio. Os russos não levaram a sério a proposta. Gorchakov escreveu: "Receberemos alguns sorrisos da Áustria, algumas palavras de consolo, mas manteremos nossos atos voltados para aqueles que podem servir os interesses russos de forma eficaz". Teoricamente, Alexandre II apoiou a legitimidade dos príncipes; na hora da verdade, mostrou-se disposto a conceder a Napoleão um segundo *round* na Itália, na esperança de conseguir algo para si no Oriente Próximo.

O fator limitante na política russa era o medo de uma guerra geral e, principalmente, de ter de optar entre a Prússia e a França. No outono de 1859, Alexandre finalmente assegurou a neutralidade da Prússia, que lhe escapara durante a última guerra. O príncipe regente, deixado na mão no meio de uma mobilização, ficou ressentido com o tratamento desdenhoso recebido da Áustria. Além disso, por estar efetivamente no poder por quase

---

16 Nigra para Cavour, 13 de julho de 1860. Ibid., iv, n.966.

um ano, ele estava começando a agir como o governante da Prússia, e não mais como um herdeiro com ideias românticas. Levava a Polônia mais a sério e não se comovia tanto com a "missão germânica" da Áustria, fosse na Itália ou no Danúbio. Seguiu-se, portanto, a reconciliação com a Rússia. Guilherme e Alexandre se encontraram em Breslau em outubro, um afastamento decisivo da "nova era" liberal, que se refletiu no país com a indicação de Roon como ministro da Guerra em dezembro. Emocionalmente, Guilherme teria preferido conquistar Alexandre para a Santa Aliança; quando o convite ficou sem resposta, ele, em troca, deixou de lado sua hostilidade com a França. Gorchakov se vangloriou com o embaixador francês: "Estamos entregando a Prússia para vocês". Guilherme e Schleinitz não aceitaram plenamente a política russa, que também foi recomendada com insistência a eles por Bismarck, seu representante em São Petersburgo: eles não participariam de uma aliança franco-russa. Mas aceitaram a garantia da Rússia contra um ataque francês no Reno; e concordaram em voltar a ser neutros nas questões da Itália.

Os russos não fizeram esses serviços de graça. Como sempre, esperavam afastar Napoleão da Inglaterra; e, como sempre, Napoleão esperava decepcioná-los. A mudança de governo britânica em junho de 1859 certamente acabou com qualquer possibilidade de haver uma entente anglo-austríaca; mas ela não retomou automaticamente o bom relacionamento com a França do governo anterior de Palmerston. Russell desconfiava de todos os governos estrangeiros; e Palmerston estava mais desconfiado que antes. Curiosamente, Napoleão adquiriu uma dupla desconfiança na Inglaterra proveniente da guerra de 1859: medo de suas intenções belicosas, por ter começado a guerra; crença de que ele não era digno de confiança, por tê-la terminado. Palmerston e Russell estavam decididos a destruir o Acordo de Villafranca desde o momento em que ele foi assinado. Sua intenção inicial era esperar o congresso previsto em Villafranca para forçar uma revisão radical do acordo franco-austríaco; quando ficou claro, no outono, que o congresso seria convocado somente para ratificar esse acordo, planejaram fazê-lo fracassar se mantendo à distância. Portanto, a política britânica pretendia destruir em nome da Itália a entente franco-austríaca, que ela anteriormente trabalhara para criar em nome do Oriente Próximo. Napoleão poupou os britânicos do trabalho; no final de 1859, ele mesmo decidiu acabar com o Pacto de Villafranca. Sua preocupação principal não eram os ducados da Itália Central; era a opinião interna francesa. A guerra de 1859, com seu final ambíguo, não lhe trouxera muito prestígio; acima de tudo, como ele não tinha libertado a

Venécia, a guerra não trouxera a Savoia e Nice. Agora esperava que um novo giro da roda italiana lhe permitisse, ao menos, começar a marcha para "as fronteiras naturais".

Em 22 de dezembro de 1859, um dos dependentes literários de Napoleão escreveu o panfleto *O papa e o Congresso*, defendendo o virtual desaparecimento do poder temporal. O governo austríaco pediu que Napoleão repudiasse o raciocínio do documento; quando ele se recusou a fazê-lo, os austríacos abandonaram o congresso previsto. Mais uma vez, a impaciência austríaca tinha aberto as portas à revolução. Em 4 de janeiro de 1860, Walewski, defensor de uma política externa conservadora, pediu demissão; Napoleão tinha se rendido a uma política aventureira. Poderia ter se seguido um período de sonhos e projetos nebulosos; porém, quinze dias depois, Cavour (que se demitira em protesto contra Villafranca) voltou ao poder em Turim, e coube a ele, como no ano anterior, arrastar Napoleão para a ação. Enquanto Napoleão ainda falava vagamente em "entregar a Venécia" por meio de uma reviravolta impossível dos acontecimentos no Oriente Próximo,[17] Cavour ditava o ritmo na Itália Central. Napoleão tentou impor seu veto à incorporação pura e simples ao Reino da Sardenha; Cavour respondeu com plebiscitos – o único argumento que Napoleão não podia rejeitar. Portanto, Napoleão, mesmo tendo evitado a crise, teve de pedir a Savoia e Nice como a única compensação pelo aumento do poder da Sardenha e sua consequente perda de prestígio. No dia 13 de março de 1860, o plano francês foi oficialmente anunciado às Grandes Potências; em 24 de março, Cavour assinou o tratado que cedia a Savoia e Nice à França.

A anexação da Savoia foi um divisor de águas na história do Segundo Império. Até então, fora plausível argumentar que Napoleão buscava a glória por meio da libertação de terceiros, não por meio do engrandecimento da França; agora ele tinha assumido a política revolucionária das fronteiras naturais, que parecia levar diretamente à hegemonia francesa na Europa. Os britânicos não podiam se opor por meio da guerra a uma sequência de fatos que estava ajudando a unificação da Itália; mas nunca voltaram a ter confiança em Napoleão III, que tinham perdido em março de 1860. Palmerston disse ao representante de Cavour: "Não podemos ter ilusões sobre o assunto. O imperador tem projetos ambiciosos que planeja pôr em prática, e que irão nos obrigar a ir à guerra";[18] e John Russell, sempre mais impulsivo, lamentou que a Prússia não tivesse entrado em guerra com a França no ano

---

17 Nigra para Cavour, 13 de fevereiro de 1860. *Carteggio Cavour-Nigra*, iii, n.543.
18 D'Azeglio (Londres) para Cavour, 1º de abril de 1860. *Cavour e l'Inghilterra*, ii (ii), n.1128.

anterior.[19] Nenhuma ação se seguiu a essas palavras duras. O governo austríaco ficou radiante com o desconforto britânico e com a comprovação de todos os seus pressentimentos. O governo prussiano teria secundado o protesto britânico se pudesse ter recebido em troca a promessa de apoio no Reno, o que não aconteceria. Além disso, os prussianos estavam sendo muito pressionados por São Petersburgo para reconhecer imediatamente as anexações. Os russos, como sempre, tinham abandonado seus princípios na esperança de que novas turbulências na Europa ocidental abrissem caminho para a revisão do tratado no Oriente Próximo. Acima de tudo, a postura da Prússia foi determinada pela avaliação de que a resistência à França implicava a cooperação com a Áustria; e nem mesmo o príncipe regente consideraria essa cooperação, a menos que ela lhe trouxesse a hegemonia militar na Alemanha.[20]

Consequentemente, embora a anexação da Savoia desferisse o golpe decisivo no acordo de 1815, ela foi contornada sem uma grave crise diplomática. Aparentemente, e para grande decepção da Rússia, nem mesmo o distanciamento entre a Inglaterra e a França se mostrou duradouro. Diante dos rumores de movimentação de tropas no sul da Rússia, os britânicos protestaram, com aprovação da França; e, em julho de 1860, as duas potências ocidentais intervieram para proteger os cristãos da Síria – para grande aborrecimento tanto da Rússia como da Áustria. Pior ainda, em vez de os acontecimentos na Itália Central porem fim à revolução italiana, eles a começaram para valer. Os príncipes da Itália Central tinham sido removidos por meio de revoltas internas; e os representantes de Cavour tinham chegado ostensivamente para restaurar a ordem, não para provocar a revolução. O Reino da Duas Sicílias era um caso diferente; embora houvesse uma rebelião na Sicília, as tropas napolitanas eram suficientemente poderosas para reprimi-la se fossem deixadas à vontade. Por mais audacioso que fosse, Cavour não podia correr o risco de uma guerra declarada entre a Sardenha e Nápoles; por outro lado, se não fizesse nada, podia se ver diante de uma revolução radical no norte da Itália. A energia radical tinha de ser descarregada em algum lugar: melhor contra a Sicília e Nápoles do que contra o próprio Cavour, ou mesmo contra Venécia e Roma – a primeira implicaria uma guerra com a Áustria; a segunda, com a França. Os radicais estavam dispostos a fazer um acordo com Cavour. Embora Mazzini mantivesse sua postura republicana,

---

19 Bernstoff (Londres) para Schleinitz, 10 de março de 1860. *Auswärtige Politik Preussens 1858-1871*, ii (i), n.94.
20 Conselho da Coroa Prussiana, 26 de março de 1860. Ibid., n.116.

o combatente revolucionário Garibaldi concordou em ser direcionado para a Sicília, e zarpou com seus mil homens no início de maio. Depois de tomar a ilha em agosto, ele atravessou para o continente.

Cavour não fez nada para impedir Garibaldi, apesar dos protestos das três "Cortes do Norte"; Napoleão não fez nada para atuar sobre Cavour, apesar dos protestos de seu próprio ministro do Exterior. Apesar das inúmeras advertências feitas a Cavour de que não poderia apoiar a Itália contra a Europa, quando se tratava de tomar uma decisão, Napoleão sempre ficava do lado da aventura. Como ele mesmo disse a Thouvenel, seu novo ministro do Exterior: "não poderia condenar princípios que ele mesmo poderia precisar aplicar e invocar posteriormente".[21] Napoleão era aquela coisa estranha, um aventureiro procrastinador; e não há dúvida de que, se estivesse no lugar de Cavour, teria fingido desautorizar Garibaldi. Ele disse a Nigra: "agir de maneira diferente significaria cometer o mesmo erro de permitir que as pessoas alegassem que eu desejo a Renânia".[22]

Cavour, porém, tinha um motivo imperioso para agir. Ao promover Garibaldi, ele dera uma oportunidade à revolução de se organizar; agora ele tinha de comprovar que podia fazer pela Itália o mesmo que os radicais estavam prometendo. Na verdade, Vítor Emanuel tinha de superar Garibaldi, não trabalhar contra ele. Em julho, enquanto Garibaldi ainda estava na Sicília, Cavour planejara anexar Nápoles para preservar "o caráter nacional e monárquico do movimento italiano"; senão Garibaldi iria varrer a península e provocar uma crise internacional atacando a Venécia.[23] Garibaldi foi rápido demais para Cavour: ele cruzou para o continente antes que o exército regular italiano estivesse pronto para partir. Cavour, então, planejou a mesma manobra com os Estados da Igreja; e Napoleão concordou, desde que Roma não fosse tocada. "A diplomacia vai fazer muito barulho, mas deixaremos você agir."[24] Cavour instigou rebeliões nos Estados Pontifícios; e, em 11 de setembro, Vítor Emanuel marchou ostensivamente para restaurar a ordem. A maior dificuldade ainda estava por vir: convencer Garibaldi a reconhecer a autoridade de Vítor Emanuel no sul da Itália. Nesse caso, Cavour e a monarquia italiana foram salvos pela força do

---

21 Nigra para Cavour, 18 de agosto de 1860. *Carteggio Cavour-Nigra*, iv, n.1059.
22 Nigra para Cavour, 13 de julho de 1860. Ibid., n.966.
23 Cavour para Nigra, 1º de agosto de 1860. *Carteggio Cavour-Nigra*, iv, n.1022.
24 Cavour para Nigra, 28 de agosto de 1860. Ibid., n.1079. Esta é mais autêntica que a versão tradicional: "aja, mas aja rápido". O próprio Napoleão fez "muito barulho" ao retirar seu ministro de Turim em protesto contra o ataque aos Estados da Igreja que ele aprovara secretamente.

exército napolitano. Garibaldi, com seus camisas vermelhas, podia enfrentar o campo aberto, mas era impotente contra um exército em posições prefixadas, e ficou feliz com a chegada de tropas regulares. Em 26 de outubro, ele foi ao encontro de Vítor Emanuel com as palavras; "Viva o rei da Itália". Com isso, a Itália estava praticamente criada. No mês de março seguinte, um parlamento extraído de toda a Itália, exceto Venécia e Roma, decretou que Vítor Emanuel deveria ser rei da Itália "pela graça de Deus e pela vontade do povo". A Casa de Savoia e a revolução tinham consolidado sua aliança.

Essa última etapa não foi concluída sem sinais de alarme da comunidade internacional. Ao tomar conhecimento da expedição de Garibaldi, o governo britânico receou que Cavour tivesse comprado os favores de Napoleão prometendo ceder Gênova, como tinha cedido a Savoia. Os britânicos ofereceram a Cavour uma aliança defensiva com a condição de que ele não cederia Gênova nem atacaria a Venécia; e, em caso de recusa, ameaçaram apoiar o rei das Duas Sicílias ou até mesmo se aliar com a Áustria. Embora Cavour não tenha aceitado a proposta de aliança, disse o bastante para acalmar os temores dos britânicos; e, a partir de então, estes facilitaram as coisas para ele. Ainda assim, esse apoio só ajudava Cavour a desconsiderar os avisos da França; os britânicos não poderiam ser de grande ajuda contra um ataque vindo da Áustria, e isso ocorreria se os austríacos, em última instância, conseguissem ressuscitar a Santa Aliança com a Rússia e a Prússia. Esse era o grande tema do verão de 1860 – se a Santa Aliança poderia ser ressuscitada antes que a unificação da Itália estivesse completa.

Havia sérios motivos para esperar isso. O rei das Duas Sicílias era o símbolo da contrarrevolução desde o Congresso de Ljubljana (Laibach) em 1821; agora, tanto Alexandre II como o príncipe regente da Prússia observavam a campanha de Garibaldi com crescente desaprovação. Guilherme preferiria desenvolver uma política conservadora firme com apoio russo; mas a Rússia não romperia com a França, e a Prússia não colaboraria com a Áustria. Diante da insistência de Guilherme numa aliança russo-prussiana, Alexandre replicou que a França deveria participar como um terceiro elemento. Guilherme perguntou: "Aliança contra quem?"; e embora a resposta nunca tenha sido dada, ela era bastante óbvia – para prejudicar a posição da Áustria no Oriente Próximo.[25] No final de junho, Guilherme se encontrou com Napoleão em Baden-Baden para satisfazer os russos; porém, em vez de aceitar os projetos expansionistas de Napoleão, ele transformou o encontro

---

25 Bismarck para o príncipe regente, 14 de junho de 1860. Raschdau, *Bismarcks Berichte aus Petersburg und Paris*, i, 113-7.

numa demonstração de solidariedade germânica contra a França ao convidar todos os príncipes alemães importantes. Comentário de Napoleão: "Guilherme se comportou como uma garota acanhada, que teme a má reputação de seu namorado e, portanto, evita ficar a sós com ele" – uma atitude sensata, diante da reputação de Napoleão.

Se a Prússia não apoiasse os planos franceses, a alternativa óbvia (muito favorecida pelo governo britânico) seria trabalhar com a Áustria contra eles; mas isso também não era possível. Guilherme e Francisco José se encontraram em Teplitz de 25 a 27 de julho, na esperança de repetir a reconciliação de Olomouc, dessa vez, porém, sem a humilhação da Prússia. Os dois concordaram com um programa de defesa contra a agressão francesa; e Guilherme acrescentou a defesa do território federal alemão, incluindo o Tirol e Trieste, contra a Sardenha. Seu preço era o comando de todas as forças alemãs; um preço que os austríacos recusaram de pronto. Rechberg declarou: "No momento em que Francisco José tinha acabado de perder uma província valiosa, ele não poderia fazer novas renúncias morais espontaneamente".[26] A bem da verdade, os austríacos nunca levaram a sério as exigências prussianas; eles não conseguiram compreender, até o início da guerra em 1866, que a Prússia estava empenhada verdadeiramente na igualdade na Alemanha. Portanto, no final de julho de 1860, Francisco José e Rechberg acreditaram que a Santa Aliança estava realmente à vista. Havia uma desculpa para isso. A invasão de Nápoles, juntamente com a expedição anglo-francesa à Síria, provocou uma reviravolta passageira do sentimento russo contra a França. O aniversário de Napoleão, em 15 de agosto, foi ignorado em São Petersburgo, e o aniversário de Francisco José, em 18 de agosto, foi celebrado ali pela primeira vez desde a Guerra da Crimeia.

Antes que os três monarcas pudessem se encontrar, a Rússia tinha sido afastada pela França, e a Prússia, pela Grã-Bretanha. Thouvenel percebeu que era preciso fazer alguma coisa para restaurar a confiança russa na entente com a França. No final de setembro, ele enviou um memorando sobre a política francesa para Gorchakov. O memorando tinha duas partes. Em relação à Itália, a França prometia permanecer neutra se a Sardenha invadisse a Venécia – desde que a Prússia e os Estados germânicos também permanecessem neutros; porém, qualquer que fosse a sorte da guerra ou do futuro, a Sardenha teria de conservar a Lombardia e a França teria de conservar a Savoia. Havia uma omissão importante: a França não prometia

---

26 Werther (Viena) para Schleinitz, 23 de julho de 1860. *Auswärtige Politik Preussens 1858-1871*, ii (i), n.232.

permanecer neutra se a Áustria interviesse na Itália para proteger o rei das Duas Sicílias ou o papa. A cruzada contra a revolução continuava proibida. A segunda parte do memorando se referia ao Oriente Próximo. Se uma "catástrofe" acontecesse ali, a França acertaria seu futuro com a Rússia antes de abordar as outras potências; e isso partindo do pressuposto de que nenhuma grande potência deveria adquirir território nem o equilíbrio de poder deveria ser afetado. Essa ordenança altruísta, porém, não seria aplicada à retomada da Bessarábia pelos russos. Esses planos obscuros deliciaram Alexandre II e Gorchakov. Eles não estavam muito interessados numa cruzada conservadora e achavam que já teriam feito bastante se dessem um pouco de segurança à Áustria na Venécia. Do que gostavam mesmo, como Nicolau I já demonstrara antes deles, era das especulações sem fim sobre o futuro do Império Otomano; e isso Napoleão, ele mesmo um grande especulador, estava disposto a oferecer. Além disso, o plano de Thouvenel dava segurança aos russos contra seu verdadeiro medo – a dominação do Oriente Próximo pela Grã-Bretanha e pela Áustria à custa deles. Como estava, eles ficariam com a Bessarábia; e mais, a Áustria seria expulsa da Romênia e os britânicos, do Egito ou dos Dardanelos. Alexandre II comunicou ao embaixador francês: "É com você, e só com você, que eu desejo negociar". Gorchakov realmente desejava convidar Thouvenel a Varsóvia; como ele não convidaria Russell também, teria se formado um bloco continental contra a Grã-Bretanha, e Thouvenel evitou o convite.

Enquanto isso, a Prússia tinha se aproximado da Grã-Bretanha. Com a Áustria intransigente e a Rússia amiga da França, esta parecia a única maneira de garantir a segurança no Reno. No início de outubro, Guilherme se encontrou com a rainha Vitória em Koblenz, o ponto alto da amizade anglo-prussiana na "nova era". Russell disse a Schleinitz que ele não se opunha a um protesto prussiano em Turim, desde que não houvesse uma frente unida das potências conservadoras. Em contrapartida, Schleinitz insistiu para que Russell abandonasse as cláusulas do Tratado de Paris que neutralizavam o Mar Negro: dessa forma, haveria uma reconciliação com a Rússia e uma verdadeira união pacífica poderia ser construída contra a França. Ele foi recebido com uma recusa ríspida.[27] No entanto, seu argumento fazia sentido. Não era possível manter o Tratado de Viena e o Tratado de Paris. Se os

---

27 Palmerston escreveu a Russell, em 15 de outubro de 1860, que não participaria na modificação do tratado de 1856, "a menos que isso se tornasse inevitável como consequência de uma guerra, cujos resultados permitissem que a Rússia ditasse suas próprias condições ao resto da Europa – mas provavelmente não nos encontramos no presente em tal situação".

britânicos queriam resistir à expansão de Napoleão no Ocidente, teriam de aceitar a revisão do tratado no Oriente Próximo; se ficassem impassíveis no Oriente Próximo, então ficariam impotentes contra Napoleão. Ao não conseguirem se decidir por um dos caminhos, os britânicos tiveram de suportar a agitação na Europa ocidental e, ainda por cima, perderam a neutralização do Mar Negro.

O encontro dos três monarcas em Varsóvia, de 25 a 27 de outubro, acabou passando longe do renascimento da Santa Aliança. Gorchakov divulgou apenas a parte italiana do memorando francês e se declarou satisfeito com ela. Isso arruinou a conferência para os austríacos. Eles tinham chegado esperando uma cruzada conservadora contra a revolução italiana; em vez disso, se pedia que eles, e os prussianos também, permanecessem neutros a menos que a Sardenha realmente atacasse a Venécia. Em troca, não receberiam nada; e imaginaram, corretamente, que o prêmio seria pago unicamente à Rússia. Nem a Áustria nem a Prússia fariam parte de uma entente franco-russa para estabilizar o Oriente Próximo com a exclusão e à custa da Grã-Bretanha – a Áustria por causa do Oriente Próximo, a Prússia por causa dos britânicos. Consequentemente, o encontro de Varsóvia só teve resultados negativos: a Áustria não recebeu carta branca na Itália, a Rússia não recebeu carta branca no Oriente Próximo. Alexandre II usou o pretexto da morte da mãe para interromper abruptamente o encontro; os três monarcas partiram, e só voltariam a se encontrar em 1873, quando a Europa tinha assumido uma forma muito diferente.

O encontro de Varsóvia teve uma consequência inesperada. O governo britânico temia o renascimento de um bloco conservador. Mesmo então, ele não conseguia acreditar que a Áustria seria teimosa a ponto de deixar de participar de uma demonstração unida contra a Itália recusando-se a fazer concessões no Oriente Próximo. Portanto, em vez de esperar pelo fato consumado, o governo britânico pela primeira vez se antecipou aos acontecimentos: para evitar a revisão do tratado no Oriente Médio, ele acolheu a revisão que ainda estava em curso na Itália. No dia 27 de outubro, enquanto a "Santa Aliança" ainda estava reunida, Russell enviou seu célebre comunicado, aprovando a unificação italiana e justificando-a por um apelo à vontade do povo. Esse documento foi mais revolucionário que a circular de Lamartine de março de 1848. Lamartine tinha denunciado o acordo de Viena somente em nome da França; Russell o denunciou (ou qualquer outra resolução de tratado) em nome de qualquer povo que se sentisse suficientemente forte para subvertê-lo. O comunicado de Russell consolidou a Itália no "concerto das nações". Napoleão teve de aceitar suas doutrinas, apesar de não concordar com o comportamento de Cavour. Quando Nápoles foi formalmente anexada, o tsar retirou seu representante de Turim em protesto; a Prússia se recusou a acompanhá-lo nesse gesto inútil. Na verdade, a Áustria foi deixada num isolamento impotente e desolador.

A unificação da Itália completou o que a Guerra da Crimeia tinha começado: a destruição da ordem europeia. O sistema de Metternich dependia da garantia russa; quando ela desapareceu, o sistema pôde ser destruído. Napoleão imaginou que outro sistema, o dele próprio, estava tomando seu lugar, uma interpretação equivocada dos acontecimentos de 1859 a 1861. A Itália certamente devia muito aos exércitos franceses e à aprovação moral britânica; mas eles não teriam sido eficazes sem outros dois fatores – o ressentimento russo contra o Tratado de Paris e o ressentimento prussiano contra a hegemonia austríaca na Alemanha. Se a Rússia tivesse seguido uma política menos sistematicamente hostil à Áustria e se a Prússia tivesse levado a guerra para o Reno em 1859, a Itália poderia não ter sido criada. Depois de 1861, a Rússia ainda pretendia a destruição do acordo de 1856 e a Prússia ainda pretendia a igualdade, ou mesmo a hegemonia, na Alemanha. Ambas continuaram a trabalhar contra a Áustria, o que não era uma garantia de que continuariam a trabalhar em favor da França. Na verdade, a liderança da Europa, que Napoleão parecia ter ganhado por causa do caso italiano, foi perdida em dois anos com a Questão Polonesa.

VII
A CRISE POLONESA E O FIM DA ENTENTE FRANCO-RUSSA
1861-1863

O liberalismo de classe média alcançou o nível máximo em 1861. A Itália se unificara sob uma monarquia constitucional, com um Parlamento eleito por sufrágio limitado. Na Prússia, a morte de Frederico Guilherme IV parecia ter removido o último obstáculo da "nova era" liberal. A Áustria recebeu um Parlamento e algo parecido com uma Constituição liberal na Patente de Fevereiro, idealizada por Schmerling. Em março, o tsar promulgou o édito que emancipava os servos e, na sequência, tentou acalmar o sentimento nacional polonês. A censura à imprensa parecia estar agonizando em toda parte; mesmo na França havia uma crescente liberdade de expressão no corpo legislativo. Retrospectivamente, Napoleão passou a considerar o Tratado de Livre Comércio com a Inglaterra de março de 1860 como um triunfo maior do que a libertação da Itália. Seu gosto pela aventura estava diminuindo; e, por ora, ele tratava suas duas ententes com a Grã-Bretanha e a Rússia como medidas de segurança e não como instrumentos de reconstrução da Europa. Fisicamente, ele estava em declínio; e o que restou da sua energia foi desviado da Europa – para a Síria, a China e, acima de tudo, para a nova especulação "imperialista" no México, que rendeu frutos em 1862. É opinião corrente que as tensões europeias são aumentadas pelas rivalidades no ultramar; na verdade, a paz do continente é mais segura quando o nervosismo europeu pode ser descarregado, nas palavras de Guizot, "nos bárbaros", seja na China, na África ou na América.

A calma de 1861 foi ilusória. Paradoxalmente, só a França, a potência tradicionalmente inquieta, estava razoavelmente satisfeita; tirando Roma, ainda ocupada por tropas francesas, Napoleão não tinha preocupações urgentes. As três potências "conservadoras" estavam insatisfeitas. Até mesmo a Áustria tinha se tornado uma potência revisionista, através do sonho de reverter a unificação italiana. Isso não era, naturalmente, visível para os contemporâneos; nem mesmo para Napoleão. Graças à anexação da Savoia, o governo britânico, que tinha trabalhado de bom grado com Napoleão em seu período aventureiro, estava irremediavelmente desconfiado, justamente quando ele tinha se tornado pacífico e conservador. Palmerston escreveu em fevereiro de 1861: "a tendência geral da nossa política é impedir que a França realize seus vastos esquemas expansionistas e agressivos num grande número de Regiões".[1] No final de 1860, Russell lançou a ideia de que a Áustria deveria vender a Venécia para a Itália e, assim, ter carta branca para resistir a Napoleão no Reno. Os austríacos deram a resposta habitual, dizendo que o imperador só abriria mão de províncias depois de ser derrotado na guerra; na verdade, eles sempre tinham se posicionado contra a cessão da Venécia, mesmo em troca da Romênia. O governo britânico também exortou a Prússia a parar de reivindicar a liderança da Alemanha; também nesse caso, não houve resposta. Pelo contrário, as relações entre a Áustria e a Prússia pioraram de forma acentuada em abril de 1861.

Os dois ministros do Exterior tentavam elaborar um acordo desde o encontro de Francisco José com o príncipe regente em Teplitz, em julho de 1860, mas não conseguiam chegar a um resultado concreto. A Prússia propôs uma aliança defensiva contra a França no Reno, que ela estenderia à Venécia; mas a Áustria não poderia provocar a França reivindicando a Lombardia, mesmo no caso de uma guerra vitoriosa contra a Sardenha. Além do mais, a Prússia condicionou a aliança a um convênio militar que lhe daria o controle de todas as forças armadas germânicas. No início de abril, Rechberg interrompeu as negociações, queixando-se de que as condições da Prússia não dariam a Itália à Áustria, e ainda a fariam perder a Alemanha.[2] Desse modo, o impasse entre as duas potências germânicas, implícito desde a Guerra da Crimeia, ou até mesmo desde o Acordo de Olomouc, ficou explícito. Os austríacos insistiam que a Prússia deveria servir à causa "conservadora" – no Reno, no Danúbio ou no Pó – sem pensar em recompensa; os prussianos exigiam que a Áustria abrisse mão da hegemonia na Alemanha

---

[1] Palmerston para Russell, 8 de fevereiro de 1861.
[2] Werther para Schleinitz, 7 de abril de 1861. *Auswärtige Politik Preussens 1858-1871*, ii (ii), n.370.

A LUTA PELA SUPREMACIA NA EUROPA

POLÔNIA

em nome da segurança no norte da Itália e no Oriente Próximo. Pois, como Rechberg também reclamava, os prussianos achavam que a França não representava um grande perigo para eles, ao passo que consideravam que a Áustria estava ameaçada pela França e pela Rússia. O rompimento de abril de 1861 foi decisivo. A competição pela liderança da Alemanha começou para valer a partir desse momento; e as negociações visando a uma aliança só foram retomadas seriamente em 1879.

Em julho de 1861, o elegante Schleinitz deu lugar a Bernstorff no Ministério do Exterior prussiano, numa preparação para o combate iminente. Schleinitz se apegara obstinadamente à linha da "carta branca"; ao adotar uma política construtiva, ele esperou, sem êxito, fazer uma aliança estabilizadora com a Áustria e a Grã-Bretanha contra as duas potências indóceis da periferia. A aliança com a Áustria foi descartada depois da ruptura de abril de 1861; e a aliança com a Grã-Bretanha também foi inútil. Um dos elementos mais importantes do equilíbrio europeu no início dos anos 1860 foi a Guerra Civil Americana; entre 1861 e 1865, os recursos militares britânicos ficaram retidos no Canadá, e quando os políticos britânicos pensavam em guerra nesses anos era com os Estados Unidos, não com qualquer potência continental. O isolamento, com todas as suas consequências decisivas, foi imposto à Grã-Bretanha por seus compromissos imperialistas. Bernstorff, que fora ministro prussiano em Londres, conhecia um pouco o assunto; além disso, embora conservador, era discípulo de Radowitz (tinha representado a Prússia em Viena durante a crise de 1849-1850) e estava ansioso para retomar a disputa com a Áustria. Acreditava que a única maneira de conquistar a opinião pública era defender a "causa alemã" em Schleswig-Holstein; e, como tanto a Rússia como a Grã-Bretanha estavam do lado da Dinamarca, o único caminho da Prússia era fazer uma aliança com a França – "a principal potência entre os Grandes Estados". Se a França desse carta branca à Prússia na Alemanha, em troca ela poderia receber carta branca no Oriente Próximo.[3] Esse plano superestimava a importância da Prússia: não cabia a ela dar carta branca no Oriente Próximo. Ela só podia oferecer carta branca à França no Reno; e esse era o único lugar em que ela não podia fazer concessões. Bernstorff também ignorou o fator decisivo de que o rei Guilherme jamais aceitaria uma aliança com a França contra, ou mesmo sem, a Rússia. Em outubro, depois de muitas evasivas, Guilherme fez uma visita a Napoleão em Compiègne; em vez de buscar uma aliança, ele passou o tempo

---

3 Memorando de Bernstorff, outubro de 1861. Ringhoffer, *Im Kampfe für Preussens Ehre*, p.426.

rechaçando os avanços de Napoleão. Ressaltou os interesses poloneses que o ligavam à Rússia, e reiterou que não seria o Vítor Emanuel da Alemanha.[4]

Apesar da falta de um aliado, Bernstorff retomou o projeto de Radowitz de 1849. Na verdade, ele não tinha opção; pois, na atmosfera liberal da época, os projetos para reformar a Alemanha estavam no ar, e, a menos que a Prússia assumisse a liderança, ela seria liderada. Em 2 de fevereiro de 1862, a Áustria, apoiada pelos quatro reinos alemães, propôs uma conferência para discutir um Executivo mais forte e uma assembleia de representantes para a Confederação. Em 21 de fevereiro, Bernstorff, rejeitando essa proposta, defendeu o direito de cada Estado de compor alianças mais próximas no interior da Confederação, acrescentando a advertência de que "desta vez estamos decididos a não evitar a guerra como aconteceu em 1850, mas aceitá-la, se ela nos for imposta pelo outro lado". Na verdade, os dois lados tinham lançado suas provocações cedo demais. A luta pela hegemonia na Alemanha era praticamente impossível enquanto a entente franco-russa continuasse existindo. Essa entente tinha sido muito abalada pelo rompimento da Rússia com o novo Reino da Itália; e não se fortalecera com o entusiasmo com que as concessões de Alexandre para a Polônia foram acolhidas na França. Napoleão tivera de explicar numa carta pessoal ao tsar por que ele não podia desaprovar publicamente a simpatia francesa pela Polônia; só podia prometer que isso não se traduziria em atos (maio de 1861). A partir daí, a situação na Polônia russa melhorou; e, em 1862, pareceu possível que Alexandre II conseguiria realizar o milagre de satisfazer o sentimento polonês (e francês) sem sacrificar os interesses russos. A Polônia passou para segundo plano e o Oriente Próximo ocupou novamente o centro do palco – a condição ideal para a entente franco-russa. A Turquia europeia foi afetada por um número crescente de distúrbios. Em julho, a guarnição turca bombardeou Belgrado. A Rússia precisava da amizade francesa, e pagou o preço por ela ao reconhecer incondicionalmente o Reino da Itália.[5] Em troca, a França concordou em fazer um protocolo com a Rússia que previa que a Sérvia deveria ficar praticamente independente da Turquia sem cair sob a influência austríaca. Ele estava longe da revisão em larga escala no Oriente Próximo pela qual os

---

4 Nota de Guilherme I, 11 de outubro de 1861. *Auswärtige Politik Preussens 1858-1871* ii (ii), n.414.

5 Em fevereiro de 1862, Bernstorff se propusera a reconhecer a Itália e a permanecer neutro em caso de guerra entre Itália e a Áustria, se a Itália permanecesse neutra em caso de guerra entre a Prússia e a França. Os italianos aceitaram inicialmente essa proposta; depois recuaram, com medo de que Napoleão III pudesse se ofender e apoiar a Áustria contra eles. *Auswärtige Politik Preussens 1858-1871*, ii (ii), n.444 e 448. Os russos, embora reclamassem bastante do malogro da negociação, reconheceram a Itália em julho sem consultar e nem mesmo avisar Berlim.

russos sempre tinham esperado. Ainda assim, ele ressuscitou o lado negativo da entente franco-russa: como não se permitiria que a Áustria tirasse partido da fragilidade russa, ela também não contaria com o apoio russo na Alemanha ou na Itália. Em outubro de 1862, Napoleão III pôde contemplar a Europa pela última vez como o homem do destino.

O homem que iria derrubá-lo já tinha chegado. Em 24 de setembro, Bismarck se tornou primeiro-ministro da Prússia. Esse foi principalmente um evento da política interna prussiana, não das relações internacionais. Bismarck fora chamado para derrotar o Parlamento prussiano, não para mudar o rumo da política externa; e, contrariamente à impressão que ele passou depois, sua política foi uma continuação da de seus predecessores. Como Manteuffel, ele se baseou na simpatia pela Rússia; como Bernstorff, especulou sobre uma amizade com a França; como Radowitz, queria que a Prússia controlasse uma "Alemanha menor"; como todo ministro prussiano, com exceção de alguns conservadores antiquados, ele não se contentaria com nada menos que a igualdade com a Áustria. Herdara de Bernstorff o conflito com a Áustria em torno dos projetos de reforma da Alemanha; e esse conflito ameaçava se tornar agudo, já que a Áustria pretendia propor na Dieta um encontro de delegados dos parlamentos dos Estados para discutir a reforma. Em 5 de dezembro, Bismarck lançou um ultimato de efeito retardado a Károlyi, o ministro austríaco em Berlim. A Áustria deveria aceitar a Prússia como uma igual na Alemanha, transferindo seu centro de gravidade para a Hungria[6] e recebendo em troca a salvaguarda, por parte da Prússia, de seus interesses vitais na Itália e no Oriente Próximo; caso contrário, "você estará atraindo a catástrofe".[7] Essa conversa também tem sido tratada como marcante; na verdade, despida das frases contundentes de Bismarck, ela nada mais fez que repetir as alternativas que Schleinitz tinha apresentado à Áustria em abril de 1861. Bismarck se diferenciava de seus predecessores na postura, não na política. Eles tinham dependido do rei; no momento, devido aos embates constitucionais na Prússia, o rei dependia dele, e o apoio à política externa de Bismarck era o preço que Guilherme tinha de pagar para derrotar o Parlamento prussiano.[8]

---

6 Não para Budapeste, como na versão tradicional.
7 Károlyi (Berlim) para Rechberg, 5 de dezembro de 1862; Bismarck para Werther, 13 de dezembro de 1862. *Auswärtige Politik Preussens 1858-1871*, iii, n.60 e 71.
8 Existe uma controvérsia infindável entre os historiadores alemães para saber se Bismarck era "sincero" em suas propostas de amizade à Áustria. Por um lado, tem-se defendido que ele visava à guerra com a Áustria desde o começo; por outro, que teria preferido uma aliança conservadora com a Áustria contra "a revolução" (isto é, contra Napoleão III, contra a Itália unificada e

Embora Bismarck seguisse a mesma trajetória de seus predecessores, ele menosprezava suas hesitações; sempre arrogante e impaciente, buscava um sucesso rápido na política externa para compensar sua impopularidade interna. Defendera durante anos que a Prússia deveria participar da entente franco-russa; agora ele tentou atuar de vez nessa linha. Em 21 de dezembro, mencionou o conflito iminente com a Áustria ao ministro francês e perguntou o que Napoleão III faria "se a situação esquentasse na Alemanha".[9] A pergunta de Bismarck chegou dois meses atrasada. Como ministro do Exterior, Thouvenel tinha sido um intérprete leal da política pessoal de Napoleão – amistoso com a Itália, amistoso com a Rússia e disposto a apoiar a Prússia na Alemanha. No verão de 1862, ele tinha tentado resolver a questão de Roma por meio de um acordo com o governo italiano: se a capital fosse transferida para Florença, as tropas francesas seriam retiradas de Roma. A proposta estava baseada num equívoco: Thouvenel a considerava uma renúncia italiana de Roma, os italianos a viam como a primeira etapa da sua conquista, no que eram acompanhados pelo clero francês. A imperatriz Eugenie, que era sua porta-voz, convenceu Napoleão a demitir Thouvenel e, em outubro, a chamar de volta Drouyn de Lhuys. Foi a medida mais desastrosa da história do Segundo Império. A política externa francesa ficou desorientada justamente quando o destino da Europa estava sendo

---

contra o liberalismo alemão). A controvérsia realmente não faz sentido. Todos os políticos prussianos estavam decididos a conseguir a igualdade com a Áustria; e, por igualdade, eles queriam dizer hegemonia sobre a Alemanha pelo menos ao norte de Main. Isso era verdade até mesmo quanto aos reis – Frederico Guilherme IV e Guilherme I. (Bem nessa época, Guilherme delimitou suas condições mínimas ao ministro britânico como sendo o comando de todas as forças armadas alemãs e a representação de toda a Alemanha no exterior pela Prússia. Buchanan para Russell, 29 de janeiro de 1863. *Auswärtige Politik Preussens 1858-1871*, iii, n.152.) Os prussianos esperavam que as dificuldades da Áustria na Itália a forçariam a concordar com essas condições sem uma guerra na Alemanha; os acontecimentos desde 1848 demonstraram que essa esperança era em vão. O princípio fundamental da política austríaca era nunca ceder nada, exceto depois da derrota.

Bismarck, como Manteuffel antes dele, sentia uma tristeza nostálgica em relação à época de Metternich e da Santa Aliança; essa tristeza o fez adiar o conflito com a Áustria provavelmente mais do que Bernstorff o teria feito. Mas não poderia fazê-lo abandonar a defesa dos interesses prussianos. Resumindo: depois que Schwarzenberg deu o primeiro lance para controlar a Alemanha, Bismarck estava fadado a dar o segundo. Como em todo tipo de leilão, as duas partes não podiam deixar a sala do leilão até o prêmio ser atribuído a uma delas. Nessas circunstâncias, "sinceridade" ou "agressão" são termos irrelevantes.

9 Talleyrand (Berlim) para Drouyn de Lhuys, 21 de dezembro de 1862. *Auswärtige Politik Preussens 1858-1871*, iii, n.82.

decidido. Embora debilitado, Napoleão ficou do lado da aventura – pronto a especular com o engrandecimento da Prússia. Drouyn, o homem da tradição e do conservadorismo, queria a aliança com a Áustria que ele não conseguira durante a Guerra da Crimeia. Tinha havido um distanciamento parecido, embora não tão profundo, entre Napoleão e Walewski no período anterior à guerra italiana de 1859; mas ele não fora tão importante. À época, Napoleão tinha sido suficientemente forte para fazer valer sua vontade; além disso, mesmo os erros na Itália não eram capazes de arruinar a posição da França na Europa. Agora era diferente: entre 1863 e 1866, a França tinha destruído sua hegemonia na Europa para sempre.

O primeiro gesto de Drouyn foi interromper as negociações com a Itália que vinham sendo conduzidas por Thouvenel. O segundo foi deixar de lado a abordagem de Bismarck. Em caso de conflito na Alemanha, ele replicou, a França "buscará garantias para a sua segurança e para a paz na Europa".[10] Essa resposta era inútil para Bismarck. No entanto, sem nenhum esforço da sua parte, o grande conflito alemão caiu mais uma vez no esquecimento. Quando a proposta austríaca de uma conferência de delegados para discutir a reforma foi apresentada à Dieta em 22 de janeiro de 1863, ela foi derrotada por nove votos a sete. Dois dias depois, os litígios alemães foram ofuscados pela explosão da Questão Polonesa, que toda grande potência temia. As autoridades russas viviam com medo de uma sublevação desde o outono, e tentaram se preparar para ela convocando os jovens poloneses revolucionários para o exército. O golpe falhou, e, em 23 de janeiro, os poloneses radicais reagiram anunciando uma insurreição geral. Embora a sublevação ficasse limitada à Polônia russa, ela granjeou bastante apoio da Posnânia, a parte da divisão que cabia à Prússia, e da Galícia, a parte que cabia à Áustria; os poloneses também contaram com a simpatia da Europa ocidental, particularmente da França. Os russos esperavam manter a sublevação uma questão interna, que não deveria prejudicar seus relacionamentos internacionais, principalmente a entente com a França. Isso convinha a Napoleão, que tirara muito proveito da entente e que, além disso, evitava a sublevação europeia que uma intervenção em socorro dos poloneses certamente provocaria. Os austríacos também procuraram ignorar a rebelião. Antes de 1848 eles tinham sido os principais opressores dos poloneses; agora, com um império cheio de conflitos, não queriam ter outra nacionalidade descontente nas mãos. Além do mais, embora naturalmente evitassem entrar em guerra

---

[10] Drouyn de Lhuys para Talleyrand, 25 de dezembro de 1862. *Auswärtige Politik Preussens 1858-1871*, iii, n.88.

com a Rússia em nome dos poloneses, estavam ainda mais relutantes em ofender a Inglaterra e a França participando da sua contenção. A conduta mais sensata para todos parecia ser fingir que não estava acontecendo nada. Esse desejo geral de abafar a Questão Polonesa, porém, foi frustrado por Bismarck. O general prussiano Alvensleben foi enviado a São Petersburgo, onde, em 8 de fevereiro, celebrou um convênio que previa a colaboração entre as autoridades militares russas e prussianas nos distritos fronteiriços contra os rebeldes. No fim da vida, Bismarck afirmou que o convênio tinha sido um grande golpe político: ele substituíra a França pela Prússia nos afetos do tsar. A alegação não tem muito fundamento. A entente franco-russa tinha sido dirigida contra a Áustria, jamais contra a Prússia; na verdade, sempre existira uma condição implícita de que a França não devia atacar a Prússia no Reno. A Questão Polonesa certamente gerou um distanciamento entre a França e a Rússia, mas isso não foi, de maneira nenhuma, uma consequência da convenção de Alvensleben. Tem mais conteúdo a outra alegação de Bismarck de que, ao celebrar o convênio, ele ajudou a derrotar os defensores de uma política conciliadora em relação à Polônia na corte russa. Não há dúvida de que esse grupo existia: Gorchakov e até mesmo o tsar simpatizavam com ele. O próprio Bismarck levou a sério o perigo de uma retirada russa da Polônia, chegando a falar abertamente na ocupação da Polônia pela Prússia se a Rússia a abandonasse.[11] Também nesse caso, a decisão decorreu de fatos posteriores — da interferência das potências ocidentais e da intransigência dos poloneses —, não do convênio. Na verdade, Gorchakov e o tsar ficaram muito ofendidos com a impertinência de Bismarck, que lembrava, de forma humilhante, a ajuda que a Rússia dera à Áustria em 1849; eles prefeririam que ele mantivesse distância, como a Áustria estava fazendo. Como sempre, é provável que a explicação mais simples seja a verdadeira. Como Bismarck, sempre violentamente antipolonês,[12] temesse que a revolta se espalhasse para a Polônia prussiana, ele propôs uma cooperação militar, sem pensar nas consequências internacionais; quando elas chegaram, foram-lhe extremamente desagradáveis.

---

11 Foi por ocasião da célebre conversa com Buchanan, o ministro britânico, que objetou que a Europa nunca permitiria isso. Bismarck replicou: "quem é a Europa?", e Buchanan respondeu: "diversas nações importantes". Memorando de Bismarck, 11 de fevereiro de 1863. *Auswärtige Politik Preussens 1858-1871*, iii, n.174.

12 Bismarck escreveu em 1861: "Tenho muita simpatia pelos poloneses, mas se quisermos sobreviver só nos resta eliminá-los; o lobo não pode evitar de ter sido criado por Deus como é, mas nós atiramos nele mesmo assim sempre que podemos".

Bismarck procurou retratar a convenção de Alvensleben como "uma simples medida policial". Para os outros, ele parecia uma intervenção contra os poloneses; e tornou difícil para as outras potências manter sua postura de não intervenção. Acima de tudo, tornou difícil para Napoleão III prosseguir com a procrastinação que, agora mais do que nunca, era a sua primeira reação ao desafio dos acontecimentos. A entente com a Rússia tinha um grande valor afetivo para Napoleão: agradava-lhe manter boas relações com o tsar, e, mais do que isso, acreditava que a entente franco-russa lhe permitiria remodelar a Europa ocidental de acordo com a sua vontade. Além do mais, sempre pretendera que a Prússia, ao unir a "Alemanha menor", deveria ser o terceiro integrante da entente, completando assim a reconstrução da Europa que tinha iniciado com a unificação da Itália. A alternativa da "coalizão da Crimeia" com a Áustria e a Grã-Bretanha não lhe agradava; era uma história sem graça, defensiva, sem nenhuma perspectiva de aventura. Mas Napoleão não pôde resistir ao entusiasmo pela Polônia, que uniu, ao menos por uma vez, as facções da corte imperial. Os radicais, liderados pelo príncipe Jerome, queriam defender o princípio da nacionalidade; o clero, liderado pela imperatriz, estavam do lado do único povo católico romano da Europa oriental. Drouyn, em benefício da paz, compartilhara inicialmente a política de Napoleão de desviar o olhar dos acontecimentos na Polônia; a convenção de Alvensleben o fez mudar de postura. A indignação francesa por causa da Polônia agora podia se voltar contra a Prússia. Desse modo, Drouyn esperava silenciar a simpatia de Napoleão pela Prússia "revolucionária" e reconquistá-lo para a aliança conservadora com a Áustria. Além disso, essa política satisfazia a objeção prática de que a França não podia atacar a Rússia, por mais que simpatizasse com a Polônia; pois a Prússia certamente estava ao alcance das armas francesas.

Lamentavelmente, Napoleão concordou com esse plano. Em 20 de fevereiro, ele disse ao ministro prussiano: "Se fosse a Áustria que tivesse assinado o convênio, eu não diria uma palavra... ela é uma potência que não me desperta interesse, e, portanto, me é indiferente que seu governo cometa erros".[13] Em 21 de fevereiro Drouyn propôs à Grã-Bretanha e à Áustria que emitissem uma nota de protesto conjunta em Berlim. No mesmo dia, a imperatriz Eugenie se lançou pela primeira vez na política internacional, fazendo uma defesa entusiasmada da aliança com a Áustria; e procurou torná-la atraente a Napoleão enfeitando-a como um plano em grande escala de

---

13 Goltz (Paris) para Guilherme I, 20 de fevereiro de 1863. *Auswärtige Politik Preussens 1858-1871*, iii, n.206.

revisão do mapa da Europa – a Venécia para a Itália, a Galícia para a Polônia, a Áustria seria compensada nos Bálcãs, na Silésia e no sul da Alemanha, a França ficaria com a margem esquerda do Reno,[14] em suma, todos os projetos nebulosos que tinham sido ventilados infinitas vezes. É claro que era absurdo propor uma aliança "conservadora" à Áustria com a condição de que ela primeiro abrisse mão das províncias que pretendia conservar; mas a aliança só poderia se tornar atraente para Napoleão se o tirasse das dificuldades que tinha na Polônia e na Itália. Ele próprio insistiu em prol da aliança com Richard Metternich, embora em termos mais vagos: "até agora eu tive amantes, estou procurando uma esposa",[15] e "pertencerei à potência que me ajudar".

A notícia de Paris deixou Bismarck extremamente alarmado. Ele pretendia reforçar seu controle em São Petersburgo, e não expor a Prússia a um ataque francês. Tentou apresentar as coisas em Paris como se o convênio tivesse sido uma ideia da Rússia; quando isso não funcionou, precisou pedir que Gorchakov o salvasse – ou a Rússia prometia defender a Prússia contra a França, ou tinham de recuar do convênio. Gorchakov ficou radiante em retribuir a humilhação que Bismarck lhe impusera: "A Rússia nunca recua... pareceria estar cedendo à pressão". Gorchakov disse apenas que, se a Prússia quisesse recuar, o tsar não faria objeção; e Bismarck teve de compreender que, já que a revolta tinha se distanciado das fronteiras da Prússia, o convênio agora era letra morta. Como uma forma de conquistar o apoio russo, o convênio certamente tinha fracassado. Mas os planos de Drouyn, de desviar da Rússia para a Prússia a hostilidade dos amigos franceses da Polônia, também fracassaram. O governo britânico ainda estava dominado pela suspeita que fora despertada nele pela anexação da Savoia. Quando foi convocado a agir contra a Prússia, concluiu que a França estava procurando um pretexto "para ocupar a Renânia"; e insistiu que qualquer protesto relacionado à Polônia deveria ser feito em São Petersburgo, não em Berlim. O governo austríaco não ficou tentado pela oferta de aliança com a França. Rechberg disse: "o risco era certo e as vantagens, duvidosas". Mas evitou deixar a Questão Polonesa nas mãos das potências ocidentais. Ele temia, sobretudo, que,

---

14 Metternich (Paris) para Rechberg, 22 de fevereiro de 1863. Oncken, *Die Rheinpolitik Kaiser Napoleons III*, i, n.1. É um exagero ver nessa proposta quimérica qualquer intenção séria e obstinada da parte de Napoleão de conquistar a margem esquerda do Reno.

15 Esta é uma versão ligeiramente posterior. Segundo o relato contemporâneo de Metternich, Napoleão mudou a metáfora: seu *casamento racional* com a Inglaterra não impedia um caso íntimo e apaixonado com a Áustria. Metternich para Rechberg, 26 de fevereiro de 1863. Oncken, *Die Rheinpolitik Kaiser Napoleons III*, i, n.2.

se o sentimento francês não encontrasse uma saída contra a Prússia, poderia buscar uma distração alternativa voltando-se contra a Áustria na Venécia. Como na Guerra da Crimeia, os austríacos se afastaram da Rússia por causa de suas possessões italianas. A Grã-Bretanha e a Áustria teriam preferido guardar silêncio sobre a Polônia; mas tinham de insistir num gesto contra a Rússia para evitar, como acreditavam, uma ação francesa contra a Prússia. Os franceses foram vítimas da própria esperteza: ao sugerir uma ação contra a Prússia, trouxeram a Questão Polonesa para a esfera internacional e tiveram de se comprometer contra a Rússia.

A coalizão da Crimeia agora estava oficialmente em andamento, e dali em diante todas as confusões da Guerra da Crimeia foram repetidas, ou melhor, pioradas. Havia uma grande diferença: os britânicos estavam distraídos com a Guerra Civil Americana; sua marinha estava decadente; e eles tinham uma desconfiança profundamente arraigada de Napoleão III. Estavam decididos, o tempo todo, a não entrar em guerra. Embora houvesse uma forte simpatia pela Polônia na Inglaterra, o governo colaborou com Napoleão unicamente para contê-lo – e, naturalmente, para pôr fim à entente franco-russa. Os austríacos seguiram simplesmente a trajetória da Crimeia, que lhes trouxera tantas calamidades. Tranquilizaram os franceses com gestos diplomáticos que, conforme garantiram aos russos, não significavam nada, ofendendo assim os dois lados. A Venécia ficou exposta à França e a Galícia à Rússia; e os austríacos nunca conseguiam decidir qual era a mais ameaçada. Ainda assim, o distanciamento entre a Rússia e a Áustria já existia; e, uma vez que a aliança austríaco-francesa sempre se mostrara uma ilusão, a incapacidade de concretizá-la também não era algo decisivo. A consequência fundamental da crise polonesa foi o rompimento entre Rússia e França. Ele não foi bem recebido pelos russos, que ainda esperavam retomar a política do Oriente Próximo depois que a Polônia estivesse subjugada. Quando a Áustria, a Grã-Bretanha e a França apresentaram sua primeira nota de protesto em São Petersburgo, em 17 de abril, Gorchakov fez um esforço maior para ser mais conciliador com a França do que com os outros dois países; no início de maio, ele até assegurou à França que não se oporia a discutir a Questão Polonesa num congresso europeu, desde que todas as outras questões europeias (incluindo, certamente, o Oriente Próximo) também fossem discutidas. Isso não era suficiente para a opinião pública francesa: alguma coisa tinha de ser feita pela Polônia antes de que qualquer outra questão pudesse ser discutida. Portanto, as três potências retomaram o ataque em 17 de junho com outra nota, exigindo um armistício na Polônia e a criação de um Estado polonês autônomo.[16] Essas propostas foram categoricamente recusadas por Gorchakov.

O momento de agir era agora ou nunca, e os franceses ventilaram a proposta de um desembarque no Báltico, possivelmente com a ajuda da Suécia. Palmerston sustentou que um exército francês era menos perigoso no Báltico que no Reno, e prometeu que a Grã-Bretanha ficaria neutra; porém, como o início da Guerra da Crimeia tinha mostrado, Napoleão só poderia ser arrastado para expedições distantes por meio de um apoio britânico vigoroso, e a ideia de guerra foi abandonada. Até mesmo nesse momento os franceses poderiam ter preservado sua entente com a Rússia, se estivessem dispostos a confessar sua impotência na Europa oriental e tivessem aceitado uma derrota diplomática. Entretanto, Drouyn insistiu em mais uma nota, apresentada no início de agosto, condenando a política russa e declarando que, já que a Rússia tinha ignorado as três potências, "a França retomava sua total liberdade de opinião e de ação". Era a denúncia formal da entente franco-russa.

Com o fim da Santa Aliança, essa entente tinha se tornado a base da política russa; agora parecia possível o ressurgimento dessa aliança, principalmente porque a hostilidade comum à Polônia sempre fora seu laço mais forte. Porém, como das vezes anteriores, de novo parecia que a Santa Aliança não poderia ser construída apenas sobre a hostilidade à Polônia; cada potência tinha outros interesses, embora a Prússia tivesse menos distrações que a Áustria ou a Rússia. Isso já se comprovara no caso da convenção de Alvensleben, quando a Rússia se recusou a proteger a Prússia contra a França, e foi comprovado de novo em maio. Assustado com os últimos suspiros da entente franco-russa, Bismarck sugeriu que os austríacos participassem da resistência a qualquer interferência em suas respectivas possessões polonesas – "ofereceríamos a vocês baionetas em troca de baionetas, a proteção da Galícia pela proteção de Posen".[17] Rechberg replicou que qualquer proteção também precisaria incluir uma proteção prussiana da Venécia contra a França. Quinze dias depois, foi a vez de a Rússia invocar o fantasma da Santa Aliança. Em 1º de junho, Alexandre II escreveu a Guilherme I

---

16 As seis condições que deveriam servir de base para uma conferência sobre a Polônia eram: uma anistia geral; uma assembleia nacional polonesa de acordo com a Constituição de 1815; administração autônoma por meio de funcionários de nacionalidade polonesa; eliminação das restrições à Igreja Católica Romana; emprego exclusivo do polonês na administração, na justiça e na educação; e um sistema de serviço militar previsto em lei.

17 Károlyi para Rechberg, 16 de maio de 1863. *Auswärtige Politik Preussens 1858-1871*, iii, n.508.

pedindo sua colaboração ativa e se referindo com tristeza à antiga parceria com a Áustria. Muitos anos mais tarde, Bismarck alegaria que a abordagem russa significava implicitamente uma guerra contra a Áustria, e que ele não resolveria o conflito alemão "com ajuda externa"; isso era certamente um exagero. Mas também é um exagero insinuar que Bismarck perdeu uma excelente oportunidade de ressuscitar a Santa Aliança; ela chegara ao fim. A Rússia e a Áustria estavam em conflito no Oriente Próximo e nem a Rússia nem a Prússia garantiriam as possessões austríacas na Itália. A resposta de Guilherme em 17 de junho questionava se Alexandre II tinha mudado de ideia sobre os seguintes assuntos: ele tinha abandonado a entente com a França (isto é, a esperança de uma revisão no Oriente Próximo)? Ele protegeria a Venécia? Era inútil que Alexandre II replicasse, por sua vez, que a Venécia era irrelevante para a Questão da Polônia: nem a Prússia nem a Áustria se comprometeria com a Rússia a menos que em troca a Rússia se comprometesse contra a França.[18]

Restava a alternativa que a Prússia aconselhara à Áustria durante a Guerra da Crimeia e que esta adotara de forma intermitente: solidariedade germânica tanto contra a França como contra a Rússia. Também nesse caso havia um obstáculo decisivo: o conflito entre a Áustria e a Prússia pela hegemonia na Alemanha. Durante a Guerra da Crimeia, a Prússia tinha garantido todas as possessões austríacas sem exigir em troca nenhuma vantagem na Alemanha; Bismarck se opusera violentamente a essa política, e ela não fora repetida durante a Guerra da Itália de 1859. Bismarck certamente não a retomaria em 1863. Se a Rússia tivesse garantido a Venécia, então o risco para a Prússia teria sido mínimo e Bismarck teria participado; sem a Rússia, a garantia da Venécia poderia provocar uma guerra no Reno, e Bismarck só permitiria isso em troca, no mínimo, do controle da Alemanha. Os austríacos, ou, pelo menos, um grupo do Ministério do Exterior, sempre sonharam que havia outra maneira de conquistar a solidariedade alemã: "mediatizando"* a Prússia, obrigando-a a aceitar a liderança da Áustria na Alemanha por meio dos votos dos outros Estados alemães. Essa política atingiu o clímax em agosto de 1863, quando os príncipes alemães se reuniram em Frankfurt sob a presidência de Francisco José para discutir a reforma da

---

18 Alexandre II para Guilherme I, 1º de junho; Guilherme I para Alexandre II, 17 de junho, Alexandre II para Guilherme I, 12 de julho de 1863. *Auswärtige Politik Preussens 1858-1871*, iii, n.553, 557, 583.

* Anexar (um Estado menor) a um Estado maior como uma forma de permitir que o governante do Estado menor conserve o título e a autoridade parcial. (N. T.)

Confederação – ou melhor, para endossar um projeto austríaco de reforma. Embora os príncipes seguissem a liderança da Áustria, sua política não alcançou seu grande objetivo. Guilherme I foi aconselhado por Bismarck a não ir a Frankfurt, e os príncipes não aceitaram nenhum esquema do qual a Prússia fosse excluída. Apesar das belas palavras ditas em Frankfurt, o projeto austríaco não deu em nada quando se tentou traduzi-lo em termos práticos no mês de novembro, em Nurembergue. Mais uma vez, a Áustria fora incapaz de atrair o sentimento alemão.

O encontro de Frankfurt, que representava uma clara ameaça à Prússia, permitiu que Bismarck virasse o jogo contra os russos. Em junho, Alexandre II tinha pedido o apoio prussiano contra o Ocidente; em setembro, Bismarck tinha pedido o apoio russo contra a Áustria. Ele falou em desencadear uma guerra "ao estilo de Frederico, o Grande", declarando que, se não conseguisse o apoio russo, iria a outros lugares, "nem que tivesse que procurar o Diabo"; e falou em comprar o apoio francês com concessões no Reno. Os russos reagiram de maneira evasiva: ainda estavam ocupados demais na Polônia para oferecer mais que simpatia contra a Áustria.[19] É difícil imaginar que Bismarck, malgrado toda a imprudência e impaciência que muitas vezes demonstrara no início da carreira, pretendesse seriamente entrar em guerra com a Áustria em setembro de 1863. Provavelmente queria apenas frisar para os russos a lealdade com que a Prússia agira, e os riscos que ela correra, como um tampão contra o Ocidente. Esse efeito ele certamente conseguiu. Nos conflitos alemães dos anos seguintes, a política russa nunca oscilou: em vez de insistir na união das duas potências alemãs, como tinham feito na época de Olomouc, os russos primeiro aceitaram as disputas e depois a vitória da Prússia. Enxergavam a Prússia apenas como a barreira decisiva entre a Polônia e o Ocidente; e, portanto, imaginaram que estavam fadados a levar vantagem com o engrandecimento dela, embora concretamente não o desejassem. Por outro lado, desejavam concretamente o enfraquecimento da Áustria, por causa do Oriente Próximo – um desejo então reforçado pelo caso polonês. Tudo que pediam era a neutralidade da Prússia, tanto na Polônia como no Oriente Próximo; e, em troca, estavam dispostos a adotar uma neutralidade condescendente na Alemanha. Bismarck estava disposto a manter esse acordo enquanto ele lhe conviesse.

No outono de 1863, a Questão Polonesa desapareceu dos temas internacionais, e assim permaneceu durante mais de cinquenta anos. Sem ajuda

---

19 Oubril (Berlim) para Gorchakov, 3 de setembro, 15 de setembro; Loën (São Petersburgo) para Bismarck, 21 de setembro de 1863. *Auswärtige Politik Preussens 1858-1871*, iii, n.678, 693, 705.

externa, a revolta morreu; dali em diante, a Rússia governou a Polônia unicamente por meio da força militar. Napoleão III fez uma última e grandiloquente tentativa de restaurar seu prestígio abalado. Em 4 de novembro, lançou o projeto que estava em sua mente desde que chegara ao poder: um congresso europeu para discutir todas as questões em disputa e para alterar o mapa da Europa. "Os tratados de 1815 deixaram de existir", e uma nova ordem precisava ser criada, baseada "nos interesses comuns dos governantes e do povo". Contudo, os dirigentes europeus receberam a proposta com a consternação habitual; todos poderiam ter exclamado como Alexandre II: "isso realmente é demais". Todos, até mesmo a Áustria, tiveram o bom senso de dar uma resposta contemporizadora. Coube a Russell, o paladino das liberdades europeias, denunciar o congresso em nome dos direitos dos tratados e do *status quo*. Porque, embora o governo britânico encarasse favoravelmente inúmeras causas nacionais, não estava disposto a melhorar a situação da Europa correndo o risco de ver a França na Renânia ou a Rússia soberana no Mar Negro; na verdade, estava disposto a aguentar a instabilidade na Europa desde que houvesse estabilidade no Oriente Próximo.[20] Portanto, Russell respondeu que discutir todas as questões europeias aumentaria as tensões em vez de diminuí-las; e o governo britânico se recusaria a comparecer ao congresso. Era o fim do sonho utópico de Napoleão de uma reformulação pacífica, o fim da sua hegemonia na Europa. E o fim, também, da aliança britânica na qual a segurança francesa se baseara.

---

20 Palmerston para Russell, 8 de novembro de 1863: "Se o Congresso desse a Moldo-Valáquia para a Áustria, e a Venécia e Roma para a Itália, incorporasse Schleswig à Dinamarca e separasse a Polônia de 1815 da Rússia e a tornasse um Estado independente, não tocando na questão do Reno enquanto uma fronteira francesa ou aliviando a Rússia do que lhe foi imposto pelo Tratado de Paris, esse congresso seria um bom agente da Europa".

VIII
As guerras de Bismarck: a derrota da Áustria
1864-1866

A Questão de Schleswig e Holstein estava latente desde o Tratado de Londres de 1852: sucessão disputada de um lado, determinação dinamarquesa de incorporar Schleswig numa monarquia unitária do outro. Em novembro de 1863, os dois contenciosos explodiram ao mesmo tempo. O rei Frederico VII morreu em 15 de novembro; seu sucessor, Cristiano IX, assinou a Constituição unitária em 18 de novembro. Foi um desafio à opinião pública nacional alemã, que só poderia ser sustentado se as Grandes Potências ainda estivessem tão unidas contra esse sentimento como estiveram em 1852. Em vez disso, a crise encontrou as relações entre as Grandes Potências totalmente fora de controle. A obsessão de Napoleão com a Polônia tinha abalado a entente franco-russa; a rispidez da rejeição britânica aos planos de Napoleão para um congresso tinha acabado com a aliança anglo-francesa; a Áustria tinha deixado escapar a aliança com a França, ofendido a Rússia e falhado em contar com a Alemanha. Na verdade, a única relação estável na Europa era a solidariedade da Rússia e da Prússia contra a Polônia. Mesmo ela tinha um caráter negativo; nenhuma participaria de uma coalizão contra a outra. Mas Bismarck se recusara a prometer apoio à Rússia contra uma expedição francesa ao Báltico em favor da Polônia; e a única coisa que os russos tinham a oferecer em janeiro de 1864 em caso de um ataque francês ao Reno era a neutralidade.[1]

---

1 Oubril para Gorchakov, 20 de janeiro de 1864. *Auswärtige Politik Preussens 1858-1871*, iv, n.350.

A confusão de 1863 completou a desintegração que estava em andamento desde 1848. O Concerto da Europa tivera um desempenho fraco na época da Guerra da Crimeia; só a Inglaterra e a França tinham acorrido em socorro da Turquia. Em 1859, Napoleão conseguira o que queria na Itália sem qualquer interferência das Grandes Potências; em 1863, a Rússia tivera carta branca na Polônia. As guerras localizadas, não um conflito generalizado, já tinham se transformado em hábito. Ainda assim, foi uma façanha impressionante invocar um tratado extinto depois de doze anos da sua assinatura por todas as potências, a primeira das inúmeras façanhas que transformariam Bismarck no mestre indiscutível do ofício da diplomacia. Posteriormente, Bismarck afirmaria que toda a campanha estava na sua cabeça desde o começo; que ele já tinha planejado a anexação dos ducados (e, a propósito, as guerras com a Áustria e a França) quando tomou posse em 1862. É mais provável que ele simplesmente planejou ser bem-sucedido: se manter no cargo; manter Guilherme I no trono; tornar a Prússia mais poderosa na Alemanha. Como no xadrez, o grande protagonista na diplomacia não se perde em especulações quanto às consequências remotas do seu ato: ele pergunta apenas: "esta ação melhora a minha posição?", e então faz aquilo.

Na primeira crise relacionada aos ducados, entre 1848 e 1850, a Prússia se afastara pela primeira vez das Grandes Potências ao agir em nome do sentimento nacional alemão; e depois tinha se afastado desse sentimento ao ficar com medo dos protestos das Grandes Potências. Em 1863, Bismarck alegou estar agindo com base nos direitos dos tratados, não do nacionalismo. O sentimento alemão repudiava o Tratado de Londres, exigindo o reconhecimento do pretendente adversário, o duque de Augustenburg, e a incorporação de Schleswig e Holstein à Alemanha. Bismarck, por sua vez, propôs reconhecer Cristiano IX e depois exigir dele a autonomia prometida aos ducados pelo Tratado de Londres. Aparentemente, estaria agindo em nome do direito internacional, não contra ele; isso retirou o argumento mais forte das mãos das potências estrangeiras. Bismarck estava protegendo os alemães dos dois ducados sem uma aliança com "a revolução"; tinha encontrado, na verdade, a causa "respeitável" que sempre escapara de Cavour na Itália. Essa política certamente ofendeu a opinião pública alemã, o que, em vista do conflito de Bismarck com o Parlamento prussiano, não era novidade. O mais sério é que o rei preferisse assumir a orientação nacional; e Bismarck só podia mantê-lo na linha argumentando que essa orientação implicava uma aliança revolucionária com Napoleão III. A relutância de Guilherme era um trunfo quando se tratava de lidar com a Áustria;

A LUTA PELA SUPREMACIA NA EUROPA

SCHLESWIG-HOLSTEIN

Bismarck podia alegar sinceramente que, a menos que os austríacos colaborassem com ele, logo se veriam diante de um ministro liberal na Prússia cujo objetivo seria a liderança da Alemanha.

Como sempre, o governo austríaco queria ganhar nas duas frentes, estando pronto para a volta do dualismo conservador. Francisco José se desiludiu com o liberalismo depois do fracasso do encontro de Frankfurt em agosto; Rechberg defendeu que "não havia diferença entre a reivindicação de incorporar Schleswig à Alemanha e a luta da França pela fronteira do Reno".[2] Argumentando contra a política liberal de repúdio a Cristiano IX, Rechberg comunicou ao conselho de ministros: "Se a Áustria aceitar essa política, ela perderá todos os seus aliados externos. A França aproveitará a ocasião propícia para atacar a Alemanha e a Áustria e vai incendiar a Itália, a Hungria e a Galícia com a revolução. A existência do Império estará ameaçada!".[3] Por outro lado, os austríacos não se atreviam a ficar à margem e a deixar a Prússia agir sozinha; eles acreditavam que isso lhes custaria a liderança da Alemanha. Ao aceitar a proposta de aliança de Bismarck para implementar o Tratado de Londres, imaginaram que estavam tornando a Prússia refém da causa conservadora. A bem da verdade, a aliança, celebrada em 16 de janeiro de 1864,[4] não continha nenhum compromisso desse tipo. Os austríacos pretendiam estipular que as duas potências só poderiam se afastar das condições do Tratado de Londres de comum acordo. Bismarck objetou que o rei não aceitaria outra referência ao odiado tratado de 1852; e os austríacos tiveram de se satisfazer com a promessa mais vaga de que o futuro dos ducados seria definido de comum acordo. Não foi um resultado decisivo para Bismarck, como mais tarde se deu a entender; ele ainda precisava que a Áustria concordasse com a mudança de estratégia. Essa certamente foi a cláusula técnica da guerra de 1866; por estranho que pareça, resultou de uma iniciativa da Áustria, não da Prússia. Em junho de 1866, a Áustria rompeu o acordo de 16 de janeiro de 1864 ao pedir que a Dieta esclarecesse o destino futuro dos ducados; isso deu a Bismarck o pretexto para declarar guerra tanto à Áustria como aos Estados

---

2 Rechberg para o príncipe Alexandre de Hesse, 4 de janeiro de 1864. Stern, *Geschichte Europas*, ix, 348.
3 Protocolo do conselho de ministros austríaco, 10 de janeiro de 1864. *Quellen zur Deutschen Politik Österreichs*, iii, n.1410.
4 Embora realmente assinada (em Berlim) no início da tarde de 17 de janeiro, convencionou-se datá-la como 16 de janeiro.

alemães que a apoiaram. À época, o mais importante era que a aliança não contivesse nenhuma referência aos dois problemas que tinham arruinado as tentativas anteriores – não haveria garantia da Venécia por parte da Prússia, não haveria reconhecimento da liderança militar prussiana na Alemanha por parte da Áustria. Como as forças federais estavam sendo ignoradas, ou melhor, deixadas de lado, não fazia sentido especificar quem deveria liderá-las; já que era uma aliança conservadora, a Áustria esperava que ela se estendesse automaticamente à Venécia. Ainda assim, Bismarck sabia que tinha feito um ótimo negócio. Quando o ministro italiano disse: "Você não precisará de nós, agora que tem outro companheiro de armas", Bismarck respondeu alegremente: "Ah, nós o contratamos". – "De graça?" – "*Il travaille pour le roi de Prusse*".*[5]

A questão de natureza técnica discutida na Dieta dizia respeito à administração ou à ocupação dos ducados. A administração implicava que Cristiano IX era seu governante legítimo; a ocupação, que eles não tinham dono. Em 7 de dezembro de 1863, a Dieta concordou, muito relutante, com uma administração federal em Holstein; e isso foi realizado sem resistência dos dinamarqueses. No entanto, quando a Áustria e a Prússia propuseram ocupar Schleswig como uma garantia concreta do cumprimento do Tratado de Londres, o sentimento alemão não pôde mais ser contido; e a Dieta rejeitou a proposta austro-prussiana em 14 de janeiro de 1864. Então, as duas grandes potências declararam que agiriam sozinhas, e em 1º de fevereiro suas tropas cruzaram a fronteira de Schleswig.

Enquanto a Áustria e a Prússia se uniram pela guerra, as outras Grandes Potências não conseguiram se unir pela paz. A Grã-Bretanha estava profundamente comprometida com a Dinamarca. Ainda em 24 de julho de 1863, Palmerston tinha declarado que quem tentasse destruir os direitos e interferir na independência da Dinamarca descobriria que não teria de enfrentar apenas a Dinamarca. Essa era a frase habitual por meio da qual Palmerston vinha evocando as coalizões europeias durante os últimos trinta anos; e, na verdade, ele supunha estar ameaçando a Alemanha com a França – "no estado atual do exército prussiano... o primeiro enfrentamento sério entre ele e os franceses seria pouco menos desastroso para a Prússia que a Batalha

---

* Em francês no original: "Ele trabalha para o rei da Prússia". (N. T.)
5 Talleyrand (Berlim) a Drouyn de Lhuys, 31 de janeiro de 1864. *Origines diplomatiques de la guerre de 1870-71*, i, n.152. Bismarck ficou tão contente com sua observação que a repetiu ao próprio ministro francês.

de Jena".[6] Tirando a marinha, os britânicos só podiam disponibilizar um exército de uns 20 mil homens. A essência da sua política era que eles sempre poderiam contar com um aliado no continente – as potências orientais para conter a França, a França para conter a Rússia, a França e a Rússia para conter a Prússia e a Áustria. No momento, o aliado do continente se esquivava dela. A Rússia estava profundamente ofendida com a interferência britânica nos assuntos da Polônia; Napoleão, com a brusca rejeição da sua proposta de um congresso europeu. Além do mais, a questão imediata em jogo tornava difícil a organização de qualquer ação conjunta. Os dinamarqueses tinham cometido um equívoco ao apoiar a Constituição de novembro; e era impossível para os russos, ou mesmo para os britânicos, resistir à Áustria e à Prússia quando elas alegavam que estavam implementando o Tratado de Londres. Por outro lado, apesar do pretexto legal, a guerra era essencialmente uma guerra de libertação nacional; impossível para Napoleão se posicionar contra ela. Além disso, ainda acreditava que, no caso de qualquer crise europeia, no fim quem sairia ganhando era ele. Em dezembro de 1863, depois do fracasso do seu projeto de congresso, sugerira uma "conferência restrita" em Paris, na qual a Rússia, a Prússia e a Itália revisariam o mapa da Europa à custa da Áustria.[7] Embora Bismarck tivesse se esquivado dessa proposta e tivesse advertido especialmente Napoleão para que ficasse fora da Polônia, tinha acrescentado a garantia de que a aliança com a Áustria não abrangeria a Venécia; portanto, durante toda a crise Napoleão se preocupou sobretudo em não empurrar mais a Prússia para o lado da Áustria. Drouyn de Lhuys, por sua vez, acolheu a aliança justamente pelo motivo contrário: o fortalecimento das forças conservadoras deixaria a tentação fora do alcance de Napoleão.

No período entre a ascensão de Cristiano IX e o início da guerra, o governo britânico fez algumas tentativas ineficazes de evitar a crise convencendo os dinamarqueses a ceder. Ele não podia desfazer o efeito de suas próprias declarações precipitadas anteriores, nem podia convencer os dinamarqueses de que a França não os apoiaria. Além disso, não podia garantir aos dinamarqueses que, se eles cedessem nessa questão, então estariam seguros. Em última análise, os dinamarqueses provocaram sua própria derrota ao ignorar o conselho de Gorchakov para não serem tão intransigentes como a Rússia fora em relação à Polônia: "Vocês não são setenta milhões como

---

6 Minuta de Palmerston, 27 de junho de 1863. Citado em L. D. Steefel, *The Schleswig-Holstein Question*, p.61.

7 Goltz (Paris) para Guilherme I, 11 de dezembro de 1863. *Auswärtige Politik Preussens 1858-1871*, iv, n.202.

nós".[8] Quando a crise chegou, os britânicos começaram a ir à cata de aliados. Não tiveram resposta de Gorchakov. Os russos ainda estavam obcecados com a Polônia, e não fariam nada para atrapalhar a parceria conservadora entre a Prússia e a Áustria, que parecia estar reerguendo uma sólida barreira entre a Polônia e a França. Além do mais, embora os russos estivessem interessados no controle do Báltico,[9] não se opunham a que ele fosse transferido das mãos da Dinamarca para as da Prússia. Acreditavam que o fortalecimento da Prússia não lhes faria mal; esta foi a chave da sua política durante os vinte anos posteriores ao Tratado de Paris. Teria sido uma questão diferente se a ameaça à Dinamarca tivesse vindo da Alemanha "nacional". Os russos também estavam preocupados com a proposta de uma união escandinava, com a Suécia indo em socorro da Dinamarca. Embora essa fosse a mais sensata das inúmeras sugestões feitas pelos britânicos, ela tão somente lembrou aos russos da aliança da Grã-Bretanha e da França com a Suécia no final da Guerra da Crimeia. Os russos lamentavam a Questão de Schleswig, mas a verdade é que, para eles, o engrandecimento da Prússia era a alternativa menos questionável.

Portanto, o governo britânico foi forçado a voltar à França. E, também nesse caso, seus apelos ficaram sem resposta. Não era provável que Napoleão entrasse em guerra por um tratado, mesmo por um que não estivesse ligado de alguma forma a 1815. Drouyn se referiu amargamente à inação britânica em relação à Polônia, e afirmou: "precisamos evitar um conflito que se espalharia por todo o continente e cujo ônus cairia sobre nossos ombros".[10] Depois que a guerra começou, tanto Drouyn como Napoleão começaram a sugerir que a França teria de ser recompensada de alguma forma; eles indicaram vagamente o "pequeno Reno".[11] Essas observações nada mais eram

---

8 Gorchakov, em 5 de agosto de 1863. Steefel, *The Schleswig-Holstein Question*, p.252. Palmerston tinha a mesma opinião (para Russell, 19 de janeiro de 1864): "Grandes potências como a Rússia podem persistir no erro, e outros Estados podem não gostar de fazer o esforço necessário para obrigá-las a tomar o rumo certo. Mas nenhum Estado pequeno e frágil como a Dinamarca pode persistir impunemente no erro".

9 Gorchakov declarou: "A Rússia jamais permitirá que o Sound [Báltico] se torne um novo Bósforo". Pirch para Bismarck, 11 de maio de 1864. *Auswärtige Politik Preussens 1858-1871*, v, n.49.

10 Drouyn de Lhuys para La Tour d'Auvergne (Londres), 14 de janeiro e 26 de janeiro de 1864. *Origines diplomatiques*, i, n.78 e 126.

11 Goltz para Guilherme I, 9 de fevereiro de 1864. Oncken, *Die Rheinpolitik Kaiser Napoleons III*, i, n.12 e 13. No jargão diplomático da época, "o grande Reno" significava toda a Renânia, "o pequeno Reno", a região do Sarre que a França conservara com o primeiro Tratado de Paris (1814) e perdera com o segundo (1815).

que especulações desconexas a que Napoleão sempre gostava de se entregar. Chegou um momento em que parecia que estava estourando uma crise. Em 19 de fevereiro, as tropas austríacas e prussianas, depois de expulsar os dinamarqueses de Schleswig, cruzaram a fronteira da própria Dinamarca. Os erros e os acertos da Questão de Schleswig foram deixados em segundo plano; a existência da Dinamarca parecia estar em jogo. Em 21 de fevereiro, o gabinete britânico convocou a frota do Canal para o país. Sem consultar o gabinete, Russell recorreu à Rússia e à França em busca de apoio naval. Gorchakov se esquivou do convite com a desculpa impecável de que a frota russa estava imobilizada até maio. Os franceses foram mais cooperativos. Os adversários da política cautelosa de Drouyn – alguns deles pró-britânicos, outros simplesmente favoráveis à aventura –, considerando que tinha chegado a hora de deflagrar uma guerra pelo Reno com apoio britânico, incitaram Napoleão a agir. Para manter seu lugar, Drouyn teve de se dirigir ao ministro prussiano num tom ameaçador, e conversou com Cowley para implementar o Tratado de Londres. A mudança de política não durou 24 horas. Drouyn e Metternich, o embaixador austríaco, recorreram à imperatriz, e, juntos, conseguiram o apoio de Napoleão para não fazer nada. Em 22 de fevereiro, Drouyn se declarou satisfeito com as explicações de Berlim e Viena. Quase simultaneamente, o gabinete britânico repudiou a iniciativa de Russell e insistiu que ele comunicasse à Rússia e à França que ninguém estava pensando em enviar a frota britânica para águas dinamarquesas.

Nos anos seguintes se criou a lenda de que Napoleão deixara escapar o momento que definiria o destino da França quando não conseguiu reagir à postura britânica de 21 de fevereiro. Na realidade, não houve postura britânica – simplesmente um gesto impaciente de Russell (um dentre muitos) que foi revogado pelo gabinete assim que tomou conhecimento dele. Além disso, já se fora o tempo (se é que um dia existiu) em que a Inglaterra e a França podiam impor sua vontade sozinhas na Europa central. Mesmo em relação à Rússia teria sido um caso hipotético; devido à crise polonesa, a Rússia assumiria quando muito uma postura neutra e, possivelmente, hostil. Os britânicos poderiam ter travado uma guerra naval limitada; os franceses teriam sido obrigados a travar uma guerra por sua existência. Drouyn disse que a França não podia entrar em guerra com uma nação de 45 milhões de habitantes apenas em nome do tratado de 1852;[12] e ele deixou transparecer que a França estaria disposta a agir se os britânicos lhe tivessem prometido

---

[12] Drouyn de Lhuys para La Tour d'Auvergne, 23 de fevereiro de 1864. *Origines diplomatiques*, ii, n.245.

a Renânia – "compensações equivalentes aos nossos sacrifícios".[13] Eram meras desculpas para encobrir (certamente para ele mesmo) a realidade de que a França não era mais poderosa o suficiente para dominar a Europa. A política francesa só poderia ser bem-sucedida enquanto a Alemanha estivesse dividida, particularmente enquanto a Áustria pudesse ser jogada contra a Prússia; e a guerra pelos ducados do Elba teria unido as duas potências germânicas tanto na Venécia como no Reno. Napoleão e seus ministros calcularam corretamente, como se constatou, que os ducados acabariam provocando um conflito entre a Áustria e a Prússia. O momento que definiria o destino francês ocorreu em 1866, quando as duas estavam em guerra, não em 1864, quando estavam unidas.

O declínio do poderio francês não foi percebido plenamente nem mesmo por seus dirigentes, e passou totalmente despercebido dos outros Estados europeus. O que Bismarck descobriu em Paris – a carta na qual ele apostou tudo entre 1864 e 1866 – não foi a fragilidade francesa, mas a divisão na política francesa. Napoleão jamais seguiria sinceramente o caminho do conservadorismo e dos direitos dos tratados, mas seria impedido por seus conselheiros, e por sua própria letargia, de adotar uma política aventureira intransigente. Bismarck se inspirara em Cavour e aperfeiçoara o modelo. Embora Cavour instrumentalizasse Napoleão em proveito da Itália, teve de pagar um preço concreto por isso: Savoia e Nice; Bismarck pagou com desculpas. É inútil especular se algum dia pensou sinceramente em ceder território do Reno para a França. É claro que se gabava de ter libertado a Prússia da *mediatização** que o temor pelas províncias do Reno lhe impusera anteriormente;[14] é claro que ele falava em fazer um acordo com a França – "Paris é mais perto de Berlim que Londres";[15] "quem der as províncias do Reno à França irá possuí-la".[16] Mas havia uma diferença fundamental entre as províncias do Reno e a Savoia. A Savoia não era italiana; a Renânia era alemã. Bismarck jamais poderia ter unificado a Alemanha sob o controle da Prússia se tivesse entregado território alemão a Napoleão. Isso talvez só comprove

---

13 Drouyn de Lhuys para La Tour d'Auvergne, 10 de junho de 1864. Ibid., iii, n.640.

* A mediatização consistia na anexação de terras de monarquias soberanas por outras entidades mais poderosas. Era um jogo de xadrez geopolítico, onde os estados menores, muitas vezes eclesiásticos, eram absorvidos pelos reinos mais fortes, alterando o equilíbrio de poder e o panorama religioso da região. (N. T.)

14 Lefebvre de Béhaine (Berlim) para Drouyn de Lhuys, 19 de junho de 1865. *Origines diplomatiques*, vi, n.1433.

15 Oubril para Gorchakov, 9 de março de 1864. *Auswärtige Politik Preussens 1858-1871*, iv, n.527.

16 Gramont para Drouyn de Lhuys, 28 de agosto de 1864. *Origines diplomatiques*, iv, n.814.

que em 1864 ele não estava pensando na unificação da Alemanha; ou talvez comprove que sempre pretendeu enganar Napoleão. O mais provável é que comprove que Bismarck só se ocupava do futuro quando ele chegava.

O que é inegável é que Bismarck não temia a intervenção francesa nos ducados, o que lhe permitia ignorar as ameaças britânicas e as advertências russas, e trazer a Áustria para o seu lado. O avanço na Jutlândia implicou um novo convênio com a Áustria em março; e, uma vez mais, os austríacos pediram a proteção da Venécia caso tivessem de correr o risco de uma guerra generalizada pelos ducados. Bismarck os silenciou argumentando que eles só deveriam tomar medidas contra o perigo francês quando surgisse. De todo modo, a França, longe de representar um perigo, logo veio em sua ajuda. Graças aos esforços britânicos, finalmente se organizou uma conferência para examinar o caso dos ducados. Ela acabou ocorrendo em 25 de abril.[17] Os britânicos teriam preferido vincular a conferência ao Tratado de Londres, e Clarendon foi enviado a Paris para convencer Napoleão a apoiar esse projeto. Napoleão recusou: "Ele não podia se expor à acusação de realizar uma política no Eider e outra completamente diferente no Pó". Essa não era uma forma indireta de reivindicar a fronteira do Reno; ela nascia da convicção profunda de Napoleão de que todo triunfo do princípio nacional representava necessariamente um triunfo para a França e para ele mesmo. Portanto, lançou a proposta contrária de dividir os ducados de acordo com a linha nacional. Embora essa ideia tivesse sido apresentada por Palmerston ainda em 1848, e embora o próprio Russell tivesse adotado veementemente o princípio nacional na Itália, dessa vez ele foi recebido com surpresa e consternação. Russell disse que a ideia era "nova demais na Europa" e que "as Grandes Potências não costumavam consultar a população quando questões que afetavam o equilíbrio de poder precisavam ser resolvidas".[18] Bismarck, por sua vez, estimulou a ideia desde o começo. Napoleão, então, foi mais além: sugeriu que a Prússia e a França trabalhassem juntas para assegurar a incorporação dos ducados à Prússia, pedindo apenas que houvesse uma "colaboração genuína e eficaz" nos outros campos. Na verdade, estava pedindo que os prussianos o enganassem como ele tinha enganado os russos na Questão Italiana: ganhos reais de um lado, belas palavras, do outro. Era um convite que Bismarck há muito resolvera aceitar.

---

17 A conferência tem uma curiosidade: ela foi o único encontro internacional no qual a Confederação Alemã esteve representada. O representante alemão foi Beust, inimigo de Bismarck, à época primeiro-ministro da Saxônia, posteriormente o último chanceler austríaco.
18 La Tour d'Auvergne para Drouyn de Lhuys, 24 de março de 1864. *Origines diplomatiques*, ii, n.368.

A Conferência de Londres acabou se mostrando apenas uma reunião para enterrar os tratados de 1852. A Áustria e a Prússia se consideraram livres desses tratados pelo ato de guerra contra a Dinamarca, e anunciaram isso formalmente em 12 de maio. Em troca, sugeriram uma união pessoal entre os ducados e a Coroa dinamarquesa, o que foi rejeitado pelos dinamarqueses. Fatalmente, a Áustria e a Prússia tinham de exigir a cessão dos ducados; mas para quem eles deveriam ser cedidos? Bismarck sugeriu à Áustria que deveriam ir para a Prússia: "isso seria o começo de uma política de compensação mútua". Os austríacos levaram um susto, achando que estavam sendo enganados por Bismarck; e, como retribuição, assumiram as reivindicações do duque de Augustenburg em 25 de maio; esse foi o primeiro passo para a guerra de 1866. Bismarck aparentemente as respeitou;[19] e as duas potências propuseram formalmente a cessão dos dois ducados em 28 de maio. Foi nesse momento que os franceses sugeriram a divisão dos ducados de acordo com a linha nacional; e a sugestão foi aceita pelas outras potências, *faute de mieux*.* Pela primeira vez, uma conferência internacional se afastou dos direitos dos tratados e tentou aplicar a doutrina da autodeterminação. Não surpreende ela ter encontrado todas as dificuldades que assombraram os encontros internacionais daquele dia até hoje – como a nacionalidade poderia ser determinada? As potências deveriam traçar uma linha arbitrária ou os habitantes deveriam ser consultados? Em caso afirmativo, de que modo – por meio de plebiscitos, como desejava Napoleão, ou por uma reunião das suas Dietas? Essas perguntas teriam confundido a conferência, mesmo que os dinamarqueses quisessem que ela desse certo; e eles estavam decididos que ela devia fracassar. Mesmo que não tivessem apoio externo, preferiam – como Francisco José em 1859 – perder os ducados por meio da conquista do que por meio de um acordo; dessa forma, imaginavam que haveria uma esperança de recuperá-los no futuro.[20] A conferência se desfez em 25 de junho, e a guerra foi retomada.

Foram feitas duas tentativas na primeira metade de junho para salvar os dinamarqueses da derrota total. Por um lado, Gorchakov exortou a Prússia e a Áustria a chegar a um acordo, para não jogar os britânicos nos

---

19 É uma questão polêmica na história alemã, mais que nas relações internacionais, se Bismarck tinha algum propósito sério em suas negociações com o duque de Augustenburg. Não há dúvida de que ele só teria apoiado a reivindicação do duque se os ducados ficassem dependentes da Prússia.

* Em francês no original: "na falta de uma opção melhor". (N. T.)

20 Ver a opinião pública dinamarquesa em 1º de agosto de 1864 em Steefel, *The Schleswig-Holstein Question*, p.251: "Muito melhor uma paz reconhecida por todos que não se baseie em princípio algum... Espero pelo terceiro ato do drama".

braços da França; por outro, os britânicos fizeram um esforço derradeiro para conquistar o apoio francês. As duas tentativas fracassaram. Bismarck argumentou que tinha de libertar os ducados para evitar a revolução na Alemanha; além disso, na hipótese improvável de um ataque francês, a Rússia teria de apoiar as potências germânicas para evitar que as tropas francesas entrassem "em Posen e Cracóvia".[21] Esta era uma advertência suficientemente categórica para Gorchakov de que a Santa Aliança tinha um objetivo sério somente na Polônia; e não há dúvida de que o próprio Gorchakov não estava profundamente interessado nela em outros lugares. No final de julho, ele disse ao representante francês: "Fui eu que destruí a Santa Aliança em Viena; você acha que eu recolheria seus cacos?".[22] Isso também estava na mente de Napoleão – por que ele deveria ressuscitar a Santa Aliança em nome de um país que tinha se recusado a aplicar o princípio nacional? Houve aparentemente algumas discussões e até mesmo algumas dúvidas em Paris entre 8 e 10 de junho; dessa vez, Drouyn ficou mais favorável à ação – de forma prudente –, Napoleão e os aventureiros, naturalmente, mais contrários. No final, os franceses prometeram ficar neutros caso a Grã-Bretanha fosse em auxílio da Dinamarca.[23]

Mas os britânicos já tinham decidido não fazer nada. Em 25 de junho, o gabinete resolveu, por oito votos a seis, a não entrar em guerra por causa dos ducados, acrescentando, com um último pingo de altivez, que, "se a sobrevivência da Dinamarca como reino soberano ou a segurança de Copenhague fosse ameaçada, uma nova decisão teria de ser tomada". Drouyn observou: "os britânicos não fazem nada pela metade; eles agora estão recuando vigorosamente";[24] e a decisão de 25 de junho de 1864 costuma ser vista como um golpe catastrófico para o prestígio britânico. Porém, independentemente da teimosia dos dinamarqueses, que os deixou tecnicamente no lugar errado tanto em janeiro como em junho, é difícil perceber que outro rumo a política britânica poderia ter adotado. O apoio russo só poderia ser comprado, quando muito, abrindo mão das cláusulas do Mar Negro do tratado de 1856; e o Báltico não era tão importante para os britânicos como o Mar Negro. A colaboração com a França, ainda que possível, era perigosa demais;

---

21 Memorando do Ministério do Exterior, 13 de junho; Bismarck para Werther, 14 de junho de 1864. *Auswärtige Politik Preussen 1858-1871*, iv, n.136 e 148.

22 Massignac (São Petersburgo) para Drouyn de Lhuys, 28 de julho de 1864. *Origines diplomatiques*, iii, n.756,

23 Drouyn de Lhuys para La Tour d'Auvergne, 27 de junho de 1864. Ibid., n.700.

24 Goltz para Bismarck, 30 de junho de 1864. *Auswärtige Politik Preussens 1858-1871*, v, n.190.

também nesse caso, o Báltico não era tão importante como a Bélgica e a Renânia. Palmerston defendia que o engrandecimento da Prússia, por mais que fosse alcançado de maneira inadequada, não era contrário aos interesses britânicos; a França e a Rússia, não as Potências Centrais, eram o elemento preocupante no continente, além de também serem rivais imperialistas da Grã-Bretanha fora da Europa. É claro que essa opinião se modificaria com as inesperadas e decisivas vitórias prussianas em 1866 e 1871. Ainda assim, o equilíbrio de poder sobreviveu a três guerras de Bismarck. Quanto aos interesses imperiais da Grã-Bretanha, na verdade o novo equilíbrio europeu posterior a 1871 tornou mais fácil controlar a Rússia no Oriente Próximo e, posteriormente, derrotar a França no Nilo. Nada que os britânicos fizessem em 1864 poderia ter limitado a expansão industrial da Alemanha no último terço do século XIX ou seu declínio relativo; se foram cometidos erros, eles ocorreram mais no século XX do que nos últimos dias de Palmerston.

Entregues à própria sorte, os dinamarqueses foram derrotados mais uma vez. Em 20 de julho, aceitaram o armistício e, em 1º de agosto, assinaram uma paz provisória, cedendo os ducados para a Áustria e para a Prússia conjuntamente. Três semanas depois, Bismarck e Rechberg, com seus dois governantes reais, se encontraram em Schönbrunn na tentativa de decidir o futuro dos ducados. Bismarck queria que a Áustria os entregasse à Prússia em troca de uma vaga possibilidade de apoio em outra região – na verdade, a nebulosa parceria conservadora que ele, e todos os outros prussianos, tinham rejeitado quando a Áustria tentara aplicá-la em relação à Itália ou ao Danúbio. Dessa vez, eram os austríacos que exigiam uma vantagem concreta. Em seguida, Bismarck propôs que as duas potências mantivessem os dois ducados em conjunto até surgir a oportunidade de uma guerra contra a Itália; então a Prússia não apenas defenderia a Venécia, ela ajudaria a Áustria a recuperar a Lombardia, e receberia os ducados como recompensa. O esquema acabou naufragando pela resistência dos dois governantes. Guilherme só enfrentaria um conflito pela Itália no mínimo em troca da hegemonia na Alemanha; Francisco José só cederia sua parte dos ducados em troca de uma compensação no território alemão – ele mencionou parte do território da Silésia que Frederico, o Grande, tinha conquistado em 1740. Seja como for, o plano envolvia uma guerra com a França e com a Itália; e é difícil acreditar que Bismarck teria enfrentado isso simplesmente em troca dos ducados, metade dos quais já lhe pertencia. O malogrado Tratado de Schönbrunn provavelmente não passou de um estratagema de Bismarck para deixar a aquisição plena dos ducados pela Prússia para uma ocasião mais propícia; na melhor das hipóteses, ele simplesmente ratificou o que já fora demonstrado inúmeras vezes desde 1859 – que a Áustria só conseguiria se manter na Itália ao preço de ceder a liderança da Alemanha à Prússia, e esse preço Francisco José jamais pagaria sem uma derrota militar.[25]

Diante do impasse, só restou a Rechberg e Bismarck concordar em perpetuar a posse conjunta dos ducados, o que foi colocado no tratado definitivo com a Dinamarca em outubro. Rechberg fez uma concessão importante: concordou em não abordar a questão dos ducados na Dieta – aderindo assim à aliança com a Prússia em vez de mobilizar o sentimento alemão contra ela. Francisco José levantou então uma série de dúvidas em relação a essa política. Biegeleben, o assistente de Rechberg, argumentou que ela deveria ser abandonada em favor de uma aliança com a França. Na verdade, essa oportunidade tinha passado. Napoleão III estava se livrando aos poucos do controle de Drouyn e se encaminhando para um novo surto de atividade na Questão Italiana. Em 15 de setembro, a França e a Itália concluíram um convênio sobre Roma. As tropas francesas deveriam se retirar de Roma dentro de dois anos; a Itália prometeu não atacar Roma e transferir a capital de Turim para Florença. Aparentemente, a Itália renunciava a Roma; na verdade, ela simplesmente adiara a sua conquista para salvar a face de Napoleão. Essa era a mesma política que fizera Thouvenel perder o cargo dois anos antes. Drouyn reconheceu a derrota e disse a Nigra: "naturalmente, o resultado é que finalmente você irá para Roma". Como o convênio restaurou o bom relacionamento entre a França e a Itália, ele foi um gesto contra a Áustria; mais, ao postergar a Questão Romana, dirigiu os olhos da Itália – e os de Napoleão também – para a Venécia. Outro sinal do afastamento enfático de Drouyn foi o fato de Benedetti, um dos partidários de Thouvenel, que caíra em desgraça desde 1862, ser agora enviado como embaixador francês em Berlim; Napoleão lhe disse que a sua missão era impedir qualquer ligação estreita entre a Áustria e a Prússia.[26]

Essa missão foi facilitada pelos novos rumos da política austríaca. Em outubro, Rechberg não conseguiu obter a promessa por parte da Prússia de que a Áustria poderia ser admitida futuramente no Zollverein; embora a promessa tivesse sido irrelevante, sua recusa não era. Foi o golpe final em Rechberg, e ele deixou o cargo em 27 de outubro. Mensdorff, que ocupou seu

---

25 Em idade avançada, tanto Rechberg como Bismarck apresentaram relatos confusos e equivocados das conversas de Schönbrunn. Durante muito tempo se acreditou que nenhum acordo formal fora redigido. Srbik descobriu a minuta alguns anos atrás e a publicou em *Historische Zeitschrift*, v. 153. Ela está reproduzida em *Quellen zur deutschen Politik Osterreichs*, iv, n.1768.
26 Benedetti para Drouyn de Lhuys, 30 de abril de 1865. *Origines diplomatiques*, vi, n.1376.

lugar, era um general de cavalaria com pouca experiência política. O verdadeiro responsável pela política, Maurice Esterházy, era um conservador incurável que acreditava que a Áustria estava condenada e que, portanto, deveria perecer dignamente. Logo, nada de concessões à Itália; nada de aliança com a França; e mais, nada de ceder à Prússia nos ducados. Tudo que Esterházy estava disposto a oferecer à Prússia era o privilégio de colaborar numa guerra contra "a revolução"; e, mesmo isso, somente com a condição de que a Prússia não obtivesse vantagens para si. Desse modo, a Áustria manteria suas reivindicações em todas as frentes e, ainda assim, não buscaria aliados em nenhuma. Os austríacos nem mesmo tentaram se reconciliar com a Rússia, a grande potência remanescente que poderia ter tido alguma importância no equilíbrio da Europa central. Em vez disso, se opuseram à Rússia com a obstinação de sempre na Romênia, quando a situação ali se deteriorou novamente. Bismarck ficou com um saldo positivo ao prometer apoiar todas as propostas russas que não provocassem desavença com a França;[27] nas palavras do embaixador francês em São Petersburgo, a Prússia se manteve acima do valor nominal tanto na política como na bolsa.[28] Seria um equívoco exagerar a importância da disposição favorável da Rússia em relação à Prússia. A revolta polonesa, que veio se juntar à Guerra da Crimeia, tinha consumido a energia russa, impossibilitando qualquer ação em grande escala. No entanto, no período que antecede a eclosão de uma guerra, a influência conta muito, mesmo quando não é apoiada pelas armas. Se Alexandre II tivesse pressionado pela reconciliação entre as duas potências alemãs com a mesma persistência que Nicolau I utilizara antes de Olomouc, isso logo teria abalado a determinação do rei da Prússia – é difícil encontrar uma evidência contrária às repreensões feitas por Vitória. No estado em que as coisas se encontravam, houve muita compreensão de São Petersburgo em relação à Prússia e nenhum murmúrio de condenação.

Este era, certamente, um fator secundário. Tanto a Rússia como a Grã-Bretanha tinham praticamente se excluído do equilíbrio europeu, conferindo aos anos entre 1864 e 1866 um caráter único na história recente. A luta pelo poder na Alemanha foi travada num cenário restrito à Europa ocidental; e Napoleão teve de falar em nome da Europa sem qualquer apoio das outras duas potências não germânicas. Não surpreende que a responsabilidade fosse demais para ele. O combate alemão ocorreu em dois turnos – um

---

27 Napier (São Petersburgo) para Russell, 2 de janeiro; Oubril para Gorchakov, 14 de dezembro de 1865. *Auswärtige Politik Preussens 1858-1871*, v, n.423; vi, n.387.

28 Talleyrand para Drouyn de Lhuys, 18 de janeiro de 1865. *Origines diplomatiques*, v, n.1201.

falso começo, ou talvez um ensaio, no verão de 1865; e a guerra de fato na primavera de 1866. Aparentemente um conflito sobre os ducados, a verdadeira questão, como sempre acontece nos assuntos internacionais, era – nas palavras de Humpty Dumpty – "quem reinará, só isso". No outono de 1864, o governo austríaco, perdido sem saber o que fazer com os ducados, começou a promover as reivindicações do duque de Augustenburg. Bismarck respondeu em 22 de fevereiro de 1865, definindo as condições em que a Prússia aceitaria Augustenburg; eram condições de total dependência. Biegeleben comentou que ele preferia plantar batatas do que ser dirigente dos ducados em tais condições. Em 6 de abril, a Áustria incentivou a Dieta a apoiar Augustenburg – um gesto evidente contra a aliança com a Prússia. Em 29 de maio, a política prussiana foi debatida no conselho da coroa. Bismarck disse: "se a guerra contra a Áustria em aliança com a França for riscada do vocabulário diplomático, nenhuma política prussiana será mais possível".[29] Apesar disso, o conselho não decidiu pela guerra – e Bismarck provavelmente não pretendia que o fizesse; ele decidiu simplesmente reiterar as condições de fevereiro e ver o que aconteceria. A tensão continuou subindo, alcançando o ápice em agosto, quando Guilherme I e Bismarck estavam em solo austríaco, em Gastein – naqueles dias civilizados era possível que um governante saísse de férias no país com o qual ele poderia estar em guerra dentro de quinze dias. No último minuto, o governo austríaco perdeu a cabeça. Assoberbado com dificuldades financeiras e enfrentando uma crise constitucional na Hungria, em 5 de agosto decidiu ganhar tempo por meio de um compromisso. Ele ofereceu, e Bismarck aceitou, uma divisão "provisória" dos ducados, Schleswig para a Prússia, Holstein para a Áustria, e um acordo sobre a questão foi assinado em Gastein em 14 de agosto.

Como o Tratado de Schönbrunn antes dele (e as propostas de Gablenz de maio de 1866 depois dele), o Tratado de Gastein tem sido objeto de uma polêmica sem fim. Alguns o consideram simplesmente um passo calculado de Bismarck no sentido de uma guerra inevitável; outros encontraram nele a comprovação de que Bismarck desejava restabelecer a aliança alemã conservadora do tempo de Metternich. Talvez não seja nem uma coisa nem outra.[30] Bismarck era um gênio da diplomacia que não tinha experiência de

---

29 Essa observação não está registrada oficialmente, mas em nota de Moltke sobre o encontro, por isso não é decisiva. *Auswärtige Politike Preussens 1858-1871*, vi, n.101.

30 Uma intepretação certamente está errada. Não há provas de que os prussianos duvidassem da sua capacidade de derrotar a Áustria; logo, não há motivo para supor que adiaram a guerra até conseguirem fazer uma aliança com a Itália. A concessão veio da Áustria, não da Prússia;

guerra e detestava seus riscos. Ele pode muito bem ter esperado manipular a Áustria, retirando-a dos ducados, e quem sabe até da liderança da Alemanha, por meio de golpes diplomáticos; esse tipo de mágica não estava fora do seu alcance no fim da vida. Nesse período, sua diplomacia parece mais calculada para amedrontar a Áustria do que para preparar para a guerra. O único atrativo que ele estendeu à França foi que, se a Prússia ficasse com os ducados, ela aplicaria o "princípio nacional" devolvendo o norte de Schleswig à Dinamarca; tudo que ele pedia em troca era uma neutralidade benevolente.[31] Sua abordagem da Itália também foi hesitante – e os telegramas enviados através do correio austríaco certamente pretendiam surtir efeito principalmente em Viena. Tanto os franceses quanto os italianos suspeitavam que Bismark os estava manipulando em benefício próprio. O primeiro-ministro La Marmora, embora ansioso para conquistar a Venécia, duvidava que Bismarck pensasse numa "guerra em larga escala".[32] Napoleão se manteve deliberadamente afastado durante a crise, deixando a política francesa ser definida por Eugenie e Drouyn, dois expoentes da linha conservadora; a única medida efetiva de Drouyn foi alertar a Itália para que ela não confiasse na ajuda francesa contra a Áustria.[33]

Existe um argumento poderoso contra essa interpretação mais ou menos consensual da política de Bismarck; assim que retornou a Berlim, ele começou a buscar ruidosamente o apoio francês. Não contente em declarar que queria que a França se expandisse "aonde quer que se falasse francês no mundo",[34] ele correu para se encontrar com Napoleão em Biarritz em outubro. No entanto, o encontro em Biarritz estava longe de representar uma repetição da visita de Cavour a Plombières em 1858. Cavour estava decidido a entrar em guerra com a Áustria; e Napoleão pretendia travá-la a seu lado. Cada um estava preocupado em condicionar o outro – Cavour

---

    e Bismarck aceitou uma concessão simplesmente porque lhe ofereceram uma. Mesmo a decisão austríaca foi feita por razões políticas, não depois de uma avaliação militar. Na verdade, é extraordinário o quão pouco cada lado (e, aliás, todo mundo) levou em conta as possibilidades militares.

31 Benedetti para Drouyn de Lhuys, 7 de maio de 1865. *Origines diplomatiques*, vi, n.1387. É verdade que Bismarck declarou que buscaria a aliança da França em caso de derrota, e que sabia que teria de pagar um preço por ela; mas, à época, não especificou o preço.

32 Usedom (Florença) para Bismarck, 27 de julho de 1865. *Auswärtige Politik Preussens 1858-1871*, vi, n.206.

33 Drouyn de Lhuys para Gramont, 1º de agosto; para Lefebvre de Béhaine, 15 de agosto de 1865. *Origines diplomatiques*, vi, n.1470, 1493.

34 Lefebvre de Béhaine para Drouyn de Lhuys, 27 de setembro de 1865. Ibid., vii, n.1590.

em obter um compromisso compulsório de apoio; Napoleão, em conseguir a Savoia e Nice. Bismarck e Napoleão estavam ansiosos em evitar um compromisso, em manter o futuro aberto. Bismarck queria impedir uma aliança entre a França e a Áustria, não obter uma para si; assegurar, em suma, que Napoleão, não Drouyn, determinasse a política francesa. Drouyn tinha denunciado o Tratado de Gastein como um ato de força imoral; ele preferiria ver uma aliança austríaca com os Estados alemães menores para humilhar a Prússia – uma volta à política de Olomouc. Napoleão desaprovava qualquer acordo entre a Prússia e a Áustria, fosse com base em Olomouc ou Gastein; como sempre, ele desconfiava que por trás desse acordo havia uma garantia prussiana da Venécia. Bismarck lhe disse que tal garantia não fora dada; em contrapartida, Napoleão insistiu que uma aliança francesa com a Áustria era impossível – "ele não iria se postar do lado de um alvo". Embora também tenham discutido "vantagens que poderiam se oferecer involuntariamente"[35] – o norte da Alemanha para a Prússia; a Bélgica ou Luxemburgo para a França –, elas não passavam de vagas especulações típicas de Napoleão. O acordo fundamental de Biarritz foi que ambos se manteriam afastados de um compromisso com a Áustria, Bismarck por causa da Alemanha, Napoleão por causa da Venécia.

De fato, foi a Venécia que determinou o formato dos acontecimentos diplomáticos. Napoleão era obcecado por ela. Com uma teimosia doentia e mal-humorada, ele estava decidido a realizar o projeto inacabado de 1859,[36] e acreditava que, se ele morresse com a Venécia ainda em mãos austríacas, "seu filho teria um vulcão como trono".[37] A perspectiva de conquistar território próximo ao Reno tinha um interesse secundário para ele (como ocorrera até mesmo com a Savoia e com Nice em 1859); essas reivindicações eram feitas para satisfazer a opinião pública francesa e mantê-lo popular.[38] Não há dúvida de que ele sabia que qualquer conflito entre a Prússia e a Áustria faria pender o equilíbrio europeu a seu favor; a utilização prática que ele faria disso dependeria dos acontecimentos. Essas perspectivas eram obscuras, a Venécia era concreta e imediata. Se os austríacos encontrassem uma maneira honrosa de entregar a Venécia para a Itália, Drouyn e sua linha

---

[35] Bismarck para Guilherme I, 5 de outubro de 1865. *Auswärtige Politik Preussens 1858-1871*, vi, n.313.

[36] "Meu único interesse é dar um fim na Questão Italiana por meio da cessão de Veneza." Metternich para Mensdorff, 21 de maio de 1866. *Rheinpolitik Napoleons III*, i, n.116.

[37] Sua frase para Cowley.

[38] "Os olhos de toda a França estão voltados *para* o Reno." Goltz para Bismarck, 8 de maio de 1866. *Rheinpolitik*, i, n.87.

conservadora de política sairiam extremamente fortalecidos; Napoleão teria deixado as coisas seguirem em frente e a coalização antiprussiana, tentada mais tarde em vão, poderia ter existido. Enquanto a Venécia estivesse em mãos austríacas, Napoleão não podia ser convencido a fazer parte de uma política pró-austríaca ou mesmo de uma política pacifista; embora mais procrastinador que nunca, ele continuava sendo um aventureiro.

A guinada decisiva na direção da guerra foi dada, curiosamente, pela tentativa de encontrar uma solução pacífica da Questão da Venécia; e a Venécia, em última instância, entregou à Prússia a hegemonia na Alemanha. No outono de 1865, o nobre italiano conservador Malaguzzi tentou convencer o governo austríaco a vender a Venécia para a Itália e a se consolar com vantagens na Alemanha; as negociações prosseguiram até fevereiro de 1866 e depois fracassaram. Justamente nesse momento, uma alternativa mais atraente se apresentou. Em 23 de fevereiro de 1866, Nicholas Cuza, o príncipe da Romênia, foi derrubado e forçado a abdicar. Ocorreu a Nigra, o representante italiano em Paris, que a Áustria poderia ficar com a Romênia em troca da Venécia; e Napoleão concordou com a ideia – essa era uma das combinações rebuscadas que ele sempre adorava. Mas acreditava que os austríacos jamais cederiam a Venécia, a menos que fossem obrigados pelo medo; portanto, aconselhou os italianos a estimular a Áustria a ceder por meio de uma negociação simultânea com a Prússia por uma aliança militar. O conselho chegou na hora certa. Em 28 de fevereiro, um conselho da coroa prussiana decidiu desafiar a Áustria mesmo correndo o risco de guerra; e, como primeira medida, acalmar Napoleão buscando uma aliança com a Itália. Bismarck se aproximou de La Marmora, o primeiro-ministro italiano, bem no momento em que La Marmora decidiu se aproximar de Bismarck. Um general italiano foi enviado a Berlim, aparentemente para negociar, na verdade para assustar os austríacos. Eles ficaram assustados, mas não pelo motivo correto, pois viram no benefício sugerido da Romênia apenas um estratagema para fazer cair sobre eles a agressividade russa;[39] e recusaram definitivamente o acordo em meados de março.

---

39 De todo modo, Bismarck fez isso para eles. Disse aos russos que a Áustria tinha aprovado a ideia, e que Napoleão se opusera a ela por causa do nacionalismo romeno. Oubril para Gorchakov, 25 de fevereiro de 1866. *Auswärtige Politik Preussens 1858-1871*, vi, n.493. Alexandre II disse que o esquema era *"inadmissible jusqu'à la guerre"* [inadmissível a ponto de provocar uma guerra"]; e Gorchakov disse: "se eu tivesse a natureza *de um carneiro*, eu me revoltaria só de pensar nisso" (Talleyrand para Drouyn de Lhuys, 21 de março de 1866. *Origines diplomatiques*, viii, n.1927). Isso certamente completou o afastamento entre a Rússia e a Áustria, como se ainda algo fosse necessário.

Desse modo, os italianos e seu patrono Napoleão ficaram com as negociações com os prussianos nas mãos; o que tinham começado como um blefe, agora tinham de continuar a sério. Embora Bismarck concordasse que, se houvesse guerra, os italianos deveriam ficar com a Venécia, não se comprometia a entrar em guerra por causa dela; exigiu que os italianos assumissem o compromisso de manter a guerra com a Áustria durante três meses no caso de a Prússia fazê-lo, enquanto ele tinha carta branca. Mesmo isso era vantajoso para os italianos: embora não lhes garantisse que haveria guerra, garantia-lhes a Venécia em caso de guerra. O mesmo argumento foi decisivo com Napoleão: ele aconselhou os italianos, embora "como amigo, sem assumir qualquer responsabilidade", a aceitar a proposta de Bismarck, prometendo até protegê-los de um ataque austríaco no caso de a Prússia deixá-los na mão. O tratado entre a Prússia e a Itália, assinado em 8 de abril, foi o passo decisivo da política de Napoleão. Consequentemente, durante três meses ele não pôde oferecer a neutralidade italiana para os austríacos, mesmo que eles estivessem dispostos a ceder a Venécia; ele também não pôde ameaçar efetivamente a Prússia, mesmo que os austríacos lhe oferecessem a Renânia e Bismarck não. Costuma-se dizer que Bismarck iniciou a guerra austro-prussiana sem fazer nenhuma promessa concreta a Napoleão. Não é verdade. Bismarck venceu a campanha diplomática por ser o primeiro a pagar o único preço que importava a Napoleão: a Venécia. Depois da assinatura do tratado de 8 de abril, Bismarck certamente ouviu a conversa nebulosa de Napoleão acerca de compensações no Reno – "se ao mesmo você tivesse uma Savoia"[40] – e teve de enfrentar mais exigências concretas de Drouyn;[41] o preço fundamental tinha sido pago, e não havia uma grande possibilidade de que Napoleão impedisse Bismarck de entrar em guerra se este decidisse fazê-lo.

O tratado de 8 de abril virou a situação diplomática de ponta-cabeça. Até então, a questão era saber se podia haver guerra; depois disso, se ela podia ser evitada. Foram feitas tentativas de três lados – pela Áustria, por Bismarck e, finalmente, por Napoleão; os três romperam no referente à questão da Venécia. Os austríacos se encontravam diante da dificuldade constrangedora de que o seu exército pouco flexível precisava de sete ou oito semanas para ser mobilizado; o prussiano, de apenas três. Se a corrida para a guerra começasse, seriam eles que teriam de começá-la. A única escapatória

---

40 Goltz para Guilherme I, 25 de abril de 1866. *Rheinpolitik*, i, n.71.
41 Drouyn declarou: "temos prestígio suficiente; não devemos mais lutar por uma ideia. Se os outros ganham, nós também temos de ganhar". Goltz para Bismarck, 1º de maio de 1866. Ibid., n.75.

era prometer não começar a corrida, desde que a Prússia fizesse o mesmo; se Bismarck recusasse, ele, não os austríacos, teria dado o sinal para a guerra. Essa iniciativa foi tomada em 7 de abril; Bismarck não tinha resposta efetiva que satisfizesse o rei, e em 21 de abril foi levado, contra a vontade, a prometer acompanhar a Áustria no caminho do desarmamento. No mesmo dia, os ministros austríacos ficaram alarmados com relatos exagerados de preparativos de guerra na Itália. Como jamais tinham reconhecido o Reino da Itália, não podiam abordar os italianos em busca de uma promessa semelhante à recebida da Prússia; além disso, sabiam que, mesmo que superassem esse obstáculo técnico, os italianos reagiriam exigindo a cessão da Venécia. Portanto, decidiram se mobilizar unicamente contra a Itália. Isso foi o suficiente para Bismarck; ele conseguiu convencer Guilherme I que os austríacos o estavam ludibriando. Com efeito, os austríacos descobriram que a mobilização parcial era um compromisso inviável; em 27 de abril, seu exército do norte, na Boêmia, também começou a se mobilizar. Desse modo, os temores austríacos pela Venécia possibilitaram que Bismarck evitasse a responsabilidade de iniciar a corrida para a guerra.

A própria iniciativa de Bismarck pode ter sido idealizada apenas para afastar os últimos escrúpulos do rei contra a guerra; ela pode ter sido uma última aposta para proteger o dualismo alemão por meios pacíficos. É provável que ninguém jamais compreenda os motivos de Bismarck. O intermediário foi Anton von Gablenz – uma figura típica do dualismo – ele próprio, prussiano; seu irmão, o governador austríaco de Holstein. O "compromisso" de Gablenz tinha duas condições: os ducados iriam para um príncipe prussiano, mas nunca se uniriam à Prússia; a liderança militar da Alemanha seria dividida entre a Áustria e a Prússia. Os austríacos podem ter concordado com a condição referente aos ducados; estavam cansados desse assunto, e a proposta de Gablenz salvou sua honra. A segunda condição era mais séria. A hegemonia no norte da Alemanha era o que os prussianos tinham exigido em 1849, durante a guerra de 1859 e durante as negociações de 1860-1861, depois do encontro em Teplitz; ela tinha sido a exigência decisiva que os austríacos tinham sempre recusado. Agora, por estarem numa situação incômoda, eles poderiam ter concordado com ela se tivessem recebido em troca a garantia prussiana da Venécia. Nem mesmo a engenhosidade de Bismarck lhe permitiria satisfazer essa condição. Na verdade, ele estava declarando que, já que a Áustria se metera em dificuldades ao recusar ceder a Venécia ou a hegemonia na Alemanha, então ela deveria perder as duas. Este era, na verdade, o resultado da guerra de 1866; mas os austríacos não aceitariam as consequências da derrota antes de a guerra começar.[42] Em 28 de maio, a negociação de Gablenz se desfez. Mais uma vez, a Venécia tinha impedido um acordo.

Na verdade, os austríacos tinham decidido, tarde demais, conquistar a amizade francesa e a neutralidade italiana cedendo, enfim, a Venécia. Mas não a cederiam diretamente à Itália; no início de maio, sugeriram cedê-la à França em troca da neutralidade italiana – eles próprios seriam compensados na Alemanha pela guerra contra a Prússia. Napoleão teria desejado aceitar a proposta. Tendo planejado uma guerra, agora se esquivava dela, do mesmo modo que tentara conter Cavour no começo de 1859. Além disso, estava sendo incomodado por seus próprios partidários, Drouyn e Persigny, e, mais ainda, por um discurso de Thiers em 3 de maio que dizia que apoiar a Prússia era o caminho errado: em vez de construir uma Alemanha unida, ele deveria restaurar o equilíbrio de 1815. A opinião pública francesa não dava a mínima para a Venécia; o que ela queria era transformar a margem esquerda do Reno num Estado-tampão sob proteção francesa,[43] e como isso teria de incluir território prussiano, o melhor parceiro da França era a Áustria, não a Prússia. Meio a contragosto, Napoleão perguntou aos italianos se aceitariam a oferta austríaca. Eles recusaram. A justificativa formal foi o tratado com a Prússia, que os unia até 8 de julho; sua verdadeira condição era que o princípio nacional deveria ser atendido por meio da cessão da Venécia depois de um plebiscito – uma condição que os austríacos não podiam aceitar. No fundo, Napoleão não lamentou a recusa: precisava da pressão italiana sobre a Áustria. Além disso, a crítica de Thiers o deixara exposto. Em 6 de maio, sem avisar seus ministros, ele declarou em Auxerre: "Abomino esses tratados de 1815, que hoje em dia as pessoas querem transformar no único fundamento da nossa política".

Napoleão ainda achava que existia uma saída pacífica: o congresso no qual ele sempre sonhara que todas as questões europeias seriam discutidas. De fato, isso lhe tinha sido sugerido pelos italianos como uma forma de ganhar tempo até que sua aliança com os prussianos chegasse ao fim em 8 de julho. As duas potências neutras, Inglaterra e Rússia, estavam dispostas a fazer um gesto vazio em favor da paz; mas ambas insistiam na exclusão da Questão Oriental, o único tópico que lhes interessava – à Inglaterra, de

---

42 No fim da vida, Bismarck sugeriu que tinha se oferecido a combater ao lado da Áustria na guerra contra a França e a dar a Alsácia para a Áustria. Obviamente, isso não era verdade. Não havia uma questão da Alsácia em 1866; e Bismark a evocou posteriormente para ocultar o fato de que não podia garantir a Venécia.

43 A manifestação mais nítida disso foi feita por Persigny no conselho de ministros francês de 18 de maio.

modo que a Rússia não levantasse a neutralização do Mar Negro, e à Rússia, para impedir que a Áustria ficasse com a Romênia. O que restava do projeto era a Venécia, que iria para a Itália; os ducados do Elba, que iriam para a Prússia; um Estado neutro no Reno, em proveito da França. Foi oferecida à Áustria uma "compensação" indefinida. Os austríacos só ficariam satisfeitos com a Silésia, que eles sabiam que a Prússia jamais cederia sem guerra. O próprio Bismarck advertiu os franceses que, se eles sugerissem a cessão da Silésia, a Prússia apelaria ao sentimento nacional alemão promulgando a Constituição de Frankfurt de 1849 e lutaria sozinha de forma revolucionária.[44] Na verdade, os franceses pretendiam enganar os austríacos: se o congresso tivesse se reunido, Drouyn teria proposto atender a Áustria por meio da Bósnia, que a Prússia e a Itália deveriam adquirir da Turquia.[45] Essa era a mesma proposta – que a Áustria devia ceder sua hegemonia na Alemanha e na Itália e transferir seu centro de gravidade para a Hungria – a que a Áustria resistia tenazmente desde 1862 ou mesmo 1848; com suas doze nacionalidades, era impossível para a Áustria reconhecer espontaneamente o princípio nacional tanto na Alemanha como na Itália. Além disso, a cessão da Bósnia teria enfrentado a resistência da Grã-Bretanha e da Rússia, sem falar da recusa da Turquia; e a Áustria teria terminado com todo o congresso contra ela. Os austríacos desconfiaram de algo do gênero, embora desconhecessem o plano francês; por isso, condicionaram sua aceitação do congresso em 1º de junho à exclusão de qualquer ampliação territorial ou aumento de poder por parte de qualquer Estado participante. Como isso eliminava a cessão da Venécia, o congresso se tornava inútil para Napoleão. Sua única alternativa era pressionar a Áustria a entrar em guerra. Os austríacos também queriam provocar a guerra; parecia ser a única forma de concretizar a troca da Silésia pela Venécia, que eles tinham passado a considerar como a solução para todas as dificuldades. Assim, como último recurso, a Áustria e a França promoveram, elas mesmas, a guerra que iria destruir sua tradicional grandeza na Europa; e para ambas a Venécia foi o fator decisivo.

A França e a Áustria ainda tinham de fechar um acordo, mesmo que fosse um muito distante da aliança pacífica com a qual os conservadores dos dois países tinham sonhado. A Prússia tinha prometido, de forma irreversível, a Venécia a Napoleão; por isso, durante todo o mês de maio ele não

---

44 Benedetti para Drouyn de Lhuys, 19 de maio de 1866. *Origines diplomatiques*, ix, n.2382.

45 Rascunho do discurso de abertura do congresso, 29 de maio de 1866. Ibid., n.2479. A ideia de satisfazer a Áustria com a Bósnia parece ter se originado com Metternich, embora sem a aprovação de seu governo. Drouyn de Lhuys para Gramont, 20 de abril de 1866, viii, n.2095.

fez nada para desestimulá-la, apesar do fracasso da sua tímida tentativa de obter uma oferta concreta de território no Reno. É provável, realmente, que ele não tenha pressionado Bismarck nesse aspecto para não afugentá-lo da guerra, a única coisa que poderia dar a Venécia à Itália; nunca lhe ocorreu que precisaria se proteger de uma vitória decisiva da Prússia. A preocupação principal de Napoleão era fazer que a Áustria lhe prometesse a Venécia de forma irreversível; em troca, estava disposto a prometer a neutralidade francesa. Ele comunicou a Metternich: "dê-me garantias na Itália caso você vença e eu o deixarei livre na Alemanha... Caso contrário, serei *forçado, por minha vez, a me armar e, finalmente, a intervir*".[46] Os austríacos decidiram que deveriam comprar a neutralidade francesa, apesar de Esterházy não ter certeza "se a pistola de Napoleão estava realmente carregada". Em 12 de junho, a França e a Áustria assinaram um tratado secreto em Viena. A França prometeu permanecer neutra e tentar manter a Itália neutra também; a Áustria prometeu ceder a Venécia para a França se saísse vitoriosa;[47] além disso, ela não se oporia a "um novo Estado alemão independente" no Reno. Napoleão tinha conseguido tudo o que queria: a Venécia e o Estado-tampão renano. Mas os austríacos não achavam que tinham saído com as mãos vazias. Se vencessem, anexariam a Silésia com a aprovação da França; e imaginavam que a neutralidade francesa lhes dava uma oportunidade de vencer. Gramont não estava só em suas ilusões quando escreveu a Mensdorff: "A nossa neutralidade *amistosa* garante a sua vitória".[48] Posteriormente, passou-se a argumentar que a França teria ficado neutra de qualquer jeito; isso era ser profeta depois do fato ocorrido. Até Bismarck levou a intervenção francesa a sério na quinzena que se seguiu a Sadova; se Bismarck estava enganado, podemos desculpar os austríacos por não terem razão. É claro que, como a perda de Venécia era inevitável, os austríacos teriam agido melhor em cedê-la meses ou anos mais cedo; mas não é da natureza de um Estado, e muito menos de uma grande potência tradicional, ceder território, a menos que se veja diante da derrota militar.

Mesmo então houve certa dificuldade técnica para começar a guerra. Em 1º de junho, a Áustria pôs a questão dos ducados nas mãos da Dieta

---

46 Metternich para Mensdorff, 23 de maio e 6 de junho de 1866. *Rheinpolitik*. I, n.120 e 132.
47 Se a Áustria perdesse, ela perderia a Venécia de qualquer modo. Os austríacos tentaram estipular que só deveriam ceder a Venécia se obtivessem uma "compensação territorial equivalente" na Alemanha, i. e., a Silésia. Embora os franceses recusassem essa proposta, concordaram em aprovar "todo ganho territorial obtido pela Áustria" que não perturbasse o equilíbrio de poder europeu.
48 Gramont para Mensdorff, 10 de junho de 1866. *Origines diplomatiques*, x, n.2629.

federal; isso representou o rompimento formal de sua aliança com a Prússia. Bismarck retaliou ocupando Holstein; para sua irritação, as tropas austríacas se retiraram antes que ele disparasse um tiro. Em 12 de junho, a Áustria rompeu relações diplomáticas com a Prússia; em 14 de junho, sua moção em defesa da mobilização federal contra a Prússia foi aprovada na Dieta. A Prússia declarou o fim da Confederação Alemã, e, em 15 de junho, invadiu a Saxônia. Não houve uma declaração formal de guerra. Quando as tropas prussianas chegaram à fronteira austríaca, em 21 de junho, o príncipe herdeiro, que estava no comando, notificou o oficial austríaco mais próximo de que havia um "estado de guerra" e iniciou a invasão. Os italianos se saíram um pouco melhor: La Marmora enviou uma declaração de guerra para o arquiduque Albrecht, comandante-chefe na frente sul, antes de tomar a ofensiva. Essas hesitações técnicas tiveram as mesmas causas das de 1859: tanto a Itália como a Prússia estavam comprometidas com projetos que não podiam ser justificados pelo direito internacional. Como ambas eram contrárias ao *status quo*, acabariam aparecendo como transgressoras se pusessem suas reivindicações no papel. No entanto, teria sido difícil pressioná-las a iniciar a guerra se a Áustria não tivesse feito o trabalho por elas. A guerra de 1866, como a guerra de 1859 antes dela e as guerras de 1870 e 1914 depois dela, foi iniciada pela potência conservadora, a potência que estava na defensiva, e que, atormentada além do suportável, irrompeu sobre seus verdugos. Toda guerra entre grandes potências da qual este livro se ocupa começou como uma guerra preventiva, não uma guerra de conquista. A Guerra da Crimeia foi razoavelmente bem-sucedida em seu objetivo; as outras trouxeram desgraça sobre seus iniciadores. Isso poderia ser uma prova de que é um erro deflagrar guerras preventivas; mas talvez o erro seja apenas deflagrá-las sem ter certeza do sucesso.

 A guerra de 1866 foi extraordinariamente curta. Os italianos foram derrotados em 24 de junho em Custoza, cenário de sua derrota anterior em 1848, o que não ajudou os austríacos. Em 3 de julho, seu principal exército foi derrotado em Sadova,[49] na Boêmia. No dia anterior, já tinham oferecido a cessão da Venécia a Napoleão, se ele lhes conseguisse um armistício com a Itália, liberando assim seu exército do sul para ser utilizado contra a Prússia. Napoleão não podia satisfazer essa condição: os italianos estavam comprometidos com a Prússia e, além disso, queriam conquistar a Venécia para si. Em 4 de julho, com a notícia de Sadova, Napoleão anunciou – de forma bastante incorreta – que a Áustria tinha lhe cedido a Venécia, e que, em troca,

---

[49] Nome alemão: Königgrätz.

ele tinha concordado em fazer a mediação entre os beligerantes. Isso era muito diferente de ajudar a Áustria conseguindo um armistício com a Itália. A Prússia e a Itália, esta a contragosto, aceitaram a mediação francesa; mas insistiram em prosseguir com as hostilidades até que se chegasse a um acordo sobre as condições. Drouyn imaginou que a decisão de 4 de julho significava o êxito da sua política: a França tentaria impor condições razoáveis aos vitoriosos, e, quando elas fossem rejeitadas, se aliaria com a Áustria contra eles.[50] Dessa forma, Drouyn garantiria finalmente a aliança com a Áustria que ele buscava desde 1853. Era inconcebível que a sua política fosse adotada. Embora Napoleão fosse mais procrastinador que nunca, no frigir dos ovos sempre acabaria do lado do princípio nacional. Conseguira resistir à aliança com a Áustria antes da guerra; era pouco provável que se amarrasse ao "cadáver austríaco" no momento da derrota. Além do mais, a política da aventura era então, curiosamente, a política da inação: bastava Napoleão não fazer nada para que o princípio nacional triunfasse. Ele estava doente, quase incapaz de tomar uma decisão, que dirá de agir; e o exército francês não estava preparado para uma guerra difícil. Embora este não fosse o fator determinante, certamente deveria ter sido: a discussão se voltou para a política, não para o poderio francês. Além disso, o exército francês estava razoavelmente pronto para uma demonstração de força no Reno, o que teria afetado o equilíbrio de poder na Alemanha.[51]

Bismarck facilitou a Napoleão a tarefa de resistir a Drouyn, mesmo fortalecido pelo apoio de Eugenie. Ele não aceitou apenas a mediação francesa. Apresentou condições razoáveis: dissolução da Confederação Alemã; exclusão da Áustria dos assuntos franceses; e uma hegemonia militar prussiana na Alemanha ao norte do Main. Como Napoleão poderia se opor a condições que ele defendera durante anos? A única coisa a que se opôs foi a exclusão completa da Áustria, por fazer pender demais a balança alemã do lado da Prússia. Bismarck o deixou satisfeito ao concordar que os Estados alemães ao sul do Main deveriam ter "uma vida externa independente".[52]

---

50 Não está claro que uso Drouyn teria feito da aliança exceto controlar a Prússia. Embora se referisse vagamente à ocupação da margem esquerda do Reno, ele não defendia sua anexação: essa teria sido a política de "compensações", implícita num acordo com a Prússia, não numa guerra contra ela.

51 Bismarck alegou que, no caso de uma ameaça francesa, ele teria feito a paz com a Áustria e dirigido as forças da Alemanha unida contra Napoleão. Essa era uma fanfarronice típica de Bismarck. Ele não poderia ter abandonado a Itália. De qualquer modo, depois de Sadova, os austríacos deram preferência a uma aliança com a França, não com a Prússia.

52 Como incentivo adicional, Bismarck concordou com um plebiscito no norte de Schleswig. Isso estava devidamente estipulado (artigo V) no Tratado de Praga. O plebiscito fora adiado com

Napoleão conseguiria o fim do acordo alemão de 1815; a gratidão do sentimento nacional alemão; e Estados-tampão, independentes tanto da Áustria como da Prússia, para proteger a fronteira do Reno; sem falar da Venécia para a Itália.[53] Napoleão tomou conhecimento das condições de Bismarck em 8 de julho. Dois dias depois, chegou a uma decisão: a política de Drouyn, a "política do 4 de julho", tinha sido equivocada, e a França precisava fazer um acordo com a Prússia.[54] Qualquer outra decisão teria contrariado a natureza íntima do Segundo Império.

A decisão de 10 de julho definiu o desfecho. Em 14 de julho, Napoleão e Goltz redigiram as condições que seriam recomendadas pela França, e as apresentaram em Viena em 18 de julho. Os ministros austríacos ligavam pouco, ou nada, para a "missão alemã" da Áustria, embora se importassem bastante com seu prestígio. Depois que se convenceram de que não podiam reverter a derrota militar, insistiram apenas na integridade da Saxônia, seu único aliado fiel; e uma paz provisória foi firmada em Nikolsburg em 26 de julho. Ela se tornou a Paz de Praga definitiva um mês depois (23 de agosto). Os italianos tinham se mantido distantes das negociações: esperavam se apoderar do Tirol do Sul enquanto os austríacos estivessem ocupados em outras regiões. Porém, depois de a Venécia estar assegurada para os italianos, Bismarck considerou seu acordo cumprido, e firmou a paz sem eles. E o exército austríaco foi liberado, com força total, para impor as condições aos italianos em 10 de agosto. Os italianos receberam a Venécia e nada mais.

A Áustria foi excluída tanto da Alemanha como da Itália, mas continuou sendo uma grande potência. A moderação de Bismarck depois da vitória tem sido muito elogiada; e certamente foi preciso ter a cabeça fria

---

desculpas recorrentes. Em 1878, a Áustria concordou com a abolição do artigo V, e o plebiscito só foi realizado em 1919, depois da vitória aliada.

53 Costuma-se ignorar que a política de Drouyn implicava a guerra contra a Itália e também contra a Prússia (na verdade, mais ainda, já que os italianos eram teimosos e intransigentes). Nada poderia ser mais fantasioso que imaginar que Napoleão jamais entraria em guerra contra sua própria criatura.

54 Omiti a versão dramática dos acontecimentos em Paris, segundo a qual a mobilização foi decidida em algum momento entre 4 ou 5 de julho e depois revogada por Napoleão durante a noite. Mesmo que isso tenha acontecido (e parece improvável), a decisão de concordar com a Prússia só foi tomada em 10 de julho. Entre 4 e 10 de julho ocorreu uma discussão que foi de um lado para o outro – Metternich, Drouyn e Eugenie de um lado; Rouher, o príncipe Jerome e, no fundo, o próprio Napoleão, do outro. Os amigos da Áustria naturalmente exageraram a fragilidade e a falta de vontade de Napoleão; ele pareceu muito competente e decidido ao negociar com Goltz. Na verdade, como muitas pessoas doentes, ele ficava mais doente quando lhe convinha.

para quase ficar satisfeito com as condições que ele tinha proposto antes da guerra. No entanto, ainda assim, Bismarck manteve suas condições: excluiu a Áustria da Alemanha, em vez de dividi-la com os austríacos na linha do Main. Além do mais, a alternativa à política de Bismarck não era o desmembramento do Império Austríaco, que teria horrorizado Guilherme I e os generais prussianos que reclamavam da moderação de Bismarck. A alternativa era simplesmente a anexação de parte do território austríaco na Silésia, o que ainda a teria deixado uma grande potência, embora descontente. Tal como ocorreu, ela ficou bastante descontente. Em outubro de 1866, Beust – anteriormente primeiro-ministro da Saxônia e principal adversário de Bismarck na Alemanha – se tornou ministro do Exterior da Áustria. Apesar de suas declarações pacifistas, a indicação não fazia sentido, exceto como um prenúncio de vingança, seja por meio da guerra, seja por meio da política. A decisão de não se vingar foi tomada em 1870, não em 1866; e ela foi tomada por motivos que não poderiam ter sido previstos em 1866.

Os dois primeiros anos da Questão Alemã, da abertura do caso de Schleswig até a derrota da Áustria, tiveram basicamente uma característica negativa. O grande feito de Bismarck nesses anos foi derrotar o projeto da "Grande Alemanha", um projeto que só poderia ter sido realizado sob a liderança dos Habsburgo. A política prussiana sempre tivera um objetivo mais limitado, quando não mais modesto: estabelecer a hegemonia prussiana ao norte do Main. O poder austríaco, o maior obstáculo a essa hegemonia, tinha sido afastado, mas Bismarck ainda precisava superar a resistência das outras Grandes Potências. Além do mais, a vitória da Prússia criara um elemento novo e complicador em sua política. O sentimento nacional alemão não seria detido no Main; e a Prússia, gostasse ou não, tinha se tornado a potência "alemã". Entre 1864 e 1866, Bismarck ignorou a opinião pública tanto da Prússia como da Alemanha em geral; e a guerra de 1866 foi a última "guerra de gabinete", travada unicamente por meio da diplomacia. Depois de 1866, Bismarck ficou, em certa medida, refém de seu próprio sucesso; ele não poderia virar as costas à Questão Alemã, mesmo se quisesse. A França e a Rússia, as Grandes Potências vizinhas, também foram afetadas. Até 1866, elas tinham imaginado que a única questão em jogo era uma alteração do equilíbrio de poder na Alemanha; e ambas tinham pensado que se beneficiariam se ele fosse alterado em favor da Prússia. Depois de 1866, passaram a perceber aos poucos que estavam diante da unificação alemã, não simplesmente de uma grande Prússia. A França descobriu isso à própria custa em 1870, e a Rússia, em 1878.

IX
O isolamento da França
1866-1870

A exemplo da Itália em 1859, a derrota da Áustria simplesmente possibilitou a solução do problema alemão, sem, porém, resolvê-lo. Bismarck ainda teve de reorganizar a Alemanha sem a interferência das Grandes Potências, do mesmo modo que Cavour unificara a Itália em 1860. A política britânica estava fortemente comprometida com uma postura não intervencionista; por ter uma visão otimista, ela acolhia tudo que fortalecesse a Europa central contra as potências periféricas. O mais surpreendente é essas duas potências terem permitido que a unificação alemã se concretizasse. O processo começou quando a derrota da Áustria ainda estava sendo avaliada. Afinal de contas, a Prússia tinha de firmar a paz com os Estados alemães que tinham lutado contra ela, bem como com a Áustria. Os Estados ao sul do Main saíram ilesos; na verdade, com uma "vida internacional independente" mais convencional que antes.[1] O próprio Bismarck teria se contentado com o controle das forças armadas nos Estados ao norte de Main; Guilherme I queria ampliar o território prussiano – na verdade, anexar todos os Estados ao norte do Main que tinham lutado, embora inutilmente, contra a Prússia.

---

[1] Costuma-se dizer que Bismarck rompeu essa cláusula ao assinar tratados defensivos com esses Estados antes de a Paz de Praga ser concluída. Porém, no contexto de 1866, esses tratados eram uma garantia contra a Áustria; e não há por que imaginar que Napoleão III teria se oposto se tivesse sabido de sua existência. Ele não fez nenhuma queixa em 1867, quando eles se tornaram públicos. Mesmo em 1870, sua política foi proteger a independência dos Estado alemães do sul tanto contra a Áustria como contra a Prússia.

A FRONTEIRA DO RENO

Inicialmente não ocorreu a Bismarck que poderia levar a cabo seu projeto sem oferecer uma compensação à França; e ele pressionou inúmeras vezes os franceses para que dissessem quais eram as suas condições antes de concluir as negociações com a Áustria – até lançando a frase de que a Bélgica deveria se tornar "o baluarte da França".[2]

Essa não era, de modo algum, a intenção de Napoleão. Sua preocupação tinha sido obter a Venécia para a Itália; além disso, julgou ter criado uma "terceira Alemanha" ao sul do Main e, desse modo, alterado o equilíbrio alemão em favor da França. Acreditava profundamente no princípio nacional, não nas fronteiras nacionais. É claro que ele queria destruir o acordo de 1815, mas isso fora alcançado com a dissolução da Confederação Alemã. Embora tivesse tomado a Savoia e Nice em 1860, aquilo representara principalmente uma compensação para o sentimento francês; e ele não exigiu compensações quando Cavour obteve todo o sul da Itália. No momento, seu coração não exigia a conquista de territórios habitados por germânicos. O que ele queria era uma Prússia satisfeita e agradecida; e calculou que uma Prússia liberal, com uma base nacional, se afastaria da Rússia. Longe de Bismarck ter feito exigências que Napoleão recusou, foi Napoleão que pressionou Bismarck a aceitar território alemão. Em suas próprias palavras, quando repeliu Drouyn um pouco depois: "o verdadeiro interesse da França não é obter um aumento territorial insignificante, e sim ajudar a Alemanha da maneira mais favorável aos seus interesses e aos da Europa".[3] Napoleão às vezes ficava em dúvida se deveria ter facilitado as coisas para a Prússia e desobstruído o caminho para a unificação da Alemanha;[4] uma vez tomada a decisão, a única conduta sensata era deixá-la seguir em frente sem exigir nada para a França, do mesmo modo que Napoleão tolerara o sucesso de Garibaldi no sul da Itália sem exigir Gênova ou a Sardenha. Em 22 de julho, Napoleão se comprometeu. Disse a Goltz que concordava com o acréscimo pela Prússia de 4 milhões de novos súditos; e não pediu nada para si.

Infelizmente, apesar de inteligente, Napoleão era fraco. Nem bem tinha tomado uma decisão sensata em 22 de julho, permitiu que Drouyn

---

2 Benedetti para Drouyn de Lhuys, 15 de julho; Lefebvre de Béhaine para Drouyn de Lhuys, 25 de julho de 1866 (registro da conversa de 16 de julho). *Origines diplomatiques*, xi, n.3000 e 3143.

3 Napoleão para La Valette, 12 de agosto de 1866. *Origines diplomatiques*, xii, n.3383. O texto em *Origines*, certamente um rascunho, traz esta reveladora variante: "Da maneira mais favorável aos *nossos* interesses".

4 Napoleão tinha dúvidas até em relação à Itália. Ele disse a Metternich logo antes da guerra: "Talvez eu tenha me enganado ao deixar a revolução triunfar na Itália". Metternich para Mensdorff, 29 de maio de 1866. *Rheinpolitik*, i, n.125.

a revertesse no dia seguinte. Se não podia entrar em guerra contra a Prússia, Drouyn estava decidido a ganhar território; seu motivo era a tradicional doutrina da "compensação", de acordo com a velha escola diplomática na qual era fora formado. Benedetti foi orientado a exigir as fronteiras de 1814 e o território da Baviera e de Hesse na margem esquerda do Reno sob a ameaça de "um distanciamento permanente". Bismarck respondeu se negando a ceder "um único vilarejo alemão". Napoleão deu meia-volta assustado, pôs toda a culpa em Drouyn e o desautorizou em 12 de agosto. Drouyn deixou o cargo, dessa vez para sempre, e o controle dos negócios estrangeiros passou temporariamente para Rouher, empresário que cuidava dos assuntos gerais de Napoleão. Rouher estava preocupado com a opinião pública francesa, não com o equilíbrio de poder. Como queria um sucesso marcante para conter o crescente descontentamento com o império autoritário, pensou em obtê-lo especulando com a expansão prussiana. A exemplo de muitos que atingem o topo da política interna, ele pensou que a política externa também podia ser conduzida com base na boa vontade e em palavras gentis. Drouyn tinha tentado ameaçar Bismarck; Rouher procurou lisonjeá-lo. Deixou de lado a reivindicação de território alemão e, em vez disso, pediu que a Prússia assistisse com aprovação enquanto a França conquistava Luxemburgo[5] e a Bélgica; em troca, propôs uma aliança das duas potências com uma garantia mútua de sua integridade territorial. Mas a Prússia precisava da proteção francesa contra quem? A Prússia não era a Itália: ela conseguia se defender sozinha da Áustria derrotada. Não tinha motivo para brigar nem com a Rússia nem com a Grã-Bretanha – a menos, na verdade, que se aliasse com a França. Nesse caso, seria arrastada para o conflito com os britânicos por causa da Bélgica; seria arrastada para a Questão Polonesa contra

---

5 Luxemburgo tinha sido membro da Confederação Alemã, embora sob a soberania do rei da Holanda; por ser uma fortaleza federal, era guarnecido por tropas prussianas. Por ter ficado neutro na guerra de 1866, não pôde ser anexado pela Prússia nem incluído na nova federação alemã do norte; contudo, continuou sendo membro do Zollverein alemão até 1918 (quando fez uma união aduaneira com a Bélgica). A guarnição também ficou ali até setembro de 1867; portanto, a Prússia teria de tomar a medida concreta de se retirar em caso de uma anexação francesa, ao passo que, no caso da Bélgica, ela teria apenas de concordar. Luxemburgo era tradicionalmente uma fortaleza muito poderosa – "o Gibraltar do norte": e também estava se revelando rapidamente um centro da indústria do aço. Apesar disso, a reivindicação francesa por ele era principalmente uma questão de prestígio; a França queria um troféu e, também, um precedente para a anexação da Bélgica. Os habitantes de Luxemburgo falavam um dialeto alemão, embora fossem mais alinhados espiritualmente aos alsacianos ou aos suíços de fala alemã do que à nação alemã.

seu interesse e para a Questão Oriental, onde não tinha nenhum interesse. Na verdade, a França era a única potência que a Prússia tinha motivo para temer; e a proposta de aliança, como observou Benedetti,[6] era, na verdade, uma forma indireta de renunciar à fronteira do Reno. Não se fazem alianças nessas condições.

Teria sido muito diferente se a Rússia tivesse se assustado com o sucesso da Prússia. Durante toda a guerra, os russos tinham se aferrado a seu princípio: "melhor uma Prússia forte que uma Áustria forte".[7] Mesmo assim, tinham achado difícil suportar a exclusão dos assuntos europeus, e, em 27 de julho, Gorchakov propôs formalmente a realização de um congresso para decidir o futuro da Alemanha. Como sempre, a palavra mágica "congresso" incluía a expectativa russa de rever o acordo de 1856. De todo modo, isso teria destruído o projeto de Bismarck de reorganizar a Alemanha sem interferência externa. Ele replicou com as duas armas que sempre tinham servido bem à Prússia: ameaças na Polônia, promessas no Oriente Próximo. Se a Rússia interferisse na Alemanha, ele aconselharia Guilherme I a "liberar totalmente o poderio nacional alemão e dos países vizinhos";[8] além disso, "não nos interessa prosseguir com as restrições à Rússia no Mar Negro".[9] Acima de tudo, ele invocou os laços familiares entre Guilherme I e o tsar. Provavelmente a proposta russa de um congresso nada mais fosse que um gesto de irritação monárquica; embora os russos quisessem se impor, nunca temeram as consequências de uma vitória prussiana. Além disso, em última instância, Bismarck poderia lhes oferecer um caminho mais seguro para a transformação que um congresso: poderia deixar a França imobilizada pela Europa ocidental. Em 21 de agosto, ele telegrafou a São Petersburgo: a Rússia manteria a Áustria neutra em caso de uma guerra entre a Prússia e a França?[10] Manteuffel, o enviado especial para apaziguar o tsar, respondeu em 24 de agosto: "embora Gorchakov não tenha se comprometido de forma decisiva, Sua Excelência pode assumir uma postura firme contra a França".[11] Não há dúvida de que a pergunta de Bismarck surgiu de uma ansiedade genuína; mesmo assim, seus efeitos sobre os russos foram calculados. As linhas da estrutura diplomática de 1870 já estavam sendo traçadas: os russos

---

6 Benedetti para Rouher, 30 de agosto de 1866. *Origines diplomatiques*, xii, n.3527.
7 Talleyrand para Drouyn de Lhuys, 13 de julho de 1866. *Origines diplomatiques*, xi, n.225.
8 Bismarck para Goltz, 31 de julho de 1866, telegrama anexo para Schweinitz (São Petersburgo). Bismarck, *Gesammelte Werke*, vi, n.515.
9 Bismarck para Manteuffel (enviado especial a Alexandre II), 9 de agosto de 1866. Ibid., n.543.
10 Bismarck para Manteuffel, 21 de agosto de 1866. Ibid., n.582.
11 Manteuffel para Bismarck, 24 de agosto de 1866. *Auswärtige Politik Preussens 1858-1871*, viii, n.3.

tolerariam uma guerra entre a França e a Prússia quando vissem nisso a possibilidade de dispor de carta branca contra a Áustria.

A manobra de Bismarck foi prematura: o perigo de guerra com a França tinha passado com a queda de Drouyn. Benedetti trouxe de volta a Berlim uma proposta de aliança, não uma ameaça de guerra. Mas embora a França oferecesse uma aliança, na verdade ela queria ser recompensada por sua neutralidade na guerra que já tinha terminado: o importante era a aquisição de Luxemburgo, não a aliança com a Prússia. Esse era um acordo inviável: ninguém paga por serviços já prestados. Bismarck tinha pago o preço exigido por Napoleão ao possibilitar a obtenção da Venécia pela Itália; era tarde demais para Napoleão se arrepender desse acordo. Bismarck tentou direcionar a aliança para o futuro: ofereceu carta branca à França na Bélgica se a Prússia pudesse ficar com o sul da Alemanha. Isso também era inviável: a independência do sul da Alemanha era considerada pelos franceses a condição indispensável para aceitar os ganhos da Prússia ao norte do Main. As negociações se encaminharam para um impasse, deixando apenas um esboço de tratado que Bismarck usou para desacreditar a França em 1870. Isso não quer dizer que Bismarck decidiu romper com a França em setembro de 1866. A exemplo de Napoleão III, ele era um procrastinador, e só decidia quando era obrigado a fazê-lo. A decisão ainda cabia aos franceses. Se eles não direcionassem a aliança com a Prússia para o futuro, sua única postura amistosa seria aceitar o que tinha acontecido sem reservas nem reclamações. Essa tinha sido sempre a política do próprio Napoleão. Ele nunca gostara de exigir compensações; seu maior desejo era aparecer como um patrono desinteressado da Itália e da Alemanha. Em 16 de setembro, desautorizou Rouher, como tinha desautorizado Drouyn um mês antes. Anunciou que a Santa Aliança estava dissolvida; que a Itália e a Alemanha estavam livres com a aprovação francesa; que os povos da Europa estavam se reunindo em grandes Estados, os únicos capazes de manter o equilíbrio contra os dois futuros gigantes: a Rússia e os Estados Unidos. "O imperador não acredita que a grandeza de um país dependa da fraqueza de seus vizinhos; para ele, o verdadeiro equilíbrio se assenta na satisfação dos desejos das nações europeias."[12]

Embora utilizasse métodos conspiratórios, Napoleão os mesclava à visão de um estadista. A França só estaria segura se a nação alemã e a nação italiana se juntassem em defesa da causa comum da Europa ocidental. Sua política italiana foi bem-sucedida, tirando o erro fatal de Roma; sua política

---

12 Circular de La Valette (ministro das Relações Exteriores em exercício), 16 de setembro de 1866. *Origines diplomatiques*, xii, n.3598.

alemã poderia ter sido bem-sucedida se seus seguidores tivessem permitido que ele a aplicasse. Isso posto, fica a pergunta: será que Bismarck, o *"junker louco"*, poderia ter sido convencido sinceramente a apoiar uma orientação ocidental da política? Poderia ter feito as concessões ao sentimento polonês que uma política favorável à França teria implicado, mesmo que a França e a Rússia mantivessem um bom relacionamento? Parece improvável. No século XX, nem mesmo um governo republicano alemão consolidaria relações com a França reconhecendo as fronteiras da Polônia; muito menos Bismarck. Não obstante, o rompimento decisivo de 1867 veio dos franceses, não de Bismarck.

No outono de 1866, Napoleão se tornou refém novamente das exigências do prestígio imperial, e dessa vez para sempre. Sua vontade e seu vigor físico estavam decaindo. Seus apoiadores mais próximos – Rouher e La Valette, entre outros – insistiam que a opinião pública francesa se sentia ofendida com o engrandecimento da Prússia e precisava receber uma satisfação concreta.[13] Pela primeira vez, a política externa não jogou simplesmente para a opinião pública; ela foi ditada pela opinião pública. Os ministros franceses ficaram hipnotizados pela perspectiva de conquistar Luxemburgo. Só isso poderia silenciar os críticos e justificar a neutralidade de Napoleão em 1866. O prestígio era seu único motivo. Como eles não perceberam o quanto o equilíbrio de poder tinha mudado contra a França, não visaram Luxemburgo por razões de segurança. Seu objetivo importante era comprometer Bismarck com seus planos, logo, tornar a Prússia seu cúmplice. Nas palavras de Benedetti: "uma vez em Luxemburgo, estaremos na estrada que leva à Bélgica, e chegaremos lá com mais segurança com a neutralidade prussiana".[14] Nunca lhes ocorreu que Bismarck poderia se opor a seus planos; quando muito, temiam que ele poderia não os apoiar ativamente.

Esta parece a chave da postura de Bismarck nas negociações com a França que se arrastaram de novembro de 1866 a fevereiro de 1867. Provavelmente teria concordado que a França recebesse Luxemburgo, se isso pudesse ter sido feito sem comprometê-lo aos olhos da opinião pública alemã ou das Grandes Potências; ele não iria fazer o trabalho delas. Bismarck repetia sem parar: "comprometam-se. Entreguem à Europa e ao rei da Prússia um *fait*

---

13 Talleyrand disse a Gorchakov: "O imperador procurou atrair a França para o seu ponto de vista sobre os acontecimentos na Alemanha; ele não teve êxito e o país não está satisfeito". Talleyrand para Moustier, 3 de abril de 1867. *Origines diplomatiques*, xv, n.4572. Cf. Goltz para Bismarck, 28 de dezembro de 1866 e 11 de janeiro de 1867. *Auswärtige Politik Preussens 1858-1871*, viii, n.156 e 178.

14 Benedetti para Moustier, 26 de janeiro de 1867. *Origines diplomatiques*, xiv, n.4115.

accompli".[15]* Talvez essa fosse uma armadilha para a França; mas Bismarck não poderia ter adotado outra postura, mesmo se tivesse sido sincero. Ou melhor, Bismarck não poderia ter adotado nenhuma postura na Europa ocidental.[16] Mas a Alemanha e o Reno já tinham deixado de ser o foco exclusivo da atenção internacional. A Questão Oriental estava sendo agitada novamente, pela primeira vez desde 1856. O símbolo e o pretexto para tal foi a insurreição de Creta contra o domínio turco, que se iniciou no verão de 1866. A causa mais profunda foi a recuperação da Rússia. Com a Polônia totalmente subjugada, a Rússia podia retomar o nível das Grandes Potências. Além do mais, com o crescimento do sentimento pan-eslavo na Rússia, Alexandre II e Gorchakov não podiam mais ignorar os problemas na Turquia, independentemente de sua indiferença pessoal. Durante os quatro primeiros anos, a diplomacia de Bismarck fora definida pela ausência da Questão Oriental. Essa situação tinha mudado. Se a roda dos acontecimentos tivesse girado um pouco diferente, a grande crise oriental de 1875 a 1878 poderia ter precedido a Guerra Franco-Prussiana em vez de tê-la seguido. As consequências diplomáticas são incalculáveis – talvez uma entente franco-russa para dividir o Império Turco, mais provavelmente o renascimento da "coalizão da Crimeia"; de todo modo, algum aliado para a França. Tal como ocorreu, a Questão Oriental trouxe problemas suficientes a ponto de provocar um novo rompimento entre a Rússia e a França, depois se esvaiu antes de unir a França com a Áustria. A Polônia tinha permitido que Bismarck derrotasse a Áustria; Creta, não a Polônia, permitiu que ele derrotasse a França.

Bismarck procurou tirar proveito da Questão Oriental. Em janeiro de 1867, ele sugeriu que a França devia ser "atendida e tranquilizada" por meio de um sistema de compensações no Oriente Próximo;[17] e perguntou a Benedetti: "Por que você se esforça tanto para apagar o fogo no Oriente Próximo? Nós dois poderíamos nos aquecer ali".[18] Ele torcia pela retomada da entente franco-russa, que fora rompida em 1863, pois ela encobriria a

---

15 Benedetti para Moustier, 20 de dezembro de 1866. *Origines diplomatiques*, xiii, n.3949.

* Em francês no original: "fato consumado". (N. T.)

16 No outono de 1866, os franceses tiveram outra ideia por meio da qual sua opinião pública poderia se reconciliar com a vitória da Prússia: a Prússia deveria se unir à França para assegurar o poder temporal do papado. Portanto, a Prússia deveria assumir um ônus gratuito e se distanciar da Itália unicamente para cair nas graças da França, algo de que ela não precisava, ou para afastar o perigo da França, que ela não temia. Era mais exemplo do erro elementar da diplomacia francesa: uma vez a Áustria derrotada, a Prússia não temia a França nem precisava dela.

17 Bismarck para Goltz, 30 de janeiro de 1867. *Auswärtige Politik Preussens 1858-1871*, viii, n.213.

18 Benedetti para Moustier, 26 de janeiro de 1867. *Origines diplomatiques*, xiv, n.4115.

Questão Polonesa; e, de todo modo, era muito menos perigosa para a Prússia que uma aliança entre a França e a Áustria, ou mesmo entre a França e a Grã-Bretanha.[19] Bismarck não foi o único a apresentar propostas. Beust, que acabara de se tornar ministro do Exterior da Áustria e sonhava em restaurar o prestígio dos Habsburgo com conquistas nos Bálcãs, alimentou a ilusão de que a Áustria poderia aceitar as conquistas russas se ela própria conquistasse a Bósnia e a Herzegovina. Se a Rússia respeitasse a Romênia como um Estado-tampão, Beust estaria disposto a cancelar a neutralização do Mar Negro; era um equívoco, disse ele, a Áustria se apegar a causas moribundas como os príncipes italianos legítimos, a Confederação Alemã ou a integridade do Império Turco.[20] Isso ignorava o fato de que a própria monarquia dos Habsburgo era "uma causa moribunda". O obstáculo aos projetos de Bismarck e de Beust era sua incapacidade de oferecer qualquer estímulo concreto à França em troca da destruição da vitória de 1856. Bismarck falou vagamente em compensações; Beust especificou o Egito.[21] Com o Canal de Suez em sua primeira onda de sucesso como um empreendimento francês, essa proposta fazia mais sentido do que antes, ou desde então; mas mesmo isso era inútil. Como disse Napoleão: "Infelizmente, a Inglaterra está sempre no meu caminho". Na verdade, a França só poderia encontrar a compensação para o Oriente Próximo na Europa ocidental; e a lembrança da Questão Oriental, longe de aplacar o interesse francês no Reno, o deixou mais acentuado. Em 1º de março de 1867, Moustier rejeitou a oferta prussiana de amizade no Oriente Próximo sem concessões no Ocidente: "você nos oferece espinafre sem sal, Luxemburgo é o sal".[22]

Como as negociações com a Prússia se encaminhavam para um impasse, a França se voltou para a Rússia; e suas negociações visando a uma entente nos primeiros meses de 1867 foram o esforço mais sério entre o encontro de Stuttgart em 1857 e a visita a Kronstadt em 1891. Como sempre, havia divergências fundamentais de ponto de vista. Os franceses queriam o apoio russo contra a Prússia no Ocidente; os russos queriam que a França e a Prússia mantivessem um bom relacionamento entre si para que ambas pudessem respaldar a Rússia no Oriente Próximo. As duas eram potências conservadoras, favoráveis ao *status quo* no que dizia respeito às ambições de ambas, embora sonhassem em obter ganhos sem pagar por eles. Os franceses esperavam

---

19 Bismarck para Goltz, 15 de fevereiro de 1867. *Auswärtige Politik Preussens 1858-1871*, viii, n.242.
20 Werther para Bismarck, 10 de dezembro de 1866. Ibid., n.126.
21 Metternich para Beust, 7 de janeiro de 1867. *Rheinpolitik*, ii, n.328.
22 Goltz para Bismarck, março de 1867. *Auswärtige Politik Preussens 1858-1871*, viii, n.266.

ficar com a Bélgica e com Luxemburgo sem sacrificar a integridade do Império Turco; os russos esperavam remodelar o Oriente Próximo sem alterar o equilíbrio na Europa ocidental. Os russos estavam dispostos a renovar a promessa que tinham feito em 1857 e que respeitaram mesmo em 1870; jamais participariam de uma coalizão dirigida contra a França – afinal de contas, mesmo no auge da crise polonesa, tinham se recusado a apoiar a Prússia contra a França. Tudo tinha corrido muito bem enquanto a França, ao contrário da Itália, "conseguia se virar sozinha". Agora os franceses precisavam de um apoio explícito, embora não ousassem dizê-lo. Na verdade, Moustier convidou os russos a dizer que preço eles pagariam: "é mais fácil para o tsar definir os limites da sua boa-vontade do que é para nós aceitar prematuramente planos que ainda não foram formulados".[23] Gorchakov evitou se comprometer; na verdade, ele concordaria com qualquer coisa na Europa ocidental que também contasse com o aval da Prússia. No Oriente Próximo, as posições se invertiam. Os franceses estavam dispostos a apoiar a anexação de Creta, e mesmo de território continental, pela Grécia; mas somente com a condição de que os russos apoiassem a integridade do Império Turco remanescente. Os russos não davam muita importância a Creta, nem aos gregos como um todo; só estavam interessados na criação de um precedente – se as reivindicações nacionais dos gregos fossem aceitas, as dos povos eslavos viriam em seguida. Os franceses apoiavam as reivindicações gregas porque elas não implicavam a destruição do Império Turco; os russos, porque elas implicavam. Além disso, os franceses pensavam que podiam defender a anexação de Creta à Grécia sem afastar nem a Áustria nem a Grã-Bretanha; a principal preocupação dos russos era destruir "a coalizão da Crimeia". Nada tinha se concretizado entre a Rússia e a França quando a crise de Luxemburgo explodiu no início de abril de 1867.

Os franceses tinham aceitado o conselho de Bismarck, e se comprometeram. Eles negociaram secretamente a cessão de Luxemburgo com o rei da Holanda, seu proprietário. O estímulo aparente era a proteção francesa à Holanda contra a Prússia; o verdadeiro argumento era o suborno que os franceses pagavam à amante do rei. No último instante, o rei da Holanda perdeu a calma: ele se recusou a concluir o tratado com a França antes de informar o governo prussiano. Uma explosão de sentimento patriótico se seguiu no Parlamento do norte da Alemanha; foi alegado que Luxemburgo era um antigo território alemão que não poderia ser cedido à França. Bismarck sempre sugerira que ele teria concordado com a anexação de

---

23 Moustier para Talleyrand, 18 de fevereiro de 1867. *Origines diplomatiques*, xiv, n.4180.

Luxemburgo pela França se isso pudesse ser feito sem incitar a opinião pública alemã; diante disso, não podemos nos esquecer que ele próprio combinou com Bennigsen a interpelação que incitou o sentimento. Se realmente permitiu que o sentimento patriótico modificasse sua política, essa foi a primeira vez, e talvez a última; no entanto, é difícil encontrar outra explicação para a sua conduta. Se estava preparando uma armadilha para os franceses, por que não preparou a armadilha quando eles estavam dentro dela e iniciou a guerra? Os franceses estavam tão mal preparados para a guerra como em 1866; e os austríacos, sem condições de ajudá-los. Ainda assim, Bismarck fez de tudo para assegurar um resultado pacífico. Obviamente, ele não se importava com Luxemburgo, e, no fim, uniu-se ao governo britânico, enganando a opinião pública alemã. Aceitou uma "garantia coletiva" por parte dos britânicos, que eles – e ele – sabiam que não significava nada; no entanto, ele deu a entender ao povo alemão que ela era muito importante. Talvez pela primeira vez ele tenha se deixado levar: durante as tensões da guerra de 1866, conversara vagamente com os franceses, e agora se saíra o melhor possível.

A crise durou cerca de um mês, até o início de maio. Enquanto ela durou, ambos os lados foram em busca de possíveis aliados. Gorchakov se referiu maldosamente à contestação francesa ao tratado de 1839, que tinha estabelecido o *status* de Luxemburgo: "Digamos que os antigos tratados não mais existam e eu serei o primeiro a me regozijar... mas por que dois pesos e duas medidas?".[24] No tocante à Rússia, ele estava disposto a oferecer à França "uma folha de papel absolutamente em branco" em Luxemburgo, algo muito distante de lhe oferecer uma aliança contra a Prússia.[25] Os franceses também tentaram fazer uma aliança com a Áustria, mas só quando a crise já chegava ao fim. Por volta do final de abril, propuseram uma aliança ofensiva e defensiva, por meio da qual a França ganharia a margem esquerda do Reno, enquanto a Áustria ganharia a Silésia e a supremacia no sul da Alemanha. Beust respondeu imediatamente que os 10 milhões de alemães da Áustria tornariam impossível uma aliança limitada à Alemanha: ele só aceitaria as pretensões francesas no Reno se elas resultassem de uma guerra no Oriente Próximo.[26]

Bismarck também acabou ficando de mãos vazias. No início da crise, os russos pensaram, por um momento, que a sua oportunidade tinha chegado: para impedir uma aliança entre a Áustria e a França, ofereceram deslocar

---

24 Talleyrand para Moustier, 3 de abril de 1867. *Origines diplomatiques*, xv, n.4572.
25 Talleyrand para Moustier, 18 de abril de 1867. Ibidem, n.4736.
26 Beust para Metternich, 27 de abril de 1867. *Rheinpolitik*, ii, 450.

um corpo de exército para a fronteira austríaca; em troca, Bismarck deveria concordar com o fim da neutralização do Mar Negro, além de assegurar que a Bósnia e a Herzegovina jamais seriam transferidas para a Áustria.[27] Bismarck nunca se interessara pelo Mar Negro, mas não se comprometeria a ficar do lado da Rússia contra a Áustria.[28] Em vez disso, lançou novamente a união que estava morta desde 1853, mas que, no entanto, ocupava o centro de seu pensamento político: nada menos que a Santa Aliança, a união das "Três Cortes do Norte". Implicitamente, isso protegeria a Rússia dos planos austríacos; explicitamente, a Prússia e a Rússia deveriam proteger a Áustria das revoltas dos eslavos do Sul durante três anos, e a Prússia deveria proteger as "províncias alemãs"[29] da Áustria para sempre.[30] A proposta definiu o principal problema da política de Bismarck para os vinte anos seguintes. Ele certamente não queria acrescentar a Áustria alemã à Alemanha sob domínio prussiano que estava construindo; também não queria, certamente, obrigar a Prússia a entrar em guerra em defesa da integridade da monarquia dos Habsburgo. A Santa Aliança, ou Liga dos Três Imperadores, como passou a ser conhecida, daria plena segurança à Prússia, mas só com a condição de que a Rússia renunciasse a suas pretensões no Bálcãs e a Áustria a suas suspeitas – e nenhuma delas agiria assim. Beust retrucou de maneira insolente que, em caso de guerra entre a Prússia e a França, ele esperaria receber concessões na Alemanha; Bismarck não podia esperar que ele se contentasse "com uma cópia em pergaminho do Tratado de Praga em encadernação especial".[31] Gorchavok se recusou a garantir a integridade da Áustria e até mesmo a aprovar uma aliança defensiva entre a Áustria e a Prússia. O que ele desejava era uma aliança entre a Rússia e a Prússia que incluísse a França;[32] imaginava que essa era a única união que beneficiaria a Rússia no Oriente Próximo.

Assim, mais uma vez, a perspectiva de uma crise no Oriente Próximo e nos Bálcãs definiu o desfecho no Ocidente. A França não daria carta branca

---

27 Reuss (São Petersburgo) para Bismarck, 1º de abril de 1867. *Auwärtige Politik Preussens 1858-1871*, viii, n.380.
28 Bismarck para Reuss, 6 de abril de 1867. Ibid., n.436.
29 Na visão contemporânea elas incluíam, naturalmente, a Boêmia.
30 Bismarck para Reuss, 15 de abril de 1867. Ibid., n.488. A proposta surgiu de uma iniciativa bávara para unir a Prússia e a Áustria. Tauffkirchen para Luís II, 13 de abril de 1867. Ibid., n.474.
31 Tauffkirchen para Luís II, 16 de abril: Werther para Bismarck, 18 de abril de 1867. Ibid., n.498 e 507.
32 Reuss para Bismarck, 17 de abril de 1867. *Auswärtige Politik Preussens 1858-1871*, viii, n.502. Reuss para Bismarck, 22 de abril de 1867. Ibid., n.521.

à Rússia contra a Turquia; a Prússia não lhe daria carta branca contra a Áustria. No entanto, nenhuma das duas romperia com a Rússia e se comprometeria ao lado da Áustria. Portanto, as duas bagunçaram a Questão de Luxemburgo o máximo possível. Em 11 maio, uma conferência das potências em Londres chegou a uma solução. A França abandonou seu tratado de anexação; a guarnição prussiana foi retirada; e Luxemburgo, com suas fortificações destruídas, foi neutralizado de maneira meio imperfeita. Havia nisso uma pequena satisfação à opinião pública francesa, mas não o suficiente. O caso de Luxemburgo, embora em si mesmo banal, marcou o fim de uma era nas relações internacionais. Foi a última tentativa de descobrir algo que reconciliasse a opinião pública francesa com o engrandecimento prussiano; e a tentativa fora malsucedida. Até maio de 1867, Napoleão III tinha esperado que a Alemanha se unificasse sem que a França fosse humilhada; agora ele deixara de esperar e se tornara um instrumento nas mãos de seus ministros. O sonho da amizade franco-alemã estava desfeito para sempre: ele não pôde ser ressuscitado por Jules Ferry em 1884, nem em Locarno nem em Montoire. Inveja de um lado e desconfiança do outro, essas foram as regras estabelecidas na fronteira do Reno, completando a rigidez que se iniciara com o distanciamento entre a Áustria e a Rússia no início da Guerra da Crimeia.

Os russos não entenderam o que tinha acontecido. Pensavam que tinham restaurado o bom relacionamento entre a França e a Prússia, como tantas vezes antes. E, quando Gorchakov veio a Paris com o tsar no início de junho, supôs, com seu jeito complacente, que iria receber a recompensa no Oriente Próximo por ter agido como o anjo da paz no Ocidente. Anunciou na fronteira: "Trouxe uma chancelaria comigo para fazer negócios". Nenhum negócio se concretizou. Gorchakov ignorou qualquer preocupação relacionada "às aspirações da Prússia". Embora desse a entender que não estava interessado na liberação do Mar Negro ("o tratado de 1856? Lembramos de algo com esse nome, mas tantas liberdades foram suprimidas com ele que não sabemos o que resta dele"), também deixou claro que a Rússia estava profundamente preocupada com os cristãos do Império Turco. Moustier respondeu insistindo que as reformas deveriam se estender a todos os habitantes do Império – isto é, elas deviam ser concebidas para fortalecê-lo, não para destruí-lo.[33] As coisas deram errado de outra maneira. O tsar foi rece-

---

33 Nota de Montebello (antigo embaixador em São Petersburgo), 4 de junho; Moustier para Talleyrand, 7 de junho, 9 de julho de 1867. *Origines diplomatiques*, xvii, n.5226, 5238, 5380.

bido com gritos de "Longa vida à Polônia",[34] e um exilado polonês tentou assassiná-lo. A entente franco-russa foi abalada, não restaurada, pela visita a Paris. O motivo não se encontrava na vibração do sentimento francês pela Polônia, e sim naquilo que Gorchakov denominou posteriormente de "mistificação sobre a Questão de Creta".[35]

O apoio da Rússia não trouxera nenhum ganho à França no Ocidente; portanto, os franceses estavam cada vez mais relutantes em secundar uma política russa ativa no Oriente Próximo. Embora Gorchakov repudiasse os projetos de um grande Estado Eslavo do Sul, Ignatiev, o embaixador russo em Constantinopla, não fez segredo da sua convicção de que uma investigação sobre a condição de Creta – que a França e a Rússia agora defendiam – era simplesmente o prelúdio da sua cessão à Grécia, e que essa cessão era um prelúdio à cessão em outras regiões em grande escala. Os franceses informaram a todos que estavam cooperando com a Rússia unicamente "para circunscrever e moderar sua iniciativa";[36] e o efeito da pressão franco-russa sobre Constantinopla perdeu ainda mais a força quando o sultão da Turquia recebeu uma acolhida cordial em Paris e Londres – a primeira visita feita por um governante turco a qualquer país cristão. No início de julho de 1867, os turcos rejeitaram o pedido de uma investigação em Creta feita pela Europa. Gorchakov disse em tom queixoso: "Quando dois países como os nossos fizeram que suas vozes fossem ouvidas, sua dignidade exige que cheguem ao resultado que previram alcançar".[37] Os franceses, todavia, estavam determinados a não avançar mais no campo das ameaças à Turquia, e tomaram um caminho diferente. Já que, de todo modo, estavam se afastando da Rússia, procuraram fazer a Áustria pagar um preço por esse afastamento. Foi esse o motivo do encontro de Francisco José e Napoleão III em Salzburgo em meados de agosto.

O encontro de Salzburgo pretendia inaugurar uma política conservadora. Até então a França tinha estimulado a expansão prussiana na Alemanha e a ação russa no Oriente Próximo, na esperança de obter ganhos para si no Ocidente; agora ela iria se juntar à Áustria e resistir aos projetos da Prússia e da Rússia. Mas havia uma diferença de ênfase fundamental. Os franceses,

---

34 Floquet, um dos advogados que ergueu esse clamor no Palácio da Justiça, foi primeiro-ministro vinte anos mais tarde, quando a entente franco-russa estava sendo criada.
35 Fleury (São Petersburgo) para Gramont, 31 de maio de 1870. *Origines diplomatiques*, xxvii, n.8178.
36 Moustier para La Tour, 3 de julho de 1867. Ibid., n.5360.
37 Talleyrand para Moustier, 22 de julho de 1867. Ibid., n.5461.

devido à sua opinião pública, queriam ter alguns ganhos imediatos na Alemanha para mostrar; na verdade, a chamada política de resistência realmente implicava a anulação do Tratado de Praga. Gramont, o embaixador francês, até produziu o esboço de um tratado para uma guerra imediata contra a Prússia.[38] Por outro lado, Beust, o chanceler austríaco, também era refém da opinião pública na monarquia dos Habsburgo. Ele chegou a Salzburgo logo depois de concluir o Compromisso com a Hungria;[39] por seu intermédio, os húngaros tinham se tornado parceiros do imperador, e dos alemães temporariamente em ascensão na "Áustria" Menor. Os húngaros, embora firmemente antirrussos, não tinham motivo para lamentar a ascensão da Prússia. Os austríacos alemães admiravam o êxito de Bismarck, embora ele tivesse ocorrido à sua custa. Ambos só aceitariam uma aliança contra a Prússia se a entente franco-austríaca primeiro demonstrasse seu valor contra a Rússia no Oriente Próximo.[40] Os franceses fingiram ficar satisfeitos com essa conclusão. Na verdade, não romperiam abertamente com a Rússia, a menos que estivessem seguros do apoio austro-húngaro na Alemanha.[41] Francisco José podia dizer: "Espero que um dia marchemos juntos".[42] O dia não parecia estar se aproximando.

Por incrível que pareça, a visita de Alexandre II a Paris e de Napoleão III a Salzburgo levou os franceses à mesma conclusão. Eles esperavam que a crise latente no Oriente Próximo lhes proporcionasse um aliado contra a Prússia – fosse ele a Rússia ou a Áustria-Hungria; em vez disso, ela estava ameaçando distraí-los dos assuntos da Europa ocidental. Tudo que eles queriam era encerrar a Questão de Creta de uma forma que não ofendesse nem a Rússia nem a Áustria-Hungria. Portanto, se agarraram avidamente a uma sugestão de Gorchakov de que, uma vez que a Porta tinha rejeitado o conselho para permitir um inquérito em Creta, as potências deviam lavar as mãos diante das questões turcas. Com isso, os russos indicavam que permitiriam que a insurreição incendiasse Creta e outros lugares; os franceses, contudo, fingiram que isso implicava que os turcos teriam a liberdade de esmagar a rebelião. Beust não se deixou enganar; declarou que a proposta

---

38 Esboço francês de um Tratado Franco-Austríaco, agosto de 1867. *Rheinpolitik*, ii, n.510A.
39 Consequentemente, desse momento em diante o Império Austríaco se torna Austro-Húngaro.
40 Memorando de Beust, e esboço de acordo de sua autoria, agosto de 1867. Ibid., n.506 e 510B.
41 Beust tinha escrito que os dois governos deviam se aproximar "do governo britânico e também do de São Petersburgo". Napoleão retificou dizendo que primeiro eles deviam acertar as diretivas com os russos e só depois consultar os britânicos.
42 Ducrot, *Memoirs*, ii, 185.

era "um verdadeiro êxito da política externa russa",[43] e quando a nota franco-russa foi apresentada à Porta em 29 de outubro, ela só foi apoiada pela Prússia e pela Itália – a Grã-Bretanha e a Áustria-Hungria se abstiveram de maneira ostensiva. Na verdade, esses eram os últimos suspiros da velha aliança "revolucionária". Embora a França não se comprometesse a apoiar a Turquia,[44] ela tinha passado para o lado do conservadorismo no Oriente Próximo; e não tardou para que a Prússia se abstivesse na Questão Oriental para não ficar isolada ao lado da Rússia.[45] Bismarck chegou até a sugerir que a Prússia e a Áustria-Hungria deveriam evitar o constrangimento se unindo contra a França e a Rússia; a proposta talvez não tenha sido levada muito a sério e, de todo modo, pesou contra a França – os austríacos, se é que chegaram a analisá-la, a queriam no sentido contrário.[46]

Os franceses tinham um motivo mais urgente para virar as costas ao Oriente Próximo. No outono de 1867, a Questão Romana explodiu mais uma vez. A opinião pública italiana tinha sido estimulada, não satisfeita, pela conquista da Venécia. Rattazzi, o favorito do rei que se tornara primeiro-ministro em abril de 1867, pensou em empunhar o arco de Cavour e repetir a façanha de 1860 em Nápoles; permitiria que Garibaldi fomentasse a revolução nos Estados papais e depois, ao enviar tropas para restaurar a ordem, ele próprio os anexaria. O plano malogrou. Garibaldi e seus adeptos não conseguiram derrotar o exército papal; e Napoleão III, que já não era o revolucionário de 1860, estava comprometido em Roma, algo que não ocorrera em Nápoles. Em 26 de outubro, as tropas francesas, que tinham sido retiradas em 1866, retornaram aos Estados papais; em 3 de novembro, as forças de Garibaldi foram derrotadas em Mentana. Napoleão III tinha esperado se esquivar da Questão Romana por meio do convênio de setembro de 1864;

---

[43] Gramont para Moustier, 15 de outubro de 1867. *Origines diplomatiques*, xviii, n.5795.

[44] A Porta propôs dar autonomia a Creta se a França e a Áustria-Hungria a aprovassem antecipadamente – isto é, se garantissem a Turquia contra a sua cessão. Os franceses recusaram: "a Porta pediu para caminhar sozinha; então, que ela o faça". Queriam que a Porta entregasse à Rússia um *fait accompli* da autonomia, que encerraria o caso cretense sem que a Rússia pudesse culpar a França. Bourée (Constantinopla) para Moustier, 3 de dezembro de 1867. Ibid., xix, n.6172,

[45] Brassier de St. Simon (Constantinopla) para Bismarck, 18 de novembro de 1867. *Auswärtige Politik Preussens 1858-1871*, ix, n.336.

[46] Bismarck disse ao representante austríaco: "Não queremos mais nada da Áustria, estamos inteiramente satisfeitos... A ameaça à Áustria só pode vir de dois lados, da França ou da Rússia. Se a Prússia e a Áustria forem aliadas, os possíveis perigos da França cessam automaticamente; e quanto aos perigos que poderiam ameaçar a Áustria vindos da Rússia, então caberia a nós manter esta última calada". Wimpffen para Beust, 12 de outubro de 1867. Ibid., n.205.

e este certamente o deixara livre para apoiar a Prússia e a Itália contra a Áustria em 1866. Agora ele estava refém novamente. Desesperado, recorreu à sua velha solução de um congresso europeu e convidou as potências a resolver a Questão Romana para ele. A manobra foi inútil. Só a Áustria-Hungria apoiava a causa do papa; e mesmo ela se recusou a sufocar gratuitamente a Itália. A Grã-Bretanha e a Prússia se recusaram a comparecer ao encontro, a menos que se aprovasse um programa de antemão; e se isso ocorresse, não haveria necessidade de encontro.[47] Não foi a menor das ironias do Segundo Império que o congresso europeu, tantas vezes defendido por Napoleão para reformular o mapa da Europa, fosse agora proposto para sustentar o poder temporal do papa.

Mentana completou o padrão que fora traçado pelos casos de Luxemburgo e Creta. A França tinha sido outrora o porta-estandarte do "revisionismo"; agora estava comprometida com a "resistência" – no Oriente Próximo, no sul da Alemanha e em Roma. Ela defendia a legitimidade e os direitos dos tratados – dos tratados de Paris e de Praga. A consequência lógica deveria ter sido a aliança com a Áustria-Hungria, a outra potência conservadora; mas o momento para isso tinha sido antes que a Áustria fosse expulsa da Alemanha e da Itália. Agora a Áustria-Hungria só podia oferecer uma aliança restrita ao Oriente Próximo. As negociações prosseguiram nesse ritmo, quase sem interrupção, do início de 1868 até o rompimento entre a França e a Prússia em 1870.

A Áustria-Hungria tomou a iniciativa em janeiro de 1868. Com o malogro dos planos russos em Creta, Beust quis passar à ofensiva; ele sugeriu que a França deveria se unir à Grã-Bretanha e à Áustria-Hungria para encontrar uma solução para Creta, e que as três potências deveriam então impô-la aos rebeldes cretenses, ou mesmo à Rússia, "de armas na mão".[48] A sugestão não fazia muito sentido. Os britânicos não seriam levados a intervir. Stanley, o ministro do Exterior, tinha levado o isolacionismo a seu ponto máximo; ele estava "muitíssimo interessado" na proposta de Beust[49] – e não ofereceu nada. Os franceses também não iriam expor sua fronteira do Reno por causa de Creta; insistiram que a Prússia deveria ser trazida para a coalizão das

---

47 Os franceses ofenderam ainda mais Bismarck ao convidar os Estados alemães menores, em vez de limitar o congresso proposto às Grandes Potências; seu objetivo era encher o congresso com uma maioria católica romana, contra as três Grandes Potências não católicas – Rússia, Prússia e Grã-Bretanha.
48 Memorando de Vitzthum, janeiro de 1868. *Rheinpolitik*, ii, n.537.
49 Vitzthum para Beust, 1º de fevereiro de 1868. *Origines diplomatiques*, xx, n.6415.

"potências pacíficas".⁵⁰ Bismarck, é claro, não pretendia se juntar a nenhuma coalizão, pacífica ou não, enquanto isso não atendesse às necessidades da Prússia. Benedetti realmente acreditava que Bismarck poderia apoiar a França no Oriente Próximo em troca de uma garantia da posição da Prússia na Alemanha.⁵¹ Era a velha incompreensão que Benedetti demonstrara em 1866 – a crença de que a Prússia precisava de uma garantia da França ou de quem quer que fosse. Implícita nisso havia a incompreensão mais profunda que tinha assombrado as potências ocidentais durante a Guerra da Crimeia. Os interesses da Prússia na Polônia não permitiam que ela rompesse com a Rússia por causa do Oriente Próximo. Bismarck certamente não queria um conflito com a França. Porém, em última análise, uma guerra com a França lhe oferecia ganhos – no sul da Alemanha e, como se constatou, além Reno; uma guerra com a Rússia só lhe oferecia perdas.

Além disso, Bismarck não pretendia se comprometer mais com a Rússia que com a França. Quando rumores de um *rapprochement* prussiano com a França e a Áustria-Hungria chegaram a São Petersburgo, Bismarck imediatamente os negou.⁵² Alexandre II tentou aproveitar a ocasião dizendo que, se a França atacasse a Prússia, ele manteria a Áustria-Hungria calada pondo 100 mil homens em sua fronteira; e contava que a Prússia fizesse o mesmo em caso de conflito no Oriente Próximo.⁵³ Bismarck tentou se esquivar do convite enfatizando os laços familiares que uniam Guilherme I e o tsar:⁵⁴ Naquela época, a solidariedade monárquica, como os princípios democráticos na nossa época, era uma boa forma de escapar dos compromissos dos tratados. Os russos não se deixaram enganar, e, em março de 1868, Bismarck se viu diante de um pedido direto de aliança russo-prussiana contra a Áustria-Hungria. Bismarck usou pela primeira vez uma frase que se tornaria a base de sua política posterior: "é claro que nenhuma potência podia se dar ao luxo de permitir a destruição da outra". Do mesmo que a Rússia manteria a Áustria-Hungria neutra numa guerra entre a Prússia e a França, ele também estava disposto a manter a França neutra no caso de uma guerra no Oriente

---

50 Metternich para Beust, 16 de janeiro de 1868. *Rheinpolitik*, ii, n.538. Moustier para Gramont, 18 de janeiro; para Benedetti, 26 de janeiro de 1868. *Origines diplomatiques*, xx, n.6354 e 6390.
51 Benedetti para Moustier, 3 de março de 1868. Ibid., xxi, n.6540. À época, Benedetti insistiu inúmeras vezes que o objetivo de Bismarck era unir o sul da Alemanha à Prússia sem entrar em conflito com a França: "Ninguém neste lado do Reno tem desígnios hostis à França". Benedetti para Moustier, 5 de janeiro e 4 de fevereiro de 1868. Ibid., xx, n.6297, 6431, 6432.
52 Bismarck para Reuss, 1º de fevereiro de 1868. *Auswärtige Politik Preussens 1858-1871*, ix, n.550.
53 Reuss para Bismarck, 5 de fevereiro de 1868. Ibid., n.560.
54 Bismarck para Reuss, 16 de fevereiro de 1868. Bismarck, *Gesammelte Werke*, vi a, n.1064.

Próximo.⁵⁵ Isso estava longe da aliança contra a Áustria-Hungria que os russos queriam; e os russos, do seu lado, não estavam mais inclinados a fazer uma aliança contra a França do que Bismarck estava inclinado a fazer uma aliança contra a Áustria-Hungria. Na verdade, agora era a vez de os russos continuarem falando de aliança e de sugerir que estavam satisfeitos com a amizade pessoal entre os dois governantes.⁵⁶ Nessas discussões, toda a história diplomática dos 25 anos seguintes já estava germinando.

A Rússia não podia contar com o apoio decidido da Prússia; a Áustria-Hungria não podia contar com o da França e o da Inglaterra. Consequentemente, a incipiente crise oriental desapareceu no final de março de 1868. O único ponto de perigo remanescente parecia ser o sul da Alemanha, onde a Prússia e, de forma mais ineficaz, a Áustria-Hungria, estavam competindo pelo apoio da opinião pública liberal. Os franceses tentaram virar o jogo contra Beust. Este tinha perguntado o que eles fariam se a Rússia invadisse o Oriente Próximo; agora eles perguntaram o que ele faria se a Prússia invadisse o sul da Alemanha. Beust não se deixou atrair: se a França se opusesse à Prússia, afirma Metternich, "talvez comecemos com uma neutralidade amigável, mas depois cumpriremos nosso dever como um *bom aliado*".⁵⁷ Embora Beust sonhasse em competir com Bismarck pela opinião pública alemã, só poderia fazê-lo ficando distante de qualquer compromisso com a França: tinha de poder dizer que qualquer entente austro-francesa se restringia ao Oriente Próximo, e, ainda assim, fingir para os franceses que, ao restringi-la àquela região, ele estava preparando o caminho para uma aliança geral.⁵⁸ Esse impasse persistiu ao longo de 1868: ele só poderia ter sido rompido se o sul da Alemanha e o Oriente Próximo tivessem explodido simultaneamente – e não é da natureza das coisas acontecerem de maneira tão conveniente. O verão de 1868 assistiu a uma discussão incoerente a respeito de uma aliança austro-francesa. Ela só foi importante porque revelou as ilusões que havia na

---

55 Bismarck para Reuss, 22 de março de 1868. Ibid., n.1108.
56 Reuss para Bismarck, 27 de março de 1868. *Auswärtige Politik Preussens 1858-1871*, ix, n.690.
57 Metternich para Beust, 9 de abril de 1868. *Rheinpolitik*, ii, n.578. Gramont para Moustier, 12 de abril de 1868. *Origines diplomatiques*, xxi, n.6642. Beust para Metternich, 14 de abril de 1868. *Rheinpolitik*, ii, n.579.
58 "Quanto mais a entente se mostrar no Oriente Próximo, mais a opinião pública da Áustria e da Alemanha se acostumará com ela e com as consequências que podem decorrer dela em futuras eventualidades." Beust para Metternich, 12 de maio de 1868. *Rheinpolitik*, ii, n.598. No entanto, os franceses escreveram de maneira otimista: "O imperador subentende que a Áustria tem a iniciativa em qualquer questão alemã". Moustier para Gramont, 11 de maio de 1868. *Origines diplomatiques*, xxi, n.6710.

mente de Gramont, embaixador francês em Viena;[59] e essas ilusões ainda iriam controlá-lo, enquanto ministro do Exterior, na crise de julho de 1870.

O último episódio da Questão Oriental, por volta do final do ano, foi mais palpável. A revolta cretense ainda estava crepitando; e um novo elemento foi acrescentado na Romênia, onde um ministério nacionalista liderado por Bratianu tolerou, ou talvez estimulou, uma agitação irredentista contra a Hungria. Beust pensou que tinha chegado a sua vez: a Turquia devia ser pressionada a disciplinar a Romênia com o respaldo da "coalizão da Crimeia". Excluída desse esquema, a Rússia seria isolada e humilhada, ou então a Prússia seria forçada a se comprometer com o lado russo em defesa de uma causa impopular. Bismarck não foi pego tão facilmente.[60] Não eram apenas suas relações com a Rússia que estavam em jogo; a agitação romena ameaçava a Hungria; e uma Grande Hungria, dominando a monarquia dos Habsburgo, era – como Bismarck bem sabia – fundamental para a vitória da Prússia na Alemanha. Quando Andrássy, o primeiro-ministro húngaro, alertou que teria de recorrer a Viena e Paris em busca de apoio contra a Romênia, Bismarck agiu.[61] O príncipe da Romênia era um Hohenzollern; e conselhos familiares insistentes o convenceram a demitir Bratianu em 28 de novembro. Foi a primeira incursão de Bismarck na política do Oriente Próximo, e abriu um precedente para o restante. A Prússia não tinha interesses próprios no Oriente Próximo, e a única preocupação de Bismarck era evitar uma crise entre a Rússia e a Áustria-Hungria – isto é, evitar a necessidade de ter de tomar partido.

O alerta romeno teve um desdobramento. A Porta, em pânico por causa de seu conflito com a Romênia, se voltou antes contra a Grécia, e tentou pôr fim à revolta cretense por meio de um ultimato a Atenas em dezembro. Isso

---

59 Por exemplo: Gramont para Moustier, 23 de julho e 8 de agosto de 1868. Ibid., no 6815 e xxii, n.6842. "A Áustria agirá com a França como a melhor das aliadas... alianças serão criadas e elas serão leais etc. etc."

60 Bismarck escreveu no dia 6 de janeiro de 1869 (*Gesammelte Werke*, vi a, n.1273): no caso de a coalizão da Crimeia ser refeita, a Prússia teria a alternativa de "defender a Rússia e, portanto, se envolver numa luta impopular na Alemanha e com a aparência de um gabinete de guerra agressivo, ou deixar a Rússia na mão e se expor ela própria ao perigo de se deparar, isolada, com uma coalizão semelhante sem conseguir contar com o apoio russo".

61 Um aspecto curioso e significativo: a advertência foi feita ao ministro italiano, e seu governo a transmitiu a Bismarck. A Hungria, a Itália e a Prússia representavam o bloco revolucionário e anti-Habsburgo de 1848; só a Polônia estava ausente. Foi em razão de a Prússia ser antipolonesa que Bismarck teve de, em última instância, reconciliar a Itália e a Hungria com a monarquia dos Habsburgo.

também estava de acordo com o manual de Beust, mas só do dele. Embora a Rússia fosse humilhada se a Grécia tivesse de ceder, a França e a Grã-Bretanha – as outras protetoras da Grécia – também o seriam. Além disso, os russos só se importavam com a Grécia como uma preliminar; com a expansão do pan-eslavismo, seu interesse estava concentrado nos povos eslavos dos Bálcãs, e o governo russo ficaria muito contente em acabar com a revolta em Creta se isso pudesse ser feito sem perda de prestígio. Portanto, apesar de Beust insistir que era chegado o momento de derrotar a Rússia,[62] Bismarck teve uma tarefa fácil quando agiu como "mediador sincero". Por sugestão dele, uma conferência se reuniu em Paris e obrigou os gregos a retirar seu apoio aos rebeldes cretenses (18 de fevereiro de 1869). Desamparada, a revolta fracassou. A Questão Oriental só voltaria a erguer a cabeça em 1876.

De todo modo, o alerta serviu para retomar as discussões sobre uma aliança entre a França e a Áustria-Hungria. No início de dezembro, os franceses aceitaram as condições de Beust, ou foi o que pensaram. Concordaram que a Áustria-Hungria só deveria entrar em guerra no Reno se a Rússia se unisse à Prússia; da mesma forma, ela entraria em guerra no Oriente Próximo se a Prússia se unisse à Rússia.[63] Isso não convinha em nada a Beust: ele queria uma entente restrita ao Oriente Próximo e que atuasse imediatamente ali.[64] Argumentou que, afinal de contas, a França também tinha interesses no Oriente Próximo; e se as duas potências se juntassem para defender o Tratado de Paris, seria mais fácil defender depois o Tratado de Praga.[65] Era um exemplo impressionante do quanto a Áustria-Hungria e a França tinham descido na escala de poder que, embora o Tratado de Praga tivesse sido feito às suas custas, elas agora deviam falar em sua defesa. Ficariam satisfeitas se pudessem manter a independência do sul da Alemanha; embora, certamente, esperassem que uma guerra iniciada em nome do *status quo* terminaria no desmembramento da Prússia. Essa ambiguidade não explicitada era, de fato, o maior obstáculo a qualquer cooperação entre a França e a Áustria-Hungria. Como nem os húngaros nem os austríacos alemães podiam levar a sério Napoleão III e Beust como defensores do Tratado de Praga, eles impediram a aliança.

O impasse estava mais irredutível que nunca, e foi rompido aparentemente pela incursão de uma terceira potência, a Itália. Um acordo entre a

---

62 Gramont para La Valette, 24 de dezembro de 1868. *Origines diplomatiques*, xxiii, n.7116.
63 Metternich para Beust, 2 de dezembro de 1868. *Rheinpolitik*, iii, n.648.
64 Beust para Metternich, 8 de dezembro de 1868. Ibid., n.651.
65 Beust para Metternich, 3 de fevereiro de 1869, n.663.

Áustria e a França tinha sido o maior temor da política italiana ao longo do século, como, aliás, tinha sido a ruína das pretensões sardas em épocas precedentes. A Itália não tinha nada contra a Prússia e muito pouco contra a Rússia, à parte o fato de ser um membro sem convicção da abandonada "coalizão da Crimeia"; por outro lado, os italianos não se atreviam a ficar de fora de uma entente austro-francesa vitoriosa, e, diante das suas experiências anteriores, esperavam, naturalmente, que essa entente fosse vitoriosa. Além do mais, Vítor Emanuel esperava sustentar seu trono abalado contra a agitação republicana obtendo ganhos nacionais numa base conservadora; isto é, ele receberia o Tirol da Áustria-Hungria, e Roma, quem sabe até Nice, da França, por meio de uma aliança com os imperadores Francisco José e Napoleão, em vez de obtê-las por meio de uma guerra revolucionária contra eles. A Itália só tinha a ganhar à custa de seus dois parceiros; os italianos iriam usar eficazmente a mesma fundamentação em relação à Tríplice Aliança e, na verdade, em muitas ocasiões posteriores. Em troca, eles pretendiam disponibilizar um exército de 200 mil homens; este, numa análise concreta, acabou não passando de 60 mil,[66] e as ligações ferroviárias limitadas com a França e a Áustria-Hungria dificultaram seu uso na prática. A verdadeira proposta italiana era uma neutralidade que protegeria a Áustria-Hungria em sua fronteira sudoeste e, portanto, a livraria da guerra em duas frentes, que se mostrara desastrosa em 1866; isso tinha algum valor, mas não tanto como os italianos imaginavam.

Em dezembro de 1868, um emissário italiano abordou Beust com a proposta de que a Itália recebesse o Tirol do Sul em troca da sua neutralidade numa guerra entre a França e a Prússia ou entre a Áustria-Hungria e a Rússia.[67] Beust considerou o preço alto e que a França também devia contribuir; por isso, encaminhou o emissário para Napoleão. Ali estava uma combinação que falava ao coração de Napoleão – um projeto dos sonhos para o qual todos, exceto ele, pagariam um bom dinheiro. Uma aliança entre os países garantiria a paz na Europa; a Inglaterra seria atraída; um congresso de soberanos europeus gritaria "Alto!" à Rússia e à Prússia; e – o fator prático fundamental – o Tirol do Sul desviaria o interesse italiano de Roma.[68]

---

66 Em agosto de 1870, os italianos disseram que podiam disponibilizar à França apenas 60 mil homens, e só depois de um prazo de três semanas. Malaret (Florença) para Gramont, 8 de agosto de 1870. *Origines diplomatiques*, xxix, n.8937.

67 Curiosamente, o emissário era um general húngaro – um dos refugiados de 1849 – que tinha ingressado no exército italiano. Türr para Beust, 22 de dezembro de 1868; projeto do acordo austro-italiano, dezembro de 1868. Ibid., xxiii, n.7099 e 7100.

68 Türr para Beust, 6 de janeiro de 1869. Ibid., n.7165. Ollivier, *Empire liberal*, xi. 205.

Os ministros franceses pensaram em termos mais concretos: queriam um bloco antirrusso, e não se importavam se era a Itália ou a Áustria-Hungria que pagaria o preço por ele. A inclusão da Itália tinha essa grande vantagem. Como ela estava envolvida com a França e com a Áustria-Hungria, seria possível fazer uma tríplice aliança; e isso ocultaria a linha nítida entre a Questão Oriental e os assuntos do sul da Alemanha, que Beust tentava manter. Trinta anos depois, a Itália iria desempenhar o mesmo papel nos acordos do Mediterrâneo, ocultando os interesses divergentes da Áustria-Hungria e da Grã-Bretanha.

Em 1º de março de 1869, depois de inúmeras discussões, os ministros franceses, principalmente Rouher, elaboraram uma proposta de tratado que pretendia comprometer os austríacos contra a Prússia sem que eles percebessem. Sob a aparência de uma união para preservar a paz na Europa, a proposta era realmente de uma tríplice aliança contra a Rússia e a Prússia. Caso a Áustria-Hungria se envolvesse numa guerra com a Rússia, a França poria um corpo de observação no Reno e entraria na guerra se a Prússia se unisse à Rússia; do mesmo modo, em caso de guerra entre a França e a Prússia, a Áustria-Hungria poria um corpo de observação na Boêmia e entraria na guerra se a Rússia se unisse à Prússia. Em ambos os casos, a Itália contribuiria com um exército de 200 mil homens. Ela receberia o Tirol do Sul, e seus dois aliados a ajudariam a encontrar um *modus vivendi* com o papa – seja lá o que isso significasse.[69] Beust não se deixou enganar. Escreveu a Metternich em 10 de abril: "Sabemos muito bem que, no momento que tivermos de colocar um corpo de observação em nossa fronteira devido a um conflito entre a França e a Prússia, poderemos em seguida ser levados a abrir mão da neutralidade que tão cautelosamente proclamamos".[70] Era a vez de os franceses protestarem. O primeiro-ministro La Valette disse a Metternich: "Como você pode esperar que eu defenda diante das Câmaras um tratado que parece ter sido feito para proveito *exclusivo* da Áustria?".[71] Rouher, o empresário calculista, adotou uma linha mais cautelosa. Reconhecendo que a Áustria-Hungria poderia não ser atraída, ele temia que a Itália também lhe escapasse entre os dedos; se os austríacos tivessem a permissão de exigir a neutralidade, a Itália faria o mesmo. Portanto, propôs que as três potências se comprometessem simplesmente a concluir um tratado ofensivo e defensivo no caso de uma

---

69 Nota francesa de 1º de março de 1869, com quatro projetos de tratado. *Rheinpolitik*, iii, n.671.
70 Beust para Metternich, 10 de abril de 1869. Ibid., n.684.
71 Metternich para Beust, 18 de abril de 1869. Ibid., n.685.

guerra europeia, cujas condições seriam estabelecidas em seguida.[72] Os austríacos deveriam ser informados secretamente que poderiam permanecer neutros no caso de uma guerra franco-prussiana; os italianos, não – e, portanto, ficariam presos na armadilha. E a França disporia de seu exército de 200 mil homens.

Esse acordo convinha aos austríacos. Eles garantiriam um bloco antirrusso no Oriente Próximo e, ainda assim, teriam carta branca em relação à Prússia e não precisariam afastar o sentimento alemão que havia dentro da monarquia dos Habsburgo. Mas também não foi fácil atrair os italianos. Enquanto a aliança franco-austríaca era iminente, eles tinham ficado ansiosos em participar dela como um terceiro membro; agora a aliança tinha claramente fracassado, restando apenas a obrigação, para os italianos, de produzir 200 mil homens sempre que a França e a Áustria-Hungria resolvessem entrar em guerra. Consequentemente, exigiram um pagamento por conta; é provável, de fato, que estivessem esperando por esse momento desde o começo. No início de junho, decidiram que entrariam na tríplice aliança quando as tropas francesas fossem retiradas de Roma, não antes. Beust, que era protestante e, à sua maneira, liberal, considerou essa condição razoável, apesar da tradicional proteção que os Habsburgo dispensavam ao papado; além disso, ela desviava a atenção dos italianos do Tirol do Sul. Napoleão não tinha condições de satisfazer essa condição: o Segundo Império estava sendo arrastado para dificuldades crescentes internamente, e as boas graças da opinião clerical na França era mais importante para Napoleão que qualquer combinação diplomática. Ele recorreu à última alternativa do diplomata fracassado: fingiu que tinha sido bem-sucedido na esperança de que os outros fossem ludibriados. Disse várias vezes aos austríacos que considerava a aliança "moralmente assinada",[73] e em 24 de setembro de 1869 escreveu a Francisco José que, se a Áustria-Hungria "fosse ameaçada por qualquer agressão, eu não hesitarei um instante para pôr todas as forças da França ao seu lado"; mais, ele não iniciaria qualquer negociação com uma potência estrangeira sem o acordo prévio do Império Austríaco.[74] Mais uma vez, Francisco José

---

72 Projeto francês de 10 de maio. Metternich para Beust, 20 de maio de 1869. Ibid., n.698. *Origines diplomatiques*, xxiv, apêndice n.6.

73 Vitzthum para Beust, 7 de outubro de 1869. *Rheinpolitik*, iii, n.741. Anteriormente Napoleão afirmara: "Considerarei esse tratado como se tivesse sido assinado". Beust para Vitzthum, 26 de agosto de 1869. Ibid., n.723. Rouher disse: "A aliança está concluída e os compromissos assumidos nas cartas entre os imperadores terão a mesma força de um tratado internacional". Vitzthum para Beust, 10 de dezembro de 1869. Ibid., n.756.

74 Napoleão III para Francisco José, 24 de setembro de 1869. *Origines diplomatiques*, xxv, n.764.

se esquivou da armadilha: respondeu que não faria uma aliança sem avisar Napoleão, mas não fez referência ao que Beust posteriormente chamou de "envolvimento assumido voluntariamente pela França".[75] Vítor Emanuel foi ainda mais reticente: simplesmente manifestou o desejo de que a aliança fosse concluída, já que a convenção de 1864 se encontrava novamente em vigor – ou seja, as tropas francesas retiradas de Roma.[76]

Assim, o grande projeto de uma tríplice aliança contra a Rússia e a Prússia não deu em nada. Embora o colapso final tenha vindo com a Questão de Roma, as negociações de maio e junho de 1869 não passaram de um epílogo. O verdadeiro confronto de opiniões era entre a Áustria-Hungria e a França. Apesar dos suspiros por uma grandeza perdida, a política dos Habsburgo estava se afastando da Alemanha e se concentrando, como Bismarck recomendara, nos Bálcãs. Francisco José ainda podia se considerar "um príncipe alemão";[77] Beust ainda podia esperar ofuscar Bismarck; nenhum dos dois podia contrariar a opinião pública húngara e alemã dentro do império. A Áustria-Hungria não faria nenhuma tentativa de reverter o Tratado de Praga ou mesmo de confinar a Prússia dentro de suas fronteiras. Na verdade, o único interesse austríaco na aliança no que dizia respeito à Alemanha era como uma garantia contra uma vitória francesa: a Áustria queria se certificar de que teria sua parte se a França derrotasse a Prússia. Conforme Francisco José se expressou de maneira um pouco piedosa: "Se o imperador Napoleão penetrasse pelo sul da Alemanha não como um inimigo, mas como um libertador, eu seria forçado a fazer causa comum com ele".[78] Os austríacos, incluindo Beust, queriam uma entente limitada ao Oriente Próximo, uma entente que combatesse a Rússia na Romênia e sufocasse o pan-eslavismo em toda a região dos Bálcãs. Embora quisessem preservar o Império Turco, para alcançar esse objetivo os franceses não estavam dispostos a correr o risco de jogar os russos nos braços da Prússia. Gorchakov tinha dito em 1868: "O imperador Alexandre II jamais entrará numa coalizão dirigida contra a França. Cuidem para que Beust não dê a impressão de que vocês entraram numa coalizão contra nós".[79] Os franceses queriam um aliado contra a Prússia; os austríacos, contra a Rússia – e os dois desejos não podiam

---

75 A carta de Francisco José para Napoleão III é um dos poucos documentos diplomáticos que desapareceram sem deixar sinal. Beust descreveu seus conteúdos (certamente de maneira imprecisa) para Vitzthum em 20 de julho de 1870. *Rheinpolitik*, iii, n.911, nota.
76 Vítor Emanuel para Napoleão III, por volta de 25 de setembro de 1869. Ibid., n.733.
77 Sua objeção a ser coroado rei da Croácia em 1868.
78 Entrevista de 14 de junho de 1870. Lebrun, *Souvenirs militaires*, p.146.
79 Talleyrand para Moustier, 17 de janeiro de 1868. *Origines diplomatiques*, xx, n.6351.

ser conciliados. Bismarck tinha arruinado de antemão o esquema quando se recusou a se comprometer com o lado russo contra a Áustria-Hungria; isso foi tão decisivo como a sua recusa anterior de se comprometer com o lado das potências ocidentais contra a Rússia. Em setembro de 1869, Beust e Gorchakov se encontraram na Suíça. Concordaram em manter a situação tranquila no Oriente Próximo e deixar que a França e a Prússia se desentendessem até chegarem a um acordo no Ocidente; Gorchakov também deixou claro que a Rússia rejeitaria a neutralização do Mar Negro assim que tivesse a oportunidade de fazê-lo, e Beust não se opôs – esse era o único aspecto da Questão Oriental que não preocupava a Áustria-Hungria.[80]

Os franceses não estavam dispostos a aceitar seu isolamento. Napoleão III nunca gostara da aliança com a Áustria. Tilsit, não o casamento com Maria Luísa, tinha sido seu modelo; o encontro de Stuttgart com Alexandre II em 1857, não o encontro com Francisco José em 1867, o triunfo do seu reinado. No outono de 1869, decidiu fazer outra tentativa de aliança com a Rússia – a única que lhe proporcionava a grandiosa reconstrução da Europa com a qual ele ainda às vezes sonhava. O general Fleury, seu colaborador pessoal, foi enviado como embaixador a São Petersburgo. Ele recebeu orientações secretas para estimular suspeitas russas contra "a ideia germânica" e, em troca, oferecer a perspectiva de discussões nebulosas relacionadas ao futuro do Oriente Próximo "depois de uma sublevação geral".[81] Os russos aproveitaram ao máximo a oportunidade. Gorchakov sempre se orgulhara da entente, que ele considerava como "a página mais bela da sua história";[82] estava contente em retomá-la, embora pensasse na antiga condição – que ela deveria ser dirigida contra a Áustria-Hungria, não contra a Prússia. Alexandre II foi mais além; tinha inveja do sucesso de seu tio, Guilherme I, que ele achava "*um pouco ambicioso demais*",[83] e concordou em lembrá-lo que a Prússia estava comprometida com um plebiscito no norte de Schleswig. É claro que, em troca, os russos pretendiam pedir uma recompensa: como de hábito, era estranho que procurassem implementar o Tratado de Praga como uma preliminar da revisão do Tratado de Paris. A carta de Alexandre II de 23 de

---

80 Hohenlohe, *Memoirs*, ii. 41. Gramont para La Tour, 29 de setembro de 1869. *Origines diplomatiques*, xxv, n.7693.
81 Napoleão III para Fleury, novembro de 1869. Fleury, *La France et la Russie en 1870*, p.4-6.
82 Fleury para Daru, 21 de março de 1870. *Origines diplomatiques*, xxvii, n.8024. Gorchakov concordou maliciosamente que a Áustria deveria ser estimulada "a pensar no sul da Alemanha e não no Oriente Próximo" (Fleury para La Tour, 30 de novembro de 1869. Ibid., xxvi, n.7781), mas isso foi mais para afastá-la da Turquia do que para constranger a Prússia.
83 Fleury para La Tour, 13 de novembro de 1869. Ibid., xxv, n.7751.

novembro não causou muito impacto em Berlim. Inicialmente, Bismarck pensou em respondê-la evocando mais uma vez a lembrança da crise polonesa, que tinha arruinado as relações franco-russas; depois decidiu que não havia mudança significativa na política russa e simplesmente agradeceu o tsar pelo conselho.[84] Benedetti não gostava nada da diplomacia amadora de Fleury: se a França tentasse apostar contra a Prússia pela amizade da Rússia, a Prússia entraria na aposta no Oriente Próximo e apostaria mais alto.[85]

Fleury exagerou muito seu feito; como pensava que tinha começado a afastar a Rússia da Prússia, ficou todo envaidecido quando Gorchakov disse: "Já não estamos numa época em que laços familiares podem levar a resultados tão importantes como os de uma aliança".[86] Mas não tardou a ser afastado por Paris. Em 2 de janeiro de 1870, Napoleão lançou "o império liberal". Daru, o novo ministro do Exterior, não gostava da política de entente com a Rússia, associada aos piores defensores do governo pessoal de Morny em diante. A exemplo da maioria dos franceses liberais, ele defendia que a amizade com a Rússia só era possível se ela desistisse de todos os seus projetos de reformulação ou de conquista no Oriente Próximo; além do mais, partilhava a ilusão francesa corrente de que a Rússia estava atenta ao perigo alemão, "um interesse realmente vital nos une".[87] Quando muito, Daru estava disposto a discutir o Oriente Próximo em caso de guerra no Ocidente: nesse caso, a França poderia usá-lo para comprar a aprovação russa dos êxitos que ela estava certa de alcançar.[88] Isso era uma grande baboseira. Ao evocar o Tratado de Praga, Daru estava mais preocupado em não provocar a Prússia; e, acima de tudo, em não ofender os britânicos ao dar a Gorchakov qualquer pretexto para abordar a revisão do Tratado de Paris. Fleury foi informado subitamente para desistir da questão do norte de Schleswig e se afastar do tratado de 1856.[89] Ele apelou secretamente a Napoleão, mas foi em vão; e ficou reclamando que Napoleão estava sendo levado à ruína por seus ministros, como acontecera com Luís Filipe.

Daru não tinha uma política alemã construtiva; sua esperança se baseava na melhora das relações com a Grã-Bretanha. Os dois países tinham se afastado cada vez mais desde 1864. As suspeitas britânicas tinham sido

---

84 Guilherme I para Alexandre II, rascunho descartado, 3 de dezembro; 12 de dezembro de 1869. Bismarck, *Gesammelte Werke*, vi b, n.1458 e 1461.
85 Benedetti para La Tour, 30 de novembro de 1869. *Origines diplomatiques*, xxvi, n.7776.
86 Fleury para Daru, 23 de março de 1870. *Origines diplomatiques*, xxvii, n.8028.
87 Daru para Fleury, 29 de março de 1870. Ibid., n.8046.
88 Daru para Fleury, 31 de janeiro de 1870. Ibid., xxvi, n.7905.
89 Daru para Fleury, 6 de janeiro de 1870. Ibid., n.7854.

estimuladas pelos esquemas de engrandecimento francês em 1866; e, durante a crise de Luxemburgo de 1867, na qual a política russa tinha procurado atender à França, a política britânica se preocupara em combatê-la. As relações chegaram ao fundo do poço no início de 1869, quando uma empresa francesa adquiriu o controle de uma importante ferrovia belga. Os governos britânico e belga desconfiaram, embora sem razão, que esse era o primeiro passo de um plano deliberado de anexação. Os belgas aprovaram uma lei que proibia a transação; os britânicos ameaçaram se juntar à Rússia e à Prússia numa aliança contra a França.[90] Os franceses cederam e a crise se esvaiu, o que levou à reconciliação entre a França e a Grã-Bretanha. Agora, em janeiro de 1870, Daru pretendia ganhar as graças dos britânicos demonstrando a superioridade moral da França em relação à Prússia. Embora a manobra não tenha sido bem-sucedida da primeira vez, ela iria conduzir a entente anglo-francesa à vitória na geração seguinte. O método escolhido foi propor o desarmamento, sempre caro ao sentimento britânico: a França e a Prússia deveriam reduzir seu alistamento anual de recrutas. Se Bismarck concordasse, o liberalismo se fortaleceria na Alemanha; se recusasse, ficaria desacreditado aos olhos dos britânicos.[91] Embora Clarendon, ministro do Exterior britânico, não tivesse ilusões quanto aos motivos da França, apresentou a proposta em Berlim como se fosse sua iniciativa. Bismarck não teve dificuldade em responder a ela. Perguntou a Clarendon: "Se nós nos desarmarmos, vocês garantem a posição que conquistamos?"[92] e, de forma mais impertinente, se os britânicos acolheriam uma proposta semelhante de desarmamento naval.[93] Contudo, até mesmo Bismarck exagerou um pouco demais na ironia quando sugeriu que a Prússia tinha de se manter fortemente armada para enfrentar uma futura ameaça vinda da Rússia.[94]

Esses argumentos se tornariam muito comuns nas conferências de desarmamento durante oitenta anos, e foram suficientemente sólidos para abalar Clarendon. Em abril de 1870, ele apresentou aos franceses uma

---

90 O que deixou Bismarck muito contrariado: ele estava decidido a não se comprometer, até que os britânicos o fizeram. Bismarck para Bernstorff, 4 de maio de 1869. Bismarck, *Gesammelte Werke*, vi *b*, n.1383.
91 Daru para La Valette, 1º de fevereiro de 1870. *Origines diplomatiques*, xxvi, n.7907.
92 La Valette para Daru, 23 de fevereiro de 1870. Ibid., n.7956.
93 Bismarck para Bernstorff, 9 de fevereiro e 25 de março de 1870. Bismarck, *Gesammelte Werke*, vi *b*, n.1495, 1496 e 1541.
94 Daru levou a sério essa resposta e perguntou solenemente a Fleury se as relações entre a Rússia e a Prússia estavam estremecidas. Daru para Fleury, 25 de fevereiro; Fleury para Daru, 5 de março, 10 de março de 1870. *Origines diplomatiques*, xxvii, n.7967, 7993 e 8004.

possiblidade diferente de colaboração. Confessou estar preocupado diante das intenções russas no Oriente Próximo. A Áustria "estava em plena decomposição"; as forças britânicas estavam absorvidas na proteção do Canadá contra os Estados Unidos; a França "não podia ser desviada de sua missão essencialmente moderadora na Europa central".[95] A mensagem era óbvia: a França devia achar um jeito de melhorar o relacionamento com a Prússia e, assim, ter carta branca para atuar no Oriente Próximo. Daru não conseguiu pensar numa resposta concreta. O intercâmbio mostrou mais uma vez o problema central da política francesa. Nem a Rússia, nem a Grã-Bretanha, nem a Áustria-Hungria se importavam com o sul da Alemanha. Embora nenhuma das três desejasse uma guerra entre a Prússia e a França, nenhuma delas a temia nem supunha que ela perturbaria o equilíbrio de poder na Europa; nenhuma das três apoiaria nenhum dos lados. Se os franceses pudessem se aguentar contra a Prússia, não teriam por que se preocupar; se precisassem de aliados, estes só poderiam ser encontrados no Oriente Próximo, e em condições contraditórias. Os britânicos desejavam manter a neutralização do Mar Negro; os russos, destruí-la; os austríacos se opunham à Rússia na Romênia e nos Bálcãs, mas não no Mar Negro. Para os franceses, todas essas políticas desviavam a atenção da Prússia e, portanto, eram igualmente execráveis. Em 1870, o Segundo Império tinha retomado a "ideia" com a qual começara – que a segurança e a grandeza da França se baseavam num bom relacionamento com a Inglaterra e com a Rússia. Mas os franceses não tinham encontrado uma forma de alcançar esse relacionamento, muito menos de conciliar as duas potências entre si.

---

95 La Valette para Ollivier (ministro interino das Relações Exteriores), 21 de abril de 1870. Ibid., n.8104.

X
O FIM DA SUPREMACIA FRANCESA
1870-1875

    Embora a vitória sobre a França em 1870 tenha certamente unido a Alemanha, faltou a essa guerra o debate que esteve presente na guerra contra a Áustria. Entre 1862 e 1866, Bismarck aumentou gradualmente a pressão, apesar de escrúpulos ocasionais e talvez genuínos; a menos que os austríacos aceitassem suas condições, as crises recorrentes fatalmente terminariam em guerra. Entre 1866 e 1870, não houve uma marcha contínua para a guerra como no caso anterior; na verdade, nenhum alerta perturbou as relações franco-prussianas entre o caso de Luxemburgo em 1867 e o início da guerra mais de três anos depois. Bismarck também não sofreu nesses anos com o pesadelo das coalizões que o dominaram posteriormente. Ele descartou os rumores de uma aliança da França com a Áustria-Hungria e a Itália como sendo "asneiras hipotéticas",[1] o que de fato acabou se comprovando. Bismarck não se incomodava com o bom relacionamento entre a França e a Rússia; como isso tinha de se basear no abandono da solidariedade francesa com a Polônia, a Prússia sempre poderia ser o terceiro membro da parceria. Sua própria política era mais passiva do que jamais tinha sido ou seria. Embora Bismarck mantivesse uma sólida amizade com a Rússia, sua política se restringia à hostilidade comum em relação à Polônia; e ele nunca permitiu que os russos o levassem a apoiá-los no Oriente Próximo. Em última análise,

---

[1] Bismarck para Reuss, 13 de fevereiro de 1869. *Auswärtige Politik Preussens 1858-1871*, x, n.517.

ele torcia por uma aliança conservadora com a Rússia e a Áustria-Hungria;[2] como todas as alianças baseadas em princípios, esta tinha a vantagem de fornecer segurança sem ter de pagar por ela. Mas ele sabia que teria de esperar até que o ressentimento dos Habsburgo com a derrota de 1866 se extinguisse.

Na verdade, as energias de Bismarck foram gastas na construção do novo Estado alemão; como Cavour, ele procurou satisfazer os liberais sem se render a eles. Essa política só afetou as relações internacionais quando envolveu os Estados alemães ao sul do Main. O problema de Bismarck não era trazê-los para dentro de uma Alemanha unificada, pois, de qualquer modo, isso era inevitável. Seu problema era assegurar que eles fossem incorporados com base na lealdade à dinastia Hohenzollern e não baseados no entusiasmo popular – uma unificação feita de cima, não de baixo. Um dos projetos para aumentar o prestígio dinástico, que ele cogitou no início de 1870 e depois abandonou, era proclamar Guilherme I imperador alemão. O mesmo motivo dinástico está por trás de seu estímulo à ideia de que o trono espanhol – vago desde a revolução contra a rainha Isabel em 1868 – deveria ser oferecido a um membro da família Hohenzollern.[3] Bismarck sabia que haveria alguma oposição francesa, o que não quer dizer, nem de longe, que ele esperava que isso estimulasse os franceses a entrar em guerra. Parece ter calculado o contrário: preocupados com sua fronteira espanhola, os franceses ficariam menos dispostos a entrar em guerra por causa do sul da Alemanha.[4] Benedetti, um bom analista das questões alemãs, ficou convencido até o fim de que Bismarck e Guilherme I não tomariam a iniciativa de cruzar o Main; esperariam que o sul da Alemanha viesse até eles.[5] Existem provas ainda mais contundentes. Alexandre II se reuniu com Guilherme I e Bismarck em Ems de 1º a 4 de junho de 1870. A principal preocupação de Bismarck era convencer Alexandre II de que era melhor para os príncipes do sul da Alemanha negociar com Guilherme I do que esperar para serem

---

2 Ele disse isso a Andrássy em janeiro de 1870 e ao arquiduque Albrecht em julho. Bismarck para Schweinitz (Viena), 12 de janeiro e 10 de julho de 1870. Bismarck, *Gesammelte Werke*, vi b, n. 1474 e 1589.

3 Este era Leopoldo, do ramo Sigmaringen. Outrora o ramo mais antigo, ele tinha se subordinado à casa real prussiana em 1848. O irmão mais novo de Leopoldo era príncipe da Romênia.

4 Esse assunto ficou tão revestido, posteriormente, de controvérsia e paixão que é impossível chegar a veredito imparcial. Só posso dizer que procurei julgar de acordo com as evidências contemporâneas e resistir aos mitos posteriores, fossem eles criados pelo ressentimento francês ou pelo próprio Bismarck. Este se gabou posteriormente de ter gerado a guerra com a França; isso é uma prova do que pensava em 1892, não em 1870.

5 Benedetti para Daru, 25 de fevereiro de 1870. *Origines diplomatiques*, xxvi, n.7970.

varridos por uma onda democrática sob o governo de seu sucessor mais liberal. Eles conversaram um pouco sobre questões na Romênia, e todos criticaram a postura pró-polonesa que a monarquia dos Habsburgo estava adotando na Galícia. A guerra contra a França não foi mencionada: não se pediram garantias, e nenhuma foi dada. Na verdade, a reunião foi ligeiramente antiaustríaca, de modo algum antifrancesa.

Mudança de política, se é que ocorreu, foi na França, não na Prússia. Se o "império liberal" tivesse se mantido em sua plenitude, a expectativa de Bismarck de incorporar o sul da Alemanha sem guerra poderia ter se realizado. Porém, em abril, Napoleão discutiu com Daru a respeito da atitude a ser tomada em relação ao concílio que o papa tinha convocado em Roma;[6] e em maio ele organizou um plebiscito que foi realmente uma demonstração contra seus ministros liberais. Contra a vontade de Ollivier, indicou Gramont, embaixador em Viena, para suceder Daru como ministro do Exterior. Gramont não era apenas um clérigo fervoroso, também era violentamente antiprussiano. Embora não soubesse das negociações secretas com a Áustria-Hungria, assumiu-as como se fossem suas, depois de pretextar uma relutância de fundo constitucional: "Os compromissos assumidos não teriam nenhum significado se eu não os aceitasse, mas eu os aceito".[7] Desse modo, Gramont chegou a Paris no início de junho, acreditando na existência de uma aliança austro-francesa e decidido a humilhar a Prússia na primeira oportunidade. Isso convinha à necessidade de prestígio na qual os apoiadores pessoais de Napoleão estavam insistindo. O general francês Lebrun foi enviado a Viena para traduzir a aliança em termos concretos; embora não tenha conseguido nada de concreto, voltou convencido de que a Áustria-Hungria iria se mobilizar imediatamente e imobilizar grande parte do exército prussiano se a França invadisse o sul da Alemanha.[8]

Um acidente imprevisível deflagrou a crise. Em 19 de junho, o príncipe Leopoldo aceitou o trono espanhol. O representante espanhol telegrafou a Madri comunicando que ele voltaria em 26 de junho, e o príncipe poderia ser eleito pelas Cortes, que continuariam funcionando até 1º de julho. A França

---

6 Daru desejara insistir que o concílio não deveria interferir em assuntos seculares. Napoleão III e Ollivier estavam preocupados em não ofender a opinião clerical na França.

7 Beust para Metternich, 31 de maio de 1870. *Rheinpolitik*, iii, n.822. Daru jamais tomara conhecimento das negociações da aliança; e mesmo Gramont ficou sabendo delas somente por insistência de Beust.

8 Lebrun, *Souvenirs militaires*, p.83, 146. O arquiduque Albrecht tinha visitado Paris em março para participar de negociações militares e ficara mal impressionado com o estado do exército francês.

e o mundo seriam presenteados com um rei da Espanha antes que alguém se manifestasse. Mas o engano de um funcionário decodificador fez o governo espanhol imaginar que seu representante só voltaria em 9 de julho; como era tempo demais para manter as Cortes em funcionamento, em 23 de junho elas foram dissolvidas até novembro. Quando o espanhol Salazar chegou a Madri, encontrou-a deserta. Para justificar a reconvocação das Cortes, ele tinha de revelar o que estava acontecendo; e em 3 de julho a notícia chegou a Paris. Nesses casos, o mais sensato é ameaçar o Estado fraco, não o forte. Mas os franceses estavam mais interessados em humilhar a Prússia do que impedir que um Hohenzollern se tornasse rei da Espanha. Gramont comunicou ao conselho de ministros que a Áustria tinha prometido deslocar um corpo de observação para a fronteira;[9] por sugestão de Napoleão, o tsar foi informado que a candidatura Hohenzollern "significa guerra" e, uma vez que a Rússia nunca gostara da ideia de uma guerra entre a Prússia e a França, se esperava que a sua influência se fizesse sentir em Berlim.[10] Desse modo, os franceses contavam com a aliança da Áustria e com o apoio da Rússia. Eles estavam enganados, mas tiveram outra ajuda, inesperada. O príncipe Leopoldo, seu pai, o príncipe Antônio, e, a propósito, Guilherme I, não tinham gostado do caso espanhol desde o começo; tinham sido forçados a se envolver com ele por Bismarck, e agora queriam se desvencilhar rapidamente da situação. Em 12 de julho, o pai de Leopoldo renunciou ao trono espanhol em nome do filho,[11] e com a aprovação de Guilherme I. Ele escreveu para a esposa: "um peso foi removido do meu coração".

Se o governo francês estivesse realmente preocupado com a Espanha ou em marcar uma vitória diplomática, a crise teria acabado. Mas o argumento fatídico do prestígio bonapartista viera à tona e não podia ser abafado. Gramont foi motivado por Napoleão a persistir; e Napoleão, por sua vez, foi motivado por seus apoiadores a persistir ao menor sinal de conciliação. A grande maioria da população francesa era pacifista ou apática; o que contava era a maioria imperialista na Câmara repleta e a camarilha de aventureiros de Napoleão. O Segundo Império sempre vivera na ilusão; e agora ele cometia suicídio na ilusão de que poderia de alguma forma destruir a Prússia sem muito esforço. O caminho para a guerra não se baseava em nenhuma política, em nenhuma ideia de reconstrução da Europa em linhas

---

9 Metternich para Beust, 8 de julho de 1870. *Rheinpolitik*, iii, n.851.
10 Gramont para Fleury, 6 de julho de 1870. *Origines diplomatiques*, xxvii, n.8173.
11 A crise foi tão inesperada que, naquele momento, Leopoldo fazia uma caminhada nos Alpes austríacos, incomunicável.

mais favoráveis à França, nem mesmo num plano bem definido de conquista territorial no Reno. Deter a unificação da Alemanha e, ainda mais, desmembrar a Prússia, contrariava todos os cânones da política napoleônica, se é que isso ainda existia; na explosão de irritação e de impaciência, isso não foi levado em conta. A exemplo dos austríacos em 1859 e 1866, embora com menos justificativa, Napoleão e seus colaboradores queriam a guerra pela guerra, sem pensar nas consequências.

A medida decisiva para a guerra foi tomada em 12 de julho quando Gramont orientou Benedetti a exigir que Guilherme I endossasse a retirada de Leopoldo e garantisse que a sua candidatura jamais seria retomada;[12] essa exigência foi feita com a intenção deliberada de provocar a guerra ou, então, de infligir à Prússia uma humilhação equivalente a uma derrota militar. Foi só então que Bismarck entrou em campo. Durante os primeiros dias da crise, ele estava consciente de ter se excedido, e sua única preocupação fora se desvincular o máximo possível da candidatura de Leopoldo. Agora percebia que a guerra poderia ser provocada por uma questão de honra nacional, não por causa do trono espanhol, e que o problema do sul da Alemanha poderia ser resolvido de uma vez por todas. Seu único temor era que Guilherme I, envergonhado com a situação toda, atendesse à exigência francesa. Ele não precisava se preocupar: em 13 de julho, Guilherme I a recusou, embora de forma educada. A única contribuição de Bismarck para o caso todo foi sugerir que a recusa do rei fora muito menos polida. O "telegrama de Ems", que Bismarck divulgou de forma resumida, pretendia provocar a França.[13] Isso era

---

12 A exigência foi reiterada por orientação de Napoleão. Napoleão III para Gramont, 12 de julho de 1870. *Origines diplomatiques*, xxviii, n.8436.

13 No fim da vida, como estivesse ansioso para receber os créditos pelo início da guerra, Bismarck construiu a lenda de que ele a provocara ao editar o telegrama que Guilherme I enviara de Ems. Mas Bismarck sempre tinha outra carta na manga. Quando se manteve afastado em Varzin até 11 de julho, isso certamente ajudou os franceses a passarem de uma trapalhada provocadora para outra; mas também o deixou livre para culpar Guilherme I por qualquer humilhação que pudesse ocorrer. Em 12 de julho, planejou convocar o Reichstag e apresentar um ultimato à França. Isso certamente teria levado à guerra, e também lhe teria dado um pretexto para renunciar se Guilherme I rejeitasse seu parecer. Seu comportamento foi o tempo todo improvisado, e só é compatível com a explicação de que a crise o pegou de surpresa. Daí em diante, mostrou-se bem preparado para atuar em defesa da guerra com a França para salvar seu próprio prestígio. Sua solução alternativa de pôr a culpa em Guilherme I também era típica e vergonhosa. Mas tudo isso contradiz a teoria de que a candidatura espanhola era uma mina bem plantada ou, como Bucher a denominou, "uma armadilha para a França". Pelo contrário, ela foi um erro, do qual Bismarck se safou por meio de uma ágil improvisação.

desnecessário. O governo francês estava decidido a entrar em guerra e agarrou o primeiro pretexto. Ele assumiu sua responsabilidade "com o coração leve" e se comprometeu com a guerra em 15 de julho,[14] sem esperar notícias de Benedetti sobre o que realmente acontecera em Ems.

Os franceses estavam iludidos quanto ao seu poderio militar e, ainda mais, quanto à sua posição diplomática. Supunham que a Grã-Bretanha e a Rússia os veriam com simpatia, ou até os apoiariam; que a Áustria-Hungria e a Itália entrariam na guerra como suas aliadas; e que o sul da Alemanha permaneceria neutro. Erraram em todos os casos. Embora os governos britânico e russo tivessem trabalhado para resolver a crise por motivos opostos, ambos responsabilizaram a França pelo fracasso da iniciativa. Os britânicos ficaram profundamente angustiados por causa da Bélgica; além disso, ficaram assustados quando Bismarck publicou o projeto de tratado de Benedetti em 1866 no *Times*, em 25 de julho, e negociaram com os dois contendores novos tratados que assegurassem a neutralidade da Bélgica enquanto durasse a guerra – tratados que Bismarck aceitou de bom grado, e Gramont a contragosto (30 de julho). Nos anos posteriores, o governo britânico foi responsabilizado muitas vezes por ter ficado de braços cruzados enquanto Bismarck instaurava o poder alemão na Europa. Mas toda a trajetória da política britânica durante os cinquenta anos anteriores tinha sido contrária justamente à campanha francesa no Reno tal como ela estava sendo lançada agora. A parceria anglo-francesa tinha se limitado ao Oriente Próximo; e mesmo ali a França tinha sido ultimamente um adversário insatisfatório da Rússia. É verdade que a Prússia tinha sido ainda menos cooperativa no Oriente Próximo; mas os britânicos tendiam a acreditar que ela ficaria mais acessível assim que se livrasse das preocupações no Reno. A situação teria sido diferente se a Grã-Bretanha e a Rússia tivessem se juntado para impor a paz aos dois lados; e elas poderiam ter agido assim numa geração anterior. Agora estavam irremediavelmente divididas pelo legado da Guerra da Crimeia, sem falar das disputas mesquinhas intermináveis na Ásia Central.

A edição do telegrama de Ems demonstrou certamente que Bismarck estava disposto a provocar uma guerra com a França para salvar sua reputação. Mas ela não causou a guerra. Para satisfazer os bonapartistas extremados, Napoleão III tinha de fazer exigências cada vez mais inviáveis; e o telegrama de Ems simplesmente lhe deu o motivo que ele, ou seus apoiadores, estivera procurando. É claro que se Bismarck tivesse desejado desesperadamente evitar a guerra, sua genialidade teria encontrado uma maneira de fazê-lo. Só ele era capaz de controlar a situação. Nesse sentido, tem de arcar com a responsabilidade não apenas pela guerra de 1870, mas pela trajetória posterior da história alemã.

14 A declaração de guerra propriamente dita foi entregue em Berlim em 19 de julho.

A política britânica na Europa pressupunha um aliado continental. Ela não tinha aliado; logo, não podia ter política.

O principal motivo da Rússia era o medo da Polônia, não as pretensões no Oriente Próximo; a incapacidade de compreender isso foi um dos erros mais graves da política francesa.[15] Os russos esperavam uma vitória francesa e a teriam aceitado; o que eles temiam era uma vitória francesa em colaboração com a Áustria-Hungria. Com a Prússia fora do caminho, essa aliança traria à baila inevitavelmente a Questão Polonesa, e o faria com mais êxito que em 1863. Os russos procuraram "localizar" a guerra: manter a Áustria-Hungria neutra, não pelo bem da Prússia, mas por seu próprio bem. Aconteceu de Gorchakov estar em Berlim em 13 de julho.[16] Ele se recusou a fazer a Bismarck uma promessa solene de apoio contra a Áustria-Hungria, dizendo simplesmente que "duvidava que a Áustria pudesse se lançar em tais aventuras"; e, na verdade, não houve nenhum acordo formal entre a Rússia e a Prússia em nenhum momento da guerra. Embora os russos saudassem os rumores a respeito de seus preparativos militares, na verdade eles nada fizeram.[17] Limitaram-se a condicionar sua neutralidade à da Áustria-Hungria, o que convinha à política de Beust.[18] Em 23 de julho, Alexandre II comunicou ao embaixador austro-húngaro que ele permaneceria neutro desde que a Áustria-Hungria não se mobilizasse nem criasse confusão na Polônia; além do mais, garantiria as fronteiras da Áustria em nome do rei da Prússia.[19] A Rússia sempre tivera uma atitude protetora e desinteressada em relação à Prússia; e Alexandre deu essa garantia sem consultar Guilherme I. Bismarck confirmou-a imediatamente: "não temos interesse em assistir ao colapso da monarquia austríaca nem em nos envolver

---

15 Mesmo durante a crise, Fleury imaginou que o apoio russo poderia ser obtido por meio da revisão do Tratado de Paris (para Gramont, 10 de julho de 1870. *Origines diplomatiques*, xxix, n.8650). Ele não compreendeu que o Mar Negro era algo supérfluo na política russa; a Polônia era a realidade. É claro que os russos também tinham aprendido, com as frustrações constantes, que Napoleão III jamais faria uma investida significativa contra o acordo de 1856.

16 Seus relatos ao tsar estão no *Journal of Modern History*, v. xiv. Como uma precaução adicional para não se comprometer, Gorchakov ficou em férias na Alemanha até o final de julho.

17 Bismarck usou a história de que a Rússia tinha posicionado 300 mil homens na Galícia para atemorizar a Áustria-Hungria e os Estados do sul da Alemanha; ela não tinha nenhuma base sólida, nem mesmo de um compromisso russo. Bismarck para Werthen (Munique), 16 de julho de 1870. Bismarck, *Gesammelte Werke*, vi b, n.1652.

18 É claro que os dois países teriam mudado de tom em caso de uma vitória francesa; nesse caso, teriam disputado o apoio francês, e nada garante que a Áustria-Hungria teria ganho a disputa.

19 Chotek para Beust, 23 de julho de 1870. *Origines diplomatiques*, xxix, n.8734.

na questão insolúvel: o que ficaria em seu lugar".[20] Ainda assim, não há dúvida de que decidiu não ser tratado com condescendência por muito mais tempo. Os franceses ficaram furiosos com a atitude da Rússia, embora tentassem se consolar fingindo que a hostilidade russa lhes traria outros aliados.[21] Na verdade, os russos tinham sido coerentes até o fim. Embora certamente não tenham feito nada para deter a Prússia, do mesmo modo, como Alexandre II dissera tantas vezes, não participariam de uma coalizão contra a França; e não havia motivo para supor que teriam entrado na guerra se a Prússia tivesse sido derrotada.

Não foi necessária a ameaça russa para manter a Áustria-Hungria neutra; ela permaneceu neutra por esperteza. Beust insistiu desde o início que a crise não tinha nada a ver com a Áustria-Hungria. Os franceses a tinham começado sem consultá-lo; estavam provocando a opinião pública alemã em vez de isolar a Prússia da Alemanha, como ele sempre recomendara; nem lhe informavam seus planos militares. Ele se queixou a Metternich: "Quando vejo o que está acontecendo, eu me pergunto se virei um imbecil".[22] A exemplo dos russos, Beust esperava uma vitória francesa; mas pretendia tirar partido dessa vitória francesa, não ajudá-la. Só entraria na guerra quando a batalha decisiva tivesse sido travada; e depois restauraria o protetorado dos Habsburgo no sul da Alemanha (que o tsar também se dispusera reconhecer), tanto contra a França como contra a Prússia. Seu objetivo imediato era conservar o apoio dos franceses sem se comprometer com o lado deles; consequentemente, ele teria preferido evitar fazer uma declaração de neutralidade – ao manter a Prússia na incerteza, faria algo para ajudar a França.[23] A política austro-húngara foi debatida no Conselho da Coroa de 18 de julho. Posteriormente, Andrássy deu a entender que tinha impedido que Beust entrasse na guerra do lado francês; e, de modo geral, a

---

20 Bismarck para Reuss, 26 de julho de 1870. Bismarck também enviou uma mensagem para Andrássy: "A inclusão da suposta Áustria alemã com seus tchecos e eslovenos na Federação do Norte da Alemanha seria sinônimo da sua dissolução". Bismarck para Schweinitz, 23 de julho de 1870. Bismarck, *Gesammelte Werke*, vi b, n. 1709 e 1701.
21 Gramont para Latour, 23 de julho de 1870. *Origines diplomatiques*, xxix, n.8724.
22 Beust para Metternich, 11 de julho de 1870. *Rheinpolitik*, iii, n.871. Beust, *Memoirs*, ii. 340-2. Beust também sugeriu que os franceses deveriam permitir que Leopoldo zarpasse para a Espanha e sequestrá-lo no caminho. Como Bismarck sempre dera a entender que a candidatura de Leopoldo era um assunto privado que não tinha nada a ver com a Prússia, ele não poderia se opor.
23 De Cazaux (Viena) para Gramont, 17 de julho de 1870. *Origines diplomatiques*, xxix, n.8621.

história tem sido aceita. Ela está distante da verdade.[24] Beust sugeriu pôr as tropas de prontidão para intervir e, enquanto isso, agradar os franceses com gestos inócuos de simpatia. Andrássy também apoiou alguma forma de mobilização; e, com o espírito radical de 1848, torcia pela vitória francesa e também esperava por ela. Só que desejava arregimentar a Prússia, e também a França, para a batalha iminente contra a Rússia, que, a exemplo de Beust, ele previa; portanto, insistiu numa declaração de neutralidade, para garantir também o apoio prussiano. Isso foi feito em 20 de julho. Fora isso, a política de Beust foi seguida. Em 20 de julho, ele escreveu confidencialmente a Metternich para que "dourasse a pílula da neutralidade" para Napoleão;[25] e Francisco José deu sequência com uma altissonante carta de felicitações que não significava nada.[26]

Beust procurou prestar um serviço aos franceses, ou pelo menos pareceu fazê-lo: tentou desobstruir o caminho para a aliança deles com a Itália. Afinal de contas, não havia mal algum que os italianos colaborassem com a França; e, em caso de vitória prussiana, a Áustria-Hungria até poderia repetir Custoza em vez de vingar Sadova. Os italianos não ficaram atraídos pela proposta. Queriam uma aliança com a Áustria-Hungria, deixando seus aliados tomarem a primeira medida contra a Prússia, mas lhes dando posse imediata de Roma. As negociações continuaram até 10 de agosto, mas foram inúteis. Os franceses nunca sairiam de Roma antes de serem batidos no Reno; e, nesse caso, ninguém ia querer fazer aliança com eles. As negociações entre a Áustria-Hungria e a Itália foram simplesmente uma tentativa de fazer um seguro contra a esperada vitória francesa; e chegaram abruptamente ao fim quando as notícias das derrotas francesas começaram a chegar. Os italianos então ficaram livres para ocupar Roma sem se incomodar com a Convenção de 1864, o que fizeram em 20 de setembro. Quanto à Áustria-Hungria, Andrássy pôde fingir que sempre apoiara a Prússia e, no final das contas, obtivera para ela o único respaldo contra a Rússia que restara – a aliança com a Alemanha de Bismarck; assim, ele foi recompensado por uma clarividência que não possuía. Nem Beust nem Andrássy determinaram a neutralidade austro-húngara; ela não foi ditada nem mesmo por qualquer ameaça da Rússia. Gorchakov dissera corretamente: "A Rússia

---

24 A política austro-húngara em 1870, e principalmente o conselho de 18 de julho, finalmente foi esclarecida por Srbik, *Aus Österreichs Vergangenheit*, p.67-98.
25 Beust para Metternich, 20 de julho de 1870. *Rheinpolitik*, iii, n.911.
26 Francisco José para Napoleão III, 25 de julho de 1870. Ibid., n.920.

não interrompeu um apoio que não tinha possibilidade de ser concretizado".[27] A política dos Habsburgo aguardou pelos acontecimentos, e eles produziram a decisão. Em 22 de agosto, Francisco José definiu que seu objetivo era "afastar de nós" as vitórias prussianas; e o objetivo foi alcançado. Como Napoleão III em 1866, os austríacos tinham calculado mal o resultado da guerra; ao contrário de Napoleão, conseguiram se livrar a tempo das consequências do seu erro.

Dessa forma, os franceses ficaram isolados na luta contra uma Alemanha unida. O entusiasmo unânime com que os Estados do sul da Alemanha se juntaram à Prússia não pesou muito no equilíbrio militar, mas mostrou como era absurdo o projeto político dos franceses, se é que eles tinham um. A libertação do sul da Alemanha certamente não podia ser considerada um objetivo militar sério. O histórico da derrota francesa começou em 4 de agosto, atingindo o ápice em 2 de setembro, quando o principal exército francês e o próprio Napoleão III se renderam em Sedan, marcando o fim de uma época na história europeia; foi o momento em que o mito de *la grande nation*, dominando a Europa, foi destruído para sempre. O equilíbrio de poder foi alterado de forma surpreendente. Antes de 1866, os franceses tinham contado com um equilíbrio entre a Áustria e a Prússia na Europa central; por isso, foram eles que tinham sido batidos em Sadova. Do mesmo modo, a Grã-Bretanha e a Rússia sempre tinham contado com um equilíbrio de poder no Reno; e foram elas – um pouco mais a Rússia que a Grã-Bretanha – que foram batidas em Sedan. Por outro lado, Sadova abriu o caminho para a ascendência da Prússia na Alemanha; Sedan simplesmente confirmou que isso tinha acontecido. Os ganhos prussianos que se seguiram a Sadova foram concretos: a Prússia jamais poderia ter se tornado a maior potência europeia sem a dissolução da Confederação Alemã e as anexações de 1866. Os ganhos que se seguiram a Sedan foram simbólicos: a Alsácia e a Lorena, que a França cedeu em 1871, não eram fundamentais para a grandeza alemã – elas eram, de fato, uma fonte de fraqueza. Quando a França as recuperou em 1919, isso não alterou substancialmente a preponderância alemã; teria sido bem diferente se a Áustria-Hungria tivesse conseguido, num dado momento, reverter a decisão do Tratado de Praga.

A diplomacia europeia assumiu um novo caráter depois da batalha de Sedan. Até 2 de setembro, o objetivo da política francesa (se é que o tinha) era reverter as vitórias prussianas e estabelecer a influência francesa no Reno; depois de 2 de setembro, os franceses aceitaram que a unidade alemã

---

27 Fleury para Gramont, 9 de agosto de 1870. *Origines diplomatiques*, xxix, n.8948.

era um fato e passaram a se preocupar somente em defender a integridade de seu território nacional. Tudo girou em torno da reivindicação alemã da Alsácia e da Lorena. Bismarck deu a entender, no fim da vida, que essa reivindicação lhe tinha sido imposta pelos generais alemães, que raciocinaram apenas em termos militares. Não há prova disso;[28] pelo contrário, Bismarck recomendou a anexação desde o começo da guerra. Ele queria um feito concreto no qual pudesse concentrar o entusiasmo alemão; além disso, tendo em vista os antigos laços de empatia entre a França e os Estados do sul da Alemanha, ele pode muito bem ter se alegrado por haver um motivo de afastamento entre a opinião pública dos dois países. Sua política externa sempre se moldara pelas necessidades dos *Junkers*, e era fundamental para eles que a Rússia tsarista, não a França liberal, fosse a madrinha da unidade alemã. Bismarck certamente calculou mal a profundidade do ressentimento francês. Imaginou que os franceses se conformariam com a perda da Alsácia e da Lorena, do mesmo modo que Francisco José se conformara com a perda da Lombardia e da Venécia. Uma monarquia hereditária pode perder províncias; um povo não pode abrir mão tão facilmente de seu território nacional. Sedan provocou o colapso do império napoleônico; doravante, o povo francês era o único soberano.[29] Depois de 2 de setembro, a Guerra Franco-Prussiana se tornou a primeira guerra entre nações;[30] as regras civilizadas de combate se romperam, e foi criado o padrão de combate do século XX.

Os liberais e os radicais que criaram o governo provisório em Paris imaginaram, inicialmente, que a história se repetiria na política externa, como eles estavam tentando repeti-la internamente: do mesmo modo que os aliados tinham deixado a França intacta em 1815 depois de Waterloo, Bismarck também faria uma paz generosa depois de Sedan. Esse sonho se desfez quando Jules Favre, o novo ministro do Exterior, se encontrou com Bismarck em Ferrières em 18 de setembro. Bismarck disse que era indiferente à forma de governo da França; na verdade, ele teria preferido a restauração do império, acreditando que ela era a mais frágil e, portanto, a mais dependente

---

28 Também não há prova de que a Alsácia e a Lorena foram reivindicadas em razão de suas jazidas de minério de ferro e de fosfatos, que, de todo modo, eram praticamente desconhecidas.
29 O próprio Bismarck reconheceu isso quando insistiu que as condições de paz fossem aceitas por uma assembleia nacional, que deveria incluir os representantes da Alsácia e da Lorena.
30 As chamadas revoltas nacionais contra Napoleão I foram uma ficção, em parte inventada pelo próprio Napoleão como uma desculpa para a sua derrota, e em parte elaborada por historiadores alemães inspirados pela guerra de 1870. A guerra espanhola e, em menor escala, a guerra russa contra Napoleão I tinham um caráter nacional; mas ambas ocorreram na periferia da civilização europeia.

do apoio alemão. Favre respondeu à reivindicação alemã com a frase grandiloquente: "nem uma polegada do nosso território ou uma pedra das nossas fortalezas". Mas como essa frase seria cumprida? A tradição apontava para o caminho do jacobinismo, da *levée en masse** e do terror de 1793; esse era o caminho de Gambetta, que escapou de Paris em outubro e criou novos exércitos na Loire. Embora esses novos exércitos lutassem suficientemente bem para restaurar a honra francesa, não conseguiram derrotar os prussianos. A última e maior das ilusões estava desfeita.

O caminho alternativo era buscar o apoio das Grandes Potências, invocando sua mediação ou até mesmo sua aliança. Os neutros tinham sido mantidos fora das guerras de 1859 e 1866 só porque a paz fora celebrada rapidamente; era razoável esperar que eles pudessem ser atraídos se os franceses prolongassem a guerra. Thiers, o historiador de Napoleão e outrora o protagonista da guerra no Reno, passou a rodar a Europa em busca de apoio, traçando, com sua viagem, as linhas segundo as quais a política francesa doravante se faria. Anteriormente os franceses tinham se voltado para Viena quando quiseram um aliado contra a Prússia; agora a Áustria-Hungria deixara de contar na política francesa. No outono de 1870, os senhores em Viena, apesar de suas simpatias pela França, fizeram as pazes com a realidade, passando a reconhecer que a Áustria-Hungria só poderia existir com o apoio alemão. Em 1º de outubro, Francisco José parabenizou Schweinitz pelas vitórias prussianas, acrescentando com sinceridade: "Você não pode esperar que eu fique satisfeito com a coisa em si... Não interferirei de maneira nenhuma, deixarei que as coisas aconteçam".[31] Schweinitz definiu a nova situação quando disse ao embaixador russo: "Se você me perguntar o que eu prometi à Áustria em troca da sua amizade, a resposta é 'vida'. Ela deve a sua preservação unicamente à nossa boa vontade, pois estamos interessados em manter a sua integridade, que, do nosso ponto de vista, é ainda mais necessária para o equilíbrio europeu que a do Império Otomano".[32] Andrássy, com arrogância húngara, ainda quis tratar Bismarck como um igual, e insistiu que a Prússia tinha de brigar com a Rússia por causa da Hungria.[33] Beust foi mais sensato: agora que a batalha pela Alemanha tinha

---

* Em francês no original: "levante em massa". (N. T.)
31 Schweinitz, *Denkwürdigkeiten*, p.277.
32 Goriainov, *Le Bosphore et les Dardanelles*, p.304.
33 Bismarck escreveu irritado para Schweinitz em 3 de outubro (Bismarck, *Gesammelte Werke*, vi b, n.1844) que a Hungria e a Itália deviam tudo à Prússia, e, no entanto, eram suas maiores adversárias; se a Hungria queria a simpatia alemã, tinha de conquistá-la.

sido perdida, ele percebeu que o único recurso era tentar ser um *tertius* na amizade russo-prussiana, e preparou o terreno para a Liga dos Três Imperadores.[34] Thiers só ouviu em Viena o lamento pseudometternichiano de Beust: "Já não enxergo mais a Europa".

Sua visita a Londres também foi inútil. Acostumados durante séculos à supremacia francesa, os britânicos tendiam a acreditar que a vitória da Prússia aperfeiçoara o equilíbrio de poder; certamente a Bélgica, a preocupação concreta da sua política, estava mais segura do que na época das intrigas constantes de Napoleão. Ingleses de ambos os partidos já começavam a fazer votos para que a Alemanha assumisse o lugar da Áustria como sua "aliada natural", mantendo a França e a Rússia sob controle enquanto os britânicos criavam prosperidade e o império no ultramar; uma aliada, também, mais liberal e afável que o Estado policial de Metternich. Portanto, os britânicos se envolveram seriamente na organização de uma "liga de neutros", não para preparar uma intervenção, mas para impedir a intervenção dos outros. O primeiro-ministro Gladstone não concordava com essa política de abstenção, embora por razões morais elevadas, não devido a uma reflexão sobre o equilíbrio de poder. Ele considerou a transferência da Alsácia e da Lorena sem consultar a população um crime,[35] e queria despertar "a consciência da Europa"; no entanto, não percebeu que, em termos concretos, esse apelo à consciência implicava a cooperação com a Rússia, e que os russos provavelmente não cooperariam sem cobrar um preço, que estava muito além do que os britânicos podiam pagar.

Portanto, São Petersburgo foi o momento decisivo da missão de Thiers. Se os russos tivessem cooperado com a Áustria-Hungria e a Inglaterra, teria havido uma mediação europeia; na medida em que eles pareciam dispostos a apoiar a Prússia, Bismarck podia manter a França isolada. A Rússia e a Prússia não chegaram a um acordo, e os russos não gostavam de ficar de braços cruzados. Logo em 7 de agosto, Gorchakov disse: "É impossível que as outras Grandes Potências sejam excluídas das futuras negociações pela

---

34 Beust e Metternich, os dois alemães do *Reich*, eram os menos hostis à Rússia de todos aqueles que tinham dirigido a política externa dos Habsburgo. Para os outros – fossem eles húngaros como Andrássy ou figurões austríacos como Schwarzenberg –, a hostilidade contra a Rússia era o princípio fundamental.

35 Todas as mudanças territoriais na Itália, incluindo a transferência da Savoia e de Nice para a França, tiveram de ser sancionadas, ou ao menos aprovadas, por plebiscitos; nenhuma das anexações feitas por Bismarck foi acompanhada de plebiscito, embora ele tivesse se comprometido a realizá-lo no norte de Schleswig.

paz, mesmo que não participem da guerra".[36] A determinação de não ser ignorada na Europa, de não ser tratada simplesmente como uma potência asiática, sempre tinha sido uma motivação profunda da política russa. Por exemplo, nada tornara Napoleão III mais justo aos olhos do tsar que o tratado de 3 de março de 1859: pelo menos ele manteve a aparência de que a Rússia tinha voz nos assuntos da Itália. Diante desse ressentimento emocional, Bismarck usou a "solidariedade dos elementos conservadores monárquicos da Europa", igualmente emocional,[37] uma solidariedade que agora incluiria a Áustria-Hungria. Essa Santa Aliança remodelada representava a própria visão política de Bismarck, principalmente em relação à Polônia; de todo modo, seu objetivo concreto, como o objetivo da Santa Aliança original, era manter a Rússia tranquila.

Os acontecimentos na França fortaleceram os trunfos de Bismarck. Embora as vitórias prussianas assustassem os russos, a deposição de Napoleão III e a criação de um governo mais ou menos revolucionário em Paris assustavam ainda mais o tsar; o susto se completou quando exilados poloneses apoiaram o governo provisório francês. Em termos mais concretos, os russos toleravam o engrandecimento da Alemanha por causa de suas possessões polonesas. No entanto, mesmo agora essa não era uma "opção" pela Alemanha em detrimento da França; era uma opção pela neutralidade contra a ação.[38] De forma um pouco vaga, os russos esperavam jogar a França contra a Alemanha no futuro, e já estavam avaliando que o medo de uma França ressentida manteria a Alemanha sossegada enquanto eles próprios se acertavam com a Áustria-Hungria. Gorchakov disse a Thiers: "Mais tarde nos ocuparemos de unir a França à Rússia", e Alexandre II acrescentou: "Gostaria muito de conquistar uma aliança como essa com a França, uma aliança baseada na paz, não na guerra e na conquista".[39] Essas palavras, pronunciadas em 29 de setembro de 1870, definiram a aliança franco-russa tal como

---

36 Reuss para Bismarck, 7 de agosto de 1870. Rheindorff, *Die Schwarz-Meer (Pontus) Frage*, p.78.
37 Bismarck para Reuss, 12 de setembro de 1870. Bismarck, *Gesammelte Werke*, vi b, n.1793. Eyck (*Bismarck*, ii. 525) chama essa proposta de "mudança decisiva na política externa de Bismarck"; porém, é claro que Bismarck sempre desejara a Santa Aliança se ela existisse de acordo com as suas condições, i.e., nenhuma pretensão dos Habsburgo na Alemanha e nenhuma pretensão russa no Oriente Próximo.
38 Este sempre foi o problema central nas relações franco-russas, pelo menos desde Sedan. Uma aliança franco-russa, sendo baseada no interesse, precisa ser ativa; uma parceria russo-germânica, baseada no sentimento, pode ser passiva. Logo, tanto em 1939 como em 1870, os franceses exigiam ação; os alemães estavam satisfeitos com a neutralidade.
39 F. Charles-Roux, *Alexandre II, Gortchakoff et Napoléon III*, p.501 e 503.

ela foi realizada vinte anos depois; elas não tinham utilidade para Thiers nas condições do momento. Ele voltou a Paris de mãos vazias, e os franceses tiveram de tentar reverter as vitórias prussianas com seus próprios esforços. Em novembro, os novos exércitos que Gambetta organizara conseguiram um êxito temporário, mas que não pôde ser mantido. Paris estava cercada e não podia ser libertada; e, em janeiro de 1871, os franceses tiveram de pedir a paz de acordo com as condições alemãs.

Como tinham abdicado da Europa ocidental, os russos buscaram um prêmio de consolação. Eles o encontram na sua denúncia da neutralização do Mar Negro, decidida em 7 de setembro e anunciada às potências em 31 de outubro. Não podiam considerar o Mar Negro como uma compensação pela exclusão dos assuntos da Europa ocidental; a ação foi, no máximo, uma concessão ao seu amor-próprio, livrando a Rússia de uma humilhação. Daí a irrelevância do conselho de Bismarck de que eles deveriam construir navios de guerra no Mar Negro e esperar pela reclamação dos outros.[40] Os russos queriam que as outras potências reconhecessem seu direito de manter navios de guerra ali, não, na verdade, de possuí-los. Não tinham nenhum plano de ação no Oriente Próximo, e, na verdade, a guerra com a Turquia em 1877 os encontrou ainda sem uma frota no Mar Negro – caso contrário, a guerra teria terminado rapidamente, com consequências incalculáveis para a história da Europa. A denúncia foi um gesto simbólico. A resposta britânica também foi simbólica. Gladstone se opusera à neutralização do Mar Negro ainda em 1856;[41] mas ele queria reafirmar o princípio de que os tratados só poderiam ser modificados por meio de um acordo internacional, e, dessa vez, conseguiu o que queria. A hostilidade à Rússia, combinada com um tom moral elevado, derrotou até o gabinete mais isolacionista; e o governo britânico saiu esbaforido em busca de apoio. Odo Russell, representante britânico no quartel-general prussiano, disse a Bismarck que a Grã-Bretanha entraria em guerra em defesa da inviolabilidade dos tratados com ou sem aliados; era um exagero. O que Granville, ministro do Exterior britânico realmente tinha em mente era que, uma vez que agora a França não tinha mais serventia no Oriente Próximo, a Prússia deveria aproveitar a oportunidade de se tornar a "aliada natural" da Inglaterra e deveria aderir à

---

40 Busch, *Bismarck: some secret pages of his History*, i. 313.
41 Gladstone também defendera em 1856 que a independência da Romênia era a barreira mais eficaz contra a Rússia; portanto, ele já estava se encaminhando para a política de apoio ao nacionalismo balcânico que apregoou em 1878 e que, como o "wilsonianismo", triunfou em larga escala em 1919, à custa da Rússia e da monarquia dos Habsburgo, bem como da Turquia.

Garantia Tripartite dada à Turquia em 15 de abril de 1856. Em suas próprias palavras: "isso enfraqueceria, em vez de reforçar, as obrigações da Inglaterra, e a tentativa de implementá-la atuaria como um poderoso controle da Rússia".[42] A Prússia deveria se unir à potência que acabara de derrotar e à potência com a qual ela ainda estava em guerra para controlar seu único amigo na Europa; e isso em nome do Oriente Próximo, onde ela não tinha nenhum interesse. Estava se estabelecendo o padrão para os próximos trinta anos, no qual se oferecia repetidas vezes à Alemanha o privilégio de defender os interesses britânicos contra a Rússia, tendo como recompensa apenas uma condescendência indiferente.

Bismarck não respondeu à oferta. Por outro lado, reconheceu, como outros que vieram depois dele não fizeram, que um conflito anglo-russo no Oriente Próximo seria perigoso para a Prússia, mesmo se ela ficasse de fora. Ele estava disposto a atuar como um mediador sincero, e propôs uma conferência para revisar o acordo do Mar Negro, algo que convinha aos britânicos: o que mais lhes interessava era o reconhecimento do direito internacional. Também convinha aos russos; eles queriam uma revisão teórica, não um direito concreto, e só conseguiriam isso numa conferência. Também não queriam, nem esperavam, uma crise grave. Como escreveu um diplomata russo: "Ninguém entra em guerra por causa de uma declaração. Gorchakov vislumbrou uma guerra de palavras, nada mais".[43] A circular de 31 de outubro foi aparentemente retirada com o entendimento tácito de que as potências concordariam com a proposta russa se ela fosse apresentada de forma mais respeitável. A conferência que teve lugar em Londres de janeiro a março de 1871 soou como uma história de mau gosto, simplesmente salvando as aparências; mas ela teve consequências muito importantes. Embora tenha liberado a Rússia no Mar Negro, extraiu dela a concessão decisiva de que os tratados internacionais não poderiam ser modificados por meio de uma ação unilateral. Por esse motivo, sete anos depois, a Rússia se dispôs a submeter o Tratado de Santo Estêvão à análise internacional no Congresso de Berlim; e o resultado pacífico da grande crise oriental de 1878 se deveu em parte, portanto, à desprezada Conferência de Londres.

---

42 Granville para Gladstone, 10 de dezembro de 1870.

43 Jomini para Brunnow, 22 de maio de 1871. Goriainov, *Le Bosphore et les Dardanelles*, p.161. Em Constantinopla, Ignatiev preferiu ignorar as potências e negociar diretamente com os turcos – uma antevisão interessante da política que ele defenderia durante a grande crise oriental de 1875-1878.

A conferência teve uma vantagem mais imediata para Bismarck. Tanto a Grã-Bretanha como a Rússia estavam ansiosas para que ela fosse bem-sucedida; portanto, concordaram com a condição apresentada por ele de que a França não poderia levantar a questão da paz com a Alemanha.[44] Em consequência, os franceses ficaram isolados e tiveram de aceitar as condições de Bismarck. O armistício foi concluído no dia 28 de janeiro, para permitir a eleição de uma Assembleia Nacional;[45] e a paz provisória foi assinada em 26 de fevereiro, tornando-se, no dia 10 de maio, em termos formais, o Tratado de Frankfurt. O problema de Bismarck era diferente do que ele tivera com a Áustria em 1866. Aquela guerra tinha sido travada com um objetivo específico – a supremacia na Alemanha. Depois que a Áustria concordou em abandonar a Confederação Alemã e sair da Alemanha, Bismarck não queria nem enfraquecê-la nem humilhá-la. A guerra de 1870 foi outra história. Ela não tinha um objetivo específico; era um braço-de-ferro entre a Alemanha e a França. Embora as vitórias de 1870 e as condições de 1871 – a cessão da Alsácia e da Lorena, e a indenização de 5 bilhões de francos – tenham demonstrado certamente a superioridade alemã, elas não poderiam perpetuá-la.[46] A Grã-Bretanha e a França tinham tentado, em 1856, tornar duradouros os frutos da vitória; a Conferência de Londres foi a prova da inutilidade dessa tentativa. O Tratado de Frankfurt não limitou o exército francês, nem o proibiu de fazer alianças. Costuma-se dizer que o ressentimento francês se manteve vivo devido à anexação da Alsácia e da Lorena. Bismarck estava mais perto da verdade: "A mágoa francesa existirá no mesmo grau se eles saírem da guerra sem ceder território... Mesmo a nossa vitória em Sadova despertou mágoa na França; muito mais então despertará nossa vitória sobre eles próprios".[47] Nos anos seguintes, os franceses se opuseram

---

44 O Império Alemão foi constituído em Versalhes em 18 de janeiro de 1871. A Prússia desapareceu, incorporada dali em diante à Alemanha, ou vice-versa.

45 A deposição de Napoleão III colocou a seguinte questão: encontrar uma autoridade reconhecida com a qual concluir uma paz válida. Bismarck aventou a ideia de concluir a paz com Napoleão III com o argumento de que, assim, ele seria uma marionete alemã; mas Napoleão só aceitaria essa posição ultrajante se recebesse condições muito mais favoráveis que as oferecidas para o governo provisório, e Bismarck não pagaria esse preço. Portanto, teve de insistir numa assembleia nacional para concluir a paz com o "soberano máximo", o povo francês – uma posição curiosa para um *Junker* conservador.

46 Bismarck avaliou (equivocadamente) que a indenização enfraqueceria a França durante muitos anos, ou mesmo que a França não conseguiria pagá-la, de modo que o exército alemão continuaria ocupando o território francês. Portanto, esta era, de certa forma, uma tentativa de definir o futuro.

47 Bismarck para Bernstorff (Londres), 21 de agosto de 1870. Bismarck, *Gesammelte Werke*, vi b, n.1755.

à Alemanha quando viram uma possibilidade de derrotá-la, e se resignaram à superioridade alemã, ou até se adaptaram a ela, quando se sentiram fracos demais para sobrepujá-la. Se não tivessem perdido a Alsácia e a Lorena seu ressentimento não teria sido menor nos períodos de hostilidade; seu desejo de reconciliação poderia ter sido maior nos períodos de relaxamento de tensão. As duas províncias perdidas eram um símbolo da grandeza perdida; consequentemente, sua recuperação em 1919 não pôs fim à hostilidade em relação à Alemanha, já que não trouxe de volta a grandeza que desaparecera para sempre em Sedan.

Em 1871, nenhum dos lados imaginou que o Tratado de Frankfurt sobreviveria por mais de quarenta anos; em todo caso, até 1875, a perspectiva de uma recuperação francesa foi o elemento dinâmico da política europeia. Os franceses, consolidando-se sob a liderança de Thiers, tentaram romper o isolamento que fora a sua ruína em 1870; Bismarck trabalhou para consolidar a Europa contra eles. A combinação mais segura para a Alemanha era a união das "Três Cortes do Norte", que fora enfraquecida pelos eventos de 1848 e destruída pela Guerra da Crimeia; outrora denominada Santa Aliança, ela iria ressurgir agora como a Liga dos Três Imperadores. A mudança decisiva estava na política da monarquia dos Habsburgo. Depois de Sedan, Francisco José perdeu qualquer esperança de fazer uma aliança com a França e, com isso, a esperança de retomar a hegemonia na Alemanha. O caminho estava aberto para a reconciliação com Berlim. Mas em que bases? Beust, desiludido por cinco anos de fracassos, pensava que, para a monarquia dos Habsburgo, o fato de se manter de pé já era bom demais, e estava pronto para uma parceria conservadora dos três imperadores quando se encontrou com Bismarck em Gastein, em agosto de 1871. Mas Beust já não tinha muita influência em Viena. Francisco José tinha utilizado esse protestante esquisito unicamente para preparar a vingança contra a Prússia; com o fracasso dessa política, ele ficou feliz em se livrar dele, e Beust foi dispensado em novembro. Andrássy, sucessor de Beust, era um tipo bem diferente: um aristocrata magiar seguro de si que estava disposto a fazer política em grande escala. Embora também quisesse fazer uma aliança com a Alemanha, ela deveria se basear no programa revolucionário de 1848 – direcionada contra a Rússia e tendo a Grã-Bretanha como terceiro parceiro;[48] em sua primeira abordagem a Bismarck, ele até sugeriu a ressurreição da Polônia como uma

---

48 Andrássy abordou os britânicos em busca de aliança em dezembro de 1871, assim que tomou posse. O governo britânico não fazia "acordos potenciais para atender contingências" que poderiam não ocorrer. Temperley e Penson, *Foundations of British Foreign Policy*, p.345.

barreira contra a Rússia. Do seu ponto de vista, se a Áustria-Hungria renunciasse à aliança com a França, a Alemanha deveria renunciar à aliança com a Rússia. Bismarck não se deixaria atrair para essa combinação: em parte porque acreditava que a Grã-Bretanha nunca seria uma aliada confiável, e, mais importante, porque um bom relacionamento com a Rússia era fundamental para o seu sistema conservador e para proteger a Alemanha contra a França. A contragosto e desconfiado, Andrássy teve de concordar com a aliança dos três imperadores.

Em setembro de 1872, Francisco José, completando seu reconhecimento do vencedor de 1866, visitou Berlim; Alexandre II, preocupado em evitar uma demonstração antirrussa, também se propôs a comparecer de última hora. Era a primeira vez que os três imperadores se encontravam desde a reunião fracassada de Varsóvia em 1860; jamais voltariam a se encontrar.[49] Não foi feito nenhum acordo escrito, e o encontro foi apresentado como uma demonstração contra "a revolução". Era uma declaração de fachada para esconder o fato de que os três imperadores não conseguiam concordar em muita coisa. A Internacional Marxista, contra a qual eles deveriam estar se unindo, estava nas últimas; e é difícil imaginar um período em que a Europa esteve mais distante da revolução do que entre 1871 e 1875. Na prática, a solidariedade conservadora significava apenas que a Áustria-Hungria não estimularia a Polônia e a Rússia não estimularia os eslavos dos Bálcãs.

Os imperadores se saíram um pouco melhor em 1873. Guilherme I visitou São Petersburgo em maio, e Alexandre II visitou Viena em junho.[50] Cada visita produziu um tipo de pacto. Em São Petersburgo, Moltke, agora comandante do Estado-Maior alemão, concluiu um convênio militar com o marechal de campo russo Berg por meio do qual cada potência enviaria 200 mil homens em auxílio à outra em caso de ataque (6 de maio de 1873). Em Viena, Alexandre II e Francisco José fizeram um acordo político (que Guilherme I aprovou posteriormente) prometendo realizar consultas entre si se qualquer problema ameaçasse dividi-los (6 de junho de 1873). Bismarck se recusou a endossar o pacto militar entre Moltke e Berg; e ele nunca foi invocado posteriormente. De todo modo, contra quem ele poderia ser utilizado? Os russos talvez pensassem, equivocadamente, que a Alemanha precisava de proteção contra um ataque da França; e que, em troca,

---

49 Alexandre III se encontrou com os outros dois imperadores em Skierniewice em 1884.
50 O giro foi completado pela visita de Guilherme I a Viena em outubro; e pela visita de Francisco José a São Petersburgo em fevereiro de 1874 – seu primeiro gesto foi colocar uma coroa de flores no túmulo de Nicolau I.

ela deveria apoiá-los contra a Inglaterra. A oferta talvez tivesse sido atraente para a Prússia um pouco antes de 1848; agora os russos estavam uma geração atrasados. Além disso, a proposta nem era séria. Alexandre II disse ao embaixador francês que ele não participaria de nada dirigido contra a França;[51] e Gorchakov repetiu: "A Europa precisa de uma *França forte*".[52] Os russos deram a entender que estavam simplesmente renovando a cooperação armada contra a revolução que supostamente existira no tempo de Metternich e Nicolau I;[53] na verdade, esperavam que essa colaboração comprometesse de alguma forma a Alemanha contra a Áustria-Hungria – outro projeto quimérico russo a que Bismarck sempre resistira. Havia um profundo mal-entendido entre a Alemanha e a Rússia. Bismarck sustentava que os russos tinham sido compensados por sua neutralidade amistosa em 1870 com a liberação do Mar Negro; os russos consideravam isso um benefício relativamente pequeno, que, aliás, eles tinham obtido por seus próprios esforços, e ainda pretendiam recorrer à Alemanha futuramente em busca de compensação.

Essa compensação só poderia ser encontrada numa ação contra a Áustria-Hungria. A desconfiança entre Viena e São Petersburgo era o defeito fundamental da Liga dos Três Imperadores. Andrássy podia dizer a Gorchakov que a Áustria era um "Estado defensivo", e que a Hungria, em particular, estava tão sobrecarregada de direitos e privilégios "que o navio húngaro afundaria imediatamente com o menor acréscimo, fosse ele de ouro ou de lama". Gorchakov podia replicar que a Rússia defendia uma política de não intervenção no Oriente Próximo.[54] Ambos evitavam atiçar o Oriente Próximo, ambos estavam convencidos de que brigariam se ele explodisse. O acordo de 6 de junho de 1873 comprovou o quão distante estavam de uma solução. Embora o Oriente Próximo não fosse mencionado, a primeira cláusula do acordo manifestou o desejo piedoso de que, quando os dois impérios se desentendessem, eles o fariam sem prejudicar a causa sagrada da solidariedade monárquica.[55] Desse modo, a Rússia e a Alemanha tinham

---

51 Gontaut-Biron (Berlim) para Rémusat, 8 de setembro de 1872. *Documents diplomatiques français (1871-1914)*, primeira série, i, n.152.
52 Gontaut-Biron para Rémusat, 14 de setembro de 1872. Ibid., n.156.
53 Reuss para Bismarck, 10 de fevereiro de 1873. *Grosse Politik der europäischen Kabinette 1871-1914*, i, n.126.
54 Gorchakov para Alexandre II, 9 de setembro de 1872. Goriainov, *La question d'Orient à la veille du traité de Berlin*, p.44.
55 O texto dizia: "Suas majestades prometem uma à outra, mesmo quando os interesses de seus Estados provocarem disputas sobre questões especiais, negociar de modo que tais disputas não ofusquem as considerações de ordem superior que eles têm no coração".

um convênio militar de validade duvidosa e nenhum acordo político;[56] a Rússia e a Áustria-Hungria, um acordo político e nenhum convênio militar. Ambos eram inaplicáveis durante o combate. As ressalvas russas tornavam a Liga inútil contra a França; as suspeitas russas e austro-húngaras a tornavam inútil no Oriente Próximo. Embora os três imperadores discorressem sobre seus princípios conservadores, nenhum deles faria qualquer sacrifício por eles. A Liga deveria manter a Europa em paz; na verdade, ela só podia existir na medida em que a Europa permanecesse pacífica. Era um sistema para tempos de bonança, como a Santa Aliança fora antes dele. Um novo conflito entre França e Alemanha, uma nova reviravolta da Questão Oriental iria destruí-lo.

O primeiro alerta veio do lado da França. Os franceses não pretendiam iniciar uma nova guerra; ainda assim, procuravam restaurar seu poderio militar e romper seu isolamento diplomático. Thiers já definira as linhas da política francesa quando percorrera a Europa em setembro de 1870. A França buscava aliados, não mais para reformular o mapa da Europa, mas para contrabalançar o poder da Alemanha. No entanto, paradoxalmente, bem no momento em que a França se tornou conservadora, a aliança com o poder mais conservador ficou fora do alcance: quando a Áustria-Hungria aceitou a nova ordem na Alemanha, encontrou segurança numa aliança com a Alemanha, não contra ela. Sobravam a Rússia e a Grã-Bretanha. Embora ambas acolhessem a amizade francesa e quisessem uma França forte, nenhuma das duas temia a Alemanha: queriam usar a França como aliada apenas no Oriente Próximo – e uma contra a outra. Em 1870, a França poderia ter caído nas boas graças dos russos apoiando a liberação do Mar Negro; ou poderia ter caído nas boas graças dos britânicos se opondo a ela. Nenhuma dessas posturas lhe teria servido contra a Prússia. Os franceses estavam decididos a não repetir a política da Guerra da Crimeia; por outro lado, como tinham interesses financeiros importantes ligados à manutenção do Império Turco, tinham de torcer para que a Inglaterra saísse em defesa da Turquia, embora eles não pretendessem fazê-lo. Atrair a Grã-Bretanha sem perder a Rússia; atrair a Rússia sem perder a Grã-Bretanha; e também não perder a Turquia para nenhuma delas – esse era o principal problema da diplomacia francesa, e ele se mostrou insolúvel durante mais de uma geração, como, aliás, se mostrara insolúvel para Napoleão III.

---

56 O acordo de 6 de junho de 1873, ao qual a Alemanha aderiu, estava preocupado unicamente com questões entre a Áustria-Hungria e a Rússia; ele era irrelevante para as relações russo-germânicas, e a adesão alemã nada mais era que uma bênção piedosa.

Havia um elemento complicador. A aliança com a Rússia tinha, no geral, o apoio da direita; a aliança com a Grã-Bretanha tinha, no geral, o apoio da esquerda. Fora o motivo óbvio da preferência política, isso refletia as posturas diferentes dos dois grupos em relação ao declínio da França. Embora a esquerda, inspirada em Gambetta, tivesse desejado prosseguir a guerra em 1871, dali em diante ela passou a expressar a repulsa da grande maioria dos franceses a novas guerras ou aventuras; portanto, queria um aliado cuja visão fosse tão pacífica quanto a dela própria. A direita tinha devido sua vitória eleitoral em fevereiro de 1871 à sua disposição de fazer a paz; no entanto, sonhava pesarosa com a grandeza passada e imaginava que a aliança com a Rússia traria, de alguma forma, uma reformulação sem guerra. A diferença era de ênfase, não entre alternativas bem definidas. É da essência da diplomacia evitar compromissos categóricos até que a guerra os torne indispensáveis; e as duas escolas da diplomacia francesa tentaram evitar a opção entre a Rússia e a Grã-Bretanha, da mesma forma que Bismarck se recusara a "optar" entre elas ou mesmo entre a Rússia e a Áustria-Hungria. Naturalmente, os diplomatas franceses estavam mais limitados do que estiveram antes de 1870: só conseguiam manobrar entre a Rússia e a Grã-Bretanha. Os austríacos não optariam mais por eles e eles não optaria mais pela Alemanha. Mesmo nesse aspecto, havia uma clivagem. A direita pensava em termos de um ataque preventivo contra a Alemanha; a esquerda aceitara a vitória alemã. Bismarck sustentava que uma república na França era a melhor garantia de paz no Reno que a Alemanha podia ter. Justificava essa posição com o argumento absurdo de que reis e imperadores (referindo-se especificamente ao tsar) se recusariam a fazer aliança com uma república – como se ele próprio fosse o único político monarquista que ignorou esses princípios quando isso atendeu a seus interesses nacionais. A verdadeira justificativa – descoberta pela intuição de Bismarck, mas não por sua razão – era que uma república, baseada na vontade popular, representava a aversão do povo à guerra. Mas a avaliação de Bismarck também continha um profundo erro de avaliação. Embora a esquerda e as pessoas simples que ela representava fossem mais pacíficas que as classes altas francesas, no fundo elas também tinham um ressentimento maior contra o princípio defendido pela Alemanha na Europa – o princípio do poder militar. Gambetta definiu essa postura de uma vez por todas quando disse: "pense nele sempre; jamais o mencione". Ele não se referia apenas à perda da Alsácia e da Lorena enquanto duas províncias, mas, muito mais, à destruição da unidade nacional e à privação da autodeterminação. Bismarck e seus sucessores supuseram que, como a esquerda francesa era pacífica, também era medrosa; esse erro se provou a ruína da Alemanha.

Como presidente, Thiers procurou transitar entre a esquerda e a direita. Republicano conservador, era uma pessoa pacífica, embora preocupado em restaurar a grandeza da França, e talvez subestimasse as dificuldades da sua missão. Em 1870, ele esperara mais de São Petersburgo que de Londres; e, depois que a guerra terminou, continuou acreditando que a aliança com a Rússia "era a mais provável no futuro".[57] Considerava a amizade britânica uma segunda alternativa, que se mostrava como um contrapeso à Liga dos Três Imperadores, não como um apoio concreto da França, e olhou com ironia a espalhafatosa visita de cortesia que a frota britânica do Canal da Mancha lhe fez no Havre em 1872, bem no momento em que os imperadores se reuniam em Berlim. A entente liberal, outrora apoiada por Palmerston e até por Luís Filipe (embora não quando Thiers era seu ministro), não poderia ser reativada nos termos antigos, de hostilidade à Santa Aliança. De todo modo, Thiers estava mais interessado em melhorar as relações com a Alemanha do que em construir alianças contra ela. Seu grande objetivo era libertar o solo francês, que foi alcançado em 1873, quando a indenização foi paga e as últimas tropas alemãs partiram em 16 de setembro. Se Thiers ainda estivesse no cargo, teria havido um longo período de "realizações". Mas ele tinha sido rejeitado em 24 de maio, por razões exclusivamente internas, e o novo governo de direita, com Decazes como ministro do Exterior, queria alcançar vitórias rápidas na política externa para abrir caminho para a Restauração. Decazes, na verdade, fez de tudo para justificar as suspeitas que Bismarck sempre manifestara pelos monarquistas franceses; e a tensão entre os dois países, embora um pouco artificial, voltou a se manifestar. O que tornou a tensão um pouco mais concreta foi a política interna de Bismarck. Em 1873, ele estava num conflito profundo com a Igreja Romana, e o conflito estava se mostrando mais difícil do que ele esperava. Sempre inclinado a culpar os outros por seus próprios erros, Bismarck detectou uma conspiração clerical internacional dirigida pela França, e arranjou uma desculpa qualquer para fundamentar seu rancor.

Decazes estava bem preparado para desempenhar o papel para o qual Bismarck o escolhera. Com uma leviandade aristocrática, ele quis instigar Bismarck a praticar uma violência imprudente, que poria a Europa contra a Alemanha, sem se preocupar se um êxito diplomático espalhafatoso

---

[57] Thiers para Le Flô (São Petersburgo), 26 de setembro de 1872. *Documents diplomatiques français*, primeira série, i, n.157.

valeria o preço que a França poderia ter de pagar. A "revolução" tinha se revelado uma falsa aliada; agora a França jogava o clericalismo contra os Estados nacionais que ela criara por engano. Decazes e seus colaboradores pensavam que estavam repetindo a diplomacia de Richelieu posterior a 1815, e sonhavam com outro Congresso de Aix-la-Chapelle que restaurasse a igualdade da França nas fileiras das Grandes Potências. Para isso eles precisavam de outro Metternich, e imaginavam que alguém ainda podia ser encontrado em Viena.[58] Em janeiro de 1874, Decazes soou o alarme declarando que Bismarck estava ameaçando atacar a França.[59] O resultado não foi compensador: palavras de simpatia tanto da Áustria-Hungria como da Rússia, mas nenhuma providência. Em sua competição pela amizade alemã, ambas tinham de professar a crença na moderação de Bismarck. O único Estado independente da Europa, porém, reagiu sem que a França solicitasse: em 10 de fevereiro, a rainha Vitória escreveu para Guilherme I, insistindo para que ele "fosse *magnânimo*".[60]

Foi uma primeira escaramuça. Ao longo de 1874, os franceses reforçaram sua posição, ou foi o que Decazes imaginou. O novo governo conservador na Inglaterra estava bem disposto a suspeitar das intenções russas na Ásia Central e, portanto, quase tão disposto a suspeitar das intenções da Alemanha, parceira da Rússia, contra a França. Além do mais, Descazes teve o bom senso de perceber que o apoio francês ao papa estava jogando a Itália nos braços da Alemanha; e, em outubro de 1874, o navio francês que fora posto a serviço do papa foi retirado das águas italianas. A herança fatídica de Napoleão III estava finalmente liquidada. Os franceses se sentiram de volta ao cenário da política europeia; e embora se movessem com habilidade, cada passo aumentava a preocupação de que Bismarck reagisse aos seus avanços. Seus temores não eram imaginários. Bismarck estava indiscutivelmente irritado com a agitação clerical na Alemanha e com a simpatia demonstrada por ela na França; estava surpreso diante da extensão da retomada militar francesa e talvez até mesmo um pouco preocupado com ela. Se pudesse silenciar os clérigos franceses ou deter o rearmamento francês com algumas palavras duras, ele o teria feito; é menos provável que vislumbrasse seriamente uma guerra preventiva. Por outro lado, embora os

---

58 Em 1874, até Gambetta, o líder republicano, partilhava dessa ilusão em relação à aliança com a Áustria. Deschanel, *Gambetta*, p.220.
59 Decazes para d'Harcourt (Viena), 22 de janeiro de 1874. *Documents diplomatiques français*, primeira série, i, n.271.
60 Vitória para Guilherme I, 10 de fevereiro de 1874. *Letters of Queen Victoria*, segunda série, ii. 313.

franceses quisessem exasperar Bismarck, certamente não estavam em condições de ir à guerra.

O prelúdio da crise soou em fevereiro de 1875 quando Radowitz, um dos agentes secretos de Bismarck, foi enviado numa missão especial a São Petersburgo. Aparentemente só estaria interessado em resolver algumas disputas nos Bálcãs, mas os franceses enfiaram na cabeça que ele tinha oferecido apoio alemão no Oriente Próximo se a Rússia aceitasse uma nova guerra contra a França.[61] Desse modo, os franceses ficaram preparados para um ultimato alemão. Em março, Bismarck proibiu a exportação de cavalos da Alemanha – sempre um sinal rotineiro de alerta. Em abril, inspirou uma campanha na imprensa com o *slogan* "A guerra está próxima?".[62] O mais provável é que quisesse tirar partido da França para ocultar seu fracasso crescente na *Kulturkampf*.* Ele pode até ter pretendido acompanhar essas ameaças com uma oferta de entente com a França, do mesmo que tinha se reconciliado com a Áustria-Hungria cinco anos depois da guerra de 1866; como outros alemães, Bismarck considerava a intimidação o melhor preâmbulo da amizade.[63] Os franceses não: eles queriam reforçar o alerta para atiçar as outras potências. Seus primeiros apelos não provocaram reação de Londres nem de São Petersburgo. Alexandre II disse apenas: "Se, o que eu não acredito, um dia você estiver em perigo, tomará conhecimento disso prontamente... tomará conhecimento disso por meu intermédio".[64] Em 21 de abril, os franceses receberam um sopro da sorte. Radowitz, que costumava ser indiscreto depois do jantar, se deixou levar numa conversa com Gontaut, o embaixador francês, na qual defendeu a doutrina da guerra preventiva.[65] Decazes enviou o relato de Gontaut às cortes europeias e também o revelou ao *Times* – uma manobra tão eficaz como a revelação de Bismarck do projeto de tratado de Benedetti sobre a Bélgica em 1870.

---

61 Faverney para Decazes, 25 de março de 1875. *Documents diplomatiques français*, primeira série, i, n.373.

62 Seria ingênuo aceitar a declaração de Bismarck de que só tomou conhecimento dos artigos quando foram publicados.

* Em alemão no original: "guerra cultural". (N. T.)

63 Bülow para Hohenlohe (Paris), 30 de abril de 1875. *Grosse Politik*, i, n.168. Decazes para Gontaut-Biron, 6 de maio de 1875. *Documents diplomatiques français*, primeira série, i, n.402.

64 Le Flô para Decazes, 20 de abril de 1875. Ibid., n.393.

65 Gontaut-Biron para Decazes, 21 de abril de 1875. *Documents diplomatiques français*, primeira série, i, n.395. Radowitz tentou explicar seus comentários. Memorando, 12 de maio de 1875. *Grosse Politik*, i, n.177.

Os britânicos e os russos ficaram assustados. Eles censuraram Bismarck – Derby, o ministro do Exterior, pelos métodos diplomáticos normais; Gorchakov, de viva voz, durante sua visita a Berlim em 10 de maio. Além do mais, agiram de forma coordenada. Gorchakov mandou uma garantia formal a Londres de que a expansão russa na Ásia Central, que era uma afronta aos britânicos, seria contida; e, em Berlim, Odo Russel foi orientado a apoiar a pressão russa.[66] Derby também tentou atrair a Áustria-Hungria e a Itália, mas em vão. Andrássy ficou radiante diante de um possível distanciamento entre a Rússia e a Alemanha. Fez três paradas de mão na mesa que outrora pertencera a Metternich (um hábito seu) e exclamou: "Bismarck jamais perdoará isso!".[67] A crise passou tão subitamente como tinha começado. Bismarck insistiu que era um alarme falso, e todos reconheceram que ele estava sendo sincero. Falsa ou não, a crise da "guerra iminente" apresentou pela primeira vez o alinhamento de potências que resultou das duas grandes guerras de Bismarck. Na crise de Luxemburgo de 1867 – um caso de natureza bastante parecida – só a Áustria tinha ficado do lado da França; a Rússia e a Grã-Bretanha, embora se mantivessem ostensivamente à distância uma da outra, tinham deduzido que a paz seria mantida moderando a França e se solidarizando com a Alemanha. Napoleão III tinha sido levado a uma posição de isolamento; Bismarck parecera a parte prejudicada, "protegida" por Gorchakov e Stanley. Em 1875, a Áustria-Hungria permanecera calada, aparentemente indiferente até mesmo à destruição da França como grande potência. A Rússia e a Grã-Bretanha – ainda representadas por Gorchakov e Stanley (agora lorde Derby) – advertiram a Alemanha; ao fazê-lo, elas agiram em conjunto pela primeira vez desde a época da Questão de Schleswig, em 1850. A preocupação com a Alemanha tinha, pela primeira vez, apagado as lembranças da Guerra da Crimeia.

Embora isso tenha representado uma vitória para a França, foi uma vitória limitada. A iniciativa anglo-russa humilhara Bismarck; mas o humilhara apenas porque reafirmara o acordo de 1871, que fora obra sua. Nem a Rússia nem a Grã-Bretanha tinha o menor interesse de reconduzir a França à posição que ela ocupara antes de 1870, nem tampouco em ajudá-la a recuperar as províncias perdidas. Na verdade, prefeririam a situação do jeito que estava. Os britânicos estavam aliviados por não precisarem mais se preocupar com as intenções de Napoleão III na Bélgica; Gorchakov agradeceu pela posição que Bismarck ironicamente lhe ofereceu como inscrição de uma medalha:

---

66 Derby para Russell, 8 de maio de 1875. *Foundations of British Foreign Policy*, n.137.
67 Wertheimer, *Graf Julius Andrássy*, ii. 243.

"Gorchakov protege a França". Se a crise deu à França uma garantia contra a agressão alemã, também deu a Bismarck a garantia de que a França não encontraria aliados para uma guerra de vingança. Os russos e os britânicos não queriam a supremacia germânica nem a supremacia francesa na Europa ocidental; eles queriam um equilíbrio de poder, e Bismarck estava disposto a oferecê-lo. Ele foi até suficientemente sensato para não ter ressentimento diante da iniciativa deles, ou, ao menos, para não mostrá-lo: na verdade, ele guardou uma amarga hostilidade em relação a Gorchakov, que teria um papel nos anos seguintes.

Por mais astuta que fosse, a manobra francesa foi, basicamente, um erro; Decazes não aprendera nada com o sucesso nem com o fracasso de Napoleão III. A história diplomática do Segundo Império deveria ter lhe ensinado que a França só podia ter liberdade de ação no Reno quando o Oriente Próximo estava em chamas. A Guerra da Crimeia tinha sido a origem de todo o sucesso de Napoleão; e ele se deparou com o fracasso quando se recusou a apoiar os projetos de reformulação da Rússia no Oriente Próximo. Se Decazes tivesse sido mais paciente, os acontecimentos teriam feito seu trabalho para ele. O Oriente Próximo explodiu em julho de 1875, apenas dois meses depois da crise da guerra iminente. Em maio, a Rússia e a Grã-Bretanha tinham deixado de lado suas rivalidades na Ásia para proteger a França. A crise as convencera de que a França estava segura; e elas podiam se dedicar à Questão Oriental sem dar à França qualquer oportunidade de revisar o acordo de 1871.

XI
A grande crise oriental
1875-1878

Em julho de 1875, os camponeses eslavos da Herzegovina se revoltaram contra o governo turco, no que foram seguidos pelos da Bósnia, dando início à grande crise oriental que todos esperavam desde o fim da Guerra da Crimeia. Essa guerra tinha sido rigorosamente um conflito entre as Grandes Potências; os povos subjugados, eslavos, gregos ou romenos, não tiveram a menor importância nela. Quando os gregos tentaram tirar proveito da guerra, foram chamados à ordem com a ocupação anglo-francesa; e a Romênia surgiu como algo posterior, criada pela rivalidade entre as potências e não para o bem dos romenos.[1] Em 1875, os interesses das potências ainda estavam em conflito. Os russos ainda se sentiam humilhados com o fechamento dos Estreitos; no entanto, sem uma frota do Mar Negro, estariam numa situação pior se os Estreitos estivessem abertos. Os austríacos ainda dependiam da livre navegação do Danúbio como principal vínculo econômico com o resto do mundo.[2] Os britânicos ainda precisavam do Império Otomano como uma grande barreira natural para proteger o Mediterrâneo oriental e o Oriente Próximo – mais do que nunca desde a abertura do

---

[1] Um julgamento levemente injusto com Napoleão III. Ele tinha um interesse genuíno de libertar uma nacionalidade, principalmente de linhagem latina; e os romenos retribuíram transformando Bucareste na Paris da Europa oriental.

[2] Trieste, e a ferrovia até ela, permitia o acesso direto da Áustria-Hungria ao Mediterrâneo; mas ela nunca teve tanto tráfego como o Danúbio.

Canal de Suez em 1869. Os franceses ainda eram os principais financiadores da Turquia, com os britânicos em segundo lugar.[3] Nenhum deles queria lembrar da Questão Oriental. Todos teriam concordado com o que Gorchakov disse a Odo Russell: "Há duas formas de lidar com a Questão Oriental. A primeira é uma reconstrução completa, a segunda, uma simples reforma que mantivesse as coisas como estão por mais alguns anos. Ninguém poderia desejar uma solução total – todos devem querer adiá-la o máximo possível".[4] Entre as potências, só a Alemanha apoiava um "acordo total", e isso por um motivo paradoxal. Como a Alemanha não tinha nenhum interesse no Oriente Próximo, Bismarck temia ser arrastado para um conflito com o qual não ganharia nada, portanto sonhava com uma partilha irrealizável que resolvesse a questão de uma vez por todas.

Essas contradições foram ofuscadas quando uma terceira parte entrou em cena. Os eslavos balcânicos deflagraram sozinhos a crise de 1875; e as declarações pacíficas das Grandes Potências não podiam destruir sua determinação de não mais tolerar o governo turco. Os Lugares Sagrados tinham simplesmente servido de motivo para a Guerra da Crimeia; as atrocidades na Bulgária foram o núcleo da crise oriental vinte anos depois. As grandes questões de estratégia e de poder continuavam presentes, sendo atravessadas pelo novo problema da luta nacional, ao mesmo tempo um novo incentivo e um novo perigo. Quando os Bálcãs se agitaram, o governo russo não ousou abandoná-los; e a Áustria-Hungria não ousou permitir que eles tivessem êxito. Esta é uma generalização de longo prazo que precisou de quarenta anos para começar a vigorar plenamente; mas já era suficientemente robusta para definir a crise oriental de 1875 a 1878. A política russa foi profundamente influenciada pelo pan-eslavismo que assolara o pensamento russo nos vinte anos precedentes. Na prática, essa mistura de nacionalismo ocidental e misticismo ortodoxo variou de uma solidariedade nebulosa com os eslavos a projetos grandiosos de um império eslavo unido sob o governo do tsar; o mais importante nela era o sentimento, não o programa. Embora fossem déspotas, os tsares eram sensíveis à reduzida opinião pública do interior do império. Governos constitucionais podem superar a impopularidade; os autocratas a temem, e isso é particularmente verdadeiro quando sentem às suas costas a aprovação do assassinato

---

[3] Os franceses detinham 40% dos títulos turcos, os britânicos, 30%. A participação austro-húngara era desprezível, e a russa, inexistente.

[4] Russell para Derby, 1º de dezembro de 1875. Harris, *A Diplomatic History of the Balkan Crisis of 1875-1878: the First Year*, p.165.

BULGÁRIA

político.⁵ Mesmo Nicolau I fora guiado pela opinião pública russa na época da Guerra da Crimeia; Alexandre II, ele próprio um homem mais frágil, não estava em condições de se posicionar contra o sentimento pan-eslavo. Alguns de seus assessores, particularmente Ignatiev, tinham uma inclinação pelo pan-eslavismo e, seja como for, queriam muito instrumentalizá-lo; alguns, na outra extremidade, como Shuvalov, embaixador em Londres, o teriam ignorado completamente e mantido uma conduta estritamente conservadora. Gorchakov ficou no meio-termo e determinou as oscilações da política russa: embora não tenha promovido o pan-eslavismo, conhecia sua força, e, quando abriu espaço para ele, esperava transformá-lo numa vantagem concreta.

Também havia correntes opostas na Áustria-Hungria. Metternich acreditara, cinquenta anos antes, que o Império Turco era fundamental para a segurança dos Habsburgo; e Gentz, seu conselheiro político, escreveu ainda em 1815: "A monarquia austríaca só conseguirá sobreviver ao fim da monarquia turca por um curto período". Andrássy era da mesma opinião; no seu caso, o temor que os Habsburgo tinham dos Estados nacionais era reforçado pela determinação magiar de ser a única nação livre no Vale do Danúbio. Ele definiu assim seu ponto de vista no Conselho da Coroa de 29 de janeiro de 1875, antes da eclosão das revoltas:

> A Turquia tem uma utilidade quase providencial para a Áustria-Hungria. Pois a Turquia mantém o *status quo* dos pequenos Estados balcânicos e impede suas aspirações [nacionalistas]. Se não fosse pela Turquia, todas essas aspirações cairiam nas nossas cabeças... se a Bósnia-Herzegovina ficar com a Sérvia ou Montenegro, ou se não pudermos impedir a criação de um novo Estado ali, então estaremos arruinados e teremos de assumir o papel do "Homem Doente".⁶

Esse medo dos Estados nacionais foi reforçado por uma consideração de natureza econômica. Os capitalistas alemães de Viena estavam projetando ferrovias nos Bálcãs, e esses projetos pressupunham uma península governada por uma única autoridade, não a sua partilha. Por outro lado, os militares, que tinham influência sobre Francisco José, ainda pertenciam mentalmente a uma época em que nem as nacionalidades nem as ferrovias

---

5 Paulo, o avô de Alexandre II, foi assassinado em 1800; ele próprio foi assassinado em 1881; seu neto foi derrubado pela revolução em 1917, e depois, morto. Só Nicolau I e Alexandre III morreram indiscutivelmente na cama.

6 G. H. Rupp, *A Wavering Friendship: Russia and Austria 1876-1878*, p.39.

tinham a menor importância. Eles agradeciam toda oportunidade de conquistar novos territórios, para compensar as terras italianas que tinham sido perdidas, e não se preocupavam com problemas de nacionalidade.[7] Muitos deles teriam partilhado os Bálcãs com a Rússia; alguns até lhe teriam dado carta branca nos Bálcãs em troca de uma aliança contra a Alemanha – o arquiduque Albrecht, seu líder, disse ao tsar que não morreria feliz a menos que pudesse bater uma vez os prussianos no campo de batalha.[8] Os militares austríacos tinham a mente fixa na Bósnia e na Herzegovina já em 1867; e Beust, ignorando a questão nacional, não os desestimulou. Andrássy, porém, pretendia preservar a integridade do Império Otomano; ele só tomaria as duas províncias se falhasse, e não como um sinal de partilha, mas para negá-las aos Estados eslavos existentes, Sérvia e Montenegro. Embora não fosse o senhor de Viena, Andrássy normalmente levava a melhor contra os militares. A opinião pública, se é que existia, era alemã e magiar e, portanto, o apoiava; e Francisco José tinha aprendido com o fracasso a preferir a conduta cautelosa. Havia menos oscilações em Viena que em São Petersburgo; mas elas existiam. Os militares eram suficientemente poderosos para impedir que Andrássy assumisse uma linha coerente de oposição à Rússia; a situação era oposta em São Petersburgo, onde Gorchakov tinha de conter os militares pan-eslavistas para que não rompessem com a Áustria-Hungria.

A nova ênfase nacional na Questão Oriental transformou a estrutura das relações internacionais. Enquanto a Questão Oriental girasse principalmente em torno dos Estreitos, a Grã-Bretanha e a França seriam empurradas para a linha de frente contra a Rússia; e, com a foz do Danúbio razoavelmente protegida, a Áustria podia permanecer neutra, como fizera durante a Guerra da Crimeia. A questão nacional empurrou a Áustria-Hungria para a frente e não lhe deixou escapatória. A Grã-Bretanha e a França perderam gradualmente interesse nos Estreitos – não completamente, mas o suficiente para deixá-los ofuscados por outros assuntos. Em 1878, os britânicos ainda tinham prioridade na resistência à Rússia; a partir daí, eles começaram a recuar e, depois de vinte anos, a Áustria-Hungria ficou sozinha. Isso, por sua vez, impôs a Questão Oriental à Alemanha. Em 1854, o problema da diplomacia prussiana era impedir que a Áustria viesse em socorro da Grã-Bretanha e da França; em 1876 e nos anos seguintes, era garantir que a Grã-Bretanha viesse em socorro da Áustria-Hungria;

---

7   A questão eslava parecia particularmente irrelevante para esses oficiais generais, que eram eles próprios croatas, sempre em grande número no exército dos Habsburgo.
8   Rupp, *A Wavering Friendship*, p.91.

na primeira década do século XX, era só uma questão de tempo quando a própria Alemanha teria de socorrer a Áustria-Hungria. Essa revolução nas relações internacionais foi obra dos eslavos balcânicos; embora Bismarck os desprezasse, chamando-os de "ladrões de ovelhas", no longo prazo eles ditaram a política a ele e a seus sucessores.

O movimento eslavo do sul foi um verdadeiro despertar nacional, uma transposição para as condições balcânicas do espírito que dera à luz a Itália e a Alemanha. Os agitadores pan-eslavistas não podiam "criá-lo", do mesmo modo que o nacionalismo italiano não podia ser "criado" por Cavour ou o nacionalismo alemão por Bismarck. Os políticos exploram a emoção popular, não a criam. Alguns diplomatas russos, estimulados por Ignatiev, certamente estimularam esse movimento eslavo. O ministério em São Petersburgo era incapaz de controlá-los; e essa impotência fez outros governos duvidarem da boa-fé russa. A revolta na Herzegovina, porém, foi provocada pela Áustria-Hungria, a potência que mais tinha a perder com as agitações nos Bálcãs. Em maio de 1875, Francisco José, induzido por seus conselheiros militares, fez uma visita prolongada à Dalmácia e agiu ostensivamente como protetor dos eslavos ocidentais da Turquia. Quando a revolta explodiu, Andrássy se reafirmou e impôs uma política de autocontenção às autoridades austríacas na Dalmácia. Mais, ele se dispôs a acalmar a revolta – com a reforma cosmética que Gorchakov apoiava. Primeiro ele propôs que a Áustria-Hungria, a Alemanha e a Rússia orientassem seus cônsules para que procurassem solucionar a revolta no local. Isso era tirar proveito da Liga dos Três Imperadores: o russo ficaria preso a uma rota conservadora segura, com um alemão de um lado e um austríaco do outro. O projeto foi destruído pelas impugnações francesas em São Petersburgo. Decazes queria garantir o prestígio da França como grande potência. Os russos, por sua vez, queriam ficar livres para jogar os franceses contra os alemães; além disso, eles temiam que, se rechaçassem Decazes, ele se voltaria para a Inglaterra e recriaria a aliança da Guerra da Crimeia. Portanto, em 14 de agosto, os franceses foram convidados a se juntar à missão consular, o que implicava convidar também as duas Grandes Potências remanescentes, Grã-Bretanha e Itália. Os italianos estavam ainda mais ansiosos que os franceses para serem tratados como grande potência, e iriam atrás de qualquer um que os reconhecesse como tal.

A postura britânica foi um caso diferente. Derby era o ministro do Exterior mais isolacionista que a Grã-Bretanha conhecera. Ele odiava intervir. Além disso, "não se pode confiar em nenhum desses governos".[9]

---

9 Derby para Lyons (Paris), 7 de janeiro de 1876. Newton, *Lord Lyons*, ii. 95.

O primeiro-ministro Disraeli queria executar um grande lance político, embora não soubesse qual. Ele se orgulhava de conhecer o Oriente Próximo, baseado numa visita à Palestina quarenta anos antes. A exemplo de Metternich, a quem ele outrora considerara seu mestre, esperava que os distúrbios nos Bálcãs "se consumissem fora dos limites da civilização"; e descartava todas as histórias de má administração e atrocidades turcas como "fofocas de salão". Toda tentativa de melhorar a condição dos eslavos balcânicos fazia com que ele temesse o exemplo mais perto de casa; em outubro, ele reclamou "que a autonomia para a Irlanda seria menos absurda".[10] No entanto, embora fosse aparentemente um discípulo de Metternich, seu único objetivo concreto era destruir, de alguma maneira, a Liga dos Três Imperadores, que considerava uma afronta ao prestígio britânico. O governo britânico teria preferido recusar o convite russo. Ele se juntou à missão dos cônsules só porque os turcos solicitaram; e seu único objetivo era proteger os interesses turcos.[11] Já em agosto de 1875, a Liga dos Três Imperadores tinha sido esvaziada; mas o Concerto da Europa não assumiu seu lugar.

A missão dos cônsules foi um fracasso. Sua mediação foi rejeitada e a revolta prosseguiu. Em Constantinopla, Ignatiev também tentou se revoltar – contra seu próprio governo. Ele defendia a mediação europeia, liderada por ele mesmo, para arrancar dos turcos a autonomia para as províncias revoltosas; isso seria uma preparação para os Estados nacionais independentes. Ou, como alternativa, ele propôs oferecer aos turcos uma aliança com a Rússia baseada no modelo do Tratado de Unkiar Skelessi de 1833. A Rússia manteria o Império Otomano vivo como um Estado-tampão, até estar preparada para engoli-lo inteiro. Alexandre II e Gorchakov rejeitaram todas as propostas. Embora esperassem o desmembramento da Turquia, estavam decididos a evitar o isolamento da Guerra da Crimeia, e, portanto, se apegaram à amizade da Áustria-Hungria. Andrássy tinha outra oportunidade de liderar a Europa, se soubesse para onde ir. O resultado foi a nota de Andrássy de 30 de dezembro de 1875, um programa de reformas que as potências recomendavam à Turquia. O padrão do agosto anterior se repetia. Andrássy queria limitar a iniciativa aos Três Imperadores; o tsar insistiu em incluir a França; e os britânicos participaram para garantir que a Turquia não fosse

---

10 Disraeli para *lady* Bradford, 1º de outubro de 1875. Buckle, *Life of Disraeli*, vi. 13.
11 Derby para Eliot (Constantinopla), 24 de agosto de 1875. Harris, *The First Year*, p.88. "O governo de Sua Majestade aprova essa medida com relutância... Porém, uma vez que a Porta implorou que sua Excelência não se mantivesse à distância, o governo de Sua Majestade acredita não ter alternativa".

prejudicada. Nem que se saísse bem. Embora os turcos tenham aceitado a nota de Andrássy quando ela lhes foi apresentada no final de janeiro, não aplicaram suas sugestões; e os rebeldes ignoraram a conversa das reformas, que, de qualquer modo, eram inadequadas.

Apesar de tudo, o declínio da Liga dos Três Imperadores encorajou Bismarck. Ele se contentara em ser um *tertius* amistoso desde que a Rússia e a Áustria-Hungria trabalhassem juntas; a insistência do tsar com a França o deixara preocupado. Em 2 de janeiro de 1876, ele disse a Odo Russell que a Grã-Bretanha e a Alemanha deveriam colaborar no Oriente Próximo, e lançou a ideia de uma partilha em que o Egito ficaria com os britânicos.[12] Em 5 de janeiro, ele aventou as mesmas ideias ao embaixador russo Oubril.[13] Gorchakov recuou prontamente: aquilo o fez lembrar do grande tentador da montanha, sem falar de Bismarck e Napoleão III em Biarritz. Os britânicos demoraram mais para elaborar sua negativa; mas, por fim, Derby, como sempre, encontrou motivos decisivos contra qualquer tipo de ação. A providência de Bismarck tem sido tratada por alguns como um esforço para fazer uma partilha em grande escala, o que não leva em conta sua origem e motivação. Tratava-se de uma medida de precaução contra a amizade franco-russa. Uma das poucas verdades inquestionáveis a respeito da Questão Oriental é que a partilha do Império Otomano não poderia satisfazer todas as Grandes Potências envolvidas. Era plausível (embora equivocado) imaginar que a Grã-Bretanha se contentaria com o Egito, principalmente depois que os britânicos adquiriram ações do Canal de Suez em novembro de 1875;[14] era inconcebível que a França se contentasse com a Síria, ou que, mesmo que se contentasse, a Grã-Bretanha lhe permitisse tomá-la. Se Bismarck aproximasse a Rússia da Grã-Bretanha, a França se afastaria da Rússia; ou então, se os russos ficassem do lado da França, os britânicos seriam forçados a se aliar à Áustria-Hungria. Qualquer alternativa reduziria a

---

12 Russell para Derby, 2 de janeiro de 1876, em Harris, "Bismarck's Advance to England, 1876". *Journal of Modern History*, vol. iii; Bülow para Munster, 4 de janeiro de 1876. *Grosse Politik*, i, n.227.

13 Oubril para Gorchakov, 5 de janeiro de 1876. Goriainov, *Le Bosphore et les Dardanelles*, p.314.

14 Não se deve exagerar essa primeira grande cartada de Disraeli. Ela deu ao governo britânico certo direito a voz (não muito, já que ele não controlava a maioria das ações) na condução *financeira* do canal, por exemplo, nas taxas de frete, na manutenção etc.; ela não proporcionou o controle *político* ou *estratégico*, que continuaram com o governo egípcio. Foi importante para o futuro apenas porque levou a opinião pública britânica a aceitar, em nome de seus investimentos, uma intervenção que ela teria rejeitado se fosse feita baseada na alta política.

pressão sobre a Alemanha; era isso, não a solução da Questão Oriental, que ocupava a mente de Bismarck.

Os britânicos tinham um certo pressentimento de que, quanto mais adiassem seu compromisso, mais os outros seriam forçados a aceitar responsabilidades; isso justificava em parte as negativas de Derby. Os russos, por outro lado, exageravam a influência que tinham sobre Bismarck. Em abril de 1876, Gorchakov ainda acreditava que, em caso de conflito com a Áustria-Hungria, "teremos um exército alemão à nossa disposição".[15] Consequentemente, ele deixou as coisas tomarem seu rumo, esperando pelo fracasso da nota de Andrássy, e então, *alors comme alors*:* ou a Áustria-Hungria continuaria trabalhando com a Rússia, ou uma aliança russo-alemã a poria nos eixos. Essas expectativas não se confirmaram quando Gorchakov, Bismarck e Andrássy se reuniram em Berlim em 11 de maio, em mais uma tentativa de resolver o caos oriental. Gorchakov apresentou um plano de intervenção das seis Grandes Potências em Constantinopla para impor reformas; no fundo, ele esperava que o resultado seriam Estados autônomos. Bismarck, que tentara em vão convencer Andrássy da partilha, apoiaria apenas o que tinha sido acordado por seus dois aliados, e mais uma vez Gorchakov cedeu. Andrássy redigiu um novo projeto de reformas; e Gorchakov acrescentou apenas uma "cauda" que dizia que, se elas falhassem, teria de haver "a sanção de um entendimento que visasse medidas efetivas". Esse memorando foi encaminhado aos representantes das outras três potências – Itália, França e Grã-Bretanha – em 13 de maio, com um convite para que aderissem a ele.

Dessa vez o padrão mudou de maneira decisiva. A Itália e a França aceitaram o memorando de Berlim como tinham aceitado anteriormente a nota de Andrássy. O governo britânico recusou-o de imediato. Disraeli disse a Shuvalov: "A Inglaterra tem sido tratada como fôssemos Montenegro ou a Bósnia"[16] – a ofensa foi ainda maior porque a mensagem de Berlim interrompeu a calma do fim de semana dos ministros britânicos. Os britânicos ficaram ressentidos com o "autoritarismo insolente" dos três imperadores e desconfiaram, muito injustamente, que a Liga era uma associação dirigida pela Rússia destinada ao "desmembramento da Turquia". Disraeli propôs uma conferência "baseada no *status quo* territorial".[17] O gabinete simplesmente endossou suas inúmeras negativas. A verdadeira resposta britânica ao

---

15 Gorchakov para Oubril, 1º de abril de 1876. Goriainov, *La question d'Orient*, p.68.

* Em francês no original: "o que tem de ser, será". (N. T.)

16 Shuvalov (Londres) para Gorchakov, 19 de maio de 1876. *Slavonic Review*, iii, 666.

17 Memorando de Disraeli, 16 de maio de 1876. Buckle, *Disraeli*, vi, 24-6.

memorando de Berlim foi enviar a frota para a baía de Besika, bem nos arredores dos Dardanelos – a manobra que tinha dado início à Guerra da Crimeia. Disraeli ficou radiante com sua atuação. Ele julgou que a Liga dos Três Imperadores estava "praticamente extinta, tão extinta como o triunvirato romano".[18] Uma ou duas semanas depois, ficou mais preocupado. De todo modo, ele abordou Shuvalov e sugeriu que a Grã-Bretanha e a Rússia resolvessem a Questão Oriental juntas, excluindo a Áustria-Hungria. As discussões em torno de um programa comum se estenderam durante o mês de junho; no final das contas, ficou claro que Disraeli queria que os russos deixassem de ser solidários com os eslavos balcânicos e permitissem que os turcos esmagassem a revolta sem interferir. É provável que seu único objetivo fosse selar o rompimento entre a Rússia e a Áustria-Hungria, que ele acreditava já ter iniciado ao rejeitar o memorando de Berlim.

O governo russo continuava preocupado em manter um bom relacionamento com as outras potências europeias, daí ter respondido até mesmo à mesquinha proposta de Disraeli. No início de junho, Gorchakov tentou convencer os franceses a enviarem sua frota para as águas turcas; seu objetivo, certamente, era jogar os franceses contra os britânicos.[19] Mas Decazes não se afastaria da conduta que Bismarck adotara em condições semelhantes: ele só colaboraria no Oriente Próximo quando a Rússia e a Grã-Bretanha estivessem de acordo.[20] Esta foi a única tentativa séria da Rússia de assegurar uma entente com a França durante os três anos de crise; e ela não deu em nada – ameaçada pela Alemanha, a França não tomaria partido entre as duas potências que a protegiam. Assim, Gorchakov foi forçado novamente a fazer um acordo com a Áustria-Hungria para escapar do isolamento. A situação na Turquia estava piorando. Em 29 de maio, o sultão foi obrigado a abdicar; nas províncias, a revolta se espalhou para a Bulgária; tanto Montenegro como a Sérvia declararam guerra à Turquia no final de junho. A dissolução do Império Otomano parecia estar próxima. Foi nessas circunstâncias que Gorchakov e Andrássy se reuniram em Zakupy em 8 de julho.[21] Ambos concordaram, ou assim pensaram, com o princípio de não intervenção, pelo menos por ora. Se a Turquia vencesse, não permitiriam que ela se beneficiasse com a vitória; se fosse derrotada,

---

18 Disraeli para Vitória, 7 de junho de 1876. *Letters of Queen Victoria*, segunda série, ii. 457.
19 Gontaut-Biron (em Ems) para Decazes, 2 de junho de 1876. *Documents diplomatiques français*, primeira série, ii, n.59.
20 Decazes para Gontaut-Biron, 5 de junho e 9 de junho de 1876. Ibid., n.61 e 65.
21 Nome alemão: Reichstadt.

a Rússia retomaria a região da Bessarábia que lhe fora tomada em 1856 e a Áustria-Hungria ficaria com parte ou com a totalidade da Bósnia;[22] por fim, se o Império Otomano desmoronasse, Constantinopla se tornaria uma cidade livre, e a Bulgária, a Romélia e talvez a Albânia se tornariam autônomas ou independentes. Não havia nada de novo nesse programa. Gorchakov ainda estava obcecado com a "humilhação" de 1856 – daí a reivindicação da Bessarábia; em troca disso, ele sempre estivera disposto a permitir que a Áustria-Hungria ficasse com um pedaço da Bósnia. O acordo de Reichstadt não foi o prenúncio de uma política pan-eslava; ele nem sequer tentou aplicar a política de partilha que Bismarck recomendou. Foi mais uma tentativa de cumprir a promessa austro-húngara feita em junho de 1873 – que se surgissem diferenças, eles as resolveriam de maneira amistosa. Com seus instrumentos, Andrássy e Gorchakov ainda esperavam virar as costas à Questão Oriental, não se envolver nela. Na verdade, o acordo foi o último suspiro da entente austro-russa, não o prelúdio da Guerra Russo-Turca.

Esse foi seu erro fatal: não deixou que a Rússia participasse dos conflitos balcânicos nem entrasse em guerra com a Turquia. Até então, os russos tinham colocado as potências europeias em primeiro lugar e os Bálcãs em segundo. No outono de 1876, isso se inverteu. Alexandre II decidiu que não podia mais suportar a "humilhação" do desgoverno turco sobre os cristãos eslavos. Muitos fatores contribuíram para essa mudança fundamental. Um fator concreto: Sérvia e Montenegro tinham sido derrotados, e o triunfo turco tinha de ser detido. Um fator pessoal: Alexandre estava na Crimeia, rodeado de conselheiros e familiares eslavos e distante da atmosfera europeia de São Petersburgo.[23] Havia a inveja da independência altiva com que a Grã-Bretanha tinha rejeitado o memorando de Berlim e o desejo de adotar uma postura independente semelhante. Havia a avaliação, que se mostrou correta, de que as atrocidades por meio das quais os turcos tinham alcançado a vitória na Bulgária impossibilitariam que os britânicos fossem em socorro da Turquia. Acima de tudo, havia a estranha sensibilidade ao afloramento da opinião pública russa que seus governantes despóticos sempre

---

22 Não foi feita nenhuma ata aprovada das discussões de Reichstadt. Os russos pensaram que tinham concedido à Áustria-Hungria apenas uma parte da Bósnia; Andrássy reivindicaria posteriormente toda a Bósnia, além da Herzegovina. Gorchakov foi sempre vago a respeito dos detalhes geográficos, e Andrássy provavelmente se referiu vagamente à Bósnia, sem saber ao certo o que queria. Afinal de contas, o importante em Reichstadt foi o acordo austro-russo, não as hipóteses territoriais que foram incluídas para suavizá-lo.

23 Do mesmo modo que Napoleão III se sentia ótimo em Biarritz, quando estava distante das influências repressoras de Paris.

demonstraram. A mudança foi anunciada ao mundo todo em 11 de novembro, quando Alexandre II, contra todos os precedentes, fez um discurso público em Moscou, na volta para São Petersburgo, que terminava com as palavras: "Que Deus nos ajude a cumprir nossa sagrada missão".

Gorchakov e as autoridades diplomáticas tinham agora uma nova missão. Antes tinham inventado desculpas para evitar a Questão Oriental; agora tinham de organizar as coisas para que a Rússia pudesse intervir nos Bálcãs sem ter a Europa toda contra ela. Teria sido fácil para os russos se eles pudessem ter contado com o apoio incondicional da Alemanha; e a primeira medida de Alexandre depois de tomar sua importante decisão foi exigir que a Alemanha retribuísse o apoio que ela recebera em 1866 e 1870. A Alemanha devia manter a Áustria-Hungria neutra por meio de uma ameaça de guerra, enquanto a Rússia obtinha o que queria com os turcos. Bismarck se recusou a tomar partido. Ele desejava que a Rússia conseguisse o que queria no Oriente Próximo,[24] mas que fosse de acordo com a Áustria-Hungria, não por meio de uma guerra contra ela, principalmente não por meio de uma guerra que destruísse a monarquia dos Habsburgo. "Poderíamos certamente aceitar que nossos amigos perdessem ou vencessem batalhas entre si, mas não que um deles fosse ferido e prejudicado tão gravemente que a sua posição de grande potência independente, com voz na Europa, ficasse ameaçada."[25] Mais tarde, Bismarck inventou a história de

---

24 Bismarck sempre sustentara que a Alemanha só tinha a ganhar com a partilha do Império Otomano entre as outras grandes potências. Obviamente, a partilha era melhor que uma guerra na qual a Alemanha poderia se envolver sem possibilidade de vitória. Mas será que Bismarck acreditava que a partilha produziria uma paz duradoura entre as potências participantes? É impossível dizer. A partilha da Polônia talvez tenha aproximado a Rússia, a Prússia e a Áustria, embora nem sempre. Outros exemplos – como a partilha da Pérsia entre a Rússia e a Grã-Bretanha em 1907; do Levante entre a Grã-Bretanha e a França depois de 1919; ou da Polônia e do Oriente Próximo entre a Rússia e a Alemanha em 1939 – são menos estimulantes. Não é uma generalização descabida dizer que os anglo-saxões e, talvez, os franceses acreditavam nos Estados-tampão, e os alemães, e talvez os russos, acreditavam na partilha como o melhor caminho para a paz entre as Grandes Potências.

25 Bismarck, *Gedanken und Erinnerungen*, ii. 214. Sua formulação contemporânea foi muito menos elegante, mas mais precisa: "Não pode corresponder aos nossos interesses ver a posição da Rússia seriamente e permanentemente prejudicada por uma coalizão do resto da Europa, se o destino for desfavorável aos exércitos russos; mas os interesses da Alemanha seriam afetados com a mesma profundidade se a posição da monarquia austríaca como potência europeia ficasse tão ameaçada em sua independência que um dos elementos com os quais temos de contar no equilíbrio de poder europeu ameaçasse ruir no futuro". Bülow para Schweinitz, 23 de outubro de 1876. *Grosse Politik*, ii, n.251.

que ele teria acompanhado a Rússia "nos bons e nos maus momentos", se a Rússia lhe tivesse garantido em troca a Alsácia e a Lorena. Isso não passava de uma desculpa engenhosa, do tipo que Bismarck gostava de dar – ele usou o mesmo estratagema contra os britânicos em 1877[26] e em inúmeras ocasiões posteriores. Mesmo que um caminho impossível pudesse ter sido encontrado para conectar Bismarck com o futuro e ele pudesse ter recebido a garantia de que jamais apoiaria a França, ainda assim ele teria se oposto ao desmembramento da Áustria-Hungria. A monarquia dos Habsburgo era essencial para a Alemanha limitada que Bismarck tinha criado; e esta, por sua vez, era essencial para o equilíbrio de poder, que Bismarck acreditava ser o único meio de preservar a paz da Europa. O equilíbrio de poder determinava tudo para Bismarck, que sacrificou por ele até mesmo as ambições nacionais alemãs – que dirá então as ambições dos outros. Contudo, a resposta do líder alemão para o tsar em outubro de 1876 não foi uma "opção" pela Áustria-Hungria – ele deu a mesma reposta, em sentido inverso, para Münch, um emissário especial de Andrássy, exatamente na mesma época. Bismarck certamente pensava que a Áustria-Hungria era a mais frágil das duas e, portanto, pôs seu peso mais do lado dela. Não obstante, seu objetivo sempre fora o equilíbrio entre elas, não a vitória de nenhuma delas, já que, por sinal, ele travara as guerras de 1866 e 1870 para restaurar o equilíbrio na Europa. Bismarck era um grande "projetista" fora da Europa, principalmente no Oriente Próximo; mas aprendera com o fracasso de Napoleão III a não fazer projetos que perturbassem o equilíbrio entre as Grandes Potências europeias. É por esse motivo que a Europa teve uma geração de paz depois que Bismarck estabeleceu sua supremacia.

Sem conseguir o apoio alemão, os russos buscaram a contragosto o apoio da França. Nova decepção. Depois do término da Guerra da Crimeia, até mesmo a grande França de Napoleão III tinha se recusado a optar entre a Rússia e a Grã-Bretanha; quanto mais uma França derrotada, que precisava da proteção das duas potências contra a Alemanha. Os franceses tiveram sorte que a crise oriental tenha ocorrido quando ocorreu: logo depois da guerra de 1870, lhes permitindo alegar fragilidade, mas depois que o assunto da "guerra iminente" tinha lhes trazido segurança. Os franceses puderam se fingir de mortos e ainda assim ser tratados com respeito, na esperança de que estivessem renascendo. A crise oriental foi de grande proveito para o futuro

---

26 Ele se ofereceu supostamente para apoiar a Grã-Bretanha contra a Rússia, em troca de uma aliança anglo-germânica contra a França. A notícia chegou tanto aos russos como aos franceses; e talvez fosse essa a intenção.

da França. Ela estava prestes a destruir a Liga dos Três Imperadores, possivelmente até a afastar a Rússia da Alemanha; mas não havia perigo de afastar a Rússia da França. O princípio do "cão durante a noite",* constatado por Sherlock Holmes, também se aplica às relações das grandes potências. Os franceses não fizeram nada entre 1875 e 1878; e o fizeram muito bem.

Embora Alexandre II estivesse decidido a entrar em guerra contra a Turquia, também estava decidido a não repetir o erro da Guerra da Crimeia – isto é, estava decidido a não combater a Turquia com toda a Europa contra ele. Portanto, restavam dois recursos à diplomacia russa: ressuscitar o Concerto das Grandes Potências ou fechar um acordo isolado com a Áustria-Hungria. Gorchakov não fracassou inteiramente na primeira missão, e foi bem-sucedido na segunda. Em novembro de 1876, Derby propôs que fosse realizada uma conferência europeia em Constantinopla para impor reformas aos turcos. Essa proposta foi feita contra a vontade de Beaconsfield;[27] ele concordou com ela só quando não conseguiu fazer uma aliança com a Áustria-Hungria contra a Rússia. Salisbury, o delegado britânico à conferência, estava muito distante da linha de Beaconsfield; ele acreditava que o desmembramento da Turquia era iminente e desejável, e trabalhara em estreita colaboração com Ignatiev desde que chegara a Constantinopla. Por isso, a conferência concordou com reformas radicais, das quais a principal seria uma "Bulgária" autônoma,[28] dividida em duas partes por uma linha (vertical) norte-sul. Os turcos rejeitaram imediatamente essas reformas, por meio do estratagema simples de proclamar uma Constituição Imperial e

---

* Referência ao trecho do conto de Sherlock Holmes "A aventura de Silver Blaze" em que existe o seguinte diálogo entre Gregory (investigador da Scotland Yard) e Holmes: Gregory: Existe outro aspecto para o qual o senhor gostaria de chamar minha atenção? Holmes: O incidente curioso do cão durante a noite. Gregory: O cão não fez nada durante a noite. Holmes: O incidente curioso foi esse. (N. T.)

27 Disraeli se tornou lorde Beaconsfield em julho de 1876.

28 Ironicamente, a "Bulgária" era uma das invenções mais bem-sucedidas dos turcos. Até 1870, os habitantes eslavos da Turquia europeia estavam sob a direção religiosa – no que dizia respeito à Porta – e política do patriarcado grego de Constantinopla. Por outro lado, uma doutrina nacionalista incipiente considerava todos os eslavos balcânicos – búlgaros, sérvios, macedônios, bósnios, croatas e eslovenos – membros de uma única nação eslava, diferenciando-se apenas quanto ao dialeto e à província. Em 1870, os turcos criaram um exarca, como chefe independente da Igreja búlgara. Embora ele tenha sido concebido principalmente para separar os búlgaros dos gregos, também os separou dos sérvios, originando assim a desunião entre os eslavos do sul que existe desde aquela época até hoje. No entanto, em razão do contexto religioso e político, búlgaros e sérvios eram muito mais parecidos que sérvios, croatas e eslovenos, entre os quais a união tem sido realizada com êxito.

depois exigir que todas as alterações teriam de ser submetidas a uma assembleia constituinte que jamais se reuniu. Eles certamente contavam com o apoio britânico, partindo do princípio de que, a exemplo de 1853, os britânicos aceitariam qualquer capricho turco em nome de Constantinopla. Mas Beaconsfield ficou tolhido pela campanha de Gladstone contra as atrocidades búlgaras e pela divisão em seu gabinete; Salisbury, principalmente, o tinha traído em sua guerra ao apoiar Ignatiev em Constantinopla. Em março de 1877, Ignatiev fez um giro pela Europa para obter um novo apoio a um programa de reformas; e o governo britânico concordou com suas propostas (o Protocolo de Londres), embora se recusasse a concordar que elas fossem impostas aos turcos. Mesmo assim, os russos tinham conseguido o que queriam. Embora não tivessem assegurado um mandato da Europa para agir contra os turcos, tinham se certificado de que o mandato europeu não seria exercido contra eles. Nem mesmo Beaconsfield poderia condenar os russos por entrar em guerra para executar um programa que o governo britânico ajudara a redigir.

As negociações com a Áustria-Hungria foram ainda mais decisivas. Em 1854, os russos tinham sido obrigados a se retirar dos principados do Danúbio por causa da ameaça de intervenção austríaca; agora, como queriam atravessar esse mesmo gargalo romeno para travar uma guerra nos Bálcãs, dependiam como nunca da generosidade austro-húngara, já que não dispunham de frota no Mar Negro. Andrássy arrancou o máximo possível da negociação. A Áustria-Hungria não tinha condições de enfrentar a Rússia, como um observador britânico acabara de descobrir;[29] os generais austríacos queriam lutar ao lado da Rússia contra Turquia, se é que queriam lutar; e Andrássy estava decidido a evitar uma guerra que poderia restaurar o prestígio dos Habsburgo e, portanto, ameaçar os privilégios da Hungria dentro da monarquia dual. Tudo isso foi ignorado pelos russos, preocupados em assegurar a neutralidade austro-húngara. Andrássy insistiu em obter toda a Bósnia e a Herzegovina, segundo sua própria versão questionável do acordo de Reichstadt; Sérvia e Montenegro formariam uma barreira neutra entre os exércitos russo e austro-húngaro; não haveria "nenhum Estado compacto importante, nem eslavo nem outro"

---

29 Em outubro de 1876, o major Gonne informou que a Áustria-Hungria só podia travar uma guerra defensiva contra a Rússia, e "seria de pouca ou nenhuma valia a um aliado carente de batalhões". Em novembro, o arquiduque Albrecht e Beck, chefe do Estado-Maior, declararam: "Não podemos ter a ousadia, nem mesmo a vontade, de nos responsabilizar sozinhos por uma guerra contra a Rússia". Rupp, *A Wavering Friendship*, p.234.

se a Turquia desmoronasse.[30] Em troca, a Áustria-Hungria adotaria uma neutralidade amistosa numa guerra entre a Rússia e a Turquia e não responderia aos apelos para acionar a Tríplice Garantia de 15 de abril de 1856. Essas foram as Convenções de Budapeste.[31] O acordo de Reichstadt foi elaborado de maneira desfavorável à Rússia, e os russos tiveram de aceitar, como resultado de sua própria vitória na guerra, um programa que tinha sido idealizado no mês de julho anterior como resultado de uma dissolução natural do Império Turco.

Ainda assim, os russos podiam considerar que as Convenções de Budapeste tinham sido um sucesso. É verdade que eles entregaram os sérvios à proteção dos Habsburgo, e o fizeram sem nenhum escrúpulo. Havia muito que consideravam os sérvios como meio ocidentalizados, um povo que tentava se emancipar sem o apoio russo; e sua aversão tinha se intensificado com o fracasso sérvio contra a Turquia no ano anterior. Alexandre II até tinha feito comentários a esse respeito durante seu discurso dramático de 11 de novembro. Também é verdade que os russos se comprometeram a não criar um grande Estado eslavo nos Bálcãs; mas isso estava de acordo com seu próprio desejo – ou, pelo menos, de acordo com os desejos dos diplomatas russos que não eram entusiastas do pan-eslavismo. De todo modo, não se sabia qual seria o futuro do Bálcãs depois que os russos tivessem destruído os exércitos turcos e chegado a Constantinopla. Foram as Convenções de Budapeste que possibilitaram isso. A coalizão da Crimeia foi destruída de maneira irreversível; os russos podiam contar com a neutralidade da Áustria-Hungria, mas não com seu apoio. Gorchakov tinha controlado as coisas tão bem como Napoleão III o fizera em 1859 ou Bismarck em 1866. Os russos tinham a liberdade de destruir o Império Turco sem que ninguém interferisse, se fossem suficientemente fortes para fazê-lo e o fizessem prontamente.

A Rússia declarou guerra à Turquia em 24 de abril. Ela estava confiante na vitória, embora os turcos estivessem mais bem armados e controlassem o Mar Negro. Os britânicos também esperavam que os russos vencessem, e, portanto, procuraram limitar os efeitos de sua vitória, no que foram secundados por Shuvalov, que não dava a mínima para o programa pan-eslavista.

---

30 Não está claro se isso excluía a Grande Bulgária, tal como foi feito pelo Tratado de Santo Estéfano. Nessa época, nem a Rússia nem a Áustria-Hungria tinham pontos de vista definidos a respeito do futuro da Bulgária.

31 A convenção militar foi assinada em Budapeste em 15 de janeiro de 1877; a convenção política, da qual ela dependia, só foi assinada em 17 de março, mas foi pré-datada para 15 de janeiro.

Ele e Gorchakov arrancaram de Alexandre II propostas de "paz limitada"; a principal concessão era que a Bulgária só deveria ter autonomia ao norte das montanhas balcânicas. Em troca, a Grã-Bretanha permaneceria neutra e prometeria não ocupar Constantinopla nem os Estreitos.[32] Os britânicos não acharam a proposta atraente, principalmente porque, do seu lado, Alexandre II não quis se comprometer contra uma ocupação militar temporária de Constantinopla. De todo modo, ela foi retirada quase instantaneamente. No início de junho, Alexandre se dirigiu ao quartel-general na Romênia e foi convencido prontamente pelo grão-duque Nicolau, comandante em chefe, a abandonar a "paz limitada". Nicolau atacou Gorchakov: "Péssimo sujeito! Péssimo sujeito! Um lixo! Um lixo!". Em 14 de junho, Shuvalov foi orientado a cancelar a proposta de confinar a Bulgária. O governo britânico reagiu enviando novamente a frota para a baía de Besika;[33] e, em 17 de julho, Derby advertiu os russos de que eles não poderiam contar com a neutralidade britânica se houvesse uma ocupação de Constantinopla, "mesmo feita de forma temporária e ditada por exigências militares".[34]

Enquanto Derby estivera tentando a contragosto chegar a um acordo com a Rússia, Beaconsfield estivera buscando mais ativamente uma aliança antirrussa com a Áustria-Hungria; ele também fracassou. Imaginando que a Áustria-Hungria estava só esperando por um subsídio adequado, como nos velhos tempos, ele perguntou, em 1º de maio: "Quanto você quer?".[35] Dinheiro era o menor dos problemas de Andrássy. Ele se comprometera com uma neutralidade amistosa desde que os russos cumprissem as Convenções de Budapeste; no entanto, precisava manter a porta aberta à cooperação com os britânicos caso os russos não as cumprissem.[36] Ele tinha muitas dúvidas de que os britânicos pretendessem enfrentar a Rússia, e, certamente, não iria lutar no lugar deles. Portanto, estava disposto a concordar com Beaconsfield a respeito dos limites que a Grã-Bretanha e a Áustria-Hungria deveriam impor à Rússia; mas não se comprometeria a impô-los. As negociações prosseguiram nessa linha até agosto. Então as duas potências simplesmente comunicaram mutuamente o que não aceitariam no Oriente

---

32 Gorchakov para Shuvalov, 30 de maio de 1877. *Slavonic Review*, vi, n.228.
33 Ela fora retirada, como de costume, durante as tempestades de outono.
34 Derby para Shuvalov, 17 de julho de 1877. Temperley e Penson, *Foundations of British Forein Policy*, n.140.
35 Montgelas para Beust, 1º de maio de 1877. Stojanovic, *The Great Powers and the Balkans*, p.165.
36 Ele disse à época da negociação das convenções: "Se os russos não respeitarem o tratado, a Rússia vai ficar com seu exército frágil nos Bálcãs, onde podemos isolá-los de sua base, enquanto a frota inglesa vai lhes ordenar que parem em Constantinopla". Wetheimer, *Andrássy*, ii. 394.

Próximo; não se fez referência à maneira de implementar essas objeções. Beaconsfield não ficou satisfeito com esse "entendimento moral".[37] Ele teria ficado ainda menos satisfeito se soubesse que Francisco José acabara de escrever a Alexandre II: "Aconteça o que acontecer, e independentemente da reviravolta que a guerra possa sofrer – nada pode me fazer recuar da palavra dada. De todo modo, a Inglaterra foi informada de maneira contundente que ela não pode contar com uma aliança com a Áustria".[38]

Portanto, se fosse agir, a Grã-Bretanha teria de agir sozinha. Beaconsfield tentou inúmeras vezes comprometer o gabinete a apoiar a Turquia ou, pelo menos, a impor a "paz limitada" que Alexandre rejeitara em junho, e foi sempre voto vencido. Embora dilacerado pelas divergências, o gabinete britânico se ateve a um princípio básico da política britânica: a Grã-Bretanha não podia agir de forma eficaz contra uma grande potência terrestre sem ter um aliado no continente. A hesitação britânica tinha outro motivo: os turcos se saíram muito melhor que o esperado. Em junho parecia que os russos conquistariam toda a Turquia europeia dentro de um mês; então eles se lançaram contra a fortaleza de Plevna, até então desconhecida, barrando sua passagem ao sul, e só conseguiram conquistá-la em 11 de dezembro. A maioria das batalhas confirmam a maneira como as coisas estão indo; Plevna é um dos poucos combates que mudaram o rumo da história. É difícil perceber como o Império Otomano poderia ter sobrevivido na Europa, ainda que de forma reduzida, se os russos tivessem chegado a Constantinopla em julho; provavelmente ele também teria desmoronado na Ásia. Plevna não deu apenas ao Império Otomano mais quarenta anos de vida. Na segunda metade do século XX, os turcos ainda controlavam os Estreitos, e a Rússia ainda estava "aprisionada" no Mar Negro – tudo obra de Osman Pasha, defensor de Plevna.

Os quatro meses fora de Plevna tiveram consequências políticas e militares. Na Inglaterra, eles apagaram as atrocidades búlgaras e transformaram os turcos em heróis, que resistiram bravamente a uma grande potência; a febre da guerra que varreu a Grã-Bretanha em fevereiro de 1878 não teria sido possível em julho de 1877. Além do mais, embora o exército turco estivesse em ruínas no final do ano, o russo não estava muito melhor. Ele chegou cambaleante às portas de Constantinopla no final de janeiro de 1878, quando então foi celebrado um armistício, e o entusiasmo, uma vez perdido, nunca pôde ser retomado. Esse foi um fator essencial na crise dos meses seguintes:

---

37 Beust (Londres) para Andrássy, 13 de julho de 1877. Ibid., iii. 39.
38 Rupp, *A Wavering Friendship*, p.405.

os russos mal conseguiam retomar a guerra com a Turquia, quanto mais enfrentar uma grande potência. Era difícil constatar, tanto para os russos como para os outros, que um exército vitorioso estivesse no fim de suas forças; e, quando os russos se viram diante de uma derrota diplomática, buscaram tudo, menos a verdadeira causa – que eram frágeis demais para travar outra guerra. Era mais fácil culpar o erro de algum diplomata – fosse ele Ignatiev ou Shuvalov – ou a malícia de Bismarck do que valorizar a proeza turca em Plevna. No entanto, são as guerras que decidem; a diplomacia simplesmente as registra.

Os russos tinham começado a guerra sem nenhum objetivo definido além da retomada da Bessarábia. Geralmente se espera que a guerra produza uma política; porém, como o Império Otomano não tinha desmoronado, essa guerra não conseguira fazê-lo. Os russos tinham de arrumar às pressas as condições que confirmassem sua vitória e fazer algo para emancipar os cristãos dos Bálcãs. Uma revisão do regulamento dos Estreitos atenderia à primeira condição; a autonomia para a Bulgária, à segunda. Ambas constavam do programa redigido pelos russos em dezembro. Eles logo mudaram de ideia em relação aos Estreitos. Gorchakov insistiu que os Estreitos dependiam de um acordo europeu, no que foi atendido. Além do mais, como os russos não tinham frota no Mar Negro, a abertura dos Estreitos – embora satisfizesse sua vaidade – só seria vantajosa para os outros. Portanto, a questão dos Estreitos foi deixada de lado e a Bulgária teve de atender aos dois objetivos: o engrandecimento da Rússia e a emancipação dos cristãos. Não foi algo premeditado. Os russos exigiam uma "Grande Bulgária", isto é, a Bulgária tal como fora definida pela Conferência de Constantinopla um ano antes. Isso não tinha nenhum propósito maquiavélico; um Estado nacional búlgaro parecia a única alternativa ao domínio turco. A fronteira que eles traçaram correspondia ao melhor conhecimento etnográfico da época. O território do qual a Bulgária foi despojada pelo Congresso de Berlim foi denominado "Macedônia", apenas por uma questão de conveniência administrativa. Ele não tinha nenhum caráter nacional próprio, embora viesse a desenvolvê-lo no meio século seguinte. Hoje existe uma nacionalidade macedônia; historicamente, o macedônio é simplesmente o búlgaro que foi devolvido ao domínio turco em 1878. As condições de paz russas continham um erro desnecessário e provocativo. Durante a guerra, Ignatiev tinha ficado afastado em São Petersburgo; em fevereiro de 1878, ele veio correndo para desfrutar do seu triunfo e negociar o tratado de paz. Acabara de tomar conhecimento das Convenções de Budapeste, e, depois do esforço militar russo, resolveu ignorá-los. Além do mais, os russos se sentiam um pouco envergonhados por terem feito tão pouco pela Sérvia, além de assegurar sua independência específica da Turquia. Portanto, o tratado não mencionou a reivindicação austro-húngara à Bósnia e à Herzegovina, o que serviu de pretexto a Andrássy para romper com a entente russa.

Ignatiev não encontrou dificuldade com os turcos. Eles não tinham a expectativa de reverter a derrota, a menos que fossem apoiados pela Áustria-Hungria e pela Grã-Bretanha, e concordaram com as condições russas para transferir a responsabilidade para os outros. Por conseguinte, o Tratado de Santo Estêvão, que foi assinado em 3 de março, atendeu a todas as exigências russas, o que deu início à crise europeia. Tinha havido um primeiro alerta em janeiro, antes da assinatura do armistício, quando os britânicos ficaram com medo que os russos realmente entrassem em Constantinopla. A frota britânica recebera a ordem de cruzar os Estreitos; em seguida, a ordem tinha sido cancelada; finalmente, em 8 de fevereiro, a ordem fora dada novamente devido ao alarme falso de que os russos não estavam cumprindo os termos do armistício. Embora a frota tivesse conseguido chegar ao mar de Mármara em 13 de fevereiro, ela não dispunha de forças terrestres; e os britânicos ainda estavam à procura de um aliado. Eles propuseram aliança à Áustria-Hungria, mas foi em vão. A cada solicitação, Andrássy respondia que os britânicos tinham de "estar um passo à frente"; eles tinham de se declarar dispostos a se aliar e lhe prometer um auxílio, mas sem esperar nenhuma promessa em troca. É possível que o próprio Andrássy tivesse acolhido uma guerra contra a Rússia; afinal de contas, ele não era um velho revolucionário magiar a troco de nada. Nas reuniões do conselho da coroa austro-húngara, ele apontava saudoso para o gargalo romeno que deixava os exércitos russos nos Bálcãs à sua mercê. Mas Francisco José e os generais sempre foram contrários à guerra, a menos que ela lhes fosse imposta; além disso, como Bismarck costumava ressaltar, se a Inglaterra e a Áustria-Hungria enfrentassem a Rússia, isso terminaria na partilha do Império Otomano, não em sua salvação – um resultado que não agradava nada a Andrássy. A única conduta eficaz para Andrássy era não fazer nada. Ele não podia se comprometer com os britânicos; ao mesmo tempo, não prometia neutralidade aos russos, e, portanto, os mantinha inseguros e tensos.

Isso ocorreu em março. Ignatiev tinha imposto aos turcos o Tratado de Santo Estêvão sem se importar nem com as potências europeias nem, aliás, com o Ministério do Exterior em São Petersburgo. Ao retornar à cidade, foi recebido com frieza por Gorchakov, que disse, bruscamente, que, já que tinha elaborado o tratado, ele deveria levá-lo adiante sozinho. No fim de março, Ignatiev foi a Viena com a vaga esperança de obter uma promessa de neutralidade de Andrássy, e, desse modo, isolar a Grã-Bretanha. Sua visita foi um completo fracasso. Andrássy citou as Convenções de Budapeste e exigiu o desmembramento da Grande Bulgária; em vez dela, a Áustria-Hungria é que devia ser hegemônica nos Bálcãs Ocidentais. Tratava-se de uma improvisação casual da parte de Andrássy. A partilha da Turquia europeia era quase tão execrável para ele como sua dominação pela Rússia; e ele estava apenas ganhando tempo, na expectativa, não de todo frustrada, que o Império Otomano se recuperasse. Ignatiev pode ter engolido a partilha apesar de seu entusiasmo pan-eslavista;[39] mas, todas as vezes em que ele apresentou propostas, Andrássy se esquivou dele. Foi o fim da entente austro-russa. Além do mais, Bismarck se recusou a obrigar Andrássy a se comprometer, apesar de sua preferência pela partilha; e, como a Rússia temia uma coalizão anglo-austríaca, sua neutralidade era basicamente um gesto antirrusso. A amizade entre a Rússia e a Prússia, que fora o elemento mais estável da política europeia durante mais de um século, tinha sido abalada pela primeira vez. Bismarck estava começando a pagar o preço pela importante decisão que tomara em 1866. Tinha mantido viva a monarquia dos Habsburgo em nome de sua política interna, e agora não podia deixá-la se enfraquecer. Esta não era a única causa das suas dificuldades. A Rússia, assim como a Áustria-Hungria, estava mais fraca que antes da Guerra da Crimeia. À época, Nicolau I ficara satisfeito com a neutralidade da Prússia; agora Alexandre II precisava do apoio da Alemanha, muito embora a França não fosse mais membro da coalizão antirrussa. Turquia, Áustria-Hungria e Rússia eram todas, cada uma à sua maneira, "impérios decrépitos", disputando o primeiro lugar no caminho para a bancarrota.

Ignatiev fracassou em Viena; Shuvalov triunfou em Londres. Sua missão foi ainda mais fácil porque ele odiava o pan-eslavismo de Santo Estêvão e se sentia feliz em repudiá-lo – "o maior gesto de estupidez que poderíamos ter cometido".[40] Além do mais, o governo britânico finalmente adotou uma linha definida. Derby permanecera no cargo até o final de março com o único objetivo de atrapalhar a campanha de Beaconsfield em defesa da guerra; e a política externa fora conduzida em grande medida à sua revelia por um comitê de três pessoas – Beaconsfield, Salisbury e Cairns. Em 27 de março, Beaconsfield levou a melhor no gabinete: os reservistas foram

---

39 Ignatiev até propôs uma "Macedônia" autônoma sob o governo do general Rodic. Como Rodic era croata e um "austríaco importante", Andrássy não se sentiu atraído pela ideia. Schweinitz para Bülow, 4 de abril de 1878. *Grosse Politik*, ii, n.380.
40 Corti, *Alexander von Battenberg*, p.43.

convocados e Derby renunciou. Esta não foi uma vitória da defesa da integridade do Império Otomano. Salisbury, que se tornou ministro do Exterior, "não acreditava na possibilidade de pôr o governo turco de pé novamente, como uma potência genuinamente confiável".[41] Ele queria manter os russos longe de Constantinopla e apoiar uma espécie de Estado turco na Ásia Menor – na verdade, mais ou menos o esquema que ainda existia em meados do século XX. Do mesmo modo que os russos tinham achado difícil criar condições que mostrassem que eles tinham vencido, agora Salisbury também estava perplexo, sem saber como caracterizar que eles tinham fracassado. O símbolo era novamente a Bulgária. Ele exigiu que ela fosse dividida por uma linha que ia de leste a oeste, ao longo da linha das montanhas balcânicas. Isso deveria dar aos turcos a proteção militar para a defesa de Constantinopla. Ela não teve nenhum efeito concreto, pois os exércitos turcos jamais reocuparam a "Romélia Oriental". Isso não era importante. O importante era mostrar que a Rússia não controlava os Bálcãs; e a acolhida da unificação da Bulgária em 1885 por parte de Salisbury não era nada absurda, já que os búlgaros tinham comprovado que eram independentes da Rússia.

Os russos não estavam em condição de travar outra guerra; esse foi o fator decisivo que Salisbury explorou plenamente. Em caso de guerra com a Grã-Bretanha, eles teriam de sair dos Bálcãs e, portanto, abandonar os ganhos de Santo Estêvão, mesmo que a Áustria tivesse permanecido neutra. Acrescente-se a isso o fato de que a maioria das pessoas em cargos de responsabilidade em São Petersburgo não apreciava o sucesso de Ignatiev, e não surpreende que Shuvalov tenha conseguido o que queria. Os russos concordaram em abrir mão da "Grande Bulgária", e um acordo anglo-russo nesse sentido foi assinado em 30 de maio. Salisbury concluiu outros dois acordos secretos. Depois de tomar posse em 1º de abril, ele tentara novamente fazer aliança com a Áustria-Hungria; como todas as outras tentativas anteriores, essa também falhou, e Salisbury recorreu a um acordo direto com a Rússia. Depois de realizá-lo, ele não precisava mais da Áustria-Hungria. Andrássy, sempre tão hábil, ficou alarmado com seu isolamento e apelou a Bismarck. Salisbury, embora agora estivesse indiferente à Áustria-Hungria, valorizava a neutralidade equilibrada da Alemanha; e, para agradar a Bismarck mais que a Andrássy, fez um acordo com a Áustria-Hungria em 6 de junho. Ele apoiaria sua reivindicação da Bósnia, e ela apoiaria a partilha da Bulgária. Na verdade, Andrássy concluiu uma aliança com a Grã-Bretanha justamente uma semana depois que a necessidade dela deixara de existir; e, como

---

41 Salisbury para Beaconsfield, 21 de março de 1878. Gwendolen Cecil, *Life of Salisbury*, ii. 213.

a aliança não implicava risco, ele não fez nada para merecer a gratidão britânica. Salisbury atribuía uma importância muito maior ao acordo de 4 de junho que fizera com os turcos, ou, para ser mais preciso, que impusera a eles. Por seu intermédio, a Grã-Bretanha garantia a Turquia asiática contra um ataque russo, e em troca recebia Chipre como uma *place d'armes*.*

O sucesso britânico parecia completo, o triunfo de uma política determinada. A Rússia tinha sido controlada; a Áustria-Hungria se tornara uma aliada; a Turquia fora restaurada e protegida. No entanto, o sucesso era enganoso. Os exércitos russos estavam esgotados e a sua política, desorientada. A Grã-Bretanha alcançara uma vitória incruenta com uma canção de variedades, uma marinha com peças de museu e sem qualquer força terrestre, com exceção dos 7 mil soldados indianos enviados para desfilar em Malta. Além do mais, ela venceu sem um aliado continental confiável: só as frases ilusórias da Áustria-Hungria e o projeto inviável de equipar os turcos com recursos britânicos inexistentes. O feito retumbante de 1878 diminuiu a eficácia da política britânica no longo prazo, pois levou os cidadãos britânicos a acreditar que poderiam desempenhar um papel importante sem custos nem sacrifícios – sem reformular a marinha, sem criar um exército, sem encontrar um aliado. A Grã-Bretanha conquistou um capital de prestígio que durou exatamente vinte anos; depois ela tentou recorrer a um capital que já não existia mais.

O Congresso de Berlim, que se reuniu em 13 de junho, não transcorreu bem, apesar dos acordos secretos que o precederam. Os russos revelaram a ingenuidade típica para se esquivar das consequências da convenção que eles tinham assinado com Salisbury em 30 de maio, tentando excluir as tropas turcas da Romélia Oriental, ou até mesmo se esquivar totalmente da partilha. Só foram derrotados depois de uma crise mais ou menos declarada, com Beaconsfield ordenando, de forma ostensiva, que seu trem especial ficasse pronto para partir – a primeira vez que essa arma foi incluída entre as técnicas diplomáticas.[42] No final, a Grande Bulgária foi dissolvida em três – um principado autônomo; a província semiautônoma da Romélia Oriental; e a "Macedônia", que continuava a fazer parte do Império Otomano. A Áustria-Hungria ocuparia a Bósnia e a Herzegovina e também guarneceria o Sanjak de Novibazar, a faixa de território turco que separava

---

* Em francês no original: "praça de armas". (N. T.)

42 Beaconsfield também estabeleceu um precedente ao se dirigir ao congresso em inglês. Esta foi a primeira ruptura do monopólio francês, e um sinal de que o velho cosmopolitismo aristocrático estava desaparecendo rapidamente.

a Sérvia de Montenegro. Andássy poderia ter anexado as duas províncias se quisesse; mas se apegou à ilusão de que o Império Otomano não estava sendo partilhado, e até falou em devolver as províncias ao sultão depois de aproximadamente uma geração.

Os russos retomaram o território bessarábio que tinham perdido em 1856; mais importante, eles ficaram com Batum, na extremidade oriental do Mar Negro. Salisbury tinha prometido, no acordo de 30 de maio, não se opor a isso; mas ele estava sendo incomodado pelos protestos dos britânicos, que consideravam que haviam cedido demais à Rússia. Ele tinha de fazer alguma coisa para restaurar o equilíbrio naval no Mar Negro, que tinha sido supostamente afetado pelo fato de os russos se fixarem em Batum. A primeira ideia que teve foi propor um acordo com os turcos, por meio do qual eles permitiriam que a frota britânica passasse pelos Estreitos sempre que a "Inglaterra for da opinião de que a presença de uma força naval no Mar Negro é aconselhável."[43] Os turcos evitaram essa provocação aberta à Rússia, mas Salisbury obteve praticamente os mesmos resultados por outros meios. Ele declarou na reunião de 11 de julho que dali em diante a Grã-Bretanha só se consideraria obrigada a respeitar as "decisões independentes" do sultão em relação ao fechamento dos Estreitos. No futuro, ou o sultão permitiria que os britânicos passassem pelos Estreitos ou ele poderia ser ignorado por não ser mais independente. Para todos os fins práticos, os britânicos repudiavam os compromissos de 1841 e 1856 e alegavam que tinham a liberdade de passar pelos Estreitos sempre que lhes conviesse. Por trás dessa liberdade teórica havia um pressuposto técnico, baseado no qual os britânicos tinham agido em fevereiro de 1878 – que a sua frota era suficientemente poderosa para atravessar os Estreitos e se manter no Mar Negro sem se preocupar com as comunicações com o Mediterrâneo. Havia também um pressuposto político – que a Rússia continuaria ameaçando a Turquia. Ambos os pressupostos se mostraram falsos nos anos seguintes.

O acordo de Berlim representou, obviamente, uma derrota para a Rússia. Embora os russos tivessem obtido tudo e mais um pouco do que queriam antes de entrar em guerra – mais, de fato, que a "paz limitada" que Alexandre II tinha proposto a contragosto em junho de 1877 –, eles tinham sido forçados a ceder todas as conquistas da vitória. No entanto, foi uma derrota estranha. A Rússia tinha entrado em guerra por questões relacionadas ao orgulho nacional e ao sentimento pan-eslavo, não para alcançar

---

43 Salisbury para Layard (Constantinopla), 16 de junho de 1878. Temperley e Penson, *Foundations of British Policy*, n.147.

nenhum objetivo concreto;[44] e o congresso foi um golpe em seu prestígio, mais que um fracasso da sua política. Na verdade, se a Rússia estava menos segura depois de 1878 que antes, isso se devia ao fato de ter triunfado, e não porque tivesse fracassado. A Turquia já não era mais uma grande potência de verdade, uma barreira neutra entre a Rússia e a Grã-Bretanha. A frota britânica podia entrar no Mar Negro à vontade – pelo menos era o que os britânicos e russos supunham; no entanto, o enfraquecimento da Turquia se devia inteiramente à Rússia. Não surpreende que a política russa depois do congresso tenha sido um misto de medo e ressentimento. Os russos temiam as consequências de seus próprios atos; e se incomodavam com sua própria estupidez. Muitos anos depois, foi Alexandre III quem deu o veredito mais justo: "Nossa infelicidade em 1876 e 1877 foi termos acompanhado os povos, e não os governos. O imperador da Rússia deveria acompanhar sempre apenas os governos".[45]

Se o congresso representou uma derrota para a Rússia, ele não foi uma vitória completa para a Áustria-Hungria, nem mesmo para a Grã-Bretanha. Andrássy pretendera preservar a integridade do Império Otomano, mas isso era impraticável. A Grande Turquia tinha chegado ao fim, e um Estado nacional turco ainda não tinha ocupado seu lugar. A Macedônia e a Bósnia, as duas grandes realizações do congresso, continham as sementes da futura tragédia. A questão macedônia assombrou a diplomacia europeia por uma geração e depois provocou a Guerra dos Bálcãs de 1912. A Bósnia primeiro provocou a crise de 1908 e depois deflagrou a Primeira Guerra Mundial em 1914, uma guerra que derrubou a monarquia dos Habsburgo. Se o Tratado de Santo Estêvão tivesse se mantido, tanto o Império Otomano como a Áustria-Hungria poderiam ter sobrevivido até o dia de hoje. Os britânicos, com a exceção de Beaconsfield nos momentos mais desvairados, esperavam menos, portanto ficaram menos decepcionados. Salisbury escreveu no final de 1878: "Vamos criar novamente uma espécie anêmica de governo dos turcos ao sul dos Bálcãs. Mas não vai passar de um respiro, eles não têm mais nenhuma energia".[46] O futuro não foi definido pelo acordo decorrente do tratado, mas pelas ações que o precederam: a defesa de Plevna pelos turcos e o envio da frota britânica para Constantinopla. Os turcos tinham mostrado que ainda podiam resistir militarmente; os britânicos tinham controlado o

---

44 A retomada da Bessarábia era um objetivo concreto, mas não provocou a guerra, e poderia ter sido alcançada sem ela.
45 Bülow para Bismarck, 10 de agosto de 1886. *Grosse Politik*, v, n.980.
46 Minuta de Salisbury, 29 de dezembro de 1878. Sumner, *Russia and the Balkans*, p.565.

Mediterrâneo oriental e os Estreitos. O exército turco continuou existindo, exceto entre 1918 e 1921; os britânicos continuaram controlando o Mediterrâneo oriental; mas não conseguiram manter o controle dos Estreitos. Toda a história da Questão Oriental desde 1878 se encontra nessas três frases.

O Congresso de Berlim marcou uma época pelo lugar em que ele se reuniu, não pelo que fez. Em 1856, a Prússia tinha participado do Congresso de Paris tardiamente e em condições humilhantes; agora a Alemanha conquistava a estatura plena de potência europeia – e, com ela, a responsabilidade plena. Ela não podia mais virar as costas à Questão Oriental, nem instrumentalizá-la; em vez disso, as potências envolvidas na questão podiam instrumentalizar a Alemanha. Bismarck tinha feito tudo que podia para evitar esse desfecho. Ele tentara transferir o papel de "mediador sincero" para os franceses,[47] mas não teve como escapar das consequências de suas vitórias. Embora precisasse que a monarquia dos Habsburgo servisse de barreira a uma Grande Alemanha democrática, ele não se atreveu a permitir a retomada da "coalizão da Crimeia", que poderia ter resistido à Rússia sem envolver a Alemanha. Uma parceria austro-francesa que começara no Oriente Próximo continuaria questionando o Tratado de Frankfurt, ou até mesmo o Tratado de Praga. Uma combinação russo-germânica contra isso poderia ter sido vitoriosa; mas Bismarck receava outra vitória quase tanto como uma derrota. Ele queria preservar a Áustria-Hungria e a França como elas eram, ainda grandes potências, embora um pouco humilhadas. Para ele, um continente dominado pela Alemanha era execrável – não por causa de qualquer princípio relevante ou por respeito aos outros, mas simplesmente porque ele acreditava que isso indicaria o fim da ordem conservadora que ele valorizava. Logo, embora a contragosto, ele precisava implementar o equilíbrio de poder, da mesma forma que Metternich fizera. Ele reencaminhou os pedidos de auxílio de Andrássy de Berlim para Londres e reafirmou uma neutralidade formal em relação à Rússia; mas se recusou a apoiar a Rússia contra a Áustria-Hungria ou mesmo a tolerar um ataque contra ela. No entanto, também precisava que a Rússia fosse uma grande potência: a aliança contra o ressurgimento da Polônia era tão importante para ele quanto a cautela com a Grande Alemanha.

Ele poderia ter tolerado uma guerra limitada à Rússia e à Grã-Bretanha, embora até mesmo ela lhe seria inoportuna se terminasse com a derrota da

---

47 Primeiro ele sugeriu que o congresso deveria se reunir em Paris, e, quando isso fracassou, que os franceses deviam presidi-lo. Ao longo de todo o congresso, tentou escalar Waddington, o delegado francês, como principal mediador.

Rússia – o fantasma polonês teria erguido imediatamente a cabeça. Mas duvidava se uma futura guerra anglo-russa poderia ser "localizada", como tinha sido a Guerra da Crimeia. A Áustria-Hungria seria atraída, arrastando com ela a Alemanha; e então a França procuraria reverter a decisão de 1870. Napoleão III se recusara a comprar o apoio russo renunciando aos interesses franceses no Oriente Próximo; mais cedo ou mais tarde, a república francesa pagaria esse preço. O Tratado de Frankfurt tornou impossível a reconciliação entre a França e a Alemanha; consequentemente, uma guerra no Oriente Próximo se tornaria generalizada. Foi dessa guerra generalizada que todas as potências recuaram em 1878. O Congresso de Berlim demonstrou que um novo equilíbrio de poder passara a existir, centralizado na Alemanha. Nenhum dos políticos em Berlim esperava que o acordo durasse muito, e teriam ficado surpresos ao saber que o congresso seria seguido por 36 anos de paz europeia. Mas teriam ficado ainda mais surpresos se pudessem ter previsto que, quarenta anos depois, a próxima grande assembleia europeia se reuniria em Paris, e que nenhuma das "Três Cortes do Norte" estaria representada.

XII
As alianças de Bismarck
1879-1882

O Congresso de Berlim representou um divisor de águas na história da Europa. Ele fora precedido por trinta anos de conflitos e revoltas, e foi seguido por 34 anos de paz. Nenhuma fronteira europeia foi alterada até 1913; nenhum tiro foi disparado na Europa até 1912, com exceção de duas guerras insignificantes que malograram.[1] Não daria para atribuir esse grande feito unicamente, nem mesmo principalmente, à habilidade dos políticos europeus. O motivo decisivo foi, sem dúvida, econômico. O segredo que tornara a Grã-Bretanha grande já não era mais um segredo. O carvão e o aço trouxeram prosperidade para toda a Europa e reconstruíram a civilização europeia. O sonho de Cobden parecia ter se tornado realidade. As pessoas estavam muito ocupadas enriquecendo para ter tempo de pensar em guerra. Embora as tarifas protecionistas continuassem existindo, exceto na Grã-Bretanha,[2] o comércio internacional era, no geral, livre. Não havia interferência governamental nem o perigo de que as dívidas não fossem honradas; o padrão-ouro era universal. Os passaportes desapareceram, exceto na Rússia e na Turquia. Se alguém em Londres decidisse, às nove da manhã, viajar

---

[1] A guerra entre a Sérvia e a Bulgária, em 1885, e a guerra entre a Turquia e a Grécia, em 1897.

[2] O contraste entre a Grã-Bretanha e os outros países capitalistas nas questões tarifárias costuma ser exagerado. Na primeira década do século XX, os impostos britânicos representavam 5,7% do valor total das importações. A cifra alemã de 8,4%; a francesa, 8,2%. Os únicos países realmente protecionistas eram a Rússia (35%) e os Estados Unidos (18,5%).

para Roma ou Viena, poderia partir às dez da manhã sem passaporte nem cheques de viagem – simplesmente com um porta-moedas com soberanos* no bolso. A Europa nunca conhecera tanta paz e unidade desde a época dos Antoninos. Comparativamente, a era de Metternich não era nada. Naquela época, as pessoas viviam com um medo justificado da guerra e da revolução; agora elas passaram a acreditar que a paz e a segurança eram "normais", e todo o resto um acidente e uma aberração. Ao longo dos séculos seguintes, as pessoas se lembrarão dessa era de felicidade e se espantarão com a facilidade com que ela foi alcançada. É provável que não descubram o segredo; certamente não conseguirão reproduzi-la.

As paixões nacionais e as rivalidades entre Estados ainda existiam. Na verdade, os políticos falavam com mais arrogância e para um público mais amplo. Espadas eram brandidas com mais frequência à medida que crescia a confiança de que não seriam usadas. Todas as Grandes Potências, com exceção da Áustria-Hungria, encontraram um canal seguro para sua exuberância na expansão fora da Europa. Elas esbarraram nessa solução por acaso, sem premeditação.[3] A "era do imperialismo" teve início, por incrível que pareça, com Leopoldo II, rei dos belgas, e não com o governante de nenhuma grande potência; e os impérios foram erguidos por aventureiros privados, não pela ação do Estado. Isso também parecia comprovar que os políticos tinham pouca importância – homenzinhos estranhos, como H. G. Wells os descreveu, que faziam comentários irrelevantes à margem dos acontecimentos. O trabalho da diplomacia ainda prosseguia, e os diplomatas continuavam se levando a sério. Em 1879, Bismarck começou uma fábrica de alianças que logo abrangeria todas as grandes potências da Europa e a maioria das pequenas. Os estados-maiores prepararam planos de guerra cada vez mais complexos e se referiam seriamente ao conflito que irromperia "quando a neve das montanhas balcânicas derretesse". Marinhas foram construídas e reconstruídas; milhões de homens foram treinados para a guerra. Não aconteceu nada. Todos os anos a neve derretia; a primavera se transformava no verão, o verão, no outono; e a neve voltava a cair. Em retrospecto, é difícil acreditar que tenha havido alguma vez um risco sério de guerra em grande escala na Europa entre 1878 e 1913; e a diplomacia complexa do período talvez não tenha passado de um gigantesco jogo – um sistema de ajuda

---

* Soberano é uma libra em ouro, moeda do Reino Unido. (N. T.)

3 A natureza acidental e imprevista do imperialismo está demonstrada nas pesquisas de Ferry, Crispi, Chamberlain e Leopoldo II, organizadas por C. A. Julien, *Les Politiques d'expansion impérialiste*.

humanitária, como Bright o denominou, para que as aristocracias europeias tivessem um trabalho remunerado. Nos trinta anos precedentes, a diplomacia tinha sido fundamental, definindo o futuro das pessoas. Se Cavour, Napoleão III ou Bismarck tivessem seguido outra política, não teria havido a unificação da Itália nem da Alemanha. Mas será que teria feito diferença, na geração pós-1878, se não tivesse havido a aliança austro-germânica ou franco-russa? Uma obra de história diplomática tem que levar a diplomacia a sério; e talvez seja o bastante dizer que a diplomacia ajudou as pessoas a permanecer em paz sempre que quiseram.

As "relações das Grandes Potências" não foram importantes. Bismarck as configurou para que não tivessem a mínima importância. Essa não fora a situação nos anos que antecederam o Congresso de Berlim, ou mesmo durante o congresso. Em algumas ocasiões, Bismarck tinha tentado reduzir a tensão entre as Grandes Potências ou agir como um "mediador sincero", mas não dominara o cenário europeu. Foram os britânicos que provocaram a crise de 1878, ao decidir resistir à Rússia, tanto quanto foram eles que a encerraram pacificamente ao arrancar à Rússia concessões satisfatórias. Cada uma à sua maneira, a Turquia e a Áustria-Hungria tinham seguido os passos da Grã-Bretanha. Depois do congresso, os britânicos continuaram tomando a iniciativa. Controlaram as comissões que iriam aplicar os termos do tratado e, secundados pela Áustria-Hungria e pela França, pressionaram as negociações que levaram à retirada das forças russas dos Bálcãs em julho de 1879. Também não se contentaram em tirar os russos da Turquia; seu objetivo era entrar no país. Salisbury, o ministro do Exterior britânico, não acreditava que o Império Otomano pudesse retomar o *status* de grande potência. Ele pensava mais num sistema de protetorados disfarçados: a Áustria-Hungria, por meio da ocupação da Bósnia e da Herzegovina, ficaria responsável pelos Bálcãs Ocidentais; a Grã-Bretanha reformularia e protegeria a Ásia Menor, como previsto na Convenção de Chipre; é possível que, ao estimular a França a assumir a Tunísia, ele a escolheu para desempenhar um papel semelhante no Norte da África. Esse sistema continha uma falha. Constantinopla era a capital de um império que ainda existia; e os projetos de Salisbury nada fizeram para protegê-lo. A solução mais simples teria sido uma aliança dos britânicos com a Áustria-Hungria. Ela tinha sido inatingível mesmo quando os exércitos russos estavam às portas de Constantinopla; e continuou se mostrando ilusória nos meses seguintes. Além disso, nessa época, Salisbury não confiava muito mais na Áustria-Hungria que no Império Otomano. Ele preferiu agir sozinho; e a sua declaração no congresso acerca do papel dos Estreitos pareceu indicar o caminho. Os britânicos podiam atravessar os Estreitos sempre que quisessem. Em 1878, com os russos já às portas de Constantinopla, a marinha britânica não poderia ter feito muita coisa para salvá-la. Mas, com a retirada das forças russas, os britânicos poderiam proteger Constantinopla atravessando os Estreitos e atacando a Rússia no Mar Negro. Esse foi o pressuposto da política britânica entre o Congresso de Berlim e a queda do governo conservador em abril de 1880. Era uma política obviamente defensiva; porém, em caso de necessidade, ela defenderia a Turquia atacando a Ucrânia, a região mais rica e vulnerável do Império Russo.

O pressuposto britânico ficou claro para os russos. De fato, o temor de um ataque no Mar Negro seria a principal motivação da política da Rússia para o Oriente Próximo durante os dezoito anos seguintes. Os russos não tinham feito nada para restaurar a frota do Mar Negro, destruída durante a Guerra da Crimeia. Portanto, precisavam de uma composição internacional para substituir a Convenção de Londres de 1841, feita em pedaços pela declaração de Salisbury em Berlim. Um aliado mediterrâneo teria ajudado um pouco a conter a frota britânica. Os russos tentaram convencer a Itália; porém, embora os italianos estivessem ressentidos e descontentes por não terem recebido nada no congresso, não ousaram enfrentar a Inglaterra. Alguns pan-eslavistas extremistas falaram em aliança com a França, uma ideia que também não avançou. A antiga "aliança liberal" das potências ocidentais tinha sido basicamente restaurada; e a França, tal como a Áustria-Hungria, apoiava os britânicos nos comitês balcânicos. Na verdade, ao passo que o Congresso de Paris tinha destruído a "coalizão da Crimeia", o Congresso de Berlim quase a recriara. A última cartada da Rússia, como sempre, era a tradicional amizade com a Prússia, uma amizade cimentada pela hostilidade comum à Polônia. Como a Alemanha não tinha nenhum interesse nos Bálcãs, ela deveria – segundo a Rússia – apoiar a Rússia nos Bálcãs e nos Estreitos. Além do mais, os russos não tinham abandonado o antigo sonho de usar de alguma forma a Alemanha para forçar a Áustria-Hungria a trilhar um caminho pró-russo. Os russos ainda pensavam na Alemanha como um subordinado agradecido; e supunham que podiam obrigá-la a fazer uma aliança demonstrando mau humor. Na verdade, esse era o único método que conheciam.

Foi essa situação que obrigou Bismarck a agir. Uma aliança com a Rússia contra a coalizão da Crimeia fora rejeitada inúmeras vezes pelos políticos prussianos; uma aliança contra a Rússia também era aberrante. Durante a Guerra da Crimeia, a Prússia evitara se comprometer com ambos os lados, e tinha pago de bom grado o preço de ser quase ignorada como uma grande potência. A atuação de Bismarck como "mediador sincero" tinha sido a última tentativa de manter essa postura. Agora ele se envolvia nas alianças europeias e até na Questão Oriental. Não há dúvida de que a sua motivação era em parte pessoal: a impaciência de um mestre diante dos erros diplomáticos dos outros. Mais profundamente, aquele era o momento em que a Alemanha aceitava as responsabilidades plenas de uma grande potência. Bismarck tinha construído a nova Europa; agora ele tinha de preservá-la. Ele deixara de ser Cavour e se tornara Metternich. Dali em diante, ele também era um "bastião da ordem".

O mesmo ocorreu em sua política interna, que também mudou de forma decisiva em 1879. Bismarck rompeu com os liberais nacionais e passou a confiar exclusivamente nos partidos conservadores. A revolução tinha ido longe demais; agora ela precisava ser interrompida. Ao mesmo tempo, porém, a aliança que tinha feito com a Áustria-Hungria era uma concessão aos liberais que ele estava abandonando nos assuntos internos. Embora não lhes tenha dado a "Grande Alemanha", deu-lhes uma união das duas potências germânicas baseada no sentimento nacional. Mas seu objetivo transcendia a política alemã. Ele queria preservar o equilíbrio de poder na Europa e, mais ainda, a ordem monárquica. Seu conservadorismo, enraizado em seus próprios interesses de classe, aceitava tanto a monarquia dos Habsburgo como o tsarismo russo. Na verdade, ele queria restaurar a Santa Aliança dos tempos de Metternich. Outrora, a condição para isso era conter a Rússia no Oriente Próximo, o que efetivamente ocorreu depois de 1878. O novo obstáculo era a ambição da Áustria-Hungria, ou melhor, sua suspeita inabalável das intenções russas nos Bálcãs. Bismarck nunca se livrou desse obstáculo, o qual, em última análise, destruiu o seu "sistema".

Evitar um conflito entre a Áustria e a Rússia sempre fora uma espécie de truque de mágica. Metternich fizera isso erguendo o fantasma da "revolução" diante dos olhos do tsar; o método de Bismarck era mais sofisticado. Ele se propôs a afastar a Áustria-Hungria da "coalizão da Crimeia" oferecendo-lhe a segurança de uma aliança com a Alemanha; depois de atraí-la, fez com que a aliança fosse condicionada à reconciliação com a Rússia. O que ele realmente temia era a impaciência austro-húngara, não a agressão russa; mas não podia admitir isso antes de concretizar a aliança austro-germânica. Essas sutilezas estavam fora do alcance de Guilherme I. Quando era príncipe da Prússia, o imperador defendera uma aliança liberal com a Grã-Bretanha; agora, em idade avançada, se dedicava à união familiar com a corte russa. Ele só poderia ser impelido a fazer uma aliança com a Áustria-Hungria se o convencessem de que a Alemanha corria o risco iminente de ser atacada pela

Rússia. Não é preciso supor que Bismarck acreditasse nessa versão – embora, como a maioria das pessoas, ele normalmente aceitasse uma lenda de sua própria autoria desde que ela atendesse a seus objetivos. Só um governante muito idoso e muito ingênuo poderia ter acreditado que a Alemanha estivesse ameaçada pela guerra ou mesmo por um cerco; mas Bismarck nunca tivera em alta conta a capacidade de seu chefe, e usava argumentos rudimentares para influenciá-lo. Afinal de contas, fora muito fácil convencê-lo em 1866 de que ele estava sendo ameaçado pela Áustria. Além disso, não são apenas os governantes absolutistas que têm de ser impelidos a adotar uma política de segurança por meio de perigos imaginários escritos na parede; a opinião pública dos países democráticos recebe o mesmo tratamento. Bismarck tinha outro motivo. Ele queria convencer os franceses de que uma aliança austro-germânica seria direcionada somente contra a Rússia, e não contra eles, e, certamente, também insinuar que a Rússia não era uma aliada atraente.[4] Em 1879, os franceses ainda estavam dispostos a aceitar essa linha de argumentação; o historiador não precisa fazê-lo.

Bismarck começou sua campanha sofisticada para evocar o perigo vindo da Rússia na primavera de 1879. O primeiro sinal explícito foi em 4 de fevereiro, quando ele divulgou um acordo com a Áustria-Hungria que liberava a Alemanha da obrigação de realizar um plebiscito no norte de Schleswig, com o qual ela tinha se comprometido por meio do Tratado de Praga.[5] Era uma provocação a Alexandre II, que pedira inúmeras vezes a manutenção do plebiscito. Seguiram-se pequenas provocações sem fim, que iam de restrições tarifárias a comentários ofensivos a respeito da natureza russa. Em agosto, a provocação aos russos gerou hostilidade. As reclamações queixosas de Alexandre II ao embaixador alemão deram a Bismarck pretextos suficientes;[6] e ele já estava indo se encontrar com Andrássy em Gastein quando Alexandre completou o quadro escrevendo diretamente para Guilherme I.[7] Imaginando que teria havido um mal-entendido, os dois governantes pensaram em acertar as coisas fazendo uma reunião, que ocorreu em Alexanderovo em 3 de setembro. A reunião foi inútil. Bismarck escalara o tsar e o imperador para uma briga, e, para perplexidade mútua, eles tiveram de

---

4 Saint-Vallier (Berlim) para Waddington, 7 de abril e 27 de junho de 1879. *Documents diplomatiques français*, primeira série, ii, n. 406 e 440.

5 Na verdade, o acordo fora realizado em 13 de abril de 1878, durante a crise oriental. À época, como Bismarck não queria ofender os russos, o acordo fora mantido em segredo. Agora ele fazia questão de provocá-los.

6 Schweinitz para Bismarck, 8 de agosto de 1879. *Grosse Politik*, iii, n.443.

7 Alexandre II para Guilherme I, 15 de agosto de 1879. Ibid., n.446.

brigar até que a aliança com a Áustria-Hungria fosse concluída com segurança. É claro que a reunião entre os dois dificultou a tarefa de Bismarck de convencer Guilherme I. Parecia óbvio para o senhor idoso que, já que a Rússia não oferecia perigo à Alemanha, a aliança com a Áustria-Hungria era desnecessária. Bismarck estava inabalável e impaciente. Como sempre, quando estava impondo uma política desagradável a Guilherme I, ele se afastava e mantinha uma correspondência de longa distância extremamente violenta. Finalmente, os ministros prussianos ameaçaram renunciar em bloco e Guilherme I foi obrigado a ceder. O tratado de aliança entre a Áustria-Hungria e a Alemanha foi assinado em 7 de outubro de 1879. Foi o primeiro fio de uma rede de alianças que logo abrangeria toda a Europa. O tratado foi uma simples aliança defensiva contra uma agressão russa; em caso de guerra com outra potência qualquer, o outro aliado só se comprometia com uma neutralidade amistosa. Embora Guilherme I considerasse o acordo injusto, Bismarck não se esforçou muito em obter o apoio austro-húngaro contra a França. Na verdade, seus esforços foram direcionados unicamente à imposição do apoio alemão à Áustria-Hungria.

Suas próprias explicações foram curiosamente elaboradas e enganosas. A aliança certamente não aumentou a segurança alemã contra a Rússia. Pelo contrário, pela primeira vez ela deixou a Alemanha em uma posição arriscada: tirando a Áustria-Hungria, os dois países não tinham motivo para entrar em conflito. As coalizões contra as quais Bismarck estava se resguardando também eram imaginárias. Em 1879, não havia uma possibilidade imediata de aliança entre a França e a Rússia; a aliança austro-germânica aumentou as possibilidades que havia. Bismarck alegava temer uma reconciliação da Rússia com a Áustria-Hungria à custa da Alemanha, ou mesmo "a coalizão de Kaunitz" de seus três grandes vizinhos. Nenhuma delas era minimamente provável. É claro que as ações das pessoas devem ser explicadas por seu passado, não por seu futuro; e a aliança certamente descartou a combinação que Bismarck mais temera no passado – a coalizão entre França e Áustria-Hungria, tal como fora prevista por Talleyrand ou mesmo por Beust. Dificilmente valeria a pena fazer uma aliança para evitar isso: a coalizão franco-austríaca tinha desaparecido em Sedan. A república francesa e a monarquia dos Habsburgo jamais se uniriam para destruir a Alemanha nacional e seus dois parceiros – a Itália nacional e a Grande Hungria. Não há dúvida de que era importante que a monarquia dos Habsburgo reconhecesse publicamente os arranjos feitos por Bismarck na Europa; mas esse reconhecimento existia mesmo depois de 1871. Fora Bismarck que à época resistira à aliança, não Andrássy, nem Francisco José.

A aliança não fez a Áustria-Hungria deixar de ser uma potência estrangeira e voltar a ser um Estado alemão; em vez disso, ela firmou o precedente para fazer outras alianças com Estados indiscutivelmente estrangeiros. Por outro lado, ela comprometeu a Alemanha com a Áustria-Hungria de maneira muito mais precisa que a antiga confederação fizera. Na verdade, ela não foi nada mais, nada menos que a aliança de Manteuffel com a Áustria de 20 de abril de 1854, quando Bismarck tinha reclamado tão amargamente da vinculação da bela fragata prussiana ao carcomido galeão austríaco. Agora a fragata estava mais bonita que nunca, e o galeão, carcomido por vinte anos de decadência; no entanto, Bismarck os uniu para sempre, e Manteuffel só durante três anos.[8] Grandes homens em altos cargos normalmente seguem a política que atacaram quando estavam na oposição; e Bismarck estava seguindo o caminho de Manteuffel e Schleinitz, mais ou menos como Pitt, o Velho, admitiu no fim da vida que admirava Walpole.* Durante as negociações, o próprio Bismarck traçou o paralelo com a aliança austro-prussiana que fora esboçada, sem êxito, em Teplitz em 1860;[9] e seria possível argumentar que a guerra de 1866 forçara a Áustria a aceitar a condição de paridade com a Prússia, que ela rejeitara em 1861. No entanto, a política de Bismarck não era apenas tradicional, ela era antiquada. Os perigos que lhe tinham provocado pesadelos pertenciam à geração anterior, e geralmente não eram reais. Na política interna, ele vivia esconjurando a Revolução de 1848, portanto tratava os sociais-democratas como perigosos conspiradores muito depois de eles terem se transformado em parlamentares respeitáveis. O mesmo ocorria na política externa. Quando Manteuffel fez a aliança com a Áustria, na verdade a Guerra da Crimeia estava no auge, pelo menos em termos de complexidade. Só Bismarck era capaz de imaginar uma Guerra da Crimeia em 1879. Ele subestimou a fragilidade russa e provavelmente exagerou o declínio da Áustria-Hungria.

A única possibilidade, em 1879, era que a Rússia fosse humilhada ainda mais; e isso era algo que Bismarck estava muito preocupado em evitar. O conservadorismo alemão, representado por Bismarck, precisava que

---

8 A aliança de Bismarck deveria durar, teoricamente, cinco anos, renovando-se automaticamente se não fosse denunciada. A aliança de Manteuffel era mais ampla, na medida em que reconhecia que os principados do Danúbio eram vitais para a posição defensiva da Áustria; mas Bismarck também reconheceu isso ao estender a aliança em 1883, para que ela abrangesse a Romênia.

* William Pitt liderou a Inglaterra na Guerra dos Sete Anos (1756-1763) contra a França, da qual saiu vitorioso. Walpole (*Sir* Robert Walpole) foi um membro de destaque do Partido Whig (Liberal), tendo sido um ferrenho adversário de William Pitt no Parlamento. (N. T.)

9 Bismarck para Reuss, 12 de setembro de 1879. *Grosse Politik*, iii, n.467.

houvesse despotismo na Rússia; e Bismarck procurava defender o prestígio da Rússia, mesmo quando aparentava provocá-la. A aliança de 1879, assim como a aliança de 1854, fora concebida para manter a Áustria longe da guerra, do lado da "aliança liberal". Nas palavras do próprio Bismarck, "Eu queria cavar um fosso entre ela e as potências ocidentais".[10] Ele argumentou inúmeras vezes com Guilherme I que a aliança era a única maneira de impedir a "coalizão da Crimeia", e que ela restauraria o bom relacionamento entre a Áustria-Hungria e a Rússia.[11] Essa versão nunca foi aceita pelos austríacos. Eles utilizaram a aliança para se opor mais firmemente à Rússia, não para melhorar as relações com ela; e a arma mais poderosa de Bismarck contra a Áustria-Hungria era a ameaça de rejeitar sua aliança – um motivo estranho para fazê-la.

É claro que, no sentido mais profundo, o problema da Alemanha continuou o mesmo. Ocupando o centro do continente, ela estava fadada a sofrer as consequências de uma guerra entre a Rússia e o Ocidente, independentemente do lado que escolhesse; e, na ausência de uma guerra pelo controle da Europa, sua única solução era a neutralidade – uma neutralidade que teria de abranger a Áustria-Hungria. Se houvesse uma barreira neutra se estendendo do Báltico ao Mar Negro, então a Rússia e as potências ocidentais podiam lutar nas extremidades do continente eurasiano sem destruir a civilização europeia – ou mesmo uma à outra. Havia também um problema especificamente prussiano – a relutância *Junker*, que Bismarck anunciava continuamente, em sacrificar os ossos de um granadeiro da Pomerânia em nome de interesses nos Bálcãs ou no Mediterrâneo. Bismarck dava a entender que esses interesses eram austríacos, não alemães; e insistia que a aliança se limitava a preservar a monarquia dos Habsburgo. Seus sucessores costumam ser acusados de aceitar essa limitação, e o próprio Bismarck não escapou das críticas. Ele não só estendeu a aliança para abranger a Romênia em 1883, como também costumava se referir à Áustria-Hungria como parte da Alemanha; por exemplo, ele descreveu Trieste como "o único porto da Alemanha nos mares do sul".[12] Após ter dado à Áustria-Hungria uma garantia de vida, ele continuou correndo o risco de ser arrastado para suas querelas. Ele queria mantê-la a salvo sem apoiar seus projetos nos Bálcãs. No entanto, uma guerra austro-russa que começasse nos Bálcãs ameaçaria a existência

---

10 J. Y. Simpson, *The Saburov Memoirs*, p.74.
11 Bismarck para Guilherme I, 31 de agosto de 1879. *Grosse Politik*, iii, n.455.
12 Saint-Vallier para Barthélemy Saint-Hilaire, 29 de novembro de 1880. *Documents diplomatiques français*, primeira série, iii, n.307.

da monarquia dos Habsburgo do mesmo modo que uma guerra que começasse com qualquer outro nome; e a aliança deu início a um cabo de guerra entre Viena e Berlim que só terminou quando Viena arrastou a Alemanha para a guerra de 1914.

Bismarck entregou aos austríacos seu trunfo mais importante quando, em vez de uma promessa casual, firmou uma aliança formal – o primeiro acordo permanente entre duas Grandes Potências em tempos de paz desde o fim do *ancien régime*. É provável que nem mesmo Bismarck percebesse plenamente a natureza da medida que tinha tomado. Ele imaginou, talvez de forma equivocada, que uma nova crise estava se aproximando – uma crise na qual a Rússia seria ameaçada pela "coalizão da Crimeia"; e ele a afastou sem se importar com os meios. Afinal de contas, costumava se referir à Tríplice Aliança, que também era formal, como um "arranjo temporário" quando isso convinha aos seus objetivos; e, fora do governo no final da vida, advertiu seus sucessores para que não levassem a aliança austro-germânica muito a sério. Os tratados de aliança tinham se tornado para ele o tipo de truque de mágica que as batalhas tinham sido para Napoleão I – eles o tirariam de qualquer dificuldade. Isso não teria nenhum problema se as relações internacionais ainda fossem um assunto das cortes; porém, elas tinham se tornado um assunto dos povos. A guerra de 1866 foi a última guerra de gabinete da história; e mesmo ela procurou explorar a paixão popular. Nos velhos tempos, a Áustria-Hungria poderia ter se contentado com uma reunião dos dois imperadores e uma promessa particular de apoio feita por Guilherme I. Agora era preciso unir os povos da Alemanha e da Áustria-Hungria, o que só podia ser feito por um acordo formal. Os tratados vinculavam os governos a seus próprios povos, além de vinculá-los entre si. As alianças era mecanismos de propaganda mesmo quando suas cláusulas eram secretas. O próprio Bismarck divulgou a aliança austro-germânica quando ela ocorreu, e teria preferido que suas cláusulas se tornassem públicas. Ele deu a entender que isso ressuscitaria o "vínculo orgânico" entre a Áustria e o resto da Alemanha, que ele próprio tinha destruído em 1866.

Bismark pretendeu fazer na Alemanha o que Cavour tinha feito na Itália: instrumentalizar "a revolução" sem se tornar seu refém. Pôs o nacionalismo alemão a serviço do engrandecimento da Prússia, e deu a este apenas a compensação necessária para domesticá-lo. Tentou dar um basta em 1879. A aliança com a Áustria-Hungria fora concebida para arrastá-la para o lado conservador e estabilizar a ordem europeia; no entanto, até mesmo essa aliança tinha de ser justificada com argumentos ligados ao sentimento nacionalista. Não há dúvida de que ela fortaleceu a paz na Europa durante muitos anos; também não há dúvida de que envolveu a Alemanha, e toda a Europa, na Primeira Guerra Mundial. O nacionalismo alemão que Bismarck tinha enganado e coibido transformou seus sucessores em reféns, e também os transformou em reféns dos políticos de Viena.

O cabo de guerra entre Viena e Berlim começou antes mesmo de a aliança ser assinada. Para os austríacos, ela complementava a frente anglo-austríaca contra a Rússia, que Bismarck queria tornar desnecessária. Enquanto ainda negociava com Andrássy, perguntou aos britânicos o que eles fariam se a Alemanha entrasse em conflito com a Rússia devido ao seu apoio à Grã-Bretanha e à Áustria-Hungria nos Bálcãs. Beaconsfield respondeu: "Nesse caso, manteremos a França calada".[13] Era uma resposta razoável. Uma vez assegurada a neutralidade da França, a Alemanha e a Áustria-Hungria dariam um jeito na Rússia. Se Bismarck tivesse desejado uma união antirrussa que impusesse a vontade da Europa nos Bálcãs, a resposta britânica era adequada. Em vez disso ele reclamou: "Só isso?".[14] O que mais os britânicos poderiam ter oferecido? Bismarck não estava impressionado pela frota britânica, e o britânicos não eram uma grande potência terrestre. Se eles o fossem, a aliança austro-germânica teria sido desnecessária: a Áustria-Hungria poderia ter sido preservada por meio do respaldo britânico, ou mesmo ter permanecido neutra. Na verdade, Bismarck estava protestando contra o fato incontornável de que, em qualquer guerra contra a Rússia, o ônus maior ficaria com a Alemanha. Esse fato barrou uma aliança anglo-germânica em 1879 e em todas as ocasiões posteriores; mas um homem com a percepção de Bismarck não precisava realizar uma investigação elaborada para descobrir isso – era algo elementar nas relações europeias. Talvez ele quisesse demonstrar a Andrássy que uma aliança com a Grã-Bretanha não compensaria; e é possível que estivesse de olho nas reclamações do príncipe herdeiro Frederico, sabidamente pró-britânico, do mesmo modo que certamente pensava no efeito de suas negociações com a Rússia em Guilherme I. Mas não repassou a história para esses dois, nem, de fato, para mais ninguém. Não é um exagero sugerir que, ao se afastar do Ocidente liberal e se voltar para a Rússia despótica, Bismarck sentisse um peso na consciência e precisasse se convencer, de vez em quando, de que a aliança com o Ocidente não levaria a nada.

A negociação nebulosa de setembro de 1879 foi uma das inúmeras "oportunidades perdidas" nas relações anglo-germânicas em que, de fato,

---

13 Beaconsfield para Vitória, 27 de setembro de 1879. *Disraeli*, vi. 386. Münster para Bismarck, 27 de setembro de 1879. *Grosse Politik*, iv, n.712.

14 Minuta de Bismarck em Münster para Bismarck, 27 de setembro de 1879. Ibid., n.712.

não havia nada a perder. Os britânicos certamente não gostavam de ter perdido algo. Salisbury recebeu a notícia da aliança austro-germânica[15] como "boas novas de grande alegria". Bismarck se declarou profundamente irritado com a indiscrição, ficou realmente enfurecido com as consequências de seu próprio gesto. Até então, os britânicos tinham tido de tomar a iniciativa na oposição à Rússia nos Bálcãs; agora podiam deixar o lugar para a Áustria-Hungria, confiantes que, em último caso, a Alemanha teria de apoiá-los. Não surpreende que Salisbury tenha se alegrado: dali em diante a Alemanha compraria as brigas da Inglaterra, não o contrário. Toda a atividade diplomática de Bismarck de outubro de 1879 até sua queda se dedicou a protelar o desfecho inevitável que era a aliança austro-germânica.

Essa tentativa também começou antes da assinatura da aliança. Em 27 de outubro, um influente diplomata russo, Saburov, apareceu em Berlim. Saburov pertencia à mesma escola de Shuvalov: desprezava o pan-eslavismo e era partidário de uma política defensiva baseada na aliança com a Alemanha. Ele escreveu ao tsar: "Uma Prússia amistosa nos coloca na posição privilegiada de ser a única potência na Europa que não precisa temer um ataque e que pode reduzir o orçamento sem se arriscar, como nosso augusto mestre fez depois da Guerra da Crimeia".[16] Saburov propôs um acordo de segurança mútua: a Alemanha ficaria neutra numa guerra entre a Rússia e a Inglaterra; a Rússia ficaria neutra, e manteria os terceiros neutros, numa guerra entre a Alemanha e a França. Além do mais, a Rússia respeitaria a integridade da Áustria-Hungria, contanto que ela não ampliasse sua esfera de influência nos Bálcãs.[17] Se Bismarck realmente temesse a Rússia, essa proposta lhe deu tudo que ele queria. Mas a verdadeira preocupação de Bismarck era a vontade que a Áustria-Hungria tinha de seguir uma política "ocidental", e a agressividade russa era o pretexto dessa vontade, não sua causa. Ele procurou dar a entender que os russos tinham mudado de ideia: que eles tinham pensado em atacar a Alemanha, mas tinham sido dissuadidos pelas negociações com Andrássy. Não era verdade: os russos tinham adotado uma postura defensiva desde o início, e, na verdade, Saburov tinha feito sua proposta primeiro para Bismarck, em julho. Como sempre, Bismarck considerou aquilo uma ofensa pessoal. Ele alegou que, em 1876, estaria disposto

---

15 Há muitos comentários absurdos a respeito da "confidencialidade" das diversas alianças. A existência da aliança austro-germânica foi divulgada de imediato, embora suas cláusulas só tenham sido reveladas em 1888.
16 Simpson, *Saburov Memoirs*, p.60.
17 Ibid., p.83.

a acompanhar a Rússia "nos bons e nos maus momentos", em troca da garantia da Alsácia e da Lorena. Agora era tarde demais: ele tivera de procurar segurança em outro lugar. No entanto, a segurança que Saburov lhe oferecia contra a França era tão eficaz como a da aliança austro-germânica. Para julgar Bismarck com base nesses comentários, é bom lembrar que a diplomacia europeia sempre fora marcada por seu mau humor. Os russos estavam habituados com ele – eles próprios costumavam usar o mesmo método. Saburov aceitou humildemente os argumentos e as reclamações de Bismarck. Os russos pagariam um preço alto – até mesmo o da aliança alemã com a Áustria-Hungria – se pudessem se sentir seguros contra a "coalizão da Crimeia".[18]

Se as coisas dependessem só da Rússia, a Liga dos Três Imperadores teria sido ressuscitada no fim de 1879. Saburov, novo embaixador em Berlim, a propôs formalmente a Bismarck em janeiro de 1880. A dificuldade veio da Áustria-Hungria. O último gesto de Andrássy como ministro do Exterior foi informar Francisco José que ele não podia recomendar um acordo com a Rússia "nem como ministro nem como cavalheiro".[19] Bismarck dera a entender a Guilherme I que Andrássy era o único pró-alemão de Viena, e que a aliança tinha de avançar para evitar um ministro do Exterior que pudesse se unir com a Rússia. Os acontecimentos tomaram outro rumo. É certo que Francisco José rompeu com os liberais alemães no Parlamento austríaco e constituiu um ministério baseado nos votos do clero e dos eslavos. Mas isso, longe de tornar a política austro-húngara mais favorável à Rússia, tornou-a mais arriscada e ambiciosa nos Bálcãs. Afinal de contas, foram os liberais que tinham votado contra a ocupação da Bósnia e da Herzegovina nas comissões. Haymerle, o novo ministro do Exterior, superou Andrássy quanto à suspeita da Rússia. Além do mais, por ser um servidor profissional da dinastia e não um aristocrata magiar, ele não tinha nada contra o fortalecimento do prestígio dinástico. Haymerle estava mais ansioso por uma aliança plena com a Inglaterra do que Andrássy estivera: a Áustria-Hungria hegemônica na Turquia europeia, a Inglaterra hegemônica na Turquia asiática, a posição de ambas avalizada pela Alemanha, e a Rússia hegemônica em lugar nenhum. Essa perspectiva certamente era mais atraente para os militaristas dos Habsburgo do que ser o terceiro violino numa Liga de Imperadores

---

18 O único gesto de independência de Saburov foi se recusar a pôr no papel o projeto de tratado ditado por Bismarck. A recusa em desempenhar o papel de Benedetti não passou despercebida para o poderoso homem.

19 Andrássy para Francisco José, 1º de outubro de 1879. Leidner, *Die Aussenpolitik Österreich-Ungarns*, p.113.

conservadora. Em fevereiro de 1880, Haymerle comunicou a Bismarck que seu objetivo era "o bloqueio definitivo da Rússia" com o apoio britânico.[20] Haymerle estava contando com a energia estável da política britânica, mas, em vez disso, ela mudou de repente.

Até a eleição de 1935, a eleição geral britânica de abril de 1880 foi a única em que a disputa se deu sobre temas de política externa.[21] É um triste comentário sobre o controle democrático das relações internacionais que a política que se seguiu à vitória liberal de 1880 seja muito mais frágil até que a que se seguiu à vitória conservadora de 1935. O triunfo de Gladstone resultou da fusão de duas correntes distintas de opinião. Aparentemente, ela representou a vitória das ideias que ele proclamara desde que deixara a aposentadoria para atacar Disraeli em 1876: uma vitória dos princípios morais nas relações internacionais, do Concerto da Europa em vez do equilíbrio de poder, da confiança na Rússia cristã e não do fortalecimento da Turquia. Na verdade, porém, ela expressava a habitual aversão britânica a uma política externa ativa depois que a crise tinha passado. Havia um paralelo preciso entre a oposição que provocou o suicídio de Castlereagh em 1822 e aquela que derrubou Lloyd George em favor do indolente governo conservador de 1922. Gladstone queria uma política externa mais virtuosa; o eleitorado, principalmente o Partido Liberal, se opunha à existência de qualquer política externa. Gladstone acreditava que o Concerto da Europa faria o bem; o eleitorado achava que ele economizaria dinheiro. Embora não compartilhasse as ilusões do eleitorado, Gladstone o adulou insistindo no custo exorbitante da política de Disraeli. Por isso, ele só conseguiu ser bem-sucedido em termos negativos. Abandonou a política de Salisbury em relação à Turquia; retirou os cônsules militares da Ásia Menor (embora sem devolver Chipre, que tinha sido arrendado pelos turcos em troca da garantia britânica de seu território asiático); e obrigou a Turquia a cumprir as promessas de concessões territoriais à Grécia e a Montenegro feitas no Congresso de Berlim. Sua política parou aí. Ela só poderia ter sido levada adiante se tivesse havido um acordo anglo-russo, possivelmente tendo a França como terceira parte, para desmembrar o Império Turco. Ninguém queria isso. Tanto a rainha Vitória como Granville, o ministro do Exterior, se opuseram a qualquer acordo exclusivo com a Rússia. O tsar desconfiava de Gladstone e estava afastado

---

20 Pribram, *Secret Treaties of Austria-Hungary*, ii. 5-6.
21 Embora a eleição geral de 1857 tenha sido provocada por um tema de política externa (o tratamento dado por Palmerston à China), ela foi disputada em relação à confiança em Palmerston enquanto pessoa, não em relação à aprovação de uma política específica.

dos franceses, por eles terem se recusado a prender Hartmann, um revolucionário acusado de planejar explodir o trem do tsar. Além disso, o partido que defendia uma política ousada na Ásia Central agora saíra vitorioso em São Petersburgo. Isso implicava um conflito com a Grã-Bretanha, qualquer que fosse o seu governo; e os russos precisavam de proteção nos Estreitos contra um ataque britânico. No outono de 1880, eles estavam novamente ansiosos por um acordo com as Potências Centrais.

Haymerle ainda estava relutante, embora a mudança de política dos britânicos lhe tivesse puxado o tapete. Em setembro de 1880, tentou arrancar de Bismarck uma ampliação da aliança austro-germânica que abrangesse a Romênia, em troca da aceitação de um acordo com a Rússia. Bismarck recusou; em vez disso, aproximou a Rússia e a Áustria-Hungria enganando as duas. Deu a entender a Haymerle que o acordo fora concebido para controlar os extremistas de São Petersburgo. Quando Haymerle lhe perguntou se confiava nas intenções da Rússia, ele respondeu: "Em todo caso, mais com um tratado do que sem nenhum".[22] Para Saburov, ele disse o oposto: "A única potência que estaria inclinada a não manter um compromisso é a Áustria. É por isso que, com ela, é melhor uma tríplice aliança que uma aliança entre dois";[23] e deu até a entender que, se a Rússia entrasse como parceira, a aliança austro-germânica estaria praticamente desfeita. Saburov escreveu para Giers, então responsável pela política externa russa: "Parece-me que temos ali a mais eloquente oração fúnebre sobre o que foi feito em Viena no ano passado!".[24] A base do acordo era a crença austríaca de que a Alemanha a apoiaria automaticamente e a crença russa de que isso não aconteceria. Em março de 1881, Haymerle finalmente cedeu. Seguiu-se um novo adiamento. Em 13 de março, Alexandre II foi assassinado. Seu filho, Alexandre III, era um homem mais limitado, arrogante e autoritário, e sem nenhuma das ligações afetivas do pai com a Alemanha. Os laços familiares com Guilherme I pouco significavam para ele, e a solidariedade monárquica, menos ainda; era praticamente a primeira vez desde Pedro, o Grande, que a Rússia tinha um governante que era russo e nada mais. Mas, por ora, o governo russo estava confuso, e despreparado para atacar numa nova direção. As negociações foram finalmente concluídas e a Liga dos Três Imperadores foi firmada em 18 de junho de 1881.

---

22 Bismarck para Reuss, 22 de dezembro de 1880. *Grosse Politik*, iii, n.521.
23 Simpson, *Saburov Memoirs*, p.144-7.
24 Ibid., p.156.

A nova liga não tinha muito em comum com a liga de 1873. Aquela tinha sido um último gesto de resistência conservadora. Mas o medo metternichiano da rebelião já não bastava para aproximar os governantes. Afinal de contas, tinham se passado noventa anos desde a execução de Luís XVI, mais de sessenta desde a derrota de Napoleão. As lembranças de 1848 estavam se dissipando – elas significavam alguma coisa para Guilherme I e Francisco José, nada para Alexandre III. Até mesmo a Internacional de Marx, cujo temor tinha desempenhado certo papel na criação da liga de 1873, tinha se dissolvido. Havia agitações sociais e políticas em abundância, mas suas consequências eram diferentes. Tanto Napoleão III como Bismarck haviam usado os conflitos externos para distrair a atenção da oposição interna. Outrora, só um governo forte poderia correr o risco de uma guerra; logo chegaria um tempo em que só um governo seguro poderia ter a coragem de ficar tranquilo. Bismarck considerava que a Liga dos Três Imperadores era um triunfo do conservadorismo, mas ele era o único que pensava assim; tanto para os russos como para os austríacos, ela representava uma mudança na política externa. Metternich conseguira superar as diferenças entre a Áustria e a Rússia durante mais de trinta anos simplesmente jogando com o medo da revolução; Bismarck tinha que lhes oferecer vantagens concretas.

O tratado de 1881 foi, portanto, um acordo pragmático a respeito do Oriente Próximo, sem ao menos um floreio monárquico. Seu único princípio geral era um pacto de neutralidade caso um dos três impérios entrasse em guerra com uma quarta potência. Como não havia uma probabilidade imediata de guerra entre Alemanha e França, ele beneficiava diretamente a Rússia: era uma promessa de que a Alemanha e, mais ainda, a Áustria-Hungria não se uniriam à Inglaterra. A única restrição era em relação à Turquia: nesse caso, a neutralidade só se aplicaria se houvesse um acordo prévio. Essa precaução era desnecessária, pois os russos não pretendiam entrar em guerra com a Turquia. Além disso, as três potências reconheciam o "caráter europeu e mutuamente obrigatório" do regulamento dos Estreitos e insistiam que a Turquia o implementasse. Essa era a proteção fundamental contra uma expedição britânica ao Mar Negro que os russos tinham buscado desde o começo; era a única coisa que lhes importava. Como era inviável ter uma guarnição russa nos Estreitos, essa a melhor opção. Os russos ganharam ainda mais. Os austríacos prometeram não se opor à união das duas Bulgárias, rompendo assim com a Inglaterra, para quem a divisão da Bulgária tinha sido uma conquista fundamental de 1878. Em troca, os russos reconheceram o direito da Áustria-Hungria de anexar a Bósnia e a Herzegovina, uma concessão que estavam dispostos a fazer desde 1876.

A liga foi uma vitória para os russos e talvez para Bismarck. A Alemanha não precisou mais optar entre a Rússia e a Áustria-Hungria nos Bálcãs. A Rússia conquistou segurança no Mar Negro em troca da promessa de ter um comportamento pacífico, que a sua fragilidade interna, de qualquer modo, a obrigava a manter. Como Haymerle insistiu, a vantagem da Áustria-Hungria não foi tão fácil de perceber. Ao apoiar a interpretação russa do regulamento dos Estreitos, ela assumiu um eventual rompimento com a Inglaterra; no entanto, ela devia sua posição nos Bálcãs à cooperação com os ingleses em 1878. Em troca, recebeu simplesmente promessas russas, que considerou desprezíveis. Andrássy e Haymerle tinham feito a aliança com Bismarck para assegurar o apoio alemão contra os russos; em vez disso, Bismarck tinha usado a aliança para obrigar Haymerle a fazer um acordo indesejado com eles. Ele foi realmente posto à prova para encontrar argumentos concretos que servissem para convencer Haymerle, e seguiu-se um resultado curioso. Para justificar a liga, Bismarck teve de inventar que a Itália era uma grande potência; e, depois, teve de levar a sério seu próprio simulacro. Em fevereiro de 1880, quando Haymerle tinha argumentado que a Inglaterra deveria ser incluída na aliança austro-germânica para manter a Itália tranquila, Bismarck respondera que a Itália não tinha importância.[25] Um ano depois, argumentou que a grande utilidade da Liga dos Três Imperadores era impedir uma aliança entre a Itália e a Rússia.[26] Quando a liga foi criada, Haymerle continuou exigindo mais proteção contra a Rússia, o que Bismarck não deu. Como substituto, ele teve de tornar segura a fronteira italiana da Áustria-Hungria, o que, teoricamente, liberaria tropas austríacas para defender a Galícia.[27] Consequentemente, a Liga dos Três Imperadores, que era um pacto de amizade com a Rússia, levou de forma indireta à Tríplice Aliança, que era, implicitamente, um pacto contra ela.

Havia, é claro, um elemento mais profundo. A associação entre a Itália e a Europa central era a mais antiga da história europeia. Ela moldara a Idade Média, quando todo governante da Alemanha se denominava imperador romano, e muitos levavam o título a sério; ela fornecera os dois fundamentos do império de Napoleão. A Itália nacional fora fundamental para a vitória da Alemanha nacional. A aliança com a Itália fora decisiva na guerra de 1866; e, não fosse pela Itália, a França e a Áustria-Hungria poderiam ter

---

25 Pribram, *Secret Treaties of Austria-Hungary*, ii. 5-6.
26 Bismarck para Reuss, 17 de janeiro de 1881. *Grosse Politik*, iii, n.524.
27 Esse ganho era apenas teórico. A máquina militar austro-húngara era pesada demais para se ajustar às consequências dessa política.

se unido contra Bismarck em 1870. Mesmo posteriormente, teria sido conveniente que as duas potências se unissem para desmembrar a Itália – a Áustria-Hungria em nome do papa, a França em favor de uma federação de repúblicas. Contudo, esse era um perigo remoto e abstrato. O mais importante é que Bismarck agora estava mais empenhado em construir um sistema conservador, como Metternich fizera antes dele; e, do mesmo modo que tinha controlado a revolução nacional na Alemanha, ele queria que a monarquia italiana se tornasse respeitável. Mas demorou muito a chegar a essa posição. No Congresso de Berlim, as reivindicações da Itália tinham sido ignoradas, e ela fora tratada no mesmo nível da Grécia ou da Turquia. A Áustria-Hungria obteve a Bósnia e a Herzegovina; a Grã-Bretanha obteve Chipre; os franceses foram estimulados por todos a tomar a Tunísia. Só os representantes italianos voltaram do congresso com as mãos limpas – e vazias.

Em 1878, Bismarck quisera manter a França satisfeita e tranquila; Salisbury quisera associá-la à sua nova política do Oriente Próximo. Consequentemente, ambos indicaram a Tunísia[28] como o objeto mais adequado da ambição francesa. Posteriormente, alegou-se com frequência que, de todo modo, Bismarck tinha estimulado a França para afastá-la da Itália; mas isso, se é que ocorreu, foi certamente um motivo secundário. Sua maior preocupação era que a França deveria atuar como uma grande potência nas regiões em que não competisse com a Alemanha: "Quero afastar seu olhar de Metz e de Estrasburgo ajudando-a a encontrar satisfação em outro lugar".[29] Na verdade, o imperialismo era uma forma de desfrutar a sensação de grandeza sem os problemas e despesas que ela normalmente implicava. Mesmo os pequenos problemas e despesas envolvidos na conquista da Tunísia fizeram os franceses hesitar um bocado. Ignoraram o conselho de Bismarck e de Salisbury, e se preocuparam mais com que a Tunísia não ficasse com mais ninguém do que em adquiri-la para si próprios. Infelizmente, os italianos não aceitaram essa resolução altruísta. Já havia colonos italianos na Tunísia – mais ou menos 20 mil, contra duzentos franceses; e os capitalistas italianos desenvolviam uma política de investimentos ferroviários ali. Os franceses estavam decididos a não permitir a instalação de nenhuma potência europeia nas proximidades da Argélia; e a rivalidade italiana os

---

28 Teoricamente uma colônia turca, a Tunísia era um pequeno Estado muçulmano governado por um bei, além de ser vizinha imediata da Argélia.
29 Saint-Vallier para Barthélemy Saint-Hilaire, 29 de novembro de 1880. *Documents diplomatiques français*, primeira série, iii, n.307.

pressionou a agir a contragosto. Uma força militar francesa ocupou o país, e, em 12 de maio de 1881, o bei assinou o Tratado de Bardo, aceitando um protetorado francês. Os italianos ficaram impotentes. Bismarck ofereceu à França a "neutralidade amistosa" que ele sempre prometera;[30] e, embora o governo liberal da Inglaterra pensasse inicialmente em emitir um dos protestos retumbantes que eram sua única arma diplomática, mesmo isso foi abandonado quando Gladstone alegou que não podiam se opor à tomada da Tunísia pelos franceses enquanto eles próprios conservavam Chipre. Além disso, como acrescentou com perspicácia característica: "Para mim, ele[31] não neutraliza Malta, ele é neutralizado por Malta".[32]

Os sonhos imperiais da Itália foram cruelmente desfeitos. A violência que tinha encontrado uma válvula de escape no clamor pela Tunísia se voltou então ao republicanismo e, o que era pior, à agitação contra o papa, uma agitação que ameaçava desacreditar a monarquia aos olhos das potências europeias. Na verdade, o papa pensou seriamente em deixar Roma se não tivesse seu poder temporal restaurado. Tempos atrás, em 1825, Carlos Alberto flertara de maneira ambiciosa com o radicalismo, e depois, quando ele próprio se viu ameaçado, aceitara de bom grado a proteção de Metternich; agora a monarquia italiana, que se mostrara disposta até a se aliar com os revolucionários para seu próprio engrandecimento, descobria tardiamente seus princípios monarquistas. Em outubro de 1881, Humberto, rei da Itália, foi a Viena como um pedinte; um longo caminho fora percorrido desde a época arrogante de Cavour. Os italianos propuseram à Áustria-Hungria uma garantia recíproca. Eles fingiram que a França estava ameaçando atacá-los; porém, o verdadeiro objetivo da garantia era interno – proteger a monarquia da revolta republicana ou da intervenção de potências estrangeiras para restaurar o poder temporal do papa. É claro que os austríacos queriam apoiar a monarquia italiana; e eles se alegravam com a neutralidade italiana em caso de guerra com a Rússia. Mas um fiador precisa de bens, e a Itália não tinha nenhum. Estava claro contra quem os austríacos protegeriam a Itália; mas contra quem a Itália poderia proteger a Áustria-Hungria? Mais uma vez, Humberto deixou Viena de mãos vazias.

---

30 Saint-Vallier para Courcel, 12 de novembro de 1880. Ibid., n.294. Bismarck ofereceu "até mesmo apoio diplomático se o pedíssemos".

31 Isto é, Bizerta, o principal porto da Tunísia, e, portanto, uma possível base naval francesa, o que ele posteriormente se tornou.

32 Gladstone para Granville, 22 de abril de 1881. Temperley e Penson. *Foundations of British Foreign Policy*, n.161.

Haymerle morrera subitamente logo antes da visita de Humberto. Seu sucessor Kálnoky tinha uma personalidade mais forte. Por ser um eminente conservador, ele hesitava em abandonar o papa; e, embora veementemente antirrusso, contava manter os russos sob controle sem ajuda. Portanto, as súplicas italianas passaram despercebidas em Viena. Em fevereiro de 1882, Bismarck retomou subitamente as negociações. Como acontecia com frequência, sua política foi reformulada de repente por um alerta inesperado – dessa vez, o alerta de que, apesar da Liga dos Três Imperadores, talvez ele não fosse capaz de manter a Rússia numa trajetória pacífica. Em novembro de 1881, Gambetta, o grande patriota radical, tinha se tornado primeiro-ministro da França pela primeira e última vez. Ele esperava, em última instância, fazer uma aliança com a Rússia e com a Inglaterra, e, algo um pouco menos distante, se reconciliar com a Itália. Pensava que isso poria fim ao predomínio da Alemanha e tornaria possível um acordo negociado sobre a Alsácia e a Lorena. Bismarck não ficou preocupado com essa possibilidade; ele mesmo ansiava, de forma obscura, pela reconciliação com a França. Mas o surgimento de Gambetta teve um efeito marcante na política russa. Pan-eslavistas e conservadores disputavam o apoio do novo tsar; Gorchakov, teoricamente ainda o chanceler, estava à beira da morte, e Ignatiev esperava sucedê-lo. Uma aliança com a França era o trunfo mais poderoso dos pan-eslavistas. Em janeiro de 1882, o general Skobelev, herói pitoresco da Guerra Russo-Turca e ele próprio pan-eslavista, foi a Paris numa missão ostentatória. A visita foi infrutífera. Gambetta já tinha caído antes da chegada de Skobelev, e, de todo modo, não reagiu à sua retórica. Além do mais, no caminho de volta, Skobelev parou em Varsóvia e estendeu seus apelos pan-eslavistas aos poloneses. Isso enfureceu Alexandre III, e Skobelev caiu em desgraça, levando os pan-eslavistas junto com ele. Em abril de 1882, o conservador de origem alemã Giers se tornou ministro do Exterior russo; em junho, Ignatiev desapareceu da vida pública.

Ainda assim, o caso Skobelev abalou a confiança de Bismarck nos conservadores russos, provocando nele uma preocupação talvez mais sincera que a de agosto de 1879. Em 17 de fevereiro, Skobelev pronunciou em Paris seu discurso mais violento; em 28 de fevereiro, Bismarck insistiu que Kálnoky retomasse as negociações com a Itália.[33] Essas negociações foram conduzidas de forma estranha. A única que se beneficiaria da neutralidade italiana seria a Áustria-Hungria; no entanto, a Alemanha tinha de pagar o preço disso, e o tratado era muito típico de Bismarck. A Tríplice Aliança foi

---

33 Busch para Reuss, 28 de fevereiro de 1882. *Grosse Politik*, iii, n.548.

concluída em 20 de maio de 1882. A Áustria-Hungria e a Alemanha prometeram apoiar a Itália contra um ataque francês; a Itália, mas não a Áustria-Hungria, fez a mesma promessa à Alemanha. Cada uma das três apoiaria as outras se uma ou duas se envolvessem numa guerra com duas grandes potências, e permaneceria neutra em caso de guerra com uma delas. Em termos concretos, a Itália prometia ficar neutra numa guerra entre a Áustria-Hungria e a Rússia, e lutar numa guerra entre as Potências Centrais e uma aliança franco-russa. A recompensa da Itália estava no preâmbulo, que declarava que o objetivo do tratado era "aumentar as garantias da paz geral, fortalecer o princípio monárquico e, com isso, garantir a manutenção da ordem social e política em seus respectivos Estados". Finalmente, havia uma declaração à parte que dizia que o tratado não era direcionado contra a Inglaterra – uma versão diluída da proposta original italiana de que a Inglaterra devia fazer parte da aliança.

A Tríplice Aliança parecia impressionante e sofisticada, mas seus objetivos concretos eram modestos. Aparentemente, ela unia a Europa central e recriava o Sacro Império Romano em seu auge, no que dizia respeito às relações internacionais. Na prática, ela simplesmente apoiava a monarquia italiana e garantia a neutralidade italiana numa guerra da Áustria-Hungria contra a Rússia. Os austríacos deram pouco em troca. Como Kálnoky não admitiu que os italianos tivessem voz ativa nos Bálcãs, ele não pediu a ajuda deles contra a Rússia. O único custo para a Áustria-Hungria foi a aprovação ambígua da monarquia italiana, e, com isso, a rejeição indireta do apoio ao papado que fora tradicional na Casa de Habsburgo. O custo foi pago pela Alemanha: ela prometeu defender a Itália contra a França, e, como a ajuda italiana era desprezível, não obteve nada em troca. Em termos claros, Bismarck se comprometeu a defender a Itália para atender às reclamações da Áustria-Hungria contra a Liga dos Três Imperadores; para ele, até isso era melhor que se comprometer a apoiar a Áustria-Hungria nos Bálcãs. Além disso, como sabia que a França não pretendia atacar a Itália, não considerava o compromisso difícil. Os italianos também sabiam disso; do que precisavam mesmo era serem reconhecidos como uma grande potência, não serem protegidos dos franceses. A Tríplice Aliança lhes proporcionou isso; ela fortaleceu o mito da grandeza italiana e, consequentemente, afastou o descontentamento interno por quase uma geração. Houve apenas uma omissão surpreendente na aliança original. Embora a humilhação relacionada à Tunísia tivesse desempenhado apenas um papel secundário na aproximação italiana das Potências Centrais, os políticos italianos certamente queriam ser apoiados em seus projetos imperialistas no Mediterrâneo. Em 1882, eles não conseguiram. Porém, no momento em que os austríacos acreditaram que a aliança austro-germânica levaria gradualmente a Alemanha a apoiar seus planos nos Bálcãs, os italianos também consideraram que a Tríplice Aliança envolveria gradualmente a Alemanha em seus projetos no Mediterrâneo. Enquanto a Rússia se mantivesse tranquila e, consequentemente, a neutralidade italiana tivesse um interesse teórico, suas expectativas seriam contrariadas; assim que a paz nos Bálcãs fosse perturbada, a Itália teria algo de valor para vender e, então, a Alemanha teria de pagar um preço real.

Outras duas alianças completaram o "sistema" de Bismarck. Em junho de 1881, a Áustria-Hungria fez um tratado secreto com a Sérvia, criando, na prática, um protetorado econômico e político. O primeiro-ministro sérvio reclamou que "a Sérvia ficaria na mesma relação com a Áustria-Hungria que a Tunísia com a França" – ou, poderíamos acrescentar, que as repúblicas bôeres com a Grã-Bretanha; e Milan, o governante sérvio, só fez passar o acordo porque assegurou a seu primeiro-ministro que ele não queria dizer o que dizia, enquanto assegurava a Haymerle, "por minha honra e na qualidade de príncipe da Sérvia", que sim. Milan só estava interessado em receber o dinheiro dos austríacos e o título de rei, que ele aceitou com a aprovação da Áustria em 1882; e a Sérvia se tornou uma colônia dos Habsburgo até o fim do seu reinado. Embora o tratado com a Sérvia dificilmente estivesse de acordo com o espírito da Liga dos Três Imperadores, não houve uma quebra de confiança direta com os russos. Eles tinham tratado a Sérvia com frieza em 1878, e estavam dispostos, havia muito, a reconhecer o predomínio austro-húngaro nos Bálcãs Ocidentais, em troca de seu próprio predomínio na Bulgária.

A Romênia era uma questão diferente. A independência da Romênia tinha sido a grande realização da Guerra da Crimeia. Em 1887, a Romênia fora arrastada para a guerra ao lado da Rússia; sua única recompensa (pois uma parte de Dobrudja não pode ser classificado assim) tinha sido a perda da Bessarábia. É claro que os romenos precisariam de apoio contra uma nova expedição russa nos Bálcãs; e os austríacos estavam ansiosos para fornecê-lo. Mas os romenos eram mais orgulhosos e mais fortes que os sérvios; além disso, já estavam cientes da opressão húngara sobre os romenos da Transilvânia. Eles insistiram que a Alemanha devia participar de qualquer aliança entre eles e a Áustria-Hungria. Bismarck aceitou a condição, e ele mesmo estimulou a aliança, que foi celebrada em 30 de outubro de 1883. A Áustria-Hungria e a Alemanha se comprometeram a defender a Romênia; a Romênia se comprometeu a lutar se o território dos Habsburgo ao lado de suas fronteiras fosse atacado – uma definição desajeitada de uma agressão russa. Era uma aliança defensiva explícita contra a Rússia, impossível de conciliar com as reiteradas garantias de Bismarck aos russos de que seu único compromisso era a defesa da Áustria-Hungria; e o compromisso com a Romênia foi o argumento mais eficaz utilizado em 1890 pelos adversários do Tratado de Resseguro entre a Alemanha e a Rússia. Bismarck completara então a repetição da política seguida por Manteuffel em 1854, e podia se justificar da mesma maneira: era menos perigoso prometer apoio à Áustria-Hungria que permitir que ela caísse nos braços das potências ocidentais. Ainda assim, o medo da "coalizão da Crimeia" o conduzira por caminhos estranhos. Na verdade, a aliança com a Romênia não causou problemas. Como o fracasso de 1878 demonstrara, a rota mais sensata da Rússia até a Bulgária e Constantinopla era uma rota marítima; e os russos também acharam conveniente tratar a Romênia como uma região neutra, pelo menos até a escalada da tensão de 1914. O próprio Bismarck usava um argumento mais simples. Ele acreditava que grandes guerras só ocorrem entre grandes potências, e que, enquanto ele conseguisse manter um equilíbrio tranquilo entre elas, as promessas desmedidas feitas às potências menores, como Itália e Romênia, não o incomodariam.

Ao mesmo tempo, o "sistema" de Bismarck era uma espécie de golpe de mágica, um modelo de virtuosismo consciente. Depois que se lançou no caminho das alianças, Bismarck as tratou como a solução para todos os problemas. Semeou promessas para não ter de cumpri-las, prometeu lutar ao lado da Áustria-Hungria para torná-la simpática à Rússia; e do lado da Itália para garantir sua neutralidade. Talvez a única promessa que ele levou a sério foi a do apoio diplomático à Rússia contra a Inglaterra nos Estreitos. Suas duas grandes criações, a Liga dos Três Imperadores e a Tríplice Aliança, estavam em contradição direta. A liga se baseava na cooperação austro-russa, a aliança, na preparação para uma guerra austro-russa. A liga era uma união antibritânica, e sua cláusula mais concreta fora concebida para fechar os Estreitos aos britânicos por meio de uma ação diplomática conjunta; a aliança não era direcionada especificamente contra a Grã-Bretanha, e tanto a Áustria-Hungria como a Itália contavam eventualmente com seu apoio. Não há dúvida com que lado ficava a simpatia de Bismarck: a liga dizia respeito ao coração, a aliança, ao cálculo frio. Sua ligação mais profunda era com a antiga amizade russo-prussiana, baseada na partilha da Polônia. Ele detestou os austríacos desde a época de Frankfurt até morrer, e achava que os britânicos só estavam interessados "em que os outros tirassem suas castanhas do fogo para eles". Aliás, ele preferia os políticos sensatos da república francesa (principalmente Gambetta e, depois dele, Ferry) aos italianos agitados e manipuladores. O tsarismo era, evidentemente, uma força mais conservadora que a Monarquia Dual, e a Terceira República, mais que o instável Reino da Itália. Sua diplomacia era uma garantia contra as forças subversivas na Rússia e na França, não contra seus governos oficiais – contra o pan-eslavismo, no primeiro caso, e contra os partidários da desforra, no segundo. Suas referências aos nacionalistas franceses são bem conhecidas, e ele disse quase o mesmo a respeito da Rússia. "O imperador é ele mesmo bem-intencionado. Seus ministros são prudentes e tendem a uma política conservadora. Mas será que eles terão a energia para resistir à pressão das paixões populares, se elas um dia se libertarem? O partido da guerra é mais forte na Rússia que em outros lugares."[34]

O resultado foi paradoxal. Bismarck alegou ser o apóstolo da estabilidade, e apresentou seu sistema como "uma liga da paz". Na verdade, por meio da Tríplice Aliança, ele associou a Alemanha às potências instáveis e, implicitamente, a colocou contra as conservadoras. Em relação à Europa (a única coisa que interessava a Bismarck), a Rússia e a França só pediam que as deixassem em paz. Depois do Congresso de Berlim, os russos perderam o interesse pelo Oriente Próximo; seu único interesse era a segurança. Economicamente, os Bálcãs não faziam a menor diferença para eles. Eles queriam fechar os Estreitos aos navios de guerra britânicos, e precisavam da passagem liberada para seu comércio de cereais. Embora a melhor maneira de garantir isso fosse controlar os Estreitos eles mesmos, sabiam que isso era impossível, portanto aceitaram agradecidos a associação diplomática proposta por Bismarck. Nesse período, a ameaça estratégica vinha da Inglaterra, não da Rússia; a declaração feita por Salisbury no congresso não foi repudiada nem mesmo por Gladstone. O desafio econômico representado pela Áustria-Hungria era ainda maior. Os austríacos não se limitavam à sua esfera econômica. Eles executavam uma "missão civilizadora" do imperialismo econômico, um projeto que não poderia ser interrompido por nenhuma divisão política. Acima de tudo, eles avançaram com a Orient Line até ela chegar a Constantinopla. Como disse Kálnoky a um pesquisador belga: "Sonhamos, sim, com conquistas... as conquistas que serão feitas por nossas manufaturas, nosso comércio, nossa civilização... Quando um vagão Pullman o levar confortavelmente de Paris a Constantinopla em três dias, atrevo-me a pensar que você não ficará descontente com a nossa atividade.

---

34 Courcel (Berlim) para Ferry, 14 de dezembro de 1883. *Documents diplomatiques français*, primeira série, v, n.168.

É para vocês, ocidentais, que estamos trabalhando".[35] Por mais que esse projeto despertasse a atenção de um economista belga, ele acabaria assustando os russos, principalmente quando ameaçou o desenvolvimento nacional dos povos balcânicos, nos quais eles tinham um interesse afetivo.

O mesmo aconteceu com França e Itália num plano inferior. A única coisa que os franceses pediam era que não fossem invadidos novamente pela Alemanha. Como o caso da Tunísia demonstrara, os italianos eram o elemento perturbador no Mediterrâneo: sem a sua interferência política e a sua política ferroviária ali, os franceses não teriam agido. Aliás, a agitação italiana por causa de Trieste representava uma ameaça mais séria e mais concreta aos interesses alemães que o ressentimento francês devido à perda da Alsácia e da Lorena. O fato de Bismarck ter escolhido a Áustria-Hungria e a Itália em vez da Rússia e da França foi, em grande medida, a repetição da escolha que fizera nas questões alemãs. À época, ele se aliara à revolução alemã para controlá-la; agora fazia alianças externas para aprisionar seus aliados. Controlava os aliados, não cooperava com eles. Esse, de fato, era o elemento mais profundo. Tanto nas questões internacionais como na política interna, Bismarck detestava seus semelhantes; buscava satélites. Embora tanto a Rússia como a França pretendessem dar as costas à Europa, elas continuavam sendo Grandes Potências independentes, peixes grandes demais para a rede de Bismarck. Seu sistema era uma tirania; e não servia de consolo aos outros que fosse uma tirania imposta para o seu bem, em defesa da paz e da ordem social. Para ser eficaz, uma ordem internacional precisa de princípios comuns e de uma visão moral comum, bem como de obrigações decorrentes de tratados. O "sistema" de Metternich se baseara num conservadorismo político que ainda era uma força autêntica. A solidariedade monárquica a que Bismarck recorria contava pouco, mesmo entre as cabeças coroadas; e ele mesmo fizera o máximo para impedir o surgimento de qualquer substituto democrático. No outono de 1879, quando Bismarck estava tomando as primeiras medidas em seu sistema de alianças, Gladstone estava conduzindo sua campanha em Midlothian; e os objetivos de Bismarck só poderiam ter sido alcançados se ele tivesse aceitado os princípios de liberdade e igualdade nacional proclamados por Gladstone.

---

35 Laveleye, *La Péninsule des Balkans*, i. 40.

XIII
O COLAPSO DA "ALIANÇA LIBERAL" E SUAS CONSEQUÊNCIAS
1882-1885

O Congresso de Berlim representou uma solução para a Europa, como acontecera antes com o Congresso de Viena; tanto Metternich como Bismarck construíram "sistemas", e ambos os sistemas enfrentaram as mesmas ameaças – por um lado, uma guerra nos Bálcãs entre a Rússia e a Áustria; por outro, uma tentativa da França de reverter a derrota. Mas a ordem de importância dessas ameaças tinha mudado. O sistema de Metternich estava voltado ao Ocidente: ele estava direcionado sobretudo contra uma agitação revolucionária inspirada pela França, e o medo dessa revolução conteve até mesmo a Rússia no Oriente Próximo durante quase quarenta anos. O sistema de Bismarck estava voltado ao Oriente: a vingança francesa não era uma ameaça séria enquanto não houvesse uma guerra austro-russa. Waterloo ocorreu 25 anos depois da vitória francesa; Sedan ratificou meio século de declínio, que muitos franceses tinham pressentido de maneira vaga. A maioria dos franceses percebeu depois de 1871, como não ocorrera depois de 1815, que a grandeza da França estava no passado – uma grandeza que devia ser preservada, não promovida. Eles estavam decididos a alcançar na Terceira República o que desejavam desde o fim do Terror em 1794 – "saborear os frutos da Revolução". Com uma população estável, uma terra rica e fértil, uma sociedade igualitária e um passado grandioso, tudo o que a França pedia era uma vida tranquila. A Terceira República se baseava numa aliança entre os camponeses e os profissionais de classe média, todos comprometidos com os direitos de propriedade e, portanto, em busca de segurança. Os camponeses, outrora o sustentáculo do império, tinham aprendido que o império significava guerra; agora eles permitiam que os advogados da cidade administrassem o Estado e enriquecessem com os lucros, desde que fossem poupados da guerra e das agitações sociais. Os operários urbanos talvez quisessem as duas coisas em 1871, na época da Comuna; porém, depois de vinte anos, eles chegaram a uma paz limitada com a sociedade e se tornaram inimigos das políticas aventureiras.

A exemplo da monarquia dos Habsburgo depois de 1866, os franceses queriam segurança; porém, ao contrário de Francisco José, não a conseguiriam se colocando sob a proteção alemã. O obstáculo, certamente, eram as províncias perdidas, a Alsácia e a Lorena; e o próprio Bismarck, com uma malandragem um pouco grosseira, costumava lamentar a "besteira" que tinha feito em 1871.[1] O verdadeiro ressentimento era mais profundo. Embora os franceses não esperassem derrotar a Alemanha numa nova guerra, não admitiam a superioridade alemã. Aceitaram a derrota, mas não aceitavam suas consequências. Por isso, todo político francês que parecia estar se preparando para uma guerra com a Alemanha caía em desgraça; mas o mesmo acontecia, embora mais lentamente, com qualquer político que procurasse a reconciliação com a Alemanha. Seria um equívoco exagerar o declínio da França. Em 1871, sua população ainda era tão grande como a da Alemanha; e seus recursos industriais não estavam muito atrás. As precauções de Bismarck em relação à França eram mais justificadas que as de seus sucessores, e também mais engenhosas. Longe de tentar isolar a França, empenhou-se em tirá-la do isolamento que ela impusera a si mesma. Em 1882, ele disse a Courcel, o embaixador francês: "Eu quero a reconciliação, queria fazer as pazes. Não temos nenhum motivo razoável para tentar prejudicá-los; estamos mais na posição de lhes dever uma reparação".[2] Ele deu muita importância aos franceses no Congresso de Berlim, aceitando sem objeções as condições que eles estabeleceram para comparecer; e, depois do Congresso, assegurou-lhes, com toda a sinceridade, que o objetivo de seu sistema de alianças era evitar uma guerra entre a Áustria-Hungria e a Rússia,

---

[1] O elemento de verdade nisso é que, enquanto Bismarck sempre pretendera tomar Estrasburgo, ele tinha dúvidas a respeito de Metz. Como disse a Courcel (para Ferry, 25 de abril de 1884. *Documents diplomatiques français*, primeira série, v, n.249): "Eu não teria tomado Metz; para mim, o princípio determinante ao traçar a fronteira era a língua". Mas o símbolo principal do desgosto francês era Estrasburgo, e não Metz.

[2] Courcel para Freycinet, 16 de junho de 1882. Ibid., iv, n.392.

não se precaver contra a vingança francesa.³ Ele ofereceu aos franceses um consolo mais concreto: os apoiaria em qualquer lugar, exceto no Reno, uma política que pôs em prática quando eles tomaram a Tunísia.

Talvez o apoio de Bismarck fosse ostensivo demais. Todo francês sabia que a Alemanha ganharia se a França transferisse suas pretensões do Reno para o Mediterrâneo. No entanto, é um equívoco enfatizar que a expansão ultramarina era controlada sobretudo pelos defensores da vingança. Aqueles que defendiam uma nova guerra contra a Alemanha eram ainda mais impopulares que os colonizadores: Déroulède, o mais capaz deles, foi perseguido, caçado e, por fim, exilado. O empreendimento colonial só era aceito enquanto não exigia muito esforço. Gambetta declarou: "Na África, a França vai dar os primeiros passos trôpegos de um convalescente"; e a política colonial tinha de se manter nesse nível. Assim que surgiram problemas sérios, o apaixonado pelas colônias foi expulso do gabinete. Ferry, o maior vulto da Terceira República entre Gambetta e Clemenceau, teve a carreira arruinada devido ao temível epíteto de "tonkinois",* o homem que fizera a França incorrer em gastos por causa da Indochina, a pérola dos domínios imperiais. Na verdade, a expansão colonial francesa foi fruto da fragilidade, não de demonstração de força.

O desenvolvimento de uma política colonial representava um risco mais concreto para os franceses, pois os punha em conflito com outras potências, o que, além de fragilizá-los perante a Alemanha, era, por si só, indesejado. Bismarck disse inúmeras vezes aos franceses, certamente com toda a sinceridade, que, ao encorajá-los na Tunísia, ele não estava pensando em trazer a Itália para o seu lado; mesmo assim ela veio, e não servia muito de consolo para os franceses ouvir que "quanto à Itália, *ela não conta*".⁴ O efeito

---

3 Bismarck, sempre propenso a se exceder nas conversas, exagerou as coisas quando disse que os fundamentos da sua política eram "a aliança com a Áustria e as boas relações com a França". Saint-Vallier para Courcel, 12 de novembro de 1880. Ibid., iii, n.294.

* Em francês no original: "tonquinês", natural de Tonquim, região mais setentrional do Vietnã. (N. T.)

4 Saint-Vallier para Barthélemy Saint-Hilaire, 2 de maio de 1881. *Documents diplomatiques français*, primeira série, iii, n.495. Posteriormente, Bismarck desculpou a Tríplice Aliança com meras mentiras. Ao passar por Berlim, Waddington teve a seguinte conversa com ele: "Você me autoriza a dizer ao meu ministro que não tem uma aliança com a Itália igual à que tem com a Áustria? – Sim. – Posso dizer que seus acordos com a Itália foram feitos diante de uma situação temporária? – Sim. – Estou autorizado a dizer que não há nada escrito entre vocês? – Adeus. Você irá dizer que aquilo que denomina Tríplice Aliança é a conclusão da política de reparação que eu cumpro em relação à Áustria desde Sadova". Waddington para Challemel-Lacour, 14 de maio de 1883. Ibid., v, n.35.

nas relações dos franceses com a Grã-Bretanha foi infinitamente mais sério. Embora Napoleão III nunca tenha perdido inteiramente a solidariedade britânica, a "aliança liberal" se desgastara nos últimos anos do Segundo Império. Ela se recuperou depois de 1871, principalmente depois da consolidação da república em 1877 – isto é, se recuperou por uma questão sentimental, baseada em instituições e princípios similares. Não houve mais nenhuma tentativa de contrabalançar a coalizão das Três Cortes do Norte. Os franceses tinham tomado a decisão de não agir contra a Rússia, sua única amiga no continente; e os britânicos tinham perdido o interesse no equilíbrio de poder. A maioria dos ingleses já tinha aceitado a doutrina de Cobden de que os acontecimentos no continente não eram problema deles; independentemente do que acontecesse, a Grã-Bretanha e seu comércio não seriam ameaçados. Os poucos ingleses que ainda pensavam no continente consideravam que o equilíbrio de poder era algo que funcionava sozinho, sem a intervenção britânica. Nas gerações precedentes, a doutrina do equilíbrio de poder fora um estímulo para a ação: o equilíbrio tinha de ser mantido pondo o peso britânico primeiro num prato da balança, depois no outro. Agora ele justificava a inação. Como a Alemanha e a França, a Áustria-Hungria e a Rússia sempre se anulariam reciprocamente, os britânicos não precisavam fazer nada. Palmerston, o último expoente do equilíbrio de poder,[5] tinha saudado o engrandecimento da Alemanha logo antes de morrer, "para controlar as duas potências ambiciosas e agressivas, a França e a Rússia";[6] e parece que a sua expectativa se concretizou. Os britânicos podiam dar as costas à Europa como nunca fizeram antes nem fariam depois. Entre 1864 e 1906, nenhum político britânico precisou pensar, ainda que remotamente, em enviar uma força expedicionária para o continente.[7]

A política britânica era condicionada unicamente pelos interesses extraeuropeus. Alguém disse que nove entre dez tradições britânicas datam do último terço do século XIX; e isso certamente se aplica à política externa. Foi só nesses anos que a Rússia e a França passaram a ser consideradas

---

5 Disraeli alegou estar agindo a favor do equilíbrio de poder quando rompeu a Liga dos Três Imperadores ao rejeitar o memorando de Berlim em 1876. Isso não era muito mais do que *gaminerie*. Embora ele talvez tenha perturbado a Liga, ele não fez nenhum esforço sério para colocar algo em seu lugar.

6 Palmerston para Russell, 13 de setembro de 1865. Temperley e Penson, *Foundations of British Foreign Police*, n.97.

7 Os tratados concluídos com a França e a Prússia em 1870 para proteger a neutralidade belga teoricamente implicavam uma possível intervenção britânica; no entanto, não foi tomada nenhuma medida para prepará-la.

inimigas tradicionais e eternas da Grã-Bretanha. Embora houvesse uma antiga rivalidade com a Rússia no Oriente Próximo, a hostilidade da população contra a Áustria era mais profunda e mais consistente – como Gladstone, sempre antiquado, testemunhou em seu comentário imprudente, mas verídico, durante a campanha eleitoral de 1880.[8] Com a França, a amizade tinha sido a regra desde 1815; a hostilidade, a exceção: a França foi única potência com a qual, durante esse período, os ingleses fizeram uma aliança por escrito eficaz. É verdade que a França e a Inglaterra ainda eram as únicas potências coloniais. Isso não as tornava inimigas, muitas vezes as tornava aliadas. As disputas em torno das ilhas do Pacífico na época de Guizot foram ofuscadas pela cooperação entre Napoleão III e os britânicos na Síria, na China e no México. Durante a maior parte do século XIX, a Inglaterra e a França representaram a Europa para o mundo exterior, exceto na remota Ásia Central; e isso lhes conferiu uma missão comum. Os dois países estiveram unidos sempre que a França esteve em paz e satisfeita na Europa; e se afastaram quando a França ameaçou retomar os sonhos de hegemonia europeia. Depois de 1875, a França certamente esteve em paz, mas não satisfeita; e a amizade com a Inglaterra prosseguiu. A "aliança liberal" interpretou os sentimentos tanto dos liberais gladstonianos como de Gambetta e seus seguidores, que controlavam a política francesa. Embora surgissem conflitos fora da Europa, conflitos agravados por erros de ambos os lados, havia suficiente sentimento comum para assegurar que, no fim, eles seriam resolvidos por meio da negociação, não da guerra. Isso não foi compreendido pelos diplomatas do continente, fossem eles alemães ou russos, que, portanto, foram levados a cometer erros ainda mais fatais.

A Inglaterra e a França foram mais vezes aliadas que rivais durante o século XIX, mesmo no Mediterrâneo: a Grécia, a Turquia e a Itália são testemunhas disso. A crise egípcia de 1840 foi a única exceção importante. Mas o que havia ali era um iminente conflito de opinião. Presentes em Malta e Gibraltar, os britânicos consideravam o Mediterrâneo apenas em termos de poder naval. Eles queriam vê-lo rodeado de Estados independentes, não expandir seus próprios domínios no local;[9] queriam manter outras Grandes Potências fora dali, não entrar ali. Embora os franceses partilhassem essa visão no lado europeu do Mediterrâneo e fossem realmente os defensores

---

8 "Não há um único exemplo – não há um único ponto em todo o mapa em que se possa pôr o dedo e dizer: 'Aqui a Áustria se portou bem.'"

9 A política da Convenção de Chipre, que, em todo caso, não era incoerente com essa postura, foi uma aberração, que os britânicos abandonaram em 1880.

mais coerentes da integridade turca, viam as coisas de maneira diferente na África. Ali esperavam retomar a tradição da expedição de Bonaparte ao Egito em 1798 e fundar um novo "Império Romano", que servisse de consolo pela perda do seu império na Europa. Já no governo da Argélia, eles se consideravam os últimos herdeiros dos outros Estados muçulmanos abandonados do Norte da África – Tunísia, Marrocos e Egito. Foram cautelosos e até adiaram a aplicação dessa política; e trabalharam de bom grado com os britânicos enquanto se tratou de manter os outros de fora. Só começaram a hesitar quando os britânicos tentaram reformar esses Estados do Norte da África, tornando-os assim genuinamente independentes – um paralelo, ainda que em menor escala, do conflito entre políticas russas e britânicas em Constantinopla. A divisão se tornou visível pela primeira vez em 1880, quando uma conferência em Madri, convocada por iniciativa britânica para reformar o Marrocos, foi torpedeada pela oposição francesa.[10]

---

10 A Conferência de Madri também despertou interesse por ter sido a primeira vez em que Bismarck apresentou sua política de apoio à França em todo os lugares exceto na Alsácia e na Lorena. Os britânicos estavam preocupados em preservar o Marrocos como o equivalente africano da Espanha – duas zonas neutras que davam segurança a Gibraltar; os franceses pretendiam, em última análise, incorporá-lo a seu império africano. Drummond Hay, ministro britânico em Tânger havia mais de quarenta anos, não tivera dificuldade de tratar do assunto quando Napoleão III estava ocupado na Europa; agora ele queria encerrar a carreira acabando com o sistema de "protégés", que permitia que os mouros se colocassem sob a autoridade de diplomatas estrangeiros e, assim, fugissem ao controle do seu próprio governo. Quando as negociações diretas com o ministro francês em Tânger fracassaram, Drummond Hay sugeriu convocar a "Europa", supondo que só os franceses queriam manter o Marrocos frágil e na anarquia. Contudo, a conferência foi um alerta (a que os alemães bem que poderiam ter dado ouvidos em 1905) contra a ideia de que as Grandes Potências pudessem um dia julgar uma questão por seus méritos, sem pensar no conjunto de suas relações. Só os espanhóis, que tinham grandes pretensões no Marrocos, mas que eram demasiado débeis para alcançá-las, apoiaram as propostas britânicas. Todas as outras potências se juntaram para torpedear a conferência. Os italianos seguiram o princípio do chacal: quanto maiores os problemas no Mediterrâneo, maior a oportunidade para eles em algum lugar; os russos esperavam ser recompensados com o apoio francês em Constantinopla; os alemães, que tinham apoiado Drummond Hay em 1879, mudaram de postura e levaram a Áustria-Hungria junto. Depois que a reforma foi evitada, os franceses se contentaram em esperar. Drummond Hay (que se aposentou em 1885) continuou proclamando a cooperação entre as potências. De vez em quando, ele se desesperava, como quando escreveu, logo antes de se aposentar: "Se não pudermos tomar nenhuma medida para controlar o objetivo da França de se tornar a dona dos Estreitos, e se descobrirmos que a Alemanha estaria disposta a enfrentar a França em seus domínios argelinos tomando posse do país, devo dizer que seria muito melhor que ela ocupasse a estrada do Oriente e da Índia, não a França, cujo poderio nunca deixa de ser, em todas as regiões do mundo, inimigo pior e invejoso da Inglaterra". E. F. Cruickshank, *Morocco at the Parting of the Ways*, p.196.

No entanto, essa não era uma questão decisiva. Os britânicos ficariam contentes se o Marrocos continuasse independente, embora não reformado; e os franceses ficariam contentes desde que ele continuasse não reformado, embora independente.

Passou-se a um assunto mais decisivo. O Egito era vital para os dois países – vital para os britânicos por motivos de estratégia imperial, vital para os franceses por causa da tradição e do prestígio. A Questão Egípcia fora provocada por Bonaparte quando liderou uma expedição ao país em 1798. Os britânicos reagiram expulsando-o, sem se fixar no local. O esquema se repetiu em 1840, quando os franceses trataram o Egito como seu *protégé*; os britânicos derrotaram o *protégé*, mas, uma vez mais, deixaram o Egito independente.[11] O Segundo Império assumiu uma postura mais cautelosa, porém mais eficaz – a da penetração financeira. O Egito foi irrigado com dinheiro francês, e a geografia do poder mundial foi revolucionada através do Canal de Suez, o monumento mais duradouro de Napoleão III. Embora os britânicos tivessem se oposto firmemente ao canal por motivos estratégicos óbvios, eles se tornaram seus principais usuários assim que ele foi inaugurado: 80% dos navios que passaram pelo canal em 1882 eram britânicos. Essa era uma aposta no Egito impossível de rejeitar, uma aposta que aumentou quando Disraeli adquiriu, em 1875, as ações do quediva no canal. No entanto, os britânicos declinaram as inúmeras solicitações de Bismarck para que "ficassem com o Egito" em troca do controle russo de Constantinopla; eles perceberam muito bem o quanto isso ofenderia a França, além de não lhes agradar a crise que a partilha generalizada do Império Turco provocaria. Enquanto sua marinha controlasse o Mediterrâneo, eles se contentariam com um governo egípcio estável que protegesse o canal. O Egito, porém, não cumpriu sua parte. Em abril de 1876, o quediva não conseguiu mais pagar os juros exagerados de seus empréstimos; o Egito estava quebrado.[12] O governo francês estava decidido a defender os portadores de títulos; os britânicos queriam ficar de olho nos franceses por causa do canal. Nas palavras de Salisbury: "Podemos renunciar – ou monopolizar – ou partilhar. A renúncia significaria pôr os franceses no nosso caminho para a Índia. O monopólio ficaria

---

11 Ou quase. Em teoria, o sultão turco ainda era chefe supremo do Egito, e tanto os britânicos como os franceses tentaram instrumentalizar sua suserania em momentos diferentes.

12 A dívida total era de cerca de 90 milhões de libras. Esse montante insignificante, à época distribuído generosamente por uma única potência num só dia, definiu as relações das duas potências ocidentais durante vinte anos.

muito perto do risco de guerra. Então, resolvemos partilhar".[13] Portanto, foi criado um controle financeiro anglo-francês, e o Egito seguiu cambaleando por mais uns três anos.

Em abril de 1879, o quediva Ismail tentou escapar desse controle. Os britânicos poderiam não ter objetado – ficariam contentes em tirar os franceses do Egito, mesmo que eles mesmos saíssem. Mas Bismarck organizou um protesto, feito pelas outras potências europeias. A menos que estivesse simplesmente preocupado em proteger os interesses do seu banqueiro privado Bleichroeder (uma explicação de modo algum improvável), ele só pode ter desejado que o Egito se mantivesse como um tema possível de conflito entre a Inglaterra e a França. Os dois países se viram forçados a continuar agindo. Eles induziram o sultão, teoricamente o chefe supremo da Turquia, a depor Ismail; e o controle foi restabelecido em bases mais sólidas. A oposição dentro do Egito se deslocou do quediva para os oficiais do exército e alguns intelectuais muçulmanos, que lançaram o primeiro movimento nacionalista; e, em 1881, esse movimento tomou conta do país. A política anglo-francesa ficou novamente desorientada. Gladstone, então no poder na Inglaterra, tinha proclamado a doutrina da liberdade nacional em outros lugares; no entanto, estava indignado com as irregularidades financeiras, do mesmo modo que se voltara contra a Turquia por causa da insolvência de 1875, que ele chamou "o maior dos crimes *políticos*". Granville, ministro do Exterior, frágil e evasivo como sempre, queria convencer os turcos a restabelecer a ordem no Egito, a única coisa que os franceses não tolerariam: eles precisavam resistir a um precedente que poderia ser aplicado à Tunísia, e ainda sonhavam que, se o Egito desmoronasse, poderia ser repassado para eles, não para a Turquia. Em janeiro de 1882, Gambetta, durante seu breve ministério, procurou lançar uma política arrojada de intervenção anglo-francesa que deixou Granville bastante incomodado. O plano foi torpedeado novamente por Bismarck: embora pudesse ter desejado que os dois países fossem amigos, certamente temia uma aliança criativa liderada pela França. De todo modo, Gambetta caiu no final de janeiro. Freycinet, o novo primeiro-ministro, concordou com Granville que uma conferência europeia deveria se reunir em Constantinopla para encontrar uma maneira de lidar com a questão egípcia. Nenhuma foi encontrada. Os franceses não convenceram os turcos e as outras potências não convenceram ninguém mais.

Enquanto isso, o movimento nacionalista egípcio começou a se voltar contra os europeus que moravam ali e até mesmo a ameaçar a segurança

---

13 Salisbury para Northcote, 16 de setembro de 1881. Gwendolen Cecil, *Life of Salisbury*, ii. 331-2.

do canal. Em maio, britânicos e franceses concordaram em organizar uma demonstração enviando esquadras navais para Alexandria; porém, como não tinham um projeto comum nem um mandato das potências, os navios não puderam fazer nada. Os franceses começaram a admitir, a contragosto, que a intervenção turca poderia ser o menor dos males; mas só concordariam com ela se tivessem uma promessa convincente de que as tropas turcas seriam retiradas de novo. Em julho, sem se chegar a uma solução em Constantinopla e com o aumento das revoltas nacionalistas em Alexandria, o almirante britânico perdeu a paciência. Bombardeou os fortes, e os navios franceses se retiraram em protesto. Então Freycinet finalmente concordou com a ocupação anglo-francesa do canal; porém, quando propôs a medida à Câmara em 31 de julho, foi derrotado por uma maioria surpreendente. Como de hábito, a opinião pública francesa só aceitava defender os interesses imperiais desde que isso não implicasse despesas nem na retirada de tropas da Europa. Os britânicos continuaram negociando, sem êxito, em favor de uma força militar turca; porém, antes de chegar a um acordo, um contingente britânico comandado por Wolseley desembarcou no Egito e, em 13 de setembro, derrotou as forças nacionalistas em Tel-el-Kebir. Os turcos foram informados que seu apoio não era mais necessário.[14]

Os britânicos tinham se tornado senhores do Egito. Tinham conseguido sua cota da partilha do Império Turco, enquanto a Rússia estava longe de Constantinopla como sempre, e os franceses sem a contrapartida obscura vislumbrada em 1878. Era um desfecho extraordinário, a que se chegara sem planejamento nem discussão. Os britânicos nunca pretenderam ocupar o Egito, e agora asseguravam às potências que partiriam assim que a ordem fosse restabelecida. Em 10 de agosto de 1882, Gladstone disse que uma ocupação por tempo indeterminado "estaria em total desacordo com os princípios e posições do governo de Sua Majestade e com os compromissos que ele tinha assumido com a Europa, e com as posições, devo dizer, da própria Europa"; Granville prometeu a retirada numa circular endereçada às potências; e essa promessa foi repetida 66 vezes entre 1882 e 1922. Mas a condição era a restauração da ordem, e, para os britânicos, essa condição nunca foi atendida a contento. Logo surgiu um elemento complicador. Os britânicos tiveram de assumir o controle das finanças, que tinham se desfeito, e seu representante, da casa financeira de Baring (posteriormente lorde Cramer),

---

14 É possível que Dufferin, o representante britânico em Constantinopla, tenha postergado de propósito o acordo com os turcos para que Wolseley pudesse vencer a batalha sem eles. Contudo, a procrastinação turca não precisava do estímulo de Dufferin nem de mais ninguém.

se sentiu orgulhoso pelo simples fato de executar a tarefa. É por isso que surgiu a lenda de que o Egito era uma empreitada imperialista britânica. Por mais absurdo que pareça, Cromer se dedicou – mesmo sacrificando os interesses britânicos – aos interesses dos detentores de títulos e dos investidores, em sua maioria franceses.

No entanto, a ocupação do Egito prejudicou a aliança liberal por mais de vinte anos. Embora tivessem saudado a derrota das forças nacionalistas,[15] os franceses se sentiram humilhados pela incapacidade de assumir o legado de Bonaparte – um legado que, na verdade, ele próprio tinha desperdiçado. No início, os britânicos teriam aceitado uma ocupação conjunta; e, ao rejeitá-la, os franceses tinham provocado sua própria humilhação, o que os deixou ainda mais ressentidos com os britânicos; e a Questão Egípcia ofuscou tudo o mais na política francesa. Ainda assim, é um equívoco falar, como faz muita gente, de um conflito anglo-francês por causa do Egito, como se ambas as partes buscassem a mesma recompensa. Os franceses não acreditavam que conseguiriam conquistar o Egito para si. A batalha do Nilo tinha resolvido isso de vez. O máximo que pretendiam era que os britânicos cumprissem suas promessas e se retirassem. Na falta disso, queriam uma compensação – algo que mostrasse que tinham direitos no Egito e deviam ser compensados por cedê-los. A disputa era legalista, não uma luta por um prêmio concreto. A marinha britânica controlava o Mediterrâneo e o exército britânico controlava o Egito. Eles tinham o prêmio e não podiam ser privados dele, a menos que pruridos de consciência os induzissem a abrir mão. Seu ponto fraco era esse. Sua posição estratégica era sólida; sua posição moral estava abalada, e isso era muito importante para a opinião pública britânica, e até mesmo para os políticos britânicos. Os britânicos sempre se preocuparam em demonstrar que, ao defender seus próprios interesses, atendem aos interesses de todos. Além disso, precisavam negar que o Egito era deles, para não dar nenhuma desculpa relacionada à partilha de outra região do Império Otomano; e, num plano mais técnico, precisavam da aprovação das potências, como representantes dos detentores de títulos estrangeiros, se Cromer quisesse reformar as finanças egípcias. O governo britânico tinha de posar de mandatário da Europa, embora a França se opusesse à ocupação e a Rússia se opusesse à sua política em toda parte. A boa vontade da Alemanha e de seus aliados foi decisiva, e a Grã-Bretanha se

---

15 O presidente Grévy afirmou: "Considero da maior importância que não haja nenhuma dúvida, nem por um momento, de que as tropas muçulmanas ou árabes não são capazes de resistir aos europeus no campo de batalha".

tornou dependente da Tríplice Aliança. Mas era uma dependência limitada. Os britânicos precisavam de votos numa comissão, não de apoio armado; e embora tivessem ficado moralmente constrangidos se todas as potências continentais votassem contra eles, ainda assim certamente teriam permanecido no Egito.

No entanto, a ruptura da "aliança liberal" criou uma nova situação na Europa, embora não tenha sido acompanhada de uma guerra entre a Inglaterra e a França. Bismark podia não gostar de uma aliança efetiva entre elas, que retomasse a liderança da Europa para o Ocidente, mas o bom entendimento entre elas lhe convinha muito bem: os britânicos tinham garantido que a aliança não seria antigermânica; os franceses, que ela não seria antirrussa.[16] Agora, o conflito por causa do Egito ameaçara reabrir a Questão Oriental. Os austríacos calcularam rapidamente que, como os britânicos precisavam de seus votos no Egito, estariam mais dispostos a se opor à Rússia nos Bálcãs; já a França, livre do controle britânico, parecia disponível para ser uma aliada da Rússia. Houve um alerta preliminar no verão de 1883, quando a Bulgária rompeu a tutela russa. Até mesmo o pacífico Giers sentiu "o sangue lhe subir à cabeça" e pensou em intervir, o que, por sua vez, teria provocado uma resistência anglo-austríaca. Porém, como os russos não podiam pensar numa guerra generalizada, engoliram a humilhação e deixaram os acontecimentos seguir seu curso na Bulgária por mais dois anos. Bismarck tomou precauções durante a crise, estendendo seu sistema de alianças à Romênia para satisfazer os austríacos, e se esforçou em acalmar os franceses. Exagerou o perigo da guerra para eles e, o que é mais impressionante, recusou a possibilidade de restauração de uma Polônia independente em caso de guerra com a Rússia.[17] Essa era uma repetição surpreendente de velhos temas – a propósito, a última vez que a Questão Polonesa foi mencionada em discussões entre as Grandes Potências até depois do início da Primeira Guerra Mundial.

A Polônia teria sido um preço incrivelmente alto para pagar pela amizade francesa; mas Bismarck logo passou a acreditar que ela poderia ser obtida por menos. Embora certamente contasse com o ressentimento francês depois de 1871, Bismarck também esperava que ele desaparecesse; e suas expectativas não se mostraram inteiramente equivocadas. Como os políticos franceses não queriam mais uma guerra com a Alemanha, inclinavam-se

---

16 Saint-Vallier para Waddington, 14 de novembro de 1879. *Documents diplomatiques français*, primeira série, ii, n.476.

17 Courcel para Ferry, 13, 14, 16 e 31 de dezembro de 1883. Ibid., v, n.166, 168, 170 e 180.

a manter um bom relacionamento, mesmo que a título provisório; e alguns pensavam em torná-lo duradouro. Gambetta ora defendia a aliança com a Inglaterra e a Rússia, ora acreditava na reconciliação franco-germânica; pensava que a questão da Alsácia e da Lorena perderia seu amargor com a passagem do tempo e seria solucionada de maneira a satisfazer ambos os países. Ele, e Ferry depois dele, pensou seriamente em se encontrar com Bismarck; e esse encontro teria sido um símbolo claro de que aquilo que Bismarck chamava de "bons tempos antes de 1866" tinham sido restaurados. Desde 1877 não havia um pingo de mau humor entre a Alemanha e a França. Mas um bom relacionamento não era o bastante. Bismarck precisava de cooperação – uma entente, ou até uma aliança – para manter a França afastada da tentação russa; e a melhor maneira de alcançar a cooperação nas questões internacionais é à custa de alguém. O Egito parecia oferecer essa oportunidade. A Alemanha e a França poderiam cooperar contra a Inglaterra. A França seria forçada a depender da Alemanha, como a Áustria-Hungria tinha sido forçada por temer a Rússia nos Bálcãs; e Bismarck ficaria livre para exteriorizar seu antigo ressentimento contra os britânicos. A analogia com a Áustria-Hungria não era perfeita. Os austríacos acreditavam, com razão, que a existência do seu império estava ameaçada pelos projetos russos nos Bálcãs (se eles um dia se concretizassem); os franceses estavam exasperados, mas não ameaçados, com a ocupação britânica do Egito. Os austríacos entrariam em guerra com a Rússia em determinadas circunstâncias; toda a sua política posterior a 1878 partiu desse pressuposto, e, por isso, precisavam manter um bom relacionamento com a Alemanha. Uma guerra por causa do Egito nunca fora uma possibilidade séria. Os britânicos certamente lutariam para permanecer no Egito; mas os franceses – e os alemães menos ainda – não lutariam para expulsá-los. Se os franceses um dia entrassem em guerra, seria pela Alsácia e pela Lorena, não pelo Egito. Estavam dispostos a oferecer um bom relacionamento à Alemanha, e só usariam a cooperação franco-germânica para obter melhores condições da Inglaterra.

Apesar disso, a cooperação de 1884 e 1885 foi levada a sério e conduzida com seriedade em ambos os lados. Os franceses ficaram contentíssimos em constranger os britânicos no plano diplomático. Mais que isso, Jules Ferry – premiê e ministro do Exterior – era o maior colonialista da Terceira República. Embora tivesse topado com a política colonial por acaso, ele depois a adotou como uma forma de reativar o dinamismo francês e de lhe conferir um novo orgulho imperial. No primeiro ministério, conduzira a França até a Tunísia; no segundo, ele a colocara na Indochina e na África Equatorial. Bismarck também queria um conflito com os britânicos por motivos de política interna. Detestava sua democracia parlamentar e, principalmente, o liberalismo gladstoniano; detestava ainda mais os admiradores da Inglaterra na Alemanha. Além do mais, as eleições para o Reichstag de 1884 estavam se aproximando; e em todas as ocasiões semelhantes Bismarck procurava obter uma Câmara dócil bradando "o Reich está em perigo!" – perigo que às vezes vinha da Rússia, às vezes da França, às vezes dos sociais-democratas. Ele já estava usando o trunfo do perigo social muito mais do que este merecia, e, em 1884, sua política externa o impedira de simular o perigo, viesse ele da França ou da Rússia. Só sobrava a Inglaterra; um conflito colonial inofensivo com ela poderia ajudar Bismarck a vencer as eleições. Havia algo ainda mais urgente a ser considerado. Fazia tempo que Bismarck vinha se precavendo com relação à morte de Guilherme I e ao "gabinete Gladstone" que, ele alegava, o novo imperador indicaria. O frágil liberalismo de Frederico Guilherme seria inviabilizado se a Alemanha estivesse indisposta com a Inglaterra quando ele subisse ao trono. Herbert Bismarck, o filho intimidante do chanceler intimidante, revelou o seguinte a Schweinitz em 1890: "Quando demos início à política colonial, tivemos de enfrentar um longo reinado do príncipe herdeiro, durante o qual predominava a influência inglesa. Para impedi-la, tivemos de lançar a política colonial, que é popular e pode gerar conflitos com a Inglaterra a qualquer momento".[18]

Embora necessidades internas tenham impulsionado Bismarck na direção das ambições coloniais, isso não significa, de forma alguma, que elas lhe foram impostas pela opinião pública. É claro que havia alemães que desejavam possuir colônias – historiadores românticos que queriam que o Reich fosse um império, e não apenas um Estado nacional; empresas comerciais de Hamburgo e Bremen que queriam apoio imperial para seu comércio africano; aventureiros que esperavam esconder seu passado duvidoso se apresentando como fundadores do império; todos aqueles que, procurando um substituto das tradições que faltavam à Alemanha, macaqueavam as tradições dos outros. Num Estado parlamentarista, essas diversas correntes poderiam ter desviado a trajetória da política alemã. Mas a Alemanha de Bismarck era uma autocracia controlada, não um Estado parlamentarista. Bismarck assumiu os impulsos coloniais em 1884 e os instrumentalizou, fazendo uma cara irônica e insinuando que eles o estavam dirigindo. Ele os descartou sem dificuldade no momento em que cumpriram sua missão, e, depois de 1885, o papel das questões coloniais na sua política não foi maior do que o desempenhado por elas antes de ele sequer ter obtido

---

18 Schweinitz, *Briefwechsel*, p.193.

as colônias. Se é absurdo supor que Bismarck permitiu que um punhado de apaixonados pelas colônias desviasse e prejudicasse sua política externa, é ainda mais absurdo acreditar que Bismarck, que se recusou a ignorar as pretensões da Alemanha na Europa, sucumbisse ele próprio a pretensões ultramarinas. É claro que Bismarck, como todo *Junker*, tinha um apetite insaciável por terra barata; mas tinha de ser realmente muito barata, e qualquer preço que fragilizasse a Alemanha na Europa a tornava cara demais. A França e a Alemanha eram, basicamente, potências continentais; para elas, os empreendimentos coloniais representavam uma dispersão de energia, já que os franceses só se voltavam para as colônias quando não tinham mais nada para fazer. Com a Rússia e a Inglaterra ocorria o inverso. Ambas eram adjacentes à Europa, não faziam parte dela; ambas não pediam nada da Europa, exceto serem deixadas em paz.[19] Portanto, a dedicação à política mundial era, para elas, um sinal de força e segurança. Bismarck enxergava as coisas de maneira muito diferente. Ele disse: "Meu mapa da África fica na Europa. Aqui fica a Rússia, aqui fica a França, e nós estamos no meio. Esse é o meu mapa da África". A frase estabeleceu a maior diferença entre Bismarck e seus sucessores no reinado de Guilherme II. Ele pensou unicamente em termos continentais; eles imaginaram que a Alemanha poderia passar para a "política mundial" antes de ter assegurado o controle da Europa. Consequentemente, no fim, seus sucessores fracassaram nas duas esferas. Bismarck nunca se distraiu com as questões coloniais. Seus ganhos coloniais de 1884 foram uma manobra em sua política europeia. Estava tentando se reconciliar com a França; e, para comprovar sua *bona fides*,* precisava de um contencioso com a Inglaterra.

Rigorosamente falando, a grande "corrida pela África" não foi iniciada por nenhuma das Grandes Potências. O rei da Bélgica Leopoldo II a desencadeou com a Associação Internacional do Congo (sob um nome ligeiramente diferente) em 1876 – um empreendimento capitalista à moda dos piratas. O grande explorador francês De Brazza entrou na concorrência na margem norte do Congo. Preocupados em manter uma porta aberta para a bacia do Congo, os britânicos reagiram com um típico empreendimento imperialista barato. Em fevereiro de 1884, reconheceram a reivindicação portuguesa, há séculos esquecida, de controlar a foz do Congo, supondo que

---

19 Isso se aplica mesmo em relação ao interesse da Rússia nos Bálcãs. Seu único interesse era proteger a passagem dos Estreitos, isto é, que eles não fossem controlados por nenhuma outra grande potência.

* Em latim no original: "boa-fé". (N. T.)

isso lhes permitiria neutralizar tanto Leopoldo II como De Brazza. Aqui estava um belo tema de discórdia anglo-francesa; e Bismarck acolheu de bom grado a oportunidade de tomar parte nela. Ele tinha carta branca em outros lugares. Tinha havido um alerta discreto no outono de 1883 de que os russos poderiam aumentar o preço pela renovação da Liga dos Três Imperadores (que expiraria em junho de 1884); mas acabou sendo apenas uma intriga doméstica – Saburov, em Berlim, tentando apostar mais alto que Giers, seu chefe de São Petersburgo. Saburov foi desautorizado, e a Liga foi renovada em 27 de março de 1884 sem alteração. Em 24 de abril, Bismarck propôs a Courcel a criação da Liga dos Neutros contra a Inglaterra, baseada no modelo da Neutralidade Armada de 1780;[20] no mesmo dia, o cônsul alemão na Cidade do Cabo anunciou que uma concessão na África do Sudoeste estava sob proteção alemã.[21] Seguiu-se uma negociação confusa com a Grã-Bretanha. Os britânicos não imaginavam que Bismarck quisesse entrar na empresa colonial; e, como as tarifas alemãs eram menores que as francesas, prefeririam as colônias alemãs às francesas se a África chegasse a ser partilhada. Bismarck queria um motivo de reclamação, não colônias; por isso, depositou sua queixa na soleira da porta da Colônia do Cabo, nunca imaginando que os britânicos cederiam. Além do mais, apresentou sua queixa de maneira provocadora e ofensiva; e, para reforçar sua reclamação em relação ao futuro, advertiu os britânicos para que não se opusessem às pretensões coloniais alemãs, num despacho que nunca foi comunicado ao governo britânico.[22]

---

20 Courcel para Ferry, 24 e 25 de abril de 1884. *Documents diplomatiques français*, primeira série, v, n.246, 247 e 249.

21 Esse povoamento, conhecido inicialmente como Angra Pequena, se transformou na África do Sudoeste Alemã durante o verão.

22 Bismarck para Münster, 5 de maio de 1884. *Grosse Politik*, iv, n.738. No ano seguinte, Bismarck citou esse despacho no Reichstag como prova de que o governo britânico tinha ignorado sua advertência. Quando os britânicos responderam que nunca tinham visto o despacho, Bismarck pôs a culpa, de maneira bastante injustificável, em Münster, seu embaixador em Londres. Essa manobra desonesta deixou um ressentimento duradouro no Ministério das Relações Exteriores britânico. Em 1907, Eyre Crowe escreveu amargurado a respeito do "documento fantasma" e do "engodo deliberado praticado contra o Reichstag e a opinião pública alemã pela publicação de supostos comunicados endereçados a lorde Granville que nunca foram enviados". Eyre Crowe, Memorando sobre o Estado Atual das Relações entre a Grã-Bretanha e a França e Alemanha, 1º de janeiro de 1907. *British Documents*, iii, apêndice A. Crowe parece ter acreditado que o despacho foi publicado por Bismarck num Livro Branco alemão. Na verdade, ele não foi publicado, embora Bismarck tenha se referido a ele num discurso no Reichstag.

Apesar disso, os britânicos não brindaram Bismarck com a rixa que ele procurava. Sobrecarregados com os problemas do Egito, estavam em retirada nos outros lugares. Em 21 de junho, reconheceram o assentamento alemão na África do Sudoeste e, em 26 de junho, abandonaram seu tratado com Portugal. Até prometeram aos franceses que sairiam do Egito em 1888 se isso fosse feito de forma ordenada e se uma conferência internacional pudesse arrumar suas finanças. Essa conferência se reuniu em 28 de junho. Os franceses se recusaram a sacrificar os interesses dos detentores de títulos. Embora sugerisse que pretendia apoiar os franceses, Bismarck realmente achava que o Egito era um tema de conflito muito arriscado com os britânicos, e deixou que os franceses torpedeassem a conferência sozinhos.[23] Ela se encerrou em 2 de agosto, sem chegar a nenhum resultado. Bismarck imediatamente forjou novas denúncias na África do Sudoeste,[24] e renovou o convite aos franceses para participar de uma coalizão contra os britânicos. Como comunicou a Schweinitz, ele esperava retomar o sistema continental de Napoleão I[25] – embora, naturalmente, dessa vez os decretos de Berlim tivessem um significado diferente. Essa liga continental atingiu o ponto culminante em setembro. Os três imperadores se encontraram em Skierniewice de 15 a 17 de setembro – a última reunião na história da Santa Aliança e, por sinal, a última vez em que os governantes da Europa central e oriental se viram face a face até os vencedores da Alemanha se reunirem em Potsdam, em 1945. O encontro de Skierniewice foi uma exibição dos princípios conservadores; o único tema concreto discutido foi a extradição dos criminosos políticos. Contudo, já que Bismarck enfatizara que o encontro não estava direcionado contra a França, só podia estar direcionado contra a Inglaterra, na medida em que tinha caráter internacional. Em 21 de setembro, Bismarck aventou novamente a ideia a Courcel de uma liga marítima contra a Inglaterra: "ela precisa se acostumar com a ideia de que uma aliança franco-germânica não é algo impossível".[26]

---

23 Depois do término da conferência, Bismarck censurou seu embaixador em Londres por não ter apoiado os franceses. Bismarck para Münster, 12 de agosto de 1884. *Grosse Politik*, iv, n.749. Apesar disso, não há prova de uma orientação prévia.

24 Em junho, os britânicos reconheceram apenas a concessão outorgada ao comerciante alemão Luderitz. Em agosto, Bismarck exigiu o reconhecimento da totalidade do território entre a fronteira da Colônia do Cabo e a África Ocidental Portuguesa, por pura ganância.

25 Schweinitz, *Denkwürdigkeiten*, ii. 283, 28 de julho de 1884.

26 Courcel para Ferry, 21 e 23 de setembro de 1884. *Documents diplomatiques français*, primeira série, v, n.404, 405 e 407; ver mais em Bourgeois e Pagès, *Origines de la Grande Guerre*, p.385.

Dizem às vezes que Bismarck agitou esse fantasma para arrancar concessões coloniais dos britânicos; porém, como eles estavam dispostos a lhe entregar tudo que ele queria, essa explicação não faz sentido. O mais provável é que Bismarck estivesse agindo genuinamente em busca de um acordo com a França. Pensando bem, uma liga marítima não era algo tão absurdo como parece. Em 1884, a marinha britânica praticamente só tinha prestígio; ela não fizera muitas tentativas para acompanhar os avanços técnicos, do encouraçado ao torpedo, e uma frota conjunta franco-germânica a teria superado. No papel, o poderio naval britânico era mais precário do que em qualquer momento desde o motim no Nore em 1797; e um temor naval, que irrompeu no verão de 1884, deu início à primeira medida tímida para construir uma nova frota que iria revolucionar o equilíbrio de poder marítimo nos dez ou quinze anos seguintes. Em 1884, a segurança britânica dependia da relutância francesa em obedecer às solicitações de Bismarck, não do poderio naval. Ferry observou em outubro: "A tendência evidente de Bismarck é nos fazer avançar, prometendo nos seguir; nossa política é aguardar e não tomar nenhuma medida sem o apoio da Europa".[27] Os franceses instrumentalizaram o apoio alemão para torpedear os novos projetos de reforma financeira no Egito que os britânicos tinham apresentado no outono de 1884; mas se esquivaram da sugestão de Bismarck de realizar uma conferência em Paris sobre as questões egípcias que ditasse as condições para a Inglaterra – e teriam se esquivado ainda mais de uma guerra, mesmo com o apoio moral de Bismarck. Bismarck diria a Courcel: "Quero que você perdoe Sedan, como depois de 1815 veio a perdoar Waterloo".[28] Lyons, o embaixador britânico em Paris, fez o seguinte comentário sensato: "A proteção de Bismarck derrubou o gabinete de Francynet e não está fortalecendo Jules Ferry".[29]

A manifestação mais concreta da entente franco-germânica foi a conferência que se reuniu em Berlim em novembro para resolver as questões da bacia do Congo. Embora concebida por Bismarck como um gesto antibritânico, ela não alcançou seu objetivo, chegando até a ameaçar aproximar a Grã-Bretanha da Alemanha. Os britânicos, que não tinham a menor intenção de monopolizar o mundo exterior como Bismarck imaginava, só queriam concorrência justa e tarifas baixas; os verdadeiros monopolistas eram

---

27 Ferry, nota de conversa com Herbert Bismarck, 6 de outubro de 1884. *Documents diplomatiques français*, primeira série, v, n.421.
28 Courcel para Ferry, 27, 28 e 29 de novembro de 1884. Ibid., n.468, 469 e 471.
29 Lyons para Granville, 25 de novembro de 1884.

os franceses. Quando a conferência reconheceu que a Associação Internacional era uma zona neutra de livre comércio, os britânicos tinham conseguido tudo que queriam; os franceses é que tinham sido derrotados. Isso não dissuadiu Bismarck de organizar outro conflito colonial com a Inglaterra a respeito da Nova Guiné, conflito que se estendeu de janeiro a março de 1885. O tema da disputa certamente foi escolhido para exasperar os colonos britânicos na Austrália, do mesmo modo que Angra Pequena fora escolhida por seu efeito sobre os colonos na Colônia do Cabo; e, como um novo Reichstag fora eleito no outono, a política de Bismarck não pode mais ser explicada por suas preocupações domésticas. O que Bismarck tinha em mente novamente era mais o efeito na França. Porém, no final de março, Ferry, e com ele a cooperação franco-germânica, caiu em desgraça. A verdadeira preocupação de Ferry fora a concretização do Império Francês na Indochina, não o Egito nem a África Ocidental. Ela o tinha envolvido numa guerra com a China, e as tropas francesas foram derrotadas em Lang-Son. A derrota foi exagerada por seus inimigos na Câmara, e ele foi derrubado em 30 de março, bem no momento em que vislumbrava a paz com a China. Embora tivesse recorrido à mediação alemã, não se ficou sabendo disso à época. Posteriormente, a queda de Ferry veio a ser considerada uma demonstração da desconfiança francesa em relação à Alemanha; na verdade, foi apenas o resultado de uma batalha perdida – assim como a morte de Gordon abalou o governo de Gladstone na Inglaterra.

Evidentemente, Bismarck não concluiu de imediato que a cooperação franco-germânica tinha fracassado. Ele assegurou a Freycinet, sucessor de Ferry, que a política alemã não tinha mudado; e, em 10 de maio, comentou novamente com Courcel a respeito dos projetos de uma liga marítima.[30] Enquanto isso, a liga continental contra a Grã-Bretanha realmente se apresentou de maneira nova e ameaçadora. Em 30 de março, no mesmo dia da queda de Ferry, um exército russo derrotou os afegãos em Pendjeh, com isso ameaçando o Afeganistão, que os britânicos consideravam o Estado-tampão imprescindível da Índia; parecia o começo da temida crise na Ásia Central. Havia muito que o poderio russo na região se expandia. Além da tendência inexorável de invadir os vizinhos longínquos e miseráveis, os russos procuravam uma arma para usar contra a Inglaterra no caso de uma nova crise no Oriente Próximo. Segundo Giers, eles queriam garantir uma "posição defensiva contra a agressividade demonstrada pelo governo inglês em

---

30 Courcel para Freycinet, 10 de maio de 1885. *Documents diplomatiques français*, primeira série, vi, n.23.

A LUTA PELA SUPREMACIA NA EUROPA

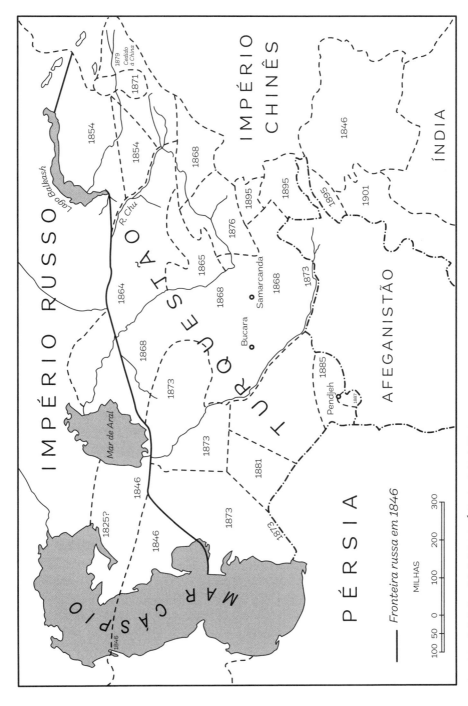

AVANÇOS RUSSOS NA ÁSIA CENTRAL

relação a nós desde a Guerra da Crimeia";[31] e a única posição defensiva que eles conheciam era ameaçar em outro lugar. Não fica claro se Bismarck tinha estimulado o avanço russo. Posteriormente, ele assegurou a Guilherme I que não fizera nada "para aumentar as probabilidades de guerra".[32] Contudo, ele estava a par dos planos russos, e falava deles com apreço a Courcel;[33] e é óbvio que os russos não teriam avançado de forma tão provocativa na Ásia Central se não tivessem a proteção da Liga dos Três Imperadores. Mas mesmo essa proteção não era suficiente para eles. O governo de Gladstone fora humilhado por suas disputas coloniais com a Alemanha e a França, e, ainda mais, pela morte de Gordon em Cartum. A crise de Pendjeh lhe deu a última oportunidade de restaurar seu prestígio em ruínas. A expedição que fora designada para resgatar Gordon foi retirada do Sudão; houve uma mobilização de tropas na Índia e, em 21 de abril, Gladstone encaminhou um voto de crédito de 11 milhões de libras.

Os britânicos não podiam desferir um golpe decisivo contra os russos nas montanhas do Afeganistão, e menos ainda no Extremo Oriente, onde se preparavam para atacar Vladivostok. Chegara a hora de instrumentalizar a interpretação de Salisbury dos estatutos dos Estreitos e atacar a Rússia no Mar Negro. A invasão britânica do Mar Negro era a principal preocupação da política russa desde 1878. Bismarck afirmara que os protegeria; e, nessa crise, cumpriu o prometido. Ele superou a hesitação da Áustria-Hungria em brigar com a Inglaterra e também atraiu a França. Todas as Grandes Potências – Alemanha, Áustria-Hungria, Itália e França – advertiram os turcos que abrir os Estreitos aos britânicos significaria uma violação das obrigações do tratado. Os turcos ficaram contentes com a desculpa para escapar dos problemas e se esquivaram do pedido britânico.[34] Mesmo assim, o protesto

---

31 Giers para Staal (Londres), 5 de julho de 1884. Meyendorff, *Correspondence diplomatique de M. de Staal*, i. 40.

32 Bismarck para Guilherme I, 27 de maio de 1885. *Grosse Politik*, iv, n.777.

33 Courcel para Ferry, 11 de março de 1885. *Documents diplomatiques français*, primeira série, v, n.622.

34 Os turcos tentaram aproveitar a oportunidade exigindo concessões dos britânicos no Egito. Posteriormente, alegaram ter alcançado o objetivo. Afirmaram que a proposta dos britânicos era permitir que os turcos ocupassem o Egito e o Canal de Suez, além de terem carta branca na Bulgária, em troca da abertura dos Estreitos, e tinham ameaçado separar a Turquia do Império Otomano se ela recusasse (Memorando de Kiderlen, 20 de maio de 1890. *Grosse Politik*, vii, n.1376). A história era inverídica. Os britânicos se recusaram a oferecer qualquer recompensa no Egito pela abertura dos Estreitos, baseando sua alegação na necessidade que a Turquia tinha da proteção britânica contra a Rússia. Os turcos tinham dúvidas se os britânicos os protegeriam e, de todo modo, não temiam a Rússia enquanto ela estivesse envolvida na Ásia Central.

europeu em Constantinopla foi a demonstração mais eficaz de solidariedade continental contra a Grã-Bretanha entre o sistema continental de Napoleão I e o Pacto Nazi-Soviético em 1939. Paradoxalmente, ele não alcançou seu objetivo. Quando os russos se convenceram de que os Estreitos continuariam fechados e o Mar Negro continuaria seguro, perderam o interesse na capacidade de ameaçar os britânicos no Afeganistão. Dispostos a chegar a um acordo na região, em 4 de maio eles concordaram com uma arbitragem, e os dois países estabeleceram os princípios gerais de uma fronteira russo-afegã em 10 de setembro. Ao se envolverem num conflito fundamental distante da Europa, a Grã-Bretanha e a Rússia não beneficiaram Bismarck.

A entente franco-germânica durou mais. Em maio de 1885, Bismarck forjou uma nova disputa com os britânicos para agradar os franceses, dessa vez na África Oriental. Esse era um lugar mais sensível para os britânicos, já que a África Oriental podia abrir uma porta alternativa ao Vale do Nilo superior, que eles tinham acabado de deixar nas mãos do Mahdi. Freycinet, novo no cargo e alertado pelo fracasso de Ferry, hesitou a ser empurrado contra os britânicos; e Bismarck confessou que estava decepcionado. Em 1º de junho, ele disse aos ministros prussianos: "Os franceses jamais se tornarão nem mesmo aliados defensivos confiáveis para nós".[35] No entanto, Bismarck já tinha recuado inúmeras vezes; e, quase ao mesmo tempo, disse a Courcel: "Guardemos silêncio até o outono. Então veremos".[36] Mas a situação europeia mudou profundamente nos meses seguintes. Em junho, Salisbury sucedeu a Gladstone e imediatamente se mostrou preocupado em cooperar com a Alemanha.[37] As eleições na França, previstas para outubro, geraram uma propaganda nacionalista exuberante que deixou Freycinet de mãos atadas. O acontecimento decisivo não foi na França nem na Inglaterra, foi em Filipópolis. Em 18 de setembro, ocorreu uma insurreição na Romélia Oriental; em 19 de setembro, o príncipe Alexandre da Bulgária proclamou a união da Romélia Oriental com a Bulgária. A Questão Oriental foi reaberta. Os austríacos precisavam do apoio britânico. Bismarck não pôde mais se dar ao luxo de afastá-los, e já em 28 de setembro ele minimizou as disputas coloniais como uma cortina de fumaça da entente malsucedida com os franceses.[38] A liga continental se evaporou quase antes de ter começado.

---

35 Lucius Ballhausen, *Erinneurungen na Bismarck*, p.316.
36 Courcel para Freycinet, 24 de maio de 1885. *Documents diplomatiques français*, primeira série, vi, n.27.
37 Salisbury para Bismarck, 2 de julho de 1885. *Grosse Politik*, iv, n.782.
38 Currie, memorando de conversa com Bismarck, 28 de setembro de 1885. Cecil, *Salisbury*, iii. 257.

Ainda assim, tinha sido um grande ensaio de política europeia. A política adotada por Bismarck entre 1882 e 1885 se baseava em dois pressupostos: que as potências continentais não tinham nenhuma contradição séria entre si, e que tanto a França como a Rússia tinham contradições tão fundamentais com a Grã-Bretanha que, para superá-las, elas se colocariam sob a proteção da Alemanha. Ambos os pressupostos eram falsos. A rivalidade entre a Rússia e a Áustria-Hungria nos Bálcãs foi postergada, não resolvida. Mesmo o pacífico Giers saiu de Skiernewice convencido de que os austríacos queriam enganar a Rússia quanto à sua hegemonia na Bulgária: "quanto a isso, não pode haver ilusões".[39] Giers tinha razão. Kálnoky disse a Bismarck que a Áustria-Hungria não podia concordar com a partilha dos Bálcãs por causa de seus interesses ferroviários; e Bismarck só conseguiu comentar: "Hic haeret".*[40] Embora os russos ficassem muito satisfeitos em obter vantagens na Ásia Central por um preço baixo, sua principal preocupação ainda era a segurança da Crimeia e da Ucrânia. E se fosse para levar em conta prestígio, o que significavam Merv e Pendjeh, vilarejos do Afeganistão, comparados a Constantinopla-Tsargrado, a cidade dos tsares? Mais tarde, a posição russa se modificou. Quando avançaram com a Ferrovia Transiberiana, encontraram no final uma cidade imperial, Pequim, que poderia ser uma verdadeira substituta de Constantinopla; e então ficaram ansiosos por uma liga continental. Na época de Bismarck não era assim.

Quanto aos franceses, nem mesmo Bismarck poderia ter acreditado que eles se consolariam com um punhado de palavras gentis. Ele se queixou por eles não participarem do *grand jeu*** no Egito.[41] O único grande jogo para os franceses teria sido anular o veredito de 1870; como isso não estava ao seu alcance, não participariam de nenhum outro. Courcel, repetindo a frase de Gambetta, definiu sua política: "Ser pacífico no presente; reservar o futuro".[42]

Os britânicos não faziam ideia do que estava ocorrendo. Pensaram que realmente tinham dado motivo para Bismarck se sentir ofendido. A rainha Vitória escreveu: "O sr. Gladstone afastou todos os outros países de nós com

---

39 Bülow para Bismarck, 23 de setembro de 1884. *Grosse Politik*, iii, n.647.

* Em latim no original: "Aqui se detém". (N. T.)

40 Reuss para Bismark, 2 de julho de 1884. Ibid., n.639.

** Em francês no original: "grande jogo". (N. T.)

41 Courcel para Freycinet, 27 de maio de 1885. *Documents diplomatiques français*, primeira série, vi, n.28.

42 Courcel para Ferry, 3 de dezembro de 1884. Ibid., v, n.475.

sua política instável e irresponsável – é claro que de forma involuntária";[43] e essa explicação pareceu se confirmar quando a mudança na política de Bismarck coincidiu com a chegada de Salisbury ao Ministério do Exterior. Além do mais, as questões coloniais eram um assunto sério para os britânicos; por isso, eles, e os historiadores anglo-saxões depois deles, acharam que elas também fossem um assunto sério para Bismarck. Passaram até a acreditar que o tinham tratado mal. Sanderson, durante anos figura de destaque no Ministério do Exterior, escreveu em retrospecto: "Nós cancelamos alguns projetos, mas em outros lugares tínhamos avançado demais e não podíamos retroceder".[44] Na verdade, os britânicos recuaram por toda parte, e Bismarck conseguiu tudo o que tinha reivindicado. Ao longo do ano de 1884, os alemães conseguiram a África do Sudoeste, os Camarões e a África Oriental. Os britânicos levaram apenas a baía de Santa Lúcia – um ponto-chave, realmente, já que isolava as repúblicas bôeres do mar. Mas os alemães dificilmente poderiam reclamar disso, a menos que pretendessem tomar os bôeres sob sua proteção, desafiando, assim, o Império Britânico na África do Sul, sua região mais importante. Alguns políticos britânicos tinham bom senso suficiente para não acreditar que Bismarck brigara com eles por causa de desertos africanos. Salisbury e, depois dele, Eyre Crowe, pensavam que Bismarck estava tentando forçar a Grã-Bretanha a integrar a Tríplice Aliança. Isso pode ter sido verdade posteriormente. Não era verdade na época da Liga dos Três Imperadores e da reconciliação franco-germânica. Naqueles dias, o objetivo da Tríplice Aliança era convencer a Áustria-Hungria e a Itália a prescindir da amizade britânica. Mais do que isso, ela era realmente utilizada para apoiar a Rússia em Constantinopla e a França no Egito. Era uma arma, ainda que auxiliar, da coalizão continental de Bismarck.

A segurança dos britânicos estava baseada em dois elementos, que tinham passado a considerar inquestionáveis e de funcionamento automático: a supremacia naval e o equilíbrio de poder na Europa. É possível que no começo dos anos 1880 eles estivessem mais instáveis do que os britânicos imaginavam; ainda assim, se mostraram bastante úteis. Os próprios britânicos começaram a reforçar sua frota aos poucos, e a França e a Rússia se mantiveram distantes da liga continental. O Egito e a Ásia Central não bastavam para fazê-las aceitar a hegemonia alemã na Europa. A luta pelo controle da Europa foi postergada, não abandonada; foi isso que significou a "era do imperialismo". O continente europeu só se uniria contra a Grã-Bretanha

---

43 Rainha Vitória para Granville, 28 de abril de 1885. *Letters of Queen Victoria*, segunda série, iii. 643.
44 Sanderson, comentários, 2 de fevereiro de 1907. *British Documents*, iii. 422.

depois de ter sido dominado por uma das Grandes Potências – fosse ela a Alemanha ou outra; e os britânicos poderiam ter dito à Alemanha o que o rei Carlos II disse a seu irmão Jaime, duque de York: "Eles nunca me matarão para torná-lo rei".

XIV
O TRIUNFO DA DIPLOMACIA: A CRISE BÚLGARA
1885-1887

A Liga dos Três Imperadores, como, antes dela, fora a Santa Aliança, era um sistema para tempos de bonança. Embora concebida para impedir um conflito austro-russo nos Bálcãs, na verdade só funcionava desde que não houvesse conflito. Ela conferiu à Europa uma aparência impressionante de estabilidade entre 1881 e 1885; e talvez até tenha tido alguma utilidade para a Rússia durante a disputa com a Grã-Bretanha por causa de Pendjeh. Mas não conseguiria sobreviver à pressão das novas agitações nos Bálcãs. E essas agitações pegaram de surpresa as Grandes Potências. Nem a Áustria-Hungria nem a Rússia tinham sequer as vagas pretensões que acalentaram no Oriente Próximo dez anos antes. Os austríacos ansiavam pela inauguração da Orient Line (concluída apenas em 1888) e esperavam que, de alguma forma, os restos da Turquia europeia alcançariam uma pujança econômica. Os russos tinham apenas a preocupação concreta de manter os Estreitos bem fechados. Por motivos compreensíveis de prestígio, queriam manter a influência política na Bulgária, obtida em 1878 e que, na verdade, lhes fora concedida pela Liga dos Três Imperadores. Se a sua habilidade tivesse conseguido tornar a Bulgária tão subserviente a eles como a Sérvia se tornara à Áustria-Hungria, ninguém no início dos anos 1880 teria objetado; mas a tarefa estava fora do seu alcance. Seu único conceito de "libertação" era que a Bulgária deveria ser governada por um general russo. Além disso, a rivalidade em São Petersburgo entre o ministro do Exterior e o ministro da Guerra se estendera à Bulgária, onde os diplomatas russos apoiavam os conservadores e os militares apoiavam os liberais. Os dois lados jogaram seus protetores um contra o outro e obtiveram para a minúscula Bulgária do "congresso" uma independência surpreendente. O ressentimento dos russos se concentrou em Alexandre de Battenberg, o príncipe da Bulgária que eles próprios tinham indicado; e quando a Romélia Oriental proclamou sua união com a Bulgária em setembro de 1885, os russos se declararam os principais defensores do *status quo ante*, ou seja, da decisão do congresso que, em 1878, consagrara sua derrota.

Inicialmente, o governo austro-húngaro adotou a mesma postura; e Bismarck se dispôs a apoiar tudo que fosse acordado por seus dois aliados imperiais. Em outubro de 1885, tudo indicava que a Liga dos Três Imperadores ia conseguir o que queria e iria autorizar os turcos a reconquistar a Romélia Oriental. O projeto foi torpedeado pela oposição britânica. Salisbury teria acolhido de bom grado uma intervenção turca na Bulgária para restaurar o acordo de Berlim. Quando, em vez disso, os turcos recorreram às potências, ele concluiu que o poderio turco não devia mais ser levado em conta. Uma intervenção turca teria representado um golpe contra a Rússia; uma intervenção austro-russa teria provocado uma nova Crise Oriental e abalado o Império Otomano. Além disso, ele estava enfrentando a primeira eleição geral com sufrágio censitário, e temia que a intervenção das potências reacionárias ofendesse o que Bismarck chamava (com seu exagero típico) de "eleitorado radical-comunista".[1] Ele disse a Waddington, o embaixador francês: "É a política do Congresso de Verona, mas nós ocidentais, que somos governos de opinião pública, não podemos nos associar ao extermínio das novas populações cristãs nos Bálcãs";[2] e, para agradar os franceses, ele propôs à Turquia um acordo que previa uma futura retirada britânica do Egito. Velhos temas vieram à tona: a Santa Aliança de um lado, a "aliança liberal" do outro. As duas combinações eram instáveis demais para durar. Os franceses não seriam empurrados contra a Rússia. Os austríacos estavam cada vez mais tentados a se aliar aos britânicos e a competir com a Rússia pelo controle dos Bálcãs. Em novembro, a Sérvia, satélite da Áustria-Hungria, exigiu uma "compensação" pela unificação da Bulgária, e, em seguida, lhe declarou guerra. Foi derrotada pelos búlgaros depois de quinze dias. Kálnoky, ministro do Exterior austro-húngaro, ordenou que o exército búlgaro se detivesse. Ele foi muito pressionado em Viena a consolar o príncipe Alexandre por

---

[1] Bismarck para Hatzfeld (Londres), 9 de dezembro de 1885, *Grosse Politik*, iv, n.789.
[2] Waddington para Freycinet, 16 de outubro de 1885. *Documents diplomatiques français*, primeira série, vi, n.94.

essa humilhação, apoiando-o em casa contra os russos. Por outro lado, Bismarck insistiu que a Áustria-Hungria não fizesse nada a menos que os britânicos se comprometessem primeiro: "na dúvida, se abstenha".[3] Seguiu-se um compromisso, proposto primeiro por Salisbury, depois apoiado por Kálnoky e finalmente aceito pelos russos em abril de 1886 – uma "união particular" da Romélia Oriental com a Bulgária. Foi um compromisso parecido ao que tinha anunciado a unificação da Romênia 25 anos antes.

O compromisso criou a Bulgária, mas não conseguiu salvar a Liga dos Três Imperadores. Os russos não engoliam o príncipe Alexandre. Em agosto de 1886, ele foi sequestrado por oficiais a mando da Rússia. Quando voltou à Bulgária em setembro, o tsar ordenou que abdicasse; e ele sumiu do mapa, provocando apenas uma breve agitação em 1888 ao propor casamento à irmã de Guilherme II.[4] O general russo Kaulbars foi enviado para assumir a Bulgária, mas os políticos se mostraram ainda mais obstinados que seu antigo príncipe e, em novembro, as relações entre a Rússia e a Bulgária foram rompidas. Parecia o prelúdio da invasão. Fazia muito tempo que Kálnoky rejeitava uma partilha dos Bálcãs como a que Bismarck defendera; e ele estava sendo hostilizado por uma campanha na Hungria, liderada por Andrássy, em defesa da guerra contra a Rússia. Para evitar algo pior, teve de assumir o compromisso de se opor que a Bulgária se tornasse um protetorado russo. Como não estavam muito seguros de que conseguiriam enfrentar a Rússia sozinhos, os austríacos se voltaram para Bismarck em busca de apoio, mas ele recusou. Bismarck sempre insistira que a aliança austro-germânica era puramente defensiva, e que a Alemanha não tinha nenhum interesse nos Bálcãs. Se a Áustria-Hungria queria se opor à Rússia, devia obter o apoio britânico. Essa era, essencialmente, a situação diplomática. Bismarck se comprometera a preservar a Áustria-Hungria como uma grande potência. Salisbury, que retomara o cargo em 1886 depois do governo de curta duração de Gladstone, estava decidido a manter os russos fora de Constantinopla. Embora não acreditasse mais em sua importância estratégica, sentiu-se comprometido por causa da opinião pública. Achava que um governo que concordasse com a ocupação russa de Constantinopla "teria o mesmo

---

3 Bismarck para Reuss, 13 de dezembro de 1885. *Grosse Politik*, v, n.972.
4 Ele acabou fazendo um casamento morganático com uma atriz. Não deixa de ser curioso pensar que, enquanto os Romanov e os Hohenzollern desapareceram, a família (embora não os descendentes diretos) do príncipe Alexandre forneceram o último vice-rei da Índia e um consorte para a rainha da Inglaterra.

destino do partido de lorde North"; [5] seria "a destruição do nosso partido e um duro golpe para o país".

Tanto Bismarck como Salisbury tinham um argumento irrefutável. Se os alemães declarassem apoio à Áustria-Hungria, a Rússia não a atacaria; se a frota britânica penetrasse no Mar Negro, a Rússia não invadiria a Bulgária. Mas, do mesmo modo, quem quer que fizesse o primeiro movimento atrairia sobre si a agressividade e o ressentimento russos. A Alemanha seria ameaçada em sua fronteira oriental; os britânicos seriam ameaçados na Índia. Randolph Churchill, ministro das Finanças, perguntou: "Quem nos apoiará contra a Rússia na Ásia, se tivermos assegurado a paz no Oriente Próximo e, portanto, direcionado a hostilidade russa unicamente contra nós?".[6] Portanto, ambos começaram a inventar desculpas. Salisbury argumentou que, embora a frota pudesse proteger Constantinopla, ela não conseguiria ajudar o exército austro-húngaro na Galícia. "Estamos vulneráveis." Além do mais, a frota precisava de proteção nos Estreitos se fosse entrar no Mar Negro; em outras palavras, a Alemanha teria de rejeitar o apoio diplomático em defesa do fechamento que ela dera de forma tão enfática em abril de 1885, o que também foi recusado por Bismarck. Ele pretendia apoiar a interpretação russa do regulamento dos Estreitos para consolar a Rússia por sua recusa de prometer neutralidade numa guerra entre ela e a Áustria-Hungria. O máximo que ele poderia oferecer aos britânicos era que a Alemanha manteria a França neutra. Essa oferta não interessava a Salisbury. Ele ainda não tinha aceitado que a hostilidade francesa fosse inevitável, e muito menos uma entente franco-russa; e, de fato, em novembro de 1886, os franceses lhe ofereceram a perspectiva de apoio na Bulgária se ele ao menos encerrasse a ocupação britânica do Egito.[7] Drummond Wolff foi enviado a Constantinopla para negociar com os turcos com o mesmíssimo objetivo.

Os britânicos tentaram dirigir a manobra de Bismarck contra ele próprio, propondo, por sua vez, proteger a Alemanha contra a França. Bismarck, porém, transformou a França numa desculpa para ficar inerte. O despertar patriótico na França, que começara durante a eleição geral de 1885, atingira o ápice no verão de 1886. Ele girou em torno do símbolo descabido do general Boulanger, um militar que se destacava apenas pelo

---

5 Salisbury para Randolph Churchill, 28 de setembro e 1º de outubro de 1886. W. Churchill, *Lord Randolph Churchill* (edição popular), p.519.
6 Hatzfeld para Bismarck, 6 de dezembro de 1886. *Grosse Politik*, iv, n.875.
7 Waddington para Freycinet, 3 e 24 de novembro de 1886. *Documents diplomatiques français*, primeira série, vi, n.342 e 358.

manejo de um cavalo de circo preto. Boulanger não tinha nenhuma sensatez política, e o boulangismo, nenhum programa político; na prática, o que tinha a oferecer era a derrota certa nas mãos da Alemanha. Os cautelosos paisanos de classe média que governavam a França pretendiam evitar esse desastre; no entanto, eles eram, até certo ponto, reféns da agitação nacionalista. Certamente não conseguiriam retomar a política de cooperação com a Alemanha adotada por Ferry; era difícil até fazer um acordo com a Inglaterra em relação ao Egito, exceto se as condições fossem muito favoráveis. Os defensores da *revanche* os empurravam na direção da Rússia; no entanto, a última coisa que queriam era o desmembramento do Império Otomano e os russos em Constantinopla. Por outro lado, o colapso da Liga dos Três Imperadores empurrou o tsar na direção da França; no entanto, embora quisesse que a França o apoiasse em Constantinopla, ele não queria brigar com a Alemanha. Além disso, do mesmo modo que Alexandre II sempre pedira a Napoleão III que fosse "respeitável", Alexandre III acolhia de bom grado o nacionalismo boulangista, mas considerava sua demagogia "muito lamentável".[8] O boulangismo serviu muito bem aos objetivos de Bismarck. Embora retardasse a aliança entre a França e a Rússia, permitiu que Bismarck argumentasse que a Alemanha precisava manter todo o seu poderio para repelir um ataque francês. Ele também fez um cálculo interno. O mandato de três anos do Reichstag terminaria em 1887, e ele precisava novamente erguer o clamor de que a mãe-pátria corria perigo, preferencialmente de uma maneira que pudesse utilizá-lo contra o centro católico e os partidos de esquerda.

Em 25 de novembro de 1886, Bismarck apresentou ao Reichstag uma nova legislação militar, que defendeu unicamente com o argumento do perigo que a França representava; e, quando ela foi derrotada em janeiro, ele dissolveu o Reichstag. A eleição geral deu maioria ao *cartel*, a coalizão de latifundiários e capitalistas liberais nativos, que apoiava Bismarck; e a legislação militar foi aprovada tranquilamente em março de 1887. Ela já tinha cumprido sua missão. Os adversários parlamentares de Bismarck lhe prestaram inúmeros serviços, mas nenhum deles foi maior do que a rejeição da legislação militar, dando-lhe assim a desculpa para enfrentar a pressão britânica até a primavera de 1887. Teria sido um desastre para a sua política externa se a legislação tivesse sido aprovada em novembro de 1886. Segundo suas próprias palavras: "Eu não poderia inventar Boulanger, mas ele surgiu de uma

---

8 Laboulaye (São Petersburgo) para Freycinet, 26 de novembro de 1886. *Documents diplomatiques français*, primeira série, vi, n.362.

forma muito conveniente para mim".[9] Não faria sentido especular se Bismarck levava a sério a ameaça da França; provavelmente ele sempre levava a sério uma ameaça desde que ela atendesse às suas necessidades políticas. Ele orientou seu embaixador em Paris a enviar relatórios alarmistas até o término da eleição, e o censurou quando este deixou de fazê-lo. Além do mais, embora em público falasse em "sangrar a França até deixá-la exangue" em caso de guerra, confessou em privado que a Alemanha precisava da França por causa de um futuro equilíbrio marítimo diante da Inglaterra, e que ele lhe ofereceria condições generosas depois da primeira vitória.[10] Nessa época, o plano de guerra alemão previa que o país atacaria a Rússia, mas ficaria na defensiva contra a França; e Bismarck enfatizava o perigo francês basicamente para ocultar o fato de que os verdadeiros preparativos da Alemanha estavam direcionados contra a Rússia.

Os franceses pressentiam um pouco isso. Herbette, embaixador francês em Berlim, escreveu em dezembro de 1886: "Creio que Bismarck deseja realmente a paz",[11] e insistiu que a França ficasse neutra em caso de guerra nos Bálcãs.[12] Os franceses chegaram até a propor a renovação da entente de Ferry com a Alemanha, se Bismarck os ajudasse contra a Inglaterra no Egito – assim não precisariam do apoio russo. Embora Bismarck não se atrevesse a afastar a Inglaterra por causa da Áustria-Hungria, ofereceu-se como mediador entre os dois países. "Uma combinação análoga à da Guerra da Crimeia reduziria a tensão da situação... A reconciliação entre a Inglaterra e a França é a única maneira de obrigar a Rússia a respeitar os tratados."[13] Isso estava muito distante de 1879, quando tinha justificado a aliança austro-germânica como uma forma de repelir a "coalizão da Crimeia". A oferta de Bismarck foi recusada pelos britânicos. Eles já tinham alcançado o posicionamento em relação ao Egito ao qual sempre tinham aderido: entrariam num acordo com a França, mas sem a ajuda ou interferência de nenhuma outra potência. Pois, embora a oposição francesa representasse muitas vezes um constrangimento para eles, os britânicos sabiam que nenhuma outra potência apoiaria a França em caso de conflito. Portanto, os franceses ficaram isolados e, se Bismarck colocasse em prática suas ameaças, só poderiam recorrer à Rússia

---

9 Philipp, *Gespräche*, p.85, 14 de abril de 1887.
10 Bismarck para Schweinitz, 25 de fevereiro de 1887. *Grosse Politik*, vi, n.1253.
11 Herbette para Flourens, 19 de dezembro de 1886. *Documents diplomatiques français*, primeira série, vi, n.378.
12 Herbette para Flourens, 7 de fevereiro de 1887. Ibid., n.428.
13 Bismarck, memorando, 19 de novembro de 1886. *Grosse Politik*, iv, n.806.

em busca de proteção. Mas eles fizeram o possível para esconder isso dos russos, para não serem requisitados na Questão Búlgara; e quando Laboulaye, o embaixador em São Petersburgo, perguntou a Giers se a Rússia protegeria a França de um ataque alemão, ele foi severamente repreendido pelo ministro do Exterior francês.[14] Os franceses não ousavam se opor à Rússia, com medo de perder sua proteção; também não se atreviam a apoiá-la, com medo de serem destruídos por uma coalizão da Inglaterra e das Potências Centrais – independentemente do fato de que o projeto russo no Oriente Próximo contrariava seus próprios interesses. Portanto, adotaram a linha de avaliar sua postura nos Bálcãs levando exatamente em conta a postura alemã; assim, ninguém poderia censurá-los. "É verdade que nos distanciamos da Inglaterra, da Itália e da Áustria, mas o fizemos para seguir o caminho pelo qual a Alemanha foi a primeira a avançar, não para precedê-la."[15] Isso certamente virou o jogo contra Bismarck. Ele tinha a esperança de jogar a França nos braços da Rússia, o que, simultaneamente, forçaria os britânicos a passar para o lado da Áustria-Hungria e o livraria das solicitações constrangedoras da Rússia. Em vez disso, a abstenção francesa – uma abstenção mais ativa que na crise oriental precedente, mas, ainda assim, uma abstenção – obrigou Bismarck a desempenhar o papel principal, ditando, de fato, a diplomacia de 1887.

    Tanto Bismarck como Salisbury se contiveram até o início de 1887, cada um esperando colocar o fardo da Áustria-Hungria nos ombros do outro. Com a chegada do Ano Novo, ambos começaram a fraquejar, não, porém, em relação à Áustria-Hungria. A exemplo das negociações pela Tríplice Aliança em 1882, a Itália oferecia um terreno mais seguro para concessões: qualquer compromisso seria contra a França, não contra a Rússia, e nem Bismarck nem Salisbury levava a sério o risco representado pela França. Os italianos estavam numa posição privilegiada para negociar. Os britânicos precisavam de apoio diplomático contra os franceses tanto no Egito como no Marrocos, e eles só o obtiveram de forma sincera dos italianos; além do mais, Bismarck proclamava abertamente o perigo representado pela França, e os italianos podiam citá-lo de forma proveitosa – ele não poderia desmenti-los sem se expor. Mesmo assim, Bismarck não teria aceitado as exigências deles, a menos que os britânicos tivessem dado o primeiro passo. Em 17 de janeiro, Salisbury disse ao embaixador italiano que gostaria de

---

14 Flourens para Labouclaye, 29 de janeiro de 1887. *Documents diplomatiques français*, primeira série, vi, n.414.
15 Flourens para Herbette, 23 de janeiro de 1887. Ibid., n.406.

tornar o relacionamento "mais profundo e proveitoso". Os italianos replicaram propondo uma aliança formal contra a França, o que ia além do que Salisbury pretendia. Ele estava disposto a dar aos italianos o mesmo tipo de ajuda em Trípoli (seu objeto de ambição no Mediterrâneo) que eles lhe tinham dado no Egito; e mais, a prometer apoio "em geral e na medida em que as circunstâncias permitam", mas não a fazer uma aliança. O acordo anglo-italiano, realizado em 12 de fevereiro, foi tão casual e informal como Salisbury conseguiu fazê-lo. A nota italiana queria um acordo preciso que mantivesse o *status quo* no Mediterrâneo. Salisbury simplesmente aprovou, em termos genéricos, a ideia de cooperação, acrescentando a frase ambígua: "o caráter dessa cooperação terá de ser decidido por eles, quando surgir a ocasião para tal, de acordo com as circunstâncias do caso".[16] Para Salisbury, "por eles" significava os britânicos, para os italianos, os dois governos. No entanto, Salisbury não estava tentando ludibriar os italianos. As frases vagas tinham sido concebidas para responder às dúvidas do gabinete britânico e para evitar revelações que poderiam ameaçar seu frágil governo na Câmara dos Comuns. Ele escreveu a Vitória: "É o mais próximo de uma aliança quanto o caráter parlamentar das nossas instituições permite".[17]

    Bismarck também se comprometeu de bom grado com os italianos quando soube que Salisbury estava em trânsito. Os italianos tinham duas queixas em relação à Tríplice Aliança vigente, que estava prestes a expirar em maio de 1887: ela não lhes dava nenhum poder de voto nos Bálcãs e não os protegia do avanço francês em Trípoli. Bismarck estava disposto a atender a essas queixas; Kálnoky, não. Ele não queria que a Itália interferisse nos Bálcãs; tinha decidido não participar de nenhuma associação contra a França; e, no fundo, teria gostado de assistir ao colapso da Tríplice Aliança, para que então a Alemanha tivesse uma desculpa a menos para não apoiar a Áustria-Hungria. Portanto, Bismarck teve de se encarregar de tudo e fazer todos os sacrifícios. Para atender às objeções de Kálnoky, o tratado original da Tríplice Aliança foi renovado sem alterações em 20 de fevereiro de 1887 – uma

---

16 Corti para Salisbury, Salisbury para Corti, 12 de fevereiro de 1887. *British Documents on the Origins of the War 1898-1914*, viii. 1-2. Os italianos propuseram: (i) manutenção do *status quo* nos mares Mediterrâneo, Adriático, Egeu e Negro, e resistência a qualquer anexação, ocupação ou protetorado ali; (ii) nenhuma mudança nessas regiões sem prévio acordo das duas potências; (iii) apoio italiano à Grã-Bretanha no Egito, e apoio britânico à Itália no Norte da África, principalmente em Trípoli e Cirenaica, contra "invasões" de uma terceira potência; (iv) apoio mútuo geral no Mediterrâneo. Tratava-se muito mais de um pacto contra a França, ou mesmo, no que se referia ao Adriático, contra a Áustria-Hungria, do que contra a Rússia.

17 Salisbury para Vitória, 10 de fevereiro de 1887. *Letters of Queen Victoria*, terceira série, i. 272.

semana depois de o acordo anglo-italiano ter sido concluído sem sofrer alteração. A Áustria-Hungria e a Alemanha também fizeram novos tratados em separado com a Itália. O Tratado Austro-Italiano simplesmente aceitou o princípio das "compensações recíprocas" caso o *status quo* nos Bálcãs sofresse uma reviravolta; os austríacos pretendiam, quando muito, reconhecer parte das reivindicações italianas na Albânia; os italianos, porém, estavam de olho no Tirol. A Áustria-Hungria não assumiu nenhum compromisso novo contra a França, nem a Itália contra a Rússia. O Tratado Ítalo-Germânico foi um caso bem diferente. A Alemanha prometia socorrer a Itália se a França tentasse "ampliar sua ocupação ou mesmo seu protetorado ou soberania" em Trípoli ou no Marrocos, e se a própria Itália, então, agisse no Norte da África ou mesmo atacasse a França na Europa. Além disso, em caso de guerra com a França, a Alemanha ajudaria a Itália a "obter garantias territoriais para proteger suas fronteiras e sua posição marítima" – referindo-se, com isso, à Córsega, à Tunísia e a Nice. Isso não se parecia muito com a "Liga da Paz", descrição retórica feita por Bismarck da Tríplice Aliança original; e estava muito distante de suas reiteradas promessas de apoiar a França por toda parte exceto na Alsácia-Lorena. Na prática, isso não significava muito mais que afirmar que a Alemanha ajudaria a Itália a se apoderar de Trípoli se os franceses tomassem o Marrocos; e o Marrocos teria saído barato. O motivo subjacente de Bismarck, como quase sempre ocorria, era sua determinação de não se comprometer contra a Rússia. A França era seu para-raios: quanto mais se comprometesse contra ela, mais poderia alegar que a tarefa de se opor à Rússia deveria ser executada por terceiros. Ademais, aqueles que dirigiam a política italiana não podiam empunhar o arco de Cavour. Eles podiam instrumentalizar os conflitos de terceiros, mas dificilmente tomariam a iniciativa de iniciar uma guerra. Acima de tudo, a responsabilidade de apoiar a Itália era compartilhada com a Inglaterra; e, a menos que os britânicos agissem, Bismarck também encontraria uma desculpa.

Os acordos dos britânicos e dos alemães com a Itália protegeram o *status quo* no Mediterrâneo contra a França, mas não interferiram no perigo representado pela Rússia. Também nesse caso Salisbury estava disposto a fazer algumas concessões; talvez o gabinete, após ter sido levado a fazer um acordo, desconfiasse menos de um segundo acordo. Em 19 de fevereiro, ele propôs que a Áustria-Hungria devia "ter acesso" ao Acordo Anglo-Italiano tal como ele se apresentava. Essa não era, de modo algum, uma ideia que atraísse Kálnoky: ela o comprometeria contra a França em relação ao Egito e a Trípoli, sem prever nenhuma ajuda contra a Rússia na Bulgária. Além disso, Bismarck insistira inúmeras vezes, na época em que tentava salvar a Liga dos Três Imperadores, que as promessas britânicas eram inúteis a menos que implicassem um compromisso obrigatório de cooperação militar; no entanto, Kálnoki sabia que, depois de trocar frases extremamente vagas com Salisbury, Bismarck disporia de um argumento de peso contra qualquer auxílio à Áustria-Hungria. Aparentemente, porém, a desculpa do espantalho francês que Bismarck tinha agitado surtiu efeito: é melhor um apoio vago da Inglaterra contra a Rússia do que nenhum apoio de ninguém. No aspecto fundamental, Salisbury conseguiu o queria. Embora as notas trocadas entre os governos britânico e austro-húngaro em 24 de março de 1887 fizessem menção à manutenção do *status quo* particularmente nos mares Egeu e Negro, elas não continham a referência específica aos Bálcãs na qual Kálnoky inicialmente insistira.[18] Além do mais, a exemplo das notas trocadas com a Itália, elas mencionavam apenas a cooperação diplomática: não havia nenhum "compromisso".

As notas de fevereiro e março de 1887 criaram uma Tríplice Entente que protegia os interesses britânicos no Egito, os interesses italianos em Trípoli e os interesses dos três em Constantinopla.[19] Ela foi concebida para reforçar a determinação dos dois aliados continentais, mais do que deter seus possíveis inimigos. Os russos tinham conhecimento da Aliança Austro-Germânica desde o começo. Os franceses ficaram sabendo da Tríplice Aliança no mínimo na primavera de 1883; e ouviram um relato preciso da sua renovação pelos italianos em abril de 1887.[20] Mas nem os franceses nem os russos faziam ideia da existência de um "acordo mediterrâneo" escrito, embora a realidade da cooperação diplomática fosse evidente. Por outro lado, os italianos sempre tinham ameaçado fazer um acordo com os franceses; e Salisbury, mas não Bismarck, sempre receou que os austríacos pudessem fechar um acordo com a Rússia. Na verdade, Salisbury justificou o acordo mediterrâneo a Vitória como a melhor maneira de evitar uma liga continental, que procuraria dividir o Império Britânico.[21] Esses temores eram exagerados. O objetivo concreto de Salisbury era assegurar o apoio diplomático das Potências Centrais na Questão Egípcia; e, já que não podia fazer um acordo

---

18 Minuta da nota austro-húngara, 17 de março; notas austro-húngara e britânica, 24 de março de 1887. *British Documents*, viii. 6 e 3.

19 Os governos italiano e espanhol também trocaram notas em 4 de maio de 1887, para preservar o *status quo* no Marrocos. A aprovação dos governos alemão e austro-húngaro a esse acordo foi dúbia, e a do governo britânico, mais dúbia ainda.

20 Moüy (Roma) para Flourens, 24 de abril de 1887. *Documents diplomatiques français*, primeira série, vi, n.507.

21 Salisbury para Vitória, 10 de fevereiro de 1887. *Letters of Queen Victoria*, terceira série, i. 272.

direto com a Alemanha, ele tinha de se contentar com uma abordagem através dos seus dois parceiros. Uma cooperação diplomática sem qualquer compromisso com a ação decorrente dela era um ótimo resultado para a política britânica. Havia uma sólida maioria contra os franceses no Egito; e, com a exceção dos franceses, a "coalizão da Crimeia" tinha sido recriada em Constantinopla. Mas essa "coalizão da Crimeia" tinha uma diferença. A primeira resultara da eclosão da guerra; esta fora concebida para evitá-la. A preocupação principal de Salisbury ara aumentar seu poder de barganha com os franceses e, quem sabe, até com os russos.

Embora Bismarck e Salisbury fizessem inúmeras declarações de amizade mútua, cada um deles tinha uma ressalva fundamental. Bismarck não pretendia brigar com a Rússia, Salisbury queria se reconciliar com a França; e, no momento em que o acordo mediterrâneo foi concluído, cada um deles tratou de melhorar o relacionamento com as potências supostamente belicosas. Salisbury fracassou. Em 22 de maio, Drummond Wolff finalmente concluiu um convênio com os turcos referente ao Egito. Embora ele previsse a retirada das tropas britânicas dentro de três anos, também dispunha que a retirada poderia ser postergada ou que as tropas poderiam voltar "se a ordem e a segurança internas fossem perturbadas". Na França, o movimento boulangista estava no auge, e os paisanos franceses não se atreviam a ceder na Questão Egípcia. Apoiados pela Rússia, eles intimidaram o sultão, dizendo que, se ele não rejeitasse o projeto de convênio, a França ocuparia a Síria, e a Rússia, a Armênia. Em 15 de julho, Drummond Wolff deixou Constantinopla. Os franceses se arrependeram imediatamente do seu êxito e se ofereceram para ajudar a Inglaterra a negociar um novo convênio.[22] Tarde demais. A crise búlgara também estava atingindo um ponto crítico, e Salisbury tinha de decidir de um jeito ou de outro. Ele decidiu pelas Potências Centrais. O fracasso do convênio de Drummond Wolff foi o elemento decisivo que levou os franceses a fazer uma aliança com a Rússia. Quando a entente anglo-francesa entrou em colapso, eles ficaram sem alternativa. Mas recorreram à Rússia para forçar um acordo com a Grã-Bretanha sobre o Egito, não para entrar em guerra com ela. Embora acirradas, as disputas entre Inglaterra e França eram brigas de família entre duas nações com uma civilização comum e um liberalismo comum; essas disputas eram conduzidas com um profundo rancor, mas também dentro dos limites de um debate parlamentar. Os políticos franceses estavam decididos a não serem arrastados para uma parceria

---

22 Flourens para Waddington, 18 de julho; Herbette para Flourens, 26 de julho de 1887. *Documents diplomatiques français*, primeira série, vi *bis*, n.51 e 52.

exclusiva com as monarquias do continente. Embora contrariasse os planos franceses, Salisbury também era um membro honorário da "república dos amigos", e preferia sua *villa* em Dieppe a Hatfield House. Ainda assim, um verdadeiro renascimento da "aliança liberal" ficou descartado durante anos quando o impasse sobre o Egito piorou depois de julho de 1887.

Bismarck teve mais êxito em melhorar sua posição. Não foi difícil com a França. Depois que deixou de se preocupar com um perigo imaginário que ele próprio tinha criado, não houve mais obstáculos para uma relação amistosa. Um acidente de fronteira em abril de 1887 proporcionou uma abertura. Schnaebele, um funcionário de fronteira francês, foi detido ilegalmente pelos alemães.[23] O governo francês imaginou que Bismarck o estava provocando visando uma guerra; e Boulanger pensou que a sua hora tinha chegado. Pelo contrário: Bismarck soltou Schnaebele com o que ele mais considerava parecido com uma desculpa e Boulanger foi excluído do governo seguinte, que se formou no final de maio. Se alguma vez existira uma crise boulangista, ela agora tinha acabado. Apesar disso, uma entente significativa com a França foi excluída devido às necessidades de Bismarck em outras regiões; ele não podia apoiá-la no Egito, pois temia perder o apoio britânico à Áustria-Hungria. Nesse sentido, Salisbury tivera razão de sustentar que o acordo mediterrâneo impedia uma coalizão continental. O relacionamento de Bismarck com a Rússia era mais importante, na verdade, o aspecto fundamental da sua política. Sempre tinham existido dois partidos na corte russa: os diplomatas conservadores, que defendiam um relacionamento íntimo com a Alemanha; e os nacionalistas agressivos, que queriam carta branca para explorar a guerra franco-alemã que eles, como muita gente, consideravam iminente. Embora muito conservador, Alexandre III não gostava de depender da boa vontade alemã, e esperava mais das ameaças que da conciliação. Portanto, o problema dos conservadores russos era fazer Bismarck superar as inclinações pessoais de Alexandre. Pyotr Shuvalov, que fizera o acordo com Salisbury em 1878, foi a Berlim no início de janeiro de 1887. Ofereceu a "neutralidade amistosa" da Rússia numa guerra franco-germânica; em troca, a Alemanha reconheceria que a Rússia tinha o direito exclusivo de influenciar a Bulgária e prometeria uma neutralidade amistosa se a Rússia assumisse o controle dos Estreitos.[24] O acordo convinha a Bismarck.

---

23 Schnaebele fora convidado ao território alemão a trabalho, o que não foi contestado. Ainda por cima, ele pode ter fugido para o território francês enquanto tentava escapar da polícia alemã.

24 A Alemanha prometeria uma neutralidade amistosa "se a preocupação com os interesses da Rússia obrigasse Sua Majestade, o imperador da Rússia, a assegurar o fechamento dos

Ele sempre recusara se comprometer contra a Rússia no Oriente Próximo; e seria recompensado com uma garantia de neutralidade russa como jamais tivera antes, nem mesmo em 1870. Mas o acordo não convinha a Alexandre III. Ele não abriria mão do trunfo francês, pois acreditava que a Rússia só poderia ganhar se jogasse a França contra a Alemanha, e não se apoiasse uma contra a outra. A estratégia de Shuvalov não foi adiante, e o silêncio de São Petersburgo foi o fator decisivo que levou Bismarck a renovar a Tríplice Aliança e a promover o acordo mediterrâneo.

A recusa da tentação não trouxe a Alexandre III nenhuma recompensa por parte da França. Os franceses não fizeram um apelo inequívoco pela proteção russa, que teria justificado, em troca, sua exigência de apoio nos Bálcãs. Pelo contrário, a política francesa ficou cada vez mais cautelosa, como ficou claro principalmente pela destituição de Boulanger em maio. Alexandre aceitou contrafeito a linha defendida por Giers, o ministro do Exterior: melhor um acordo com a Alemanha do que não fazer acordo com ninguém. Os russos tentaram virar o jogo com Bismarck, oferecendo abrir mão da França se ele abrisse mão da Áustria-Hungria: cada um deveria prometer neutralidade se o outro se envolvesse numa guerra "com uma terceira potência". Bismarck recusou a oferta; na verdade, ele leu para o embaixador russo (Pavel Shuvalov, irmão de Pyotr) o texto da Aliança Austro-Germânica. Em vez disso, tentou subornar os russos mais uma vez, oferecendo Constantinopla: "a Alemanha não faria objeção em considerá-los senhores dos Estreitos, controladores da entrada do Bósforo e da própria Constantinopla". Essa proposta não tinha nenhum valor para os russos. Eles talvez tivessem abandonado a França se tivessem uma perspectiva sólida em Constantinopla, mas isso era impossível, a não ser que também tivessem carta branca contra a Áustria-Hungria. De todo modo, as preocupações da Rússia eram defensivas e negativas: evitar uma coalizão europeia; impedir que a totalidade dos Bálcãs caísse sob controle austro--húngaro; e manter os Estreitos fechados.[25] O acordo (geralmente chamado de Tratado de Resseguro), que Bismarck e Shuvalov assinaram em 18 de junho, satisfazia esses objetivos negativos. Os dois lados se comprometeram com um tipo de neutralidade inútil: a Rússia permaneceria neutra a menos que

---

Estreitos e, portanto, a manter em suas mãos a chave do Mar Negro". Esboço de um acordo russo-germânico redigido por Pyotr Shuvalov e Herbert Bismarck, 10 de janeiro de 1887. *Grosse Politik*, v, n.1063.

25 Instruções para Shuvalov, maio de 1887. Goriainov, "The End of the Alliance of the Emperors" (*American Historical Review*, xxiii, 334).

a Alemanha atacasse a França, a Alemanha permaneceria neutra a menos que a Rússia atacasse a Áustria-Hungria. A Alemanha renovou as promessas de apoio diplomático à Rússia na Bulgária e nos Estreitos, que já fizera em 1881 na época da Liga dos Três Imperadores; ela acrescentou novas promessas contra Alexandre de Battenberg e de apoio moral caso a própria Rússia se apoderasse dos Estreitos.

Nos últimos anos, o Tratado de Resseguro adquiriu uma importância exagerada, um processo iniciado por Bismarck em 1896 para desacreditar seus sucessores. Na verdade, ele não fora tão importante assim. Talvez tenha melhorado o humor de Alexandre III com relação à Alemanha; e, como Bismarck observou, "Nosso relacionamento com a Rússia depende exclusivamente dos sentimentos pessoais do tsar Alexandre III".[26] Mas o Tratado de Resseguro não evitou uma aliança franco-russa, que, de fato, como mais tarde se concluiu, era tecnicamente compatível com suas cláusulas. A aliança franco-russa só foi retardada, embora finalmente não evitada, pela relutância francesa de dar carta branca à Rússia no Oriente Próximo; e a Rússia anunciou a intenção de apoiar a França em 1887, não em 1891. O Tratado de Resseguro revelou o fracasso iminente da política de Bismarck. Em janeiro, sua expectativa era que a perspectiva de Constantinopla faria os russos abandonarem a França. Agora, no Tratado de Resseguro, ele lhes oferecia Constantinopla, embora tivesse de concordar com uma aliança franco-russa implícita. Além do mais, ele sempre se recusara a apoiar a Áustria-Hungria nos Bálcãs, e esperara que isso fosse suficiente para preservar a amizade russo-germânica. Agora os russos deixavam claro que não se contentariam com nada menos que a neutralidade alemã numa guerra entre a Áustria e a Rússia; e que, na falta disso, eles se sentiam livres para apoiar a França. De fato, o tratado deixou claro, preto no branco, que um dia a Alemanha enfrentaria uma guerra em duas frentes, a menos que abandonasse a monarquia dos Habsburgo. A aliança austro-germânica aprisionava a Alemanha; e Bismarck continuava sonhando que um dia poderia tornar a Alemanha mais segura escapando dessa aliança.[27] Não há dúvida de que, aos olhos de Bismarck, a aliança era um mal menor que a demagógica Grande Alemanha que teria sido a alternativa. Ainda assim, o Tratado de Resseguro era, na

---

26 Memorando de Bismarck, 28 de julho de 1887. *Grosse Politik*, v, n.1099.

27 Opondo-se à proposta de que a aliança austro-germânica poderia se tornar permanente, Bismarck escreveu: "Uma situação que implique que não possamos preservar a paz durante gerações comprometeria a sua preservação e fortaleceria as expectativas dos nossos adversários". Bismarck para Reuss, 15 de maio de 1887. *Grosse Politik*, v, n.1103.

melhor das hipóteses, um recurso para retardar a catástrofe da guerra em duas frentes que a diplomacia de Bismarck tornara inevitável. Está virando moda alegar que a evolução da economia obrigou Bismarck a se afastar da Rússia. Outrora os pilares da amizade russo-germânica, os latifundiários prussianos agora queriam taxar os cereais russos baratos; e certamente a mudança de opinião tinha um pouco a ver com isso. Ainda assim, a amizade poderia ter continuado se Bismarck tivesse podido prometer neutralidade numa guerra austro-russa: esse conflito político abriu o caminho para a hostilidade econômica, não o contrário.

Muito se tem falado da desonestidade de Bismarck ao elaborar o Tratado de Resseguro. Certamente não houve desonestidade em relação aos austríacos. Ele sempre insistira que não poderia apoiá-los na Bulgária nem nos Estreitos, e tivera a mesma postura com os britânicos. Quando abriu negociações com os russos, teve o cuidado adicional de forjar uma disputa colonial com a Inglaterra para ter mais uma desculpa para não repaldá-los em Constantinopla;[28] mas isso não significava nada, e, apesar de suas "reclamações" relacionadas às colônias terem sido atendidas, ele não os apoiou. Os britânicos aceitaram o argumento de Bismarck de que as tropas alemãs estavam imobilizadas na defesa contra a França; ainda assim, teriam ficado chocados em saber que ele tinha prometido um apoio diplomático concreto à Rússia. Mas os russos teriam ficado ainda mais chocados se soubessem que, logo antes de concluir o Tratado de Resseguro, ele tinha criado a coalizão mediterrânea contra eles ou que Moltke assessorava continuamente os austríacos, com o estímulo de Bismarck, sobre como aumentar sua capacidade ofensiva na Galícia. O Tratado de Resseguro era uma farsa imposta aos russos; ou, mais precisamente, era uma farsa imposta a Alexandre III, da qual Giers e os Shuvalov participaram com plena consciência do que estava ocorrendo. Napoleão III aplicara o mesmo tipo de farsa na geração anterior. Alexandre II era descontraído e de coração mole; provavelmente foi um erro pregar peças em Alexandre III.

Mal tinham acabado de elaborar o Tratado de Resseguro e a situação na Bulgária entrou na fase mais aguda. Em 7 de julho, a Assembleia búlgara elegeu como príncipe Ferdinando de Coburg, desafiando a vontade russa; parecia chegada a hora de a Rússia intervir. O padrão do outono anterior se repetiu: Bismarck e Salisbury tentaram transferir o ônus de apoiar a Áustria-Hungria um para o outro. Em 3 de agosto, Salisbury teve com Hatzfeldt, o

---

28 Bismarck para Plessen (Londres), 27 de abril; Herbert Bismarck para Plessen, 28 de abril; Bismarck para Plessen, 29 de abril de 1887. Ibid., iv, n.812, 813 e 815.

embaixador alemão, a primeira das inúmeras discussões sobre temas mundiais, das quais tanto os alemães como a posteridade acharam difícil deduzir uma política definida. Ele insistiu que o Império Turco não tinha salvação, e, a menos que a Alemanha a apoiasse, a Inglaterra teria de partilhá-lo com a Rússia.[29] Ao contrário de seus sucessores, Bismarck não perdeu a cabeça: retrucou que ficaria encantado em promover o entendimento anglo-russo.[30] Salisbury se esquivou dizendo que não podia abandonar a Itália, e que, de todo modo, um acordo anglo-russo era inviável[31] – a única questão que Bismarck desejara definir.

A operação foi assumida então pelos embaixadores das três potências da "entente" em Constantinopla. Como costumam agir as pessoas sob pressão, eles exageraram os riscos que os rodeavam e se convenceram de que a Turquia cederia diante da primeira ameaça russa, a menos que tivesse garantia do apoio da entente. Elaboraram um "eixo de ideias" "que desse à Turquia a capacidade de resistir – pelo menos moralmente"; e se ofereceram para transmitir essas ideias aos turcos. A proposta foi adotada entusiasticamente pelo governo italiano. Crispi, que acabara de se tornar primeiro-ministro, foi o homem mais capaz, ou pelo menos o mais dinâmico, a governar a Itália entre a morte de Cavour e a ascensão de Mussolini. Plenamente ciente da fragilidade e da desunião da Itália, propôs solucioná-las por meio do "ativismo", fazendo a Itália correr na esperança de que isso a ensinaria a andar. Portanto, agarrava qualquer oportunidade de incentivar a Itália a ser uma grande potência e, particularmente, estava ansioso em contar com o apoio britânico a sua política colonial agressiva. Crispi foi secundado, embora sem tanta veemência, por Kálnoky, que sempre desejara compromissos mais precisos por parte da Grã-Bretanha no Oriente Próximo, e até pagaria o preço da participação italiana para obtê-los. Bismarck duvidava que isso pudesse ser feito, mesmo com estímulo alemão – "mesmo assim, precisamos tentar".[32] Salisbury, contudo, aceitou sua recusa de agosto; ele tinha sido ludibriado por Bismarck e escrevera que "um entendimento total com a Áustria e a Itália é tão importante para nós que não gosto da ideia de rompê-lo por conta de riscos que *podem* se mostrar imaginários".[33] Ele só pedia que

---

29 Hatzfeldt para Bismarck, 3 de agosto de 1887. *Grosse Politik*, iv, n.907.
30 Bismarck para Hatzfeldt, 8 de agosto de 1887. Ibid., n.908.
31 Hatzfeldt para o Ministério das Relações Exteriores, 12 de agosto de 1887. Ibid., n.910.
32 Minuta de Bismarck sobre memorando de Herbert Bismarck, 20 de outubro de 1887. *Grosse Politik*, iv, n.918.
33 Salisbury para White (Constantinopla), 2 de novembro de 1887. Cecil, *Life of Salisbury*, iv. 70.

o acordo abrangesse a Ásia Menor, além da Bulgária e dos Estreitos – um pedido atendido sem dificuldade pelas outras duas potências.

O gabinete britânico não foi tão flexível. Pediam que tomasse a iniciativa sem precedentes de assumir um compromisso em tempo de paz, mas ele não conseguia entender por que se permitia que a Alemanha, líder da Tríplice Aliança, ficasse de fora dos problemas de seus aliados. Salisbury teve de pedir que Bismarck atendesse às objeções do gabinete dando sua "aprovação moral".[34] Quanto a isso, Bismarck sempre fora generoso; o que não daria era uma promessa concreta de apoio. Portanto, deixou uma pista falsa. Enviou a Salisbury o texto da aliança austro-germânica, seguido de uma carta que terminava assim: "A política alemã sempre se obrigará a entrar na linha de combate se a independência da Áustria-Hungria for ameaçada pela agressão russa, ou se a Inglaterra ou a Itália for exposta à invasão dos exércitos franceses".[35] Em resposta, Salisbury afirmou estar convencido de que "em nenhuma circunstância a existência da Áustria poderia correr perigo por resistir a iniciativas russas ilegais";[36] uma distorção hábil das palavras de Bismarck. Naturalmente, ele não se deixou enganar. A troca de cartas se destinou a satisfazer o gabinete britânico, não a vincular a política alemã; e Bismarck e Salisbury se associaram para ludibriar o gabinete do mesmo modo que, vinte anos antes, Bismark e Stanley tinham se associado para ludibriar a opinião pública alemã a respeito do apoio a Luxemburgo.

Depois de atender ao gabinete britânico, o acordo com a Itália e a Áustria-Hungria pôde ser realizado em 12 de dezembro. As três potências se uniram para manter a paz e o *status quo* no Oriente Próximo e, mais concretamente, a liberdade dos Estreitos, a autoridade turca na Ásia Menor e sua suserania na Bulgária. Se a Turquia resistisse a qualquer "iniciativa ilegal", as três potências "chegariam imediatamente a um acordo quanto às medidas a serem tomadas" para defendê-la; ao passo que, se ela fosse conivente com qualquer iniciativa ilegal desse tipo, as três potências "se considerariam autorizadas" a ocupar as regiões do território turco "que possam considerar necessário ocupar". Esses foram os pontos originais da versão proposta em Constantinopla. Na ânsia de concretizá-los, Kálnoky e Crispi não perceberam que Salisbury tinha acrescentado outro; o acordo não seria revelado à Turquia, e esse acréscimo frustrou o objetivo original de exasperar os

---

34 Hatzfeldt para o Ministério das Relações Exteriores, 11 de novembro de 1887. *Grosse Politik*, iv, n.925.
35 Bismarck para Salisbury, 22 de novembro de 1887. Ibid., n.930.
36 Salisbury para Bismarck, 30 de novembro de 1887. Ibid., n.936.

turcos.³⁷ Ainda assim, mesmo tão fragilizado, o acordo estava mais próximo de uma aliança com um grupo de potências do que a Grã-Bretanha jamais fizera em tempo de paz, e era mais formal que qualquer acordo feito com a França ou a Rússia vinte anos depois. Salisbury ainda podia insistir que a Áustria-Hungria tinha le beau rôle* – "Você comanda, nós a seguimos".³⁸ Na verdade, ele tinha feito uma aliança com a Áustria-Hungria e a Itália em defesa da Bulgária e da Ásia Menor.

Embora geralmente chamado de Segundo Acordo do Mediterrâneo, ele pouco tinha a ver com o Mediterrâneo. O primeiro acordo visara à cooperação diplomática, principalmente contra a França; por isso especificara o Egito e Trípoli. O novo acordo era uma prévia de uma possível ação militar, dirigido unicamente contra a Rússia. Na verdade, ele só poderia funcionar se a França ficasse de fora; e Salisbury assegurou imediatamente aos franceses que ele não tinha feito nenhum acordo dirigido contra eles.³⁹ Os britânicos pressupunham, como base da sua política, que sua frota podia atravessar os Estreitos a qualquer hora e, portanto, ameaçar a Rússia no Mar Negro. Embora ainda não tivessem percebido que a frota estava obsoleta (a revelação ocorreria em 1889), sabiam que ela só poderia passar pelos Estreitos se estivesse protegida de um ataque francês na retaguarda. O impasse entre Inglaterra e França sobre o Egito ainda não era visivelmente definitivo – na verdade, em outubro eles tinham chegado a um acordo meio inútil sobre a neutralização do Canal de Suez; portanto, era razoável supor que os franceses acolheriam de bom grado o controle da Rússia, muito embora suas queixas no Egito os impedissem de participar dele. A postura de Salisbury com relação à França foi o oposto da que mantivera durante as negociações fracassadas de aliança com a Alemanha em 1879. À época, ele tinha oferecido à Alemanha uma aliança contra a França, acreditando que isso permitiria que a Alemanha apoiasse a Áustria-Hungria contra a Rússia. Agora tinha suportado o ônus de apoiar a Áustria-Hungria, mas baseado no pressuposto de que a França permaneceria neutra. É claro que o compromisso de Salisbury era, mesmo agora, o mais cauteloso possível. O Segundo Acordo do Mediterrâneo, a exemplo do Primeiro, continuava secreto. Seu objetivo

---

37 *British Documents*, viii. 12.

* Em francês no original: "o melhor papel". (N. T.)

38 Károlyi (Londres) para Kálnoky, 7 de dezembro de 1887. Temperley e Penosn, *Foundations of British Foreign Policy*, p.458.

39 Waddington para Flourens, 17 de dezembro de 1887. *Documents diplomatiques français*, primeira série, vi *bis*, n.68; Salisbury para Egerton, 14 e 19 de dezembro de 1887. Temperley e Penson, *Foundations of British Foreign Policy*, p.462.

era acalmar os nervos da Áustria e garantir a cooperação dos italianos com a frota britânica, não intimidar, nem mesmo dissuadir, a França e a Rússia.

O Primeiro Acordo do Mediterrâneo fora acompanhado pelo Tratado de Resseguro; novos gestos de amizade por parte da Alemanha em relação à Rússia acompanharam o Segundo. Em dezembro de 1887, Bismarck estava sendo muito pressionado, tanto pelos austríacos como por seus próprios militares, a concordar com uma guerra preventiva contra a Rússia. Os austríacos queriam ter certeza de que contariam com o apoio alemão. Os generais alemães, acreditando que a estreita fronteira do Vosges fosse inexpugnável de ambos os lados, planejaram ficar na defensiva perante a França; portanto, a única maneira de empregar seu exército numeroso e evitar uma guerra longa em duas frentes era nocautear imediatamente a Rússia. Bismarck não pensava assim. Embora não fosse um amante teórico da paz, não pretendia livrar a Inglaterra do ônus da Áustria-Hungria: "Enquanto eu for ministro, não darei meu consentimento a um ataque preventivo contra a Rússia, e estou longe de aconselhar que a Áustria realize tal ataque, enquanto ela não estiver absolutamente segura da cooperação inglesa".[40] O Parlamento húngaro, em particular, clamou por guerra; e Bismarck, para demonstrar que a aliança austro-germânica era puramente defensiva, tornou público seu texto em 3 de fevereiro de 1888.[41] Três dias depois, ele pronunciou seu último grande discurso no Reichstag, aprovando a política russa na Bulgária e se declarando confiante na boa-fé do tsar.

Com esse estímulo, os russos fizeram um movimento inócuo contra Ferdinando de Coburg: em 13 de fevereiro, pediram que os turcos declarassem ilegal sua eleição como príncipe da Bulgária. Bismarck apoiou o pedido. Os franceses tinham sonhado, por um momento, em reconciliar a Rússia e a Inglaterra. Mas, em fevereiro de 1888, chegaram à conclusão de que os britânicos estavam comprometidos com a Itália, talvez até com a Áustria-Hungria;[42] e estavam decididos a não sofrer o impacto dessa associação. Por outro lado, como não queriam deixar que a Alemanha os superasse na disputa pela amizade russa, eles também apoiaram a exigência russa, mas em sintonia fina com a Alemanha. Ela recebeu a oposição da Áustria-Hungria

---

40 Bismarck para Reuss, 15 de dezembro de 1887. *Grosse Politik*, vi, n.1163.

41 Os austríacos exigiram uma compensação: a última cláusula, que limitava a duração da aliança a cinco anos, não foi tornada pública. Assim, a contragosto, Bismarck teve de tomar uma medida que reconhecia a continuidade da aliança.

42 Waddington para Flourens, 3 de abril de 1888. *Documents diplomatiques français*, primeira série, vii, n.89.

e o estímulo da Itália e da Grã-Bretanha. Apesar disso, o sultão ficou encantado em reafirmar sua hipotética soberania sobre a Bulgária e, em 4 de março, ele declarou ilegal a eleição de Ferdinando. A declaração não prejudicou ninguém; Ferdinando continuou príncipe da Bulgária e o orgulho russo foi satisfeito. A crise búlgara tinha chegado a um final insosso.

É inaceitável atribuir o resultado pacífico inteiramente a Bismarck; os políticos franceses contribuíram tanto quanto ele e Salisbury ajudou um pouco. Havia uma causa ainda mais profunda. Os russos encaravam os Bálcãs com indiferença, até mesmo com aversão; suas ambições se voltavam para a Ásia Central e o Extremo Oriente. Eles queriam segurança nos Estreitos, e se ressentiam com o ataque ao seu prestígio na Bulgária. Mas não fariam nenhum gesto arriscado, a menos que tivessem a garantia de que a Alemanha ficaria neutra. A boa vontade alemã não era suficiente; precisavam que a França ameaçasse concretamente a Alemanha, mas isso não conseguiram. Seu único consolo era que o boulangismo tornava a França incapaz de se aliar com alguém. Giers escreveu, taciturno: "Uma aliança com a França neste momento é um completo absurdo, não apenas para a Rússia, mas para outro país qualquer".[43] Por outro lado, os austríacos não se atreviam a tomar a ofensiva sem o apoio alemão, talvez nem com ele; certamente o tíbio apoio britânico não era suficiente para eles. A Itália era o único fator inquietante. Bismarck procurou satisfazer os italianos por meio de negociações detalhadas realizadas por seu Estado-Maior, providenciando uma assistência militar que ele sabia ser inútil, mas que lhes dava a sensação de serem importantes. Salisbury e Kálnoky se irritaram com as reivindicações coloniais de Crispi, repetindo várias vezes aos franceses que não as apoiariam.[44] Crispi continuou alardeando o apoio militar que receberia da Alemanha e o apoio naval da Inglaterra; ele vivia num mundo de ilusões e estava levando a Itália para a catástrofe. Mas a Itália não podia ditar a política europeia. Os investimentos capitalistas tinham proporcionado uma geração de paz. A expansão industrial tinha tornado as Grandes Potências pacíficas, como fizera com a Inglaterra desde 1815. Enquanto tivessem ambições, seus olhares se voltariam para o mundo exterior. A época das revoltas europeias tinha ficado para trás; ela só retornaria quando uma das potências

---

43 Giers para Shuvalov, 15 de junho de 1888. Meyendorff, *Correspondence de M. de Staal*, i, 427.

44 Waddington para Flourens, 6 de março; para Goblet, 12 de julho; Jusserand para Goblet, 19 de outubro; Decrais (Viena) para Goblet, 28 de outubro de 1888. *Documents diplomatiques français*, primeira série, vii, n.69, 164, 247 e 260.

se sentisse suficientemente forte para desafiar o equilíbrio que fora fixado no Congresso de Berlim.

Essa potência só podia ser a Alemanha. Desde 1871, Bismarck adotara uma postura moderada. O motivo sempre fora o medo, não a conquista. A nova Alemanha só estava consciente da sua força, não enxergava perigos, não reconhecia obstáculos. Exploradores, cientistas e capitalistas alemães se espalhavam pelo mundo. Os alemães estavam por toda parte – nos Bálcãs, no Marrocos, na África Central, na China; e, onde não estavam, queriam estar. Enquanto Guilherme I viveu, Bismarck conseguiu manter as rédeas sob controle. Seu sistema estaria condenado assim que um imperador que representasse a nova Alemanha assumisse o trono. No governo, Bismarck tinha sido uma garantia de paz para as Grandes Potências, apesar de ser uma paz coordenada pela Alemanha. Agora as potências tinham de buscar outras garantias, e, em última análise, garantias contra a própria Alemanha.

XV
A construção da Aliança Franco-Russa
1888-1894

O equilíbrio que Bismarck criou no início de 1888 foi de um tipo curioso. A Rússia foi apoiada pela França e pela Alemanha em Constantinopla, sendo combatida ali pelas três potências da entente mediterrânea; por outro lado, Salisbury, não Bismarck, impediu que essa entente se voltasse contra a França. O resultado foi ainda mais curioso. Os franceses, muito a contragosto, foram levados a apoiar a Rússia mais estreitamente; a Alemanha, muito contra a vontade de Bismarck, parou completamente de apoiar a Rússia. Os franceses reconheceram que o apoio à Rússia contrariava sua política tradicional no Oriente Próximo e ameaçavam seus investimentos no Império Otomano; eles teriam preferido ressuscitar a coalizão da Crimeia com Inglaterra e Itália – "a única política racional e proveitosa". O Egito se pôs no caminho, e, nesse caso, Salisbury se recusou a fazer a mínima concessão.[1] Os franceses tentaram se aproximar da Inglaterra, como a Áustria-Hungria tinha feito, pela porta dos fundos da Itália; porém, em vez de procurar persuadir a Itália, eles escolheram o método da ameaça – proteção do papa e o lançamento de uma guerra tarifária –, armas que deixaram Crispi mais agressivo que nunca. Seu único resultado concreto foi estimular a cooperação naval anglo-italiana, que culminou numa visita efusiva da frota britânica a Gênova. Os franceses foram impelidos de volta à Rússia. Nas palavras

---

[1] Waddington para Spuller, 1º de julho de 1889. *Documents diplomatiques français*, primeira série, vii, n.409.

de Paul Cambon: "Se não é possível ter o que se gosta é preciso gostar do que se tem, e hoje nosso único recurso é esperar o apoio da Rússia e a preocupação que essa mera esperança provoca em Bismarck".[2] Em outubro de 1888, o primeiro empréstimo russo foi lançado no mercado francês; e, em janeiro de 1889, os russos fizeram uma grande encomenda de fuzis franceses, depois de prometerem claramente que eles jamais seriam usados contra a França. A aliança já era iminente.

As dificuldades de Bismarck tiveram uma única origem: a ascensão de Guilherme II em julho de 1888. Outrora o jovem imperador tinha sido um defensor entusiasmado da aliança com a Rússia; e, mesmo em 1887, Salisbury receava que sua ascensão afastaria a Alemanha da Áustria-Hungria. Agora ele estava bem nas mãos dos militares, particularmente de Waldersee, o novo chefe do Estado-Maior, militares esses que pensavam unicamente numa guerra em duas frentes e queriam planejar uma campanha contra a Rússia na Galícia com a colaboração da Áustria-Hungria. O corolário disso era uma aliança estreita com a Inglaterra. Além disso, como Guilherme II queria ser moderno e popular, ele privilegiava a cooperação nacionalista com a Áustria-Hungria alemã, a associação democrática com a Inglaterra liberal e o rompimento da aliança conservadora com a Rússia. No passado, Bismarck tinha usado inúmeras vezes trunfos demagógicos contra o antigo imperador; agora o novo imperador usava trunfos demagógicos contra ele. O único recurso de Bismarck estava nos artifícios diplomáticos. Logo antes de Guilherme II subir ao trono, Bismarck argumentou com ele que, se queria guerra, era melhor atacar a França que a Rússia;[3] na verdade, ele estava tentando desviar a tempestade para um objeto mais inofensivo. Em janeiro de 1889, Bismarck propôs a Salisbury uma aliança secreta formal contra a França. É difícil acreditar que levasse essa proposta a sério. Ele não temia a França. De fato, exatamente ao mesmo tempo que fez essa proposta a Salisbury, ele assegurou a Herbette que sua confiança na estabilidade da república francesa fora restaurada pelo colapso do boulangismo, e que, se a Alemanha fez concessões coloniais à Inglaterra isso se devia ao fato de as colônias alemãs não terem valor, não por amor à Inglaterra.[4] Por seu lado, a

---

2 Paul Cambon (Madri) para Spuller, 11 de março de 1889. Paul Cambon, *Correspondance 1870-1924*, i. 331. Parece que Spuller, o ministro das Relações Exteriores, pediu conselhos a Cambon sobre o andamento geral da diplomacia francesa.
3 Bismarck para príncipe herdeiro Guilherme, 9 de maio de 1888. *Grosse Politik*, vi, n.1341.
4 Herbette para Goblet, 25 e 26 de janeiro de 1889. *Documents diplomatiques français*, primeira série, vii, n.304 e 305.

estratégia britânica no Mediterrâneo certamente contava com a neutralidade francesa; mas Salisbury pretendia garantir isso, se necessário, por meio de um gesto amistoso, não por meio de uma aliança com a Alemanha, que empurraria a França para o lado da Rússia. Além disso, os britânicos tinham finalmente tomado a medida crucial de fortalecer sua marinha. A Lei de Defesa Naval, aprovada em março de 1889, revolucionou a política naval britânica; ela ansiava por uma época em que o padrão das duas potências seria realidade e em que a Grã-Bretanha poderia se livrar até dos vínculos continentais que ainda mantinha. Não era hora de assumir novos compromissos. Salisbury deu uma resposta negativa educada à proposta de Bismarck, e até aproveitou a recusa para ganhar a confiança dos franceses.[5] Por ora, a tática de Bismarck tinha funcionado com Guilherme II. Ele se convenceu de que os britânicos tinham rejeitado a aliança, e até se absteve de propor um acordo sobre questões coloniais quando visitou a Inglaterra em agosto de 1889.

Esses estratagemas só conseguiram adiar o conflito. No final de agosto, Francisco José visitou Berlim, e Guilherme II lhe disse que, qualquer que fosse o motivo da mobilização austríaca, fosse a Questão Búlgara ou outra coisa, a mobilização alemã ocorreria no mesmo dia.[6] Os austríacos sempre tinham ouvido isso de Waldersee; outra coisa era ouvi-lo do imperador alemão. Em outubro, Alexandre III também foi a Berlim, onde se mostrou mal-humorado com os anfitriões alemães; só se mostrou simpático com Herbette, a quem disse que o exército francês deveria ser mais poderoso; e ofendeu a todos ao fazer um brinde a Guilherme II em francês.[7] Coisas piores se seguiram. Em novembro, Guilherme II visitou Constantinopla – primeiro (e último) soberano cristão a se encontrar com o sultão otomano.[8] Isso era algo difícil de conciliar com a promessa de apoio diplomático à Rússia no Oriente Próximo. O partido conservador de São Petersburgo, liderado por Giers, estava convencido de que só Bismarck se interpunha entre ele e a aliança com a França que ele temia. Alexandre III poderia ter deixado caducar o Tratado de Resseguro e guardar sua mágoa para si; só Giers é que estava preocupado em resgatá-lo. Em 17 de março de 1890, Paul Shuvalov propôs formalmente a renovação do tratado por seis anos,

---

5 Waddington para Spuller, 23 de março de 1889. *Documents diplomatiques français*, primeira série, vii, n.313.

6 Glaise-Horstenau, *Franz Josephs Weggefährte*, p.337.

7 Herbette para Spuller, 12 e 13 de outubro de 1889. *Documents diplomatiques français*, primeira série, vii, n.479 e 482,

8 Guilherme II levou consigo um fuzil Krupp, que ele se ofereceu para apresentar ao sultão. Abdul Hamid se opôs, dizendo que ele poderia disparar durante a audiência. Uma história simbólica.

com a possibilidade de se tornar permanente.⁹ Era tarde demais. O conflito entre Bismarck e Guilherme II tinha explodido, e ele já tinha se demitido. O conflito ocorreu principalmente devido a uma questão interna – a possibilidade de repudiar a Constituição imperial e esmagar os sociais-democratas por meio da força militar. Porém, do mesmo modo que era uma escolha entre a ditadura conservadora e a demagogia, também era uma escolha entre a amizade com a Rússia e o apoio da causa "alemã" no Oriente Próximo, em aliança com a Inglaterra.

Caprivi, sucessor de Bismarck como chanceler, não conhecia nada de política externa; Marschall, o novo secretário de Estado, pouco mais que ele. Ambos dependiam de Holstein, um dos funcionários fixos do Ministério do Exterior, que passou a estabelecer um controle da política da Alemanha que durou até 1906. Sua posição não era nada misteriosa. Ele era o homem com um olho só numa terra de cegos. Era um homem muito dedicado e experiente, e também muito decidido, e tinha a mesma fraqueza que Bismarck – tentava conduzir a política externa de maneira sigilosa, quando, na verdade, cada vez mais era preciso levar em conta a opinião pública. Foi o que acabou com ele em 1906. Holstein tinha ligações estreitas com o Estado-Maior. Ele aceitava suas opiniões sobre política externa e havia anos que instigava os austríacos a resistir à Rússia, apesar das orientações em contrário de Bismarck.¹⁰ Como os generais, ele não tinha simpatia pela expansão ultramarina nem pelos projetos de uma grande marinha alemã. Caprivi era da mesma opinião, embora tivesse integrado outrora o almirantado. Ao tomar posse, declarou: "Na política naval, eu não perguntava quão grande a marinha devia ser, mas quão pequena. Tem de haver uma batalha, e a grande guerra, que paira sobre a cabeça da Alemanha, tem de ser travada antes que possamos construir tantos navios quanto a Alemanha e, principalmente, o imperador, que está muito interessado no desenvolvimento da marinha, desejam".¹¹ O "novo rumo" visava à aliança com a Inglaterra, pelo menos até que o continente tivesse sido conquistado; e seus protagonistas rejeitaram o Tratado de Resseguro por temer que ele pudesse ser revelado à Inglaterra. Achavam que os britânicos ficariam muito ofendidos com a promessa alemã de manter os Estreitos fechados.¹² Caprivi acrescentou: "temos de levar em conta a opinião pública muito mais que na

---

9 Herbert Bismarck para Guilherme II, 20 de março de 1890. *Grosse Politik*, vii, n.1366.
10 Ver Krausnick, *Holsteins Geheimpolitik in der Ära Bismarck 1886-1890*, passim.
11 Hallgarten, *Imperialismus vor 1914*, i. 270.
12 Memorando de Holstein, 20 de maio de 1890. *Grosse Politik*, vii, n.1374.

época de Bismarck".[13] Portanto, os russos foram informados de que, embora a política alemã não tivesse mudado, o tratado não poderia ser renovado. Giers ficou desesperado. Ele propôs aceitar um tratado sem nenhuma promessa de apoio diplomático no Oriente Próximo, procurando apenas "reparar" um pouco a amizade da Alemanha com a Rússia.[14] Foi inútil. Os alemães temiam o efeito que até mesmo a cláusula mais inócua pudesse ter no governo britânico. Alexandre III aceitou bem o fracasso, e talvez tenha gostado do desconforto de Giers. A falta de um documento assinado também não foi decisiva em si mesma. O que pesou para Alexandre III foi o desaparecimento de Bismarck na Alemanha e de Boulanger na França; e Giers não teria conseguido salvar sua política extorquindo um pedaço de papel dos alemães.

O "novo rumo" parecia ter apagado todo o período bismarckiano e revertido para a política externa a "era liberal" de curta duração, entre 1858 e 1862. Em agosto de 1890, Caprivi concordou com Kálnoky que uma solução russa para os Estreitos era "absolutamente inviável", e que não se poderiam permitir mudanças no Oriente Próximo sem um acordo prévio entre a Alemanha e a Áustria-Hungria.[15] Até então os alemães não tinham nenhum interesse próprio para ser defendido no Oriente Próximo; eles simplesmente estavam levando a política da "quádrupla aliança" a sua conclusão lógica. Acreditavam ter resolvido o problema que derrotara Bismarck: ao se associar incondicionalmente com a Áustria-Hungria, garantiram o apoio britânico para ela também, portanto não corriam perigo. Não há dúvida de que as relações anglo-germânicas atingiram o auge da proximidade no verão de 1890. Em 1º de julho de 1890, os dois países assinaram um acordo por meio do qual a Alemanha abria mão de seus direitos em Zanzibar e limitava suas reivindicações na África Oriental em troca da ilha de Heligoland.[16] O acordo

---

13 Memorando de Raschdau com minuta de Caprivi, 18 de julho de 1890. Ibid., n.1609.
14 Memorando de Caprivi, 8 de setembro de 1890. *Grosse Politik*, vii, n.1612.
15 Marschall para Bethmann Hollweg, 4 de dezembro de 1911. Ibid., xxx (i), n.10987. A lembrança de Marschall foi confirmada por Guilherme II.
16 O Egito não saía da cabeça de Salisbury, particularmente o Alto Nilo. A frota conseguia proteger o Egito do lado mediterrâneo, mas uma potência rival podia irromper do sul, enquanto o Sudão estivesse nas mãos dos dervixes. Embora a Inglaterra estivesse supostamente no apogeu do imperialismo, nenhum governo britânico conseguiria arranjar um *penny* para a reconquista do Sudão; portanto, Salisbury tentou diplomaticamente fechar a porta de trás do Egito procurando decretos altruístas das outras potências. Outrora os alemães quiseram dispor de uma arma para chantagear a Inglaterra, portanto tinham se recusado a definir a fronteira terrestre da África Oriental Alemã; agora eles concordavam com uma linha que os isolava das cabeceiras do

teve a qualidade rara de satisfazer ambas as partes. Os britânicos fortaleceram sua posição no Nilo e no Mar Vermelho: os alemães adquiriram Heligoland e se convenceram de que a aliança com a Grã-Bretanha estava praticamente resolvida. Eles também não eram os únicos a pensar assim. Staal, o embaixador russo, escreveu de Londres: "a entente com a Alemanha está quase concretizada";[17] e Shuvalov disse a Herbette que dali em diante a Grã-Bretanha e a Alemanha iriam colaborar no Egito e nos Bálcãs.[18] A coalizão contra uma aliança franco-russa pareceu ter surgido antes mesmo de a aliança ser feita. A França e a Rússia estavam sendo forçadas a se unir, gostassem ou não disso.

Durante a visita de Guilherme II a Peterhof em agosto de 1890, os russos não conseguiram retirar a Alemanha da "quádrupla aliança". As tentativas dos franceses junto à Grã-Bretanha foram igualmente malsucedidas. Os franceses também tinham reivindicações em Zanzibar, que datavam de 1862; tentaram abrir mão delas por um preço alto demais. Salisbury só propôs reconhecer o protetorado de Madagascar.[19] Os franceses pediram para serem isentados de restrições fiscais na Tunísia; mas isso afastaria os italianos, e Salisbury só concordaria com o pedido se recebesse isenção fiscal no Egito. Em outras palavras, ele precisava do apoio da marinha italiana até que a França concordasse com o controle britânico do Egito; mas isso ainda estava fora do alcance. O impasse anglo-francês se manteve. Ainda assim, Salisbury sempre teve o acordo no fundo da mente, e não estimulou

---

Nilo, além de reconhecer que o Vale do Nilo era uma esfera de influência britânica "até os confins do Egito" (independentemente de onde fosse isso). Além do mais, reconheciam o protetorado britânico de Zanzibar, que outrora tinham disputado. Salisbury também tentou obter um corredor de território britânico de norte a sul, entre a África Oriental Alemã e o Estado Livre do Congo; os alemães, que tinham a obsessão europeia do "cerco", recusaram, e, de todo modo, isso era algo a que Salisbury não dava muita importância.

Outrora dinamarquesa, Heligoland fora conservada pelos britânicos em 1815 como base clandestina contra um futuro sistema continental; depois que desapareceu o perigo de reativação do Império Francês, ela perdeu todo o valor para eles. Certamente jamais lhes ocorreu que um dia poderiam precisar dela como base naval contra a Alemanha. Aliás, os próprios alemães não pensavam em utilizá-la como base naval. Eles a receberam unicamente como demonstração de prestígio nacional. Isso reforçou o princípio de que um território habitado por alemães deveria ser adquirido pela Alemanha e não, digamos, devolvido à Dinamarca.

17 Staal para Giers, 1º de julho de 1890, Meyendorff, *Correspondance de M. de Staal*, ii. 89.
18 Herbette para Ribot, 17 de junho de 1890. *Documents diplomatiques français*, primeira série, viii, n.83.
19 Ao lado de um acordo de fronteira na África Ocidental, este foi o acordo a que finalmente se chegou.

os italianos. Crispi se assustara com os rumores de intervenção francesa na Tunísia e queria se apoderar de Trípoli. Salisbury resistiu a esse precedente, que destruiria o Império Otomano. Ele estava disposto a assegurar a Crispi que "os interesses políticos da Grã-Bretanha e da Itália não permitem que Trípoli tenha o mesmo destino da Tunísia", mas, "enquanto os planos da França não ganharem corpo", não se deve fazer nada para ofender a Turquia.[20] A ligação dos britânicos com a Tríplice Aliança era, na verdade, uma forma de resseguro. Nada mais.

Pelo mesmo motivo, os franceses seguiram lentamente o caminho rumo a um acordo com a Rússia. Em 30 de maio, catorze niilistas russos foram detidos em Paris, o que alegrou muito Alexandre III; foi uma rejeição surpreendente da proteção tradicional que a França dava aos revolucionários russos e, particularmente, aos revolucionários poloneses. Em agosto, Boisdeffre, chefe adjunto do Estado-Maior francês, visitou a Rússia. As conversações foram desanimadoras. Os russos se mobilizariam se a Alemanha atacasse a França, mas rejeitaram sua proposta de convênio militar: "dois campos opostos serão criados, e um tentará destruir o outro". O plano russo era atacar a Áustria-Hungria, mesmo à custa do sacrifício da Polônia russa aos alemães; e eles insistiram para que Boisdeffre também adotasse uma estratégia defensiva. Então a França poderia resistir indefinidamente – implicitamente sem o apoio russo. Na verdade, o exército francês atuaria como um substituto do Tratado de Resseguro e manteria a Alemanha ocupada enquanto os russos destruíam a Áustria-Hungria.[21] Os franceses perceberam a consequência lógica do plano russo. Se a França fosse derrotada pela Alemanha, ela poderia então pagar pelas conquistas que a Rússia faria na Europa oriental. Contudo, os franceses não achavam que a ocupação russa de Budapeste ou mesmo de Viena serviria de consolo para a ocupação de Paris pelos alemães. Eles aguardaram, na expectativa de obter melhores condições.

Na falta de outra coisa, os franceses retomaram as tentativas de afastar a Itália da Tríplice Aliança. Um bom relacionamento entre a França e a Itália enfraqueceria a posição naval britânica no Mediterrâneo. Nesse caso, os franceses poderiam resolver a Questão Egípcia ou vender sua amizade à Rússia em melhores condições. Assim como a Rússia, os franceses usaram a arma financeira, mas no sentido contrário. Concederam empréstimos à Rússia para atraí-la a uma aliança, e condicionaram os empréstimos à Itália

---

20 Salisbury para Crispi, 4 de agosto de 1890. Crispi, *Memoirs*, iii. 468.
21 Boisdeffre (em São Petersburgo) para Freycinet, 27 de agosto de 1890. *Documents diplomatiques français*, primeira série, viii, n.165.

a seu afastamento da Inglaterra e da Alemanha. Os italianos não ousaram aceitar o chamariz francês. Enquanto a Alemanha e a Inglaterra estivessem do mesmo lado, eles não eram agentes autônomos; e seus temores aumentaram quando a república francesa resolveu sua antiga disputa com o papa. Seria um péssimo negócio se, em troca dos recursos franceses, eles fossem hostilizados pelos britânicos em Trípoli, excluídos da Questão Oriental e também fossem ameaçados com uma agitação clerical interna. A pressão francesa deixou Crispi mais agressivo que nunca, e ele fez inúmeras tentativas para obter um apoio mais decidido da Inglaterra e da Alemanha a suas pretensões em Trípoli. Não conseguiu nada. No fim de janeiro de 1891, ele deixou o cargo devido a uma questão interna. Rudinì, o novo primeiro-ministro, pretendia fortalecer sua frágil posição parlamentar realizando o milagre que escapara a Crispi; e imaginou que seria mais fácil atrair os britânicos se os alemães se comprometessem primeiro. Portanto, propôs que a Tríplice Aliança, que expiraria em 1892, fosse renovada imediatamente, à qual ele acrescentou uma nova cláusula, por meio da qual os alemães apoiariam a Itália se um dia lhe conviesse tomar Trípoli.[22] Caprivi, com sua visão continental, não gostou da proposta; para ele, a Itália só era útil como um elo com a Inglaterra.[23] Contudo, os italianos insistiram que, uma vez assegurado o apoio alemão, eles também conseguiriam obter o apoio da Inglaterra; e a nova Tríplice Aliança, que foi assinada em 6 de maio de 1891, continha um protocolo que previa que as partes procurariam envolver a Inglaterra nas cláusulas relacionadas ao Norte da África, e também incluiu o Marrocos.

A manobra de Rudinì não funcionou. Ele redigiu um acordo por meio do qual a Inglaterra prometia apoiar a Itália e a Alemanha contra a França em troca de apoio diplomático no Egito.[24] Os alemães perceberam que o lance era alto demais; os britânicos certamente não se comprometeriam com uma guerra no continente. Eles convenceram Rudinì a trocar por uma declaração em defesa do *status quo* no Norte da África análoga ao acordo de dezembro de 1887 sobre o Império Turco.[25] Mesmo isso era demais para Salisbury. Embora considerasse "fundamental" a amizade das Potências Centrais da Europa, ele não pretendia pagar por ela; e reconheceu que a

---

22 Se a manutenção do *status quo* no Norte da África se mostrasse inviável, a Alemanha prometia, "depois de um acordo formal e prévio, apoiar a Itália em qualquer intervenção sob a forma de ocupação ou outra tomada de garantia que ela possa realizar ali em prol do equilíbrio ou de uma compensação legítima".
23 Memorando de Caprivi, 23 de abril de 1891. *Grosse Politik*, vii, n.1412.
24 Solms (Roma) para Caprivi, 25 de maio de 1891. Ibid., viii, n.1714.
25 Solms para Caprivi, 27 de maio de 1891. Ibid., n.1715.

existência da Alemanha era suficiente por si só para conter a França sem nenhuma aliança. Como disse a Chamberlain: "Enquanto a França temer a Alemanha, ela não poderá fazer nada para nos prejudicar".[26] Convinha mais à sua política se equilibrar entre a Itália e a França em vez de se vincular a uma delas. Além disso, suspeitava que, aos olhos dos italianos, o *status quo* no Norte da África significava a expulsão dos franceses da Tunísia e o estabelecimento deles próprios em Trípoli. Portanto, aprovou educadamente a proposta italiana e ficou à espera de uma desculpa para se esquivar dela. Rudinì não tardou a providenciar a desculpa. Para respaldar seu governo na Câmara, ele alardeou que a Grã-Bretanha tinha se juntado à Tríplice Aliança. Houve questionamentos na Câmara dos Comuns da parte dos membros radicais, que se opunham à associação com a Tríplice Aliança – ou, na verdade, à associação com qualquer potência europeia; e Salisbury informou que as negociações teriam de esperar até que o Parlamento se acalmasse. Isso nunca aconteceu. Os italianos não obtiveram seu acordo – apenas a visita da frota britânica a Veneza.[27] Foi um pequeno consolo anunciar publicamente, em 28 de junho, a renovação da Tríplice Aliança.

Embora a manobra italiana tenha falhado, ela alarmou os franceses. Eles não gostaram das insinuações de Salisbury de que a Tunísia também fazia parte do *status quo* ou que ele só colaborara com Crispi para "mantê-lo dentro dos limites".[28] Acreditavam que estava se constituindo uma coalizão hostil contra eles. Além disso, atribuíam uma importância exagerada à personalidade errática de Guilherme II, temendo sinceramente que ele poderia atacá-los por deixarem de reagir a seus violentos gestos de amizade.[29] Parecia que sua única esperança era forçar um acordo com a Rússia. Alexandre III também se magoou com o flerte da Inglaterra com a Tríplice Aliança, e apoiou a cooperação com a França. Os franceses deram o empurrão final quando fizeram a Casa Rothschild de Paris recusar um novo empréstimo à Rússia, aparentemente devido aos maus-tratos dispensados aos judeus pelos

---

26 Joseph Chamberlain, *A Political Memoir*, p.296. Chamberlain estava fazendo o papel de intermediário de uma proposta de Clemenceau, segundo a qual a Grã-Bretanha e a França deviam fazer uma aliança contra a Itália como alternativa à aliança da França com a Rússia.

27 Salisbury também resistiu a se juntar ao acordo para manter o *status quo* no Marrocos, que a Espanha e a Itália renovaram em 4 de maio de 1891.

28 Waddington para Ribot, 25 de junho de 1891. *Documents diplomatiques français*, primeira série, viii, n.390.

29 O mais absurdo deles foi enviar sua mãe, viúva do imperador Frederico, numa visita a Paris. A imperatriz ofendeu os franceses ao visitar Versalhes e outros cenários de humilhação francesa em 1871; depois dos protestos públicos, ela teve de ser retirada clandestinamente da França.

russos. Os russos estavam ameaçados por uma colheita desastrosa, e precisavam do dinheiro francês em qualquer condição. Eles cederam aos judeus; e, o mais importante, cederam na política externa. O chefe do Estado-Maior russo informou Boisdeffre que ele apoiava um convênio militar que previsse uma mobilização simultânea se um deles fosse atacado por qualquer membro da Tríplice Aliança;[30] e uma esquadra francesa visitou Kronstadt na última semana de julho, onde foi recebida com enorme entusiasmo.

Giers viu sua política conservadora desmoronar. Lamsdorff, seu assistente, observou: "no fundo, essa aproximação toda com os franceses não conta com a simpatia do sr. Giers". Mas Giers jamais conseguiria fazer frente à vontade autocrática de Alexandre III. Ele duvidava de suas próprias avaliações, e mandava Lamsdorff rezar na capela mais próxima antes de tomar qualquer decisão. Além disso, ao contrário de seus antecessores, não tinha fortuna pessoal, portanto não podia ameaçar se demitir. Seu único recurso era ser moroso. Para evitar algo pior, ele mesmo tomou a iniciativa em relação à França. Em 17 de julho, disse a Laboulaye que eles deviam "dar mais um passo no rumo da entente". Quando Laboulaye propôs um convênio militar, Giers reagiu propondo um acordo entre os dois governos;[31] não há dúvida de que isso seria mais inócuo. Ribot, o ministro do Exterior francês, produziu imediatamente um projeto preciso: mobilização simultânea contra a ameaça de qualquer membro da Tríplice Aliança e concordância "sobre todas as questões que pudessem ameaçar a paz na Europa".[32] Isso não agradou nem um pouco a Giers. Ele queria uma entente indefinida que abrangesse o mundo inteiro – China, Egito e por aí afora; o que realmente tinha em mente, mas não ousava mencionar, era o Oriente Próximo. Além do mais, rejeitou a mobilização simultânea e concordou apenas que as duas potências deviam se consultar em caso de perigo.[33] Os franceses perceberam que Giers buscava uma entente anti-inglesa que não fosse dirigida contra a Alemanha; mas esperavam que, se um dia chegassem a um acordo político, este seria seguido por um convênio militar contra a Alemanha.[34] Alexandre III não queria se desentender publicamente com Giers. Em vez disso, resolveu consultar Mohrenheim, seu embaixador em Paris – uma manobra

---

30 Boisdeffre para Miribel, 16 de julho de 1891. *Documents diplomatiques français*, primeira série, viii, n.424.
31 Laboulaye para Ribot, 20 de julho de 1891. Ibid., n.430.
32 Ribot, nota para o governo russo, 23 de julho de 1891. Ibid., n.434.
33 Laboulaye para Ribot, 5 de agosto de 1891. Ibid., n.457.
34 Freycinet (primeiro-ministro) para Ribot, 9 de agosto; Ribot para Freycinet, 11 de agosto de 1891. Ibid., n.480 e 485.

tipicamente russa. Mohrenheim, que levava a vida dissoluta característica dos embaixadores,[35] estava provavelmente a soldo dos interesses armamentistas franceses, e, certamente, era um defensor entusiasmado da causa francesa. Enquanto se encontrava em São Petersburgo, os britânicos tinham passado a ajudar inconscientemente os franceses. Salisbury convidou a frota francesa a visitar Portsmouth na volta de Kronstadt, para lhes mostrar que a "Inglaterra não tem antipatia pela França, nem nenhum preconceito contra ela".[36] Foi um lembrete perspicaz de que a França tinha outras formas de escapar do isolamento. Alexandre III e Mohrenheim obrigaram Giers a engolir a entente, e ela foi incorporada numa carta ao governo francês em 27 de agosto.[37]

Os franceses obtiveram duas concessões. Se a paz estivesse ameaçada, as duas potências não fariam apenas uma consulta recíproca, e sim "concordariam em chegar a um acordo sobre as medidas" – algo muito ineficaz, mas melhor que nada. Além disso, Mohrenheim acrescentou que aquilo era apena o começo e que deveria haver "avanços posteriores". Esses dois aspectos foram as brechas por meio das quais os franceses, um ano depois, inseriram sua interpretação das relações franco-russas. Caso contrário, a entente teria representado uma vitória para a Rússia. Os franceses se comprometeram a agir diplomaticamente contra a Inglaterra, particularmente em Constantinopla; os russos não se comprometeram a agir militarmente contra a Alemanha. A entente era o último elo numa longa série de temores exagerados. Os alemães temiam a estratégia russa na Bulgária e, portanto, ostentavam seu apoio à Áustria-Hungria; os italianos talvez temessem uma ação francesa no Mediterrâneo e, portanto, tinham alardeado sua aliança com

---

35 Khevenhüller, o embaixador austro-húngaro, era conhecido como "o senhor embaixador". Informação confidencial.

36 Salisbury para Vitória, 22 de agosto de 1871. *Letters of Queen Victoria*, terceira série, ii. 65.

37 Nota de Mohrenheim, 27 de agosto de 1891. *Documents diplomatiques français*, primeira série, viii, n.514. Ribot para Mohrenheim, 27 de agosto de 1891. Ibid., n.517. As notas trocadas revelaram, de maneira sutil, a diferença de ponto de vista dos dois governos. Giers justificou a entente devido à "renovação incontestável da Tríplice Aliança e a adesão praticamente provável da Grã-Bretanha aos objetivos políticos buscados por essa aliança". Ribot se referiu apenas à renovação da Tríplice Aliança e suprimiu a referência à Grã-Bretanha. Ademais, Giers retratou a França e a Rússia como "se mantendo fora de qualquer aliança, mas desejando, com não menos sinceridade, envolver a manutenção da paz com as garantias mais efetivas". Na carta de Ribot, as duas potências apareceram como "se também desejassem dar à manutenção da paz as garantias que resultam do equilíbrio entre as potências europeias". Giers enfatizou o próprio distanciamento da Grã-Bretanha e da Rússia das alianças; Ribot enfatizou a Tríplice Aliança e o equilíbrio de poder.

a Inglaterra. Por isso, tanto a França como a Rússia recearam ficar isoladas diante de uma coalizão hostil, e esse medo as aproximou. Mas todas as potências continuavam com medo. Os russos esperavam que a entente fizesse a Alemanha renovar o Tratado de Resseguro, a França, que ele fizesse a Grã-Bretanha se comprometer na Questão Egípcia. Na visão russa do futuro, a Alemanha e a França patrocinariam a expansão russa no Oriente Próximo e no Extremo Oriente; na visão francesa, a Grã-Bretanha e a Rússia apoiariam a França contra a Alemanha. Os franceses certamente não lutariam para entregar Constantinopla à Rússia; da mesma forma, os russos não lutariam para reaver a Alsácia e a Lorena para a França. Na verdade, a entente só poderia se tornar uma combinação explosiva se a Alemanha se tornasse a principal rival da Rússia no Oriente Próximo; e isso só iria ocorrer dali a vinte anos. Mesmo assim, a entente foi um momento decisivo na história da Europa. Com todas as suas ressalvas e contradições, ela foi, no entanto, uma declaração de que a Rússia e a França pretendiam evitar a dependência da Alemanha na qual a Áustria-Hungria tinha caído. Ambas sacrificaram seus princípios e tradições. O autocrata de todas as Rússias ficou em posição de sentido diante da *Marselhesa*; e o hino do nacionalismo revolucionário foi tocado em homenagem ao opressor dos poloneses.

A entente de agosto foi uma derrota da política conservadora de abstenção cautelosa de Giers; mas ele fez o possível para que a derrota fosse mínima. Visitou Paris e Berlim no outono, assegurando a cada governo as intenções pacíficas do outro – um pálido reflexo da época em que a Rússia prometia proteger primeiro a Prússia e depois a França.[38] Os alemães não levaram muito a sério a entente franco-russa: tinham passado a aceitar a agressividade francesa, e não acreditavam que a Rússia estivesse mais agressiva que antes. Na verdade, a entente poderia melhorar sua posição ao forçar a entrada da Grã-Bretanha na Tríplice Aliança. Com a Questão Egípcia sempre latente, tudo indicava que a entente poderia ser posta à prova em Constantinopla. Paul Cambon, que acabara de ser nomeado embaixador francês na cidade, considerava que a entente era um abandono equivocado da política tradicional, pelo qual ele culpava os "cabeças quentes de Paris";[39] já que o abandono ocorrera, ele queria fazer um uso prático dele.

---

38 Notas de Ribot, 20 e 21 de novembro de 1891; *Documents diplomatiques français*, primeira série, ix, n.74 e 76; notas de Caprivi e Marschall, 25 de novembro de 1891. *Grosse Politik*, vii, n.1514, 1515. Em ambas as capitais, Giers estava mais preocupado com os novos empréstimos russos que com o equilíbrio de poder.

39 Cambon para Bompard, 1º de julho de 1891. *Correspondance*, i. 343.

A Rússia e a França deveriam estimular o sultão a resistir às propostas britânicas no Egito, o que logo garantiria um compromisso aceitável.[40] Essas ideias não contaram com a aprovação de Ribot. Ele sabia que os russos só dariam um "apoio moral" na Questão Egípcia; e seu preço em relação à Bulgária a França não podia pagar. Mais grave ainda, a opinião pública francesa não estava disposta a aceitar nenhum compromisso, por mais razoável que fosse, na Questão Egípcia. Era inútil Cambon argumentar que a grande oportunidade fora perdida para sempre em 1882. No Egito, ainda mais que na Alsácia e na Lorena, a política francesa estava condenada a um ressentimento estéril. Os políticos franceses precisavam exigir concessões que eles sabiam que os britânicos não dariam, e com as quais, de todo modo, a população francesa não ficaria satisfeita.[41]

De todo modo, Ribot e seus colaboradores decidiram que a entente não deveria assumir um caráter exclusivamente antibritânico, e a única maneira de evitar isso era levar a cabo o convênio militar que eles sempre tinham considerado como o complemento de um acordo político. Ou, até mais que o complemento, uma forma de substituí-lo. No fundo, os franceses não queriam fazer um acordo político com os russos, devido a suas consequências embaraçosas no Oriente Próximo; o que eles queriam era um convênio militar que garantisse que determinada porcentagem do exército russo se voltaria contra a Alemanha. Da mesma forma, esse era o aspecto fundamental que Giers queria evitar, mas Alexandre III o ignorou. O tsar odiava os grilhões que a política alemã lhe impusera; queria se sentir realmente independente e gostava da ideia da destruição da Alemanha, pelo menos na imaginação. Ele comunicou a Giers: "Em caso de guerra entre a França e a Alemanha, devemos nos lançar imediatamente em cima dos alemães... Devemos corrigir os erros do passado e esmagar a Alemanha na primeira oportunidade".[42] É claro que Alexandre III, com verdadeira procrastinação russa, gostava de estender as negociações a troco de nada; porém, em última instância, ele era o aliado da França contra seu ministro do Exterior germânico.

Para justificar a exigência de um convênio militar, os franceses tiveram de fingir que corriam um perigo iminente de ataque por parte da Alemanha, o que não passava de uma farsa. O próprio Ribot admitiu que o

---

40 Cambon para Ribot, 16 de novembro de 1891; 25 de janeiro e 18 de fevereiro de 1892. *Documents diplomatiques français*, primeira série, ix, n.69, 175 e 209.
41 Ribot para Cambon, 6 de dezembro de 1891; 30 de janeiro de 1892. Ibid., n.180 e 191.
42 Lamsdorff, *Dnievnik*, p.299: 25 de fevereiro de 1892.

convênio era "mais político que militar";⁴³ seu objetivo era comprometer a Rússia com uma postura antialemã. Curiosamente, o pedido francês de uma ofensiva russa foi tecnicamente mal fundamentado no momento em que foi feito. Os planos do Estado-Maior alemão, elaborados por Moltke, previam uma ofensiva contra a Rússia, não contra a França; e a melhor resposta a ela era se retirar para o interior da Rússia, como os russos pretendiam fazer. Mas os alemães justificaram o pedido francês *post facto* quando alteraram seu planejamento estratégico em 1892. Como em outros casos, a aliança da França com a Rússia, que era uma precaução contra a Alemanha, provocou ela mesma esse perigo – ou, pelo menos, o agravou. Se não fosse pela aliança, a Alemanha poderia ter mantido uma estratégia defensiva contra a França durante anos. Ribot queria que os russos concentrassem pelo menos metade das suas tropas contra a Alemanha;⁴⁴ e quando Boisdeffre foi novamente à Rússia em agosto de 1892, levou consigo um esboço de convênio que previa que a Rússia deveria passar à ofensiva mesmo se a França fosse atacada apenas pela Alemanha, ao passo que a França não faria nada caso a Áustria-Hungria lutasse sozinha. Os generais russos resistiram à proposta, mas acabaram cedendo, prometendo apoiar a França mesmo contra apenas a Alemanha; e, de qualquer modo, cerca de um terço do exército russo atuaria contra a Alemanha. Em troca, os franceses concordaram em se mobilizar (embora não necessariamente entrar em guerra) mesmo se a Áustria-Hungria se mobilizasse de forma isolada.⁴⁵ Ribot achava essa eventualidade tão improvável que valia a pena correr o risco.⁴⁶ O convênio deveria durar tanto quanto a Tríplice Aliança – um acordo estranho, pois nem a França nem a Rússia conheciam as cláusulas desta última. O convênio de agosto de 1892 foi uma grande vitória da versão francesa do relacionamento da França com a Rússia, do mesmo modo que a entente de agosto de 1891 o tinha sido para os russos. O primeiro fora uma entente diplomática contra a Inglaterra; a segunda era uma possível coalizão militar contra a Alemanha. A segunda versão não substituiu a primeira; as duas competiram durante muitos anos, cada lado agindo com base em sua própria versão e ignorando a outra. Nas questões políticas, os franceses se recusaram a ser empurrados contra a Inglaterra e nunca ajudaram a Rússia em

---

43 Ribot para Montebello (São Petersburgo), 22 de julho de 1892. *Documents diplomatiques français*, primeira série, ix, n.415.

44 Ribot para Montebello, 4 de fevereiro de 1892. Ibid., n.182.

45 Boisdeffre para Freycinet, 10 de agosto de 1892. Ibid., n.447.

46 Ribot para Freycinet, 12 de agosto de 1892. Ibid., n.449.

Constantinopla. Nas questões militares, os russos ignoraram os preparativos contra a Alemanha e usaram o dinheiro emprestado pela França em quase tudo, exceto nas ferrovias estratégicas na Polônia russa. Ainda assim, o grande passo tinha sido dado: a aliança franco-russa se tornara realidade.

A afirmação não é tecnicamente correta. O convênio foi apenas um esboço aceito por Boisdeffre e pelos generais russos; ainda precisava ser aprovado por Alexandre III e pelo governo francês. Ribot e Freycinet ainda esperavam modificar o texto, pelo menos para escapar do envolvimento numa guerra dos Bálcãs; mas, quando visitaram Giers em Aix-les-Bains, este lhes disse que estava doente demais para ler suas propostas, mas não para discorrer sobre as virtudes de uma política pacífica.[47] Eles voltaram a Paris desconcertados. Alexandre III provavelmente tinha decidido aprovar o convênio em dezembro; como escreveu Montebello, ele procedeu com "uma regularidade quase matemática".[48] Mas, no outono de 1892, o escândalo do Panamá explodiu na França; os políticos moderados caíram em descrédito, Ribot e Francynet foram demitidos. Alexandre III aproveitou o pretexto para procrastinar ainda mais, e o convênio continuou sem aprovação. Mesmo assim, o sistema por meio do qual a Alemanha controlava os assuntos europeus chegou ao fim em agosto de 1892.

Os próprios alemães chegaram a essa conclusão. Para seguir em frente, dispunham apenas da visita a Kronstadt e da imprensa francesa, não das negociações secretas. No verão de 1892, Waldersee, chefe do Estado-Maior, exagerou no jogo político e foi dispensado devido à denúncia de Caprivi. Schlieffen, seu sucessor, era um profissional rigoroso, além de ser uma pessoa mais capaz; no entanto, apesar de nunca ter se colocado como responsável pelas políticas, ele tomou uma importante decisão técnica que definiu para sempre a política alemã. Mais ainda que seus predecessores, ele aceitou que a guerra em duas frentes era inevitável; achava que a única resposta da Alemanha era nocautear um inimigo antes que o outro estivesse preparado. A Rússia era o adversário mais fraco; consequentemente, Moltke sempre

---

47 Ribot para Montebello, 7 de setembro de 1892. *Documents diplomatiques français*, primeira série, x, n.19.

48 Montebello para Ribot, 5 de setembro de 1892. Ibid., n.17. Langer, *Diplomacy of Imperialism*, i. 59, suscita dificuldades desnecessárias ao sugerir que a aprovação final do tsar, não seus adiamentos, precisam de explicação. Ele parece não perceber que o tsar concordou o tempo todo com o argumento francês, embora fosse russo demais para admiti-lo. O leitor de Langer, por mais que admire sua erudição, não pode deixar de suspeitar que teria havido menos restrições ao "jeito insensível e irresponsável" de Alexandre III se ele tivesse feito um pacto com a Alemanha, e não com a França.

planejara assumir a ofensiva na frente oriental. Porém, as características geográficas da Rússia, além de seu tamanho, tornavam uma vitória rápida inviável, mesmo que seu exército fosse atraído para o campo de batalha; a frente oriental continuaria ativa quando os exércitos alemães fossem necessários na frente ocidental. Entretanto, a França poderia ser nocauteada com um único golpe, se ele fosse suficientemente forte; até então, os alemães não se consideravam capazes de desferi-lo. Schlieffen propunha que se aumentasse o poderio do exército alemão para que ele pudesse tomar uma decisão rápida na frente ocidental.[49] Isso gerava consequências políticas importantes. Até então, os alemães esperavam circunscrever a guerra nos Bálcãs, com eles e os franceses permanecendo neutros; mesmo que entrassem em guerra com a Rússia, só reforçariam suas guarnições na fronteira ocidental. De agora em diante, não poderiam ajustar as contas com a Rússia enquanto não tivessem derrotado a França; portanto, teriam de atacar a França de imediato, mesmo que a guerra se originasse nos Bálcãs. Resumindo: embora a perspectiva de guerra em duas frentes gerasse o plano de campanha de Schlieffen, foi esse plano que primeiro tornou inevitável uma guerra em duas frentes.[50]

Houve uma consequência política mais imediata. Caprivi teve de apresentar uma nova legislação militar em novembro de 1892 para dar a Schlieffen o grande exército que sua estratégia exigia. A legislação militar de 1887 de Bismarck fora direcionada contra os russos; no entanto, como dependia dos votos da direita, ele a justificou com o perigo vindo da França. A legislação militar de Caprivi era direcionada contra a França; porém, como dependia dos votos da esquerda, teve de enfatizar o perigo vindo da Rússia. Não apenas os progressistas, mas também os deputados poloneses do Reichstag, votaram a favor do projeto de lei de Caprivi na divisão final de julho de 1893; e até os sociais-democratas o aprovaram a contragosto, com termos que lembravam o radicalismo de 1848. Caprivi também obteve votos na direita agrária ao rejeitar as propostas russas sobre um novo tratado comercial. Contudo, no exato momento em que os alemães estavam planejando uma guerra em duas frentes, a política pode ter tornado esses planos desnecessários. O escândalo do Panamá deu aos alemães uma

---

49 Seu plano de campanha, concebido em 1894, era atacar a França em Vosges. Ele concluiu, transcorridos apenas dez anos, que as fortificações francesas impossibilitavam a repetição do êxito de Moltke em 1870, e que elas só podiam ser envolvidas avançando através da Bélgica.

50 Isso torna absurda a teoria de que as "alianças" causaram a Primeira Guerra Mundial. Com ou sem alianças, depois que o plano de Schlieffen foi adotado, uma guerra austro-russa de qualquer maneira envolveria o Ocidente.

última oportunidade de postergar, quem sabe de evitar, a aliança franco-russa. As dúvidas de Giers pareciam justificadas; Alexandre III se recusou a encontrar o embaixador francês e enviou o filho a Berlim. Porém, embora Guilherme II falasse numa liga de monarcas,[51] a realidade era mais importante que os sentimentos. A concorrência agrícola e os votos poloneses a favor de Caprivi logo silenciaram esse último suspiro da Santa Aliança.

Enquanto as boas relações com a Rússia não foram retomadas, a proximidade com a Grã-Bretanha, que fora a pedra angular do "novo rumo", estava se esvaindo. Em agosto de 1892, uma eleição geral trouxe Gladstone de volta ao poder, com uma frágil maioria. O próprio Gladstone desconfiava da Tríplice Aliança, sobretudo da Áustria-Hungria, e considerava a reconciliação com a França uma "causa justa";[52] a maioria de seu gabinete não tinha política externa além do isolamento. O ministro do Exterior Rosebery pretendia manter "a continuidade da política externa" – uma doutrina que ele próprio inventara. Assim, sua missão principal era ludibriar o chefe e os colegas, uma missão que cumpriu meticulosamente, mas à custa de piorar seu temperamento naturalmente nervoso a ponto de perder a cabeça. Salisbury deixou atrás de si uma defesa da sua política como orientação para Rosebery: "o segredo da atual situação europeia é nossa posição em relação à Itália e, através da Itália, à Tríplice Aliança".[53] Embora Rosebery concordasse com essa política, recusou-se até a ler os acordos mediterrâneos, para poder negar sua existência se fosse questionado;[54] a única coisa que fez foi externar a "opinião pessoal" de que a Grã-Bretanha ajudaria a Itália "na hipótese de a França atacá-la injustamente".[55] Em maio de 1893, autorizou o embaixador britânico, que estava se aposentado em Viena, a descrever a Áustria-Hungria como a "aliada natural" da Grã-Bretanha; mas essa expressão gasta tinha um antigo significado – ela deveria ser a substituta de um acordo, não seu preludio.[56] Tudo que os alemães tinham conquistado com Salisbury foi

---

51 Marschall para Werder (São Petersburgo), 30 de janeiro de 1893. *Grosse Politik*, vii, n.1527.
52 Waddington para Develle, 31 de janeiro de 1893. *Documents diplomatiques français*, primeira série, x, n.153.
53 Salisbury para Currie, 18 de agosto de 1892. Cecil, *Life of Salisbury*, iv. 404.
54 Ele evidentemente justificou a recusa. Gladstone disse a Waddington: "Ele questionou o Ministério das Relações Exteriores a respeito das relações com a Itália e podia me afirmar categoricamente que não havia nenhum acordo escrito entre a Inglaterra e a Itália". Waddington para Ribot, 9 de dezembro de 1892. *Documents diplomatiques français*, primeira série, x. n.64.
55 Nota de Rosebery, 5 de setembro de 1892. *British Documents*, viii. 4.
56 Deym (Londres) para Kálnoky, 14 e 28 de junho de 1893. Temperley e Penson, *Foundations of British Foreign Policy*, n.186 e 187.

certamente revertido no primeiro ano do governo liberal; e havia uma irritação crescente em Berlim com o fracasso das previsões do "novo rumo".

Isso talvez não tivesse importado aos britânicos se tivessem conseguido restabelecer um bom relacionamento com a França; mas a influência de Gladstone não se traduziu em resultados concretos, e Rosebery talvez fosse o mais antifrancês de todos os ministros do Exterior. Quando Waddington tentou obter algo em relação ao Egito recorrendo diretamente a Gladstone, e passando por cima de Rosebery, a única coisa que conseguiu foi sua remoção, atendendo a uma reclamação de Rosebery.[57] Aliás, os franceses desconfiavam de um acordo referente ao Egito mesmo com Gladstone; o máximo que ele lhes poderia oferecer era uma conferência internacional, na qual nenhuma potência os apoiaria de verdade.[58] Na verdade, não tinham a menor ideia do que queriam no Egito; era uma queixa sem solução.[59] O Ministério do Exterior queria impor aos britânicos uma negociação sobre o Egito, embora não soubesse sob que condições; o Ministério das Colônias queria lançar um desafio mais direto enviando uma expedição da África Ocidental ao Alto Nilo que se juntaria aos abissínios. No fundo, isso também era uma manobra diplomática, pois o Ministério das Colônias não tinha ideia do que a expedição faria no Alto Nilo quando chegasse lá. Eles usaram o projeto de represamento do Nilo como distração, mais como uma forma de assustar os britânicos do que como um projeto sério de engenharia. Ele tornaria a Questão Egípcia "fluida" num sentido metafórico; pois o objetivo dos franceses, do início ao fim, era fazer um acordo com os britânicos, não destruir o Império Britânico. Em 3 de maio de 1893, o presidente Carnot informou ao explorador Monteil: "Precisamos *ocupar* Fashoda".[60] De momento, a decisão grandiloquente não produziu nenhum resultado; mas os franceses também evitaram negociar com a Grã-Bretanha até que a situação tivesse mudado a seu favor.

Nessa situação desconfortável – os franceses ainda inseguros com a Rússia, a Grã-Bretanha mantendo distância da Tríplice Aliança e a Questão Egípcia em suspenso –, soou um alerta repentino. Os franceses estavam concluindo o trabalho de Ferry na Indochina fechando sua fronteira ocidental, o que os pôs em conflito com o Sião, último tampão neutro entre eles e o

---

57 Waddington para Ribot, 2 de novembro de 1892. *Documents diplomatiques français*, primeira série, x, n.37.
58 Waddington para Develle, 5 de maio de 1893. Ibid., n.224.
59 Minuta sobre Reverseaux (Cairo) para Develle, 8 de novembro de 1893. Ibid., n.421.
60 Monteil para Lebon (ministro das Colônias), 7 de março de 1894. Ibid., xi. n.65.

Império Britânico na Índia e Burma. Na verdade, os ministérios do Exterior britânico e francês tinham concordado em manter esse tampão; e um acordo já teria sido assinado não fosse a oposição do governo da Índia. Porém, em 30 de julho de 1893, chegou a Londres um relatório informando que os franceses tinham ordenado aos navios de guerra britânicos que saíssem das águas siamesas. Acreditando que a guerra era iminente, Rosebery ficou fora de si. Por coincidência, Guilherme II estava na Inglaterra, e Rosebery recorreu a ele em busca do apoio alemão.[61] Antes que pudesse decidir o que responder, o relatório de Bancoc se revelou falso e o alerta passou. Os franceses mantiveram o acordo anterior; Rosebery ignorou o governo da Índia; e Sião sobreviveu como um Estado-tampão. Apesar disso, a crise teve um impacto profundo nos alemães. Eles pensaram que, finalmente, poderiam vincular a Grã-Bretanha à Tríplice Aliança. Até então, a Áustria-Hungria e a Itália tinham precisado do apoio britânico no Oriente Próximo mais que os britânicos precisavam delas; portanto, elas nunca puderam obter o compromisso de um apoio categórico. Porém, com exceção dos britânicos, ninguém se importava com o Sião; e os alemães decidiram mantê-los reféns: não haveria apoio alemão contra a França a menos que os britânicos se comprometessem no Oriente Próximo. Caprivi escreveu: "Para nós, a melhor maneira de iniciar a próxima guerra é o primeiro tiro ser disparado de um navio britânico. Então certamente ampliaremos a Tríplice Aliança, transformando-a numa quádrupla aliança".[62]

Baseada em pressupostos falsos, essa chantagem se tornou a base da política alemã. Mesmo que os britânicos se comprometessem com a Áustria-Hungria, a Alemanha continuaria não tendo interesse no Sião ou no Vale do Nilo; e continuaria sendo absurdo travar uma grande guerra na Europa por causa deles (que é o que a Alemanha deveria ter feito). As coisas poderiam ter sido diferentes se o Império Britânico estivesse em perigo, mas ele não estava. Tratava-se de litígios fronteiriços com os franceses ou – como nas montanhas de Pamir – com os russos, nada mais. Se os alemães tivessem olhado com mais atenção, teriam percebido que mesmo no Sião os

---

61 Os alemães ficaram muito impressionados com a preocupação de Ponsonby, secretário da rainha, através de quem o pedido foi feito. Pensaram que ele estava com medo da guerra, e que esse medo fosse típico da classe dirigente britânica. O que Ponsonby temia era uma crise no gabinete e a instabilidade política que ela implicaria para ele. A perspectiva de ter de agir como intermediário entre Vitória e os radicais o deixou lívido – e não era para menos. Comparada com aquilo, a guerra com a França era uma brincadeira de criança.

62 Minuta de Caprivi sobre Hatzfeldt para o Ministério das Relações Exteriores, 31 de julho de 1893. *Grosse Politik*, viii, n.1753.

britânicos, embora se comportassem de forma vergonhosa, garantiram sua exigência básica de um tampão neutro. Afinal de contas, os franceses recorreram à expansão colonial como substituto de uma grande guerra na Europa; e essa guerra na Ásia ou na África teria sido ainda mais inoportuna para eles. Como não perceberam isso, os alemães passaram a acreditar que a aliança franco-russa, ao enfraquecer a posição britânica, fortalecia sua própria posição.

Essa aliança agora estava quase se completando. No verão de 1893, a frieza entre a França e a Rússia, que fora provocada pelo escândalo do Canal do Panamá, diminuiu. No início do ano, Alexandre III tinha obrigado o presidente Carnot a se desculpar por escrito pela acusação (certamente bem fundamentada) de que Mohrenheim se envolvera no escândalo. Agora o tsar sentia que tinha levado a humilhação da França longe demais, e concordou que uma esquadra russa visitasse Toulon.[63] A visita ocorreu em meados de outubro. Essa questão foi mais importante que o deslocamento francês a Kronstadt dois anos antes. A população francesa ficou entusiasmada e recebeu a visita como o verdadeiro fim do "isolamento". Além disso, parecia um gesto realmente estratégico. A cooperação naval franco-russa no Báltico não fazia sentido – portanto, a visita dos franceses a Kronstadt não significava nada; agora os russos falavam em criar uma esquadra mediterrânea permanente, que se uniria aos franceses para desafiar a supremacia naval britânica. Os britânicos reagiram timidamente organizando um encontro naval anglo-italiano em Taranto. Entre outras coisas, os britânicos sabiam que a frota italiana não valia nada. Como escreveu um oficial britânico: "Se eu tivesse que enfrentar uma missão difícil, preferiria, mesmo dispondo de forças próprias muito inferiores, tentar realizá-la sem a ajuda italiana do que com ela".[64]

A visita a Toulon foi uma confirmação da versão russa das relações franco-russas: elas eram unicamente antibritânicas e nem um pouco antigermânicas – nada poderia estar mais distante dos alemães que o Mediterrâneo. No entanto, a confirmação não era tão cabal como parecia, pois não foi acompanhada de nenhum convênio de cooperação naval. Em vez disso, os franceses retomaram o convênio militar preliminar do ano anterior e insistiram que só poderiam se comprometer com a Rússia se pudessem contar com

---

63 Montebello para Develle, 2 e 11 de junho de 1893. *Documents diplomatiques français*, primeira série, x, n.255 e 264. Não é verdade que Alexandre III foi levado a concordar com a visita a Toulon seja pela crise do Sião seja pela legislação militar alemã.

64 Marder, *British Naval Policy*, p.172.

a proteção contra a Alemanha. Dessa vez, conseguiram o que queriam. Não sabemos o que levou Alexandre III a tomar essa decisão final. Talvez fosse um senso de oportunidade inconsciente – de que tinha deixado os franceses esperando demais; talvez a convicção cada vez maior de que eles não o arrastariam para uma guerra de vingança. Em 16 de dezembro, ele comunicou ao embaixador francês Montebello: "Vocês não seriam bons patriotas, não seriam franceses, se não se apegassem à ideia de que chegará o dia em que poderão retomar a posse de suas províncias perdidas; mas existe uma enorme distância entre esse sentimento natural e a ideia de provocação para realizar isso, numa palavra, de *vingança*; e vocês demonstraram muitas vezes que querem a paz acima de tudo e que sabem esperar com dignidade".[65] Em outras palavras, nada de guerra contra a Alemanha, mas nada de reconciliação também. Em 27 de dezembro, Giers informou Montebello que Alexandre III tinha aprovado o convênio militar; em resposta, em 4 de janeiro de 1894, o governo francês deu sua aprovação. Assim, embora ainda secreta, a aliança estava formalmente em vigor. Seu grande propósito, se é que o tinha, era manter a neutralidade alemã enquanto os dois aliados buscavam seus inúmeros objetivos em outra parte. Ainda assim, era uma arma carregada somente contra a Alemanha, independentemente das ressalvas dos dois aliados.

---

65 Montebello para Casimir-Périer, 17 de dezembro de 1893. *Documents diplomatiques français*, primeira série, x, n.475.

XVI
O FRACASSO DA LIGA CONTINENTAL
1894-1897

É comum nos referirmos aos últimos vinte ou trinta anos do século XIX como o período do "esplêndido isolamento"[1] da política externa britânica; mas isso só é verdade num sentido limitado. Não há dúvida de que os britânicos pararam de se preocupar com o equilíbrio de poder na Europa, imaginando que ele seria autoajustável. Mas mantiveram uma ligação estreita com as potências continentais por causa das questões externas à Europa, particularmente no Oriente Próximo. A entente mediterrânea era uma associação mais sólida contra a Rússia do que tudo de que eles tinham participado no começo do século; e até o outono de 1893 imaginaram que ainda tinham a "aliança liberal" com a França na manga, se algum dia realmente viessem a precisar dela. A visita a Toulon pôs fim a essas premissas cômodas; a Terceira República fizera o que Napoleão III sempre se recusara a fazer – tinha se comprometido com a Rússia sem manter, ao mesmo tempo, um bom relacionamento com a Inglaterra. Além disso, o equilíbrio de poder na Europa, que tinha sido o orgulho da política britânica, agora atuava contra a Grã-Bretanha. O equilíbrio certamente assegurava a paz na Europa; de fato, muitos franceses reclamavam, com razão, que a aliança com os russos aceitava implicitamente o Tratado de Frankfurt como o

---

[1] Ironicamente, Salisbury, que cunhou a expressão, utilizou-a para descrever uma posição que era impossível de ser alcançada pela Grã-Bretanha: só se os britânicos vivessem em "esplêndido isolamento" poderiam basear sua política em princípios morais.

status quo. Mas esse equilíbrio seria perturbado, não fortalecido, se a Grã-Bretanha encontrasse um aliado no continente. Outrora os britânicos tinham feito alianças para manter a paz na Europa; agora as alianças lhes escapavam pelo mesmo motivo – uma potência europeia que fizesse uma aliança com a Grã-Bretanha estaria mais perto da guerra do que antes, não mais distante, pois ficaria associada aos compromissos do Império Britânico. Nessas circunstâncias, os britânicos tinham dois recursos. Tentaram, meio a contragosto, obter o apoio alemão, a princípio indiretamente, através da Áustria-Hungria, depois, quando o núcleo da tempestade passou do Oriente Próximo para o Extremo Oriente, por meio de um acordo direto. Também começaram a fortalecer a marinha, para poderem defender todos os seus interesses imperiais sem aliados. A segunda tática deu certo.

Havia outro motivo para o êxito britânico. As potências continentais se diferenciavam bastante quanto à aplicação prática da sua nova segurança. Os franceses sempre tiveram um objetivo prioritário: queriam resolver a Questão Egípcia em condições que fossem aceitáveis à opinião pública francesa, restabelecendo, assim, a "aliança liberal". Os russos também tinham um objetivo, a que todo o resto estava subordinado. Estavam construindo a Ferrovia Transiberiana com o dinheiro de empréstimos franceses; e a recompensa que enxergavam no final da mesma era o controle do Império Chinês. O poder naval tinha salvado Constantinopla; ele não conseguiria salvar Pequim. O interesse dos russos no Oriente Próximo era puramente defensivo. Tinham aceitado a humilhação na Bulgária; e ela não fora tão decisiva assim – em 1894, a Bulgária tinha um governo simpático à Rússia. A única preocupação dos russos no Oriente Próximo era que os britânicos contivessem a ameaça russa à China por meio de um ataque no Mar Negro, como tinham pretendido conter a ameaça ao Afeganistão em 1885. Como os russos tinham perdido a confiança no "regulamento dos Estreitos", pensaram vagamente em controlar eles mesmos os Estreitos, o que provocou uma espécie de crise no Oriente Próximo, até que abandonaram a ideia. Quanto aos alemães, eles não sabiam o que fazer com sua posição segura. Ela certamente os deixava livres para concretizar suas pretensões imperialistas – na África, na Turquia e no Extremo Oriente; mas isso não era grande política. Às vezes, pensavam em obrigar a Grã-Bretanha a fazer parte de uma aliança, às vezes em organizar uma "liga continental" contra ela. A primeira opção era arriscada demais, a segunda oferecia mais recompensas à França e à Rússia, especialmente à Rússia, do que a eles mesmos. Portanto, aceitaram o inevitável e transformaram a "carta branca" numa vantagem. Finalmente, tanto a Áustria-Hungria como a Itália foram deixadas desamparadas pela nova situação: uma exposta à Rússia, a outra, à França. Como a Rússia também tinha adotado uma postura pacífica no Oriente Próximo, a Áustria-Hungria dispôs de um espaço de manobra; para a Itália, porém, foi uma catástrofe.

No inverno de 1893-1894, os britânicos começaram a encarar seriamente o problema da aliança franco-russa. Até então, como supunham que poderiam atravessar os Estreitos em caso de guerra com a Rússia, mantinham uma esquadra de maneira mais ou menos permanente no Egeu. Deixá-la ali depois da visita a Toulon era simplesmente o que Rosebery chamou de "política de honra". Ela nunca se arriscaria a intervir.[2] Todos os recursos das frotas do Mediterrâneo e do Canal da Mancha seriam necessários para enfrentar os franceses; e havia dúvida se elas até conseguiriam dar conta do recado. Chamberlain, sempre exagerado, disse: "no Mediterrâneo, a marinha britânica teria de sair correndo – se conseguisse".[3] Além disso, acreditava-se que os russos dispunham agora de uma frota portentosa capaz de chegar a Constantinopla pelo mar, evitando a longa rota terrestre que os deixava à mercê da Áustria-Hungria. A reação imediata foi um novo programa de construção naval, que recebeu o nome de Spencer, primeiro lorde do Almirantado. Gladstone resistiu a ele: "Bedlam* deveria ser ampliado imediatamente", disse ele, "são os almirantes que me enfiaram a faca".[4] Sem contar com o apoio nem dos colegas mais radicais, ele pediu demissão em 1º de março de 1894. Ao se tornar primeiro-ministro, Rosebery teve mais liberdade que antes para seguir a política imperialista na qual acreditava.

Embora o fortalecimento da marinha pudesse resolver o problema da Grã-Bretanha, ele levaria anos para ser alcançado, e Rosebery precisava urgentemente de um aliado. Antes ele tinha aguentado a impertinência da Áustria-Hungria; agora era a sua vez de ser impertinente. Em 31 de janeiro de 1894, comunicou a Deym, embaixador austro-húngaro, que estava disposto a lutar pelos Estreitos: "Não devo me esquivar do risco de envolver a Inglaterra numa guerra com a Rússia". Mas isso só seria possível se a França permanecesse neutra; portanto, ele precisava da "ajuda da Tríplice Aliança para manter a França sob controle".[5] É claro que a conversa de Tríplice Aliança era um pretexto; o único de seus membros que podia ameaçar a França para

---

2 Memorando do primeiro lorde do Mar, 15 de abril de 1894. Marder, *British Naval Policy*, p.221.

3 Debate na Câmara dos Comuns, 19 de dezembro de 1893. *Hansard*, 4, xix. 1771-1786.

* Apelido dado ao Bethlem Royal Hospital, de Londres, mais antigo manicômio europeu (fundado em 1247); notório pelos métodos macabros de tratamento, "bedlam" virou sinônimo de caos e confusão na língua inglesa. (N. T.)

4 Algernon West, *Diaries*, p.262.

5 Deym para Kálnoky, 7 de fevereiro de 1894. *Foundations of British Foreign Policy*, n.189.

O VALE DO NILO

que ela ficasse neutra era a Alemanha. A proposta teria sido prontamente aceita nos tempos gloriosos do "novo rumo"; aliás, Bismarck a tinha apresentado em 1889. Agora os tempos eram outros; desde a aliança franco-russa, a Alemanha não podia ameaçar a França sem também correr o risco de entrar em guerra com a Rússia. Além disso, um vento diferente estava soprando na política interna alemã. A coalizão de esquerda que apoiava Caprivi estava se desfazendo. Muitos antigos liberais agora consideravam a Grã-Bretanha uma rival colonial. Por outro lado, os grandes industriais que cobiçavam o mercado russo silenciaram os protestos dos latifundiários, e Guilherme II concordou com eles: "Não tenho a mínima vontade de entrar em guerra com a Rússia por causa de uma centena de *Junkers* malucos".[6] Um novo tratado comercial com a Rússia foi aprovado no Reichstag em março de 1894. A "causa alemã" nos Bálcãs e a aliança liberal com a Inglaterra estavam em baixa. Guilherme II tinha se cansado de seu papel demagógico e privilegiou o bismarckismo, quando não Bismarck. Já em setembro de 1893, ele informou a Kálnoky que a Alemanha não lutaria por Constantinopla; se a Rússia a tomasse, a Áustria-Hungria deveria tomar Salônica.[7] Essa era a antiga diretriz que provocara a dispensa de Bismarck. Caprivi tinha de segui-la se quisesse se manter no cargo. Portanto, só podia oferecer a Kálnoky a antiga resposta de Bismarck: a Grã-Bretanha tinha de se comprometer com a Áustria-Hungria sem depender da Alemanha. É claro que fingiu que os britânicos conseguiriam o apoio alemão quando fizessem um tratado formal; na verdade, ele pretendia concluir um novo Tratado de Resseguro com a Rússia, ou algo parecido, assim que os britânicos fossem fisgados.[8]

Kálnoky não gostou da resposta, pois temia que ele próprio se encontraria em dificuldade antes que a tempestade fustigasse os britânicos. Os alemães, importunados ininterruptamente por Viena, não adularam os britânicos; em vez disso, tentaram ameaçá-los. Como se opunham à Grã-Bretanha nas questões coloniais, eles a forçaram a fazer aliança com a Áustria-Hungria. Hartzfeldt lhes assegurou que um pequeno desentendimento logo levaria Rosebery a enfrentar o gabinete – afinal de contas, agora ele era primeiro-ministro e não podia mais se abrigar atrás da oposição a

---

6 Waldersee, *Denkwürdigkeiten*, ii. 306.
7 Minuta de Guilherme II em Eulenberg (Viena) para Caprivi, 20 de dezembro de 1893. *Grosse Politik*, ix, n.2138.
8 Memorandos de Caprivi, 8 de março e 23 de abril; Marschall para Hatzfeldt, 28 de março de 1894. Ibid., n.2152, 2155 e 2153.

Gladstone.[9] Os alemães aproveitaram a oportunidade do acordo feito por Rosebery em 12 de maio com o Estado Livre do Congo, concebido para excluir os franceses do Vale do Nilo.[10] Eles não só protestaram contra o tratado, como também se ofereceram para ajudar a França a resistir a ele. Portanto, alguma vantagem fatalmente viria: ou Rosebery faria uma aliança com a Áustria-Hungria para acalmar a Alemanha, ou a França, percebendo a importância da cooperação franco-alemã, esqueceria a Alsácia e a Lorena. A política deu errado nas duas frentes. Em vez de se assustar, Rosebery ameaçou romper definitivamente com a Tríplice Aliança "se a

---

9 Hatzfedlt para Caprivi, 1º de junho de 1894. Ibid., viii, n.2039.
10 Na verdade, o tratado fora concluído em 12 de abril. Ele foi pós-datado para esconder o fato de que Leopoldo II, rei dos belgas e proprietário do Estado Livre do Congo, já tinha se comprometido com os britânicos antes de negociar com os franceses sobre o mesmo assunto entre 16 e 23 de abril. O objetivo do tratado era o mesmo do Tratado de Heligoland-Zanzibar de 1890 – selar o Vale do Alto Nilo por meio da diplomacia. Ele estava fechado a partir do leste pelo tratado de 1890 e por um acordo anglo-italiano feito em 1891, exceto por intermédio da Abissínia: daí o estímulo britânico às pretensões italianas no local e a proteção francesa dos abissínios. Em novembro de 1893, os alemães também renunciaram a entrar pelo oeste por meio de um acordo com os britânicos que situava o limite oriental dos Camarões na bacia do Nilo. Os britânicos esperavam que os alemães estendessem suas reivindicações até a bacia, barrando, assim, o caminho dos franceses; em vez disso, os alemães fizeram um acordo com os franceses em março de 1894, que ainda deixou aberta a rota do Congo Francês ao Nilo. Era preciso criar uma nova barreira. Anteriormente, os britânicos também tinham tentado excluir os belgas do Estado Livre do Congo; agora concordaram em arrendar a Leopoldo II o Bahr-el-Ghazal – a zona-tampão fundamental que os alemães tinham acabado de rejeitar. Em troca, Leopoldo II arrendou aos britânicos uma faixa do território congolês que ia de norte a sul – a mesma proposta que os alemães tinham eliminado do Tratado de Heligoland em 1890. Isso serviu de pretexto para que eles se queixassem de que estavam sendo "cercados" – nas áreas mais remotas da África! Eles teriam protestado de qualquer jeito, com o argumento de que o Estado Livre do Congo, por ter sido criado como território neutro pelo Ato de Berlim de 1885, não tinha o direito de adquirir terras fora da bacia do Congo tradicional.
As objeções francesas eram mais sérias. Ao contrário dos alemães, eles nunca tinham reconhecido que o Alto Nilo era uma "esfera de influência" britânica. Insistiam que ou ele estava sob soberania otomana ou não tinha dono. Se ainda era turco, então tanto britânicos como franceses deviam deixá-lo em paz; e, além disso, os britânicos deviam sair do Egito, ao qual a soberania otomana também se aplicava. De qualquer modo, os britânicos não tinham o direito de arrendar território otomano (nem egípcio) a Leopoldo II, nem a mais ninguém. Se ele não tinha dono, então os franceses tinham tanto direito de invadi-lo quanto os outros, e não podiam ser impedidos de fazê-lo por meio de uma transação fictícia entre os britânicos e Leopoldo II; como outras regiões da África, ele só podia ser reivindicado por quem chegasse primeiro. Os britânicos não tinham resposta a essas objeções. A única resposta teria sido o direito de posse; e esse os britânicos só obtiveram em 1898.

Alemanha continuar se colocando ao lado da França nas questões coloniais".[11] Quando Kálnoky se assustou com a irritação de Rosebery, os alemães mudaram rapidamente de postura. Deram a entender que jamais tinham pretendido cooperar com os franceses[12] e se declararam satisfeitos com uma reles concessão britânica. Embora não tenham torpedeado o Tratado Anglo-Congolês (os franceses o fizeram sozinhos), eles certamente torpedearam qualquer possibilidade de apoio britânico à Áustria-Hungria. Em 9 de julho, Deym apresentou um longo pedido de desculpas a Rosebery pela abstenção alemã no Oriente Próximo,[13] mas ele não estava mais interessado. Como perdera a esperança na Tríplice Aliança, propôs minimizar os problemas britânicos melhorando o relacionamento com a França e com a Rússia. O dia 9 de julho de 1894 foi uma data histórica, pois marcou o fim da cooperação anglo-austríaca contra a Rússia: uma política que os britânicos tinham iniciado no Congresso de Viena (ou talvez até em 1792), não conseguiram concretizar durante a Guerra da Crimeia e na qual tinham apostado bastante em 1878 e tudo em 1887. Na verdade, foi nesse dia que começou o "isolamento" britânico.

O acordo entre a Grã-Bretanha e a França não se concretizou, embora tivesse sido do agrado dos franceses. Eles não tinham a menor ilusão de que outra potência os apoiaria na questão do Alto Nilo. Quando os alemães se

---

11 Deym para Kálnoky, 13 e 14 de junho de 1894. *Foundations of British Foreign Policy*, n.192.
12 Langer (*Diplomacy of Imperialism*, i. 139) procura mostrar (*a*) que não houve proposta de cooperação por parte da Alemanha, (*b*) que os franceses não se ofenderam com o fato de os alemães terem se afastado do problema. Ele está enganado em ambos os casos. Em 13 de junho de 1894, Marschall sugeriu a Herbette que a França e a Alemanha "aceitassem como fundamento comum das negociações com a Inglaterra a manutenção do *status quo* tal como definido pelo Ato de Berlim" (*Grosse Politik*, viii, n.2049). No mesmo dia, Rosebery se queixou a Deym; em 15 de junho, Kálnoky transmitiu a queixa aos alemães (Ibid., n.2054). Em 17 de junho, Marschall evitou aumentar a cooperação com os franceses e se declarou satisfeito (Ibid., n.2061). Isso foi antes das concessões britânicas à Alemanha, que só foram feitas em 18 de junho. Consequentemente, os alemães mudaram de rumo devido à inquietação da Áustria-Hungria, e não porque tinham conseguido o que queriam.
Em 19 de junho, Hanotaux, ministro do Exterior da França, argumentou veementemente junto ao embaixador alemão contra a realização de um acordo separado com a Inglaterra (*Documents diplomatiques français*, primeira série, xi, n.161), repetindo a queixa em 22 de junho (n. 172). Em Berlim, Herbette argumentou veementemente junto a Marschall em 19 (n.162) e 25 de junho (n.175). Depois Marschall saiu de férias no interior do país para se livrar de outras reclamações. Ele se envergonhou, com razão, de suas ações. A vergonha não foi compartilhada pelos editores de *Grosse Politik* (que suprimiram as provas das queixas dos franceses).
13 Deym para Kálnoky, 9 de julho de 1894. Langer, *The Franco-Russian Alliance*, p.200.

propuseram a cooperar, os franceses responderam perguntando se essa cooperação se estenderia à Questão Egípcia;[14] eles não se surpreenderam com a resposta negativa, nem quando os alemães se afastaram totalmente do assunto. O mesmo aconteceu com a Rússia. O ministro do Exterior francês Hanotaux tentou invocar a aliança franco-russa.[15] Depois de três semanas de silêncio, Giers replicou: "O tsar aprova completamente a postura adotada pelo governo da República".[16] Nada de concreto foi feito, nem mesmo uma inofensiva declaração de opinião em Londres; na verdade, os russos bendiziam a disputa, não sua causa. Os franceses não lamentaram muito essas rejeições. Embora posteriormente Hanotaux tenha adquirido a fama de colonialista fanático, seu objetivo era se reconciliar com a Grã-Bretanha, não humilhá-la nem derrotá-la. Para ele, porém, a reconciliação só seria possível se os britânicos se retirassem do Egito; ao passo que os britânicos esperavam que os franceses aceitassem sua ocupação do Egito, e até mesmo sua permanência lá, antes de falar em reconciliação. Hanotaux pelo menos tentou manter a questão em aberto. Propôs discutir o Alto Nilo e até reconhecer a "esfera de influência" britânica ali – por um preço (não identificado e, de fato, impossível de saber) – se os britânicos cancelassem o tratado com Leopoldo II. Os britânicos queriam o oposto disso; só negociariam se os franceses aceitassem o tratado e, com ele, sua derrota. Chegou-se novamente a um impasse. Hanotaux o rompeu ameaçando não os britânicos, mas Leopoldo II. O Estado Livre do Congo já era bastante impopular na Bélgica, e os ministros de Leopoldo não o apoiariam numa disputa com a França. Aliás, nem os britânicos. Eles procuravam uma barreira contra a França, não um empecilho. Se era para brigar, preferiam brigar por seus próprios interesses. Em 14 de agosto, Leopoldo II concordou com a França em não aceitar o arrendamento que lhes barrava o caminho para o Alto Nilo.[17]

Os franceses ainda tentaram fazer um acordo com a Inglaterra. A expedição que estava sendo preparada foi informada de que não devia penetrar no Vale do Nilo,[18] e em outubro Hanotaux sugeriu que a Inglaterra também

---

14 Herbette para Hanotaux, 17 e 24 de junho; Hanotaux para Herbette, 18 de junho de 1894. *Documents diplomatiques français*, xi, n.154, 174 e 157.
15 Hanotaux para Montebello, 1º de junho de 1894. Ibid., n.122.
16 Montebello para Hanotaux, 21 de junho de 1894. Ibid., n.169.
17 Curiosamente, o triunfo francês acabou sendo vantajoso para os britânicos. Teria sido muito mais difícil expulsar de Fashoda Leopoldo II do que Marchand, já que ele tinha um título que os britânicos pelo menos teriam tido de reconhecer.
18 Delcassé (ministro das Colônias) para Monteil (com minuta de Hanotaux), 13 de julho de 1894. *Documents diplomatiques français*, primeira série, xi, n.191.

participasse da "resolução altruísta".[19] O negociador britânico em Paris considerou-o um bom acordo, mas foi desautorizado por Londres. As negociações fracassaram. Isso foi o mais próximo que a Grã-Bretanha e a França chegaram de um acordo entre a ocupação do Egito em 1882 e a entente vitoriosa de 1904. O obstáculo era simples. Como os britânicos estavam decididos a permanecer no Egito, não se contentaram com a promessa francesa de que não ocupariam seu lugar. Se os franceses não conseguiam expulsar os britânicos do Egito – o que era verdade –, então precisavam definir um preço que fizesse a opinião pública francesa se conformar com a ocupação. Mas não conseguiram fazê-lo. Pouco depois, Paul Cambon escreveu de Constantinopla: "Se pudermos dar a impressão aos ingleses... de que nosso governo, pressionado pela opinião pública, seria capaz de ocupar Port-Said, a demonstração terá um certo impacto. Porém... precisamos saber o que queremos e dizê-lo com toda a franqueza, cordialmente, mas claramente. Nós nos baseamos demais em nossos direitos e não levamos suficientemente em conta a realidade".[20] Era uma lógica implacável demais. Os franceses continuaram esperando melhorar seu poder de negociação sem provocar um conflito sério. Em 17 de novembro, sua expedição foi orientada a chegar ao Alto Nilo o mais rápido possível.[21] Até mesmo isso foi um movimento diplomático, não a preparação para um conflito de verdade. Os britânicos se tornariam mais razoáveis quando os franceses estivessem no Alto Nilo. Marchand, que comandou a expedição, escreveu antes da partida: "Em última análise, o objetivo é fazer que, por meio de instrumentos pacíficos, mas claros, a Inglaterra aceite ou até mesmo proponha a realização de uma conferência europeia... Será que não temos o direito de esperar que a questão da evacuação do Egito seja uma decorrência natural da questão do Sudão egípcio?".[22] Como não tinham como responder a esses preparativos, os britânicos se valeram do recurso gasto das ameaças diplomáticas. Em 28 de março de 1895, o subsecretário do Ministério do Exterior declarou na Câmara dos Comuns que uma expedição francesa ao Alto Nilo seria um "gesto hostil".[23] Era uma declaração de guerra atrasada, e, certamente,

---

19 Ver meu artigo "Prelude to Fashoda", em *English Historical Review*, v.lxv.
20 Paul Cambon para Bourgeois, 31 de março de 1896. *Documents diplomatiques français*, primeira série, xii, n.362.
21 Nota de Hanotaux, sem data (17 de novembro de 1894). Ibid., xi, n.285.
22 Marchand, nota, 10 de novembro de 1895. Ibid., xii, n.192.
23 Esta é a "Declaração de Grey". Posteriormente, Grey ficou com tanta vergonha dela que insinuou ter pretendido usa um linguajar pesado em relação ao Níger e, por engano, o transferira para o Nilo. Grey, *Twenty-Five Years*, i. 18.

distante da reconciliação com a França que Rosebery esperara apresentar aos alemães.

Rosebery também não teve sucesso com a Rússia, apesar de alguns lampejos de simpatia. Ele fez um acordo com os russos definindo a fronteira entre os dois países nas montanhas de Pamir; e em 9 de novembro de 1894 declarou no banquete do prefeito que o relacionamento com a Rússia nunca fora "tão cordial". Um novo surto de atrocidades turcas no Oriente Próximo, dessa vez cometidas contra os armênios, lhe deu a oportunidade de encenar uma cooperação espalhafatosa com a França e com a Rússia, que deu em nada. Enquanto o governo britânico era levado pelo vendaval da indignação pública, os franceses se associaram só para assegurar que a Turquia não fosse prejudicada, e os russos, eles próprios opressores de um grande número de armênios, só para assegurar que nada de bom acontecesse aos armênios. Os russos encararam a postura britânica com uma condescendência desdenhosa. Rosebery também não pôde recorrer à Tríplice Aliança, embora tenha tentado fazê-lo em dezembro. Kálnoky se deliciou com as atrocidades infligidas aos armênios, que levaram o centro da tempestade para longe dos Bálcãs;[24] e, na Alemanha, a exoneração de Caprivi em novembro encerrou formalmente o "novo rumo". Hohenlohe, o novo chanceler, era o mais parecido com Bismarck depois do próprio Bismarck. Ele se apoiava no antigo cartel de industriais e proprietários agrícolas, mas agora com um novo inimigo. Como os projetos de retomar a perseguição aos sociais-democratas tinham malogrado, Hohenlohe teve de confiar no entusiasmo pela "política mundial" – a busca pela expansão ultramarina e por uma marinha forte que fosse direcionada contra a Inglaterra. Até então a Alemanha sempre fora indiferente à Grã-Bretanha; em breve ela se tornaria hostil.

O isolamento britânico ficou patente aos olhos do mundo na primavera de 1895, quando o Extremo Oriente ocupou pela primeira vez o centro do palco mundial. Até então, os britânicos tinham se limitado a proteger e intimidar o desamparado Império Chinês, enquanto praticamente monopolizavam seu comércio. Seu controle do poder marítimo lhes permitira controlar qualquer tentativa de partilha, tendo impedido particularmente duas dessas tentativas por parte da Rússia, em 1861 e 1885. Agora a Ferrovia Transiberiana estava sendo construída, e as tropas russas logo chegariam à China por terra. Mas as potências europeias não estavam sozinhas contra a China. Por meio de uma façanha singular, o Japão tinha deixado de ser um reino oriental decadente e se transformado num Estado industrializado moderno,

---

24 Eulenburg para Hohenlohe, 4 e 14 de dezembro de 1894. *Grosse Politik*, ix, n.2168 e 2170.

decidido a assumir o papel de grande potência. Antevendo a concentração russa no Extremo Oriente com o término da Ferrovia Transiberiana, os japoneses resolveram se proteger, criando o Estado-tampão da Coreia, independente da influência chinesa. Em setembro de 1894, entraram em guerra com a China – a primeira Guerra da Coreia. Como protetores da China, os britânicos tentaram organizar uma intervenção conjunta das potências europeias em seu favor. A tentativa fracassou, os chineses foram derrotados e, em abril de 1895, celebraram a paz em Shimonoseki. Reconheceram a independência da Coreia e cederam ao Japão Port Arthur e a península de Liaotung – as chaves da Manchúria e, na verdade, de todo o norte da China.

Esses acontecimentos deixaram a política russa em polvorosa. Sessenta anos antes, em 1829, eles tinham planejado dominar o Império Otomano por meio de uma penetração pacífica. O esquema mal começara a ser posto em prática quando a Turquia foi ameaçada por Muhammad Ali; e, para derrotá-lo, os russos tiveram de pedir que as outras potências europeias se imiscuíssem na Questão Oriental. Agora, os planos russos de deter o monopólio político em Pequim seriam barrados no nascedouro se os japoneses conservassem Port Arthur. O Ministério do Exterior russo, cujo comando acabara de ser passado a Lobanov, tinha aprendido com os antigos fracassos. Dessa vez, a Rússia fecharia um acordo com seu rival imediato e excluiria todas as outras potências do Extremo Oriente. Afinal de contas, o que a Rússia precisava concretamente era de uma zona de influência no norte da Manchúria que ligasse a Sibéria e a Província Marítima, o que podia ser obtido por meio de um acordo com o Japão. Essa política cautelosa não convinha a Witte, ministro das Finanças, que estava planejando controlar econômica e politicamente todo o norte da China, e que não queria parceiro nessa empreitada. O novo tsar, Nicolau II, que assumira o trono em novembro de 1894, se orgulhava de conhecer o Extremo Oriente (onde ele realmente tinha estado) e era totalmente favorável à resistência. Assim, a diplomacia russa foi arrastada a uma política aventureira no Extremo Oriente, do mesmo modo que em 1877 fora arrastada a uma aventura pan-eslavista nos Bálcãs. Lobanov descobriu um estratagema para diminuir o perigo. A Rússia organizaria um protesto conjunto das potências europeias e, mantendo-se nos bastidores, surgiria depois como a protetora do Japão.

Os franceses aderiram de imediato. Embora seus próprios interesses na Indochina fossem mais bem atendidos pelo desmembramento do Império Chinês, gostavam da oportunidade de exibir a aliança franco-russa por toda parte – menos, é claro, em Constantinopla. Além disso, pensaram que os britânicos, que já tinham sugerido uma ação conjunta no outono de 1894, também colaborariam novamente. Em vez disso, para grande consternação dos franceses, os britânicos ficaram de fora e os alemães entraram. Inicialmente, os alemães tinham pensado em se unir aos japoneses na partilha da China, mas mudaram de lado para impedir o "batismo de fogo" da aliança franco-russa. Guilherme II até chegou a pensar que o fato de a Alemanha colaborar com a Rússia seria, de algum modo, uma demonstração de que ela tinha abandonado a França e se juntado à Tríplice Aliança; de qualquer modo, a intervenção russa no Extremo Oriente significava segurança para a fronteira oriental da Alemanha na Europa.[25]

A abstenção britânica não teve origem em cálculos tão elaborados. Nove anos depois, quando o Japão derrotou a Rússia, preservando assim pelo menos por algum tempo a grandiosidade comercial britânica na China, parecia que os britânicos tinham sido incrivelmente visionários. Na verdade, não tinham nenhuma diretriz política no Extremo Oriente e praticamente nenhuma em nenhum outro lugar. Eles estavam perdendo a confiança na capacidade de reforma dos impérios orientais – em primeiro lugar a Turquia, mas também a China, a Pérsia e o Marrocos; e não dispunham de substituto. A partilha parecia tão questionável quanto era inviável a preservação. Nunca lhes ocorrera que o Japão poderia contrariar os planos da Rússia na China; na verdade, nem tinham percebido ainda que um grande avanço russo era iminente. A abstenção foi apenas o último veto de um gabinete liberal em plena dissolução. Todas as forças vivas do governo – a rainha, Rosebery (primeiro-ministro) e Kimberley (ministro do Exterior) – queriam colaborar com as potências europeias; o gabinete se decidira pela inação. Ele nunca apreciara as políticas "imperialistas" de Rosebery, e dessa vez o derrotou. Além disso, se ressentira do cinismo com que, no outono de 1894, a Rússia e a França tinham esvaziado a "entente armênia" do seu idealismo e decidira não se deixar apanhar novamente. Os britânicos foram deixados de lado no Extremo Oriente, que há muito era sua reserva particular, pelas três potências continentais.

Mais precisamente, só foram deixados de lado pela Rússia. Nem a França nem a Alemanha obtiveram qualquer benefício da "entente do Extremo Oriente". Seu protesto conjunto obrigou os japoneses a devolver suas conquistas no continente à China; desse modo, as chaves do Extremo Oriente ficaram ao alcance da Rússia. A indenização chinesa ao Japão foi coberta por um empréstimo, no qual os franceses entraram com o dinheiro e

---

25 Minuta de Guilherme II sobre Eulenburg para Hohenlohe, 7 de abril de 1895. *Grosse Politik*, ix, n.2313.

do qual os russos obtiveram a vantagem política; apesar dos protestos, os alemães foram excluídos do empréstimo, e aceitaram a exclusão em vez de brigar com a Rússia. Na verdade, a França e a Alemanha estavam competindo pela amizade da Rússia; ambas a estimularam no Extremo Oriente para desviar seu olhar de Constantinopla. Os franceses ficaram muito constrangidos com esse desdobramento; a intenção deles era que a aliança franco-russa os protegesse da Alemanha, não que os obrigasse a manter um bom relacionamento com ela. Como disse Hanotaux, em caso de intervenção no Extremo Oriente, "seremos obrigados a discutir em público o que foi feito contra a Alemanha pela Rússia, no momento em que estaremos pedindo para ir em socorro da Rússia *ao lado* da Alemanha. É uma bagunça perfeita".[26] Não teve jeito. Em junho de 1895, o Canal de Kiel foi inaugurado; ele era o símbolo humilhante da primeira derrota de Napoleão III no caso Schleswig. Os franceses pretendiam boicotar as comemorações internacionais,[27] mas Nicolau II lhes ordenou bruscamente que comparecessem: "Parece-me que o governo francês está errado quando hesita em responder ao convite alemão. Uma vez que todas as potências aceitaram, a participação da França, junto com a nossa, é indispensável".[28] O único consolo dos franceses foi que, pela primeira vez, tiveram a permissão de se referir publicamente à "aliança".

Porém, o que parecia importante no verão de 1895 não era a aliança franco-russa, mas a abordagem da "liga continental". Os russos imaginaram que ela funcionaria no Oriente Próximo como fizera na China; competindo pela amizade da Rússia, a Alemanha e a França apoiariam todas as suas exigências. Os russos não tinham nenhuma pretensão no Oriente Próximo, só preocupações. Queriam girar a chave do cadeado do Mar Negro e, portanto, ficar livres para se concentrar na China, sem temer um ataque britânico na Crimeia ou na Ucrânia. Em julho de 1895, um conselho russo decidiu: "Precisamos do Bósforo e da entrada do Mar Negro. A passagem livre através dos Dardanelos pode ser obtida depois através da diplomacia".[29] A segunda sentença revelou a fraqueza da política russa. A segurança já não era o bastante. Com a liberação dos empréstimos franceses, as ferrovias e o maquinário entraram e os grãos tiveram de sair – tudo através dos Estreitos. Além disso, a Ferrovia Transiberiana não estava pronta, e, mesmo quando estivesse, teria

---

26 Hanotaux para Montebello, 25 de abril de 1895. *Documents diplomatiques français*, primeira série, xi, n.483.
27 Hanotaux para Montebello, 27 de fevereiro de 1895. Ibid., n.382.
28 Montebello para Hanotaux, 2 de março de 1895. Ibid., n.384.
29 Khostov, *Istorik Markzist*, xx. 108.

apenas uma única via. A Rússia dependia das rotas marítimas, mesmo no Extremo Oriente, o que significava livre trânsito através do Canal de Suez e também dos Estreitos. Os militares e os diplomatas mais tradicionais teriam se contentado com a partilha do Império Otomano, deixando o Egito e talvez até mesmo os Dardanelos para a Inglaterra. Os políticos mais previdentes, liderados por Witte, reconheceram que isso não era mais suficiente: tinham de manter vivo o Império Otomano e trabalhar pela neutralização do Canal de Suez *faute de mieux*.* Inicialmente, Lobanov foi favorável à partilha, mas percebeu que ela só seria aceitável se a Questão Egípcia, e com ela o controle do Canal de Suez, fosse solucionada ao mesmo tempo. Por isso, estimulou os franceses a seguirem adiante com a expedição ao Alto Nilo;[30] e, na verdade, a decisão final de enviar Marchand foi tomada em novembro de 1895. Lobanov também imaginou que os franceses aceitariam o controle russo de Constantinopla se conseguissem o que queriam no Egito, no que ele estava muito enganado. Pelo contrário, os franceses apressaram a expedição de Marchand para resolver o problema do Egito antes que a Questão Oriental explodisse.[31]

Os russos não eram os únicos a levar em consideração a partilha do Império Turco. Em junho de 1895, Salisbury retornara ao poder na Inglaterra. Ele nunca tivera muita confiança na capacidade de reforma do Império Turco; agora não tinha nenhuma. Além disso, a campanha na Inglaterra contra as atrocidades cometidas contra os armênios impossibilitara que ele apoiasse a Turquia, mesmo que tivesse desejado fazê-lo – e ele não desejava. Disse a Courcel, o embaixador francês: "é impossível manter as coisas como estão... A Turquia está morrendo lentamente".[32] Além do mais, estava decepcionado com os antigos companheiros da liga mediterrânea. A Áustria-Hungria aparentava fraqueza; a Itália era um peso em vez de um trunfo; e a Alemanha era suspeita. A Inglaterra "tinha apostado no cavalo errado". Ele queria fazer um acordo com a Rússia. Disse a Courcel: "Sou um velho conservador, e não tenho nenhum preconceito contra o governo russo". Evocou inúmeras vezes, arrependido, as propostas de partilha feitas por Nicolau I em 1853. "Se ao menos tivéssemos ouvido o imperador Nicolau quando ele

---

* Em francês no original: "Na falta de uma opção melhor". (N. T.)

30 Paul Cambon atribuiu posteriormente a expedição Marchand aos incentivos de Lobanov a Hanotaux no outono de 1895. Paul Cambon para Henri Cambon, 10 de junho e 6 de setembro de 1904. *Correspondance*, ii, p.143 e 159.

31 Herbette para Berthelot, 2 de junho de 1896. *Documents diplomatiques français*, primeira série, xii, n.264

32 Courcel para Hanotaux, 12 e 29 de julho de 1895. Ibid., n.88 e 144.

falou com *Sir* Hamilton Seymour, o panorama que se descortinaria diante de nós quando contemplássemos o continente europeu seria muito mais aprazível."[33] No final de julho, disse a Hatzfeldt que estava disposto a permitir que os russos ficassem com Constantinopla *avec tout ce qui s'ensuit*.*[34] Essas propostas deixaram os alemães em pânico. Eles desconfiaram, certamente com alguma justificativa, que Salisbury estava tentando repetir sua manobra de 1887: ele estava declarando a falta de interesse no Império Turco para sobrecarregá-los como os únicos responsáveis pela Áustria-Hungria. Eles, por sua vez, tentaram repetir a manobra do Tratado de Resseguro. Em outubro, Guilherme II disse a Lobanov que gostaria de relançar a Liga dos Três Imperadores (contra os Estados Unidos!) e que "não se incomodava de dar apoio moral à Rússia no Oriente Próximo". Segundo Lobanov, ele até chegou a perguntar: "Por que vocês não tomam Constantinopla? Eu não faria qualquer objeção".[35] Mas Lobanov pode ter exagerado para amedrontar os franceses.

De todo modo, a manobra alemã não durou muito. Era impossível escapar do ônus da Áustria-Hungria. Kálnoky tinha caído no início do ano quando tentara travar a legislação anticlerical do governo húngaro.[36] Seu sucessor Goluchowski era polonês, portanto, ainda mais antirrusso; a última coisa que ele queria era a partilha do Império Otomano ou a Liga dos Três Imperadores. Insistiu que a Inglaterra se posicionaria contra a Rússia se ao menos tivesse a promessa de respaldo militar da Tríplice Aliança.[37] A política alemã se inverteu subitamente. Em 14 de novembro, os austríacos foram informados de que, se seus interesses vitais estivessem em perigo – algo que só caberia a eles decidir –, podiam contar com o apoio alemão.[38] Os italianos também insistiram que a Alemanha devia ajudar a reativar os acordos do Mediterrâneo.[39] Eles tinham suas próprias preocupações, independentemente da Turquia. Dez anos antes, tinham sido estimulados pelos britânicos a se fixar no Mar Vermelho, para atrapalhar os planos franceses de avançar para o Nilo vindos do leste. Agora os planos italianos ali iam mal: os italianos

---

33 Salisbury para Iwan-Muller, 31 de agosto de 1896. *British Documents*, vi, apêndice iv.

* Em francês no original: "Com tudo que vem junto". (N. T.)

34 Hatzfeldt para Holstein, 30 e 31 de julho e 5 de agosto de 1895. *Grosse Politik*, x, n.2371, 2372 e 2381.

35 Memorando de Eulenburg, 13 de outubro de 1895. *Grosse Politik*, ix, n.2323. Lobanov para Hanotaux, 24 de outubro de 1895. *Documents diplomatiques français*, primeira série, xii, n.182.

36 Quando perdeu o apoio britânico, Kálnoky se convenceu de que seu último recurso era uma aliança com o Vaticano – uma solução desesperada.

37 Eulenburg para Hohenlohe, 8 de novembro de 1895. *Grosse Politik*, x, n.2497.

38 Hohenlohe para Eulenburg, 14 de novembro de 1895. Ibid., n.2542.

39 Bülow para Hohenlohe, 8 de novembro de 1895. Ibid., n.2538.

tinham a ambição, mas não o poder, de uma grande potência. Tinham ido para cima da Abissínia, e os abissínios, com a ajuda francesa, tinham se mostrado à sua altura. Os italianos precisavam desesperadamente do auxílio britânico,[40] mas este não se mostrava acessível. Salisbury queria desconectar a França do lado russo, não afastá-la ainda mais. A exemplo de Rosebery em relação a Leopoldo II em 1894, se tivesse de brigar com os franceses por causa do Alto Nilo, seria em proveito próprio, não em proveito dos italianos. A única esperança dos italianos, ainda que tênue, era que pudessem ser pagos na Abissínia pelos serviços que poderiam prestar a Salisbury nos Estreitos.

Portanto, a Áustria-Hungria e a Itália tomaram a dianteira. Em 1º de novembro, Goluchowski propôs que as frotas das seis Grandes Potências forçassem os Estreitos e praticamente tomassem o poder em Constantinopla; os russos não podiam pensar em nada mais execrável. Tanto a Rússia como a França recusaram imediatamente a proposta. Mais surpreendente ainda, os britânicos se recusaram a intervir. No outono de 1895, Salisbury tinha decidido que, uma vez que os russos não tinham mostrado interesse em seus projetos de partilha, ele iria atrapalhar seus propósitos supostamente agressivos em Constantinopla enviando sua própria frota para lá. Em novembro, o plano foi vetado pelos conselheiros navais. A frota não poderia ser enviada através dos Estreitos sem que a França garantisse, sem sombra de dúvida, que permaneceria neutra; e mesmo assim eles só concordavam com a ocupação dos Dardanelos, o que seria essencialmente uma operação militar, não naval.[41] Em 4 de novembro, a frota britânica foi retirada subitamente do Egeu. É claro que os russos não gostaram dessa revolução na política britânica. Como acharam que os britânicos estariam em Constantinopla a qualquer momento, resolveram capturar o Bósforo antes. Na verdade, os planos de ambos os lados, que cada um considerava agressivo, também estavam baseados no medo e tinham uma motivação unicamente defensiva. Isso não os tornou menos preocupantes para os outros. Os franceses tentaram, com sucesso, colocar um freio nos russos; os alemães tentaram, sem sucesso, fazer os britânicos avançarem.

---

40 Os italianos queriam enviar tropas através de Zeila, na Somalilândia Britânica. Salisbury condicionou o envio ao consentimento francês, que foi recusado.

41 De acordo com um relato, quando Richards, o primeiro lorde do Mar, foi consultado pelo gabinete, ele se recusou a ter qualquer ligação com o projeto de envio da frota a Constantinopla e deixou a sala bruscamente; segundo outro, a oposição veio de Goschen, primeiro lorde do Almirantado, e Salisbury disse que, se os navios britânicos fossem feitos de porcelana, ele teria de mudar sua política. Marder, *British Naval Policy*, p.244.

Até então, os franceses tinham evitado discutir o Oriente Próximo com os russos para não romper sua frágil aliança; chegara o momento de apresentar suas reivindicações. Os russos se ofereceram para apoiar os franceses no Egito em troca de seu respaldo em Constantinopla; não foi suficiente. Nem mesmo o Egito faria os franceses esquecerem a Alsácia e a Lorena. Se houvesse uma partilha pacífica do Império Otomano por meio de um acordo entre todas as Grandes Potências, os franceses se contentariam com a retirada britânica do Egito, a neutralização do Canal de Suez e "privilégios na Síria" para eles mesmos; como essas condições jamais seriam aceitas pelos britânicos, elas não passavam, obviamente, de especulações inúteis. Se o Oriente Próximo fosse reorganizado pela "liga continental", isto é, pelo respaldo da Alemanha e da França à Rússia, então o princípio da solução da questão da Alsácia e da Lorena primeiro precisaria ser aceito formalmente pelos três parceiros. Finalmente, se a Rússia agisse sozinha contra a Áustria-Hungria ou a Inglaterra, "só um interesse nacional importante, como uma nova solução para a questão que desde 1870 divide tão profundamente a Alemanha e a França, seria suficiente para justificar uma ação militar aos olhos do povo francês". Em suma: a Alsácia e a Lorena não eram apenas *desejáveis*, mas *absolutamente indispensáveis*.[42] Porém, o pressuposto básico da política russa era um bom relacionamento com a Alemanha; portanto, a resposta francesa era um veto simples e absoluto. Os franceses jamais permitiriam que a aliança com a Rússia se tornasse acentuadamente antibritânica, a menos que eles primeiro recuperassem a Alsácia e a Lorena. Consequentemente, os russos não fizeram nada. A constatação de que a frota do Mar Negro não estava preparada e que as tropas que ela deveria transportar para o Bósforo não existiam certamente os ajudou a ficar inertes. Como sempre, o poderio russo estava baseado em bravatas e projetos grandiosos, não na realidade.

Nesse meio-tempo, os alemães tinham lançado o plano para forçar os britânicos a apoiar a Áustria-Hungria e a Itália. Em 24 de outubro, Guilherme II disse ao adido militar britânico: "Não é de interesse do meu país acompanhar cada capricho da política britânica. Tal comportamento está me obrigando formalmente a fazer causa comum com a França e a Rússia";[43] e, novamente, em 20 de dezembro: "O plano da Inglaterra de jogar as potências continentais umas contra as outras não vai dar certo; em vez disso, ela

---

42 Berthelot para Montebello, 20 de dezembro de 1895; 17 e 31 de janeiro de 1896. *Documents diplomatiques français*, primeira série, xii, n.241, 275 e 292.

43 Guilherme II para Marschall, 25 de outubro de 1895. *Grosse Politik*, xi, n.2579.

encontrará o continente contra si como um bloco sólido".⁴⁴ Marschall teve a mesma ideia: "Usaremos a próxima oportunidade, em que esteja em jogo uma margem de cooperação do nosso lado em relação à Inglaterra, para mostrar aos ingleses que na política, como em tudo na vida, a animosidade pode ser mútua".⁴⁵ Holstein, um "projetador" contumaz, formulou um projeto de liga continental. A França poderia receber o Estado Livre do Congo, e a Rússia, a Coreia; a Itália ficaria livre da oposição francesa na Abissínia, e poder-se-ia prometer alguma coisa à Áustria-Hungria nos Bálcãs. A Alemanha fingiria que não queria nada, mas – depois que as outras potências estivessem comprometidas – ocuparia um terminal de carvão na China. A Índia, o Egito e a Pérsia não seriam incluídos no acordo, e a Inglaterra seria obrigada a buscar a ajuda da Tríplice Aliança para defendê-los.⁴⁶ Só faltava descobrir um motivo de conflito com a Inglaterra para convencer a França e a Rússia (ou melhor, para enganá-las) de que a Alemanha tinha uma verdadeira rixa com os britânicos e não estava usando a liga continental como chantagem. O motivo logo se apresentou. Em 31 de dezembro, chegou a Berlim a notícia de que o dr. Jameson, um agente de Cecil Rhodes, tinha lançado um ataque militar para derrubar a República do Transvaal.⁴⁷ Os alemães decidiram tomar a frente como defensores da independência bôer.

---

44 Guilherme II para Hohenlohe, 20 de dezembro de 1895. Ibid., x, n.2572.
45 Marschall para Bülow, 28 de dezembro de 1895. *Grosse Politik*, xi, n.2759.
46 Holstein, memorando, 30 de dezembro de 1895. Ibid., n.2640.
47 O problema fundamental dos britânicos na África do Sul era estratégico e político, não econômico. As minas de ouro do Transvaal estavam se desenvolvendo em grande escala, apesar da resistência dos bôeres e apesar de eles deterem o monopólio da dinamite, cujo lucro foi investido na compra de armas para travar a guerra de 1899. Mas os britânicos precisavam que a África do Sul branca se mantivesse unida, para ter segurança estratégica no Cabo – o baluarte do Império Britânico. As repúblicas bôeres dificultavam isso, e havia um perigo maior ainda – os uitlanders [europeus, principalmente colonos britânicos, das antigas repúblicas bôeres. (N. T.)], que possuíam as minas, poderiam realizar uma revolução contra os bôeres e fundar uma república própria. A solução, concebida inicialmente em 1894, parecia ser contribuir com uma revolução uitlander, mas se certificar de que ela fosse acompanhada pela afirmação da autoridade britânica. Portanto, uma tropa comandada pelo dr. Jameson foi estacionada nas fronteiras do Transvaal, prontas para marchar sobre Joanesburgo assim que a revolução uitlander ocorresse ali. Não há nenhuma dúvida de que tanto *Sir* Hercules Robinson, alto comissário britânico, como Chamberlain, ministro das Colônias, sabiam de tudo a respeito da revolução e também estavam vagamente a par da tropa que Jameson tinha reunido. Ficaram de fora para poderem aparecer como os restauradores da autoridade quando o poder dos bôeres estivesse claramente destruído. Em vez disso, os uitlanders perderam a coragem, se recusaram a fazer uma revolução e Jameson, sem consultar ninguém, decidiu se precipitar sobre Joanesburgo por conta própria.

Tem-se procurado demonstrar que o governo alemão foi arrastado para o caso do Transvaal por interesses capitalistas; e que o imperialismo econômico, supostamente, teria atrapalhado a trajetória equilibrada da política externa. É claro que é verdade que alguns alemães tinham investimentos nas minas de ouro bôeres; também é verdade que os propagandistas alemães davam grande importância à origem teutônica dos bôeres e tinham lançado olhares cobiçosos à abandonada colônia portuguesa da baía de Delagoa – porta de entrada marítima do Transvaal. Porém, não existe nenhuma evidência de pressão capitalista sobre governo imperial; e Holstein, a pessoa que mais tinha contato com os círculos capitalistas, também era a que mais se opunha à proteção dos bôeres. Os interesses alemães no Transvaal, de todo modo insignificantes, eram tão irrelevantes como seriam seus interesses no Marrocos dez anos depois. Em ambos os casos, sua política foi uma manobra dentro do equilíbrio de poder europeu – no primeiro caso devido a seu impacto na Inglaterra, no segundo, devido a seu impacto na França. O Transvaal não era um assunto importante para os alemães, pelo contrário. É por isso que o escolheram. E mais: achavam que a região também não era importante para os britânicos, pelo menos se comparada ao Egito ou aos Estreitos. Esse foi seu erro fundamental. Os britânicos podiam prescindir da rota mediterrânea para o Oriente, se acontecesse o pior – eles o fizeram entre 1940 e 1943. A base naval do Cabo, porém, era fundamental para eles; sem ela, o Império Britânico não podia existir.

É claro que os alemães não pretendiam reivindicar o Transvaal para si; eles pretendiam proteger sua independência, do mesmo modo que se apresentariam como defensores da independência dos mouros dez anos depois. Como os bôeres tinham aceitado o controle de sua política externa pelos

---

Até começar, nem mesmo Jameson sabia que haveria um "raide"; portanto, Chamberlain podia declarar sua inocência com um argumento plausível, se não com a consciência leve – não que a falta disso alguma vez o tivesse preocupado. Porém, não resta dúvida de que ele acolheu e estimulou os preparativos que possibilitaram o raide, nem que o teria aproveitado ao máximo se tivesse sido bem-sucedido. Duas provas são decisivas. A comissão parlamentar de inquérito condenou Bower, secretário de Robinson, por ele estar ciente dos preparativos que Jameson estava fazendo. Os documentos de Bower mostram que todas as informações que ele tinha foram partilhadas por Robinson e Chamberlain. E, na verdade, Bower foi convencido a se sacrificar em nome dos superiores. Como era um ex-oficial naval, ele, tolamente, concordou. Em segundo lugar, o procurador geral, ele mesmo membro do governo unionista, disse que um dos telegramas que foram enviados ao Cabo com instruções de Chamberlain "não podia ser minimizado". Esse telegrama foi eliminado do inquérito e também por Garvin, biógrafo de Chamberlain. (Jean van der Poel, *The Jameson Raid*, p.174.)

britânicos por meio do tratado de 1884, essa era uma postura teórica. De todo modo, como se daria essa proteção? Os alemães pensavam vagamente numa conferência internacional. Guilherme II, o típico colegial irresponsável que copia os gestos dos mais velhos, propôs o envio de um destacamento de fuzileiros navais para travar uma guerra limitada no Transvaal contra os britânicos, cuja marinha se comprometeria a não intervir. O resultado concreto foi um telegrama enviado a Kruger, presidente do Transvaal, em 3 de janeiro de 1896, congratulando-o por ter preservado a independência de seu país "sem recorrer à ajuda das potências amigas". Os russos foram convidados a aderir à defesa da inviolabilidade dos tratados;[48] e os franceses, instados a cooperar na defesa de seus interesses nas minas de ouro. Porém, é claro que a cooperação não se estenderia ao Egito. Ao mesmo tempo, os britânicos foram informados de que teriam de enfrentar uma liga continental se não fizessem uma aliança secreta com a Alemanha "obrigando a Inglaterra a entrar em guerra em determinadas condições".[49]

O erro de cálculo grotesco dos alemães se revelou prontamente. Os russos já tinham inúmeras rixas com os britânicos, não queriam mais. Além disso, não gostavam da independência dos países pequenos. Lobanov replicou bruscamente que os britânicos tinham um protetorado sobre o Transvaal.[50] Herbette ressaltou a exclusão do Egito e disse: "Não vejo qual é a vantagem para nós".[51] Em vez de ficarem amedrontados, os britânicos recorreram ao seu poder naval. Eles organizaram uma "esquadra veloz", pronta a ser enviada a qualquer região do mundo, o que expôs ao ridículo a alegação dos alemães de que conseguiriam defender o Transvaal. Tiveram de fingir que o telegrama para Kruger não devia ser levado a sério. Em 10 de janeiro, apenas uma semana depois do telegrama, Holstein escreveu: "Alegremo-nos se o caso terminar como parece indicar: uma pequena vitória diplomática para a Alemanha e uma pequena lição política para a Inglaterra".[52] O telegrama para Kruger não foi ridicularizado tão facilmente. Os resultados diplomáticos foram suas consequências menores. O telegrama deflagrou uma violenta reação da opinião pública tanto na Inglaterra como na Alemanha. As fagulhas só provocam incêndio quando há o que queimar;

---

48 Guilherme II para Nicolau II, 2 de janeiro de 1896. *Willy-Nicky Letters*, p.29.
49 Salisbury para Vitória, 15 de janeiro de 1896. *Letters of Queen Victoria*, terceira série, iii. 22.
50 Radolin para Hohenlohe, 8 de janeiro de 1896. *Grosse Politik*, xi, n.2624.
51 Herbete para Berthelot, 1º de janeiro de 1896. *Documents diplomatiques français*, primeira série, xii, n.254.
52 Holstein para Hatzfeldt, 10 de janeiro de 1896. *Grosse Politik*, xi, n.2629.

dessa vez, porém, o combustível estava disponível, e o telegrama forneceu a fagulha predestinada. No final do século, a maioria dos ingleses era isolacionista, fosse por um sentimento pacifista ou imperialista. Uma simples provocação diplomática os teria deixado indiferentes, particularmente se associada ao Oriente Próximo. O telegrama parecia ameaçar seus interesses imperiais. Além disso, havia muito que pulsava um ressentimento inconsciente contra a concorrência econômica alemã. Joseph Chamberlain, por exemplo, compartilhava o desprezo de John Bright, seu predecessor em Birmingham, pelo equilíbrio de poder e pelos assuntos europeus; a questão era muito diferente quando se tratava dos mercados e da África do Sul. Por outro lado, a grande maioria dos alemães era indiferente aos cálculos elaborados de Bismarck ou mesmo à "liga continental": eles só se comoviam com a "política mundial". Como a Alemanha não podia fazer nada para ajudar os bôeres, o telegrama fora um gesto insensato. De certa forma, porém, ele parecia glorioso, dramático, uma prova de que a Alemanha tinha se tornado uma potência de primeira linha. As incursões alemãs mais recentes pela política mundial estavam todas implícitas no telegrama – Marrocos, China, a ferrovia de Bagdá. Os planos para uma marinha alemã importante já estavam sendo elaborados; depois do telegrama, eles se mostraram irresistíveis. Gesto diplomático de rotina, o telegrama, por si só, não assinalou mais o início de uma nova política do que a aventura colonial de Bismarck em 1884. Mas Bismarck tinha sido capaz de diminuir o entusiasmo colonial de maneira tão artificial como o tinha inflamado. Depois de 1896, os governantes alemães não conseguiram mais manter as ambições populares dentro dos limites, e muitas vezes não tentaram fazê-lo. Até mesmo a política oficial revelou a mudança. Quando Bismarck organizou uma "liga continental" em 1885, não pediu nada para si e ofereceu muito aos outros: estava disposto a apoiar a França no Egito e a Rússia em Constantinopla. A liga continental de Holstein foi proposta aos franceses e aos russos com a condição de que eles obtivessem apenas vantagens insignificantes. Holstein e Marschall eram os últimos sobreviventes do "novo rumo". Seu verdadeiro interesse estava no continente, e ainda esperavam recorrer ao respaldo britânico para manter a França e a Rússia sob controle. Não surpreende que os dois países não tenham mostrado interesse numa liga continental que, em última análise, visava enfraquecê-los e tornar a Alemanha soberana não apenas na Europa, mas fora dela.

Salisbury gostava disso. Embora não tenha abordado seriamente a Rússia, ele lançou alguns tentáculos em busca de uma reconciliação com a França. Por casualidade, em 15 de janeiro, foi publicado um acordo com a França relacionado ao Sião;[53] e, em 19 de fevereiro, ele até mencionou o Egito para Courcel – a primeira tentativa de discutir o assunto desde o fracasso de Waddington em 1892.[54] Uma catástrofe para a Itália, não totalmente inesperada, interrompeu essa tentativa de acordo. Em 1º de março, as tropas italianas na Abissínia enfrentaram uma tragédia na batalha de Adowa. Os italianos recorreram à ajuda britânica, mas Salisbury não pretendia apoiá-los. Por outro lado, o fracasso italiano parecia deixar o caminho livre para o avanço francês até o Nilo, tanto a partir do leste como do oeste. A diplomacia tinha falhado; restava apenas a ação militar. Em 13 de março, o governo britânico decidiu reconquistar o Sudão, aparentemente para ajudar os italianos, mas, na verdade, para se antecipar aos franceses. A tragédia italiana acabou com o que restava da liga continental. Os alemães tiveram de se reconciliar com os britânicos por causa da Itália. Salisbury ainda procurou não afastar os franceses, dispondo-se a declarar que a expedição ao Sudão "não afetaria as condições ou a duração da presença dos britânicos no Egito", e pedindo, em troca, a permissão de gastar recursos do Egito na expedição.[55] Os franceses recusaram o pedido, e Salisbury fez a declaração assim mesmo.[56] Não foi o bastante. Em 7 de maio, Courcel lhe disse: "Você fez sua escolha",[57] e ficou impassível diante da sugestão de que a França deveria tomar a Síria.[58]

A expedição britânica ao Sudão completou a revolução na política mediterrânea. Até então, como os britânicos pretendiam se opor à Rússia nos Estreitos, procuravam manter a França neutra. O colapso da Itália foi o golpe fatal nessa política. A frota italiana era imprestável: os italianos precisavam de ajuda, não tinham condições de fornecê-la. Um oficial da inteligência naval observou: "A menos que a proteção de seu litoral esteja assegurada, a Itália pode ser praticamente ignorada como um elemento de

---

53 Na verdade, o acordo tinha sido fechado antes do Natal. Portanto, não foi uma resposta ao telegrama de Kruger, como os alemães imaginaram. Courcel para Berthelot, 15 de janeiro de 1896. *Documents diplomatiques français*, primeira série, xii, n.272.

54 Courcel para Berthelot, 19 de fevereiro de 1896. *Documents diplomatiques français*, primeira série, xii, n.306. Não há prova de que Courcel disse, como alegaram os alemães: "Temos um inimigo – a Alemanha". Mas era verdade.

55 Courcel para Berthelot, 22 de março de 1896. Ibid., n.346.

56 Os russos reclamaram até desse acordo limitado, mas não há provas de que tentaram proibi-lo ou de que tenham insistido na demissão de Berthelot. Montebello para Berthelot, 27 de março de 1896. Ibid., n.355.

57 Courcel para Hanotaux, 7 de maio de 1896. Ibid., n.383.

58 Courcel para Hanotaux, 20 de junho de 1896. Ibid., n.410.

uma guerra europeia".[59] Já que não podiam atravessar os Estreitos, os britânicos decidiram ficar no Egito definitivamente, defendendo o Canal de Suez com as forças armadas ali estacionadas. O diretor de inteligência naval escreveu em outubro de 1896: "não imaginem que seja possível submeter a Rússia a um controle duradouro por meio de uma ação relacionada aos Dardanelos... a única maneira é proteger o Egito de todos os recém-chegados e transformar Alexandria numa base naval".[60] Foi um desfecho irônico. Os franceses tinham feito uma aliança com a Rússia em parte para fortalecer seu poder de negociação com a Grã-Bretanha em relação ao Egito; em vez disso, a aliança impossibilitou a intervenção britânica nos Estreitos e, portanto, fez que a Grã-Bretanha penetrasse ainda mais no Egito. O avanço no Sudão tornou um conflito anglo-francês inevitável; da mesma forma, os britânicos perderam interesse pelos Estreitos quando sua posição no Egito se fortaleceu. Enquanto outrora os britânicos pretendiam manter a França neutra ao mesmo tempo que combatiam a Rússia nos Estreitos, agora esperavam manter a Rússia neutra enquanto derrotavam a França no Nilo. Os franceses foram os arquitetos de seu próprio fracasso; havia uma linha reta ligando Toulon a Fashoda.[61] Os franceses perceberam que as vantagens da aliança tivessem se invertido. No dia 1º de julho, Hanotaux, novamente ministro do Exterior, escreveu a Paul Cambon[62] que a Inglaterra estava planejando tomar o Egito, Creta e Tânger, e que a França deveria cooperar mais estreitamente com a Rússia. Porém, é claro que os russos não tinham interesse em cooperar com a França no Mediterrâneo depois que se sentiram seguros nos Estreitos; e logo eles puderam inverter a resposta que Berthelot lhes dera em dezembro de 1895 – só um interesse nacional vital como Constantinopla justificaria o envolvimento da Rússia numa guerra em grande escala.

Em dezembro de 1895, a Questão Oriental tinha se aproximado de um ponto crítico; agora os britânicos estavam se voltando para o Egito e os

---

59 Marder, *British Naval Policy*, p.271.
60 Memorando do DNI [sigla em inglês de Diretor de Inteligência Naval. (N. T.)] sobre política naval, 28 de outubro de 1896. Marder, *British Naval Policy*, p.578.
61 É claro que a aliança também dificultou a tomada dos Estreitos pelos russos; e, nesse sentido, eles também organizaram seu próprio fracasso. Mas sua preocupação fundamental era fortalecer sua segurança nos Estreitos, não se apoderar deles; e isso certamente foi alcançado por meio da aliança. Não resta dúvida que os navios britânicos teriam cruzado os Estreitos em 1895 se a "aliança liberal" ou a coalizão da Crimeia ainda existisse.
62 Hanotaux para Paul Cambon, 1º de julho de 1896. *Documents diplomatiques français*, primeira série, xii, n.418.

russos, para o Extremo Oriente. Houve um último grito de alerta no outono de 1896; novos massacres de armênios ressuscitaram a conversa de intervenção internacional. Quando Nicolau II visitou os dois países ocidentais em setembro, tanto Salisbury como Hanotaux sugeriram alguma forma de intervenção em Constantinopla. Salisbury incluiu a abertura dos Estreitos aos navios de guerra de todas as nações – a melhor alternativa para os britânicos, uma vez que eles tinham perdido a confiança de que o administrador dos Estreitos os manteria fechados à Rússia. Naturalmente, Nicolau II não se interessou: "queremos que os Estreitos permaneçam fechados".[63] Os russos também consideravam revoltante uma intervenção internacional: melhor os turcos em Constantinopla que as frotas das Grandes Potências. Em 5 de dezembro, um Conselho da Coroa Russa decidiu não esperar mais pelo concerto e tomou o Bósforo; esse era o "plano" que Nelidov, embaixador em Constantinopla, vinha defendendo havia anos. O plano de Nelidov bem que poderia ter dado certo. As fortificações turcas estavam abandonadas; a frota turca não deixava o ancoradouro desde 1878; os britânicos tinham acabado de chegar à conclusão de que até mesmo um desembarque nos Dardanelos era impraticável. Mas os russos não sabiam disso. Precisavam do respaldo francês, e uma vez mais ele lhes foi negado. Hanotaux não sacrificaria o Império Otomano nem mesmo por causa do Egito. Em 30 de dezembro de 1896, ele disse ao embaixador russo: "A França não se consideraria de modo algum comprometida com um conflito que tivera origem na Questão do Mar Negro e dos Estreitos"; e quando Muraviev, o novo ministro do Exterior russo, visitou Paris, Hanotaux disse: "você não pode ter nenhuma ilusão a respeito da nossa ajuda militar". É certo que os alemães ofereceram à Rússia um apoio meio vago; mas o ministro das Finanças Witte insistiu que nada fosse feito sem a aprovação dos franceses. Ele precisava dos recursos franceses para seus projetos grandiosos no Extremo Oriente, e, em troca, estava disposto a aceitar o *status quo* nos Estreitos. Afinal de contas, os russos tinham planejado se apossar do Bósforo para ficarem protegidos no Extremo Oriente; agora abandonavam seus planos pelo mesmo motivo.

Os russos não saíram de mãos vazias do Oriente Próximo. No outono de 1896, Goluchowski se esforçou desesperadamente para construir uma coalizão antirrussa. Ele pediu até que os alemães concedessem autonomia à Alsácia e à Lorena para obter o apoio da França.[64] Os alemães não responderam

---

63 Nota de Hanotaux, 12 de outubro de 1896. *Documents diplomatiques français*, primeira série, xii, n.472.
64 Holstein para Eulenburg, 22 de janeiro de 1897. *Grosse Politik*, xxi (i), n.3116.

à sugestão. Em 20 de janeiro de 1897, Salisbury finalmente rejeitou a ideia de reativar a entente mediterrânea: a defesa de Constantinopla era uma "posição obsoleta".[65] A única alternativa dos austríacos era fazer um acordo com os russos nas melhores condições possíveis. No final de abril de 1897, Francisco José e Goluchowski se dirigiram a São Petersburgo. Surpreenderam-se ao descobrir que os russos estavam ansiosos em manter o *status quo* no Oriente Próximo; mesmo as regras vigentes dos Estreitos deixavam a Rússia "plenamente satisfeita". Os austríacos mencionaram vagamente uma futura partilha, na qual eles anexariam a Bósnia e a Herzegovina; os russos não reagiram a essas sugestões, e o acordo entre os dois países, concluído em 5 de maio de 1897, foi puramente negativo. Nenhum dos dois países provocaria tumultos nos Bálcãs, nem permitiria que alguém o fizesse. O acordo austro-russo deixou o Oriente Próximo "na geladeira" durante os dez anos seguintes.[66]

Tanto a Alemanha como a França ficaram extremamente aliviadas com esse desfecho, e ambas se apressaram em demonstrar sua amizade com a Rússia. Em agosto, Guilherme II, Hohenlohe e o novo ministro do Exterior, Bülow, foram a São Petersburgo para ratificar que o relacionamento russo-alemão não era "apenas amistoso e cordial, mas verdadeiramente profundo".[67] Finalmente chegou a vez do presidente Faure e de Hanotaux. Eles tiveram a satisfação de ouvir Nicolau II descrever os dois países como "amigos e aliados" – a primeira vez que um tsar tinha usado esta última palavra em público. Porém, ele acrescentou: "ambos decididos a manter a paz no mundo". Em outras palavras, nenhuma manobra russa em Constantinopla, mas também nenhum apoio russo à França na Alsácia e na Lorena nem, o que tinha uma importância maior, no Sudão. Uma espécie de liga continental tinha passado a existir. Todas as questões europeias importantes tinham sido colocadas "na geladeira". A Áustria-Hungria teve um espaço de manobra no qual tentou resolver (em vão) seus problemas internos; ainda assim, ela emergiu em 1908 parecendo mais uma grande potência do que parecera em 1897. A Turquia e a Itália também tiveram um espaço de manobra, que os italianos usaram para realizar uma revolução em sua posição diplomática, e os turcos, para nada. O resto teve "carta branca". Os franceses tiveram a liberdade de seguir em frente até a derrota em Fashoda; os russos, até o

---

65 Salisbury para Rumbold, 20 de janeiro de 1897. *British Documents*, ix (i), p.775. Hatzfeldt para Hohenlohe, 10 de dezembro de 1896. *Grosse Politik*, xii (i), n.2029.

66 Pribram, *Secret Treaties of Austria-Hungary*, i, p.185-95.

67 Bülow para Eulenburg, 20 de agosto de 1897. *Grosse Politik*, xiii, n.3444.

desastre no Oriente Próximo; os alemães, de se concentrar na "política mundial". Os britânicos ficaram isolados e pareciam correr um grande perigo, o que era, em grande medida, uma ilusão; pois, embora estivessem isolados, seus rivais também estavam. Constantinopla tinha oferecido um tema no qual todas as potências podiam se concentrar. Ela certamente proporcionara à Inglaterra a amizade da Áustria-Hungria e da Itália; mas também havia a possibilidade remota de que a França e a Rússia pudessem se encontrar ali. É claro que as duas só poderiam realmente se dar as mãos em "Tilsit", isto é, depois da destruição militar completa da Alemanha; porém, na falta disso, elas poderiam alcançar uma verdadeira cooperação no Mediterrâneo. Embora banal, o símbolo disso fora a visita a Toulon. A esquadra russa no Mediterrâneo nunca significou nada; e os ancoradouros em Bizerta, que os franceses prepararam para a frota russa, só foram utilizados quando os navios russos "brancos" se refugiaram ali em 1920.[68] A liga continental de 1897 se baseava na desconfiança mútua, não na simpatia mútua; seus membros concordavam em divergir, não em cooperar. A única liga continental realmente perigosa para os britânicos era a controlada por uma única potência – o império de Napoleão ou de Hitler. Embora tivessem buscado em vão por aliados, não se construiu nenhuma aliança contra eles. Ainda assim, os anos seguintes mostrariam que o Império Britânico se sentia desconfortável quando as potências europeias mantinham entre si até um relacionamento razoavelmente amistoso.

---

68 Os navios continuam apodrecendo nos ancoradouros.

XVII
A ERA DA "POLÍTICA MUNDIAL"
1897-1902

O acordo austro-russo de maio de 1897 colocou "na geladeira" não apenas os Bálcãs, mas todas as tensões europeias. O antagonismo entre a Rússia e a Áustria-Hungria nos Bálcãs fora o elemento mais inquietante da política europeia desde 1815, e, desde a Guerra Franco-Prussiana, o único – a França não podia esperar contestar sua atual posição na Europa sem um conflito no Oriente Próximo. Agora os Bálcãs eram ignorados, e nenhum acontecimento ali – revolta em Creta, guerra entre Grécia e Turquia, distúrbios na Macedônia – era capaz de perturbar a tranquilidade. É claro que nada na história tem um motivo simples, e nada tem um efeito simples. E as Grandes Potências não teriam se sentido livres para realizar aspirações no mundo exterior a menos que já tivessem aspirações que estivessem ansiosas em realizar. Isso era bem evidente para a Rússia em relação ao Extremo Oriente, e para a França em relação à África. O novo acontecimento importante de 1897 foi que a Alemanha também se voltou para a "política mundial". Suas pretensões romperam os limites bismarckianos. A maioria dos alemães tinha uma sensação ilimitada de poder, e ansiava por uma política mundial sem restrições; aqueles que sabiam da existência de outras potências acreditavam que a rivalidade entre elas, e principalmente a rivalidade entre a Inglaterra e a Rússia, sempre impediria que se unissem contra a Alemanha. Guilherme II seria o *arbiter mundi*.[*][1] Os lúcidos e os cínicos promoviam

---

* Em latim no original: "árbitro do mundo". (N. T.)
1 Bülow para Guilherme II, 24 de agosto de 1898. *Grosse Politik*, xiv (i), n.3867.

a política mundial para desviar a atenção dos problemas domésticos – da excentricidade do imperador, do conflito entre os interesses industriais e agrários e da força crescente dos sociais-democratas. A política mundial foi o preço demagógico que os latifundiários prussianos pagaram para sobreviver: abandonaram a política externa de Bismarck para conservar a posição que ele lhes criara no país. Todos os conflitos de interesse foram deturpados. Construiu-se uma grande marinha, com estímulo capitalista, para proteger o abastecimento de alimentos vindos de fora; ao mesmo tempo, tarifas elevadas tornaram a Alemanha autossuficiente em gêneros alimentícios, para agradar o setor agrícola. Os *Junkers* cortejavam a Rússia por causa da Polônia e para evitar uma guerra em duas frentes; os capitalistas desafiavam a Rússia por meio da busca de concessões na Ásia Menor e no Extremo Oriente.

Bülow, que se tornou secretário de Estado em julho de 1897 e chanceler no final de 1900, era o símbolo da política mundial. Bismarck, e até mesmo Caprivi, tinham apresentado alternativas: a Alemanha deveria seguir uma linha ou outra. Bülow escolheu as duas. Nos assuntos internos, sua missão era reconciliar os opostos – "satisfazer a Alemanha sem prejudicar o imperador"; e ele desempenhava os dois papéis, de político democrático e de velhaco bajulador. Portanto, sua missão diplomática era fornecer o lubrificante (que ele mesmo chamava de "brilhantina") por meio do qual a Alemanha deslizaria entre seus rivais, deixando-os para trás, rumo ao poder mundial. Por exemplo, em relação à grande marinha – cujos projetos foram feitos em 1897 e que foi lançada em 1900 –, ele e seus conselheiros reconheciam que havia uma "zona de perigo", um período imaginário em que os britânicos poderiam suspeitar das intenções da Alemanha e destruir sua marinha antes que ela pudesse se defender. Essa "zona de perigo" existia em todos os outros departamentos da política alemã – por exemplo, nos projetos da ferrovia de Bagdá. Porém, o pressuposto subjacente de Bülow era que a zona de perigo seria ultrapassada e que a Alemanha chegaria a um ponto em que seria forte demais para ser atacada por qualquer potência, ou até por um grupo de potências. Até então, seu objetivo diplomático era ter carta branca e manter um bom relacionamento tanto com a Rússia como com a Grã-Bretanha, sem se comprometer com nenhum dos lados. Pois todos estavam convencidos de que um conflito anglo-russo era inevitável; isso tornava a política da "carta branca" segura e vantajosa.

Todas as incursões alemãs na política mundial foram inesperadas, mas nenhuma foi mais inesperada que a sua aparição no Extremo Oriente. No início de 1897, Witte imaginou ter o Império Chinês ao seu alcance, já que as finanças do país eram controladas pelo Banco Russo-Chinês de sua

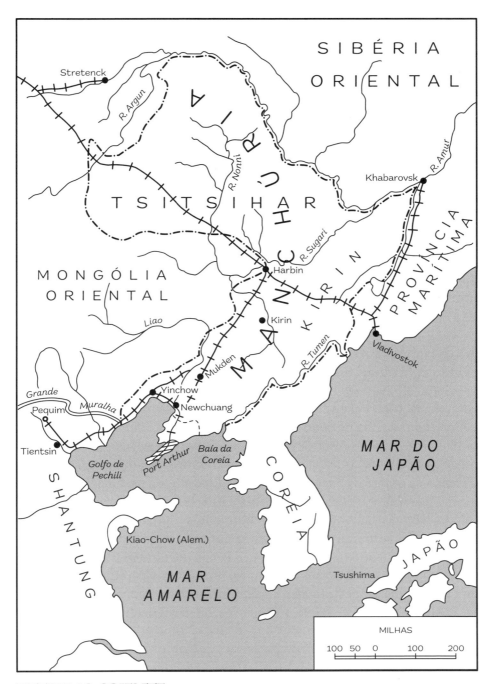

EXTREMO ORIENTE

propriedade. Em maio de 1896, ele concluiu com a China uma aliança defensiva contra o Japão – era a repetição da história de Unkiar Skelessi. Nas palavras de Witte: "Meu lema é: comércio e indústria sempre na frente, o exército sempre na retaguarda". Era com essa combinação que ele esperava derrotar os britânicos. Em vez disso, seus planos foram contrariados pelos alemães: em novembro de 1897, eles capturaram o porto chinês de Kiao-Chow. O motivo foi o assassinato de dois missionários (por isso, pela primeira vez, o Centro Católico Romano apoiou uma aventura imperialista); a causa aparente era que a Alemanha precisava de um terminal de carvão para sua frota não existente – e, portanto, de uma frota para proteger seu terminal de carvão. Na verdade, Kiao-Chow era a primeira demonstração da "política mundial"; a Alemanha devia avançar sempre que a Grã-Bretanha e a Rússia ocupassem o centro do palco. Witte quis posar de defensor da integridade chinesa e apoiar a China contra as exigências alemãs. Muraviev e os militares o ignoraram. Tanto a diplomacia como a estratégia russa no Extremo Oriente pressupunham uma fronteira segura na Europa; não valia a pena arriscá-la por causa de Kiao-Chow. Além disso, os generais não confiavam nas armas das finanças e das ferrovias de Witte, e estavam ansiosos para seguir o exemplo alemão e capturar Port Arthur, a chave do Mar Amarelo. Em janeiro de 1898, Witte, como último recurso, tentou criar uma coalizão antigermânica com os britânicos.[2] Eles não tinham contestado a intervenção alemã na China; na verdade, estavam ocupados negociando um empréstimo anglo-germânico à China, como forma de controlar a hegemonia russa em Pequim. Contudo, também estavam dispostos a jogar a Rússia contra a Alemanha, do mesmo modo que Palmerston tinha jogado a Rússia contra a França na grande Crise Oriental de 1840. Salisbury não ofereceu à Rússia "uma partilha de território, mas apenas uma partilha de hegemonia";[3] cada lado teria prioridade nas concessões ferroviárias e outros empreendimentos capitalistas em sua própria zona, e ambos se uniriam, é claro, para excluir um terceiro qualquer. Isso lembrava muito o acordo feito em relação à Pérsia nove anos antes; em 1898, os russos não estavam dispostos a dividir a China (nem a Turquia, que também fora incluída na proposta) com ninguém. Só estavam preocupados em expulsar a Alemanha; os britânicos, por sua vez, queriam deter o avanço russo, e pressionaram, simultaneamente, com o empréstimo anglo-germânico, que teve a concordância do governo chinês em 3 de março. Os russos sustentavam

---

2 Salisbury para O'Conor (São Petersburgo), 17 de janeiro de 1898. *British Documents*, I, n.5. Esse telegrama indica claramente que a iniciativa partiu de Witte.
3 Salisbury para O'Conor, 25 de janeiro de 1898. Ibid., n.9.

que cabia a eles, não aos britânicos, jogar com os dois lados. Suspenderam as negociações com Salisbury e, quinze dias depois, pediram formalmente o arrendamento de Port Arthur.[4]

Há muito acostumados a considerar que o mercado chinês pertencia exclusivamente a eles, os interesses comerciais britânicos exigiram uma resposta drástica. Se a política dependesse unicamente de Salisbury, seu protesto teria sido ignorado. Pouco depois, ele descreveu a questão chinesa como "uma espécie de rojão diplomático que produziu várias explosões, mas cuja fumaça, acredito, sumiu na distância": e avaliou, com grande precisão, que a questão do Extremo Oriente não teria importância mundial por outros cinquenta anos. Mas Salisbury não governava sozinho. No gabinete unionista, Joseph Chamberlain se considerava quase um copremiê; arrogante, autoconfiante e impaciente, ele insistiu que se devia tomar alguma medida. O gabinete pensou em expulsar os russos de Port Arthur, e foram enviados ao norte navios da esquadra da China com esse objetivo. Uma vez mais, porém, a aliança franco-russa se pôs no caminho: era muito arriscado intervir nos mares do norte da China com uma esquadra francesa na Indochina. Salisbury escreveu: "'a população' vai exigir uma compensação territorial ou cartográfica na China. Não será proveitoso e será dispendioso; porém, como uma questão puramente sentimental, teremos de fazê-lo".[5] Em 25 de março, o gabinete decidiu exigir que a China arrendasse Wei-Hai-Wei.[6] A partilha da China parecia estar começando.

Chamberlain não estava disposto a assistir àquilo de braços cruzados, e saiu à cata de aliados para resistir a qualquer novo avanço da Rússia. Primeiro procurou os americanos; cheios de frases generosas, eles não fizeram nada além de subtrair as Filipinas da impotente Espanha durante o verão. Procurou os japoneses. Estes já tinham tentado iniciar a partilha da China em 1895; agora pretendiam fechar um acordo com a Rússia em relação à Coreia, e não fariam nada para ofendê-la. O principal esforço de Chamberlain foi com os alemães, bombardeando-os com propostas de aliança em negociações secretas e em discursos públicos. Só estava preocupado

---

4 Até então, as potências tinham anexado territórios no Extremo Oriente, como fizeram os britânicos em Hong Kong e os franceses, na Indochina. Agora, tanto Kiao-Chow como Port Arthur foram "arrendados" – um gesto de respeitabilidade vazio que levaria, depois da Primeira Guerra Mundial, ao sistema extravagante dos "mandatos". O imperialismo precisava inventar disfarces cada vez mais elaborados.

5 Salisbury para Chamberlain, 30 de dezembro de 1897. Garvin, *Chamberlain*, iii. 249.

6 Wei-Hai-Wei se revelou inútil como base naval, recebendo apenas a classificação de praia balneável pela esquadra da China.

com o Extremo Oriente: "Podemos dizer à Rússia – 'Vocês receberam tudo que dizem querer. Estamos dispostos a aceitar sua posição, mas vocês não podem ir além. O restante da China está sob a nossa proteção conjunta'".[7] Guilherme II deu a resposta decisiva: "Chamberlain não pode se esquecer de que na Prússia Oriental eu tenho um corpo de exército contra três exércitos russos e nove divisões de cavalaria, dos quais nenhuma Muralha Chinesa me separa e que nenhum encouraçado inglês mantém à distância".[8] Esse argumento era irrefutável, muito embora os dados estatísticos em que ele se baseava fossem incorretos. Como os dados do próprio Chamberlain, eles tinham uma finalidade ilustrativa. Foram feitas tentativas elaboradas para descobrir os motivos "sociológicos" profundos do fracasso da aliança anglo-germânica em 1898 – por um lado, a irritação dos britânicos com a concorrência comercial alemã; por outro, a antipatia dos *Junkers* pela democracia e pela agressividade capitalista. Essas especulações são desnecessárias. Os britânicos não teriam hesitado em fazer uma aliança com a Alemanha, se ela lhes tivesse sido oferecida. Como Salisbury escreveu a Chamberlain: "Estou plenamente de acordo com você de que, nas atuais circunstâncias, um relacionamento mais próximo com a Alemanha seria muito desejável; mas será que isso é possível?".[9] Aliás, a população alemã teria aceitado uma aliança com a Grã-Bretanha, como tinham aceitado alianças com a Áustria-Hungria e a Itália, se lhe tivessem dito que ela era indispensável para a sua segurança ou para o êxito da "política mundial". Mas nada que os britânicos ofereceram (e eles ofereceram pouco) faria valer a pena para a Alemanha travar uma guerra de porte na Europa contra a França e a Rússia em nome dos investimentos britânicos na China. Naturalmente, os dirigentes alemães não admitiram a impossibilidade da aliança para os britânicos. Precisavam do apoio britânico no mundo exterior tanto quanto precisavam da amizade russa na Europa; e se os britânicos outrora estavam convencidos de que não podiam impedir a expansão imperial russa, talvez pudessem – como um consolo – deter a expansão alemã. Além do mais, os alemães não admitiram a impossibilidade da aliança nem para si mesmos. Inventaram dificuldades imaginárias, como a instabilidade dos governos britânicos; e contavam que os britânicos pagariam caro pela aliança quando suas dificuldades aumentassem. Porém, as alianças não são uma relação de compra

---

7 Memorando de Chamberlain, 1º de abril de 1898. *Chamberlain*, iii. 263.
8 Minuta de Guilherme II sobre Hatzfeldt para Hohenlohe, 7 de abril de 1898. *Grosse Politik*, xiv (i), n.3789.
9 Salisbury para Chamberlain, 2 de maio de 1898. *Chamberlain*, iii. 279.

e venda; elas brotam de uma comunhão de interesses vitais. A Áustria-Hungria tivera interesses em Constantinopla muito mais vitais que os dos britânicos; por isso é que a entente mediterrânea tinha sido possível. A Alemanha não tinha interesses vitais semelhantes na China; logo, era inútil ficar falando de aliança.

A impossibilidade de aliança não significou afastamento entre a Grã-Bretanha e a Alemanha. Embora Chamberlain descrevesse suas ofertas como *"le bonheur qui passe"*,*[10] na verdade ele continuou importunando a Alemanha durante muitos anos; e Salisbury atuou em prol da cooperação com a Alemanha, embora de forma menos dramática. Além do mais, a política de "carta branca" dos alemães se baseava no bom relacionamento com a Grã-Bretanha e também com a Rússia, e eles procuravam uma forma de agradar uma sem ofender a outra. Como disse Guilherme II: "ele veria com o maior prazer um entendimento excelente com a Grã-Bretanha, mas deve ficar muito claro que a Alemanha não pretendia entrar em guerra com a Rússia com o propósito de expulsá-la da China".[11] Os alemães logo encontraram algo que lhes servia. No final de 1895, tinham usado o Transvaal como o símbolo do conflito com a Inglaterra; em junho de 1898, eles o usaram com um símbolo de reconciliação. O governo britânico estava agora caminhando para um conflito com as repúblicas bôeres; a única esperança de vencer esse conflito sem guerra era isolar os bôeres do mundo exterior, e a chave para isso era a ferrovia que se estendia do Transvaal até a baía de Delagoa, atravessando território português. Milner, agente de Chamberlain na África do Sul, escreveu em 6 de julho: "Considero a posse da baía de Delagoa como a melhor oportunidade que temos para vencer o grande jogo entre nós e o Transvaal pelo controle da África do Sul sem uma guerra".[12] Portugal estava em sérias dificuldades financeiras, e os britânicos planejavam fechar a ferrovia da baía de Delagoa por meio de um empréstimo vantajoso ao governo português. Os alemães pensaram em criar dificuldades, e até sondaram a França e a Rússia visando a reativar a liga continental. Essas abordagens, que, aliás, não eram levadas a sério, não deram em nada. Muraviev disse: "isso tudo me deixa absolutamente indiferente".[13] Os franceses tinham finalmente acertado suas fronteiras na África Ocidental com os britânicos em

---

* Em francês no original: "a alegria passageira". (N. T.)

10 Memorando de Chamberlain, 25 de abril de 1898. *Chamberlain*, iii. 273.
11 Lascelles para Salisbury, 26 de maio de 1898. *British Documents*, i, n.53.
12 Milner para Chamberlain, 7 de julho de 1898. *Milner Papers*. i. 267.
13 Tschirschky para o ministro do Exterior, 23 de junho de 1898. *Grosse Politik*, xiv (i), n.382.

15 de junho, e estavam esperando que sua expedição ao Alto Nilo irrompesse a qualquer momento; até lá, sua política em relação à Grã-Bretanha era de conciliação, não de conflito. Portanto, os alemães estavam livres para "vender" o Transvaal; na verdade, não tinham mais nenhum recurso. Além disso, embora os britânicos continuassem contestando a pretensão alemã de interferir na África do Sul, era mais simples pagar um preço hipotético que brigar. Os dois países chegaram a um acordo em 30 de agosto de 1898. Os alemães renunciaram a todos os interesses na baía de Delagoa e, portanto, implicitamente, nas repúblicas bôeres; os britânicos aceitaram partilhar qualquer empréstimo futuro a Portugal com os alemães e a lhes conceder a proteção do resto do Império Português.

Esse primeiro acordo colonial anglo-germânico tem despertado um interesse ainda maior, e menos merecido, que as discussões por uma aliança na primavera. Ele foi simplesmente uma manobra na campanha britânica para moderar as repúblicas bôeres sem guerra; quando a campanha fracassou, os britânicos fecharam a baía de Delagoa através de um acordo direto com Portugal.[14] Quando a guerra se tornou inevitável, os britânicos também não precisaram subornar os alemães, pois estes não podiam dar nenhuma assistência militar aos bôeres; só conseguiriam chantagear os britânicos desde que o caso da África do Sul continuasse uma questão diplomática. Os alemães estavam menos interessados na disputa entre a Grã-Bretanha e o Transvaal que os britânicos estavam na disputa entre o Reich alemão e a deposta Casa de Hanôver; para evitar problemas, os britânicos subornaram os alemães com um cheque que "voltou". Como não havia empréstimo anglo-germânico para Portugal, não havia partilha do Império Português. Ainda assim, os alemães não ficaram ofendidos, exceto num remoto retrospecto. A promessa hipotética das colônias portuguesas lhes deu uma impressão de "política mundial"; só em 1912, quando o assunto foi abordado novamente, é que perceberam que a promessa não lhes rendera as colônias portuguesas. Dizer que "uma verdadeira reconciliação entre a Inglaterra e a Alemanha era uma decisão difícil de tomar"[15] é transferir para 1898 as circunstâncias de 1912. Em 1898, a decisão não era difícil: na verdade, a Alemanha e a Grã-Bretanha tinham se reconciliado. A decisão de 1898 era uma aliança, que não foi superada pelo acordo colonial. Os britânicos queriam evitar um novo telegrama Kruger; os alemães queriam evitar o constrangimento de enviá-lo.

---

14 Anglo-Portuguese Secret Declaration [Declaração Secreta Anglo-Portuguesa], 14 de outubro de 1899. *British Documents*, i, n.118.

15 Langer, *Diplomacy of Imperialism*, ii. 532.

Essa era a única realidade do pacto colonial. Os alemães não estavam mais dispostos que antes a apoiar a Inglaterra contra a Rússia, ou mesmo contra a França.

Para surpresa de todos, exceto de Salisbury, os britânicos acabaram não precisando do apoio de ninguém para enfrentar França. Em 2 de setembro de 1898, Kitchener destruiu os exércitos dervixes do Sudão em Omdurman; quatro dias depois, ele foi informado que uma expedição francesa comandada por Marchand tinha ocupado Fashoda, mais acima do Nilo. O conflito anglo-francês por causa do vale do Nilo tinha chegado a um ponto decisivo. Não era um conflito de iguais. Os britânicos tinham o controle do Egito e pretendiam mantê-lo; os franceses só queriam alguma compensação por terem renunciado ao legado que Bonaparte não conseguira lhes deixar. Sua política no Alto Nilo pretendia, do começo ao fim, salvar as aparências. Todo político francês com um pouco de juízo sabia que o Egito tinha sido perdido para sempre em 1882; só queriam uma concessão que tornasse a perda palatável para a população francesa. Seu objetivo final sempre tinha sido restaurar a "aliança liberal" com a Grã-Bretanha. Até março de 1896, quando os britânicos decidiram reconquistar o Sudão, a política francesa tinha sido bastante razoável: até uma ocupação simbólica do Alto Nilo teria fortalecido sua posição diplomática. E, até a derrota italiana em Adowa, podiam esperar por uma cooperação com a Abissínia.[16] Quando os britânicos deram um caráter militar à questão do Alto Nilo, a diplomacia perdeu a legitimidade; e os franceses estavam fadados a perder, a menos que também estivessem dispostos a enfrentar uma guerra, o que, em 1898, estava fora do seu alcance. Sua marinha tinha sido abandonada, o Caso Dreyfus estava dilacerando a política interna e, de qualquer forma, entrar em guerra por causa do Egito era algo que os franceses tinham descartado desde 1840.

Em junho tinha ocorrido uma mudança de governo na França. Delcassé, que se tornara então ministro do Exterior, permaneceria no cargo até 1905 – o ciclo isolado mais longo na história da Terceira República. No começo, não parecia haver uma grande divergência de princípios que o afastasse de Hanotaux, seu predecessor. Delcassé tinha ajudado a lançar a expedição Marchand; e Hanotaux tentara, algumas vezes, fazer um acordo com a Grã-Bretanha. Delcassé era discípulo de Gambetta, e embora seu mestre costumasse defender a tríplice entente com a Grã-Bretanha e a Rússia, também se referia às vezes à reconciliação com a Alemanha. Em junho de 1898,

---

16 Daí em diante, como os abissínios não precisaram da ajuda francesa contra a Itália, eles não ajudaram contra os britânicos.

ele não tinha um plano bem definido, exceto reforçar a posição diplomática da França. E como a experiência logo lhe ensinou que a Alemanha não faria nada para conquistar a amizade da França daí em diante seu objetivo se tornou reconciliar a Grã-Bretanha com a Rússia, tendo a França como elo essencial entre elas. Por uma feliz coincidência, ele também era, uma vez mais, ministro do Exterior em 5 de setembro de 1914, quando a aliança formal entre as três potências foi finalmente sancionada. Mas essa aliança resultou muito mais da política alemã que do trabalho de Delcassé ou de outro político francês.

Em setembro de 1898, essas avaliações estavam distantes. A crise de Fashoda pegou Delcassé despreparado. Ele sabia que a França não tinha condições de entrar em guerra, e a sua única esperança era recolocar a questão em termos diplomáticos. Por um lado, ele ofereceu a "aliança liberal" aos britânicos, se eles lhe dessem uma compensação razoável; por outro, buscou apoio diplomático da Rússia e até da Alemanha. Ambas as políticas fracassaram. Os britânicos se recusaram a retomar as querelas diplomáticas e legalistas. Salisbury declarou: "Reivindicamos o Sudão por direito de conquista porque isso é o mais simples e mais eficaz". Os argumentos britânicos eram a frota mediterrânea e o exército de Kirchener; suas condições eram a retirada imediata de Marchand. Ninguém apoiou os franceses. Embora os russos se alegrassem com o confronto anglo-francês, não participariam dele mais do que tinham apoiado a Alemanha por causa do Transvaal. Aconteceu de Muraviev passar por Paris em outubro. Ele não deixou Delcassé muito encorajado: garantias nebulosas de lealdade à aliança franco-russa e uma esperança ainda mais nebulosa de que a Rússia poderia encontrar uma oportunidade de reabrir a Questão do Egito futuramente – sem dúvida quando ela precisasse desviar a atenção dos britânicos do Extremo Oriente.

Os alemães foram mais indiferentes ainda. Delcassé insinuou que poderia pedir-lhes o apoio se eles primeiro dessem autonomia à Alsácia e à Lorena; os alemães não teriam respondido nem que não houvesse essa condição como barreira. Tinham excluído a Questão do Egito do seu projeto de liga continental em 1896, e, provavelmente, não iriam ofender os britânicos por causa dela agora, quando precisavam de toda a agilidade diplomática para manobrar entre a Grã-Bretanha e a Rússia no Extremo Oriente. Também avaliaram que só tinham a ganhar com a humilhação e o ressentimento dos franceses. Quanto mais a França fosse levada a se aliar com a Rússia, mais os alemães teriam "carta branca" entre a liga continental, de um lado, e a aliança com os britânicos, do outro – ou seja, com carta branca para recusar ambas. Os alemães geralmente hesitavam entre a Grã-Bretanha e a

Rússia, mas nunca hesitaram seriamente entre a Grã-Bretanha e a França. Embora episódios de cordialidade franco-alemã ainda fossem possíveis mesmo depois de 1871, a aliança entre os dois países nunca se traduziu em políticas concretas, exceto em termos da dependência e da humilhação que só poderia acompanhar uma derrota catastrófica – da França em 1940 e da Alemanha em 1945; e mesmo então a aliança foi uma farsa.

A única alternativa de Delcassé era se render. Em novembro de 1898, Marchand deixou Fashoda; em 21 de março de 1899, a Grã-Bretanha e a França fizeram um acordo por meio do qual a França era excluída do vale do Nilo. Esse acordo não resolveu a Questão do Egito, e a postura dos franceses diante da ocupação britânica não se modificou: continuaram protestando e obstruindo os projetos de reorganização financeira de Cromer. O acordo apenas retirou das mãos dos franceses sua contrapartida diplomática mais promissora; foi só nesse sentido que ele tornou mais próximo um acordo geral. Fashoda e suas consequências representaram para os franceses uma crise da psicologia política; para os britânicos, nem isso. Eles levaram a melhor com a solidez dos tempos de paz: o custo adicional de Fashoda para o Almirantado Britânico foi 13.600 libras. Essa economia, claro, era ilusória. A verdadeira "batalha do Egito" ocorrera em 1798, e os franceses nunca pretenderam retomá-la. Fashoda foi um triunfo do "isolamento esplêndido". Os britânicos tinham ficado indiferentes ao continente europeu e ao equilíbrio de poder (ou assim pensavam); portanto, podiam construir uma marinha invencível e dominar o Mediterrâneo. Além do mais, Fashoda tornou o "isolamento esplêndido" mais seguro. Ao pôr a Questão do Egito em termos militares, os britânicos não precisavam do apoio diplomático das outras potências; e, com suas tropas próximas do Canal de Suez, sua preocupação com a ocupação de Constantinopla pelos russos nunca foi tão baixa. Em qualquer momento depois de 1898, os britânicos puderam se referir à abertura dos Estreitos como fez o Comitê de Defesa Imperial em 1903: "ele não alterava profundamente a atual situação estratégica no Mediterrâneo".[17] Fashoda acabou com o que restava da entente mediterrânea. A Grã-Bretanha não precisava da Itália nem da Áustria-Hungria. A Itália, privada da proteção britânica, teve de buscar a reconciliação com a França.[18] Enquanto a atenção russa esteve concentrada no Extremo Oriente, a

---

[17] Relatório do Comitê de Defesa Imperial, 13 de fevereiro de 1903. *British Documents*, iv. 59.
[18] Os italianos temiam que o acordo anglo-francês de 21 de março de 1899 implicasse a entrega de Trípoli para a França. Embora Salisbury se recusasse a lhes dar qualquer garantia do contrário, dizem que Delcassé teria feito uma declaração verbal de desinteresse em relação a Trípoli.

Áustria-Hungria desfrutou de uma segurança ilusória; quando a Rússia se voltou para os Bálcãs, a Alemanha não conseguiu mais encontrar um terceiro que pudesse assumir a defesa da Áustria-Hungria, e um conflito russo-alemão se tornou quase inevitável.

Fashoda não foi a única responsável por isso. Bem no momento em que os britânicos desistiram da Questão Oriental, os alemães se intrometeram. Em outubro de 1898, enquanto Marchand ainda estava em Fashoda, Guilherme II fez a segunda visita ao Império Otomano. Procurou Abdul Hamid em Constantinopla e declarou em Damasco que os 300 milhões de muçulmanos do mundo podiam considerá-lo um amigo. Em seguida, trataram de interesses mais concretos. Em 1893, uma empresa alemã tinha começado a construir ferrovias na Ásia Menor; na primavera de 1899, ela requereu uma concessão mais ambiciosa, do mar de Mármara ao Golfo Pérsico. Como a Alemanha era o único país que não tinha ameaçado a Turquia em algum momento nos anos anteriores, Abdul Hamid via com bons olhos a "ferrovia de Bagdá". Os britânicos ficaram satisfeitos ao ver os projetos ferroviários alemães sendo desviados da baía de Delagoa para a Ásia Menor – daí o entusiasmo de Cecil Rhodes com a "missão" da Alemanha ali. Os franceses não se limitaram a dar as boas-vindas ao novo parceiro na manutenção da independência turca; quiseram dividir os lucros, e ofereceram entrar com 40% do capital. Bülow e Holstein, do Ministério do Exterior, fingiram que a ferrovia era um empreendimento comercial sem significado político.[19] Marschall, então embaixador em Constantinopla, foi mais franco: se a Alemanha continuasse se expandindo economicamente no Oriente Próximo, ele previa o momento "em que a famosa observação de que o Oriente Próximo inteiro não vale os ossos de um granadeiro pomerano será uma interessante reminiscência histórica, mas não corresponderá mais à realidade".[20] Os russos também previram esse momento e procuraram se precaver contra ele. Embora não quisessem provocar o colapso do Império Otomano, opuseram-se a tudo que pudesse fortalecê-lo ou torná-lo mais independente; na falta de uma "Muralha da China" ao redor de seu império, queriam vizinhos frágeis. Gostariam de ter impedido a ferrovia de Bagdá. Como isso estava além de suas forças, sugeriram um "acordo" por meio do qual a Alemanha, em troca do seu consentimento, lhes garantiria o controle dos Estreitos.[21]

---

19 Bülow para Radolin, 24 de março de 1899. *Grosse Politik*, xiv (ii), n.4015.

20 Helfferich, *Georg von Siemens*, iii. 90.

21 Memorandos de Bülow, 18 e 26 de abril e 5 de maio de 1899. *Grosse Politik*, xiv (ii), n.4017, 4018 e 4020.

Na verdade, os alemães acabaram renunciando antecipadamente aos interesses políticos que decorreriam inevitavelmente do seu sucesso econômico.

A proposta russa foi veementemente recusada em Berlim. Os alemães sabiam que os russos não conseguiriam impedir a ferrovia de Bagdá; portanto, não valia a pena comprar seu consentimento. Além disso, embora os alemães tivessem se recusado a apoiar a Grã-Bretanha contra a Rússia nos Estreitos, também não se comprometeriam a apoiar a Rússia contra a Grã-Bretanha. Como contavam com um conflito anglo-russo, apegaram-se confiantes à "carta branca". Ainda assim, disseram que havia um preço pelo qual estavam dispostos a oferecer os Estreitos à Rússia: que a Rússia lhes assegurasse a Alsácia e a Lorena ou, pelo menos, que se comprometesse a ficar neutra numa guerra franco-alemã, e eles, então, arriscariam um conflito com a Inglaterra.[22] Os russos não conseguiriam cumprir essa condição. Embora certamente impedissem que a França declarasse uma guerra de revanche contra a Alemanha, eles precisavam da aliança com a França para preservar sua própria independência. Se renunciassem a essa aliança, não conseguiriam os Estreitos. Ou a França se reconciliaria com a Alemanha e, nesse caso, ocorreria uma aliança alemã com a Áustria-Hungria e a França, que seria suficientemente poderosa para excluir tanto a Rússia como a Grã-Bretanha do Oriente Próximo. Ou, o que era mais provável, a França se voltaria para a Grã-Bretanha, e a Rússia teria de enfrentar a "coalizão da Crimeia". Em suma: tanto a segurança da Rússia como a da Grã-Bretanha se baseavam no afastamento da França da Alemanha; no longo prazo, ambas teriam de apoiá-la – contudo, sem estimulá-la. As negociações a respeito da ferrovia de Bagdá foram paralisadas, e os alemães conseguiram a concessão em novembro de 1899. Os russos tiraram o melhor proveito da situação difícil, concluindo um acordo com a Turquia em abril de 1900 que impedia a construção de ferrovias nos distritos da Ásia Menor localizados no Mar Negro sem o seu consentimento. Esse acordo não teve nenhum efeito concreto. A ferrovia de Bagdá levou muito mais tempo para ser concluída do que os russos e alemães imaginaram em 1899 – quando a guerra estourou em 1914, só uma pequena parte estava pronta. Ainda assim, era o prenúncio de uma era em que os russos encontrariam na Alemanha um novo e mais temível rival em Constantinopla.

Embora os russos não pretendessem abandonar a França para a Alemanha, continuaram sonhando com uma liga continental na qual ambos

---

22 Memorando de Holstein, 17 de abril; Hatzfeldt para o Ministério do Exterior, 1º de maio de 1899. Ibid., n.4016 e 4019.

os países os apoiariam contra a Grã-Bretanha, embora continuassem inimigos um do outro. E a Alemanha e a França continuaram a competir pela amizade da Rússia a todo custo, sem apoiá-la contra os britânicos. Em agosto de 1899, Delcassé viajou a São Petersburgo, certamente para tornar a aliança mais satisfatória do que tinha sido na época de Fashoda. O desfecho foi estranho. Os textos da entente política e do convênio militar foram modificados. A aliança deveria "manter o equilíbrio de poder na Europa" e também a paz; o convênio militar não terminaria mais com a dissolução da Tríplice Aliança. Quando essas alterações se tornaram conhecidas muitos anos depois, Delcassé foi alvo de acusações infundadas: dizia-se que ele tinha obrigado a França a apoiar os planos agressivos da Rússia nos Bálcãs, e, na verdade, a envolvera na guerra de 1914. Esse é um exagero ridículo. Foi o plano Schlieffen, não a aliança franco-russa em sua forma original ou modificada, que trouxe a guerra à França: depois de 1894, os alemães precisavam nocautear a França primeiro em caso de guerra com a Rússia, e as únicas opções dos franceses eram se defender ou se render – a neutralidade não era uma opção. Seja como for, as cláusulas de 1899 tinham uma importância temporária. Entre 1896 e 1899, a Áustria enfrentou uma crise constitucional que quase derrubou a monarquia dos Habsburgo; e não se tratava de uma especulação insensata imaginar que, de todo modo, ela iria se dissolver depois da morte de Francisco José. Então a Rússia e a Alemanha poderiam dividir a Áustria-Hungria; Delcassé nada mais fez que assegurar que, nesse caso, a França poderia invocar o equilíbrio de poder e, portanto, talvez recuperar a Alsácia e a Lorena. Os russos sempre se referiam a esse projeto, e Delcasssé alegou que seu objetivo era uma divisão pacífica da Europa central e dos Bálcãs, interligada com a Alsácia e a Lorena, até novembro de 1904.[23] O projeto certamente era grotesco. Os alemães não tinham a intenção de dividir nem a Áustria-Hungria nem os Bálcãs com a Rússia, quanto mais de se separar da Alsácia e da Lorena. De todo modo, não surgiu nenhuma oportunidade de explorar isso, pois Francisco José ainda viveu dezessete anos, e, quando a monarquia dos Habsburgo desmoronou, a aliança franco-russa a tinha precedido. Na prática, a modificação de agosto de 1899 não significou muita coisa. Quando muito, ela facilitou a resistência de Delcassé às sugestões pouco convincentes dos russos de que ele deveria melhorar seu relacionamento com a Alemanha abrindo mão da Alsácia e da Lorena.

Se a liga continental deveria um dia existir, outubro de 1899 parecia o momento certo. Os planos britânicos de uma solução pacífica na África do

---

23 Foi o que ele declarou numa conversa. Paléologue, *The Turning Point*, p.158.

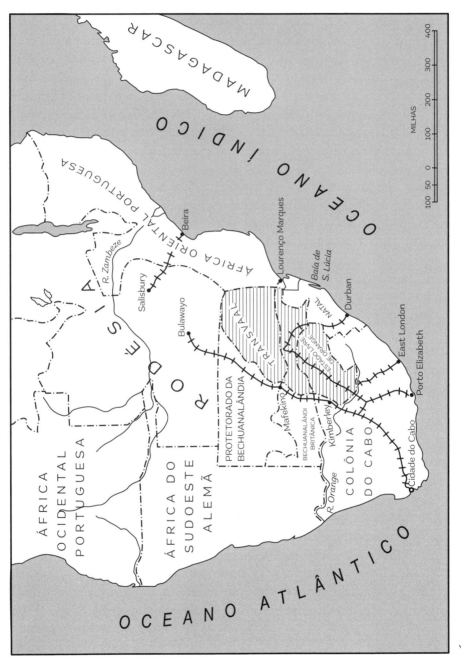

ÁFRICA DO SUL

Sul não se concretizaram. Os bôeres não se deixaram intimidar, e Milner, o agente de Chamberlain, piorou deliberadamente as condições a fim de provocar um conflito. Ele confiava que o sucesso seria fácil: "Eles vão se dobrar se não fraquejarmos, ou melhor, se apertarmos gradativamente o parafuso".[24] Salisbury comentou desesperado: "Vejo diante de nós a necessidade de esforços militares consideráveis – e tudo em nome de uma gente que desprezamos e de um território que não trará poder nem vantagens à Inglaterra".[25] Em 9 de outubro, os bôeres declararam guerra; e a guerra acabou sendo muito mais complicada do que Milner esperava. Teoricamente, não poderia haver uma oportunidade mais favorável para que as potências continentais aproveitassem as dificuldades dos britânicos. Mas a oportunidade era, de fato, teórica. A marinha britânica resolveu a questão. O poder terrestre tinha alguma importância no Oriente Próximo, mais relevância no Extremo Oriente e nenhuma na África do Sul. Embora as potências continentais pudessem mobilizar milhões de homens, nenhum soldado europeu jamais cruzaria o Vaal; e a marinha britânica poderia ter resistido a qualquer coalizão naval – ela continuou controlando o Mediterrâneo durante toda a Guerra dos Bôeres, ao mesmo tempo que controlava as rotas marítimas para a África do Sul e também protegia as Ilhas Britânicas. Ainda mais que Fashoda, a Guerra dos Bôeres foi uma demonstração triunfal do "isolamento esplêndido".

As potências continentais não poderiam ter feito nada contra os britânicos mesmo se estivessem unidas – e não estavam. Assim sendo, a conduta mais sensata teria sido ignorar a guerra; porém, nem mesmo as Grandes Potências agem sempre de maneira sensata. Cada uma teve de fingir que apoiava a liga continental e culpar as outras pelo fracasso em torná-la realidade. Os russos, que geralmente eram considerados o opróbrio da Europa pelos britânicos, queriam inverter os papéis em termos de decência; além disso, agradava a seu sentimento de grandeza perceber que o Império Britânico estava à mercê deles. Nicolau II escreveu: "Realmente me agrada saber que cabe inteiramente a mim decidir o desfecho final da guerra na África do Sul... basta que eu ordene por telégrafo que todas as tropas no Turquestão se mobilizem e avancem para a fronteira". Porém, como ele acrescentou num adendo, a ferrovia para Tashkent ainda não fora concluída – na verdade, nem tinha começado a ser feita, e só veio a ser concluída anos depois do fim da Guerra dos Bôeres.[26] Muraviev percebeu claramente que a liga

---

24 Milner para Chamberlain, 16 de agosto de 1899. *Milner Papers*, i. 516.
25 Salisbury para Lansdowne, 30 de agosto de 1899. Newton, *Lord Lansdowne*, p.157.
26 Nicolau II para sua irmã, 21 de outubro de 1899. *Krasny Arkhiv*, lxiii. 125.

continental era inviável e que uma ação diplomática isolada contra os britânicos era arriscada demais;[27] sua única medida concreta foi lamentar a oportunidade perdida. Tanto na França como na Alemanha, a opinião pública estava firmemente do lado dos bôeres; como muitos dos cidadãos mais conceituados da Grã-Bretanha também eram "pró-bôeres", isso não causou surpresa. Na Alemanha, a simpatia pelos bôeres foi reforçada pelo "teutonismo" acadêmico, e, na França, pelo ressentimento contra a humilhação em Fashoda. Além de ter de lidar com esse sentimento, a política oficial dos dois países tinha de evitar ofender a Rússia reprimindo qualquer ação pró-bôer. A conduta dos franceses era simples: participariam de uma mediação ou de qualquer outra iniciativa com a qual os alemães também se comprometessem. Era uma conduta segura: satisfazia os russos; era quase certo que a Alemanha se recusaria a participar; e, se o fizesse, o afastamento anglo-germânico que se seguiria compensava, para a França, um certo risco.

A posição dos alemães era mais complicada. Tinham uma resposta diplomática segura para dar aos russos: só participariam de uma ação conjunta com a França e a Rússia se as três potências garantissem mutuamente seus respectivos territórios europeus[28] – portanto, uma garantia russa (e francesa) com relação à Alsácia e à Lorena, mas nenhum respaldo alemão à Rússia no Extremo Oriente. Porém, os governantes alemães também precisavam levar em conta a "política mundial". Por um lado, queriam ficar bem com os britânicos por causa de suas colônias e do comércio ultramarino; por outro, queriam instrumentalizar o sentimento pró-bôer na Alemanha para aprovar uma importante Legislação Naval no Reichstag. O Império Britânico tinha de ser preservado como um contraponto à Rússia; ao mesmo tempo, a Alemanha preparava uma marinha que, em última análise, iria desafiar esse império. Por isso, a "carta branca" foi exagerada até se transformar no gesto de um agente de apostas. No início da guerra, os alemães estavam envolvidos num conflito com os britânicos por causa do controle de Samoa, que os Estados Unidos também partilhavam. Esse assunto banal não fazia muito sentido, exceto para justificar uma guerra tarifária com os americanos em proveito dos proprietários agrícolas alemães. Chamberlain, como sempre ansioso pelo apoio alemão, obrigou Salisbury a ceder em novembro. Os britânicos foram recompensados com a viagem à Inglaterra de Guilherme II e Bülow – um gesto de amizade que desafiou abertamente os alemães pró-bôeres. Salisbury não deu importância ao espetáculo

---

[27] Memorando de Muraviev, 7 de fevereiro de 1900. Ibid., xviii. 24.
[28] Bülow para Radolin, 3 de março de 1900. *Grosse Politik*, xv, n.4472.

e se manteve à distância. Chamberlain fez mais uma proposta de aliança aos alemães. Até então eles tinham rejeitado suas propostas com o argumento de que não tinham divergências com a França ou com a Rússia. Ele então tentou criá-las, insistindo que os alemães prosseguissem com a ferrovia de Bagdá (para gerar uma desavença com a Rússia) e propondo dividir o Marrocos com eles (para gerar uma disputa com a França).[29] Bülow não respondeu. Embora lhe agradasse posar de protetor de um parente carente em dificuldade, não pretendia tomar nenhuma medida concreta. Além disso, desconfiava que, se o pior acontecesse, Salisbury subornaria a França e a Rússia em vez de buscar o apoio da Alemanha.

Mas Bülow não podia deixar de intervir. Sua especialidade como político era a adulação; e ele falou de forma condescendente com Chamberlain a respeito dos interesses mútuos que a Alemanha tinha com a Grã-Bretanha e os Estados Unidos.[30] Chamberlain levou a sério o recado. Em 30 de novembro, fez um discurso em Leicester sobre "uma nova Tríplice Aliança entre a raça teutônica e os dois grandes troncos da raça anglo-saxônica", dizendo que "a aliança natural é entre nós e o grande Império Alemão". Bülow teve de oscilar na outra direção tanto por causa da opinião pública russa como da alemã. A conversa sobre a liga continental foi retomada, e Bülow afirmou ao comitê naval do Reichstag: "dois anos atrás ele ainda poderia ter dito que não havia risco de guerra com a Inglaterra, agora ele não podia mais dizer isso".[31] Quando, em janeiro de 1900, os britânicos interceptaram navios-correios alemães nas águas da África do Sul à procura de contrabando, Bülow, Tirpitz e Guilherme II beberam champanhe em homenagem ao oficial da marinha britânica que tanto os ajudara a promover a Segunda Lei Naval. A lei foi aprovada e a liga continental, é claro, não deu em nada.[32] Simpatia pelos bôeres, inveja do Império Britânico, sonhos altruístas de cooperação europeia eram temas interessantes para as conversas, mas não construíam uma liga continental. Com a Rússia absorvida no Extremo Oriente e a França se enfraquecendo cada vez mais, a Alemanha não tinha motivo para compensar nenhuma das duas à custa do Império Britânico. A Alemanha já estava segura, e sua segurança só diminuiria se ela cooperasse em uma ação contra os britânicos.

---

29 Memorando de Bülow, 24 de novembro de 1899. *Grosse Politik*, xv, n.4398.
30 Chamberlain para Eckardstein, 7 de dezembro de 1899. *Lebenserinnerungen*, ii. 107.
31 Kehr, *Schlachtflottenbau und Parteipolitik*, p.201.
32 Ver nota à p.444.

Tanto a França como a Alemanha fingiram responder aos estímulos da Rússia para se manter na corrida por seu apoio; ambas também buscaram o apoio britânico transformando sua rejeição em virtude. Guilherme II revelou prontamente as sugestões russas aos parentes britânicos;[33] posteriormente, durante as negociações em prol de uma entente anglo-francesa, Delcassé tentou arrancar concessões dos britânicos como recompensa por ter impedido uma liga continental;[34] finalmente, até Izvolski tentou o mesmo truque, embora ninguém o tivesse levado a sério.[35] À época, os britânicos, que teoricamente mantinham um bom relacionamento com a Alemanha, e que certamente mantinham um mau relacionamento com a França e a Rússia, aceitaram em grande parte a versão alemã, embora Salisbury sempre negasse a dependência britânica do apoio alemão e, portanto, não acreditasse em sua história.[36] Posteriormente, depois da criação das ententes, a maioria dos britânicos aceitou generosamente a versão dos novos amigos. Apesar disso, Grey sempre afirmou que as ententes, longe de serem antigermânicas, foram criadas unicamente porque a França e a Rússia eram mais problemáticas do que a Alemanha; portanto, ele aceitou a versão alemã porque, quanto mais agressivas fossem a França e a Rússia, mais as ententes se justificariam.[37] No fundo, de uma forma ou de outra, os britânicos não se preocupavam muito com a liga continental. Chamberlain poderia sonhar com uma aliança com a Alemanha; Salisbury poderia planejar, de forma mais realista, fazer concessões à França no Marrocos e à Rússia na Pérsia. Nenhum desses recursos era necessário. A marinha britânica controlava os oceanos, e a Guerra dos Bôeres poderia ser vencida num esplêndido isolamento.

Mas a África do Sul, como o vale do Nilo, era apenas um episódio da "era do imperialismo". O assunto que ofuscava todos os outros era o Extremo Oriente. A China assumira o lugar da Turquia como o Homem Doente relevante, e, entre 1897 e 1905, o futuro da China determinou as relações entre as Grandes Potências. A crise de março de 1898 tinha sido contornada apenas com uma partilha preliminar; sua repetição eram favas contadas. Os russos procuraram adiar o conflito inevitável, concordando, em abril de 1899, com a proposta britânica referente às esferas de influência: eles não solicitariam

---

33 Guilherme II para Eduardo, príncipe de Gales, 3 de março de 1900. Lee, *Edward VII*, i, p.769.
34 *British Documents*, iii. 432.
35 Nicolson para Grey, 31 de outubro de 1908. Ibid., vi, n.126.
36 Salisbury para Vitória, 10 de abril de 1900. *Letters of Queen Victoria*, terceira série, iii. 527.
37 Grey para Bertie (Paris), 1º de dezembro de 1908. *British Documents*, vi, n.142.

concessões ferroviárias no vale do Yang-Tsé se os britânicos não as solicitassem "ao norte da Grande Muralha". Esse era um Tratado de Gastein do Extremo Oriente para tapar os buracos. Os britânicos pareciam estar numa posição desesperadora, pois ninguém os ajudaria contra a Rússia. Os franceses tinham se afastado por causa de Fashoda; os alemães estavam decididos a não se comprometer; os japoneses estavam ansiosos em concordar com os russos antes que fosse tarde demais. Os americanos se mostraram entusiasmados com a política de "portas abertas", mas quando, em setembro de 1899, os russos responderam com um veto que nem sequer foi evasivo, os americanos fingiram estar satisfeitos. Depois de outubro de 1899, as tropas britânicas ficaram imobilizadas na África do Sul. Witte acreditava que o sucesso da sua política de penetração pacífica estava novamente ao alcance da vista. Ele tinha silenciado os defensores da violência russos, e sua posição se fortaleceu ainda mais em junho de 1900 quando, com a morte súbita de Muraviev, o tímido e conservador Lamsdorff se tornou ministro do Exterior.

Paradoxalmente, os britânicos foram salvos pelos chineses. A resistência à penetração estrangeira estava aumentando. O primeiro sinal disso veio em março de 1899, quando o governo chinês se recusou a atribuir uma concessão aos italianos. No ano seguinte a população chinesa interveio. A Revolta dos Boxers, caótica e espontânea, foi o maior esforço defensivo contra o Ocidente cristão da parte de uma civilização não europeia desde a Revolta Indiana de 1857. Inicialmente reprimido, o movimento foi estimulado posteriormente pela imperatriz viúva, a verdadeira governante da China. Em junho de 1900, missionários e comerciantes europeus foram atacados, as missões diplomáticas em Pequim foram cercadas e o ministro alemão foi morto. A Revolta dos Boxers desestruturou várias políticas moderadas, inclusive a política de Witte. A violência chinesa provocou, em resposta, a violência russa. O ministro da Guerra Kuropatkin conseguiu o que queria e invadiu a Manchúria. A revolta também desestruturou a política alemã da "carta branca". Independentemente de ser uma atitude sensata ou não, uma "potência mundial" tinha de vingar o assassinato de seu ministro. Guilherme II deixou de lado a ponderação de Bülow e insistiu que a Alemanha deveria assumir a liderança de uma força punitiva internacional. No momento da partida para a China, os soldados alemães foram estimulados por Guilherme II a conquistar naquele país a reputação semelhante à "dos hunos mil anos antes, sob a liderança de Átila"; e as outras potências foram convencidas a aceitar que o idoso marechal de campo Waldersee comandasse a força internacional. Pela única vez na história tropas de todas as potências europeias serviram sob o comando de uma única pessoa.

Costuma-se dizer que o mundo só irá se unir contra outro planeta; em 1900, os chineses encarnaram esse papel. Nem a Grã-Bretanha nem a Rússia, as duas potências realmente preocupadas com a China, ligaram muito para a força internacional. A primeira manobra britânica foi negociar com os vice-reis chineses do vale do Yang-Tsé para impedir que a revolta se espalhasse para a sua "esfera". A mudança russa para uma política militarista na verdade acabou fazendo o jogo dos britânicos, pois em agosto eles libertaram as missões diplomáticas em Pequim junto com os russos. Witte então convenceu Nicolau II de que o mais importante era fazer todas as tropas europeias saírem da China assim que possível. Em 25 de agosto, os russos anunciaram que, como a ordem tinha sido restabelecida, estavam retirando suas tropas, e esperavam que os outros fizessem o mesmo.

Como Waldersee ainda não tinha deixado a Alemanha, a proposta russa ofendeu o orgulho alemão. Os alemães tiveram de recorrer à Grã-Bretanha para remunerar os russos. Além disso, havia uma questão mais importante: eles temiam – muito injustamente – que os britânicos estivessem planejando tomar o vale do Yang-Tsé para si. Como não podiam cooperar com os russos contra os britânicos para derrotar esses planos imaginários por causa da controvérsia em torno de Waldersee, tiveram de fingir cooperar com os britânicos contra os russos. Uma vez que não tinham planos de partilha, os britânicos não conseguiram entender o que alemães queriam; porém, como qualquer acordo com a Alemanha parecia destinado a se voltar contra a Rússia, os britânicos agradeceram a oportunidade. O resultado desses mal-entendidos foi o acordo entre a Grã-Bretanha e a Alemanha sobre a China de 16 de outubro de 1900. As duas potências concordaram em manter abertas as portas da China e a integridade do Império Chinês. Porém, os alemães insistiram que não fariam nada contra a Rússia, preferindo, inicialmente, fixar um limite geográfico para o acordo, de modo a excluir a esfera de influência da Rússia. Embora acabassem concordando em respeitar as portas abertas "para todo o território chinês na medida em que possam exercer influência", nunca esconderam que não podiam exercer influência sempre que enfrentassem a Rússia. Resumindo: os alemães obrigaram os britânicos a manter as portas abertas no Yang-Tsé, mas não se obrigaram a mantê-las abertas para os russos no norte. Os britânicos esperavam que os russos fossem enganados e consideravam que o acordo "indicava que a Alemanha tinha passado para o lado da Grã-Bretanha".[38] O acordo sobre a China soou como uma grande vitória para a política de Salisbury de arranjos limitados

---

38 Hardinge (São Petersburgo) para Salisbury, 26 de outubro de 1900. *British Documents*, ii, n.19.

sem uma aliança geral; era o correspondente perfeito no Extremo Oriente dos acordos mediterrâneos de 1887. Foi o único acordo formal de cooperação diplomática jamais feito entre a Grã-Bretanha e a Alemanha, portanto deveria ter sido o prenúncio de uma era de proximidade entre os dois países. Mas ele não funcionou, e esse fracasso provocou um afastamento mais profundo do que antes. Foi o dia 16 de outubro de 1900 que assinalou o momento decisivo nas relações anglo-germânicas, não as negociações de 1898 ou de 1901. Embora os dois países parecessem estar a meio caminho de uma aliança, os fatos logo demonstraram que a aliança era inviável.

A explicação era simples: a "política mundial" da Alemanha era artificial, uma farsa. Seu mapa da Ásia, assim como o mapa da África de Bismarck antes dele, ficava na Europa. Quando os acordos mediterrâneos foram feitos, a Áustria-Hungria estava envolvida tão profundamente no Oriente Próximo como a Grã-Bretanha; não havia contradição entre a sua política no Oriente Próximo e a sua postura como uma potência europeia. Mas a Alemanha não tinha nenhum interesse vital na China. Seu interesse vital era permanecer segura na Europa, e ela não podia pôr essa segurança em risco em nome do mercado chinês. Também havia uma diferença fundamental no lado da Rússia. Sua preocupação no Oriente Próximo tinha sido defensiva, e ela tinha recuado assim que encontrara oposição. A política russa no Extremo Oriente era agressiva e expansionista. Uma coalizão inimiga no Oriente Próximo reforçava os argumentos de todos os políticos russos influentes; no Extremo Oriente, ela não provocava nenhuma reação. Talvez os acordos mediterrâneos fossem um blefe; nem a Áustria-Hungria nem a Grã-Bretanha estava ansiosa para entrar em guerra. Mas, no Oriente Próximo, os russos estavam dispostos a aceitar o blefe; no Extremo Oriente, o blefe não funcionou. Isso ficou demonstrado logo depois da assinatura do acordo anglo-germânico. Os russos provocaram uma nova crise com a China. Estimulados por Witte, prepararam-se, de maneira pouco convincente, para evacuar a Manchúria; mas Kuropatkin e os generais só retirariam as tropas se os chineses lhes transferissem o controle político. Furioso por não conseguir o que queria, Witte inventou um rascunho das reivindicações chinesas ainda mais radical que as verdadeiras e apresentou-as aos japoneses. Todos acreditaram, com algumas justificativas – embora não tantas como se pensou –, que a partilha da China tinha começado de verdade. Os japoneses estavam seguros de que conseguiriam resistir bem à Rússia. Seu problema era com o França, pois a frota francesa no Extremo Oriente, aliada à frota russa, poderia isolá-los do continente. A Grã-Bretanha precisava manter a França neutra; foi o que os japoneses pediram em março de 1901.

Os britânicos pressentiram que estavam prestes a tomar grandes decisões. Em dezembro de 1900, Salisbury tinha deixado o Ministério do Exterior. Lansdowne, seu sucessor, embora tecnicamente hábil, não dispunha nem um pouco da sua enorme autoconfiança. Salisbury se baseara em sua grande reputação para encobrir as dificuldades do momento. Lansdowne precisava de êxitos diplomáticos para compensar seu fracasso como secretário da Guerra, quando fora responsável pelos desastres na África do Sul. É claro que os britânicos queriam favorecer o Japão, quanto mais não fosse porque temiam que os japoneses, a não ser que fossem estimulados, fechariam um acordo com a Rússia que excluiria todas as outras potências.[39] Por outro lado, um conflito com a França era, por ora, inviável. Embora a frota britânica fosse superior às frotas da Rússia e da França combinadas, ela estava totalmente ocupada guardando as Ilhas Britânicas e a rota para a África do Sul. Nenhum navio podia ser dispensado para o Extremo Oriente até a Guerra dos Bôeres chegar ao fim. Os britânicos tinham voltado mais ou menos à posição em que se encontravam no Mediterrâneo em 1894: precisavam da ameaça do exército alemão para manter a França neutra, enquanto eles (ou, nesse caso, os japoneses) negociavam com a Rússia. Em 8 de março, Lansdowne perguntou se os alemães se uniriam à Grã-Bretanha para impor à França uma "regionalização" de qualquer guerra russo-japonesa.[40]

Em relação à crise do Extremo Oriente, esse foi o momento decisivo para os alemães. Eles tinham se comprometido a defender a integridade da China por meio do acordo de 16 de outubro de 1900, e estavam impacientes para aumentar a tensão entre a Rússia, de um lado, e a Grã-Bretanha e o Japão, do outro; agradava-lhes imaginar que a Grã-Bretanha ofereceria algo no futuro que tornaria vantajosa a aliança com ela – mais colônias hipotéticas na África, novas concessões na Ásia. Holstein repetia, confiante como sempre: "Podemos esperar. O tempo está trabalhando a nosso favor".[41] Mas, quando chegou a hora de decidir, eles se viram diante do fato incontornável: nem as propostas britânicas nem seus próprios interesses comerciais justificariam que entrassem em conflito com a Rússia (e, portanto, também com a França) por causa do Extremo Oriente. A "política mundial" não podia ficar em primeiro lugar para uma potência que tinha dois vizinhos hostis. Os alemães tentaram mais uma vez desviar essa conclusão até mesmo de si, e ainda mais dos britânicos, mas não havia como fugir dela. Contemporizaram,

---

39 Memorando de Bertie, 11 de março de 1901. *British Documents*, ii, n.54.
40 Hatzfeldt para o Ministério do Exterior, 8 de março de 1901. *Grosse Politik*, xvi, n.4829.
41 Holstein para Metternich (Londres), 21 de janeiro de 1901. Ibid., xvii, n.4984.

oferecendo aos britânicos e japoneses uma "neutralidade complacente"; questionados posteriormente, explicaram que aquilo significava "neutralidade rigorosa e justa", nada mais.[42] Em 15 de março, Bülow pôs fim a todas as dúvidas ao declarar no Reichstag que o acordo anglo-germânico de 16 de outubro de 1900 "não se referia de modo algum à Manchúria". Era a pura verdade, mas, ao revelá-la, Bülow desmascarou o blefe em que se baseara a política britânica. Os britânicos esperavam que os russos seriam contidos por temerem uma cooperação anglo-germânica; agora o temor se mostrava infundado. A revelação se mostrou decisiva nas relações anglo-germânicas, mas não na história do Extremo Oriente. Os japoneses decidiram controlar a Rússia mesmo sem o respaldo britânico ou alemão, e, em 24 de março, exigiram a retirada da proposta de acordo entre a Rússia e a China. Como não estava preparada para um conflito, a Rússia desistiu de suas pretensões na China, e Lamsdorff se apressou a declarar que "jamais existira qualquer projeto de acordo sobre a Manchúria, apenas uma programação de tópicos para discussão".[43] Depois de desmentirem a existência de um acordo sobre a Manchúria, os russos continuaram ali mesmo sem acordo, convencidos de que sua paciência seria maior que a da China ou das outras potências. As sombras da crise se acentuaram no Extremo Oriente.

Os políticos britânicos não se conformaram com a constatação de que não havia nada a esperar da Alemanha. Ainda supunham que o respaldo alemão poderia ser alcançado se pressionassem no lugar certo, uma opinião comum da "alta finança" britânica e alemã que era defendida com singular convicção pelos unionistas liberais, cujo líder era Chamberlain. Em janeiro, ele disse a Eckardstein, um integrante da embaixada alemã associado à City,* que preferia a "cooperação com a Alemanha e a adesão à Tríplice Aliança".[44] Pressionado por Chamberlain e Eckardstein, e também por sua própria ansiedade, em 18 de março, Lansdowne realizou sondagens a respeito de uma aliança defensiva entre a Grã-Bretanha e a Alemanha.[45] Isso deixou os alemães numa situação desesperadora. A Alemanha estava tentando ser, simultaneamente, uma potência europeia e mundial. Sua segurança na Europa dependia do bom relacionamento com a Rússia; suas colônias e seu

---

42 Memorando de Mühlberg, 14 de março de 1901. Ibid., xvi, n.4832.
43 Sanderson para Satow, 12 de abril de 1901. *British Documents*, ii, n.73.
 * Referência ao centro financeiro de Londres. (N. T.)
44 Hatzfeldt para o Ministério do Exterior, 18 de janeiro de 1901. *Grosse Politik*, xvii, n.4979.
45 Lansdowne para Lascelles, 18 de março de 1901. *British Documents*, ii, n.77. Eckardstein para o Ministério do Exterior, 19 de março de 1901. *Grosse Politik*, xvii, n.4994.

comércio ultramarino dependiam do favorecimento britânico. Ela precisava se relacionar bem com as duas potências, e não podia se dar ao luxo de se afastar de nenhuma delas. É claro que a Alemanha não era a única que enfrentava esse dilema. A expansão imperial francesa sempre fora prejudicada pela preocupação com sua fronteira oriental; os britânicos viam seu império seriamente abalado, ou até mesmo desaparecido, pelas duas guerras que teriam de travar durante o século XX; e até a Rússia fora prejudicada no Extremo Oriente devido a seus problemas na Europa. Porém, por ser a potência mais europeia, a Alemanha era a mais humilhada de todas, a não ser que conseguisse estabelecer antes seu domínio sobre todo o continente, algo que, em 1901, ainda nem se vislumbrava. Portanto, os alemães tiveram de dar uma resposta contemporizadora: apresentaram a condição de que a Grã-Bretanha deveria fazer parte da Tríplice Aliança, não buscar uma aliança em separado com a Alemanha. A resposta não foi levada a sério: seu objetivo era fortalecer o prestígio da Alemanha com a Áustria-Hungria e a Itália, não chegar a nenhuma conclusão prática. Na verdade, os alemães contavam com uma guerra entre a Rússia e a Grã-Bretanha na qual eles venderiam caro sua neutralidade a ambos os lados. Napoleão III tivera a mesma ideia nos dias longínquos da rivalidade austro-prussiana.

A evasiva alemã não provocou nenhuma alteração na política britânica. Lansdowne continuou torcendo por uma aliança, e, em maio, chegou a preparar uma versão formal de um acordo defensivo,[46] apesar do protesto de Salisbury de que o isolacionismo era "um perigo em cuja existência não temos motivo histórico para acreditar".[47] Lansdowne chegara à conclusão de que não podia esperar uma aliança com a Alemanha contra a Rússia; em vez disso, sugeriu uma aliança com a Alemanha contra a França. O Marrocos parecia o local predestinado para essa colaboração.[48] A autoridade do sultão estava se esvaindo rapidamente; os britânicos queriam controlar Tânger para completar a proteção de Gibraltar e estavam dispostos a oferecer a costa atlântica do Marrocos aos alemães em troca da cooperação contra a França; Chamberlain já tinha feito essa proposta no encontro com Guilherme II em novembro de 1899 em Windsor, e a repetira em janeiro de 1901. E ela foi feita de maneira um pouco mais formal aos alemães em julho.[49] Estes não se deixaram atrair. Bülow observou: "neste caso, devemos

---

46 Memorando de Sanderson, 27 de maio de 1901. *British Documents*, ii, n.85.
47 Memorando de Salisbury, 29 de maio de 1901. Ibid., n.86.
48 Hatzfeldt para o Ministério do Exterior, 19 de junho de 1901. *Grosse Politik*, xvii, n.5177.
49 Eckardstein, *Lebenserinnerungen*, ii. 358.

nos comportar como a esfinge".⁵⁰ Tanto no Marrocos como no Extremo Oriente, os britânicos só receberiam o apoio alemão se aderissem à Tríplice Aliança.⁵¹ A "carta branca" não funcionava só contra os britânicos. Em junho de 1901, Delcassé também procurou a colaboração alemã no Marrocos. Para ele, Bülow teve também uma resposta pronta: a Alemanha só o ajudaria se a França renunciasse às suas pretensões à Alsácia e à Lorena.⁵² Ambas as respostas eram desculpas que não se destinavam a ser concretizadas; a carta branca era em si mesma o objetivo dos alemães, e, no verão de 1901, eles estavam mais confiantes que nunca que a Grã-Bretanha estava passando por dificuldades crescentes tanto com a França como com a Rússia.

Os russos também estavam confiantes. O acordo anglo-germânico de outubro de 1900 (que se tornara público imediatamente) os deixara um pouco preocupados, mas a preocupação desapareceu quando Bülow o esvaziou de significado em março de 1901. Em setembro, Nicolau II visitou Guilherme II em Dantzig e foi informado que poderia contar com a neutralidade alemã no Extremo Oriente. Além do mais, essa amizade renovada fez os franceses apresentarem uma oferta maior. Para eles, nunca era suficiente oferecer o mesmo que os alemães; sempre tinham que oferecer mais. Se os alemães ofereciam neutralidade, os franceses tinham de oferecer apoio. Concordaram em fornecer recursos para uma ferrovia até Tashkent, para que os russos pudessem ameaçar a Índia; foi realizado um convênio para uma ação militar conjunta contra a Grã-Bretanha; e projetos de cooperação naval contra os britânicos foram iniciados, mas nunca concluídos. É improvável que Delcassé tenha planejado seriamente uma guerra franco-russa contra a Grã-Bretanha. Ele pretendia vincular a questão da Manchúria à do Marrocos,⁵³ como Hanotaux tentara anteriormente vincular os Estreitos ao Nilo; e é provável que seu objetivo concreto fosse arrancar a cessão do Marrocos dos britânicos em troca da neutralidade francesa no Extremo Oriente. A ameaça de cooperação com a Rússia era indispensável para que essa política funcionasse. Além disso, havia o projeto grandioso de remodelar o continente europeu com a aprovação tanto britânica como russa. Enquanto isso, era preciso manter a Grã-Bretanha isolada. Delcassé observou em julho:

---

50 Minuta de Bülow sobre Hatzfeldt para o Ministério do Exterior, 19 de junho de 1901. *Grosse Politik*, xvii, n.5177.
51 Bülow para o Ministério do Exterior, 9 de agosto de 1901. Ibid., xvii, n.5185.
52 Bülow para Radolin, 19 de junho de 1901. Ibid., xviii (ii), n.5871.
53 Delcassé para Montebello, 19 de fevereiro de 1901. *Documents diplomatiques français*, segunda série, i, n.88.

"Precisamos impedir que a Inglaterra encontre no Extremo Oriente, no Japão, o soldado de que ela carece".[54]

O isolamento britânico dificilmente precisava do estímulo de Delcassé. Como tudo o mais tinha falhado, os britânicos tentaram o último recurso de um acordo direto com a Rússia. Não deu em nada. Os russos não se preocuparam em moderar suas ambições, acrescentando a suas exigências um porto no Golfo Pérsico, além do controle do norte da China. Em novembro, Lansdowne estava de volta à antiga alternativa de se aproximar da Alemanha. Ele pensava que, se propusesse a cooperação com os alemães em todos os lugares exceto no Extremo Oriente – no Mediterrâneo, no Adriático, no Egeu, no Mar Negro e no Golfo Pérsico –, isso poderia se tornar um hábito, e um dia eles poderiam adotar essa prática no Extremo Oriente sem nem se dar conta.[55] Em 19 de dezembro, ele aventou a ideia com Metternich, o novo embaixador alemão, mas este não se impressionou: o Império Britânico tinha de se convencer a fazer um pacto defensivo com a Tríplice Aliança.[56] Não houve nada decisivo nessa conversa. Os dois oncordaram em tentar novamente quando o rancor provocado pela Guerra dos Bôeres e pelos acontecimentos da primavera tivesse amainado. A decisão veio de outro lugar, dos japoneses. Ao contrário dos britânicos, eles não podiam esperar. Os britânicos podiam se consolar com fato de que a maturação dos planos russos no Extremo Oriente demoraria muito; os japoneses estavam preocupados em definir a independência da Coreia e, com ela, a segurança do seu próprio litoral. No outono de 1901, resolveram tomar a iniciativa, de um jeito ou de outro. Hayashi, seu embaixador em Londres, foi pleitear a aliança britânica; simultaneamente, Ito, um de seus políticos mais ilustres, foi em busca de um acordo com a Rússia.

Ito se aproximou dos russos através de Delcassé, que ficou encantado ao ver sua política dando frutos; e, como chamariz, os japoneses receberam a oferta de um empréstimo francês se eles se acertassem com a Rússia. Ito chegou a São Petersburgo em novembro de 1901. Os russos, como sempre, estavam dispostos a negociar; porém, também como sempre, não ofereceram nada. Witte estava disposto a deixar os japoneses agirem livremente na Coreia, baseando-se no estranho motivo de que os gastos os arruinariam;

---

54 Nota de Delcassé sobre Beau (Pequim) para Delcassé, 1º de julho de 1901. Ibid., n.310.
55 Memorandos de Lansdowne, 22 de novembro e 4 de dezembro de 1901. *British Documents*, ii, n.92 e 93.
56 Lansdowne para Lascelles, 19 de dezembro de 1901. Ibid., ii, n.4; memorando de Metternich, 28 de dezembro de 1901. *Grosse Politik*, xvii, n.5030.

Lamsdorff insistiu que os japoneses tinham de se comprometer a apoiar os projetos russos em outras regiões da China se obtivessem qualquer concessão na Coreia; e a única proposta feita por Kuropatkin e pelos militares foi que os japoneses não deveriam intervir na Coreia sem a permissão dos russos. Ito tentou alegar que aquelas ideias eram parcialmente aproveitáveis, mas o governo de Tóquio tinha poucas ilusões e decidiu pelo rumo alternativo: fazer um acordo com os britânicos. Hayashi retomou a proposta que tinha feito na primavera: a Grã-Bretanha deveria monitorar a situação no Extremo Oriente para o Japão enquanto ela se acertava com os russos. Dessa vez foi mais fácil para os britânicos atenderem o pedido, pois a Guerra dos Bôeres estava quase no fim e a marinha britânica agora estava mais livre para manter a França sob controle. Além do mais, os britânicos sabiam que Ito estava negociando simultaneamente com os russos; e, a menos que fossem cooperativos com os japoneses, poderiam muito bem se ver diante de uma associação russo-japonesa. Por isso, aderiram prontamente ao princípio básico de ajuda mútua caso um deles fosse atacado no Extremo Oriente por outras duas potências. Restavam dois problemas. Lansdowne, ou, para ser mais preciso, o gabinete, se opôs a restringir a aliança ao Extremo Oriente, alegando que o Japão deveria se comprometer a ajudá-los na Índia. Além do mais, os britânicos eram contra reconhecer que a Coreia estava na esfera de influência japonesa, pois isso tornava sem sentido sua política declarada de manutenção do *status quo* no Extremo Oriente. Os japoneses se mantiveram inabaláveis nas duas questões. A primeira só importava pela impressão que causava na opinião pública britânica, pois um ataque russo-francês à Índia nunca estava dentro dos limites do possível. A Coreia, porém, era vital para os japoneses; era a causa de sua rixa com a Rússia, e um acordo que não a incluísse não fazia nenhum sentido para eles. Os britânicos cederam nas duas questões, mas foram bem-sucedidos na cláusula fundamental. O artigo IV do acordo previa que nenhuma parte "participaria, sem consultar a outra, de arranjos separados com outra potência que prejudicassem os interesses acima descritos".

O acordo anglo-japonês, assinado em 30 de janeiro de 1902, deu às duas partes o que elas queriam. Os japoneses conseguiram o reconhecimento de seu interesse especial na Coreia e a garantia de que a Grã-Bretanha manteria a França neutra caso entrassem em guerra com a Rússia. Os britânicos impediram qualquer combinação dos japoneses com a Rússia e reforçaram a barreira contra um futuro avanço russo. O preço que pagaram foi baixo: com o fim da Guerra dos Bôeres, os britânicos puderam facilmente poupar os navios para conter a França no Extremo Oriente; seu único sacrifício foi a Coreia, e foi apenas um sacrifício dos princípios. Apesar disso, o benefício não foi tão grande como acontecimentos posteriores e imprevistos deram a entender. Ninguém, nem mesmo os japoneses, imaginaram que fossem capazes de sustentar uma guerra de longo prazo contra a Rússia; e ambos os lados queriam fechar um acordo com os russos, não entrar em guerra com eles. O acordo também não ameaçou a posição da Rússia na Manchúria; no máximo, ele tornou mais difícil uma futura expansão russa. Repito: a aliança não determinou o fim do isolamento britânico, e, sim, o confirmou. Isolamento significava indiferença em relação ao equilíbrio de poder europeu, e isso agora era mais possível que antes. Por outro lado, a aliança certamente não significou que os britânicos tivessem se afastado da Alemanha. Muito pelo contrário. Os britânicos não precisariam mais importunar os alemães em busca de ajuda no Extremo Oriente; portanto, o relacionamento entre eles seria mais fácil. Os alemães sempre tinham sugerido que os britânicos se aliassem aos japoneses; e o governo alemão foi avisado com antecedência da realização da aliança. Como acreditava que ela aumentaria a tensão entre a Grã-Bretanha e a Rússia, a acolheu do mesmo modo que Napoleão III acolhera a aliança da Prússia com a Itália na primavera de 1866. Guilherme II observou: "Os idiotas tiveram um intervalo de lucidez".[57] Parece que motivos mais gerais mantiveram os dois países unidos. Embora muitos ingleses não gostassem da Alemanha, eles gostavam ainda menos da Rússia e da França. A concorrência econômica com a Alemanha passara a ser aceita; os discursos rancorosos de Bülow – concebidos para o mercado interno – eram mais que contrabalançados pelos gestos de boa vontade de Guilherme II em visita à Inglaterra durante a Guerra dos Bôeres, em novembro de 1899, e novamente por ocasião da morte de Vitória, em janeiro de 1901. Aparentemente, a Alemanha ainda era a única amiga da Inglaterra no continente – uma amiga desagradável, mas, felizmente, menos indispensável. Em abril de 1902, Lansdowne previu que a Alemanha "continuaria fiel ao seu papel de mediadora sincera, tirando proveito, digamos assim, das nossas dificuldades para seguir uma *politique de pourboire** à nossa custa, mas sem juntar seus encouraçados aos da França e da Rússia".[58] Na verdade, mesmo em sua forma mais irreal, a "aliança natural" ainda era seu único lampejo

---

57 Uma repetição de sua descrição do gabinete britânico como "perfeitos idiotas" devido à incapacidade de fazer uma aliança com o Japão em março de 1901.

* Em francês no original: "Política de gorjeta". (N. T.)

58 Lansdowne para Lascelles, 22 de abril de 1902. Newton, *Lansdowne*, p.247.

de política; os acontecimentos iriam arrancá-lo desse torpor, e ele não tinha pensado numa alternativa para si mesmo.

Nota 32, p.432*

Durante a Guerra dos Bôeres, a ideia de uma liga continental foi apresentada duas vezes, ambas pelos alemães, embora em cada uma delas mais para constranger os britânicos do que para agradar os russos, e menos ainda para ajudar os bôeres. Em outubro de 1899, os alemães estavam brigando com os britânicos por causa de Samoa. Em 10 de outubro, o subsecretário alemão disse ao representante francês que deveria haver uma "cooperação colonial" entre eles.[59] Em 18 de outubro, Bülow repetiu a sugestão, "exceto pelo pequeno triângulo" do acordo anglo-germânico referente às colônias portuguesas.[60] Em 29 de outubro, Guilherme II se queixou ao embaixador francês que as outras potências não tinham respondido às suas propostas do início de 1896, e agora a frota britânica estava poderosa demais.[61] Como Muraviev era esperado na Alemanha, parecia que o propósito desses comentários vagos era provocar uma rejeição dos franceses, que poderia ser usada para desacreditá-los perante os russos. Entretanto, Delcassé replicou perguntando como os dois países poderiam cooperar da melhor maneira possível. Em 6 de novembro, Bülow respondeu que precisava pensar no assunto,[62] mas nunca retomou o assunto. Muraviev não propôs uma liga continental aos alemães, e estes o esnobaram anunciando seu acordo com os britânicos referente a Samoa em 8 de novembro, dia de sua chegada a Potsdam.

As discussões que ocorreram entre janeiro e março de 1900 foram mais preocupantes, pois foram provocadas pela captura dos navios-correios alemães pelos britânicos. Em 6 de janeiro, Bülow[63] ameaçou os britânicos com a criação de uma liga continental, sendo seguido no dia 7 por Holstein[64] –

---

* Seguimos a notação feita pelo autor na edição original, mantendo esta nota no corpo do texto (N. E.).
59 Memorando de Derenthall, 10 de outubro de 1899, *Grosse Politik*, xiii, n.3584.
60 Noailles (Berlim) para Delcassé, 18 de outubro de 1899. Bourgeois e Pagès, *Origines de la Grande Guerre*, p.281.
61 Guilherme II para Bülow, 29 de outubro de 1899. *Grosse Politik*, xv, n.4394.
62 Delcassé para Bihourd (Berlim), 13 de janeiro de 1905. *Documents diplomatiques français*, segunda série, vi, n.24.
63 Bülow para Hatzfeldt, 6 de janeiro de 1900. *Grosse Politik*, xv, n.4425.
64 Holstein para Hatzfeldt, 7 de janeiro de 1900. Ibid., n.4429.

ela poderia ser concluída "dentro de alguns dias". Em 11 de janeiro, Bülow comunicou ao embaixador russo que gostaria de agir contra a Grã-Bretanha, mas "qual seria a postura dos franceses? Que garantia a França oferecia?".[65] Embora os russos não tivessem esperança de êxito, Muraviev perguntou a Delcassé se ele participaria de uma mediação com a Rússia e a Alemanha. Delcassé concordou, desde que a Alemanha tomasse a iniciativa.[66] Em 3 de março, Muraviev sugeriu uma "pressão amistosa" das três potências sobre a Inglaterra para acabar com a guerra.[67] Bülow respondeu que isso só seria possível se as três potências "garantissem mutuamente suas possessões europeias por um longo período de anos", o que pôs fim às negociações. Em suma: enquanto os russos – incitados pela França – certamente tomaram a iniciativa em 3 de março, isso foi provocado pela iniciativa alemã de 11 de janeiro.

---

65 Memorando de Bülow, 12 de janeiro de 1900. Ibid., n.4463.
66 Bourgeois e Pagès, *Origines de la Grande Guerre*, p.286.
67 Bülow para Radolin, 3 de março de 1900. *Grosse Politik*, xv, n.4472.

XVIII
Os últimos anos do isolamento britânico: a construção da Aliança Anglo-Francesa
1902-1905

Apesar das frases cautelosas, o acordo anglo-nipônico representou um desafio para a Rússia, pois terminou seu monopólio no Extremo Oriente. Os russos procuraram responder a ele por meio de um protesto da "liga continental", a parceria com a França e a Alemanha que tinha contido o Japão em 1895. Lamsdorff propôs uma declaração conjunta das três potências que, enquanto acatava aparentemente o princípio da integridade chinesa, na verdade deveria impor um protetorado contra todos os outros – uma aliança tríplice contra a Grã-Bretanha e o Japão. A França e a Alemanha enfrentariam a marinha britânica, enquanto a Rússia abocanharia o norte da China a seu bel-prazer. Os alemães rejeitaram prontamente a proposta de Lamsdorff, dando a resposta costumeira: não podiam apoiar a Rússia enquanto a França se recusasse a renunciar às suas províncias perdidas.[1] Além disso, os interesses germânicos no Extremo Oriente não eram suficientemente importantes para justificar o risco de guerra. Como confiavam que a Grã-Bretanha e a Rússia entrariam em conflito, mantiveram a "carta branca" contra a Rússia em 1902, como tinham feito contra a Grã-Bretanha desde 1898. Holstein escreveu: "É do nosso interesse manter nossa carta branca, para que Sua Majestade possa exigir uma compensação adequada não apenas por um apoio eventual, mas até mesmo por permanecer neutra".[2]

---

1 Bülow para Alvensleben (São Petersburgo), 22 de fevereiro de 1902. *Grosse Politik*, xviii, n.5050.
2 Memorando de Holstein, 24 de março de 1902. Ibid., xix, n.5920.

Delcassé tinha de tomar um rumo diferente. Se a Alemanha e a França oferecessem as mesmas vantagens, os russos sempre escolheriam a Alemanha, império congênere que compartilhava com eles a opressão da Polônia. A França tinha de superar a Alemanha – por meio de empréstimos, tornando-se uma aliada da Rússia onde a Alemanha era uma simples amiga, e até mesmo aparentando apoiar a Rússia no Extremo Oriente. Delcassé tentou amenizar a proposta de Lamsdorff, mas foi em vão. Em 20 de março de 1902, a declaração franco-russa foi anunciada. Embora aparentemente acolhesse o acordo anglo-nipônico, na verdade ela decretava um protetorado franco-russo na China. "Caso as ações agressivas de terceiras potências ou novos problemas na China que ponham em risco a integridade e o livre desenvolvimento desta potência se tornarem uma ameaça a seus interesses, os dois governos aliados vão se consultar sobre os meios de salvaguardá-los".[3] Delcassé recebeu uma recompensa vazia: em abril, uma esquadra russa se juntou à frota francesa numa visita a Tânger. Foi um gesto sem conteúdo, último vislumbre fugaz de uma política que tinha fracassado. Delcassé planejara superar a Grã-Bretanha e a Rússia; em vez disso, a França corria o risco de ser apanhada entre elas. O alinhamento da França e da Rússia contra a Grã-Bretanha e o Japão tinha de ser revertido de alguma forma. A França precisava da aliança com a Rússia para preservar sua independência no continente; logo, não podia abandonar a Rússia. Mas também não podia correr o risco de entrar em guerra com a Grã-Bretanha. Restavam duas alternativas: ou a França reconciliava a Rússia e o Japão e, portanto, evitava uma guerra no Extremo Oriente; ou ela própria se reconciliava com os britânicos, de modo a afastá-los do lado japonês – pelo menos o bastante para evitar que dessem uma ajuda concreta ao Japão. Ao obrigar a França a se declarar publicamente inimiga da Grã-Bretanha, a aliança anglo-japonesa se tornou de fato o prelúdio inevitável da entente anglo-francesa.

O terreno da reconciliação deveria ser o Marrocos. Com a Questão Egípcia estagnada, ele não era apenas o problema mais nítido entre os dois países; um acordo no Marrocos apagaria Fashoda e agradaria aos defensores franceses da expansão colonial, que eram o núcleo da hostilidade à Grã-Bretanha. Na teoria, um acordo não parecia ser difícil. Os britânicos

---

3 Declaração franco-russa, 20 de março de 1902. *Documents diplomatiques français*, segunda série, ii, n.145. A Áustria-Hungria também ofereceu uma adesão platônica à declaração, numa manifestação inócua da entente austro-russa. A Itália não, num gesto igualmente inócuo dirigido à Grã-Bretanha. Ambas realmente mostraram, por meio de ações opostas, que não eram potências mundiais.

estavam interessados somente na segurança de Gibraltar, portanto em neutralizar o litoral mediterrâneo do Marrocos;[4] os franceses queriam acrescentar a peça que faltava ao seu império do Norte da África. O que os afastava era a desconfiança – o temor de que nenhum dos lados respeitaria uma linha de partilha, caso ela fosse traçada. No que dizia respeito à situação internacional geral, não havia motivo de pressa. Diante da aliança anglo-japonesa, os russos recuaram, e, em abril de 1902, fizeram um acordo com a China para se retirar da Manchúria em doses anuais; a crise do Extremo Oriente foi mais uma vez adiada. Mas a situação no Marrocos pressionou Delcassé. Embora tanto Grã-Bretanha como França presumissem que um dia o Marrocos iria desmoronar, também presumiam que isso poderia ser prorrogado indefinidamente. Em 1902, essa pressuposição estava se mostrando duvidosa. Muley Hassan, o último governante forte do Marrocos, tinha morrido em 1894; e a autoridade de Abdul Aziz, seu frágil sucessor, se desfazia a olhos vistos. As coisas não podiam continuar assim: ou o Marrocos seria "reformado" sob tutela britânica, como Nicolson, o representante britânico, ainda planejava, ou então a França assumiria o controle. Para derrotar os planos britânicos, Delcassé pressionou os financistas franceses a investir no Marrocos, na esperança de que a perda desses recursos lhe daria uma desculpa para intervir;[5] isso também pressionou a diplomacia, pois seu objetivo era fazer um acerto com a Grã-Bretanha, não entrar em conflito com ela.

O plano diplomático de Delcassé era privar os britânicos de aliados no que se referia ao Marrocos, e depois se acertar com eles separadamente.[6] Ele questionou inúmeras vezes a Alemanha para garantir que ela não desempenharia nenhum papel no Marrocos, e recebeu sempre a mesma resposta de Bülow: "A Alemanha, digamos assim, não tem nenhum interesse no

---

4 Como os britânicos controlavam a maior parte do comércio árabe, qualquer concessão política à França tinha de ser suavizada para a opinião pública, principalmente para os interesses comerciais de Liverpool, por meio de benefícios políticos em outras regiões e, se possível, assegurando as portas abertas do próprio Marrocos. Porém, é claro que a participação econômica britânica no Marrocos era nada comparada ao seu comércio ultramarino global. Contudo, embora isso fosse verdade, não servia de consolo para as empresas que ganhavam dinheiro no comércio com o Marrocos; e os interesses setoriais geralmente são mais poderosos que o bem público.
5 As pretensões francesas no Marrocos geralmente são atribuídas a motivos econômicos; acontece precisamente o contrário. Os interesses econômicos eram usados como pretexto para atingir os objetivos estratégicos e políticos. Como as instituições financeiras e as casas comerciais francesas sabiam que provavelmente perderiam dinheiro, foram levadas a aplicar no Marrocos contra a sua vontade; teriam preferido investir na especulação mais segura da ferrovia de Bagdá.
6 Nota de serviço, 15 de julho de 1902. *Documents diplomatiques français*, segunda série, ii, n.333.

Marrocos; ele é muito desprezível e irrelevante".[7] Na verdade, o único interesse da Alemanha era manter o Marrocos vivo como motivo de discórdia entre a Grã-Bretanha e a França. Delcassé obteve um êxito mais concreto com os italianos. Eles tinham sido o aliado mais confiável da Grã-Bretanha no Mediterrâneo, mas o acordo anglo-francês de março de 1899 levantou o temor de que Trípoli lhes escapasse entre os dedos. Em dezembro de 1900, Delcassé lhes ofereceu um ótimo negócio: a França não interferiria em Trípoli, e permitiria que a Itália a ocupasse depois que ela própria tivesse conquistado o Marrocos; em troca, os italianos deixariam o Marrocos para a França. A Itália estava excluída do Marrocos; no entanto, não podia descontar seu cheque em Trípoli até que a França decidisse avançar. Em 1902, Delcassé foi além, praticamente apartando a Itália da Tríplice Aliança. Ele insistiu que os italianos não poderiam contar com a boa-vontade política ou financeira da França enquanto a Tríplice Aliança estivesse direcionada contra ela; e exigiu que o texto da aliança fosse modificado. Os alemães também insistiram que ela fosse renovada sem alteração; e, como a entente austro-russa tirou dos italianos a capacidade de chantagear, eles

---

[7] Bihourd para Delcassé, 13 de janeiro de 1903. Ibid., iii, n.24. Houve também uma tentativa fracassada de cooperação franco-germânica a respeito do Sião no verão de 1902. Depois que a aliança anglo-japonesa foi concluída, agentes japoneses apareceram no Sião. Portanto, os franceses quiseram que o Sião reconhecesse que a parte do Sião ao lado da Indochina estava na esfera de influência francesa (os britânicos tinham feito um acordo semelhante com o Sião do lado de Burma que estava em vigor desde 1897). Em 30 de junho, o embaixador francês solicitou o respaldo alemão, aparentemente sem autorização de Delcassé (Richtofen para Metternich, 30 de junho de 1902. *Grosse Politik*, xviii, n.5881). Em 18 de agosto, os alemães responderam que a França podia contar com sua "atitude benevolente" (Mühlberg para Radolin, 18 de agosto de 1902. Ibid., n.5882). Em 18 de setembro, Delcassé questionou quão benevolentes os alemães pretendiam ser (Delcassé para Prinet, 18 de setembro de 1902. *Document diplomatiques français*, segunda série, ii, n.398); não teve resposta. Enquanto isso, Lansdowne tinha deixado claro que não podia se opor à atuação francesa no Sião; afinal de contas, o tratado britânico de 1897 era "mais rigoroso". Em outubro, Delcassé concluiu um tratado com o Sião. No entanto, ele foi derrotado na Câmara francesa pelos adeptos do colonialismo, que se opuseram à sua moderação. Felizmente os japoneses estavam ocupados demais com a Rússia para ter tempo de se distrair; e em 1904 o acordo da entente, ao dividir o Sião entre as esferas de influência britânica e francesa, removeu o Sião da política internacional até 1941.
É difícil acreditar que havia um projeto sério de cooperação franco-germânica na mente de Delcassé. Provavelmente tudo tenha começado com Noailles, o acanhado embaixador francês em Berlim que tinha uma inclinação antibritânica e pró-alemã. A desanimadora resposta alemã deve ter dado mais uma prova a Delcassé, como se ainda fosse preciso, de que ele não podia contar com um grande apoio alemão. Quanto aos alemães, tinham acabado de se livrar da Questão do Marrocos, portanto dificilmente se envolveriam na Questão do Sião.

ficaram impotentes. Consequentemente, recorreram à estratégia dos fracos e ludibriaram os dois lados. Em 28 de junho de 1902, a Tríplice Aliança foi renovada, junto com as cláusulas que previam a cooperação militar com a Alemanha contra a França; dois dias depois, o ministro do Exterior italiano trocou cartas com o embaixador francês Barrère, assegurando que a Itália não se comprometera, de nenhuma maneira, em participar de uma guerra contra a França.[8] Era uma operação imprudente. De que adiantava prometer a um dos lados quebrar uma promessa já feita ao outro? Talvez a Tríplice Aliança não tivesse muita importância na prática; mais um motivo para não irritar os alemães interferindo nela, principalmente considerando que os planos de Delcassé se baseavam na abstenção deles. Inicialmente, as manobras italianas de Delcassé atraíram sobre ele a inimizade alemã, que seria a sua ruína três anos depois; mas poucos políticos franceses conseguem deixar de levar a sério a Itália como uma grande potência. Pelo menos, um resultado era certo: apanhados entre a Alemanha e a França, os italianos não iriam aumentar sua humilhação apoiando os britânicos no Marrocos.

Sobrava a Espanha, uma potência ainda mais fraca que a Itália, mas numa posição estratégica decisiva e com enormes pretensões no Marrocos – uma herança do seu passado imperialista. Delcassé tinha de oferecer uma recompensa alta para afastar a Espanha do lado britânico. Em novembro de 1902, uma proposta de tratado estava pronta para ser assinada; ela previa que todo o norte do Marrocos, incluindo Fez, a maior cidade, seria transferido para a Espanha, e o restante para a França.[9] No último instante, os espanhóis voltaram atrás. Eles sabiam que, nesse tipo de assunto, a corda arrebenta do lado mais fraco. Do mesmo modo que os franceses tinham torpedeado o Tratado Anglo-Congolês de 1894 ameaçando Leopoldo II, os britânicos também iriam torpedear esse tratado se contrapondo à Espanha: independentemente do que acontecesse aos franceses, ela não concretizaria suas pretensões mouriscas. Os espanhóis se recusaram a avançar com o tratado a menos que os britânicos participassem dele; ou, como opção, pediram para serem admitidos na aliança franco-russa, de modo que a partilha do Marrocos fosse ratificada pela Rússia. Mais ainda: ameaçaram revelar o

---

8 Os próprios italianos se envergonharam dessa transação. Por isso, as cartas receberam a data fictícia de 10 de julho e foram posteriormente recuperadas para serem substituídas por textos idênticos datados de 1º de novembro de 1902. Dessa forma, o gesto de repudiar os compromissos da Tríplice Aliança praticamente no mesmo dia em que foram subscritos ficou um pouco ofuscado.

9 Proposta de tratado franco-espanhol, 8 de novembro de 1902. *Documents diplomatiques français*, segunda série, ii, n.483.

tratado malogrado aos britânicos – o que acabaram fazendo em fevereiro de 1903. Nessa toada, Delcassé, que planejava isolar os britânicos, foi levado, em vez disso, a negociar com eles.

No verão de 1902, havia poucos sinais de que o acordo entre Grã-Bretanha e França estivesse mais próximo do que estivera nos últimos vinte anos. Salisbury deixou de ser primeiro-ministro em julho, removendo do governo o amigo mais próximo da França. No início de agosto, Paul Cambon – sempre propenso a atropelar os acontecimentos – ventilou a ideia de "liquidar" o Marrocos com Lansdowne.[10] Invejas profissionais vieram à tona; e alguém do Ministério do Exterior britânico – provavelmente Nicolson – "vazou" os planos franceses para os árabes. Um enviado especial foi despachado para Londres.[11] Lansdowne recuou assustado. Ele comunicou ao enviado árabe que "não há a mínima hipótese de que qualquer potência tenha carta branca naquele país", e o aconselhou a repartir os empréstimos e as concessões ferroviárias entre a Inglaterra, a França e a Alemanha. "Esse procedimento parece bem calculado para evitar a concorrência entre as potências."[12] Na verdade, ele fora concebido para promovê-la, e, como sempre, sobrecarregar a Alemanha com a tarefa de policial da Grã-Bretanha. A "aliança natural" ainda era seu único recurso.

No final do outono, uma série de fatores fez a aliança desmoronar. Em outubro, o Almirantado percebeu subitamente que a frota alemã, com sua reduzida autonomia de cruzeiro, fora concebida unicamente para uma guerra contra os britânicos, e reagiu projetando uma base naval no Mar do Norte.[13] Contudo, o Almirantado não previu que a marinha alemã sozinha iria desafiar um dia a supremacia marítima britânica; mas percebeu que ela se tornaria um enorme perigo se a Grã-Bretanha estivesse em guerra com a França e a Rússia. Essa tinha sido, de fato, a base da teoria do "risco" de Tirpitz, por meio da qual ele tinha justificado seu programa naval. Infelizmente para os alemães, o Almirantado britânico não chegou à outra conclusão que Tirpitz esperava. Em vez de procurar ganhar a amizade dos alemães, ele se empenhou em evitar um conflito com a França ou a Rússia, e também começou a deixar a marinha num padrão das "três potências",* com a

---

10 Lansdowne para Monson (Paris), 6 de agosto de 1902. *British Documents*, ii, n.322; Cambon para Delcassé, 9 de agosto de 1902. *Documents diplomatiques français*, segunda série, ii, n.369.
11 Esse enviado, Kaid Maclean, embora dispensado posteriormente por Lansdowne como aventureiro, foi convidado ao Balmoral em outubro de 1902 por Eduardo VII e nomeado cavaleiro.
12 Memorando para Kaid Maclean, 24 de outubro de 1902. *British Documents*, ii, n.328.
13 Marder, *British Naval Policy*, p.464.

* Padrão em que a frota é maior que a soma das três frotas que vêm depois dela. (N. T.)

intenção de se distanciar de todos os rivais para sempre. Na verdade, a política naval afastou os britânicos da Alemanha, embora, por ora, os tenha voltado mais para o isolamento do que para a reconciliação com a França e a Rússia.

Outra antiga canção foi ouvida novamente no final de 1902, e também não favorecia a Alemanha. Não era outra senão a Questão dos Estreitos, um assunto que estava encerrado desde a primavera de 1897. Em setembro de 1902, os russos obtiveram a permissão dos turcos para enviar quatro contratorpedeiros, que tinham comprado na França, ao Mar Negro através dos Estreitos. Os britânicos não se importavam com o tráfego nessa direção; porém temiam que os russos também enviassem navios de guerra do Mar Negro para o Extremo Oriente, alterando, assim, a supremacia naval anglo-japonesa ali. Ao longo de vinte anos depois do Congresso de Berlim, os britânicos tinham planejado enviar navios de guerra a Constantinopla, e até mesmo ao Mar Negro, e, portanto, tinham interpretado o regulamento dos Estreitos de uma forma que praticamente os mantinha abertos. Agora, como queriam fechar os Estreitos, deram uma guinada completa, adotando uma interpretação que durante vinte anos fora exclusivamente russa. Recorreram às outras potências em busca de apoio, e tiraram do baú os esquecidos acordos mediterrâneos de 1887.[14] Os franceses, sensatamente, ignoraram o apelo britânico. Os alemães também o rejeitaram, e, de forma menos sensata, justificaram a recusa recapitulando todos os pecados de Salisbury – uma recapitulação que não perdeu nada em eficácia ao ser entregue pessoalmente por Guilherme II durante uma visita à Inglaterra em novembro.[15] Os antigos parceiros da entente do Mediterrâneo também ficaram impassíveis. Os austríacos não fariam nada que atrapalhasse seu acordo com a Rússia nos Bálcãs; os italianos esperavam se encaixar nele. Os navios russos atravessaram os Estreitos depois de um solitário protesto britânico. A entente mediterrânea estava morta; e quando os britânicos analisaram sua situação, perceberam que não precisavam mais dela. A abertura dos Estreitos para a Rússia não alterava a situação estratégica.[16] Protegidos no Egito e com seus imensos recursos navais em Malta e Gibraltar, os britânicos podiam fechar as saídas do Mediterrâneo aos russos, mesmo que os franceses ameaçassem apoiá-los. É claro que isso fora assim desde 1898, mas

---

14 Tão esquecidos que Sanderson, o eterno subsecretário, teve de escrever a história deles em dois memorandos, de julho de 1902 e de janeiro de 1903. *British Documents*, viii, n. 1 e 2.
15 Metternich para o Ministério do Exterior, 17 de novembro de 1902. *Grosse Politik*, xviii, n.5659.
16 Opinião do Comitê Imperial de Defesa, 13 de fevereiro de 1903. *British Documents*, iv, p.59.

as pessoas continuam pensando segundo um padrão antigo mesmo quando seus fundamentos lógicos foram demolidos. Até fevereiro de 1903, os britânicos conservaram a tradição da entente mediterrânea presente na mente; recordavam de maneira confusa que outrora a ligação com a Alemanha fora proveitosa, e supunham que ela poderia ser proveitosa novamente. Afinal de contas, um sistema que tinha agradado a Salisbury era suficientemente bom para Lansdowne.

Então perceberam que esse padrão estava obsoleto. Não precisavam da Alemanha e, aliás, nem da Itália, como elo de ligação com a Áustria-Hungria, e podiam tentar resolver suas disputas fora da Europa sem temer a reação nos Estreitos. Supor que desejavam entrar em confronto com a Alemanha é algo totalmente diferente. Eles queriam sua amizade, embora não precisassem mais de seu apoio. No final de 1902, colaboraram com a Alemanha numa expedição para cobrar uma dívida na Venezuela, e só recuaram quando ela despertou a oposição dos Estados Unidos.[17] O mais impressionante é que continuaram apoiando os projetos alemães de construção de uma grande ferrovia na Ásia Menor.[18] Acreditavam que a ferrovia seria

---

[17] Como a atuação anglo-germânica na Venezuela foi uma das poucas demonstrações práticas da "aliança natural", seu colapso tem atraído uma importância exagerada. É verdade que os alemães se comportaram com violência excessiva, e que isso ofendeu a opinião pública britânica. Mais importante: ofendeu a opinião pública americana. Como o princípio mais sólido da política externa britânica era manter um bom relacionamento com os Estados Unidos, diante dos rumores de desaprovação americana, os britânicos abriram mão de agir na Venezuela, aceitando as condições impostas pelos Estados Unidos. Isso não foi uma prova do afastamento da Alemanha, e sim do bom senso britânico quanto ao relacionamento com os Estados Unidos.

[18] Em 1899, a empresa alemã tinha recebido apenas uma concessão preliminar para explorar o terreno. Em 1903, ela chegara ao ponto da concessão definitiva, com a obrigação de começar os trabalhos. Os alemães precisavam de participação estrangeira por dois motivos: não conseguiam levantar capital suficiente no mercado alemão; e seria um ótimo negócio se as empresas alemãs pudessem fornecer o aço com um lucro elevado, enquanto os capitalistas de outros países investiam o dinheiro em material ferroviário com taxas de juros limitadas. Além disso, não se esperava que a ferrovia fosse rentável. O governo turco garantia por quilômetro (por isso, a ferrovia foi construída o mais tortuosa possível); e ele só conseguiria honrar essa garantia se aumentasse as taxas alfandegárias, que eram sua principal fonte de renda. Para isso era necessário o consentimento de todas as potências, devido ao controle internacional das finanças turcas que se seguiu aos calotes anteriores.

É obvio que os russos, que também careciam de capitais, se opunham ao esquema, tanto por motivos econômicos como políticos. Também era óbvio que os capitalistas franceses queriam assumir a posição de titulares de debêntures, enquanto os alemães atuariam como acionistas comuns; eles também queriam fortalecer a Turquia, na qual muitos recursos franceses estavam investidos. Os capitalistas britânicos temiam ficar em minoria em relação aos franceses

construída com ou sem a participação britânica; e, de todo modo, queriam que a ferrovia fosse construída – ela permitiria que o Império Otomano se sustentasse sozinho como uma barreira contra a Rússia. O diretor da inteligência militar transmitiu a opinião oficial geral em novembro de 1902: "Seria um grande erro nos opormos ao projeto; pelo contrário, devemos estimulá-lo o máximo possível".[19] Como sempre, os projetos alemães eram maiores que seus recursos; a ferrovia de Bagdá precisava de capital externo, e o governo britânico ficaria feliz em fornecê-lo. As empresas de transporte a vapor britânicas no Eufrates, que seriam profundamente prejudicadas pela ferrovia, planejaram uma revolta na City, chegando até a enfeitá-la com toques de patriotismo antigermânico. O esquema de participação britânica fracassou, o que deixou o governo bastante insatisfeito; alguns anos depois, esse fracasso iria fornecer a prova fictícia de um afastamento anglo-germânico. Os alemães não perceberam nada à época, e Bülow, ainda confiando num desentendimento entre a Grã-Bretanha e a Rússia, fez um típico comentário: "*Meo voto*,* não podemos simplesmente levar as coisas de maneira 'pomadig' [incerta] demais".[20] Na França, a busca de recursos por parte dos alemães também fracassou, mas justamente pelo motivo contrário. Os capitalistas franceses, liderados pelo ministro das Finanças Rouvier, estavam ansiosos para participar, e Delcassé, que estava ansioso para não ofender a Rússia, se opôs a eles. Ele recorreu ao conselho de ministros e, em outubro de 1903, conseguiu o que queria,[21] deixando Rouvier e seus colegas financistas bastante irritados. Também nesse caso, o motivo não foi a oposição à Alemanha ou a sua expansão imperialista. A principal preocupação de Delcassé era ficar bem com a Rússia e superar a Alemanha na disputa por sua amizade.

---

e alemães; não lhes agradava investir recursos numa ferrovia para a qual não forneciam o aço; acima de tudo, não gostavam da Casa de Morgan, através da qual o acordo fora negociado. Se fosse possível fazer uma investigação, ela provavelmente comprovaria que a suposta mudança da opinião pública britânica contra a Alemanha fora, na verdade, organizada pelos interesses capitalistas que sairiam perdendo com a ferrovia. Curiosamente, na França, as forças da finança favoreciam a participação, os motivos políticos eram contra; e os políticos venceram. Na Inglaterra, os políticos eram favoráveis, os financistas, contra; e os financistas venceram. Mas seria absurdo enxergar nisso um acontecimento decisivo no relacionamento anglo-germânico.

19 Memorando de Lansdowne, 14 de abril de 1903. *British Documents*, ii, n.216.
* Em latim no original: "Na minha opinião". (N. T.)
20 Bülow para o Ministério do Exterior, 3 de abril de 1903. *Grosse Politik*, xviii, n.5911.
21 Delcassé para Rouvier, 24 de outubro de 1903. *Documents diplomatiques français*, segunda série, iv, n.34.

Esse também foi o elemento decisivo em seu relacionamento com a Grã-Bretanha. É verdade que, por volta do final de 1902, ele sabia que os espanhóis estavam prestes a revelar aos britânicos suas negociações sobre o Marrocos. Os acontecimentos no próprio Marrocos ganharam mais importância quando, em dezembro de 1902, houve uma revolta generalizada contra Abdul Aziz; e, embora ela tenha sido sufocada, a autoridade do sultão ficou abalada de vez. A esperança britânica de reformar o Marrocos sob a direção de Kaid Maclean e *Sir* Arthur Nicolson se desfez, e os britânicos tiveram de negociar com os franceses *faute de mieux*. Nem mesmo isso se mostrou decisivo. Os britânicos sempre estiveram dispostos a se acertar com a França, contanto que eles determinassem as condições do acerto. Exigiam segurança no Egito desde 1882, e em Gibraltar desde que o Marrocos começara a desmoronar, e, agora, não diminuíram as exigências. Portanto, quem tenta explicar a entente anglo-francesa por uma mudança na política britânica, não está calculando certo. A mudança foi unicamente no lado francês, provocada pela crise iminente no Extremo Oriente. Essa crise ameaçara ocorrer toda primavera desde 1898, quando levou à primeira partilha malograda. Dali em diante, aconteceu sempre alguma coisa para contornar a crise. Em 1899, ocorrera o acordo temporário anglo-russo; em 1900, a Revolta dos Boxers. Em 1901, os russos tinham sido coibidos por dúvidas relacionadas ao acordo anglo-germânico; em 1902, pela existência da aliança anglo-japonesa. Agora a primavera estava de volta, e parecia não haver nenhum novo estratagema no arsenal da diplomacia. Os russos iriam provavelmente evacuar a segunda região da Manchúria em abril de 1903, de acordo com o acordo que tinham feito com a China no ano anterior. Quando chegou abril, apresentaram, como condição da evacuação, novas exigências que tornariam seu controle da Manchúria mais completo que nunca. Japão, Grã-Bretanha e Estados Unidos protestaram. Os russos abandonaram as exigências, mas também abandonaram a ideia de sair da Manchúria. A crise do Extremo Oriente era uma etapa mais próxima da guerra.

Essa crise ameaçava a França. Em algum momento, o Japão enfrentaria os russos, e pediria o apoio francês. A França teria então que romper com a Rússia ou entrar em guerra com a Grã-Bretanha. A única saída era a reconciliação anglo-francesa, que poderia afastar os britânicos do Japão ou, pelo menos, moderar ambas as partes no Extremo Oriente. Além disso, Delcassé tinha uma visão mais sofisticada. Se a França conseguisse a Manchúria para a Rússia com a aprovação britânica e, consequentemente, japonesa, ela também conseguiria a gratidão da Grã-Bretanha e da Rússia. Então, os dois países se uniriam à França na reorganização da Europa de acordo com as fronteiras nacionais – o velho sonho de Napoleão III nos dias que se seguiram à Guerra da Crimeia. A monarquia dos Habsburgo seria dividida entre a Alemanha e a Rússia, e a França recuperaria a Alsácia e a Lorena. A primeira etapa fundamental era a reconciliação com a Grã-Bretanha, o que não era difícil. Os conflitos reais entre os dois países tinham terminado em Fashoda; o único problema era remover o ressentimento que havia na opinião pública francesa. A reconciliação afetiva foi alcançada quando Eduardo VII visitou Paris em maio de 1903 e o presidente Loubet retribuiu a visita em julho. As manifestações em Paris apagaram o ressentimento da Guerra dos Bôeres,[22] servindo de palco para os radicais que agora controlavam a Câmara francesa. Esses radicais nunca tinham gostado das aventuras coloniais e queriam manter um bom relacionamento com a Grã-Bretanha, se ao menos a humilhação relacionada ao Egito pudesse ser solucionada. Ademais, eles nunca tinham gostado da aliança com a Rússia autocrática e da possível guerra com a Alemanha que ela significava. Como todos os franceses, certamente se sentiam injustiçados com a Alsácia e a Lorena, mas repercutiam a esperança de Gambetta de recuperar as províncias perdidas por meio de uma distensão geral das relações internacionais, não por meio de uma nova guerra. A Rússia esperava que a França continuasse hostil à Alemanha e disposta a marchar a seu lado se isso alguma vez atendesse aos caprichos da política russa. Os britânicos, por outro lado, não tinham um exército de escala continental nem uma inimizade relevante com a Alemanha; a amizade com eles tornava a revanche mais remota. Para os pacíficos radicais franceses, esse era um ponto a seu favor. Por sua vez, os britânicos sempre quiseram ser amigos da França, desde que ela os deixasse em paz no Egito. Eles acolheram Loubet para lhe oferecer a saudação esportiva habitual do vencedor a um nobre derrotado; mas não havia nenhuma dúvida de que a França tinha perdido. Para os britânicos, a entente era a solução de um aborrecimento irritante, não uma mudança fundamental na política externa. Ao fazer o Egito e o Marrocos deixarem de ser tema do conflito internacional, eles aumentaram, e não diminuíram, seu isolamento.

O acordo concreto entre a França e a Grã-Bretanha levou nove meses para ser acertado, de julho de 1903 a abril de 1904. Concordaram que os temas secundários da disputa – São e Terra Nova, entre outros – deviam, de alguma forma, ser deixados de lado. O núcleo do acordo era o Marrocos. Inicialmente, o objetivo de Delcassé era somente manter o *status quo*.

---

22 Como certamente demonstrações em Berlim teriam feito se uma reconciliação anglo-germânica tivesse sido politicamente necessária.

Os britânicos retirariam Kaid Maclean e os outros aventureiros britânicos da corte do sultão, os franceses ficariam livres da concorrência britânica e o sultão provavelmente acolheria o apoio francês contra seus súditos rebeldes quando percebesse que não podia mais jogar os britânicos contra eles. Lansdowne não precisou ser muito estimulado para abandonar a falida política palmerstoniana de controlar o Marrocos como um Estado fantoche britânico. Para silenciar os protestos dos interesses comerciais britânicos, pediu que eles fossem tratados em pé de igualdade.[23] Além disso, pediu que os interesses espanhóis fossem levados em conta. Afinal de contas, em novembro de 1902, a Espanha tinha se recusado a fazer um acordo sem os britânicos; agora, os britânicos precisavam se recusar a fazer um acordo sem a Espanha, e, sobretudo, não deviam lhe dar um pretexto para buscar apoio em outro lugar – na verdade, na Alemanha. Acima de tudo, Lansdowne insistiu num acordo que proibisse a fortificação do litoral defronte a Gibraltar. Os franceses estavam dispostos a aceitar todas essas condições, pois, mais cedo ou mais tarde, o controle político do Marrocos fatalmente lhes daria hegemonia econômica; não queriam ameaçar Gibraltar, e, na verdade, não havia nenhum porto aceitável no litoral mouro; e também queriam manter a Espanha afastada da Alemanha, embora, naturalmente, não pretendessem pagar um preço tão alto como o que tinham oferecido em novembro de 1902 pela cooperação espanhola contra os britânicos.

 A verdadeira dificuldade estava em outro lugar. Delcassé planejara resolver apenas as causas principais do atrito anglo-francês; e, nesse sentido, o Egito não estava entre elas – ele tinha sido eliminado da pauta em 1899. Embora o controle britânico do Egito estivesse assegurado politicamente, Cromer, um banqueiro por natureza e por origem, queria realizar projetos grandiosos de reconstrução financeira. Como o mecanismo de controle internacional representava um obstáculo a seus projetos, ele insistiu que os franceses não deviam simplesmente concordar com a ocupação britânica do Egito – deviam secundá-la. Para Delcassé, era um obstáculo muito difícil de superar; nas palavras de Cambon, era preciso ter muito *estomac*.*[24] Ele esperava que a conquista do Marrocos levaria gradualmente a opinião pública francesa a se esquecer do Egito; em vez disso, estavam lhe pedindo para fazer uma renúncia – formal, é claro, mas ainda assim importante – antes que o Marrocos tivesse começado a dar frutos. Não admira que tentasse

---

23 No acordo comercial definitivo, a igualdade comercial deveria durar apenas trinta anos.

* Em francês no original: "estômago". (N. T.)

24 Lansdowne para Monson, 5 de agosto de 1903. *British Documents*, ii, n.364.

postergar a Questão Egípcia – primeiro para evitá-la totalmente; depois, para sugerir que a França devia retirar *pari passu* com seu avanço no Marrocos. Lansdowne foi irredutível; e, do seu ponto de vista, ele tinha razão – um acordo em que a França não reconhecesse definitivamente a supremacia britânica no Egito seria um péssimo negócio.

Portanto, o acordo assinado em 8 de abril de 1904 parecia conter uma desigualdade flagrante: os ganhos britânicos no Egito eram imediatos; os ganhos franceses no Marrocos dependiam de seus esforços futuros.[25] A desigualdade era aparente, não real. Os britânicos já tinham se estabelecido no Egito de maneira indiscutível; ganhavam simplesmente uma carta branca para Cromer e seus projetos financeiros – algo certamente gratificante, mas irrelevante para seu poder imperial. Por outro lado, os franceses tinham a permissão de acrescentar a melhor parte do Norte da África ao seu império. Mas, na política, o que conta é a aparência. Ao abrir mão do Egito, Delcassé renunciou a uma causa que, embora equivocadamente, só vinha atrás das províncias perdidas; quando abriu mão do Marrocos, Lansdowne descartou um país desconhecido de todos, exceto de alguns comerciantes e especialistas

---

25 Tirando os acordos secundários relacionados à Terra Nova, ao Sião e aos ajustes fronteiriços na África Ocidental, o acordo tratou do Egito e do Marrocos. Os franceses declararam que "não dificultariam a ação da Grã-Bretanha no Egito pedindo que fosse fixado um limite de tempo para a ocupação britânica ou de qualquer outra forma", e concordaram de antemão com as reformas financeiras de Cromer. Os britânicos "aceitam que cabe à França (...) preservar a ordem no Marrocos, e fornecer assistência visando a todas as reformas administrativas, econômicas, financeiras e militares que ela possa exigir. Eles declaram que não irão obstruir as medidas tomadas pela França com esse objetivo". As portas abertas deveriam ser preservadas em ambos os países durante trinta anos; os dois governos "concordam em não permitir a construção de qualquer fortificação ou obra estratégica" no litoral mediterrâneo do Marrocos; e os interesses espanhóis no Marrocos deverão receber uma "atenção especial". Cada governo devia dar ao outro "seu apoio diplomático para obter a execução das cláusulas da presente Declaração". Esse artigo foi inserido pelos britânicos para obter o respaldo francês aos projetos de Cromer; porém, um ano depois, ele os fez apoiar a França contra a Alemanha, depois da visita de Guilherme II a Tânger. Além dos artigos divulgados, havia também cláusulas secretas; e é comum a afirmação de que elas proporcionaram à França vantagens complementares. Não é verdade. As cláusulas divulgadas reconheciam o predomínio francês no Marrocos, desde que a autoridade do sultão fosse mantida. As cláusulas secretas não trataram da sua derrubada – os acontecimentos é que provocariam isso. As cláusulas secretas simplesmente previam que, quando a autoridade do sultão sofresse um colapso, o norte do Marrocos e o litoral mediterrâneo deviam ir para a Espanha. Portanto, as cláusulas eram uma restrição imposta à França, não uma vantagem para ela. Nada poderia salvar a independência do Marrocos. Sem essas cláusulas, todo o Marrocos teria se tornado francês (desde que não houvesse uma guerra com a Grã-Bretanha); por meio delas, a França renunciou antecipadamente à região estratégica do Marrocos.

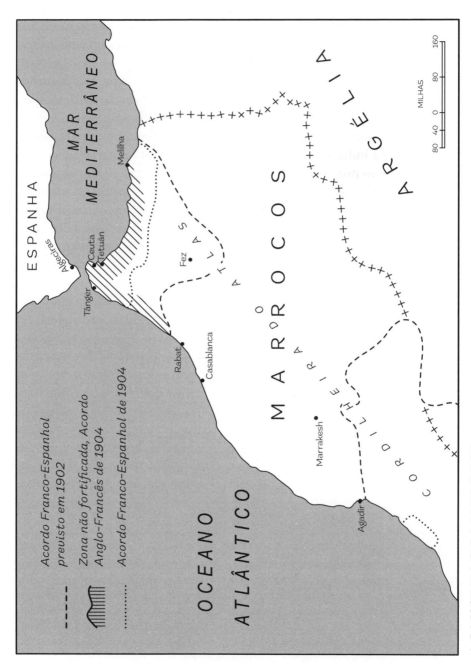

A PARTILHA DO MARROCOS

em estratégia. Tanto a opinião pública britânica como a francesa acreditaram que a França tinha pago o preço mais elevado. Devido ao peso sentimental do Egito, a entente estava sendo julgada na França, o que não acontecia na Grã-Bretanha. A entente era essencial para a França, mas era apenas uma vantagem para os britânicos. Porém, como os franceses tinham pago à vista e os britânicos com uma nota promissória, os franceses podiam adotar uma postura independente – podiam recuar no acordo feito com a Espanha e flertar com a Alemanha. A boa-fé dos britânicos estava sendo julgada, e eles tiveram de respaldar os franceses quando surgiram problemas internacionais no Marrocos. No entanto, tudo que a entente fez pelos britânicos foi reduzir ligeiramente suas necessidades navais no Mediterrâneo e permitir que Cromer fizesse a festa no Egito; para os franceses, a situação no Extremo Oriente era uma questão de vida ou morte.

Após a conclusão da entente, Paul Cambon escreveu: "Sem a guerra no Transvaal, que debilitou a Grã-Bretanha e a tornou sensata, sem a guerra no Extremo Oriente, que provocou a reflexão nos dois lados do Canal e suscitou em todos o desejo de limitar o conflito, nossos acordos não teriam sido possíveis".[26] A primeira explicação é questionável. Os britânicos não abandonaram nenhuma das reivindicações que tinham feito nos anos 1890, antes da Guerra dos Bôeres; a única mudança talvez tenha sido a perda de confiança na capacidade de o Marrocos independente seguir em frente. A grande mudança foi do lado francês; e, nesse caso, a segunda explicação de Cambon foi decisiva. O Extremo Oriente, e só o Extremo Oriente, foi a causa da entente anglo-francesa; porém, nessa questão vital, os planos de Delcassé fracassaram. Ele reconheceu que os russos estavam decididos a ocupar a Manchúria, pois ela era fundamental para oferecer uma rota terrestre segura para Port Arthur; portanto, como observou Bompard, o embaixador francês em São Petersburgo, "organizar o domínio russo na Manchúria" e "se preparar para sua evacuação" eram simplesmente duas formulações diferentes da mesma coisa.[27] Delcasssé supunha que os russos conseguiriam obter a Manchúria sem guerra, no que tinha razão. Os britânicos teriam reconhecido a posição privilegiada da Rússia ali, com a condição de que aquele era o limite da sua expansão. Os japoneses estavam dispostos a fazer o mesmo e até a abandonar a aliança com os britânicos, se pudessem obter o reconhecimento da sua própria posição privilegiada na Coreia.

---

26 Paul Cambon para Henri Cambon, 16 de abril de 1904. *Correspondance*, ii. 134.
27 Bompard para Delcassé, 24 de abril de 1903. *Documents diplomatiques français*, segunda série, iii, n.194.

Esse era o verdadeiro problema. Todos os conselheiros oficiais em São Petersburgo teriam ficado satisfeitos com a Manchúria. Lamsdorff, sempre medroso, privilegiava o recuo sempre que surgia oposição; Witte dependia unicamente da penetração econômica; até mesmo o ministro da Guerra Kuropatkin, ainda pouco antes o apóstolo do extremismo, agora desejava obter a Manchúria por meio de um acordo com os japoneses, e, portanto, atenderia seus pedidos em relação à Coreia. Quanto à opinião pública, os capitalistas russos, que outrora tinham apoiado Witte, agora estavam cansados dos seus sonhos no Extremo Oriente, e estavam absorvidos por projetos imperialistas na Pérsia. Porém, como a Rússia era uma autocracia decadente, todos os defensores da moderação foram silenciados pelo tresloucado conspirador Bezobrazov e seu círculo de "coreanos", que chamaram a atenção do tsar. Os "coreanos" não aceitavam nenhum limite para o poderio russo. Sugeriram colocar a Coreia na esfera de influência russa, e convenceram Nicolau II a criar uma concessão madeireira fictícia no rio Yalu, entre a Coreia e a Manchúria, para introduzir soldados disfarçados de lenhadores. Em abril de 1903, Bezobrazov foi nomeado ministro, impossibilitando, a partir de então, qualquer tipo de acordo no Extremo Oriente – embora ninguém fora da corte de São Petersburgo soubesse disso. Em agosto de 1903 – justo quando Delcassé juntava pela primeira vez Lansdowne e o embaixador russo –, Witte foi afastado do Ministério das Finanças; e Alexeiev, um dos membros do "círculo" coreano, foi transformado em vice-rei do Extremo Oriente, com controle total das negociações com o Japão. Quando Lamsdorff visitou Paris em outubro, Delcassé lhe disse: "Converse com lorde Lansdowne, provavelmente muitos mal-entendidos serão desfeitos".[28] Em vez disso, novos mal-entendidos surgiram. Embora os britânicos pudessem chegar a um acordo na Manchúria, eles queriam deter a expansão russa na Pérsia; mas esta era a obra dos capitalistas mais sensatos da Rússia, que não gostavam da aventura no Extremo Oriente. Como os britânicos pareciam determinados a controlar a Rússia por toda parte, os grupos rivais russos foram obrigados a retomar uma postura antibritânica comum. Os extremistas não cediam em relação à Manchúria; seus críticos não cediam em relação à Pérsia. A Grã-Bretanha e a Rússia continuaram se desentendendo.

Delcassé não podia pedir moderação à Rússia, pois isso simplesmente reforçaria a alegação da Alemanha de que era a única amiga verdadeira da Rússia. Seu único recurso era solicitar aos britânicos que pedissem moderação aos japoneses, o que eles se recusaram a fazer, pois ainda temiam um

---

28 Nota de serviço, 28 de outubro de 1903. *Documents diplomatiques français*, segunda série, iv, n.45.

acordo russo-japonês à sua custa. Além do mais, como todo mundo, os britânicos acreditavam que, em caso de guerra, os japoneses seriam derrotados. Como estavam decididos a ficar fora dessa guerra, tinham de ficar fora das negociações, pois, se um dia pedissem que o Japão fizesse concessões, se veriam na obrigação moral de apoiá-lo se elas não cumprissem seu objetivo.[29] Em janeiro de 1904, Delcassé foi levado a fazer a mediação entre o Japão e a Rússia sem o apoio britânico. O Ministério do Exterior russo fez inúmeras ofertas generosas, que não tinham a menor semelhança com as atividades do "círculo" no Extremo Oriente. Por ora, Bezobrazov tinha instituído o princípio de que a Coreia era fundamental para a segurança da Rússia. Os japoneses perderam a esperança em novas negociações, e, em 8 de fevereiro de 1904, começaram a guerra com um ataque-surpresa aos navios russos em Port Arthur.

Em janeiro, quando ainda parecia possível evitar a guerra, Delcassé tinha tentado forçar os britânicos a aceitar a reconciliação retardando as negociações com eles.[30] Depois que a guerra começou, ele apressou as negociações, com a vaga esperança de que um acordo entre a Grã-Bretanha e a França traria na esteira um acordo com a Rússia. Na verdade, estimuladas por Delcassé, as negociações anglo-russas foram retomadas em abril, chegando ao mesmo resultado acanhado de antes. A guerra já estava indo mal para a Rússia, e esses percalços certamente desacreditaram Bezobrazov. Porém, eles fortaleceram os defensores da expansão na Pérsia, e era sobretudo nesse ponto que os britânicos insistiam que fossem feitas concessões. A política de Delcassé tinha fracassado, e a França corria o risco de se colocar entre a Rússia e a Grã-Bretanha, como a Áustria tinha se afastado tanto da Rússia como das potências ocidentais durante a Guerra da Crimeia. Paul Cambon achava que a França deveria rejeitar a aliança com a Rússia, mesmo correndo o risco de um *rapprochement** entre a Rússia e a Alemanha.[31] Embora recusasse a sugestão, Delcassé não teve outro recurso senão esperar pela explosão da tempestade.

Essa foi também a avaliação da Alemanha. O tão esperado clímax do conflito anglo-russo estava finalmente à vista. Bülow escreveu triunfante: "O tempo está trabalhando contra a França".[32] O tempo também estava

---

29 Dugdale, *Life of Balfour*, i. 376-83.
30 Em 8 de janeiro de 1904, Delcassé deu até a entender que o conselho de ministros francês não estava a par das negociações, ameaçando interrompê-las de vez. Newton, *Lord Lansdowne*, p.288.
 * Em francês no original: "reaproximação". (N. T.)
31 Paul Cambon para Henri Cambon, 26 de dezembro de 1903. *Correspondance*, ii. 102.
32 Bülow para Radowitz (Madri), 22 de maio de 1904. *Grosse Politik*, xx (i), n.6484.

trabalhando contra a Rússia, que logo buscaria aliança com a Alemanha. Que preço, então, a Alemanha deveria exigir? No momento em que fizessem uma aliança, os alemães atrairiam sobre si todo o peso da agressividade britânica, e possivelmente da França também; eles "não ficariam ao lado da Rússia, mas na frente dela".[33] Portanto, a Alemanha precisava encontrar uma maneira de contornar a solicitação russa. Era exatamente a mesma situação que ocorrera com a Grã-Bretanha antes e durante a Guerra dos Bôeres. Por um lado, a Alemanha precisava manter a amizade com a Rússia; por outro, não podia comprar as brigas da Rússia. A carta branca ainda era o único recurso. Em 13 de abril, Bülow alertou Guilherme II que precisavam evitar duas coisas: "primeiramente, que o nosso relacionamento com a Rússia seja prejudicado por causa da guerra... por outro lado, nos deixarmos pressionar pela Rússia contra o Japão, ou, mais ainda, contra a Inglaterra".[34] A Alemanha e a França estavam envolvidas num leilão pela amizade da Rússia; um leilão em que cada uma queria evitar dar um lance. Aquele que permanecesse mais tempo passivo venceria.

A passividade também era a tônica da política alemã em relação ao Marrocos e à entente anglo-francesa. Os alemães acreditavam que, mais cedo ou mais tarde, a Grã-Bretanha e a França acabariam se estranhando. Em 23 de março, logo antes de a entente ser decidida, Delcassé assegurou aos alemães que a França manteria as portas abertas ao comércio no Marrocos;[35] e como eles sempre insistiram que seu único interesse na região era o comércio, não se justificava que exigissem nenhuma outra garantia. Nem a França nem a Grã-Bretanha tinham planejado conscientemente excluir os alemães do Marrocos;[36] eles é que tinham se excluído inúmeras vezes. É verdade que Holstein não gostava dessa política de abstenção; considerava-a uma afronta à grandeza alemã. Ele consultou Schlieffen, que respondeu que a Rússia não

---

33 Memorando de Holstein, 16 de janeiro de 1904. *Grosse Politik*, xix (i), n.5944.
34 Memorando de Bülow, 14 de fevereiro de 1904. Ibid., n.5961.
35 Delcassé para Bihourd, 27 de maio de 1904. *Documents diplomatiques français*, segunda série, iv, n.368. Delcassé foi muito criticado posteriormente por não ter transmitido aos alemães o texto (divulgado) do acordo anglo-francês. Como os alemães tinham reiterado aos britânicos e franceses que não tinham nenhum interesse político no Marrocos, e como não eram uma potência mediterrânea, o que havia para transmitir?
36 Durante as negociações, os franceses tentaram inúmeras vezes arrancar concessões de Lansdowne assustando-o com histórias sobre pretensões alemãs a um porto mouro. Ele nunca reagiu a essas insinuações, e, no que se refere às dificuldades com a Alemanha, temia-as com relação ao Egito, não ao Marrocos.

tinha capacidade de ajudar a França;[37] ao mesmo tempo, Schlieffen se preparava para garantir a vitória sobre a França planejando um ataque através da Bélgica. Holstein escreveu em junho: "A Alemanha tem de se opor à absorção prevista do Marrocos não apenas por motivos econômicos, mas muito mais para manter seu prestígio".[38] A embaixada de Paris insistiu que a Alemanha deveria renunciar ao Marrocos de uma vez por todas ou desafiar abertamente a França ali.[39] Nenhum dos procedimentos foi adotado. Os alemães não consideravam necessário contar com a amizade da França; e esperavam pela grande explosão no Extremo Oriente.[40] No verão de 1904, Holstein caiu doente, e Bülow recebeu carta branca para aplicar sua política de "carta branca". Ele tinha outra prova, que se mostrou falaciosa, de que a Grã-Bretanha e a França estavam prestes a se desentender. Como o acordo anglo-francês tinha deixado os espanhóis na mão, estes recorreram aos alemães em busca de apoio. Convencido de que os espanhóis estavam atuando como agentes britânicos, Bülow propôs a Lansdowne que eles se unissem para respaldar a Espanha contra a França.[41] Embora Lansdowne não aceitasse aquela estranha ideia, os alemães continuaram convencidos que as negociações franco-espanholas não dariam em nada ou provocariam uma ruptura entre a França e a Grã-Bretanha. Eles ficaram decepcionados de novo. Abandonados pelos britânicos e sem contar com o apoio alemão, os espanhóis tinham de aceitar a qualquer custo o que a França decidisse oferecer. Em 3 de outubro de 1904, a França e a Espanha chegaram a um acordo.

---

37 Schlieffen para Bülow, 20 de abril de 1904. *Grosse Politik*, xix (i), n.6032.
38 Memorando de Holstein, 3 de junho de 1904. *Grosse Politik*, xx (i), n.6521.
39 Radolin para Bülow, 27 de julho de 1904. Ibid., n.6524.
40 Havia dois outros obstáculos à ação dos alemães no Marrocos. Em primeiro lugar, não conseguiam decidir se posavam de defensores da independência do sultão ou se alegavam que a sua autoridade tinha sido destruída e culpavam os franceses por não manter a ordem no país. Como alguns súditos alemães tinham acabado de ser sequestrados, era impossível assumir a primeira postura; enquanto a segunda implicava reconhecer o predomínio francês. Portanto, era mais fácil não fazer nada.

A outra dificuldade era mais grave. Acabara de ocorrer uma enorme revolta nativa na África do Sudoeste Alemã; consequentemente, todos os projetos coloniais eram impopulares na Alemanha. Um acordo com a França que trouxesse vantagens coloniais para a Alemanha (fosse no Marrocos ou no formato do território colonial francês como compensação) teria provocado um tumulto no Reichstag, e provavelmente teria sido rejeitado. Guilherme II, sempre o veículo do sentimento alemão, expressou isso quando disse ao rei da Espanha: "Não queremos nenhum ganho territorial no Marrocos" (Guilherme II para Bülow, 16 de março de 1904. Ibid., xvii, n.5208). Essa declaração iria prejudicar bastante a política alemã no ano seguinte.
41 Bülow para Metternich, 31 de maio de 1904. Ibid., xx (i), n.6488.

A Espanha recebeu apenas uma estreita faixa no norte do Marrocos, como uma área neutra entre a zona francesa e Gibraltar; e ela só poderia reivindicar sua cota quando a França achasse conveniente tomar a iniciativa.[42] Os espanhóis ficaram decepcionados e inconformados. Mesmo assim, do ponto de vista diplomático, a Questão do Marrocos estava tão concluída em outubro de 1904 como a Questão do Alto Nilo estivera em março de 1899; só a ameaça de guerra poderia reabri-la.

Em outubro de 1904, os alemães não estavam preocupados com o Marrocos. Todas as suas expectativas estavam voltadas para o conflito entre a Grã-Bretanha e a Rússia, que imaginavam iminente. A guerra no Extremo Oriente estava indo mal para os russos. A Ferrovia Transiberiana, com uma única via e mesmo esta incompleta, não podia concorrer com a vantagem representada pelo poderio naval japonês. A única esperança dos russos era restabelecer o equilíbrio no Mar da China e, assim, isolar os exércitos japoneses no continente de sua base insular. Eles não se atreveram a enviar a frota do Mar Negro através dos Estreitos porque, embora os britânicos não se importassem mais com o fechamento dos Estreitos por sua própria conta, aplicariam uma cláusula do tratado que interessava a seus aliados japoneses. A frota do Báltico podia se deslocar sem as mesmas dificuldades; ainda assim, seu deslocamento até o Extremo Oriente provocou uma crise de primeira linha. Em 21 de outubro, seus incompetentes oficiais confundiram outros navios russos com navios japoneses, e, em pânico, afundaram vários barcos de pesca britânicos ao largo de Dogger Bank. Ali estava o conflito anglo-russo que durante tanto tempo os alemães tinham aguardado confiantes, e os franceses, temerosos. Ambos fizeram horas extras, os alemães para envolver a Rússia numa aliança, os franceses para impedir uma ruptura entre a Rússia e a Grã-Bretanha.

---

42 Os espanhóis também aceitaram a cláusula que dizia que o litoral mediterrâneo não deveria ter fortificações (exceto nos lugares como Ceuta, que já eram espanhóis). Num ponto, as expectativas alemãs foram atendidas: os franceses não poderiam abrir mão de Tânger; além disso, os alemães inseriram uma cláusula que, embora incluísse Tânger na zona espanhola, ela conservaria seu "caráter especial". O sultão continuaria controlando Tânger; e os franceses calcularam que, quando o controlassem, eles também controlariam Tânger. Tanger foi excluída do acordo do Marrocos de 1912; e a eclosão da Primeira Guerra encontrou a questão ainda não resolvida. Em 1923, os britânicos usaram as dificuldades dos franceses no Ruhr para lhes impor um controle por três potências que incluía a Espanha; e, em 1926, a Itália foi trazida como uma quarta potência. Esse acordo foi desfeito pela Segunda Guerra Mundial, e, no momento em que este livro é escrito, o *status* de Tânger ainda é provisório.

Os alemães ofereceram à Rússia uma aliança contra o ataque "de uma potência europeia"; os dois aliados também "se juntariam para lembrar à França das obrigações que ela assumira segundo as cláusulas da aliança franco-russa".[43] Os alemães desconheciam essas cláusulas; sempre acharam que se tratava de uma aliança defensiva genérica, nunca imaginaram que ela fosse direcionada exclusivamente contra eles. Passaram então a planejar uma liga continental contra a Grã-Bretanha. Se a França se juntasse a ela, teria de abandonar a animosidade contra a Alemanha; se recusasse participar, a aliança franco-russa seria desfeita. Nos dois casos, a Alemanha acabaria com o perigo de uma "guerra em duas frentes". Ao mesmo tempo, reforçaria sua posição diante da "política mundial". Os russos seriam pressionados contra os britânicos na Índia; a frota francesa sofreria o impacto maior perto de casa. No entanto, os alemães esperavam obter esse grande êxito em troca de nada: a aliança só seria acionada quando o caso Dogger Bank tivesse sido resolvido. Não há dúvida de que os russos teriam feito uma aliança se ela os tivesse ajudado em suas dificuldades imediatas, pois não tinham condições de enfrentar os britânicos sozinhos. Aceitaram prontamente a sugestão britânica de submeter o litígio a uma investigação internacional, e só salvaram sua honra criando a lenda de que a sugestão viera do tsar. Graças à fragilidade da Rússia, o grande conflito anglo-russo acabou se transformando numa farsa. Ainda assim, os russos tentaram tirar proveito da oferta alemã; certamente, não queriam a reconciliação franco-germânica. O afastamento por causa da Alsácia e da Lorena deu segurança à Rússia em sua fronteira ocidental, sem falar do fluxo inesgotável de recursos franceses. Os russos queriam voltar às condições de 1895, quando a França e a Alemanha, em conflito entre si, competiam pelo apoio russo. Portanto, Nicolau II propôs "envolver" os franceses na aliança antes que ela fosse firmada.[44] Se eles concordassem, tudo ficaria bem; se recusassem e, portanto, torpedeassem o projeto, pelo menos teriam a obrigação moral de intimidar os britânicos para que fossem mais atenciosos com a Rússia.

As negociações chegaram a um impasse. Os russos queriam fortalecer sua posição no Extremo Oriente sem tornar a Alemanha líder da Europa; os alemães queriam se sentir seguros na Europa sem se envolver no Extremo Oriente. Era o pior momento possível para a política alemã se voltar contra a Grã-Bretanha. Os britânicos tinham acabado de tomar as primeiras medidas importantes para reforçar seu poderio naval no Mar do Norte, e os

---

43 Guilherme II para Nicolau II, 30 de outubro de 1904. *Willy-Nicky Letters*, p.129.
44 Nicolau II para Guilherme II, 7 e 23 de novembro de 1904. *Grosse Politik*, xix (i), n.6124 e 6126.

alemães até imaginaram que os britânicos poderiam usar seu poderio para fazer um ataque preventivo contra a florescente frota alemã. A única atitude prudente era evitar qualquer conflito com os britânicos até que a sua frota estivesse mais fortalecida. Como Bülow escreveu para Guilherme II: "Nossa posição é semelhante à dos atenienses quando tiveram de erguer as longas muralhas no Pireu sem serem impedidos pelos espartanos mais fortes de completar suas defesas".[45] No entanto, uma aliança com a Rússia tinha de ser inevitavelmente antibritânica. Ela só seria tolerável se os franceses fossem obrigados a participar dela, ou então se a aliança franco-russa se rompesse. Os russos não queriam nenhuma das duas coisas. Insistiram que os franceses deveriam ser avisados antes que a aliança fosse firmada; os alemães foram igualmente insistentes de que ela devia ser firmada antes de avisar os franceses. Em 28 de dezembro, Guilherme II escreveu para Bülow: "Um resultado absolutamente negativo depois de dois meses de trabalho honesto e de negociações. O primeiro fracasso que eu experimentei pessoalmente".[46] Até então, os alemães tinham se vangloriado das vantagens da "carta branca"; agora chegavam à conclusão de que as necessidades contraditórias da "política mundial" e da estratégia continental impuseram a carta branca sobre eles, quer quisessem ou não.

De certa forma, a aproximação alemã foi conveniente para a Rússia, pois Delcassé foi informado dela quase imediatamente.[47] Como Napoleão III, aparentemente teve de escolher entre uma aliança com a Rússia e uma entente com a Grã-Bretanha; como Napoleão III, porém com mais êxito, ele tinha decidido não escolher. Fez inúmeras sugestões a Lansdowne para tranquilizar os russos;[48] e elas talvez tenham ajudado a produzir uma solução pacífica para o caso de Dogger Bank; mas o motivo principal era mais singelo: nem os britânicos nem os russos estavam ávidos pelo conflito como os franceses e os alemães imaginavam. Os britânicos só queriam ficar

---

45 Bülow para Guilherme II, 26 de dezembro de 1904. *Grosse Politik*, xix (ii), n.6157.
46 Guilherme II para Bülow, 28 de dezembro de 1904. Ibid., xix (i), n.6146.
47 Radolin, embaixador alemão em Paris, disse em 2 de novembro: "A França precisa escolher entre a Rússia e a Alemanha e a Inglaterra". Notas secretas de Paléologue, 4 e 5 de novembro de 1904. *Documents diplomatiques français*, segunda série, v, n.424, 425 e 426. Como não há referência a isso nos documentos alemães, é impossível dizer se Radolin estava seguindo orientações ou se estava agindo por iniciativa própria.
48 Paléologue, principal assistente de Delcassé, foi enviado a Londres para deixar claro a Lansdowne que aquela era a maior crise na política francesa desde Sadova. Apesar disso, Lansdowne minimizou tanto esses comentários que não os anotou. Nota de Paul Cambon, 7 de novembro; nota secreta de Paléologue, 8 de novembro de 1904. Ibid., n.433 e 434.

fora da guerra do Extremo Oriente, e tinham certeza de que conseguiriam controlar a Rússia na Pérsia e no Afeganistão sem grandes conflitos. Os russos estavam cansados do Extremo Oriente, que se tornara nos dois últimos anos uma simples extravagância da corte. Bezobrazov e seu "círculo" tinham perdido completamente a influência. O Ministério do Exterior, os militares sensatos e os grandes capitalistas tinham retomado o controle; e, em vez de preferir ampliar a guerra do Extremo Oriente, estavam ansiosos para terminá-la em quaisquer condições que não fossem claramente humilhantes. Não davam muita importância à aliança com a Alemanha, mas achavam importante não ficar à mercê dela. As experiências do tempo de Bismarck tinham marcado profundamente sua memória. No entanto, só tinham lhe pedido que ficasse neutro; eles sabiam que o preço de um apoio ativo por parte da Alemanha seria muito maior.

Os britânicos não encaravam a Alemanha nem de um jeito nem de outro. Não precisavam do seu apoio e não suspeitavam da sua inimizade. O caso de Dogger Bank marcou, de fato, o fim de uma era na história europeia – a era em que um conflito anglo-russo parecia o desfecho mais provável das relações internacionais. Esse conflito tinha sido aguardado no Oriente Próximo durante cinquenta anos, na Ásia Central durante vinte, e, no Extremo Oriente, com a maior probabilidade de todos, durante dez. Depois de novembro de 1904, o conflito foi postergado por tempo indeterminado. Os britânicos tinham resolvido suas diferenças com a França e tinham se safado de uma guerra com a Rússia. Sua segurança e, com ela, seu isolamento dos assuntos continentais, pareciam estar no auge. Uns poucos jornalistas ergueram a voz para alertar que um novo perigo se aproximava, vindo da Alemanha, mas o alerta recebeu pouca atenção. A tradição da "aliança natural" não era esquecida facilmente. A Alemanha e a Grã-Bretanha não tinham desavenças, único motivo pelo qual não havia uma entente entre elas. A opinião pública liberal olhava com admiração para a indústria alemã e para os governos locais; Chamberlain não era, de modo algum, o único radical que pensava que a Grã-Bretanha tinha mais em comum com a Alemanha do que com qualquer outra potência europeia. A rivalidade comercial que causara algum alvoroço dez anos antes agora estava menos acentuada; a Grã-Bretanha estava entrando num novo período de prosperidade, que dependia em grande parte da clientela alemã. É verdade que a marinha alemã estava se tornando um fator relevante no equilíbrio naval, mas isso era mais que compensado por outras mudanças. A aliança com o Japão tinha diminuído as urgências britânicas no Extremo Oriente; a entente com a França as tinha reduzido no Mediterrâneo; o grosso da frota russa tinha sido destruído no Extremo Oriente, e os remanescentes do Mar Negro estavam amotinados. Além disso, a escala de construção dos britânicos era sem precedentes. Em 1898, quando seu isolamento foi ventilado pela primeira vez, só dispunham de 29 navios de guerra, contra um total de 28 entre França e Rússia; os 13 da Alemanha, embora dificilmente à altura de uma guerra moderna, justificavam um pouco a teoria do risco de Tirpitz – ironicamente, antes de ela ser aplicada. No início de 1905, os britânicos tinham 44 navios de guerra. A França tinha 12 e os alemães, 16; os russos não contavam. Em outras palavras, os britânicos desfrutavam de uma supremacia naval sem paralelo em sua história e poderiam ter desafiado a "liga continental", se ela existisse, quase sem fazer uma mobilização significativa. Em vez de diminuir, o isolamento atingiu o auge. No entanto, dentro de doze meses, os britânicos estariam pensando seriamente em enviar uma força expedicionária para o continente, pela primeira vez desde 1864. Isso não foi o ápice de uma política que tivesse evoluído lentamente. Foi uma revolução, uma revolução inesperada para todos os observadores.

XIX
A FORMAÇÃO DA TRÍPLICE ENTENTE
1905-1909

Em 1905, a vida europeia sofreu uma revolução. Ela não foi causada nem por Delcassé nem por políticos britânicos temerosos do isolamento. Foi causada unicamente pela iniciativa alemã. Os alemães não corriam nenhum perigo; na verdade, também estavam mais seguros que em qualquer época desde a Guerra da Crimeia e do colapso da Santa Aliança. Enfraquecido pela guerra do Extremo Oriente, o exército russo não conseguia enfrentar nem uma guerra defensiva na Europa, e a própria Rússia atravessava um momento revolucionário. Radicais pacíficos ocupavam o poder na França, e o generais franceses não acreditavam que seriam capazes de manter os alemães fora de Paris por mais de um mês. Não obstante, os alemães tinham passado a contar com um conflito entre a Grã-Bretanha e a Rússia; quando isso não aconteceu, buscaram um substituto, que só podia ser a "liga continental". Embora continuassem falando em segurança, essa preocupação era falsa; seu verdadeiro objetivo, que eles não formulavam nem mentalmente, era implantar pacificamente seu predomínio sobre o continente e, portanto, desafiar o Império Britânico no ultramar. No outono de 1904, tinham acreditado que estavam prestes a fazer uma aliança com a Rússia, mas os russos tinham recusado a aliança sem a aprovação francesa. Agora, se fosse possível obrigar a França a depender da Alemanha, a Rússia teria de ingressar na liga continental ou seria excluída da vida europeia. O momento parecia favorável. O exército francês estava em mau estado, e a Rússia não podia fazer nada para ajudar sua aliada. Port Arthur caiu em 1º de janeiro de 1905, e os russos perderam a longa batalha de Mukden no início de março. Internamente, a Rússia estava um caos. A revolução eclodiu em janeiro e se intensificou gradualmente até atingir o clímax em outubro. A Rússia deixara de existir como grande potência; e os alemães tinham uma oportunidade sem paralelo de mudar o equilíbrio europeu a seu favor.

O fato de Rouvier ter se tornado primeiro-ministro da França em janeiro também foi vantajoso para os alemães (embora não pareçam ter gostado disso). Rouvier não gostava da política externa de Delcassé; queria encerrar o caso do Marrocos e, em vez disso, colaborar com a Alemanha na ferrovia de Bagdá.[1] Os alemães não tinham uma ideia clara do que pretendiam fazer quando se meteram no Marrocos. Queriam demonstrar que a Alemanha não podia ser ignorada em nenhuma questão no mundo. De uma forma mais indefinida, esperavam enfraquecer a entente anglo-francesa ou, possivelmente, abalar a aliança franco-russa. Fundamentalmente, porém, apostavam num êxito indefinido. Reclamaram que não tinham sido informados oficialmente do acordo anglo-francês em relação ao Marrocos, como se nada pudesse acontecer no mundo sem a sua permissão. Portanto, insistiram em tratar o Marrocos como um país independente, do mesmo modo que tinham tratado o Transvaal em 1896, e Guilherme II anunciou isso publicamente quando, muito a contragosto, desembarcou em Tânger em 31 de março de 1905. Os alemães tinham dado tão pouca atenção às consequências da sua ação como às consequências do telegrama de Kruger. Holstein pode ter consultado Schlieffen, o chefe do Estado-Maior, que ele conhecia bem; e, se o fez, ele deve ter sido informado – o que de fato era bastante óbvio – que a situação militar era totalmente vantajosa à Alemanha. Mas não há nenhum fragmento de evidência contemporânea de que tenha planejado conscientemente obrigar a França a entrar em guerra; e parece mais provável que, tendo falado durante tanto tempo em poder alemão, ele o invocou sem ter nenhuma ideia clara do que aconteceria depois. Afinal de contas, fazia mais de uma geração que não havia uma crise militar séria no continente fora dos Bálcãs. Quanto a Bülow, este se mostrou satisfeito com o argumento de que o golpe aumentaria o prestígio da Alemanha – e o dele

---

[1] De acordo com Paul Cambon, Rouvier tinha um motivo pessoal para não gostar de Delcassé, que, torcendo pela paz, insistira até o último minuto que não haveria guerra entre a Rússia e o Japão. Rouvier tinha apostado no aumento dos títulos russos, e perdeu bastante quando eles caíram. Paul Cambon para Henri Cambon, 29 de abril de 1905. Cambon, *Correspondance*, ii. 188. Delcassé, por outro lado, considerava Rouvier "o homem que venderia a França para especular na bolsa de valores". Paléologue, *The Turning Point*, p.237.

próprio; e Guilherme II foi sendo arrastado a contragosto, sempre esperando que conseguiria conquistar a França para a liga continental por meio de uma guinada conciliadora.

A visita a Tânger pegou Delcassé despreparado. Ele foi objeto da acusação séria, vinda até mesmo de um historiador tão independente como Renouvin,[2] de que a sua política externa havia ultrapassado os recursos materiais da França: ele desafiou a Alemanha quando o exército francês não tinha condição de resistir a ela. Mas em 1904, quando a entente anglo-francesa foi feita, era impossível prever esse perigo. À época, a política francesa temia as consequências da entente com relação à Rússia, não à Alemanha; e a crise marroquina só foi provocada pelos acontecimentos surpreendentes no Extremo Oriente. Mesmo agora, Delcassé era pressionado de duas maneiras. Tinha de tolerar uma política "atrevida" no Marrocos para satisfazer os entusiastas franceses do colonialismo que, do contrário, se voltariam contra a entente; ao mesmo tempo, tinha de tranquilizar a Alemanha. Ele se dispôs inúmeras vezes a manter as "portas abertas" – o único ponto em que a Alemanha podia afirmar que era levada em consideração; se tivesse iniciado as negociações, também poderia ter lhe oferecido concessões coloniais em outras regiões – talvez retomando, com a aprovação dos franceses, o acordo anglo-germânico relacionado às colônias portuguesas. Como essas ofertas teriam acabado com a crise, os alemães as ignoraram. Além disso, diante da impopularidade temporária das colônias na Alemanha, eles não podiam levar em conta os ganhos coloniais. Portanto, pediram que a questão do Marrocos fosse submetida a uma conferência internacional. Holstein pressupôs que a Itália e a Áustria-Hungria apoiariam a Alemanha, que a Rússia não faria nada para ofendê-la, que os Estados Unidos apoiariam as portas abertas e que tanto a Grã-Bretanha como a Espanha ficariam contentes em evitar as concessões que elas tinham prometido à França. Ele concluiu: "É pouco provável que uma conferência entregue o Marrocos à França com o voto contrário da Alemanha e dos Estados Unidos".[3] Bülow o secundou: "É fora de questão que a conferência deva resultar numa maioria que transfira o Marrocos para a França".[4] A conferência foi reivindicada como uma demonstração do poder alemão, não como um instrumento para resolver a Questão Marroquina; e quando os alemães perceberam seu poder, praticamente se esqueceram de que tinham recorrido

---

2 Renouvin, *La paix armée et la grande guerre*, p.485.
3 Memorando de Holstein, 4 de abril de 1905. *Grosse Politik*, xx (ii), n.6601.
4 Bülow para Kühlmann (Tânger), 6 de abril de 1905. Ibid., n.6604.

a ele para se aproximar da França. A vitória diplomática se tornou um fim em si mesma.

Os alemães tinham subestimado os preparativos de Delcassé. A proposta de uma conferência, longe de expor o isolamento francês, obrigou as potências interessadas a reconhecer seus compromissos com a França. A Itália, a Espanha e a Grã-Bretanha só poderiam aceitar a conferência se a França concordasse com ela primeiro; nem mesmo os Estados Unidos tinham a intenção de tomar partido entre a França e a Alemanha. Os alemães pretendiam atacar a França pelos flancos; em vez disso, foram forçados a intimidá-la novamente. No final de abril, uma porta inesperada se abriu para eles. Delcassé finalmente percebera a hostilidade de Rouvier. Em 19 de abril, ele renunciou, e só retirou sua renúncia quando obrigou Rouvier a lhe dar um voto de confiança. O voto foi hipócrita. Rouvier era um homem de personalidade forte, embora ignorante em política externa. Anos antes, tinha demolido Boulanger em benefício da paz com a Alemanha; agora pretendia demolir Delcassé. Estava convencido de que Delcassé estava levando a França à guerra, e que isso traria a derrota e, pior ainda, a convulsão social – a "Comuna" de novo. Também estava convencido de que os alemães acolheriam a colaboração econômica com a França quando Delcassé fosse derrubado. Em 26 de abril, ele revelou suas intenções a Radolin, o embaixador alemão.[5] Dali em diante, os alemães dispunham de uma política feita de encomenda para eles: só tinham de aumentar a tensão e Delcassé cairia – então a França se reconciliaria com a Alemanha. Embora não tenha havido nenhum preparativo militar importante, a ameaça de guerra existia; e as ofertas conciliadoras de Delcassé foram postas de lado.

Inicialmente, os britânicos assumiram uma postura indiferente, dando à França todo o apoio diplomático de que ela precisava. Pensavam que se tratava apenas da questão do Marrocos; a "grande política" e o equilíbrio de poder não entraram em seus cálculos, e jamais lhes ocorreu que a independência da França fosse fundamental para a segurança britânica. Sua única preocupação era que a França poderia subornar a Alemanha com um porto no litoral atlântico do Marrocos, provavelmente Rabat; e, como grande parte da frota britânica estava sendo deslocada para o Mar do Norte, isso teria provocado um problema estratégico delicado. Em 22 de abril, Lansdowne se mostrou disposto a apresentar uma "forte oposição" à obtenção de um porto mouro pelos alemães;[6] e, em 17 de maio, ele declarou que os

---

[5] Radolin para o Ministério do Exterior, 27 de abril de 1905. *Grosse Politik*, xx (ii), n.6635.

[6] Lansdowne para Bertie, 22 de abril de 1905. *British Documents*, iii, n.90.

governos britânico e francês "deveriam continuar se tratando com a mais absoluta confiança, deveriam se manter plenamente informados sobre tudo que fosse de seu conhecimento e deveriam, na medida do possível, discutir de antemão qualquer contingência por meio da qual pudessem, no curso dos acontecimentos, se confrontar".[7] Não era uma proposta de aliança, nem mesmo de apoio militar; era uma advertência de que a França não poderia fazer nenhuma concessão à Alemanha sem a aprovação britânica. No entanto, Delcassé explorou as palavras de Lansdowne no conflito doméstico que estava tendo com Rouvier. Insistiu que os britânicos estavam propondo uma aliança e que, se ela fosse rejeitada, eles se voltariam para a Alemanha – "então ficaremos isolados, expostos a um ataque, correndo o risco de perder a disputa na Europa e, com o passar do tempo, de sermos despojados das nossas colônias". Rouvier respondeu que as ameaças alemãs eram concretas: "Estamos em condições de entrar em guerra? É claro que não".[8] Ambos os argumentos estavam distantes da realidade. Os britânicos não estavam propondo uma aliança, nem pretendiam se aproximar da Alemanha; o exército alemão não estaria equipado para a guerra antes de junho de 1906, como reconheciam os especialistas franceses;[9] aliás, mais tarde o próprio Rouvier contestou as ameaças alemãs, quando isso ia ao encontro de seus objetivos. Como acontece frequentemente, os homens se enfrentaram com frases enganadoras e manipularam moedas falsas. Ainda assim, a questão de fundo era concreta – se a França deveria se manter afastada da Alemanha ou se reconciliar com ela. Em 6 de junho, o conselho de ministros francês decidiu contra Delcassé, e ele renunciou. No mesmo dia, Guilherme II fez de Bülow um príncipe. Foi a maior vitória alemã desde Sedan.

No entanto, foi uma vitória apenas em termos de prestígio, que ainda precisava ser testada na prática. Rouvier tinha pressa em subscrever o capital francês para a ferrovia de Bagdá, o que fora recusado em 1903; e imaginou que, em troca, os alemães lhe dariam carta branca no Marrocos. Embora sua política pudesse ser compatível com a entente anglo-francesa, ela certamente teria rompido a aliança franco-russa – um resultado muito mais importante para a Alemanha. Porém, no auge dos projetos imperialistas e com um novo programa naval em perspectiva, a Alemanha queria uma liga continental com a Rússia, não uma associação das potências ocidentais

---

7 Lansdowne para Bertie, 17 de maio de 1905. *British Documents*, iii, n.94.
8 Nota de Chaumié no conselho de ministros, 6 de junho de 1905. *Documents diplomatiques français*, segunda série, vi, anexo I.
9 Berteaux (ministro da Guerra) para Delcassé, 27 de maio de 1905. Ibid., n.457.

contra ela. Além disso, Bülow e Holstein eram reféns de sua própria publicidade. Tendo outrora insistido numa conferência sobre o Marrocos, agora não podiam recuar; embora sonhassem vagamente em partilhar o Marrocos no futuro, tinham de insistir em sua independência no presente. Portanto, Rouvier teve de retomar a batalha diplomática numa posição mais frágil – sem amigos nem aliados, e tendo anunciado antecipadamente a incapacidade de lutar da França. Várias vezes ele ofereceu a possibilidade da amizade francesa, se ao menos os alemães desistissem do Marrocos; e todas as vezes os alemães recusaram. Em 8 de julho, Rouvier cedeu e concordou com as exigências alemãs: deveria ser realizada uma conferência internacional para prever a segurança e a independência do Marrocos. Foi uma grave derrota da diplomacia francesa. Delcassé tinha trabalhado para remover o Marrocos do campo das relações internacionais; Rouvier já o tinha colocado de volta de maneira mais formal que antes. Mas os alemães pagaram um preço muito alto por seu sucesso: afastaram seus amigos na França. A confiança de Rouvier na colaboração com a Alemanha foi abalada, e a finança radical conciliadora foi forçada a trilhar o caminho antigermânico. Subitamente, a tensão diminuiu, por um motivo inesperado. A derrota russa no Extremo Oriente agora era completa – sua última frota fora destruída em Tsushima em 27 de maio. Witte assumiu a missão de fazer as pazes com a Japão sob mediação americana. O momento parecia propício para que Guilherme II se reafirmasse. Embora ele também desejasse uma liga continental, esperava obtê-la tranquilizando a Rússia, não ameaçando a França; além disso, a revolução russa mexeu com a sua consciência de monarquista, como também com a ansiedade dos capitalistas alemães que estavam montando o setor industrial ucraniano, e ele quis fortalecer o prestígio do tsar. Em 24 de julho, ele se encontrou com Nicolau II em Björkö, e Nicolau II foi convencido a firmar uma aliança defensiva contra o ataque de qualquer potência europeia.[10] Guilherme II pôs de lado as dificuldades com a França que foram intransponíveis no outono anterior: a questão do Marrocos, disse ele, estava resolvida e agora "seremos bons amigos dos gauleses".[11] Nicolau II queria mostrar aos britânicos que estava ressentido com eles, e embora a aliança só entrasse

---

10 No último instante, Guilherme II acrescentou que a ajuda mútua só seria dada "na Europa". Sua intenção foi evitar o envio de tropas alemãs à Índia, assegurando, assim, que os russos lutariam sozinhos. Melindrado por Guilherme II ter tido a grande ideia em sua ausência, Bülow usou o aditamento como uma desculpa para ameaçar renunciar; mas, como se tratava apenas de uma rixa pessoal, os alemães, liderados por Holstein, reconheceram que, na Europa ou fora dela, a aliança era um sucesso indiscutível.
11 Guilherme II para Bülow, 25 de julho de 1905. *Grosse Politik*, xix (ii), n.6220.

em vigor quando houvesse paz entre a Rússia e o Japão, ele esperava que ela o ajudasse de alguma forma durante as negociações de paz.

Durante algumas semanas os alemães acreditaram ter alcançado seu objetivo: a aliança com a Rússia fora firmada e a liga continental viria a seguir. Não fazia sentido criar mais dificuldades em relação ao Marrocos; pelo contrário, a França devia ser acalmada para prepará-la para a divulgação do Tratado de Björkö. Holstein se opôs a essa orientação: ele queria que o programa da futura conferência sobre o Marrocos fosse definido de forma bem rigorosa, para assegurar de antemão a derrota da França. Bülow o ignorou: "a única coisa que importa é sair dessa confusão sobre o Marrocos para preservar nosso prestígio no mundo e levar em conta o máximo possível os interesses econômicos e financeiros alemães".[12] Holstein saiu de férias mal-humorado, e o programa da conferência, com o qual a França e a Alemanha concordaram em 30 de setembro, deixou que o futuro do Marrocos fosse decidido pela própria conferência. No ano seguinte, os alemães abriram caminho gratuitamente para seu próprio fracasso. Poderiam ir de sucesso em sucesso desde que negociassem só com a França; se tivessem aproveitado sua vantagem em julho, poderiam ter imposto à França uma conferência que apenas registraria formalmente a derrota dos planos de Delcassé. Ao concordar com uma conferência de verdade, ficaram expostos ao risco de uma coalizão diplomática. Seu erro foi, em grande medida, o erro de todos que recorrem a conferências internacionais: imaginaram que em algum lugar havia uma "opinião mundial" imparcial, que seria expressa pelas potências supostamente neutras. Mas seu erro foi acentuado pela crença, depois de Björkö, que a liga continental estava assegurada e que por isso não era preciso mais exasperar os franceses.

Em vez disso, o Tratado de Björkö e toda a estrutura de papel que resultou dele se esfacelaram da noite para o dia. No lado russo, esse esfacelamento surgiria do ressentimento do tsar contra a Grã-Bretanha e de uma vaga esperança de tranquilidade caso a guerra no Extremo Oriente fosse retomada. Porém, em 5 de setembro, Witte fez as pazes com os japoneses, com mediação dos Estados Unidos. Os japoneses estavam esgotados, e a paz deu aos russos tudo que os moderados do país sempre quiseram: embora os japoneses tenham passado a controlar a Coreia, não exigiram a Manchúria. Uma guerra de revanche deflagrada pela Rússia não faria sentido. Além disso, essa guerra foi descartada pelas mudanças feitas na aliança anglo-japonesa, quando esta foi renovada em 12 de agosto: como a aliança foi ampliada

---

12 Bülow para o Ministério do Exterior, 8 de setembro de 1905. Ibid., xx (ii), n.6803.

para incluir a Índia, ela atuaria contra o ataque de uma potência em vez de duas. Inconscientemente, a aliança deu uma resposta decisiva ao Tratado de Björkö. A ameaça alemã não poderia mais deixar a Grã-Bretanha neutra numa segunda guerra russo-japonesa – ela se comprometera a intervir de qualquer maneira. Nem a Rússia poderia ter planos de atacar a Grã-Bretanha na Índia com apoio alemão porque o Japão, por sua vez, seria instado a intervir. Por fim, e de forma decisiva, como o governo russo precisava de novos empréstimos da França para sufocar a revolução e reparar os prejuízos da guerra, não ousava ameaçar a França, muito menos ratificar a aliança com a Alemanha sem ela. A França foi o rochedo – meio esquisito, mas, ainda assim, um rochedo – contra os qual os projetos alemães se despedaçaram. Embora Rouvier quisesse manter um bom relacionamento com a Alemanha, não pretendia entrar numa liga continental contra a Grã-Bretanha, do mesmo modo que não tinha endossado os planos de Delcassé para uma suposta aliança com a Grã-Bretanha; de todo modo, no outono, suas negociações com a Alemanha já o tinham levado a concluir que, afinal de contas, talvez Delcassé tivesse razão. O apelo da bolsa de Paris foi mais forte que a solidariedade monárquica, e Nicolau II teve de desfazer sua própria obra. Escreveu em 7 de outubro: "Penso que a entrada em vigor do Tratado de Björkö deve ser adiada até sabermos como a França irá encará-la";[13] e em 23 de novembro: "A Rússia não tem nenhum motivo para abandonar sua aliada nem para desafiá-la subitamente".[14] Ele tentou salvar as aparências sugerindo que a aliança de Björkö não deveria se aplicar no caso de guerra com a França; na verdade, o esquema estava morto. Os russos não tinham interesse na reconciliação da Alemanha e da França, muito menos em fazer uma aliança exclusiva com a Alemanha, que fatalmente provocaria, por sua vez, uma "coalizão da Crimeia".

O Marrocos voltou ao centro do palco. Os alemães não sabiam o que fazer com ele. Bülow definiu: "não podíamos tolerar um triunfo diplomático da França e preferíamos deixar que a situação acabasse em conflito",[15] mas não fez nenhum preparativo militar. Ele nem sequer discutiu o Marrocos com as outras potências – aparentemente, a conferência deveria derrotar automaticamente a França, sem nenhuma iniciativa alemã. Fazia vinte anos que uma disputa internacional não era submetida a uma reunião geral das potências; e, desde então, as pessoas tinham se esquecido da lição do

---

13 Nicolau II para Guilherme II, 7 de outubro de 1905. *Grosse Politik*, xix (ii), n.6247.
14 Nicolau II para Guilherme II, 23 de novembro de 1905. Ibid., n.6254.
15 Memorando de Mühlberg, 25 de dezembro de 1905. *Grosse Politik*, xxi (i), n.6914.

Congresso de Berlim, de que um encontro como esse só é bem-sucedido se as principais diretrizes do acordo tiverem sido definidas antecipadamente. Os franceses também não tinham um plano bem definido para a conferência; porém, pelo menos tinham acordos sobre o Marrocos com a Grã-Bretanha, a Itália e a Espanha, sem falar da aliança com a Rússia. Além disso, tinham se recuperado do pânico de junho. Rouvier achara conveniente enfatizar o perigo alemão enquanto estava dedicado ao *rapprochement* franco-alemão; quando deixou de interessá-lo, ele se tornou tão confiante como Delcassé, ou até mais.[16] E, por incrível que pareça, essa nova obstinação contra a Alemanha transformou Rouvier, o homem que nunca acreditara na entente anglo-francesa, no homem que a transformou em realidade. A queda de Delcassé abalara a confiança dos britânicos na França; Lansdowne a chamara de "abominável".[17] Porém, ele culpava a debilidade francesa, não o assédio alemão; e chegou à conclusão de que a França era uma parceira inútil, não que se deveria enfrentar a Alemanha. O final da Guerra Russo-Japonesa também tornou a entente menos necessária; e houve pouquíssimo contato entre a Grã-Bretanha e a França no outono de 1905.

A entente foi retomada pelo terceiro parceiro nos assuntos do Marrocos – a Espanha. Os espanhóis continuavam profundamente conscientes de sua fragilidade e sempre temeram que a França pudesse sacrificar as reivindicações espanholas no Marrocos para a Alemanha em nome das reivindicações dela (França). Em dezembro, o rei da Espanha Alfonso XIII alegou que os alemães estavam tentando seduzi-lo.[18] Sua verdadeira intenção era, sem dúvida, arrancar uma nova promessa de apoio dos franceses, ou ficar livre para passar para o lado alemão se a França recusasse. Os franceses sempre se ressentiram das impertinências espanholas: como para eles a Espanha era um assunto da Inglaterra, Paul Cambon discutiu o alerta espanhol com Eduardo VII.[19] Um governo liberal tinha acabado de tomar posse na Inglaterra, e Eduardo VII viu a oportunidade de comprometê-lo com

---

16 A ousadia dos franceses foi reforçada por uma desses mal-entendidos comuns na diplomacia. Eles pensavam que Guilherme II era belicoso e Bülow, pacífico, o que era o oposto da verdade. Guilherme II odiava a Questão Marroquina e Bülow estava apenas sendo *pomadig*. No outono de 1905, alguns dos comentários pacifistas de Guilherme II chegaram aos franceses, e eles concluíram, muito injustamente, que o principal defensor da guerra tinha mudado de ideia.

17 Newton, *Lord Lansdowne*, p.341.

18 Margerie (Madri) para Rouvier, 14 de dezembro de 1905. *Documents diplomatiques français*, segunda série, viii, n.227.

19 Paul Cambon para Rouvier, 21 de dezembro de 1905. *Documents diplomatiques français*, segunda série, viii, n.262.

uma política externa decidida. *Sir* Edward Grey, o novo ministro do Exterior, tinha servido sob o comando de Rosebery, no momento de maior tensão com a França e com a Rússia. Ele conhecera bem "a experiência muito desagradável" de precisar depender da Alemanha por causa de um apoio que raramente estava disponível. Para ele, "era uma questão tanto de interesse como de honra" preservar a entente com a França.[20] Além do mais, embora não houvesse uma diferença perceptível entre os dois partidos britânicos com relação à política externa, os unionistas, por estarem no poder, tendiam a aceitar a "aliança natural" com a Alemanha como um elemento da prática cotidiana; e os liberais, por estarem na oposição, tinham ressaltado as vantagens de um melhor relacionamento com a França e a Rússia. Grey tinha herdado um pouco do fervor moral de Gladstone, e o "Concerto da Europa" significava mais para ele do que significara para seus antecessores. Lansdowne tinha encarado a grosseria alemã com a elegância de um diplomata; a firmeza de Grey, típica do norte do país, ficou indignada com ela.

Houve outro aspecto que desempenhou um papel fundamental na definição da política externa de Grey. A unidade do Partido Liberal tinha acabado de ser restaurada, depois de um longo período de conflitos e fragilidade. Imperialistas liberais – Grey, Asquith, Haldane – se juntaram a "pró-bôeres" radicais, como Morley e Lloyd George, sob a liderança de Campbell-Bannerman, e conquistaram a maior vitória eleitoral desde a Lei da Reforma. Grey não faria nada para abalar essa unidade, por meio de qualquer medida na política externa, a menos que ela fosse absolutamente indispensável. Por outro lado, como geralmente acontece quando um partido de esquerda toma posse, ele estava ansioso para demonstrar que podia ser tão firme e realista como qualquer conservador; e a equipe do Ministério do Exterior não tardou a expressar sua "agradável surpresa". Grey chegou a uma solução satisfatória, sem dúvida de maneira não intencional. Ele seguiu uma linha intransigente – mais intransigente ainda que a de Lansdowne; mas consultava muito pouco o gabinete, e quase nunca informava a população. O equilíbrio de poder era um conceito estranho à mente da maioria dos liberais, e o próprio Grey geralmente rejeitava o termo. Na verdade, porém, preocupava-se com o tema de uma forma que nenhum ministro do Exterior tinha se preocupado desde Palmerston. Ele endossava a opinião de seu principal conselheiro: "se a França for deixada à própria sorte, certamente, num futuro próximo, será feito um acordo ou uma aliança entre a França,

---

20 Grey, *Twenty-Five Years*, i. 104.

a Alemanha e a Rússia".[21] Seu objetivo fundamental era impedir a "liga continental" e a dominação alemã decorrente dela; portanto, teve de estimular os esforços da França e, posteriormente, da Rússia, para preservar sua independência. Por outro lado, teve de manter a carta branca para manter o Partido Liberal unido. Sua política foi determinada o tempo todo por essas duas questões. Logo depois de tomar posse, ele definiu a conduta que iria seguir, de maneira mais ou menos coerente, durante os oito anos seguintes: advertiu a Alemanha sem se comprometer com a França. Em 3 de janeiro de 1906, ele disse a Metternich: "a população britânica não toleraria que a França se envolvesse numa guerra com a Alemanha por causa do acordo anglo-francês, e, nesse caso, qualquer governo inglês, fosse ele conservador ou liberal, seria forçado a ajudar a França".[22]

Foi mais difícil responder a Cambon quando este mencionou o risco de agressão alemã. No passado, os governos britânicos tinham atendido seus amigos deslocando a frota até os Estreitos ou algum porto italiano; agora a frota não tinha utilidade para a França – como Rouvier dissera anteriormente, "ela não podia se deslocar sobre rodas". Grey pensou em outro estratagema. Em 31 de janeiro de 1906, autorizou conversações entre os estados-maiores britânico e francês; porém, como em sua opinião não se abordou nenhuma questão de política, ele não informou o gabinete.[23] Aliás, Grey sustentou que, na verdade, ele tinha aumentado a liberdade de ação britânica. Todos, sem exceção, acreditavam que a batalha decisiva da próxima guerra seria travada durante o primeiro mês; portanto, a Grã-Bretanha só poderia ajudar a França se os planos já estivessem prontos. Segundo as próprias palavras de Grey: "Precisamos ter a liberdade de ajudar a França como também de ficar de fora... Se não houvesse planos militares feitos de antemão seríamos incapazes de vir em auxílio da França a tempo... Na verdade, não teríamos preservado nossa liberdade de ajudar a França, mas teríamos inviabilizado a possibilidade de fazê-lo".[24]

---

21 Minuta de Hardinge a respeito de memorando de Grey, 20 de fevereiro de 1906. *British Documents*, iii, n.299.

22 Metternich para Bülow, 3 de janeiro de 1906. *Grosse Politik*, xxi (i), n.6923.

23 Posteriormente, Grey ficou envergonhado com o descuido e deu a entender que tinha sido um acidente. Na verdade, fora algo deliberado. Grey e Campbell-Bannerman é que tomaram a decisão, depois de consultar Eduardo VII, para não alarmar os radicais. "Alguns ministros ficariam surpresos no início dessas conversações... era melhor guardar silêncio e continuar os preparativos discretamente." Paul Cambon para Rouvier, 31 de janeiro de 1906. *Documents diplomatiques français*, segunda série, ix (i), n.106.

24 Grey, *Twenty-Five Years*, i. 75.

Era um bom argumento. Mas não teria agradado aos radicais do gabinete britânico; e isso por um simples motivo. Por mais forte que fosse a justificativa técnica, as negociações militares eram um gesto político. Apesar do alerta espanhol, não havia um risco urgente de guerra em janeiro de 1906; e o caso do Marrocos, na verdade, foi resolvido em Algeciras unicamente com armas diplomáticas. Embora os franceses concordassem com a declaração de Grey de que "nenhum governo britânico jamais se comprometerá com base numa hipótese", as negociações eram o substituto de uma aliança – e, em certos aspectos, um substituto mais decisivo. Quando os britânicos pensassem em entrar numa guerra no continente, por mais remota que ela fosse, seriam obrigados a tratar a independência da França, não o futuro do Marrocos, como o elemento determinante. O equilíbrio de poder europeu, que tinha sido ignorado durante quarenta anos, voltava a dominar a política externa britânica; e, dali em diante, toda manobra alemã foi interpretada como uma tentativa de obter a hegemonia continental. Justificadas ou não, uma vez criadas, não foi fácil erradicar essas suspeitas; acontecera exatamente a mesma coisa, por exemplo, com as intenções que os russos teriam supostamente nutrido durante muitos anos contra a Turquia. Num caso, nenhum juramento dos russos conseguiu remover essas suspeitas; no outro, nenhum juramento dos alemães conseguiu removê-las. Ocorreu uma mudança de ênfase fundamental. Embora os interesses imperiais ainda contassem, do Marrocos à Pérsia, dali em diante eles tiveram de se encaixar no contexto das relações com as potências europeias, em vez de determiná-las, como tinham feito anteriormente. No tempo de Salisbury, a Grã-Bretanha fazia acordos com as potências europeias para defender seu império; agora ela fazia concessões fora da Europa para consolidar o equilíbrio de poder. Do lado francês, as conversações não foram tão importantes. Os franceses não levavam o exército britânico a sério, e até 1914 assumiram que teriam de resistir sozinhos à agressão alemã. Eles estariam dispostos a fazer um acordo com a Alemanha desde que não lhes custasse sua independência como grande potência; mas, quando isso se mostrou inviável, eles agradeceram bastante o apoio diplomático britânico. Caso houvesse uma guerra, sua única esperança seria a Rússia; e sabiam que teriam de esperar muitos anos para que ela estivesse em condições de encarar a Alemanha – em 1906, a Rússia não conseguia enfrentar nem a Áustria-Hungria com algum grau de confiança.[25]

---

25 Moulin (São Petersburgo) para Étienne (ministro da Guerra), 27 de janeiro de 1906. *Documents diplomatiques français*, segunda série, ix (i), n.77.

A conferência sobre o Marrocos foi realizada em Algeciras em 16 de janeiro.[26] Os alemães queriam assegurar a independência do Marrocos; os franceses, se apossar do banco e da polícia do Marrocos. O impasse durou seis semanas: nem a França nem as potências comprometidas com ela tomaram a iniciativa de provocar o ressentimento alemão. Em 3 de março, uma votação sobre os futuros procedimentos revelou que só a Áustria-Hungria e o Marrocos apoiavam a Alemanha. Bülow perdeu a paciência. Ele retirou a condução das negociações das mãos de Holstein, que deixou o cargo quinze dias depois, e concordou com as exigências dos franceses: assinado em 31 de março, o acordo lhes deu o controle da polícia, ficando a Espanha como um parceiro minoritário. Em 5 de abril, enquanto defendia sua política no Reichstag, Bülow sofreu um ataque cardíaco e ficou fora de combate durante alguns meses – algo tão simbólico, à sua maneira, como o título de príncipe que ele tinha recebido dez meses antes. Algeciras derrotou o plano alemão de submeter a França sem recorrer à guerra. Na verdade, Holstein deu a entender que correria até o risco de guerra, lamentando ter julgado mal as "principais personalidades": "Deveria ter percebido que seria difícil fazer Bülow, e impossível fazer Sua Majestade, decidir em última instância".[27] Era uma explicação míope. Ao ignorar a opinião pública, Holstein tinha desempenhado uma "diplomacia de gabinete"; e Bülow teve maior clareza ao reconhecer que "o povo alemão não entenderia uma guerra por causa do Marrocos".[28] Ele tinha de ser ensinado a acreditar que estava "cercado", assim como todos os outros tinham de ser ensinados a acreditar que a Alemanha estava ameaçando dominá-los. Até mesmo Bismarck tivera de preparar suas guerras, e isso ainda era mais imprescindível na era dos partidos de massa e dos exércitos de recrutas.

Os franceses se gabaram de que Algeciras tinha sido uma afirmação do Concerto da Europa contra a pressão de uma única potência,[29] o que também foi um exagero. Embora a Declaração de Algeciras tenha deixado a porta aberta para os franceses, eles não podiam entrar. Até então, os alemães

---

26 Certamente para grande satisfação do delegado espanhol, que era dono do principal hotel. A conferência contou com a presença das Grandes Potências e dos interessados no comércio mouro (Alemanha, Áustria-Hungria, Bélgica, Espanha, Estados Unidos, França, Grã-Bretanha, Itália, Marrocos, Holanda, Portugal, Rússia e Suécia).
27 Lancken, *Meine dreissig Dienstjahre*, p.55.
28 Bülow para Speck von Sternburg (Washington), 19 de março de 1906. *Grosse Politik*, xxi (i), n.7118.
29 Billy, relatório, 1º de maio de 1906. *Documents diplomatiques français*, segunda série, ix (ii), apêndice, p.993.

não tinham nenhum direito no Marrocos, exceto como uma grande potência; agora podiam reivindicar um reembolso caso a França excedesse os direitos conferidos a ela em Algeciras. A conferência também não afirmara realmente o Concerto da Europa. Nenhuma das potências, com a exceção, até certo ponto, da Grã-Bretanha, pensava em termos de resistência à pressão alemã. Pelo contrário, elas respeitavam a contragosto os acordos que tinham feito com Delcassé;[30] e tanto a Itália como a Espanha estavam ressentidas por terem sido manipuladas para tomar partido numa disputa franco-alemã. Mesmo na Inglaterra, poucas pessoas estavam convencidas de que o equilíbrio de poder estivesse em jogo. Eyre Crowe, um membro do Ministério do Exterior, escreveu um vigoroso memorando no final do ano no qual afirmou que a Alemanha estava tentando dominar a Europa; mas a maioria dos ingleses considerava o Marrocos um acidente infeliz que tinha interrompido o curso tranquilo das relações anglo-germânicas. Em agosto, Metternich escreveu: "A política inglesa se baseia na cooperação com a França... Só se a política inglesa conseguir chegar a um acordo franco-alemão é que a amizade da Inglaterra se tornará politicamente útil para nós".[31] Os políticos britânicos teriam concordado com Metternich que a única coisa que afastava os dois países era a disputa franco-alemã por causa do Marrocos.

O conflito por causa do Marrocos, que transcorreu da visita de Guilherme II a Tânger até o fim da Conferência de Algeciras, deu uma primeira pista do que estava por vir e foi um prenúncio da guerra mundial. Mas foi apenas uma pista e um prenúncio. A ameaça de guerra só era feita em conversas privadas discretas, ou por Bülow ou por Grey; não foi tomada nenhuma medida concreta em relação à guerra – não houve mobilização de tropas nem foram enviados navios para os postos de combate. No entanto, a "crise" era real, um ponto de inflexão na história europeia que abalou a longa paz bismarckiana. Pela primeira vez desde 1875, a hipótese de guerra entre a França e a Alemanha foi considerada seriamente; pela primeira vez,

---

30 Os russos precisaram se manter firmes diante da recusa francesa de conceder um empréstimo antes que a conferência chegasse a bom termo. Grey tentou pressionar os franceses a fazer um acordo bem no momento em que Bülow perdeu a cabeça. Bertie, embaixador britânico em Paris, revelou essa manobra para a imprensa francesa e depois se referiu aos protestos como uma prova de que o acordo era impossível. Grey precisou insistir que não estava abandonando a França; e isso, por sua vez, levou o governo francês a supor que ele os estava exortando a não ceder. Diante da crise, era algo arriscado: se Holstein tivesse continuado envolvido nas negociações por mais uma semana, os franceses teriam cedido.

31 Metternich para Bülow, 23 de agosto de 1906. *Grosse Politik*, xxi (ii), n.7198.

os russos tiveram de vislumbrar a possibilidade de honrar seus compromissos previstos na aliança franco-russa – e a perspectiva não lhes agradou; pela primeira vez desde 1864, os britânicos consideraram intervir militarmente no continente. Nada disso chegou ao conhecimento da população nem afetou a opinião pública. Mesmo os políticos fingiram que não tinha acontecido nada. Aqueles que se opuseram à política alemã em Algeciras declaram que não tinham feito por mal. As negociações militares entre a Grã-Bretanha e a França se esvaíram e foram esquecidas. Os italianos ostentaram sua lealdade à Tríplice Aliança. Por exemplo, concordaram com sua prorrogação (prevista para 1907) prematuramente, sem cancelar o convênio militar dirigido contra a França e até mesmo sem retomar a declaração de 1882, de que a aliança jamais poderia atuar contra a Grã-Bretanha.[32] Tanto os britânicos como os russos fizeram gestos de amizade. Haldane, o ministro da Defesa britânico, se deixou apanhar numa visita ao exército alemão no aniversário de Sedan;[33] e Izvolski, o novo ministro do Exterior russo, foi a Berlim em outubro e se recusou a ir a Londres.

Não obstante, o grande acontecimento do período pós-Algeciras foi mais um golpe para a Alemanha: a reconciliação entre a Grã-Bretanha e a Rússia. O principal motivo não foi a hostilidade em relação à Alemanha. É verdade que Grey afirmara durante a Conferência de Algeciras que aquele não era o momento certo de se opor à Alemanha, e que deviam esperar até que ele tivesse chegado a um acordo com a Rússia: "Uma entente entre a Rússia, a França e nós seria absolutamente segura. Se for necessário controlar a Alemanha, isso poderia ser feito depois".[34] Os russos ficaram alarmados com a ferrovia de Bagdá e, mais ainda, com os primeiros sinais de penetração alemã na Pérsia. Como temessem uma parceria anglo-germânica no Oriente Médio à sua custa, decidiram chegar a um acordo com os dois países antes que fosse tarde demais. A derrota no Extremo Oriente tinha deixado os russos mais moderados e sensatos que de costume. Izvolski, que se tornara ministro do Exterior em maio de 1906, era uma pessoa mais capaz que seus

---

[32] Os alemães não confiavam na Itália, mas renovaram a aliança para não parecer que dependiam unicamente da Áustria-Hungria. Bülow escreveu: "Precisamos deixar que os austríacos percebam nosso relativo isolamento o mínimo possível". Bülow para Guilherme II, 31 de maio de 1906. *Grosse Politik*, xxi (ii), n.7154.

[33] Em janeiro de 1907, Haldane disse a Metternich: "Ele não sabia se tinha havido ou não conversas não comprometedoras entre militares ingleses e franceses". Metternich para Bülow, 31 de janeiro de 1907. Ibid., n.7205. É claro que Haldane fora mantido plenamente informado por Grey.

[34] Memorando de Grey, 20 de fevereiro de 1906. *British Documents*, iii, n.299.

predecessores imediatos. Com pontos de vista moderadamente liberais, ele conhecia um pouco a Europa ocidental e não estava entorpecido nem pelo sentimento eslavo nem pelos princípios de solidariedade monárquica. O que os russos precisavam concretamente no Oriente Médio era de uma zona neutra diante de sua fronteira do Cáucaso; em troca, aceitariam a ferrovia de Bagdá e dividir o controle da Pérsia com os britânicos.[35] Apesar disso, os russos estavam longe de tomar partido entre Alemanha e Grã-Bretanha; pelo contrário, queriam manter um bom relacionamento com ambos os países, do mesmo modo que dez anos antes tinham sido próximos da França e da Alemanha ao mesmo tempo. Não tinham motivo para temer a Alemanha na Europa. Em 1905, o exército alemão poderia ter aniquilado a Rússia com a maior facilidade; em vez de ameaçar, os alemães tinham tentado convencer a Rússia a fazer uma aliança, e agora estavam ajudando a aumentar sua capacidade industrial. Por ora, os russos não tinham nenhum motivo imaginável para entrar em guerra com a Alemanha, exceto uma ameaça alemã de destruir a França,[36] e teriam hesitado em entrar em guerra até mesmo por esse motivo. Em 1906 e 1907, o mesmo se aplicava aos britânicos.

Assim, a entente anglo-russa tinha pouco a ver com a Alemanha. Fazia anos que os britânicos desejavam chegar a um acordo, e vinham trabalhando ativamente por ele desde 1903. Os russos é que tinham mudado de humor, do mesmo modo que a mudança de humor dos franceses levou à entente de 1904. O acordo era limitado, restringindo-se – para todos os efeitos práticos – à Pérsia. A guerra do Extremo Oriente tinha eliminado a concorrência anglo-russa ali. Inicialmente, Izvolski pensou em exigir que os britânicos pressionassem o Japão como preço para ceder na Pérsia, mas isso acabou sendo desnecessário. Os japoneses estavam dispostos a ceder sem a pressão britânica; e um acordo russo-japonês, que praticamente criava um monopólio conjunto na Manchúria, foi firmado em 30 de julho de 1907, antes do término das negociações com a Grã-Bretanha. Na outra extremidade da Ásia, Izvolski levantou a questão dos Estreitos durante as discussões. Era simplesmente uma questão de prestígio. A Rússia não tinha frota no Mar Negro, e o fechamento dos Estreitos era extremamente conveniente para ela. No final

---

35 Protocolo do conselho de ministros russo, 14 de fevereiro de 1907. Siebert, *Graf Benckendorffs diplomatischer Schriftwechsel* (1928), n.1.

36 Em abril de 1906, os russos concordaram em abandonar os convênios militares antibritânicos que tinham feito com a França em 1900 e 1901. Também concordaram que deveria haver uma "concertação prévia", e não uma intervenção, se a Itália ou a Áustria-Hungria se mobilizasse isoladamente. Bourgeois para Bompard, 25 de junho de 1906, anexando *procès-verbal* de 21 de abril. *Documents diplomatiques français*, segunda série, x, n.119.

das contas, porém, Izvolski esperava ter uma permissão hipotética para que hipotéticos navios de guerra russos atravessassem os Estreitos, mostrando assim que um ministro do Exterior "liberal" podia se sair melhor que seus predecessores reacionários. Não houve uma objeção estratégica da parte dos britânicos, apenas o temor de que a opinião pública pudesse se ofender – "haveria um tumulto". Grey respondeu que seria mais fácil atender aos desejos dos russos em relação aos Estreitos quando a entente tivesse demonstrado seu valor em outros lugares. "Um bom relacionamento com a Rússia significava que a nossa velha política de fechar os Estreitos contra ela e de jogar nosso peso contra ela em qualquer conferência das potências tinha de ser abandonada."[37] Izvolski tentou interpretar isso como uma promessa de apoio britânico numa futura conferência, mas Grey não quis se comprometer: "Se as negociações que estão em andamento levarem a um resultado satisfatório, o efeito na opinião pública britânica seria tamanho que facilitaria muitíssimo a discussão da questão dos Estreitos, caso ela surja mais adiante".[38] Embora Izvolski afirmasse estar satisfeito, ocorreu ali um mal-entendido que causaria problemas no ano seguinte.

Assinado em 31 de agosto de 1907, o acordo eliminou dois problemas secundários. O Tibete foi transformado num Estado-tampão neutro e os russos renunciaram ao contato direto com o Afeganistão, para que a Índia se sentisse segura na fronteira noroeste. O acordo fundamental foi em relação à Pérsia. O norte adjacente ao Cáucaso ficaria na esfera de influência russa, o sudeste, adjacente à Índia, na esfera britânica; o centro, incluindo o golfo, ficaria neutro. Essa divisão era puramente estratégica;[39] nenhum lado mencionou ou levou em conta o petróleo persa, e foi por mero acaso que ele acabou sendo de fácil acesso aos britânicos. Cada uma das duas potências estava preocupada em privar a outra de vantagens estratégicas; excluir a Alemanha era uma questão secundária, e Izvolski teve o cuidado de assegurar a aprovação alemã antes de fazer o acordo. É claro que os alemães não podiam mais contar com uma guerra anglo-russa, mas isso não era mais novidade desde novembro de 1904. Numa questão o acordo trouxe uma vitória imediata

---

37 Memorando de Grey, 15 de março de 1907. *British Documents*, iv, n.257.
38 Grey para Nicolson, 1º de maio de 1907. Ibid., n.268.
39 Uma típica peculiaridade russa; o chefe do Estado-Maior não quis abrir mão da ameaça estratégica à Índia, e disse isso claramente a Nicolson. No entanto, ele nem dispunha de soldados para levar a cabo a ameaça nem havia uma ferrovia para transportá-los. Independentemente disso, a Grã-Bretanha e a Rússia mantinham supostamente uma relação amistosa. É claro que a recusa britânica, no ano seguinte, de permitir que navios de guerra russos atravessassem os Estreitos também era absurda, se a Grã-Bretanha levasse a entente a sério.

A PARTILHA DA PÉRSIA

para os russos. Quando Guilherme II visitou a Inglaterra no outono de 1907, ofereceu novamente aos britânicos uma participação na ferrovia de Bagdá; e eles teriam gostado de aceitá-la, para controlar o trecho final, onde a ferrovia chegava ao Golfo Pérsico. Porém, como estavam ansiosos em demonstrar sua boa-fé aos russos, replicaram que só poderiam discutir a ferrovia *à quatre*, com a França e a Rússia. A perspectiva de ficar numa minoria de três contra um não agradou aos alemães, e deixaram o assunto morrer. Nos anos seguintes, tanto franceses como russos seriam muito menos escrupulosos que Grey tinha sido: um dever de honra geralmente é mais oneroso que um compromisso formal.

Ainda assim, essa não era a parte decisiva da entente. Ela era basicamente um acerto de contas, não uma aliança disfarçada. Suas duas principais fragilidades decorriam de motivos internos à Grã-Bretanha e à Rússia, não de qualquer ameaça alemã. Por um lado, como os russos tinham dificuldade de moderar suas ambições por muito tempo, logo retomaram a crença de que a Rússia era a maior, até mesmo a única, potência do mundo; e a tentação de enganar a Pérsia ficou mais forte pelo fato de que sua capital, Teerã, estava na zona russa. Independentemente do que o Ministério do Exterior dissesse em São Petersburgo, os russos em Teerã continuavam interferindo na independência da Pérsia. Do lado britânico, a entente suscitou uma oposição imperialista ainda mais radical. A hostilidade radical à Rússia vinha de longa data, mas nos velhos tempos não havia opção entre a Rússia e as Potências Centrais, e Gladstone conseguira até passar a impressão de que, de algum modo, a Rússia era "cristã" de um jeito que a Áustria não era. É por isso que, quando colaborou com a Áustria-Hungria, Salisbury teve de disfarçar seu gesto usando a Itália "liberal" como conexão. Agora a Rússia era obviamente a potência mais reacionária da Europa. A revolução de 1905 despertara grande simpatia na Inglaterra; e mesmo o primeiro-ministro Campbell-Bannerman lamentara publicamente sua derrota. Por outro lado, o prestígio das duas potências germânicas tinha aumentado. A Áustria tinha acabado de implantar o sufrágio universal, e, na Inglaterra, se desconhecia a tirania magiar na Hungria. Entre 1907 e 1909, houve uma maioria de esquerda no Reichstag alemão, e Bülow posou como chanceler de uma coalizão liberal. A entente com a Rússia soou como um gesto inescrupuloso da "política de poder", ainda mais quando os russos agiram contra o Parlamento persa. O sentimento radical se voltou até mesmo contra a França: sua ligação com a Rússia, em vez de tornar a Rússia respeitável, fez com que a França também parecesse reacionária e militarista. As pretensões francesas no Marrocos foram responsabilizadas pela crise de 1905, e a Alemanha foi apresentada como uma potência pacífica que era ameaçada pelas aspirações francesas à Alsácia e à Lorena e pelas intenções russas nos Bálcãs e nos Estreitos. Se os alemães tivessem ficado calados, a "tríplice entente" logo poderia ter se dissolvido; em vez disso, suas atitudes a transformaram em realidade.

Em agosto de 1907, quando a entente foi firmada, tanto britânicos como russos supunham que não tinham nenhum desentendimento com a Alemanha, exceto com relação à França. Os russos tinham assumido o compromisso de defender a independência francesa; os britânicos estavam comprometidos com o Marrocos. Nenhum parecia uma questão arriscada. Os alemães não estavam mais tentando submeter a França; e os franceses estavam buscando cautelosamente um acordo com a Alemanha a respeito do Marrocos, por meio do qual eles obtivessem a hegemonia política em troca do compartilhamento das vantagens econômicas. Jules Cambon, que se tornou embaixador em Berlim em julho de 1907, certamente queria competir com as realizações de seu irmão mais velho como criador de ententes, e logo deu início às negociações que acabaram deflagrando a crise de 1911.

Antes disso, a Questão Marroquina foi ofuscada por conflitos inesperados da Alemanha com a Grã-Bretanha e a Rússia. Um deles foi a corrida naval; o outro, a crise da Bósnia. Em nenhum dos casos a responsabilidade era exclusivamente da Alemanha. Embora mais cedo ou mais tarde o crescimento da marinha alemã acabasse afastando os britânicos, até 1906 qualquer desafio sério ainda estava num futuro distante. Em 1906, o Almirantado lançou o *Dreadnought*, o primeiro navio com armas de alto calibre, tornando obsoletos todos os encouraçados existentes, inclusive os britânicos. Estes tiveram de recomeçar a corrida naval, com uma vantagem bem menor, e uma corrida mais dispendiosa do que nunca. Em 1907, eles procuraram dar o exemplo para os outros reduzindo seu programa de construção; em vez disso, a redução fez que os alemães se sentissem mais tentados a recuperar o tempo perdido. Em novembro de 1907, Tirpitz apresentou uma legislação naval suplementar que previa um amplo programa de construção de navios da classe do *Dreadnought*. Em março de 1908, o governo britânico teve de aumentar suas estimativas navais e, pior ainda, antecipou aumentos muito maiores para o ano seguinte. Apesar de essa corrida naval lhe parecer absurda, ele estava confiante de que poderia vencê-la, embora a um custo elevado. Por outro lado, como não tinha nenhum conflito com a Alemanha (ou assim imaginava), não conseguia entender relutância desta em deixar seu comércio e suas colônias ultramarinos dependentes da boa vontade britânica. A única explicação racional para o programa de construção naval alemão seria a intenção deliberada de destruir a independência britânica. Na verdade, não havia explicação racional: os alemães tinham se voltado para a expansão naval em parte por razões de política interna e em parte por um desejo geral de grandeza. Evidentemente, esperavam que uma grande marinha faria que os britânicos os respeitassem, e até os temessem; eles jamais compreenderam que, a menos que conseguissem realmente superar a Grã-Bretanha, a única consequência dessa competição naval seria afastá-la.

Os britânicos não tinham uma solução para superar o impasse. Sua única solução era que os alemães reduzissem voluntariamente o ritmo de construção naval. Isso diminuiria a tensão e economizaria recursos para ambos os lados.[40] Essa proposta foi feita por Lloyd George, que acabara de se tornar ministro das Finanças, em julho de 1908;[41] e foi repetida com menos sinceridade por Hardinge, o subsecretário fixo, quando ele acompanhou Eduardo VII numa visita a Guilherme II em agosto.[42] Os alemães a recusaram de forma categórica – Guilherme II com violência, Bülow e Metternich de maneira mais evasiva. A única tentativa de resposta foi dizer que a Grã-Bretanha não temeria a frota alemã se fizesse uma aliança com a Alemanha. Bülow especulou vagamente que a Alemanha poderia fazer algumas concessões relacionadas à construção naval se recebesse em troca concessões políticas; naquele momento, não se procurou descobrir que concessões seriam essas. No verão de 1908, o distanciamento entre a Grã-Bretanha e a Alemanha ficou visível aos olhos do mundo.

Embora, anos antes, tanto a França como a Rússia tivessem certamente acolhido o fim da colaboração anglo-germânica, ambos os países ficaram alarmados diante da perspectiva de ser apanhados num conflito anglo-germânico. Clemenceau, primeiro-ministro francês de 1906 a 1909, era,

---

40 Os britânicos nunca compreenderam a diferença política entre os dois países. Na Inglaterra, a classe dirigente também era contribuinte, e a economia os beneficiava instantaneamente. Na Alemanha, como a classe dirigente não pagava impostos, a economia não lhes trazia nenhum benefício; pelo contrário (na medida em que reduzia os contratos por meio dos quais ela mantinha o Reichstag dócil), aumentava suas dificuldades políticas. Além disso, o programa naval britânico era definido todo mês de março; o alemão era determinado com anos de antecedência.

41 Metternich para Bülow, 16 de julho e 1º de agosto de 1908. *Grosse Politik*, xxiv, n.8217 e 8219.

42 A principal preocupação de Hardinge era provar aos políticos britânicos que era indispensável ter um amplo programa naval. Depois do encontro com Guilherme II, ele escreveu: "Não creio que se deva lamentar que uma exposição clara das posições do governo sobre o tema dos armamentos navais tenha sido apresentada ao imperador e ao governo alemão, já que a sua reação justifica plenamente, perante o Parlamento e o mundo em geral, qualquer contramedida que o governo de Sua Majestade decida tomar num futuro próximo". Memorando de Hardinge, 15 de agosto de 1908. *British Documents*, vi, n.116.

entre todos os franceses, o defensor mais convicto da cooperação com a Grã-Bretanha; mas também estava convencido de que a Alemanha trataria a França como refém em caso de guerra com a Grã-Bretanha. Ele exortou os britânicos a se concentrarem no fortalecimento de seu exército,[43] e, enquanto isso, tentou diminuir o perigo acalmando os alemães em relação ao Marrocos. Aqui também houve um equívoco. Os franceses queriam melhorar o relacionamento com a Alemanha para atuar como mediadores entre ela e seus amigos; os alemães só fariam concessões à França se ela abandonasse seus amigos. Bülow tinha estipulado isso em 1907: "a única compensação pela desistência da nossa posição no Marrocos seria uma aliança com a França".[44] Os russos estavam ainda mais ansiosos em não se comprometer com nenhum dos lados. Em junho de 1908, Eduardo VII e Nicolau II se reuniram em Reval, trazendo Izvolski e Hardinge com eles. Foi, sem dúvida, um símbolo de reconciliação, e, por esse motivo, muito criticado pelos radicais britânicos; mas o único resultado concreto foi o acordo sobre um programa de reformas na Macedônia. Hardinge exortou os russos a fortalecer seu exército para atuar como árbitros da paz caso surgisse uma situação crítica "dentro de sete ou oito anos". Izvolski não se deixou convencer: "era imperativo que a Rússia agisse com a máxima prudência em relação à Alemanha, não dando a esta última potência nenhum motivo de queixa de que o aprimoramento das relações entre a Rússia e a Grã-Bretanha tivesse acarretado a deterioração equivalente da relações entre a Rússia e a Alemanha".[45] Logo depois, ele disse a Clemenceau que não havia a menor possiblidade de "firmar um acordo anglo-franco-russo";[46] e o Estado-Maior russo insistiu que os franceses concordassem que uma mobilização alemã contra a Grã-Bretanha não poria em funcionamento a aliança franco-russa.[47]

Essa cautela era um reflexo da fragilidade russa. Ela precisava de um longo período de paz, e, tendo se protegido no Oriente Médio e no

---

43 Clemenceau para Pichon, 29 de agosto de 1908. *Document diplomatiques français*, segunda série, xi, n.434; Goschen para Grey, 29 de agosto de 1908. *British Documents*, vi, n.100.
44 Bülow para Guilherme II, 27 de junho de 1907. *Grosse Politik*, xxi (ii), n.7259.
45 Memorando de Hardinge, 12 de junho de 1908. *British Documents*, v, n.195.
46 Clemenceau para Pichon, 2 de setembro de 1908. *Documents diplomatiques français*, segunda série, xi, n.441. Grey também não gostou do termo "tríplice entente", embora por um motivo diferente: "se ele aparecesse num Livro Azul do Parlamento, se suporia que ele tinha um significado oficial específico e poderia provocar comentários ou investigações inconvenientes". Hardinge para Nicolson, 30 de abril de 1909, *British Documents*, ix (i), n.7. Izvolski temia a Alemanha, Grey, os radicais britânicos na Câmara dos Comuns.
47 *Procès-verbal*, 24 de setembro de 1908. *Documents diplomatiques français*, segunda série, xi, n.455.

Extremo Oriente, isso parecia possível. O acordo austro-russo de 1897 manteve o Oriente Próximo em suspenso, e convinha aos interesses russos mantê-lo assim. Mas Izvolski ansiava por um êxito dramático. Em 3 de fevereiro de 1908, propôs ao conselho de ministros uma ação militar anglo-russa contra a Turquia "que poderia gerar resultados incríveis". Os outros ministros ficaram horrorizados: a Rússia não tinha dinheiro, nem marinha, nem armas. O primeiro-ministro Stolypin declarou: "só depois de alguns anos de silêncio absoluto é que a Rússia poderá se pronunciar de novo como no passado".[48] Izvolski ignorou a advertência. Decidiu entrar no jogo sozinho e conseguiu que Nicolau II apoiasse seu plano de abrir os Estreitos para os navios de guerra russos. A Rússia não tinha nenhum navio de guerra; e a única parte sensata do plano é que ele daria mais trabalho aos estaleiros de Nikolayev, que ficavam próximo das jazidas de ferro da Ucrânia. De todo modo, Izvolski não estava interessado em bom senso; ele queria impressionar.

A atuação russa não foi necessária para agitar o Oriente Próximo. O Império Otomano na Europa estava se desfazendo sozinho. A Macedônia vivia uma agitação crônica, sendo palco de uma revolta em larga escala em 1903; como sempre, as tentativas de intervenção internacional serviam apenas para demonstrar a desconfiança das potências. Em julho de 1908, a Revolução dos Jovens Turcos pôs fim à tirania precária de Abdul Hamid. Além do mais, a Áustria-Hungria aproveitara bem os dez anos em que a entente com a Rússia deixara os Bálcãs em suspenso. O capital austríaco penetrou profundamente, e tudo indicava que, se não houvesse interferência, a Turquia europeia passaria à esfera de influência dos Habsburgo. Mas a política austro-húngara era definida cada vez mais por um problema doméstico fundamental que desafiava a habilidade política dos Habsburgo. Os eslavos do Sul da monarquia estavam ficando inquietos com a opressão magiar na Hungria; e como não era possível fazer nada para abalar o monopólio de poder magiar, a única "solução" era quebrar a autoconfiança da Sérvia, um país independente que era considerado em Viena o "Piemonte dos eslavos do Sul". Esse perigo era em grande medida imaginário. Os sérvios não tinham Cavour, e todas as suas tradições históricas os afastavam dos sérvios e croatas ocidentalizados da Áustria-Hungria. De fato, em vez de a ambição sérvia estimular o descontentamento dos eslavos do Sul, esse descontentamento é que levou a Sérvia a se meter nos assuntos dos Habsburgo. Quando as pessoas imaginam um perigo, logo o transformam em realidade. Foi o que ocorreu com Viena e Belgrado. Como a Áustria-Hungria decidira acabar

---

48 Pokrovski, *Drei Konferenzen*, p.17-31.

com a independência da Sérvia, a única alternativa que restou aos sérvios foi contestar a existência da Áustria-Hungria.

A nova linha foi simbolizada por duas mudanças pessoais no outono de 1906: Conrad sucedeu Beck como chefe do Estado-Maior e Aehrenthal sucedeu Goluchowski como ministro do Exterior. Beck tinha sido um conselheiro militar cauteloso, na verdade covarde, que duvidava que a Áustria-Hungria fosse capaz de travar uma grande guerra. Conrad estava sempre disposto a fazer planos que ultrapassavam os recursos da monarquia. Ele queria romper o círculo que estaria supostamente se fechando em torno da Áustria-Hungria, e defendia a guerra contra a Sérvia ou a Itália enquanto a Rússia ainda estava debilitada. O verdadeiro inimigo era menos importante que exibir a força da monarquia na guerra. Para Conrad, a guerra era a solução em si mesma. Do mesmo modo, Goluchowski tinha se contentado em manter a calma, e seguira os passos da Alemanha durante a crise do Marrocos; porém, quando a situação chegou a um impasse em Algeciras, ele exigira que se fizesse um compromisso. A exemplo de Conrad, Aehrenthal queria restaurar o prestígio da monarquia por meio de um golpe de mestre. Ele era arrogante, vaidoso, impaciente e sedento de ação. Observara com satisfação o isolamento da Alemanha em Algeciras, e, mais ainda, seu distanciamento da Grã-Bretanha em 1908. Pretendia inverter a situação em seu próprio benefício, e acreditava que a Alemanha teria de apoiar a Áustria-Hungria independentemente da sua ação nos Bálcãs. Também se orgulhava de "conhecer a Rússia" (um defeito comum entre diplomatas), e pensava que conseguiria mantê-la na linha por meio de referências vagas à Liga dos Três Imperadores. Seu golpe de mestre[49] seria a anexação da Bósnia e da Herzegovina, que a monarquia tinha administrado desde 1878; isso poria fim aos sonhos sérvios de acrescentar as duas províncias ao seu Estado nacional[50] e, de maneira mais vaga, permitiria que a monarquia demonstrasse o quão benéfico poderia ser seu governo para uma população eslava, quando livre da interferência magiar. Depois, num futuro mais distante, ele planejava dividir a Sérvia com a Bulgária.

---

[49] Para ser preciso, seu primeiro golpe foi o projeto de uma ferrovia através do Sanjak de Novibazar, que estivera sob o controle militar da Áustria-Hungria desde 1878. Isso também era política de prestígio. A ferrovia era inviável, e Aehrenthal se retirou do Sanjack quando anexou a Bósnia e a Herzegovina.

[50] Até 1912, todos, incluindo os sérvios, supunham que a maior parte da Macedônia era habitada por búlgaros. Portanto, a Bósnia e a Herzegovina pareciam mais importantes para a Sérvia do que se tornaram posteriormente na Iugoslávia.

Izvolski tirou as palavras da boca de Aehrenthal. Em 2 de julho, ele propôs apoiar a anexação da Bósnia e da Herzegovina pela Áustria-Hungria, se em troca ela apoiasse os projetos russos nos Estreitos.[51] Os dois se encontraram em Buchlov[52] em 15 de setembro e fecharam o acordo. Como supôs que ambas as questões, que envolviam mudanças no Tratado de Berlim, teriam de ser submetidas a uma conferência europeia, Izvolski foi recolher sem pressa a aprovação das outras potências. Aehrentahl, porém, anunciou a anexação das duas províncias em 5 de outubro. Izvolski tinha acabado de chegar a Paris, sem nada concluído. Para piorar a situação, ele foi desautorizado por seu próprio governo. Stolypin não dava nenhuma importância aos Estreitos, mas valorizava muito o sentimento eslavo; ameaçou renunciar, e Nicolau II precisou fingir que desconhecia os projetos de Izvolski.[53] Izvolski ainda esperou se salvar obtendo algo nos Estreitos. Os franceses não se comprometeram nem de um jeito nem de outro,[54] porém, assim que chegou a Londres, Izvolski se viu em dificuldades. A opinião pública britânica imaginou que, com a Revolução dos Jovens Turcos, a Turquia tinha iniciado uma trajetória liberal, portanto não faria nada para fragilizá-la. Mais importante ainda, as frases vagas ditas por Grey em 1907 pressupunham que os russos causariam uma boa impressão se comportando bem na Pérsia; em vez disso, eles já estavam se comportando mal, e o único jeito de obrigá-los a manter o acordo na Pérsia era mantendo a intransigência em relação aos Estreitos. Grey insistiu que, se o regulamento dos Estreitos fosse revisto, "teria de haver uma espécie de reciprocidade", ou seja, terceiros deveriam ter a permissão de entrar no Mar Negro nas mesmas condições em que a Rússia podia sair. Não poderia ter havido proposta mais ofensiva para a Rússia. De todo modo, como Hardinge admitiu, tratava-se de uma "mercadoria de exposição": "entre nós, já é um princípio enraizado da guerra naval que em hipótese alguma nossas frotas atravessariam os Estreitos".[55] O verdadeiro obstáculo eram os radicais, não o Almirantado. Asquith e Grey, apoiados por Eduardo VII, teriam preferido fazer alguma concessão a Izvolski; pensando apenas no efeito sobre a opinião pública, o gabinete os rejeitou. Izvolski só conseguiu a garantia de Grey de que ele gostaria de realizar um milagre: "Desejo sinceramente que

---

51 *Aide-mémoire* russo, 2 de julho de 1908. *Österreich-Ungarns Aussenpolitik*, i, n.9.
52 Nome alemão obsoleto: Buchlau.
53 Charykov, *Glimpses of High Politics*, p.269.
54 Dizem frequentemente que a França também se opôs à abertura dos Estreitos. Não é verdade. Pichon "não fez nenhum comentário". Bertie para Grey, 13 de outubro de 1908. *British Documents*, v, n.368.
55 Hardinge para Nicolson, 13 de outubro de 1908. *British Documents*, v, n.372.

se chegue a um acordo que abra os Estreitos sob condições que sejam aceitáveis à Rússia... ao mesmo tempo que não deixe a Turquia nem as potências externas numa desvantagem injusta".[56] Izvolski precisava mudar de rumo. Ao retornar a São Petersburgo, ele exigiu que a anexação da Bósnia e da Herzegovina fosse submetida a uma conferência, e até se apresentou como paladino dos sérvios, um povo que até então ele desconhecia.

Isso pôs o caso num patamar diferente. Aehrenthal pretendia humilhar a Sérvia, não a Rússia; suas referências à Liga dos Três Imperadores tinham sido muito sinceras, e ele até esperara, por meio da sua atuação independente nos Bálcãs, escapar da relação de subordinação em relação à Alemanha que Goluchowski demonstrara em Algeciras. Ele não contara nada aos alemães a respeito do acordo de Buchlov; e a anexação, feita pela transgressora Turquia, atingiu de maneira cirúrgica os interesses alemães no Oriente Próximo. Os alemães, por sua vez, quase tinham se esquecido da Áustria-Hungria nos anos precedentes – por exemplo, não ocorreu a nenhum deles que o Tratado de Björkö era tão contrário à sua aliança com ela como a da Rússia com a França. Agora, tinham decidido apoiar a Áustria-Hungria, menos para mantê-la firme a seu lado e mais para humilhar a Rússia por ter feito uma entente com a Grã-Bretanha. Bülow deixou claro: "Como a Rússia se juntou de forma ostensiva à Inglaterra em Reval, não poderíamos abrir mão da Áustria. A situação europeia mudou tanto que precisamos encarar os desejos russos com mais cautela do que costumávamos fazer".[57] Os alemães retomaram de um salto a política do "novo rumo", seguida por Caprivi e Holstein em 1891:[58] prometeram apoiar a Áustria-Hungria no Bálcãs independentemente do que ela fizesse. Em 30 de outubro, Bülow escreveu para Aehrenthal: "Considerarei adequada qualquer decisão que você vier a tomar";[59] e, em janeiro de 1909, o sobrinho do grande Moltke, que se tornara então chefe do Estado-Maior alemão, escreveu para Conrad, com a aprovação de Bülow: "no instante em que a Rússia se mobilizar, a Alemanha também se mobilizará, e, indiscutivelmente, mobilizará todo o seu exército".[60] Os homens do "novo rumo" haviam realmente imaginado que estavam ameaçados pela Rússia; Bülow e Moltke sabiam que a Rússia

---

56 Grey para Izvolski, 15 de outubro de 1908. *British Documents*, v, n.387.
57 Memorando de Bülow, 27 de outubro de 1908. *Grosse Politik*, xxvi (i), n.9074.
58 Na verdade, Holstein ainda era conselheiro de Bülow e, em seu leito de morte, indicou Kinderlen como seu sucessor.
59 Bülow para Aehrenthal, 30 de outubro de 1908. Ibid., n.9079.
60 Moltke para Conrad, 21 de janeiro de 1909. Conrad, *Aus meiner Dienstzeit*, i. 379.

era incapaz de entrar em guerra – eles tentaram obter uma vitória diplomática sem esforço.

A hostilidade à Rússia implicava logicamente a conciliação com a Grã-Bretanha e a França, como, de forma inversa, o ataque a Delcassé em 1905 fora compensado pelo Tratado de Björkö. Os dois países responderam prontamente: eles não tinham a intenção de se envolver numa guerra nos Bálcãs e esperavam que a Alemanha se juntasse a eles na mediação entre a Rússia e a Áustria-Hungria. A intenção dos alemães era bem diferente: isolar a Rússia, para que ela pudesse ser humilhada à vontade. Então, nas palavras de Bülow, "o cerco, que há muito tempo tem sido frágil, será rompido de vez".[61] Os alemães não tiveram muito êxito com os britânicos. Bülow cogitou lhes oferecer algumas concessões navais, mas não conseguiu sensibilizar Tirpitz e recuou para evitar um conflito. De todo modo, apaziguar os britânicos era um péssimo trunfo político depois da entrevista com Guilherme II (ela própria uma tentativa de conciliação) que o *Daily Telegraph* publicou em 28 de outubro, e depois da manifestação sem precedentes da opinião pública que ela provocou no Reichstag.[62] Além disso, os britânicos não estavam

---

61 Bülow para Tschirschky (Viena), 6 de fevereiro de 1909. *Grosse Politik*, xxvi (ii), n.9372.

62 Esse caso – mais importante na política interna alemã que nas relações internacionais – foi o cúmulo do absurdo da diplomacia privada de Guilherme II. Ele sempre se orgulhara de seus esforços de conciliação, e agora sonhava em pôr fim ao antagonismo anglo-germânico com algumas palavras gentis. No início de 1908, tentara minimizar a importância da marinha alemã numa carta pessoal a lorde Tweedmouth, o primeiro lorde do Almirantado. Como Eduardo VII observou, tratava-se de um "novo começo". Agora ele explicava a um conhecido britânico que era um dos poucos amigos que a Inglaterra tinha na Alemanha: evitara a criação de uma liga continental contra ela durante a Guerra dos Bôeres e tinha fornecido aos generais britânicos um plano de campanha vitorioso; a frota alemã fora projetada para ser utilizada no Extremo Oriente – isto é, contra o Japão. Antes de ser publicada, a entrevista foi encaminhada a Bülow, que, por sua vez, a encaminhou ao Ministério do Exterior, onde foram feitas algumas correções factuais.

Além de ser motivo de riso, a entrevista não teve um impacto muito grande na Inglaterra. Na Alemanha, a indignação foi grande, sobretudo porque o conteúdo das observações de Guilherme era verdadeiro. Realmente, ele era mais pró-britânico que a maioria de seus súditos. Os políticos alemães responsabilizaram Guilherme tanto por admitir isso e, ainda, por provocar o isolamento da Alemanha. Bülow deu a entender que não tinha conseguido ler a entrevista; ele usou a crise para reafirmar a sua "responsabilidade constitucional" e, com isso, seu controle sobre Guilherme II. Algumas autoridades sugeriram que Bülow permitiu deliberadamente a publicação da entrevista para desacreditar Guilherme; mas a tempestade na Alemanha dificilmente poderia ter sido prevista. O mais provável é que Bülow, como sempre, tivesse sido negligente e incompetente; quando a crise surgiu, ele a transformou habilmente em vantagem política pessoal. Ela não lhe fez bem algum no longo prazo. Guilherme II se afastou completamente; e dispensou

interessados em assegurar o equilíbrio de poder apoiando a Rússia; eles ficaram indignados com o ataque de Aehrenthal à inviolabilidade dos tratados, do mesmo modo que tinham ficado indignados com a denúncia, pela Rússia, das cláusulas do Mar Negro em 1870; e, depois de assumirem uma postura arrogante baseada em princípios, não a abandonariam nem em troca da redução do programa naval alemão.

Bülow se saiu melhor com os franceses. Eles estavam muito mais alarmados que os britânicos, e tinham muito menos princípios. Usaram sua ascendência para finalmente fechar o acordo sobre o Marrocos que estavam esperando desde o verão de 1907. Em 9 de fevereiro de 1909, a França e a Alemanha assinaram uma declaração por meio da qual a Alemanha reconhecia a hegemonia política da França no Marrocos e os franceses se comprometiam a não prejudicar os interesses econômicos da Alemanha. No mesmo dia, Eduardo VII chegou a Berlim e, no final da visita, um comunicado oficial anunciou de maneira um pouco enganosa: "existe um completo entendimento entre a Grã-Bretanha e a Alemanha". Na verdade, os alemães recusaram todas as sugestões para atuar como mediadores entre a Rússia e a Áustria-Hungria. Quando isso ficou claro, os franceses perderam a calma. Em 26 de fevereiro, disseram aos russos que o caso da Bósnia era "uma questão na qual os interesses vitais da Rússia não estão envolvidos" e que "a opinião pública francesa não conseguiria compreender que essa questão pudesse levar a uma guerra na qual os exércitos francês e russo teriam de participar".[63] Grey estava disposto a esperar por uma conferência, mas ela não era do interesse de Izvolski. Numa conferência, Aehrenthal revelaria que Izvolski tinha concordado com a anexação, ainda que a Rússia não obtivesse a abertura dos Estreitos. Izvolski queria "compensação" pela Sérvia, mas, nesse caso, Grey não o apoiava. No início de março, o governo russo decidiu formalmente que não interviria numa guerra entre a Áustria-Hungria e a Sérvia, algo que, na verdade, sempre fora evidente.

Portanto, os austríacos tinham a liberdade de conquistar a Sérvia se quisessem. Em vez disso, os acontecimentos tomaram outro rumo. Para começar, Aehrenthal se assustou com as consequências de sua própria política. Se a Áustria-Hungria dividisse a Sérvia com a Bulgária, ela ficaria sobrecarregada com milhões de súditos descontentes, e o problema nacional seria pior

---

Bülow quando a maioria no Reichstag se desfez no ano seguinte. Nas questões internacionais, a crise serviu apenas para mostrar que a opinião pública alemã era antibritânica; mas isso já era conhecido de todos, exceto de um punhado de radicais britânicos.

63 Embaixada francesa para o governo russo, 26 de fevereiro de 1909.

do que nunca. Ele decidiu se contentar com o reconhecimento sérvio da anexação, o que deixou Conrad profundamente irritado. Isso não convinha aos alemães: eles se importavam pouco em humilhar a Sérvia, mas se importavam muito em humilhar a Rússia. Além disso, não queriam que Aehrenthal obtivesse uma vitória pessoal. Kiderlen, que acabara de ser chamado para o Ministério do Exterior, pretendia repetir o sucesso de Holstein contra Delcassé em 1905 e "pressionar o sr. Izvolski contra a parede".[64] Em 21 de março, os alemães intimaram Izvolski a dar uma "resposta precisa – sim ou não", se ele admitia a anexação; caso contrário, "recuaremos e deixaremos que os acontecimentos sigam seu curso".[65] Izvolski não teve escolha senão aceitar a humilhação; dez dias depois, os sérvios fizeram o mesmo. A crise da Bósnia tinha chegado ao fim.

Embora a aliança austro-germânica tenha obtido um grande sucesso, ela não fez muita diferença. A anexação da Bósnia e da Herzegovina não resolveu o problema dos eslavos do Sul; pelo contrário, foi ela que o criou. Nada foi feito para melhorar as condições das duas províncias; a Sérvia foi forçada a assumir uma postura agressiva; e, no final das contas, a Áustria-Hungria teve de combatê-la em condições menos favoráveis. Embora tivessem sido humilhados, os russos deixaram de ser subservientes aos alemães, do mesmo modo que a França fizera depois da queda de Delcassé. Pelo contrário: em 1909, começaram a reconstruir as forças armadas em larga escala. Além do mais, os alemães não tardaram a se arrepender do que tinham feito. O apoio incondicional à Áustria-Hungria ia contra todas as tradições da política externa alemã, com exceção de um breve período entre 1889 e 1892. A hostilidade à Rússia só era popular entre radicais e sociais-democratas; e o liberalismo do bloco de Bülow era ainda mais precário que o da coalizão de Caprivi. Os prussianos à moda antiga estavam sempre mais preocupados com a Polônia do que temerosos da concorrência dos cereais russos. Os grandes industriais estavam desenvolvendo o sul da Rússia, e, consequentemente, queriam manter relações amistosas com ela; contratos navais e a busca de concessões no ultramar fizeram que eles encarassem a Grã-Bretanha como inimiga. Os militares de carreira, preocupados unicamente com uma guerra no continente, eram certamente antirrussos e queriam um bom relacionamento com a Grã-Bretanha; porém, do ponto de vista

---

64 Szögyény (Berlim) para Aehrenthal, 21 de março de 1909. *Österreich-Ungarns Aussenpolitik*, ii, n.1299.

65 Bülow para Pourtalès (São Petersburgo) (redigido por Kiderlen), 21 de março de 1909. *Grosse Politik*, xxvi (ii), n.9460.

político, Tirpitz era mais poderoso que eles. Em junho de 1909, os ruralistas e os industriais se aliaram para forçar Bülow a deixar o cargo. Ao se demitir, ele deu o próprio veredito a respeito de seu maior êxito dizendo a Guilherme II: "Não repita o caso da Bósnia".[66]

---

66 Bülow, *Memoirs*, ii. 288. O comentário pode ter sido inventado posteriormente por Bülow; não há evidência contemporânea dele. Se realmente o fez, ele foi mais prudente que de costume.

XX
Os anos de hostilidade anglo-germânica

1900-1912

A crise da Bósnia apresentou pela primeira vez à Europa o fantasma de uma guerra geral. O conflito em torno do Marrocos tinha sido travado quase exclusivamente com armas diplomáticas; mesmo a ameaça remota de guerra, feita em maio de 1905, era somente a ameaça de um ataque alemão a uma França isolada. Tampouco, entre outubro de 1908 e março de 1909, foram feitos preparativos de guerra concretos; mas a Áustria-Hungria teria entrado em guerra com a Sérvia se Aehrenthal não tivesse recuado no final de fevereiro. Os russos também interpretaram o gesto de 21 de março de Kiderlen como uma ameaça de guerra, embora o que ele tivesse em mente talvez fosse uma guerra entre a Áustria-Hungria e a Sérvia, não entre a Alemanha e a Rússia. Mesmo a ameaça remota fora suficiente para fazer todas as potências recuarem e tentarem modificar seu curso. A Áustria-Hungria retomou uma política de vetos nos Bálcãs; a Alemanha recuou das promessas de apoio incondicional à Áustria-Hungria, que ela havia feito em janeiro de 1909; e a Grã-Bretanha, a França e a Rússia procuraram melhorar seu relacionamento com a Alemanha. As duas potências continentais fizeram isso menos discretamente. Elas consideravam que a rivalidade anglo-germânica era primordial, e gostariam de ficar fora dela, desde que o preço fosse menor que a perda de sua independência; cada uma delas tinha uma tentação adicional para ficar longe das ententes – a Rússia, que ela poderia conquistar toda a Pérsia, a França, que ela poderia conquistar todo o Marrocos (incluindo a região prometida à Espanha).

Os dirigentes da política britânica – Grey, Asquith (agora primeiro-ministro) e os funcionários do Ministério do Exterior – tiraram uma lição das crises do Marrocos e da Bósnia; acreditavam que a Alemanha estava procurando dominar a Europa, e o método escolhido era isolar as potências independentes uma da outra. Portanto, só aceitariam se reconciliar com ela na medida em que isso não implicasse o enfraquecimento dos vínculos com a França e a Rússia. Isso não quer dizer que promoveram a "tríplice entente" como um preparativo de guerra contra a Alemanha. Pelo contrário, sustentavam que a entente evitaria a guerra, e que o isolamento a provocaria. Grey escreveu: "se sacrificarmos as outras potências à Alemanha acabaremos sendo atacados".[1] É claro que reconheciam ter feito um bom negócio com as ententes, e se ofendiam com as tentativas dos alemães de abalá-las; porém, embora certamente apoiassem a independência da França e da Rússia, nunca lhes ocorreu promover nenhum projeto agressivo de seus dois amigos contra a Alemanha, nem mesmo em nome dos ganhos obtidos na Pérsia, no Egito e no Marrocos.

Até março de 1909, a suspeita oficial em relação à Alemanha não era compartilhada pela população britânica, muito menos pelos radicais britânicos. Quanto aos alemães, que ainda estavam com o caso da Bósnia nas mãos, eles estavam ansiosos para acalmar os britânicos. Sem querer, Tirpitz deu razão às suspeitas britânicas. No outono de 1908, ele alocou secretamente os contratos de construção de dois navios, que só deviam ser autorizados em 1909. É impossível determinar se, como ele alegou, era apenas uma manobra para romper o "cerco" dos construtores ou se esperava passar à frente dos britânicos e, de fato, dispor de uma frota maior que a deles em 1911. A intenção não importava; a consequência não podia ser ignorada. Dali em diante, o Almirantado britânico teve de basear seu planejamento na capacidade potencial de construção naval da Alemanha, não no programa divulgado. Rigorosamente, não havia nada de desonesto na atitude de Tirpitz, pelo menos no que dizia respeito à Grã-Bretanha. O programa alemão era um compromisso com o Reichstag, não com governos estrangeiros; e se Tirpitz decidira violar a Constituição, essa era uma questão que cabia unicamente ao povo alemão decidir. Essas sutilezas escapam à compreensão popular. O alerta da "aceleração" alemã agitou a população britânica, já que ela não tinha sido provocada desde a anexação da Savoia por Napoleão III em 1860. O Partido Conservador estimulou a agitação para seus próprios fins, mas só foi

---

[1] Minuta de Grey sobre Goschen (Berlim) para Grey, 2 de abril de 1909. *British Documents*, vi. n.169.

bem-sucedido porque a agitação tinha base nos fatos. Até então, a opinião pública e a política oficial tinham estado fora de sintonia. O clamor "queremos oito e é pra já"[2] os uniu, ou até pôs a opinião pública à frente. Posteriormente, a política oficial procuraria muitas vezes melhorar o relacionamento com a Alemanha, mas a opinião pública permaneceu antigermânica por mais de uma geração.[3]

Os alemães não esperavam os protestos britânicos, e Bülow e seus conselheiros procuraram tirar partido disso. Eles não ousavam ofender nem Guilherme II nem o Reichstag com uma proposta de redução do programa naval, mas pretendiam extrair concessões políticas dos britânicos propondo seu congelamento. Em abril, Kiderlen sugeriu "um convênio naval por meio do qual as duas potências se comprometeriam, durante um período determinado, (1) a não entrar em guerra entre si, (2) a não participar de nenhuma coalizão direcionada contra uma delas, (3) a observar uma neutralidade sincera se um dos países se envolvesse em hostilidades com qualquer/quaisquer outra(s) potência(s)".[4] Os alemães achavam razoável que, se deviam reduzir sua frota, então os britânicos teriam de prometer que não entrariam em guerra com eles; e, a partir daí, foi um pulo para considerar razoável que deviam receber essa promessa mesmo sem reduzir a frota. Os britânicos só ouviram o pedido de uma "neutralidade sincera", o que confirmava a suspeita de que a Alemanha estava tentando dividir as potências da entente. Grey observou: "Uma entente com a Alemanha, tal como esboçada pelo sr. Kiderlen, serviria para instaurar a hegemonia alemã na Europa, e não duraria muito depois de atender a esse objetivo". Em 3 de junho, Bülow

---

2 Em inglês há uma rima sonora: *"we want eight and we won't wait"*. O clamor faz referência ao temor da opinião pública britânica diante do programa de construção naval alemão. "Oito", no caso, se refere ao número de navios de guerra reclamados pela população. Como observou o secretário do Interior Winston Churchill com ironia: "O Almirantado tinha pedido seis navios; os economistas ofereceram quatro; e finalmente nos comprometemos com oito". (N. T.)

3 Flagrados, os alemães não "aceleraram" novamente, o que não comprova que nunca pretenderam fazê-lo. A população britânica ganhou seus "oito" – quatro navios de guerra em março e mais quatro navios "eventuais", que na verdade foram autorizados em julho. Para evitar outras "ameaças de guerra", Grey sugeriu aos alemães uma troca de informações sobre os programas de construção naval, ou até mesmo uma inspeção, talvez a cargo de países neutros, dos estaleiros de ambos os países. Negociações nesse sentido se arrastaram até serem interrompidas pela Crise de Agadir, e acabaram sendo abandonadas pelos alemães depois do fracasso da missão Haldane. Ao satisfazer a opinião pública britânica dessa maneira, a Alemanha não tinha nada a perder e tudo a ganhar; as protelações e a recusa final tiveram origem na arrogância e na falta de tato, não na alta política.

4 Goschen para Grey, 16 de abril de 1909. *British Documents*, vi, n.174.

tentou pela última vez obter uma concessão de Tirpitz; a única resposta foi a sugestão de retardar por ora a construção de navios para acelerá-la mais à frente.⁵ Três semanas depois, Bülow foi derrotado no Reichstag e renunciou. Sua queda se deveu principalmente à desconfiança que a sua gestão do caso do *Daily Telegraph* suscitara em Guilherme II. Talvez o desespero diante da corrida naval anglo-germânica, que ele próprio ajudara a começar, o tenha predisposto a partir. O mais provável é que "a Enguia", como Kiderlen o chamava, estivesse contente em poder se livrar de uma situação insustentável.

Embora fosse uma pessoa extremamente bondosa, Bethmann Hollweg, o novo chanceler, não tinha experiência em política externa. Kiderlen também lhe deu um apelido: "a Minhoca". Ele foi o primeiro de uma espécie comum no final do século – "o bom alemão", incapaz de deter a marcha do poder alemão, deplorando suas consequências e, no entanto, compactuando com ele. Sua postura se revelou numa carta que escreveu a Kiderlen a respeito do programa armamentista de 1912: "Como um todo, é um tipo de política com o qual não posso colaborar. Porém, pergunto-me constantemente se a situação não ficará ainda mais perigosa se eu partir, e, além disso, provavelmente não for sozinho".⁶ Nos anos 1850, seu avô fora o líder daqueles prussianos conservadores – administradores sem laços com os *Junkers* – que defendiam a aliança com a Grã-Bretanha e o rompimento com a Rússia; e o próprio Bethmann tinha mais simpatia pela Grã-Bretanha do que por qualquer outra potência. Embora não pudesse ter a esperança de enfrentar Tirpitz, teve a ideia de diminuir o "ritmo"; os britânicos deveriam se contentar em ter de construir menos navios agora, embora tivessem de construir mais depois. Os britânicos receberiam um reconhecimento teórico, por parte da Alemanha, da sua supremacia naval; porém, como eles pretendiam mantê-la de qualquer modo e acreditavam serem capazes de fazê-lo, a proposta não os atraiu. Seja como for, Bethmann estava realmente preocupado em obter um acordo político para se fortalecer no Reichstag. Grey estava disposto a declarar que "não pretendemos isolar a Alemanha, e nossos compromissos com a França e a Rússia não têm esse objetivo";⁷ ele não iria além disso. Não prometeria ficar de fora caso a Alemanha entrasse em guerra

---

5 Protocolo de conferência, 3 de junho de 1909. *Grosse Politik*, xxviii, n.10306.

6 Bethmann para Kiderlen, 2 de janeiro de 1912. Jäckh, *Kiderlen-Waechter*, ii. 174. Asquith comparou Bethmann a Abraham Lincoln; e Grey, que nunca se encontrou com ele, disse: "quanto mais eu ouço falar dele mais gosto dele". Mensdorff (Londres) para Aehrenthal, 16 de fevereiro de 1912. *Österreich-Ungarns Aussenpolitik*, iii, n.834.

7 Anotações de Grey, 31 de agosto de 1909. *British Documents*, vi, n.193.

com a França e a Rússia; não poderia nem fazer uma declaração favorável ao *status quo* na Europa, já que "os franceses não poderiam participar de nada que parecesse confirmar a perda da Alsácia e da Lorena".[8] A posição dos britânicos teria sido mais fácil se tivessem feito alianças formais com a França e a Rússia; nesse caso, poderiam ter feito uma exceção para os compromissos com seus dois aliados, do mesmo modo que a Alemanha fizera para os compromissos com a Áustria-Hungria. Do jeito que estava, a Grã-Bretanha fazia uma espécie de jogo de compra e venda, às vezes afirmando seu compromisso, às vezes não, conforme convinha aos seus objetivos. Grey se referiu aos "dois grandes grupos de potências, nós mesmos, a França e a Rússia de um lado, e a Tríplice Aliança, do outro";[9] exatamente na mesma época, Hardinge escreveu: "Devido a sua posição insular, e por não ter aliança com nenhuma grande potência europeia, a Grã-Bretanha está sozinha, e é a defensora pacífica de uma associação amistosa das potências europeias".[10]

As negociações se arrastaram de forma intermitente de agosto de 1909 a junho de 1911. Nenhum dos lados mudou de argumento. Bethmann só ofereceria concessões navais se os britânicos fizessem um acordo político geral; e, nesse caso, ele sustentava, as concessões navais seriam desnecessárias (de todo modo, elas eram inviáveis – Tirpitz tinha muito mais poder que ele). Os britânicos só se contentariam se a Alemanha reduzisse seu programa naval sem impor condições;[11] nesse caso, o relacionamento político melhoraria sem um acordo formal. Era a primeira vez na história que a redução de armamentos tinha sido discutida entre duas potências de igual calibre; o único resultado foi aumentar muito a desconfiança entre elas. Os britânicos se convenceram de que a Alemanha tinha decidido desafiar a supremacia marítima britânica, além de estabelecer sua ascendência na Europa; os alemães também se convenceram de que a Grã-Bretanha estava planejando "cercá-los" e que, em última instância, se juntaria à França e à Rússia numa guerra contra eles. Das duas, a mais equivocada era a Alemanha. Na verdade, os alemães não conseguiriam desafiar a Grã-Bretanha enquanto houvesse

---

8 Grey para Goschen, 1º de setembro de 1909. Ibid., n.195.
9 Minuta de Grey sobre Goschen para Grey, 21 de agosto de 1909. *British Documents*, vi, n.187.
10 Memorando de Hardinge, 25 de agosto de 1909. Ibid., n.190.
11 Nunca perguntaram ao Almirantado quais seriam as condições que o satisfariam. Minuta de Crowe sobre Goschen para Grey, 9 de maio de 1911. Ibid., n.462. Havia outra dificuldade: os britânicos não podiam fazer um acordo unicamente com a Alemanha. Temiam que, se concordassem em deixar sua frota numa base consensual de superioridade em relação à frota alemã, então a Áustria-Hungria construiria encouraçados e estabeleceria a hegemonia da Tríplice Aliança no Mediterrâneo.

duas grandes potências independentes no continente europeu. Se tivessem abandonado seu programa naval extravagante e se concentrado nos armamentos terrestres, poderiam ter conquistado a neutralidade britânica e certamente teriam vencido a guerra continental. Do jeito que estava, quando a guerra chegou em 1914, os encouraçados alemães ficaram inutilmente no porto; o aço que fora utilizado neles teria fornecido à Alemanha a artilharia pesada e o transporte mecanizado que permitiria vencer a guerra terrestre.

A lealdade britânica à França e à Rússia não foi retribuída pelos dois parceiros. Os russos, em particular, jamais pretenderam assumir uma postura antigermânica. Sua aliança com a França não passava de um tratado de resseguro contra o isolamento; além disso, não se importavam com a dominação alemã da Europa. O caso da Bósnia tinha sido uma aventura pessoal de Izvolski; e os russos mais sensatos atribuíram a reação alemã à precipitação dele. Eles não tinham nenhum interesse urgente no Oriente Próximo, exceto que os Estreitos deveriam ficar sob o controle de uma Turquia independente. Na verdade, gostariam de dar as costas tanto ao Oriente Próximo como à Europa. Sua preocupação prioritária ainda era a Ásia: ali, na China e na Pérsia, eles tinham tanto preocupações urgentes como grandes ambições. Na China, o Império Manchu estava desmoronando; a revolução o dissolveu em 1910. Os russos queriam tirar partido da confusão e impedir que houvesse uma restauração; eram secundados pelos japoneses, e os franceses – sem nenhum grande interesse próprio exceto no extremo sul – seguiam junto por causa da aliança franco-russa. As grandes potências capitalistas – Alemanha, Grã-Bretanha e Estados Unidos – tinham todas o mesmo interesse: restaurar a ordem na China e aumentar sua prosperidade. Como isso atingia profundamente os projetos dos russos, eles saudaram a tensão anglo-germânica, que impedia uma frente unida na China das potências avançadas. Por outro lado, queriam evitar qualquer tensão entre a Alemanha e eles próprios, por temerem que a Alemanha descontasse neles chegando a um acordo com os britânicos; a Pérsia reafirmava a mesma necessidade dos russos: animosidade entre a Alemanha e a Grã-Bretanha; proximidade entre a Alemanha e eles próprios. Os persas lutavam continuamente para se livrar do controle russo em Teerã. Em 1909, uma revolução derrubou o xá reacionário, protegido da Rússia; e os liberais tentaram criar um Estado parlamentarista, com grande apoio dos britânicos. Também nesse caso, os russos contavam com o antagonismo anglo-germânico. Era preciso fazer concessões à Alemanha, para que ela não colaborasse com a Grã-Bretanha; e era preciso que o governo britânico abandonasse os liberais persas para manter a importância da Rússia no equilíbrio geral contra a Alemanha. Logo depois de se tornar ministro do Exterior, Sazonov escreveu: "na busca de objetivos políticos de importância vital na Europa, os ingleses abandonarão, em caso de necessidade, alguns interesses na Ásia só para manter o convênio conosco, que é tão importante para eles".[12]

Enquanto Izvolski continuou ministro do Exterior, os russos não chegaram muito longe. Ele não conseguiu esquecer a humilhação pessoal no caso da Bósnia e se arrastou queixoso pela Europa, ainda ansiando pela abertura dos Estreitos. Em outubro de 1909, chegou até a fechar um acordo com os italianos em Racconigi, por meio do qual estes concordariam com os projetos russos nos Estreitos, em troca da aprovação russa de suas pretensões em Trípoli.[13] Não foi uma grande vitória: como o acordo italiano com a França em 1900 e 1902, ele decorreu da decisão italiana de não se comprometer até que ficasse claro qual era o lado vencedor. De todo modo, Izvolski só estava esperando uma embaixada de prestígio; e, em setembro de 1910, Paris finalmente ficou vaga. Sazonov, que vinha se preparando para o cargo de chanceler havia algum tempo, era um tipo mais cauteloso, indiferente aos Estreitos e mais em sintonia com a Ásia. Acompanhado de Nicolau II, ele foi imediatamente visitar Guilherme II em Potsdam e propôs aos alemães um acordo concreto: se eles respeitassem o monopólio ferroviário russo no norte da Pérsia, a Rússia toleraria a importação de produtos alemães pelo país e retiraria sua oposição à ferrovia de Bagdá. Isso atendia às necessidades estratégicas russas, mas não era um bom negócio para os alemães, já que estes podiam prosseguir com a ferrovia de Bagdá mesmo com a desaprovação da Rússia. Seu verdadeiro interesse era atrapalhar a entente anglo-russa. Kiderlen disse que a Alemanha não apoiaria uma política agressiva da Áustria-Hungria nos Bálcãs. Em troca, pediu uma concessão: "O governo russo declara que não está comprometido [com a] e não pretende apoiar uma política hostil à Alemanha que a Inglaterra venha a adotar".[14] Os alemães sabiam que os russos não apoiariam essa postura; o que desejavam era um comprovante por escrito para mostrar aos britânicos, que, por sua vez, poderiam ser induzidos a fazer uma declaração similar. Kiderlen escreveu: "Para mim, a garantia russa referente às relações com a Inglaterra é a parte fundamental de todo o acordo. Ela tem de ser redigida de tal maneira que prejudique os russos no

---

12 Sazonov para Poklevsky (Teerã), 8 de outubro de 1910. *Benckendorffs Schriftwechsel*, p.1.
13 Logo depois (19 de dezembro de 1909), os italianos fizeram um acordo com a Áustria-Hungria que previa a comunicação recíproca de "qualquer proposta de uma terceira potência que pudesse entrar em conflito com o princípio de não intervenção ou com o *status quo*".
14 Bethmann para Pourtalès, 15 de novembro de 1910. *Grosse Politik*, xxvii (ii), n.10159.

dia em que os ingleses tomarem conhecimento dela".[15] Os alemães não estavam interessados em segurança, muito menos na Pérsia ou na ferrovia de Bagdá; o que pretendiam era dividir as potências independentes, para poder impor a sua vontade a elas, uma de cada vez. Isso era evidente para Sazonov, que tinha uma competente mente de diplomata. Ele recusou a minuta de Kiderlen; como os alemães não assinariam o acordo sobre a Pérsia e a ferrovia de Bagdá sem ela, ficou tudo em suspenso.

As notícias sobre o alegado "Acordo de Potsdam" não tardaram a chegar ao conhecimento dos britânicos;[16] eles já estavam ressentidos com o comportamento da Rússia na Pérsia, e ficaram ainda mais ofendidos por terem eles resistido a um acordo pontual com a Alemanha sobre a ferrovia de Bagdá durante todo o ano de 1910. Grey informou Benckendorff que estava pensando em renunciar em favor de um ministro do Exterior que pudesse fazer um acordo com a Alemanha sobre armamentos navais e depois combinar com ela para enfrentar a Rússia na Pérsia e na Turquia.[17] Os radicais no Parlamento estavam revoltados com a política de Grey em relação à Pérsia e à marinha alemã; e, no início de 1911, as relações com a Alemanha ficaram a cargo de um comitê governamental, mais para controlar Grey que para fortalecê-lo.[18] Ele teve de abandonar sua insistência anterior de que um acordo político devia ser precedido de uma redução do gasto naval; em 8 de março, Grey propôs aos alemães "um modelo político geral", junto com um acordo a respeito da ferrovia de Bagdá e das ferrovias na Pérsia.[19]

A Tríplice Entente parecia estar se desintegrando. Ela foi reerguida pelo esforço alemão de melhorar o relacionamento com o terceiro parceiro, a França. Uma reconciliação franco-germânica certamente deixaria a Alemanha segura: nem a Rússia nem a Grã-Bretanha poderia fazer muita coisa contra a Alemanha sem o apoio da França. Até mesmo a aliança franco-russa e

---

15 Kiderlen para Pourtalès, 4 de dezembro de 1910. *Grosse Politik*, xxvii (ii). n.10167. Kiderlen acrescentou: "é melhor que você queime esta carta".
16 O "vazamento" foi providenciado pelo jornalista francês Tardieu, que estava planejando pessoalmente uma reconciliação franco-germânica e que, portanto, ficou com inveja do bom relacionamento entre a Alemanha e a Rússia. Ele subornou um membro da embaixada russa em Paris, possivelmente com a ajuda de Izvolski.
17 Benckendorff para Sazonov, 9 de fevereiro de 1911. *Benckendorff Schriftwechsel*, ii, n.342.
18 O comitê era composto por Asquith, Grey, Lloyd George, Morley, Crewe e Runciman. (Nicolson para Hardinge, 2 de março de 1911. *British Documents*, vi, n.440.) Asquith e Grey estavam de acordo, e eram apoiados por Crewe; Runciman e Lloyd George eram radicais, Morley, um isolacionista que também estava insatisfeito com a Pérsia.
19 Grey para Goschen, 8 de março de 1911. Ibid., n.444.

a entente anglo-francesa não ofereciam perigo, a menos que fossem conectadas pela França numa coalisão antigermânica. Por outro lado, a França tinha pouco a oferecer à Alemanha na esfera da "política mundial", onde o Oriente Próximo e os oceanos eram decisivos. Bismarck tinha buscado segurança; a nova Alemanha queria benefícios, e só "bismarckianos" antiquados como Holstein e Kiderlen ainda incluíam a França em seus cálculos. Holstein, trancado em seu gabinete, tinha gerado a crise de 1905; Kiderlen, que tinha ficado fora do mundo durante doze anos, na Romênia, repetiu a crise em 1911.

No lado francês, havia uma forte corrente favorável à reconciliação. Radicais da escola de Rouvier almejavam uma parceria financeira franco-germânica na qual a Alemanha correria os riscos do acionista comum e a França seria portadora dos debêntures garantidos; Caillaux, ministro das Finanças, liderava agora esse grupo. Ele foi reforçado pelos socialistas, que não gostavam da Rússia reacionária e admiravam os sociais-democratas alemães, o partido marxista mais poderoso e ortodoxo da Europa.[20] Embora o acordo sobre o Marrocos de 9 de fevereiro de 1909 tenha representado uma vitória dessa escola, ele fora rapidamente descaracterizado para que os alemães pudessem marcar um ponto durante a crise da Bósnia; além disso, ele era impreciso. Além do mais, agora o governo alemão se tornara refém de sua própria propaganda. Em 1905 e 1906, ninguém na Alemanha se preocupava com o Marrocos – daí o fracasso da política de Holstein; e não teria havido muitos protestos se a França tivesse obtido o Marrocos incondicionalmente. Agora uma longa campanha patrocinada por interesses privados[21]

---

20 Paul Cambon disse a Benckendorff: "Como todos os socialistas e radicais extremistas, Jaurès era contrário à aliança com a Rússia e um representante declarado da ideia de reconciliação com a Alemanha". Benckendorff para Sazonov, 15 de janeiro de 1911. *Benckendorffs Schriftwechsel*, ii, n.324.

21 Às vezes se apresenta o Marrocos como um conflito econômico entre os interesses das siderurgias francesa e alemã. Não é verdade; em sua última etapa, ele foi muito mais um conflito entre firmas rivais alemãs. As grandes empresas alemãs Thyssen e Krupp estavam ligadas ao consórcio francês Schneider-Creusot na "União das Minas", que explorava todo o minério de ferro existente no Marrocos. Os Irmãos Mannesmann, uma ousada firma alemã, tentou romper o monopólio Krupp-Thyssen inventando alegações suspeitas no Marrocos e posando de defensora dos interesses nacionais alemães. A Mannesmann colaborou com os pan-germanistas e promoveu agitações no Reichstag; nunca extraiu minério de ferro no Marrocos. Na verdade, ela foi uma das primeiras empresas a descobrir que é mais lucrativo fomentar problemas políticos que se dedicar a uma atividade industrial respeitável. A crise marroquina representou uma vitória para ela, e uma derrota para os grandes magnatas do aço que queriam a cooperação franco-germânica.

tinha ensinado ao povo alemão que o Marrocos representava uma grande recompensa econômica. Embora o governo alemão tivesse reconhecido o predomínio francês, ele só poderia concordar com o fim da independência moura se recebesse uma recompensa concreta que lhe permitisse acalmar a agitação pública. Os engenhosos especuladores franceses criaram inúmeros projetos.[22] Todos fracassaram diante da oposição da Câmara francesa. A direita, apesar de capitalista, era fiel à aliança com a Rússia, portanto não gostava de negociar com os alemães; a esquerda, apesar de inimiga da Rússia, não faria nada que beneficiasse os capitalistas franceses.

Enquanto isso, a situação no Marrocos ia de mal a pior. Em maio de 1911, os franceses ocuparam Fez, a cidade mais importante do país; era certo que um protetorado francês se seguiria. Kiderlen temia que os franceses tomassem o Marrocos antes de pagarem o preço por ele aos alemães; e o fracasso dos esquemas de compensação pareciam confirmar seus temores. Por outro lado, Kiderlen imaginava que a França estivesse isolada: as relações entre a Grã-Bretanha e a Rússia estavam conturbadas, e ambas estavam tentando melhorar o relacionamento com a Alemanha. Portanto, ele só precisava manter uma postura firme e a França pagaria; então a opinião pública dos dois países ficaria satisfeita, e se seguiria uma reconciliação duradoura. Em 21 de junho, comunicou a Jules Cambon que a Alemanha precisava ser compensada: "traga algo quando voltar de Paris". À maneira de Bismarck, imaginava que a França só cederia diante de ameaças. Em suas próprias palavras: "É preciso dar um murro na mesa. Entretanto, o único objetivo disso é

---

22 O mais engenhoso desses projetos envolvia a companhia N'Goko Sangha – um empreendimento francês que tinha uma grande concessão de borracha (provavelmente ilegal de acordo com a Lei de Berlim de 1885) no Congo Francês. Ela nunca explorara a concessão, que fora invadida por intrusos alemães vindos de Camarões. Como a empresa N'Goko Sangha não conseguiu ser indenizada num tribunal alemão, ela exigiu compensações do governo francês. Para dar à sua obscura reivindicação uma roupagem política, propôs que a área da concessão fosse cedida à Alemanha (como recompensa pela retirada alemã do Marrocos); a empresa então se uniria com a sua concorrente alemã – os alemães cobririam sua parte com os investimentos feitos no território, e a N'Goko Sangha cobriria a sua com a compensação que receberia do governo francês pelos prejuízos causados a ela pelos alemães que agora seriam seus parceiros! Posteriormente, outro disfarce do esquema foi um projeto para uma ferrovia franco-alemã que atravessaria o Congo Francês e Camarões. Os dois esquemas foram concebidos por Tardieu, que era simultaneamente funcionário do governo, grande empresário e principal articulista político do *Temps*; os dois esquemas foram desfeitos pelo ministro das Finanças Caillaux, que – embora pró-alemão – detestava financistas corruptos. Quando os esquemas fracassaram, Tardieu se tornou um patriota militante; a companhia N'Goko Sangha foi recompensada pelo governo alemão no Tratado de Versalhes; a ferrovia Congo-Camarões nunca foi construída.

obrigar os franceses a negociar".[23] Em 1º de julho, a canhoneira alemã *Panther* ancorou no porto de Agadir, no sul do Marrocos.[24]

O golpe de Kiderlen foi mal calculado e inoportuno. No mesmo dia que a *Panther* chegou a Agadir, Caillaux se tornou primeiro-ministro da França. Embora certamente tivesse torpedeado os esquemas obscuros para subornar a Alemanha, ele era o principal defensor da reconciliação franco-alemã. Seu plano era o antigo plano de Rouvier: ele ofereceria a colaboração francesa na ferrovia de Bagdá se a Alemanha abandonasse seus interesses no Marrocos. Caillaux teve outra ideia: se a França conquistasse o Marrocos com a aprovação alemã, ela poderia ignorar as promessas feitas à Grã-Bretanha e à Espanha e tomaria todo o Marrocos, sem respeitar a zona espanhola prevista. A opinião pública francesa seria conquistada e a reconciliação franco-alemã ficaria completa. Mas essas negociações pressupunham uma atmosfera amistosa; só mesmo o bismarckianismo enlouquecido de Kiderlen para imaginar que Caillaux acharia mais fácil chegar a um acordo se fosse ameaçado antes. A manobra da *Panther* não causou muito impacto na França, mas Caillaux teve de dar a impressão de que não estava intimidado por ela. Sua única esperança era esperar que seu efeito passasse. Nunca pretendera se opor à Alemanha; independentemente de qualquer outra coisa, estava convencido de que nem a Rússia nem a Grã-Bretanha apoiariam a França. Seu plano era prosseguir secretamente com as discussões e depois desfazer a tensão por meio de um compromisso satisfatório para ambas as partes. Jules Cambon retornou a Berlim para descobrir que compensação

---

23 Lancken, *Meine dreissig Dienstjahre*, p.96.

24 A *Panther* deveria proteger os alemães que pudessem estar "em perigo". Agadir era um porto fechado, e o alemão mais próximo estava em Mogador. Ele foi orientado a ir até Agadir para ficar em perigo. Quando lá chegou, em 4 de julho, ele não conseguiu atrair a atenção da *Panther*, uma vez que tinham dito ao capitão para evitar confusão com os nativos e, portanto, para se manter a meia milha de distância. Em 5 de julho, um oficial do navio observou que um dos "nativos" que caminhava na praia estava com as mãos na cintura, e, portanto, talvez fosse europeu; o alemão ameaçado foi então resgatado.

Kiderlen sempre afirmara que jamais pretendera permanecer em Agadir; ele considerava isso apenas uma "promessa". Ainda assim, havia um elemento de garantia: se tudo o mais falhasse, a Alemanha poderia se manter em Agadir e, assim, acalmar a agitação no Reichstag. Agadir era o portão para o Vale do Sus, lendário por sua riqueza; e, supostamente, era suficientemente longe de Gibraltar para não alarmar os britânicos. Por outro lado, Kiderlen certamente abandonou todas as pretensões a Agadir muito antes que um representante alemão relatasse que a cidade e suas regiões interiores não tinham nenhum valor. É claro que os alemães não podiam prever que, embora não tivesse minerais, Agadir teria um dia as maiores fábricas de sardinha em conserva do mundo. Até mesmo os franceses só perceberam isso durante a Segunda Guerra Mundial.

Kiderlen queria; e Caillaux, sempre vaidoso de sua habilidade diplomática, negociou com os alemães de forma menos oficial.

Os russos certamente se mostraram à altura das expectativas de Kiderlen e Caillaux. O embaixador russo em Berlim concordou com Kiderlen que só havia risco de guerra se a França conseguisse recorrer à Tríplice Entente;[25] e posteriormente, em agosto, Izvolski teve a satisfação de repetir, palavra por palavra, a advertência que a França lhe fizera em fevereiro de 1909: "a opinião pública russa não conseguia compreender que uma disputa colonial pudesse ser a causa de um conflito generalizado".[26] O Estado-Maior russo insistiu que seu exército não poderia estar pronto para a guerra contra a Alemanha em menos de dois anos.[27] Os russos tiraram proveito da crise. Em 19 de agosto, finalmente arrancaram dos alemães a ratificação do "Acordo de Potsdam" a respeito da Pérsia e da ferrovia de Bagdá, sem a declaração política geral na qual os alemães tinham insistido até então – uma imitação perfeita da postura dos franceses quando assinaram o acordo do Marrocos com a Alemanha em fevereiro de 1909. A manobra russa foi ainda mais eficaz. A cooperação francesa na ferrovia de Bagdá foi a principal concessão que Caillaux ofereceu aos alemães; e os russos, ao abandonar sua própria oposição à ferrovia, tiraram esse trunfo das mãos dele.[28] Na verdade, cada membro da Tríplice Entente queria manter um bom relacionamento com a Alemanha, enquanto deplorava as tentativas de reconciliação dos outros dois. Do outro lado, a Áustria-Hungria exibia sua neutralidade com a mesma ostentação, em protesto contra as concessões da Alemanha à Rússia;[29] mas isso contava pouco. A Alemanha poderia derrotar a França sem a ajuda da Áustria-Hungria, mas a França não conseguiria se defender da Alemanha sem o exército russo – em 1911, era improvável que conseguisse fazê-lo mesmo contando com ele.[30]

---

25 Osten-Sacken para Neratov, 8 de julho de 1911. *Mezhdunarodnye otnosheniya v epokhu imperializma*, segunda série, xviii (i), n.197.

26 Izvolski para Neratov, 21 de agosto de 1911. Ibid., n.358.

27 Protocolo militar, 31 de agosto de 1911. Ibid., n.384.

28 Como Rouvier antes dele, Caillaux se opunha à aliança com a Rússia; e os russos faziam questão de deixar clara a relutância em apoiá-lo. Ademais, Caillaux tentara promover uma associação financeira antirrussa na China.

29 Aehrenthal para Szögyény, 14 de julho de 1911. *Österreich-Ungarns Aussenpolitik*, iii, n.277. Aehrenthal esperava ter acesso à bolsa de Paris como recompensa por sua neutralidade.

30 Joffre disse a Caillaux que a possibilidade de vitória da França não chegava a 70%. Naturalmente, os generais sempre preveem que serão derrotados quando não querem entrar em guerra.

O Ministério do Exterior britânico também ficou preocupado diante da perspectiva de reconciliação franco-germânica, particularmente se ela diminuísse a segurança de Gibraltar. Nesse aspecto, ele superou seus próprios especialistas navais. O Almirantado decidiu que não tinha objeção à tomada de Agadir pelos alemães;[31] Bertie, o embaixador em Paris, rejeitou essa opinião e comunicou aos franceses: "O governo britânico jamais permitirá isso".[32] Por outro lado, os radicais que faziam parte do gabinete compreendiam a queixa dos alemães em relação ao Marrocos e estavam decididos a não serem arrastados para um conflito com a Alemanha; sua solução foi propor uma nova conferência internacional na qual a França teria de compensar todo mundo (incluindo os britânicos) por ter extrapolado o Ato de Algeciras. Grey ficou dividido entre o Ministério do Exterior, de um lado, e o gabinete, do outro. Em 1º de julho, De Selves, o novo e inexperiente ministro do Exterior francês, propôs enviar um navio a Agadir para ficar ao lado da *Panther*, ou ao porto próximo de Mogador; essa seria uma manobra de rotina se a França estivesse prestes a entrar em guerra. Caillaux a proibiu; mesmo assim, De Selves – pressionado pelos funcionários de carreira – pediu que os britânicos enviassem um navio deles. Grey concordou prontamente,[33] mas, no dia seguinte, foi ignorado pelo gabinete.[34] Este só permitia que Grey advertisse a Alemanha: "não podíamos aceitar nenhum novo acordo feito sem a nossa participação".[35] Essa advertência não deixou Kiderlen preocupado. Muito pelo contrário: como pretendia reivindicar o Congo Francês, qualquer disputa relacionada ao Marrocos se daria unicamente entre a Grã-Bretanha e a França. Em 15 de julho, apresentou sua reivindicação a Jules Cambon; estava disposto "a agir com bastante violência".[36] Guilherme II se rebelou prontamente. Ele detestava então o caso marroquino tanto quanto em 1905 e estava decidido a não entrar em guerra por sua causa. Kiderlen ameaçou renunciar; e, embora Guilherme II tenha interrompido momentaneamente os protestos, dali em diante Kiderlen passou a lutar com as mãos amarradas atrás das costas.

---

31 Grey para Bertie, 6 e 12 de julho de 1911. *British Documents*, vii, n.363 e 375.

32 Bertie para Grey, 11 de julho de 1911. Ibid., n.369. Bertie teve de fingir que não tinha recebido a tempo as orientações enviadas por Grey em 6 de julho.

33 Grey para Bertie, 3 de julho de 1911. Ibid., n.351. Grey tinha decidido enviar um navio antes de receber a solicitação dos franceses. Minuta de Grey sobre Salis (Berlim) para Grey, 2 de julho de 1911. Ibid., n.343.

34 Nicolson para Hardinge, 5 de julho de 1911. Ibid., n.359.

35 Grey para Salis, 4 de julho de 1911. Ibid., n.356.

36 Bethmann para Guilherme II, 15 de julho de 1911. *Grosse Politik*, xxix, n.10607.

Os governos britânico e francês não estavam cientes disso. Os franceses exageraram as exigências alemãs – De Selves e o Ministério do Exterior para obter o respaldo britânico, Caillaux esperando que o respaldo fosse recusado e que, portanto, sua aceitação delas se justificasse. O gabinete britânico não se comprometeria com a França.[37] O equilíbrio de poder ainda era algo estranho para ele; e a maioria certamente teria repudiado o princípio "geral e fundamental" de Grey de "conceder à França o apoio necessário para impedir que ela ficasse sob o controle virtual da Alemanha e se afastasse de nós".[38] O que pesou com os membros do gabinete foi a "criação de uma grande base naval ao lado de nossas rotas comerciais".[39] Como a maioria dos isolacionistas, seus princípios elevados dependiam da supremacia marítima, e, além disso, sentiam um aperto no coração quando pensavam nos cálculos redobrados que uma base alemã perto de Gibraltar exigiria.

Essa preocupação era totalmente infundada. Os alemães nunca almejaram ter uma base moura ao norte de Agadir, o que o Almirantado não considerava perigoso; e mesmo a pretensão de controlar Agadir era um capricho passageiro. Kiderlen já tinha reivindicado o Congo Francês, e se o gabinete britânico tivesse tomado conhecimento disso, teria tolerado essa reivindicação – daí, certamente, o silêncio francês a respeito dela. No fundo, o gabinete concordou com o argumento alemão sem conhecê-lo. Ele queria propor uma conferência na qual a França poderia escolher entre ceder parte do Marrocos à Alemanha ou retomar o Ato de Algeciras; se a Alemanha conquistasse território mouro, ele também reivindicaria um pouco para si próprio.[40] Como Bertie e o Ministério do Exterior admitiram, os franceses teriam preferido, em vez disso, um acordo privado com a Alemanha.[41] Portanto, fizeram o possível para atrapalhar o plano do gabinete, e contaram com a ajuda de Grey. Em 21 de julho, Lloyd George, líder do grupo radical, propôs um acordo durante a reunião do gabinete ou logo depois dela.[42] Ele faria um discurso na

---

37 Os membros do gabinete teriam ficado indignados se soubessem que Wilson, diretor de operações militares no Ministério da Guerra, definira os detalhes técnicos da cooperação militar com os franceses em 20 de julho. É impossível dizer de quem partiu a autorização. Memorando, 21 de julho de 1911. *British Documents*, vii, n.640.
38 Conversa entre Grey e C. P. Scott, 25 de julho de 1911. Hammond, *C. P. Scott*, p.161.
39 Conversa entre Lloyd George e Scott, 22 de julho de 1911. Ibid., p.155.
40 Grey para Bertie, 20 de julho de 1911. *British Documents*, vii, n.405.
41 Bertie para Grey, 21 de julho de 1911. Ibid., n.407 e 408.
42 De acordo com Grey, Churchill e o próprio Lloyd George, o discurso foi redigido por ele por iniciativa própria depois da reunião do gabinete. Todos esses relatos foram feitos posteriormente, e sabemos que os políticos têm péssima memória. Mensdorff, que passara o fim de semana

Mansion House* naquela noite declarando que a Grã-Bretanha não podia ser tratada como se não tivesse importância "onde seus interesses fossem afetados de maneira vital". Como ele era um radical, o discurso foi enfeitado com uma referência aos serviços prestados pela Grã-Bretanha "à causa da liberdade humana". No fundo, porém, não se tratava de um compromisso de apoio à França contra a Alemanha; era uma advertência de que a Grã-Bretanha não poderia ser deixada de fora de qualquer nova partilha do Marrocos. Ele era dirigido contra Caillaux, não contra Kiderlen.[43]

Discursos públicos são uma arma diplomática perigosa: eles atingem alguém, mas geralmente do lado errado. O discurso da Mansion House foi lido pelo público da Alemanha e da França, bem como por seus políticos; e, nos dois países, ele tornou o consenso impossível. Kiderlen foi obrigado a descaracterizar suas exigências e a falar seriamente em guerra; Caillaux teve de recuar do compromisso que tinha elaborado. Jules Cambon, que tinha colaborado com Caillaux, ficou "muito consternado com o efeito que o discurso do sr. Lloyd George teve nos chauvinistas coloniais franceses";[44] aparentemente, o efeito nos alemães não o deixou preocupado. O que tinha sido uma tentativa de reconciliação franco-germânica se transformou num conflito anglo-germânico, com os franceses se arrastando atrás. A frota britânica se preparou para entrar em ação; e, o mais importante para o futuro, pela primeira vez o Almirantado foi obrigado a subordinar seus próprios planos ao envio de uma força expedicionária para o norte da França. A decisão de participar de uma guerra no continente ganhou contornos concretos. Em 1911, a guerra entre a Grã-Bretanha e a Alemanha ficou clara no horizonte. Estranhamente, porém, a guerra entre a França e a Alemanha nunca esteve à vista. Kiderlen sabia o tempo todo que Guilherme II jamais aceitaria a guerra por causa do Marrocos; e ele nem sequer tinha a vaga esperança de Holstein, em 1905, de obrigar o *Kaiser* a agir. Caillaux só estava preocupado em se livrar do respaldo antipático dos britânicos e retomar os acordos privados. Em 25 de julho, iniciou negociações secretas, à revelia

---

na companhia de membros do governo (21 de julho era uma sexta-feira), foi informado que o discurso fora acertado dentro do gabinete. Mensdorff para Aehrenthal, *Österreich-Ungarns Aussenpolitik*, iii, n.283.

* Residência oficial do prefeito de Londres. (N. T.)

43 Grey se encontrou com Metternich em 21 de julho, sendo criticado posteriormente por permitir o discurso na Mansion House antes que os alemães tivessem tempo de responder. Porém, como o discurso era uma resposta aos pedidos de apoio dos franceses, e não uma declaração contra os alemães, ele não podia ser adiado.

44 Goschen para Grey, 27 de julho de 1911. *British Documents*, vii, n.431.

de De Selves[45] e Jules Cambon; e essas negociações prosseguiram em meio a todos os rumores de crise. Mas o golpe de mestre tinha falhado: embora fosse possível resolver o caso do Marrocos, a consequência não seria a reconciliação entre a França e a Alemanha.

Em setembro, Kiderlen – possivelmente estimulado por uma crise financeira na Alemanha – decidiu diminuir o prejuízo. Aceitou um protetorado francês no Marrocos; em troca, a Alemanha ganhou duas faixas de território no Congo Francês, que lhe davam acesso ao rio Congo.[46] Esse acordo foi assinado em 4 de novembro.[47] A opinião pública dos dois países ficou indignada. Caillaux foi atacado na França não por aquilo que tinha alcançado ou deixado de alcançar, mas pela forma dissimulada como agira. A direita, que não gostava da sua política financeira esclarecida, se aliou a radicais jacobinos como Clemenceau, que eram inimigos da Alemanha. Caillaux foi derrubado em janeiro de 1912, seguindo-se um ministério patriótico liderado por Poincaré. Era o começo do *réveil national*.*

Bethmann e Kiderlen também passaram por maus momentos no Reichstag; os ataques contra eles foram aplaudidos de forma ostensiva pelo príncipe herdeiro – a primeira demonstração desse tipo desde que Frederico Guilherme tinha criticado a política de Bismarck em Dantzig em 1863. O pior é que Tirpitz ficou exultante: "Quanto mais formos humilhados, maior será a comoção. A possibilidade de uma nova Lei Naval está cada vez mais próxima";[48] e em outubro ele obteve a permissão do imperador para passar o ritmo para "três" – três encouraçados por ano em vez de dois. Bethmann ficou impotente. Sua única tentativa de resposta foi estimular o aumento da demanda por parte do exército, esperando que a pressão financeira sobre o Reichstag fosse insuportável. Essa tática gerou novas dificuldades, tanto domésticas como externas. As exigências do exército eram legítimas: fazia vinte anos que a cota completa de recrutas não era preenchida. Porém, um exército de massa significava uma revolução social, pois não haveria um número suficiente de *Junkers* prussianos para ocupar o posto

---

45 O serviço secreto francês decifrou os telegramas alemães que descreviam essas negociações; e, dali em diante, De Selves trabalhou exclusivamente para derrotar e desacreditar Caillaux.

46 Kiderlen se consolou imaginando que um dia a Alemanha ganharia o Congo Belga e, então, teria um império que se estenderia do Atlântico ao Oceano Índico.

47 Caillaux tentou um derradeiro golpe antibritânico alegando que a Espanha deveria, por sua vez, compensar a França cedendo parte da sua área do Marrocos, incluindo Tânger. Bertie derrotou essa tentativa, tendo, porém, de enfrentar um grande ressentimento.

* Em francês no original: "despertar nacional". (N. T.)

48 3 de agosto de 1911. Tirpitz, *Politische Dokumente*, i. 200.

de oficial. Ludendorff, diretor de operações e cérebro do Estado-Maior comandado por Moltke, já simbolizava isso: ele era um técnico, não um aristocrata. Além do mais, um exército que explorasse plenamente a superioridade alemã em homens e produção industrial desafiaria tanto a França e a Rússia como a marinha desafiava a Grã-Bretanha. Bethmann queria reduzir a tensão na Europa e no ultramar, e o resultado dessa política a aumentou nas duas regiões.

A crise de Agadir foi um problema mais sério que a primeira crise do Marrocos em 1905 e que a crise da Bósnia em 1909. Preparativos de guerra foram feitos pela Inglaterra, mas não pelas potências continentais. O mais importante ainda foi que a opinião pública desempenhou um papel decisivo na diplomacia pela primeira vez desde 1878. Na Inglaterra, Lloyd George despertara a opinião pública com o discurso na Mansion House em 21 de julho, e, no mês seguinte, acabara com uma greve ferroviária apontando para o risco de guerra. Na França, o sentimento nacional ultrajado derrotou a política conciliatória de Caillaux. A mudança foi ainda mais impressionante na Alemanha. Em 1905, a opinião pública estava indiferente ao Marrocos, e a política intransigente de Holstein foi destruída por falta de apoio da população. Em 1911, Kiderlen tentou posar de homem forte, mas o sentimento alemão estava à frente dele, e tanto ele como Bethmann foram denunciados no Reichstag por sua fragilidade. Os conflitos de 1905 e 1909 tinham sido crises da diplomacia; em 1911, as nações se enfrentaram num estado de espírito "pré-bélico".

No entanto, a Europa parecia distante de uma conflagração. No outono de 1911, só a tensão anglo-germânica parecia aguda, e as potências continentais procuraram tirar proveito da situação. Caillaux deixara escapar a reconciliação com a Alemanha; mesmo assim, a França ganhara o Marrocos como um subproduto do conflito anglo-germânico. Aehrenthal exibiu sua neutralidade na crise de Agadir, reivindicando, como recompensa, que a bolsa francesa devia permitir empréstimos à Áustria-Hungria. De maneira mais grandiloquente, ele se referiu ao "perfeito relacionamento" entre a Áustria-Hungria e a França, bem no espírito de Metternich e Talleyrand.[49] Caillaux gostaria de aceitar a proposta, mas seus dias estavam contados; e ele não ousava atentar contra a aliança com a Rússia, quando já era acusado de abalar a entente com a Grã-Bretanha. A Itália se saiu bem melhor. Fazia tempo que a Tríplice Aliança lhe prometera carta branca em Trípoli; e os

---

49 Crozier (Viena) para De Selves, 19 de novembro de 1911. *Documents diplomatiques français*, terceira série, i, n.152.

russos tinham feito a mesma promessa em Racconigi. A promessa francesa de 1900 era mais condicional: a Itália só poderia avançar quando a França tivesse conquistado o Marrocos. A hora tinha chegado. Em 29 de setembro de 1911, a Itália declarou guerra à Turquia sem nenhum motivo e invadiu Trípoli. Todas as potências deploraram a guerra pelo mesmo motivo: todas queriam manter a Turquia viva e postergar ao máximo a Questão Oriental. Mas nenhuma se arriscava a perder a amizade da Itália. Em Viena, Conrad foi demitido quando pregou a guerra contra a Itália; em Constantinopla, Marschall foi ignorado quando propôs uma aliança com a Turquia. Só os britânicos permaneceram formalmente descomprometidos; porém, diante da rivalidade naval com a Alemanha, eles não podiam dispor de nenhum navio para o Mediterrâneo. Grey escreveu arrependido: "É da maior importância que nem nós nem a França fiquemos contra a Itália agora";[50] e ele influenciou o *Times* para que fosse mais favorável aos argumentos dos italianos.[51] Embora a guerra não tivesse a menor justificativa, como aconteceu com a Itália, nenhuma potência protestou contra ela.

Os russos acharam que também tinha chegado a sua vez. Eles tinham um motivo urgente para agir. Sem conseguir avançar em Trípoli, os italianos logo se sentiram tentados a tomar a decisão de transferir a guerra contra a Turquia para os Estreitos. Isso seria intolerável para a Rússia: sua economia dependia da passagem dos navios graneleiros através dos Estreitos para o mundo ocidental e do fluxo de bens de produção do Ocidente para a Rússia. Ela precisava garantir o controle dos Estreitos para si; e, em vista da sua política ambígua durante a crise de Agadir, nenhuma potência se oporia a ela – a Grã-Bretanha e a França com medo de que ela estivesse prestes a abandonar seus atuais parceiros, a Alemanha e a Áustria-Hungria na expectativa de que o fizesse. Sazonov se encontrava fora, enfermo na Suíça; e Izvolski e Charykov, respectivamente em Paris e Constantinopla, estavam livres para tentar a sorte. Nicolau II "aprovou plenamente".[52] Izvolski pediu que a França apoiasse a Rússia nos Estreitos, e, em troca, a Rússia aceitaria o protetorado francês no Marrocos.[53] O lance de Charykov foi mais ousado. Ele ofereceu à Turquia a manutenção do *status quo* em troca da abertura dos Estreitos aos

---

50 Grey para Nicolson, 19 de setembro de 1911. *British Documents*, ix (i), n.231.
51 Minuta de Grey sobre Rodd (Roma) para Grey, 30 de setembro de 1911. Ibid., n.256.
52 Minuta de Nicolau II sobre Neratov para Izvolski, 5 de outubro de 1911. *Mezhdunarodnye otnosheniya*, segunda série, xviii (ii), n.531.
53 Izvolski para De Selves, 4 de novembro de 1911. *Documents diplomatiques français*, terceira série, i, n.18.

navios de guerra russos; se a Turquia não se opusesse, dificilmente as outras potências poderiam fazê-lo. Isso não seria apenas uma garantia contra a Itália. Charylov propôs, de maneira vaga, promover a aliança entre a Turquia e os Estados balcânicos. Então a Turquia estaria segura na Europa, e a importante aliança seria uma barreira sólida contra a Áustria-Hungria.

A "pipa de Charykov" nunca conseguiu decolar. Os turcos só fariam aliança com a Rússia se a Grã-Bretanha participasse; e os britânicos recusaram a ideia com delicadeza.[54] De todo modo, a Turquia sabia muito bem que nem a Rússia nem a Grã-Bretanha a protegeria contra a Itália, embora talvez o fizessem uma contra a outra. Os franceses repetiram sua política de 1908: embora simpatizassem com as pretensões russas, só se comprometeriam se os britânicos também o fizessem. Muito a contragosto, Benckendorff teve de expor a ideia a Grey. Não poderia ter escolhido um momento pior. Em 1908, os britânicos tinham se recusado a compensar o ato ilegal da Áustria-Hungria na Bósnia compactuando com as ambições russas nos Estreitos; sua reação ao ato ilegal da Itália foi a mesma – a Turquia devia ser apoiada, não enfraquecida ainda mais. Além disso, a opinião pública radical tinha sido suficientemente ofendida pelo apoio dado à França no Marrocos, e certamente não toleraria apoiar a Rússia nos Estreitos. Acima de tudo, as relações anglo-russas na Pérsia tinham ido de mal a pior em 1911. Um conselheiro americano, Shuster, estava tentando pôr as finanças e a administração em ordem; e embora se dispusesse a colaborar para se livrar dele, Grey insistiu que isso deveria ser feito com certa decência, por causa da opinião pública britânica. Em 2 de dezembro, ele repetiu a ameaça de se demitir e de permitir que a entente com a Rússia se dissolvesse.[55] Benckendorff achava que a Rússia só conseguiria realizar seus anseios nos Estreitos se desistisse da Pérsia;[56] e esse era um preço alto demais para ela. Grey estava disposto a repetir sua oferta de 1908 – a abertura dos Estreitos para todos; além disso ele não iria.

Para os russos, isso era uma perda de tempo. Charykov tentou resolver as coisas apressadamente e apresentou suas condições aos turcos quase como um ultimato. Estes pensaram que a grande crise tinha chegado e recorreram ao embaixador alemão Marschall. Durante vinte anos, ele fora o protagonista de uma política antirrussa e, mais recentemente, o patrocinador

---

54 Memorando de Grey, 2 de novembro de 1911. *British Documents*, ix, (i), apêndice IV.
55 Benckendorff para Neratov, 2 de dezembro de 1911. *Mezhdunarodnye otnosheniya*, segunda série, xix, (i), n.139.
56 Benckendorff para Neratov, 11 de novembro de 1911. Ibid., xviii (ii), n.836.

bem-sucedido da penetração econômica alemã na Ásia Menor. Ele escreveu em 4 de dezembro: "a política oriental que temos adotado durante vinte anos é *irreconciliável* com a conivência com a Rússia na Questão dos Estreitos";[57] e ameaçou renunciar a menos que a Turquia fosse apoiada. Kiderlen insistiu que a Grã-Bretanha e a França fariam o trabalho da Alemanha para ela;[58] e logo se descobriu que ele tinha razão. Em 6 de dezembro, Sazonov chegou a Paris vindo da Suíça e a caminho de casa. Ele tomou conhecimento da intriga entre Izvolski e Charykov pela primeira vez e a desautorizou. Ele disse que Charykov não recebera nenhuma orientação e tinha falado "à titre en quelque sort personnel".*[59] Sazonov certamente ficou ofendido com a iniciativa dos dois subordinados, e também compreendia a necessidade que a Rússia tinha tanto de paz como do dinheiro britânico e francês. Além disso, ele tinha um plano próprio para os Bálcãs que logo daria frutos inesperados. Por ora, a preocupação com Constantinopla se esvaiu.

As duas características decisivas da crise de Agadir tinham sido a tensão anglo-germânica e a falta de solidariedade no interior da Tríplice Entente. O ano novo assistiu a tentativas de remoção de ambas, malsucedida no primeiro caso, bem-sucedida no segundo. Sempre houvera grupos na Inglaterra que buscavam a reconciliação com a Alemanha. Os radicais não gostaram da política que se seguiu ao discurso de Lloyd George na Mansion House e pressionaram bastante por um novo gesto por parte dos britânicos. O governo talvez quisesse assustar os russos para obrigá-los a se comportar melhor em relação à Pérsia. Do ponto de vista dos britânicos, a Tríplice Entente não era nem de longe um acordo perfeito. Eles tinham de ser leais à França; no entanto, a Rússia não era leal a eles. Esperava-se que a melhora das relações com a Alemanha reduziria a tensão entre a Alemanha e a França; ao mesmo tempo, facilitariam a oposição à Rússia na Pérsia. Do lado alemão, era bastante lógico, como Marschall ressaltara, cooperar com a Grã-Bretanha se ambas iriam se opor à Rússia nos Estreitos.[60] Bethmann tinha uma ambição mais imediata: ele queria alguma concessão política dos britânicos a fim de resistir aos novos planos de Tirpitz de uma maior expansão naval antes que eles fossem apresentados formalmente no Reichstag.

---

[57] Marschall para Bethmann, 4 de dezembro de 1911. *Grosse Politik*, xxx (i), n.10987.
[58] Kiderlen para Marschall, 7 de dezembro de 1911. Ibid., n.10984.
* Em francês no original: "a título, de certo modo, pessoal". (N. T.)
[59] De Selves para Paul Cambon e Bompard, 9 de dezembro de 1911. *Documents diplomatiques français*, terceira série, i, n.326.
[60] Marschall para Guilherme II, 1º de dezembro de 1911. *Grosse Politik*, xxx (i), n.10998.

Na verdade, o motivo nos dois países era fundamentalmente interno, uma questão de política doméstica. Bethmann queria derrotar Tirpitz, Grey, silenciar os radicais. Isso teve um efeito curioso nas negociações. Bethman queria que elas fossem bem-sucedidas, mas não podia fazer nenhuma concessão com medo de Tirpitz; Grey tinha de oferecer concessões para agradar os radicais, mas esperava que as negociações fracassassem. Os alemães solicitaram a visita de Grey ou de Churchill, então primeiro lorde do Almirantado; o gabinete britânico decidiu enviar Haldane, um imperialista liberal, embora simpático à Alemanha.[61] Ele ficou em Berlim de 8 a 11 de fevereiro, e teve longas conversas com Bethmann e Guilherme II. Provavelmente falou mais livremente do que um diplomata experiente teria feito; e seguiram-se algumas confusões desnecessárias. Mas a principal linha de divergência ficou bastante clara. Os britânicos tinham abandonado a exigência original de que os programas navais alemães deveriam ser reduzidos sem nenhuma concessão política em troca; até pararam de pedir que restrição naval e acordo político caminhassem juntos. Ficariam satisfeitos se o programa alemão não fosse ampliado ainda mais; e, em troca, ofereceram concessões coloniais, assim como um acordo político. Os alemães insistiram que sua nova lei naval, que ainda não fora anunciada, deveria ser considerada parte do programa existente; e, em troca da promessa de não ir além dele, queriam não uma simples declaração de amizade, mas uma promessa de neutralidade caso a Alemanha se envolvesse numa guerra continental.

De todo modo, os novos acréscimos feitos pela Alemanha teriam acabado com as negociações. Até mesmo Morley disse que o governo seria considerado "idiota" se fizesse concessões à Alemanha bem no momento em que ele tinha de ampliar seu próprio programa naval.[62] Independentemente disso, o acordo político estava tão distante como sempre. Embora os britânicos sempre estivessem dispostos a declarar que "a Inglaterra não fará nenhum ataque gratuito à Alemanha e não adotará nenhuma postura agressiva em relação a ela",[63] não renunciariam à sua liberdade de decisão. Apesar disso, os alemães queriam excluir a Grã-Bretanha do equilíbrio de poder. Como Tirpitz escreveu, a Inglaterra "devia abandonar suas atuais ententes e

---

61 As discussões foram organizadas por Ballin, diretor da linha Hamburg-Amerika, e Cassel, um financista anglo-germânico que fora amigo de Eduardo VII. Isso provocou certa confusão, pois cada governo pensou que a iniciativa tinha vindo do outro.

62 Metternich para Bethmann, 11 de março de 1912. *Grosse Politik*, xxxi, n.11398.

63 Grey para Goschen, 14 de março de 1912. *British Documents*, vi, n.537.

nós devíamos assumir o lugar da França".⁶⁴ No entanto, mesmo nessa hipótese, Tipitz não teria reduzido seu programa, já que ele sustentava que só a ameaça de uma grande marinha alemã forçaria a Grã-Bretanha a ficar do lado alemão e a manteria ali. No início de março, Bethmann tentou renunciar, talvez esperando abalar Tirpitz; em vez disso, Tirpitz também ameaçou renunciar, e Guilherme II ficou do seu lado. Em 22 de março, o novo programa naval foi anunciado: Tirpitz vencera. Bethmann retirou sua renúncia e foi logo explicando que a Alemanha precisava de sua frota "para alcançar os objetivos gerais decorrentes da sua grandeza".⁶⁵ As negociações anglo-germânicas arrefeceram no final de março, e nunca mais foram retomadas nesse formato geral.

Inevitavelmente, o fracasso pareceu empurrar a Grã-Bretanha mais para o lado francês. O governo francês ficava preocupado sempre que os britânicos negociavam com a Alemanha, e sua preocupação era estimulada pelos membros permanentes do Ministério do Exterior britânico. Ou talvez ambos compreendessem muito bem a situação, mas procurassem se beneficiar da situação arrancando uma promessa do governo britânico, satisfazendo assim a opinião pública francesa. Ao tomar conhecimento da visita de Haldane a Berlim, Poincaré propôs declarar que a Inglaterra e a França iriam "colaborar, se necessário, para manter o equilíbrio europeu".⁶⁶ Grey apenas manifestou o desejo de "colaborar na manutenção da paz europeia".⁶⁷ Isso não foi suficiente para Poincaré, e ele se contentou com uma evocação geral da entente. No final de março, quando as negociações anglo-germânicas já tinham fracassado, Bertie, o embaixador em Paris, se assustou novamente; talvez ele tenha sido estimulado por Nicolson, então subsecretário fixo, a resolver de vez a situação. Ele se encontrou discretamente com Poincaré e pediu que este protestasse em Londres. Ele se referiu assim a Grey: "Não compreendo mais sua política, e estou preocupado".⁶⁸ Poincaré seguiu o conselho de Bertie. Grey ficou irritado com as queixas dos franceses: "Tanto a Rússia como a França negociam separadamente com a Alemanha, e não é razoável que a tensão seja permanentemente maior entre a Inglaterra e a Alemanha do que entre a Alemanha e a França ou a Alemanha e

---

64 26 de fevereiro de 1912. Tirpitz, *Politische Dokumente*, i. 299.
65 Granville (Berlim) para Nicolson, 18 de outubro de 1912. *British Documents*, ix (ii), n.47.
66 Poincaré para Paul Cambon, 26 de fevereiro de 1912. *Documents diplomatiques français*, terceira série, ii, n.105.
67 Paul Cambon para Poincaré, 28 de fevereiro de 1912. Ibid., n.119.
68 Anotação de Poincaré, 27 de março de 1912. *Documents diplomatiques français*, terceira série, ii, n.266.

a Rússia".[69] Apesar disso, Bertie continuou provocando os franceses: *"um mal-entendido irreparável se seguiria"*, e Poincaré deveria falar *"com energia"*.[70] Em 15 de abril, Paul Cambon propôs a Nicolson que os britânicos renovassem a proposta de aliança, que agora ele realmente acreditava que Lansdowne tinha feito em maio de 1905. Nicolson disse que "este gabinete socialista radical" não concordaria com ela. Ele se referiu com desprezo aos "financistas, pacifistas e janotas, entre outros" que queriam estreitar as relações com a Alemanha, e concluiu: "o gabinete não vai durar, ele já era, e, com os conservadores, você terá algo concreto".[71] Era um linguajar estranho para um funcionário público supostamente sem inclinações políticas; e não admira que depois desse comentário os franceses às vezes tivessem dúvidas a respeito da política britânica. No momento, tiveram de se contentar com a garantia reiterada por Grey: "embora não possamos nos comprometer, em todas as circunstâncias, a entrar em guerra ao lado da França contra a Alemanha, certamente também não nos comprometeremos com a Alemanha a não apoiar a França".[72]

Na prática, a ampliação da marinha alemã tornou ainda mais difícil para os britânicos não se comprometerem com o lado francês. Em março de 1912, Churchill, primeiro lorde do Almirantado, não apenas anunciou a ampliação do programa britânico, mas também que o grosso da frota mediterrânea seria retirado de Malta para águas domésticas e o restante ficaria concentrado em Gibraltar. O Mediterrâneo teria de se cuidar sozinho, ou melhor, esperava-se que os franceses cuidassem dele. Bertie e Nicolson pensaram que esse fosse um bom começo para pressionar novamente em prol de uma aliança com a França; Nicolson disse: "ela oferece a solução mais barata, mais simples e mais segura".[73] Churchill, ainda um radical, mas agora defensor de uma grande marinha, foi contra essa solução. Embora estivesse disposto a autorizar negociações navais com os franceses, ele queria introduzir a cláusula: "estas disposições foram feitas de maneira independente, por serem as melhores que o interesse específico de cada país aconselha".[74]

---

69 Minuta de Grey sobre Bertie para Grey, 3 de abril de 1912. *British Documents*, vi, n.564.

70 Anotação de Poincaré para Paléologue, 10 de abril de 1912. *Documents diplomatiques français*, terceira série, ii, n.319.

71 Paul Cambon para Poincaré, 18 de abril de 1912. Ibid., n.363; minuta de Nicolson, 15 de abril de 1912. *British Documents*, vi, n.576. Asquith dificilmente teria observado "Aprovo inteiramente o linguajar utilizado por *Sir* A. Nicolson" se tivesse sabido tudo que Nicolson tinha dito.

72 Grey para Nicolson, 21 de abril de 1912. Ibid., n.580.

73 Nicolson para Grey, 6 de maio de 1912. *British Documents*, x (ii), n.385.

74 Rascunho do Almirantado, 23 de julho de 1912. Ibid., p.602.

Era verdade. Para os britânicos, o perigo alemão suplantava todo o resto. A marinha francesa não podia fazer nada contra os alemães, mas seria satisfatória contra a Áustria-Hungria e até mesmo a Itália; além disso, para a França era vital proteger suas comunicações com o Norte da África. No entanto, os franceses não admitiam isso; se o fizessem, a aliança lhes escaparia de novo. No início de setembro, a frota francesa de Brest foi deslocada para Toulon; e Cambon tentou novamente. Pediu um acordo que previsse que, "se um dos dois governos tivesse motivos para temer um ato de agressão ou ameaças à paz, ele analisaria a situação com o outro e procuraria meios para assegurar conjuntamente a manutenção da paz e remover qualquer tentativa de agressão".[75] O gabinete britânico alterou habilmente esse enunciado para preservar sua liberdade de ação,[76] e acrescentou o preâmbulo que dizia que "a consulta entre especialistas não é nem deve ser considerada um envolvimento que comprometa qualquer dos governos a agir numa eventualidade que não se confirmou e pode nunca se confirmar".[77] Grey e Paul Cambon tiveram a oportunidade de trocar cartas nesse sentido em 22 de novembro. Os franceses se sentiram satisfeitos que o acordo entre os dois países agora tivesse uma base mais formal; por outro lado, essa base era uma declaração formal de que não existia uma aliança. Em agosto de 1912, Poincaré informou Sazonov que havia um "acordo verbal, em virtude do qual a Inglaterra se declarava disposta a ajudar a França com suas forças militares e navais em caso de ataque por parte da Alemanha".[78] É difícil que Poincaré possa ter acreditado nisso, embora certamente lhe fosse proveitoso que os russos o fizessem. De todo modo, os franceses nunca agiram com base no

---

[75] Grey para Bertie, 19 de setembro de 1912. Ibid., n.410. Poincaré concebeu um enunciado mais incisivo que não obteve a aprovação britânica: "Os dois governos, antevendo o caso em que um deles teria um sério motivo para temer a agressão de uma terceira potência ou um acontecimento que ameace a paz geral, concordam que decidirão imediatamente quanto aos meios para agir em conjunto a fim de impedir a agressão e salvaguardar a paz". Paléologue para Paul Cambon, 26 de setembro de 1912. *Documents diplomatiques français*, terceira série, iv, n.301, nota.

[76] "Se um governo tiver um bom motivo para esperar um ataque gratuito de uma terceira potência, ou algo que ameace a paz geral, deve discutir imediatamente com o outro *se* ambos os governos devem agir conjuntamente para impedir a agressão e preservar a paz, e, *em caso afirmativo*, que medidas estariam dispostos a tomar em conjunto."

[77] Paul Cambon conseguiu inserir uma última frase que fazia referência aos planos dos estados-maiores. Mas até mesmo aqui Grey teve a palavra final – ou, para ser mais preciso, o último silêncio. Quando leu a carta para a Câmara dos Comuns em 3 de agosto de 1914, ele omitiu a última frase. "Talvez eu tenha achado a última frase irrelevante." Grey, *Twenty-Five Years*, ii. 16.

[78] Sazonov para Nicolau II, 17 de agosto de 1912. *Diplomatische Schriftwechsel Iswolskis 1911-1914*, ii, n.401.

pressuposto seguro de que a Grã-Bretanha os apoiaria numa guerra continental, qualquer que fosse a sua causa.

O período entre o início da crise de Agadir e o fracasso da missão de Haldane foi certamente o ponto mais alto da tensão anglo-germânica. Depois a tensão diminuiu, embora a construção naval alemã prosseguisse inabalável. O partido no gabinete britânico amigo da Alemanha, agora dirigido pelo secretário colonial Lulu Harcourt, continuou trabalhando pelo acordo com a Alemanha segundo o padrão da entente francesa de 1904; ele estava disposto a oferecer concessões coloniais mesmo sem qualquer acordo naval, e conseguiu o que queria. A negociação a respeito da ferrovia de Bagdá e das colônias portuguesas, que outrora estavam condicionadas a um acordo geral, agora prosseguiram de forma independente;[79] e os radicais britânicos consideraram uma prova de boa vontade da Alemanha que ela se dignasse a discutir esses assuntos. As negociações deixaram os radicais de bom humor, mas não tiveram nenhum efeito no lado alemão, a não ser reacender a esperança de que, depois de tudo, a Grã-Bretanha poderia permanecer neutra.

Curiosamente, o fim das conversações sobre a restrição naval deixou, por si só, a atmosfera mais leve. Os britânicos tinham se irritado com a recusa alemã de diminuir o ritmo de construção naval; os alemães tinham se irritado com a exigência britânica. Agora os dois lados tinham recuperado a calma. Embora continuassem se queixando de vez em quando, os britânicos descobriram que podiam superar os alemães. A supremacia naval britânica tinha sido mínima em 1911; dali em diante, ela aumentara de maneira constante. De todo modo, o desafio naval alemão tinha exacerbado, não provocado, o conflito com a Grã-Bretanha. Pelo contrário: na falta de uma revolta radical, a ameaça naval facilitou a adoção, pelo governo britânico, de uma postura que ele adotaria de qualquer maneira. O motivo fundamental da mudança de postura britânica foi a ameaça alemã à independência da França, que fora demonstrada nas duas crises do Marrocos. Quando a Questão do Marrocos se encerrou e quando a França ficou mais independente e autoconfiante sob a liderança de Poincaré, as preocupações dos britânicos aumentaram menos e o relacionamento anglo-germânico automaticamente melhorou.

---

79 Para não provocar uma crise no gabinete, Grey concordou com essas negociações. Ainda assim, ficou muito constrangido quando Eyre Crowe o surpreendeu instigando Harcourt. Minuta de Crowe sobre o Ministério Colonial para o Ministério do Exterior, 1º de abril de 1912. *British Documents*, x (ii), n.285.

A escolha britânica entre Alemanha e França era clara; eles nunca tinham se mostrado tão decididos quando se tratou de escolher entre a Alemanha e a Rússia. Na primavera de 1912, os russos passaram a se comportar melhor na Pérsia, pelo menos temporariamente; e, nesse aspecto, o relacionamento dos britânicos com eles ficou mais fácil. Mas mesmo aqueles que defendiam a cooperação com a Rússia nunca deixaram claro o motivo. Alguns argumentavam que a Rússia era frágil e precisava ser apoiada para que o equilíbrio europeu fosse preservado. Outros, particularmente Nicolson, argumentavam que a Rússia era forte e precisava ser apoiada por medo dos problemas que, em caso contrário, ela poderia causar. Em outubro de 1912, ele escreveu: "esse entendimento é mais vital para nós que para a Rússia, embora, naturalmente, eles não precisam saber disso";[80] e, novamente, em fevereiro de 1913: "se acabarmos com a parceria, os maiores prejudicados seremos nós".[81] Essa era uma visão extremada. A maioria dos ingleses estaria disposta a enfrentar a Rússia se estivessem convencidos de que a Alemanha não aproveitaria a ocasião para estabelecer sua supremacia no continente europeu. Eles não tinham muitas dúvidas de que a Grã-Bretanha e a Rússia deveriam colaborar para amparar a França; mas não tinham, de modo algum, a mesma convicção de que a Grã-Bretanha e a França deveriam colaborar para amparar a Rússia. No outono de 1912, os Bálcãs entraram em polvorosa, e a Rússia teve de ficar, a contragosto, na linha de frente. Em razão disso, o relacionamento entre a Grã-Bretanha e a Alemanha ficou melhor que em qualquer momento desde a virada do século, embora o risco de guerra fosse maior que em qualquer momento desde o Congresso de Berlim.

---

80 Nicolson para Buchanan (São Petersburgo), 22 de outubro de 1912. *British Documents*, ix (ii), n.57.
81 Nicolson para Cartwright (Viena), 19 de fevereiro de 1913. Ibid., x (ii), n.632. Como Nicolson considerava que a entente anglo-russa era em grande parte uma obra sua, ele não era particularmente escrupuloso quanto aos argumentos que usava para justificá-la.

XXI
As guerras dos Bálcãs e a sua sequência
1912-1914

A política externa raramente segue uma linha reta. Ela decorre, mais frequentemente, de um conflito de interesses domésticos que às vezes se compensam e às vezes se provocam. Na Grã-Bretanha, por exemplo, a hostilidade em relação à Alemanha, que surgiu das preocupações navais e continentais, era moderada pela rivalidade com a Rússia, que ainda prosseguia na Pérsia e na China. Na Alemanha, por outro lado, os defensores da marinha e das colônias que se ocupavam do ultramar fizeram as pazes com os outros imperialistas cujas pretensões estavam centralizadas no Império Otomano, e os dois lados concordaram em tratar a entente anglo-russa como uma parceria inabalavelmente hostil. A política russa também estava pressionada em direções diferentes. Em 1897, os russos tinham dado as costas conscientemente à Europa para ir em busca de recompensas maiores na China e na Pérsia; e os tradicionais "criadores de império" – aventureiros militares e especuladores financeiros – continuaram buscando essas recompensas mesmo depois da vitória japonesa no Extremo Oriente e da entente com a Grã-Bretanha em relação à Pérsia. A política russa não voltou a se concentrar na Europa depois de 1905 nem de 1907; os russos eram perfeitamente capazes de fazer duas coisas ao mesmo tempo, mas a China e a Pérsia absorveram quase todas as energias do Ministério do Exterior até a eclosão da guerra europeia em 1914. A motivação da política russa também não era um interesse ingênuo pelas "águas quentes"[1] – uma espécie de banho de mar político. Desde a Guerra da Crimeia, ou até antes dela, a preocupação russa nos Estreitos tinha sido defensiva, embora questões de prestígio tradicionais complicassem a questão. Os russos queriam o monopólio naval do Mar Negro; e poderiam obtê-lo a baixo custo desde que a Turquia mantivesse os Estreitos bem fechados.

Essa política vinha se desfazendo desde 1912. O Império Otomano parecia à beira do colapso. A Revolução dos Jovens Turcos não trouxera nenhum avanço; a guerra com a Itália esgotava os recursos do país, e os Estados balcânicos estavam impacientes para acabar com o domínio turco na Europa. Além disso, o fechamento estratégico dos Estreitos não atendia mais às necessidades da Rússia: ela também precisava de uma passagem mais segura para os navios mercantes do que a Turquia podia oferecer. Isso ficou evidente em abril de 1912, quando os turcos fecharam os Estreitos durante quinze dias contra um possível ataque italiano, e, ao fazê-lo, geraram uma grave crise econômica na Rússia. Isso porque agora ela tinha de enviar quantidades cada vez maiores de cereais de Odessa para pagar os juros dos empréstimos contraídos no exterior; e, também, porque uma revolução industrial de primeira grandeza estava a pleno vapor na Ucrânia, para a qual ela precisava de equipamentos vindos do exterior. Os russos tinham aceitado o controle turco dos Estreitos contanto que os turcos trabalhassem direito; eles não podiam tolerar o predomínio de nenhuma grande potência ali sem que selassem sua sentença de morte como Estado independente. Não tinham pretensões na Turquia europeia nem interesse nos Estados balcânicos, exceto como tampões neutros contra a Áustria-Hungria e a Alemanha. As recompensas ali eram insignificantes e difíceis de conseguir, comparadas às da China ou da Pérsia. Não havia bancos russos nos Bálcãs, nenhuma ferrovia de propriedade russa, praticamente nenhum comércio russo. A opinião da classe média tinha adquirido certa importância na Rússia após a revolução de 1905, e mesmo depois que ela fracassou; e os intelectuais diziam que a Rússia tinha a missão de proteger os eslavos ou de tomar Constantinopla, do mesmo modo que os jornalistas liberais ingleses se referiam à missão britânica de promover a liberdade ou os acadêmicos franceses sonhavam com uma fronteira no Reno. Esse sentimento tinha pouca importância concreta; o medo de ser asfixiado nos Estreitos era a principal motivação da política russa. Izvolski e Charykov tentaram resolver esse problema

---

[1] "A chave da política externa russa ao longo dos séculos é a necessidade de portos de águas quentes". Gooch, *Before the War*, i. 287.

no outono de 1911, mas fracassaram. Hartvig, em Belgrado, e Nekludov, em Sófia, se saíram melhor. Agindo em grande medida por iniciativa própria, eles ajudaram a Sérvia e a Bulgária a manter um bom relacionamento, e, em 13 de março de 1912, os dois Estados firmaram uma aliança. Aos olhos da Rússia, ela era simplesmente uma barreira defensiva. Ao tomar conhecimento dela, Sazonov disse: "Bem, isso é perfeito! Quinhentas mil baionetas para proteger os Bálcãs – elas vão impedir para sempre a intervenção alemã e a invasão austríaca".[2]

Essa não era, de modo algum, a ideia dos dois aliados balcânicos. A Bulgária não estava interessada num conflito com a Áustria-Hungria, nem mesmo em se opor a ela pacificamente, mas os sérvios certamente a consideravam como sua inimiga. O ministro do Exterior sérvio disse: "Ah, sim, se a desintegração da Áustria-Hungria pudesse ocorrer simultaneamente à liquidação da Turquia, a solução seria bastante simplificada".[3] Como não era provável que isso acontecesse, os sérvios se prontificaram a participar com a Bulgária no desmembramento da Turquia, esperando que, agradecida, a Bulgária pudesse colaborar com eles mais tarde contra a Áustria-Hungria, uma vez que a solidariedade da aliança teria se comprovado na prática. Parecia finalmente que a aliança resolveria as reivindicações conflitantes dos dois países pela Macedônia. Os búlgaros consideravam que toda a Macedônia lhes pertencia desde o Tratado de Santo Estêvão – uma opinião com a qual a maioria dos etnólogos concordava. Como os sérvios não podiam alegar que os habitantes da Macedônia eram sérvios, exceto no extremo norte, eles inventaram a teoria de que a maior parte da Macedônia não era habitada nem por búlgaros nem por sérvios, mas por "eslavos macedônios"; e, finalmente, essa invenção de uma nacionalidade levou a melhor.[4]

O tratado de aliança atribuiu de imediato à Sérvia uma faixa do norte da Macedônia. Outra área, denominada erroneamente de "zona contestada", foi reservada para a arbitragem do tsar, com o acordo secreto de que ele a cederia inteiramente (exceto uma zona minúscula perto de Struga) aos sérvios. Esse foi um artifício para salvar as aparências e aplacar o amor-próprio dos búlgaros. O que levou os búlgaros a ceder foi a crença de que, depois que a guerra contra a Turquia tivesse começado, eles invadiriam toda a Trácia e até capturariam Constantinopla. Os sérvios, por sua vez, planejavam

---

2 Nekludov, *Reminiscences*, p.45.
3 Gueshov, *The Balkan League*, p.22.
4 A teoria dos "eslavos macedônios" não impediu que os sérvios tratassem os habitantes da Macedônia como sérvios depois de subjugá-los.

conquistar também o território turco no Adriático. Para eles, não fazia a menor diferença que o território fosse habitado por albaneses, não por sérvios. Como muitos nacionalistas exaltados, achavam fácil ignorar a existência nacional dos outros.[5] Não tardou para que a Grécia passasse a fazer parte da aliança entre a Sérvia e a Bulgária, porém sem que se definissem suas pretensões territoriais; ela, também, esperava ficar com a Salônica e até mesmo com Constantinopla, ambas as quais os búlgaros tinham reservado secretamente para si. A Liga Balcânica não foi criada pela Rússia. Na verdade, sua posição contrária à Turquia a desagradou bastante. Mas Sazonov não ousou se distanciar dos Estados balcânicos. Aliás, ele não ousou se distanciar da opinião pública russa. Sabia desde o começo que a Liga Balcânica, longe de ser um esquema defensivo, era uma associação que visava destruir a Turquia europeia. Como ele próprio não podia impedi-la, tentou fazer que os franceses a impedissem. Em 24 de janeiro de 1912, Izvolski sugeriu que a França e a Rússia "considerassem juntas todas as hipóteses que podem surgir no Oriente Próximo";[6] e, em 15 de fevereiro, Sazonov perguntou o que eles deveriam fazer "no caso de um conflito armado entre a Turquia e uma potência balcânica".[7]

Em qualquer momento anterior, os franceses teriam dado uma resposta simples: a França e a Rússia deveriam ficar de fora ou impedir a guerra de vez. Mas a política francesa mudara radicalmente no início de 1912. O ponto de inflexão tinha sido Agadir. O orgulho nacional se revoltara contra a pressão da Alemanha e conduzira Poincaré ao poder. De Rouvier a Caillaux, seus antecessores tinham representado camponeses e banqueiros pacíficos, cujos interesses se contrapunham às pretensões russas na China como também na Turquia. Com Poincaré, ele mesmo o consultor jurídico da Schneider-Creusot, a indústria pesada chegou ao poder. Os contratos de armamentos e as ferrovias russas se tornaram mais importantes que os empréstimos à Turquia; e a França também tinha um interesse fundamental no livre trânsito dos Estreitos. Afora esses motivos econômicos, Poincaré tinha uma missão política clara – reafirmar a identidade da França como uma grande potência. Poincaré era um homem de personalidade forte, com uma mente lúcida

---

[5] Até mesmo o núcleo da Antiga Sérvia, que era o objeto inicial das pretensões sérvias e continha o local mais importante historicamente para os sérvios, o Campo de Kosovo, era habitado principalmente por albaneses – mais um motivo para negar sua existência.

[6] Anotação de Poincaré, 24 de janeiro de 1912. *Documents diplomatiques français*, terceira série, i, n.513.

[7] Louis (São Petersburgo) para Poincaré, 15 de fevereiro de 1912. Ibid., ii, n.43.

e lógica; ele próprio natural da Lorena, jamais esquecera a humilhação de 1871. Certamente não queria uma grande guerra europeia; porém, ao contrário de seus predecessores desde 1875, ele pretendia demonstrar que a França não temia a guerra mais que a Alemanha. Uma mudança nos planos militares franceses ocorrida simultaneamente ressaltou essa nova postura. Até então, os planos franceses tinham sido defensivos; os generais franceses ficariam contentes se pudessem impedir que os alemães tomassem Paris. Agora Joffre, o provável comandante-chefe, acreditava que poderia realmente derrotar os alemães, portanto planejara uma grande ofensiva de Vosges que cruzaria o Reno.[8]

A nova linha de Poincaré trouxe consigo uma nova postura dos franceses em relação à aliança com a Rússia. Os últimos governos franceses consideravam que a aliança era uma proteção contra a Alemanha, e tinham a maior preocupação de não serem arrastados para as aventuras balcânicas da Rússia. Poincaré queria que a Rússia fosse tão independente da Alemanha como ele, embora, naturalmente, procurasse não pagar o preço dessa independência. Na verdade, sua postura em relação à Rússia era muito parecida à que os britânicos tinham em relação à França: queria que ela fosse firme em relação à Alemanha, enquanto ele próprio ficava com as mãos livres. Consequentemente, fez mais para estimular a Rússia que para contê-la, da mesma forma que os britânicos tinham feito com a França durante a crise de Agadir. Embora protestasse quando os russos permitiram a criação da Liga Balcânica sem avisá-lo, ele protestou muito mais quando Nicolau II se encontrou com Guilherme II em Port Baltic em meados de junho. "Temos a obrigação de exigir de antemão a garantia formal de que nenhuma

---

8 Essa nova estratégia realmente tornava o apoio britânico menos necessário aos franceses. Enquanto planejavam uma guerra defensiva, eles aceitavam de bom grado um reforço britânico em sua ala esquerda. Quando mudaram para um planejamento ofensivo, ficaram indiferentes ao projetado ataque alemão através da Bélgica, embora o conhecessem superficialmente. Supunham que o exército belga deteria os alemães até que a batalha decisiva tivesse sido vencida na Alsácia. Mesmo que os alemães rompessem as linhas belgas, isso só aumentaria seu revés quando os franceses chegassem ao sul da Alemanha. Logo, os franceses perderam o interesse na força expedicionária britânica. Ironicamente, os britânicos desistiram da ideia de enviar uma força independente para a Antuérpia e, em vez disso, concordaram em colaborar com os franceses no norte da França, bem no momento em que essa cooperação deixou de ser um elemento fundamental da estratégia francesa. É claro que os franceses pressionaram bastante para que os britânicos entrassem na guerra em 1914; nesse caso, porém, a pressão veio dos diplomatas e do governo – em 1906 e 1911 ela tinha vindo dos militares franceses. Joffre não tinha a menor dúvida de que conseguiria derrotar os alemães sem a ajuda britânica.

questão política sobre o Oriente Próximo ou sobre outra qualquer seja abordada sem a nossa presença".[9]

Essa era uma nova postura. Até então a Rússia e, aliás, a França, tinha negociado com a Alemanha sem informar seu parceiro – a prova era, de um lado, o Acordo de Potsdam, do outro, as discussões que precederam e acompanharam a crise de Agadir. Agora Poincaré estava exigindo a solidariedade tanto por parte da Rússia como da Grã-Bretanha. Até então, os governos franceses tinham contido a Rússia no Oriente Próximo. Embora usassem a opinião pública como desculpa, o verdadeiro motivo era o choque entre os interesses franceses e russos nos Estreitos. Esse choque não existia mais, ou melhor, Poincaré deixara de enfatizá-lo.[10] O troféu do capitalismo francês agora era o sul da Rússia, não o Império Otomano. Além do mais, com a retirada da frota britânica do Mediterrâneo, os franceses viam com agrado a cooperação russa ali; e um convênio naval foi concluído em julho.[11] Por isso, Poincaré, ao contrário de seus antecessores, não permitiria que a Rússia o culpasse por sua própria relutância em avançar no Oriente Próximo. Em agosto, quando Sazonov lhe mostrou o texto completo da aliança entre a Sérvia e a Bulgária, ele exclamou: "Este é um acordo voltado para a guerra!", enfatizando que a opinião pública francesa não deixaria o governo "decidir sobre a intervenção militar por questões relacionadas unicamente aos Bálcãs". Porém, acrescentou a cláusula fundamental: "a menos que a Alemanha interviesse e, por iniciativa própria, provocasse a aplicação do *casus foederis*".*[12] Ele reafirmou isso a Izvolski um mês depois: "Se o conflito com a Áustria provocasse a intervenção da Alemanha, a França cumpriria com suas obrigações".[13] Para estimular ainda mais Sazonov, ele exagerou sua confiança na Grã-Bretanha e insistiu que a Rússia também fizesse um acordo naval com ela. Sazonov adotou prontamente essa linha quando visitou a Inglaterra em setembro.

---

9 Poincaré para Louis, 7 de junho de 1912. *Documents diplomatiques français*, terceira série, iii, n.72.
10 É claro que os antigos interesses ainda existiam. Bompard, por exemplo, continuou defendendo a desconfiança em Sazonov de Constantinopla.
11 Projeto de convênio naval, 16 de julho de 1912. *Documents diplomatiques français*, terceira série, iii, n.206.
* Em latim no original: "motivo de aliança". Situação em que os termos de uma aliança entram em jogo quando uma nação é atacada por outra e, por conta disso, os aliados da nação atacada podem ajudá-la na guerra, declarando guerra ao Estado agressor, usando como motivo o tratado de defesa mútua. (N. T.)
12 Sazonov para Nicolau II, 17 de agosto de 1912. *Schriftwechsel Iswolskis*, ii, n.401.
13 Izvolski para Sazonov, 12 de setembro de 1912. Ibid., n.429.

Poincaré alegou posteriormente que simplesmente declarara uma lealdade à aliança com a Rússia que era aceita por todos os políticos franceses. Mas havia algo de novo. A aliança previa que a França ajudaria a Rússia "se ela fosse atacada pela Alemanha ou pela Áustria com o apoio da Alemanha". O que aconteceria se a Rússia atacasse a Áustria-Hungria e provocasse, ela mesma, o ataque por parte da Alemanha que obrigatoriamente se seguiria segundo o Tratado Austro-Germânico de 1879, ele mesmo de domínio público? Até então, os políticos franceses tinham evitado essa pergunta. Poincaré a respondeu: a França entraria em guerra. Essa "extensão" da aliança não era, de modo algum, tão enfática como as garantias que a Alemanha deu à Áustria-Hungria em 1890 e 1909, e daria novamente em 1913 e 1914; e, certamente, seu principal objetivo era evitar que a Rússia ficasse dependente da Alemanha. Não obstante, ela também refletia a nova autoconfiança dos franceses. O Estado-Maior russo ainda não tinha certeza se conseguiria se defender da Alemanha;[14] o Estado-Maior francês acreditava que uma guerra libertaria a Polônia ou a Lorena, mesmo que os austríacos invadissem os Bálcãs durante o processo.[15] Embora Poincaré não quisesse provocar uma guerra, a França estava mais preparada para atuar como uma grande potência independente que em qualquer momento desde 1870; e, depois de quarenta anos de uma tranquila superioridade alemã, essa era uma provocação suficiente. Por isso, nenhuma das potências da Tríplice Aliança fez algo para impedir a explosão iminente nos Bálcãs. Poincaré não ia repetir a política de 1909 e correr o risco de ser acusado de abandonar a Rússia. Os britânicos estavam ocupados com a Pérsia, portanto também se esquivaram da questão dos Bálcãs para evitar problemas com a Rússia.[16] Embora não desejasse uma guerra nos Bálcãs, Sazonov não ousava impedi-la por temor da opinião pública russa. Ele disse o seguinte a Nicolau II a respeito dos Estados balcânicos: "demos a eles a independência, nossa missão está terminada". Do princípio ao fim, ele e o primeiro-ministro Kokovtsov tinham decidido não entrar em guerra por qualquer questão que não estivesse relacionada aos Estreitos: "Só os turcos e nós mesmos é que podemos estar presentes no Bósforo".[17] Se os Estados balcânicos vencessem, isso reforçaria a barreira contra a Áustria-Hungria; se

---

14 *Procès-verbal*, 13 de julho de 1912. *Documents diplomatiques français*, terceira série, iii, n.200.

15 Anotação do Estado-Maior francês, 2 de setembro de 1912. Ibid., n.359.

16 Memorandos de Grey, 24-27 de setembro de 1912. *British Documents*, ix (i), n.803.

17 Louis para Poincaré, 21 de dezembro de 1912. *Documents diplomatiques français*, terceira série, v, n.105.

perdessem, a Rússia poderia intervir nos Estreitos, mas não iniciaria uma guerra europeia.

Os membros da Tríplice Aliança ficaram quase igualmente passivos. A Itália recebeu bem a agitação nos Bálcãs: ela obrigou os turcos a ceder na Líbia, e a Itália e a Turquia fizeram as pazes em 15 de outubro, bem no momento em que eclodiu a guerra dos Bálcãs.[18] Os alemães ficaram indecisos em relação aos Bálcãs o tempo todo. Tinham protegido a Turquia e estavam profundamente comprometidos com a manutenção da Áustria-Hungria como grande potência. Por outro lado, a Alemanha era o maior dos Estados nacionais, e os alemães acreditavam, com razão, que uma vitória do nacionalismo balcânico os beneficiaria, exatamente como acontecera com a vitória do nacionalismo italiano. Nunca compreenderam o pavor que a Áustria-Hungria tinha do nacionalismo, imaginando que, no máximo, ele impediria uma nova manifestação de independência em Viena, como a que Aehrenthal tinha exibido durante a crise de Agadir. Na verdade, sua postura era muito semelhante à de Poincaré em relação à Rússia; eles queriam constranger a Áustria-Hungria sem se envolver na guerra. Se a Áustria-Hungria tivesse adotado uma postura firme, eles a teriam apoiado. Mas isso os políticos austríacos eram incapazes de fazer. Embora tivessem defendido sempre que a monarquia dos Habsburgo não conseguiria sobreviver muito tempo à destruição do Império Otomano e à ascensão dos Estados nacionais, eles não tinham uma política para os Bálcãs. Em 1908, Aehrenthal tinha planejado destruir a Sérvia; no último instante, convenceu-se de que o remédio era pior que a doença e recuou. Ele morreu em 1912, sem realizar nada. Seu sucessor, Berchtold, estava ainda mais perdido: diante dos acontecimentos nos Bálcãs, a única coisa que conseguia fazer era se lamentar inutilmente. Também nesse caso, se a Alemanha tivesse dado um empurrão na direção da guerra, os austríacos teriam se deixado levar. Tal como estava, sua única decisão foi que a monarquia deveria ficar fora da guerra.[19] Berchtold teve algumas iniciativas ineficazes. Em 13 de agosto, propôs que as potências apressassem as reformas na Turquia – um último reflexo da política de Andrássy de 1876, ela mesma não muito bem-sucedida. Nenhuma das potências recebeu bem a proposta. No último instante, os dirigentes europeus se revoltaram por estarem se envolvendo em confusão pelos Estados

---

18 A Turquia cedeu a Líbia. A Itália deveria sair das ilhas do Egeu que tinha ocupado quando as tropas turcas deixaram a Líbia. Por uma razão ou outra, essa retirada jamais ocorreu.

19 Protocolo de conferência ministerial, 14 de setembro de 1912. *Österreich-Ungarns Aussenpolitik*, iv, n.3787.

balcânicos. Houve uma intensa atividade diplomática, liderada por Kiderlen e Poincaré; e, por fim, a Áustria-Hungria e a Rússia receberam a incumbência de advertir os Estados balcânicos, em nome das potências, que não se permitiria nenhuma mudança no *status quo*. Foi um curioso espetáculo agonizante da parceria austro-russa, que outrora proporcionara à Europa e aos Bálcãs longos anos de paz.

A nota austro-russa foi apresentada no dia 8 de outubro; no mesmo dia, Montenegro declarou guerra à Turquia, e Bulgária, Grécia e Sérvia fizeram o mesmo uma semana depois. No final do mês, todos os exércitos turcos na Europa tinham sido derrotados. Só Adrianópolis, Scutari e Janina continuaram sob controle turco. As Grandes Potências ficaram desorientadas. Nenhuma estava preparada para a guerra; no entanto, nenhuma podia ignorar a Questão Oriental. Os austríacos precisavam tomar alguma decisão. Tinham declarado em 1908, quando evacuaram o Sanjak, que não podiam permitir que ele passasse para o controle da Sérvia; mas, agora, não tinham feito nenhuma manobra para recuperá-lo. Kiderlen fez o que pôde para estimulá-los: "como na época da anexação, a Áustria-Hungria podia contar incondicionalmente com o apoio da Alemanha".[20] A experiência na Bósnia lhes ensinara que era inútil conquistar mais súditos eslavos; além disso, como eram incapazes de decidir rapidamente, perderam a oportunidade de ocupar o Sanjak enquanto os sérvios ainda estavam ocupados em outro lugar. A Áustria-Hungria ficou à distância e permitiu a reconstrução nacional da Turquia europeia. É claro que isso não aconteceu subitamente em outubro de 1912, tendo sido realmente decidido quando Andrássy e Disraeli não conseguiram defender a integridade do Império Otomano em 1878, ou mesmo antes, quando Metternich não conseguiu impedir a criação de uma Grécia independente nos anos 1820. Quando o Império Otomano desmoronou, os Estados nacionais se tornaram incontornáveis, a menos que a própria Áustria-Hungria conquistasse os Bálcãs, algo que estivera fora do seu alcance desde o fim da Guerra da Crimeia. Como consequência lógica, os austríacos deveriam se reconciliar com a Sérvia e procurar colaborar com ela. Os sérvios acolheriam a iniciativa: já previam um conflito com a Bulgária por causa da Macedônia, e, além disso, os sérvios "balcânicos" não apreciavam muito a reunificação com os sérvios mais cultos presentes no interior da monarquia dos Habsburgo, e menos ainda com os sofisticados croatas adeptos do catolicismo romano. Thomas Masaryk, um professor checo que sonhava em transformar a Áustria-Hungria numa federação democrática de

---

20 Szögyény para Berchtold, 10 de outubro de 1912. Ibid., n.4022.

povos livres, agiu como intermediário. Achando "que ele era um *pauvre diable** que provavelmente queria ganhar uma comissão", Berchtold lhe disse: "não estamos aqui para ajudar as pessoas a ganhar uma porcentagem".[21] Por fim, a "porcentagem" que Masaryk receberia seria a de libertador-presidente da Checoslováquia.

O triunfo do nacionalismo balcânico foi um desastre irremediável para a monarquia dos Habsburgo. Berchtold procurou ansiosamente por um tema sobre o qual pudesse reafirmar o "prestígio" da monarquia, e o encontrou no final de outubro: ele não permitiria que a Sérvia tivesse um porto no Adriático[22] e insistiria na criação de uma Albânia independente. Esse era um bom tema para marcar posição. Com inveja tanto da Sérvia como da Áustria-Hungria, a Itália lhe daria respaldo com medo das alternativas. Além disso, os albaneses eram uma verdadeira nacionalidade, com tanto direito à liberdade como qualquer um. Isso certamente afetava a opinião pública da Grã-Bretanha e da França, embora fosse estranho que a Áustria-Hungria posasse de paladina da independência nacional. Mais importante, os russos não se importavam com esse assunto remoto. No dia em que ele surgiu, Sazonov disse aos sérvios que a Rússia não lutaria por causa de um porto sérvio no Adriático.[23] Os russos tinham uma preocupação mais urgente: temiam que os búlgaros capturassem Constantinopla. Para impedir isso, estavam dispostos a entrar em guerra "no prazo de 24 horas".[24] Sazonov escreveu: "A ocupação de

---

* Em francês no original: "pobre coitado". (N. T.)

21 Kanner, *Katastrophenpolitik*, p.112.

22 Foram feitas tentativas de racionalizar essa decisão. Argumentou-se que a Áustria-Hungria dominaria completamente o comércio da Sérvia se ela não tivesse uma saída para o mar. Porém, Durazzo e os outros portos não tinham utilidade para a Sérvia, exceto por razões de prestígio. Eles estavam isolados da Sérvia por montanhas elevadas; não havia nenhuma ferrovia, e era improvável que um dia construíssem uma. Os portos dálmatas como Split, que a Iugoslávia obteve depois da guerra mundial, nunca atendeu, em nenhuma medida, ao seu comércio. De todo modo, o domínio completo exercido pela Áustria-Hungria foi efetivamente rompido quando a Grécia permitiu que os sérvios tivessem acesso a Salônica. Ainda mais absurda foi a insinuação de que um porto no Adriático se tornaria uma base naval russa, pois a pressão sofrida pelos russos era tão forte que eles mal conseguiam se aguentar no Báltico e no Mar Negro; nunca utilizaram nem as instalações de Bizerta que os franceses lhes ofereceram. O único argumento sério era que a permanência dos sérvios em Durazzo atrairia os sérvios da Dalmácia mais para o norte, ao longo da costa; mas eles já estavam descontentes.

23 Sazonov para Hartvig, 9 de novembro de 1912. *Mezhdunarodnye otnosheniya*, segunda série, xii (i), n.195.

24 Louis para Poincaré, 28 de outubro de 1912. *Documents diplomatiques français*, terceira série, iv, n.258.

Constantinopla poderia exigir o surgimento de toda a nossa frota do Mar Negro diante da capital turca".[25] Esse desfecho também foi estranho: os únicos preparativos de guerra importantes feitos pela Rússia em 1912 foram contra um Estado nacional eslavo.

Esperava-se que uma guerra nos Bálcãs gerasse um confronto entre a Rússia e a Áustria-Hungria. Em vez disso, parecia que ela as estava aproximando – a Rússia resistia à Bulgária em Constantinopla; a Áustria-Hungria resistia à Servia por causa da Albânia. Do outro lado, os alemães insistiam na cooperação com Grã-Bretanha e França para manter os russos fora de Constantinopla. A ideia não foi mal recebida por Grey, que queria transformar Constantinopla numa cidade livre se o Império Turco desmoronasse[26] – uma solução que os russos consideravam estapafúrdia. Poincaré reconhecia que, se ele assumisse essa postura, a aliança franco-russa se desfaria, a aliança austro-germânica se manteria e a Alemanha seria a senhora da Europa. Ao mesmo tempo, ele também queria manter os russos fora de Constantinopla. Sua solução foi persuadir os russos a respaldar a Sérvia e prometer, de maneira ainda mais enfática, que a França a apoiaria. Em 17 de novembro, disse a Izvolski: "Se a Rússia entrar em guerra, a França também entrará, pois sabemos que nessa questão a Alemanha está por trás da Áustria".[27] Foi essa frase que fez com que, nos anos seguintes, Poincaré recebesse o apelido de "belicista"; e, certamente, ela foi muito além do que tinha sido

---

25 Sazonov para Izvolski, 4 de novembro de 1912. *Mezhdunarodnye otnosheniya*, segunda série, xxi (i), n.157. Sazonov também se opunha à ocupação búlgara de Adrianópolis; Nicolau II, de sentimento mais eslavo, a apoiava.

26 Benckendorff para Sazonov, 7 de novembro de 1912. Ibid., n.173.

27 Izvolski para Sazonov, 17 de novembro de 1912. *Mezhdunarodnye otnosheniya*, segunda série, xxi (i), no. 268. Poincaré não gostou da definição de Izvolski, e Izvolski a modificou no dia seguinte: "A França marcharia no caso em que o *casus foederis* estabelecido pela aliança surgisse, ou seja, no caso em que a Alemanha desse apoio armado à Áustria." Izvolski para Sazonov, 19 de novembro de 1912. Ibid., no. 280. Poincaré teve dúvidas até sobre isso e, no dia seguinte, tentou novamente: "A França respeitaria o tratado de aliança e apoiaria a Rússia até militarmente no caso de surgir o *casus foederis*." Poincaré para Louis, 19 de novembro de 1912. Documentos diplomáticos franceses, terceira série, iv, no. 494. Essas tentativas de resolver o problema revelam a dificuldade de Poincaré. Ele queria que a Rússia tomasse uma linha independente e enfrentasse a Áustria-Hungria; ainda assim, ele recuava diante da acusação de envolver a França em uma guerra que começasse nos Bálcãs. A Alemanha teria que intervir e a questão do equilíbrio de poder deveria ser claramente declarada antes que a França pudesse entrar em guerra. Poincaré não resolveu esse problema insolúvel; mas, em novembro de 1912, o perigo era que a Rússia abandonasse a aliança francesa, não que ela fosse irresponsavelmente para a guerra. Portanto, Poincaré teve que enfatizar que a França não abandonaria a Rússia.

dito até então por qualquer político francês. Porém, não foi planejada para provocar uma guerra, e sim para impedir tanto a ocupação russa de Constantinopla como uma parceria austro-russa, que teria provocado o renascimento da Liga dos Três Imperadores. Poincaré estava decidido a preservar a aliança franco-russa, que, por si só, garantia a independência da França; e uma grande potência que deseja continuar independente precisa estar disposta a enfrentar a guerra em defesa disso.

De todo modo, o alerta se mostrou prematuro. Os búlgaros não conseguiram tomar Adrianópolis, que dirá Constantinopla; e os russos puderam retomar o patrocínio do nacionalismo balcânico sem pôr em risco seus próprios interesses. Os Estados balcânicos não conseguiram continuar avançando, e, em 3 de dezembro, selaram um armistício com a Turquia. Uma conferência de paz teve lugar em Londres – a mais "neutra" das grandes capitais. Os Estados balcânicos pretendiam recolher seus benefícios sem esperar a permissão das Grandes Potências. Estas, porém, para salvar as aparências, organizaram uma conferência de seus embaixadores em Londres, presidida por Grey, para decidir que mudanças iriam tolerar.[28] A situação ainda parecia perigosa. A Áustria-Hungria tinha mobilizado algumas tropas, e, em retaliação, os russos não dispersaram o contingente de recrutas que devia ser liberado no final do ano. Mas a grande decisão contra uma guerra geral já tinha sido tomada, quando a Áustria-Hungria não tinha conseguido intervir contra a Sérvia em outubro e quando os russos, por sua vez, tinham se recusado a apoiar a reivindicação sérvia de um porto no Adriático. É claro que ambos responsabilizaram os aliados por sua covardia. Os russos tentaram inúmeras vezes fazer Poincaré dizer que não os apoiaria se eles entrassem em guerra por causa da Sérvia. Poincaré não se deixou apanhar. Millerand, seu ministro da Guerra, disse: "não podemos ser responsabilizados; estamos preparados, e esse fato tem de ser levado em conta".[29] Esse não era um estímulo para que a Rússia entrasse em guerra; era uma insistência de que ela devia conduzir sua própria política externa. Do mesmo modo, a Alemanha não iria arcar com a indecisão da Áustria-Hungria. Francisco Ferdinando, herdeiro do trono dos Habsburgo, depois de se encontrar com Guilherme II, relatou o seguinte: "tão logo nosso prestígio assim o exija, devemos intervir

---

28 Inicialmente, foi sugerido que a conferência de embaixadores se realizasse em Paris; mas os alemães e os austríacos não queriam se reunir sob a liderança de Poincaré, e todos, incluindo os russos, não queriam que Izvolski se metesse no assunto.

29 Ignatiev para Zhilinski, 19 de dezembro de 1912, Adamov, *Die europäischen Mächte und der Türkei*, i. 56.

vigorosamente na Sérvia, e podemos contar com seu apoio".[30] Mas a guerra contra a Sérvia não estava, de modo algum, nos planos de Francisco Ferdinando. Como imaginava que resolveria a questão dos eslavos do Sul de forma pacífica quando estivesse no trono, ele disse a Conrad, que se tornara novamente chefe do Estado-Maior em dezembro: "Não quero da Sérvia uma única ameixeira, uma única ovelha".[31] Por sua iniciativa, um importante aristocrata austríaco, o príncipe Hohenlohe, foi enviado a São Petersburgo em fevereiro de 1913 com um apelo à solidariedade dinástica. O apelo funcionou, e os preparativos militares de ambos os lados foram relaxados.

Aparentemente, a conferência dos embaixadores foi uma ratificação surpreendente do Concerto da Europa. Ela não podia refazer o desfecho da guerra dos Bálcãs – nem o da sua retomada em março, que tirou Adrianópolis da Turquia, temporariamente, como se verificou. Os embaixadores tiveram de tornar esses desfechos palatáveis à Rússia e à Áustria-Hungria. A Rússia tinha somente uma preocupação urgente: manter os búlgaros fora de Constantinopla. Mas os turcos eram suficientemente poderosos para fazer isso sozinhos, sem a ajuda das Grandes Potências. Portanto, a Rússia podia se mostrar conciliadora e razoável. A única missão importante da conferência era traduzir em termos concretos a condição na qual a Áustria-Hungria tinha insistido e com a qual a Rússia tinha concordado – a criação de uma Albânia independente. Isso assinalou, em princípio, uma vitória austro-húngara, mas, quando se chegou aos detalhes, a Rússia pôde discutir a respeito de vilarejos fronteiriços como Dibra e Djakova, e foi a Áustria-Hungria que pareceu intransigente. Grey ficou geralmente do lado dela nessas disputas. Como observou Eyre Crowe com ironia inconsciente: "o posicionamento geral da Grã-Bretanha no mundo se baseia em grande medida na confiança que ela adquiriu de que, pelo menos em questões que não mexem com seus interesses vitais, ela se ocupa estritamente de seus méritos, de acordo com os padrões normalmente aceitos de certo e errado".[32]

Grey queria fazer uma demonstração prática de que "nenhuma política hostil ou agressiva seria adotada contra a Alemanha ou seus aliados pela França, Rússia e por nós mesmos, em conjunto ou separadamente".[33]

---

30 Francisco Ferdinando para o Ministério do Exterior, 22 de novembro de 1912. *Österreich-Ungarns Aussenpolitik*, iv, n.4571.
31 Memorando de Conrad, 10 de fevereiro de 1913. Conrad, *Aus meiner Dienstzeit*, iii, 127.
32 Minuta de Crowe sobre Bunsen (Viena) para Grey, 12 de dezembro de 1912. *British Documents*, x (i), n.100.
33 Grey para Goschen, 30 de julho de 1914. Ibid., xi, n.303.

Os alemães, por sua vez, obrigaram a Áustria-Hungria a ceder, mas por motivos diferentes. Enquanto Grey queria mostrar que a Tríplice Entente e a Tríplice Aliança podiam conviver lado a lado pacificamente, os alemães esperavam afastar a Grã-Bretanha de seus atuais amigos. Essa era a ideia favorita de Bethmann. Kiderlen, que poderia ter se sentido tentado a repetir em algum momento seu golpe na Bósnia de março de 1909, morreu no final de 1912; Jagow, que o sucedeu como secretário de Estado, era um diplomata comum, incapaz de qualquer rasgo político. Portanto, o caminho estava livre para Bethmann, o aristocrata de Frankfurt que sempre sonhara com uma aliança conservadora com a Inglaterra contra a Rússia, e recordava com nostalgia da "oportunidade perdida" de 1854, no início da Guerra da Crimeia. Embora Bethmann não tivesse conseguido conter os entusiastas da marinha alemã, ainda esperava acalmar os britânicos por meio de acordos coloniais e de uma postura pacífica nos Bálcãs – por enquanto. Em fevereiro de 1913, ele escreveu a Berchtold: "podemos esperar uma nova orientação da política britânica se conseguirmos superar a crise atual sem nenhum conflito (...) Penso que seria um erro de consequências incalculáveis se tentássemos uma solução por meio da força (...) num momento em que ainda existe a possibilidade remota de participar desse conflito em condições mais favoráveis a nós mesmos".[34] Da mesma forma, Moltke escreveu para Conrad que deviam esperar a Liga Balcânica se romper. Porém, ele não tinha nenhuma dúvida de que a guerra era iminente: "mais cedo ou mais tarde há de vir uma guerra europeia na qual, em última análise, a luta será entre o germanismo e o eslavismo".[35]

Os alemães expressaram seu projeto político de forma ainda mais violenta em janeiro de 1913, quando elaboraram uma nova lei militar que foi formalmente apresentada por Bethmann em março. Ela ampliava significativamente as forças armadas e criava pela primeira vez o exército de massas; ainda por cima, a ampliação era financiada por impostos sobre o capital. O orçamento de Lloyd George de 1909, que provocara uma crise constitucional na Grã-Bretanha, só tinha aumentado os impostos em 15 milhões de libras. A Alemanha, que era um país mais pobre, tinha de fornecer um complemento de 50 milhões de libras dentro de dezoito meses. Era impossível reproduzir esse esforço. No verão de 1914, os preparativos de guerra da Alemanha estariam no auge; a tentação de usar sua superioridade contra a França e a Rússia seria muito grande. O objetivo da política de Bethmann

---

[34] Bethmann para Berchtold, 10 de fevereiro de 1913. *Grosse Politik*, xxxiv (i), n.12818.
[35] Moltke para Conrad, 10 de fevereiro de 1913. Conrad, *Aus meiner Dienstzeit*, iii, 144-7.

(se é que ele tinha uma) era aumentar essa tentação assegurando que, na crise decisiva, a Grã-Bretanha não apoiaria a França a Rússia.

Portanto, o sucesso da conferência de embaixadores foi ilusório; ainda assim, no momento ela foi um sucesso, pois a Guerra dos Bálcãs não provocou um conflito entre as Grandes Potências. O resultado mais importante da conferência veio em abril, quando Montenegro conquistou Scutari, que as Grandes Potências tinham decidido entregar à Albânia. Elas concordaram em fazer um exercício naval contra Montenegro; e os russos imploraram que a Grã-Bretanha e a França participassem dele, embora deixassem de fazê-lo, como era do seu feitio. O gesto funcionou: o rei de Montenegro cedeu, depois de ganhar uma fortuna na bolsa de valores estimulando boatos de guerra. Em maio de 1913, quando o Tratado de Londres pôs fim à Primeira Guerra dos Bálcãs, a Albânia passou a existir internacionalmente, embora sua ordem interna continue instável até hoje. Foi uma espécie de vitória para a Áustria-Hungria: a Albânia era uma prova de que a monarquia dos Habsburgo ainda conseguia impor sua vontade como uma grande potência. Mais importante, o Tratado de Londres trouxe consigo a ruptura da Liga Balcânica. Enquanto os búlgaros tinham sido bloqueados nos duros combates às portas de Adrianópolis, os sérvios tinham ocupado toda a Macedônia; e agora insistiam em manter a cota da Bulgária, além da sua, na "zona contestada".[36] Sua principal preocupação era controlar a ferrovia que conduzia a Salônica – no momento nas mãos dos gregos –, a qual, com o acesso ao Adriático interditado para eles, era sua única saída para o exterior. Salônica era outro motivo de queixa dos búlgaros. Suas tropas tinham chegado à cidade apenas quatro horas depois dos gregos; e estes, não contentes com isso, tinham ampliado bastante suas reivindicações ao longo do litoral egeu.

Os búlgaros tinham participado da maioria das batalhas contra a Turquia; assim, imaginando que conseguiriam encarar a Grécia e a Sérvia juntas, eles as atacaram de surpresa em 29 de junho. O plano foi um retumbante fracasso. A Grécia e a Sérvia resistiram bravamente. A Romênia, que até então permanecera neutra, entrou na guerra contra a Bulgária para conquistar

---

[36] Os sérvios argumentaram que tinham enviado tropas para ajudar a Bulgária em Adrianópolis, enquanto os búlgaros, por sua vez, jamais se ofereceram para ajudá-los contra a Áustria-Hungria. Os sérvios ainda alegaram que deveriam receber uma parte maior da Macedônia para compensar a frustração de suas expectativas no Adriático (que nunca tinham constado no tratado de aliança servo-croata). O motivo verdadeiro era que, por já estarem ocupando a maior parte da Macedônia, eles não queriam se retirar.

Dobrudja. Até mesmo a Turquia recapturou Adrianópolis. Foi também um momento decisivo para a Áustria-Hungria. Os alemães tinham sempre dito a Berchtold que ele devia esperar até que a Sérvia e a Bulgária se desentendessem; e ele, por sua vez, sempre insistira que não podia permitir que a Sérvia se agigantasse. Durante certo tempo ele falou duro e fez ameaças bélicas, mas, no momento decisivo, decidiu não arriscar um conflito com a Romênia. Além do mais, os alemães eram contrários à guerra, pois esperavam vencer a disputa pela amizade da Romênia, da Grécia e até da Sérvia, e classificavam a Bulgária num patamar muito baixo. Não tinham qualquer simpatia pelos problemas nacionais da Áustria-Hungria. Bethmann esperava que "Viena não permitiria que a sua paz fosse perturbada pelo *cauchemar** da Grande Sérvia".[37] Mais uma vez, Berchtold não fez nada. Posteriormente, os austríacos reclamaram que a Alemanha tinha proibido que eles esmagassem a Sérvia quando as condições ainda eram favoráveis. Berchtold estava mais próximo da verdade quando disse a Conrad, referindo-se a um ataque contra a Sérvia, que "seu coração era favorável, mas sua cabeça não".[38]

Os combatentes da Segunda Guerra dos Bálcãs se reuniram em Bucareste e selaram a paz em agosto. A Bulgária teve de ressarcir a todos – entregou a Dobrudja à Romênia e Adrianópolis à Turquia. Os sérvios pegaram grande parte da Macedônia; os gregos pegaram o resto e a Trácia Ocidental, incluindo Salônica. A Bulgária ganhou apenas uma faixa estreita da Macedônia e da Trácia Oriental, o que lhe conferiu um posto no Egeu. No total, ela só conquistou 400 mil novos súditos, ao passo que a Sérvia e a Grécia ganharam, cada uma, um milhão e meio. A Paz de Bucareste não foi submetida à aprovação das Grandes Potências. Berchtold queria que estas insistissem que fossem feitas concessões à Bulgária. Essa ideia foi rejeitada firmemente pelos alemães, pois eles tinham feito aliança com a Romênia, a Grécia e até mesmo a Sérvia. Como tinham interesses econômicos significativos na Ásia Menor, receberam bem o fortalecimento da Turquia decorrente da retomada de Adrianópolis. Guilherme II achou que Viena estava "completamente maluca",[39] e reconheceu a Paz de Bucareste assim que ela foi selada. Curiosamente, os russos também apoiaram a Bulgária. Queriam se redimir por tê-la mantido fora de Constantinopla no outono anterior; além disso, não lhes agradava a expansão grega no Egeu, que parecia estar

---

* Em francês no original: "pesadelo". (N. T.)
37 Zimmermann para Tschirsky (Viena), 7 de julho de 1913. *Grosse Politik*, xxxv, n.13490.
38 Conversa de Conrad com Berchtold, 29 de setembro de 1913. Conrad, *Aus meiner Dienstzeit*, iii. 444.
39 Guilherme II para Bethmann, 7 de agosto de 1913. *Grosse Politik*, xxxv, n.13490.

SÉRVIA

preparando o caminho para um novo império bizantino nos Estreitos. Mas também não receberam muito apoio da Grã-Bretanha e da França. Sazonov observou com amargura: "a França é que tinha disponibilizado os recursos à Turquia que lhe permitiram reconquistar Adrianópolis";[40] e em relação aos Estados balcânicos: "eles me escaparam".[41]

Isso era verdade. Os Estados balcânicos tinham se tornado realmente independentes, não eram mais satélites de ninguém. Embora o Tratado de Bucareste costume ser citado de forma depreciativa como uma simples trégua que não resolveu nada, as fronteiras por ele definidas permaneceram inalteradas até o dia de hoje, exceto pelo fato de a Bulgária ter perdido a saída para o Egeu em 1919; as fronteiras das Grandes Potências continentais se modificaram de maneira muito mais drástica. A antiga expressão "os Bálcãs para os povos balcânicos" tinha se tornado realidade. Todas as Grandes Potências, exceto a Áustria-Hungria, aceitaram esse desfecho. Mesmo a Rússia ficou razoavelmente satisfeita: embora os Estados balcânicos tivessem ficado independentes dela, isso era melhor do que ficarem dependentes de um outro país. Só os austríacos é que ficaram indignados e desgostosos com a situação, do mesmo modo que tinham se recusado a reconhecer o Reino da Itália depois de 1861 ou sonhado pateticamente em se vingar da Prússia entre 1866 e 1870. Isso era sentimento, não política. Em outubro de 1913 Berchtold fez um último gesto de violência. Provocados por ataques de guerrilheiros, os sérvios tinham cruzado a fronteira provisória da Albânia para restaurar a ordem. Em 18 de outubro, Berchtold enviou um ultimato dando uma semana para que os sérvios se retirassem. Conrad, como sempre, esperava que aquilo fosse um prelúdio da intervenção; Tisza, primeiro-ministro da Hungria e o homem mais poderoso da monarquia, se mostrou igualmente insistente contra qualquer coisa que ultrapassasse uma vitória diplomática: Berchtold não tinha a menor ideia do que queria. Como não tinham razão e estavam despreparados para a guerra, os sérvios se retiraram da Albânia. Dessa vez, Conrad não foi o único que ficou decepcionado. Apesar do antigo desprezo pela política da Áustria, Guilherme II tinha sido favorável a uma postura firme. Ele disse a Berchtold: "Você pode estar certo de que estou do seu lado e pronto a empunhar a espada sempre que a sua atuação torne isso necessário... tudo que vem de Viena é uma ordem para mim".[42] Isso talvez

---

40 Buchanan (São Petersburgo) para Grey, 9 de agosto de 1913. *British Documents*, ix (ii), n.1228.
41 Doulcet (São Petersburgo) para Pichon, 10 de setembro de 1913. *Documents diplomatiques français*, terceira série, viii, n.136.
42 Memorando de Berchtold, 28 de outubro de 1913. *Österreich-Ungarns Aussenpolitik*, vii, n.8934.

não passasse da violência impulsiva com a qual Guilherme II reagia sempre que tomava conhecimento de um desafio; e, como em outras ocasiões, ela poderia ter sido acompanhada de reflexões cautelosas se a crise tivesse amadurecido. De todo modo, ela marcou profundamente Berchtold.

Esse alerta em outubro foi o último estertor da Questão Balcânica em seu antigo sentido. As Guerras dos Bálcãs tinham aumentado a tensão entre as Grandes Potências; no entanto, como tinham terminado sem um conflito generalizado, parecia provável que ocorresse uma mudança nos acordos existentes. Os preparativos de guerra certamente aumentaram por toda parte. As Guerras dos Bálcãs tinham assistido aos primeiros combates intensos na Europa desde a queda de Plevna em 1877.[43] As batalhas tinham sido rápidas e decisivas; e todos os observadores, ignorando as lições da Guerra Russo-Japonesa, na qual a batalha de Mukden tinha se arrastado durante semanas, deduziram que, no futuro, as guerras entre as Grandes Potências seguiriam o mesmo padrão.[44] Consequentemente, os países começaram uma corrida para ficar preparados nos primeiros combates, corrida essa que a Alemanha iniciou promulgando a Lei Militar de janeiro de 1913. Como os franceses não podiam convocar mais homens para servir à pátria devido à sua população estacionária, só poderiam responder em agosto, por meio da ampliação do tempo de serviço para três anos.[45] Em 1915 ou 1916, embora não antes, teriam um exército de primeira linha tão formidável como o alemão; e acreditavam que mesmo antes disso podiam assumir a ofensiva com êxito, se as força alemãs se dividissem para enfrentar uma ameaça de invasão russa.[46] Portanto, os franceses insistiram que, se quisesse receber um novo empréstimo, a Rússia devia continuar a expandir suas ferrovias estratégicas para o oeste e aumentar seus efetivos em tempo de paz.[47]

---

43 Tanto a Guerra Servo-Búlgara de 1885 como a Guerra Greco-Turca de 1897 tinham sido abortadas.

44 Se os observadores tivessem olhado mais atentamente, teriam percebido que mesmo a Guerra dos Bálcãs entrou num atoleiro quando os turcos alcançaram sua linha fortificada diante de Constantinopla.

45 Ele fora reduzido para dois anos em 1905.

46 Os franceses ignoraram a outra medida tomada pelos alemães, de reforçar o armamento do exército com metralhadoras. O contingente maior do exército francês se mostrou um desastre. Se ele fosse menor, os franceses não teriam lançado a ofensiva na Lorena no início da guerra que destruiu sua capacidade de combate.

47 De Verneuil para Pichon, 6 de junho e 7 de julho de 1913. *Documents diplomatiques français*, terceira série, vii, n.134 e 309. Sua opinião sobre o futuro da Rússia é interessante: "nos próximos trinta anos assistiremos na Rússia a uma prodigiosa expansão econômica que irá igualar, se não superar, o movimento descomunal que ocorreu nos Estados Unidos durante o último trimestre do século XIX".

No entanto, ao mesmo tempo, os franceses se afastaram da perspectiva de uma guerra generalizada. Na Alemanha, o incremento militar fortaleceu a posição de Bethmann no Reichstag; na França, o serviço militar de três anos foi criticado pelos socialistas e por uma ala crescente dos radicais. Poincaré, que se tornara presidente em janeiro, e seus sucessores no Ministério do Exterior tiveram de adotar uma postura mais cautelosa que a de novembro de 1912; e hesitavam cada vez mais em respaldar a Rússia de forma irrestrita. Benckendorff escrevera em fevereiro de 1913 que, "comparativamente, a França é a potência que entraria em guerra com mais tranquilidade".[48] No final daquele ano, o primeiro-ministro russo Kokovtsov relatou a Nicolau II depois de voltar de uma viagem a Paris: "Todos os políticos franceses querem sossego e paz. Eles se dispõem a colaborar com a Alemanha, e estão muito mais tranquilos que há dois anos".[49]

A política britânica mostrou o mesmo padrão duplo – acréscimo de armas, de um lado, aumento da disposição de apaziguar a Alemanha, do outro. Não houve mais nenhuma tentativa de se chegar a um acordo sobre limitação naval, com exceção da proposta de "feriado naval" feita por Churchill, durante o qual todas as construções de navios de guerra deveriam cessar. Ele fez essa sugestão pela primeira vez em março de 1912, e repetiu-a em 1913, quando apresentou as previsões navais; os alemães jamais responderam, e provavelmente Churchill foi o único que a levou a sério.[50] Em janeiro de 1914, alguns liberais tentaram reduzir as previsões navais; e Lloyd George lutou em defesa disso no gabinete.[51] Mas a questão tinha perdido seu amargor: os britânicos tinham passado a aturar a marinha alemã e a estavam suplantando sem um esforço financeiro excessivo. Até 1912, a limitação naval tinha sido a condição para qualquer acordo com a Alemanha sobre outros assuntos. Agora essa condição fora deixada de lado. Harcourt, o ministro das Colônias, acreditava que os alemães tinham uma mágoa concreta porque lhes fora negado "um lugar ao sol"; e requentou o acordo com

---

48 Benckendorff para Sazonov, 25 de fevereiro de 1913. *Benckendorffs Schriftwechsel*, iii, n.896.
49 Kokovtsov para Nicolau II, 13 de dezembro de 1913. *Schriftwechsel Iswolskis*, iii, n.1169.
50 "Ela merece um bom empurrão... Acho *realmente* que ela é adequada." Churchill para Grey, 24 de outubro de 1913. *British Documents*, x (ii), n.487.
51 O encarregado de negócios francês considerou que a atitude de Lloyd George era uma tentativa de recuperar a popularidade, de acobertar o escândalo Marconi no qual ele acabara de ser envolvido. "Sabemos por experiência que não é preciso dar muita importância às palavras de um político que é tão desequilibrado como ignorante" – palavras ingratas para se referir ao homem que fez o discurso de Mansion House. Fleuriau para Doumergue, 2 de janeiro de 1914. *Documents diplomatiques français*, terceira série, ix, n.5.

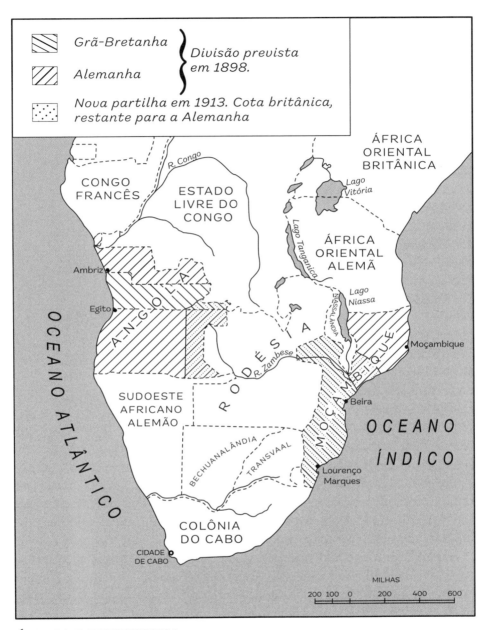

ÁFRICA PORTUGUESA

eles a respeito das colônias portuguesas, que fora celebrado em 1898. Foi uma transação nebulosa. Harcourt procurou apaziguar a Alemanha dando a ela as colônias de um aliado, não cedendo território britânico. Na verdade, uma parte fundamental do acordo previa que a Grã-Bretanha devia participar da pilhagem – sua única "concessão" foi reivindicar um pouco menos do que lhe fora atribuído no acordo original.

Quando tomaram conhecimento desse acordo, os franceses ficaram extremamente apreensivos. Não ficaram irritados apenas com a reconciliação entre a Grã-Bretanha e a Alemanha: temiam que as colônias belgas, ou mesmo as suas, seriam as próximas na lista da partilha – e não estavam totalmente errados no que dizia respeito aos planos da Alemanha. Da mesma forma, os austríacos sempre temeram que uma partilha do reino dos Habsburgo pudesse resultar de um acordo entre a Alemanha e a Rússia. Tanto a Áustria-Hungria como a França eram grandes potências à beira do ocaso; não seria preciso muito para transformá-las nos maiores dos pequenos Estados. Por isso, quando a França defendia os interesses dos pequenos Estados – Portugal ou Bélgica –, ela o fazia com o intuito de defender seus próprios interesses. Apesar dos protestos dos franceses, em junho de 1913 foi firmado um acordo entre a Grã-Bretanha e a Alemanha. Surgiu, então, um problema inesperado. Grey estava envergonhado da transação e queria transferir a responsabilidade para seus antecessores, Salibury e Balfour, que tinham firmado o acordo original de 1898. Além disso, embora detestasse o desgoverno português em suas colônias, ele queria deixar claro que Portugal não seria destituído delas contra a vontade. Portanto, Grey insistiu que, quando o novo acordo fosse firmado, ele teria de ser anunciado juntamente com o acordo de 1898 e com a declaração britânica feita a Portugal em 1899 garantindo suas possessões. Os alemães pensaram, corretamente, que isso atrapalharia seus objetivos, porque nem conseguiriam as colônias portuguesas nem uma demonstração que afastasse a Grã-Bretanha da França. O embaixador alemão Lichnowsky disse a Grey que ele parecia assumir a posição de conselheiro médico do Império Português, "enquanto a Alemanha pensava em assumir a posição de herdeira".[52] O acordo não foi assinado; ainda assim, foi um gesto surpreendente de reconciliação.

---

52 Grey para Goschen, 13 de junho de 1913. *British Documents*, x (ii), n.337. Grey disse aos franceses, com certa dose de hipocrisia, que o acordo fora sustado graças às reclamações deles. Paul Cambon para Doumergue, 19 de fevereiro de 1914. *Documents diplomatiques français*, terceira série, ix, n.333.

Foi ainda mais surpreendente quando a Grã-Bretanha e a Alemanha se aproximaram de um acordo a respeito da ferrovia de Bagdá. Com o fim das Guerras dos Bálcãs, o futuro da Turquia asiática estava se tornando a questão decisiva nas relações internacionais. As recompensas nos Bálcãs eram poucas, enquanto as oferecidas na Ásia pareciam enormes. Essa questão permeou as alianças existentes. A Rússia não tinha interesses econômicos na Turquia – nenhum comércio, nenhuma parcela da dívida nacional, nem uma única concessão ferroviária. Na verdade, sua política era impedir a construção de ferrovias, a fim de manter a fronteira caucasiana segura. Por outro lado, ela tinha um enorme interesse no livre trânsito pelos Estreitos. Cinquenta por cento de suas exportações e, principalmente, 90% das exportações de cereais, passavam por eles. Ela preferia que o Império Otomano controlasse os Estreitos em vez de outra potência qualquer; só se ele ruísse é que ela tentaria assumir o controle dos Estreitos. Nos velhos tempos, projetos russos semelhantes tinham enfrentado a oposição da Grã-Bretanha e da França. Agora as duas estavam se distanciando. Depois de se estabelecerem no Egito, os britânicos tinham perdido o interesse no fechamento dos Estreitos. Embora ainda detivessem a maior parcela do comércio turco, ele não exigia a sobrevivência política do governo turco; o comércio prosseguiria independentemente da autoridade política. Eles tinham uma pequena parcela da dívida turca – 14%, contra 60% da França e 24% da Alemanha, e tinham apenas uma ferrovia abandonada na Ásia Menor. Estavam dispostos a abrir mão de sua participação relativamente pequena no Império Otomano se pudessem se sentir seguros no Golfo Pérsico. Em 29 de julho de 1913, firmaram um acordo com a Turquia que lhes proporcionou isso, no que dizia respeito à Turquia; e queriam o mesmo da Alemanha – em troca, não se oporiam mais a que a ferrovia alemã chegasse até Bagdá. A Alemanha seria uma barreira mais eficaz contra a Rússia que o decadente Império Otomano; e os britânicos ficariam livres para retomar as disputas com a Rússia na Pérsia – disputas que pegaram fogo novamente em 1914.

Os franceses, por outro lado, ainda estavam profundamente comprometidos com o Império Otomano. Embora seus antigos interesses econômicos em Constantinopla estivessem um pouco ofuscados por seus novos interesses na Rússia, eles ainda existiam; e a agitação contra os três anos de serviço militar lhes deu um novo impulso político. À medida que Poincaré se enfraquecia, Caillaux se fortalecia: ele se tornou ministro das Finanças em dezembro de 1913 e sonhou em ser primeiro-ministro à frente de uma coalizão socialista radical que colaboraria economicamente com a Alemanha. Os franceses não contemplavam a partilha do Império Otomano, na qual seriam passados para trás (se tivessem sorte) com a Síria. Até mesmo Paléologue, do Ministério do Exterior, embora um ferrenho defensor da aliança com a Rússia, disse a Izvolski em abril de 1913: "Você quer exaurir a Turquia; nós queremos que ela ainda seja capaz de sobreviver e até de se recuperar na Ásia".[53] Tanto Jules Cambon, de Berlim, como Bompard, de Constantinopla, pregaram a cooperação com a Alemanha contra a Rússia.[54]

Os alemães nunca levaram essa proposta a sério. É claro que tinham um grande interesse na Turquia, de certa forma, o maior de todas as potências. Isso porque seus interesses estavam no centro da Turquia, em Constantinopla e na Ásia Menor, não em sua periferia, como no caso dos britânicos no Golfo Pérsico. Porém, não acreditavam que a França abandonaria a aliança com a Rússia. E nisso tinham razão. De certa forma, os franceses tinham conseguido compatibilizar a aliança com seus interesses na Turquia durante mais de trinta anos, e não iriam renunciar facilmente ao esforço agora. Além do mais, o fervor nacionalista na Alemanha, que acompanhou o incremento armamentista, provocou tumultos na Alsácia, culminando no incidente em Saverne no qual um oficial alemão fez justiça com as próprias mãos. O sentimento popular nos dois países era mais forte que a solidariedade dos financistas em Constantinopla. Bethmann, pelo contrário, era favorável à cooperação com a Inglaterra: "só podemos estabilizar a Ásia Menor de uma forma que nos favoreça junto com a Inglaterra, do mesmo modo que as futuras questões coloniais apontam para a cooperação com a Inglaterra".[55] Essa também era uma ideia impraticável. Os britânicos esperavam controlar o Golfo Pérsico sem uma partilha geral da Turquia asiática; e o acordo com a Alemanha a respeito da ferrovia de Bagdá mostrou que eles estavam prestes a fazê-lo. Não se oporiam aos projetos da Alemanha na Ásia Menor; por outro lado, não a apoiariam contra a Rússia. Poderiam ter sido mais cooperativos se os alemães tivessem reduzido a sua marinha e, ainda mais, se tivessem assegurado, de alguma forma, a segurança da França. Isso era impossível, a menos que os alemães reduzissem sua taxa de natalidade e sua expansão econômica, e os franceses aumentassem as deles. De todo modo, nem mesmo esses fatores eram decisivos. Na Ásia, como temiam a Rússia mais que a Alemanha, os britânicos estavam mais preocupados em manter

---

53 Paléologue, nota, 7 de abril de 1913. *Documents diplomatiques français*, terceira série, vi, n.222.
54 Jules Cambon para Pichon, 26 de maio, 4 de junho, 25 de setembro e 27 de novembro; Bompard para Pichon, 4 de abril e 30 de novembro de 1913. Ibid., vi, n.621; vii, n.31; vii, n.192 e 537; vi, n.196; viii, n.554.
55 Memorando de Bethmann, 30 de janeiro de 1913. *Grosse Politik*, xxxiv (i), n.12763.

um bom relacionamento com esta última. Eles não seriam muito prejudicados se a Alemanha dominasse a Ásia Menor; mas, se a Rússia dominasse a Pérsia, seria um desastre. E o mais desastroso de tudo seria se as duas concordassem em partilhar o Oriente Médio. Em abril de 1914, Nicolson escreveu: "Para mim isso é um pesadelo tão grande que eu prefiro manter a amizade com a Rússia quase a qualquer preço".[56]

Os britânicos exageraram o perigo de um acordo entre a Alemanha e a Rússia. Durante mais de vinte anos, os dirigentes da política alemã tinham insistido que seus interesses econômicos na Turquia não lhes conferiam nenhum interesse político ali; ainda em 1911, Kiderlen tinha ignorado a pretensão de Marschall de resistir aos projetos russos nos Estreitos. O que eles realmente pretendiam com isso era que a Turquia resistisse sozinha à Rússia sem a ajuda alemã – seja com suas próprias forças ou com o respaldo das potências ocidentais. Agora esse planejamento tinha ido por água abaixo. A Grã-Bretanha e a França não se oporiam à Rússia, e as Guerras dos Bálcãs tinham enfraquecido demais a Turquia para que ela o fizesse sozinha.[57] Aparentemente, o único recurso que restava era um protetorado alemão em Constantinopla – fosse partilhando ou mantendo o Império Otomano, isso não importava. Os alemães tinham se deixado tomar por essa ideia inconscientemente. A marinha gloriosa também fora, em grande medida, o resultado inconsciente de conflitos econômicos profundos; mas, pelo menos, ela tinha a justificativa de uma teoria política – o "risco" de aumentar o poder de negociação da Alemanha diante da Grã-Bretanha. A ferrovia de Bagdá, e tudo que vinha junto com ela, não tinha nenhum propósito político.[58] A Alemanha a promovera unicamente "para defender os propósitos gerais da sua grandiosidade". Mas o resultado foi o mesmo. Até então, a Alemanha só tinha se afastado da Rússia indiretamente por causa da Áustria-Hungria; agora os dois países tinham um motivo direto de conflito pela primeira vez na história. O interesse econômico na Turquia poderia ser para os alemães, como Winston Churchill dissera a respeito da marinha alemã, "uma espécie de extravagância". Para os russos era uma questão

---

56 Nicolson para Bunsen, 27 de abril de 1914. *British Documents*, x (ii), n.540.
57 Isso também era um exagero. Embora a Rússia se gabasse de ser uma grande potência, em 1914 a sua frota do Mar Negro era mais frágil que a da Turquia.
58 Marschall sabia certamente o que estava fazendo, mas sua opinião não foi levada em conta em Berlim. Ele reconheceu que sua política só poderia funcionar com base numa aliança anglo-germânica (como a que tentara promover em 1890), e foi para Londres como embaixador em 1912 para concretizar isso. Ele morreu em setembro de 1912, antes mesmo de descobrir as dificuldades da empreitada.

de sobrevivência. Sazonov escreveu para Nicolau II: "Abrir mão dos Estreitos para um Estado poderoso é o mesmo que subordinar todo o desenvolvimento econômico do sul da Rússia a esse Estado".[59]

A vontade dos russos de destruir a Alemanha não era maior que a dos britânicos – na verdade, era menor, pois os britânicos eram concorrentes econômicos da Alemanha, enquanto os russos precisavam do capital alemão, além do francês, para desenvolver a sua indústria. Além disso, a segurança russa estava baseada no equilíbrio entre a Alemanha e as potências ocidentais. Com efeito, era mais importante para os russos que a Alemanha ameaçasse a França e a Inglaterra em vez deles; só assim as potências ocidentais aceitariam os projetos russos na Ásia Menor, na Pérsia e no Extremo Oriente. O medo da Alemanha tinha levado a França a buscar a aliança com a Rússia e tinha pelo menos ajudado a Grã-Bretanha a aprovar a entente anglo-russa. Se a Alemanha deixasse de existir, a Rússia em breve seria confrontada novamente com a "coalizão da Crimeia", como de fato aconteceu em 1919 e nos anos seguintes. Portanto, os russos tinham se empenhado bastante, como nas negociações de 1899, para evitar um conflito com a Alemanha nos Estreitos; a própria Liga Balcânica era um estratagema nesse sentido – os russos a conceberam para barrar o caminho da Áustria-Hungria, não para enfraquecer a Turquia. Mas, quando o conflito surgiu, isso foi inevitável e decisivo; os russos estavam condenados a adotar uma postura antigermânica.

O conflito explodiu sem intenção em novembro de 1913. Os alemães estavam preocupados em restaurar o prestígio de seus armamentos, que tinha ficado muito abalado quando, usando equipamento francês, os gregos e os sérvios derrotaram os exércitos turcos treinados pelos alemães. Além do mais, eles sempre estavam de olho em contratos de armamento para as indústrias Krupp, das quais o próprio Guilherme II era um grande acionista. Portanto, ficaram encantados quando os turcos pediram que os alemães enviassem uma delegação para reorganizar suas forças armadas. Em maio de 1913, quando foi feita a solicitação, os búlgaros estavam às portas de Constantinopla, e até mesmo os russos comemoraram a ideia de fortalecer a resistência turca. O próprio Nicolau II a aprovou numa visita a Berlim.[60] Em novembro, os russos tinham perdido o medo da Bulgária, e

---

59 Sazonov para Nicolau II, 8 de dezembro de 1913. *Schriftwechsel Iswolskis*, iii, n.1157. Outras autoridades fornecem a data de 6 de dezembro.
60 Minuta de Guilherme II sobre Wangenheim (Constantinopla) para o Ministério do Exterior, 3 de dezembro de 1913. *Grosse Politik*, xxxviii, n.15461.

ficaram indignados quando o general alemão Liman von Sanders se tornou responsável pelo exército turco, além de receber o comando de Constantinopla. Recorreram a seus parceiros na Tríplice Entente em busca de apoio, que a França e a Grã-Bretanha deram meio a contragosto. A França tinha um interesse comum com a Alemanha na recuperação das finanças turcas e até mesmo dos seus armamentos; os britânicos se encontravam numa posição ainda mais constrangedora, pois um almirante britânico estava reorganizando a marinha turca – certamente de olho nos contratos de construção naval, mas contra quem, se não a Rússia? Os alemães, por sua vez, se esquivaram do conflito que tinham provocado sem querer. Em janeiro de 1914, acharam uma saída: Liman von Sanders foi promovido ao posto de marechal de campo no exército turco, e, portanto, se tornou importante demais para comandar as tropas em Constantinopla.

A crise imediata tinha acabado; o conflito latente continuou. Sazonov declarou a um jornalista alemão: "Vocês conhecem os interesses que temos no Bósforo, o quanto somos sensíveis naquele local. Todo o sul da Rússia depende dele, e vocês vêm e enfiam uma guarnição prussiana bem debaixo do nosso nariz!".[61] Durante o alerta relacionado ao caso Liman von Sanders, os russos avaliaram minuciosamente sua posição estratégica, concluindo que não estavam suficientemente fortes para conquistar Constantinopla: não dispunham de transporte para as tropas e sua frota continuaria inferior à turca até 1917. Eles nem eram capazes de ameaçar os turcos por terra, no Cáucaso, sem desguarnecer sua fronteira ocidental. Portanto, em dezembro de 1913, programaram um grande aumento de suas forças em tempo de paz; porém, esse programa também só seria concretizado em 1917. Pela primeira vez, a Rússia precisava de seus parceiros contra a Alemanha em vez de eles precisarem dela. O chefe do Estado-Maior Zhilinski disse: "a luta por Constantinopla dificilmente seria possível sem uma guerra generalizada"; e, no geral, os ministros concordaram: "a menos que seja assegurada a participação ativa tanto da França como da Inglaterra em ações conjuntas, não parece factível recorrer a medidas de pressão como as que podem levar a uma guerra com a Alemanha".[62]

Os russos se dispuseram a consolidar a Tríplice Entente como jamais tinha sido feito antes. Além disso, se empenharam em restaurar a frente balcânica contra as Potências Centrais, que fora rompida durante a Segunda

---

[61] Lucius (São Petersburgo) para Bethmann, 11 de abril de 1914. Ibid., n.15531.

[62] Conferência ministerial, 13 de janeiro e 21 de fevereiro de 1914. *Mezhdunarodnye otnosheniya*, terceira série, i, n. 291.

Guerra dos Bálcãs. A Bulgária e a Sérvia iriam se reconciliar de qualquer jeito; mais importante ainda, a Romênia, a zona neutra que fora respeitada por ambos os lados desde a Guerra da Crimeia, seria atraída como uma potência do Mar Negro por uma política que seria antiturca e, consequentemente, antigermânica. Mais surpreendente de tudo, os russos ressuscitaram a Questão Polonesa. Em 20 de janeiro de 1914, durante as discussões a respeito de Liman von Sanders, Sazonov insistiu que Nicolau II disputasse o apoio polonês com a Áustria-Hungria: "precisamos criar um interesse concreto que vincule os poloneses ao Estado russo".[63] Essa era uma arma que, se um dia fosse carregada, dispararia com um efeito devastador mais contra a amizade tradicional entre os Romanov e os Hohenzollern do que contra a monarquia dos Habsburgo. Os russos não queriam entrar em guerra contra a Alemanha, do mesmo modo que os britânicos, apesar da marinha alemã. Nem a Rússia nem a Grã-Bretanha tinham algo a ganhar na Europa. Mas a Grã-Bretanha dependia do controle dos mares; e a Rússia dependia do livre trânsito dos navios mercantes nos Estreitos. Como Nicolau II afirmou: "não visamos Constantinopla, mas precisamos garantir que os Estreitos não fiquem fechados para nós".[64]

Se as Guerras dos Bálcãs tivessem apenas fortalecido os Estados nacionais, isso não teria prejudicado ninguém, exceto a Áustria-Hungria; e ela já não era mais considerada uma grande potência. Porém, ao enfraquecer a Turquia, elas deram à Alemanha a oportunidade de se tornar dominante nos Estreitos. A tentação era irresistível, e, de fato, incontornável, se a Alemanha continuasse a trajetória de grande potência. O granadeiro da Pomerânia fora esquecido. A Velha Prússia desaparecera; e a Grande Alemanha anunciada pelos radicais de 1848 assumira o lugar do Reich de Bismarck. Em fevereiro de 1914, Guilherme II proferiu um autêntico veredito: "As relações russo-prussianas estão mortas de uma vez por todas! Nós nos tornamos inimigos!"[65]

---

63 Sazonov para Nicolau II, 20 de janeiro de 1914. Ibid., n.52.

64 Delcassé (São Petersburgo) para Doumergue, 29 de janeiro de 1914. *Documents diplomatiques français*, terceira série, ix, n.189. Nicolau II também afirmou: "Nosso comércio se desenvolverá com a exploração – graças às ferrovias – dos recursos da Rússia e com o aumento de nossa população, que, dentro de trinta anos, passará de trezentos milhões". O exagero russo não apareceu com os bolcheviques: quarenta anos depois, a população da Rússia ainda não tinha ultrapassado a marca dos duzentos milhões.

65 Minuta de Guilherme II sobre Pourtalès para Bethmann, 25 de fevereiro de 1914. *Grosse Politik*, xxxix, n.15841.

XXII
A ECLOSÃO DA GUERRA NA EUROPA
1914

O novo antagonismo entre a Alemanha e a Rússia, que ganhara destaque com o caso Liman von Sanders, dominou as relações europeias na primavera de 1914. Ambas procuraram fortalecer sua posição diplomática, mas havia uma diferença básica de objetivo. Os russos queriam criar uma aliança tão poderosa com a Grã-Bretanha e a França que faria a Alemanha se esquivar da guerra; os alemães queriam desafiar a Rússia antes que a aliança adversária estivesse consolidada e enquanto eles ainda dispunham de superioridade militar. Em 19 de fevereiro, Sazonov escreveu a Benckendorff: "A paz mundial só estará assegurada quando a Tríplice Entente… for transformada numa aliança defensiva sem cláusulas secretas. Então o perigo de uma hegemonia alemã finalmente chegará ao fim, e cada um de nós poderá se dedicar a seus próprios assuntos: os ingleses poderão procurar uma solução para os seus problemas sociais, os franceses poderão enriquecer, a salvo de qualquer ameaça externa, e nós poderemos nos consolidar e trabalhar na nossa reorganização econômica".[1] Benckendorff replicou: "Se Grey pudesse, ele faria isso amanhã".[2] Era um exagero. Embora os funcionários de carreira do Ministério do Exterior defendessem uma aliança com a Rússia – tanto para manter seu apoio como para conter a Alemanha –,

---

1 Sazonov para Benckendorff, 19 de fevereiro de 1914. *Mezhdunarodnye otnosheniya*, terceira série, i, n.232.
2 Benckendorff para Sazonov, 25 de fevereiro de 1914. Ibid., n.328.

Grey não queria nem ouvir falar nisso. Ele se escondeu por trás da desculpa da opinião pública; e, certamente, qualquer proposta de aliança com a Rússia teria dissolvido o governo liberal. Mas a política de manter a carta branca representava o ponto de vista do próprio Grey. Ele queria ter um bom relacionamento com a Rússia; e não há dúvida de que insistiria em apoiar a França se ela fosse atacada pela Alemanha. Esse era o seu limite. Não podia conceber uma aliança como a garantia da paz; como a maioria dos ingleses, achava que todas as alianças eram uma aposta na guerra. Além disso, embora enaltecesse o peso da Rússia no equilíbrio de poder, não estava convencido de que seus interesses no Oriente Próximo fossem uma preocupação vital para a Grã-Bretanha – talvez fosse melhor que a Rússia e a Alemanha se enfrentassem por aí e se consumissem reciprocamente. Em abril ele acompanhou George V a Paris – sua primeira visita ao continente como ministro do Exterior – e, enquanto esteve ali, definiu sua postura aos franceses:

> Se houvesse um ataque realmente agressivo e ameaçador feito pela Alemanha contra a França, seria possível que o sentimento público na Grã-Bretanha justificasse que o governo ajudasse a França. Mas não era provável que a Alemanha fizesse um ataque agressivo e ameaçador contra a Rússia; e, mesmo que o fizesse, a população da Grã-Bretanha ficaria inclinada a dizer que, embora inicialmente a Alemanha pudesse alcançar vitórias, os recursos da Rússia eram tantos que, no longo prazo, a Alemanha ficaria exaurida sem que ajudássemos Rússia.[3]

Os franceses não gostaram da resposta. Sentiram que, tanto para a Grã-Bretanha como para a Rússia, eles eram reféns da Alemanha; e ficaram mais preocupados em juntar as duas que em qualquer momento desde que Delcassé lançara o projeto de uma tríplice entente, nos dias que antecederam a Guerra Russo-Japonesa.

Grey fez algumas concessões, mais para agradar os franceses que os russos: concordou com negociações navais anglo-russas baseadas no modelo de discussão com a França de 1912.[4] Esse não era um projeto sério, pois as duas frotas não poderiam cooperar em nenhum lugar. Como Grey escreveu posteriormente, ele era útil "tendo em vista o objetivo de manter a Rússia bem-humorada e de não ofendê-la com uma recusa".[5] O gabinete britânico

---

3 Grey para Bertie, 1º de maio de 1914. *British Documents*, x (ii), n.541.
4 Dessa vez, Grey tomou a precaução de garantir a aprovação do gabinete desde o princípio.
5 Grey, *Twenty-Five Years*, i. 284.

sustentou que, como não se sentia comprometido com o acordo naval com a França, autorizava negociações similares com os russos. Estes, por outro lado, exageraram o grau de compromisso da Grã-Bretanha com a França, e, consequentemente, pensaram que estavam recebendo algo de valor. Grey estipulou um preço até mesmo por essa concessão. Repetiu sua antiga exigência de que a Rússia tinha de se comportar melhor na Pérsia se quisesse que a entente se tornasse mais eficaz; e dessa vez a Rússia fez algo para atendê-lo. Sazonov tentou conter seus agentes na Pérsia. Além disso, propôs ceder a zona neutra aos britânicos[6] e até mesmo lhes dar um aval na Índia – não que isso fizesse diferença –, se ao menos o acordo naval pudesse ser acertado.[7] Essas negociações continuavam pendentes no final de junho: a aliança anglo-russa não se concretizou e nem mesmo se teve a garantia de que os conflitos na Pérsia entre Inglaterra e Rússia diminuiriam.[8]

A Rússia não tinha melhorado sua posição diplomática em comparação com a Alemanha. Pelo contrário, os alemães tomaram conhecimento das propostas de negociações navais por meio da traição de um membro da embaixada russa em Londres, que os mantinha regularmente informados a respeito da correspondência de Benckendorff, e publicaram a história num jornal alemão. Os protestos que se seguiram na Inglaterra impediram que Grey prosseguisse momentaneamente com as negociações. Além do mais, membros radicais do governo ainda acreditavam que as relações com a Alemanha estavam melhorando. Churchill calculou que um encontro entre ele e Tirpitz "poderia ajudar e mal não faria".[9] Lloyd George foi mais além. Em 23 de julho, ele falou na Câmara dos Comuns e fez referência à Alemanha: "Nosso relacionamento está muito melhor que há alguns anos... Os dois grandes impérios começam a se dar conta de que podem cooperar por um objetivo comum, e que os tópicos de cooperação são mais sérios, mais numerosos e mais importantes que os tópicos possivelmente controversos".[10] Uma eleição geral estava se aproximando na Inglaterra;[11] e, embora o historiador

---

6 Sazonov para Benckendorff, 24 de junho de 1914. *Mezhdunarodnye otnosheniya*, terceira série, iii, n.343.
7 Sazonov para Benckendorff, 25 de junho de 1914. Ibid., n.361.
8 A última carta escrita por George V para Nicolau II em tempo de paz (16 de junho de 1914) foi um apelo para melhorar o relacionamento na Pérsia. *British Documents*, x (ii), n.549.
9 Memorando de Churchill, 20 de maio de 1914. Ibid., n.511.
10 *Hansard*, quinta série, lxv, 727.
11 Segundo as cláusulas do Ato Parlamentar de 1911, uma eleição geral deveria ter ocorrido antes de dezembro de 1915; o hábito tornou-a mais provável no outono de 1914 ou, o mais tardar, na primavera de 1915.

nunca deva lidar com especulações a respeito do que não aconteceu, é difícil resistir à suposição de que Lloyd George estava planejando disputar essa eleição como líder de uma coalizão entre trabalhistas e radicais. Reconciliação com a Alemanha e resistência à Rússia na Pérsia devem ter feito parte do programa da coalizão. Na França também estava ocorrendo uma mudança de pontos de vista. Ali, uma eleição geral em abril restituiu a maioria contrária aos três anos de serviço militar; e, em junho, Poincaré teve de indicar um governo de esquerda liderado por Viviani, muito a contragosto. Só um sórdido escândalo pessoal[12] permitiu que ele se livrasse de Caillaux, apoiado por Jaurès e pelos socialistas, com um programa de reconciliação total entre a França e a Alemanha. Na verdade, uma coalizão das três potências ocidentais avançadas contra o colosso russo parecia iminente.

Bethmann, pelo menos, reconheceu que a situação estava mudando a favor da Alemanha. Em 16 de junho, ele escreveu: "a ocorrência de uma conflagração europeia depende unicamente da postura da Alemanha e da Inglaterra. Se ficarmos unidos como fiadores da paz europeia, o que não impede os compromissos tanto da Tríplice Aliança como da entente, *desde que busquemos esse objetivo com base num projeto comum desde o princípio*, a guerra pode ser evitada".[13] Os alemães também não tinham nenhuma ilusão a respeito da Áustria-Hungria. Em maio, o embaixador em Viena Tschirschky escreveu: "Quantas vezes eu me pergunto se vale realmente a pena nos unirmos tão intimamente a essa estrutura estatal que está fazendo água por todas as juntas e prosseguirmos com a difícil tarefa de arrastá-la pelo caminho".[14] Se estivessem preocupados unicamente com segurança, os alemães poderiam ter se livrado dessa tarefa aceitando a amizade do radicalismo pacifista britânico e francês; mas uma verdadeira aliança em defesa da paz não os atraía. Os alemães estavam empenhados em avançar globalmente, e, se quisessem assumir o controle do Oriente Próximo, a Áustria-Hungria era fundamental. O embaixador austro-húngaro em Constantinopla apresentou a opção diante dos alemães com uma satisfação ressentida: "Ou abdicavam do Bósforo e da posição alemã no Oriente Próximo ou cerravam fileiras com a Áustria na alegria e na tristeza".[15] Como frequentemente acontece,

---

12 A segunda esposa de Caillaux matou o editor de um jornal parisiense para impedir a publicação de cartas de amor que seu marido lhe escrevera quando não eram casados. Isso inviabilizou momentaneamente que Caillaux se tornasse primeiro-ministro.
13 Bethmann para Lichnowsky, 16 de junho de 1914. *Grosse Politik*, xxxix, n.15883.
14 Tschirschky para Jagow, 22 de maio de 1914. Ibid., n.15734.
15 Pallavicini para Berchtold, 6 de julho de 1914. *Österreich-Ungars Aussenpolitik*, viii, n.10083.

as ambições da Alemanha a tornaram refém da sua parceira mais fraca. Os alemães decidiram relançar a Áustria-Hungria como grande potência; suas ambições tinham de ser estimuladas e seus recursos reforçados para o conflito. Em 12 de maio, Conrad se encontrou com Moltke em Karlsbad (Kárlovy Vary). Até então, Moltke tinha insistido para que Conrad mantivesse a paz até surgir uma ocasião mais favorável. Agora declarou que era inútil esperar por uma promessa de neutralidade da Grã-Bretanha que ela nunca faria: "Qualquer adiamento significa a redução das nossas possibilidades; não podemos competir com a Rússia em termos de efetivo".[16] A conclusão era óbvia: a Alemanha e a Áustria-Hungria deviam atacar antes que a expansão do exército russo começasse.

As duas Potências Centrais ainda estavam longe de um programa consensual. Os alemães não tinham simpatia pelos problemas nacionais da monarquia dos Habsburgo nem os compreendiam. Eles certamente queriam preservá-la como uma grande potência, e até reconheceram que a Hungria era o seu núcleo. Em março, Guilherme II disse a Tisza: "uma Áustria *germânica* e uma Hungria *húngara* eram os dois pilares inabaláveis da monarquia".[17] Mas achavam que isso era compatível com uma política que conquistaria tanto a Sérvia como a Romênia para o seu lado. Nunca refletiram sobre como isso poderia ser feito no caso da Sérvia, exceto pela conversa vaga "a respeito da dependência do menor em relação ao maior, como acontece no sistema planetário".[18] Para eles, a Romênia parecia ter a chave dos Bálcãs: se ela fosse leal à sua aliança de 1883, poderia obrigar a Sérvia a seguir na mesma linha. Essa política era antiquada. Outrora a Romênia buscara proteção contra a Rússia; agora que era um grande país exportador de trigo, tinha o mesmo interesse da Rússia no livre trânsito pelos Estreitos. Mais decisivo ainda, suas aspirações nacionais foram estimuladas pela vitória dos Estados balcânicos; porém, ao contrário das deles, as aspirações nacionais dos romenos não podiam ser realizadas em oposição à Turquia. Elas só teriam êxito se libertassem os 2 milhões de romenos da Transilvânia que estavam sob domínio húngaro. Esse era um desafio mais perigoso para a monarquia dos Habsburgo que até mesmo o movimento eslavo do Sul. Um reino eslavo do Sul ou, pelo menos, um reino croata poderia ter sido criado se Francisco Ferdinando tivesse subido ao trono. Os dirigentes da Hungria

---

16 Conrad, *Aus meiner Dienstzeit*, iii, 670.
17 Treutler para o Ministério do Exterior, 24 de março de 1914. *Grosse Politik*, xxxix, n.15716.
18 Memorando de Berchtold, 28 de outubro de 1913. *Österreich-Ungarns Aussenpolitik*, vii, n.8934.

jamais abririam mão da Transilvânia, onde ficavam suas propriedades mais suntuosas e onde vivia cerca de um milhão de magiares.

Guilherme II defendia uma "Hungria *húngara*"; no entanto, também defendia uma reconciliação com os romenos, o que deve tê-lo feito bater de frente com os magiares. Só Francisco Ferdinando estava preparado para isso, e nem mesmo ele ousou discutir o assunto com Guilherme II. O partido do herdeiro presuntivo fez alguns débeis esforços para realizar sua política. No outono de 1913, Czernin, um dos membros desse grupo, foi enviado a Bucareste como ministro. Ele não tardou a informar: "o tratado de aliança não vale o papel e a tinta com que foi escrito".[19] Ele sugeriu que Berchtold remediasse a situação oferecendo à Romênia e à Sérvia uma "garantia"[20] – como se isso satisfizesse alguma delas. A garantia só poderia funcionar contra a Bulgária; e Berchtold continuava sonhando com uma aliança com ela, desde que tinha alguma política. Czernin também pediu algumas concessões para os romenos da Transilvânia. O primeiro-ministro húngaro Tisza deixou-as de lado; a aliança com a Alemanha deveria ser usada para obrigar a Romênia a entrar de novo na linha.[21] Os alemães queriam que a Hungria fizesse concessões para a Romênia e a Sérvia para fortalecer a aliança austro-germânica; Tisza respondeu que essa aliança tornava as concessões desnecessárias. Ele conseguiu o que queria. Ninguém em Viena era capaz de controlá-lo, e os alemães ficaram impressionados com sua firmeza. Guilherme II o considerou um "estadista realmente fantástico".[22]

Em 13 de junho, Francisco Ferdinando se encontrou pela última vez com Guilherme II, em Konopischt.[23] Ele teve a ousadia de denunciar Tisza como a causa de todos os problemas deles. Guilherme II replicou simplesmente que orientaria seu embaixador a repetir para Tisza: "Lorde, lembre-se dos romenos".[24] Os magiares estavam livres para continuar com sua postura intransigente; como, em última análise, eles dominavam a monarquia dos Habsburgo e, portanto, a Alemanha, podiam arrastar as duas potências junto com eles. Em 24 de junho, Berchtold finalizou um memorando sobre a política austro-húngara proveniente de Tisza. Ele defendia a aliança com

---

19 Czernin para Berchtold, 7 de dezembro de 1913. *Österreich-Ungarns Aussenpolitik*, vii, n.9062.
20 Czernin para Berchtold, 23 de abril de 1914. Ibid., n.9600.
21 Memorando de Tisza, 15 de março de 1914. Ibid., n.9482.
22 Treutler para o Ministério do Exterior, 27 de março de 1914. *Grosse Politik*, xxxix, n.15720.
23 Foi nesse encontro que os dois supostamente teriam planejado uma guerra europeia. Na verdade, eles discutiram apenas a questão da Romênia. De todo modo, é difícil compreender como Francisco Ferdinando poderia ter planejado uma guerra que começaria com seu assassinato.
24 Treutler para Zimmermann, 15 de junho de 1914. Ibid., n.15736.

a Bulgária tanto contra a Sérvia como contra a Romênia. Não havia nada de novo – ela tinha sido pedida inutilmente por Berchtold desde o início das Guerras dos Bálcãs. Mas agora o fantasma russo tinha sido invocado para tornar a proposta mais atraente para os alemães: "as tentativas declaradas de cercar a monarquia têm o objetivo último de impossibilitar que o Império Alemão se oponha aos objetivos distantes da Rússia de conquistar a supremacia política e econômica".[25]

Fazia trinta anos que os austríacos anunciavam que a Rússia visava destruí-los diretamente. Os alemães sempre puderam responder que a Áustria-Hungria não corria perigo, desde que não se envolvesse em nenhuma ação agressiva nos Bálcãs, e eles deram essa resposta inúmeras vezes. E agora ela era mais verdadeira que nunca. Os russos não tinham interesse no engrandecimento da Sérvia nem da Romênia, só queriam manter os dois países como barreiras independentes entre a Alemanha e os Estreitos. Agora, porém, os austríacos podiam argumentar que a Rússia estava realmente desafiando a Alemanha, e que, portanto, esta deveria apoiar os planos da Áustria-Hungria nos Bálcãs para o seu próprio bem. A exemplo dos russos, os alemães não tinham interesses nos Bálcãs. Sua rota para Constantinopla era principalmente marítima, através do canal para o Mediterrâneo. Também queriam manter a independência da Sérvia e da Romênia, embora, naturalmente, esperassem conservar sua amizade por meio de concessões feitas à custa da Áustria-Hungria. Em vez disso, eles foram arrastados para os conflitos balcânicos a fim de manter vivo seu único aliado confiável. O maior inclui o menor, como dissera Guilherme II em outra ocasião. Os alemães previram a luta pelo controle da Europa e do Oriente Médio; os austríacos queriam simplesmente pôr fim à agitação nacionalista de dois Estados balcânicos com os quais a Alemanha não tinha nenhum desentendimento. O único ponto em comum entre eles era a crença de que ambos os problemas podiam ser resolvidos por meio da guerra.

Os austríacos tinham razão quanto a um fato: tanto a Sérvia como a Romênia estavam perdidas para as Potências Centrais. Havia muito tempo que isso era óbvio em relação à Sérvia, embora os austríacos exagerassem o perigo sérvio como desculpa para justificar a própria incompetência em lidar com os eslavos do Sul. A perda da Romênia foi um golpe mais drástico, pois simbolizou o fim do equilíbrio precário que existira no Baixo Danúbio desde a Guerra da Crimeia. Em 14 de junho, Nicolau II e Sazonov visitaram o rei da Romênia em Constança. Durante um passeio de automóvel,

---

25 Memorando de Berchtold, 24 de junho de 1914. *Österreich-Ungarns Aussenpolitik*, viii, n.9984.

Sazonov cruzou a fronteira húngara e entrou na Transilvânia. Esse sinal um tanto indelicado de aprovação do irredentismo romeno foi recompensado com garantias de neutralidade, mas não de apoio armado, numa guerra austro-russa. Sazonov observou: "a Romênia vai procurar ficar do lado que se mostrar mais forte e puder lhe oferecer os maiores benefícios".[26] Sazonov não tinha nenhuma intenção séria de oferecer tais benefícios a menos que a guerra realmente eclodisse. No que se referia aos Bálcãs, ele adotava uma política de cerco, não de agressão; ou, para usar um termo moderno mais respeitável, uma política de contenção. O mesmo acontecia no oeste com relação à Grã-Bretanha. Nenhuma potência da Tríplice Entente desejava uma sublevação europeia;[27] as três teriam preferido virar as costas para a Europa e prosseguir sua expansão imperial na Ásia e na África. Por outro lado, a Alemanha tinha percebido que só poderia expandir seu império ultramarino depois de destruir o equilíbrio de poder europeu; e a Áustria-Hungria queria uma guerra nos Bálcãs simplesmente para sobreviver.

Ainda assim, seria um equívoco exagerar a rigidez do sistema de alianças ou considerar a guerra europeia inevitável. Até começar, nenhuma guerra é inevitável. Todas as alianças existentes eram precárias. A Itália era apenas o exemplo mais gritante – por um lado, renovar a Tríplice Aliança e fazer promessas exageradas de apoio militar à Alemanha; por outro, procurar negociar um acordo no Mediterrâneo com a França e a Grã-Bretanha. Na França, a aliança com a Rússia era cada vez mais impopular; ela era ameaçada por uma aliança entre o radical Caillaux e o socialista Jaurès que no verão de 1914 parecia inevitável. Os dois eram antirrussos ou, pelo menos, antitsaristas, e tinham simpatia pela Alemanha. Na Inglaterra, a crise em torno do Home Rule* estava chegando ao ápice. Se ela tivesse explodido, o resultado teria sido ou um governo radical, que seria simpático à Alemanha, ou – menos provável – um governo conservador, tão fraco a ponto de ser impedido de ter uma política externa. Além do mais, em junho de 1914, o governo britânico finalmente chegara a um acordo com a Alemanha a

---

26 Sazonov para Nicolau II, 24 de junho de 1914. *Mezhdunarodnye otnosheniya*, terceira série, iii, n.339.

27 Costuma-se dizer que os franceses planejaram a guerra para recuperar a Alsácia e a Lorena. Não existe a mínima prova disso. Eles sabiam que, em caso de guerra, seria difícil manter a independência contra a Alemanha, quanto mais obter benefícios. É claro que, quando estourou a guerra, exigiram a Alsácia e a Lorena, do mesmo modo que os britânicos exigiram a destruição da marinha alemã e os russos exigiram Constantinopla. Mas não foram essas exigências que ocasionaram a guerra, elas foram um resultado da guerra.

* Autogoverno para a Irlanda. (N. T.)

respeito da ferrovia de Bagdá, algo que os franceses já tinham alcançado em fevereiro. Aparentemente, ambos estavam tomando o partido da Alemanha contra a Rússia na importante questão da Turquia asiática. Os russos tinham todos os motivos para ficar insatisfeitos com a posição deles. Os conservadores na corte não gostaram nem do afastamento da Alemanha nem da proteção demagógica da Sérvia. Os imperialistas ficaram ofendidos com a política britânica na Pérsia, principalmente a busca de concessões petrolíferas.[28] Eles estariam dispostos a adotar uma postura antibritânica se a Alemanha lhes oferecesse garantias nos Estreitos.[29] Alguns russos, ainda mais ousados, pensaram em se aliar com a Turquia contra as três potências "capitalistas" ocidentais; e, em maio de 1914, uma delegação turca visitou Nicolau II em Livadia. Se esse renascimento do Unkiar Skelessi tivesse sido alcançado, ele certamente teria resultado numa revolução diplomática. Do jeito que as coisas se passaram, a aliança entre a Rússia e a Turquia teve de esperar até 1921.

Muitos alemães sabiam que o cerco em torno deles não era sólido. Bethmann e o Ministério do Exterior contavam, corretamente, que a Grã--Bretanha se afastaria da Rússia e se aproximaria deles se a França fosse deixada só. Os grandes capitalistas estavam ganhando o controle da Europa sem guerra: a maior parte das indústrias do sul da Rússia e das jazidas de ferro da Lorena e da Normandia era controlada por eles. Cada grupo na Alemanha tinha um único inimigo, e gostaria de fazer as pazes com os outros. Porém, como faltava à Alemanha uma mão dirigente que insistisse nas prioridades, era mais fácil aceitar passivamente todos os impulsos agressivos e se deixar levar pelos acontecimentos. A Alemanha estava no centro da Europa. Ela podia usar essa posição para jogar seus vizinhos uns contra os outros, como Bismarck tinha feito e Hitler faria; ou podia abusar de sua posição para unir seus vizinhos contra si, não por meio de uma política, mas não tendo política alguma. Tirpitz e seus apoiadores capitalistas queriam um conflito naval com a Grã-Bretanha e lamentavam a animosidade contra a França e a Rússia; os militares de carreira e seus apoiadores capitalistas queriam uma guerra continental, principalmente contra a França, e lamentavam a rivalidade naval

---

28 Na primavera de 1914, a Companhia de Petróleo Anglo-Persa, que era controlada pelo Almirantado, fez um pacto com os interesses alemães a fim de excluir os concorrentes russos e americanos.

29 Esse fora sempre o temor de Nicolson, e também de Buchanan, embaixador em São Petersburgo. "A Rússia pode fechar um acordo com a Alemanha e depois retomar sua liberdade de ação na Turquia e na Pérsia, o que nos deixaria numa situação precária." Buchanan para Nicolson, 26 de abril de 1914. *British Documents*, x (ii), n.588.

com a Grã-Bretanha; os partidos de massa – o Partido Social-Democrata e o Partido Alemão do Centro (católico romano) – tinham simpatia tanto pela Grã-Bretanha como pela França, e só podiam ser convencidos pelo antigo programa radical da guerra contra a Rússia. É inútil discutir qual era o elemento decisivo da política alemã: a marinha forte, a ferrovia de Bagdá ou a tentativa de obter a supremacia continental. Mas a tentativa de obter a supremacia continental certamente foi decisiva para provocar a guerra europeia. Se a Alemanha destruísse a França como potência independente, então poderia continuar suas rivalidades imperiais contra a Rússia e a Grã-Bretanha com alguma possibilidade de êxito. As duas potências reconheceram isso ao apoiar a independência da França muito antes que a marinha alemã ou a ferrovia de Bagdá existissem. Não obstante, não estariam tão dispostas a colaborar com a França – e nada dispostas a colaborar uma com a outra – se a Alemanha também não as tivesse desafiado diretamente. A política alemã, ou melhor, a falta de política, tornou a Tríplice Aliança uma realidade. Guilherme II e Bethmann, os medíocres governantes da Alemanha, prefeririam um grupo de inimigos externos a enfrentar problemas em casa.

Tem-se argumentado, de maneira enfática, que os alemães programaram a guerra deliberadamente para agosto de 1914.[30] Há poucos indícios a favor disso e um argumento importante contra. Bethmann e Guilherme II eram incapazes de manter uma política coerente; o chefe de Estado-Maior Moltke era incapaz de dirigir uma campanha, que dirá ganhar uma guerra. Os alemães foram envolvidos na guerra pela Áustria-Hungria, mas seguiram ao lado dela conscientemente. Era cômodo colaborar com ela; teria sido preciso um estadista para recusar. Em 28 de junho, Francisco Ferdinando foi assassinado em Sarajevo, capital da Bósnia, por um sérvio bósnio.[31]

---

30 Por exemplo, de R. C. K. Ensor, *England 1870-1914*, p.469-70, 482.
31 Muita tinta tem sido gasta relativamente à questão de saber se o governo sérvio sabia do complô. Um tal Ljuba Jovanovich afirmou que tomara conhecimento dele por intermédio do primeiro-ministro sérvio Pashich, em maio. Mais tarde, se descobriu que ele também tinha afirmado que tomara conhecimento do complô para assassinar o rei Alexandre em 1903. Era, evidentemente, um talentoso vidente. O governo sérvio não estava preparado para a guerra, que não poderia ter acontecido num momento menos adequado, quando o exército ainda não tinha sido remodelado depois das Guerras dos Bálcãs. O governo imaginou que era provável que Francisco Ferdinando fosse assassinado se provocasse o sentimento nacionalista indo a Sarajevo; e, no início de junho, alertou Bilinski, o ministro das Finanças austro-húngaro que estava encarregado da Bósnia, contra a visita. Porém, é claro que a intenção da visita era provocar o sentimento nacionalista, ou melhor, desafiá-lo. Ela foi deliberadamente programada para a data nacional da Sérvia, o aniversário de Kosovo. Se um membro da família real britânica tivesse visitado Dublin no Dia

Berchtold estava cansado de ser ridicularizado por Conrad como indeciso e fraco. Ademais, quando a Turquia asiática assumiu o lugar dos Bálcãs como o centro da rivalidade internacional, a Áustria-Hungria também foi deixada de lado; além disso, os alemães tinham rejeitado com impaciência a exigência de Berchtold de receber uma "esfera" na Ásia Menor. O assassinato em Sarajevo ressuscitou a Questão dos Bálcãs e permitiu que a Áustria-Hungria ressurgisse, de forma enganosa, como uma grande potência. Dessa vez ela só conseguiria ocupar o centro do palco se realmente provocasse uma guerra. O discurso alemão de descartar a Áustria-Hungria e restaurar, de alguma forma, o bom relacionamento com a Rússia à sua custa não lhe passara despercebido: e a monarquia dos Habsburgo provocou uma crise fatal para mostrar que ainda estava viva.

Berchtold decidiu impor a guerra à Sérvia, embora não tivesse provas da cumplicidade sérvia nem jamais descobrisse nenhuma.[32] O primeiro-ministro húngaro Tisza se opôs a ele. Berchtold queria restaurar o prestígio da monarquia; Tisza só estava preocupado com a Grande Hungria. Como Kossuth antes dele, ele se voltou para a Alemanha, não para Viena, como aliada da Hungria, e não teria lamentado muito o colapso da Monarquia Dual desde que a Grande Hungria sobrevivesse.[33] Berchtold contornou a oposição de Tisza recorrendo à Alemanha em busca de apoio; Tisza não poderia resistir se Berlim, não Viena, defendesse a guerra. Berchtold pegou seu memorando de 24 de junho, que defendia a aliança com a Bulgária, acrescentou um P. S. responsabilizando a Sérvia pelo assassinato e acompanhou-o com uma carta de Francisco José para Guilherme II que tratava de também responsabilizar o pan-eslavismo russo. A conclusão: "A Sérvia tem de ser eliminada como elemento político nos Bálcãs... não se deve mais pensar numa solução amigável". Esses dois documentos foram entregues a Guilherme II em 5 de julho.

Não houve discussões importantes em Berlim. Guilherme II convidou o embaixador austro-húngaro para almoçar em Potsdam. Inicialmente, ele disse que precisava esperar pelo parecer de Bethmann; então mudou de opinião depois do almoço e se comprometeu. Szögyény, o embaixador austríaco,

---

de São Patrício no auge de *The Troubles* [período de violência política na Irlanda do Norte que começou no final dos anos 1960; N. T.], também seria de esperar que levasse um tiro.

32 Todos os especialistas concordam com isso. Portanto, a evidência posterior da cumplicidade sérvia, ainda que aceita, é irrelevante para avaliação da postura de Berchtold.

33 Tisza também tinha uma aversão pessoal por Francisco Ferdinando por este ter apoiado os eslavos do Sul e os romenos. Ao tomar conhecimento da sua morte, ele disse: "O Senhor Deus assim o quis, e devemos ser gratos a Ele por tudo".

relatou: "A ação contra a Sérvia não deve ser adiada... Mesmo que houvesse uma guerra entre a Áustria e a Rússia, podemos estar convencidos de que a Alemanha ficaria do nosso lado com sua habitual lealdade de aliada".[34] Berthmann chegou à tarde, foi fazer uma caminhada no parque com Guilherme II e aprovou o que ele tinha dito. No dia seguinte, comunicou oficialmente a Szögyény: "A Áustria precisa avaliar o que deve ser feito para resolver seu relacionamento com a Sérvia; porém, seja qual for a decisão da Áustria, ela certamente pode contar com o apoio da Alemanha como aliada".[35] O plano de Berchtold de dividir a Sérvia com a Bulgária foi explicado a Bethmann. Ele o aprovou e acrescentou: "Se a guerra é inevitável, melhor que seja agora que dentro de um ou dois anos, quando a Entente vai estar mais forte".

Guilherme II e Bethmann não deram apenas um cheque em branco para a Áustria-Hungria; eles a estimularam a entrar em guerra com a Sérvia e a correr o risco de graves consequências. Tinham se acostumado com a indefinição de Berchtold durante as Guerras dos Bálcãs e estavam decididos a não ser responsabilizados por ela. Esperavam que todo aquele alvoroço resultaria numa aliança entre a Áustria-Hungria e a Bulgária. Além disso, ambos imaginavam que a Rússia não estava preparada para a guerra, e que ela aceitaria a humilhação da Sérvia depois de fazer alguns protestos inúteis; assim, eles estariam numa posição muito mais forte para fechar um acordo com a Rússia posteriormente. Por outro lado, em caso de guerra, estavam mais seguros de que a venceriam agora e menos seguros de vencê-la mais tarde. Embora não tivessem optado pela guerra, decidiram, em 5 de julho, usar sua força superior para vencer a guerra ou para alcançar um êxito surpreendente. Bethmann sempre havia dito que a Alemanha e a Grã-Bretanha deviam colaborar para manter a paz. Se quisesse que a crise tivesse uma solução pacífica, ele teria contatado imediatamente os britânicos. Em vez disso, não fez nada. Não queria assustá-los. Seu objetivo, se é que o tinha, era mantê-los neutros numa guerra continental, não mobilizar seu apoio em defesa da paz universal.

A reação alemã deu a Berchtold o que ele queria: possibilitou que convencesse Tisza. Agora podia argumentar que a Alemanha os estava pressionando a entrar em guerra. Em 14 de julho, Tisza cedeu: a Grande Hungria precisava conservar o apoio alemão. Ele apresentou uma condição: a Áustria-Hungria não conquistaria nenhum território sérvio. Embora tivesse aceitado essa condição, Berchtold pretendia enganar Tisza depois

---

34 Szögyény para Berchtold, 5 de julho de 1914. *Österreich-Ungarns Aussenpolitik*, viii, n.10058.
35 Szögyény para Berchtold, 6 de julho de 1914. *Österreich-Ungarns Aussenpolitik*, viii, n.10076.

que a Sérvia tivesse sido esmagada: seus territórios do sul seriam partilhados entre a Albânia e a Bulgária e o restante se tornaria um protetorado da monarquia, mesmo que não fosse imediatamente anexado.[36] Para a Áustria-Hungria, a única possibilidade de êxito teria sido uma ação rápida. Em vez disso, Berchtold perdeu tempo, no estilo habitual de Viena. O ultimato à Sérvia foi mandado em 23 de julho, quando toda a Europa tinha esquecido a indignação inicial diante do assassinato do arquiduque. Os sérvios responderam em 25 de julho, aceitando as condições de Berchtold de maneira muito mais literal do que se esperava. Não fez a menor diferença. Os austríacos estavam decididos a partir para a guerra; e os alemães os estimularam a entrar em ação. Em 28 de julho, a Áustria-Hungria declarou guerra à Sérvia. A causa não era de natureza militar, pois, até mesmo para enfrentar a Sérvia, o exército austro-húngaro só estaria preparado em 12 de agosto. Porém, como disse Berchtold: "a situação diplomática não irá se prolongar até lá". Ele precisava de uma declaração de guerra para rejeitar todas as tentativas de mediação ou de uma solução pacífica: elas agora tinham sido "ultrapassadas pelos acontecimentos".

A declaração de guerra da Áustria-Hungria à Sérvia foi o gesto decisivo; tudo o mais decorreu dele. A diplomacia não se manifestara entre o assassinato de Francisco Ferdinando em 28 de junho e a nota da Áustria-Hungria de 23 de julho; enquanto não se soubesse quais eram as exigências da Áustria-Hungria, ela não podia fazer nada. Depois os políticos tentaram evitar a crise. Os russos aconselharam a Sérvia a não resistir, mas a confiar nas Grandes Potências;[37] Grey se ofereceu para fazer a mediação entre a Sérvia e a Áustria-Hungria. Porém, os russos tinham declarado inúmeras vezes que não permitiriam que a Sérvia fosse aniquilada; se quisessem manter os Estados balcânicos como proteção, não poderiam agir de outro modo. Poincaré e Viviani estavam em São Petersburgo logo antes de a nota da Áustria-Hungria ser enviada à Sérvia. Eles enfatizaram novamente a lealdade da França à aliança, mas não há nenhuma prova de que tenham estimulado a Rússia a provocar uma guerra, se fosse possível encontrar uma solução pacífica. Quando a Áustria-Hungria declarou guerra à Sérvia, os russos tentaram se mobilizar unicamente contra ela, embora seu planejamento só

---

36 Esse projeto de partilha, que nunca foi levado a cabo durante a Primeira Guerra Mundial, foi executado pelos alemães (muitos deles austríacos) em 1941, quando a Bulgária recebeu a Macedônia e a Albânia, a planície de Kosovo.

37 Conselho de ministros russo, 24 de julho de 1914. *Mezhdunarodnye otnosheniya*, terceira série, v, n.19.

previsse a mobilização total. Na verdade, ainda estavam atuando em nível diplomático; estavam aumentando o lance, não se preparando para a guerra. Nesse momento, os alemães entraram em campo. Tinham assegurado aos austríacos que não deixariam a Rússia interferir, e partiram para cumprir o prometido. Em 29 de julho, advertiram Sazonov que "o prosseguimento da mobilização russa também nos obrigaria a mobilizar".[38]

Dessa vez, os russos tinham decidido não recuar; aumentaram o lance ainda mais e, em 30 de julho, decidiram fazer uma mobilização geral. Isso também era uma manobra diplomática, pois levaria várias semanas para preparar os exércitos russos. Porém, nas palavras de Jagow, "o trunfo alemão era a rapidez". Seu único plano militar era derrotar a França em seis semanas e depois se voltar contra a Rússia antes que ela estivesse totalmente preparada. Consequentemente, os russos tinham de acelerar os acontecimentos e forçar uma ruptura tanto na Rússia como na França. Guilherme II ainda podia continuar com a correspondência telegráfica privada com Nicolau II, que se prolongou mesmo depois da declaração de guerra; Bethmann ainda podia buscar um improvável êxito diplomático. Ambos foram postos de lado pelos generais; e eles não tinham resposta para o argumento militar de que a guerra era indispensável para a segurança da Alemanha. No entanto, nem mesmo os generais queriam a guerra; queriam apenas a vitória. Quando Bethmann pediu cautela a Viena e Moltke, ao mesmo tempo, pediu uma ação mais rápida, Berchtold exclamou: "Que piada! Quem manda em Berlim?". A resposta foi: ninguém. Tanto os políticos como os generais alemães sucumbiram às exigências do sistema.

Em 31 de julho, os alemães tomaram a medida preliminar voltada à mobilização geral do seu lado.[39] A partir desse momento, a diplomacia cessou, no que dizia respeito às potências ocidentais. A única preocupação dos alemães era começar a guerra assim que possível. Em 31 de julho, exigiram que a Rússia interrompesse todas as medidas de guerra; a recusa russa resultou numa declaração de guerra em 1º de agosto. Foi pedido aos franceses que se comprometessem a permanecer neutros numa guerra russo-alemã; se tivessem concordado, também lhes teriam dito para ceder suas principais fortalezas na fronteira, Toul e Verdun, como garantia da sua neutralidade. Viviani replicou simplesmente: "A França agirá de acordo com seus interesses". Como não tinham nenhuma desculpa plausível para entrar em guerra

---

38 Bethmann para Pourtalès, 29 de julho de 1914. *Deutsche Dokumente*, p.342.
39 Os austríacos também decidiram pela mobilização geral em 31 de julho como consequência da solicitação alemã e antes de tomar conhecimento da mobilização russa.

com a França, os alemães forjaram algumas histórias sobre a violação do território alemão pelos franceses; e foi com elas que decoraram uma declaração de guerra em 3 de agosto.

As negociações entre a Alemanha e a Grã-Bretanha demoraram mais. Seu objetivo, do lado alemão, era garantir a neutralidade britânica, não impedir uma guerra continental. Desde o início, Berthmann pediu que Berchtold se mostrasse conciliador para impressionar os britânicos, não para chegar a um acordo. Em 29 de julho, ele propôs não anexar nenhum território francês se a Grã-Bretanha permanecesse neutra. A oferta não se aplicava às colônias francesas. A Alemanha também respeitaria a integridade da Bélgica depois da guerra, desde que "ela não tomasse partido contra a Alemanha".[40] Grey manteve sua linha de conduta até o fim. Fez inúmeras tentativas de resolver a disputa original austro-sérvia por meio da negociação; posteriormente, tentou organizar uma conferência das Grandes Potências. Alertou os alemães para que não contassem com a neutralidade britânica; também alertou os franceses e os russos para que não contassem com apoio da Grã-Bretanha.

Às vezes se diz que Grey poderia ter evitado a guerra se tivesse definido sua postura de um jeito ou de outro. Isso não é verdade. Fazia muito tempo que o Estado-Maior alemão planejava invadir a França através da Bélgica, e não seria dissuadido por nenhuma ameaça britânica. Na verdade, sempre partira do princípio de que a Grã-Bretanha entraria na guerra; não levava o peso militar dos britânicos a sério, e as questões navais não lhe interessavam. Bethmann queria que a Grã-Bretanha se declarasse neutra para desestimular a França e a Rússia; quando ficou claro que elas entrariam na guerra de qualquer jeito, a postura britânica deixou de interessá-lo. Afetivamente, lamentou o rompimento com a Grã-Bretanha, mas não fez nada para evitá-lo, e, de todo modo, era incapaz de influenciar os generais alemães. Do outro lado, a França e a Rússia decidiram entrar em guerra sem contar com o apoio categórico dos britânicos; os franceses acreditavam que podiam derrotar a Alemanha, e os russos não podiam correr o risco de uma derrota diplomática. Uma declaração de neutralidade por parte dos britânicos não teria influenciado sua postura. Além disso, Grey tinha resolvido que elas deviam decidir sua postura sem estímulo da parte dele; a guerra deveria resultar da própria vontade delas.

Aqueles que pediram um posicionamento claro da Grã-Bretanha o fizeram por motivos contraditórios. Nicolson temia que a Rússia e a França

---

40 Goschen para Grey, 29 de julho de 1914. *British Documents*, xi, n.293.

obtivessem uma vitória completa e que o Império Britânico ficasse então à mercê delas. Eyre Crowe, mais representativo da posição oficial, temia que a França fosse derrotada e que a Grã-Bretanha ficasse então à mercê da Alemanha. De todo modo, Grey não podia fazer nenhuma declaração clara, pois a opinião pública não permitiria. Se Grey merece uma crítica, é pelo fato de não ter conscientizado suficientemente a população britânica nos anos anteriores. Ele certamente tinha recuado diante do aumento da tensão na Europa; mas a unidade do Partido Liberal e a sobrevivência do governo liberal também pesaram mais em sua mente que uma política externa contundente. Era comum lamentar a discussão de questões externas. Eyre Crowe, por exemplo, "deplorava todos os discursos públicos sobre política externa";[41] e Grey concordava com ele. Por isso, em julho de 1914, o gabinete rejeitou qualquer compromisso. Em 27 de julho, Lloyd George disse: "em primeiro lugar, não seria possível a nossa participação em nenhuma guerra. Ele não conhecia nenhum ministro que seria favorável a ela".[42]

Além do mais, Grey acreditava que a intervenção britânica não faria muita diferença, pois pensava unicamente numa intervenção naval. Achava impossível até mesmo o envio de uma força expedicionária à França,[43] e certamente nunca imaginou uma intervenção militar em escala continental. Em 2 de agosto, o gabinete o autorizou a alertar os alemães que sua frota não teria permissão de atacar a França no Canal da Mancha. Mesmo essa condição não era crucial, pois os alemães a teriam aceitado com gosto em troca da neutralidade britânica. Mas, em 3 de agosto, mandaram um ultimato à Bélgica, exigindo livre trânsito para invadir a França; os britânicos responderam em 4 de agosto, exigindo que a neutralidade belga fosse respeitada. Também nesse caso, Grey foi criticado por não ter agido antes; diz-se que ele deveria ter condicionado a neutralidade britânica ao respeito pela Bélgica. Não teria feito nenhuma diferença. O ultimato alemão à Bélgica foi redigido em 26 de julho, ou seja, antes mesmo de a Áustria-Hungria declarar guerra à Sérvia; a invasão da Bélgica era um elemento fundamental – na verdade, o elemento fundamental dos planos alemães. Só a rendição da França poderia tê-los impedido de invadir a Bélgica. Se Grey tivesse agido antes, não teria

---

41 Paul Cambon para Pichon, 21 de outubro de 1913. *Documents diplomatiques français*, terceira série, viii, n.367.
42 Memorando de Scott, 27 de julho de 1914. Hammond, *C. P. Scott*, p.177.
43 Foi o que ele disse a Benckendorff em 2 de agosto (para Sazonov, 2 de agosto de 1914. *Mezhdunarodnye otnosheniya*, terceira série, v, n.456) e a Cambon em 4 de agosto (para Doumergue, 4 de agosto de 1914. *Documents diplomatiques français*, terceira série, xi, n.754).

conseguido nada, exceto, talvez, o fim do governo liberal; se tivesse demorado mais tempo, não teria salvado a Bélgica e teria perdido o valor inestimável da superioridade moral.

A longa paz bismarckiana terminou em 4 de agosto, depois de ter durado mais de uma geração. As pessoas tinham passado a considerar que a paz era algo normal; quando ela chegou ao fim, procuraram uma causa profunda para o ocorrido. No entanto, a causa imediata era um bocado mais simples que em outras ocasiões. Por exemplo: onde está a responsabilidade específica pela Guerra da Crimeia e quando essa guerra se tornou inevitável? Em 1914, não havia dúvida. A Áustria-Hungria não tinha conseguido resolver seus problemas nacionais. Ela responsabilizou a Sérvia pela insatisfação dos eslavos do Sul; seria muito mais verdadeiro dizer que essa insatisfação envolveu a Sérvia, contra a vontade, nos assuntos dos Habsburgo. Em julho de 1914, os políticos habsburguianos escolheram o caminho natural da violência contra a Sérvia, como seus predecessores tinham feito (embora com mais justificativas) contra a Sardenha em 1859. Berchtold iniciou a guerra em 1914 de maneira tão consciente como Buol fizera em 1859, ou Gramont em 1870. Havia uma diferença: Buol contou com o apoio da Prússia e da Grã-Bretanha; Gramont, como o apoio da Áustria-Hungria. Eles estavam enganados. Berchtold contou, de forma justificada, com o apoio da Alemanha; não teria mantido uma postura firme se não fossem os inúmeros estímulos que vinham de Berlim. Os alemães não tinham estabelecido que a guerra seria em agosto de 1914, mas, quando a oportunidade se ofereceu, eles a acolheram. Poderiam vencê-la agora, mas não tinham tanta certeza de que a venceriam mais tarde. Consequentemente, renderam-se facilmente aos ditames de um cronograma militar. A Áustria-Hungria estava se enfraquecendo; a Alemanha acreditava estar no auge da força. Elas escolheram a guerra por motivos opostos; e as duas decisões somadas provocaram uma guerra europeia generalizada.

As potências da Tríplice Entente entraram na guerra para se defender. Os russos lutaram para manter o livre trânsito nos Estreitos, do qual dependia sua economia; a França, por causa da Tríplice Entente, que ela acreditava, corretamente, ser a única instância que assegurava sua sobrevivência como grande potência. Os britânicos lutaram pela independência dos Estados soberanos e, mais remotamente, para impedir o domínio alemão no continente. Às vezes se diz que a guerra foi provocada pelo sistema de alianças ou, de forma mais imprecisa, pelo equilíbrio de poder. Trata-se de uma generalização que não tem base na realidade. Nenhuma das potências agiu literalmente de acordo com seus compromissos, embora certamente pudessem tê-lo feito se não os tivessem previsto. A Alemanha se comprometera a entrar na guerra se a Rússia atacasse a Áustria-Hungria. Em vez disso, ela declarou guerra antes que a Rússia tomasse qualquer atitude; e a Áustria-Hungria só rompeu com a Rússia, muito a contragosto, uma semana depois. A França se comprometera a atacar a Alemanha se esta última atacasse a Rússia. Em vez disso, ela se deparou com a exigência alemã de neutralidade incondicional, e teria sido forçada a aceitar a guerra mesmo que não houvesse nenhuma aliança franco-russa, a menos que estivesse disposta a abdicar do *status* de grande potência. A Grã-Bretanha tinha uma obrigação moral de apoiar a França e uma obrigação ainda maior de defender seu litoral do Canal da Mancha. Mas ela entrou em guerra por causa da Bélgica, e teria agido assim mesmo que a Entente Anglo-Francesa não existisse e que Grey e Cambon não tivessem se correspondido em novembro de 1912. Só que, nesse caso, a intervenção britânica teria sido muito menos eficaz do que foi.

Quanto ao equilíbrio de poder, seria mais correto dizer que a guerra foi provocada por seu rompimento mais que por sua existência. Houve um verdadeiro equilíbrio de poder na primeira década da Aliança Franco-Russa, e seu resultado foi a paz. O equilíbrio se rompeu quando a Rússia ficou abalada pela guerra com o Japão e a Alemanha adquiriu o hábito de tentar conseguir o que queria por meio de ameaças. Isso terminou com a crise de Agadir. A Rússia começou a recuperar seu poderio e a França, sua coragem, insistindo em ser tratadas como iguais, como acontecera na época de Bismarck. Os alemães não gostaram e resolveram pôr fim àquilo por meio da guerra, caso não pudessem fazê-lo de outra maneira. Temiam que o equilíbrio de poder estivesse sendo recriado. Seus temores eram exagerados. A Rússia certamente teria sido uma potência mais temível em 1917 caso tivesse realizado seus projetos militares e tivesse se livrado das agitações internas – duas hipóteses complicadas. Mas não é provável que os três anos de serviço militar teriam sido mantidos na França; e, de todo modo, os russos poderiam muito bem ter usado sua força contra a Grã-Bretanha na Ásia em vez de atacar a Alemanha, se tivessem sido deixados em paz. Na verdade, alguns anos de paz e a Alemanha assumiria o controle da Europa. Isso foi impossibilitado pela prática da sua diplomacia e, mais ainda, pela mentalidade do seu povo, que tinha se treinado psicologicamente para a agressão.

Os planos militares alemães desempenharam um papel fundamental. As outras Grandes Potências pensavam em se defender. Nenhum francês pensava seriamente em recuperar a Alsácia e a Lorena; e, para a maioria dos russos, a luta de eslavos e teutões nos Bálcãs era um grande absurdo. Os generais alemães queriam uma vitória decisiva por si só. Embora reclamassem do "cerco", fora a postura alemã que o criara. Por mais absurdo que pareça, os alemães criaram um problema para si mesmos quando anexaram a Alsácia e a Lorena em 1871.[44] Eles queriam uma fronteira inexpugnável; e a conseguiram, como ficou provado em 1914, quando uma pequena força militar alemã resistiu ali ao grosso do exército francês. Depois de 1871, os alemães poderiam simplesmente ter enfrentado a Rússia e se mantido na defensiva a oeste; esse era, de fato, o plano estratégico do velho Moltke. Como não garantisse uma vitória final e decisiva, essa estratégia foi rejeitada por Schlieffen. Ele insistiu, em 1892, que a França devia ser derrotada primeiro; dez anos depois, chegou a outra conclusão inevitável: os exércitos alemães teriam de atravessar a Bélgica. Se a estratégia do velho Moltke tivesse sido respeitada com todas as suas consequências políticas, teria sido muito difícil convencer a opinião pública britânica e francesa a prestar socorro à Rússia; em vez disso, a impressão que se tinha em 1914 era que a Rússia estava indo em socorro da França e até da Grã-Bretanha. Primeiro Schlieffen criou a aliança franco-russa, depois assegurou que a Grã-Bretanha também entrasse na guerra. Em 1914, os alemães se queixaram de que a guerra não podia ser "localizada"; a estratégia de Schlieffen impediu isso. Como só ficaria satisfeito com a vitória total, ele expôs a Alemanha à derrota total.

Contudo, existe uma explicação mais profunda. Em 1914, ninguém levava a sério os perigos da guerra, exceto num plano exclusivamente militar. Embora todos, com a exceção de um punhado de combatentes, abominassem a carnificina da guerra, ninguém esperava uma catástrofe social. Na época de Metternich, e mesmo depois, os políticos temiam que a guerra provocasse a "revolução" – e às vezes os revolucionários a defendiam justamente por isso. Agora eles tendiam a pensar que a guerra afastaria seus problemas sociais e políticos. Na França, isso produziu a "união sagrada"; na Alemanha, Guilherme II podia dizer: "para mim já não existem partidos; só existem alemães". Todos acreditavam que a guerra poderia ser adaptada ao contexto civilizacional existente, como acontecera com as guerras de 1866 e 1870. Na verdade, elas tinham resultado em moedas mais estáveis, maior liberdade comercial e governos que respeitavam mais a Constituição. Esperava-se

---

[44] Naturalmente, isso também era verdade politicamente. Embora a França pudesse estar interessada em que a Rússia continuasse uma grande potência mesmo que não tivesse perdido a Alsácia e a Lorena, a opinião pública francesa não teria se comprometido tão profundamente com isso; e os alemães não teriam presumido que a França os atacaria inevitavelmente no caso de estarem em guerra com a Rússia.

que a guerra só iria interromper o ritmo tranquilo da vida civil enquanto durasse. Grey exprimiu esse ponto de vista de forma radical ao declarar na Câmara dos Comuns em 3 de agosto: "se nos envolvermos na guerra sofreremos apenas um pouco mais do que se ficarmos de fora";[45] e ao falar em sofrimento ele estava se referindo apenas à interrupção do comércio britânico com o continente europeu. Nenhum governo fez preparativos econômicos importantes para a guerra. Na Inglaterra foi anunciado que seriam tomadas as "medidas de costume" para minimizar o desemprego que a guerra deveria causar. Os alemães desconheciam tanto as implicações da guerra total que abdicaram de invadir a Holanda em agosto de 1914 para poderem negociar livremente com o resto do mundo.

As Guerras dos Bálcãs tinham ensinado uma lição enganosa. Todo mundo imaginava que seriam travadas batalhas decisivas simultaneamente, às quais se seguiria uma paz imposta. Os alemães esperavam tomar Paris; os franceses esperavam invadir a Lorena. O "rolo compressor" russo chegaria a Berlim; mais importante, do ponto de vista russo, seus exércitos atravessariam os Cárpatos e tomariam Budapeste. Até os austríacos esperavam "esmagar" a Sérvia. Os britânicos esperavam destruir a frota alemã num confronto naval imediato e depois impor um bloqueio rigoroso ao litoral alemão; fora isso, não tinham nenhum plano militar, exceto aplaudir as vitórias de seus aliados e, quem sabe, tirar proveito delas.

Nada disso aconteceu. Os exércitos franceses não conseguiram avançar na Lorena e sofreram um grande número de baixas. Os alemães marcharam através da Bélgica e viram a Torre Eiffel de longe, pois, em 6 de setembro, foram detidos no Marne e rechaçados. Porém, embora os franceses tivessem vencido a batalha do Marne, não conseguiram tirar proveito da vitória: os alemães não foram destruídos nem sequer expulsos do solo francês. Em novembro havia uma linha de trincheiras que se estendia da Suíça ao mar. Os russos invadiram a Prússia Oriental, sofrendo uma derrota catastrófica em Tannenberg[46] em 27 de agosto, e seus exércitos na Galícia não conseguiram chegar aos Cárpatos. Os austríacos ocuparam Belgrado, de onde

---

45 Grey, *Twenty-Five Years*, ii. 306.
46 O avanço russo levou Moltke a enviar dois corpos de exército da frente ocidental para a Prússia Oriental. Nesse sentido, a aliança franco-russa se justificou, e os russos ajudaram a vencer a batalha do Marne. Mas este foi apenas um motivo secundário da derrota alemã: os motivos principais foram os erros da liderança alemã e a recuperação estratégica de Joffre, o comandante em chefe francês. É claro que a Alemanha teria mais tropas disponíveis na frente ocidental se a aliança franco-russa não tivesse existido; porém, nesse caso, a França e a Alemanha não teriam entrado em guerra.

os sérvios tinham se retirado; eles foram expulsos novamente em novembro, e as forças sérvias penetraram no sul da Hungria. A frota alemã permaneceu no porto e, para contrabalançá-la, a frota britânica também ficou imobilizada. Por toda parte, a guerra de cerco substituiu as batalhas decisivas. A metralhadora e a pá para cavar trincheiras mudaram o rumo da história europeia. A política fora silenciada pelo primeiro grande conflito; mas, no outono de 1914, a diplomacia foi retomada. Todas as potências procuraram consolidar suas alianças, recrutar novos aliados e, sem muito êxito, abalar a coalizão inimiga.

XXIII
A DIPLOMACIA DE GUERRA
1914-1918

Em 1914, a guerra ficou limitada às Grandes Potências. Entre os Estados menores, só a Sérvia e a Bélgica se envolveram desde o começo; mesmo a Itália demonstrou sua ambiguidade, permanecendo neutra durante quase um ano. No princípio, isso foi conveniente para a Grã-Bretanha e a França; como estavam preocupadas em derrotar a Alemanha na frente ocidental, elas não queriam ficar sobrecarregadas com a defesa dos países pequenos – já tinham trabalho suficiente para defender a Bélgica. A Grã-Bretanha até protelou a ajuda ao seu aliado mais antigo. Como os portugueses tinham medo de que suas colônias fossem usadas como moeda de troca para subornar os alemães a sair da Bélgica, queriam entrar na guerra, mas Grey lhes disse, categoricamente, que, "por ora", sua intervenção era desnecessária. Os russos estavam numa situação diferente. Embora tivessem invadido a Prússia Oriental por causa de seus aliados franceses, não tinham pretensões sérias em relação à Alemanha propriamente dita; sua preocupação era destruir a ligação da Alemanha com o Oriente Próximo – a monarquia dos Habsburgo –, e aceitariam de bom grado qualquer ajuda nesse sentido. Além disso, como suas armas não podiam fazer muito para auxiliar a Sérvia, tinham de contar com a diplomacia. A Itália tinha anunciado sua neutralidade em 3 de agosto, alegando que a Tríplice Aliança só se destinava a uma guerra defensiva e que a Áustria-Hungria não lhe tinha oferecido nenhuma "compensação". Sazonov corrigiu prontamente a lacuna, oferecendo à Itália o Tirol, Trieste e Vlora (na Albânia) se ela atacasse os austríacos. Não foi suficiente. Os italianos se consideravam os herdeiros da República de Veneza, e, consequentemente, reivindicavam a "hegemonia no Adriático". Apesar disso, Sazonov esperava subornar a Bulgária para que ela entrasse na guerra oferecendo-lhe parte da Macedônia, ou toda ela, que a Sérvia tinha tomado em 1913; em troca, pretendia dar à Sérvia os territórios dos Habsburgo no Adriático. Consequentemente, suas negociações com a Itália não chegaram a lugar nenhum.

As negociações sobre os Bálcãs não tiveram melhor sorte. Ele ofereceu territórios sérvios e búlgaros à Romênia; territórios romenos, turcos e sérvios à Bulgária; e territórios búlgaros à Turquia, se qualquer um desses países entrasse na guerra. Nenhum dos três aceitou, à espera de uma batalha decisiva. Só iriam aderir à Rússia quando sua vitória se tornasse evidente; mas, nesse caso, sua ajuda seria desnecessária. Não há dúvida de que o fato de a Romênia, a exemplo da Itália, ter rejeitado seu compromisso com a Tríplice Aliança em 3 de agosto representou uma grande vitória, mas isso não teve nada a ver com a diplomacia russa. Como todas as pretensões nacionais da Romênia estavam concentradas na Transilvânia, ela não faria nada para ajudar a vitória dos Habsburgo. Ao mesmo tempo, os romenos esperavam se manter na retaguarda como tinham feito em 1913, e depois ganhar a Transilvânia sem precisar combater de verdade. Sazonov alimentou essa esperança. Preocupado em proteger o flanco esquerdo dos exércitos russos na Galícia, estava disposto a pagar caro pela neutralidade romena; assim, em 1º de outubro, prometeu a Transilvânia à Romênia em troca apenas de uma "neutralidade condescendente" durante a guerra. O acordo custaria caro à Rússia; dali em diante, os romenos podiam deixar que os outros lutassem no lugar deles.

O relacionamento com a Turquia tomou um rumo mais decisivo e desastroso. Em maio de 1914, havia alguns sinais de que os turcos estavam se aproximando da Rússia; porém, embora talvez os russos esperassem jogá-la contra a Alemanha, eles contavam jogar contra ela também França e a Grã-Bretanha. O início da guerra tornou o equilíbrio impossível, e os turcos se convenceram de que a Tríplice Entente dividiria o Império Otomano em caso de vitória, ou como consolo, em caso de derrota. Por outro lado, a Alemanha lhes oferecia uma aliança que preservava a integridade de seu império, do mesmo modo que uma aliança similar tinha preservado a integridade do Império Austro-Húngaro. Por uma curiosa ironia do destino, embora tenha extraído sua própria força do nacionalismo, a Alemanha se tornou a protetora dos dois grandes impérios não nacionais; e se as coisas tivessem transcorrido de maneira um pouco diferente, ela também poderia ter sido a protetora do tsarismo russo. Havia um argumento mais concreto: os Jovens

Turcos, eles próprios educados na Alemanha, estavam convencidos de que ela venceria. Em 2 de agosto, a Turquia firmou uma aliança com a Alemanha contra a Rússia, o erro crasso que pôs fim ao Império Otomano. Os turcos tinham compensado sua fraqueza interna por meio de uma diplomacia sutil que jogava uma grande potência contra a outra; agora eles se envolviam gratuitamente no conflito europeu. Talvez não tivessem escolha. Liman von Sanders e sua equipe controlavam totalmente o exército turco; e, no fim de agosto, dois cruzadores alemães, o *Goeben* e o *Breslau*, que tinham escapado do Mediterrâneo para o Mar de Mármara, mantiveram Constantinopla sob o fogo de seus canhões.

Mas os turcos eram prisioneiros voluntários. Independentemente de seu relacionamento com as outras potências, eles sempre giravam em torno da Rússia, com um misto de ódio e apreensão. Agora acreditavam que chegara a hora da decisão final: ou destruiriam o poderio russo no Mar Negro ou a Rússia os destruiria. Como os políticos de Viena, eles abandonaram a procrastinação que os tinha preservado e apostaram no "tudo ou nada". De forma confusa, superestimaram tanto o poderio alemão como o russo. Imaginaram que a Alemanha poderia destruir a Rússia; porém, ao mesmo tempo, temiam que a Rússia os destruísse. Eram incapazes de entender algo que de fato acontecia: enquanto a Rússia estivesse envolvida na guerra europeia não lhe sobrariam recursos para montar uma expedição contra a Turquia.

Sazonov não tinha tais ilusões. Fez à Turquia as propostas mais extravagantes para que ela permanecesse neutra – garantia de integridade territorial, territórios gregos e búlgaros no Egeu, as concessões ferroviárias alemãs e até mesmo a revogação da capitulação. Essas propostas chocaram seus dois aliados. Os franceses não gostaram do precedente de ceder concessões europeias. Grey, que estava preocupado em convencer a Grécia a participar da guerra à custa da Turquia, disse: "A decisão da Turquia não será influenciada pela importância das propostas feitas a ela, mas por sua opinião quanto ao lado que provavelmente sairá vencedor e que está em condições de fazer as melhores propostas".[1] Mesmo assim, as propostas foram feitas. Em vão, porque, em 26 de setembro, os turcos fecharam os Estreitos ao tráfego comercial. Em 28 de outubro, os dois cruzadores alemães entraram no Mar Negro e bombardearam Odessa, sem esperar pela autorização da Turquia. Três dias depois, as potências da Tríplice Entente romperam relações

---

[1] Benckendorff para Sazonov, 15 de agosto de 1914. *Mezhdunarodnye otnosheniya*, terceira série, vi (i), n.95.

com ela e declararam guerra. O dia 1º de novembro foi, à sua maneira, uma data tão decisiva na história europeia como 6 de setembro, o dia em que os alemães tinham sido detidos no Marne. O primeiro selou o destino da monarquia militar; o segundo, o do antigo Império Russo. Não poderia haver vitória rápida para a Alemanha depois do Marne; consequentemente, ela seria corroída pelas forças superiores reunidas gradativamente contra ela. Depois do fechamento dos Estreitos, a Rússia foi aos poucos deixando de ser uma grande potência. Ela não podia abastecer seus exércitos sem os suprimentos vindos do Ocidente; e a rota que atravessava Archangel e, posteriormente, Murmansk não substituía a contento os Estreitos. Em 18 de dezembro, o grão-duque Nicolau, comandante em chefe russo, foi obrigado a informar seus aliados que a Rússia tinha esgotado sua munição, e que, consequentemente, dali em diante ela tinha de ficar na defensiva; o máximo que ela podia esperar era se aguentar enquanto a Grã-Bretanha e a França encontravam um jeito de ganhar a guerra.

O impasse que se seguiu às primeiras batalhas levou todas as potências a analisar seus objetivos militares. Nenhuma delas tinha entrado na guerra com um objetivo definido, exceto vencer. Esperava-se que a vitória produzisse uma política; na verdade, a vitória era a política. A Áustria-Hungria foi a que chegou mais perto de um objetivo: ao menos ela queria pôr fim ao desafio do nacionalismo dos eslavos do Sul. Porém, não fazia ideia de como alcançar isso exceto pela conquista, e, de todo modo, ela foi arrastada pela Alemanha para o embate mais amplo da reorganização da Europa. Em todos os países, as pessoas não somente supunham que a guerra terminaria com um resultado incontestável; elas estavam decididas a fazer que isso acontecesse. Tinham passado a considerar a paz algo "normal"; portanto só aceitariam "uma guerra para acabar com a guerra". Nenhum ganho concreto as satisfaria. Por exemplo: em dezembro de 1914, os alemães se dispuseram, timidamente, a sair da Bélgica e até mesmo a lhe dar uma indenização adquirindo o Congo Belga por três ou quatro vezes o seu valor. É claro que a proposta era falsa; Grey não somente a rejeitou como declarou que a Inglaterra e seus aliados "precisavam estar protegidos contra qualquer futuro ataque da Alemanha".[2] Essa era a raiz do problema: uma vez rompido um tratado, não basta restaurá-lo. Os alemães tinham ignorado as garantias de 1839 como

---

2 Memorando de Buchanan, 15 de janeiro de 1915. *Mezhdunarodnye otnosheniya*, terceira série, vi (ii), n.759. Segundo outros relatos, os alemães não ofereceram uma indenização pela evacuação da Bélgica, e sim pediram uma indenização em troca dela. De todo modo, o objetivo da proposta era causar confusão, pois a França tinha direito de preferência ao Congo Belga.

um "pedaço de papel"; qualquer nova promessa vinda deles não teria valor. Era o velho problema que a França revolucionária apresentara cem anos antes e que seria apresentado posteriormente pela Rússia comunista. Como fazer tratados com um país que, em razão de sua filosofia política, se considera livre para rompê-los? Metternich tinha dado uma resposta: mantendo uma coalizão inexpugnável contra ele. Essa resposta não satisfazia os britânicos. Embora tivessem abandonado o isolacionismo para entrar na guerra, eles queriam retomá-lo depois que a guerra terminasse. Aliás, a Rússia e a França também queriam dar as costas à Europa. Portanto, os três países estavam empenhados em destruir a Alemanha enquanto grande potência.

Isso suscitou outra dificuldade. Quando os combatentes do passado não compartilhavam uma moral comum e defendiam lutar até morrer, o conflito entre eles era genuíno e fundamental; dois "modos de vida" estavam realmente em guerra. O islã e o cristianismo, como os jacobinos e as antigas monarquias, tinham razão em enxergar o outro como "infiéis e pagãos", entre os quais podia haver trégua, jamais confiança. A guerra de 1914, porém, era visivelmente um conflito entre Estados soberanos de natureza semelhante; ela deveria ser travada por causa de objetivos definidos e concretos. Mas esses objetivos não estavam presentes – quando muito havia referências laterais ao conflito fundamental, não a sua causa. A verdadeira causa não era difícil de enxergar: o poderio alemão tinha aumentado consideravelmente na geração anterior, e sua posição atual na Europa não correspondia mais aos seus recursos de poder. Porém, todas as Grandes Potências europeias eram associações em busca do poder, como seu nome indica. Como podiam condenar um Estado por seguir as regras de poder nas quais todas elas se baseavam? A solução mais simples era sugerir que os alemães conduziam a guerra, ou governavam em tempos de paz, de uma forma particularmente violenta; um argumento que continha um pouco de verdade, embora não muita. Uma versão mais refinada desse argumento era apresentar Guilherme II como um conquistador do mundo nos moldes de Átila ou Napoleão – embora esta última analogia não agradasse, naturalmente, aos ouvidos dos franceses. Consequentemente, passou-se a acreditar que o problema alemão desapareceria se a Casa dos Hohenzollern fosse deposta e se a Alemanha se tornasse uma república democrática. Porém, de todo modo, os franceses tinham mais carinho pela Casa de Habsburgo, embora ela fosse a sobrevivente mais anacrônica das duas.

A "queixa" da Alemanha era o inverso da queixa das potências da Entente. Elas reclamavam que a Alemanha usava seu poder para aumentá-lo ainda mais; ela reclamava que elas se opunham a isso. Porém, como os alemães também tinham de encontrar uma base moral para essa queixa, tiveram de alegar que representavam uma forma superior de cultura. Outrora os alemães tinham se preocupado em demonstrar solidariedade à civilização ocidental; agora estavam igualmente preocupados em enfatizar sua diferença. Essa diferença certamente existia; mas ambos os lados precisaram dar mais importância a ela do que a realidade justificava para produzir um conflito radical.

Do lado da Entente, a guerra era essencialmente uma guerra de sobrevivência como Grandes Potências independentes. Porém, como faltava a essa causa um apelo emocional, a guerra precisou se tornar uma "guerra pela democracia". Mesmo isso não foi muito convincente, pois era difícil sustentar a alegação de que não haveria conflitos internacionais se a Alemanha deixasse de existir como grande potência. Consequentemente, a Entente precisou reafirmar que seus membros aceitariam um padrão mais elevado de moralidade internacional se ao menos a Alemanha a autorizasse a fazê-lo. Foi um processo lento, difícil de perceber no primeiro ano da guerra. Porém, à medida que os combates se arrastaram, as potências da Entente se viram comprometidas, meio a contragosto, com a doutrina de uma ordem internacional baseada na lei, não na força. É curioso que o maior conflito de poder da época moderna tenha sido conduzido cada vez mais em nome do repúdio à "política de poder".

Portanto, os "objetivos militares" das potências da Entente brotaram de um emaranhado de motivos contraditórios. Cada uma queria melhorar sua posição – quase tanto contra seus atuais parceiros como contra a Alemanha. Cada uma passou a aceitar a visão de que a Alemanha devia ser destruída como uma Grande Potência, embora enfatizasse, naturalmente, o aspecto da destruição que melhor atendia à sua própria necessidade. E, oculta por trás disso, estava a vaga esperança de que a destruição da Alemanha daria início, de alguma forma, a um mundo melhor. Os britânicos insistiram, desde o começo, que a frota alemã devia ser destruída; e também, lembrando que sempre tinham obtido ganhos coloniais em guerras anteriores, exigiram as colônias alemãs. Os franceses reivindicaram a Alsácia e a Lorena; embora não tivessem entrado em guerra por causa das províncias perdidas, não fariam as pazes sem elas. Essa reivindicação conferiu à política francesa um realismo ilusório: parecia que os franceses estavam exigindo algo concreto, enquanto os britânicos e os russos falavam vagamente em segurança. Na verdade, os franceses exigiram a Alsácia e a Lorena como símbolos da derrota da Alemanha; não teriam ficado satisfeitos em recebê-las como preço da aceitação da vitória francesa; os russos foram os que tiveram a maior dificuldade de inventar reivindicações concretas em relação à Alemanha; basicamente, a única coisa que pediram foi que ela os deixasse em paz enquanto destruíam a Áustria-Hungria. Todos os territórios que tomaram da Alemanha eram habitados por poloneses; e embora tivessem prometido em 14 de agosto o renascimento da nação polonesa "livre em termos religiosos, linguísticos e administrativos", relutaram em pôr em prática essa promessa. Consequentemente, recorreram à conversa vaga de "destruir o militarismo alemão": a Prússia tinha de ser desmembrada e, como uma concessão ao suposto sentimentalismo inglês, a Casa de Hanôver tinha de ser restaurada. No fundo, os britânicos e os franceses foram igualmente vagos: também esperavam que a derrota resolvesse de alguma forma o problema alemão, ou, pelo menos, provocasse uma "mudança de postura" por parte da Alemanha. Por isso, a tentativa de definir a política que se seguiria à vitória voltou ao ponto de partida: a vitória produziria a política por si só.

Os alemães deveriam ter tirado proveito da situação. A guerra representaria uma vitória para eles se saíssem dela mais fortes do que tinham entrado. Mas também não podiam aceitar esse resultado limitado; insistiam numa vitória final que destruísse todas as forças que se opunham a eles. Antes da guerra, tinham criado a coalizão contra eles ao não conseguir dar um passo de cada vez; e agora mantinham a coalizão viva ao se recusarem a descartar qualquer uma de suas exigências. Depois de deixar escapar uma vitória rápida, sua única esperança de vitória estava numa paz em separado com a Rússia ou com as potências ocidentais. Ela lhe escapou. No outono de 1914, certamente não havia muito que fazer com a Grã-Bretanha e a França. A guerra fortalecera tanto os militares como os capitalistas alemães, que sustentavam que era preciso alcançar uma vitória decisiva no oeste: depois que a Alemanha dominasse o mundo capitalista, ela arrasaria a Rússia. A campanha de 1914, que deixou a Bélgica e o norte da França sob ocupação alemã, foi, em si mesma, um desastre para a política alemã. A proposta de uma volta ao *status quo* no mundo ocidental teria, de qualquer forma, abalado a opinião pública britânica e francesa; mas os alemães não podiam abrir mão de Antuérpia ou das jazidas de ferro da Lorena. Estavam envolvidos, inadvertidamente, numa guerra de conquista contra as potências ocidentais.

Havia, portanto, mais um motivo para adiar o confronto no leste; e, na Rússia, havia material no qual trabalhar. A cooperação com o Ocidente só era apoiada pela classe média liberal, que não contava muito. Sazonov e, talvez, Nicolau II tiveram a sensibilidade de perceber que uma paz em separado só adiaria o conflito para um momento menos favorável; mas também sabiam que uma guerra prolongada poderia deixar a alma russa em frangalhos. Os burocratas não políticos ainda esperavam voltar as costas à Europa e fortalecer o poderio russo na Ásia. Witte, seu principal porta-voz, sempre ansiara pelo cenário de 1895 ou mesmo de Björkö: a Alemanha e a França, equilibrando-se entre si, disputariam a amizade da Rússia, e essa liga continental revitalizada jogaria todo o seu peso contra o Império Britânico.[3] Witte certamente gostaria de fazer as pazes com a Alemanha e não tinha nenhuma reclamação contra ela; mas a condição imprescindível era a preservação do equilíbrio continental. Os alemães, por outro lado, só fariam as pazes com a Rússia para destruir o equilíbrio. Portanto, eles também tinham chegado à mesma conclusão da Entente. Em vez de buscarem uma paz que só daria uma vitória parcial, procuraram uma vitória que lhes daria uma paz definitiva.

No início de 1915, a Entente tinha resistido ao primeiro impacto das armas e dos esforços diplomáticos mais tímidos da Alemanha. Isso fora alcançado pelas três potências isoladamente. Em 5 de setembro, elas tinham concordado em não fazer uma paz em separado nem em apresentar condições de paz sem um acordo prévio. Essa consolidação da Tríplice Aliança brotou, como se esperava, da iniciativa de Delcassé, que tinha se tornado ministro do Exterior novamente em 26 de agosto. Mas ela teve pouco efeito concreto. Apesar de vinte anos de negociações militares franco-russas, não havia um plano de guerra comum nem um programa de objetivos militares. Joffre e o grão-duque Nicolau, os dois comandantes em chefe, não revelavam sua estratégia um ao outro nem tentavam integrar suas operações. Joffre, ignorando a escassez de recursos da Rússia, reclamava que ela não estava fazendo sua parte nos combates; o grão-duque temia que a França fizesse as pazes se a Alemanha se retirasse do Reno.[4] Os militares russos, que estavam ocupando a Galícia polonesa e não estavam gostando nada daquilo,[5] insistiam que não tinham nada a ganhar com a derrota da Alemanha; o controle dos Estreitos lhes parecia a única recompensa pela qual valia a pena lutar. No entanto, eles não dispunham de tropas sobressalentes para fazer operações contra a Turquia. Os quartéis-generais russos insistiam que Sazonov devia conquistar Constantinopla por meio da diplomacia; ele também insistia que

---

3 Conversa com Paléologue, 12 de setembro de 1914. Paléologue, *La Russie des tsars*, i. 120; Carlotti (São Petersburgo) para Sonnino, 19 de janeiro de 1915. *Mezhdunarodnye otnosheniya*, terceira série, vii (i), n.37.

4 Sazonov para Izvolski, 17 de setembro de 1914. Ibid., vi (i), n.269.

5 Os oficiais russos estavam particularmente irritados pelas tentativas de propaganda da Igreja Ortodoxa ali: "pedimos armas e vocês nos mandam padres".

ela só podia ser conquistada por meio de um *coup de main** militar. Por mais absurdo que seja, nem mesmo os militares russos queriam realmente Constantinopla. Todas as opiniões especializadas concordavam que guarnecer Constantinopla e os Estreitos representaria um ônus militar insustentável.[6] Mas qual era a alternativa? A Turquia era um inimigo em quem não se podia mais confiar; a internacionalização era "a pior de todas as soluções possíveis", que poria a Rússia à mercê das outras Grande Potências. Além disso, a opinião pública liberal na Rússia exigia Constantinopla; e, com o fracasso militar, ela teve de ser tranquilizada por Nicolau II.

Em 30 de dezembro de 1914, o grão-duque Nicolau lançou a questão dos Estreitos perante as potências ocidentais. Ele disse ao representante britânico em seu quartel-general que os exércitos russos no Cáucaso estavam sob a ameaça de um ataque turco, e pediu ajuda aos aliados. Foi uma manobra política, pois o perigo no Cáucaso era imaginário. O grão-duque queria desviar a atenção da sua própria incapacidade de passar à ofensiva contra a Alemanha; mais importante, queria obrigar Sazonov a conquistar Constantinopla por meio da diplomacia, já que não podia fazê-lo pela força das armas. O apelo russo foi bem recebido em Londres, onde muitos ministros temiam o impasse na frente ocidental e queriam encontrar uma forma de contorná-lo utilizando o poderio naval. Havia muito que os círculos oficiais britânicos eram indiferentes à questão dos Estreitos. Tinham resistido antes da guerra por causa da opinião pública britânica, e agora estavam dispostos a ceder por causa da opinião pública russa, na crença de que isso manteria a Rússia na guerra. Além disso, pretendiam consolidar sua posição no Egito, agora que a Turquia era sua inimiga; e isso removia sua última objeção ao controle russo dos Estreitos. Em 13 de novembro, George V, antevendo os acontecimentos, tinha dito a Benckendorff: "Quanto a Constantinopla, é claro que ela deve ser sua";[7] e, em 18 de novembro, os britânicos anunciaram que pretendiam anexar o Egito.[8]

Esses acontecimentos foram muito mal recebidos pelos franceses. Eles temiam que o Império Otomano fosse repartido entre seus aliados enquanto seus próprios efetivos estavam absorvidos na frente ocidental.

---

* Em francês no original: "ataque-surpresa". (N. T.)

6 Memorandos de Basili, Nemitz e Neratov, 14 de novembro e 27 de dezembro de 1914. *Konstantinopel und die Meerengen*, ii, n.2, 3, e 4.

7 Benckendorff para Sazonov, 13 de novembro de 1914. *Konstantinopel und die Meerengen*, ii, n.25.

8 Buchanan para Sazonov, 18 de novembro de 1914. *Mezhdunarodnye otnosheniya*, terceira série, vi (ii), n.533. No fim, os britânicos se contentaram com um protetorado no Egito pela duração da guerra.

Em São Petersburgo, Paléologue se queixou: "a Grã-Bretanha entregou Constantinopla à Rússia; hoje a Rússia entrega o Egito à Inglaterra. O projeto de Nicolau I se realizou";[9] e Delcassé queria deixar todas essas questões para o final da guerra, quando a França também poderia anexar a Tunísia e o Marrocos.[10] Quando, em janeiro de 1915, os britânicos propuseram atender o grão-duque atacando os Dardanelos, os franceses condenaram esse distanciamento da frente ocidental. Eles anuíram, não para agradar os russos, mas para ficar à frente deles; os franceses esperavam mantê-los fora de Constantinopla, não entregá-la a eles, e, na verdade, não os informaram a respeito dos preparativos de uma expedição. Os britânicos não foram tão reticentes, vangloriando-se diante dos russos a respeito da expedição iminente para mantê-los na guerra – como se constatou, uma exibição desnecessária, já que Witte, o principal defensor da paz em separado, morreu em 13 de março.

Sazonov foi levado a atuar diplomaticamente, quisesse ou não. Ele recebeu um estímulo mais imediato quando os britânicos sugeriram a utilização de tropas gregas para atacar Constantinopla, o que ergueu o antigo fantasma de um Império Bizantino renascido. Em 4 de março, pediu formalmente a seus dois aliados que os Estreitos e o território adjacente fossem integrados ao Império Russo.[11] Os britânicos não puseram nenhum obstáculo. Grey concordou com o pedido russo em 12 de março, depois de garantir a aprovação dos líderes da oposição;[12] em troca, ele pediu que a região neutra da Pérsia se tornasse britânica e que a Rússia não se opusesse a que as potências neutras, principalmente a Grécia, entrassem na guerra.[13] Os franceses foram mais reticentes. Delcassé só se dispôs a assumir uma "atitude amistosa" em relação aos pedidos da Rússia durante a conferência de paz;[14] Poincaré escreveu pessoalmente a Paléologue – uma medida sem precedentes para um presidente francês – instando-o a não fazer nenhuma concessão.[15] Os russos reagiram com ameaças e subornos. Sazonov ameaçou renunciar e abrir caminho para um defensor da Liga dos Três

---

9 18 de novembro de 1914. Paléologue, *La Russie des tsars*, i. 194.

10 Izvolski para Sazonov, 18 de novembro de 1914. *Mezhdunarodnye otnosheniya*, terceira série, vi (ii), n.543.

11 Sazonov para Paléologue e Buchanan, 4 de março de 1915. *Konstantinopel und die Meerengen*, ii, n.53

12 Benckendorff para Sazonov, 14 de março de 1915. Ibid., n.84.

13 Buchanan para Sazonov, 12 de março de 1915. *Konstantinopel und die Meerengen*, ii, n.81.

14 Paléologue para Sazonov, 8 de março de 1915. Ibid., n.70.

15 Poincaré para Paléologue, 9 de março de 1915. Poincaré, *Au service de la France*, vi. 92.

Imperadores.[16] Nicolau II disse a Paléologue: "Pegue a margem esquerda do Reno; pegue Mainz; pegue o que mais você quiser".[17] Alguns dias depois, ele concordou que a França poderia ficar com a Síria, a Cilícia e a Palestina.[18] Não se sabe por que a França cedeu – talvez devido tanto à pressão britânica como ao desejo de agradar os russos. Em 10 de abril, os franceses emitiram um comunicado rancoroso concordando com as reivindicações russas, sob a condição "de que a guerra tivesse um desfecho vitorioso e que a França e a Inglaterra alcançassem seus objetivos no Oriente Próximo e em outras regiões".[19] Desse modo, as "potências da Crimeia" aprovaram, pelo menos teoricamente, as pretensões russas nos Estreitos – pretensões que, na prática, não eram desejadas pelos próprios russos.

O acordo a respeito de Constantinopla e dos Estreitos foi o mais importante "tratado secreto" firmado entre os Aliados durante a Primeira Guerra Mundial. Houve uma grande comoção quando os bolcheviques o divulgaram em 1918; dizia-se que os Aliados estavam visando a objetivos imperialistas egoístas por trás da cortina de fumaça dos princípios éticos. A situação não era realmente tão simples. O acordo foi uma decorrência inevitável da expedição britânica aos Dardanelos. Era fundamental afastar a suspeita russa de que, nas palavras de Grey, "a Grã-Bretanha ia ocupar Constantinopla para que, quando a Grã-Bretanha e a França conseguissem vencer a guerra com a ajuda da Rússia, a Rússia não ficasse com Constantinopla no acordo de paz".[20] Mesmo sem a expedição, era preciso fazer alguma coisa para restaurar a confiança da Rússia, depois das perdas humilhantes sofridas por ela na campanha de 1914. É claro que os russos teriam ficado muito mais satisfeitos se os aliados ocidentais tivessem conseguido derrotar os exércitos alemães no norte da França ou até mesmo pudessem ter enviado uma quantidade maciça de material militar para a Rússia. Ambos estavam fora do seu alcance. Joffre não conseguiu remover os alemães; a Inglaterra e a França não tinham munição suficiente para si mesmas, e não poderiam tê-la enviado para a Rússia mesmo que tivessem. A diplomacia tinha de compensar a falta de estratégia e de equipamentos; uma promessa para o futuro era a forma mais barata de compensação.

---

16   3 de março de 1915. Paléologue, *La Russie des tsars*, i. 314.
17   Minuta de Sazonov, 5 de março de 1915. *Mezhdunarodnye otnosheniya*, terceira série, vii (i), n.312.
18   16 de março de 1915. Paléologue, *La Russie des tsars*, i. 322.
19   Paléologue para Sazonov, 10 de abril de 1915. *Konstantinopel und die Meerengen*, ii, n.103.
20   Grey, *Twenty-Five Years*, ii. 181.

A promessa atingiu seu objetivo. Ela afastou as suspeitas da Rússia e, possivelmente, ajudou a mantê-la na guerra. De todo modo, é mais provável que ela continuasse lutando. Mais tarde, em 1915, os alemães ofereceram Constantinopla aos russos se eles fizessem uma paz em separado. Como Sazonov e Nicolau II perceberam que era provável que seu controle dos Estreitos seria temporário a menos que a Alemanha fosse derrotada, rejeitaram a proposta. Na verdade, o máximo que se pode dizer a respeito do "tratado secreto" é que teria tornado o conflito entre os Aliados menos provável se a Rússia tivesse ficado na coalizão até o fim. Ainda assim, ele teve consequências diplomáticas desconcertantes. A Rússia foi recompensada antecipadamente; a Grã-Bretanha recebeu o Egito e a zona neutra da Pérsia; os franceses não receberam nada, nem mesmo a promessa clara de que ficariam com a Alsácia e a Lorena. Eles insistiram em partilhar a Turquia asiática com a Grã-Bretanha, o que os britânicos tiveram de aceitar, embora isso afetasse as promessas que tinham feito aos árabes. Em janeiro de 1916, a Grã-Bretanha e a França concluíram o Acordo Sykes-Picot, por meio do qual a Síria foi atribuída à França e a Mesopotâmia à Grã-Bretanha. Os russos exigiram mais uma recompensa pela aprovação desse acordo: receberam a Armênia e o Curdistão (16 de setembro de 1916). Esse acordo também não foi tão cínico como pareceu posteriormente. Os britânicos tinham de aplacar a sensibilidade francesa se quisessem que a França arcasse com o ônus principal na frente ocidental. Além disso, como era razoável supor que o Império Otomano não sobreviveria à guerra, os Aliados tinham de fazer planos para o futuro. Hoje é fácil falar que os Aliados deviam ter previsto a independência dos Estados árabes; mas esse não era um pensamento que ocorreria facilmente às duas potências que tutelavam o Egito, a Tunísia e o Marrocos.

Os russos não receberam a promessa de Constantinopla sem pagar um preço por ela, embora na verdade o preço fosse pago pela Sérvia, seu *protégé*. Enquanto os britânicos planejavam, no início de 1915, atacar o flanco da Alemanha escorraçando a Turquia da guerra, os franceses esperavam alcançar o mesmo objetivo atraindo a Itália para ela. Os britânicos aceitaram essa política. O exército italiano substituiria as forças que eles ainda não conseguiam fornecer; a marinha italiana fortaleceria a Entente no Mediterrâneo; e, além disso, Grã-Bretanha e França não lamentavam em lançar uma quarta potência na Questão Oriental para compensar a Rússia. Em agosto de 1914, a Rússia tinha se mostrado a mais impaciente em atrair a Itália para a guerra; mas depois as forças russas tinham se voltado contra a Alemanha, e os russos precisaram da Itália para distrair a Áustria-Hungria. No início de 1915, os russos, embora ineficazes contra a Alemanha, ainda esperavam fazer frente à Áustria-Hungria, ou até mesmo derrotá-la; e não tinham o menor interesse de ressuscitar a "coalizão da Crimeia" em sua plenitude. Em 2 de março, Sazonov reiterou que a participação italiana tinha perdido importância e só aumentaria as dificuldades para celebrar a paz – haveria menos a dividir entre os vencedores.[21]

Os italianos certamente não foram modestos em suas reivindicações. As outras potências tinham sido forçadas a entrar na guerra antes de conseguirem definir seus objetivos; a Itália podia insistir que lhe garantissem o cumprimento dos seus objetivos antes de entrar na guerra. Ela esperava realizar todas as suas ambições de uma só vez: conclusão da "unidade nacional" por meio da aquisição do Tirol e da Ístria;[22] controle do Adriático; e reconhecimento como grande potência tanto no Oriente Próximo como nas questões coloniais. Os italianos fizeram algumas tentativas de realizar esse projeto por meios pacíficos. Ofereceram sua neutralidade às Potências Centrais em troca de "compensações" pelos ganhos da Áustria-Hungria nos Bálcãs, segundo as cláusulas da Tríplice Aliança. Os alemães estavam preparados para fazer esse acordo; e Bülow, que se orgulhava de suas conexões italianas, foi enviado a Roma para oferecer aos italianos tudo que encontrassem no bolso de Francisco José. Os austríacos resistiram; como em ocasiões anteriores, a "situação das nacionalidades" não podia fazer concessão ao princípio nacional. Além disso, a cessão do Tirol – com seus 300 mil alemães – ofenderia os austríacos alemães, os defensores mais irredutíveis da monarquia; e as concessões no Adriático jogariam os croatas nos braços dos sérvios. Quando Berchtold, como sempre, demonstrou "fraqueza", foi dispensado, e seu lugar ocupado por Burian – o primeiro húngaro a se tornar ministro do Exterior desde Andrássy. De todo modo, as negociações foram inúteis; como em 1866, os italianos perceberam que as suas reivindicações só seriam atendidas com a derrota da Áustria-Hungria.

Em 4 de março, os italianos se voltaram para a Entente; por mera coincidência, foi no mesmo dia em que a Rússia externou sua pretensão a Constantinopla e aos Estreitos. A Entente não se importou em sacrificar para a Itália os alemães do Tirol; nenhum dos membros da Entente, nem mesmo a Rússia, sabia nada a respeito dos 600 mil eslovenos da Ístria; a Grã-Bretanha e a França também estavam dispostas a prometer à Itália toda a

---

21 Sazonov para Paléologue e Buchanan, 2 de março de 1915. *Mezhdunarodnye otnosheniya*, terceira série, vii (i), n.276.

22 A alegação de "nacional" nessas regiões era um mito, pois nenhuma tinha maioria italiana.

Dalmácia e um protetorado na Albânia,[23] principalmente porque as reivindicações italianas nas colônias e no Oriente Próximo ficaram indefinidas. No entanto, Sazonov não iria sacrificar os eslavos do sul da Dalmácia – 1 milhão deles, contra 10 mil italianos. A Rússia fora incapaz de fazer alguma coisa para ajudar a Sérvia; mais um motivo para não abandoná-la diplomaticamente. Além do mais – um fato que as potências ocidentais nunca compreenderam –, os russos acreditavam sinceramente que tinham o dever de proteger os interesses eslavos, do mesmo modo que o governo britânico apoiava os povos de linhagem britânica nos Domínios. Não é preciso explicar as objeções de Sazonov por meio de especulações forçadas acerca das pretensões russas de assegurar uma base naval no Adriático. É claro que sua oposição às reivindicações italianas continha elementos concretos. Depois de afastar a Bulgária, mantendo-a fora de Constantinopla em 1913, ele agora esperava conquistá-la oferecendo a Macedônia, que estava sob controle sérvio; consequentemente, os sérvios teriam de ser apaziguados por meio de ganhos significativos no Adriático. De forma mais imprecisa, Sazonov percebeu a sombra de uma união entre Itália, Hungria e Romênia, que ameaçaria seu próprio projeto de confederação eslava nos Bálcãs. Ele também foi muito pressionado por Supilo, um líder croata exilado, a não sacrificar as reivindicações dos eslavos do Sul tanto quanto possível; mas Sazonov já estava suficientemente ocupado defendendo a Sérvia sem defender também a Croácia católica romana.

A teimosia de Sazonov enfureceu seus parceiros ocidentais. Paléologue declarou: "pegamos em armas para salvar a Sérvia, não para realizar os sonhos do eslavismo. O sacrifício de Constantinopla é mais que suficiente!";[24] e Grey considerou que a entrada da Itália foi o momento decisivo da guerra – "não podemos prolongá-la só para conseguir um trecho de litoral para a Sérvia".[25] Sazonov não podia criticar as reivindicações da Itália bem no momento em que reclamava Constantinopla. Além do mais, ele

---

23 Os italianos partiam do pressuposto de que a Hungria sobreviveria à guerra sem ser desmembrada; portanto, não reivindicaram Fiume (Rijeka) nem a estreita faixa do litoral croata, que era uma colônia do reino da Hungria. Isso iria deixá-los numa situação embaraçosa em 1919, quando tentaram obter tudo que lhes fora prometido no Tratado de Londres, e também no de Fiume.

24 Paléologue, *La Russie des tsars*, i. 336. 31 de março de 1915.

25 Benckendorff para Sazonov, 24 e 31 de março de 1915. *Mezhdunarodnye otnoshenyia*, terceira série, vii (ii), n.419 e 451. Grey sugeriu que a Sérvia devia receber o Banat como consolação. Como isso fazia parte do preço previsto para fazer a Romênia acreditar na guerra, a ideia também contrariava os planos de Sazonov.

tinha um ponto fraco em seu próprio campo: temendo um ataque austro-alemão, o grão-duque Nicolau insistiu para que a Itália entrasse na guerra o mais rápido possível.[26] No entanto, Sazonov só aceitou um meio-termo: cedeu a região croata da Dalmácia, mas exigiu o sul da Dalmácia para a Sérvia. Os italianos também tinham motivo para ceder. Em 22 de março, a fortaleza de Przemysl, na Galícia, foi tomada pelos russos – um sinal enganoso de que eles ainda poderiam derrotar a Áustria-Hungria sem a ajuda da Itália; alguns dias depois, Sazonov assustou os italianos ao mencionar uma proposta de paz vinda de Viena.[27] Na verdade, eles começaram a temer uma vitória russa na Europa oriental no exato momento em que os russos, de maneira mais precisa, começaram a temer a derrota. Em 26 de abril, a Itália assinou o Tratado de Londres com as potências da Entente. O sul da Dalmácia ficaria com a Sérvia, embora os italianos insistissem que ele fosse "neutralizado"; por ser uma grande potência, a Itália estava acima de qualquer restrição desse tipo. Além disso, os italianos conseguiram todas as condições que tinham exigido; em troca, prometeram à Entente que entrariam na guerra "contra todos os seus inimigos" dentro de um mês.[28] Foi

---

26 Muraviev (no quartel-general) para Sazonov, 3 de abril de 1915. Ibid., n.471.

27 Minuta de Sazonov, 28 de março de 1915. Ibid., n.441. A proposta de paz feita através da dama da corte russa Maria Vassilshikova, se é que ela um dia existiu, veio, na verdade, da Alemanha, não da Áustria-Hungria.

28 Este resumo é, tecnicamente, um pouco sucinto. No Artigo II, a Itália prometia prosseguir a guerra junto com as potências da Entente "contra todos os seus inimigos"; só no fim é que ela prometeu "entrar em campo" (contra um inimigo indefinido) dentro de um mês. Em maio de 1915, ela declarou guerra somente contra a Áustria-Hungria; e a declaração de guerra contra a Alemanha só foi feita em 28 de agosto de 1916. O Artigo I previa que uma convenção militar deve "estabelecer o mínimo de forças militares que a Rússia deve empregar contra a Áustria-Hungria para impedir que essa potência concentre todos os seus esforços contra a Itália, caso a Rússia decida realizar seu esforço principal contra a Alemanha". Portanto, a preocupação italiana com relação à Rússia era exatamente o oposto da dos franceses.

As futuras fronteiras italianas no Tirol, na Ístria e na Dalmácia foram definidas com muita precisão (embora nem sempre de maneira correta). O Artigo IX reconhecia que "a Itália está interessada na manutenção do equilíbrio no Mediterrâneo" e lhe garantia "uma participação justa" na Adália. O Artigo XIII garantia que a Itália seria, "em princípio, indenizada", especificamente por meio de ajustes de fronteira, caso a Grã-Bretanha e a França obtivessem colônias alemãs. Na verdade, os italianos queriam tanto definir de maneira precisa suas reivindicações no Adriático que aceitaram frases nebulosas, e, em última análise, inúteis, em relação às colônias e ao Oriente Próximo.

Por meio do Artigo XV, as três potências da Entente concordavam em "apoiar a oposição da Itália a qualquer proposta que tendesse a introduzir um representante da Santa Sé em todas as negociações de paz e que visassem solucionar os problemas suscitados pela atual guerra".

uma reprodução minuciosa do tratado de 8 de abril de 1866 entre a Itália e a Prússia. As negociações diplomáticas de 1866 foram reproduzidas novamente quando os austríacos se armaram de coragem e fizeram concessões, outra vez tarde demais. Em 9 de maio, Burian, sob forte pressão de Tisza, propôs ceder a região italianófona do Tirol e conceder autonomia a Trieste; ele até incluiu as ilhas dálmatas, mas não a porção continental da Dalmácia. Quando o governo italiano não respondeu, Bülow notificou o ex-primeiro--ministro Giolitti, que defendia a neutralidade. Ele tinha o apoio da maioria dos deputados e era capaz de forçar a renúncia do governo. A agitação foi estimulada pelo escritor romântico D'Annunzio e por gente de extrema esquerda como Mussolini – outrora antimilitaristas, agora ansiosos para ressuscitar o mito de Garibaldi. A Câmara só cedeu quando a multidão quebrou as janelas do prédio. Em 20 de maio, ela aprovou créditos de guerra por 407 a 73 votos, e, em 23 de maio, a Itália declarou guerra à Áustria-Hungria.

A guerra da Itália teve um caráter peculiar. As Grandes Potências estavam bloqueadas na luta pelo controle da Europa; a política italiana reproduzia o passado e perseguia fantasmas. Até mesmo as demonstrações de maio de 1915 reproduziram as revoltas de março de 1848 em Gênova, que provocaram a intervenção de Carlos Alberto na Lombardia. Enquanto os agitadores italianos queriam forçar seu país a ser grande, os políticos tentavam definir seus objetivos militares com um realismo maquiavélico. Mas mesmo os objetivos militares eram uma questão teórica; eram uma imitação da política dos outros, não uma expressão de necessidades concretas.[29] A Primeira Guerra Mundial foi, sobretudo, uma luta contra o poderio alemão. A Itália era indiferente a essa luta. Ela não tinha nada a perder com uma vitória alemã sobre a França e a Rússia – na verdade, tinha muito a ganhar. A França era a sua rival vitoriosa no Mediterrâneo, a Rússia, uma possível ameaça nos Bálcãs e no Oriente Próximo. Sua única inimiga imediata era a Áustria-Hungria, como demonstravam sua atividade diplomática e sua estratégia. Ainda assim, mesmo essa política era em grande medida obsoleta. A única pretensão justificável da Itália era o Tirol italianófono, e isso poderia ser alcançado por meio de uma negociação pacífica. Por outro lado,

---

Os italianos não foram informados a respeito da promessa anglo-francesa à Rússia referente a Constantinopla e aos Estreitos; e os russos insistiram que as duas potências ocidentais reafirmassem sua promessa quando a Itália entrou na guerra.

29 Havia um objetivo concreto por trás das agitações relacionadas a Trieste. As empresas de navegação de Gênova e Veneza queriam isolar Trieste do interior e, assim, desviar o comércio mediterrâneo da Europa central para elas. Mas era muito difícil assegurar que o objetivo da agitação nacionalista fosse a ruína de Trieste.

a Itália, como a Hungria, a outra "nação revolucionária" de 1848, realmente precisava da monarquia dos Habsburgo como uma barreira contra a Alemanha e, ainda mais, contra os eslavos. O que aconteceu foi que a política italiana primeiro ressuscitou a lealdade croata aos Habsburgo e depois, com a sua derrota, criou inexoravelmente um Estado eslavo do Sul, que conseguiu lhe negar a Dalmácia depois da Primeira Guerra Mundial e privá-la da Ístria e de Trieste depois da Segunda.

A entrada da Itália na guerra também não foi proveitosa para as potências da Entente. Seu inimigo era a Alemanha, e chegou o momento em que uma paz em separado com a Áustria-Hungria seria bem-vinda. Seu parceiro italiano a impediu. O fato de ter prometido Constantinopla à Rússia também impediu, naturalmente, uma paz em separado com a Turquia; e essa promessa também estava ultrapassada. Porém, ela pelo menos não impediu que a Rússia jogasse seu peso maior (se é que ainda o tinha) contra a Alemanha até o seu colapso em 1917. A declaração de guerra da Itália chegou tarde demais para impedir até a ofensiva austro-húngara contra a Rússia. Em 4 de maio, as Potências Centrais abriram caminho através de Gorlice, e, no final de junho, os russos tinham sido expulsos da Galícia; por volta do final de setembro, eles tinham perdido a Polônia e a Lituânia. Se os italianos tivessem entrado na guerra um mês antes, poderia ter ocorrido uma verdadeira "reviravolta"; do jeito que foi, a Itália logo se tornou um peso, que a Grã-Bretanha e a França tinham de defender.

As duas tentativas de atacar o flanco alemão no verão de 1915 – na fronteira ítalo-austríaca e nos Dardanelos – fracassaram, o mesmo acontecendo com os ataques frontais na França. Em 7 de outubro, Joffre previu "um longo período na defensiva". A diplomacia fez mais um esforço, dessa vez para atrair a Bulgária para a guerra. Os búlgaros estavam decididos a conquistar tudo que lhes tinha sido negado em 1913. A Entente lhes fez uma oferta concreta de território turco; ela só poderia prometer a Macedônia se a Sérvia recebesse "compensações equiparáveis" na Bósnia, na Herzegovina e no Adriático. A Alemanha ofereceu a Macedônia, além de território grego e romeno, se um desses Estados ingressasse na Entente. Em 6 de setembro, a Bulgária firmou uma aliança com as Potências Centrais. A Entente pretendia manter a Bulgária fora da guerra e arrastar a Grécia para ela por meio de uma expedição a Salônica, mas os preparativos demoraram muito. A Grécia evitou se comprometer, a Bulgária entrou na guerra em 5 de outubro; e, antes que a força expedicionária anglo-francesa pudesse fazer alguma coisa, a Sérvia tinha sido invadida, resultando em novas confusões. O fracasso diplomático na Bulgária desacreditou Delcassé; e, ao cair, ele levou

Viviani junto. Briand uniu os gabinetes de ambos, num governo que só era bom de conversa. Os britânicos queriam se retirar imediatamente tanto de Salônica como dos Dardanelos, pois, dando mostras de um pessimismo exagerado, temiam um ataque turco ao Canal de Suez. Os franceses queriam manter seu prestígio nos Bálcãs, e ainda sonhavam com uma ofensiva vinda de Salônica, que poderia estimular a Romênia a entrar na guerra. Em 10 de dezembro, chegou-se a um acordo, como sempre insatisfatório. Os britânicos concordaram em permanecer em Salônica "temporariamente", mas sem reforçar o exército que ali estava. Durante o restante da guerra, quase um quarto de milhão de homens ficaram imobilizados ali, o que foi extremamente conveniente para as Potências Centrais; elas utilizaram apenas o exército búlgaro, que, de todo modo, não teria saído dos Bálcãs.

No final de 1915, todas as expectativas iniciais tinham malogrado. Em 1914, o objetivo dos alemães era alcançar uma vitória decisiva na frente ocidental, enquanto a Entente contava com o "rolo compressor" russo. Ambas falharam. Em 1915, o objetivo da Entente era obter uma vitória decisiva sobre a Alemanha, fosse atacando-a nos flancos ou por meio de um ataque frontal; os alemães tinham tentado golpear a Rússia a ponto de excluí-la da guerra.[30] Novo fracasso. No entanto, a Alemanha tinha alcançado seus objetivos fundamentais: a *Mitteleuropa** existia na prática; a Alemanha e a Áustria-Hungria estavam praticamente unificadas em termos econômicos e militares; e havia uma unidade política que se estendia de Antuérpia a Bagdá. As potências da Entente, que tinham entrado na guerra para se defender, tiveram de destruir um império alemão já formado. Por sua vez, a política alemã só precisava assegurar o reconhecimento do novo *status quo*. Esse era, de fato, o objetivo da estratégia de Falkenhayn em 1916. Ele partiu do princípio de que a Rússia, depois de suas derrotas em 1915, não era mais o inimigo principal. Mesmo no oeste ele não visava uma vitória decisiva. O exército francês devia ser desgastado para deixar de ser o "instrumento" da política britânica no continente; em seguida, os britânicos seriam forçados a aceitar a paz alemã por meio da ameaça da guerra submarina. A expressão concreta dessa estratégia foi o ataque contínuo, de

---

30 Contudo, a estratégia de Falkenhayn, que sucedera o jovem Moltke como chefe do Estado-Maior alemão, mostrou que o velho Moltke estava certo ao planejar derrotar a Rússia e que Schlieffen estava errado ao planejar uma vitória decisiva sobre a França. Falkenhayn era capaz de derrotar a Rússia e ficar ao mesmo tempo na defensiva na frente ocidental. Se essa estratégia tivesse sido adotada no início da guerra, a Grã-Bretanha teria permanecido neutra e a França logo teria feito as pazes.

* Em alemão no original: "Europa central". (N. T.)

fevereiro a junho, à fortaleza emblemática de Verdun, onde o exército francês deveria "sangrar até a morte".

Essa estratégia não foi bem-sucedida. Embora o exército francês tenha sido levado quase ao esgotamento em Verdun, o exército alemão também sangrou até a morte ali e, pouco depois, contra o exército britânico no Somme. Na frente oriental, os russos, comandados por Brusilov, realizaram uma ofensiva em maio que os levou de volta, inesperadamente, à Galícia e ao sopé dos Cárpatos.[31] Esse êxito trouxe uma recompensa diplomática à Entente. Desde agosto de 1914, ela tentava atrair a Romênia para a guerra; quanto aos romenos, embora sempre tenham desejado dizer o seu preço, tinham se mostrado extremamente relutantes em agir. A ofensiva de Brusilov fê-los temer que seria tarde demais para eles. A aliança com a Romênia sempre fora um instrumento favorito da diplomacia francesa, pois ela minimizava a predominância eslava na Europa oriental, algo que os franceses detestavam quase tanto quanto os alemães. Os russos preferiam derrotar a Áustria-Hungria sem a ajuda romena; incapazes de fazê-lo, estavam dispostos a dar uma chance aos romenos. Em 17 de agosto, a Rússia e a França aceitaram as condições apresentadas pela Romênia: ela receberia a Transilvânia, a Bucovina e o Banat; os importantes aliados manteriam a Bulgária ocupada, para que a Romênia pudesse se concentrar na Áustria-Hungria;[32] eles continuariam a guerra até que os objetivos da Romênia tivessem sido alcançados e a admitiriam em pé de igualdade na conferência de paz. Estas últimas cláusulas não representaram tanto uma vitória para a Romênia como parecia: em 11 de agosto, França e Rússia concordaram entre si em ignorá-las quando fossem negociar a paz.

A aliança com a Romênia foi a última tentativa de envolver uma potência de pequeno porte na guerra.[33] Os políticos da Entente ainda não tinham aprendido com os acontecimentos. Ainda raciocinavam em termos de

---

31 Em maio de 1916, os russos reembolsaram os italianos pelos serviços que não tinham conseguido prestar em maio de 1915. Embora concebida apenas para aliviar os franceses, a ofensiva de Brusilov salvou os italianos (que em abril já tinham sido derrotados em Asiago) de um ataque austro-húngaro no Tirol.

32 O exército em Salônica tomaria a ofensiva contra os búlgaros, e os russos enviariam 50 mil homens para Dobrudja (inicialmente, os romenos tinham pedido 200 mil). No fim, nenhuma das promessas foi cumprida. Como os próprios russos cobiçavam parte da Bucovina, não lamentaram inteiramente a derrota da Romênia.

33 Em 1917, a Entente obrigou a Grécia a entrar na guerra por meio de um *coup d'état* em Atenas; mas ele foi concebido para reforçar a posição dos exércitos aliados em Salônica, não para obter os recursos do exército grego. Também havia motivos políticos: a Grã-Bretanha e a França

acumulação aleatória de efetivos e eram incapazes de reconhecer que a guerra se tornara uma luta unicamente entre grandes potências. Toda aliança com um Estado menor significava um peso adicional, não uma vantagem – Sérvia, Bélgica e até mesmo Itália, de um lado; Turquia, do outro. O segredo da vitória da Alemanha, enquanto durou, foi que ela tinha menos aliados e os tratava como subordinados. A Romênia entrou na guerra em 28 de agosto. A exemplo da Itália no ano anterior, ela tinha esperado demais. A ofensiva de Brusilov tinha sido controlada; a batalha do Somme estava quase no fim. Os alemães logo disporiam de tropas para vir em socorro, uma vez mais, da Áustria-Hungria. Eles assumiram a ofensiva em novembro e, no final do ano, já tinham invadido toda a Romênia. O trigo e o petróleo romenos caíram em mãos alemãs;[34] a *Mitteleuropa* parecia mais protegida que nunca, embora não estivesse muito mais próxima da vitória decisiva.

A campanha de 1916 falhara novamente em gerar uma decisão. O debate entre a paz negociada e a vitória total foi reaberto de forma veemente e inaudita. Muitos civis nas altas esferas não acreditavam em vitória militar. Bethmann jamais acreditara nela, e suas dúvidas eram secundadas por Burian. Na Inglaterra, Lansdowne insistiu com o gabinete em novembro que uma vitória decisiva era improvável e que se deveriam estimular as negociações; na França, Caillaux viu crescer o apoio na Câmara. O declínio da confiança era maior na Rússia. Em julho, Sazonov insistira que se fizessem concessões aos poloneses. Ele foi destituído e seu lugar ocupado por Stürmer, que era favorável à paz em separado com a Alemanha. Apesar disso, em todos os países os generais mudaram de lado, exceto, naturalmente, na Rússia, onde foram incapazes de tomar qualquer decisão. Do lado alemão, o fracasso de Falkenhayn em Verdun levou à sua destituição em 27 de agosto; ele foi sucedido por Hindenburg e Ludendorff, que outrora assumira posições de comando na frente oriental. Sua fórmula continuava sendo a vitória total, embora não soubessem como alcançá-la. No lado ocidental, Nivelle, que tinha defendido Verdun, alegava possuir o segredo para derrotar os alemães; em 26 de dezembro, ele substituiu Joffre no comando supremo e também recebeu jurisdição sobre o exército britânico, prevendo alcançar uma "ruptura" no início de 1917.

---

    precisavam de outro rival contra a Itália no Oriente Próximo; posteriormente, a Grã-Bretanha jogou a Grécia contra a França.

34 Os alemães não avançaram suficientemente rápido para evitar a destruição dos poços de petróleo pelos agentes britânicos. Só recuperam a produção plena depois da derrota alemã.

Por conseguinte, começou uma competição entre os generais e os civis que durou quase até o final da guerra, embora a etapa decisiva fosse superada na primavera de 1917. Os civis tentavam negociar; os generais ainda esperavam vencer. As tentativas de negociação se chocaram com um fato simples: o que era compromisso para um lado, significava derrota para o outro. Os políticos da Entente entendiam por compromisso uma volta aos *status quo* de 1914: a Alemanha retomaria suas colônias e conservaria sua frota, mas sairia da Bélgica e dos territórios ocupados na França e na Rússia; ela talvez até ajudasse a recuperá-los. Bethmann entendia por compromisso o *status quo* de 1916: a Alemanha conservaria pelo menos as jazidas de ferro da Lorena e o controle militar da Bélgica, além de receber outras colônias e, talvez, parte da Polônia. De todos, Bethmann foi quem mais se aproximou de um compromisso, na medida em que se dispôs a pagar um preço ínfimo pelo que a Alemanha receberia – um pedaço da alta Alsácia para a França e o Tirol italianófono para a Itália. Porém, sua posição era basicamente a mesma dos conciliadores da Entente: nenhum deles aceitaria as condições de compromisso oferecidas pelo outro lado sem uma derrota militar, e, nesse caso, o compromisso seria inútil. A vitória decisiva que era necessária para alcançar um compromisso seria acompanhada, na verdade, por uma paz imposta. Consequentemente, Bethmann foi afastado por Ludendorff e Lansdowne e Caillaux foram silenciados por Lloyd George e Clemenceau, os defensores do "golpe definitivo".

Os esforços de Bethmann para chegar a um compromisso assumiram uma forma mais concreta no outono de 1916. À época, ele parecia prestes a fazer uma paz em separado com a Rússia, com quem um verdadeiro compromisso era possível. Não havia recompensas importantes para a Alemanha na Europa oriental, e ela aceitaria o *status quo* de 1914 na região se ele a deixasse com as mãos livres para obter vantagens no oeste. Ludendorff pôs fim às negociações de Bethmann com os russos. Sua única preocupação era reunir mais efetivos para o combate decisivo, e, nessa busca, insistiu em disputar o apoio polonês. Em 5 de novembro, Guilherme II e Francisco José fizeram uma declaração conjunta prometendo ao povo polonês "um Estado independente com uma monarquia hereditária e constitucional". Os poloneses não se convenceram: apenas 1.400 homens se juntaram às forças alemãs, em vez das quinze divisões que Ludendorff esperava. Mas a proposta feita à Polônia, embora enganosa, pôs fim às negociações de Bethmann com a Rússia. Os reacionários russos, que eram favoráveis à restauração da Santa Aliança, foram os mais ofendidos com o repúdio alemão ao princípio antipolonês no qual a Santa Aliança se baseava.

O interesse de Ludendorff na vitória não tardou a ameaçar ainda mais seriamente a política moderada de Bethmann. Embora Falkenhayn já tivesse reconhecido que a Grã-Bretanha era o inimigo primordial da Alemanha e que ela só poderia ser derrotada por meio de uma guerra submarina ilimitada, ele planejara desgastar a França primeiro e depois forçar a Grã-Bretanha a ceder simplesmente por meio de ameaças. Ludendorff, contudo, queria lançar imediatamente os submarinos, e pressionou para que isso fosse feito com a maior urgência possível devido ao impasse em terra. Bethmann não confiava na guerra submarina, como, aliás, não confiava em nada; além do mais, estava convencido, corretamente, de que ela faria os Estados Unidos entrarem na guerra. Esse deveria ser, realmente, o momento decisivo do destino europeu. Do outro lado do Oceano Atlântico surgira uma nova grande potência – com mais recursos materiais que qualquer potência europeia, e com uma população maior que qualquer potência com exceção da Rússia,[35] mas sem interesse nas rivalidades europeia e apegada ao isolacionismo por meio de uma tradição ininterrupta. Presidente desde 1912 e reeleito em 1916, Wilson não podia avançar mais rápido que a opinião pública americana; de todo modo, embora profundamente vinculado à causa da democracia, ele duvidava que ela corresse perigo. Como os radicais ingleses anteriores a 1914, desconfiava da França e da Rússia do mesmo modo que o imperialismo alemão o desagradava, e endossava as palavras de seu assessor informal House: "Se os Aliados vencerem, isso significará basicamente o controle do continente europeu pela Rússia; e, se a Alemanha vencer, isso significará a tirania indescritível do militarismo durante as próximas gerações".[36]

Além do mais, como a maioria dos intelectuais americanos, Wilson tinha vínculos profundos com "a outra Alemanha" dos professores, e sempre esperou que uma Alemanha liberal continuasse sendo a potência continental mais importante. Havia um projeto alternativo que poderia merecer o seu apoio: os três impérios da Europa oriental poderiam ser afastados em favor de Estados nacionais livres. O líder polonês Pilsudski expressou um ponto de vista muito parecido ao de Wilson, quando disse: "primeiro é preciso que a Alemanha derrote a Rússia e, depois, é preciso que ela mesma seja derrotada pelas potências ocidentais". Durante os dois primeiros anos de guerra, a Grã-Bretanha e a França não se mostraram muito simpáticas a esse ponto de vista, pois precisavam da Rússia para dividir os exércitos alemães.

---

35 Em 1914, os Estados Unidos tinham uma população de 96 milhões, e produziram 455 milhões de toneladas de carvão, 32 milhões de toneladas de aço e 30 milhões de toneladas de ferro-gusa.
36 House para Wilson, 22 de agosto de 1914. *Private Papers of Colonel House*, i. 291.

Além do mais, elas pensavam que uma vitória alcançada em parceria com a Rússia lhes proporcionaria a realização dos seus objetivos concretos: a Grã-Bretanha destruiria a frota alemã; a França retomaria a Alsácia e a Lorena; ambos os países receberiam sua parcela do Império Otomano. Uma paz promovida pelos Estados Unidos seria provavelmente uma paz que manteria o *status quo* anterior à guerra; certamente seria "anti-imperialista". Portanto, embora ostentassem a democracia em comum com os Estados Unidos e ouvissem cortesmente as ofertas de mediação feitas por Wilson,[37] sua única preocupação era atrair os Estados Unidos para a guerra, não evitar uma vitória russa. No final de 1916, isso parecia distante; e, ameaçada pelos submarinos alemães, a Grã-Bretanha precisava desesperadamente da ajuda americana. Dali em diante, o objetivo da diplomacia britânica foi trazer os Estados Unidos para a guerra sem pagar o preço "ideológico" disso.

Na verdade, os Estados Unidos só entrariam na guerra se seus próprios interesses estivessem ameaçados; e seu interesse prioritário era a "liberdade dos mares". Bethmann tinha percebido isso, e prometera que a Alemanha não poria em prática uma guerra submarina total. No momento, ele não tinha condição de manter a promessa, pois Ludendorff era poderoso demais para ele. Quando Bethmann apelou ao Reichstag, este decidiu que, "ao tomar as decisões, o chanceler imperial tinha de confiar nas opiniões do Alto Comando". O único recurso de Bethmann era iniciar negociações de paz antes que a campanha submarina fosse lançada. Em 12 de dezembro, a Alemanha anunciou a disposição de negociar, mas sem informar as condições; já que a nota enaltecia as vitórias da Alemanha, ficou claro que as cláusulas

---

[37] House, o agente de Wilson, visitou inicialmente as capitais beligerantes na primavera de 1915, mas não encontrou nenhuma abertura para a mediação. No inverno de 1915-1916, tentou novamente. Dessa vez, chegou a uma espécie de acordo com Grey em 22 de fevereiro de 1916. Os Estados Unidos ofereceriam uma mediação "em condições não desfavoráveis aos Aliados"; e se elas fossem recusadas, eles entrariam na guerra. Parece que as condições teriam sido a recuperação da Bélgica; a devolução da Alsácia e da Lorena à França; e "a obtenção pela Rússia de uma saída para o mar"; em troca, a Alemanha deveria ser compensada "por meio de concessões que ela receberia em outras regiões fora da Europa" (Grey, *Twenty-Five Years*, ii. 123). Grey não aceitou a proposta: deixou-a guardada para usá-la em caso de derrota aliada. House, por outro lado, a propósito para pôr fim aos combates. Ou então esperava seduzir Wilson a entrar na guerra sem que ele percebesse. Wilson, contudo, não se deixou apanhar; esvaziou o acordo de qualquer significado que tinha introduzindo que os Estados Unidos "provavelmente" entrariam na guerra se as condições fossem recusadas. O acordo conhecido como Grey-House provocou uma grande comoção quando foi revelado; mas não havia nada nele. Pode ser que Grey estivesse enganando House. E este, certamente, estava enganando tanto Grey como Wilson. Ele balançou a guerra diante de um, a paz diante do outro, e, na verdade, não conseguiu nada.

seriam, na melhor das hipóteses, as do *status quo* existente. Na verdade, Bethmann pretendia exigir garantias da Bélgica e a incorporação à Alemanha das jazidas de ferro da Lorena. Mesmo assim, calculou que a resposta da Entente "não será uma recusa". Estava enganado. As forças ocidentais favoráveis ao compromisso não eram suficientemente poderosas para assumir o poder, e ficaram gravemente debilitadas pela proposta alemã. Briand, que ainda se mantinha precariamente no cargo, rejeitou a "armadilha" em 19 de dezembro. Na Inglaterra, o governo Asquith acabara de ser derrubado, e Lloyd George assumira o poder com um programa de vitória total. Ele respondeu à nota alemã com uma citação de Abraham Lincoln: "aceitamos esta guerra com um objetivo, e um objetivo nobre, e a guerra terminará quando esse objetivo for alcançado". Esse objetivo indefinido era, supostamente, a destruição do militarismo alemão: em outras palavras, o "golpe definitivo".

Contudo, as potências da Entente não se safaram sem um compromisso político. Wilson também percebeu a crise iminente e também esperava evitá-la por meio de negociações. Em 20 de dezembro, pediu que as potências em conflito formulassem seus objetivos militares; talvez "eles não se mostrassem irreconciliáveis". Os alemães recusaram: tinham conquistado a Bélgica e a Polônia e pretendiam conservá-las por meio da negociação. Não submeteriam essas condições ao escrutínio prévio ou à mediação americana. No entanto, como as potências da Entente estavam disputando o apoio dos Estados Unidos, elas precisavam criar condições que contassem com a aprovação americana. Em 10 de janeiro de 1917, definiram seus objetivos militares pela primeira vez. Era fácil insistir na recuperação da Bélgica[38] e da Sérvia, e dos territórios ocupados na Romênia, na Rússia e no norte da França. Mas a recuperação nunca fora suficiente; também era preciso um princípio relevante que sensibilizasse os americanos. Esse princípio relevante só poderia ser a "autodeterminação nacional". Consequentemente, a Entente exigiu a "libertação dos italianos, como também dos eslavos, dos romenos e dos checoslovacos, do domínio estrangeiro", e a "libertação dos povos submetidos à tirania sangrenta dos turcos". Desse modo, ela se comprometeu com o desmembramento dos impérios Habsburgo e Otomano. No entanto, no que dizia respeito ao Império Habsburgo, esse projeto não interessava nem à Grã-Bretanha nem à França; mesmo a Itália tinha acrescentado os checoslovacos para eliminar qualquer menção aos "eslavos do Sul" (uma referência absurda, já que eles eram eslavos); e não havia nenhuma promessa de independência para a Polônia – apenas uma referência às promessas do

---

38 Os belgas exigiram, em vão, que isso fosse objeto de um comunicado especial.

tsar.[39] Acima de tudo, não havia nenhuma política com relação à Alemanha, só uma conversa de "segurança plena... e acordos internacionais que garantissem as fronteiras marítimas e terrestres contra um ataque injustificado". No entanto, só o problema alemão era decisivo para as Grandes Potências. Os italianos ficaram contentes em receber mais um aval para suas próprias aspirações. Os britânicos e os franceses procuravam obter o favorecimento americano, mas, no fundo, esperavam vencer a guerra antes que os Estados Unidos pudessem desempenhar um papel decisivo.

Os franceses ainda esperavam, realmente, se livrar da proteção americana ressuscitando a Rússia. Em fevereiro de 1917, os Aliados realizaram uma conferência em Petrogrado para coordenar a estratégia e os recursos. Foi uma formalidade inútil. O delegado britânico Milner afirmou diversas vezes: "Estamos perdendo tempo". No entanto, o delegado francês Doumergue tratou de alguns assuntos privados por conta própria. Sua intenção era solicitar o apoio russo para a retomada da Alsácia e da Lorena, em troca da promessa de Constantinopla e dos Estreitos que a Rússia tinha recebido em abril de 1915. Os russos se recusaram a pagar de novo por algo que já tinham; em vez disso, queriam um pagamento suplementar só para continuar na guerra. Por isso, Doumergue estabeleceu as condições para ambos os lados. A França receberia as minas de carvão do Sarre, além da Alsácia e da Lorena; e o resto da margem esquerda do Reno se tornaria "um Estado autônomo neutro" guarnecido por tropas francesas. Em troca, a Rússia ficaria livre para "fixar suas fronteiras ocidentais como quisesse". Com esse acordo de 14 de fevereiro de 1917, a França fez, finalmente, o sacrifício que Napoleão III sempre recusara e que a Terceira República tinha até então evitado: ela abriu mão da Polônia em favor da Rússia por causa da fronteira do Reno.[40]

---

39 Em março de 1916, Briand sugeriu que os Aliados "avalizassem" as promessas da Rússia à Polônia. Sazonov replicou: "cuidado com a Polônia; é um assunto perigoso para um embaixador da França". Paléologue, *La Russie des tsars*, ii. 274.

40 Aparentemente, Dourmegue não tinha recebido nenhuma orientação. Ele agiu por iniciativa própria e fez um acordo com os russos sem esperar pela autorização do gabinete francês. A troca de cartas entre Paléologue e Pokrovsky, ministro do Exterior russo, em 14 de fevereiro de 1917, tratou apenas das futuras fronteiras da França; mas, em 12 de fevereiro, Izvolski pedira que a Rússia tivesse a liberdade de definir suas fronteiras como quisesse. O conselho de ministros francês não ousou rejeitar esse pedido com medo de atrapalhar a negociação de Doumergue, cujos detalhes ignorava. Portanto, em 10 de março, eles aceitaram o pedido de Izvolski. Doumergue afirmou ter assegurado o respaldo russo com relação à fronteira do Reno sem dar nada em troca, e ficou furioso com Briand (que, por sua vez, criticou Doumergue); mas está claro que, para os russos, uma concessão estava condicionada à outra.

Em 1917, isso nada mais era que o eco de um passado morto. Os dias em que a França e a Rússia podiam ter a esperança de destruir a Alemanha, mesmo com a ajuda britânica, tinham terminado. A Alemanha só poderia ser destruída se uma nova potência mundial entrasse na guerra; e isso foi conseguido por meio da estupidez alemã, não dos esforços diplomáticos da Entente. Em 9 de janeiro, os alemães decidiram partir para uma guerra submarina total. Bethmann ainda esperava que os Estados Unidos pudessem ficar neutros se revelasse as condições do seu "compromisso". A nota de 31 de janeiro, que anunciou o começo da campanha submarina, foi acompanhada de uma carta secreta endereçada a House que continha as condições em que a Alemanha negociaria. Eram elas: "uma fronteira que protegeria a Alemanha e a Polônia em termos estratégicos contra a Rússia"; mais colônias; "mudanças estratégicas e econômicas" da fronteira franco-alemã; e "garantias especiais para proteger a Alemanha" na Bélgica. Mesmo essas condições eram apenas uma amostra do que a Alemanha exigiria se a situação mudasse a seu favor. Wilson ficou revoltado com as condições: "Não é possível!". Ainda assim, mesmo diante disso, ele esperou por outras provocações da Alemanha. Só quando navios americanos foram afundados e os alemães tentaram instigar o México contra seu vizinho é que os Estados Unidos declararam guerra em 2 de abril. Embora fosse intransigente em relação ao militarismo alemão, Wilson continuava desconfiado de seus novos parceiros e não pretendia respaldar seus objetivos militares. Os Estados Unidos se tornaram "uma potência associada", não um aliado; Wilson afastou os tratados secretos quando o representante britânico Balfour tentou mostrá-los; e, em julho, escreveu a House: "A Inglaterra e a França *não têm as mesmas opiniões em relação à paz que nós temos*, de modo algum. Quando a guerra terminar, poderemos obrigá-los a pensar do nosso jeito".[41] Ainda assim, o pré-requisito fundamental disso era a derrota da Alemanha. O conflito entre o idealismo americano e o realismo do Velho Mundo só poderia ser travado quando ela tivesse sido alcançada. Os alemães tinham atraído sobre si um novo e irresistível inimigo.

Eles agiram assim justamente quando a guerra mudou de rumo de forma decisiva a seu favor. As coisas correram tão mal para a Entente em 1917 que ela estava disposta a aceitar uma paz negociada de acordo com as condições alemãs, se não fosse pela perspectiva de ajuda americana numa escala cada vez maior. Em março, a revolução explodiu na Rússia: o tsar foi deposto e um governo provisório assumiu seu lugar. Inicialmente, os governos ocidentais

---

41 Wilson para House, 21 de julho de 1917. R. S. Baker, *Woodrow Wilson: Life and Letters*, vii. 180.

acolheram favoravelmente a mudança: uma república russa seria mais respeitável aos olhos dos Estados Unidos, e também mais eficaz na guerra, e uma Rússia livre concordaria com uma Polônia livre.[42] Essas expectativas logo se frustraram, pois não tardou a ficar claro que os russos tinham feito a revolução para interromper os combates, não para combater melhor. Quando Miliukov, ministro do Exterior do governo provisório, evocou a recompensa de Constantinopla e declarou que a Rússia estava disposta a "lutar na guerra mundial até a vitória final", ele foi afastado do cargo; e os exércitos russos travaram sua última batalha catastrófica em julho. Esse não foi o único fracasso militar. A alardeada ofensiva de Nivelle também não serviu para nada, exceto para abalar o moral do exército francês; além disso, ocorreram motins preocupantes no verão de 1917.

Além do mais, a Revolução Russa provocou, pela primeira vez, uma divisão profunda na opinião pública. Até então, o sentimento antiguerra se limitara a um punhado de pacifistas; e a paz negociada fora defendida por pessoas de direita, que temiam que o prosseguimento da guerra rompesse o tecido social. Agora, os partidos socialistas da Grã-Bretanha e da França, e com eles grande parte da classe operária industrial, atenderam ao novo programa dos revolucionários russos – "uma paz sem anexações nem indenizações". A guerra se tornou "a guerra dos dos patrões", uma guerra na qual as massas não tinham nada a ganhar e muito a perder. As pessoas estavam dispostas a acreditar que a guerra estava sendo travada para defender objetivos "imperialistas" egoístas, antes mesmo que os bolcheviques divulgassem os tratados secretos em dezembro de 1917. O socialismo internacional, que tinha se desintegrado no início da guerra, parecia estar renascendo. Até então, só um punhado de socialistas de extrema esquerda tinha se reunido na Suíça (em Zimmerwald e Kienthal). Agora, os socialistas russos moderados, eles próprios integrantes do governo provisório, sugeriram uma reunião mais ampla em Estocolmo, no que foram apoiados por socialistas "pró-guerra" da Grã-Bretanha e da França. No final das contas, os dois governos proibiram sua participação, e o encontro de Estocolmo contou apenas com a presença de alemães e russos. No entanto, a mera sombra do encontro de Estocolmo foi suficiente para causar um rebuliço; em julho de 1917, Ramsay MacDonald, que não costumava ter uma postura

---

42 Isso se aplicava particularmente aos franceses. Balfour, ministro do Exterior do governo de Lloyd George, considerava a independência da Polônia uma desgraça, já que tornaria a Rússia uma aliada menos eficaz contra a Alemanha numa guerra futura.

revolucionária, esperava que o governo da Grã-Bretanha ficasse nas mãos das assembleias de trabalhadores e de soldados.

A resposta ao extremismo foi o extremismo. A agitação em defesa de uma paz do Povo só podia ser enfrentada por uma guerra do Povo; por toda parte, as pessoas moderadas foram postas de lado. O conflito assumiu formas diferentes nos diferentes países. Na Alemanha, Bethmann ainda tentou controlar o Alto Comando, até ser demitido – por ordem deste – em julho; na Inglaterra, Lloyd George acalentou a ideia de ser o Homem que Construiu a Paz (um papel que também cobiçou na Segunda Guerra Mundial), antes de resolver se tornar o Homem que Venceu a Guerra; na França, Ribot, o veterano que firmara a aliança franco-russa, tentou simbolizar o desejo de vitória, até ser substituído em novembro por um símbolo maior, Clemenceau. Na Rússia, Kerensky, chefe do governo provisório, abriu caminho aos bolcheviques ao tentar retomar a guerra. Até mesmo a monarquia dos Habsburgo, há muito moribunda, tentou mostrar um derradeiro sinal de vida. Até morrer em novembro de 1916, Francisco José se contentara em seguir os passos, inutilmente, da Alemanha. O novo imperador Carlos percebeu o desastre iminente. As condições de paz apresentadas pelos Aliados em 10 de janeiro de 1917 eram o prenúncio do desmembramento da monarquia dos Habsburgo; uma vitória alemã significaria que ela seria controlada por Berlim. Em maio, Carlos declarou: "um êxito militar marcante da Alemanha seria a nossa ruína". Czernin, que ele nomeara ministro do Exterior, também se desesperava diante da perspectiva de vitória; mas se desesperava igualmente com a perspectiva de romper com a Alemanha.

No entanto, a "ofensiva de paz" de 1917, se é que significava alguma coisa, brotou da iniciativa da Áustria-Hungria – o último esforço de uma monarquia fadada a perecer num combate mortal. O imperador e o ministro do Exterior tinham táticas diferentes. Carlos torcia por uma paz em separado com os Aliados; Czernin esperava convencer a Alemanha a fazer as pazes simplesmente ameaçando abandoná-la. As duas abordagens eram estéreis: se a Áustria-Hungria tivesse sido suficientemente poderosa para romper com a Alemanha, não teria precisado fazê-lo. Consequentemente, Carlos e Czernin enganaram tanto os aliados como os inimigos, e também enganaram um ao outro. Carlos se aproximou dos franceses através do cunhado, o príncipe Sixte de Bourbon-Parma. Ele concordou em apoiar a reivindicação francesa à Alsácia e à Lorena; a Sérvia receberia um acesso ao Adriático, mas impediria qualquer agitação contra a Áustria-Hungria; numa etapa posterior, ofereceu concessões à Itália, sob a condição de que a monarquia dos Habsburgo recebesse uma "compensação adequada", supostamente na Albânia. Em outras palavras, partia-se do princípio de que a Áustria-Hungria tinha vencido a guerra menor nos Bálcãs e que a Alemanha tinha perdido a grande guerra pelo controle da Europa. Contudo, o que ocorreu foi o contrário; e esse foi o único motivo da intervenção de Carlos.[43]

Inicialmente, os políticos britânicos e franceses ficaram muito entusiasmados com a possibilidade de uma paz em separado com a Áustria-Hungria, pois não tinham nenhum motivo para desejar a destruição da monarquia dos Habsburgo. Lloyd George queria diminuir a pressão sobre a marinha britânica no Mediterrâneo e se felicitou por ter a fama de pacificador. Poincaré não se importava em jogar a Áustria-Hungria contra a Rússia em Constantinopla. Na verdade, os Aliados ocidentais não tiveram nenhum escrúpulo em abandonar a Rússia, e nunca revelaram a proposta de paz que Carlos lhes fizera; eles nem se importaram em abrir mão da independência política da Sérvia, embora a sua defesa tivesse servido de motivo para a guerra. O caso da Itália era mais difícil, pois ela estava enfrentando a Áustria-Hungria sozinha e teria de concordar em fazer as pazes com esta. É certo que ela estava quase tão próxima do colapso como a monarquia dos Habsburgo, e, na verdade, experimentara uma grande catástrofe militar em Caporetto em novembro, depois do término das negociações. Sua própria fragilidade a mantinha na guerra, pois os políticos italianos não ousavam fazer as pazes sem uma vitória retumbante, com medo dos distúrbios internos que se seguiriam à paz. Em abril, Lloyd George tentou acalmá-los oferecendo Esmirna como compensação pelos territórios prometidos no Adriático. Os italianos insistiram no Tratado de Londres, embora, na confusão, também tenham conseguido levar uma promessa de território na Ásia Menor.[44]

---

43 Essa negociação confusa ficou ainda mais confusa com as intervenções do príncipe Sixte, que – a exemplo de outros diplomatas amadores – distorceu a situação para ambos os lados. Primeiro ele redigiu as condições que julgava que os franceses provavelmente aceitariam; submeteu-as a Poincaré, que não levantou nenhuma objeção; em seguida, comunicou-as a Carlos como se fossem exigências oficiais francesas. Portanto, tanto Carlos como os Aliados pensavam que estavam diante de uma "proposta de paz". Numa etapa posterior, quando Carlos solicitou um acordo que pudesse submeter ao aliado alemão, Sixte transformou isso num pedido de condições a partir das quais a Áustria-Hungria poderia fazer uma paz em separado. Carlos pode ter pensado em fazer uma paz em separado se a Alemanha recusasse uma proposta de paz razoável; porém, na verdade, a promessa específica de uma paz em separado foi feita unicamente por Sixte, não por Carlos, e Sixte repetiu essa lenda até no título de seu livro, quando revelou as negociações em 1920.

44 É o chamado Acordo de St. Jean de Maurienne. O Tratado de Londres tinha prometido aos italianos vantagens na Ásia Menor; mas os Aliados se recusaram a negociá-las até que a Itália

De todo modo, os franceses logo se voltaram contra a ideia de uma paz em separado com a Áustria-Hungria. Sempre houvera uma inveja profunda entre as duas "irmãs latinas"; e seria intolerável para os franceses se eles ainda estivessem lutando pela Alsácia e pela Lorena quando a Itália já tivesse recebido seus *irredenta** do Tirol. Além disso, os franceses suspeitavam que, se os italianos fizessem as pazes com a Áustria-Hungria, eles aproveitariam a ocasião para se apoderar dos objetos da ambição francesa no Oriente Próximo. Essa não era a objeção determinante. Mesmo Lloyd George teve de admitir que não se ganharia nada pelo simples fato de haver paz entre a Áustria-Hungria e a Itália; Carlos tinha de concordar em impor as condições de paz à Alemanha. O governo britânico até sugeriu transformar a Áustria-Hungria em aliada oferecendo-lhe a região da Silésia que ela perdera para a Prússia em 1742. Esse era um sonho impossível, pois a vitória de Bismarck em 1866 jamais poderia ser revertida. Nunca poderia existir uma

---

declarasse guerra à Alemanha, o que ocorreu em setembro de 1916. As negociações, então, tiveram início em Londres, e Lloyd George e Ribot se reuniram com Sonnino em St. Jean de Maurienne em 1º de abril de 1917 para prosseguir com elas. Embora se comprometessem a não revelar as negociações ao imperador Carlos, mencionaram vagamente as vantagens de uma paz em separado com a Áustria-Hungria. Lloyd George indicou que a Itália poderia ser recompensada com Esmirna; Ribot tentou desviar a atenção de Sonnino de Esmirna oferecendo-lhe Koniah. Sonnino disse que "não era oportuno iniciar uma conversa que poderia ameaçar a estreita união entre os Aliados". Contudo, concordava em ficar com ambas. Lloyd George e Ribot, não ousando confessar que já estavam negociando com Carlos, tiveram de fingir que tinham oferecido Esmirna e Koniah por pura bondade.

Os italianos, então, pressionaram por um acordo mais formal; e seus aliados foram arrastados juntos para ocultar seu jogo duplo com a Áustria-Hungria. Além disso, os britânicos tinham medo de que, em caso contrário, os italianos poderiam se juntar com os franceses e lhes recusar a Mesopotâmia; não se importavam em ceder a parte da Ásia Menor adjacente à esfera francesa. Os franceses aceitaram, aparentemente para desviar as pretensões italianas de suas colônias. O acordo foi realizado em agosto. Embora tenha sido firmado por meio de uma troca de cartas em Londres, ele geralmente é chamado de Acordo de St. Jean de Maurienne. Foi condicionado à aprovação da Rússia, que jamais foi obtida. Consequentemente, os britânicos e os franceses alegaram mais tarde que ele não tinha validade.

Essa partilha fracassada teria inviabilizado a Turquia, deixando-a sem a parte de trás, isolada do mar. É essa parte que teria ficado com a Alemanha se os projetos de partilha do Império Otomano anteriores à guerra tivessem sido realizados. No final, a Grã-Bretanha e a França receberam mais ou menos a sua parte; a Rússia bolchevique renunciou à dela; e, como a Turquia reafirmou a sua existência nacional, a Itália não recebeu nada – e não havia motivo para que tivesse recebido.

* Em italiano no original: "territórios não resgatados". Refere-se ao irredentismo, movimento italiano que, depois de 1870, passou a reivindicar as terras não "resgatadas" (Trentino, Ístria, Dalmácia), e depois, por exemplo, o conjunto dos territórios considerados italianos. (N. T.)

A LUTA PELA SUPREMACIA NA EUROPA

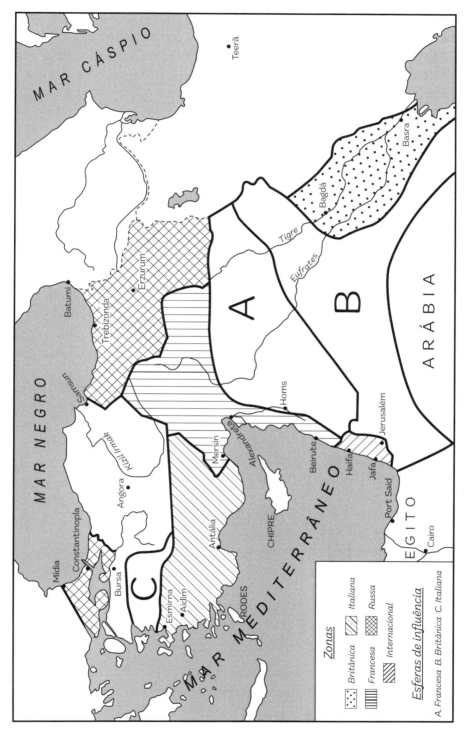

A PARTILHA DA TURQUIA ASIÁTICA

confederação alemã do Sul, presidida pelo imperador Habsburgo; nem uma aliança da Áustria com as potências ocidentais contra a Prússia e a Rússia. Fazia quase um século que esses projetos estavam ultrapassados. Carlos era refém da Alemanha; se tivesse tentado se voltar contra ela, teria sofrido a resistência dos alemães e húngaros que controlavam o Império Habsburgo. As negociações entre a Áustria-Hungria e a Entente não deram em nada.

Enquanto isso, Czernin tentou uma abordagem própria para convencer Bethmann. Ele reiterou que a Áustria-Hungria não conseguiria enfrentar outro inverno de guerra e propôs entregar sua parte da Polônia se a Alemanha cedesse a Alsácia e a Lorena à França.[45] Bethmann estimulou-o sugerindo, *de maneira muito sigilosa*, que ele oferecesse "algo mais" à França além das antigas fronteiras de 1914; Czernin não percebeu que o preço dessa concessão insignificante seriam as jazidas de ferro da Lorena. De todo modo, em 23 de abril, no exato momento em que discutia condições de paz razoáveis com Czernin, Bethmann avalizava as exigências desmedidas do Alto Comando – controle militar da Bélgica, das jazidas de ferro da Lorena e de territórios russos que se estendiam até Riga. A própria explicação de Bethmann a respeito da sua atitude foi típica: "Assinei as minutas porque seria ridículo renunciar devido a questões extravagantes como essas. Mas não me deixarei tolher, de maneira nenhuma, por essas minutas. Se em algum lugar e de algum modo surgirem possibilidades de paz, irei atrás delas".[46] Ele planejou "em algum lugar e de algum modo" para enganar o Alto Comando; na verdade, ele era seu refém.

Além do mais, logo o Alto Comando conseguiu se livrar definitivamente de Bethmann. No Reichstag, os sociais-democratas e o centro, pressionados pelo descontentamento popular, faziam campanha em defesa de um "acordo de paz", e Bethmann acolheu a campanha a fim de direcioná-la contra o Alto Comando. Em vez disso, ele ficou preso entre os dois lados. Erzberger, um líder do Partido do Centro, lançou no início de julho uma resolução pela paz. Hindenburg e Ludendorff acusaram Bethmann de fraqueza e ameaçaram renunciar se ele não fosse demitido. Os partidos de esquerda do Reichstag apoiaram essa exigência na esperança de pôr Bülow no lugar de Bethmann. Mas Guilherme II jamais perdoara Bülow por seu comportamento no caso do *Daily Telegraph* em 1908. O Alto Comando

---

[45] Carlos, com a voracidade típica dos Habsburgo, não aprovou essa proposta; ele preferia a "Solução Austro-Polonesa", por meio da qual a Polônia seria reconstruída sob o governo de um arquiduque da Casa de Habsburgo.

[46] Westarp, *Konservative Politik im letzten Jahrzehnt des Kaiserreichs*, ii. 85.

indicou às pressas um burocrata desconhecido, Michaelis, como chanceler; e Guilherme II o aceitou sem questionar. Dali em diante, Ludendorff passou a ser a autoridade suprema na Alemanha. Quando a resolução de paz foi aprovada pelo Reichstag em 19 de julho, Michaelis endossou-a "como eu a entendo"; e ele entendia que a resolução incluía todos os propósitos anexacionistas de seus patrões. A resolução de paz foi um incidente na política interna alemã, não uma ação diplomática. A Entente viu nela um sinal de fraqueza, não um gesto de conciliação; e seu único resultado concreto foi a queda de Bethmann, a única pessoa que tinha tentado, embora inutilmente, controlar o apetite dos generais alemães.

O afastamento de Bethmann determinou, de fato, que a guerra seria travada até o fim; nada mais demoveria a ambição de Ludendorff. Não obstante, houve uma última tentativa de paz vinda de uma autoridade ainda mais antiga que a monarquia dos Habsburgo – o papado. Havia muito que o papa queria pôr fim à guerra e, em particular, salvar a velha ordem europeia. Agora ele sentia a concorrência da agitação socialista pela paz. Como Guilherme II disse ao representante papal: "é do interesse da Igreja católica que a paz seja instaurada pelo papa, não pelos sociais-democratas". O papa fora seduzido pela habitual e vaga postura conciliatória de Bethmann: a Bélgica, disse ele, seria totalmente recuperada, e, quanto à Alsácia e à Lorena, "a paz não iria soçobrar por causa desse problema".[47] A queda de Bethmann apressou o papa, pois ele queria se antecipar ao Alto Comando. Assim, fez uma proposta de paz às potências beligerantes em 10 de agosto.[48] Só a Bélgica foi mencionada especificamente; ela deveria recuperar "garantias plenas de independência política, militar e econômica em relação a qualquer potência". Caso contrário, haveria um retorno ao *status quo* de 1914. Das potências ocidentais, a Grã-Bretanha era a única representada no Vaticano – e mesmo ela prometeu à Itália que não aceitaria a ajuda do Vaticano nas negociações de paz. Apesar disso, em 23 de agosto, o ministro do Exterior britânico Balfour respondeu ao Vaticano: "embora as Potências Centrais tenham admitido sua culpa em relação à Bélgica, elas nunca sugeriram peremptoriamente que pretendiam lhe devolver sua antiga independência nem compensar o prejuízo que ela tinha sofrido". Mesmo essa resposta foi demais para a França e a Itália, que protestaram. E Balfour retirou seu questionamento, que, segundo ele, tinha sido feito por engano.

---

47 Bethmann, *Betrachtungen zum Weltkriege*, ii. 212.

48 O comunicado do papa trazia a data de 1º de agosto, mas só foi publicado em meados do mês.

Apesar disso, o Vaticano ainda via uma possibilidade de paz. Se os britânicos pudessem ser atendidos em relação à Bélgica, talvez deixassem de lado a reivindicação francesa à Alsácia e à Lorena e – ainda mais importante do ponto de vista do Vaticano, a reinvindicação da Itália ao Tirol – insistissem na paz. Em 30 de agosto, o Vaticano pediu que os alemães fizessem "uma declaração precisa das suas intenções referentes à independência plena da Bélgica". Kühlmann, que se tornara secretário de Estado em 6 de agosto, tentou seguir a linha de Bethmann, embora sem muita convicção: ele pensou em abrir mão da Bélgica se a Grã-Bretanha abandonasse seus aliados. Porém, como pretendia usar a Bélgica como um "joguete" na barganha, não se comprometeria publicamente com a retirada: "Quem foi que lhe disse que eu quero vender este cavalo específico? Ele é o melhor animal do meu estábulo". Além do mais, como desejava negociar diretamente com os britânicos através do governo espanhol, pôs de lado a mediação papal.[49] Mas ele a utilizou para arrancar algumas concessões do Alto Comando. Em 11 de setembro, houve uma reunião do Conselho da Coroa, aparentemente para decidir acerca da resposta ao questionamento papal. Kühlmann, e até mesmo Michaelis, insistiu que se devia renunciar à Bélgica. Os generais, como sempre, aumentavam as condições toda vez que lhes pediam que as definissem. Ludendorff exigiu Liége e a linha do Meuse; o porta-voz do Almirantado acrescentou sua reivindicação aos portos flamengos – Zeebrugge e Ostend. Guilherme II deu um veredito contraditório: a anexação da Bélgica seria uma "operação arriscada, possivelmente contrária aos verdadeiros interesses da Alemanha", mas seria preciso assegurar "medidas" estratégicas e econômicas sob o disfarce da restauração da independência belga.

Os generais tinham vencido. Em 24 de setembro, o papa recebeu uma resposta vaga, e a mediação papal chegou ao fim. Kühlmann ainda fez algumas tentativas de negociar com os britânicos através de Madri, mas jamais apresentou uma proposta clara de resgate da Bélgica. De todo modo, os britânicos não pensavam em abandonar seus aliados; com a derrota dos italianos em Caporetto e os exércitos franceses ainda abalados com o fracasso de Nivelle, tinham muito mais medo que seus aliados os abandonassem. Só levariam em consideração uma paz geral, exatamente aquilo que Kühlmann estava decidido a evitar. Para silenciar os rumores que circulavam na Alemanha acerca das suas negociações e para reforçar sua posição, como

---

49 Kühlmann explicou posteriormente que queria pôr fim à mediação do papa porque sabia que o governo francês pretendia reagir de forma negativa a ela; porém, pode ter havido também desconfiança e ciúme protestantes pela intervenção papal.

imaginava, em defesa de uma retirada na Bégica, em 9 de outubro ele anunciou que a Alemanha *jamais* cederia a Alsácia e a Lorena. Dois dias depois, Lloyd George reagiu transformando, pela primeira vez, a retomada da Alsácia e da Lorena pelos franceses num objetivo militar fundamental para os britânicos. Qualquer esperança de um acordo de paz entre a Alemanha e as potências ocidentais tinha desaparecido.[50]

Ambos os lados ainda tinham esperança de alcançar uma vitória decisiva. Os alemães contavam com o colapso da Rússia; a Entente, com a ajuda dos Estados Unidos. Ambos acertaram. Em 1918, os alemães venceram a guerra europeia, mas viram a vitória lhes ser arrancada pelos Estados Unidos antes do final do ano. O exército russo deixara de existir. Em novembro de 1917, os bolcheviques tomaram o poder. Eles não aceitaram nenhum compromisso com os aliados da Rússia e buscaram a salvação numa revolução socialista internacional. Quando o proletariado alemão não correspondeu às suas expectativas, tentaram se aproximar timidamente da Entente. Lênin disse que era "favorável a tomar as batatas e a munição dos ladrões imperialistas anglo-franceses".[51] Isso também fracassou; e, em 3 de março de 1918, os bolcheviques assinaram uma paz de rendição com os alemães em Brest-Litovsk. A Rússia perdeu as províncias bálticas e a Ucrânia, e os alemães controlaram toda a Europa oriental; porém, em vez de se contentar com isso, eles consideraram que aquilo era apenas uma preliminar da vitória no oeste. Esperavam derrotar os britânicos e os franceses antes da chegada das tropas americanas; ou, então, que a Grã-Bretanha faria as pazes, enciumada por perder a liderança da Entente para os Estados Unidos. No fundo, os alemães ainda não tinham objetivos militares definidos, e esperavam que a vitória os providenciasse.

As esperanças alemãs não se concretizaram. As tropas das potências ocidentais se mantiveram unidas e o socorro americano chegou a tempo. Porém, com ele também chegou o projeto americano de reconstrução do mundo. Wilson era tão utopista quanto Lênin, e também planejava pôr fim ao equilíbrio de poder na Europa, não restaurá-lo. E estava, igualmente, numa disputa idealista com os bolcheviques. Queria mostrar que os objetivos militares dos Estados Unidos eram, assim como os deles, "anti-imperialistas", e, desse modo, convencê-los a continuar na guerra. Os Catorze

---

[50] Negociações entre representantes aliados e austro-húngaros prosseguiram na Suíça quase até o final do ano. Todas foram truncadas no mesmo ponto: os Aliados só fariam as pazes em troca de apoio contra a Alemanha, algo que a Áustria-Hungria não podia oferecer.

[51] E. H. Carr, *The Bolshevik Revolution 1917-23*, iii. 46.

Pontos definidos em 8 de janeiro de 1918 resultaram dessa postura. A autodeterminação substituiria os Estados históricos da Europa. A Bélgica, naturalmente, recuperaria sua independência; a Alsácia e a Lorena seriam devolvidas à França, e todo o território russo seria evacuado. Mas a Polônia também seria reabilitada, e os povos da Áustria-Hungria e dos Bálcãs, libertados. A diplomacia secreta chegaria ao fim, e a Liga das Nações ocuparia o lugar do equilíbrio de poder. Para Wilson, a derrota da Alemanha era um objetivo preliminar, enquanto para a Grã-Bretanha e para a França ela era o objetivo principal. No entanto, elas não concordaram com os Catorze Pontos só para comprometer os Estados Unidos. Também tinham uma opinião pública que acreditava "numa guerra para acabar com todas as guerras" e exigia uma paz permanente que fosse assegurada por outros meios além do equilíbrio de poder.

Não era só que as pessoas tinham parado de confiar no equilíbrio de poder. Para todos os efeitos, ele tinha deixado de existir. Embora a tentativa de controlar a Europa feita pela Alemanha tivesse sido derrotada, era impossível restaurar o equilíbrio de poder europeu. A derrota não podia destruir a hegemonia alemã no continente. Só seu desmembramento poderia tê-lo feito, e, na era dos Estados nacionais, isso era inviável. A França estava esgotada pela Primeira Guerra Mundial; a Grã-Bretanha, embora menos esgotada, estava limitada de modo não menos decisivo no longo prazo. Sua vitória só foi alcançada por causa do respaldo americano, e esta não seria duradoura sem ele. Do outro lado, a Rússia tinha desaparecido de vez. Os bolcheviques se recusaram a aceitar a continuidade de um sistema de Estados independentes, e continuaram confiando numa revolução universal que os transformaria em senhores do mundo. Quando restauraram o poder russo, descobriram seu recurso principal no comunismo internacional, não no jogo de alianças. Além do mais, o boicote político e econômico com que o resto do mundo respondeu a eles, os lançou, por bem ou por mal, num isolamento ainda maior, algo que sempre fora uma tentação para os políticos russos. Os tsares sempre tinham sido estimulados a basear seu poderio na Ásia; os bolcheviques não tinham outra opção.

Em janeiro de 1918, a Europa deixou de ser o centro do mundo. Rivalidades europeias se confundiram numa guerra mundial, como anteriormente as Guerras dos Bálcãs tinham preparado o conflito das Grandes Potências. Todas as antigas pretensões, à Alsácia e à Lorena e às colônias na África, se tornaram insignificantes e secundárias comparadas ao novo embate pelo controle do mundo. Mesmo a intenção alemã de dominar a Europa se tornou ultrapassada. A Europa fora ofuscada por duas potências mundiais, a União Soviética e os Estados Unidos – rivais implacáveis, embora muitas vezes inconscientes. Mais que uma rivalidade entre potências, era uma rivalidade entre idealismos. Ambas sonhavam com "um só mundo", no qual o conflito entre Estados tinha deixado de existir. A revolução universal, de um lado, e os Catorze Pontos, do outro, representavam programas utópicos para alcançar a paz permanente. Desde a derrota da Revolução Francesa, a Europa tinha conduzido seus assuntos simplesmente ajustando as reivindicações recíprocas dos Estados soberanos à medida que elas surgiam. Em 1914, a Alemanha se sentiu suficientemente forte para contestar esse sistema e pretendeu substituí-lo por sua hegemonia sobre os demais. A Europa encontraria a unidade como a Grande Alemanha – a única maneira pela qual o continente poderia se tornar uma potência mundial, capaz de enfrentar as outras duas. Embora a Alemanha tenha sido derrotada por uma pequena margem, o legado da sua tentativa foram o bolchevismo e a intervenção americana na Europa. Um novo equilíbrio de poder, se fosse alcançado, seria mundial; o que estaria em jogo não seriam as fronteiras europeias. A Europa fora superada; e, em janeiro de 1918, teve início uma disputa entre o comunismo e a democracia liberal que dura até hoje.

Referências bibliográficas

O estudo da história diplomática tem dificuldades específicas. Elas são diferentes, embora não piores, das apresentadas por outras formas de história. Uma pequena parte da matéria-prima da história foi concebida especialmente para o uso dos historiadores; e essa pequena parte geralmente é a menos confiável. O historiador da Idade Média que menospreza o historiador "contemporâneo" tende a esquecer que suas valiosas fontes são uma coletânea acidental, que sobreviveu aos estragos do tempo e que o arquivista permite que ele consulte. Todas as fontes são suspeitas; e não há motivo pelo qual o historiador diplomático deva ser menos crítico que seus colegas. Nossas fontes são principalmente os registros que os ministérios do Exterior guardam das suas relações mútuas; e é provável que o autor que se baseie unicamente nos arquivos se considere um virtuoso acadêmico. Mas a política externa tem de ser definida e também executada; e boa parte do nosso material provém desse processo de discussão preliminar. Nenhum ministro do Exterior é um autocrata. Nas monarquias absolutas da Europa oriental, o ministro do Exterior tinha de levar o rei ou o imperador com ele; e, na Grã-Bretanha, o ministro do Exterior precisava da anuência do gabinete, como também da Coroa.

Ao longo dos setenta anos tratados neste livro, um novo elemento surgiu ou aumentou de importância. A opinião pública teve de ser levada em conta; a população teve de ser educada. Os parlamentos tiveram de aprovar recursos para atender os objetivos da política externa, pois, em última instância, as pessoas poderiam ter de lutar numa guerra decorrente desses objetivos. A política externa tinha de ser justificada antes e depois de ser executada. O historiador jamais esquecerá que o material assim produzido foi concebido com fins promocionais, não como uma contribuição à simples erudição; mas ele seria imprudente se o rejeitasse como algo sem valor. Existem vários tipos de material. Uma parte é promoção antes do acontecimento. Discursos no Parlamento ou memorandos submetidos a um governante absoluto procuram justificar e definir uma linha de ação. Revelam parte, mas não a totalidade, do que estava na cabeça do orador ou do redator. O mesmo vale para os livros de memórias, nos quais os políticos tentam se justificar perante seus concidadãos ou a posteridade. Todos os políticos têm lembranças seletivas; e isso acontece sobretudo com os políticos que exerceram anteriormente o ofício de historiador.

O registro diplomático se baseia num mecanismo publicitário. Nesse caso, a Grã-Bretanha abriu o caminho. O governo britânico dependia do Parlamento, e apresentava a ele compilações do registro diplomático na forma de Livros Azuis. A comparação dessas compilações com os arquivos geralmente revela os aspectos da política que o governo desejava ressaltar e aqueles que desejava esconder.[1] Os Livros Azuis eram mais completos e mais reveladores na primeira metade do século XIX. A "Diplomacia Aberta" é um luxo a que uma potência só pode se dar quando está suficientemente forte e distante para ignorar os sentimentos dos outros. A Grã-Bretanha perdeu essa posição no final do século XIX, como ocorreu com os Estados Unidos em nossa própria época. Os professores Temperley e Penson afirmam corretamente: "Avaliado por um teste do Livro Azul, *Sir* Edward Grey confiou muito menos na população que Palmerston"; e acrescentam, exagerando mais: "à medida que o Parlamento ficou mais democrático, seu controle sobre a política externa diminuiu".[2] Seria mais correto dizer que a interferência parlamentar teve de ser exercida com menos conhecimento dos detalhes diplomáticos. Por outro lado, outros governos seguiram gradualmente o exemplo britânico quando também passaram a depender da opinião pública. O primeiro Livro Branco francês foi publicado em 1861, o primeiro Livro Austríaco, em 1868; ambos em sintonia com o avanço na direção de um governo constitucional. Bismarck adotou a prática depois da

---

[1] Uma lista completa desses Livros Azuis e uma análise da política do Livro Azul foram feitas por Temperley e Penson, *A Century of Diplomatic Blue Books 1815-1914*.

[2] Ibid., p.ix.

criação da Império Alemão;[3] a Rússia, só no século XX. A eclosão da guerra em 1914 foi a primeira crise internacional que produziu um livro colorido por cada uma das Grandes Potências – e as análises posteriores mostraram o quão seletivos e tendenciosos eram alguns desses livros.

Os governos também utilizaram seus arquivos para fazer propaganda de maneira menos direta. Um historiador, favorável ao seu governo embora aparentemente independente, era autorizado a utilizar os arquivos e escrevia um relato diplomático com a ajuda deles. Sybil fez isso em relação à unificação alemã,[4] Bianchi em relação à unificação italiana.[5] Depois da queda do Segundo Império na França, Olivier, que tinha levado consigo inúmeros documentos, escreveu uma longa história que justificava tanto a política imperial como ele próprio. Enquanto os arquivos permaneceram fechados, esses livros constituíram fontes de referência histórica. Quando os historiadores puderam pesquisar os arquivos por conta própria, esses livros perderam o valor; e seria uma perda de tempo analisar o uso parcial dos arquivos feito por historiadores porque estes só tinham um acesso parcial àqueles. Mas nenhum historiador consegue examinar todos os arquivos sozinho; e, quando não há nenhuma publicação impressa disponível, têm de recorrer muitas vezes aos excertos compilados por outros pesquisadores. Volto a dizer: uns têm mais sorte que outros. O americano Marder, por exemplo, foi autorizado a examinar documentos do Almirantado que ainda continuam rigorosamente interditados aos historiadores britânicos.[6]

O grande avanço da história diplomática veio com a publicação de documentos dos arquivos numa escala mais ampla que os Livros Azuis. Essas publicações também têm um objetivo propagandístico. Nenhum governo financia a produção de vários livros simplesmente por um amor desinteressado pelo conhecimento. Às vezes ele procura justificar seus antecessores; às vezes, principalmente se ocorreu uma revolução, desacreditá-los; até mesmo, de maneira mais indireta, reativar o orgulho nacional alardeando as glórias do passado. Em cada caso, o historiador irá buscar o motivo da publicação; e irá examinar, também, a reputação acadêmica do editor em questão. Publicações sobre épocas mais distantes (como os documentos austríacos e prussianos sobre a luta pela supremacia na Alemanha) podem ser aceitos com menos questionamento do que aqueles sobre

---

[3] Johann Sass, *Die Deutschen Weissbücher 1870-1914*.
[4] Sybil, *Die Begründung des deutschen Reiches durch Wilhelm I*, 7v.
[5] N. Bianchi, *Storia documentata della diplomazia europea in Italia dal 1814 al 1861*, 8v.
[6] A. J. Marder, *British Naval Policy 1890-1905*.

acontecimentos recentes mais polêmicos. Em contrapartida, o interesse pelo passado imediato é maior; e a publicação, quando existe, provavelmente será mais completa. Embora documentos possam às vezes ser eliminados, não há nenhuma prova de que um documento tenha sido produzido *ex post facto* para enganar o pesquisador. Os governos não levam os historiadores suficientemente a sério para agir assim. Evidência histórica continua sendo evidência, seja qual for o motivo para revelá-la; e seria um absurdo ignorar esse farto material só porque ele está incompleto, ou não ser grato aos editores só porque eles foram recompensados com honras de Estado. Charles A. Beard definiu o ideal do qual os historiadores não deviam se afastar: "Os arquivos oficiais devem estar abertos a todos os cidadãos em condições iguais, sem privilégios especiais para ninguém". Porém, neste mundo imperfeito, em que órgãos governamentais geralmente guardam seus segredos tanto para favorecer sua própria importância como porque têm segredos para guardar, o historiador tem de fazer o melhor possível. Se esperasse até dispor de todas as evidências, ele nunca escreveria nada – uma tese defendida por alguns pesquisadores.

Parece que a primeira das grandes coletâneas foi a série francesa sobre as origens diplomáticas da guerra de 1870. Ela foi proposta em 1907, começou a ser publicada em 1910 e foi finalizada só em 1930, sessenta anos depois dos acontecimentos a que se refere. Como essa coletânea deu início a uma nova era nas pesquisas, seria conveniente encontrar motivações claras e espetaculares para ela; infelizmente, isso não é possível. O *Origines diplomatiques* não foi certamente uma conquista da política externa; ele não foi concebido como uma resposta a Sybel ou a outros escritores alemães. Talvez houvesse um elemento de orgulho profissional. O serviço diplomático francês se ofendeu com as críticas de Ollivier a seus antecessores, e quis mostrar que a guerra fora causada mais pela "diplomacia secreta" de Napoleão III e de seus assessores informais. Além disso, os políticos republicanos foram provocados pela insinuação, que alguns apologistas do bonapartismo ainda faziam, de que os adversários republicanos do Império tinham ajudado a provocar a guerra. Diplomatas, políticos e professores recorreram, indistintamente, das polêmicas às provas. Se é que *Origines diplomatiques* tinha um objetivo propagandístico, ele estava na política interna, não nas relações internacionais.[7] Embora *Origines diplomatiques* tenha estabelecido

---

7 O professor Renouvin respondeu gentilmente a minhas perguntas sobre esse ponto, embora não conseguisse encontrar nos arquivos franceses nada que esclarecesse os motivos para a publicação.

um modelo de pesquisa, ele passou quase despercebido nos outros países, e, na verdade, tem sido muito pouco utilizado até hoje.

A verdadeira batalha dos documentos diplomáticos começou no fim da Primeira Guerra Mundial. Os bolcheviques queriam desqualificar, de forma isenta, o governo do tsar e seus aliados; distanciando-se do "imperialismo", inicialmente se mostraram dispostos a revelar tudo. Divulgaram os tratados secretos e continuaram fazendo revelações esporádicas durante muitos anos. Os alemães seguiram esse exemplo de forma mais sistemática. O governo republicano estava ansioso para reproduzir a franqueza bolchevique, quem sabe um pouco mais, e enfatizar a ruptura entre ele e seu predecessor imperial. Além disso, se a culpa da guerra pudesse ser limitada claramente a "Guilherme de Hohenzollern", os Aliados poderiam aceitar a nova Alemanha como uma homóloga democrática. Consequentemente, Karl Kautsky, o principal teórico marxista, recebeu um salvo-conduto para divulgar os registros de julho de 1914. Fora uma campanha militar "escandalosa", embora a comoção não tenha sido tão contundente como se esperava. O governo imperial acabara se revelando mais incompetente e menos cruel que a teoria socialista imaginara. Isso, por si só, deu uma pista da utilização seguinte a que os arquivos poderiam se prestar – acobertar em vez de escandalizar.

A oportunidade foi oferecida pelo artigo 231 do Tratado de Versalhes – a cláusula que supostamente (erroneamente) continha a admissão de que a "culpa da guerra" era da Alemanha. Durante a conferência de paz, os franceses procuraram corroborar sua tese contra a Alemanha por meio de um levantamento histórico reunido às pressas.[8] Embora inicialmente os alemães pretendessem apenas responder ao levantamento, suas pretensões logo se ampliaram, e contestaram a "mentira da culpa da guerra" por meio de uma coletânea de documentos que remontavam a 1871. Embora fossem historiadores escrupulosos, os editores consideravam que estavam cumprindo um dever patriótico. Trabalharam rápido, finalizando sua tarefa – em 54 volumes – em 1926. Os documentos foram organizados de modo a conquistar um amplo círculo de leitores. Os primeiros volumes foram enriquecidos pelo gênio literário de Bismarck; os últimos volumes foram sacudidos pelos comentários excêntricos de Guilherme II. Esta é, de fato, a única coletânea de documentos diplomáticos que pode ser recomendada como leitura de cabeceira para o leigo.

---

[8] E. Bourgeois e G. Pagès, *Les Origines et les responsabilités de la grande guerre* (1921).

A *Grosse Politik* foi um grande golpe político. Ela não foi o menos importante dos fatores que permitiram que Hitler destruísse o sistema de Versalhes. Nos anos decisivos em que o interesse nas origens da Primeira Guerra era elevado, ela ocupou o palco sozinha; a maioria das obras de história diplomática ainda se baseiam nela. Mesmo depois da Segunda Guerra Mundial, um historiador americano extremamente famoso declarou que o grande número de volumes de documentos franceses e britânicos, publicados posteriormente, não o tinham levado a mudar as opiniões que ele tinha formado unicamente a partir de *Grosse Politik*. Talvez a versão da história europeia criada por meio de uma visão global através do olhar alemão jamais venha a ser totalmente erradicada. Por outro lado, seria um erro descartar *Grosse Politik* como se ela fosse apenas uma obra de propaganda. Pesquisadores ingleses mergulharam nos arquivos alemães daqui e dali enquanto se encontravam no país depois da Segunda Guerra Mundial. Constataram que, embora a seleção e, mais ainda, a organização fossem às vezes tendenciosas, não havia muita supressão deliberada.

O exemplo alemão pressionou gradualmente os governos britânico e francês a publicar seu material. A coletânea francesa, que se iniciou em 1929 e ainda prossegue em ritmo lento, foi um trabalho erudito independente, que não foi concebido nem para justificar nem para condenar a política francesa. A coletânea britânica, embora também fosse um trabalho erudito, continha um elemento de denúncia. Um dos editores tinha criticado radicalmente Grey antes da guerra; e talvez a intenção da coletânea fosse comprovar, ou desmentir, as acusações à "diplomacia secreta" de Grey. Por outro lado, Ramsay MacDonald, o primeiro-ministro que autorizou a publicação, embora fosse outrora um pacifista, agora estava assumindo uma posição mais "política"; e o crítico atento talvez percebesse em seu desejo de "afastar as tolices panfletárias que alguns pretensos historiadores nos impingiram"[9] um sinal precoce da evolução que o conduziria à liderança de um governo nacional.

Não há muito a dizer quanto aos outros países. Os sérvios sempre prometeram tornar públicos seus documentos, mas não o fizeram, talvez por apatia, talvez porque teria sido comprometedor demais. A república austríaca pôde se dar ao luxo de só publicar uma coletânea de 1908 a 1914; o que é bastante significativo é que ela representou um acobertamento do governo imperial, que a república tinha sucedido, não derrubado. Os italianos mantiveram um silêncio inabalável que, segundo eles, se transformou numa grande potência; recentemente, lançaram a mais grandiosa das publicações,

---

9 *British Documents*, x (ii), oposto à p.viii.

em parte pelo mesmo motivo. Os russos previram uma publicação de 1878 a 1917 caluniando indiscriminadamente todos os governos "imperialistas", inclusive o deles; porém, pressentiram posteriormente que até mesmo os segredos dos tsares eram sagrados. A publicação foi interrompida, e os volumes existentes, na medida do possível, destruídos. É improvável que tenhamos outras coletâneas importantes sobre esse período. As origens da Primeira Guerra Mundial perderam sua relevância polêmica; talvez a história como um todo esteja deixando de ser uma arma política. Quem se importa agora se Guilherme II e Berchtold eram "criminosos de guerra"?

Ainda assim, nos encontramos diante de um acervo incomparável de documentos. Quando os atuais projetos estiverem concluídos, disporemos de um registro impresso da política prussiano-alemã a partir de 1858, da política italiana a partir de 1861, da política francesa a partir de 1863 e da política britânica a partir de 1898. É claro que nenhum desses registros é uma reprodução completa dos arquivos; porém, tomados em conjunto, permitem que o historiador examine a política externa de forma comparativa, o que, de outro modo, seria fisicamente impossível. A maior lacuna é a Primeira Guerra Mundial, que continua um espaço em branco, exceto pelos documentos russos.[10] É verdade que, durante a guerra, a diplomacia parece algo bastante fútil. Talvez, como uma vantagem compensatória, um dia os historiadores possam escrever essa história diretamente dos arquivos, como o sr. Pingaud fez parcialmente em relação à política francesa.[11] No final, todos os arquivos serão abertos, a menos que a vida civilizada chegue ao fim antes;[12] e depois haverá um período de revisão mais aprofundada.

Há quem se refira de forma depreciativa à história baseada nesses registros. O sr. G. M. Young certa vez definiu a história diplomática como "aquilo que um funcionário disse para outro funcionário"; e Bismarck disse que nenhum historiador jamais compreenderia os documentos, porque não conheceria o contexto da personalidade e da influência não escrita. Isso é subestimar nossa capacidade. Os historiadores elucidaram os segredos de Bismarck e desvendaram suas intrigas de maneira mais eficaz que qualquer

---

[10] Curiosamente, a Guerra Franco-Prussiana também contém algumas lacunas. Os documentos prussianos não chegaram até ela. O primeiro conjunto de documentos franceses termina com a eclosão da guerra, e o segundo só começa com o seu término.

[11] Alguns historiadores ingleses foram autorizados a examinar os registros sobre a Primeira Guerra Mundial do Ministério do Exterior. Eu não faço parte desse punhado de privilegiados.

[12] Como as condições de acesso ainda são desiguais, não pensei que valesse a pena especificar até que ponto os arquivos estão abertos. Os registros britânicos estão abertos até o final de 1902. A maioria dos outros ainda precisa de um pedido especial.

político contemporâneo conseguiu fazer. Os setenta anos abarcados por este livro são um campo ideal para o historiador diplomático. Registros completos foram conservados sem imaginar que eles um dia seriam publicados, exceto pelo despacho ocasional que um político britânico redigiu "para o Livro Azul". Foi a era de ouro da escrita. Até mesmo amigos íntimos se escreviam, às vezes duas ou três mensagens por dia. Bismarck pôs tudo o que pensava no papel, e não foi o único. Só Napoleão III guardou seus segredos para si e frustrou a posteridade. Hoje o telefone e os encontros pessoais deixam lacunas em nosso conhecimento que jamais poderão ser preenchidas. Embora a diplomacia tenha ficado mais formal, o verdadeiro processo de decisão nos escapa.

As obras secundárias sobre história internacional refletem o avanço gradual das descobertas. A primeira camada traz aquelas escritas quase contemporaneamente, e que são baseadas em discursos, documentos públicos e notícias de jornal. Elas não devem ser desprezadas. O saudoso G. B. Henderson salientou certa vez[13] que os escritores contemporâneos decifravam melhor a "sensação" da Guerra da Crimeia do que os de cinquenta anos depois. Eles sabiam, por exemplo que era uma guerra por causa do equilíbrio de poder e das liberdades da Europa, não por causa da rota para as Índias. O grande historiador francês Sorel escreveu uma história diplomática magistral da Guerra Franco-Prussiana logo depois que ela terminou; e, em nossa própria época, *Sir* Lewis Namier mostrou o que pode ser feito com os "livros coloridos" que acompanharam a eclosão da guerra em 1939.[14] A segunda etapa acontece quando, como já foi descrito, historiadores privilegiados são autorizados a consultar alguns dos arquivos; esses são os livros cuja durabilidade é menor. Na terceira etapa, os historiadores escrevem com base em coletâneas impressas. E, finalmente – uma etapa que estamos começando a alcançar –, os historiadores têm acesso livre e indiscriminado aos arquivos por conta própria.

Naturalmente, essa abordagem diplomática não esgota a história internacional. As políticas brotam de fontes sociais e econômicas profundas, não são inventadas toscamente nos ministérios do Exterior. O historiador precisa examinar a psicologia dos líderes absolutos e, nos países constitucionais, a opinião dos partidos políticos. Fatores econômicos – a busca de mercados ou de investimentos, os bancos e a construção de ferrovias – têm sido investigados, enquanto a influência da estratégia tem sido ignorada. Enquanto

---

13 G. B. Henderson, *Crimean War Diplomacy and other Essays*, p.243.
14 *Diplomatic Prelude*, de L. B. Namier, começou como uma análise dos livros coloridos, embora tenha sido inflado por revelações posteriores.

os registros diplomáticos têm sido esquadrinhados, os arquivos militares e navais continuam, em grande medida, fechados. A "opinião pública", no sentido mais amplo, tem despertado um grande fascínio, embora com resultados insatisfatórios. Os historiadores têm sido incapazes de decidir se os jornais criam a opinião pública ou se a expressam. Aqueles que têm experiência nessa estranha profissão duvidam que façam uma coisa ou outra. Resumindo: a história diplomática entre a queda de Metternich e o fim da Europa como centro do mundo ainda é um campo aberto à pesquisa. Devemos ser gratos pelo que nossos antecessores fizeram e procurar ser melhores que eles.

Uma bibliografia da história internacional, para estar completa, teria de incluir praticamente tudo sobre o período. Não procurei arrolar os Livros Azuis nem outras publicações oficiais contemporâneas. Existe uma lista completa das publicações britânicas entre 1814 e 1914 em Temperley e Penson, *A Century of British Blue-Books* (1938). Johann Sass, *Die deutschen Weissbücher 1870-1914* (1926) é menos abrangente e mais discursivo. Existem também duas listas feitas por americanos: J. Meyer, *Official Publications of European Governments* (1929), e W. Gregory, *List of the Serial Publications of Foreign Governments 1815-1931* (1932).

Nenhuma bibliografia cobre de maneira adequada os setenta anos entre 1848 e 1918, embora quase todo livro geral contenha algum tipo de lista, e os livros sobre temas específicos são geralmente bem-dotados de referências. Encontrei algumas listas particularmente úteis. *Bibliography of European History 1815-1939*, de L. J. Ragatz (1942, com dois complementos), é a única lista geral; ela se limita a livros em inglês, francês e alemão. As bibliografias publicadas no *Weltkriegsbücherei* (que os catálogos britânicos muitas vezes atribuem de maneira indiscriminada e, creio, indevida a M. Gunzenhäuser) são úteis, principalmente as que estão em *Geschichte Österreich-Ungarns 1848-1914* (1935) e *Die Aussen- und Kolonialpolitik des deutschen Reiches 1871-1914* (1943). Elas também se limitam a obras em inglês, francês e alemão, sobretudo neste último idioma. *Bibliografia storica internazionale*, de P. F. Palumbo, é a lista mais atualizada, com muitos títulos que não foram objeto de atenção neste país à época da sua publicação. *Questioni di storia del Risorgimento e dell' unità d'Italia*, de E. Rota (1951), é uma coletânea de artigos e bibliografias que preenche algumas das lacunas em italiano. Estou menos satisfeito no que diz respeito a livros em russo. *Guide to Research in Russian History*, de C. Morley, não pretende ser abrangente.

Para o período que precede a guerra mundial, existe uma lista confiável de fontes em *Bibliographie zur Vorgeschichte des Weltkrieges*, de A. von

Wegerer (1934). *Recent Revelations of European Diplomacy* (quarta edição, 1940), de G. P. Gooch, combina com originalidade bibliografia e comentários sobre os anos que precedem a grande guerra e nos quais ela se desenrola. Ele também se limita a livros em inglês, francês e alemão; as datas de publicação não são fornecidas, exceto em casos excepcionais.

Mesmo com toda essa ajuda, a bibliografia apresentada a seguir não pretende ser exaustiva. W. L. Langer diz o seguinte a respeito da bibliografia de *Diplomacy of Imperialism*, de sua autoria: "Sinceramente, não vejo como este projeto poderia ter sido realizado sem que eu tivesse acesso às valiosas coleções da Biblioteca da Universidade Harvard"; e ele tem razão. Não se pode confiar que nenhuma biblioteca deste país possua todos os livros nem mesmo os da lista fornecida por mim; e muitos periódicos a que o professor Langer, entre outros, se refere não podem ser encontrados em nenhum lugar da Inglaterra. Mas isso não surpreende, uma vez que a pesquisa sobre a história europeia recente é considerada aqui de pouca importância. Contudo, procurei relacionar todas as fontes e os livros secundários mais importantes nos cinco grandes idiomas europeus (os únicos que entendo); e não mencionei nenhum livro do qual não tenha visto pelo menos a capa. A omissão pode significar que não me deparei com o livro; mas também pode significar que não avalio tão bem o livro a ponto de incluí-lo. Afinal de contas, não faz sentido relacionar um livro a não ser como, de certo modo, uma recomendação.

Evitei relacionar o material dos periódicos, embora grande parte dele seja fundamental, principalmente entre as fontes. Mas isso teria mais que dobrado uma lista que parece, tal como está, longa demais. Esse material está espalhado pelas revistas históricas especializadas em cinco idiomas; e nem essas eu relacionei. Mas devo mencionar três periódicos, dedicados exclusivamente à história diplomática e às "origens da guerra". São eles: *Revue d'Histoire de la Guerre Mondiale*; *Berliner Monatshefte* (publicado anteriormente como *Die Kriegsschuldfrage*); e *Krasny Arkhiv*. Os três desapareceram no momento em que eclodiu a Segunda Guerra Mundial ou próximo a ele.

A bibliografia está organizada em duas seções – material primário e obras secundárias. A organização não é estanque, pois inúmeras fontes originais, particularmente biografias, também são obras de história; e a maioria das obras secundárias contém algum material original. As fontes se dividem em (i) publicações oficiais; (ii) documentos particulares, que, por sua vez, são ordenados como pertencentes a governantes, primeiros-ministros, ministros do Exterior, embaixadores e diplomatas, entre outros. Cada um deles é apresentado por país, ordenados – ao se tornarem uma obra de história diplomática – de acordo com o alfabeto francês. Ou seja, Alemanha (que inclui a Prússia), Áustria (que inclui a Áustria-Hungria), França, Grã--Bretanha, Itália (que inclui a Sardenha) e Rússia. O restante inclui países menores e (no último período) os Estados Unidos. As obras secundárias estão organizadas tematicamente em ordem cronológica. No caso de o livro ter sido traduzido para o inglês, fiz referência apenas à versão inglesa.

FONTES

I. Publicações oficiais

ALEMANHA (incluindo a Prússia). A política externa prussiana pode ser acompanhada em versão impressa desde a época do Acordo de Olomouc. Os primeiros documentos foram publicados pelo pesquisador bismarckiano Poschinger, quando ele esgotou a publicidade favorável ao seu herói; durante a República de Weimar, o período da unificação ficou conhecido como um estímulo ao orgulho nacional, e os documentos a respeito do Império foram produzidos como uma resposta à "mentira da culpa pela guerra".

Preussens auswärtige Politik 1850-1858, 3v. (1902), organizado por H. Poschinger, contém principalmente despachos de Manteufell. Poschinger também publicou relatos de Bismarck escritos em Frankfurt como *Preussen im Bundestag 1851-1859*, 4v. (1882-1884); essa coletânea foi substituída, em grande medida, pelo volume com o mesmo título nas obras reunidas de Bismarck.

Die auswärtige Politik Preussens 1858-1871, organizado, entre outros, por Erich Brandenburg, 10v., com dois ainda por sair (1932 e seguintes), é uma aventura mais ambiciosa. Ele possui uma característica única: contém documentos tanto de arquivos estrangeiros como dos arquivos prussianos. Embora nos dê uma visão de documentos britânicos e russos inéditos que, de outro modo, seriam inacessíveis, esse é um artifício insatisfatório que incha enormemente os volumes e, no entanto, nos apresenta no máximo uma amostra aleatória dos arquivos externos. Outro aspecto irritante é que os despachos de Bismarck, publicados em suas obras reunidas, não estão reproduzidos, o que obriga o pesquisador a se deslocar de uma coleção para outra. Os documentos estão organizados em ordem cronológica, sem qualquer análise de tema. Enquanto o volume final não for publicado, seu lugar deve ser ocupado por *Origins of the War of 1870*, organizado por R. H. Lord (1924).

Die grosse Politik der europäischen Kabinette, volume organizado por A. Mendelssohn-Bartholdy, I. Lepsius e F. Thimme, 40v. em 54 (1922-1926), abrange o período que vai da paz provisória com a França em 1871 ao início da crise pré-guerra em 28 de junho de 1914. Sempre tendo em mente a "culpa pela guerra", a seleção é muito acanhada com relação ao período bismarckiano, tornando-se mais completa somente quando chega ao século XX. A pior característica dessa grande coleção é ser organizada por tema, em vez de seguir uma ordem cronológica rigorosa. Desse modo, a ligação de um tópico com outro fica encoberta. Por exemplo, E. N. Anderson causou sensação ao demonstrar que o Tratado de Björkö (abordado no volume XIX) teve uma influência decisiva na Crise Marroquina (abordada no volume XXI). Eu mesmo expliquei a política colonial de Bismarck simplesmente conectando as negociações que ele teve com a Grã-Bretanha (no volume IV) às que teve com a França (no volume III). Já é suficientemente incômodo para o pobre historiador que, suponhamos, ele tenha de abrir todos os documentos britânicos, franceses e alemães na escrivaninha ao mesmo tempo; mas isso fica insuportável quando ele precisa usar três ou quatro volumes dos documentos alemães simultaneamente. No fim da vida, Thimme, o principal organizador, lamentou ter feito tal organização.

Algo pode ser feito para minimizar o problema. A síntese feita por B. Schwertfeger, *Die diplomatischen Akte des auswärtigen Amtes. Ein Wegweiser*, 8v. (1924-1927), não tem muita utilidade, porém, no final de cada volume os documentos são classificados por ordem cronológica. A tradução francesa (32v. até o momento) também está organizada cronologicamente; infelizmente, ela vai só até 1908. Existe uma seleção em inglês com quatro volumes (1928-1931); como é curta demais, não tem muita serventia.

Os alemães foram os primeiros do setor a apresentarem documentos sobre a crise de 1914. Os "documentos Kautsky" são chamados oficialmente de *Die deutschen Dokumente zum Kriegsausbruch*, organizados por Kautsky, Montgelas e Schücking, 4v. (1919, edição ampliada, 1927). Existe uma tradução inglesa, *The Outbreak of the World War* (1924). Temos também os *Bavarian Documents*, organizados por P. Dirr (1922); e documentos dos arquivos de Baden, da Saxônia e de Württemberg, intitulados *Deutsche Gesandtschaftsberichte zum Kriegsausbruch 1914*, organizados por A. Bach (1937).

Depois da guerra, a Assembleia Nacional e depois o Reichstag investigaram suas causas e o porquê de ela não ter terminado antes. As respostas dos líderes políticos e militares são apresentadas em *Official German Documents Relating to the World War*, 2v. (1923). Elas são tão válidas quanto se pode esperar de respostas, dadas anos depois dos acontecimentos, a perguntas que tinham principalmente uma motivação política. Pelo menos propiciam uma leitura interessante.

ÁUSTRIA e ÁUSTRIA-HUNGRIA. O material austríaco não é tão completo como o alemão, embora seja bastante detalhado nos períodos que cobre. *Quellen zur deutschen Politik Osterreichs 1859-1866*, organizado por H. Srbik, 5v. (1934 e seguintes), tem o defeito de se limitar à política alemã, portanto traz pouco sobre a Questão Italiana, a Polônia ou o Oriente Próximo. Os documentos estão em ordem cronológica e não contam com nenhum tipo de sumário.

Die Rheinpolitik Napoleons III, organizado por H. Oncken, 3v. (1926), é, basicamente, uma seleção dos arquivos austríacos. Embora afirme iniciar em 1863, a obra só ganha peso em 1866; sua principal importância é ser uma fonte da inútil Aliança Franco-Austríaca. Ela traz uma agressiva introdução antifrancesa escrita pelo organizador.

The Secret Treaties of Austria-Hungary 1879-1914, editado por A. F. Pribram, 2v. (1920-1921), é uma coletânea discreta, mas indispensável. O primeiro volume apresenta os textos dos tratados; o segundo traz um resumo das negociações que acompanharam cada prorrogação da Tríplice Aliança. O organizador também acrescentou os textos do Tratado de Resseguro e da Aliança Franco-Russa.

Österreich-Ungarns Aussenpolitik, organizado por Bittner, Srbik, Pribram e Übersberger, 9v. (1930), é uma coleção bem detalhada que vai do início da Crise da Bósnia até a eclosão da Grande Guerra. A ênfase está nos Bálcãs e, principalmente, nos crimes da Sérvia. Os documentos estão organizados cronologicamente e não existe um sumário.

FRANÇA. *Les Origines diplomatiques de la guerre de 1870-71*, 29v. (1910 e seguintes), começa com a proposta de Napoleão de realizar um congresso, em novembro de 1863, e vai até a eclosão da guerra em 1870. Embora concentrada na Alemanha, a coleção contém muito material relacionado à Itália e ao Oriente Próximo. A organização é cronológica, com um resumo dos documentos (também cronológico) no começo de cada volume. Além da *Grosse Politik*, só essa coleção tem volumes de tamanho razoável, que podem ser segurados com as mãos sem cansar os músculos.

Documents diplomatiques français 1871-1914, 32v., com outros que ainda estão por vir (1929 e seguintes), é a coleção mais perfeita, exceto pela deselegância dos volumes. Os documentos estão organizados em ordem cronológica, enquanto um sumário no início de cada volume os classifica por assunto. É difícil entender como qualquer organizador posterior poderia ter se afastado dessa disposição. Há duas falhas. Como não consta o nome do organizador específico de cada volume, o leitor não pode levar em conta suas idiossincrasias ou interesses especiais. Em segundo lugar, os volumes foram lançados em três séries, a primeira começando em 1871, a segunda, no dia 1º de janeiro de 1901, e a terceira, no dia 4 de novembro de 1911. Foi certamente uma sábia precaução, considerando a lentidão do Ministério do Exterior francês quando se trata de publicações; porém, é irritante ser obrigado a citar a série toda vez que um documento é mencionado.

GRÃ-BRETANHA. *Foundations of British Foreign Policy*, de H. Temperley e L. M. Penson (1938), apresenta uma seleção aleatória de documentos de 1792 a 1898. O volume também contém alguns documentos escolhidos de maneira errática dos arquivos austríacos. *Confidential Correspondence of the British Government concerning the Insurrection in Poland 1863* (1914), de T. Filipowicz, complementa os Livros Azuis. *Bismarcks Reichsgründung im Urteil englischer Diplomaten* (1938), de V. Valentin, apresenta relatos da Alemanha, infelizmente traduzidos para o alemão.

British Documents on the Origins of the War, organizado por G. P. Gooch e H. Temperley, 11v. em 13 (1927 e seguintes), abrange os anos entre 1898 e 1914. Na verdade, os dois primeiros volumes, até a formalização da Entente Anglo-Francesa em 1904, apresentam apenas uma pequena seleção introdutória; embora o implicante possa reclamar que existe um excesso de material sobre as Guerras dos Bálcãs. A organização é temática, de acordo com o modelo da *Grosse Politik*; e a cópia é muito mais ineficaz que o original. Parece que os organizadores adotaram essa disposição sem refletir. Tentaram justificá-la apenas no prefácio do v.VII, descrevendo-a então como o "jeito britânico" – uma expressão que se costuma usar neste país para camuflar todo gesto irracional.[15] O v.XI, sobre a eclosão da guerra, foi organizado por J. W. Headlam-Morley e está ordenado cronologicamente; ele é superior aos outros. Os livros trazem uma declaração peculiar dos organizadores, "que eles seriam obrigados a pedir demissão se houvesse qualquer tentativa de insistir na supressão de algum documento que fosse, na opinião deles, indispensável ou fundamental". Embora essa declaração possa ter sido desnecessária, valia a pena fazê-la em nome da posteridade e dos pesquisadores estrangeiros.

---

15 Os organizadores de *Documents on British Foreign Policy 1919-1939* fizeram ainda melhor. Escreveram: "as desvantagens do método cronológico... são óbvias demais para que seja preciso mencioná-las", e não as mencionaram.

ITÁLIA. Ao contrário dos alemães, os italianos continuaram se orgulhando das revoluções de 1848, mesmo durante o fascismo; portanto, existe uma grande quantidade de material a respeito da diplomacia do ano revolucionário – a maior parte, porém, preocupada com o relacionamento dos Estados italianos entre si. *La diplomazia del Regno di Sardegna*, 3v. até o momento (1949 e seguintes), apresenta a correspondência entre a Sardenha e a Toscana, os Estados Pontifícios e o Reino das Duas Sicílias. *La repubblica Veneta nel 1848-49* (1940) traz os documentos venezianos. O relacionamento entre a Lombardia e a Sardenha está em *Carteggio del governo provvisorio di Lombardia con i suoi reppresentanti al quartier generale di Carlo Alberto* (1923) e *I rapporti fra governo Sardo e governo provvisorio di Lombardia durante la guerra del 1848* (1938).

C. Maraldi organizou *Documenti francesi sulla caduta del Regno meridionale* (1935), que talvez devesse ser incluído na rubrica França.

Está prevista uma ambiciosa coleção de documentos que vão da fundação do reino da Itália até o armistício de 1943. *I documenti diplomatici* será "exclusivamente histórico, não político". A organização é cronológica, sem um quadro por assunto. Até o momento, só os volumes referentes a 1861 (organizado por W. Maturi) e ao intervalo de 10 de março de 1896-30 de abril de 1897 (organizado por C. Maraldi) foram publicados sobre esse período.

RÚSSIA. *Vostochnaya voina*, 2v. (1908-1912), de A. M. Zaionchkovski, traz uma valiosa coleção de documentos sobre as origens da Guerra da Crimeia. O material russo sobre o período mais recente é bastante confuso, devido ao hábito bolchevique de vazar fragmentos de forma polêmica. Durante cerca de vinte anos, a revista russa *Krasny Arkhiv* publicou documentos de maneira esporádica. Os trinta primeiros volumes estão resumidos em *A Digest of the Krasnii Arkhiv*, traduzido por L. S. Rubinchek e organizado por L. M. Boutelle e G. W. Thayer (1947). Nem o Museu Britânico nem a Biblioteca Bodleiana possui um exemplar.

A primeira coleção russa importante foi *Materialy po franko-russikh za 1910-14 gg* (1922). Ela foi traduzida para o francês com o título de *Un livre noir*, 3v. (1922-1923). Siebert, primeiro-secretário da embaixada russa antes da guerra, publicou os documentos que roubara para os alemães sob o título de *Graf Benckendorff diplomatischer Schriftwechsel*, 3v. (1928). Existe uma edição inglesa menos completa, *Entente Diplomacy and the World War* (1921). F. Stive publicou *Der diplomatische Schriftwechsel Iswolskis 1910-14*, 4v. (1924), e uma coleção menor, *Iswolski im Weltkrieg* (1927), que só vai até maio de 1915. Ele não explica como adquiriu os documentos.

Tsarkaya Russia v mirovoy voina (em russo, 1925; em alemão, 1927) apresenta documentos que abordam a entrada da Turquia, da Bulgária, da Romênia e da Itália na guerra. Uma coleção mais importante, organizada por E. D. Adamov, cobriu o Oriente Próximo durante os anos de guerra de forma mais detalhada. Os tomos são *The European Powers and Greece* (em russo, 1922, em alemão, 1932); *The Partition of Asiatic Turkey* (em russo, 1924, em alemão, 1932); e *Constantinople and the Straits*, 4v. (em russo, 1925-1926, em francês, 1930, em alemão, 1930-1932). Este último aborda os problemas militares e diplomáticos.

O projeto russo mais ambicioso foi *Mezhdunarodnye otnosheniya v epokhu imperializma* (1930 e ss.). Ele foi projetado para cobrir os anos 1878-1917. Não foi publicado nada da primeira série. Da segunda série, os v.xviii a xxi (i) cobrem de 1º de maio de 1911 (série antiga) a 20 de novembro de 1912 (série antiga). A terceira série, v.i a x, vai de 1º de janeiro de 1914 a 31 de março de 1916 (série antiga). Os documentos estão em ordem cronológica, com um índice temático insatisfatório. Os que já foram publicados em *Constantinople and the Straits* não são reproduzidos. Existe uma tradução alemã, intitulada *Die internationalem Beziehungen im Zeitalter des Imperialismus* (1930 e seguintes), organizada por O. Hoetzsch, da terceira série, v.i a viii (descrita como primeira série, v.i-v, e segunda série, v.vi-viii) e da segunda série (descrita como terceira série, v.i-iv (i).[16] Para o período coberto, os documentos russos são indispensáveis. São a única fonte organizada da diplomacia da Grande Guerra. Os livros contêm um grande volume de correspondência externa (com os britânicos, os franceses, os italianos e os romenos) decifrada pelos russos. O volume sobre a eclosão da guerra também está baseado no diário do Ministério do Exterior russo, publicado originalmente por Schilling com o título de *How the War Began* (1925).

OUTROS PAÍSES. Durante a guerra, os alemães saquearam o Ministério do Exterior da Bélgica, numa tentativa de justificar a violação da neutralidade belga. *Belgische Aktenstücke* (1915) traz relatórios de ministros belgas enviados do exterior; *Zur europäischen Politik 1897-1914*, 5v., organizado por B. Schwertfeger (1919), contém cartas circulares enviadas pelo Ministério do Exterior belga.

---

16 A segunda série russa (em alemão, a terceira) é muito difícil de encontrar. Consultei os v.xviii e xix somente em russo; absolutamente nada do v.xx; e o v.xxi (i) somente na tradução alemã. Não sei se ele chegou a ser publicado em russo.

Um sérvio pró-alemão, M. Bogicevic, publicou documentos que pegara na legação de Berlim em *Die auswärtige Politik Serbiens 1903-14*, 3v. (1928-1931). É uma coletânea bem medíocre.

Há tempos os Estados Unidos publicam um volume anual intitulado *Foreign Relations of the United States*. A Grande Guerra foi excluída à época, mas volumes complementares já foram publicados (1928-1933). Dois outros volumes contêm os *Lansing Papers* (1939-1940), que permaneceram no Departamento de Estado. Esses volumes, que ainda não foram utilizados de maneira adequada, substituem os relatos anteriores mais polêmicos, baseados unicamente em correspondência pessoal.

Da Dinamarca, temos *L'Europe, le Danemark et le Slesvig du Nord*, de A. Fries e P. Bagge, 3v. (1939-1948).

II. Documentos pessoais

(A) Governantes

ALEMANHA (incluindo a PRÚSSIA). Frederico Guilherme IV foi um escritor de cartas prolífico e estimulante. Embora a maior parte de suas cartas trate de assuntos relacionados à Alemanha, existe em todas elas material sobre as relações internacionais. A coletânea mais útil é a mais antiga: *Aus dem Briefwechsel Friedrich Wilhelms IV. mit Bunsen*, organizada por L. von Ranke (1873). Há também *Briefwechsel mit Ludolf Camphausen*, organizada por E. Brandenburg (1906); *Briefwechsel zwischen König Johann von Sachsen und Friedrich Wilhelm IV. und Wilhelm I.* (1911); *Briefwechsel zwischen Friedrich Wilhem IV. und dem Reichsverweser Erzherzog Johann von Österreich* (1924); e *Revolutionsbriefe. Ungedrucktes aus dem Nachlass Friedrich Wilhelms II.*, organizado por K. Haenchen (1930).

Existem inúmeras obras que reúnem a correspondência de Guilherme I, todas desinteressantes. As mais significativas são *Correspondence with Bismarck*, 2v. (1903), e *Briefe an Politiker und Staatsmanner*, 2v. (1930).

Guilherme II nos proporciona uma coletânea extremamente importante, *Letters to the Tsar* (1920), às vezes chamada de "Cartas de Willy para Nicky". Boa parte dessas cartas não consta de *Grosse Politik*. Elas foram escritas em inglês, mas a tradução alemã, organizada por W. Goetz (1920), é bem mais completa.

ÁUSTRIA (incluindo a ÁUSTRIA-HUNGRIA). As cartas de Francisco José têm pouco interesse, pessoal ou político. *Franz Joseph in seinen*

Briefen, organizado por O. Ernst (1924; em inglês, 1927), pode ser complementado por *Letters to his Mother* [Cartas à sua mãe] (1930), de sua autoria, e à sua amante, Katherina Schratt (1949). Sua correspondência com Nicolau I antes da Guerra da Crimeia está reproduzida em *Aus der Regierungszeit Franz Josephs I.* (1919), de H. Schlitter, e em *Emperor Francis Joseph of Austria* (1929), de J. Redlich.

Os inúmeros livros sobre Francisco Ferdinando não contêm muita informação. O mais proveitoso é *Erzherzog Franz Ferdinand Wirken und Wollen*, de L. von Chlumecky (1929).

Dois livros fornecem dados sobre a proposta de paz do imperador Carlos em 1917: um escrito por seu chefe de gabinete, Polzer-Hoditz, *Kaiser Karl* (1928; em inglês, 1930), outro, por seu secretário, K. von Werkmann, *Deutschlands Verbünder* (1931). *L'Offre de paix separée* (1920), do príncipe Sixte, fornece alguns dos documentos.

FRANÇA. Nenhuma figura histórica é mais fugidia que Napoleão III. Ele escreveu poucas cartas, e nem todas sobreviveram. Os únicos fragmentados publicados estão em *Lettres inédites entre Napoléon III et le prince Napoléon*, organizado por E. d'Hauterive (1925).

Os presidentes franceses não tinham o hábito de escrever memórias. A. Combarieu, autor de *Sept ans à l'Elysée* (1932), apresenta notas úteis escritas pelo secretário de Loubet. A grande exceção é Poincaré: *Au service de la France*, 10v. (1926-1933). Eles começam em 1912, quando se tornou primeiro-ministro, e vão até o armistício, em 1918; as notas para outro volume só foram liberadas em 1990 – um elogioso exagero da sua importância. Os mais valiosos são os volumes iniciais sobre as Guerras dos Bálcãs. Quanto aos anos de guerra, existe algo sobre o tratado secreto com a Rússia em 1915 e um pouco mais sobre as negociações com o imperador Carlos em 1917.

GRÃ-BRETANHA. Dizem que os documentos do príncipe Alberto que se encontram em Windsor contêm dados muito valiosos; mas eles não são revelados na obra sobre a sua vida oficial, em 5v. (1876-1880), de autoria de T. Martin. *The Letters of Queen Victoria*, organizada por Essher, Benson e Buckle, é uma obra muito importante. Ela está dividida em três séries – 1837-1861 (1907); 1861-1885 (1926); e 1886-1901 (1930-1932) –, cada uma com três volumes. Sua importância aumenta à medida que avança. Embora primeiros-ministros e secretários do Exterior escrevessem regularmente para a rainha, é claro que eles não revelavam tudo que lhes passava na mente.

Edward VII, de Sidney Lee, 2v. (1925-1927), é extremamente interessante, embora seja apresentado de uma forma meio polêmica. *George V*, de Harold Nicholson (1952), faz uma boa figura com o material existente.

ITÁLIA. Carlos Alberto escreveu a patética *Memorie inedite sul 1848*, organizada por A. Lumbroso (1948); e existe uma pesquisa de N. Rodolico, *Carlo Alberto negli anni 1843-49* (1942). A vida oficial de *Vittorio Emanuelle II* (1878), de Massari, contém alguns dados originais. Existe muita coisa importante em *Pio IX e Vittorio Emanuele II dal loro carteggio privato*, organizado por P. P. Pirri, v.i e ii (1944-1951).

RÚSSIA. O último volume de *Russland unter Kaiser Nikolaus I.* (1919), de T. Schiemann, contém alguma correspondência original. A vida de *Alexandr II*, de S. S. Tatishchev, 2v. (1903), é extremamente importante. Não existe nada sobre Alexandre III. Quanto a Nicolau II, além das cartas de Willy para Nicky, existem as cartas que ele escreveu à esposa (1929) e à mãe (1938), além do seu *Journal intime* (1934). São notáveis apenas por sua insignificância.

OUTROS. *Aus meinem Leben*, de Ernst II de Saxe-Coburg-Gotha, 3v. (1887-1888), embora dedicado principalmente aos assuntos relacionados à Alemanha, traz alguns dados curiosos sobre Napoleão III. Sob o título enganador *The Downfall of Three Dynasties* (1934), E. C. Corti explora os documentos do príncipe Alexandre de Hesse (progenitor, por meio de um casamento morganático, dos Mountbatten); eles cobrem da Guerra da Crimeia ao Congresso de Berlim. Corti também escreveu *Alexander of Battenberg* (1920), útil para a crise da Bulgária. Quanto às questões balcânicas posteriores, temos *The Story of My Life*, de Marie da Romênia (1923), 3v.; *Aus dem Leben König Karl v. Rumänien*, 4v. (1899-1900); e *A King's Private Letters*, de Constantino da Grécia (1925).

Dois presidentes norte-americanos tiveram um impacto nos assuntos europeus – Theodore Roosevelt, durante a Guerra Russo-Japonesa e a primeira Crise do Marrocos, e Wilson, durante a Primeira Guerra Mundial. Em relação a Roosevelt, *Theodore Roosevelt and His Times*, 2v. (1920), de J. B. Bishop; *Roosevelt and the Russo-Japanese War* (1925), de Tylor Dennett; *Adventurers in American Diplomacy* (1928), de A. L. P. Dennis. Em relação a Wilson, *Woodrow Wilson: Life and Letters*, 8v. (1927 e seguintes), de R. S. Baker.

(B) Primeiros-ministros e ministros do Exterior

ALEMANHA (incluindo a PRÚSSIA). *Radowitz und die deutsche Revolution* (1913), de F. Meinecke, um livro excepcional sobre Radowitz (marechal de campo, 1850) com algum material original; e uma coletânea completa das *Nachgelassene Briefe und Aufzeichnungen 1848-53*, organizada por W. Mohring (1922). Poschinger organizou *Denkwürdigkeiten*, 3v. (1901), de Otto Manteuffel (marechal de campo de 1850 a 1858), bem como a correspondência mencionada anteriormente. Bernstorff (marechal de campo de 1861 a 1862) é o tema de L. Ringhoffer em *Im Kampfe für Preussens Ehre* (1906; 1908, em inglês). Ela também contém alguns dados a respeito das negociações com a Áustria em 1849, quando Bernstorff era ministro em Viena, e a respeito dos esforços de paz malsucedidos através da imperatriz Eugenie no outono de 1870.

Em relação a Bismarck (marechal de campo em 1862; chanceler federal em 1867; chanceler imperial entre 1871 e 1890), a fonte indispensável é a coletânea de *Politische Schriften* em *Gesammelte Werke*, 6v. em 8 (1924 e seguintes), de sua autoria. Ela apresenta praticamente toda a sua correspondência diplomática até o final da Guerra Franco-Prussiana, depois da qual é preciso recorrer a *Grosse Politik*. As inúmeras outras coletâneas de suas cartas dizem respeito principalmente às questões internas. Os três volumes de *Gespräche* (1924-1926) têm alguns aspectos interessantes, embora as conversas informais dificilmente possam ser classificadas como "obras" de Bismarck. *Gedanken und Erinnerungen* (1898) se equipara às memórias políticas mais admiráveis jamais escritas, principalmente devido à imprecisão artística quanto aos detalhes. A edição de *Gesammelte Werke* (1932) inclui alguns fragmentos curiosos descartados da versão publicada.

Não existe nada sobre Caprivi (chanceler de 1890 a 1894).

Em relação a Hohenlohe (chanceler de 1894 a 1900), temos *Denkwürdigkeiten der Reichskanzkerzeit* (1931). Bülow (secretário de Estado, 1897; chanceler, 1900-1909) escreveu *Memoirs* (1931-1932), obra em quatro volumes. Os dois primeiros cobrem o período no poder, o terceiro, *inter alia*, a missão à Itália no começo da Primeira Guerra Mundial. São vazios, imprecisos e vagos, embora estranhamente penetrantes de vez em quando. Uma antologia crítica foi lançada contra eles em *Front wider Bülow* (1931), organizado por F. Thimme – um livro mais ridículo que qualquer um que Bülow escreveu.

Bethmann Hollweg (chanceler de 1909 a 1917) se defendeu em *Betrachtungen zum Weltkriege*, 2v. (1919-1922; em inglês, somente o v.i, em 1920).

O primeiro volume analisa o começo da guerra, o segundo, as tentativas de paz em 1916 e 1917.

Os secretários de Estado demoraram a alcançar a notoriedade. Não existe nada, por exemplo, sobre Marschall. Em *Erlebtes* (1921; em inglês, 1922), Schoen não apresenta nada de interessante. E. Jäckh se sai melhor com *Kiderlen-Waechter*, 2v. (1924) (secretário de 1909 a 1912), embora haja mais entretenimento que informação nas cartas. Jagow (secretário de 1913 a 1916) se defendeu de forma melancólica em *Ursachen und Ausbruch des Weltkrieges* (1919) e *England und der Kriegsausbruch* (1925). Kühlmann (secretário em 1917 e 1918) nos legou *Erinnerungen* (1950), cuja vaidade e imprecisão lembram as de Bülow.

ÁUSTRIA (incluindo a ÁUSTRIA-HUNGRIA). Ficquelmont, sucessor imediato de Metternich, nos deu *Aufklärungen über die Zeit vom 20. März bis zum 4. Mai 1848* (1850). Pillersdorf, seu sucessor temporário, nos legou *Handschriftlicher Nachlass* (1863). Ambos são medíocres. Muito melhor é *Johann von Wessenberg*, 2v. (1898), de A. von Arneth. Os documentos de Felix Schwarzenberg (primeiro-ministro de 1848 a 1853) foram destruídos quando ele morreu. Não existe nada sobre Buol (marechal de campo de 1852 a 1859). *Grsf Rechberg* (1927) (marechal de campo de 1852 a 1859), de F. Engel-Janosi, traz alguns dados extraídos de seus documentos pessoais. Beust (marechal de campo em 1866, chanceler de 1867 a 1871) deu às suas memórias o título de *Aus drei Viertel-Jahrhunderten*, em 2v. (1887) – interessantes, mas não confiáveis. *Graf Julius Andrássy*, 3v. (1910 e seguintes) (marechal de campo de 1871 a 1879), de E. Wertheimer, é uma obra de grande importância, apesar do tamanho e do estilo pesado. Depois disso reina o silêncio, até a Primeira Guerra Mundial. Nem mesmo Berchtold jamais produziu suas "memórias ansiosamente aguardadas", que foram descritas como "muito avançadas" durante quase uma geração. Burian (marechal de campo em 1915, 1916 e 1918) conta pouco em *Three Years* (1925); Czernin (marechal de campo de 1916 a 1918) exibe uma sutileza incorrigível em *In the World War* (1920).

FRANÇA. Lamartine (marechal de campo de fevereiro a maio de 1848) traz algumas passagens grandiloquentes de política externa, principalmente relacionadas à Polônia, em *Histoire de la révolution de 1848*, 2v. (1859). Existe um material adicional em *Lamartine et la politique étrangère* (1908), de P. Quentin-Bauchart. Bastide (marechal de campo de maio a dezembro de 1848) defendeu posteriormente sua política em *La Republique française et l'Italie en 1848* (1858). Existem alguns fragmentos sobre política externa em *Souvenirs*, de Tocqueville (marechal de campo em 1849) (em inglês, 1948). O mais duradouro, embora o menos bonapartista, ministro do Exterior do Segundo Império (marechal de campo em 1849, 1850, 1852-1855 e 1863-1866) é o tema de B. d'Harcourt em *Les Quatre Ministères de Drouyn de Lhuys* (1882). Ele ainda é útil no que se refere aos anos anteriores a 1863, quando começa *Origines diplomatiques*. L. Thouvenel publicou extensas coletâneas extraídas dos documentos de seu pai, E. A. Thouvenel (marechal de campo de 1860 a 1862); algumas delas abrangem o período em que ele foi embaixador francês em Constantinopla. *Nicholas I et Napoléon III 1852-54* (1891); *Trois années de la Question d'Orient 1856-59* (1897); *Le Secret de l'empereur*, 2v. (1889), correspondência de 1860 a 1863; e *Pages de l'histoire su Second Empire* (1903), uma última miscelânea. As recordações de Ollivier (único primeiro-ministro de Napoleão III, 1870) estão nos últimos volumes de *L'Empire liberal*. Gramont (marechal de campo em 1870) se defendeu de maneira pouco convincente em *La France et la Prusse avant la guerre* (1872).

Os ministros do Exteriro da Terceira República eram tão taciturnos como seus presidentes. *Souvenirs* (1913), de C. de Freycinet, abrange de 1878 a 1893, mas não traz muita coisa sobre política externa. Também não há muito a ser aprendido em *Mon Temps* (1938 e seguintes), de G. Hanotaux (marechal de campo em 1894-1895 e 1896-1898). J. Caillaux (primeiro-ministro em 1911 e 1912) se defendeu tenazmente em *Agadir* (1919), que traz cartas confidenciais escritas por Kiderlen que caíram – talvez de propósito – nas mãos dos franceses. *Mes Mémoires*, v.ii (1942), não acrescenta nada sobre Agadir. O v.iii (1947), talvez devido ao seu silêncio enfático, exagera as manobras de paz de 1917. A. Ribot (marechal de campo em 1917), em *Lettres à un ami* (1924) e *Journal et correspondance inédite* (1936), traz algumas informações importantes sobre o caso da proposta de paz austríaca.

GRÃ-BRETANHA. Os documentos pessoais de Palmerston (ministro do Exterior de 1846 a 1851, primeiro-ministro de 1855 a 1858 e de 1859 a 1865) não foram examinados depois de 1841. Devemos nos contentar com os poucos fragmentos reproduzidos em *Life of Viscount Palmerston*, 2v. (1879), de E. Ashley. Malmesbury (marechal de campo em 1852 e em 1858 e 1859) escreveu *Memoirs of an Ex-Minister* (1882); elas são pouco convincentes e imprecisas. A vida desajustada de Clarendon (marechal de campo de 1853 a 1858, em 1865-1866 e de 1868 a 1870) é descrita por H. Maxwell em 2v. (1913); Temperley e Henderson fizeram bom uso de seus documentos (que se encontram na Biblioteca Bodleiana). Russell (primeiro-ministro de

1846 a 1852 e em 1865-1866, marechal de campo em 1852 e de 1859 a 1865) tem uma biografia autorizada escrita por Spencer Walpole, 2v. (1889); sua *Later Correspondence*, organizada por G. P. Gooch, 2v. (1930), contém tudo que há de valor em seus documentos (atualmente no Registro Público Oficial) sobre política externa.

Granville (marechal de campo em 1851-1852, 1870-1874 e 1880-1885) tem a vida retratada por E. Fitzmaurice em 2v. (1905); sua correspondência com Gladstone entre 1868 e 1874 foi editada por A. Ramm (1952). Ele não merece tanta atenção. Existe algum material sobre as opiniões de Gladstone (primeiro-ministro de 1868 a 1874, de 1880 a 1885, em 1886 e 1892 a 1894) em *Gladstone and Palmerston* (1928) e *The Queen and Mr. Gladstone*, 2v. (1933), de Guedalla; porém, apesar de *Gladstone's Foreign Policy* (1935), de P. Knaplund, esse tema ainda precisa ser pesquisado. Existe muito mais material sobre Disraeli (primeiro-ministro em 1867-1868 e entre 1874 e 1880) nos volumes posteriores sobre sua vida de autoria de G. E. Buckle (1920); embora os historiadores tenham deduzido com muita ligeireza que, já que Disraeli descrevia os acontecimentos de maneira dramática e polêmica, eles eram de fato dramáticos e polêmicos.

Quanto a Salisbury (primeiro-ministro em 1885, de 1886 a 1892 e de 1895 a 1902; marechal de campo em 1885, de 1885 a 1892 e de 1895 a 1900, *Life*, de Gwendolen Cecil, 4v. (1921-1932), tem muito valor, mas só vai até 1892. *Lord Rosebery* (marechal de campo em 1896 e de 1892 a 1894; primeiro-ministro em 1894 e 1895), de Crewe, 2v. (1931), tem pouco valor. *Balfour*, 2v., de Blanche Dugdale (1936) (primeiro-ministro de 1902 a 1905; marechal de campo de 1916 a 1919), traz um pouco sobre a aliança com o Japão e praticamente nada sobre seu período no Ministério do Exterior. *Lord Lansdowne*, de Newton (1929) (marechal de campo de 1900 a 1905), é admirável dentro do seu alcance limitado.

Campbell-Bannerman, de J. A. Spender, 2v. (1923) (primeiro-ministro de 1905 a 1908), é importante para compreender a primeira crise marroquina. A vida de *Asquith* (primeiro-ministro de 1908 a 1916), de J. A. Spender e Cyril Asquith, 2v. (1932), não tem muita coisa; mas os próprios livros de Asquith, *The Genesis of the War* (1923) e *Memories and Reflections* (1928), embora sejam obras comerciais, têm um material importante. Grey (marechal de campo de 1905 a 1916) escreveu sua própria defesa em *Twenty-Five Years*, 2v. (1925), a mais importante contribuição à história que qualquer ministro do Exterior britânico já fez. Sua vida, *Grey of Fallodon* (1937), de autoria de G. M. Trevelyan, acrescenta pouco. *War Memories*, 6v. (1933 e seguintes), de Lloyd George (primeiro-ministro de 1916 a 1922), é extremamente importante, embora igualmente não confiável; o livro é particularmente útil para analisar os objetivos militares e para as negociações de paz de 1917.

ITÁLIA. Memórias de italianos são quase tão esporádicas como suas publicações oficiais; mas as poucas que existem são de extremo valor. Chiala recorre ao diário de Dabormida (marechal de campo de 1850 a 1855) em *L'Alleanza di Crimea* (1879). A correspondência de Cavour (primeiro-ministro de 1850 a 1859 e em 1860-1861) é, individualmente, a fonte mais importante em qualquer idioma para a diplomacia do período. Os volumes fundamentais são os da correspondência com Nigra, *Il carteggio Cavour-Nigra dal 1858 al 1861*, 4v. (1926-1929), e com E. d'Azeglio, *Cavour e l'Inghilterra*, 2v. (1935). Existe um certo volume de informações sobre política externa nos documentos do sucessor de Cavour, Ricasoli (primeiro-ministro em 1861-1862, e 1866-1867): *Letteri e documenti*, 10v. (1887-1896), e *Cartegi*, 4v. até o momento (1939-1945). Minghetti (primeiro-ministro em 1863-1864) revelou algo a respeito da Questão Romana em *La convenzione di settembre; un capitolo dei miei ricordi* (1899). La Marmora (primeiro-ministro em 1866) escreveu uma obra polêmica contra Bismarck, *Un po' più di luce sugli eventi politici e militari dell' anno 1866* (1879).

Memoirs, 3v. (1914), de Crispi (primeiro-ministro de 1887 a 1891 e de 1893 a 1896), é extremamente importante, embora não confiável. Os documentos de Tittoni (marechal de campo de 1903 a 1909) são utilizados amplamente em *L'Italia alla vigília della guerra*, 5v. (1934-1941), de F. Tommasini. *Memoirs*, de Giolitti (1923) (primeiro-ministro em 1892-1893, 1903-1905, 1906-1909 e 1911-1914), traz algumas informações sobre os anos imediatamente anteriores à guerra. Os dois livros de Salandra (primeiro-ministro de 1914 a 1916), sobre *La neutralità italiana* (1928) e *L'intervento* (1931), são a fonte principal sobre a entrada da Itália na guerra.

RÚSSIA. Os dois últimos volumes de *Lettres et papiers* de Nesselrode (chanceler até 1856) têm uma grande quantidade de material. Não existe nada sobre seu sucessor Gorchakov, e praticamente nada sobre Giers (primeiro-ministro de 1881 a 1894). Em *L'Alliance franco-russe* (1936), B. Nolde recorreu parcialmente aos documentos deste último. Também se joga luz em Giers em *Dnievnik, 1886-90* (1926) e *1891-92* (1934), de Lamsdorff (posteriormente marechal de campo, de 1901 a 1906). Izvolski (marechal de campo de 1906 a 1909) começou a escrever *Memoirs* (1920), mas só chegou até 1906. *Correspondance diplomatique 1906-11* (1937), de sua autoria, apresenta apenas cartas pessoais de embaixadores russos. Sazonov (marechal de campo de 1910 a 1916) escreveu *Fateful Years* (1928), obra muito útil e sincera. Há também um volume de crítica, *Rings um Sazonov*, organizado por E. Steinitz (1928). *Vospominaniuya*, de S. Y. Vitte, 2v. (1922, em inglês 1921), é importante para compreender a política russa no Extremo Oriente; *Iz moego proshlayo*, de Kokovtsov (primeiro-ministro de 1911 a 1914), 2v. (1933, versão condensada em inglês, 1921), para compreender os anos anteriores à Grande Guerra.

OUTROS PAÍSES. Existem alguns fragmentos provenientes dos países dos Bálcãs. O primeiro-ministro búlgaro Gueshov foi o autor da descrição *The Balkan League* (1915), cuja versão ligeiramente ampliada recebeu o título de *La Genèse de la guerre mondiale* (1919). B. Bareilles publicou *Rapport secret sur le Congrès de Berlin* (1919), de Caratheodory Pasha, o principal representante turco. *Memories of a Turkish Statesman* (1922), de Djemal Pasha, é importante para compreender a entrada da Turquia na Grande Guerra.

Na Espanha, temos *Las responsabilidades políticas del antiguo regimen de 1875 a 1923* (1924), de Romanones, importante para compreender as duas crises marroquinas.

Uma fonte fundamental originária do Japão é *Prince Ito* (1937), de Kengi Hamada.

(c) Diplomatas

ALEMANHA (incluindo a Prússia). Os antigos diplomatas prussianos não escreviam muito para o público. Schweinitz, embaixador primeiro em Viena e depois em São Petersburgo, deixou depoimentos importantes para toda a era de Bismarck: *Denkwürdigkeiten*, 2v. (1927), é mais útil que *Briefwechsel*, 3v. (1927-1928), ambos de sua autoria. *Aufzeichnungen und Erinnerungen*, 2v. (1925), de J. M. von Radowitz (filho de um amigo de Frederico Guilherme IV), abrange apenas de 1875 a 1890 e não tem nada a respeito do tempo que ele passou em Madri. L. Raschdau (Ministério do Exterior durante o governo de Bismarck) escreveu na velhice *Ein sinkendes Reich* (1933) – reminiscências da Turquia – e *Unter Bismarck und Caprivi* (1938). Holstein, o homem misterioso do Ministério do Exterior de 1890 a 1906, é parcialmente desvendado em *Lebensbekenntnis* (1931); há muito se promete uma edição completa de seus documentos pessoais. *Lebenserinnerungen*, 3v. (1919-1921), de Eckardstein, causou uma grande comoção quando foi publicado; é a fonte principal das histórias exageradas a respeito das negociações anglo-germânicas entre 1898 e 1901. Lichnowsky, embaixador em Londres de 1912 a 1914, pouco acrescenta em *Heading for the Abyss* (1928). *Memoirs* (1937), de Bernstorff, embaixador em Washington, é um livro mais útil. Pourtalès, embaixador em São Petersburgo, descreve o início da guerra em *Meine Verhandlungen in St. Petersburg Ende Juli 1914* (1927). Outros esclarecimentos sobre as relações russo-alemãs em *Die Militärbevollmächtigen Kaiser Wilhelms II. Am Zarenhofe 1904-14* (1937), organização de G. Lambsdorff.

Erinnerungen und Gedanken des Botschafters Anton Graf Monts (1932) é útil para compreender as relações ítalo-germânicas na época de Bülow, além de ser muito divertido. *Aus einem diplomatischen Wanderleben*, 2v. (1931-1932), de F. Rosen, é importante para compreender a primeira crise marroquina e as questões com Portugal em 1913-1914. A segunda crise marroquina e as negociações de paz de 1917 são esclarecidas em *Meine dreissig Dienstjahre 1888-1918* (1931), de Lancken Wakenitz; não é muito confiável.

ÁUSTRIA (incluindo a ÁUSTRIA-HUNGRIA). Os dois volumes do diário de Hübner, embaixador em Paris de 1849 a 1859, são muito importantes: *Ein Jahr meines Lebens* (1891) e *Neuf Ans de souvenir* (1904). Há uma lacuna entre março de 1849 e o início de 1850. *Aus den Briefen Prokesch von Osten* (1896) faz algumas referências a Frankfurt no início dos anos 1850. *L'Ambassade de R. de Metternich* (1931), de H. Salomon, não acrescenta nada. Depois disso, não existe muita coisa até os anos da Grande Guerra. Aí temos *Zwei Jahrzehnte im nahen Orient* (1927), Giesl; *Memoirs of a Diplomat* (1932), de Dumba, os Estados Unidos durante a guerra; *Das Haus am Ballplatz* (1924), de Musulin, início da guerra; *Wahrheit! Fürst Bülow und ich in Rom 1914, 1915* (1931), de Macchio; *Der deutsch-englische Gegensatz* (1922), de Hoyos, em relação a 5 de julho de 1914; *Der Untergang der Donaumonarchie* (1921), de Szilássy, a Rússia antes de 1914.

FRANÇA. *Souvenirs d'une mission à Berlin* (1908), de A. de Circourt, é muito importante para compreender a postura francesa em relação à Polônia e à Prússia nos primeiros meses de 1848. *Mes Souvenirs*, 3v. (1901-1903), de Reiset, é dedicado em parte à Itália. *Extraits des mémoires* (1892), de Morny, descreve sua embaixada em São Petersburgo. *Memoirs* (1895), de Persigny, está incompleta. Benedetti escreveu bastante em sua própria defesa: *Ma Mission en Prusse* (1871); *Ma Mission à Ems* (1895); *Trois Ans en Allemagne* (1900). Essas obras acrescentam pouco à coleção oficial. Também não há muita coisa em *La France et la Russie en 1870* (1902), de Fleury.

G. Rothan, um diplomata bonapartista secundário, escreveu obras que são metade reminiscência, metade história: *Souvenirs diplomatiques – L'affaire du Luxembourg* (1882); *La Politique française en 1866* (1884); *L'Allemagne et l'Italie 1870-71* (1885); *La Prusse et son roi pendant la guerre de Crimée* (1888); *L'Europe et l'avènement du Second Empire* (1890); e *La France et sa politique extérieure en 1867* (1893).

Quanto à Terceira República, temos *La Mission de Gontaut-Viron à Berlin* (1896), de De Broglie; *Ma mission en Allemagne 1872-73* (1906), de Gontaut-Biron; *Dernières Années de l'ambassade de Gontaut-Biron* (1907), de A. Dreux, substituído principalmente pela coleção oficial; *Souvenirs et causeries* (1909), de Ch. de Mouy, útil para compreender a Conferência de Constantinopla; *Journal: Paris, St. Pétersbourg 1877-83* (1932), de E. M. de Vogüé; *Alexandre III et la république française 1887-88* (1929), de T. Toutain, sobretudo documentos oficiais; *La France et l'Italie 1881-99*, 2v. (1905), de A. Billot; *Ma mission en Chine 1894-97* (1918) e *Mémoires* (1928), de A. Gérard; *Quinze Ans à Rome avec Camille Barrère* (1943), de J. Laroche, desfavorável tanto a Barrère como à Itália.

Para o período anterior à Grande Guerra, *Correspondance*, em 3v. (1940 e seguintes), de Paul Cambon, é importante; *Mon Ambassade en Russie 1903-8* (1937), de M. Bompard; *Les Carnets de Georges Louis*, 2v. (1926); *La Russie des Tsars pendant la grande guerre*, 3v. (1921-1922, em inglês, 1923-1925), *Un Grand Tournant de la politique mondiale (1904-6)* (1934, em inglês, 1935) e *Journal 1913-14* (1947), de M. Paléologue, todos muito dramáticos e não confiáveis; *La Dernière Ambassade de France en Autriche* (1921), de A. Dumaine; *Les Origines du Maroc français* (1930), de Saint-René Taillandier.

GRÃ-BRETANHA. Inúmeros embaixadores britânicos receberam biografias, a maioria de pouco valor. As melhores são *Life of Stratford Canning*, 2v. (1888), de S. Lane-Poole; *Sir Robert Morier*, 2v. (1911), da sra. R. Wemyss; *Lord Lyons*, 2v. (1913), de Newton, a França de 1868 a 1886; *Sir William White* (1902), de H. Sutherland Edwards, o Oriente Próximo no apogeu de Salisbury; *Lord Pauncefote* (1929), de R. B. Mowat, Washington no governo de Cleveland. *Diplomatic Reminiscences*, 4v. (1892-1894), do lorde Augustus Loftus, é uma obra pretensiosa. Os documentos de lorde Cowley (Paris, 1850-1868) são utilizados de maneira inadequada em *Conversations with Napoleon III* (1934), de Wellesly e Sencourt. Odo Russell (Lorde Ampthill) recebe uma atenção quase insuportável em *Ambassador to Bismarck* (1938), W. Taffs, e *Letters from the Berlin Embassy* (1942), organizado por P. Knaplund. *Letters and Friendship of Sir Cecil Spring Rice*, 2v. (1929), interessa mais à Faculdade

Balliol que à política externa. Arthur Nicolson recebe um tratamento brilhante e favorável em *Lord Carnock* (1930), de H. Nicolson. *A Diplomatist in Europe* (1927), de A. Hardinge, traz um pouco de informações sobre a Espanha. *My Mission to Russia*, 2.v. (1923), de G. Buchanan, abrange os anos da guerra. *The Diary 1914-18*, 2v. (1924), de lorde Bertie of Thame, é envolvente.

A ITÁLIA só produziu *Carteggio... di Emanuele d'Azeglio* (1920) e *Guerra diplomatica* (1939), de Aldrovandi-Marescotti, sobre o Tratado de Londres.

RÚSSIA. Os documentos pessoais são poucos, mas importantes. *Politischer und privater Briefwechsel*, de Peter von Meyendorff, organizado por O. Hoetzsch, 3v. (1923), é fundamental para compreender Berlim em 1848 e as origens da Guerra da Crimeia. *Graf P. D. Kiselev*, 3v. (1883), de A. P. Zablotsky-Desyatovsky, tem uma certa quantidade de informações acerca das relações franco-russas depois da guerra. *The Saburov Memoirs* (1929), de J. Y. Simpson, é a principal fonte a respeito da Liga dos Três Imperadores em 1881. *Correspondance diplomatique de M. de Staal 1884-1900*, 2v. (1929), de Meyendorff, é útil para compreender as relações anglo-russas. *Forty Years of Diplomacy*, 2v. (1922), se preocupa sobretudo com o Extremo Oriente. *La Politique russe d'avant-guerre* (1928), de Taube, é um ataque a Izvolski; a edição alemã (1937) é mais enfaticamente pró-alemã. Outras memórias úteis são *Diplomatic Reminiscences* (1920, de Nekludov, sobre a Bulgária; *Recollections of a Russian Diplomat* (1927), de Savinsky; e *Glimpses of High Politics* (1931), de Charykov.

OUTROS. *The Secret Memoirs of A. Y. Hayashi* (1915) é fundamental para compreender a Aliança Anglo-Japonesa. Embaixadores americanos: *Henry White* (1930), de Allan Nevins, sobre Algeciras; *Life and Letters*, 2v., de W. H. Page, a Grã-Bretanha durante a Grande Guerra; e *Intimate Papers*, 4v. (1926-1928), de E. M. House, embaixador itinerante de Wilson. *My War Memoirs* (1928), de Benes, é importante para compreender a evolução dos objetivos militares.

(d) Outras testemunhas

Para ficar completo, teríamos de incluir quase todas as figuras públicas ao longo dos setenta anos. Eu me ative às que estavam preocupadas sobretudo com a política externa, em sua maioria militares e jornalistas, com um acréscimo eventual de um banqueiro.

ALEMANHA (incluindo a PRÚSSIA). O diplomata saxão Vitzthum von Eckstädt se posiciona como um observador independente durante os anos da unificação: *St. Petersburg and London 1854-64*, 2v. (1887); *Berlin und Wien 1845-52* (1886); *London, Gastein und Sadowa* (1889). Fora isso, não há mais nada até o Império. *Die deutschen Aufmarschpläne* (1929), de Moltke, apresenta a estratégia alemã na época de Bismarck. *Denkwürdigkeiten*, 3v. (1922-1923), e *Briefwechsel* (1928), de Waldersee, são importantes para compreender a "nova rota". *Philip Eulenburg, The Kaiser's Friend*, 2v. (1931), de J. Haller, também revelas intrigas dos anos 1890. *My Memoirs*, 2v. (1919), e *Politische Dokumente*, 2.v. (1924-1926), de Tirpitz, são fundamentais para compreender a política naval. *Five Years in Turkey* (1928), de Liman von Sanders, não conta muita coisa.

No que se refere aos empresários, *Georg von Siemens*, 3v. (1923), de Helfferich, traz muitas informações a respeito dos projetos alemães na Turquia. *Aus meinem Akten* (1927), de Paul von Schwabach, é a história de um banqueiro, sucessor de Bleichroeder, que era amigo tanto de Holstein como de Eyre Crowe; é particularmente importante para compreender as duas crises marroquinas. A vida de *Albert Ballin* (1922), de B. Huldermann, é útil para compreender a Missão Haldane. Quanto aos políticos, vale mencionar *Wider den Strom* (1932), do pan-germânico Heinrich Class, e *Sechzig Jahre Politik und Gesellschaft*, 2v. (1936), do meio polonês Hutten-Czapski. Theodor Wolff, do *Berliner Tageblatt*, se baseou em suas recordações para escrever *Das Vorspiel* (1927) e *The Eve of 1914* (1935).

A maioria dos livros sobre a guerra trata de aspectos militares do conflito; mas existe um bocado de política em *The General Staff and Its Problems* (1920), de Ludendorff. *Erlebnisse im Weltkriege* (1920), do político do Centro M. Erzberger, explica a resolução de paz. Não há muita coisa importante em *Memoirs of a Social Democrat*, de P. Scheidemann, 2v. (1928).

ÁUSTRIA (incluindo a ÁUSTRIA-HUNGRIA). *Tagebuch des Polizeiministers Kempen 1848-1859* (1931), organizado por J. P. Mayr, tem alguns aspectos interessantes sobre o período do absolutismo. *Erinnerungen eines alten Osterreichers*, 2v. (1911-1913), de L. von Przibram, faz um balanço da assessoria de imprensa austro-húngara na década de 1870. Dois chefes de Estado-Maior consecutivos fornecem evidências fundamentais de tipo muito diverso: Beck, em *Franz Josephs Weggefährte*, de Glaise von Jorstenay (1930), e Conrad von Hoetzendorf, em *Aus meiner Dienstzeit*, 5v. (1921-1925). *Kaiserliche Katastrophenpolitik* (1922), de H. Kanner, é a obra de um jornalista que dispensa comentários.

FRANÇA. *Le Second Empire vu par un diplomate belge*, 2v. (1924-1926), de Beyens, é mais interessante pela atmosfera do que pelos fatos. *Souvenirs militaires* (1892), de Lebrun, apresenta as negociações austro-francesas em 1869 e 1870. *Souvenirs 1883-1933*, 3v. (1932-1934), de C. Benoist, é uma obra valiosa e divertida. *Britain and the War* (1928), de D. J. Huguet, é uma fonte privilegiada das negociações militares. *Personal Memoirs*, 2v. (1932), de Joffre, é útil principalmente pelos anos de pré-guerra. *Mes souvenirs* (1937), de A. Messimy, é importante para compreender a Crise de Agadir.

GRÃ-BRETANHA. Os diversos volumes das conversações de Nassau Sênior, numerosos demais para listar, contêm fragmentos de informação. Um fragmento particularmente importante sobre a "entrevista de Cowley" foi preservado por sua filha M. C. M. Simpson em *Many Memories* (1891). *Rambling Recollections*. 2v. (1908), de H. Drummond Wolff, traz muitas informações sobre o Oriente Próximo na época de Salisbury. O terceiro volume de *Chamberlain* (1934), de Garvin, é fundamental para compreender as negociações anglo-alemãs em 1898. Organizado por C. Headlam, *Milner Papers*, 2v. (1931), apresenta o contexto da Guerra dos Bôeres. Haldane descreveu sua missão em *Before the War* (1920). Ministros liberais atacaram Grey em *How the War Came* (1919), de Loreburn, e em *Memorandum on Resignation* (1928), de Morley, um relato deturpado da crise de julho de 1914. Os militares não têm muito a dizer sobre política externa, exceto Sir Henry Wilson em *Life and Diaries*, 2v. (1927), de C. E. Caldwell. Dois políticos informais de tipo muito diferente aparecem na obra de Esher *Journals and Letters*, 4v. (1934 e seguintes) – intrigas da corte –, e em *Foreign Policy from a Back Bench 1904-1918* (1932), de T. P. Conwell-Evans – o parlamentar radical Noel Buxton. Os jornalistas mais importantes são Valentine Chirol, autora de *Fifty Years in a Changing World* (1927); Wickham Steed, autor de *Through Thirty Years* (1924), que contém inúmeras especulações estimulantes; e J. L. Hammond, autor de *C. P. Scott* (1934), sobre o radicalismo entre a Crise de Agadir e a Grande Guerra. *History of the Times* (1936-1952) traz informações muito importantes, principalmente sobre as relações austro--germânicas. Num apêndice do v.iii ele detona a maioria das pesquisas anteriores de opinião pública baseadas nos jornais.

ITÁLIA. A maioria dos livros de memórias italianos não oficiais estão preocupados com a política interna. Poucas figuras transcendem o cenário italiano. Os textos extensos de Mazzini, por exemplo, descrevem o sonho de uma Europa republicana baseada em algo diferente do equilíbrio de poder.

Seus *Scritti editi ed inediti* (1906 e seguintes) têm 93 volumes, além de 6 volumes de apêndices (1941-1943). *Memorie* (1907) e *Scritti politici e militari* (1908), de Garibaldi, têm alguns aspectos interessantes. Mais importantes são os textos de C. Cattaneo, o federalista lombardo de 1848, principalmente *Considerazioni sulle cose d'Italia nel 1848* (1946). Para um período muito posterior, as recordações de Luigi Albertini, editor do *Il Corriere della Sera*, têm algum interesse: *Vent' anni di vita politica: l'esperienza democratica italiana dal 1898 al 1914*, 2v. (1950).

OBRAS SECUNDÁRIAS

GERAIS. As histórias gerais das relações internacionais de autoria de Debidour, 4v. (1891-1918), e de E. Bourgeois, 4v. (1906-1932), atualmente estão ultrapassadas. *Istoria Diplomatii*, 3v. (1945), organizada por V. P. Potemkin, é melhor, embora marcada por um marxismo errático. As melhores sínteses se encontram nos volumes de *Peuples et civilisations*, de Pouthas (1941), Hauser e outros (nova edição, 1952), Baumont (1948) e Renouvin (nova edição, 1949); mas elas estão incorporadas na história geral. O período anterior a 1871 é abordado de maneira ampla em *Geschichte Europas 1815-1871*, 10v. (1894-1924), de A. Stern. Para o período a 1871, *Histoire diplomatique de l'Europe 1871-1914*, 2v. (1929), organizado por H. Hauser, ainda é o melhor, apesar dos erros inevitáveis numa obra coletiva. Para países específicos, existem *Britain in Europe 1789-1914* (1937), de R. W. Seton-Watson, que não é muito útil depois de 1880; *French Public Opinion and Foreign Affairs 1870-1914* (1931), de E. M. Carroll; *England and the International Policy of the European Great Powers 1871-1914* (1931), de A. F. Pribram, uma ótima síntese; *Germany and the Great Powers 1866-1914* (1938), de E. M. Carroll; *Das deutsche Reich und die Vorgeschichte des Weltkrieges*, 2v. (1933), de H. Oncken; e *Europa v Epokhu Imperializma* (1927), de E. V. Tarle.

Tópicos específicos, organizados de forma mais ou menos cronológica.

Ainda há muito por fazer a respeito da diplomacia do *ano revolucionário e a reação*. *Les Grandes Questions européennes et la diplomatie des puissances dans la Seconde Republique*, 2v. (1925-1929), de De Guichen, é uma antologia de citações extraídas dos arquivos, não uma análise. *L'Angleterre, la France et la révolution de 1848* (1925), de D. M. Greer, não esgota o assunto. *England und die Schweiz* (1935), de P. Flaad, é interessante a respeito dessa questão marginal. Não existe nada sobre a Polônia ou Schleswig-Holstein. *Englands, Stellung zur deutschen Einheit 1848-52* (1925), de H. Precht, não é muito satisfatório. *Die europäischen Grossmächte und die deutsche Revolution* (1942), de E. Scharff, argumenta, de maneira não convincente, que a França e a Rússia teriam proibido a unificação alemã. A Itália é mais bem atendida: *The Italian Problem in European Diplomacy 1847-49* (1934), de A. J. P. Taylor, e *La diplomazia euopea e il problema italiano del 1848* (1947), de R. Moscati, que recorrem a arquivos italianos. *Rome et Napoléon III* (1907), de Bourgeois e Clermont, abrange o período de 1849 a 1870. A reação na Itália é descrita por R. Moscati em *Austria, Napoli e gli stati conservatori italiani 1849-52* (1942). Sobre a Hungria, *Tsarskaya interventsiya v borbe s vengerskoi revolyutsiei* (1935), de R. A. Averbukh; *Origins of the Crimean War* (1937), de E. Horvath; e *Palmerston and the Hungarian Revolution* (1919), de C. Sproxton, meio fraco.

Guerra da Crimeia. *Vostochnaya voina*, 2v. (1908-1912), de A. M. Zaionchkovsky, muito bom; *Rossiya na Blizhnem Vostokye* (1926), de Shebunin; *Le Bosphore et les Dardanelles* (1910), de S. M. Goriainov, uma importante coletânea que abrange todo o período; todas as obras apresentam a versão russa. *England, Russia and the Straits Question 1844-56* (1931) e *International Economics and Diplomacy in the Near East 1834-53* (1935), de V. M. Puryear, têm ideias novas, ainda que não confiáveis. *La Guerre de Crimée et l'attitude des puissances* (1936), de Guichen, é outra antologia. *Les Origines de la Guerre de Crimée* (1912), de E. Bapst, tem um material francês importante. A obra inglesa fora de série é *England and the Near East: the Crimea* (1936), de H. W. V. Temperley. Existe uma pesquisa de opinião pública original em *The Triumph of Lord Palmerston* (1924), de Kingsley Martin. Todos estes vão até o início da guerra. A diplomacia de guerra deve ser acompanhada em *Crimean War Diplomacy* (1947), de G. B. Henderson, uma coletânea de ensaios valiosíssimos. Existem alguns livros excelentes sobre a diplomacia das Potências Centrais: *Der Krimkrieg und die österreichische Politik* (1907), de H. Friedjung, atualmente um pouco ultrapassado; *Preussen im Krimkrieg* (1930), de K. Borries, que contém documentos prussianos; e *Die deutsche Frage und der Krimkrieg* (1931), excelente sobre política austríaca. *L'alleanza di Crimea* (1948), de F. Valsecchi, é excelente sobre o lado italiano até a aliança de janeiro de 1855. A consequência imediata da guerra está em *The Union of Moldavia and Wallachia* (1927), de E. G. East, e *The Making of Roumania* (1929), de T. W. Riker.

Depois da Guerra da Crimeia. Neste caso, temos alguns livros excelentes. *Alexandre II, Gortchakoff et Napoléon III* (1913), de Charles-Roux, abrange de 1856 a 1870, mas é mais valioso para os anos anteriores a 1863; há inúmeras citações de fontes francesas. *Russland und Frankreich 1856-59* (1935), de E. Schüle, é um estudo mais detalhado que esgota o assunto. *Russland und*

Preussen vom Krimkrieg bis zum polnischen Aufstand (1931), de C. Frise, também é bom. *Die Petersburger Mission Bismarcks 1859-62* (1936), de B. Nolde, não acrescenta muito.

Guerra de 1859. L'unificazione italiana e la politica europea 1854-59 (1939), de F. Valsecchi, é uma coletânea útil de documentos que, além disso, são muito difíceis de encontrar. *Napoleone III e l'Italia* (1925), de M. Mazzioti, não se aprofunda muito. Vemo-nos reduzidos a obras específicas: *La mediazione europea... ala vigilia della guerra del 1859* (1938), de F. Valsecchi; *L'ultimatum austriaco del 1859* (1938), de F. Engel von Janosi; *Habsburgs Rückzug aus Italien* (1940), de W. Deutsch; *La politica estera del regno delle due Sicilie nel 1859-60* (1940), de A. Zazo. Problemas posteriores à guerra em *L'annexion de la Savoie à la France* (1913), de J. Trésal, e em *Franco-Italian Relations 1860-65* (1932), de L. M. Case. A história diplomática da unificação italiana numa forma moderna ainda não foi escrita. O livro de F. Valsecchi sobre a aliança da Crimeia, mencionado anteriormente, promete ser o primeiro volume dessa história geral.

O conflito austro-prussiano. Para ser completo, este item teria de incluir todas as obras sobre a unificação alemã. Eu me ative àquelas em que a diplomacia predomina. *Bismarcks Kampf mit Österreich am Bundestag zu Frankfurt* (revisto, 1939), de A. O. Meyer, é muito bom, embora faça uma avaliação muito limitada ao ponto de vista da versão prussiana. *Kaiser Napoleon III. und der polnische Aufstand von 1863* (1932), de K. Kaiser, é útil. *The Schleswig-Holstein Question* (1932), de L. D. Steefel, é excelente, embora tenha sido escrito antes da publicação dos documentos prussianos e austríacos. C. W. Clarck recorreu aos arquivos austríacos para escrever *Franz Joseph and Bismarck* (1934). O relato clássico, que continua importante apesar de erros específicos, é *Der Kampf um die Vorherrschaft in Deutschland* (1897; versão resumida em inglês, 1934), de H. Friedjung. Embora *Deutsche Einheit*, 4v. (1935-1942), de H. von Srbik, volte bastante no tempo, os dois últimos volumes apresentam um resumo detalhado da diplomacia entre 1859 e 1866. *Bismarck und Italien 1866* (1931), de F. Beiche, não acrescenta muito. *Das Jahr 1865* (1933), de R. Stadelmann, argumenta que Bismarck era favorável ao compromisso. *La Guerra de 1866* (1941), de Bortolotti, apresenta a versão italiana.

Guerra Franco-Prussiana. Ainda não se chegou a um tratamento moderno. *Die deutsch-französische Auseinandersetzung und die Luxemburger Frage* (1936), de Schierenberg, e *Die Bündnisverhandlungen Napoleon IIIs*, de A. Lamberti, são sínteses grosseiras. *Briefe und Aktenstück* (1913), de R. Fester, e *Genesis der Emser Depesche* (1915), contêm material muito mais valiosos. *British Policy and Opinion During the Franco-Prussian War* (1921), de

D. N. Raymond, já ficou ultrapassado. *Italian Neutrality in the Franco-German War of 1870* (1935), de Eddleston, é útil. *Die Schwarz-Meer (Pontus) Frage* (1925), de K, Rheindorf, desvenda em certa medida a política russa. Mas ainda precisamos contar com *Histoire diplomatique de la Guerre Franco-Allemande* (1873), de Sorel.

1871-1875. O destaque vai para o livro *European Alliances and Alignments 1871-90* (nova edição, 1950), de W. L. Langer, que contém uma magnífica bibliografia. Ele se concentra demasiadamente em Bismarck e tende a aceitar sua versão dos fatos; mas nada se compara a ele, exceto o volume posterior do próprio Langer. F. Chabod faz uma excelente análise do contexto da política italiana em *Storia della politica estera italiana dal 1870 al 1896*, v.1, *Le premesse* (1951). *Italy and the Vatican at War* (1939), de S. W. Halperin, também faz uma abordagem adequada do tema. O mesmo acontece com *La politica estera di Visconti Venosta* (1940), de F. Cataluccio. *Bismarcks europäische Politik zu Beginn der siebziger Jahre und die Mission Radowitz* (1925), de H. Holborn, é importante para compreender o medo da guerra em 1875.

A Crise Oriental de 1875-1878. *The Great Powers and the Balkans 1875-78* (1937), de M. D. Stojanovic, traz uma síntese geral. A política russa é apresentada em *Russia and the Balkans 1870-80* (1937), de B. H. Sumner, um livro maravilhoso. *La Question d'Orient* (1946), de Goriainov, traz um material complementar. *Disraeli, Gladstone and the Eastern Question* (1935), de R. W. Seton-Watson, apresenta a política britânica e a política interna. *A Wavering Friendship: Russia and Austria 1876-78* (1941), de G. H. Rupp, traz a política austro-húngara de forma um pouco desajeitada. *Die Aussenpolitik Österreich-Ungarns 1870-79* (1936), de F. Leidner, tem material importante. *A Diplomatic History of the Balkans Crisis of 1875-78: The First Year* (1936) e *Britains and the Bulgarian Horrors of 1876* (1939), de D. Harris, são ambos excelentes para compreender o início da crise. *Great Britain and the Cyprus Convention* (1934), de D. W. Lee, também é importante para compreender a política britânica. *The Congress of Berlin and After* (1938), de W. N. Medlicott, e *The Establishment of Constitutional Government in Bulgaria* (1943), de C. E. Black, cobrem o final da crise.

Alianças de Bismarck. *Bismarck und die europäischen Grossmächte 1879-85* (1940), de W. Windelband, é o relato recente mais completo. *Bismarcks Friedenspolitik* (1930), de A. O. Meyer, é favorável demais. *Die Bedeutung des Berliner Kongresses für die deutsch-russischen Beziehungen* (1927), de M. Müller, tem alguns aspectos positivos. *Konets avstro-russko-germanskogo soiuza 1879-84* (1928), de S. Skazkin, é muito importante para compreender a política russa. *The Origins of the Triple Alliance* (1926), de A. C. Coolidge, é bom, mas um pouco ultrapassado. *La Triplice Alleanza 1877-1912* (1939), de L. Salvatorelli, é uma análise mais recente. As relações de Bismarck com as potências ocidentais estão em *Franco-German Relations 1878-85*, de R. H. Wienefeld, uma síntese enfadonha; *The Bismarckian Policy of Conciliation with France* (1935), de P. B. Mitchell; *Bismarck and British Colonial Policy* (1937), de W. O. Aydelotte, que deixa o problema sem solução; e *Germany's First Bid for Colonies* (1938), de A. J. P. Taylor, que procura resolvê-lo. *The Berlin West African Conference* (1942), de S. E. Crowe, também é útil.

1885-1890. *Bismarck's Diplomacy at its Zenith* (1922), de J. V. Fuller, se destaca pela hostilidade a Bismarck. *Ocherki istorii vneshei politiquei germanskoi imperii* (1940), de V. Khvostov, é uma excelente análise russa; *Avantyury russkogo tsarizma v Bolgarii* (1935), de P. Pavlovich, está repleto de revelações. *Bismarck und die Kriegsgefahr des Jahres 1887* (1924), de Trützschler von Falkenstein, ainda tem valor. *England und der orientalische Dreibund 1887-1896* (1938), de L. Israel, é excelente para compreender os acordos mediterrâneos. *Holsteins Geheimpolitik in der Ära Bismarcks* (1942), de H. Krausnick, conta, estendendo-se em demasia, a história das intrigas de Holstein contra a política de equilíbrio de Bismarck.

1890-1897. *The Diplomacy of Imperialism 1890-1902* (1951), de W. L. Langer, embora tão completa como a de seus antecessores, enxerga tudo através do olhar alemão e é excessivamente antipático, por exemplo, à Aliança Franco-Russa. *From Bismarck to the World War* (1927; edição alemã ampliada, 1939), de E. Brandenburg, nada mais é que uma síntese de documentos alemães, apesar do título e da notoriedade. *Imperialismus vor 1914*, 2v. (1951), de G. Hallgarten, promete mais do que entrega; na verdade, é uma análise sociológica da política alemã um pouco exagerada. *The Franco-Russian Alliance 1890-94* (1929), de W. L. Langer, é, mais precisamente, um relato do efeito da aliança nas Potências Centrais. *L'alliance franco-russe* (1927), de G. Michon, é um ataque à aliança. *British Naval Policy 1880-1905* (1940), de A. J. Marder, é muito útil, principalmente entre 1889 e 1896. *European Financial Controls in the Ottoman Empire* (1929), de D. C. Blaisdell, também é importante. De modo geral, *Europe: The World's Banker 1870-1914* (1930), de H. Feis, é rico em detalhes do imperialismo financeiro. O mesmo acontece com *War and the Private Investor* (135), de E. Staley. *Salisbury und die türkische Frage im Jahre 1895* (1940), de H. Preller, é interessante. *Vneshniaia politika i diplomatsia germanskogo imperializma v kontse XIX veka* (1948), de A. Yerusalimskii, é uma análise admirável da política alemã. *Der österreichisch-italienische Gegensatz auf dem Balkan 1875-96* (1936), de W. Schinner, é bom.

Relações anglo-germânicas entre 1898 e 1914. Germany and England, Background of Conflict 1848-94 (1938), de R. J. Sonntag, é um relato geral agradável. *Publicity and Diplomacy* (1940), de O. J. Hale, analisa as relações anglo-germânicas entre 1890 e 1914 com uma ênfase exagerada na influência antigermânica de *The Times*. *The Anglo-German Rivalry* (1933), de Ross Hoffmann, também exagera a importância do seu tema. *The Background of Anti-British Feeling in Germany 1890-1902* (1939), de Pauline Anderson, não se sai muito melhor. *Geschichte des deutsch-englischen Bündnis-Problems 1890-1901* (1927), de F. Meinecke, lamenta a aliança perdida. *Die Legende von der verschmähten englischen Freundschaft 1898-1901* (1929), de G. Ritter, argumenta que não havia nada para ser perdido. *The Struggle for South Africa* (1934), de R. I. Lovell, é o melhor livro sobre tema. *Krugerdepesche und Flottenfrage* (1927), de H. Hallmann, é importante para compreender o começo da grande marinha alemã. Seu livro posterior, *Der Weg zum deustschen Schlachtflottenbau* (1933), foi ofuscado por *Schlachtflottenbau und Parteipolitik* (1930), de E. Kehr, um livro magnífico, apesar de exagerar os determinantes sociológicos. Nos anos posteriores, *Great Britain and the German Navy* (1935), de E. L. Woodward, é o único livro com alguma importância; é muito bem escrito, embora um pouco raso depois de 1912.

Extremo Oriente. The Far East in World Politics (1939), de G. F. Hudson, é um modelo de exposição curta. Outra ótima síntese, embora menos brilhante, é *La question d'Extrême Orient* (1946), de P. Renouvin. Para os anos anteriores, *Great Britain and China 1833-50* (1937), de W. C. Costin, e *British Diplomacy in China 1880-85* (1938), de V. H. Kiernan, são igualmente admiráveis. *Foreign Diplomacy in China 1894-1900* (1928), de P. Joseph, é útil, embora deficiente no que se refere à versão russa. O livro russo fundamental é *Rossia v Manchzhurii 1892-1906* (1938), de B. A. Romanov. *Tsardom and Imperialism in the Far East and Middle East* (142), de B. H. Sumner, é indispensável, apesar do alcance limitado. *Russlands Politik im fernen Osten und der Staatssekretär Bezobrazov* (1931), de F. von Steinmann, também é útil para compreender a política russa. *American-Russian Rivalry in the Far East* (1946), de E. H. Zabriskie, é importante para os dois países. *Anglo-iaponskii soiuz* (147), de A. Galperin, é o melhor livro sobre o tema. *Der ferne Osten und das Schicksal Europas 1907-1918* (1940), de O. Becker, é útil para o período final.

A Tríplice Entente. Fashoda (1930), de M. B. Giffen, não é muito satisfatório sobre a crise de 1898. *Egypt and the Formation of the Anglo-French Entente* (1939), de J. J. Mathews, é uma síntese básica. *The Career of Théophile Delcassé* (1936), de C. W. Porter, não traz muita coisa; nem *Delcassé* 1952), de A. Néton. *The British Army and the Continent* (1938), de J. A. Tyler, tem valor por causa das negociações militares. *The Anglo-Russian Convention of 1907* (1939), de R. P. Churchill, é razoavelmente bom. *La Préparation à la guerre* (1935), de C. Michon, é um ataque ao serviço militar francês de três anos.

Marrocos. *British Policy towards Morocco in the Age of Palmerston* (1935), de F. R. Flournoy, e *Morocco at the Parting of the Ways* (1935), de E. F. Cruickshank, apresenta o contexto. *Germany and Morocco before 1905* (1937), de H. T. Williamson, detona as queixas econômicas alemãs. *Untersuchungen zur Geschichte der deutsch-englischen Beziehungen 1898-1901* (1934), de H. von Huene-Hoeningen, chama a atenção para a importância do Marrocos. *The First Moroccan Crisis* (1930), de E. N. Anderson, é bom, embora tenha sido escrito antes da publicação dos documentos franceses. *The Agadir Crisis* (1940), de I. Barlow, é um pouco ingênuo demais.

Relações dos Estados Unidos com as potências europeias. Há alguns bons livros sobre o tema que deixei um pouco de lado. *The American Impact on Great Britain 1898-1914* (1940), de R. H. Heindel; *The Rise of Anglo-American Friendship 1898-1906* (1938), de L. M. Gelber; *Deutschland und die Vereinigten Staaten*, 2v. (1935), de A. Vagts; *American Diplomacy and the Boer War* (1939), de J. H. Ferguson.

Bálcãs e Oriente Próximo de 1909 a 1914. Sobre a ferrovia de Bagdá, *Turkey, the Great Powers and the Baghdad Railway* (1923), de E. M. Earle; *The Diplomatic History of the Baghdad Railway* (1936), de J. B. Wolf; e *Der Kampf um die Bagdadbahn 1903-14* (1941), de F. H. Bode. As fontes da política russa são reveladas em *La Politique russe d'accès à la Mediterranée au XXe. siècle* (1934), de N. Mandelstam. *The Annexation of of Bosnia* (1937), de B. Schmitt, esgota o assunto, tornando dispensável *La Crise bosniaque* (2v., 1937), de M. Nintchitch. A crise austro-húngara é descrita em *Austrian Foreign Policy 1908-1918* (1923), de A. F. Pribram; *Austria-Hungary and Great Britain 1908-1914* (1951), de A. F. Pribram; e *Austro-German Diplomatic Relations 1908-1914* (1932), de O. H. Wedel, todos os três relatos diplomáticos meio monótonos. *Europe and Italy's Acquisition of Libya 1911-12* (1942), de W. C. Askew, e *The Diplomacy of Balkan Wars* (1938), de E. C. Helmreich, são narrativas diplomáticas confiáveis sem muita consciência das rivalidades implícitas entre as Grandes Potências. *The Partition of Turkey 1913-23* (1931), de H. N. Howard, abrange as Guerras dos Bálcãs como também os projetos de partilha durante a Grande Guerra.

Eclosão da Grande Guerra. Existem vários livros que começam com um contexto geral e depois analisam detalhadamente a crise de julho de 1914. Mesmo os mais especializados tendem a apresentar um caráter propagandístico, que é mais perigoso quando se esconde por trás de um ar de imparcialidade. A melhor exposição dos pontos de vista dos alemães está em *Der Ausbruch des Weltkrieges*, 2v. (1939), de A. von Wegerer, e *Europas Diplomatie am Vorabend des Weltkrieges* (1937), de E. Antich; do ponto de vista dos franceses, *Les Origines immédiates de la guerre* (1927), de P. Renouvin, e *The Causes of the War* (1935), de C. Bloch. *Un Débat historique* (1933), de J. Isaac, critica seus colegas franceses. *The Origins of the World War*, 2v. (1930), de S. B. Fay, desfruta há muito tempo de excelente reputação. Ele se baseia principalmente nas fontes alemãs, sendo, na minha opinião, injusto tanto com a Sérvia como com a Rússia. *The Coming of the War*, 2v. (1930), de B. E. Schmitt, me parece não ter esses defeitos, e é incomparavelmente o melhor relato; naturalmente, porém, suas fontes têm uma defasagem de vinte anos. Uma análise mais recente é *Le origini della guerra de 1914*, 3v. (1943), de L. Albertini, que atualmente está sendo traduzido para o inglês (1952 e seguintes). O primeiro volume trata do contexto, com uma concentração bastante insatisfatória na Áustria-Hungria e na Itália; os outros dois volumes tratam de julho de 1914 com muitos detalhes novos. Mas mesmo esse livro está atualmente mais de dez anos desatualizado; e ainda está para ser escrita uma análise convincente das origens da Grande Guerra. Quanto aos tópicos especiais, merecem ser mencionados *Die belgische Neutralität und der Schlieffensche Feldzugsplan* (1929), de J. B. Bredt; *Die englische Politik im Juli 1914* (1934), de E. Anrich; *Russlands Eintritt in den Weltkriege* (1930), G. Franz.

A Grande Guerra. Não existe nenhuma história diplomática satisfatória. *Histoire diplomatique de la France pendant la Grande Guerre*, 3v. (1938-1941), de A. Pingaud, é muito útil, principalmente por causa do material de fontes francesas inéditas. *Il patto di Londra* (1934) e *Gli accordi di San Giovanni di Moriana* (1936), de M. Toscano, são sínteses satisfatórias. *Germany's Drive to the West* (1950), de H. W. Gatzke, é excelente em relação aos objetivos militares alemães. *French and German Public Opinion on Declared War Aims* (1933), de E. Dahlin, também é ótimo. *The Failures of Peace* (1941), de Kent Forster, é satisfatório, mas prejudicado por suas tendências políticas pacifistas. Existe muita coisa sobre as manobras de paz de 1917: *Die Annexionsfragen des Weltkrieges* (1929), de E. O. Volkmann; *Die Politik Kaiser Karls* (1925) e *Die politischen Kämpfe um den Frieden* (1938), de R. Fester; *La Paix manquée?* (1936), de A. Chatelle; *Die Friedensvermittlung Papst Benedict XV* (1932), de F. von Lama; e *Vatican Diplomacy in the World War* (1933), de H. J. T. Johnson. Os melhores livros sobre a política americana são *American Diplomacy during the World War* (1934), de C. Seymour, e *The Origins of the Foreign Policy of Woodrow Wilson* (1937), de H. Notter. Wilson é atacado em *Road to War* (135), de W. Millis, e em *America Goes to War* (1938), de C. C. Tansill.

ÍNDICE REMISSIVO

Abdul Aziz, sultão do Marrocos: fragilidade do, 448-9; revolta contra, 456.

Abdul Hamid, sultão da Turquia: visitas de Guilherme II, 369-70, 426-7; teme o fuzil Krupp, 369*n*; deposto, 493-4.

Aberdeen, primeiro-ministro britânico: e a Rússia, 89-90, 91-3; e o envio de frota a Constantinopla, 94-6; governo de, deposto, 36-7, 113-4.

Abissínia: ameaça ao Vale do Nilo por parte da, 394*n*; conflito italiano com a, 403-4, 405-6; planos de Holstein para a, 405-6; Itália derrotada pela, 409-11; não ajuda a França na crise de Fashoda, 423.

Acordo anglo-congolês (1894), 393-6, 451-2.

Acordo anglo-francês: sobre a África Ocidental (1898), 421-2; sobre o Vale do Nilo (1899), 424-7, 451-2; entente, iniciada em 1848, 60-1; em 1849, 72-4; em 1853, 91-6; aliança da Guerra da Crimeia, 101-2; mantido por Napoleão III depois da guerra, 129-31, 137-8, 141-2; destruído por proposta de congresso (1863), 179-80; base moral da entente, 236-7; entente retomada pela Terceira República, 323-7; arruinado pela ocupação britânica do Egito (1882), 330-1; retomado por causa da Questão Búlgara (1887), 345-7; encerrado com o fracasso da Convenção de Drummond Wolff, 393-5; tentativa de entente em 1894, 395-6; e em 1896, 407-11; entente de 1904, causada pela crise do Extremo Oriente, 456-7; negociações em favor de, 457-9; cláusulas do, 458-61; aumenta o isolamento britânico, 468-9; propósitos germânicos contra (1905), 474-5; postura de Grey diante do, 480-1; conversações militares que surgem do (1906), 481; acordo naval que surge do (1912), 523-6; não é causa da entrada da Grã-Bretanha na Primeira Guerra Mundial, 571-2; torna-se uma aliança, 583-5.

Acordo anglo-germânico: sobre Heligoland e Zanzibar (1890), 371-2, 394*n*; sobre a fronteira de Camarões (1893), 394*n*; sobre as colônias portuguesas (1898), 422-3; sobre Samoa (1899),

431-2; sobre a China, 434-6, 437-8, 441, 456; sobre as colônias portuguesas (1914), 546-8; sobre a ferrovia de Bagdá (1914), 549, 562-3; tentativa de acordo sobre o desarmamento naval (1900-1912), 490-1, 497-8, 502-6, 520-2; bibliografia, 650.

Acordo anglo-italiano (1891), 394n.

Acordo anglo-português: sobre a foz do Congo (1884), 334-6; Declaração do, em Windsor, 422-3, 548.

Acordo anglo-russo: sobre as fronteiras do Afeganistão (1885), 340-1; sobre a fronteira de Pamir (1894), 398; sobre a China (1899), 433-4, 456; entente (1907), 486-90; ajudado pelo medo da Alemanha, 553; conversações navais que surgem do (1914), 556-7.

Acordo anglo-turco: sobre a Mesopotâmia (1913), 549.

Acordo franco-germânico: sobre a África Ocidental (1894), 394n.

Acordo russo-japonês (1907), 486-7.

Acordo Sykes-Picot sobre o Oriente Próximo (1916), 588.

Adowa, batalha de, 409-10.

Adrianópolis: mantida pelos turcos na Primeira Guerra dos Bálcãs, 535-6; atitude da Rússia diante da ocupação búlgara de, 537n; luta fora de, 538-9, 541; tomada pelos búlgaros, 539; retomada pelos turcos, 541-4; Alemanha saúda a retomada turca, 542-3.

Aehrenthal, ministro austro-húngaro do Exterior: nomeado (1906), 494; planos de independência crescente, 495-7; encontra Izvolski em Buchlov, 495-6; na crise da Bósnia, 495-8; se opõe à guerra com a Sérvia, 498-9, 501; na crise de Agadir, 512n, 517-8, 534-5; antipatia alemã por, como independente demais, 534-5; morte (1912), 534-5.

Afeganistão: desastre britânico no, 107; ameaça russa ao, em Pendjeh (1885), 338-41; não é consolo para Constantinopla, 341-2; confiança britânica em relação ao, 468-9; na entente anglo-russa, 486-9.

África: desvio da Europa, 23-4; mapa de Bismarck da, 333-4; disputa pela, 334-5; colônias alemãs na, 334-5, 337-40, 342-3, 371-2; colônias portuguesas na, 421-3, 525.

Agadir: *Panther* em, 511-2; interesses germânicos em, 511n, 514-5; importância da crise relacionada a, 503n, 517, 525; crise, o ponto de inflexão da política francesa, 530-1; equilíbrio de poder depois de, 572.

Aix-la-Chapelle, Congresso de, 261-2.

Aix-les-Bains, Giers em (1892), 381.

Albânia: autonomia da, proposta em Reichstadt (1876), 276-7; pretensões italianas na, 352-3; sérvios ignoram existência da, 529-30; Áustria-Hungria insiste na independência da, 536-8; questão da, na Conferência de Londres (1913), 539; independência da, estabelecida, 541; sérvios violam as fronteiras da, 544-5; protetorado da, prometido à Itália pela Entente, 589-90; oferecida à Itália pelo imperador Charles, 604-5; anexa Kosovo durante a Segunda Guerra Mundial, 604-5.

Alberto, príncipe consorte: favorece o nacionalismo alemão, 52-3; e Hummelauer, 58; encontra Napoleão III em Osborne (1857), 135-6; visita Cherbourg, 142; documentos pessoais, 632.

Albrecht, arquiduque: comandante em chefe na Itália, 204-5; visita Paris, 241n; espera derrotar a Prússia, 270-1; teme guerra com a Rússia, 281n.

Alemanha: o problema da unidade da, 43-4, 53-5, 56-7, 72-3, 75-9; realizada, 255-6, 296-7; *Kulturkampf* na, 263; e a Questão Oriental, 267-8, 271-2, 278-9, 292; grau de proteção na, 295n; e a Liga dos Três Imperadores, 257-9, 309-10, 317-8, 334-5; e a Tríplice Aliança, 314-5; e a Romênia, 316-7; e as colônias, 333-5; adverte a Turquia para manter os Estreitos fechados (1885), 340-1; legislação militar da (1886-1887), 349-51; e o Tratado de Resseguro, 358-60; conflito econômico da, com a Rússia, 359; ascensão à predominância da, 30, 31-3, 364-5; mobilização da, prometida à Áustria-Hungria (1889), 368-9, 371-2; não ameaçada pela entente franco-russa, 378-9; planos militares da (1893), 379-83; consequências da Crise do Sião na, 384-6; tratado comercial da, com a Rússia, 391-3; junta-se à entente do Extremo Oriente (1895), 399-400, 400-1; e as repúblicas bôeres, 407-9; dá início a uma grande marinha, 408-9; política mundial da, 415-9; conquista Kiao-Chow, 416-9; e a aliança com a Grã-Bretanha, 419-23; segunda legislação naval na, 431-3; e a Revolta dos Boxers, 434-6; recusa aliança com a Grã-Bretanha (1901), 438-40; mantém carta branca no Extremo Oriente, 447; não tem interesse no Marrocos, 449-51; busca aliança com a Rússia, 463-70; desafio naval da, à Grã-Bretanha, 490-1; e a entrevista para o *Daily Telegraph* (1908), 497-8; e a aceleração da crise (1909), 502-3, 522-5; e a Liga Balcânica, 531-2; legislação militar da (1913), 530-2, 545; domina a Europa, 553-4, 563-4; declara guerra à França e à Rússia, 563-5; política da, ditada por planos militares, 572-3; conquista a *Mitteleuropa*, 594-5; nota de paz da (1916), 599-601; guerra submarina pela, 602; resolução de paz pela (1917), 608-9; derrota da Rússia pela, 611; teme a Rússia, 27-8; bolchevismo e interferência americana, o legado da, 612-3; documentos diplomáticos da, publicados, 619-20; bibliografia da, 625-6.

Alexanderovo: encontro de Alexandre II e Guilherme I (1879), 300-1.

Alexandre, príncipe da Bulgária: proclama a união com a Romélia Oriental, 341, 345-6; e a guerra com a Sérvia, 346-7; abdica, 347-8; promessas alemãs perante, no Tratado de Resseguro, 357-60.

Alexandre, rei da Sérvia, assassinato de (1903), 564-5n.

Alexandre I, tsar russo, 24-5, 42-3, 129-30, 136, 151-2.

Alexandre II, tsar russo: sucede ao trono, 113-4; favorável ao isolamento, 117-8; e o ultimato austríaco (jan. 1856), 119; e o Congresso de Paris, 127; protestos contra a política anglo-francesa em Nápoles, 134; encontra Napoleão III em Stuttgart (1857), 136-8; negocia entente com Napoleão III, 144-6, 348-9, 359; oferece para garantir a fronteira do Reno (1859), 152; encontra o regente da Prússia em Breslau, 155-6; desaprova Garibaldi, 160-1; e o Encontro de Varsóvia (1860), 161-4; procura tranquilizar a Polônia, 169-70; propõe aliança à Prússia (1863), 177-8; e proposta de congresso, 179-80; postura em relação à questão alemã, 194-5; não pode ignorar a Turquia, 215-6; visita a Paris (1867), 223-4; propõe aliança à Prússia (1868), 226-7; não entrará numa coalizão contra a França, 233-4, 245-6; tem inveja de Guilherme I, 234-5; encontra Guilherme I em Ems (1870), 240-1; propõe neutralidade à Áustria-Hungria, 245-6; alarmado com a revolução na França, 252-3; visita Berlim (1872), 257; visita Viena, 257-8; e a crise da "guerra iminente", 263; teme o pan-eslavismo, 268-70; não agirá sozinho no Oriente Próximo (1876), 272-4; repudia a política da paz, 277-9; discurso em Moscou (11 nov.), 278-9, 282; não repetirá o erro da Guerra da Crimeia, 280-1; abandona a Sérvia, 282; e a "paz limitada", 282-4,

290-1; Francisco José promete neutralidade a, 283-4; precisa do apoio alemão, 286-7; e o Congresso de Berlim, 290-2; queixas a Guilherme I (1879), 300-1; assassinado (1881), 309.

Alexandre III, tsar russo: sucede ao trono, 309; opinião sobre a Guerra russo-turca, 290-1; irritado por Skobelev (1882), 314; em Skierniwice (1884), 257n; ordena que Alexandre da Bulgária abdique, 347-8; e o boulangismo, 348-9; e o Tratado de Resseguro, 356-60; visita Berlim (1889), 369-70; indiferente ao fracasso do Tratado de Resseguro, 370-1; radiante com a prisão de niilistas na França, 373; concorda com a Entente franco-russa (1891), 376-7; pretende assinar convenção militar (1892), 381; abalado pelo escândalo do Panamá, 382-3; autoriza a visita de Toulon (1893) 386-7; concorda com a Aliança franco-russa, 386-7.

Alexandria: frotas britânica e francesa em, 328-9; bombardeada pela frota britânica, 328-9; britânicos instauram o controle de, 410-1.

Alexeiev, vice-rei das províncias do Extremo Oriente, 462.

Alfonso III, rei da Espanha: garantias de Guilherme II a, com relação ao Marrocos, 465n; soa o alarme contra a Alemanha, 478-9.

Algeciras: Conferência de (1906), 482-6; política austro-húngara na, 494, 496-7; britânicos querem penalidade pelo abandono do Acordo de, 513, 514-5.

Aliança anglo-japonesa (1902): criada, 441; resultados da, 442-4; efeito na Rússia, 447, 456-7; resposta franco-russa à, 448-9; fortalece o isolamento britânico, 469-70; renovada e expandida (1905), 477-8.

Aliança austro-germânica (1879): negociações para a, 299-301; importância da, 302-5; existência da, conhecida pela Rússia, 354-5; texto da, lido para Pavel Shuvalov por Bismarck (1887), 357-8; texto da, enviado a Salisbury por Bismarck, 361; anunciada por Bismarck (1888), 363; cláusulas da, contestadas pelo Tratado de Björkö, 496-8; sucesso da, na crise da Bósnia (1909), 498-500; termos da, não observados pela Alemanha em 1914, 571.

Aliança austro-prussiana: maio 1851, 80-3; abr. 1854, 102-4, 146-8; em Teplitz (1860), 161, 166-8; (jan. 1864), 184-5; convenção posterior (mar. 1864), 188-90.

Aliança franco-russa: favorecida por Napoleão III, 99; proposta por Morny (1856), 117-9; prevista por Manteuffel, 126; planejada por Napoleão III, 129-30, 137-8; negociações por, 144-6; tratado da (1859), 146-7, 148-9, 169-70; destruída pela revolta polonesa (1863), 175-6, 181; tentativa de renovar (1867), 217-8; (1869), 234-5; tem de estar ativa, 252n; nenhuma possibilidade de (1879), 300-1; não evitada pelo Tratado de Resseguro, 358-9; negociações para (1891), 375-7; e (1892), 379-81; realizada, 386-7, 390-1; no Extremo Oriente, 398-400, 400-2; reconhecida por Nicolau II (1897), 413-4; cláusulas da, modificadas por Delcassé (1899), 427-8; convênio militar da, contra a Grã-Bretanha (1901), 440-1; estendida ao Extremo Oriente (1902), 448; Espanha deseja se juntar à, 451-2; e a Guerra russo-japonesa, 462-3; alemães não conhecem os termos da, 464-6; termos modificados, 486n, 491-2; nova interpretação da, por Poincaré (1912), 531-4; convênio naval da, 532; França não abandonará (1913), 549-50; não é causa para a Primeira Guerra Mundial, 571; provocada pelo Plano Schlieffen, 572-3; acordo sobre termos da paz (1917), 602-3.

Alma, batalha de, 107.

Alsácia: pretensões alemãs à, 65-6; supostas intenções de Bismarck em relação à, em 1866, 202n; anexação alemã da, 248-9, 251, 255-6, 260-1; Bismarck pede garantia russa pela (1876), 278-9; Gambetta espera recuperar sem guerra, 260-1, 314, 331-2; uma causa pela qual a França irá lutar, 322-3, 331-2, 377-8; Rússia não irá lutar pela, 377-8; só compensação por Constantinopla, 405; Goluchowski propõe autonomia para a (1896), 412-3; Delcassé pede autonomia para a, 424-5; Delcassé planeja retomada pacífica da, 427-8, 439-40, 456-7; Alemanha exige garantia como condição para coalizão pró-bôeres, 431-2; e como condição para aceitar o controle francês do Marrocos, 439-40; afastamento franco-germânico sobre a, beneficia a Rússia, 467; postura britânica em relação à, 489-90; tumultos na (1913), 550-1; não é causa para a Primeira Guerra Mundial, 562n; planos militares alemães determinados pelo controle da, 572-3; alegação francesa de que é objetivo de guerra, 582-3; não prometida à França por seus aliados, 588; Bethmann cederia parte da, 597; França busca apoio da Rússia à reivindicação da (1917), 601; prometida à França pelo imperador Carlos, 604-5; Czernin insiste na cessão da, 608; Kühlmann diz que a Alemanha nunca irá ceder, 610; Lloyd George a transforma em objetivo de guerra britânico, 610-1; prometida à França nos Catorze Pontos, 611-2.

Ancona, ocupação de (1832), 67-8.

Andrássy, primeiro-ministro húngaro e ministro austro-húngaro do Exterior: adverte Bismarck contra o irredentismo romeno, 228; defende a neutralidade na Guerra franco-prussiana, 246-7; hostil à Rússia, 71, 250-1, 251n; torna-se ministro do Exterior, 256-7; pensa que a Hungria está sobrecarregada, 258-9; e crise da "guerra iminente", 264; e a Questão Oriental, 270-2; e a missão dos cônsules (1875), 272-4; e a nota de Andrássy, 273-4, 275; e o memorando de Berlim (1876), 275-6; e o Acordo de Reichstadt, 276-7; e a Guerra russo-turca, 281-2, 283-4; e o Tratado de Santo Estêvão, 286-7; e a Grã-Bretanha, 286-7, 288-9; não irá anexar a Bósnia, 288-9; fracasso da sua política, 291-2, 535-6; negocia aliança com a Alemanha (1879), 300-1, 305-8, 311; faz campanha pela guerra contra a Rússia (1887), 347-8; último reflexo de, 534-5.

Antônio, príncipe, 241-2.

Antuérpia, reivindicação alemã à, durante a Primeira Guerra Mundial, 583, 594-5.

Arago, republicano, em Berlim, 55.

Archangel, não substitui os Estreitos, 579-80.

Armênia: Rússia avança pretensão à (1887), 355-6; atrocidades na (1894), 398, 402-3; tríplice entente com relação à (1894-1895), 398, 400; mais massacres na (1896), 411-2; destinada à Rússia pelo acordo entre os Aliados (1916), 588.

Arnim-Suckow, ministro prussiano do Exterior: e a Polônia, 48-9, 49-51.

Ásia Central: expansão russa na, 236-7, 262-3, 264, 308-9, 338-40, 341-2; não vale uma guerra, 343; conflito anglo-russo na, esperado, 469-70.

Ásia Menor: planos de Salisbury para a (1878), 287-8, 297-8; garantida à Turquia pela Grã-Bretanha, 288-9; Gladstone se retira da (1880), 308-9; Salisbury amplia o Segundo Acordo do Mediterrâneo para a, 360-1, 361-2; planos alemães para a, 415-6, 426-7; acordo russo-turco contra ferrovias na (1900), 427; cooperação anglo-germânica na, 454-5; apreensão russa

com relação à, 549; reivindicações austro-húngaras na, rejeitadas pela Alemanha, 562-3, 564-5; proposta de partilha da, no Acordo de St. Jean de Maurienne (1917), 605-6n.
Asiago, batalha de (1916), 595n.
Asquith, primeiro-ministro britânico: ingressa no governo liberal (1905), 480-1; deseja agradar Izvolski com relação aos Estreitos, 495-6; tira lição da crise da Bósnia, 502; compara Bethmann a Abraham Lincoln, 504n; membro do comitê do governo relacionado às relações com a Alemanha, 508n; aprova as observações de Nicolson a Cambon, 523n; destituído (1916), 599-600.
Atenas, bombardeio britânico de (1850), 73-4.
Augustenburg, duque de: pretensões de, a Schleswig e Holstein, 182-3; reivindicações apoiadas pela Prússia e pela Áustria na Conferência de Londres, 191; reivindicações pressionadas pela Áustria, 195-6.
Aupick, general, embaixador francês, 71-2.
Austrália, 337-8.
Áustria: ganhos e perdas de território, 26; declínio como uma Grande Potência, 30; aliança da, com as Duas Sicílias, 41-2; e o Tratado de Münchengrätz, 42-3; revolução na (1848), 46-7; e Itália, 56-7, 57-61, 65-8, 74-5, 93-4; e Hungria, 68-70, 70-1, 74-5; e a Questão Alemã (1850), 74-82; volta ao absolutismo, 114-5; e Montenegro (1853), 90-1; e a Questão Oriental, 93-9; fica neutra (1854), 101-2; exige a retirada russa dos principados, 102-4; exército mobilizado (out. 1854), 107-8; ultimato à Rússia (dez. 1855), 119, 127-8; retira-se dos principados do Danúbio, 127; atacada no Congresso de Paris, 127-8; adere à tríplice garantia à Turquia, 127-8; e à Romênia, 134-5; exige o desarmamento da Sardenha (1859), 150-1; ultimato à Sardenha, 151; Constituição na (1861), 165; rompe com a Prússia, 166-9; procura a liderança da Alemanha (1863), 178-9; e a Questão de Schleswig, 182-3, 184-7, 192-7; dificuldade de mobilizar o exército, 200-1; tratado com a França (12 jun. 1866), 203-4; excluída da Alemanha, 207-8; sonha com uma aliança francesa contra a Prússia, 219; torna-se Áustria-Hungria, 222-4; bibliografia da, 627.
Áustria-Hungria: criação da, 222-4; neutralidade da (1870), 245-7, 250-1; e a Liga dos Três Imperadores, 256-9; e os eslavos balcânicos, 268-71; prometida parte ou a totalidade da Bósnia, 276-7; na Crise Oriental, 286-9; conquista a Bósnia e a Herzegovina (1878), 289-90; postura de Bismarck diante da, 292-3; efeito da aliança com a Alemanha sobre a, 302-6; aliança da, com a Sérvia (1881), 316; com a Romênia (1883), 316-7; planos para os Bálcãs da, 318-9; veredito de Gladstone sobre a, 324-5; adverte a Turquia a manter os Estreitos fechados (1885), 340-1; e a Bulgária, 346-8; Bismarck e Salisbury procuram evitar o ônus da (1887), 351-2; não podia reclamar do Tratado de Resseguro, 358-9; mobilização alemã prometida à, 369-70; apoiada pela Alemanha nos Estreitos (1890), 371-2; desprezada por Gladstone, 383-4; tratada por Rosebery como "aliada natural" (1893), 383-4; fim da aliança britânica com a, 393-5; apoio alemão prometido à (1895), 402-4; tem margem de manobra depois de acordo com a Rússia (1897), 412-4, 427; desintegração da, esperada, 425-6; adere à declaração franco-russa referente à China (1902), 448n; Delcassé planeja a partilha da, 456-7; Holstein aceita o apoio da, em Algeciras, 473-4; vota com a Alemanha em Algeciras, 483;

considerada liberal, 489-90; e os escravos do Sul, 493-4; apoio alemão à, a respeito da Bósnia, 495-7; pretensão sérvia contra a (1912), 529; permite vitórias balcânicas, 535-6; não consegue ajudar a Bulgária (1913), 541-2; resgatada pela Alemanha (1914), 558-61; declaração de guerra à Sérvia, 567-8; mobilização geral na, 568n; razões para entrar em guerra, 570-1; declaração de guerra à Rússia, 570; incapacidade de aniquilar a Sérvia, 574-5; recusa concessões à Itália (1915), 589; oferece concessões à Itália, 590-2; Itália precisa da, 593; desmembramento da, proposto pela Entente (1917), 600-1; paz oferecida pela, 604-8; desmembramento da, proposto nos Catorze Pontos (1918), 611-2; bibliografia da, 627.

Auxerre, discurso de Napoleão III em (1866), 202.

Baden-Baden, encontro de Napoleão III com o príncipe regente Guilherme em (1860), 160-1.

Baía de Besika: frota britânica enviada à (1853), 92-3, 96n; (1876), 275-6; (1877), 282-3.

Baía de Delagoa: alemães cobiçam (1898), 407; britânicos procuram controlar a, 421-3; ferrovia de Bagdá desvia a atenção da, 426-7.

Baía de Santa Lúcia, 342-3.

Balaklava, batalha de (1854), 107.

Balfour, primeiro-ministro e ministro do Exterior britânico: e o acordo anglo-germânico de 1898 sobre as colônias portuguesas, 548; tenta revelar tratados secretos ao presidente Wilson, 602; faz investigações no Vaticano a respeito das condições de paz alemãs, 609; rejeita projeto para uma Polônia independente, 603n.

Ballin e Haldane, missão, 521, 521n.

Banat, prometido à Romênia pela Rússia, 595.

Banco Russo-Chinês, 416-9.

Bancoc, 384-5.

Barbes, e a Polônia, 50-1.

Bardo, Tratado de (1881), 312-3.

Barrère, embaixador francês: não proletário, 25; retira a Itália da Tríplice Aliança (1902), 449-51.

Bastide, ministro francês do Exterior: como subsecretário, 44-5; e a Alemanha, 55; e a Questão Italiana, 59-62.

Batum, conquistado pela Rússia (1878), 290.

Bavária: aliança da, com a Áustria (1850), 77-8; Drouyn exige territórios renanos da, 211-3.

Beaconsfield, lorde, primeiro-ministro britânico: se opõe à Conferência de Constantinopla, 280-1; busca aliança com a Áustria-Hungria, 283-4; oferece dinheiro à Áustria-Hungria, 283-4; não satisfeito com o entendimento moral com a Áustria-Hungria, 283-4; combatido por Derby, 283-4; solicita um trem especial no Congresso de Berlim, 289-90; dirige-se em inglês no Congresso de Berlim, 25n, 289n; expectativas exageradas de, 291-2; oferece-se para manter a França em silêncio, 305.
– Ver também Disraeli.

Bebel, líder socialista, sobre o exército alemão, 35-6.

Beck, chefe do Estado-Maior austro-húngaro, 281n, 494.

Bélgica: neutralidade da, no Tratado de Londres, 41-2; interesse britânico na, 46-7, 52-3, 60-1; ameaça francesa à (1852), 86; mais importante para a Grã-Bretanha que o Báltico, 192-3; mencionada por Bismarck em Biarritz, 197-8; descrita por Bismarck como "o baluarte da França", 209-11; Rouher pretende conquistar, 211-3; propósitos franceses na, 214, 215, 217-8, 264-5; apreensão inglesa referente à, 235-6, 244-5; projeto de tratado referente à, publicado em *Times* (1870), 263; tratados para proteção, em 1870, 324n; planos germânicos para invadir a, 382n, 464-5; governo não apoiará Leopoldo II no Congo, 395-6; França perde interesse na, 531n; inquietação francesa com relação às colônias da, 548; invadida pela Alemanha, 570-1; avanço alemão através da, 572-3, 574-5; Alemanha propõe se retirar da, 580-1, 597; Questão da, nas negociações de paz, 597; Bethmann quer garantia para a Alemanha por parte da, 599-600, 602; Entente exige restauração da, 600-1; Questão da, nas condições de paz do papado, 610; restauração da, proposta nos Catorze Pontos, 611-2.

Belgrado: bombardeada pelos turcos (1862), 169-70; capturada pela Áustria-Hungria (1914), 574-5; retomada pelos sérvios, 574-5.

Benckendorff, embaixador russo: sempre falou francês, 25; e Grey, 508; sobre a "pipa de Charykov", 519; sobre os sentimentos na França, 546; sobre a postura de Grey em relação à Tríplice Entente, 555-6; correspondência de, entregue aos alemães, 557-8; conversas de, com George V relacionadas a Constantinopla, 585.

Benedetti, embaixador francês: em Constantinopla, 109; enviado a Berlim, 194; orientado para exigir a margem esquerda do Reno (1866), 211-3; oferece aliança a Bismarck, 214; e a Luxemburgo, 214-7; acreditava que Bismarck gostaria de uma garantia da França, 225-6; desaprova as negociações de Fleury em São Petersburgo, 234-5; pensa que Bismarck não tomará a iniciativa de unir a Alemanha, 240-1; orientado para exigir compromissos relacionados ao candidato Hohenzollern, 243-4; relatos de Ems não recebidos pelo governo francês, 243-4;

projeto de tratado relacionado à Bélgica publicado em *Times* (1870), 263.

Bennigsen, e a Questão de Luxemburgo, 218-9.

Berchtold, ministro do Exterior austro-húngaro: ausência de política para os Bálcãs, 535; rejeita a oferta sérvia de amizade, 536-7; se mantém fora da Segunda Guerra dos Bálcãs, 539-40; deseja revisar a Paz de Bucareste, 544-5; manda ultimato à Sérvia (out. 1913), 544-5, 566-7; Czernin insta, a fazer concessões à Romênia, 560; decide pela guerra depois do assassinato de Francisco Ferdinando, 564-6; perde tempo, 566-7; acha a política alemã uma piada, 568; inicia a guerra deliberadamente, 571; descartado, 589; indiferente se é um criminoso de guerra, 620-1; menos famoso que Bronstein, 36.

Berg, marechal de campo russo, e a Liga dos Três Imperadores, 257-8.

Berlim: revolução em (1848), 47; derrota da revolução em, 63; influência russa em, 119-21; encontro dos três imperadores (1872), 257-8; Gorchakov em (1875), 264; Francisco José em (1889), 369-70; Alexandre III em (1889), 369-70; Giers em (1891), 378-9; tsaréviche (filho do tsar Alexandre III, e herdeiro do trono) em (1893), 382-3; demonstração pró-britânica possível em, 457n; Izvolski em (1906), 484-5; Eduardo VII em (1909), 498; Haldane em (1912), 521; Nicolau II em (1913), 552-3; não há governo em, 568; russos esperam tomar, 574.

– Conferência em, sobre a África (1884), 337-8, 394n.

– Congresso de, 37, 254, 285-6, 289-93, 526; resolução do, 290-3, 295-6; Bismarck no, 297-8, 322-3; postura diante da Grécia e da Turquia no, 308-9; Itália ignorada no,

311-2; resolução do, derrubada na Bulgária, 335-6; lições do, esquecidas, 478-9.

— Memorando (1876), 275-8.

Bernstorff, ministro do Exterior prussiano: e a transição alemã (1849), 75-6; torna-se ministro do Exterior (1861), 168-9; programa alemão de, 169-70; comparação com Bismarck, 170.

Berthelot, ministro do Exterior francês, 410-1.

Bertie, embaixador britânico: arruína o acordo em Algeciras (1906), 484n; opõe-se à reivindicação alemã de Agadir, 513, 514-5; impede a reivindicação de Caillaux de Tânger, 516n; alarma Poincaré com relação à missão de Haldane, 521-5; defende aliança com a França, 523-5.

Bessarábia: parte da, cedida pela Rússia no Tratado de Paris (1856), 118-9; retomada da, exigida pela Rússia (1858), 145-6; recusada por Napoleão III, 145-6; oferecida por Thouvenel (1860), 161-2; prometida em Reichstadt (1876), 276-7; único objetivo concreto russo na Guerra Russo-Turca, 285-6, 290-1; retomada pela Rússia, 290-1, 316-7.

Bethmann Hollweg, chanceler alemão: postura em relação à marinha alemã, 504-5; deseja acordo político com a Grã-Bretanha, 504-6; ataques a, depois da crise de Agadir, 516-7; anuncia ampliação do exército, 520-1; conflito com Tirpitz, 521-2; deseja afastar a Grã-Bretanha da Tríplice Entente, 539-40; introduz nova legislação militar (1913), 540-1, 546; opõe-se à intervenção austro-húngara na Segunda Guerra dos Bálcãs, 541-2; favorece a cooperação com a Grã-Bretanha, 550-1; pensa que a Grã-Bretanha está se afastando da Tríplice Entente, 558-9, 563-4; não consegue dividir seus inimigos, 563-4; aprova as observações de Guilherme II a Szögyény (5 jul. 1914), 565-6; tenta assegurar a neutralidade britânica, 566, 568; não confia na vitória, 596; opiniões de, sobre a paz de compromisso, 597; negociações de, com a Rússia arruinadas por Ludendorff, 597; e os Estados Unidos, 598, 599-600, 602; aceita cláusulas extremas, 608-9; queda de, 604, 608-9.

Beust, chanceler austro-húngaro: na Conferência de Londres (1864), 190n; torna-se ministro do Exterior austríaco (1866), 207-8; espera conquistar a Bósnia, 216-7, 270-1; recusa-se a apoiar a França na crise de Luxemburgo (1867), 219; faz concessão e se torna chanceler, 219-20, 222-3; e a crise em Creta, 223-4, 225-6, 227-8; negociações de aliança com a França, 227-8, 228-34; política de, na Guerra Franco-Prussiana (1870), 245-8; deseja a Liga dos Três Imperadores, 250-1; encontra-se com Bismarck em Gastein, 256-7; demitido, 256-7; e a aliança com a França, 229.

Bezobrazov: torna-se secretário de Estado (1903), 462; e a Coreia, 462-3; queda de, 468-9.

Biarritz, encontro de Napoleão III e Bismarck em (1865), 197-8, 274-5, 277n.

Biegeleben, favorece aliança com a França (1864), 194-5.

Bilinski, ministro das Finanças austro-húngaro: advertido pelos sérvios contra visita a Sarajevo, 565-5n.

Bismarck, Herbert, secretário de Estado alemão, 332-3.

Bismarck, Otto, chanceler alemão: em Frankfurt, 77-8, 178-9; defende a neutralidade prussiana na Guerra da Crimeia, 101-2; transforma a mobilização federal em defesa da neutralidade (1855), 111-2; o verdadeiro vencedor da Guerra da Crimeia, 119-21; não está na origem da desonestidade diplomática, 120*n*; e Manteuffel, 126-7*n*; defende a adesão à Aliança franco-russa, 143, 146-7, 155-6; torna-se ministro do Exterior, 170; suas intenções, 170-1*n*; abordagem à França por (1862), 172-3;e a revolta polonesa, 172-6; rejeita a aliança com a Rússia (1863), 178-9; derrota a política austríaca no encontro de Frankfurt, 179; recusa-se a apoiar a Rússia, 181-3; faz aliança com a Áustria (1864), 184-5; aposta em divisões na França, 189-90; recusa-se a salvaguardar Venécia, 190; apoia as reivindicações de Augustenburg na Conferência de Londres, 191-2; em Schönbrunn, 193-4; concorda em partilhar a posse dos ducados, 194; promete apoiar a Rússia na Romênia, 194-5; impõe cláusulas a Augustenburg, 195-6; e o Tratado de Gastein (1865), 196-7; encontra Napoleão III em Biarritz, 197-8; faz aliança com a Itália (1866), 198-200; concorda em desmobilizar, 200-1; ameaça reativar a Constituição de 1849, 202-3; teme a intervenção francesa, 203-4; inicia a guerra contra a Áustria, 204-5; oferece condições razoáveis à Áustria, 206-8; não deseja anexar território no norte da Alemanha, 209-11; negocia com a França, 209-113; resiste aos planos da Rússia de um congresso, 213-4; negocia com Benedetti, 214-7; e a Crise do Luxemburgo, 218-20; e a Rússia, 222-8, 233-4; silencia o irredentismo romeno (1868), 228-9; aconselha a Áustria-Hungria a se voltar para os Bálcãs, 233-4; ignora o conselho de Alexandre II em relação a Schleswig, 234-5; e a proposta francesa de desarmamento (1870), 235-6; e a guerra de 1870, 239-40; planos para aumentar o prestígio dinástico, 240-1; e a candidatura espanhola, 241-2; e o "telegrama de Ems", 243-4; divulga projeto de tratado referente à Bélgica, 244-5; salvaguarda a Áustria-Hungria durante a guerra, 245-6; favorece a anexação da Alsácia e da Lorena, 248-9; deseja restaurar Napoleão III, 251-2; e a Questão do Mar Negro, 253-4; termos de paz com a França (1871), 255-6; pretende isolar a França, 256-7; e a Liga dos Três Imperadores (1872), 257-9; e a república francesa, 260-1; e a *Kulturkampf*, 263; e a crise da guerra iminente, 261-5; favorece a partilha da Turquia, 267-8, 274-5; e o memorando de Berlim, 275; e a Rússia (1876), 278-9; e a Guerra Russo-Turca (1877), 285-9; mediador sincero, 292-3; e a aliança com a Áustria-Hungria (1879), 297-306; negocia com Saburov, 306-7; e a Liga dos Três Imperadores (1881), 309-11; e a Tríplice Aliança, 311-3; e a aliança com a Romênia (1883), 316-7; seu sistema de aliança, 317-9; desculpa-se por tomar Metz, 322-3; e o Marrocos (1880), 326*n*; e a Questão Egípcia, 327-32; e as colônias, 332-5; e a entente com a França, 335-40; apoia a Rússia nos Estreitos (1885), 340-1; defende a liga continental, 341-3; e a Crise Búlgara, 346-8; e o boulangismo, 348-50; renova a Tríplice Aliança (1887), 351-5; e o incidente de Schnaebele, 356-7; e o Tratado de Resseguro, 357-60; e o Segundo Acordo do Mediterrâneo, 361-3; apoia a Rússia na Bulgária, 363-5; mantém conversações de Estado-Maior com Itália, 364-5; assegura a paz europeia, 365, 367-8; disputa com Guilherme II, 368-70; renuncia (1890), 370-1; Caprivi progride junto a, 370-2; Caprivi retorna à política de, 391-3; Hohenlohe, o mais parecido com, 398; sistema abandonado pela Alemanha, 408-9, 415-6, 508-9, 510-1, 554; seu mapa da África, 436; Bülow comparado a, 416;

ressentimento permanente da Rússia contra, 468-9; tinha de preparar suas guerras, 483; sobre seus inimigos, 563-4; obra de, não pode ser desfeita, 606-8; ataque do príncipe herdeiro a (1863), 516-7; e o perigo social, 33-5; e o sufrágio universal, 36-7; bom senso de, 34-5; documentos de, publicados, 616-7, 634; documentos de, em *Grosse Politik*, 619-20; desafia os historiadores, 621-2.

Bizerta, principal porto da Tunísia, 313*n*, 413-4, 536*n*.

Björkö, Tratado de (1905): redigido, 475-7; efeito do, na política alemã, 477; contestado pela aliança anglo-japonesa, 477-8; natimorto, 477-8; contradiz a aliança austro-germânica, 496-7; Witte deseja ressuscitar (1915), 583-4.

Bleichroeder, banqueiro, 328.

Bloomfield, embaixador britânico, 73-4.

Boêmia: exército austríaco mobilizado na (1866), 200-1; considerada alemã, 220*n*; Áustria-Hungria vai se mobilizar na, de acordo com aliança proposta com a França (1869), 231-2.

Boisdeffre, general francês: visita a Rússia (1890), 373; negocia com a Rússia (1891), 375-6; apresenta um esboço do convênio militar com a Rússia (1892), 379-81; realiza convênio militar com a Rússia, 381.

Bolcheviques: divulgam "tratados secretos", 587, 603-4, 619; Kerensky abre caminho aos, 604; tomam o poder, 23, 611; Wilson compete com os, 611-2.

Bolgrad, disputa referente a (1856), 131-5.

Bompard, embaixador francês: sobre a Manchúria (1903), 461; opõe-se à Rússia em Constantinopla (1912), 532*n*; defende cooperação com a Alemanha, 549-50.

Bordeaux, discurso em, por Luís Napoleão (1852), 87.

Bósforo: pretensões russas no (1853), 89-90; planos russos para tomar o, em 1895, 401-2, 404-5; e em 1896, 411-2; Sazonov diz que o, deve ser russo, 553.

Bósnia: proposta cessão à Áustria em congresso (1866), 202-3; Beust espera obter a, 216-7; Rússia quer garantia contra a Áustria na, 219-20; revolta na (1875), 267-8; pretensão austro-húngara à, 270-1; prometida à Áustria-Hungria pelo acordo de Reichstadt (1876), 276-7; e pela Convenção de Budapeste (1877), 281-2; não mencionada no Tratado de Santo Estêvão (1878), 285-6; apoio britânico às reivindicações austro-húngaras à, 289-90; ocupação da, pela Áustria-Hungria a causa de futuras crises, 291-2; liberais austríacos votam contra a ocupação da, 307-8; Rússia concorda com a anexação austro-húngara da, na Liga dos Três Imperadores (1881), 311-2; Áustria-Hungria deseja anexar a (1897), 412-3; crise por causa da anexação austro-húngara da, 490-1, 495-500; Bülow diz que chega, 499-500; crise de Agadir é mais séria, 517; experiências na, fazem a Áustria-Hungria se voltar contra a conquista de um número maior de súditos eslavos, 535-6.

Boulanger, general francês: agitação liderada por, 348-9; não tem programa político, 356-7; fracasso de, 356-8, 370-1; efeito de, em Alexandre III, 357-8, 370-1; derrotado por Rouvier, 474.

Bourqueney, embaixador francês, 118-9.

Brandenburg, primeiro-ministro prussiano, 78-80.

Bratianu, primeiro-ministro romeno, 228.

Bremen, 333-4.

Brenier, ministro do Exterior francês, 93-4.

Breslau, cruzador alemão, em Constantinopla, 578-9.

Breslau, encontro de Alexandre II e do príncipe regente Guilherme em (1859), 155-6.

Brest, frota francesa de, deixa (1912), 523-5.
Brest-Litovsk, Tratado de (1918), 611.
Briand, primeiro-ministro francês, 593-4; rejeita oferta de paz alemã, 599-600; e a Polônia, 601n; e o Acordo franco-russo (1917), 601n.
Bright, John, 296-7, 408-9.
Bronstein (Trotsky), muito mais famoso que Berchtold, 36.
Bronzell, no Hesse, envolvimento em (1850), 79-80.
Bruck, ministro austríaco, 64-6.
Brusilov, general russo: ofensiva de (1916), 595-6.
Bruxelas, Conferência de, fracassa em (1849), 66-7, 74-5, 142-3.
Bucareste, 267n; Tratado de (1913), 542-3, 544-5, 560.
Buchlov, encontro de Izvolski e Aehrenthal em (1908), 495-7.
Bucovina, prometida à Romênia pela Rússia, 595.
Budapeste: nenhuma compensação à França pela derrota de Paris, 373; Rússia espera tomar (1914), 574.
– Convenções de (1877), 281-4, 285-6, 286-7.
Bulgária: origens da, 280n; atrocidades na, 268-70, 276-7, 282-3; revolta na, 276-7; independência da, aceita em Reichstadt, 276-7; propostas referentes à, na Conferência de Constantinopla (1876), 280-1; na Guerra Russo-Turca, 282-3, 285-6; partilha da, 286-90; Áustria-Hungria concorda com a unidade da (1881), 310; liberta-se do controle russo, 331, 345-6; união com a Romélia Oriental (1885), 341, 345-7; guerra da, contra a Sérvia, 295n, 345-7, 545n; Primeira Entente Mediterrânea não abrange a (1887), 353-4; Shuvalov reinvidica o controle russo da, 356-7; prometida à Rússia pelo Tratado de Resseguro, 357-9; Ferdinando escolhido príncipe, 359-60, 363-4;

crise referente à, diminui, 359-64; Alemanha teme a ação russa na, 377-8; Rússia aceita derrota na, 390-1; Aehrenthal planeja partilhar a Sérvia com a (1908), 494; aliança da Sérvia com a (1912), 528-9; entra em guerra com a Turquia, 535-6; sérvios temem conflito com a, 535-6; hostilidade russa à, 536-8; enganada com relação à Macedônia (1913), 541; começa a Segunda Guerra dos Bálcãs, 541-2; estratégia russa com relação à, depois da Paz de Bucareste, 542-3, 552-3; Berchtold busca aliança com a (1914), 560-1, 565; Sazonov espera vencer, 577-8, 579-80; Entente negocia com a (1915), 589-90, 593-4; entra na Primeira Guerra Mundial, 593-4; ataque previsto contra a, de Salônica (1916), 595.
Bülow, chanceler alemão: em São Petersburgo (1897), 413-4; símbolo da política mundial, 416; sobre a ferrovia de Bagdá, 426-7; em Windsor (1899), 431-2; e a Segunda Lei Naval, 432; e o Extremo Oriente, 434-5, 437-8; age como esfinge no Marrocos, 439-40; discursos ofensivos de, contra Chamberlain, 442-3; e a liga continental (1900), 444-5n; indiferente ao Marrocos (1903), 449-51; conta com o desentendimento anglo-russo, 454-5, 463-4; conta com a Espanha no Marrocos, 464-6; e visita a Tânger, 472-4; feito um príncipe (1905), 474-5, 483; opõe-se ao Tratado de Björkö, 475-7; rejeita Holstein, 477-9; derrocada depois de Algeciras (1906), 483, 484n; posa de liberal, 489-90; e a questão naval, 491; política na Crise da Bósnia, 496-7; e entrevista ao *Daily Telegraph*, 497-8n, 503-4, 608-9; diz "Não repita o caso da Bósnia", 499-500; última tentativa de acordo com a Grã-Bretanha (1909), 503-4; queda de, 503-4; missão de, a Roma (1915), 589; tenta manter a Itália

neutra, 590-2; rejeitado como chanceler por Guilherme II (1916), 608-9.
Bunsen, ministro prussiano, 56, 102n.
Buol, ministro do Exterior austríaco, 87-8; e o reconhecimento de Napoleão III (1852), 87-8; e a Nota de Viena, 94-7; encontra Nicolau I em Olomouc, 96-7; "Projeto" de, 94-5n, 96-7; e Orlov (1854), 98-9; favorece a entrada na Guerra da Crimeia, 101; faz aliança com a Prússia, 103-4; questiona aliados sobre objetivos de guerra, 104; esboça os Quatro Pontos, 104, 105-6; negocia aliança com Grã-Bretanha e França, 107-9; propõe contrapeso, 114-5, 115-6n; esboça condições de paz (1855), 118-9; dá ultimato à Rússia, 119, 127-8; propõe garantia tripartite da Turquia (1856), 127-8; espera evitar aliança franco-russa, 128-9; excluído de encontro de Francisco José e Alexandre II em Weimar (1857), 137-8; solicitado por Malmesbury a fazer concessões na Itália (1859), 148; engana Cowley, 149; dá ultimato à Sardenha, 151n; demitido, 152-3; comparação com Berchtold, 571.
Burian, ministro do Exterior austro-húngaro: resiste às exigências italianas (1915), 589; oferece concessões à Itália, 590-2; não acredita na vitória, 596.

Caillaux, primeiro-ministro francês: favorece acordo com a Alemanha, 509-10; impede o projeto N'Goko Sangha, 510n; torna-se primeiro-ministro (1911), 511-2; e a crise de Agadir, 512-7; queda de, 517-8; não pode aceitar a amizade austro-húngara, 517-8; representa a finança pacífica, 530-1; retorna ao poder (1914), 549-50, 562-3; escândalo relacionado a, 557-8; favorece a paz negociada (1916), 596; derrotado por Clemenceau, 597.

Cairns, lorde, 287-8.
Camarões, África Central, 342-3.
Cambon, Jules, embaixador francês: busca entente com a Alemanha (1907), 490; negocia com Kiderlen durante a crise de Agadir, 510-3; sobre Discurso da Mansion House, 515-6; Caillaux negocia pelas costas de, 515-6; apela à cooperação com a Alemanha (1912), 549-50.
Cambon, Paul, embaixador francês: sobre as relações com a Rússia (1890), 367-8; defende atuação franco-russa em Constantinopla, 378-9; quer ameaçar a Grã-Bretanha, 396-8; e Hanotaux (1896), 410-1; propõe a liquidação do Marrocos (1902), 452; negocia entente anglo-francesa, 458-9, 461; pensa que a França deve rejeitar aliança com a Rússia, 463; apela a Eduardo VII, 479-80; e a Grey (1906), 481; sobre Jaurès, 509n; deseja a aliança britânica (1912), 522-5; troca de cartas com Grey, 571-2; não é proletário, 25; bibliografia de, 641.
Campbell-Bannerman, primeiro-ministro britânico, 480-1; e negociações militares com a França, 481n; e a Duma russa, 489-90.
Canadá, apreensão britânica com o, durante a Guerra Civil Americana, 168-9.
Canal de Kiel, abertura do (1895), 400-1.
Canal de Suez: abertura do, 216-7; ações do, adquiridas por Disraeli, 268n, 274-5; acordo para neutralizar o, 362-3; Rússia dependia do livre trânsito através do, 401-2; condições francesas para o (1895), 405; forças armadas britânica controlam o, 410-1, 425-6; britânicos temem ataque turco ao (1915), 593-4.
Canal do Panamá, escândalo relacionado ao, 381, 382-3, 386.
Caporetto, batalha de, 605, 610-1.
Caprivi, chanceler alemão, 370-1; sobre a marinha alemã, 370-1; opõe-se à

Rússia nos Estreitos, 371-2; renova a Tríplice Aliança (1891), 373-4; assegura a exoneração de Waldersee, 381-2; e a legislação militar alemã (1893), 382-3; quer que a Grã-Bretanha inicie a próxima guerra, 384-5; coalizão parlamentar de, rompe-se, 391-3; não pode suportar a Áustria-Hungria (1894), 393-5; queda de, 398; comparado a Bülow, 416, 496-7, 499-500.

Carlos Alberto, rei da Sardenha: busca a proteção de Metternich (1825), 313; caráter de, 47-8 e a guerra contra a Áustria (1848), 47-8, 57-8; derrota de, 59-61; abdicação de (1849), 66-7; traços de (1915), 592-3.

Carlos II, rei da Inglaterra, 343.

Carlos, imperador da Áustria, 604; paz oferecida por (1917), 604-8; não pode romper com a Alemanha, 606-8; bibliografia sobre, 632.

Carnot, presidente francês: decide avançar até Fashoda, 384; desculpa-se a Mohrenheim, 386.

Cartum, cidade, 339-40.

Caso de Dogger Bank (1904), 466-70; põe fim a uma época, 469-70.

Cassel, Ernest, financista anglo-germânico: 521n; e Haldane, missão, 521.

Castlereagh, ministro britânico do Exterior, 24-5, 308-9.

Catorze Pontos (1918), 23, 611-3.

Cavaignac, ditador francês, 55-6, 60-2, 142.

Cavour, primeiro-ministro sardo: dispõe-se a entrar na Guerra da Crimeia, 109-10; faz aliança com as potências ocidentais (1855), 110-1; no Congresso de Paris (1856), 127-30; Napoleão III manda que ele apoie a posição britânica referente a Bolgrad, 133-4; Napoleão III insiste para que ele divulgue a carta de Orsini (1858), 141-2; encontra Napoleão III em Plombieres, 143-5, 197-8; Malmesbury pede que ele apresente suas queixas (1859), 148; e a guerra com a Áustria, 148-51; negocia com Kossuth, 152; retorna ao poder (1860), 157; cede a Savoia à França, 157-8; consegue o Reino das Duas Sicílias para a Itália, 158-64, 211; dá o exemplo a Bismarck, 189-90, 209-11, 240-1; comparado a Bismarck, 189-90, 298-9, 304-5; o criador da Itália, 296-7; Humberto muito aquém, 313; sucessores de, não conseguem imitar, 352-3; Crispi comparado a, 360-1; a Sérvia não tinha um, 493-4; bibliografia sobre, 638.

Ceuta, 466n.

Chamberlain, Joseph: e Salisbury (1891), 374-5; sobre a fragilidade britânica no Mediterrâneo (1894), 391; conhecimento da incursão de Jameson, 406-7n; desafiado por Kruger, 408-9; quer resistir à Rússia (1898), 419-22; dá Samoa à Alemanha (1899), 431-2; busca a aliança alemã, 432, 438-9; não é o único estadista britânico a admirar a Alemanha, 469-70.

Charlemagne, navio, em Constantinopla, 88-9.

Charykov, embaixador russo: "solta pipa" nos Estreitos, 518-20, 528-9.

Checoslováquia, 535-6; emancipação da, exigida pela Entente, 600-1.

Cherbourg, visita da rainha Vitória e do príncipe Alberto a (1858), 142.

China, 125; política britânica com relação à, 165, 308n, 324-5; interesses germânicos na, 365, 408-9; Giers busca apoio francês na (1891), 376-7; Rússia planeja dominar (1895), 390-1, 398-9; guerra japonesa com a, 398-9; mediação entre Japão e, 399-401; Alemanha ocupa um terminal carvoeiro na (1897), 405-6; participação fracassada da (1898), 416-22; torna-se Homem Doente, 433-4; Revolta dos Boxers na, une a Europa, 434-5; exigências russas na (1901), 435-8; declaração franco-russa referente à (1902), 448-9; exigências russas na

(1903), 456; revolução na (1910), 506-7; continua maior o interesse russo na, 527-9; planos antirrussos de Caillaux na, 512*n*, 530-1.

Chipre: conquistado por Salisbury (1878), 288-9, 297-8, 311-2; não cedido por Gladstone, 308-9; compromete a Grã-Bretanha a tolerar a conquista francesa da Tunísia, 312-3.

Churchill, Randolph, ministro das Finanças: favorece a Rússia em Constantinopla (1886), 348.

Churchill, Winston: torna-se primeiro lorde do Almirantado, 521; retira a frota britânica do Mediterrâneo (1912), 523-5; recusa aliança com a França, 523-4; defende feriado naval, 546-8; sobre a marinha alemã, 551-2; deseja encontrar-se com Tirpitz (1914), 557-8.

Cilícia, oferecida à França por Nicolau II (1915), 586-7.

Circourt, diplomata francês: e a Prússia, 49-51, 55; bibliografia de, 640-1.

Clarendon, ministro do Exterior britânico: e a Guerra da Crimeia, 91*n*, 92*n*, 92-3, 94-6, 97-8; espera "uma *catástrofe monstruosa*" na Crimeia, 107; espera paz em separado, 118-9; sobre os estadistas franceses, 120*n*; no Congresso de Paris, 126-7; e a Sardenha, 128-9; e os principados do Danúbio (1857), 134-5; busca o apoio de Napoleão III para a Dinamarca (1864), 190; transmite a proposta francesa de desarmamento a Bismarck (1870), 235-7.

Clemenceau, primeiro-ministro francês, 323; busca alianças com a Grã-Bretanha (1891), 375*n*; apreensão com o conflito anglo-germânico (1908), 491-2; ataca Caillaux (1911), 516; derrota Caillaux e torna-se primeiro-ministro (1917), 597, 604.

Cobden, cidade, 152-3, 295-6, 323-4.

Colônia do Cabo, 334-5, 336*n*, 337-8, 406-7*n*, 407.

Confederação Alemã, 41-2; e Schleswig, 53; planos da Prússia para a, 64-6; retomada (1850), 75-6, 76-7, 80-2; propostas austríacas para reforma da (1862), 169-70, 172-3; dissolvida, 206-7, 248.

Congo Francês: exigido por Kiderlen (1911), 513, 514-5; faixa de território do, cedido à Alemanha, 516.

Conrad, chefe de Estado-Maior austro-húngaro, 494; Moltke promete apoiar (1909), 496-7; frustrado com a guerra, 498-9; demitido por defender a guerra contra a Itália (1912), 517-8; Francisco Ferdinando proíbe entrar em guerra com a Sérvia (1913), 538-9; Moltke aconselha paciência a, 539-40; e a Segunda Guerra dos Bálcãs, 541-4; torce por guerra contra a Sérvia, 544-5; aconselhado por Moltke a não protelar (1914), 558-9; critica Berchtold, 564-5.

Constança, Nicolau II em (1914), 561-2.

Constantinopla, 50-1; Luís Napoleão oferece à Rússia (1850), 77-8; conflito diplomático em (1853), 88-99; frotas britânica e francesa em, 102-4; interesse russo em, 130-1, 144-5; Gorchakov sugere intervenção em (1876), 275; ser uma cidade livre segundo o Acordo de Reichstadt, 276-7; conferência em, 280-1, 284-5; russos esperam tomar (1877), 282-6; frota britânica em (1878), 286, 291-2; Salisbury e, 287-8, 297-8; e a Orient Line, 318-9; conferência em, referente ao Egito (1882), 327-9; protesto europeu em, contra a abertura dos Estreitos (1885), 340-1; maior que Merv ou Pendjeh, 341-2; a Tríplice Aliança apoia a Rússia em, 342-3; Salisbury tem de defender (1886), 347-8; a França se opõe à Rússia em, 348-9; protegida pela Primeira Entente Mediterrânea (1887), 354-5; Drummond Wolff em, 348, 355-6; oferecida à Rússia por Bismarck, 357-60;

França e Alemanha apoiam a Rússia em, 367-8; visita de Guilherme II a (1889), 369-70; entente franco-russa compromete a França em (1891), 377-8; França não lutará por, 377-8, 379-81; frota russa ameaça, 390-1; França procura distrair a Rússia de (1895), 391, 400-1; Salisbury daria à Rússia, 401-2, 405; oferecida à Rússia por Guilherme II, 402-3; ação da frota em, sugerida por Goluchowski, 404; diminuição da ansiedade referente a (1896), 411-4; Grã-Bretanha indiferente a, depois de Fashoda, 425-6; Guilherme II em (1898), 425-6; pretensões dos estados balcânicos por (1912), 528-30; Rússia teme a Bulgária em, 536-8, 539; Bulgária não consegue tomar, 539; apreensão francesa com relação a (1913), 549-50; protetorado alemão em, 551-2; Liman no comando de guarnição em, 552-3; Rússia não consegue conquistar (1914), 553; Rússia não quer, 553-4, 584-5; prometida à Rússia por Grã-Bretanha e França (1915), 584-8, 588-9; oferecida à Rússia pela Alemanha, 588; França exige Alsácia como compensação por (1917), 601; Rússia não permanecerá na guerra por, 602-3.

Convênio de Alvensleben (1863), 172-4, 177-8.

Coreia: causas da Guerra sino-japonesa, 398-9; Holstein planeja dar à Rússia, 405-6; reivindicações japonesas, 419-21, 441-4, 461; Bezobrazov e a, 462; Japão consegue a, 477-8.

Courcel, embaixador francês: e Bismarck, 322-3; Bismarck propõe neutralidade armada a, 334-40; Bismarck discute planos da Rússia com (1885), 341; lembra Gambetta, 342; Salisbury e (1895), 402-3; levanta a Questão Egípcia com Salisbury (1896), 409-10.

Cowley, embaixador britânico: em Frankfurt (1848), 56; e a Guerra da Crimeia, 86, 92-3; opõe-se a contrapeso (1855), 115-6; posterga despacho a Hudson, 110n; e Bolgrad (1856), 133-4; sobre a Itália, 148; missão a Viena de (1859), 149-50; e a Dinamarca, 187-8.

Cracóvia: guarnição austríaca em, 43; levante em (1848), 47; ameaça francesa a, invocada por Bismarck, 191-2.

Creta: oferecida à França por Nicolau I (1853), 89-90; revolta em (1866), 215-6; França concorda com a anexação grega de (1867), 217-8; fracasso da entente franco-russa com relação a, 221-6; conferência em Paris com relação a (1869), 228-9; Hanotaux desconfia das intenções britânicas em (1896), 410-1; revolta em (1897), 415-6.

Crewe, lorde, estadista britânico: no comitê do conselho de ministros, 508n.

Crimeia: expedição à, 106-9; Napoleão planeja visitar a (1855), 113-4; Napoleão desiste da visita, 114-6; vitória aliada na, 116-7; russos temem ataque britânico à (1895), 401-2.

Crispi, primeiro-ministro italiano: saúda a Segundo Acordo do Mediterrâneo, 360-3; autoconfiança de, 364-5; rejeita ofertas francesas (1890), 367-8; quer conquistar Trípoli, 372-3, 373-4; Salisbury contém, 375-6; documentos de, publicados, 638.

Cristiano IX, rei da Dinamarca, 181, 182-5, 186-7.

Cromer, estadista britânico: governa o Egito, 329-31; planos financeiros de, no Egito, 425-6; insiste em carta branca no Egito, 458-9; obtém carta branca na entente anglo-francesa, 459-61.

Crowe, Eyre, diplomata britânico: e documento fantasma, 335n; sobre a política colonial de Bismarck, 342-3; sobre tentativa germânica de controlar a Europa (1907), 483-4; surpreende Grey instigando Harcourt, 525n; assume visão complacente da política britânica,

539; teme a vitória alemã (1914), 569-70; deplora discursos públicos sobre política externa, 569-70.
Curdistão, Rússia reivindica o (1916), 588.
Custoza, batalhas de, em 1848, 59-60; e em 1866, 205-6, 247-8.
Cuza, Nicholas, soberano da Romênia: abdicação de (1866), 199.
Czernin, ministro do Exterior austro-húngaro: sobre a Romênia, 560; tenta fazer a paz (1917), 604-5, 608.

D'Annunzio, escritor romântico, 590-2.
Dabormida, ministro do Exterior sardo: e a proposta de aliança com Grã-Bretanha e França (1855), 110-1.
Dalmácia: Francisco José visita a (1875), 272; insatisfeita (1912), 536*n*; Sazonov recusa-se a prometer à Itália (1915), 589-90; parte da, prometida à Itália, 590-2; Itália não consegue obter a, 592-3.
Damasco, Guilherme II em (1898), 426-7.
Danúbio: pretensão polonesa de alcançar o, 49; pretensões austríacas no, 65-6, 93-4; interesses russos no, 70; rivalidade austro-russa com relação ao, 96; tropas turcas cruzam o (1853), 96-7; tropas russas no, 98-9, 102-3, 103-4; e os Quatro Pontos, 105; e o Congresso de Paris, 126, 127; conflitos a respeito da foz do, 131-2; indiferença prussiana em relação ao, 146-7, 155, 166-8; interesses austro-húngaros no, 267-8, 270.
Dantzig: discurso do príncipe herdeiro Frederico Guilherme em (1863), 516-7; encontro de Nicolau II e Guilherme II em (1901), 440-1.
Dardanelos: frota britânica entra nos (1849), 72-4; *Charlemagne* atravessa os (1852), 88-9; Nicolau I projeta guarnição austríaca nos (1853), 89-90; frota britânica se aproxima dos (1854), 92-3; frotas britânica e francesa atravessam os, 94-6; Napoleão III planeja excluir Grã-Bretanha dos (1860), 161-2; ocupação militar britânica dos, planejada (1895), 404; planos britânicos para os, abandonados, 410-2; expedição britânica aos (1915), 585-6, 587; fracasso de ataque britânico nos, 593-4.
Daru, ministro do Exterior francês: busca amizade britânica, 235; propõe desarmamento franco-alemão, 235-7; briga com Napoleão III por causa de Roma, 241.
De Brazza, explorador francês, 334-5.
De Lesseps, diplomata francês: negocia com Mazzini, 67-8.
De Selves, ministro do Exterior francês: busca apoio britânico na Crise de Agadir, 513-4; Caillaux negocia pelas costas de, 515-6.
Decazes, ministro do Exterior francês, 261; soa o alarme contra a Alemanha, 261-2; inicia crise de guerra iminente, 263, 265; insiste em ser incluído na Questão Oriental (1876), 272; não enviará a frota francesa para o Oriente Próximo, 276-7.
Delcassé, ministro do Exterior francês, 423-4; e a crise de Fashoda, 424-6; talvez prometa Trípoli à Itália (1899), 425*n*; modifica a aliança franco-russa, 427-8; revela planos de liga continental para Grã-Bretanha, 433; busca apoio alemão no Marrocos (1901), 439-41; e a declaração franco-russa a respeito da China (1902), 448; planeja colonização do Marrocos, 448-9; faz acordos com a Itália, 449-51; e com a Espanha, 451-2; opõe-se à participação francesa na ferrovia de Bagdá, 454-5; vislumbra a Tríplice Aliança, 456-7; faz entente com a Grã-Bretanha, 457-9; planos para o Extremo Oriente de, fracasso de, 461-3; informa a Alemanha da entente, 464-6; apreensivo diante das negociações russo-germânicas, 471-2; conflito de, com Rouvier (1905), 472-5; consequências da queda de, 475-9, 483-4, 497-8, 498-9; transforma a Tríplice

Entente em aliança (1914), 584-5; deseja postergar a questão dos Estreitos (1915), 585-6; concorda com as exigências russas, 586-7; deixa o cargo depois do fracasso búlgaro, 593-4.

Derby, lorde, ministro do Exterior britânico: e crise de guerra iminente, 264; e missão dos cônsules (1875), 272-4; propõe conferência em Constantinopla (1876), 280-1; adverte a Rússia contra a ocupação de Constantinopla (1877), 282-3; renuncia, 287-8.

– Ver também Stanley.

Derby, lorde, primeiro-ministro britânico, 85-6, 142.

Déroulède, colonizador, 323.

Deym, embaixador austro-húngaro: e Rosebery, 391-3, 393-5, 395n.

Dibra, vilarejo, 539.

Dieppe, cidade, 355-6.

Dieta Federal de Frankfurt ou Dieta Alemã: 55, 75-6, 103-4; concorda com mobilização (1855), 111-2; e Schleswig, 185; vota contra a Prússia (1866), 204-5; Bismarck na, 317-8.

– Encontro de príncipes na, 187-8.

– Assembleia Nacional alemã na: 54, 63; e a Hungria, 68-9; oferece a coroa a Frederico Guilherme IV, 74-5; Constituição da, 202-3.

– Paz da (1871), 255-8, 292-3; Rússia e Grã-Bretanha satisfeitas com, 264-5, 285-6.

Dinamarca: e a Primeira Crise de Schleswig (1848), 51-4, 56-7, 75-6; e a Segunda Crise de Schleswig (1864), 181; e guerra com Áustria e Prússia, 185-8; não recebe ajuda da Grã-Bretanha, 191-3; entrega Schleswig e Holstein, 193-4.

Disraeli, primeiro-ministro britânico: e a Questão Oriental, 272-3; compra ações do Canal de Suez, 274n, 327-8; rejeita Memorando de Berlim (1876), 275-6; vangloria-se de destruir a Liga dos Três Imperadores, 275-6; ataques de Gladstone a, 308-9; fracasso causa o fim da Turquia europeia, 535-6; torna-se lorde Beaconsfield (1876) (q.v.), 280n.

Djakova, vilarejo, 539.

Dobrudja: parte de, obtida pela Romênia (1878), 316-7; restante obtido pela Romênia (1913), 541-2; campanha em, prevista (1916), 595n.

Doumergue, estadista francês: faz acordo franco-russo (1917), 601.

Dreadnought, navio, 490-1.

Dresden, Conferência de (1851), 80-2.

Drouyn de Lhuys, ministro do Exterior francês: sobre a aliança austríaca, 63-4; sobre a Alemanha (1849), 65-6; retirado de Londres durante o caso Don Pacífico, 73-4; hesita em relação à Crise Oriental (1853), 91-2; negocia os Quatro Pontos, 104, 105-6; satisfeito com a aliança austríaca (1854), 109; despreza a Prússia, 111-2; e a Questão do Mar Negro, 112-4; na Conferência de Viena, 114-5; repudiado por Napoleão III e pede demissão, 115-6; aliança austríaca, o objetivo da política da, 117-8, 154-5, 205-6; desonestidade de, 120n; volta ao cargo (1862), 171-3; deseja agir contra a Prússia, 174-5; e a Crise Polonesa (1863), 175-8; e a Questão de Schleswig, 186-9, 191-3; realiza a Convenção de Setembro, 194; desestimula a Itália de aliança com a Prússia, 196-7; sobre o Tratado de Gastein, 197-9; e a Guerra Austro-Prussiana, 200, 202-3, 205-6; repelido por Napoleão III, 206-7, 211-3; deixa o cargo, 211-3, 214.

Drummond Hay, ministro britânico, 326n.

Drummond Wolff: em Constantinopla (1887), 348, 355-6; bibliografia, 644.

Duas Sicílias (Nápoles): aliança da Áustria com, 41-2; ajuda o papa, 67-8; reconhece Napoleão III, 87n; Grã-Bretanha e França rompem relações com, 134; símbolo de reação, 160-1.

Dublin, 564-5n.

Ducados do Elba, 44, 51-2, 54-5, 75, 76-7, 78-9, 188-9, 202-3.
– *Ver também* Holstein; Schleswig.
Durazzo, 536n.

Eckardstein, diplomata alemão, 438-9; bibliografia de, 639-40.
Eduardo VII, rei da Inglaterra: visita Paris (1903), 456-7; e negociações militares com a França, 479-80, 481n; visita Guilherme II (1908), 491; encontra-se com Nicolau II em Reval, 491-2; quer fazer concessão a Izvolski, 491-2; sobre carta de Guilherme II a Tweedmouth, 497-8n; visita Berlim (1909), 498; e Ernest Cassel, 521n.
Egito: plano de Luís Napoleão para o (1849), 77-8; oferecido à França por Beust, 216-7; oferecido à Grã-Bretanha por Bismarck, 274-5, 327-8; interesse francês no, 325-7; intervenção anglo-francesa no, 327-8; ocupação britânica do (1882), 328-30; causa conflito entre Grã-Bretanha e França, 330-2; promessa britânica de sair em 1888, 335-6; Conferência de Londres sobre o, 334-8; França não terá papel importante no, 342; Tríplice Aliança apoia França no, 342-3; Salisbury se dispõe a sair do, 346-7; negociações relacionadas ao (1887), 348-55; convenção de Drummond Wolff referente ao, 355-7; impasse por causa do, 362-3; planos de Salisbury para o, 367-8, 371-2n, 372-3; França ainda tem esperança em conferência sobre o, 378-9; Gladstone não consegue resultados em relação ao (1893), 384; e a aliança franco-russa, 395-8, 401-2, 405-6; planos da Alemanha para o (1895), 407-10; britânicos reforçam o controle sobre o, 410-1; franceses buscam compensação pelo, 423-6; na entente anglo-francesa, 456-61; britânicos tomam em troca dos Estreitos (1914), 585-6, 588.

Empréstimo anglo-germânico à China (1898), 416-9.
Ems: encontro de Alexandre II e Guilherme I em, 240-1; "telegrama de", 243-4.
Entente austro-russa (1897): realizada, 412-4; efeitos da, 415-6; Itália forçada pela França, 449-51; vantagens russas com, 492-3; vantagens austro-húngaras com, 493-4; última exibição da (1912), 534-5.
Erzberger, líder do Partido do Centro: e a resolução de paz, 608-9; documentos de, publicados, 643.
Esmirna, oferecida à Itália por Lloyd George, 605, 605-6n.
Espanha: planos de intervir em Roma (1849), 67-8; revolução na (1868), 240-1; candidatura de Hohenzollern ao trono da, 241-2; perde as Filipinas (1898), 419-21; acordo malogrado da, com a França (1902), 451-2, 456; acordo da, com a França (1904), 459n, 464-6, 473-4; e a Conferência de Algeciras (1906), 478-9, 483-4; Caillaux planeja enganar a (1911), 511-2, 516n; Kühlmann negocia através da (1917), 610-1; deixa de ser uma Grande Potência, 24-5.
Estado Livre do Congo: fundado por Leopoldo II, 334-5; conferência em Berlim referente ao (1884), 337-8; corredor através do, proibido pelos alemães, 371-2n; Tratado do, com a Grã-Bretanha (1894), 391-6; oferta do, por Holstein à França, 405-6; Alemanha se dispõe a comprar (1915), 580-1.
Estados Unidos: guerra civil nos, 168-9; Napoleão III prevê unidade europeia contra os, 214; suposta ameaça dos, ao Canadá, 236-7; política protecionista dos, 295n; Guilherme II propõe liga continental contra os, 402-3; Chamberlain busca aliança com os (1898), 419-21, 431-2; apoia a política de "portas abertas" na China, 433-4;

opõem-se a ação anglo-germânica na Venezuela, 454-5; e a Manchúria, 456; e o Marrocos, 473-4; faz a mediação na Guerra russo-japonesa, 475-7; e a Primeira Guerra Mundial, 598-603; decide a Primeira Guerra Mundial, 21-2, 611; ofusca a Europa, 31-3; compete com a Rússia pelo controle da Europa, 612-3; bibliografia sobre os, 631, 640, 651.

Esterházy, Maurice, estadista austríaco: sobre a política austríaca, 194-5; duvida do poderio francês, 203-4.

Estocolmo, encontro socialista em (1917), 603-4.

Estrasburgo, 50-1; Bismarck deseja que os franceses esqueçam, 312-3, 322n.

Estreitos: convenção referente aos (1841), 41-2, 51-2, 59, 65-6, 73-4, 93-4, 96-7, 126, 132-3, 297-8; e os Quatro Pontos, 105; declínio do interesse russo nos, 267-8, 271-2; ainda controlados pela Turquia, 284; frota britânica passa pelos (1878), 286; nova interpretação do estatuto dos, por Salisbury, 290, 297-8; Rússia busca segurança nos, 308-11, 318-9; Turquia aconselhada a manter fechados os (1885), 340-1; e o Tratado de Resseguro (1887), 356-8; britânicos presumem que sua frota pode passar pelos, 362-3; Caprivi se opõe à Rússia nos (1890), 371-2; frota britânica proibida de passar nos (1895), 404; abertura dos, proposta por Salisbury, 411-2; nota britânica sobre o interesse nos, depois de Fashoda (1898), 425-6; situação em relação aos (1902), 453-4; britânicos e o fechamento dos, durante a guerra russo-japonesa, 466; e a entente anglo-russa (1907), 486-7; Izvolski planeja abrir os, para a Rússia, 492-3; a intransigência de Grey em relação aos (1908), 495-6; sobre a "pipa de Charykov", 518-20; fechamento para a Itália (1912), 528-9; interesse francês nos, 530-1, 532; enorme interesse russo em relação aos (1914), 549; Sazonov sobre, 551-2; fechado pela Turquia, 579-80; sobre pretensões russas nos (1915), 585-7; França reivindica a Alsácia e a Lorena (1917), 601.

Eufrates, 454-5.

Eugenie, imperatriz: acolhida por Napoleão III (1854), 109; provoca a queda de Thouvenel, 171-2; apoia a Polônia, 174; propõe novo mapa da Europa, 174-5; opõe-se a ajuda à Dinamarca, 187-8; opõe-se a aliança com a Prússia, 196-7; deseja apoiar a Áustria, 206-7; bibliografia da, 634.

Falkenhayn, general alemão: estratégia de, 594-5, 598; demitido, 596.

Fashoda: franceses planejam expedição a, 384, 410-1, 413-4; Leopoldo II e, 396n; ocupada por Marchand, 396n, 425-7; retirada francesa de, 424-7; consequências da crise relacionada a, 430-1, 433-4, 448-9, 456-7.

Faure, presidente francês: em São Petersburgo (1897), 413-4.

Favre, Jules, ministro do Exterior francês: negocia com Bismarck, 249-50.

Ferdinando de Coburg, príncipe da Bulgária, 359-60, 363-4.

Ferrières, encontro de Favre e Bismarck em (1870), 249-50.

Ferrovia Congo-Camarões, 510n.

Ferrovia de Bagdá, 408-9, 416; concessão alemã para a (1899), 426-7; Rússia busca acordo sobre a, 427; estimulada por Chamberlain, 431-2; outra concessão alemã para a (1903), 454-5; favorecida pelo governo britânico, 454-5; oposição dos capitalistas britânicos à, 454-5; Rouvier quer participação francesa na, 472-3, 475-7; inquietação russa diante da, 485-6; Guilherme II oferece participação na, aos britânicos, 487-9; Sazonov propõe retirar oposição à, 507-8;

Caillaux favorece participação francesa na, 511-2; acordo entre Rússia e Alemanha referente à (1911), 512; negociações anglo-germânicas referentes à (1913), 549; acordos britânicos e franceses com a Alemanha referentes à (1914), 562-3; jamais concluídos pelos alemães, 427.

Ferrovia Transiberiana, 341-2, 390-1, 398-9, 401-2, 466.

Ferry, Jules, primeiro-ministro francês: e entente com a Alemanha, 220-1, 317-8, 336-7, 348-9, 350-1; e as colônias, 332-3; queda de, 323, 337-40, 341.

Fez: oferecida à Espanha pela França (1902), 451-2; ocupada pela França (1911), 510-1.

Filipe II, rei da Espanha, 21-2.

Filipinas, conquistadas pelos Estados Unidos, 419-21.

Filipópolis, revolução em (1885), 341.

Fiume, não reivindicada pela Itália (1915), 590n.

Fleury, embaixador francês: e a entente russa, 234-5, 236n, 245n; bibliografia de, 640.

França: ganhos e perdas territoriais, 26; estabilidade populacional da, 26-8; revolução na (1848), 45-6; e Polônia, 49-52, 56-7; e Schleswig, 51-2, 52-3, 56; e Itália, 56-62, 65-6; e Roma (1849), 67-9; e os refugiados húngaros, 71-2, 73-4; e a Crise Alemã (1850), 77-80; *coup d'état* na (1851), 86, 87; império na, 87-8; envia frota para o Oriente Próximo (1853), 91-2, 92-3, 97-8; entra na Guerra da Crimeia, 101-2; envia exército para a Criméia, 106; faz aliança com a Áustria, 109; dá garantia à Turquia (1856), 127-8; rompe relações com Nápoles (1857), 134; e Romênia, 134-6; entente com a Rússia, 137-8, 145-7; faz aliança com a Sardenha (1859), 148-9; e a guerra com a Áustria, 149-55; anexa a Savoia, 157-9; lidera a Europa, 164, 165-6; e a revolta polonesa (1863), 169-78; propõe congresso, 179-80; e a Crise de Schleswig (1864), 186-92; e Roma, 194; faz tratado com a Áustria (1866), 202-4; busca compensação na Alemanha, 209-15; e Luxemburgo, 215-6, 217-21; e Creta, 221-2, 223-4, 225, 228-9; reocupa Roma (1867), 224-5; busca aliança com a Áustria, 227-35; e o trono espanhol, 241-3; e guerra com a Prússia, 248-54; mas faz as pazes (1871), 252-3; território da, libertado (1873), 261; e crise de guerra iminente, 264-5; missão dos cônsules (1875), 272-4; e a Questão Oriental (1876), 273-7; e o Congresso de Berlim, 292-3; e a Tunísia, 311-3; e as colônias, 323-7, 334-5; e o Egito, 327-31; arruína conferência sobre o Egito, 335-7; adverte a Turquia para manter os Estreitos fechados (1885), 340-1; agitação boulangista na, 341, 348-50; e a Crise Búlgara (1887), 346-7, 348, 350-1, 363-4; Bismarck propõe aliança anglo-germânica contra a (1889), 368-9; tenta afastar a Itália da Tríplice Aliança (1890), 373-4; faz entente com a Rússia, 376-9; e a aliança russa, 379-83; Gladstone quer reconciliação com a, 383-4; junta-se à entente do Extremo Oriente (1895), 399-400; empresta dinheiro à China, 400-1; e o Sudão, 384, 394n, 409-10, 423, 424; apreensão japonesa com relação à, 436; teme crise do Extremo Oriente, 456-7; e a ferrovia de Bagdá, 454-5n; e Marrocos, 449n; faz entente com a Grã-Bretanha, 456-61; fragilidade militar da, 471-2; e a crise da Bósnia, 495-6, 498; e a "pipa de Charykov", 519; *réveil national* na, 516, 532-4; três anos de serviço militar na, 545-6; e a Crise Liman, 552-3; declaração de guerra alemã à, 568; oferta alemã de não anexar território da, 568-9; concorda com as reivindicações russas nos Estreitos,

586-7; começa a publicação de documentos diplomáticos, 617, 618-9; bibliografia da, 625-6, 627-8, 632, 635-6, 640-1, 644.

Francisco Ferdinando, arquiduque austríaco: opõe-se à guerra com a Sérvia (1909), 538-9; quer um reino na Eslávia do Sul, 559-60; encontra-se com Guilherme II em Konopischt, 560-1; assassinado, 564-5, 567-8; Tisza sobre, 565n.

Francisco José, imperador austríaco: em Teplitz (1849), 75-6; favorece compromisso com a Prússia, 80-1; encontra-se com Nicolau I em Olomouc (1853), 96; e Orlov (1854), 98-9; e aliança com a Prússia, 103-4; encontra-se com Alexandre II em Weimar (1857), 137-8; e Cowley (1859), 149; celebra a paz em Villafranca, 153-4; quer restauração de príncipes italianos, 154-5; encontra-se com o príncipe regente em Teplitz (1860), 161, 166-8; aniversário de, celebrado em São Petersburgo, 161; preside uma reunião em Frankfurt (1863), 178-9; desiludido com o liberalismo depois do fracasso, 184-5; prefere a derrota à concessão, 191; exige parte da Silésia, 193-4; volta-se contra Rechberg, 194; encontra-se com Napoleão III em Salzburgo (1867), 222; rejeita a aliança francesa, 232-3; um príncipe alemão, 233-4; oferece neutralidade a Napoleão III, 246-7; aceita as vitórias prussianas, 247-51; busca reconciliação com a Alemanha, 256-7; em Berlim (1872), 257; e os Bálcãs, 270-2; promete neutralidade a Alexandre II (1877), 283-4, 286; aconselhado por Andrássy contra a Liga dos Três Imperadores, 307-8; lembra-se das revoluções de 1848, 310; sob proteção alemã, 322-3; em Berlim (1889), 369-70; em São Petersburgo (1897), 412-3; dissolução da monarquia dos Habsburgo esperada com a morte de, 427-8; não morre, 427-8; carta de, a Guilherme II (1914), 565; promete independência à Polônia (1916), 597; morte de (1916), 604; serenidade de, em Solferino, 36-7; bibliografia sobre, 631-2.

Frederico Guilherme IV, rei da Prússia: e a Revolução Francesa, 45-6, 47; rende-se à Revolução, 47-8; e a Polônia, 48-9, 50-1; e Schleswig, 53-6; pretensões imperiais de, 64-6, 70-1, 74-5; e a Crise Alemã (1850), 75-81; e aliança com a Áustria (1851), 82; reconhece Napoleão III, 87-8; apela a Nicolau I, 96; e a Guerra da Crimeia, 98-9, 101-4, 107-8, 111-3, 119; depois do Encontro de Stuttgart, 137-8; perde o juízo, 146-7; morte de, 165; postura de, perante a Áustria, 170-1n; bibliografia sobre, 631.

Frederico Guilherme, príncipe herdeiro da Prússia: critica Bismarck (1863), 516-7; precaução de Bismarck contra, 305-6, 332-3.

Frederico VII, rei da Dinamarca, 181.

Frederico, viúva de, imperatriz, visita Paris, 375n.

Freycinet, primeiro-ministro francês: e o Egito, 328-9; e Bismarck, 338-40, 341; espera modificar convênio militar com a Rússia, 381.

Fuad Effendi, estadista turco, 71-2, 91-2.

Gablenz, Anton von, propostas de paz de, 196-7, 201-2.
Gagern, Heinrich von, 56n, 64-6, 78n.
Gagern, Max von, 48-9.
Galícia, 43, 49, 70; revolta na (1846), 44, 47; exército austríaco na (1854), 103-4, 107, 116-7; ameaça russa à, 144-5; oferecida à Rússia por Napoleão III, 144-5; Eugenie e a, 174-5, 176-7; política austríaca na, 240-1; exército russo na (1870), 245n; a Tríplice Aliança e a, 311; exército austro-húngaro na

(1887), 359, 368-9; exército russo invade a (1914), 584-5; russos derrotados na (1915), 593; russos reconquistam a (1916), 595.

Gambetta, primeiro-ministro francês: escapa de Paris (1870), 249-50; exércitos de, derrotados, 252-3; lidera a esquerda francesa, 260-1; define a política francesa, 260-1, 456-7; sobre a África, 323; sobre aliança com a Grã-Bretanha, 324-5, 328; e a Alemanha, 317-8, 331-2; torna-se primeiro-ministro (1881), 314; propõe-se a encontrar Bismarck, 331-2; repetido por Courcel, 342; Delcassé, o discípulo de, 423-4.

Garibaldi: em Roma (1849), 67-8; invade a Sicília (1860), 158-9, 211; reconhece Vítor Emanuel, 159-60; invade Roma (1867), 224-5; mito de, ressuscitada (1915), 590-2.

Gastein: Tratado de (1865), 195-8, 333-4; Bismarck e Beust em (1871), 256-7; Bismarck e Andrássy em (1879), 300-1.

Gênova: revolta em, 47-8, 592-3; britânicos temem por (1860), 160; frota britânica em (1888), 367-8.

Gentz, conselheiro político, 270.

George V, rei da Inglaterra: visita Paris (1914), 555-6; diz que Constantinopla tem de ser russa, 585; bibliografia de, 633.

Gerlach, 111-2.

Gibraltar, 325-7, 326n; e Tânger, 439-40; e o Marrocos, 448-9, 456, 457-8, 464-5; Agadir distante de, 511n, 513; frota britânica concentrada em (1912), 523-5.

Giers, ministro do Exterior russo: no cargo, 309; torna-se ministro do Exterior (1882), 314; "sangue sobe à cabeça" de, 331; renova a Liga dos Três Imperadores, 334-5; sobre a Ásia Central, 338-40; desconfia da Áustria-Hungria, 341-2; e Laboulaye, 350-1; e o Tratado de Resseguro, 357-8, 359, 369-71; e entente com a França (1891), 376-9; em Aix-les-Bains, 381; dúvidas da França justificadas, 382-3; aceita aliança com a França (1894), 386-7; aplaude desavença da França com a Grã-Bretanha, 395-6.

Giolitti, primeiro-ministro italiano, 590-2.

Gladstone, primeiro-ministro britânico: opõe-se à anexação alemã da Alsácia e da Lorena (1870), 251; e as cláusulas do Mar Negro, 253-4; e as atrocidades búlgaras, 280-1; triunfo de (1880), 308-9; e a ocupação francesa na Tunísia, 312-3; discursos em Midlothian de, 319; opinião de, sobre a Áustria, 324-5; e o Egito, 328-30; odiado por Bismarck, 332-3; e a morte de Gordon, 337-8; e a crise de Pendjeh, 338-40; rainha Vitória sobre, 342-3; volta ao poder (1886), 347-8; e em 1892, 383-4; não chega a acordo com a França, 384; pede demissão (1894), 391; e Grey, 479-80; e a Rússia, 489-90.

Glatz, reivindicação austríaca de, 76-7.

Goeben, navio cruzador, em Constantinopla, 578-9.

Goltz, embaixador prussiano, 207, 211.

Goluchowski, ministro do Exterior austro-húngaro: opõe-se à Liga dos Três Imperadores, 403-4; propõe ação da frota em Constantinopla (1895), 404; tenta fazer coalizão antirrussa, 412-3; realiza entente austro-russa (1897), 412-3; pede demissão, 494.

Gontaut-Biron, embaixador francês: e Radowitz, 263; bibliografia de, 641.

Gorchakov, chanceler russo: e a Conferência de Viena (1855), 105, 112-3, 114-8; aconselha rejeição do ultimato austríaco (1856), 119; Nicolau I sobre, 117n; e o Tratado de Paris, 130-3; em Stuttgart (1857), 136; e negociações com a França, 146; rejeita proposta de Rechberg (1860), 155; e Thouvenel, 161-2; e a Polônia (1863), 172-3, 175-7; e a Dinamarca, 186-8, 191-2; sugere congresso

(1866), 213-4; e Creta, 217-8, 221-4; e Luxemburgo (1867), 217-8; e entente com a França (1869), 233-5; não prometerá ajuda à Prússia, 245-6; sobre a neutralidade austro-húngara, 247-8; e a Conferência de Londres, 254; protege a França (1875), 257-8, 264-5; e a Questão Oriental, 268-79; e a Guerra russo-turca, 280-1, 282-7; morte, 314.

Gordon, general britânico, 337-8, 339-40.

Gorlice, avanço em, 593.

Goschen, primeiro lorde do Almirantado britânico, 404n.

Grã-Bretanha: aliança da, com Portugal, 41-2; e a Revolução de 1848, 45-6; e Schleswig, 51-6, 75; e Itália, 52-3, 57-8, 59; coopera com a França, 59-60, 71-4; e Turquia, 88-96; envia frota através dos Estreitos (1853), 97-8; sobre o ultimato à Rússia (1854), 99-100; e a Guerra da Crimeia, 101-2, 104, 105-6, 113-4; e Bolgrad (1856), 131-2; e Romênia, 134-5; e a Guerra da Itália (1859), 149-50, 152-3, 156-7; e Savoia (1860), 166, 211-3; reconhece reino da Itália, 163-4; urge venda de Venécia, 166; e a Guerra Civil Americana, 168-9; e a Revolta Polonesa (1863), 175-80; e Dinamarca (1864), 185-93; isolamento da, 192-3, 195-6; e Luxemburgo, 218-9; e Creta, 225-6; faz tratados relacionados à neutralidade da Bélgica (1870), 244-5; e as cláusulas do Mar Negro, 253-4; e a crise de guerra iminente, 264-5; e a Questão Oriental, 271-2, 272-5, 283-5; acordo da, com a Rússia (1878), 287-8; e o Congresso de Berlim, 289-90, 295-6, 297-8; estratégia de Bismarck com a (1879), 305; eleição geral na (1880), 308-9; e o Egito, 327-8, 229-31; e as colônias, 333-4; tratado da, com Portugal (1884), 335-6; fragilidade naval da, 336-7; e a Crise de Pendjeh (1885), 338-41; e as ententes mediterrâneas (1887), 351-2, 353-4, 361-3; Lei de Defesa Naval da (1889), 368-9; não se juntará à Tríplice Aliança, 373-5, 384-5; eleição geral na (1892), 383-4; e o Sião (1893), 384-6; sobre o fortalecimento da marinha, 389-92; termina aliança com Áustria-Hungria, 393-5; liga continental contra a (1895), 404-9, 444-5n; busca acordo com Rússia, 416-9; busca aliança com Alemanha, 419-23; e a Crise de Fashoda, 423-6; e a Guerra dos Bôeres, 428-31, 433; e o Extremo Oriente, 433-4, 435-8, 439-40; e aliança com Japão (1902), 441-4; e Marrocos, 449n; passa por cima do padrão das três potências, 452-3; e entente com a França (1904), 459-61; evita guerra com a Rússia, 469-70; e negociações militares com a França (1906), 484-5; revoluciona a marinha, 490-1; rivalidade naval da, com a Alemanha, 502-6; e a Crise de Agadir (1911), 513-7; prepara força expedicionária, 516-7, 531n; mantém supremacia naval, 525-6; e a Crise Liman (1913), 552-3; Crise do Home Rule na (1914), 557-8, 562-3; aposta germânica na neutralidade da, 569; tudo normal na, 574; e os Estreitos, 585; bibliografia da, 628, 632-3, 636-8, 641-2.

Gramont, ministro do Exterior francês: em Viena, 203-4, 227-8; torna-se ministro do Exterior, 241; e a candidatura espanhola, 241-5; Berchtold comparado a, 571.

Granville, ministro do Exterior britânico: quer aliança com a Prússia, 253-4; opõe-se à Rússia, 308-9; e o Egito, 328, 329-30.

Grécia: e Don Pacifico, 73-4; não mencionada no Congresso de Paris, 126, 127n, 267-8; e Creta, 223-4, 228-9; Gladstone obtém território para a (1881), 308-9; cooperação anglo-francesa na, 325-7; guerra da, contra a Turquia (1897), 295n, 415-6; junta-se à Liga

Balcânica (1912), 529-30; entra em guerra contra a Turquia (1912), 535-6; ataque búlgaro à (1913), 541-2; ganhos da, no Tratado de Bucareste, 542-4; Rússia teme, em Constantinopla (1915), 586-7; pressão sobre a, para entrar na Primeira Guerra Mundial, 593-4; forçada a entrar na guerra, 595-6n.

Grévy, presidente francês, 330n.

Grey, Edward, ministro do Exterior britânico: faz declaração referente ao Alto Nilo (1895), 397n; torna-se ministro do Exterior, 479-80; e conversações militares com a França (1906), 481-2; e o Marrocos, 484n, 484-5; e entente com a Rússia (1907), 485-6; e os Estreitos, 486-7; não gosta do nome Tríplice Entente, 492n; e Izvolski (1908), 495-6, 498; propõe troca de informações navais com a Alemanha, 503n; negocia com a Alemanha 503-5; ameaça pedir demissão por causa da Pérsia, 508; no comitê do conselho de ministros, 508n; e a Crise de Agadir (1911), 513-5; não pode se opor à Itália em relação a Trípoli, 517-8; e a "pipa de Charykov", 519; e a Missão Haldane (1912), 521; e acordo naval com a França, 522-5, 569-71; e a Conferência de Londres, 538-9, 539-40; e acordo referente às colônias portuguesas, 548; não transformará a Tríplice Entente numa aliança, 555-6; em Paris (1914), 556-7; e negociações navais com a Rússia, 557-8; oferece-se para mediar entre Áustria-Hungria e Sérvia, 567-8; e a eclosão da guerra, 569-71, 573-4; proíbe Portugal de entrar na guerra, 577-8; opõe-se a ofertas para a Turquia, 579-80; recusa oferta alemã relacionada à Bélgica, 580-1; promete os Estreitos à Rússia (1915), 586-7; pensa que entrada da Itália é momento decisivo da guerra, 590-2; e o Parlamento, 599n; e o Livro Azul, 616-7; *British Documents* e, 620; primeiro-ministro do Exterior a usar o inglês, 25; sobre o futuro da Europa, 36.

Guerra Austro-Prussiana (1866): início da, 204-5; término da, 205-6, 206-7; importância da, 184-5, 185-6, 250-1, 255-6, 304; bibliografia da, 617-8, 640.

Guerra Austro-Sarda: primeira (1848), 47-8, 57-8, 58, 60-1; segunda (1849), 67, 142-3.

Guerra da Crimeia: eclosão da, 99; causas da, 99-100, 268-70, 571; gabinete interno britânico durante a, 91-2; comprova que a Turquia não é independente, 92-3; consequências da, 119-21; hostilidade austríaca contra a Rússia durante a, 71, 127-8, 144-5; fracasso da política sarda na, 128-9, 142-3; política prussiana durante a, 146-7, 178-9, 225-6, 471-2; Napoleão III espera repetir o final da (1859), 153-4; destrói a ordem europeia, 164; aliança franco-austríaca durante a, 171-2; esgota a Rússia, 194-5; divide a Grã-Bretanha e a Rússia, 244-5, 338-40; destrói a Santa Aliança, 256-7; a França não repetirá a política da (1875), 259, 264; base do sucesso de Napoleão III, 265, 279-80; a Rússia não repetirá o isolamento da, 272, 280-1; coalizão da Crimeia dissolvida (1877), 282; Rússia mais fraca que na, 286-7; Rússia teme coalizão da (1879), 298, 302; Romênia criada pela, 316-7; Bismarck deseja reativar coalizão da (1887), 350-1; coalizão da, repetida em Constantinopla, 354-5; França favorece coalizão da, 367-8; Rússia teme retomada da coalizão da, 401-2; coalizão da, seria resposta ao acordo russo-germânico (1904), 427; repercussões da, 456-7, 463, 471-2, 539-40; coalizão da, seguiria a destruição da Alemanha, 552; batalhas de soldados na, 36-7; bibliografia da, 646.

Guerra da Itália (1859), 127-8, 151-4, 171-2, 178-9, 182, 247-8; dificuldade de iniciar, 202-6; bibliografia da, 645-6.

Guerra Franco-Prussiana (1870), 203-5, 208; não premeditada, 239-40; eclosão da, 243n, 243-4; derrota da França na, 248; torna-se uma guerra de nações, 248-9; as potências europeias e a, 249-53; objetivo da, 255-6; a França e a, 341; bibliografia da, 647-8.

Guerra Russo-Japonesa, 37; início da, 462-3; desenrolar da, 466; fim da, 475-9; lições da, ignoradas, 545, 556.

Guerra Russo-Turca (1877), 253-4; neutralidade austro-húngara na, prometida, 282; cerco de Plevna durante a, 284; fim da, 285-6; consequências da, 289-91.

Guerras dos Bálcãs, 291-2, 526; início da Primeira (1912), 534-5; término desta, 538-41; Segunda (1913), 542-4; efeitos das, 544-5; lições enganosas das, 574.

Guilherme, príncipe herdeiro alemão, 516-7.

Guilherme I, rei da Prússia e imperador alemão: na Crise Alemã (1850), 75, 78-9; favorece guerra contra a Rússia, 101-2, 146-7; torna-se regente, 146-7; e a Guerra da Itália (1859), 155-6; encontra Alexandre II em Breslau, 155-6; quer liderança militar da Alemanha, 157-8; chocado com Garibaldi (1860), 160-1; encontro com a rainha Vitória em Koblenz, 162-3; visita Napoleão III (1861), 168-9; conflito de, com o Parlamento, 170; aliança oferecida a, por Alexandre II (1863), 177-8; recusa-se a comparecer ao encontro em Frankfurt, 178-9; deseja apoiar Augustenburg (1864), 182-4; rejeita Acordo de Schönbrunn, 193-4; em Gastein (1865), 195-6; indignação moral de, contra a Áustria (1866), 200-1, 207-8, 209-11; vínculos familiares de, com Alexandre II invocados, 213-4, 226-7; sugerida proclamação de, como imperador alemão (1870), 240-1; e a candidatura espanhola, 241-2, 243-4; em Viena e São Petersburgo (1873), 257-8; instado pela rainha Vitória a ser magnânimo (1874), 261-2; e aliança com Áustria-Hungria (1879), 299-302; conflitos de Bismarck com, 302-3, 304, 305, 307-8; e Alexandre III, 309-10; precauções de Bismarck contra a morte de, 352-3; ajuda Bismarck a conter a Alemanha, 365; bibliografia sobre, 631.

Guilherme II, imperador alemão: simboliza a política mundial, 333-4; irmã de, pedida em casamento por Alexandre de Battenberg, 347-8; ascensão de (1888), 368-9; em Constantinopla (1889), 369-70; em Peterhof, 372-3; apreensões francesas diante da personalidade de, 375-6; propõe liga de monarcas, 382-3; Rosebery apela a (1893), 384-5; quer amizade com a Rússia, 391-3; favorece a Entente do Extremo Oriente (1895), 399-400; e o telegrama de Kruger, 405-8; em São Petersburgo (1897), 413-4; *arbiter mundi*, 415-6; responde a Chamberlain (1898), 419-22; em Constantinopla, 426-7; em Windsor (1899), 431-2, 439-40; bebe champanhe (1900), 432; discurso de Hun de, 434-5; encontra Nicolau II em Dantzig (1901), 440-1; sobre a Aliança anglo-japonesa (1902), 442-4; critica Salisbury, 453-4; em Tânger (1905), 459n, 472-3, 484-5; e Alfonso XIII, 479; não faz aliança com a Rússia, 467-8; faz de Bülow um príncipe, 474-5; em Björkö, 475-7; franceses interpretam mal as intenções de, 479n; oferece aos britânicos uma parcela da ferrovia de Bagdá (1907), 487-9; recusa-se a reduzir a marinha (1908), 491; e a entrevista ao *Daily Telegraph*, 497-8; dispensa Bülow (1909), 499-500; encontra Nicolau II em Potsdam (1910), 507-8;

não gosta da política de Agadir, 513-6; e Haldane (1912), 521-2; encontra Nicolau II em Port Baltic, 531-2; insta a Áustria-Hungria a agir, 538-9; opõe-se à ação em favor da Bulgária (1913), 542-3; apoia ultimato austro-húngaro à Sérvia, 544-5; um sócio dos Krupp, 552-3; sobre distanciamento da Rússia (1914), 554; quer uma Hungria *húngara*, 559-60; encontra Francisco Ferdinando em Konopischt, 560-1; e a eclosão da Primeira Guerra Mundial, 564-6, 568; só enxerga os alemães, 573-4; comparado pela Entente a Átila e Napoleão I, 581; promete independência à Polônia (1916), 597; rejeita Bülow como chanceler, 608-9; endossa as condições de paz de Ludendorff (1917), 610; contribuições de, à *Grosse Politik*, 619; é indiferente, se foi criminoso de guerra, 620-1; bibliografia sobre, 631.

Guizot, primeiro-ministro francês: faz aliança com a Áustria, 44; sobre aventuras coloniais, 165; e a Grã-Bretanha, 324-5.

Haldane, estadista britânico: no governo liberal (1905), 480-1; visita a Alemanha (1906), 484-5; e em 1912, 503*n*, 521, 522-3, 525.

Hamburgo, 333-4.

Hanotaux, ministro do Exterior francês: e o Tratado Anglo-Congolês, 395*n*; busca entente com a Grã-Bretanha, 395-6; e a Entente do Extremo Oriente, 400-1; e o Egito, 410-1; impede o Plano Nelidov, 411-2; em São Petersburgo (1897), 413-4; comparado a Delcassé, 423-4, 440-1.

Hanôver: e a Prússia (1850), 74-5; não interessa à Grã-Bretanha, 422-3; restauração de, proposta pela Rússia (1914), 582-3.

Harcourt, estadista britânico e ministro das Colônias: e as reivindicações coloniais alemãs, 525*n*, 546-8.

Hardinge, diplomata britânico: encontra Guilherme II (1908), 491, 491*n*; em Reval, 491-2; sobre os Estreitos, 495-6; favorece aliança, 504-5.

Hartmann, niilista russo, 308-9.

Hartvig, diplomata russo: e a aliança servo-búlgara, 528-9.

Hatfield House, 355-6.

Hatzfeldt, ministro prussiano: e Luís Napoleão, 77-8.

Hatzfeldt, embaixador alemão: e Salisbury, 359-60, 402-3; diz que a Grã-Bretanha pode ser chantageada, 393*n*.

Havre, Le, visita da frota britânica a (1872), 261.

Hayashi, embaixador japonês, 441-2; bibliografia de, 642.

Haymerle, ministro do Exterior austro-húngaro: hostil à Rússia, 307-9; odeia a Liga dos Três Imperadores, 311; e a Sérvia, 316; morte de, 314.

Heligoland, cedida à Alemanha pela Grã-Bretanha, 371-2.

Herbette, embaixador francês, 350-1, 368-9; e Alexandre III, 369-70; e Shuvalov, 371-2; e Marschall, 395*n*; e o telegrama de Kruger, 408-9.

Herzegovina, 267-8, 272; anexação da Bósnia e da, 310, 412-3, 494, 495-6, 499-500. – *Ver também* Bósnia.

Hesse: crise por causa de (1850), 76-7, 78-81; Drouyn reivindica território renano de (1866), 211-3.

Hindenburg, general alemão: torna-se chefe do Estado-Maior, 596; derruba Bethmann, 608-9.

Hitler, ditador alemão, 120*n*, 413-4, 563-4.

Hobbes, Thomas, 21-2.

Hohenlohe, chanceler alemão, 398; em São Petersburgo (1897), 413-4

Hohenlohe, príncipe austríaco: missão a São Petersburgo de (1913), 538-9.

Holanda: deixa de ser grande potência, 24-5; rei da, e Luxemburgo, 218-9; alemães não invadem a (1914), 573-4.

Holmes, Sherlock, 279-80.
Holstein, diplomata alemão: hostil à Rússia, 370-1; projeta liga continental (1895), 405-6, 408-9; contra apoiar o Transvaal, 407-9; sobre a ferrovia de Bagdá, 426-7; e a "carta branca", 437-8, 447; e o Marrocos, 464-6, 472-4, 475-7; e o Tratado de Björkö, 476n, 477; deixa o cargo, 483, 484n; Bülow ainda consulta, 496-7; imitado por Kiderlen, 498-9; política de, antiquada, 508-10, 515-6, 517.
Holstein, ducado do Elba: crise por causa de (1848), 44, 51-3, 59; (1850), 76-7, 78-81, 85-6; (1864), 181, 185; atribuído à Áustria pelo Tratado de Gastein, 195-6; ocupado pela Prússia, 204-5.
Hong Kong, 419n.
House, diplomata americano: e Wilson, 598; acordo de, com Grey, 599n; Bethmann comunica condições de paz a, 602.
Hübner, embaixador austríaco, 63-4, 154-5; escuta beijo da princesa Matilde, 129-30.
Hudson, diplomata britânico: e Cavour, 110n.
Humberto, rei da Itália: em Viena (1881), 313-4.
Hummelauer, diplomata austríaco: em Londres (1848), 57-62.
Hungria: revolução na (1848), 63, 68-9; intervenção russa na (1849), 69-71, 74-5, 79-80, 99-100, 135-6, 137; independência da, proposta por Napoleão III, 144-5; revolução na, planejada, 152; Áustria deve mover o centro de gravidade para a, 170, 202-3; crise constitucional na (1865), 195-6; Compromisso com a (1867), 222-3; agitação romena contra a, 228; sobrecarregada, 258; aliada da Alemanha, 301; quer guerra contra a Rússia (1887), 347-8, 362-3; nacionalidades na, 489-90, 523-4; Tisza prevê independência da, 565; italianos esperam sobrevivência da, 590n.

Ignatiev, embaixador russo: e Creta, 222; e o pan-eslavismo, 268-70; e a Questão Oriental, 272-4; e a Conferência de Constantinopla, 280-1; viaja pela Europa (1877), 280-1; negocia o Tratado de Santo Estêvão, 284-8; espera suceder Gorchakov, 314; fracassa, 314.
Ilhas Aaland, neutralização pelo Tratado de Paz de Paris, 123-5.
Incursão de Jameson, 405-6.
Índia: revolta na, 135-6, 434-5; ameaça russa à, 338-40, 348, 440-1, 467; e o Sião, 384-5; e a Aliança anglo-japonesa, 441-2, 477-8; e a Entente anglo-russa, 487-9; Sazonov oferece garantia da (1914), 556-7; grande troféu da Grã-Bretanha, 23-4; exército inglês na, 28-9.
Indochina: Ferry e a, 323, 332-3, 337-8; e o Sião, 384-5, 450n; franceses na, 399-400, 419n; frota francesa na, 419.
Inkerman, batalha de (1854), 107.
Internacional, Primeira, 257, 310; Segunda, 603-4.
Irmãos Mannesmann, capitalistas alemães: e o Marrocos, 509n.
Isabel, rainha da Espanha, 240-1.
Ismail, quediva do Egito, 328.
Ístria: reivindicação italiana da, 589-90, 591n, 606n; Itália perde a (1945), 592-3.
Itália: guerra na (1848), 43-5, 47-8, 52-3, 56-62; (1849), 65-9; durante a Guerra da Crimeia, 93-4, 98-100, 108-9; Questão da, no Congresso de Paris, 127-30; discutida em Stuttgart, 136-8; em Plombières, 145; reconhecida pela Grã-Bretanha, 164; admitida às Grandes Potências, 25n, 27-8, 30, 159-60, 165, 272, 296-7; transfere a capital para Florença, 171-2, 194; e a Guerra austro-prussiana, 199-202, 203-4, 206-7, 207-8; e a aliança com a França e a Áustria-Hungria, 229-33; fica neutra em 1870, 247-8; ocupa Roma, 247-8; abstém-se na crise de guerra iminente,

264; e a Questão Oriental, 272, 275-6; e a Tríplice Aliança, 413-4, 415-9; adverte a Turquia para manter os Estreitos fechados (1885), 340-1; e as ententes mediterrâneas (1887), 350-1, 360-3; estratégia francesa para a (1890), 367-8, 372-3, 373-4; Rosebery diz que a Grã-Bretanha protegerá a (1892), 382-3; e a Grã-Bretanha, 386, 390-1, 394n, 402-3, 403-4; e a Abissínia, 403-4, 409-10; a Grã-Bretanha não precisa da, 425-6; chineses recusam concessão à (1899), 434-5; abstém-se da declaração franco-russa (1902), 448n; acordos da, com a França, 449-52; e Marrocos, 466n, 473-4; renova a Tríplice Aliança (1906), 484-5; faz o Acordo de Racconigi, 507-8; invade Trípoli, 517-8, 528-9, 534-5; apoia a Albânia, 536-7; ofertas russas à (1914), 577-8, 595n; e o Tratado de Londres (1915), 588-92; precisa da Áustria-Hungria, 592-3; uma desvantagem, 595-6; e o Acordo de St. Jean de Maurienne (1917), 605, 605-6n; contesta a nota de paz do papa, 610; bibliografia da, 629; documentos diplomáticos da, publicados, 633, 634, 638.

Ito, estadista japonês, 441-2.

Izvolski, ministro do Exterior russo: alega ter evitado liga continental, 433; e a Entente anglo-russa, 485-9; em Reval (1908), 491-3; em Buchlov, 495-6; em Londres, 498-9; fracasso de, 498-9; torna-se embaixador em Paris, 507-8; recusa-se a apoiar a França na Crise de Agadir, 512; planeja obter os Estreitos, 518-9, 528-9; e Poincaré, 532, 537-8, 537n; Paleologue, 549-50; e o Acordo franco-russo (1917), 601n.

Jagow, secretário de Estado alemão, 539-40, 568; documentos diplomáticos de, 635.
Jaime II, rei da Inglaterra, 343.
Janina, 535-6.

Japão: ascensão do, 398-9; guerra do, com a China (1895), 398-401; Aliança russo-chinesa contra o, 416-9; não ajudará a Grã-Bretanha, 416-9, 437; pede à Grã-Bretanha que mantenha França neutra, 437; evita acordo russo com a China (1901), 437-8; e a Aliança anglo-japonesa, 441-4; intenções do, no Sião, 450n; e a guerra com a Rússia, 456-7, 462-3, 463-4; trabalha com a Rússia na China (1911), 506-7.

Jaurès, Jean, estadista francês: Grey sobre, 36; Paul Cambon sobre, 509n; e Caillaux, 557-8, 562-3.

Jena, Batalha de (1806), 185-6.

Jerome, príncipe francês: casamento de, proposto, 143; visita de, a Varsóvia (1858), 144-5; e a aliança russa, 144-6; casamento de, 148n; deseja ajudar a Polônia, 174; favorece a Prússia (1866), 207n.

Joanesburgo, 406-7n.

Joffre, general francês, 512n; planos de ofensiva de, 530-1, 531n; vence Batalha do Marne, 574n; não tem plano comum com a Rússia, 584-5; na defensiva, 587, 593-4; dispensado, 596.

Jovanovic, Ljuba: e Sarajevo, 564-5n.

Kálnoky, ministro do Exterior austro-húngaro: e a Tríplice Aliança, 314-6; sobre a Orient Line, 318-9; opõe-se à partilha dos Bálcãs, 341-2; ordena à Bulgária que pare, 346-7; apoia união pessoal na Bulgária, 346-7; recusa concessões à Itália (1887), 352-3; e as ententes mediterrâneas, 353-4, 360-2; e Crispi, 364-5, 371-2; e Guilherme II, 391-5; alarmado diante do distanciamento britânico (1894), 391-5; radiante diante das questões armênias, 398; cai, 403-4.

Karlsbad (Kárlovy Vary): encontro de Moltke e Conrad em (1914), 558-9.

Károlyi, diplomata austríaco, 170.

Kars, 123-5.
Kaulbars, general russo, 347-8.
Kerensky, estadista russo, 604.
Kiao-Chow, captura alemã de, 416-9.
Kiderlen, secretário de Estado alemão: indicado por Holstein, 496n; dá ultimato à Rússia (1909), 498-9, 501; favorece acordo político com a Grã-Bretanha, 503-4; sobre Bülow e Bethmann, 504-5; em encontro de Potsdam (1910), 507-8; e a Crise de Agadir, 508-17; não se oporá à "pipa de Charykov", 519-20, 544-5; tenta evitar a Guerra dos Bálcãs, 534-5; morte de (1912), 539-40.
Kienthal, encontro socialista em, 23, 603-4.
Kimberley, ministro do Exterior britânico, 400.
Kiselev, embaixador russo, 130-1, 132-3, 146.
Kitchener, general britânico, 423.
Kokovtsov, primeiro-ministro russo: e as Guerras dos Bálcãs, 533-4; sobre a França, 546; bibliografia de, 638-9.
Koniah, prometido à Itália (1917), 605-6n.
Konopischt: encontro de Guilherme II e Francisco Ferdinando em (1914), 560-1.
Kosovo, 530n, 564-5n, 567n.
Kossuth, governante da Hungria: 68-9, 71; escapa, 71-2; em Londres (1851), 85-6; negocia com Napoleão III e Cavour, 152; Tisza segue, 565.
Kronstadt: visita da frota francesa a (1891), 217-8, 375-7, 381-2, 386.
Kruger: telegrama de Guilherme II a, 407-9, 410n, 422-3, 472-3.
Krupp, magnata das armas alemão: e o Marrocos, 509n; e a Turquia, 552-3.
Kühlmann, secretário de Estado alemão: e as negociações de paz (1917), 610-1.
Kuropatkin, general russo: invade a Manchúria, 434-5; reivindica a Manchúria, 436; opõe-se ao Japão, 441-2; deixaria o Japão ficar com a Coreia, 462.
Kutchuk Kainardji, Tratado de (1774), 91n, 94-5n.

Laboulaye, embaixador francês, 350-1, 376-7.
La Marmora, primeiro-ministro italiano: e aliança com a Prússia, 196-7, 199; declara guerra à Áustria, 204-5; bibliografia de, 638.
Lamartine, ministro do Exterior francês, 44-5; e Palmerston, 46-7; e a Polônia, 49-51; circular (4 mar. 1848), 44-5, 49-50, 63-4, 127-8, 142, 163-4; deixa o cargo, 55; bibliografia de, 635-6.
Lamsdorff, ministro do Exterior russo: sobre Giers, 376-7; torna-se ministro do Exterior, 433-4; desmente reivindicações russas sobre a China, 437-8; e o Japão, 441-2; propõe declaração franco-russa, 447-8; deixaria o Japão ficar com a Coreia, 462: em Paris (1903), 462.
Lang-Son, batalha de (1885), 337-8.
Lansdowne, ministro do Exterior britânico, 437; busca aliança com a Alemanha, 437, 438-41; faz aliança com o Japão, 441-2; e "aliados naturais", 442-4; e o Sião, 450n; e o Marrocos, 452, 453-4, 457-8; faz entente com a França, 458-61, 464n. e o incidente de Dogger Bank, 468-9; opõe-se à pretensão germânica de porto no Marrocos (1905), 474-5; não ofereceu aliança à França, 474-5, 522-3; sobre a queda de Delcassé, 478-9; insiste em paz de compromisso, 596-7.
La Valette, ministro do Exterior francês, 215, 231-2.
Lebrun, general francês: em Viena (1870), 241; bibliografia de, 644.
Leicester: discurso de Chamberlain em (1899), 432.
Leiningen, diplomata austríaco: em Constantinopla (1853), 90-1.
Lênin, estadista russo, 23-4, 611-2.
Leopoldo II, rei dos belgas: inventa o imperialismo, 296-7; e o Tratado Anglo-Congolês (1894), 334-5, 394n, 395-6, 403-4, 451-2.

Leopoldo, príncipe de Hohenzollern: e o trono espanhol, 240-4, 246n.
Líbia: cedida à Itália pela Turquia, 534-5.
Lichnowsky, embaixador alemão, 548.
Liège, reivindicada por Ludendorff, 610.
Liga das Nações, 611-2.
— Liga dos Três Imperadores: defendida por Beust (1871), 250-1; primeira, concretizada, 256-61; declínio da, durante a Crise Oriental, 272-7; segunda, concretizada (1881), 307-8, 309-11; contestada pela Tríplice Aliança, 317-8; renovada (1884), 334-5, 342-3; destruída pela Crise Búlgara, 345-8, 348-9, 353-4; Guilherme II gostaria de ressuscitar, 402-3; planos de Aehrenthal para ressuscitar, 494, 496-7; Poincaré teme o renascimento da, 537-8; fantasma da, criado por Sazonov (1915), 586-7.
Liman, general alemão: crise relacionada ao, 552-4, 555-6; obriga a Turquia a entrar na guerra, 578-9.
Lincoln, Abraham, presidente americano: Bethmann comparado a, por Asquith, 504n; citado por Lloyd George, 599-600.
Lituânia, conquistada pelos alemães, 593.
Livadia: visita turca a Nicolau II em (1914), 562-3.
Ljubljana (Laibach), Congresso de (1821), 160-1.
Lloyd George, primeiro-ministro britânico: no governo liberal, 480-1; pede aos alemães que reduzam a construção naval (1908), 491; no Comitê do Conselho de Governo, 508n; orçamento de (1909), 540-1; discurso na Mansion House por (1911), 514-7, 520-1; procura reduzir o orçamento naval (1914), 546-8; planeja reconciliação com a Alemanha, 557-8; opõe-se à intervenção britânica na Primeira Guerra Mundial, 569-70; defende "golpe definitivo", 597; torna-se primeiro-ministro, 599-600; e a oferta de paz austro-húngara (1917), 604-8, 610-1; endossa reivindicações francesas à Alsácia e à Lorena, 610-1; queda de (1922), 308-9.
Lobanov, ministro do Exterior russo: e o Extremo Oriente, 399; e Marchand, 401-2; e Guilherme II, 402-3; e o telegrama de Kruger, 408-9.
Locarno, Tratado de (1926), 221-2.
Loire, 249-50.
Lombardia: guerra na (1848), 47-8, 57-62, 592-3; agitação na, 126, 137-8, 144; perda da, pela Áustria (1859), 152-5, 161-2, 248-9; Prússia diz que a Áustria não deve reivindicar a, 166-8; Bismarck se oferece para recuperar para a Áustria (1864), 193-4.
Londres: Hummelauer em (1848), 57-8, 59-62; Radowitz em (1850), 78-9; Kossuth em, 85-6. conferência em, sobre Schleswig (1864), 190-1; conferência em, sobre Luxemburgo (1867), 220-1; visita de sultão a, 222; conferência em, sobre o Mar Negro (1871), 254-7; Protocolo de (1877), 280-1; Conferência de, sobre o Egito (1884), 335-6; Izvolski em (1908), 495-6; Conferência de, sobre os Bálcãs (1913), 538-9.
— Tratado de: sobre a Bélgica (1839), 41-2, 219; sobre Schleswig (1852), 184-6; depois da Guerra dos Bálcãs (1913), 541; com a Itália (1915), 590-2, 605-6n.
Lorena: anexação da, ver Alsácia; Poincaré é natural da, 530-1; generais franceses pensam que a guerra irá libertar a (1912), 533-4, 572-3; jazidas de ferro da, controladas pelos financistas alemães, 563-4; ofensiva francesa na, 574; reivindicações alemãs das jazidas de ferro da, 583, 597, 599-600, 608.
Loubet, presidente francês: em Londres (1903), 456-7.

Ludendorff, general alemão, 516-7, 596; e Bethmann, 597-600, 608-9; condições de paz de, 610.
Luderitz, comerciante alemão, 336n.
Luís Filipe, rei dos franceses, 46-7, 63-4, 86, 87n, 132-3, 135-6, 235, 261.
Luís Napoleão, presidente francês: eleição de, 61-2, 63-5, 66-7; envia expedição a Roma, 67-8; e os refugiados húngaros, 72-3; propõe aliança com a Rússia, 77-8; e a crise alemã (1850), 77-8, 79-80; *coup d'état* de (1851), 85-7; e os Lugares Sagrados, 88-9; torna-se imperador, 86. – Ver também Napoleão III.
Luís XIV, rei da França, 21-2.
Luís XVI, rei da França, 310.
Luxemburgo: mencionado por Bismarck em Biarritz (1865), 197-8; posição de, 212n; reivindicado pela França (1866), 214-8; crise relacionada a (1867), 218-20; conferência sobre, 220-1, 225, 235-6, 239-40, 264, 361.
Lyons, embaixador britânico, 336-7.

MacDonald, Ramsay, primeiro-ministro britânico, 36; e a Revolução Russa, 603-4; e a publicação de documentos britânicos, 620.
Macedônia: uma província turca, 285-6; autonomia da, proposta por Ignatiev, 287n; restituída à Turquia (1878), 276-7, 291-2; revolta na (1903), 415-6, 491-2; discutida em Reval, 491-2; deveria ser habitada por búlgaros, 494n; e a Aliança Servo-Búlgara (1912), 529; sérvios temem conflito por causa da, 535-6; conquistada pela Sérvia (1913), 541-4; Sazonov oferece à Bulgária, 577-8, 589-90, 593-4; tomada pela Bulgária (19141), 567n.
Maclean, Kaid, 452n, 456, 457-8.
Madagascar: Salisbury reconhece controle francês de, 372-3.
Madri, Conferência de (1880), 325-7.
Magenta, batalha de (1859), 152-3.

Mahdi, 341.
Main: Prússia reivindica hegemonia do norte de, 170-1n, 206-8; Estados ao sul de, independentes, 209-11, 214, 240-1.
Mainz: oferecida à França por Nicolau II (1915), 586-7.
Malaguzzi, estadista italiano: e a venda de Venécia, 199.
Malmesbury, ministro do Exterior britânico, 85-6; abordagem russa de, 86; e o reconhecimento de Napoleão III, 87; tenta conciliar a Itália, 142, 148.
Malmö, armistício de, 54-6.
Malta, 52-3, 91-2; tropas indianas em (1878), 289; e Bizerta, 312-3; britânicos em, 325-7, 453-4; frota britânica retirada de (1912), 523-5.
Manchúria: planos russos na, 398-9; Rússia invade a (1900), 434-5; condições russas para evacuação da, 436; acordo anglo-germânico não se estende à, 437-8; Delcassé e a, 440-1; Rússia concorda em se retirar da (1902), 448-9; evacuação da, prevista (1903), 456; Rússia pode receber a, sem guerra, 456-7; Japão não reivindica a (1905), 477-8; controle russo-japonês da (1907), 486-7.
Mansion House: discurso de Lloyd George na (1911), 514-6, 517, 520-1, 546n.
Manteuffel, Edwin, estadista prussiano, 213-4.
Manteuffel, Otto, ministro do Exterior prussiano, 79-80; e o Acordo de Olomouc, 80-2; faz aliança com a Áustria, 81-2; e a Guerra da Crimeia, 97n; antecipa aliança franco-russa, 126; deixa o cargo, 146-7; comparado a Bismarck, 170, 170-1n, 302, 316-7.
Mar Adriático: Lansdowne propõe cooperar com a Alemanha no, 441; pretensões sérvias ao, 529-30; acesso sérvio ao, proibido pela Áustria-Hungria, 536-7; Rússia não irá lutar pelo porto sérvio no, 536-7; Itália deseja dominar,

589; Rússia desinteressada em bases navais no, 589-90; imperador Carlos oferece acesso sérvio ao, 604-5.

Mar Báltico: diminuição da importância do, 51-2; planos britânicos no, durante a Guerra da Crimeia, 116-7; proposta expedição francesa ao (1863), 177; menos importante para a Rússia que o Mar Negro, 192-3, 303-4; Aliança franco-russa inútil no, 386; frota russa deixa o (1904), 466; dificuldades russas no, 536n.

Mar Egeu: na primeira Entente Mediterrânea, 353-4; frota britânica no, 391; frota britânica retirada do, 404; Lansdowne propõe cooperar com a Alemanha no, 441; Bulgária ganha acesso a ele em 1913 e o perde depois da Primeira Guerra Mundial, 542-5.

Mar Negro: apreensão russa em relação ao, 88-9; frotas britânica e francesa entram no (1853), 97-8, 103-4; expedição aliada ao, 106; neutralização do, proposta (1855), 112-4, 114-5, 118-9; neutralizado pelo Tratado de Paris, 125-6, 130-1; ressentimento russo no, 130-1, 137-8; revisão de cláusulas referentes, oferecida por Napoleão III (1858), 144-6; Russell instou a abandonar a neutralização do (1860), 162-3; questão barrada na proposta de congresso (1866), 202-3; Bismarck propõe abandonar a neutralização do, 213-4; Beust propõe abandonar a neutralização do, 179; Gorchakov rejeita interesse no (1867), 221-2; postura das potências a respeito do (1870), 236-7; neutralização denunciada pela Rússia, 253-4; a Conferência de Londres e o, 254; a Rússia não tem frota no (1877), 281-2, 282-3, 285-6; equilíbrio naval no, perturbado pela conquista russa de Batum, 290; inquietações russas referentes ao, depois do Congresso de Berlim, 297-8, 303-4, 311; Gladstone propõe entrar no (1885), 340-1; segurança russa no (1887), 340-1, 348, 390-1; planos russos no (1895), 401-2; frota russa no, não preparada, 405; ferrovias próximas do, proibidas (1900), 427; Lansdowne oferece cooperação com a Alemanha no (1901), 441; frota russa não pode deixar o (1904), 466; motim da frota russa no (1905), 469-70; Grey diz que outros devem poder entrar (1908), 495-6; Rússia quer monopólio do, 527-8; frota russa mais frágil que a da Turquia no (1914), 551n; cruzadores alemães entram no, 578-9.

Marchand, explorador francês, 396n; vai a Fashoda, 396-8, 401-2, 423; deixa Fashoda, 423-7.

Marne, batalha do (1914), 574-5, 579-80.

Marrocos: pretensões francesas no, 325-7; Conferência de Madri sobre o (1880), 351-2; a Tríplice Aliança e o, 351-3, 373-4; interesses germânicos no, 365, 407, 408-9; Chamberlain encoraja a Alemanha no (1899), 431-2; Salisbury e o, 433; Lansdowne quer trabalhar com a Alemanha no (1901), 439-40; planos de Delcassé para o, 440-1, 448-9; começa a desmoronar, 448-9; acordo franco-italiano sobre o (1900), 449-51; tratado franco-espanhol malogrado sobre o (1902), 451-2; revolta no, 456; a Entente anglo-francesa e o, 457-61; planos alemães no, 464-6; acordo franco-espanhol sobre o, 464-6; Crise do (1905), 472-7, 517; conferência sobre o, em Algeciras (1906), 482-5; acordo franco-alemão sobre o (1909), 490-2, 498, 509-10; planos de Caillaux para o (1911), 511-2; colonização do, 516, 525-6; exército francês no, 28-9; planos franceses de anexar o (1915), 585-6; bibliografia do, 651.

Marschall, secretário de Estado alemão, 370-1; propõe cooperação com a França (1894), 395n; ameaça a Grã-Bretanha,

405-6; sobre a ferrovia de Bagdá, 426-7; e a Guerra ítalo-turca, 517-8; deseja se opor a Charykov (1911), 519-21, 551-2; morte de (1912), em Londres, 551n.
Masaryk, Thomas, presidente da Checoslováquia: tenta reconciliar a Sérvia e a Áustria-Hungria, 535-6.
Matilde, princesa francesa, beija Orlov, 129-30.
Mazzini, 67-8,158-9; bibliografia de, 644-5.
Mediterrâneo: frota britânica no (1849), 72-3; (1854), 99-100; (1894), 391; interesse britânico no, 291-2, 323, 330-1, 368-9; britânicos poderiam prescindir da rota no, 407; sem cooperação franco-russa no, 409-10, 413-4; dominação britânica do (1898), 425-6; durante a Guerra dos Bôeres, 428-30; depois da Entente anglo-francesa, 469-70; frota britânica se retira do (1912), 523-5.
– Entente da Grã-Bretanha, Áustria-Hungria e Itália, 230-1; primeira (1887), 351-7, 363; segunda, 361-3, 389-90; existência da, negada por Gladstone, 383n; Rosenbery e, 383-4; Salisbury perde a confiança na (1895), 402-3; Salisbury abandona a (1897), 412-3; tentativa de ressuscitar (1902), 453-525; Itália busca, sem França e Grã-Bretanha (1914), 562-3.
Mensdorff, embaixador austro-húngaro, 514-5n.
Mensdorff, ministro do Exterior austríaco, 194-5; faz tratado com a França (1866), 203-4.
Menshikov, príncipe, estadista russo: missão de, a Constantinopla, 90-4.
Mentana, batalha de (1867), 224-5.
Merv, vilarejo, 341-2.
Mesopotâmia: prometida à Grã-Bretanha (1916), 588, 605-6n.
Metternich, Clemens, chanceler austríaco: protege Carlos Alberto (1825), 313;
não consegue proteger a Turquia, 535-6; teve a revolução, 35-6, 573-4; e a Revolução Francesa (1848), 44-6; queda de, 47, 57-8; e a Itália, 139-41; bancada de, 264; Bismarck imita, 170-1n, 196-7, 292, 298-9; Disraeli admira, 272-3; Aehrenthal invoca, 517-8; o sistema conservador de, 41-3, 63-4, 70-1, 109, 127-8, 154-5, 164, 257-8, 310, 311-2, 319, 321-2, 580-1.
Metternich, Richard, embaixador austríaco, 174-5, 187-8, 203-4; e aliança com a França, 231-2, 246-7.
Metternich-Wolff, embaixador alemão: e Lansdowne (1901), 441; Grey adverte, 480-1; sobre a política britânica, 483-4; sobre a marinha alemã, 491.
Metz: Bismarck se desculpa por tomar, 312-3.
Meuse: Ludendorff exige fronteira do, 610.
México: expedição francesa ao, 165, 324-5; intrigas alemãs no (1917), 602.
Meyendorff, embaixador russo: e a Prússia, 48-9, 50-1, 80-1; sucedido por Gorchakov, 117n.
Michaelis, chanceler alemão, 608-9, 610.
Mieroslawski, líder polonês, 47, 50-1.
Milan, governante sérvio, 316.
Milão: levante em (1848), 47; tomado pelos austríacos, 59-60; Paz de (1849), 67.
Miliukov, ministro do Exterior russo: e os Estreitos, 602-3.
Millerand, estadista francês, 538-9.
Milner, estadista britânico: e o Transvaal, 421-2, 428-30; em Petrogrado (1917), 601.
Mogador, cidade de, 511n, 513.
Mohrenheim, embaixador russo: e a Entente franco-russa, 376-8; Carnot pede desculpas a, 386.
Moltke, o jovem, chefe do Estado-Maior e general alemão: e a Crise da Bósnia, 496-7; e Ludendorff, 516-7; coíbe Conrad, 539-40; encoraja Conrad, 558-9; incapaz de planejar a guerra, 564-5;

insiste numa ação rápida, 568; perde a batalha do Marne, 574n.
Moltke, o velho, comandante do Estado-Maior e general alemão, 257-8, 359; a estratégia de, 379-82, 572-3, 594n.
Moncalieri, Proclamação de (1849), 67.
Montanhas Pamir, 385-6; acordo anglo-russo sobre as (1894), 398.
Montebello, embaixador francês: e aliança com a Rússia, 381, 386-7.
Monteil, explorador francês: enviado a Fashoda, 384.
Montenegro, 90-1; e a guerra com a Turquia (1876), 270-1, 275-8; separado da Sérvia por Sanjak, 289-90; Gladstone consegue território para, 308-9; declara guerra à Turquia (1912), 535-6; conquista Scutari (1913), 541.
Montoire, encontro em (1940), 220-1.
Morgan, banqueiro americano, 454-5n.
Morley, estadista britânico: em governo liberal, 480-1; no comitê do conselho de ministros, 508n; sobre a missão Haldane, 521-2.
Morny, embaixador francês: negocia com Gorchakov, 117-9; desonestidade de, 120n; busca aliança com a Rússia, 131-4; odiado por Daru, 235.
Moscou: Alexandre II em (1876), 277-8.
Moustier, ministro do Exterior francês: e Luxemburgo, 216-8, 221-2.
Muhammad Ali, quediva do Egito, 399.
Mukden, batalha de (1905), 471-2, 545.
Muley Hassan, sultão do Marrocos, 448-9.
Münch, diplomata austro-húngaro, 278-9.
Münchengrätz (Mnichovo Hradiste), Tratado de (1833), 42-3, 82-3.
Münster, embaixador alemão, 335n, 336n.
Murat, príncipe francês, 134.
Muraviev, ministro do Exterior russo: e Hanotaux (1896), 411-2; e a Alemanha, 416-9; indiferente às colônias portuguesas, 421-2; não apoiará a França (1898), 424; e a liga continental, 430-1, 444-5n; morte de, 433-4.

Murmansk: não é substituto para os Estreitos, 579-80.
Mussolini, ditador italiano, 360-1, 590-2.

Napoleão I, imperador dos franceses, 21-2, 86, 127-31, 135-6, 151-3, 249n, 304, 310, 311-2, 335-6, 340-1, 413-4, 581.
Napoleão III, imperador dos franceses: reconhecimento de, 86; não é imperador de verdade, 21-2; envia frota para Salamis (1853), 91-2; e a Nota de Viena, 94-6; busca compromisso, 96-7; ameaça agir sozinho, 97-8; não tem planos para a Guerra da Crimeia (1854), 99, 106; radiante com a aliança com a Áustria, 109; propõe ir à Crimeia, 113-4; visita Windsor (1855), 114-5; desgastes da Guerra da Crimeia, 116-7; no Congresso de Paris (1856), 123-7, 129-30; apoia a Turquia, 127-8; não é grato à Sardenha, 128-9; expectativas de aliança com a Rússia, 129-31; e a disputa sobre Bolgrad, 131-4; e a disputa sobre a Romênia, 134-5; visita Osborne (1857), 135-6; encontra Alexandre II em Stuttgart, 136-8, 348-9, 359; e a conspiração de Orsini (1858), 141-3; encontra Cavour em Plombières, 143-4; faz tratado com a Rússia (1859), 145-6; e guerra com a Áustria, 36-7, 148-52; negocia paz com a Áustria, 152-5; anexa a Savoia (1860), 157, 502-3; e a unificação da Itália, 159-60, 296-7; encontra o príncipe regente em Baden-Baden, 160-1; aniversário de, comemorado em São Petersburgo, 161; faz tratado comercial com a Grã-Bretanha, 165; visitado por Guilherme I (1861), 168-9; e a revolta polonesa (1863), 169-75; propõe congresso, 179-80; e a Crise de Schleswig (1864), 185-94, 400-1; faz convênio com a Itália sobre Roma, 194; encontra Bismarck em Biarritz (1865), 197-8, 274-5, 277n; e a Guerra austro-prussiana (1866),

200, 202-5; concorda com as condições prussianas, 203-4, 205-6, 209n, 211-3; repudia Drouyn, 211-3; rende-se aos seus conselheiros, 215; encontra Francisco José em Salzburgo (1867), 222; propõe congresso sobre Roma, 224-5; busca aliança com Áustria-Hungria e Itália, 229-35; lança império liberal (1870), 235; rompe com Daru, 241; recorre à Rússia sobre crise de guerra, 241-2; levado à guerra por apoiadores, 242-3; rende-se em Sedan, 248; deposição de, 252-3, 255n; recusa-se a ceder território francês como preço da restauração, 255-6; herança romana de, liquidada, 262-3; suas intenções na Bélgica, 264-5; e o Canal de Suez, 327-8; e a Romênia, 267n; política de equilíbrio de, entre Rússia e Grã-Bretanha, 279-80, 292-3, 323-4, 324-5, 389-90; Delcassé comparado a, 456-7, 468-9; princípios poloneses de, desistência (1917), 601; documentos publicados como resposta a, 618-9; preserva seus segredos, 621-2, 632.

Nekludov, embaixador russo: e aliança servo-búlgara, 528-9.

Nelidov, embaixador russo: e os Estreitos, 410-1.

Nesselrode, chanceler russo: e Schleswig, 54; e intervenção russa na Hungria, 69-72; e os Estreitos, 73-4; faz aliança com a Áustria (1850), 78-9; sobre Bismarck, 85-6; sobre Luís Napoleão, 86; e a Questão Oriental, 89-91; interpretação violenta da Nota de Viena por, 94-8, 105; aconselha aceitação russa dos Quatro Pontos, 107-8; favorece isolamento, 117-8; e as condições de paz (1855), 119; e Gorchakov, 117n, 130-1.

Ney, Edgar: carta de Luís Napoleão a, 68.

N'Goko Sangha, esquema financeiro para, 510n.

Nicolau I, tsar russo: e a revolução na França (1848), 45-6, 48-9; e a Prússia, 54-5; e Bastide, 55; intervém na Hungria (1849), 69-71; e os refugiados húngaros, 71-3; e a Crise Alemã, 73-6, 81-2; recusa-se a restaurar a Santa Aliança, 82-3; e o reconhecimento de Napoleão III (1852), 87-8; e os Lugares Sagrados, 88-9; prevê a partilha da Turquia (1853), 89-91; e a Questão Oriental, 93-4; encontra Francisco José em Olomouc, 96-7, 105; Napoleão III recorre a (1854), 99; retira-se dos principados, 103-4; aceita os Quatro Pontos, 105; morte de, 113-4, 270n; comparado a Alexandre II, 194-5; coroa colocada no túmulo de, por Francisco José (1874), 257n; temia a opinião pública, 268-70; adorava discutir, 161-2; Salisbury lamenta oferta de, não aceita, 402-3; projeto de, realizado (1915), 585-6.

Nicolau II, tsar russo, filho de Alexandre III: visita Berlim (1893), 382-3; quer política enérgica no Extremo Oriente (1895), 399; ordena que os franceses compareçam à abertura do Canal de Kiel, 400-1; visita Grã-Bretanha e França (1896), 411-2; reconhece aliança franco-russa (1897), 413-4; gaba-se de ter poder para ameaçar a Grã-Bretanha (1899), 430-1; aceita a retirada russa de Pequim, 434-5; em Danzig (1901), 440-1; segue o conselho de Bezobrazov, 462; e a oferta alemã de aliança (1904), 467; em Björkö (1905), 475-7; não concorda com o tratado de Björkö, 477-8; aprova o plano de Izvolski para os Estreitos (1908), 491-2; finge desconhecer os planos de Izvolski, 495-6; em Potsdam (1910), 507-8; aprova a "pipa de Charykov" (1911), 518-9; em Port Baltic (1912), 531-2; e a Liga dos Bálcãs, 533-4; apoiaria a captura búlgara de Adrianópolis, 537n; aprova indicação de Liman (1913), 552-3; sobre os Estreitos, 553-4; em Constança (1914), 561-2; visitado pelos turcos em Livadia, 562-3; troca telegramas com Guilherme II, 568; rejeita paz em separado (1915), 583-4, 588; oferece fronteira do Reno à França, 586-7; deposição de (1917), 602-3.

Nicolau, grão-duque, comandante em chefe russo na Guerra russo-turca: opõe-se a Gorchakov, 282-3.

Nicolau, grão-duque, comandante em chefe russo na Primeira Guerra Mundial: diz que munições russas se esgotaram (1914), 579-80; não tem plano comum com Joffre, 584-5; pede ajuda britânica no Cáucaso (1915), 585; insiste na entrada da Itália na guerra, 590-2.

Nicolson, Arthur, diplomata britânico: quer reformar o Marrocos (1902), 448-9; impede liquidação do Marrocos, 452; política marroquina de, arruinada, 456; sobre a Entente anglo-russa, 487n; defende aliança britânica com a França (1912), 522-4; pensa que a Rússia é forte, 526; tem pesadelo com aliança russo-germânica, 550-1; teme vitória franco-russa na Primeira Guerra Mundial, 569-70.

Nigra, embaixador italiano, 159, 194, 199; documentos de, 638.

Nikolayev, estaleiros de, 492-3.

Nikolsburg, Paz de (1886), *ver* Paz de Praga.

Nivelle, general francês: estratégia de (1917), 596, 602-3, 610-1.

Noailles, embaixador francês, 450n.

Nore, rebelião em (1797), 336-7.

Normanby, embaixador britânico, 60-1.

North, lorde, primeiro-ministro britânico, 347-8.

Nova Guiné, 337-8.

Novara, batalha de (1849), 66-7, 70n.

Novibazar, Sanjak de: controlado pela Áustria-Hungria, 289-90; projeto de ferrovia através de, 494n; Áustria-Hungria não consegue agir em (1912), 535-6.

Nurembergue, Conferência de (1863), 178-9.

Odessa, 528-9; bombardeada (1914), 579-80.

Ollivier, primeiro-ministro francês, 241, 618-9; documentos publicados de, 635-6.

Olomouc (Olmütz): encontro em (1850), 80-1; (1851), 82n; Nicolau I em (1853), 96; Acordo de (1850), 80-1, 166-8, 179, 194-5, 197-8.

Omdurman, batalha de (1898), 423.

Orient Line, 318-9, 345-6.

Orlov, embaixador: missão a Viena de (1854), 98-9; no Congresso de Paris, 127; beijo da princesa Mathilde, 129-30.

Orsini, patriota italiano, 141-3.

Osborne, "Pacto" de (1857), 135-7.

Osman Pasha, defensor de Plevna, 284.

Ostend, reivindicado por Ludendorff, 610.

Oubril, embaixador russo, 274-5.

Oudinot, general francês: toma Roma, 67-8.

Pacifico, Don, súdito britânico, crise relacionada a, 73-4, 77n.

Pacto Nazi-Soviético (1939), 340-1.

Paléologue, embaixador francês: e a Crise de Dogger Bank, 468n; e a Turquia, 549-50; opõe-se às reivindicações russas a Constantinopla (1915), 585-7; e a entrada da Itália na guerra, 589-90.

Palestina, 272-3; oferecida à França por Nicolau II (1915), 586-7.

Palmerston, lorde, ministro do Exterior britânico: e revolução na França (1848), 46-7; envia Stratford Canning em viagem, 50-1; e Schleswig, 52-8; e a guerra na Itália, 56-61, 66-7; e revolução na Hungria (1849), 68-71; e refugiados húngaros, 72-3; desculpa-se por entrar nos Dardanelos, 73-4; e Don Pacifico (1850), 73-4, 77n; e crise alemã, 75, 77-8, 79-80; urge ação decidida na Questão Oriental (1853), 92-4; arruína partilha prevista de Olomouc, 96-7; ameaça renunciar, 97-8; torna-se primeiro-ministro (1855), 113-4; considera continuar a Guerra da Crimeia, 116-7; quer condições de paz rigorosas, 118-9; fala em apoiar a Sardenha (1856), 128-9; e o Pacto de Osborne, 135-6n; queda de, depois da conspiração de Orsini (1858), 142; torna-se primeiro-ministro (1859), 152-3; desconfia da França, 156-7; e a anexação da Savoia (1860), 157-8; opõe-se à França, 166; favorece ajuda francesa à Polônia, 177; ameaça ajudar a Dinamarca (1863), 185-6; favorece engrandecimento da Prússia, 192-3, 323-4; e aliança liberal, 261; plebiscito em favor de (1857), 308n; e o equilíbrio de poder, 480-1; franqueza de, para o Parlamento, 616-7; bom senso de, 34-5.

pan-eslavismo: origens do, 228-9, 233-4, 268-70; não é causa das revoltas balcânicas, 272; influência do, 276-7, 282; repudiado por Shuvalov, 287-8; por Saburov, 306-7; Bismarck sobre o, 317-8, 399.

Panther, em Agadir, 510-2, 513.

Paris: revolta de 24 fev. 1848, em, 43-4, 46-7; de 15 maio, 49-50; de 4 set. 1870, 249-50, 252-3; visita de Alexandre II a (1867), 221-2, 223-4; visita do sultão a, 222; conferência em, sobre Creta (1869), 225, 228-9; fuga de Gambetta de (1870), 249-50; rendição de, 252-3; Skobelev em (1882), 314; conferência prevista em, sobre o Egito, 336-7; Budapest e Viena não são consolo para, 373; Giers em (1891), 378-9; Muraviev em (1896), 411-2; (1898), 424; Eduardo VII em (1903), 456-7; Lamsdorff em, 462; o exército não consegue defender dos alemães (1905), 471-2; Izvolski em (1908), 495-6; Sazonov em (1911), 519-20; por que não há conferência dos Bálcãs em, 538n; George V em (1914), 555-6; espera-se que os alemães tome, 574.

– Congresso de (1856), 123-5, 126, 128-9, 139-41, 146-7, 149-50, 292.
– Tratado de, 123-5, 126, 130-3, 136, 145-6, 152-3, 155-7, 162-3, 164, 213-4, 220-1, 223-4, 229, 234-5.

Parker, almirante britânico, 73-4.
Pashich, primeiro-ministro sérvio, 564-5n.
Paskievich, general russo, 79-80.
Paz de Praga (1866), 196-7, 206n, 207, 209n, 219-20, 248, 292.
Pedro, o Grande, imperador russo, 309.
Pendjeh, crise por causa de (1885), 338-40, 341-2, 345-6.
Pequim: pretensões russas por, 341-2, 390-1; russos tentam controlar, 399; oposição britânica à Rússia em, 416-9; Revolta dos Boxers em (1900), 434-5; socorro a Pequim, 434-5.
Pérsia: britânicos perdem confiança na, 400; Salisbury planeja concessões à Rússia na, 433; porto na, exigido pela Rússia, 441; rivalidade anglo-russa na, 462-3, 473-4, 482; acordo anglo-russo sobre a (1907), 278n, 416-9, 485-90; Rússia se opõe ao Parlamento na, 489-90; disputa anglo-russa na (1908), 495-6; Rússia espera obter apoio alemão na, 501; reivindicações russas na (1910), 506-8; rixa anglo-russa sobre Shuster na, 519-21; ainda principal interesse russo (1912), 526, 527-9; mantém Grã-Bretanha tranquila a respeito dos Bálcãs, 549; outras disputas anglo-russas na, 550-3; concessões russas na (1914), 556-7; Sazonov oferece ceder zona neutra na, 556-7; última rixa anglo-russa na, 562-4; zona neutra na, cedida à Grã-Bretanha pela Rússia (1915), 383-5.
Persigny, estadista francês: em Berlim (1849), 77-8; defende conflito com a Rússia (1852), 87-8; defende a Guerra da Crimeia, 91-2; apoia a Grã-Bretanha a respeito de Bolgrad (1856), 132-4; a respeito dos principados

(1857), 135-6; insiste em guerra pela fronteira do Reno (1866), 202.
Petrogrado, *ver* São Petersburgo.
Pillersdorf, ministro austríaco, 57-8.
Pilsudski, ditador polonês: sobre a Primeira Guerra Mundial, 598-9.
Pitt, William, o Velho, 302.
Plevna, sítio de (1877), 284-5, 291-2, 545.
Poincaré, presidente francês: torna-se primeiro-ministro (1912), 516; alarmado com a missão Haldane, 522-3; e acordo naval com a Grã-Bretanha, 523-6; apoia a Rússia nos Bálcãs, 530-5; tenta evitar a Guerra dos Bálcãs, 534-5; insiste para que a Rússia apoie a Sérvia, 537-9; torna-se presidente (1913), 546; posição política de, enfraquecida, 549-50; precisar tornar Viviani primeiro-ministro (1914), 557-8; em São Petersburgo, 567-8; opõe-se à reivindicação russa pelos Estreitos (1915), 586-7; e a oferta de paz austro-húngara (1917), 605; bibliografia sobre, 632.
Polônia: no Tratado de Münchengrätz, 42-4; problema da (1848), 45-6, 47-53, 65-6, 68-71; repercussão da (1849), 71-2; silêncio sobre a, 82-3, 93-4; Frederico Guilherme quer garantia para a, 98-9, 101-2; restauração da, proposta por Napoleão III (1855), 116-7, 127; não mencionada no Congresso de Paris (1856), 127; discutida no Encontro de Stuttgart (1857), 137; Alexandre II na, 144n; planos de Napoleão III para a, 144-5, 152, 164; concessões de Alexandre II para a, 169-70; revolta na, 172-80; Bismarck adverte Napoleão por causa da, 185-6; Bismarck ameaça reorganizar a (1866), 213-4; o principal obstáculo para a amizade franco-alemã, 214-5; vivas à, em Paris (1867), 221-2; o elo entre Rússia e Prússia, 225-6, 239-40, 245-6, 251-2; ressurreição da, proposta por Andrássy (1871), 256-7; aliança russo-germânica contra a, 292-3, 317-8, 331, 415-6, 448, 499-500; Bismarck propõe independência da (1883), 331-2; causa da, abandonada pela França (1891), 377-8; Rússia não consegue construir ferrovias na, 415-6; generais franceses pensam que a guerra libertará a, 533-4; Sazonov defende causa da (1914), 553-4; Rússia promete ressuscitar a, 582-3; conquistada pelos alemães (1915), 593; Sazonov insiste em concessões à (1916), 596; independência da, prometida por Guilherme II e Francisco José, 597; alemães esperam conservar a (1917), 600-1; independência da, não prometida pela Entente, 600-1; cedida à Rússia pela França, 601; Czernin oferece sua parte da, para a Alemanha, 608; independência da, estipulada nos Catorze Pontos (1918), 610-1.
Ponsonby, secretário da rainha Vitória, e a Crise do Sião, 385n.
Port Arthur: cedido ao Japão pela China (1895), 398-9; devolvido à China, 400-1; tomado pela Rússia (1898), 416-9; essencial para a Manchúria, 461; ataque japonês em (1904), 462-3; captura de, 471-2.
Port Baltic, encontro de Guilherme II e Nicolau II em (1912), 531-2.
Portsmouth, visita da frota francesa a (1891), 376-7.
Portugal: aliança de, com a Grã-Bretanha, 41-2; tratado de, com a Grã-Bretanha sobre a África Central (1884), 335-6; em dificuldades financeiras (1898), 421-2; acordo anglo-germânico sobre as colônias de, 422-3, 444-5n; Decalssé propõe retomada de acordo sobre as colônias de (1902), 473-4; negociações anglo-germânicas sobre as colônias de, 525; acordo anglo-germânico sobre as colônias de (1914), 546-8; Grey proíbe, de entrar na Primeira Guerra Mundial, 577-8.

Posen: importância estratégica de, 43; Grão-
-Ducado de, 47, 49-51, 106n, 177-8,
191-2.
Potsdam: Nicolau I em (1853), 96; Nicolau II em (1910), 507-8; Guilherme II
e Szögyény em (5 jul. 1914), 565-6; encontro dos Três Grandes em (1945),
335-6; Acordo de (1911), 512, 532.
Praga, Tratado de (1866), 207, 209n, 219-20,
248, 292; a França e o, 222-3, 225, 229;
Áustria-Hungria e, 233-5; previsto no,
abandonado (1878), 300-1.
Primeira Guerra Mundial, 71, 204-5, 290-
1, 303-5, 331, 419n, 466n; não causada
por Delcassé, 427; causas da, 382n, 567-
8, 571; consequências da, 21-2, 37-8; bibliografia sobre a, 651-2.
Principados do Danúbio: ocupação russa
dos (1848), 70; conflito por causa dos
(1853), 89-90, 93-4, 96, 99-100; garantia
prussiana dos, para a Áustria, 103-4;
retirada russa dos (1854), 103-4, 281-2;
ocupação austríaca dos, 103-4; Questão dos, no Congresso de Paris, 125-7,
134-5; conflito por causa dos (1857),
134-5; eleições nos, 137; discutidos no
Encontro de Stuttgart, 137-8.
– *Ver também* Romênia.
Prússia: e o Tratado de Münchengrätz, 42-
3; revolução na (1848), 47; e a Polônia,
49-50; e Schleswig, 53-7; aspira a liderar a Alemanha, 64-5; aliança com a,
recusada pela Áustria (1849), 74-5; e
a Crise Alemã (1850), 74-80; aliança
da, com a Áustria, 80-3; fica neutra na
Questão Oriental (1853), 93-4, 96, 98-9;
aliança da, com a Áustria (1854), 101-
4; garantia da, à Áustria, ampliada, 111;
afirma a neutralidade alemã (1855),
111-2; excluída do Congresso de Paris
(1856), 126; apoia a Rússia em relação
a Bolgrad, 133-4; "nova era" na, 146-7;
e a Guerra da Itália (1859), 151-3, 155;
e a anexação da Savoia (1860), 157-
8; ruptura decisiva da, com a Áustria

(1861), 166; Bismarck chega ao poder
na (1862), 168-70; e a revolta polonesa (1863), 172-6; desafiada pela Áustria, 177-80; e a Questão de Schleswig
(1864), 182-93; Tratado de Gastein da,
com a Áustria (1865), 195-8; aliança
da, com a Itália (1866), 198-9; e a guerra com a Áustria, 200-1, 203-8, 209-11;
e Luxemburgo (1867), 215-21; recusa
aliança com a Rússia, 227-8; recusa a se
desarmar (1870), 235-6; e guerra com a
França, 241-4; convocada a se unir para
dar garantia a Turquia, 253-4; funde-se
na Alemanha (q.v.), 248, 255n.
Przemysl, capturado pela Rússia (1915),
590-2.

Quadrilateral, fortaleza austríaca de, 43,
152-3, 153-4.
Quatro Pontos (1855), 104-6, 107-8, 127-8;
aceitos pela Rússia, 107-9; base das negociações de paz, 111-2, 117-8.

Rabat, 474-5.
Racconigi: acordo ítalo-russo de (1909),
507-8, 517-8.
Radetzky, general austríaco, 59-62.
Radolin, embaixador alemão, 468n, 474.
Radowitz, estadista alemão, 64-5; planos
alemães de, 65-6; e a União de Erfurt
(1849), 75-6; torna-se ministro do Ex-
terior prussiano (1850), 76-7; ameaça
entrar em guerra com a Áustria, 78-9;
pede demissão, 79-80; a política de, re-
tomada por Bernstorff (1862), 168-9;
Bismarck comparado a, 170; bibliogra-
fia sobre, 634, 648.
Radowitz, o Moço, embaixador alemão: em
São Petersburgo (1875), 263; indiscrição de, 263.
Raglan, general britânico: na Crimeia, 107.
Rattazzi, primeiro-ministro italiano: e
Roma, 224-5.
Rechberg, ministro do Exterior austríaco, 152-3; propõe revisão de tratado

com a Rússia (1860), 161; deseja a Santa Aliança, 161; rompe negociações com a Prússia (1861), 166-8; e a Polônia (1863), 175-6; favorece cooperação com a Prússia, 177-8; encontra Bismarck em Schönbrunn (1864), 193-4; concorda em participar da posse dos ducados do Elba, 194; queda de, 194-5.

Reichstadt (Zákupy): Andrássy e Gorchakov em (1876), 276-7; acordo de, 276-7; acordo de, modificado pelas Convenções de Budapeste, 281-2.

Reno: exército prussiano no, 43; russos preferem guerra no (1848), 45-6; pretensões francesas no, 58-9; pretensão de Luís Napoleão no, 77-8; garantia austríaca de território prussiano no, 82; ameaça francesa ao (1852), 86, 93-4; e (1855), 119; Guerra da Crimeia não se estende ao, 129-30; Persigny quer o (1856), 135-6; Napoleão III se esquiva de conflito pelo, 139-41, 148-9, 149-50, 153-4; garantia russa do (1859), 155-6; apreensão prussiana pelo (1860), 157-8, 162-3, 164; Rechberg e o (1864), 184-5; britânicos temem pelo, 187-8, 190; a Questão do, em Biarritz (1865), 198-9, 200; reivindicado por Persigny (1866), 202; Estado neutro no, previsto em congresso proposto, 202-3; e Tratado austro-francês, 203-4; Drouyn exige território no, 211-3; outras reivindicações francesas no, 215-7, 219, 231-2; não há planos franceses para o (1870), 242-3; França instada a renunciar por Bismarck, 322-3; pretensão francesa no, acadêmica, 528-9; avanço francês na direção do, planejado (1912), 530-1; oferecido à França por Nicolau II (1915), 586-7; margem esquerda do, ter Estado autônomo neutro (1917), 601.

Renouvin, professor francês, 473-4, 618n.

Repúblicas bôeres, 316; isoladas pela anexação britânica da baía de Santa Lúcia (1884), 342-3; e a incursão de Jameson, 405-6, 406-7n; Alemanha abandona as, 421-3.

– Guerra das: eclosão, 428-30; planos de mediação europeia durante, 430-1, 444-5n; amizade de Guilherme II com a Grã-Bretanha durante, 444-5n; fim da, torna possível a aliança anglo-japonesa, 441-4; lembranças da, apagadas pela visita de Eduardo VII a Paris (1903), 456-7; não é causa da Entente anglo-francesa, 461; Alemanha e Grã-Bretanha durante a, 463-4.

Reval: encontro de Eduardo VII e Nicolau II em (1908), 491-2.

Revolta dos Boxers (1900), 434-5, 456.

Rhodes, Cecil: e a incursão de Jameson, 405-6; e a ferrovia de Bagdá, 426-7.

Ribot, primeiro-ministro francês: elabora Entente franco-russa, 376-7, 377n; cético em relação ao apoio russo, 378-9; e convênio militar com a Rússia (1892), 379-81; torna-se primeiro-ministro (1917), em Saint Jean de Maurienne, 605-6n.

Richards, primeiro lorde do Almirantado britânico, 404n.

Richelieu, primeiro-ministro francês, 261-2.

Riga, 608.

Robinson, estadista britânico: e a incursão de Jameson, 406-7n.

Roma: revolução em (1849), 63, 67-8; intervenção francesa em, 67-8, 69-70, 75; Napoleão III e (1856), 127, 154-5, 158-9; não incluída na Itália unida, 159-60; ocupação francesa de, continua, 166; convênio entre França e Itália referente a (1864), 224-5; proposta francesa por garantia prussiana de (1866), 215-6; invasão de, por Garibaldi (1867), 224-5; Napoleão III espera que o Tirol distraia a Itália de, 230-1; Itália exige, como condição de aliança com a

França, 232-3; Concílio Ecumênico em (1870), 241; ocupação italiana de, 247-8; fácil ir a, 295-6; papa pensa em deixar (1881), 313; Bülow em (1915), 589.

Romênia: primórdios da, 126; Áustria excluída da, 161-2; Áustria recusa trocar Venécia pela, 166, 199; Rússia exclui a Questão Oriental da, em congresso proposto (1866), 202-3; Beust quer garantia russa da, 216-7; agitação na, contra a Hungria (1868), 228-9; discutida em Ems (1870), 240-1; Gladstone e a, 253n; na Guerra Russo-Turca (1877), aliança da, com a Alemanha e a Áustria-Hungria (1883), 302n, 303-4, 309, 316-7, 331; Kiderlen em, 508-9; na Segunda Guerra dos Bálcãs (1913), 541-2; Alemanha torce pela, 541-2; Rússia busca aliança com a (1914), 553; Czernin insiste em concessões à, 560; propostas russas à, 578, 590n; França espera alcançar aliança com (1916), 593-4; aliança da, com a Entente, 595; derrota da, 595-6.

Roon, ministro da Guerra prussiano, 155-6.

Rose, diplomata britânico, 91-2.

Rosebery, primeiro-ministro britânico: inventa continuidade da política externa, 383-4; opõe-se à França, 384; e a Crise do Sião (1893), 384-5; torna-se primeiro-ministro (1894), 391; e o Tratado Anglo-Congolês, 393-8, 403-4; deseja atuar no Extremo Oriente (1895), 400; Grey serve sob o comando de, 479-80.

Rouher, estadista francês: apoia a Prússia (1866), 207n; propõe aliança à Prússia, 211-3; repudiado por Napoleão III, 214; esboça aliança com Áustria-Hungria e Itália (1869), 231-2. Rouvier, primeiro-ministro francês: deseja participar da ferrovia de Bagdá, 454-5; conflito de, com Delcassé (1905), 472-3, 474-7; aceita conferência sobre o Marrocos, 475-7; opõe-se à liga continental, 477-8; e à frota britânica, 481; Caillaux, o sucessor de, 509-10, 511-2, 512n, 530-1.

Rudinì, primeiro-ministro italiano: e a retomada da Tríplice Aliança (1891), 373-5.

Ruhr, 466n.

Romélia Oriental: no Congresso de Berlim (1878), 287-8, 289-90; unida à Bulgária (1885), 341, 345-7.

Runciman, estadista britânico: no comitê do conselho de ministros, 508n.

Russell, John, primeiro-ministro britânico, 46-7; e os refugiados húngaros (1849), 72-3; opõe-se à Rússia (1853), 92-3, 97-8; missão de, a Viena (1855), 113-5; torna-se ministro do Exterior (1859), 152-3; quer guerra com a França, 156-7, 157-8; excluído do Encontro de Varsóvia (1860), 161-2; propõe venda de Venécia, 166; rejeita congresso proposto por Napoleão III (1863), 179-80; recorre à ajuda francesa e russa para a Dinamarca (1864), 187-8; opõe-se ao princípio nacional, 190.

Russell, Odo, embaixador britânico: e a Crise do Mar Negro (1870), 253-4; e a crise de guerra iminente (1875), 264; e Gorchakov, 267-8; e Bismarck, 274-5.

Rússia: e o Tratado de Münchengrätz, 42-3; e Polônia (1848), 47-53; e Schleswig, 51-5; e a Crise Alemã (1850), 65-6, 74-9; e a Questão Oriental (1853), 88-99; e a Guerra da Crimeia (1854), 101-9; e a neutralidade do Mar Negro, 125, 130-2; reivindica Bolgrad (1856), 131-2; negociações da, com a França (1858), 144-7; sugere congresso, 149-50; e a anexação da Savoia (1860), 157-8; rejeita a Santa Aliança, 161-4; e a revolta polonesa (1863), 174, 175-8; e a Questão de Schleswig (1864), 187-8, 192-3; e a Guerra austro-prussiana (1866), 202, 213-4, 215-6; e a Crise de Luxemburgo (1867), 217-8, 220-2; propõe aliança à Prússia, 225-6; e a Guerra franco-prussiana (1870), 234-5, 245-52; denuncia as cláusulas do Mar Negro (1871), 253-4; e a Liga dos Três Imperadores (1872), 257-61; e a crise da guerra iminente (1875), 264; e a Guerra russo-turca (1877), 267-86; e o Congresso de Berlim (1878), 290-2; passaportes continuam para a, 295-6; Bismarck apazigua a, 302-3, 310, 316-8, 340-1; Gladstone e a (1880), 308-9; e a Crise de Pendjeh (1885), 338-41; e a união da Bulgária, 345-6; arruína o Convênio Drummond-Wolff (1887), 355-6; Tratado de Resseguro, com a Alemanha, 357-9; afastamento econômico da, com a Alemanha, 358-9; e a Crise Búlgara, 359-65, 367-8; empréstimo francês à, 367-8; planos militares da, 373; entente da, com a França (1891), 375-9; pretensões da, no Extremo Oriente, 390-1; tratado comercial da, com a Alemanha (1894), 391-3; planos da, nos Estreitos (1895), 400-2; Salisbury busca acordo com a, 402-3; aliança da, com a China (1896), 416-9; busca acordo com Alemanha referente à ferrovia de Bagdá (1899), 427-8; e a Revolta dos Boxers (1900), 434-8; declaração da, com a França a respeito da China (1902), 448; e a guerra contra o Japão, 466, 468-9; revolução na (1905), 471-2; empréstimo francês à (1906), 477; fragilidade da, 480-1; e entente com a Grã-Bretanha (1907), 484-90; e a Crise da Bósnia (1909), 495-8; reforça armamentos, 499-500; tenta controlar os Estreitos (1911), 518-9; e a Liga Balcânica (1912), 529-30; ameaça guerra com a Bulgária, 536-7; mudança de postura da, com a Turquia (1914), 552; mobiliza-se somente contra a Áustria-Hungria, 567-8; mobilização geral da, 568; declaração de guerra alemã à, 568-9; busca outros aliados, 577-8; tem promessa dos Estreitos (1915), 584-5; revolução na (1917), 602-4; não é comunicada sobre oferta de paz austro-húngara, 605; derrota da, 611-2; compete com Estados Unidos por liderança da Europa, 612-3; força proporcional da, 26-7; temor alemão da, 27-8; bibliografia sobre a, 629-30; documentos sobre a, publicados, 633, 638-9, 642, 648, 650.

Saburov, embaixador russo: propõe aliança a Bismarck (1879), 306-8, 309; e a retomada da Liga dos Três Imperadores (1884), 334-5.
Sadova (Könniggrätz): batalha de (1866), 203-4, 205-6, 247-8, 255-6; maior crise desde Dogger Bank, 468n.
Saint Jean de Maurienne, Acordo de (1917), 605-6n.
Salazar, estadista espanhol, 241-2.
Salisbury, primeiro-ministro britânico: na Conferência de Constantinopla (1876), 280-1; torna-se ministro do Exterior (1878), 287-8; no Congresso de Berlim, 289-90; e o controle dos Estreitos, 290, 318-9, 340-1; planos de, depois do Congresso de Berlim, 297-8; saúda a Aliança austro-germânica (1879), 305-6; política de, abandonada por Gladstone (1880), 308-9; postura de, com relação à França, 312-3; fala sobre o problema egípcio, 327-8; torna-se primeiro-ministro (1885), 341-2, 342-3; apoia união da Bulgária, 346-8; elabora entente mediterrânea, 351-7, 359-65; irritado com Crispi, 364-5; recusa aliança com Alemanha (1889), 368-9; e Heligoland (1890), 371-2n; não participará da Tríplice Aliança (1891), 372-3; convida a frota francesa a visitar Portsmouth, 376-7; deixa instruções para Rosebery (1892), 383-4; propõe partilha da Turquia (1895), 402-4; não ajudará a Itália, 403-4,

409-10; não apreensivo com a liga continental, 408-9; decide conquistar o Sudão (1896), 409-10; sugere abertura dos Estreitos a Nicolau II, 411-2; abandona os Estreitos, 412-3; sugere acordo com Rússia sobre Extremo Oriente (1898), 416-9; coopera com a Alemanha, 421-2, 546-8; reivindica o Sudão mediante conquista, 423, 424; recusa Trípoli à Itália, 425n; deplora Guerra dos Bôeres (1899), 428-30; evita encontrar Guilherme II e Bülow, 431-2; faz acordo com a Alemanha sobre a China (1900), 435-6; deixa o Ministério do Exterior, 437; opõe-se a aliança com a Alemanha (1901), 439-40; deixa o cargo (1902), 452; criticado por Guilherme II, 453-4; a política de, abandonada, 453-5; pôs o império à frente da Europa, 482.

Salônica: Guilherme II insiste para que Áustria-Hungria tome, 391-3; Grécia espera ficar com a (1912), 529-30; acesso sérvio à, 536n; conquistada pela Grécia (1913), 541-4; expedição aliada à (1916), 593-4.

Salzburgo: encontro de Napoleão III e Francisco José em (1867), 222-4, 234-5.

Samoa: acordo anglo-germânico sobre (1899), 431-2, 444-5n.

Sanderson, diplomata britânico, 342-3, 453n.

Santa Aliança, 22, 42-3, 43-4, 45-7, 47-8, 55-6, 65-6, 69-70, 116-7; aparentemente restaurada (1851), 71-2, 85-6; destruída pela Guerra da Crimeia, 87-8, 96-100, 119, 136, 137-8, 155-6, 471-2; retomada da, em Varsóvia (1860), 160, 163; não ressuscita por causa da Polônia, 177-8; Gorchakov não irá ressuscitar, 191-2; Napoleão III diz que está dissolvida, 214; Bismarck espera ressuscitar, 219-20, 299, 345-7; e a Guerra franco-prussiana, 251-2, 256-7; última manifestação da, em Skierniewice (1884), 335-6; abandonada por Caprivi, 382-3; arruinada pela oferta de independência à Polônia (1916), 597.

– Lugares Sagrados ou Santos, disputa por, 87-9, 89-93, 99, 268-70.

Santo Estêvão, Tratado de (1878), 254, 286; Ignatiev busca consentimento europeu ao, 286-7; abandonado, 287-8; poderia salvar a Turquia e a Áustria-Hungria, 291-2; trata a Macedônia como búlgara, 529.

São Petersburgo: Francisco José em (1874), 257n; Radowitz em (1875), 263; influência de, em Alexandre II, 277-8; Goluchowski e Francisco José em (1897), 412-3; Guilherme II e Bülow em, 413-4; Delcassé em (1899), 427-8; Ito em (1901), 441-2; Poincaré e Viviani em (1914), 567-8; conferência aliada em (1917), 585-6.

Sarajevo, assassinato de Francisco Ferdinando em, 564-5.

Sardenha: Guerra da, contra a Áustria (1848), 47, 58, 59-62, 66-7; (1849), 67-8; e o movimento italiano, 72-3, 74-5, 77-8, 80-1; aliança da, com a Grã-Bretanha e a França (1855), 109-11; não autorizada a salvaguardar a Turquia (1856), 128-9; apoia união da Romênia, 134-5; não tem queixas contra a Áustria, 144; faz aliança com a França (1859), 148-9; Áustria exige desarmamento da, 150; comparação da, com a Sérvia, 571.

– Ver também Itália.

Sarre, minas de carvão do: prometido à França pela Rússia (1917), 601.

Saverne, incidente em, 550-1.

Savoia: pretensão francesa na (1848), 58-9; cessão da, proposta em Plombières, 142-3; anexação da, pela França (1860), 156-60, 161-2, 175-6, 189-90, 197-9, 211, 251n, 502-3.

Saxônia, 74-5, 190n; invasão da, pela Prússia, 204-5; integridade da, exigida, pela Áustria, 207-8.

Sazonov, ministro do Exterior russo: sobre as dificuldades britânicas na Pérsia, 506-7; em Potsdam (1910), 507-8; e a "pipa de Charykov" (1911), 518-20; e a Guerra dos Bálcãs (1912), 528-30, 532-7; sobre os Estreitos, 551-2; e a Crise de Liman (1913), 553-4; insiste em concessões à Polônia (1914), 553-4; deseja transformar a Tríplice Entente numa aliança, 555-6; propõe ceder zona neutra aos britânicos, 556-7; visita a Transilvânia, 561-2; e a eclosão da Primeira Guerra Mundial, 567-8; busca outros aliados, 577-80; faz acordo sobre Constantinopla (1915), 584-7; e o Tratado de Londres, 588-92; adverte Briand para sair da Polônia, 601n; queda de, 596.

Schleinitz, ministro do Exterior prussiano, 146-7; propõe mediar na Guerra da Itália (1859), 152-3; concorda em permanecer neutro, 155-6; encontra Russell em Koblenz (1860), 162-3; deixa o cargo (1861), 168-9; comparado a Bismarck, 170, 302.

Schleswig: conflito a respeito de (1848), 51-9, 70-1, 76-7; Questão de, retomada (1862), 168-9, 181; invadido pela Áustria e pela Prússia, 185; atribuído à Prússia pelo Tratado de Gastein (1865), 195-6; plebiscito previsto para o, na Paz de Praga (1866), 196-7, 206n, 207, 209n; os franceses suscitam a Questão de (1869), 234-5; plebiscito em, abandonado (1878), 300-1; Canal de Kiel em, 400-1.

Schlieffen, general alemão, 381-2; planeja ofensiva contra a França, 381-3; planos de, causaram a Primeira Guerra Mundial, 427-8, 572-3; consultado por Holstein, 464-6, 472-3; Falkenhayn desmente, 594n.

Schmerling, ministro austríaco, 165.

Schnaebele, funcionário de fronteira francês: incidente por causa de, 356-7.

Schneider-Creusot, consórcio: e o Marrocos, 509n; e Poincaré, 530-1.

Schönbrunn, encontro em (1864), 193-4, 196-7.

Schwarzenberg, Felix, primeiro-ministro austríaco, 61-2; e a Sardenha, 64-7; e a Hungria, 69-73; e a Crise Alemã (1850), 75-81; fracasso de, na Conferência de Dresden (1851), 81-2; morte de, 87; iniciou o leilão pela Alemanha, 170-1n; hostilidade de, em relação à Rússia, 251n.

Schweinitz, embaixador alemão, 250-1, 332-3, 335-6; documentos de, publicados, 639-40.

Scutari, 535-6; conquistado por Montenegro, 541.

Sebastopol: frota russa em, 91-2, 97-8; ataque aliado a, planejado (1854), 101, 106; queda de, rumores da, 107; tentativa de tomar, por meio da diplomacia (1855), 112-4; queda de, 116-7, 119.

Sedan, batalha de (1870), 248-50, 252n, 255-7, 301, 321-2, 336-7, 474-5, 484-5.

Sérvia: guarnição turca retirada de (1862), 169-70; guerra da, contra a Turquia (1876), 270, 276-8; e a Rússia, 281-2, 285-6; separada de Montenegro pelo Sanjak, 289-90; aliança da, com a Áustria-Hungria (1881), 316, 345-6; guerra da, contra a Bulgária (1885), 295n, 346-7; planos austro-húngaros contra a (1908), 493-7; defendida por Izvolski, 498; Aehrenthal não consegue entrar em guerra contra a (1909), 498-9; aliança da, com a Bulgária (1912), 528-30; e a Guerra dos Bálcãs, 534-9; ataque búlgaro à (1913), 541-4; ultimato austro-húngaro à, 544-5; Guilherme II que aliança com a (1914), 559-60; nenhuma prova do envolvimento da, no assassinato em Sarajevo, 564-5; guerra austro-húngara contra a, 565-8; Sazonov defende interesses da (1915), 577-8, 588-9, 589-92;

conquistada pela Alemanha, 593-4; Áustria-Hungria oferece paz à (1917), 604-5; bibliografia sobre a, 631.
Seymour, embaixador britânico: Nicolau I discute partilha da Turquia com (1853), 89-90; Salisbury lamenta que propostas à, não aceitas, 402-3.
Shaftesbury, lorde, e a Itália, 127n.
Shimonoseki, Tratado de (1895), 398-9.
Shuster, conselheiro americano, 519.
Shuvalov, Pavel, embaixador russo: cria o Tratado de Resseguro (1887), 357-60; propõe restauração do Tratado de Resseguro (1890), 369-70; sobre as relações anglo-germânicas, 371-2.
Shuvalov, Pyotr, embaixador russo: opõe-se ao pan-eslavismo, 268-70, 282-3; e a Guerra russo-turca (1877), 275-6, 282-5; faz acordo com Salisbury (1878), 288-9; busca aliança com a Alemanha (1887), 356-7.
Sião: conflito anglo-francês por causa do (1893), 384-6; acordo anglo-francês relacionado ao (1896), 409-10; cooperação franco-germânica frustrada no (1902), 450n; acordo anglo-francês relacionado ao (1904), 450n, 457-8, 459n.
Sicília: revolução na (1848), 44-5; invasão da, por Garibaldi (1860), 158-9, 159-60.
Silésia: oferecida à Áustria pela imperatriz Eugenie (1863), 174-5; reivindicada por Francisco José (1864), 193-4; Áustria deseja trocar por Venécia (1866), 202-3; Guilherme I deseja anexar parte do território austríaco à, 207-8; oferecida à Áustria por Napoleão III (1867), 219; oferecida à Áustria-Hungria pela Grã-Bretanha (1917), 606-8.
Sinope, batalha de (1853), 97-8.
Síria: intervenção anglo-francesa na (1860), 158-9, 161, 165, 324-5; reivindicações francesas (1887), 355-6; (1895), 405; Salibury oferece a, para a França, 409-10; não é suficiente para a França,

274-5, 549-50; Nicolau II oferece para a França (1915), 586-7; atribuída à França pelo Acordo Sykes-Picot (1916), 588.
Sixte, príncipe de Bourbon, 604-5; e a oferta de paz austro-húngara, 605n.
Skierniewice, encontro em (1884), 257n, 335-6, 341-2.
Skobelev, general russo: em Paris (1882), 314; em Varsóvia, 314; discurso de, 314-5.
Solferino, batalha de (1859), 36-7, 152-3.
Somme, batalha do (1916), 595-6.
Sonnino, primeiro-ministro italiano: em St. Jean de Maurienne, 605-6n.
Spencer, primeiro lorde do Almirantado britânico, 391.
Staal, embaixador russo, 371-2.
Stanley, ministro do Exterior britânico: e Creta, 225-6; lorde Derby, 264; e Luxemburgo, 264, 361.
– Ver também Derby.
Stolypin, primeiro-ministro russo, opõe-se à ação no Oriente Próximo, 492-3, 495-6.
Stratford de Redcliffe (Stratford Canning), diplomata britânico: em Berlim (1848), 49-51; em Viena, 57-8; apoio aos turcos de (1849), 71-3; e a Guerra da Crimeia, 92-3, 94-6, 96-7; oposição ao desmembramento da Turquia (1857), 134-5; desautorizado pelo Pacto de Osborne, 135-6.
Struga, 529-30.
Stürmer, ministro do Exterior russo: e a paz em separado, 596.
Stuttgart: encontro de Alexandre II e Napoleão III em (1857), 136-8, 217-8, 234-5.
Sudão: retirada britânica do (1885), 339-40; sem recursos para reconquistar o, 371-2n; Salisbury decide reconquistar, 409-10; sem apoio russo à França no, 413-4; reconquistado (1898), 423-4.
Suécia: deixa de ser uma Grande Potência, 24-5; proposta de aliança para a, com a Dinamarca (1864), 186-7.

Suíça: guerra civil na (1847), 41-2; Lamartine na (1848), 44-5; encontro de Gorchakov e Beust na (1869), 233-4; encontro socialista na (1915-1916), 603-4.

Supilo, líder croata, 589-90.

Sus, Vale do, 511n.

Szögyény, embaixador austro-húngaro: entrevista do, com Guilherme II (5 jul. 1914), 565-6.

Talleyrand, estadista francês, 24-5, 154-5, 215n, 301, 517-8.

Tânger, 326n; pretensões britânicas no, 410-1, 439-40; visita de esquadra russo no (1902), 448; visita de Guilherme II a (1905), 459n, 472-3, 484-5; excluído no acordo franco-espanhola, 466n; Caillaux tenta trapacear (1911), 516n.

Tannenberg, batalha de (1914), 574-5.

Taranto: visita da frota britânica em (1893), 386.

Tardieu, estadista francês: revela o Acordo de Potsdam, 508n; e o esquema com a N'Goko Sangha, 510n.

Tashkent, 430-1, 440-1.

Teerã, 489-90, 506-7.

Tel-el-Kebir, batalha do (1882), 328-9.

Teplitz: encontro de Francisco José e Frederico Guilherme IV em (1849), 75-6; encontro de Francisco José e o príncipe regente Guilherme em (1860), 161, 166-8, 201-2, 302.

Terra Nova, 457-8, 459n.

Thiers, presidente francês: apoia a colonização de Viena, 202; busca mediação europeia durante a Guerra franco-alemã, 250-3; torna-se presidente, 256-7; liberta o território nacional e deixa o cargo, 261.

Thouvenel, ministro de Estado francês: em Constantinopla, 134-5; torna-se ministro das Relações Exteriores (1860), 159; envia um memorando para Gorchakov, 161-2; tenta resolver a Questão Romana (1892), 171-3, 194.

Thun, embaixador austríaco, 85-6.

Thyssen, magnata alemão do aço: e o Marrocos, 509n.

Tibet, no acordo anglo-russo (1907), 487-9.

Tilsit, encontro de Napoleão I e Alexandre I em (1807), 129-31, 234-5, 413-4.

Times, The, 244-5, 263, 517-8.

Tirol, 59-60; garantia prussiana do Tirol, oferecida à Áustria (1860), 161; Itália não consegue conquistar o (1866), 207; a Questão do, nas negociações pela Tríplice Aliança (1869), 229-33; Itália deseja o (1887), 352-3; oferecido à Itália pela Rússia (1914), 577-8; o Tratado de Londres e o (1915), 589-90; Burian oferece a região italianófona do, à Itália, 590-2; Bethmann cederia parte do (1916), 597; e a oferta da Paz Austro-Húngara (1917), 606-8; oposição papal a reivindicação italiana ao, 610.

Tirpitz, almirante alemão: bebe champanhe (1900), 432; teoria do risco de, 452-3, 469-70; construção do *Dreadnought*, 490-1; evita as concessões navais (1908), 497-8; ponto de vista político de, 499-500; antecipado, 502-3; e Bethmann, 503-6; exultante durante a Crise de Agadir, 516-7; anuncia uma nova lei naval (1912), 521; deseja aliança com a Grã-Bretanha, 521-2; Churchill pede um encontro com (1914), 557-8; hostilidade de, com a Grã-Bretanha, 563-4.

Tisza, primeiro-ministro húngaro: impede a guerra (1913), 544-5; impede concessões à Romênia (1914), 559-60; opõe-se à guerra, 565; concorda em entrar em guerra contra a Sérvia, 566-7; insiste em concessões para a Itália (1915), 590-2.

Tocqueville, Alexis de, ministro do Exterior francês, 72-3.

Torre Eiffel, vista pelos alemães (1914), 574-5.

Toscana, Grão-Ducado da, 154n.

Toul, cessão de, exigida pela Alemanha (1914), 568-9.
Toulon: visita da frota russa a (1892), 386-7, 389-91, 410-1, 413-4; frota francesa deslocada para (1912), 523-5.
Transilvânia, 43; interesse romeno na (1883), 316-7; irredentismo romeno na (1914), 559-60; Czernin insiste em concessões na, 560; Sazonov visita, 561-2; prometida à Romênia (1916), 578, 595.
Transvaal: minas de ouro no, 406-7n; e o telegrama de Kruger, 407-9, 472-3; baía de Delagoa, a chave para o, 421-3.
Tratado de Resseguro: realizado (1887), 357-60, 363; proposta prorrogação (1890) do, 369-70; Romênia, argumento contra, 316-7; rejeitado, 370-1; Rússia quer França como substituto do, 373; Rússia ainda torce pelo, 377-8; Caprivi planeja prorrogar (1894), 391-3; Guilherme II tenta repetir o, 402-3.
Trieste: garantia prussiana de, oferecida à Áustria (1860), 161; importância de, para a Áustria-Hungria, 267n; considerada alemã por Bismarck, 303-4; oferecida à Itália por Sazonov (1914), 577-8; autonomia de, oferecida por Burian (1915), 590-2; perdida pela Itália (1945), 592-3.
Tríplice Aliança, da Áustria, França e Grã-Bretanha (1855), 105-6, 107-10; ressuscitada pela revolta polonesa (1863), 174-5.
– Da Áustria-Hungria, França e Itália: tentativa de negociar (1869), 227-36.
– Da Áustria-Hungria, Alemanha e Itália: negociada (1882), 303-4, 311, 313-9; e a Grã-Bretanha, 330-1, 342-3; retomada da (1887), 351-3, 356-7; existência da, revelada à França, 354-5; franceses procuram afastar a Itália da (1890), 373-4; retomada da (1891), 373-4; Salisbury não participará da, 374-5; Aliança franco-russa deve durar tanto quanto, 379-80; Gladstone antipatiza com a, 383-4; Rosebery ameaça romper com a, 393-5; Aliança franco-russa deve sobreviver à, 427; Chamberlain deseja participar da, 439-40; Itália desleal à (1902), 449-51; retomada da (1902), 449-51; (1906), 484-5; (1913), 562-3; repudiada pela Itália, 577-8.
– Entente: plano de Delcassé para a, 440-1; Grey não gosta do nome da, 492n; Izvolski se opõe à, 491-2; entusiasmo britânico com a (1909), 502; Crise de Agadir enfraquece a, 508-9, 512; inativa nos Bálcãs, 534-5; Rússia recorre à, contra Liman (1913), 555-6, 563-4; natureza pacífica da, 561-2; não causou a Primeira Guerra Mundial, 571-2; torna-se uma aliança (1914), 423-4, 584-5; objetivos militares da, 600-1.
Trípoli: e a Entente Mediterrânea, 351-2, 362-3; e a Tríplice Aliança, 352-3; Crispi deseja conquistar, 372-5; promessa verbal de, para a Itália por Delcassé, 425n; acordo franco-italiano sobre (1900), 449-51; Rússia concorda com reivindicação italiana a, 507-8; conquista italiana de, 517-8.
Tschirschky, embaixador alemão: sobre a Áustria-Hungria, 558-9.
Tsushima, batalha de (1905), 475-7.
Tunísia: no Congresso de Berlim, 297-8, 311-2; ocupação francesa na, 311-3, 316, 319, 322-4, 332-3; pretensões italianas na, 352-3; franceses querem carta branca na, 372-3; Salisbury contém interesse italiano em, 374-6; planos franceses de anexar, 585-6.
Turquestão, 430-1.
Turquia: e o Tratado de Münchengrätz, 42-3; acordo da, com a Rússia sobre

principados, 70; e os refugiados húngaros, 71-4; e os Lugares Sagrados, 88-9; partilha prevista da (1844), 89-90; (1853), 90-1; conflito da, com a Rússia, 92-7; Quatro Pontos referentes à (1855), 104-6; Garantia Tripartite à (1856), 127-8, 253-4; e eleições na Moldávia (1857), 133-4, 134-5; tropas da, retiradas de Belgrado (1862), 169-70; e revolta em Creta, 215-6, 220-1, 222, 223-4; ultimato da, à Grécia, 228-9; revoltas na (1875), 267-8, 272-5; abdicação do sultão da (1876), 276-7; discutida na Conferência de Constantinopla, 280-1; guerra da, contra a Rússia (1877), 281-7; acordo da, com a Grã-Bretanha (1878), 288-9; deixa de ser uma Grande Potência, 290-1; Gladstone força concessões da (1881), 308-9; e a Questão Egípcia, 328; e a Crise Anglo-Russa (1885), 340-1; e a união da Bulgária, 347-8; Salisbury propõe partilha da (1887), 359-60; e Ferdinando da Bulgária, 363-4; britânicos perdem confiança na, 378-9, 402-3; espaço de manobra dado à (1897), 413-4; acordo da, com a Rússia contra ferrovias, 427; Revolução dos Jovens Turcos na (1908), 493-4, 495-6; guerra da, contra a Itália (1911), 517-8; e a "pipa de Charykov", 518-20; e a Guerra dos Bálcãs (1912-1913), 529-39; mantém Adrianópolis, 539; acordo da, com a Grã-Bretanha sobre o Golfo Pérsico (1913), 549; ajuda militar alemã à, 552-3; busca aliança com a Rússia (1914), 562-3; ofertas russas à, 578; entra na Primeira Guerra Mundial, 578-9; acordo anglo-francês de partilha da (1906), 588, 605-6*n*.

Türr, general húngaro, 230*n*.

Tweedmouth, primeiro lorde do Almirantado britânico: carta de Guilherme II a, 497-8*n*.

Ucrânia, 51-2, 297-8, 341-2, 401-2, 475-7, 492-3, 528-9, 611.

Unkiar Skelessi, Tratado de (1833), 273-4, 416-9, 562-3.

Vaillant, Marshal, ministro francês da Guerra: opõe-se a contrapeso, 115-6.

Vale do Nilo: África Oriental, porta alternativa do, 341; apreensão de Salisbury relacionada ao, 371-2*n*; cessão de Heligoland assegura o (1890), 371-2; expedição francesa ao, planejada, 384; Alemanha não tem interesse no, 384; caso francês referente ao, 394*n*; ofertas de Hanotaux para reconhecer domínio britânico no (1894), 440-1; expedição francesa ao, lançada, 396-8, 409-10; avanço britânico no (1896), 410-1; crise a respeito do (1898), 421-2, 433-4, 440-1; derrota da França no, 192-3, 464-6.

Varsóvia, 43; Nicolau I encontra soberanos em (1850), 75-6, 78-9; (1851), 82*n*; (1853), 96; príncipe Jerome em (1858), 144-5; tentativa de retomar a Santa Aliança em (1860), 161-2, 257; Skobelev em (1882), 314.

Vassilshikova, proposta de paz através de, 591*n*.

Venécia, República de (1848-1849), 47-8, 57-62, 67-9, 577-8; mantida pela Áustria (1859), 153-5, 156-7, 158-60, 161-3; Russell sugere a venda de, 166; Prússia se recusa a salvaguardar, 184-6, 188-90; Bismarck se propõe a defender (1864), 193-4; a Questão da, no Encontro de Biarritz, 194-9; previsto trocar, pela Romênia, 199; prometida à Itália pela Prússia (1866), 200; mobilização austríaca na, 200-1; oferecida a Napoleão III pela Áustria, 205-6; conquistada pela Itália, 206-7, 211, 224-5, 248-9.

Veneza: rebelião em (1848), 47, 60-1; visita da frota britânica a (1891), 374-5.

Venezuela, intervenção anglo-germânica na, 454*n*.

Verdun: cessão de, exigida pela Alemanha (1914), 568-9; batalha de (1916), 594-6.

Verona, Congresso de (1822), 41-2, 123-5, 346-7.

Viena: revolução em (1848), 47; Stratford Canning em, 57-8; revolução em, dominada, 63; Orlov em (1854), 98-9; Conferência de (1855), 112-5, 130-1; Lebrun em (1870), 241; Thiers em, 250-1; Alexandre II e Guilherme I em (1873), 257-8; Ignatiev em (1878), 286-7; fácil de ir a, 295-6; rei Humberto em (1881), 313; não é compensação aos franceses pela perda de Paris, 373-4.
– Congresso de (1815), 24-5, 41-2, 43-5, 55, 80-1, 119-21, 129-30, 153-4, 162-3, 321-2, 393-5.
– Acordo de: apoiado por Thiers, 202; hostilidade de Napoleão III ao, 63-4, 72-3, 137, 139-41, 144-5, 146, 207, 211.
– Nota de (1854), 94-7, 99, 105.

Villafranca, paz preliminar de (1859), 153-5, 156-7.

Vístula, 49, 119-21.

Vítor Emanuel, rei da Itália: sucede ao trono da Sardenha, 67; faz aliança com a Grã-Bretanha e a França, 110-2; torna-se rei da Itália, 159-60; não imitado por Guilherme I, 168-9; busca aliança com a França e a Áustria-Hungria, 229-30; insiste na retirada francesa de Roma, 232-3.

Vitória, rainha da Inglaterra, 46n; e o reconhecimento de Napoleão III, 87; carta de Napoleão III a (1856), 119n; visita Napoleão III em Cherbourg (1858), 142; quer aliança com a Prússia, 148; encontra o príncipe regente Guilherme em Koblenz (1860), 162-3; insiste na reconciliação austro-prussiana, 194-5; insiste que Guilherme I seja magnânimo (1874), 261-2; hostil à Rússia, 308-9; sobre Gladstone, 342-3; e a Entente Mediterrânea, 351-2, 354-5; favorece ação contra o Japão (1895), 400; Guilherme II no leito de morte de, 442-4; bibliografia sobre, 633.

Viviani, primeiro-ministro francês, 557-8; em São Petersburgo (1914), 567-8; rejeita exigência alemã, 568-9; cai, 593-4.

Vladivostok, 340-1.

Vlora, oferecida à Itália por Sazonov, 577-8.

Waddington, ministro do Exterior francês: no Congresso de Berlim, 292n; e Bismarck (1883), 323n; e Salisbury, 346-7; apelo em vão de, a Gladstone, 384, 409-10.

Waldersee, general alemão: defende guerra contra a Rússia, 368-70; dispensado, 381-2; comanda única força internacional na história, 434-5.

Walewski, ministro do Exterior francês, 94-6, 115-6; e a Polônia, 116-7; e o Congresso de Paris, 118-21, 129-30; desonestidade de, 120n; criticado por Persigny, 133-4; e o pacto de Osborne (1857), 135-6n; no Encontro de Stuttgart, 136; continua desconhecendo Plombières, 144-5; negocia tratado com a Rússia (1859), 146; opõe-se à guerra na Itália, 148-9; pede demissão (1860), 157; conflitos de, com Napoleão III, 171-2.

Walpole, *Sir* Robert, primeiro-ministro britânico, 302.

Waterloo, batalha de (1815), 129-30, 249-50, 321-2, 336-7.

Wei-Hai-Wei, arrendado pela Grã-Bretanha, 419.

Weimar, encontro de Alexandre II e Francisco José em (1857), 137-8.

Wellington, duque de: mensagem de Lamartine ao, 44-5.

Wells, H. G., 296-7.

Wessenberg, primeiro-ministro austríaco, 59-62.

Westfália, Congresso de, 24-5.

Wilson, presidente dos Estados Unidos: antecipado por Gladstone, 253*n*; e a eclosão da Primeira Guerra Mundial, 598; postura de, em relação à Alemanha, 598-9; pede aos beligerantes que indiquem seus objetivos (1916), 599*n*, 600-1; leva os Estados Unidos à guerra (1917), 602; pretende se sobrepor aos Aliados, 602; anuncia os Catorze Pontos (1918), 611-2; simboliza uma nova era, 23.

Windsor: Napoleão III em (1855), 114-5; Guilherme II e Bülow em (1899), 439-40.

Witte, estadista russo: planeja dominar a China, 399; opõe-se às investidas russas nos Estreitos (1896), 401-2, 411-2; pensa que controla a China, 416-9; deseja se opor à Alemanha no Extremo Oriente (1898), 416-9, 433-4; convence Nicolau II a retirar as tropas de Pequim (1900), 434-5; revela as reivindicações russas na China (1901), 436; oferece carta branca ao Japão na Coreia, 441-2, 462; negocia paz com o Japão (1905), 475-8; favorece paz em separado com a Alemanha (1915), 583-4; morte e, 585-6.

Wolseley, general britânico, 329*n*.

Yalu, rio, 462.

Yang-Tsé, Vale do: considerado esfera britânica (1899), 433-4; acordo britânico com vice-reis referente ao (1900), 434-5; acordo britânico com a Alemanha referente ao, 435-6.

Zanzibar: reivindicações alemãs em, 371-2; reivindicações francesas em, 372-3.

Zeebrugge, reivindicado por Ludendorff, 610.

Zeila, 404*n*.

Zhilinski, general russo: sobre Constantinopla, 553.

Zimmerwald: encontro socialista em, 23, 603-4.

Zollverein, 86; Rechberg não consegue que a Áustria entre no, 194-5; e Luxemburgo, 212*n*.

Zurique, Paz de (1859), 155.

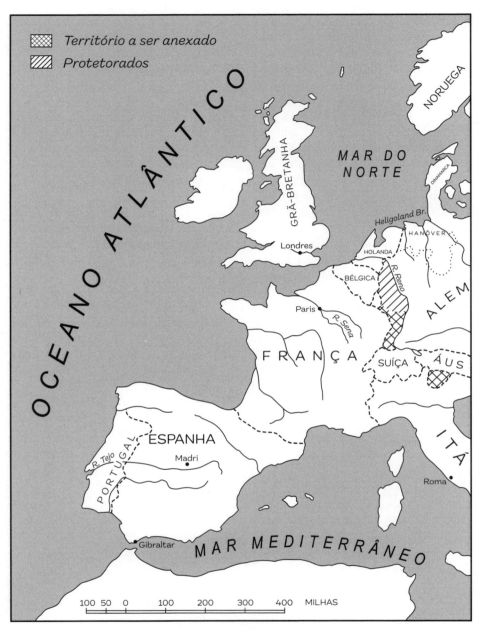

OBJETIVOS MILITARES DAS POTÊNCIAS CENTRAIS

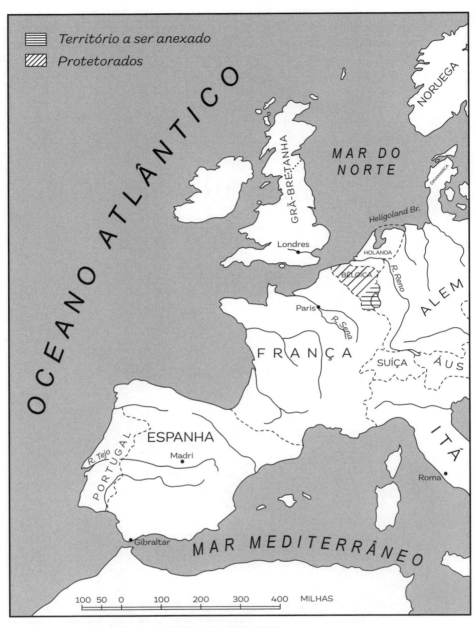

OBJETIVOS MILITARES DA ENTENTE

SOBRE O LIVRO

Formato: 16 x 23 cm
Mancha: 28,8 x 45 paicas
Tipologia: Brioso Pro 12/14
Papel: Off-white 80 g/m² (miolo)
Cartão Triplex 250 g/m² (capa)

1ª edição Editora Unesp: 2024

EQUIPE DE REALIZAÇÃO

Edição de texto
Tulio Kawata (Copidesque)
Marcelo Porto (Revisão)

Capa
Negrito Editorial

Editoração eletrônica
Sergio Gzeschnik

Assistente de produção
Erick Abreu

Assistência editorial
Alberto Bononi
Gabriel Joppert

Rua Xavier Curado, 388 • Ipiranga - SP • 04210 100
Tel.: (11) 2063 7000
rettec@rettec.com.br • www.rettec.com.br